DICIONÁRIO
de
POLÍTICA

Vol. 2

2 Volume

FUNDAÇÃO UNIVERSIDADE DE BRASÍLIA

DICIONÁRIO
de
POLÍTICA

NORBERTO BOBBIO, NICOLA MATTEUCCI
e
GIANFRANCO PASQUINO

Tradução:
**CARMEN C. VARRIALLE, GAETANO LO MÔNACO,
JOÃO FERREIRA, LUÍS GUERREIRO PINTO CACAIS**
e
RENZO DINI

Coordenação da Tradução:
JOÃO FERREIRA

Revisão Geral:
JOÃO FERREIRA e LUÍS GUERREIRO PINTO CACAIS

Quarta edição

Editora Universidade de Brasília

Impresso no Brasil

EDITORA UNIVERSIDADE DE BRASÍLIA
Campus Universitário - Asa Norte
70.910-900 – Brasília - Distrito Federal

Título Original:
DIZIONARIO DI POLITICA
Copyright © 1983, UTET
(Unione Tipografico - Editrice Torinese)

Direitos exclusivos para esta Edição:
EDITORA UNIVERSIDADE DE BRASÍLIA

Capa:
Marcelo Terraza

EQUIPE TÉCNICA

Editores:
Regina Coeli Andrade Marques
Lúcio Reiner,
Wânia de Aragão Costa Rigueira
Célia Ladeira

Revisores:
Fátima Aparecida Pereira
Lurdes do Nascimento
Fátima de Carvalho
Renato Alberto Colombo Júnior

Índice:
Maria del Puy Diez de Uré Helinger
Regina Coeli A. Marques
Fátima Rejane de Meneses

Supervisor Gráfico:
Elmano Rodrigues Pinheiro
Antônio Batista Filho

Controladores de Texto:
Maria Helena de Aragão Miranda
Thelma Rosane Pereira de Souza
Wilma Gonçalves Rosas Saltarelli

Editora Universidade de Brasília
ISBN: 85-230-0308-8 - Obra Completa
: 85-230-0309-6 - Volume 1

Dados de Catalogação na Publicação (CIP) Internacional
(Câmara Brasileira do Livro, SP, Brasil)

Bobbio, Norberto, 1909-
    Dicionário de política / Norberto Bobbio, Nicola Matteucci
e Gianfranco Pasquino; tradução Carmen C. Varriale . . . [et al.];
coordenação da tradução João Ferreira; revisão geral João Ferreira e
Luis Guerreiro Pinto Cascais. - 4ª ed./ Brasília, DF: Editora Universidade
de Brasília, 1992.

    Vários colcaboradores.
    Obra em 2 v.

    1. Política - Dicionários I, Matteucci, Nicola. II. Pasquino,
Gianfranco. III. Título.

91-0636   CDD-320.03

Índices para catálogo sistemático:
1. Dicionários: Política 320.03
2. Política: Dicionários 320.03

Laborismo.

I. ACERCA DO TERMO. — *Labourism* (Laborismo) origina-se obviamente de *labour* (trabalho). O sufixo denota uma orientação política bem como uma orientação ideológica. Considerando o segundo ponto de vista, é significativo o fato de tal sufixo estar ligado a um termo genérico, como *labour*, sublinhando com certeza a natureza classista do movimento, deixando, porém, o termo na indefinição ideológica. O socialismo inglês permaneceu sempre numa posição minoritária, sectária até, quer pelo sucesso alcançado pelas associações sindicais, estimuladas sem dúvida também pelos agitadores socialistas, quer pela tradição do século XIX que postulava uma maneira específica de selecionar os chefes — através de uma pluralidade de instituições radicais e não-conformistas —, enfatizando suas capacidades operativas e organizacionais, quer pela forte tradição operária gerada pela precoce unidade da classe e pela rígida hierarquização da sociedade. Conseqüentemente, o sufixo em apreço serve para definir com maior coerência as instâncias políticas do mundo do trabalho.

O termo, como tal, aparece na segunda metade do século XIX, conjugado com *liberal*, para designar a orientação de alguns chefes sindicais que apoiavam explicitamente o partido liberal (os *lib-labs*). De fato, o termo se manifesta singularmente idôneo para sublinhar a natureza específica de um movimento, que conseguiu sua afirmação principalmente como movimento sindical e cujas primeiras instâncias políticas tiveram apenas a característica de um grupo de pressão. O encontro entre o "trabalho" e a grande tradição radical da "inteligência" inglesa foi ocasional, esporádico e cheio de equívocos: veio a ser, mais tarde, um encontro entre o trabalho e o mundo das profissões, encontro que se configurará no século XX como especialização sociológica, se confrontado com a sociologia tradicional e intelectualizante, tipicamente filha da tradição *whig* e liberal. O fato desta "inteligência" ter combatido e vencido algumas de suas mais importantes batalhas em defesa dos direitos civis e da reforma do Estado, antes do sucesso institucional do movimento operário, revelou-se um resultado de extrema importância na consolidação do parlamentarismo inglês, isto é, de sua acomodação à sociedade industrial.

O problema da formação de uma classe política representativa do movimento operário há de ser relacionado com este crescimento organizacional e institucional do movimento sindical e, ao mesmo tempo, com as diversas situações particulares de uma política municipalista orientada, precocemente, para soluções de cunho coletivista. Não é sem razão que a mais original formulação do socialismo inglês tenha sido a da Sociedade Fabiana, que defendia um "socialismo gás e água", isto é, uma gestão coletivista dos serviços locais, que não se identificou com clareza, antes da guerra mundial, com o movimento político do trabalho. Por outro lado, um outro grupo socialista importante, defensor da representação política independente do trabalho, isto é, o *Independent Labour Party* (I.L.P.), foi um produto típico do Norte industrializado e não conformista: estava presente, aqui, uma forte tradição reavivadora, que não oferecia, com certeza, as condições mais idôneas para a definição de uma sólida plataforma ideológica. O terceiro grupo socialista de relevo, a *Socialist Democratic Federation* (S.D.F.), foi um movimento londrino que se prendeu ao marxismo e, logo, logo, separou-se do movimento político principal, ou pelo menos destinado ao sucesso, para se isolar numa posição tipicamente sectária.

II. NASCIMENTO DO PARTIDO E SUA EVOLUÇÃO. — O partido laborista britânico nasceu formalmente como "Comitê Representativo do Trabalho", após a decisão tomada em 1899 pelo congresso dos sindicatos, juntamente com as organizações acima citadas, de criar um organismo eleitoral e parlamentar. O nascimento do partido configura-se, pois, como um típico caso de origem "externa" ao Parlamento e de dependência rígida em relação aos sindicatos, dependência esta que nunca iria desaparecer. O crescimento do partido, por sinal muito difícil, deu-se numa dúplice direção: de um lado em direção às *Trade Unions*, com o objetivo de afastá-las progressivamente da tradicional lealdade ao liberalismo, e, do outro lado, em direção ao mesmo partido liberal, com a finalidade de conseguir para os candidatos do trabalho, nos distritos eleitorais, confrontações diretas com os candidatos conservadores. Tais fatos, naturalmente, esvaziavam duas das mais significativas instâncias do socialismo político do continente: a coerência e a fidelidade ideológicas e o espírito de não-comprometimento oficial. Na realidade, antes da guerra mundial, o novo partido não conseguiu mais que meio milhão de votos; em 1922, porém, após a desastrada "eleição em cáqui" de 1918, os votos alcançaram a casa dos 4 milhões e meio e o *labour party* tornou-se a oposição de sua majestade. Os filiados às *unions*, de menos de 1 milhão em 1886, foram além dos 2 milhões na passagem do século e alcançaram os 4 milhões antes de 1914; após a guerra, os filiados passaram os oito milhões. Evidenciam-se, a esta altura, dois fatos: em primeiro lugar, não houve crescimento paralelo entre um e outro fenômeno; em segundo lugar, a guerra atuou, com certeza, em ambos os casos como elemento decisivo de transformação. De qualquer forma, são os dados sobre os sindicatos que expressam mais diretamente a dinâmica do movimento social. A generalização do movimento sindical implicou a existência de novas fórmulas organizacionais, diferentes maneiras de atuação política, ascensão de novos chefes operários: em suma, o aumento constante da conflitualidade social. Do unionismo de profissão, passava-se ao unionismo generalizado: não mais apenas os artesãos, mas, também, os trabalhadores semiqualificados e até os trabalhadores sem qualificação estavam se tornando protagonistas do movimento. Por último, as transformações industriais, sobretudo na indústria mecânica, estimularam sobremaneira a militância dos trabalhadores qualificados, até então tidos como privilegiados.

Não provocou admiração, pois, o fato de, no imediato após-guerra, se ter levantado contra um partido político parlamentar, fraco e confuso, uma linha de ação violenta por parte da indústria, ação que fracassará de forma gritante na famosa "Sexta-Feira Negra" de 1921 e, mais tarde, por ocasião da greve geral de 1926. Configurava-se a clássica situação das promessas feitas em tempo de guerra e, depois, não cumpridas. Em seguida, a depressão acabou com as esperanças dos operários e então o que apareceu foi, principalmente,

o drama dos mineiros, um corpo organizado com mais de 1 milhão de trabalhadores.

Mais tarde, a crise econômica aumentou os sofrimentos dos trabalhadores com desemprego em massa, testemunha das contradições do sistema capitalista que iria transformar a consultação eleitoral de 1945 num importante *test* da memória coletiva da nação inglesa.

O partido laborista já tinha usufruído, por duas vezes, do poder, mesmo numa posição minoritária: em 1924 e em 1929-1931, quando sofreu dramático trauma pela "traição" de seus chefes, em modo especial de Ramsay MacDonald, que passou a chefiar um Governo de coalizão nacional.

Partido constitucional, engajado, porém, a partir de 1918 numa tentativa de transformação socialista da sociedade, o partido laborista se achava inteiramente carente de uma filosofia política satisfatória, de uma estratégia, de uma ideologia de Governo, e acabava ficando totalmente impotente perante o desemprego em massa. A lição foi assimilada na década seguinte pelas primeiras experiências de planificação européia, pelo *New Deal* de Roosevelt e pelos ensinamentos de Hobson e Keynes. O partido, nascido como federação de sindicatos e corpos políticos, caiu, na década em apreço, nas mãos de poderosos chefes sindicais, como Bevin e Citrine. Consumava-se, entretanto, a ruptura no interior do I.L.P., enquanto estava amadurecendo a estruturação das circunstâncias políticas, no próprio partido, que conseguiram alcançar representatividade na Executiva, até então dominada pelos chefes de sindicatos e pelos membros do Parlamento.

III. O SEGUNDO PÓS-GUERRA. — No trágico ano de 1940, formou-se o Governo de coalizão Churchill-Attlee. Em seguida, a vitória de 1945 deu início ao período do qüinqüênio criativo: as nacionalizações, o Serviço Médico Nacional, a continuidade do sistema fiscal redistributivo imposto no período da guerra, a lei de Seguro Nacional baseada no famoso Relatório Beveridge. O partido que iniciou sua gestão do poder em 1945 configurava-se, na realidade, bem diferente do que tinha sido anteriormente. A maioria parlamentar fora claríssima e os eleitos pertenciam a grupos sociais bem diferentes: a representação operária tinha deixado espaços e lugar para a representação dos profissionais liberais — advogados, médicos, professores, jornalistas, universitários — e o controle político voltara às mãos do partido parlamentar, que conseguiu restabelecer sua independência em relação ao poderoso Conselho Geral das *Trade Unions*. Por um lado, portanto, o partido atuava como ponto de convergência do movimento progressista, centro de encontro das múltiplas correntes históricas do pensamento social inglês, o que R. Titmus chamou a *Welfare Traditions*; por outro lado, reafirmava um princípio fundamental da tradição constitucional inglesa, o da independência total do partido parlamentar.

Embora o processo da evolução histórica possa dar impressão de que nada aconteceu além de uma simples substituição de protagonistas — do partido liberal para o partido laborista —, a própria estrutura do partido vitorioso indica claramente que o que houve não foi uma simples troca de poder entre agremiações.

No que diz respeito à organização do partido laborista inglês, cumpre salientar que até o ano de 1927 os filiados aos sindicatos tornavam-se, automaticamente, membros do partido, quando não se manifestavam abertamente contrários a esta filiação partidária (cláusula do *contracting out*), e parte de suas contribuições sindicais era repassada para o partido. A cláusula em questão foi suprimida até o ano de 1946 e novamente incluída após esta data. A conseqüência foi a constatação de que aproximadamente uma terça parte dos filiados aos sindicatos não se sente profunda nem autenticamente ligada ao partido, isto é, não manifesta uma adesão voluntária. Nestes casos, fala-se em *adesões coletivas indiretas*. O partido depende dos sindicatos para sua sustentação financeira e para sua propaganda eleitoral, que, em muitos casos, ao nível da circunscrição, é desempenhada e realizada pelos comitês locais dos sindicatos; além disso, o *Trade Unions Congress*, mesmo não de forma monolítica, dá vida a uma corrente de muita influência no seio do partido que se liga à sua ala esquerda.

No que se refere à evolução da sociedade, descobrimos em ato, na Grã-Bretanha, um processo profundamente sedimentado de crescimento da democracia, de evolução e crescimento da consciência social e cívica. Assim aconteceu, ao mesmo tempo, uma gradual transformação do tipo de formação política do partido antagonista — o partido conservador. Uma vez que a luta política é planejada como se fosse uma competição para ver quem vai controlar as circunscrições periféricas, de duvidosa lealdade política, ou pelo controle de grupos sociais que também oscilam entre uma e outra agremiação — para isto é considerada relevante a "venda da imagem pública do líder", e a escolha estratégica do momento eleitoral favorável —, assim o antagonismo entre os partidos assume cada vez mais aspectos rituais, enquanto os conteúdos de sua pregação política tendem a se diferenciar cada vez menos.

"Paradoxalmente, os acontecimentos do começo dos anos 80, conquanto ainda fluidos, parecem confirmar esta tendência. O distanciamento político-ideológico dos dois partidos, por iniciativa do monetarismo de M. Thatcher no poder e de W. Benn na oposição, parece abrir caminho a uma terceira força de centro que anuncia o fim do bipartidarismo. Desta maneira, os inovadores experimentam as primeiras derrotas eleitorais, destinadas a se ampliar, a menos que se torne dramática a situação internacional".

As novas tendências do radicalismo socialista no seio do partido laborista (desarmamento unilateral, abandono do MEC, protecionismo, etc.) não estão casualmente ligadas a uma luta institucional em que o propósito tendente a limitar a autonomia do grupo parlamentar contrasta claramente com a tradição política inglesa aceita até hoje sem discussão.

IV. UMA AVALIAÇÃO. — Sendo os conservadores ou os laboristas os gestores do poder, nos últimos vinte anos parece que apenas uma foi a questão dominante, a balança de pagamentos. Podemos afirmar que a experiência laborista inglesa se caracteriza por ter conseguido moderação na luta política e superação, talvez precária e não definitiva, do abismo aberto pela Revolução Industrial, juntamente com a elaboração da problemática acerca do Estado do bem-estar.

Limitando-nos unicamente a esta caracterização, precisamos salientar, então, que a originalidade do Laborismo há de ser procurada fundamentalmente, na complexa trama histórica aqui recordada sumariamente, que teve sua origem no confronto entre uma grande força social, a classe operária inglesa, e uma excepcional tradição política como é a do parlamentarismo inglês. O movimento laborista tem sido o instrumento desta conciliação fundamental; para tanto, porém, fez-se necessário que outras tradições, outras forças — intelectuais e morais — se juntassem a ele. Vale a pena, contudo, relembrar a existência de movimentos e partidos laboristas, em outros países de língua inglesa, "exportados", de uma certa maneira, da mãe-pátria para a Austrália e para a Nova Zelândia principalmente (também para o Canadá) e que, também, podem ser considerados parecidos com o Laborismo os partidos socialistas escandinavos, todos intimamente ligados aos sindicatos, com uma ideologia essencialmente pragmática e agentes da representação e da integração "positiva" da classe operária nos respectivos sistemas políticos.

BIBLIOGRAFIA. – M. BEER, *Storia del socialismo britannico* (1940), La Nuova Italia, Firenze 1964; R. MILIBAND, *Il laburismo. Storia di una politica* (1963), Ed. Riuniti, Roma 1968[2]; E. GRENDI, *L'avvento del laburismo: il movimento operaio inglese dal 1880 al 1920*, Feltrinelli, Milano 1964.

[EDOARDO GRENDI]

Laicismo.

1. DEFINIÇÕES: CULTURA LEIGA E ESTADO LEIGO. — A distinção entre Igreja docente e povo discente, isto é, entre o clero e o laicado, exerceu influência constante na cultura política e nas instituições públicas dos países católicos; o termo Laicismo, resultado desta distinção, é usado comumente nos países de língua latina, enquanto não existe o equivalente na linguagem política anglo-saxônica, onde a concepção moderna do Laicismo pode ser definida, aproximadamente, com o termo *secularism*.

As diferentes significações do Laicismo reúnem em si a história das idéias e a história das instituições e podem ser resumidas nas duas expressões clássicas: "cultura leiga" e "Estado leigo".

Na primeira expressão, encontramos reunidas as correntes de pensamento que defendem a emancipação da filosofia e da moral da religião positiva. A cultura da Renascença, dando novo valor às ciências naturais e às atividades terrenas, em lugar de valorizar a especulação teológica, provocou, a partir do século XVII, uma gradual separação entre o pensamento político e os problemas religiosos e favoreceu a difusão de uma mentalidade leiga, que alcançou sua plena afirmação no século XVIII, reivindicando a primazia da razão sobre o mistério. O Laicismo mergulha, pois, suas raízes no processo de secularização cultural que cooperou para o fortalecimento de teorias preexistentes acerca da natureza secular do Governo.

A cultura leiga deve, em parte, sua origem às filosofias racionalistas e imanentistas que rejeitam a verdade revelada, absoluta e definitiva; e, ao contrário, afirmam a livre busca de verdades relativas, mediante o exame crítico e o debate. Culturalmente, pois, o Laicismo mais que uma ideologia é um método; aliás, pode se autodefinir como um método cujo objetivo é o desmascaramento de todas as ideologias.

Mais intimamente ligada à linguagem política é a segunda expressão, Estado leigo, que quer significar o contrário de Estado confessional, isto é, daquele Estado que assume, como sua, uma determinada religião e privilegia seus fiéis em relação aos crentes de outras religiões e aos não crentes. É a esta noção de Estado leigo que fazem referência as correntes políticas que defendem a autonomia das instituições públicas e da sociedade civil de toda diretriz emanada do magistério eclesiástico e de toda interferência exercida por organizações confessionais; o regime de separação jurídica entre o Estado e a Igreja; a garantia da liberdade dos cidadãos perante ambos os poderes.

A teoria do Estado leigo fundamenta-se numa concepção secular e não sagrada do poder político, encarado como atividade autônoma no que diz respeito às confissões religiosas. Estas confissões, todavia, colocadas no mesmo plano e com igual liberdade, podem exercer influência política, na proporção direta de seu peso social. O Estado leigo, quando corretamente percebido, não professa, pois, uma ideologia "laicista", se com isto entendemos uma ideologia irreligiosa ou anti-religiosa.

Assim como, historicamente, o termo leigo tem a significação de não-clérigo, Laicismo significa o contrário de CLERICALISMO (v.) e, mais amplamente, de CONFESSIONALISMO (v.). Uma vez, porém, que o anticlericalismo não coincide necessariamente com a irreligiosidade, assim, também, o termo leigo não é sinônimo de incrédulo; da mesma forma, não podem ser definidas, propriamente, como leigas as correntes de radicalismo irreligioso que conduzem ao ateísmo de Estado. A relação entre temporal e espiritual, entre norma e fé, não é relação de contraposição, e sim de autonomia recíproca entre dois momentos distintos do pensamento e da atividade humana. Igualmente, a separação entre Estado e Igreja não implica, necessariamente, um confronto entre os dois poderes.

Na medida em que garante, a todas as confissões, liberdade de religião e de culto, sem implantar em relação às mesmas nem estruturas de privilégios nem estruturas de controle, o Estado leigo não apenas salvaguarda a autonomia do poder civil de toda forma de controle exercido pelo poder religioso, mas, ao mesmo tempo, defende a autonomia das Igrejas em suas relações com o poder temporal, que não tem o direito de impor aos cidadãos profissão alguma de ortodoxia confessional. A reivindicação da laicidade do Estado não interessa, apenas, às correntes laicistas mas, também, às confissões religiosas minoritárias que encontram, no Estado leigo, as garantias para o exercício da liberdade religiosa.

Da mesma maneira com que rejeita os regimes teocráticos ou curiais, onde a Igreja subordina o Estado a si própria, o Laicismo rejeita os sistemas onde o Estado subjuga a Igreja ou a reduz a um ramo de sua própria estrutura administrativa. Enfim, visto que não defende somente a separação política e jurídica entre Estado e Igreja, mas também os direitos individuais de liberdade em relação a ambos, o Laicismo se revela incompatível com todo e qualquer regime que pretenda impor os cidadãos, não apenas uma religião de Estado, mas também uma irreligião de Estado.

II. ORIGENS DA DISTINÇÃO ENTRE OS PODERES NA TEORIA DAS "DUAS ESPADAS". — Encontramos já no cristianismo dos primeiros séculos a distinção entre autoridade espiritual e poder temporal, isto em contraposição à unificação pagã das funções sacerdotais na pessoa do magistrado civil. A inviolabilidade recíproca das duas jurisdições, decorrente de assertivas encontradas nos textos sagrados, é reconhecida, como válida, na Patrística e plasticamente manifestada, no findar do século V, pelo pontífice Gelásio I, através da imagem das "duas espadas" que uma só mão não pode empunhar. Apresentada, nas suas origens, com a finalidade de subtrair os eclesiásticos à jurisdição dos tribunais civis, a teoria das "duas espadas" constituiu-se o ponto de referência em todas as controvérsias medievais entre o papado e o império (séculos XI e XII) e entre o papado e o reino de França (final do século XIII e início do século XIV). A distinção que se fazia entre as duas autoridades era bem diferente da moderna concepção de Igreja e Estado. O pensamento medieval considerava ambas aspectos diversos de uma sociedade cristã universal, súdita, ao mesmo tempo, de duas autoridades que dependiam diretamente de Deus. Todavia, nos debates contra os papistas, transparece esporadicamente, mesmo neste período, juntamente com a tese de que a soberania secular depende diretamente de Deus, também a tese que iria se afirmar na Idade Moderna. De acordo com esta segunda tese, compete à sociedade secular cuidar de seu próprio Governo sem interferências por parte do clero, ao qual, na comunidade civil, cabem unicamente tarefas de instrução e exortação.

III. ACEPÇÕES MODERNAS DA RECÍPROCA AUTONOMIA ENTRE RELIGIÃO E POLÍTICA. — O conceito moderno de Laicismo abrange em si não apenas a distinção entre Estado e Igreja, mas também a concepção da Igreja como sendo associação voluntária. Estes dois elementos aparecem no pensamento dos puritanos ingleses do século XVII, nos escritos de John Milton sobre a liberdade religiosa e de John Locke sobre a tolerância.

O princípio segundo o qual "o Estado nada pode em matéria puramente espiritual, e a Igreja nada pode em matéria temporal" é afirmado por Locke na *Epistola de tolerantia* (1689): o poder político não deve emitir juízos sobre religião, não tendo competência para fornecer definições em matéria de fé; do seu lado a Igreja deve manter a própria autoridade no campo espiritual que lhe é próprio. Como a finalidade da religião é levar o homem a alcançar a vida eterna mediante o culto prestado a Deus, as leis eclesiásticas não devem fazer referência aos bens terrenos nem apelar para a força, que pertence unicamente ao magistrado civil; a única força da qual o poder eclesiástico é legitimamente depositário é a força da persuasão, que tem por objetivo promover a livre adesão da consciência individual, e a única sanção para os que não concordarem é que, colocando-se contra a Igreja, eles não mais a ela pertencem.

O enfoque de recíproca autonomia que Locke dá à relação entre religião e política encontra-se em sucessivos escritores políticos, que buscaram a conciliação entre liberalismo e doutrina cristã.

Alexis de Tocqueville, na *Democracia na América* (1840), afirma que "as religiões devem saber delimitar seu próprio campo de ação. Maomé, por exemplo, fez descer do céu e colocar no Alcorão não apenas doutrinas religiosas, mas também máximas políticas, leis civis e penais e teorias científicas. O Evangelho, ao contrário, fala unicamente das relações dos homens com Deus e entre si. Somente esta, entre mil razões mais, seria suficiente para mostrar como a primeira destas duas religiões não terá condições de longo domínio em épocas de civilização e de democracia" (vol. II, parte I, cap. IV).

É importante lembrar que Locke tinha como ponto de partida a assertiva de que "toda Igreja é ortodoxa para si e errada ou herege para os outros", e com esta intuição antecipara-se, em parte, ao moderno racionalismo, que submete a controle permanente as verdades definidas pela razão e exclui toda a verdade absoluta e definitiva. O traço que coloca Laicismo e liberalismo como tendo comuns alicerces racionalistas é encontrado, por exemplo, na *Storia del liberalismo europeo* de Guido De Ruggiero (1925): "Na ordem política, tal fato significa que a racionalidade do Estado liberal não consiste na extensão ilimitada de seu domínio, e sim na capacidade de impor limites a si mesmo e impedir que o domínio da pura razão se transforme no oposto domínio do dogma, e que o triunfo de uma verdade não feche o caminho ao difícil e cansativo processo pelo qual a própria verdade é alcançada".

É fácil compreender, pois, por que os que se opõem ao Laicismo, rejeitando a teoria do juízo particular nas coisas da fé, que atribui ao foro íntimo da consciência individual a solução do relacionamento difícil entre realidade terrena e perspectiva ultraterrena, consideram-no um resultado do individualismo protestante e uma manifestação de subjetivismo cético. Partindo desta posição, Giovanni Gentile (*Genesi e struttura della società*, 1946) sustentava que "o espírito leigo é uma fábula" produzida por um democratismo agnóstico, e que o Estado, enquanto é "humanidade do homem", deve conter em si a religião, preocupar-se com a fé do povo e favorecer o culto religioso nacional.

Do lado oposto, a cultura leiga contemporânea contrapõe aos dogmatismos a liberdade de religião e a liberdade de crítica às religiões, visto que as heresias de hoje podem se tornar as ortodoxias de amanhã. Pressupõe-se, pois, que nenhuma certeza é indiscutível e que as únicas certezas racionais são as que surgem como produto da própria discussão. A definição sintética desta acepção do Laicismo foi formulada por Guido Calogero, para quem o Laicismo não é uma particular filosofia ou ideologia política, mas método de convivência de todas as filosofias e ideologias possíveis. O princípio leigo consistiria, assim, nesta regra básica: "não ter a pretensão de possuir a verdade mais do que qualquer outro possa ter a pretensão de possuí-la".

Ainda mais abrangente é a definição do Laicismo formulada por Nicola Abbagnano, que interpreta o Laicismo como sendo autonomia recíproca, não apenas entre o pensamento político e o pensamento religioso, mas entre todas as atividades humanas. As diferentes atividades não devem ser subordinadas umas às outras num relacionamento de dependência hierárquica, nem podem ser submetidas a finalidades ou interesses que não lhes são inerentes. As atividades humanas devem se desenvolver de acordo com suas próprias finalidades e regras internas. Na acepção de Abbagnano, o Laicismo corresponde, nas relações existentes entre as atividades humanas, à liberdade que deve existir nas relações entre os indivíduos.

IV. O LAICISMO POLÍTICO NO SÉCULO XIX. — O Laicismo político do século XIX tem seu epicentro no conflito entre a Igreja católica e os movimentos liberais. Na *Storia d'Europa nel secolo XIX* (1932), Benedetto Croce definia o contraste entre a Igreja de Roma e a "religião da liberdade" como o choque entre "duas crenças religiosas opostas", ressaltando que o movimento liberal não encontrou oposição, muito pelo contrário, encontrou apoio por parte das confissões protestantes, "que se haviam tornado racionalistas

e iluministas num primeiro momento, para, em seguida, tornarem-se idealistas e historicistas... tanto é assim que a Igreja romana acabou reunindo num único conjunto protestantismo, maçonaria e liberalismo".

Se, com relação a algumas correntes protestantes, podemos falar, de acordo com Max Weber e Ernst Troeltsch, em religiões "leigas" ou secularizadas, nos países católicos o Laicismo do século XIX assumiu conotações anticlericais e até irreligiosas. A máxima difusão do Laicismo radical a encontramos na França (Émile Faguet, *L'anticléricalisme*, 1906). O racionalismo cartesiano, o ceticismo de Bayle, o iluminismo e o enciclopedismo tinham desenvolvido na cultura francesa uma orientação geral de caráter antimetafísico. O Laicismo do século XIX teve influência em grupos culturais e políticos os mais diversos, abrangendo desde os protestantes liberais até os católicos galicanos; a polêmica anticonfessional foi levada adiante principalmente, porém, pelos livres pensadores ligados à maçonaria. A *campagne laïque* chegou às manifestações mais agudas, até a pelo final do século, com o caso Dreyfus. A literatura anticlerical conseguiu, neste período, fácil popularidade pela ação, entre outros, de Émile Zola e Anatole France.

Na Itália, o desenvolvimento do Laicismo político no século XIX encontra-se intimamente ligado aos acontecimentos do *risorgimento*, visto ser o fim do Governo temporal do papado condição necessária para a complementação da unificação nacional: o Laicismo do *risorgimento* foi, pois, ao mesmo tempo, uma questão de consciência e uma questão de Estado. Contra a presença concomitante, na nação católica, de duas autoridades com referência às quais os cidadãos teriam que ser duplamente *subditi legum* e *subditi canonum*, o Laicismo do *risorgimento* sustentou a distinção entre os dois poderes (Cavour declarou no Parlamento que estes poderes não poderiam reunir-se debaixo de uma única autoridade sem gerar "o mais nojento despotismo") e, mediante a fórmula "livre Igreja em livre Estado", afirmou a liberdade da Igreja *no* Estado e a liberdade do Estado *da* Igreja.

A direita histórica tinha para com o Estado quase uma fé leiga, chegando a considerá-lo como o antagonista moral da Igreja: o liberalismo deste período histórico, profundamente imbuído de valores éticos, era bem diferente do Laicismo, que a tendência radical das décadas seguintes, que Croce criticou como sendo resultado de tendências cientificistas e positivistas.

A definição, em termos jurídicos e judiciários, que o Estado quis dar ao relacionamento com a

Igreja, através das *Guarentigie* (1871), foi rejeitada pela Igreja que, mesmo diminuindo com o passar do tempo a polêmica contra o Estado nacional, apenas em 1929 chegou, com a assinatura dos Pactos Lateranenses, à conciliação ainda hoje em vigor, fundamentada no regime de coordenação entre Estado e Igreja mediante acordo concordatário.

V. DIFUSÃO DOS PRINCÍPIOS DE LAICIDADE. — Em alguns documentos do Concílio Ecumênico Vaticano II, principalmente na Constituição pastoral *Gaudium et spes* sobre a Igreja no mundo de hoje, encontramos a afirmação explícita da autonomia dos leigos nos negócios seculares (*Gaudium et spes*, 43) e a aceitação do princípio pelo qual "a comunidade política e a Igreja são independentes e autônomas cada uma no próprio campo" (*ib.*, 76).

Em nome da missão religiosa que a ela compete, a Igreja declara que não se considera presa "a nenhuma forma particular de civilização humana bem como a nenhum sistema político, econômico ou social" (*ib.*, 42).

Por outro lado, a maioria dos Estados reivindica princípios de laicidade, principalmente no que diz respeito à liberdade religiosa dos cidadãos: por exemplo, a Declaração universal dos direitos humanos, promulgada em 1948 pela Assembléia Geral das Nações Unidas, reconhece a cada indivíduo o direito à liberdade de religião: "tal direito inclui a liberdade para mudar de religião ou crença, bem como a liberdade para manifestar, de forma particular ou em comum, de forma pública ou em privado, sua religião ou sua crença no ensino, nas práticas, no culto e na observância dos ritos" (artigo 18).

A Constituição da República italiana (1948) caracteriza, em seus princípios fundamentais, um Estado leigo, na medida em que define como irrelevantes, juridicamente, as convicções religiosas dos indivíduos (artigo 3.º), define a independência e a soberania do Estado e da Igreja católica, cada qual na sua ordem (artigo 7.º) e reconhece a pluralidade das confissões religiosas, todas com igual liberdade, o que, todavia, não significa igualdade de todas as confissões perante a lei (artigo 8.º). Ao mesmo tempo, a Constituição estabeleceu, porém, que o relacionamento entre Estado e Igreja continua a ser regulamentado pelos Pactos Lateranenses, deixando, com isto, em aberto e sem solução várias questões no relacionamento entre os dois poderes, principalmente no que se refere à estrutura da família e da escola que representam, não apenas na Itália, os aspectos que mais se evidenciam na proble-mática do Laicismo em sua referência à atividade política concreta.

VI. LAICISMO E SECULARIZAÇÃO. — A evolução atual do pensamento leigo desligou-se quase completamente da tradição anticlerical e, mais ainda, das tendências irreligiosas que caracterizaram o Laicismo do século XIX nos países latinos. Talvez poderíamos afirmar, seguindo Hans Kelsen (*I fondamenti della democrazia*, ed. it. 1955), que a tendência para a tolerância própria do Laicismo se afirma mais fortemente quando do "a convicção religiosa não é suficientemente forte para se sobrepor à inclinação política"; negamos, porém, que a comunidade política abrange também os crentes, o Laicismo aceita a influência das igrejas na vida pública, contanto que esta influência seja decorrente de seu autônomo peso social e não de privilégios concedidos pelo Estado.

Na sociedade de hoje, o sentido de Laicismo aproxima-se, sob múltiplos aspectos, ao processo de SECULARIZAÇÃO (v.), se tomarmos este termo não na sua significação originária, específica do direito canônico (onde o termo secularização difere do termo laicização por significar a volta ao mundo secular, sem uma renúncia total ao estado religioso), mas na significação derivada que se espalhou pela Europa, ao redor de 1880, e que já havia aparecido, algumas décadas antes, nos escritos de Victor Cousin, em expressões tais como "sécularisation de l'État" e "enseignement séculier de la philosophie".

Na literatura sociológica, o termo "secularização" é usado normalmente para caracterizar o processo de transição das sociedades patriarcais, rurais e "fechadas", para a sociedade industrializada, urbana e profana, onde assistimos a uma redução constante do peso social da religião organizada, que está perdendo, cada vez mais, a função de controle social. O progressivo "dessacralização" da sociedade moderna descrita por Max Weber (*Economia e Società*, ed. it., 1961) traz a solução automática a alguns aspectos históricos do Laicismo; porém, ao mesmo tempo, justamente nas sociedades mais secularizadas, como se fosse para compensar os valores sociais perdidos, surgem ideologias totalitárias que se caracterizam como novos atentados à concepção propriamente leiga da política e da cultura.

BIBLIOGRAFIA. — AUT. VÁR., *La laicité*, P. U. F., Paris 1960; G. CALOGERO, *Filosofia del dialogo*, Edizioni di Comunità, Milano 1962; A. C. JEMOLO, *Chiesa e Stato in Italia dall'unificazione a Giovanni XXIII*, Einaudi, Torino 1965; H. LUBBE, *La secolarizzazione* (1965), Il Mulino, Bologna 1970; L. SALVATORELLI, *Chiesa e Stato dalla rivoluzione francese ad oggi*, La Nuova Italia, Firenze 1955; G. WEIL, *Storia dell'idea laica in Francia nel sec. XIX* (1929), Laterza, Bari 1937.

[VALERIO ZANONE]

Legalidade.

Na linguagem política, entende-se por Legalidade um atributo e um requisito do poder, daí dizer-se que um poder é legal ou age legalmente ou tem o timbre da Legalidade quando é exercido no âmbito ou de conformidade com leis estabelecidas ou pelo menos aceitas. Embora nem sempre se faça distinção, no uso comum e muitas vezes até no uso técnico, entre Legalidade e legitimidade, costuma-se falar em Legalidade quando se trata do exercício do poder e em legitimidade quando se trata de sua qualidade legal: o poder legítimo é um poder cuja titulação se encontra alicerçada juridicamente; o poder legal é um poder que está sendo exercido de conformidade com as leis. O contrário de um poder legítimo é um poder de fato; o contrário de um poder legal é um poder arbitrário. Quem detém o poder não o detém nem o exerce sempre de forma arbitrária, assim como nem sempre quem exerce o poder arbitrariamente é detentor unicamente de um poder de fato. Com base nesta acepção do termo Legalidade, entende-se por princípio de Legalidade aquele pelo qual todos os organismos do Estado, isto é, todos os organismos que exercem poder público, devem atuar no âmbito das leis, a não ser em casos excepcionais expressamente preestabelecidos, e pelo fato de já estarem preestabelecidos, também perfeitamente legais. O princípio de Legalidade tolera o exercício discricionário do poder, mas exclui o exercício arbitrário, entendendo-se por exercício arbitrário todo ato emitido com base numa análise e num juízo estritamente pessoal da situação.

Muito embora o princípio de Legalidade seja considerado como um dos pilares do moderno Estado constitucional, o chamado Estado de direito, trata-se de algo antigo tanto quanto a especulação sobre os princípios da política e sobre as diferentes formas de Governo. Liga-se ao ideal grego da isonomia, isto é, da igualdade de todos perante as leis, considerada como a essência do bom Governo, cujo elogio é proclamado por Eurípides nas *Suplicantes*: "Nada é mais inimigo da cidade do que um tirano, quando, em lugar de existirem leis gerais, um só homem tem o poder, sendo ele mesmo e para si próprio o autor das leis e não existindo, assim, nenhuma igualdade" (vv. 403-05). No *De legibus* Cícero escreve: "Vós, pois, compreendeis que o papel do magistrado é governar e prescrever o que é justo, útil e de conformidade com as leis [*coniuncta cum legibus*]. Os magistrados estão acima do povo da mesma forma que as leis estão acima dos magistrados; podemos, com razão e propriedade, afirmar pois que os magistrados são a lei falante e as leis os magistrados mudos" (III, 1,2). Um dos princípios fundamentais e constantes da doutrina medieval sobre o Estado é o da superioridade da lei mesmo com relação à vontade do príncipe. A mais célebre formulação deste princípio foi feita por Bracton no *De legibus et consuetudinibus Angliae*: "*Rex non debet esse sub homine, sed sub Deo et sub lege, quia lex facit regem*". Desde a antigüidade até nossos dias, um dos temas que mais aparecem no pensamento político é a contraposição entre Governo das leis e Governo dos homens: contraposição acompanhada sempre por um juízo de valor constante, que considera o primeiro um Governo bom, o segundo um Governo mau. Onde governam as leis, temos o reino da justiça; onde governam os homens, existe o reino do arbítrio. Uma das características com que mais constantemente é estigmatizado o Governo tirânico é a de ser Governo de um homem acima das leis, não das leis acima dos homens. A "isonomia" dos gregos, a "supremacia da lei" (*rule of law*) da tradição inglesa, o "Estado de direito" (*Rechtsstaat*) da doutrina alemã do direito público no século passado refletem, mesmo em situações históricas muito diferentes, a permanência do princípio da Legalidade como idéia que define o bom Governo, mesmo se, de acordo com Max Weber, somente no Estado moderno podemos encontrar a concretização plena deste princípio. O Estado moderno, de fato, está se organizando como uma grande empresa, assumindo os meios de serviço que nos Estados anteriores pertenciam, como propriedade particular, aos que estavam investidos de funções públicas. Temos aqui, pois, uma forma de poder que M. Weber chama "legal e racional" e que, contrariamente à forma do poder tradicional e do poder carismático, tem sua própria legitimidade no fato de ser definido por leis e exercido de conformidade com as leis que a definem. Para caracterizar o poder legal, também Max Weber recorre à contraposição entre poder definido por leis e poder pessoal: enquanto na situação de poder tradicional é a pessoa do senhor que tem direito à obediência e na situação de poder carismático a pessoa do chefe, em se tratando de poder legal o cidadão deve obediência "ao ordenamento impessoal definido legalmente e aos indíviduos que têm funções de chefia neste ordenamento, em virtude da Legalidade formal das prescrições e no âmbito das mesmas" (*Economia e società*, trad. it. Milano 1961, I, p. 210).

Como todas as idéias fundamentais da teoria política, também o princípio de Legalidade não é uma idéia simples. Podemos distinguir, pelo menos, entre três significações, de acordo com os diferentes níveis em que é considerada a relação entre a lei, vista como norma geral e abstrata, e o poder. O primeiro nível é caracterizado pela relação entre a lei e a pessoa do príncipe: neste nível, Governo da lei significa, conforme a fórmula de Bracton acima citada, que o príncipe não é mais *legibus solutus*, conseqüentemente tem que governar não conforme seu próprio beneplácito, mas de conformidade com leis a ele superiores, mesmo não se tratando de leis positivas e sim consideradas de origem divina ou natural, ou se tratando das leis fundamentais do país, cuja validade depende da tradição ou do pacto constitutivo do Estado. O segundo nível é o da relação entre o príncipe e seus súditos: neste nível, a idéia do Governo das leis tem que ser interpretada no sentido de que os governantes devem exercer o próprio poder unicamente pela promulgação de leis, e só excepcionalmente através de ordenações e decretos, isto é, mediante normas que tenham validade para todos, e não para grupos particulares ou, o que seria ainda pior, para indivíduos; normas, enfim, que, justamente pela sua abrangência geral, tenham como objetivo o bem comum e não o interesse particular desta ou daquela categoria de indivíduos. O terceiro nível é o que diz respeito à aplicação das leis em casos particulares: neste nível o princípio de Legalidade consiste em exigir dos juízes que definam as controvérsias a eles submetidas para apreciação, não com base em juízos casuísticos diferenciados, isto é, conforme os casos específicos, mas com base em prescrições definidas na forma de normas legislativas. A expressão tradicional deste aspecto do princípio de Legalidade é a máxima: *"Nullum crimen, nulla poena, sine lege"*. Por outro lado, tomando como ponto de partida a distinção fundamental existente entre o momento da produção e o momento da aplicação do direito, podemos afirmar que em relação ao primeiro momento o princípio de Legalidade exprime a idéia da produção do direito *através de leis*, e que em relação ao segundo momento exprime a idéia da aplicação *de acordo com leis*. Quer consideremos os três níveis quer consideremos os dois momentos, a importância do princípio de Legalidade consiste em garantir os dois valores fundamentais cuja concretização forma a essência do papel do direito, o valor da certeza e o valor da igualdade (formal). A produção do direito através de leis, isto é, através de normas gerais e abstratas, possibilita prever as conseqüências das próprias ações, liberta, pois, da insegurança proveniente de uma ordem arbitrária; a aplicação do direito de acordo com leis é a garantia de um tratamento igual para todos os que pertencem à categoria definida na lei, liberta, pois, do perigo de existir um tratamento preferencial ou prejudicial para este ou aquele indivíduo, este ou aquele grupo, o que aconteceria num julgamento casuístico.

[Norberto Bobbio]

Legislativo, Processo.
— V. Processo Legislativo.

Legitimidade.

I. DEFINIÇÃO GERAL. — Na linguagem comum, o termo Legitimidade possui dois significados, um genérico e um específico. No seu significado genérico, Legitimidade tem, aproximadamente, o sentido de justiça ou de racionalidade (fala-se na Legitimidade de uma decisão, de uma atitude, etc.). É na linguagem política que aparece o significado específico. Neste contexto, o Estado é o ente a que mais se refere o conceito de Legitimidade. O que nos interessa, aqui, é a preocupação com o significado específico.

Num primeiro enfoque aproximado, podemos definir Legitimidade como sendo um atributo do Estado, que consiste na presença, em uma parcela significativa da população, de um grau de consenso capaz de assegurar a obediência sem a necessidade de recorrer ao uso da força, a não ser em casos esporádicos. É por esta razão que todo poder busca alcançar consenso, de maneira que seja reconhecido como legítimo, transformando a obediência em adesão. A crença na Legitimidade é, pois, o elemento integrador na relação de poder que se verifica no âmbito do Estado.

II. OS NÍVEIS DO PROCESSO DE LEGITIMAÇÃO. — Encarando o Estado sob o enfoque sociológico e não jurídico, constatamos que o processo de legitimação não tem como ponto de referência o Estado no seu conjunto, e sim nos seus diversos aspectos: a comunidade política, o regime, o Governo e, não sendo o Estado independente, o Estado hegemônico a quem o mesmo se acha subordinado. Conseqüentemente, a legitimação do Estado é o resultado de um conjunto de variáveis que se situam em níveis crescentes, cada uma delas cooperando, de maneira relativamente independente, para sua determinação. É, pois, necessário examinar separadamente as características destas variáveis que constituem o ponto de referência da crença na Legitimidade.

a) A *comunidade política* é o grupo social, com base territorial, que congrega os indivíduos unidos pela divisão do trabalho político. Este aspecto do Estado é objeto da crença na Legitimidade, quando encontramos na população sentimentos difusos de identificação com a comunidade política. No Estado nacional, a crença na Legitimidade é caracterizada, com maior evidência, por atitudes de fidelidade à comunidade política e de lealdade nacional.

b) O *regime* é o conjunto de instituições que regulam a luta pelo poder e o exercício do poder e o conjunto dos valores que animam a vida destas instituições. Os princípios monárquico, democrático, socialista, fascista, etc., caracterizam alguns tipos de instituições, e dos valores correspondentes, que se caracterizam como alicerces da Legitimidade do regime. A característica fundamental da adesão a um regime, principalmente quando tem seu fundamento na crença da legalidade, está no fato de que os governantes e sua política são aceitos, na medida em que os aspectos fundamentais do regime são legitimados, abstraindo das pessoas e das decisões políticas específicas. A conseqüência é que quem legitima o regime tem que aceitar também o Governo que veio a se concretizar e que busca atuar de acordo com as normas e os valores do regime, mesmo não o aprovando ou até chegando a lhe fazer oposição bem como à sua política. Isto depende do fato de que existe um interesse concreto que une as forças que aceitam o regime: a sustentação das instituições que regulam a luta pelo poder. O fundamento desta convergência de interesses está em que o regime é assumido como plataforma comum da luta entre os grupos políticos, visto estes o considerarem como uma situação que apresenta condições favoráveis para a manutenção de seu poder, para a conquista do Governo e para a concretização parcial ou total de seus objetivos políticos.

c) O *Governo* é o conjunto dos papéis em que se concretiza o exercício do poder político. Vimos que normalmente, isto é, quando a força do Governo repousa na definição institucional do poder, para ele ser qualificado como legítimo é suficiente que tenha se estruturado de conformidade com as normas do regime e que exerça o poder de acordo com os mesmos, de tal forma que se achem respeitados determinados valores funda-

mentais da vida política. Todavia pode acontecer que a pessoa que chefia o Governo seja ela mesma objeto da crença na Legitimidade. No Estado moderno, isto acontece quando as instituições políticas se encontram em crise e os únicos fundamentos da Legitimidade do poder são a superioridade, o prestígio e as qualidades pessoais de quem se encontra no vértice da hierarquia do Estado. Encontra-se, em todos os regimes, embora em diferentes medidas, uma certa dose de personalização do poder; como conseqüência deste fato, os homens nunca permitem que o papel desenvolvido pelos seus chefes os faça esquecer suas qualidades pessoais. O que é essencial, porém, para distinguir o poder legal e o tradicional do poder pessoal ou carismático (esta célebre tripartição é de Max Weber) é isto: a Legitimidade do primeiro tipo de poder tem seu fundamento na crença de que são legais as normas do regime, estabelecidas proposicionalmente e de maneira racional, e que legal também é o direito de comando dos que detêm o poder com base nas mesmas normas; a Legitimidade do segundo tipo assenta no respeito às instituições consagradas pela tradição e à pessoa ou às pessoas que detêm o poder, cujo direito de comando é conferido pela tradição; a Legitimidade do terceiro tipo tem seus alicerces substancialmente nas qualidades pessoais do chefe e, somente de forma secundária, nas instituições. Este tipo de Legitimidade, pela sua ligação com a pessoa do chefe, tem existência efêmera, por não resolver o problema fundamental para a continuidade das instituições políticas, isto é, o problema da transmissão do poder.

d) Só nos resta examinar o caso do Estado, que, por não ser independente, não está em condição de cumprir sua missão primordial de garantir a segurança dos cidadãos (e até o próprio desenvolvimento econômico). Não temos, neste caso, um Estado no sentido pleno da palavra, e sim um país conquistado, uma colônia, um protetorado ou um satélite de uma potência imperial ou hegemônica. Uma comunidade política que se acha nesta situação encontra grandes dificuldades para despertar a lealdade dos cidadãos por não ser um centro de decisões autônomas. Conseqüentemente, sua Legitimidade encontrará suas bases de apoio, inteira ou parcialmente, na Legitimidade do *sistema hegemônico ou imperial* em que se acha inserida. O ponto de referência da crença na Legitimidade será, neste caso, inteira ou parcialmente, a potência hegemônica ou imperial.

III. LEGITIMAÇÃO E CONTESTAÇÃO DA LEGITIMIDADE. — Os diferentes níveis do processo de legitimação determinam os elementos que se caracterizam como ponto de referência obrigatório para a orientação de indivíduos e grupos, no contexto político. Analisando, sob este enfoque, a ação de grupos e indivíduos, podemos discriminar dois tipos básicos de comportamento. Quando o fundamento e os fins do poder são percebidos como compatíveis ou de acordo com o próprio sistema de crenças e quando o agir é orientado para a manutenção dos aspectos básicos da vida política, o comportamento de indivíduos e grupos pode ser definido como legitimação. Quando, ao contrário, o Estado é percebido, na sua estrutura e nos seus fins, como estando em contradição com o próprio sistema de crenças, e se este julgamento negativo se transformar numa ação que busque modificar os aspectos básicos da vida política, então este comportamento poderá ser definido como *contestação da Legitimidade.*

O comportamento de legitimação não se aplica somente às forças que sustentam o Governo, mas também às que a ele se opõem, na medida em que não têm como finalidade a mudança também do regime ou comunidade política. A aceitação das "regras do jogo", isto é, das normas que servem de sustentação ao regime, implica não apenas, como já foi salientado, a aceitação do Governo e de suas ordens, mas também a legítima aspiração, para a oposição, de se transformar em Governo.

A diferença entre oposição ao Governo e contestação da Legitimidade corresponde, num certo sentido, à existente entre política reformista e política revolucionária. O primeiro tipo de luta busca alcançar mudanças, mantendo de pé as estruturas políticas existentes, combate o Governo, mas não combate as estruturas que condicionam sua ação e, enfim, propõe uma diferente maneira para a gestão do sistema estabelecido. O segundo tipo de luta se dirige contra a ordem constituída, tendo como objetivo a modificação substancial de alguns aspectos fundamentais; não combate apenas o Governo, mas também o sistema de Governo, isto é, as estruturas que ele exprime.

A esta altura, estamos já examinando o comportamento de contestação da Legitimidade. Precisamos, neste campo, distinguir entre duas atitudes: a de revolta e a revolucionária. A atitude de revolta se limita à simples negação, à rejeição abstrata da realidade social, sem determinar historicamente a própria negação e a própria rejeição. Conseqüentemente, não consegue captar o movimento histórico da sociedade, nem perceber objetivos concretos de luta, e acaba aprisionando-se numa realidade que não consegue alterar. A atitude revolucionária produz, ao contrá-

rio, uma negação, historicamente determinada, da realidade social. Seu grande problema é sempre o de encontrar formas concretas de luta, nascidas do movimento histórico real, que possibilitem realizar as transformações possíveis da sociedade. Isto significa que a ação revolucionária não terá nunca o objetivo de modificar radicalmente a sociedade, e sim buscará a derrubada das instituições políticas que dificultam seu desenvolvimento e a criação de novas instituições capazes de libertar as tendências amadurecidas na sociedade para formas mais elevadas de convivência. No momento de escolher um método legal ou ilegal para a realização dos objetivos revolucionários, este problema é abordado como algo a ser resolvido nas diferentes fases da luta, sempre em função da utilidade e eficácia de cada ação para a consecução dos objetivos. A estratégia escolhida precisa estar de acordo com as circunstâncias históricas em que a luta acontece, circunstâncias estas que não podem ser objeto de escolha.

Observe-se, finalmente, que a contestação da Legitimidade pode ter uma conotação tanto de esquerda quanto de direita. São disso um exemplo as oposições fascista e nazista aos regimes democráticos na Itália e na França, e também a oposição nacionalista contra o movimento de unificação européia.

IV. ESTRUTURA POLÍTICA E SOCIAL, CRENÇA NA LEGITIMIDADE E IDEOLOGIA. — A influência exercida pelo consenso dos membros de uma comunidade política na legitimação do Estado, seja ele qual for, mesmo o mais democrático, não tem, de maneira alguma, sempre o mesmo peso. O povo não é um somatório abstrato de indivíduos, cada qual participando diretamente com igual fatia de poder no controle do Governo e no processo de elaboração das decisões políticas, como aparenta a ficção jurídica da ideologia democrática. As relações sociais não subsistem entre indivíduos totalmente autônomos, mas entre indivíduos inseridos num contexto, que desempenham um papel definido pela divisão social do trabalho. Ora, a divisão do trabalho e a luta social e política dela decorrente fazem com que a sociedade nunca seja pensada através de representações que correspondem à realidade, mas através de uma imagem deformada pelos interesses dos protagonistas desta luta (a ideologia), cuja função é a de legitimar o poder constituído. Não se trata de uma representação totalmente ilusória da realidade nem de uma simples mentira. Toda ideologia e todo princípio de Legitimidade do poder, para se justificarem eficazmente, precisam conter também elementos descritivos, que os tornem dignos de confiança e, conseqüentemente, idôneos para produzir o fenômeno do consenso. Por isso, quando as crenças que sustentam o poder não correspondem mais à realidade social, são deixadas de lado e assistimos à mudança histórica das ideologias.

Quando o poder é firme e em condição de desempenhar, de maneira progressista ou conservadora, suas funções essenciais (defesa, desenvolvimento econômico, etc.), faz com que seja aceita a justificação de seu existir, apelando para determinadas exigências latentes nas massas, e com a força de sua própria presença acaba se criando o consenso necessário. Nos períodos de estabilidade política e social, a influência, na formação da consciência social, dos que a divisão do trabalho colocou no vértice da sociedade é determinante, visto estarem eles em condições de condicionar de maneira relevante o comportamento dos que não desempenham papéis privilegiados. Para esta última categoria de pessoas, a realidade do Estado se manifesta sobremaneira imponente, a experiência que fazem do Estado os leva a encará-lo como algo relacionado com as forças da própria natureza ou como sendo condição necessária e imutável do viver em comum. Por outro lado, para se adaptar à dura realidade de sua condição social, a pessoa comum sente-se impulsionada a idealizar sua passividade e seus sacrifícios em nome de princípios absolutos capazes de fornecer realidade ao desejo e verdade à esperança.

Quando, ao contrário, o poder está em crise, por ter sua estrutura entrado em contradição com a evolução da sociedade, entra em crise também o princípio da Legitimidade que o justifica. Isto ocorre porque, nas fases revolucionárias, ou seja, quando a estrutura do poder desmorona, caem também os véus ideológicos que camuflavam ao povo a realidade do poder, e se manifesta às claras sua inadequação para resolver os problemas que amadurecem na sociedade. Neste momento, a consciência das massas entra em contradição com a estrutura política da sociedade; todos se tornam politicamente ativos, por serem simples as opções e por envolverem diretamente as pessoas comuns; o poder de decisão se encontra, de fato, nas mãos de todos. Naturalmente, fenômenos desta ordem acontecem até a hora em que surge um outro poder e, conseqüentemente, um outro princípio de Legitimidade. A experiência histórica mostra que a cada tipo de Estado corresponde um diferente tipo de Legitimidade, isto é: a cada maneira de lutar pelo poder corresponde uma diferente ideologia dominante.

V. ASPECTO DE VALOR DA LEGITIMIDADE. — O consenso em relação ao Estado nunca foi (nem é) livre, ao contrário, sempre foi (e é), pelo menos em parte, forçado e manipulado. Normalmente, a legitimação se apresenta como uma necessidade, seja qual for o tipo de Estado. Inúmeras pesquisas sociológicas provaram, por exemplo, que o fenômeno da manipulação do consenso existe também nos países democráticos. Ora, uma vez que o poder é o determinante, pelo menos parcial, do conteúdo do consenso e que, conseqüentemente, podem existir nele diferentes níveis de liberdade e de coação, não parece justo caracterizar como legítimo, nem um Estado democrático, nem um Estado tirânico, pelo simples fato de que em ambos se manifesta a aceitação do sistema.

Se nos limitarmos a definir legítimo um Estado cujos valores e estruturas fundamentais são aceitos, acabaremos por englobar nesta formulação também o contrário do que normalmente se entende por consenso: o consenso imposto e o caráter ideológico de seu conteúdo. A definição geral proposta no início acabou, pois, por se revelar insatisfatória, uma vez que pode ser aplicada a qualquer condição. Para superar tal incongruência, que parece invalidar a própria exatidão semântica da definição descritiva, faz-se necessário evidenciar uma característica que o termo Legitimidade tem em comum com muitos outros termos da linguagem política (liberdade, democracia, justiça, etc.): o termo Legitimidade designa, ao mesmo tempo, uma situação e um valor de convivência social. A situação a que o termo se refere é a aceitação do Estado por um segmento relevante da população; o valor é o consenso livremente manifestado por uma comunidade de homens autônomos e conscientes. O sentido da palavra Legitimidade não é estático, e sim dinâmico; é uma unidade aberta, cuja concretização é considerada possível num futuro indefinido, e a realidade concreta nada mais é do que um esboço deste futuro. Em cada manifestação histórica da Legitimidade vislumbra-se a promessa, até agora sempre incompleta na sua manifestação, de uma sociedade justa, onde o consenso, que dela é a essência, possa se manifestar livremente sem a interferência do poder ou da manipulação e sem mistificações ideológicas. Antecipamos, assim, quais as condições sociais que possibilitam a aproximação à plena realização do valor inerente ao conceito de Legitimidade: a tendência ao desaparecimento do poder, quer das relações sociais, quer do elemento psicológico a ele associado: a ideologia.

O critério que possibilita a discriminação dos diferentes tipos de consenso parece, pois, consistir na variação dos graus de deformação ideológica a que é sujeita a crença na Legitimidade e no correspondente e diverso grau de manipulação a que esta crença é submetida. Com base neste critério, é possível provar que não são iguais todos os tipos de consenso e que será mais legítimo o Estado onde o consenso tem condições de ser manifestado mais livremente, onde, em suma, for bem menor a interferência do poder e da manipulação e, portanto, bem menor o grau de deformação ideológica da realidade social na mente dos indivíduos. O consenso será, pois, mais aparente, e conseqüentemente de pouca consistência real, na medida em que for forçado e tiver um caráter ideológico. Com este ponto de partida podemos formular uma nova definição de Legitimidade que nos permita superar as limitações e incongruências da que foi proposta no início. Trata-se fundamentalmente de integrar na definição o aspecto de valor, elemento constitutivo do fenômeno. Podemos, pois, afirmar que a Legitimidade do Estado é uma situação nunca plenamente concretizada na história, a não ser como aspiração, e que um Estado será mais ou menos legítimo na medida em que torna real o valor de um consenso livremente manifestado por parte de uma comunidade de homens autônomos e conscientes, isto é, na medida em que consegue se aproximar da idéia-limite da eliminação do poder e da ideologia nas relações sociais.

BIBLIOGRAFIA. — AUT. VÁR., *L'idée de légitimité*, Presses Universitaires de France, Paris 1967; D. EASTON, *A systems analysis of political life*, Wiley, New York 1965; G. FERRERO, *Potere*, Comunità, Milano 1947; C. SCHMITT, *Legalität un Legitimität*, Duncker & Humbolt, Leipzig-München 1932; M. WEBER, *Economia e società* (1922), Comunità, Milano 1961.

[LUCIO LEVI]

Leninismo.

I. DO POPULISMO AO MARXISMO. — O Leninismo é a interpretação teórico-prática do marxismo, em clave revolucionária, elaborada por Lenin num e para um país atrasado industrialmente, como a Rússia, onde os camponeses representavam a enorme maioria da população.

Baseada nesta realidade, havia surgido uma ideologia específica, o populismo, de cuja influência nem mesmo a ala da *intelligentzia*, que introduziu o marxismo na Rússia, conseguiu jamais libertar-se de todo. Tanto é assim que, como

escreveu há pouco um historiador comunista, até o próprio Leninismo "se caracteriza pelo seu nexo de continuidade orgânica e criativa com a experiência intelectual, primeiro, e organizativa, depois, do populismo russo" (Strada).

Daí que, para entender o Leninismo, seja necessário remontar às causas que, embora favorecessem a penetração do marxismo na Rússia, impediram, no entanto, que ele obtivesse uma vitória definitiva sobre o populismo.

O populismo russo caracterizou-se por três elementos: 1) uma devoção mística pelo povo do campo; 2) a rejeição da industrialização por causa do preço que, na forma privatístico-concorrencial do modelo inglês, cobra das classes rurais, com a conseqüente idéia de se chegar diretamente ao socialismo partindo da estrutura comunitária tradicional própria do campo, alicerçada na comuna rural ou *obscina*, pulando a etapa do capitalismo; 3) e, por último, um elemento messiânico-nacionalista, que recebeu da direita eslavófila e a ela se assimila, através do qual a percepção do enorme atraso do país, tão dolorosamente sentida pelos intelectuais russos, transforma-se num sentimento compensatório de superioridade, totalmente irreal, mas nem por isso menos poderoso e eficaz como estímulo para a ação.

Quando, após décadas de preparação teórica, no começo dos anos 70 do século passado, o movimento populista se tornou uma realidade no seu encontro com o povo, de quem acabaria tomando o nome, de imediato sobreveio a decepção e a crise. Os camponeses, com efeito, receberam pessimamente os idealistas entusiasmados que os procuravam, na esperança de despertar e desenvolver neles a maturidade civil e política, a fim de induzi-los a se levantarem contra a autocracia. Nem por isso o populismo abandonou sua fé nas potencialidades de renovação do camponês russo; porém, tomou consciência da importância das instituições liberais para a realização de um contato fecundo entre intelectuais e povo, que sem este contato acabaria ficando subjugado pelo próprio atraso cultural e por uma desconfiança instintiva com relação ao novo. Nasceu assim a *Narodnaja Volja*, organização terrorista que tinha como objetivo atemorizar a autocracia através de atentados, a fim de levá-la a conceder uma Constituição de tipo ocidental. Esta organização secreta, que reunia sob uma disciplina rígida uma elite de origem burguesa e até nobre, se tornou o modelo do futuro partido leninista. Quando, em 1887, fracassou o atentado contra Alexandre III, após o sucesso ocorrido no atentado contra Alexandre II em 1881, que, todavia, não produziu os resultados políticos esperados, entre os conjurados que tombaram como vítimas da repressão estava Alexandre Uljanov. Vladimir Uljanov, mais tarde chamado Lenin, então com dezessete anos, começou, assim, seguindo as pegadas do irmão mais velho, sua carreira revolucionária como populista, tanto que nunca deixou de manifestar sua admiração pelo instrumento organizacional criado pelo populismo, embora a morte do irmão o tenha levado a questionar a estratégia populista, fundamentada exclusivamente em grupos sectários, bem como a prática dos atentados.

Neste período, ainda antes do atentado contra Alexandre II, um pequeno núcleo de populistas guiados por Plechanov (1856-1918) tinha rejeitado, como estéril, o caminho do terrorismo, transferindo suas esperanças da classe camponesa, que havia se revelado por assim dizer indigna destas esperanças, para a classe operária, ainda nos primórdios na Rússia, cuja segura e objetiva vocação revolucionária era garantida pelo marxismo, importado do Ocidente.

II. O DILEMA DO MARXISMO RUSSO. — A tarefa teórica do núcleo marxista foi, em primeiro lugar, demonstrar que um futuro próximo de cunho capitalista aguardava a Rússia, com a conseqüente formação de uma numerosa e combativa classe operária. Surgiu daí uma longa polêmica com os populistas, que se arrastou por décadas. Os populistas negavam a possibilidade de um desenvolvimento de moldes capitalistas no próprio país, tendo em vista a inexistência de um mercado interno por causa da extrema pobreza dos camponeses, isto é, de 90% da população, e a não-disponibilidade de mercados externos, já totalmente ocupados pelas maiores potências industriais.

Quando Lenin, levado pela necessidade de uma certeza quase mística da inevitabilidade da revolução, chegou ao marxismo, teve oportunidade de se fortalecer na sua posição desfechando os últimos e definitivos golpes nesta polêmica. Em seus escritos juvenis, tendo como referencial teórico o segundo livro do *Capital*, pouco conhecido, enquanto os populistas se referiam mais ao primeiro, Lenin demonstrou, de maneira inquestionável, o caráter econômico e não geográfico do conceito de mercado, cuja amplitude não pode ser medida em quilômetros quadrados nem, em última análise, em milhões de habitantes, mas tem que ser vista em função da divisão social do trabalho, que, por sua vez, depende da evolução científica e tecnológica.

Na hora, Lenin não percebeu que, desta forma, tinha ido muito além do alvo, apresentando uma imagem da dinâmica capitalista isenta de consideráveis contradições internas, capazes de provocar seu fatal colapso. Homem de ação, levado conseqüentemente a enfrentar as dificuldades só na

medida em que as mesmas iam se manifestando, é fácil compreender que, diante do fator evidente da não resposta da classe camponesa à missão revolucionária, que os populistas a ela queriam atribuir, Lenin não tivesse nenhuma dúvida teórica quanto à possibilidade de a classe operária não se revelar, também, à altura desta missão.

O transplante do marxismo para, a Rússia levantou mais outra dificuldade, desta vez inerente ao conjunto dos postulados fundamentais da doutrina e, conseqüentemente, inevitável. Subordinando rigorosamente o advento do socialismo ao pleno desenvolvimento da fase capitalista-burguesa, principalmente após a polêmica que na Europa dos anos 70 o tinha colocado em contraposição ao voluntarismo anarquista, o marxismo impunha aos socialistas russos o ônus de se baterem por uma revolução *apenas* burguesa, de abrirem caminho à plena evolução do sistema capitalista que, por definição, um socialista deveria combater sem trégua. A enorme disparidade entre a parte atrasada e a parte mais moderna da economia russa, além disso, afastava por algumas gerações a próxima revolução, justamente a socialista.

O marxismo, assim, mesmo dando a impressão de satisfazer a necessidade da certeza na revolução, trazia em si o sacrifício de um componente tanto ou mais indispensável na psicologia do autêntico revolucionário: a impaciência, isto é, o desejo de viver como protagonista o evento palingenético. Tal fato explica por que, apesar de ter visto suas teorias amplamente confirmadas pelo desenvolvimento capitalista ocorrido na Rússia no período que vai entre o fim e o começo dos séculos XIX e XX, o marxismo não conseguiu derrotar completamente o populismo. A impaciência mantinha nele uma parcela relevante das forças revolucionárias, que convergiram mais tarde no partido, que se chamou justamente socialista-revolucionário, destinado a desempenhar um papel não secundário em 1917.

De qualquer forma, diante do dilema de, ou trair o espírito científico do marxismo, inserindo nele a antiga idéia populista do salto da fase capitalista, ou aceitar o marxismo até as últimas conseqüências, sacrificando a impaciência pela revolução socialista, Lenin não teve dúvidas, e foi marxista ortodoxo. As tarefas primordias e indiscutíveis do partido social-democrático russo eram, para Lenin, o desenvolvimento do capitalismo ao nível das estruturas e o desenvolvimento da democracia parlamentar ao nível das superestruturas. Talvez seja possível notar, na obra conclusiva do primeiro período de sua militância marxista. *O desenvolvimento do capitalismo na Rússia* (1899), um certo esforço para provar que o país já era mais capitalista, e portanto mais próximo ao socialismo, do que era realmente.

III. O DEBATE ACERCA DO REVISIONISMO E O NASCIMENTO DO LENINISMO. — Nos últimos anos do século espalhou-se na Rússia o conhecimento do revisionismo bernsteiniano, logo assumido por diversos intelectuais russos. Foi neste momento que teve início em Lenin a crise que irá se concluir em 1902 com o *Que fazer?*, destinado a se tornar o texto base de uma ideologia, justamente o Leninismo.

O REVISIONISMO (v.) questionava bem do interior do próprio marxismo, pela ação de Bernstein, um dos maiores colaboradores ainda vivos dos dois mestres, a vocação revolucionária da classe operária, fundamentando-se em, pelo menos, meio século de experiência ocidental, assim como os marxistas russos, nisto "revisionistas" do populismo, tinham anteriormente negado a vocação revolucionária da classe camponesa. A esta altura estava comprometida também aquela certeza que o marxismo parecia ter assegurado. O gradualismo, em cujo nome os marxistas russos tinham subordinado a revolução socialista à burguesa, entrava desse jeito em crise. O advento da democracia política e o pleno desenvolvimento do capitalismo não se apresentavam mais como a garantia do inevitável acontecer da revolução socialista. Ao contrário, permitindo à classe operária usufruir das liberdades "burguesas" e alcançar melhoramentos constantes no próprio estilo de vida, eles teriam, assim como acontecera na Inglaterra, enfraquecido sua vontade de luta, transformando sua vocação revolucionária em práxis reformista. Como, por outro lado, não era ainda viável vislumbrar outra classe social à qual transferir novamente a missão palingenética, a aceitação da prioridade inquestionável da fase democrático-burguesa na Rússia implicava, a esta altura, renunciar definitivamente à revolução socialista. *Que fazer*, então?

Se foi Lenin que se colocou com lucidez a pergunta, tal ocorreu não apenas graças ao excepcional instinto político deste homem, mas também devido à sua peculiar formação marxista. Podemos afirmar, sem dúvida, que as premissas teóricas dos corolários operativos de Bernstein já haviam sido elaboradas por Lenin, e até com maior rigor, durante a polêmica com os populistas. Sua teoria do mercado equivalia à negação da existência de obstáculos de ordem econômica para o contínuo desenvolvimento do capitalismo e, portanto, para a contínua melhoria da condição operária dentro do sistema. "A história de todos os países prova que a classe operária — escreve Lenin no *Que fazer?* —, contando unicamente com as suas forças, consegue chegar somente à elaboração de uma consciência trade-unionista, isto é, a consciência de que é necessário se unir em sindicatos, de que deve ser levada adiante a luta contra os patrões, de que é preciso exigir do Governo algumas leis necessárias aos operários, . . .". Como conseqüência, "a consciência política de classe pode chegar ao operário *somente de fora*, isto é, de fora da luta econômica". Tudo isto, em última análise, significa que à luta de classe corresponde uma consciência de classe que não é o socialismo: luta de classe e socialismo, além de não coincidirem, são até divergentes.

O revisionismo, para dizer a verdade, não tinha chegado a tanto. Continuou pensando que, a partir do somatório dos esforços e das lutas para elevar seu nível social e cultural, iria amadurecer na classe operária uma autoconsciência socialista, paralelamente ao processo que, através de reformas arrancadas ou impostas, provocaria a transformação da sociedade de capitalista em socialista. Este tipo de socialismo não negava radicalmente a sociedade democrático-liberal e a apresentava, abandonada toda aspiração palingenética, como uma forma mais perfeita desta mesma sociedade. O marxismo chegava, assim, ele também, ao REFORMISMO (v.).

Lenin chega a admitir a natureza reformista da classe operária e a rejeitar implicitamente a teoria do desmoronamento espontâneo do capitalismo, que era onde os marxistas ortodoxos colocavam suas esperanças revolucionárias, justamente porque pretende salvar na prática, e não apenas na teoria, a perspectiva revolucionário-palingenética. A convergência objetiva entre Lenin e o revisionismo não ultrapassa, porém, a fase da diagnose. No que se refere à terapia, o Leninismo se caracteriza pelo esforço de colocar em ação um conjunto de instrumentos ideológico-organizacionais aptos para inverter radicalmente o desenrolar natural dos acontecimentos.

Visto que a evolução da classe operária, no regime democrático parlamentar, a afasta do caminho do socialismo, far-se-á necessário, antes de qualquer coisa, um guia que mantenha as massas no justo caminho. Eis, pois, encontrada a necessidade e a tarefa de um partido integrado por revolucionários profissionais de origem pequeno-burguesa, formado fora da classe operária e não passível de controle nem de influência por parte dela. Partido que será o depositário da verdade, como intérprete da essência mais real da classe operária, a encarnação atual do socialismo, a única garantia de seu advento futuro.

Foi acerca do tipo de partido que deveria ser edificado que aconteceu, em 1903, a divisão da social-democracia russa em bolcheviques e mencheviques. A questão, que aparentemente era de ordem meramente organizacional, na realidade tinha como causa fundamental os diferentes juízos que eram feitos acerca das instituições democrático-liberais: os mencheviques, que como Lenin não concordavam com a tese dos revisionistas acerca da natureza reformista da classe operária, continuavam a considerar as instituições democráticas parlamentares como uma etapa necessária e útil ao mesmo tempo; por isso, postulavam a criação de um partido democrático das massas que pudesse usufruir plenamente destas mesmas instituições; os bolcheviques de Lenin, ao contrário, mesmo não chegando a negar de vez a necessidade de uma etapa democrático-burguesa, temiam a capacidade de sedução deste tipo de sociedade sobre a classe operária e tencionavam oferecer-lhe, mediante o partido monolítico, o antídoto necessário que a salvasse mesmo contra a vontade.

Por isso, o que realmente esteve em jogo no Congresso da cisão foi o destino da Rússia: se este devia se concretizar na europeização do país, como queriam os liberais e os mencheviques, ou na assimilação da técnica ocidental, mantendo-se, porém, no quadro das características originais da civilização russa, segundo o espírito do populismo, "que se revelou muito mais tenaz do que os primeiros social-democratas e os liberais tinham pensado", conseguindo deixar suas profundas marcas no Leninismo nascente, após ter sido dado por extinto (Strada).

A teoria do partido, de claras raízes populistas, não podia, contudo, ser suficiente por si mesma para dar ao Leninismo a capacidade de fixar, dentro do rumo desejado, o curso futuro da história russa. Qual a eficácia que poderá ter na realidade o partido monolítico, desde o momento em que a classe operária, admitida a fruir das instituições liberais, possa repelir sua função de guia ou menosprezá-la? A urgência desta pergunta, nascida lógica e implacavelmente da pretensão de conciliar a revolução socialista com a desconfiança na vontade socialista da classe operária, impelirá o Leninismo a transformar-se, de partido monolítico, em Estado totalitário, que parecia o único instrumento capaz de permitir que o partido desempenhasse, cabalmente e a qualquer custo, "mesmo contra a classe operária", a função de guia para o socialismo. Só então, extinta com a classe operária também a sua tendência ao trade-unionismo, se extinguirão Estado e partido, dando lugar à liberdade universal dentro de uma total igualdade. Acrescente-se que, na Rússia, as instituições democrático-parlamentares eram ainda uma conquista a ser realizada. Além disso, a fraqueza e a indecisão da burguesia davam a

impressão de que o partido social-democrático teria que assumir esta tarefa: enquanto os mencheviques ansiavam por assumir este papel e levá-lo a bom termo da melhor maneira possível, os bolcheviques, partindo das premissas já analisadas, sentiam-se tentados a instrumentalizar a batalha democrática para derrubar a autocracia, ficando únicos donos da situação, a fim de prevenir, mediante o esvaziamento e, se necessário, até mediante a pura e simples repressão das instituições liberais, o afastamento da classe operária do caminho do socialismo.

Voltava desta forma, em Lenin, a velha idéia populista do salto da fase burguesa, porém com um enfoque totalmente novo, para oferecer uma resposta a preocupações inteiramente diferentes. Para os populistas, o móbil da ação era o sonho altruísta de poder oferecer às massas o bem-estar, poupando-as dos sofrimentos que seriam causados pelo processo de industrialização; para Lenin, que nisto permaneceu sempre (até em 1917) rigorosamente marxista, a fase da industrialização, e, conseqüentemente, do capitalismo, era inevitável; sua preocupação era pular o aspecto liberal-democrático da era burguesa, a fim de impedir que a classe operária manifestasse sua tendência para o emburguesamento. O programa leninista se resumia, portanto, na conquista do poder a fim de promover um rápido desenvolvimento da industrialização, debaixo do controle de um Estado onipotente, em condições de sufocar toda e qualquer aspiração autônoma da sociedade civil, visando objetivos diversos dos do socialismo. Para usar as próprias palavras de Lenin: capitalismo de Estado mais ditadura do proletariado.

Deste modo, Lenin se harmonizava com a teoria da revolução permanente de Trotski, que inicialmente estigmatizara de anárquica. Por meio da teoria da revolução permanente, o marxismo revolucionário de Lenin e de Trotski se ligava ao "conjunto de teorias do desenvolvimento modernizador e acelerado que se chama populismo" e que jamais deixou de influenciar "toda a linha antimenchevique e antiliberal da social-democracia russa" (Strada).

No contexto internacional, um tal programa não deixava de manter a Rússia numa posição de atraso com relação aos países ocidentais que já estariam, de acordo com a ortodoxia marxista que Lenin nunca rejeitou explicitamente, amadurecidos para o socialismo. Daí a tentação de atribuir à Rússia a função demiúrgica de despertar para o socialismo as massas proletárias dos países mais evoluídos, inexplicavelmente adormecidas, sempre de acordo com o dogma marxista. Volta aqui um outro elemento do populismo: o nacionalismo messiânico.

IV. A FUNÇÃO REVOLUCIONÁRIA DA GUERRA E A TEORIA DO IMPERIALISMO. — Dois tipos de críticas começaram a ser levantados, por parte do movimento socialista internacional, contra esta estratégia. Em primeiro lugar, questionava-se se poderia ser chamado ainda de socialismo, isto é, de autogoverno da classe operária, o que na realidade se caracterizava como enquadramento da classe e de todo o povo sob a ditadura inquestionável do secretário do partido. Em segundo lugar, se seria possível que um conjunto de arranjos organizacionais conseguiria e, de fato, garantir a revolução, se efetivamente viria a desaparacer a vontade revolucionária na classe operária. Lenin mostrou-se insensível ao primeiro tipo de críticas, na certeza de encarnar, como todo o profeta, a verdadeira vontade do povo eleito; quanto ao segundo tipo, ao contrário, nunca deixou de ser um motivo de sofrido questionamento, até e para além do dia da vitória de outubro, definindo, desta maneira, as sucessivas evoluções de seu pensamento.

Para um Lenin radicalmente realista, a estratégia do *Que fazer?*, após uma consideração mais cuidadosa e após a lição dos acontecimentos, só poderia se revelar como algo fundamentado numa hipótese impregnada de idealismo. Não era concebível, do ponto de vista do realismo sociológico marxista, uma perspectiva política em que uma inteira classe social atuasse de acordo com uma consciência induzida exteriormente e não conforme seus próprios reflexos naturais, condicionados pelo meio social. Se não existem motivos para acreditar que a classe operária se sinta impulsionada a atacar o poder pela constante deterioração de suas condições de vida; se é também pouco provável que a classe desmorone pela própria incapacidade de enfrentar as contradições internas do sistema e o protesto operário delas decorrentes; então, outras motivações e outras causas, tanto ou mais fortes e realistas, se fazem necessárias, senão o partido, mesmo na perfeição de sua organização e na pureza de sua doutrina, correrá o risco de agir em vão.

Era justamente isto que estava ocorrendo na Rússia nos anos que viram, após a revolução de 1905, o czarismo firmar-se em estruturas levemente menos autocráticas, enquanto a classe operária estava recebendo pela primeira vez alguns benefícios em conseqüência do desenvolvimento capitalista, que tomava novo fôlego a ritmo acelerado. Em decorrência disso estava se concretizando uma ruptura insanável no seio da inteligência revolucionária. Porém os acontecimentos de 1904-1905 apresentavam também indicadores positivos que Lenin percebeu rapidamente: a derrota da Rússia na guerra contra o Japão provocara

o ímpeto revolucionário das massas e a desorientação da classe dirigente, esperados inutilmente durante quase um século como frutos da dinâmica interna do sistema. Só faltava aguardar, a esta altura dos acontecimentos, uma guerra de dimensões ainda maiores e uma derrota ainda mais desastrosa, para ter fé na eclosão de uma revolução vitoriosa. Em janeiro de 1913, Lenin escrevia a Gorki: "Uma guerra da Áustria contra a Rússia seria de grande utilidade para a revolução (em toda a Europa oriental); é todavia bem pouco provável que Francisco José e Nicolauzinho nos proporcionem tamanho prazer".

A teoria do imperialismo, elaborada em 1916, após a eclosão da guerra, tem a tarefa de responsabilizar a dinâmica interna do sistema capitalista, reestabelecendo assim, de maneira sumamente criadora, a nível teórico, a ortodoxia marxista, tão duramente posta à prova pelos acontecimentos de 1870-1914.

Cientificamente, a teoria que encara a guerra para a divisão dos mercados como o inevitável desfecho da objetiva impossibilidade que o capitalismo tem para elevar o nível de vida da massa operária, ampliando o próprio mercado interno até torná-lo capaz de absorver uma produção sempre crescente, não merece a excessiva consideração de que tem sido objeto. Trata-se, de fato, de uma repetição de temas populistas que encontram sua melhor refutação justamente nos escritos juvenis do próprio Lenin.

Difícil, todavia, é exagerar a importância que tem na história da ideologia marxista. Vimos como o marxismo se apresentou aos populistas, decepcionados com a classe camponesa, como a promessa do advento de uma outra classe "verdadeiramente revolucionária", e como, chegando a duvidar também desta classe, Lenin deslocou para o partido a tarefa de vanguarda revolucionária. O fracasso do partido alemão, considerado por Lenin como um modelo, perante a guerra de 1914, obrigou-o a buscar garantias ainda mais eficazes. O partido tinha fracassado no Ocidente por ser corrupto; e era corrupto por ter-se identificado com a aristocracia operária, engordada pelas migalhas do espólio colonial, tinha abdicado da sua missão. A insurreição dos povos colonizados, tornada inevitável pela crescente exploração levada a efeito pelos países capitalistas na vã tentativa de afastar o desmoronamento que ameaça suas estruturas econômicas, terá a conseqüência de tornar novamente explosivas as contradições do capitalismo no proletariado ocidental, trazendo ao proletariado ocidental, aliás ao seu partido, o apoio das massas colonizadas e exploradas. Apesar das inumeráveis e complexas incongruências internas, a teoria consegue salvar o messianismo revolucionário, chegando a ampliar seu aspecto numa dimensão, pela primeira vez, verdadeiramente universal. E é justamente este fato que vale politicamente.

Dos camponeses para os camponeses, visto as massas colonizadas do Terceiro Mundo serem constituídas unicamente de camponeses: a teoria do imperialismo é, portanto, a chave que abre ao marxismo a porta da orientalização e que torna possível o renascer, no seu seio, de antigos motivos populistas. Lenin, todavia, chegou apenas a enunciar as premissas de toda esta evolução. Pessoalmente ele permaneceu fiel ao núcleo do marxismo; foi, até o fim, eurocêntrico, isto é, convicto da primazia dos partidos comunistas sobre os países já industrializados, para os quais, através do imperialismo, procura mais um suporte do que um substituto e também um estímulo para compensar suas deficiências, sem explicação a nível da teoria, porém realisticamente percebidas e sofridas por Lenin nos seus últimos anos.

V. ESTADO E REVOLUÇÃO. — A iniciativa do partido de elite e não a do proletariado; a queda das estruturas sociais provocada pela derrota militar, e não pela quebra da dinâmica capitalista; a teoria do imperialismo, enfim, para justificar ideologicamente tais substituições: faltava, porém, algo ainda para a plenitude da teoria leninista. Toda revolução, do seu início ao seu ápice, é uma explosão de anarquismo que, enquanto joga fora as bases do antigo regime, assiste à entrada de grandes massas no cenário político. Aconteceu que, no longo período que antecedeu a guerra, quando tinha sido possível preservar a esperança da revolução unicamente através dos métodos legalistas da SOCIAL-DEMOCRACIA (v.), a ruptura ocorrida entre o marxismo e o anarquismo, pela impaciência revolucionária que caracterizava este último, tinha sido total, abrangendo todas as correntes e as nuanças do socialismo marxista, sem excluir a corrente bolchevique. Era preciso, pois, focalizar bem o alvo. Além disso, na Rússia, após terem sido introduzidos a democracia parlamentar e os sovietes pela revolução de fevereiro de 1917, a tarefa do partido bolchevique consistia em motivar a próxima revolução, que nas suas intenções, ou, melhor, nas intenções de Lenin e Trotski, deveria propiciar ao partido o poder absoluto. Do ponto de vista da doutrina marxista, porém, a tarefa do partido seria a de levar a uma forma transitória de Estado, certamente ditatorial como todo Estado, mas menos e não mais ditatorial, mais e não menos democrático do que a república parlamentar burguesa. E, do ponto de vista da doutrina dos anarquistas, cujo entusiasmo revolucionário era objeto de admiração, a revolução só teria justificativa se conseguisse levar à instaura-

ção imediata do autogoverno e à abolição repentina do Estado. Acrescente-se que o capitalismo se encontrava no começo de sua caminhada, e não na fase de perfeita maturidade, de tal forma que entre as tarefas dos vencedores estava presente também a da industrialização, evidentemente não concretizável sem uma forte dose de coação.

Qual a resposta de Lenin perante exigências tão contraditórias? Confirma o acordo com os anarquistas, quanto à finalidade última: a abolição do Estado. Insiste, porém, na necessidade de se chegar imediatamente, mediante a derrubada do Estado burguês, ao estabelecimento da ditadura do proletariado. Não esconde que, dadas as particulares condições de atraso da Rússia, a ditadura será bem mais rígida do que o previsto nos cânones. Para salvar, porém, a ortodoxia marxista e, ao mesmo tempo, satisfazer e estimular as aspirações anarquistas das massas, concede a instauração imediata da democracia direta, ou autogoverno dos produtores. Lenin não esclarece porém, pelo menos em *Estado e revolução* (agosto-setembro, 1917), como serão regulamentadas as relações entre estes dois poderes: a ditadura do partido em nome do proletariado e o autogoverno dos produtores mediante o sistema de soviets ou conselhos operários. É fácil perceber, e talvez seja justamente isto que se quer seja percebido, que haverá neste contexto uma razoável divisão de tarefas: a ditadura terá a suprema direção da revolução, a democracia direta terá a direção da produção e a administração do cotidiano das comunidades locais, até a extinção da ditadura, ou do Estado, chegado o momento da plenitude dos tempos.

O espírito que permeia a obra e os antecedentes do pensamento leninista não autorizam, porém, esta interpretação, por sinal expressamente rejeitada pelo próprio Lenin. Na hora em que um jornal menchevique insinua que, tendo optado pelo voluntarismo anarquista, os bolcheviques não conseguirão se manter no poder, caso venham a conquistá-lo, Lenin responde: "Quando os escritores da 'Novaia Gizn' afirmam que, colocada a palavra de ordem do 'controle operário', caímos no sindicalismo, sua afirmação não passa de uma imitação tola, escolástica, do marxismo. O sindicalismo ou rejeita a ditadura do proletariado ou a relega a último plano, como o poder político em geral. Nós a colocamos em primeiro lugar". E continua: "quando afirmamos 'controle operário' entendemos apenas o controle operário do Estado operário". Porém, como confirmação de que nunca pretendeu abandonar a teoria que atribui ao partido a tarefa de zelar pelos autênticos interesses das massas em lugar das próprias massas, que o autogoverno não passa para ele de uma mera palavra de ordem para efeitos de propaganda, Lenin conclui: "Após a revolução de 1905, 130.000 proprietários nobres governaram a Rússia. E os 240.000 filiados ao partido bolchevique não estariam em condições de governá-la no interesse dos pobres contra os ricos?".

É controverso que a fórmula "todo o poder aos sovietes", ou seja, organismos de representantes eleitos, correspondesse deveras à abolição anárquica do Estado. De qualquer modo, ela foi entendida pelo autor de *Estado e revolução*, não em sentido anárquico, mas em sentido jacobino-blanquista. Com efeito, Lenin, como ressaltou o líder menchevique Martov, dirigia paradoxalmente essa palavra de ordem "contra os sovietes reais já existentes", os que "a maioria do proletariado" havia escolhido depois da revolução democrática de fevereiro. Sinal evidente, segundo Martov, de que atrás da "ilusão anárquica de destruir o Estado" se escondia, na realidade, "a tendência a concentrar toda força coercitiva do Estado nas mãos de uma minoria", com base na convicção de que, se "o socialismo científico é a própria verdade", o grupo que a possui "tem o dever de a impor à massa".

Estado e revolução não indica, por isso, da parte de Lenin, uma revisão ou leve modificação, mas o aperfeiçoamento final do edifício totalitário de que ele havia começado a lançar os fundamentos em 1902 com *Que fazer?*

VI. A ÚLTIMA REVISÃO. — O exercício do poder impunha a Lenin ainda uma última revisão, a mais significativa, do marxismo tradicional. Diante do malogro desastroso do comunismo de guerra e não havendo na doutrina qualquer indicação relativa à estratégia econômica a adotar para o modernização acelerada da Rússia, Lenin lançava em 1921 a Nova Política Econômica (NEP), que implicava uma volta dirigida ao capitalismo.

Ruía assim a idéia de que a construção do socialismo e a destruição do capitalismo fossem as duas faces de um mesmo e idêntico processo, destinadas, por isso, a avançar *pari passu*. Agora se admitia, ao contrário, que o avanço do socialismo no mundo pudesse até ser acompanhado do deliberado impulso a um certo desenvolvimento capitalista, quando necessário ou simplesmente útil para reforçar as posições já conquistadas. Bastava que o poder total do partido sobre a sociedade civil, a que se permitia assim ressurgir das próprias cinzas, não sofresse com isso e que o grupo dirigente continuasse senhor para determinar os limites e a duração da experiência.

O populismo visava a modernização acelerada da Rússia, sem passar pelo capitalismo, mas não

tinha a mínima idéia de como isto seria concretamente possível. O marxismo, ao invés, pretendia tornar socialista uma Rússia já modernizada pelo capitalismo, mas não sabia precisar qual podia ser neste processo a função de um partido socialista revolucionário. Por sua própria conta, cada uma das duas ideologias, pelo menos na Rússia, tinha chegado a um ponto morto. Fundindo-as, Lenin se propunha a reativá-las. Era bastante lógico, pois, que o Leninismo chegasse a identificar o socialismo com o processo de modernização (populismo) e este com a imitação do capitalismo (marxismo), contando que isso fosse conduzido por um partido antes tornado senhor absoluto do poder mediante a revolução (populismo e marxismo).

É esta a razão por que o êxito do Leninismo se manteve circunscrito às áreas atrasadas do mundo, onde nunca falta um anarcopopulismo indígena para vitalizar, inserindo nele o marxismo.

VII. AS METAMORFOSES DO LENINISMO NO OCIDENTE. — É diferente, ao contrário, a sorte do Leninismo nos países avançados. Em alguns deles, onde a SOCIAL-DEMOCRACIA (v.) havia efetivamente conseguido manter acesa a esperança da revolução, o Leninismo pôde até prosperar, mas jamais chegou a conquistar o poder. O elemento populista que, nos países de desenvolvimento lento, galvaniza o marxismo, o torna pesado, por outro lado, nos países industrialmente desenvolvidos, condenando-o a ficar para trás.

A posição de imobilidade provocou um processo de revisão no próprio seio do Leninismo, um processo em dois tempos, o segundo dos quais está ainda em curso.

A primeira fase se iniciou muito timidamente ainda no tempo de Lenin, quando até o líder bolchevique teve de reconhecer que a ocasião revolucionária na Europa tinha passado. Na esperança de que voltasse, foi permitido aos partidos leninistas atuarem dentro do quadro da legalidade democrática. Quando depois se fez sentir a ameaça do fascismo sobre a Rússia, esta reviravolta tática foi levada aos extremos com a política das Frentes Populares (1935-1939), que viu o Leninismo alinhar-se em defesa do capitalismo democrático, onde quer que ele ainda estivesse em pé na Europa.

A fase posterior se iniciou no segundo pós-guerra, com a aceitação da via pacífica e democrática para a conquista do poder, em lugar da imitação, mesmo na Europa, da via seguida pela Rússia. O modelo soviético continuava, no entanto, ainda plenamente válido para a sociedade que era mister construir uma vez conquistado o poder.

Foi só depois que o XX Congresso do P.C.U.S. revelou, em 1956, os horrores a que levara, no tempo de Stalin, o reviramento da democracia desejado por Lenin, que esta segunda viragem do Leninismo no Ocidente foi amadurecendo lentamente as suas consequências. Houve assim um reconhecimento da democracia como valor perene e a preocupação de assumir um compromisso durável, se não com o capitalismo, que será sempre uma realidade negativa que é preciso "derrubar", "superar", "destruir" (Berlinguer), ao menos com' a propriedade privada, não apenas com a pequena, e com o mercado.

Desta maneira, no Ocidente, o Leninismo, mais que voltar às posições da SOCIAL-DEMOCRACIA (v.) clássica, em relação às quais, com a rejeição do coletivismo integral, se coloca talvez mais à direita, tende a aproximar-se das esquerdas social-democráticas. Um sinal desta convergência está na comum reivindicação de uma "terceira via". Distanciando-se da maioria, a esquerda social-democrática não encontra, com efeito, o socialismo de terceira via no modelo realizado pelo próprio partido, onde vê, quando muito, apenas uma variante melhorativa do capitalismo; busca-o numa terceira via entre o REFORMISMO (v.) burguês e o coletivismo soviético, exatamente como fazem hoje também os euroleninistas.

O que ainda falta para um perfeita identidade de pontos de vista entre os social-democráticos de esquerda e os euroleninistas é o reconhecimento, por parte destes, de que o centralismo chamado democrático é a negação da democracia de partido, tal como o socialismo chamado real é a negação do socialismo. Não se trata de questões abstratamente ideológicas, mas está em jogo o que ligame que os euroleninistas ainda querem manter com a URSS. Se esse obstáculo fosse superado, é claro que, então, a parábola do Leninismo no Ocidente teria atingido o fim.

BIBLIOGRAFIA. – A. BESANCON, *Le origini intellettuali del leninismo* (1977), Sansoni, Firenze 1978; E. BETTIZA, *Il comunismo europeo*, Rizzoli, Milano 1978; D. L. M. BLACKMER e S. TARROW, *Il comunismo in Italia e in Francia* (1975), Etas, Milano 1976; S. CARRILLO, *L'eurocomunismo e lo Stato* (1977), Editori Riuniti, Roma 1977; C. DE CRISENOY, *Lénine face aux moujiks*, Seuil, Paris 1978; L. H. HAIMSON, *The russian marxists and the origins of bolscevism*, Harvard University Press, Cambridge (Mass.) 1955; N. HARDING, *Lenin's political thought*, 1, *Theory and practice in the democratic revolution*, Macmillan, London 1978; J. L. H. KEEP, *The rise of socialdemocracy in Russia*, Clarendon Press, Oxford 1963; B. KNEI-PAZ, *Trockij: la rivoluzione permanente e la rivoluzione dell'arretratezza*, in *Storia del marxismo*, Einaudi, Torino 1980,

3, I; R. LARSSON, *Theories of revolution. From Marx to the first russian revolution*, Almquist and Wicksell, Stockholm 1970; B. LAZITCH e M. M. DRACHKOVITCH, *Lenin and the Comintern*, Hoover Institution Press, Stanford 1972; G. LICHTHEIM, *Il marxismo* (1961), Il Mulino, Bologna 1971; M. LIEBMAN, *Le léninism sous Lénine*, Seuil, Paris 1973, 2 vols.; L. MARTOV, *Bolscevismo mondiale* (1923), ao cuidado de V. STRADA, Einaudi, Torino 1980; A. G. MEYER, *Il leninismo* (1957), Edizioni di Comunità, Milano 1965; L. PELLICANI, *I rivoluzionari di professione*, Vallecchi, Firenze 1975; Id., *Che cos'è il leninismo*, Sugar Co, Milano 1978; R. PIPES, *The origins of bolshevism: the intellectual evolution of young Lenin*, in *Revolutionary Russia*, ao cuidado de Id., Harvard University Press, Cambridge (Mass.) 1968; J. PLAMENATZ, *German marxism and Russian Communism*, Longmans, London 1954; A. RANNEY e G. SARTORI, *Eurocomunism: the italian case*, American Enterprise Institute for Public Policy Research, Washington D. C. 1978; A. ROSENBERG, *Storia del bolscevismo* (1934), Sansoni, Firenzi 1969; D. SETTEMBRINI, *Capitalismo e socialismo in Lenin dalle opere giovanili all'esercizio del potere*, in *Socialismo e rivoluzione dopo Marx*, Guida, Napoli 1974; V. STRADA, *Lenin e Trockij*, in *Storia del marxismo*, Einaudi, Torino 1980, 3, I; T. SZAMUELY, *The russian tradition*, Secker and Warburg, London 1974; A. B. ULAM, *Lenin e il suo tempo* (1965), Vallechi, Firenzi 1967; B. WOLFE, *Leninism*, in *Marxism in modern world*, ao cuidado de M. M. DRACHKOVITCH, Oxford University Press, London 1965; Id., *I tre protagonisti della rivoluzione d'Ottobre* (1948), La Nuova Italia, Firenze 1951; V. ZILLI, *La rivoluzione russa del 1905*. I, *La formazione dei partiti politici (1881-1904)*, Istituto italiano per gli studi storici, Napoli 1963.

[DOMENICO SETTEMBRINI]

Liberalismo.

I. UMA DEFINIÇÃO DIFÍCIL. — A definição de Liberalismo como fenômeno histórico oferece dificuldades específicas, a menos que queiramos cair numa história paralela dos diversos Liberalismos (G. De Ruggiero, M. Cranston) ou descobrir um Liberalismo "ecumênico" (T.P. Neill), que não têm muito a ver com a história. A razão da inexistência de consenso quanto a uma definição comum, quer entre os historiadores quer entre os estudiosos de política, é devida a uma tríplice ordem de motivos.

Em primeiro lugar, a história do Liberalismo acha-se intimamente ligada à história da democracia; é, pois, difícil chegar a um consenso acerca do que existe de liberal e do que existe de democrático nas atuais democracias liberais: se fatalmente uma distinção se torna difícil, visto a democracia ter realizado uma transformação mais quantitativa do que qualitativa do Estado liberal, do ponto de vista lógico essa distinção permanece necessária, porque o Liberalismo é justamente o critério que distingue a democracia liberal das democracias não-liberais (plebiscitária, populista, totalitária). Em segundo lugar, o Liberalismo se manifesta nos diferentes países em tempos históricos bastante diversos, conforme seu grau de desenvolvimento; daí ser difícil individuar, no plano sincrônico, o momento liberal capaz de unificar histórias diferentes. Com efeito, enquanto na Inglaterra se manifesta abertamente com a Revolução Gloriosa de 1688-1689, na maior parte dos países da Europa continental é um fenômeno do século XIX, tanto que podemos identificar a revolução russa de 1905 como a última revolução liberal. Em terceiro lugar, nem é possível falar numa "história-difusão" do Liberalismo, embora o modelo da evolução política inglesa tenha exercido uma influência determinante, superior à exercida pelas Constituições francesas da época revolucionária. Isto porque, conforme os diferentes países, que tinham diversas tradições culturais e diversas estruturas de poder, o Liberalismo defrontou-se com problemas políticos específicos, cuja solução determinou sua fisionomia e definiu seus conteúdos, que muitas vezes são apenas uma variável secundária com relação à essência do Liberalismo. Acrescente-se uma certa indefinição quanto aos referenciais históricos do termo Liberalismo: tal termo pode, conforme o caso, indicar um partido ou um movimento político, uma ideologia política ou uma metapolítica (ou uma ética), uma estrutura institucional específica ou a reflexão política por ela estimulada para promover uma ordem política melhor, justamente a ordem liberal.

Num primeiro momento, é possível oferecer unicamente uma definição bastante genérica: o Liberalismo é um fenômeno histórico que se manifesta na Idade Moderna e que tem seu baricentro na Europa (ou na área atlântica), embora tenha exercido notável influência nos países que sentiram mais fortemente esta hegemonia cultural (Austrália, América Latina e, em parte, a Índia e o Japão). Com efeito, na era da descolonização, o Liberalismo é a menos exportada ou exportável entre as ideologias nascidas na Europa, como a democracia, o nacionalismo, o socialismo, o catolicismo social, que tiveram um enorme sucesso nos países do Terceiro Mundo. É a única, entre as várias ideologias européias, que não consegue realizar seu potencial cosmopolita, que é comum também à democracia e ao socialismo. Nisto, talvez, seja possível encontrar, em sentido negativo, um critério para dar uma definição do Liberalismo.

Uma definição mais consistente do Liberalismo precisa ter necessariamente como ponto de partida o exame da melhor literatura existente, com o objetivo de verificar a validade e os limites dos respectivos enfoques. Somente após termos verificado a pouca utilidade dos dois enfoques mais radicais, o do historiador e o do filósofo, cujas definições abrangem respectivamente pouco demais ou muito demais (§§ II, III), e após termos evidenciado alguns "preconceitos" que encontramos em algumas interpretações históricas de amplo alcance (§§ IV, V), é que procuraremos oferecer uma definição do Liberalismo (§ VI), para ver se o mesmo é uma teoria crítico-empírica atual, ou se já pertence definitivamente ao passado e não é nada mais do que uma "experiência" definitivamente acabada (§ VII).

II. O ADJETIVO LIBERAL. — Para o historiador, é óbvio e natural pensar que a única e possível definição de Liberalismo é a definição histórica, visto estar ele convicto de que a sua essência coincide com a sua história: o Liberalismo é um fato histórico, isto é, um conjunto de ações e de pensamentos, ocorridos num determinado momento da história européia e americana. Todavia é possível encontrar diversas definições históricas. Tomemos como ponto de partida o uso, ao nível historiográfico, do adjetivo liberal; ele foi usado de uma forma meramente receptiva, refletindo todos aqueles conteúdos que carregam a marca de liberal, ou, de uma forma explicativa, como um critério para entender um período ou uma época histórica. Contemporaneamente tem sido utilizado em níveis de indagação bastante diversos, que se relacionam com diferentes disciplinas: para descrever as orientações dos movimentos e dos partidos políticos que se definem liberais, para catalogar numa história do pensamento político as idéias liberais, para caracterizar do ponto de vista tipológico o Estado liberal entre as outras formas de Estado, para perceber, a nível filosófico, o caráter peculiar da civilização ocidental.

Entre as muitas definições históricas, que utilizam o adjetivo liberal, existe em primeiro lugar a do historiador puro, tendo como ponto de partida o uso político do termo "liberal", que é do século XIX (antes, na linguagem comum, o termo indicava uma atitude aberta, tolerante e/ou generosa, ou as profissões exercidas pelos homens livres). De fato, tal termo aparece, primeiro, na proclamação de Napoleão (18 Brumário), entrando, depois, definitivamente, na linguagem política através das cortes de Cadiz, em 1812, para determinar o partido que defendia as liberdades públicas contra o partido *servil*, e, na literatura, através de Chateaubriand, Madame de Staël e Sismondi, para indicar uma nova orientação ético-política em fase de afirmação. O limite desta definição está no fato de que o historiador, se não possuir um critério logicamente definido acerca do que é liberal, acabará por confundir o adjetivo com o substantivo, os liberais com o Liberalismo, em suma, incluirá — e atribuirá — ao Liberalismo um vasto conjunto de atitudes políticas, enquanto o substantivo define apenas algumas delas. A aceitação acrítica do termo liberal pode, pois, conduzir a perigosas conseqüências, quer focalizando mais grupos ou partidos que se autodefinem liberais, quer focalizando mais as idéias que se proclamam liberais. Neste nível de ingenuidade, a história do Liberalismo europeu se revela uma história extremamente confusa: temos inúmeros liberais diferentes entre si, mas não o Liberalismo.

Trata-se, também, de uma definição arriscada, inclusive porque nem sempre grupos e partidos que se inspiravam nas idéias liberais tomaram o nome de liberais, e também nem sempre os partidos liberais desenvolveram uma política coerente com os princípios proclamados. O mapa dos agrupamentos de movimentos ou de partidos liberais no século XIX e no século XX apresenta inúmeros espaços vazios; o que não significa que nestes países inexistiam idéias liberais. Além disso, ontem como hoje, os diferentes partidos com o nome e com as idéias liberais ocuparam nos agrupamentos parlamentares posições bastante diversificadas: conservadoras, centristas, moderadas, progressistas.

Ainda hoje a palavra liberal assume diferentes conotações conforme os diversos países: em alguns países (Inglaterra, Alemanha), indica um posicionamento de centro, capaz de mediar conservadorismo e progressismo, em outros (Estados Unidos), um radicalismo de esquerda defensor agressivo de velhas e novas liberdades civis, em outros, ainda (Itália), indica os que procuram manter a livre iniciativa econômica e a propriedade particular. Por isso, um destacado pensador liberal (F. A. Hayek) propôs renunciar ao uso de uma palavra tão equívoca. Apesar disso, os diferentes partidos liberais buscaram, neste século, formas de integração, num primeiro momento através de *L'entente internationale des partis radicaux et des partis democratiques similaires*, fundada em Genebra no ano de 1924, em seguida, através da Internacional liberal, fundada em Oxford no ano de 1947; hoje, no Parlamento europeu, acham-se federados no grupo liberal e democrático.

Muitas vezes, porém, grupos e partidos não usam o adjetivo liberal isoladamente; no século XIX foram-lhe acrescentados outros termos políticos que, às vezes, acabavam na negação ou na limitação de seu próprio conteúdo. Temos assim os monárquico-liberais que, na firme defesa do ideal monarquista, admitiam formas limitadas de representação política; os liberal-nacionais que, por identificarem a causa nacional com a liberal, perdiam freqüentemente o significado liberal de uma organização federativa ou subordinavam a liberdade à unidade nacional; os católicos (ou os protestantes) liberais que, contra os clericais antiliberais e os anticlericais (às vezes liberais), defendiam a separação entre Igreja e Estado; os liberal-democratas que, contra uma visão limitativa do Liberalismo, encarado como mera garantia dos direitos individuais, salientavam o momento da participação democrática na direção política do país; e, por último, os livre-cambistas liberais que, contrariamente aos liberal-estatalistas, defendiam a total não-intervenção do Governo no mercado interno e em suas relações com o mercado internacional (antiprotecionismo). Alguns destes conteúdos, como a fé monárquica, o ideal nacional, o privilegiamento exclusivo do *laissez faire, laissez passer*, não servem mais para caracterizar o Liberalismo de hoje; outros, ao contrário, tomaram maior consistência, como a indissolúvel relação entre Liberalismo e democracia ou a redescoberta da função da religião como antídoto contra o materialismo da sociedade opulenta.

Como já dissemos, mesmo ao nível das idéias, o termo liberal se revela ambíguo: muitas vezes isto se deve ao fato de o termo ser usado em contextos disciplinares bastante diversos entre si. Temos, assim, um Liberalismo jurídico, que se preocupa principalmente com uma determinada organização do Estado capaz de garantir os direitos do indivíduo, um Liberalismo muitas vezes propenso a transformar suas próprias soluções particulares em fins absolutos (ver, por exemplo, a luta dos liberais franceses na época da Restauração, presos aos princípios das garantias individuais, contra os democratas; ou a teoria alemã do *Rechtsstaat*, ou a volta ao Estatuto pedida por Sonnino em 1897). Temos, em seguida, um Liberalismo político, onde se manifesta com mais força o sentido da luta política parlamentar: resume-se no princípio do "justo meio" como autêntica expressão de uma arte de governar capaz de promover a inovação, nunca porém a revolução. Apesar disso, na sua atuação concreta, esta arte de governar oscilou constantemente entre o simples comprometimento parlamentar, objetivando manter inalterados os equilíbrios existentes, e a capacidade de uma síntese criadora entre conservação e inovação, capaz de libertar e mobilizar novas energias. Foi esta política que causou a passagem da monarquia constitucional para a parlamentar, embora o liberal não tenha sido por princípio um republicano; ou o encontro entre Liberalismo e democracia, embora as resistências tenham sido notáveis, devido às lembranças da experiência jacobina ou ao medo dos clericais e dos socialistas. Temos, enfim, um Liberalismo econômico, intimamente ligado à escola de Manchester: este Liberalismo, muitas vezes, por acreditar que o máximo de felicidade comum dependeria da livre busca de cada indivíduo da própria felicidade, não pesou suficientemente os custos que tal teoria acarretava em termos de liberdades civis e esqueceu que a felicidade tinha sido o objetivo, também, dos Estados absolutistas.

Outro motivo que torna difícil o uso do termo liberal no campo da história das idéias é a diversidade das estruturas sócio-institucionais em que as mesmas se manifestam. De acordo com a acepção do iluminismo francês (assumida integralmente pelo pensamento reacionário ou católico do início do século XIX) e do utilitarismo inglês, Liberalismo significa individualismo; por individualismo entende-se, não apenas a defesa radical do indivíduo, único real protagonista da vida ética e econômica contra o Estado e a sociedade, mas também a aversão à existência de toda e qualquer sociedade intermediária entre o indivíduo e o Estado; em consequência, no mercado político, bem como no mercado econômico, o homem deve agir sozinho. Porém, em contextos sócio-institucionais diferentes, o Liberalismo enfatizou o caráter orgânico do Estado, último elemento sintético de uma série de associações particulares e naturais, fundamentadas no *status*; ou, em outras ocasiões, reivindicou a necessidade de associações livres (partidos, sindicatos, etc.), quer para estimular a participação política do cidadão, que o individualismo (dos proprietários) pretendia reduzir à esfera da vida particular, quer como proteção do indivíduo contra o Estado burocrático.

Estes contextos sócio-institucionais correspondem a diferentes formas de evolução política e de modernização. Sinteticamente podemos esboçar três diferentes posições, tendo como ponto de referência a sociedade civil. Onde, como na Inglaterra, a sociedade veio se libertando, desde o século XVII, autonomamente, da estrutura corporativista, o indivíduo se apresenta "naturalmente" inserido na sociedade, e este espaço de liberdade individual é sempre visto como contraposição ao Governo, considerado um mal necessário. Onde, como na França, a sociedade mantém sua estrutura corporativista, a revolução, a fim

de libertar o indivíduo, apela para o Estado, portador da soberania popular, de tal forma que é rejeitada toda e qualquer mediação entre o indivíduo e o Estado. Onde, como na Alemanha, uma sociedade estruturada em classes demonstra ainda uma notável vitalidade, o Liberalismo apresenta uma concepção orgânica do Estado que mantém — nem dividida, nem contraposta, e sim como seu momento primeiro e necessário — a sociedade civil, de quem se apresenta como verdade manifesta. Destas três posições — associacionista, individualista e orgânica —, após a Revolução Industrial prevaleceu — conforme Tocqueville — a primeira, embora o Liberalismo continue mostrando duas faces e duas estratégias: uma, que enfatiza a sociedade civil, como espaço natural do livre desenvolvimento da individualidade, em oposição ao Governo; outra, que vê no Estado, como portador da vontade comum, a garantia política, em última instância, da liberdade individual.

Outro contraste, que predominou principalmente entre o fim do século XVIII e a primeira metade do século XIX, discriminando o Liberalismo continental do inglês, foi provocado pelos diferentes contextos culturais em que atuam os liberais, isto é, pela específica filosofia de ação que serve de suporte a seu agir, de forma que temos um Liberalismo ético e um Liberalismo utilitarístico. Ambas as concepções rompem ou se encontram em ruptura potencial com a formulação específica do individualismo, oferecida pela filosofia do direito natural e do contrato; ambas colocam a realização dos direitos do homem como fim absoluto: diferem, porém, radicalmente, na medida em que o Liberalismo ético tem sua origem — através de Kant e Constant — em Rousseau, enquanto o Liberalismo utilitarístico — através de J. Bentham e James Mill — a tem em Hobbes. Para o Liberalismo utilitarístico, o desejo da própria satisfação é o único móvel do indivíduo: a fé na possibilidade de harmonizar os interesses particulares egoístas ou de fazer coincidir a utilidade particular com a pública foi possível mediante a aplicação, por analogia, à política dos conceitos formulados para a economia pelos liberais Adam Smith e Ricardo, isto é, os de mercado e de utilidade. Estruturas políticas que maximizassem o mercado político, estendendo o cálculo utilitário ao maior número possível de pessoas, e tornassem os governantes dependentes das leis do mercado, através de eleições frequentes, iriam possibilitar a máxima felicidade para o maior número de pessoas. O Liberalismo utilitarístico, porém, foi supervalorizado pelo inegável peso que teve no radicalismo inglês, no movimento em favor das reformas jurídicas, econômicas e eleitorais das primeiras décadas do século; tudo não passa, porém, de um parênteses, visto que desde John Stuart Mill é enfatizado o Liberalismo ético, que caracterizará todo o sucessivo Liberalismo inglês.

Concluindo este esboço acerca dos grupos ou partidos liberais, bem como acerca das idéias ou filosofias liberais, é apenas possível afirmar que o único denominador comum entre posições tão diferentes consiste na defesa do Estado liberal, nascido antes de o termo liberal entrar no uso político: um Estado tem a finalidade de garantir os direitos do indivíduo contra o poder político e, para atingir esta finalidade, exige formas, mais ou menos amplas, de representação política.

No âmbito do enfoque histórico, o adjetivo liberal é usado para oferecer uma definição mais globalizante, explicativa e não descritiva: fala-se numa "era liberal", que começa com a Restauração (1815) e termina, ou com as revoluções democráticas de 1848, ou com a modificação do clima ético-político após 1870, quando começam a predominar a *Realpolitik*, o nacionalismo e o imperialismo, na política; o edonismo, o materialismo e a irracionalidade, na ética (Croce); ou com a Primeira Guerra Mundial e a crise do contexto liberal que a ela se seguiu (De Ruggiero, Laski). Fala-se numa era liberal, não apenas porque neste período toma-se consciência da liberdade como valor supremo da vida individual e social, mas também porque a liberdade é a categoria geradora que explica todo um conjunto de comportamentos políticos e sociais intimamente relacionados entre si. Mesmo voltando aos grandes princípios da Revolução Francesa, a atmosfera cultural acha-se modificada radicalmente: ao iluminismo, com sua fé exclusiva na razão contra a história, opõe-se o historicismo e sua nova concepção de individualidade, considerada como algo associal ou abstrato, mas como algo sempre determinado historicamente. Justamente por causa de seu sentido do concreto e do real, o historicismo liberal, considerando ser possível fazer uma nova história unicamente sem romper totalmente com o passado, se coloca a favor das reformas e não da revolução: mesmo chegando a aceitar esta última numa situação de necessidade, o Liberalismo rejeita o mito da revolução-libertação, próprio dos democratas e dos socialistas.

A individualidade, quer do indivíduo particular quer da nação, tem o direito à livre manifestação, com vista a uma maior elevação moral dos homens e dos povos. Uma liberdade encarada desta maneira provoca, em todos os segmentos da sociedade, conseqüências tais que são capazes de modificar rapidamente a face da Europa: na vida econômica, a ruptura dos laços corporativos e dos privilégios feudais possibilita a arrancada econômica, acompanhada por um fenômeno novo, o associacionismo (quer para o progresso econômico, quer para a ajuda mútua); no campo político, forma-se uma opinião pública esclarecida que, pela livre discussão, exerce controle sobre o Governo; em todos os campos da vida social, política e cultural, a luta se dá contra a opressão clerical pela abolição da mãomorta e do foro eclesiástico e pela laicidade do Estado e do ensino; e, enfim, luta-se contra as monarquias absolutas, a fim de se conseguir Constituições, instituições representativas, responsabilidade de Governo, em outras palavras, novas instituições que, muitas vezes, não passam de um compromisso entre absolutismo e revolução, monarquia e soberania popular. Este compromisso, sob a pressão das forças democráticas, se revela prejudicial à monarquia, mesmo se do antigo Estado absolutista permanecem as grandes estruturas, como a burocracia e o exército permanente. O mesmo vale a respeito da nação: o princípio liberal de nacionalidade postulava, ao mesmo tempo, a unidade da nação, quando dividida em Estados diferentes, sua independência, quando submetida à dominação de um Estado estrangeiro, e sua liberdade, isto é, aquelas estruturas institucionais que possibilitassem sua livre expressão e o exercício, no contexto europeu, de sua missão específica. O Estado nacional, apto para proporcionar expressão política ao espírito da nação, se configura como a característica sintética da era liberal.

É difícil concordar plenamente com esta redução do Liberalismo à ideologia básica da era liberal. Com efeito, na Europa da Restauração, essa época não surgiu por acaso: ela teve não apenas um prólogo, ao nível das idéias (por exemplo: o indivíduo como fim), no contexto cultural da Europa moderna, a partir do humanismo, mas principalmente no Estado liberal, definido aos poucos pela tradição multissecular da Inglaterra ou pela experiência revolucionária dos Estados Unidos e da França. Terminada a era liberal, após a extensão do sufrágio eleitoral e o conseqüente nascimento dos partidos de massa — com ideologias muitas vezes anti ou a-liberais —, mesmo assim o Estado liberal (no que ele tem de específico) não desapareceu, ao contrário, continua ainda na forma liberal-democrática. Talvez por estes motivos, por estar demasiadamente enraizado na "específica" história da Europa, o Liberalismo se configura como um ideal e uma estrutura política de difícil exportação.

É necessário, portanto, utilizar outra ótica, que focalize não apenas os grupos ou as idéias ou a era liberal, e sim o Estado liberal, passando das partes para o todo. Se os liberais tiveram perto de si reacionários e revolucionários, autoritários e democratas, clericais e socialistas, o Estado liberal demonstrou uma continuidade surpreendente e uma capacidade de acomodação às situações históricas novas e de sobrevivência diante do totalitarismo, que parece acabar em definitivo com a experiência liberal européia. Em outras palavras, não podemos olhar para o Liberalismo como sendo uma simples ideologia política de um partido, mas como uma idéia encarnada em instituições políticas e em estruturas sociais. Todas as grandes ideologias do século XIX — a democrática, a nacionalista, a católica (nos seus aspectos reacionário ou social), a socialista — na medida em que se afastaram explicitamente do Liberalismo, buscaram a edificação de uma outra forma de Estado que, conforme a matriz ideológica, poderia ser um Estado autoritário ou uma democracia populista ou totalitária.

III. O SUBSTANTIVO LIBERDADE. — Se a reconstrução do mapa dos diferentes partidos ou movimentos liberais do século XIX não nos possibilita chegar a uma satisfatória definição de Liberalismo, talvez seja útil tentar o caminho contrário, buscando identificar aquele valor de que os liberais, pelo seu próprio nome, se proclamam arautos, isto é, o de "liberdade". De uma definição histórico-empírica passamos assim para uma definição essencialmente teórica, do adjetivo para o substantivo.

Neste campo, não interessa o antigo problema do livre-arbítrio; também desperta um interesse apenas marginal, devido a suas simplificações políticas, o fato de o homem, pela sua própria natureza, estar sujeito à lei de causalidade, e ser, conseqüentemente, objeto de estudo por parte da biologia, da antropologia e da psicologia. Nada disso interessa, uma vez que, do ponto de vista científico ou experimental, a liberdade não pode ser demonstrada, assim como não pode ser demonstrado seu contrário. Ocupar-nos-emos, pois, da liberdade unicamente em relação ao agir humano (e portanto também à política) e não da liberdade interior, com fundamento nas três principais definições dadas pelo pensamento político-filosófico moderno acerca do agir livre: a liberdade natural, a racional e a libertadora.

Antes de tudo, é útil considerar a concepção naturalística da liberdade: o homem é verdadeiramente livre quando pode fazer tudo aquilo que o satisfaz. Trata-se de uma concepção naturalística, na medida em que o agir humano segue ou obedece aos próprios instintos ou apetites ocasionais; porém, para conseguir satisfazer os próprios desejos, e portanto para ser livre, o homem precisa não encontrar obstáculos e, quando eventualmente os encontrar, precisa possuir também a força (ou o poder) para coagir e subordinar os outros homens. Temos aqui uma liberdade que implica, pois, a desigualdade. Se a liberdade coincide com o poder, quem tem maior quantidade de poder será mais livre: paradoxalmente, o homem verdadeiramente livre é o déspota.

Este tipo de liberdade foi descrito por Hobbes, quando definiu a condição do homem no estado natural, ou por Freud, quando colocou no princípio do prazer o instinto constitutivo da natureza humana. Todavia, contratualistas e psicanalistas concordam em evidenciar a desproporção existente entre necessidades e instintos, por um lado, e os meios e recursos para satisfazê-los, por outro, visto estes últimos serem de fato escassos e limitados. Nasce, assim, a política entendida como poder decisório quanto à distribuição destes meios e destes recursos: o homem, não tendo condições para tudo possuir, consegue pelo menos algo, dobrando-se à autoridade ou ao princípio de realidade. Em outras palavras, em todos os grupos sociais que tenham um mínimo de organização, a liberdade dos indivíduos, para fazerem o que mais lhes apetece, é mais ou menos limitada, conforme a opinião das classes dominantes acerca da nocividade social desta ou daquela liberdade natural.

Precisamos, neste ponto, passar para outra definição da liberdade, radicalmente contrária à que tem seu ponto de partida na liberdade natural e chega a identificar a liberdade com a força. Esta contrapõe a verdadeira liberdade ao arbítrio do indivíduo, que não é livre no imediatismo e espontaneidade de agir, mas pode tornar-se livre na medida em que busca adequar-se a uma ordem necessária e objetiva onde se encontra a essência da verdadeira liberdade. Em lugar de "posso (ser livre), porque quero e porque tenho o poder para agir", afirma-se "posso, porque devo, e devo na medida em que, enquanto homem, participo de uma ordem racional". O instrumento de liberdade é, pois, o conhecimento, isto é, algo radicalmente contrário ao instinto, assim como o homem no Estado natural é o oposto do homem racional que vive em sociedade. A verdadeira liberdade se manifesta, pois, como consciência da necessidade racional.

É difícil sintetizar em que consiste esta ordem e, portanto, esta liberdade, uma vez que as respostas variam conforme os diferentes pensadores. Resumindamente, podemos indicar duas orientações bastante diferentes: uma que enfatiza o homem principalmente na sua dimensão antropológica, às vezes até numa ordem cósmica global, e outra que o encara na sua dimensão social. A primeira apresenta apenas um interesse marginal: é a encontrada na filosofia helenística, em Spinoza e em Freud; segundo esta orientação, o homem se torna livre na medida em que identifica e domina suas paixões e seus instintos. É possível abster-se daquilo que o indivíduo não tem condições de dominar; é necessário acomodar-se àquelas necessidades que correspondem a uma ordem cósmica; é necessário elevar ao nível da consciência a vida instintiva através da autoanálise.

A segunda orientação, e que se propõe focalizar a posição do homem na ordem social, define a liberdade de maneira estática (nos séculos XVII e XVIII) ou de maneira dinâmica (no século XIX): no período que vai entre a primeira e a segunda definição, encontramos a teoria do Estado e a filosofia da história, de Hegel. Para os primeiros (Hobbes, Spinoza, Rousseau), a verdadeira liberdade existe unicamente no Estado (absoluto ou democrático) que, ao mesmo tempo, concretiza a ordem e se faz portador de um valor ético, uma vez que, no momento do Estado, o egoísmo do indivíduo é abafado e superado numa vontade mais elevada ou maior que abrange em si também o *alter* ou o *socius*. Para os segundos (Marx e Comte), a verdadeira liberdade consiste na consciência dos caminhos da história e no agir conseqüente para realização de sua finalidade imanente, uma sociedade sem classes ou a ordem social planificada pela ciência. Enquanto a liberdade natural é sempre *liberdade do Estado*, esta, ao contrário, é liberdade *no* Estado (óu na classe ou na ordem descoberta pela ciência).

Temos, enfim, uma terceira definição de liberdade que, de maneiras diferentes, participa da primeira e da segunda. Com efeito, por um lado, enfatiza o fato de a verdadeira liberdade não consistir na espontaneidade natural, e sim na emancipação ética do homem; todavia, por outro lado, afirma não existir um critério objetivo e necessário para determinar o que vem a ser o bem e o mal, nem tampouco, um poder (a Igreja, o Estado, a classe, o partido, a ciência) que seja o intérprete e o executor deste critério. Em outras palavras, a verdadeira liberdade consiste na possibilidade situacional que o homem tem para escolher, manifestar e difundir seus valores, morais ou políticos, a fim de realizar a si próprio.

Falou-se em possibilidade situacional porque, para ser livre, duas condições precisas têm que ocorrer. Por um lado, é preciso *maximizar* as possibilidades objetivas de opção num sistema político e num contexto social que assegurem um real pluralismo para as vocações e as profissões: não é de fato livre quem se acha forçado a escolher entre aceitar ou rejeitar, entre a presença ou o silêncio; além disso, uma sociedade é tanto mais livre quanto menor é a distância entre as vocações e as profissões. Por outro lado, é preciso, também, *minimizar* os condicionamentos (internos e externos) que podem atuar sobre os motivos e os móveis da ação. Retomando alguns temas focalizados superficialmente neste parágrafo, é preciso lembrar que não apenas os processos normais de socialização (a partir da educação até aos *mass media*), mas também a psicologia e a biologia, utilizados instrumentalmente pelo poder político, podem condicionar as opções individuais. Além disso, os indivíduos, mesmo sem estes condicionamentos, para serem livres, precisam, mediante o conhecimento, dominar os próprios instintos e as próprias paixões.

Nesta terceira definição passamos necessariamente de uma "liberdade de auto-emancipação ou de realização de si próprio" para uma "liberdade dos condicionamentos externos e internos". A liberdade de fazer supõe assim a liberdade de *poder* fazer: sublinhamos a palavra poder justamente porque ela permanece, de alguma maneira, relacionada com a liberdade, visto que a liberdade de querer supõe, ao nível da ação, algumas garantias, isto é, ausência de impedimentos e condicionamentos externos e internos e, portanto, uma possibilidade de poder. Em outras palavras, exige a existência de um espaço público que possibilite e garanta, ao mesmo tempo, a livre manifestação das faculdades humanas bem como a dos processos políticos e sociais. Esta passagem necessária não implica, porém, que a liberdade venha a ser um *status* política e socialmente garantido; ela nada mais é do que uma condição ou um pré-requisito para a possível manifestação da liberdade, para a emancipação ou a realização do homem, sempre na dependência de uma opção ou, melhor ainda, de uma sua ação. Neste sentido, entende-se por ação livre aquela que tem condições para chamar à existência o que não existia, quebrando desta forma os processos histórico-sociais que, pela repetição passiva das finalidades da ação, correm o risco de se tornar automáticos e cristalizados. Precisamos, ainda, definir se o espaço onde esta liberdade se manifesta é um espaço essencialmente particular, que possibilita ao homem testemunhar seus valores morais, ou se é espaço "político", para contribuir na definição de opções visando qualidade de vida.

Estas definições da palavra liberdade trazem pouca ajuda para identificar o fenômeno histórico do Liberalismo, visto serem por demais abrangentes. Podemos, de fato, resumir nestas três definições toda a história da moderna filosofia política; bem como poderíamos resumir nelas todas aquelas formas de organização do poder que nada têm de liberal, da absolutista para a democrática (pura) e à socialista (soviética). A análise feita até este ponto, pode, todavia, ter utilidade se nos perguntarmos qual é a resposta dos pensadores, normalmente considerados "liberais", ao problema destas três liberdades: a liberdade natural, a liberdade na ordem racional, a liberdade como auto-emancipação.

Nenhum pensador liberal se opõe a que o Estado limite a liberdade natural ou o espaço de arbítrio de cada indivíduo. Isto, porém, com duas condições bem definidas: a primeira consiste na preocupação de conciliar o máximo espaço de arbítrio individual (o homem contra o Estado repressivo) com a coexistência dos arbítrios alheios, com base num princípio de igualdade jurídica; a segunda impõe que, para limitar a liberdade natural, deve ser utilizado, como instrumento, o direito — a norma jurídica geral válida para todos —, um direito que seja expressão de um querer comum (Kant). Em suma, a decisão acerca da nocividade, ou não, desta ou daquela liberdade natural, bem como o consequente controle social levado a efeito pelo direito, deve ser uma resposta à opinião pública e às formas institucionais, mediante as quais a mesma se organiza.

Historicamente, os pensadores liberais defenderam, contra o Estado, duas liberdades naturais. Na época do capitalismo nascente, lutaram a favor da liberdade econômica: o Estado não deveria se intrometer no livre jogo do mercado que, sob determinados aspectos, era visto como um Estado natural, ou melhor, como uma sociedade civil, fundamentada em contratos entre particulares. Aceitava-se o Estado somente na figura de guardião, deixando total liberdade (*laissez faire, laissez passer*) na composição dos conflitos entre empregados e empregadores, ao poder contratual das partes; nos conflitos entre as diferentes empresas (no âmbito nacional assim como no supranacional), ao poder de superação da concorrência que sempre recompensa o melhor. No período pós-industrial e tecnológico, foi reivindicada, pela esquerda, a liberdade sexual bem como a do uso de drogas contra as inibições de uma moral julgada, ao mesmo tempo, cristã e burguesa, sacramental e ligada ao sistema produtivo, para alcançar a ressurreição terrena da carne.

De forma diferente, ambas são liberdades naturais, que privilegiam o mais poderoso, quer no mercado quer na busca do prazer; consequentemente, estas liberdades acabam por gerar conflitos e violência bem como uma diminuição de tutela jurídica, tarefa natural em função da qual se formou o Estado moderno. Muitos pensadores liberais, porém, sempre aceitaram uma dose mais ou menos elevada de conflitos e de violência no âmbito do Estado, justamente a fim de ampliar o espaço do arbítrio ou da liberdade natural do homem, nunca, porém, renunciaram à intervenção, em última instância, do Governo como poder de julgamento entre as partes em luta (mediação nas questões trabalhistas, protecionismo, leis contra os monopólios), ou como órgão defensor das posições mais fracas (salvaguarda dos direitos civis, reforma do direito de família, dando particular atenção aos menores e à situação da mulher, luta contra as drogas pesadas).

Pelo contrário, os liberais foram abertamente contra o princípio de liberdade no Estado, no caso deste princípio não ser entendido unicamente como de liberdade política, isto é, como participação na definição das orientações políticas do Governo, enquanto reivindicam plena liberdade social (de palavra, de reunião, de associação, de imprensa, de empresa) em relação ao Estado. Os liberais, com exceção dos que se inspiraram na filosofia de Rousseau ou de Hegel, nunca acreditaram que a vontade geral, manifestada pelo Estado, fosse qualitativamente diferente do somatório ou, melhor, da agregação, fruto de compromissos, das vontades particulares de indivíduos e de grupos. Além disso, sempre combateram a afirmação de que o Estado, como concreta universalidade, é o portador e o concretizador do valor ético, a que deve se reduzir substancialmente a vida do indivíduo, por ser o Estado visto, por um lado, como Governo (isto é, como uma parte em relação a um todo que é a sociedade) e, por outro lado, como simples organização política e jurídica da força, que, para o liberal, precisa buscar no consenso a própria legitimidade.

O pensador liberal, porém, embora seus ideais se oponham a quem pensa existir uma ordem necessária e objetiva da qual alguém seja o intérprete e o fiador, sente-se obrigado a aceitar a idéia de um bem absoluto, que é justamente o Estado liberal. Continua sendo um bem absoluto, embora retirado do campo da ética (liberdade interior) e submetido ao campo do direito (liberdade exterior), embora o Estado liberal tenha que ser moralmente neutro e só possa permitir uma organização da sociedade em que cada indivíduo e cada grupo social tenha condições para perseguir livremente seu próprio objetivo e escolher seu próprio destino, ou sua própria maneira de ser no mundo, sem que ninguém (nem homens, nem grupos) possa impedi-los, enfim, mesmo em se tratando de um Estado reduzido a um mero procedimento político e jurídico. É um bem absoluto justamente porque pressupõe, como valor, o indivíduo visto como fim e não como meio, o princípio do diálogo, a superioridade da persuasão sobre a imposição, o respeito pelos outros, e, através deste valor, a significação positiva das diferenças e da diversidade. Em síntese: o Liberalismo absolutiza um método, não os fins.

O Estado liberal, como bem absoluto, não passa de um ideal limite ou orientador da experiência política, uma vez que conflitos ou tensões, próprios de uma estrutura pluralista, nem sempre são resolvidos pelo diálogo ou pela persuasão, ao contrário, muitas vezes a força atua como fator decisivo; trata-se, porém, de uma força que aceita uma regra jurídica; é melhor conferir do que quebrar a cabeça. Apesar, porém, desta tentativa para regulamentar o uso da força, é preciso reconhecer que não foi eliminada a existência dos poderosos e dos fracos no mercado político e social: a tentativa de legitimação da força, transformando-a em poder (legítimo), nunca a elimina por completo, permanecendo de pé o Estado natural justamente nos espaços não ocupados pela sociedade civil (por exemplo, o mercado econômico assim como o mercado político).

A terceira definição de liberdade (liberdade como emancipação e auto-realização do homem) parece captar a verdadeira liberdade liberal; precisamos, porém, reconhecer que, nas teorizações efetuadas a respeito desta definição, muitas vezes prevalece o elemento ético (o de uma liberdade que poderia se desenvolver unicamente na esfera particular) sobre o elemento político da gestão do poder: dentro da visão mais ampla possível, poderíamos entendê-la como liberdade da política, na medida em que, para alguém ser livre, basta que faça unicamente o que está em seu poder. Vale lembrar que no Estado moderno existem fortes tendências que levam a um máximo de não-politização e de neutralização do indivíduo no campo de seu mundo particular e não político.

Este Liberalismo ético corre o perigo de se apresentar como atitude aristocrática, reivindicada por algumas elites, como política de intelectuais. A ausência do momento especificamente político é explicada, em parte, pelo fato de tais reivindicações emergirem principalmente durante períodos em que as estruturas autoritárias do Estado não permitem atividades políticas, ou durante períodos em que a mobilização totalitária dos indivíduos faz serem políticas todas as manifestações da vida: basta lembrar a reivindicação de liberdade religiosa no período do absolutismo ou a "religião da liberdade" de Croce na era dos totalitarismos. O pensamento político liberal (com Locke, Montesquieu, Constant) sempre reafirmou que a liberdade política, ou seja, a efetiva participação dos cidadãos no poder legislativo, é, em última análise, a única verdadeira garantia de todas as outras autônomas liberdades, enquanto to Tocqueville achava que a verdadeira instância ética liberal somente poderia se concretizar na atividade política.

Mediante esta nova leitura, das três definições do conceito de liberdade auxiliados pelos "clássicos" do Liberalismo, não conseguimos ainda defini-lo. Os resultados obtidos através da reconstrução "histórica" do mapa dos movimentos e das idéias liberais, bem como do exame "teórico" das diferentes definições de liberdade, nos proporcionam todavia referenciais para examinar — sempre de forma crítica — algumas definições históricas, bem amplas, do Liberalismo. Os referenciais são proporcionados justamente por estas duas linhas convergentes que devem servir para focalizar corretamente o Liberalismo: por um lado, um dado "duro" ou "frio", o *Estado* liberal com seus mecanismos jurídicos e políticos; por outro lado, um dado "flexível" ou "quente", a real evolução cultural, política e social que caracteriza a emancipação humana de estruturas autoritárias e a ruptura dos automatismos dos processos histórico-sociais, em outras palavras, os diferentes *momentos* liberais.

IV. LIBERALISMO E CIVILIZAÇÃO MODERNA. — Vamos examinar agora duas maneiras de interpretação do Liberalismo e de ambos daremos a definição: a primeira, "temporal", na medida em que se propõe a interpretar o espírito de uma época; a segunda "estrutural", na medida em que se propõe a interpretar as estruturas, sejam elas institucionais (o Estado) ou sociais (o mercado, a opinião pública). Uma vez que avançamos tipologicamente, podemos afirmar que a primeira dominou a cultura política no período entre as duas guerras, enquanto a segunda veio se definindo e caracterizando neste após-guerra. Ambas, todavia, se situam no mesmo horizonte de discurso: o Liberalismo é um fenômeno que caracteriza a Europa na Idade Moderna. Esta afirmação é correta, quando o uso do adjetivo "moderno" é apenas neutro e descritivo (após o século XVI): muitas vezes, porém, este uso é altamente valorativo (o bem após o mal), visto que o "moderno" tem um "valor". Este enfoque é bastante perigoso e acarreta graves riscos de não se compreender bem o Liberalismo no plano histórico, riscos que procuraremos mostrar falando em três "preconceitos": o filosófico (§ IV), o jurídico e o histórico (§ V).

Antes de tudo, precisamos observar que, se tudo aquilo que acontece no "moderno" se acha positivamente relacionado com o Liberalismo, acabamos por transformar a proximidade de processos históricos diferentes numa sua coincidência. Chegamos, assim, muitas vezes a ter uma visão providencialista e triunfalista do Liberalismo, visão que esquece a dureza de suas lutas, suas freqüentes derrotas e a diversidade de suas estratégias, conforme as diferentes circunstâncias históricas. Enfim, perde-se de vista os momentos liberais concretos para se ter um Liberalismo — pelo menos até a segunda metade do século XIX — sempre no ápice da história: o Liberalismo, na sua história mais autêntica, não coincidiu sempre com o Governo, visto ter-se encontrado muitas vezes em posições de oposição radical, quando não até de heresia.

Além disso, esta interpretação unitária do Liberalismo na Idade Moderna leva à descrição de seu nascimento, de seu apogeu e de seu ocaso. Nas interpretações temporais, mais otimistas, o Liberalismo encontrará sua plena verdade e sua superação no socialismo, este também filho da modernidade (De Ruggiero e Laski). Nas interpretações estruturais, mais pessimistas, o fim do Liberalismo será um fenômeno de autodestruição e coincide com a "crise" da Europa (Habermas, Koselleck); a verdadeira face do Liberalismo será evidenciada pelo seu rápido modificar-se em fascismo (Marcuse, Horkheimer), como conseqüência da transformação do mercado: seriam, em suma, duas formas de domínio "burguês" (Kühnl). Com efeito, num primeiro momento, os capitalistas individualmente operam no mercado, mediante a posse efetiva das propriedades particulares, garantida por um Estado neutro; em seguida, porém, mediante o capitalismo monopolístico ou o capitalismo de Estado, é eliminado todo e qualquer espaço de liberdade e se enverda pelo caminho da sociedade global da pura dominação, sociedade regida por uma razão que conta unicamente a grandeza e as coisas, enquanto marginaliza a liberdade e a fantasia dos homens.

As interpretações temporais do Liberalismo, procurando definir seu espírito, buscam todas o "prólogo no céu" das formas históricas do Liberalismo (De Ruggiero, Laski). Este espírito consiste na nova concepção do homem, que foi se afirmando na Europa em ruptura com a Idade Média, e que teve, como suas etapas essenciais, a Renascença, a Reforma e o racionalismo (de Descartes ao iluminismo). A Renascença, pela sua concepção antropocêntrica em contraste com o dualismo medieval, pela sua percepção orgulhosa e otimista de um mundo a ser inteiramente conquistado, representa a primeira ruptura radical com a Idade Média, onde não havia espaço cultural para a consciência do valor universal e criador da liberdade, oferecida unicamente sob a forma de privilégios. Mais tarde, a Reforma protestante — principalmente o calvinismo — traz a doutrina do livre exame, derruba

o princípio da necessidade de uma hierarquia eclesiástica como órgão de mediação entre o homem e Deus, emancipando assim a consciência do indivíduo, ministro do Deus verdadeiro, que pela ascese no mundo (e não fora dele) pode disciplinar racionalmente toda a própria vida. Por analogia, com Descartes, há uma rejeição da tradição; a razão encontra em si mesma seu ponto de partida, eliminando pela dúvida metódica e pelo espírito crítico todo dogma e toda crença, confiante apenas nos novos métodos empírico-analíticos da ciência. Esta revolução cultural encontrará sua plenitude política no iluminismo, quando, em nome da razão, será declarada guerra à tirania exercida sobre as consciências pelo Estado, pela Igreja, pela escola, pelos mitos e pelas tradições; quando, enfim, será dado o ponto de partida para a aplicação do espírito científico ao domínio da natureza e à reestruturação da sociedade.

Tem sido este o longo processo histórico que levou o indivíduo a se sentir livre, a ter plena consciência de si e de seu valor e a querer instaurar plenamente o regnum hominis sobre a terra. As origens do Liberalismo coincidem, assim, com a própria formação da "civilização moderna" (européia), que se constituiu na vitória do imanentismo sobre o transcendentalismo, a liberdade sobre a revelação, da razão sobre a autoridade, da ciência sobre o mito.

O limite desta reconstrução temporal do Liberalismo está principalmente num preconceito "filosófico", que leva a resultados não mais defensáveis, ao nível da crítica histórica. Um fenômeno estritamente político, como o Liberalismo, é interpretado, de acordo com este enfoque, a partir da tradicional divisão em períodos da história da filosofia moderna, entendida como vitória do subjetivismo sobre a transcendência, ou como redescoberta do absoluto no próprio homem, de tal forma que o mesmo é universalizado. Nesta reconstrução, é limitado o valor atribuído aos clássicos do Liberalismo, todos ligados à política, enquanto um valor excessivo é atribuído aos clássicos da filosofia, de tal forma que se corre o risco de transformar o Liberalismo na expressão política da filosofia "moderna". Em outras palavras, corre-se o risco de transformar o Liberalismo numa concepção do mundo, numa ideologia sincretista, reelaborada a posteriori, com base nos mais diversos materiais filosóficos. Na realidade, revela-se bastante difícil, para não dizer impossível, inserir os clássicos do pensamento político liberal numa história da filosofia, focalizada por períodos, tendo por base o critério de "moderno" (iluminista e romântico).

Esta reconstrução temporal precisa ser revista numa dimensão política e não filosófica, que considere os processos sociais bem mais amplos e complexos. Não há dúvidas quanto à estrita ligação existente entre o Liberalismo e a teoria do individualismo, própria da cultura da Europa moderna; embora as motivações culturais, da Renascença ao romantismo, tenham mudado consideravelmente. De qualquer forma, o Liberalismo é apenas uma das soluções políticas desta teoria, a que se revelou historicamente vitoriosa mediante as várias Declarações dos direitos do homem e do cidadão, que consagram a liberdade — no plural — de cada cidadão. O enfoque filosófico, ao contrário, leva a ressaltar, numa visão progressista (iluminista) ou providencial (romântica), as etapas necessárias e inevitáveis mediante as quais o homem se emancipa até alcançar a "universal" razão abstrata do iluminismo ou a "universal" razão histórica da filosofia romântica. Nestes momentos, conforme os diferentes autores, teríamos a plena consciência da idéia liberal. Este Liberalismo filosófico, de origem francesa (Rousseau, Condorcet) ou alemã (Hegel), visa unicamente a liberdade individual — e por isso mesmo absoluta — que o indivíduo alcança na medida em que consegue atingir o universal, a vontade geral ou a vontade do Estado, as únicas que são expressão de autêntica liberdade. Em síntese: o enfoque filosófico reduz a liberdade individual à vontade geral ou ao Estado, enquanto o enfoque político pretende garantir as liberdades empíricas do indivíduo.

Uma segunda diferença entre o Liberalismo na sua interpretação filosófica e o Liberalismo na sua interpretação política consiste no seguinte: o primeiro exalta a unidade da vontade política soberana, o segundo defende as diferenças entre os diversos grupos sociais. Encontramos na história da Europa moderna uma série de fenômenos culturais e sociais, que quebram a ordem que sustentava o mundo medieval e desarticulam a sociedade. Temos a Reforma Protestante e o surgimento de uma pluralidade de Igrejas e temos, também, a afirmação de um mercado aberto, onde novos grupos sociais começam a emergir, a tomar consciência de si e a entrar em confrontos. O nascimento do Liberalismo se dá, justamente, no momento em que se percebe que esta diversidade não é um mal, e sim um bem. Percebe-se, ainda, a necessidade de encontrar soluções institucionais, que possibilitem a esta sociedade "diferente" sua expressão. As duas grandes etapas que caracterizaram a maturação do Liberalismo são: o debate acerca da liberdade religiosa, com a necessária separação entre o político e o religioso (Milton, Locke), e a defesa dos partidos políticos como canais para a expressão dos diferentes grupos sociais (Hume, Burke).

Enfim, a própria concepção imanentista precisa ser invertida e percebida, não como uma evolução ideal (ou filosófica) que possibilita ao pensamento alcançar a plenitude da autoconsciência, e sim como um simples fato ou como um processo histórico-social, característico da moderna história da Europa, chamado hoje de secularização ou de morte de Deus: é neste contexto que precisamos focalizar a história do Liberalismo. É necessário não esquecer o processo de laicização da cultura política, cada vez mais forte após o século XVI; processo tornado inevitável pela crescente complexidade da gestão do Estado moderno, que exige cada vez mais técnicas racionais, baseadas na quantificação, bem como atitudes de racionalidade para uniformizar os dados fornecidos pela tradição. É também necessário não esquecer o crescente processo de difusão da cultura, a partir da invenção da imprensa, que multiplicou a força e a difusão das idéias, até a revolução dos *mass media*, que colocou os indivíduos na condição de se sentirem sujeitos livres e autônomos para emitir seus próprios julgamentos.

O subjetivismo moderno, fazendo com que o indivíduo submeta progressivamente ao controle da razão todas as formas condicionantes de seu viver (religião, ciência, política, economia, ética, estética) e chegue a se expressar nas maneiras mais diversas, não representa apenas um fenômeno de evolução filosófica, e sim, de maneira mais acentuada, um verdadeiro processo social na direção de uma crescente igualdade de condições e de pensamentos, de maneira que a frágil subjetividade empírica se sobreponha à idéia do sujeito transcendental. Neste novo contexto social, aquele absoluto, que a filosofia identificou como imanente ao indivíduo, revelou-se — totalmente ao contrário — como sendo apenas uma atitude de conformismo própria da sociedade de massa, onde todos se consideram livres e autônomos em seus pensamentos, após a eliminação de toda autoridade institucionalizada e de todo valor transcendental. Na realidade, neste tipo de sociedade, aumenta a pressão da opinião comum que, com a mudança dos costumes, possibilita grande espaço para a livre manifestação de uma subjetividade totalmente isenta de qualquer direcionamento.

Este preconceito "filosófico", que vê na Renascença, na Reforma e no racionalismo o prólogo do Liberalismo, leva a três equívocos bastante graves do ponto de vista histórico e que não podem, neste momento, ser ignorados. Está totalmente ausente do pensamento liberal, sempre atento à realidade, o ideal renascentista de Prometeu, a orgulhosa certeza de que o homem, quebradas as correntes, teria realizado na terra sua emancipação total, juntamente com a da humanidade. O radical pessimismo antropológico, pelo qual compete ao liberal apenas um trabalho paciente de reconstrução contra as ameaças, sempre novas e diferentes, à liberdade, não lhe permite chegar a esta visão perfeccionista. Sua confiança no indivíduo não é ilimitada; ela assume tonalidades otimistas unicamente na polêmica contra o paternalismo de tipo absolutista, que tinha seu ponto de partida na mesma premissa antropológica pessimista e chegava a concluir que os homens são incapazes de se autogovernar e de optar pela própria felicidade (Kant).

O pensamento liberal, porém, não partilha também do racionalismo construtivista característico de uma parte do iluminismo, ou seja, daquela total confiança na razão, sustentada pela vontade da maioria, ou na ciência, como tendo condições para construir a verdadeira ordem política, planejando a vida social. Em outras palavras, o Liberalismo não acredita na sociedade como uma máquina que possa ser artificialmente construída de acordo com um modelo doutrinário; ao contrário, vê a sociedade como um organismo que precisa crescer de acordo com as tensões provocadas pelas forças que nele se encontram, na liberdade dialética dos valores por ele manifestados (J. S. Mill). O marxismo parece ser o herdeiro mais lógico do racionalismo construtivista do iluminismo. Justamente por este seu posicionamento, o Liberalismo é levado a exigir limitações ao poder governamental, desconfia de uma verdade objetiva e absoluta, estimula uma mentalidade experimental e pragmática, que submete constantemente os próprios enunciados a verificações empíricas, porque somente assim é possível um confronto ou um diálogo positivo entre posições políticas diferentes. Em suma, os liberais se identificam mais com um método do que com uma doutrina.

Porém, o pior engano consiste em ver no Liberalismo uma conseqüência da Reforma (ou do puritanismo): trata-se de uma tese bastante difundida, quer entre os católicos integralistas, quer entre os liberais leigos, que ignora as motivações radicalmente religiosas e não liberais que animaram luteranos, calvinistas e puritanos, e esquece que a Reforma se constitui na antítese e não na continuação da Renascença. Se alguns referenciais de procedência cristã foram assumidos pelo pensamento liberal, eles têm origem, tanto na tradição da Reforma católica (o livre-arbítrio de Erasmo) quanto na tradição da Reforma Protestante (o pessimismo antropológico). Todavia estes referenciais são assumidos num contexto de síntese, que é político, secular e não religioso, visto buscar, não a salvação ultraterrena, e sim uma ordem política terrena, fundamentada nas liberdades civis e no controle do poder político, que desta forma perde toda fundamentação sagrada. É inegável que na França, durante as guerras de religião, e na Inglaterra, antes e durante as guerras civis, encontramos no debate político um emaranhado de relações entre argumentações constitucionais, teorias políticas democráticas e motivações religiosas; tudo isto, porém, é fruto unicamente de circunstâncias históricas específicas. A secularização da cultura política superará com facilidade este emaranhado de relações.

É nestes debates políticos que começam a se definir, nuclearmente, os princípios do Liberalismo. Porém, a verdadeira e autônoma face do Liberalismo se manifesta somente na resposta, por ele dada, ao problema da ruptura da unidade religiosa, resposta que, num primeiro momento, se chama tolerância e, num segundo momento, liberdade religiosa: a liberdade religiosa é o berço da liberdade moderna. A conclusão desta longa e complexa história, que conheceu as contribuições dos políticos defensores da tolerância em nome da razão de Estado, dos católicos formados na tradição erasmiana, que preferiam a persuasão à perseguição, dos setores mais radicais da Reforma perseguida em toda parte, dos deístas e dos ateus mais tarde, não foi evidentemente o Estado democrático leigo com sua religião civil, nem o Estado ético, figuras de Estado que chegaram até nós mediante a tradição do jacobinismo francês, a primeira, e do idealismo alemão, a segunda, justamente porque os adjetivos "leigo" e "ético" exprimem a religião do "moderno". Temos a verdadeira conclusão no princípio, claramente enunciado por Tocqueville, de livres Igrejas em livre Estado, onde as Igrejas não representam um refúgio para o indivíduo na sua particular individualidade, e sim uma verdadeira e autêntica instituição política, garante, para toda a comunidade, da riqueza da vida ética e religiosa, capaz de se contrapor aos impulsos edonistas da sociedade do bem-estar, que representam o perigo mais sutil para a liberdade numa sociedade democrática de massa.

V. LIBERALISMO, IDADE BURGUESA. — A interpretação estruturalista, tradicional junto aos juristas, foi retomada recentemente por historiadores de inspiração marxista ou weberiana: o Liberalismo seria filho do Estado moderno ou, em sentido mais amplo, seria conseqüência ou resposta à nova estruturação organizacional do poder, instaurando-se na Europa a partir do século XVI.

O Estado moderno é definido como tendo o monopólio da força (ou do poder de decidir em última instância), atuando em três níveis: jurídico, político e sociológico. No nível jurídico, atua mediante a afirmação do conceito da soberania, confiando ao Estado o monopólio da produção das normas jurídicas, de forma a não existir direito algum acima do Estado que possa limitar sua vontade: o Estado adquire, pois, o poder para determinar, mediante leis, o comportamento dos súditos. Os próprios direitos individuais se apresentam, muitas vezes, apenas como benignas concessões ou como expressão de autolimitação do poder por parte do Estado. Além disso, a soberania é definida, em muitos casos, em termos de poder e não de direito: é soberano quem possui a força necessária para ser obedecido, e não quem recebe este poder de uma lei superior. No nível político, o Estado moderno representa a destruição do pluralismo orgânico próprio da sociedade corporativista: pela sua atuação constante, desaparecem todos os centros de autoridade reivindicadores de funções políticas autônomas, tais como as cidades, os Estados, as corporações, de tal forma que venha a desaparecer toda mediação (política) entre o príncipe, portador de uma vontade superior, e os indivíduos, reduzidos a uma vida inteiramente particular e tornados todos iguais enquanto súditos. No nível sociológico, o Estado moderno se apresenta como Estado administrativo, na medida em que existe, à disposição do príncipe, um novo instrumento operacional, a moderna burocracia, uma máquina que atua de maneira racional e eficiente com vista a um determinado fim.

Desta forma, a história do Liberalismo passaria pela história do Estado absolutista, uma vez que a afirmação do momento da autoridade seria a premissa necessária para uma liberdade autêntica, que não fosse apenas um privilégio de determinada classe ou grupo. O Liberalismo (e/ou a democracia) representaria, desta forma, a reconquista pelas bases deste tipo de Estado, que já alcançou sua plenitude: o Liberalismo levaria à autolimitação do Estado para garantir os direitos públicos e subjetivos dos cidadãos; ao mesmo tempo, a democracia serviria para legitimar este Estado mediante o sufrágio universal. Esta tese é a expressão do preconceito "jurídico", que leva a não compreender de forma correta a história do Liberalismo e a não conhecer satisfatoriamente a contribuição oferecida unicamente por ele, na elaboração de procedimentos jurídicos e estruturas institucionais garantidas. Do ponto de vista jurídico, o Liberalismo, por estar intima-

mente ligado ao constitucionalismo, sempre se manteve fiel ao princípio (medieval) da limitação do poder político mediante o direito, de tal forma que somente as leis são soberanas, justamente aquelas leis limitadoras do poder do Governo. Do ponto de vista político, o Liberalismo sempre se apresentou como defensor das autonomias e das liberdades da sociedade civil, ou seja, daquelas camadas intermediárias, mediadoras entre as reais exigências da sociedade e as instâncias mais especificamente políticas: sempre colocou a variedade, a diversidade e a pluralidade, as jeito que se encontram na sociedade civil, em contraposição, como valor positivo, ao poder central, que opera de maneira minuciosa, uniforme e sistemática. Do ponto de vista sociológico, nunca foi própria do Liberalismo a idéia do Estado administrativo, que, com o objetivo da ordem ou do bem-estar ou da justiça social, confina os indivíduos na sua vida particular: enquanto o Estado burocrático proporciona um máximo de despolitização da sociedade e de neutralização dos conflitos, os pensadores liberais afirmam que justamente a política precisa ser revitalizada (mesmo nas mãos de categorias ou classes mais ou menos limitadas), aceitando o custo que tal fato acarreta em termos de conflitos, visto serem eles, quando mantidos no contexto constitucional, expressão de vitalidade e não de desordem.

Em síntese, este preconceito "jurídico" não deixa perceber que o Liberalismo, dando continuidade ao pensamento medieval, se caracteriza justamente como a luta contra a afirmação do Estado absoluto, com posicionamentos aparentemente diferentes nos diversos países, conforme a maior ou menor atuação a nível institucional dos princípios do absolutismo. Este preconceito pode provocar, teoricamente, inúmeros mal-entendidos: Locke, por exemplo, pode ser visto por muitos como a expressão da aliança entre a aristocracia e a burguesia, enquanto Montesquieu pode ser enquadrado no contexto da reação aristocrática, embora, substancialmente, seu pensamento não seja muito divergente. Mais: pode-se afirmar que o Liberalismo no século XIX aceitou o Estado burocrático (autoritário), enquanto é justamente o pensamento liberal, de Tocqueville a Weber, que vê o Estado administrativo como a maior ameaça à política e conseqüentemente à liberdade. Em suma, há o perigo de não se compreender a natureza (liberal e não democrática) e as origens (medievais e não modernas) de uma instituição base para os atuais sistemas constitucional-pluralistas, a do controle de constitucionalidade das leis, cujo objetivo é justamente o de garantir os direitos dos cidadãos, "em particular" contra a vontade da maioria, e cuja existência é indispensável para que toda Declaração dos direitos do homem não se torne, apenas, expressão de um ato de boa vontade.

Esta interpretação jurídica foi reformulada recentemente pela historiografia alemã (Koselleck, Habermas, Kühnl) e inglesa (Macpherson), podendo se constituir numa reformulação mais hábil de uma tese marxista tradicional: ser o Liberalismo a ideologia política da burguesia na sua fase ascendente, quando o mercado possibilita margens de lucro, enquanto, na época dos monopólios e da planificação econômica, a burguesia optou pelo Estado autoritário, seja o fascista (Laski, Marcuse), seja o de capitalismo de Estado (Horkheimer).

De acordo com esta interpretação, a própria lógica do Estado absoluto cria as premissas para sua destruição: tal Estado, na prática, instaura uma rígida separação entre política (ou área pública) e moral (área particular), eliminando a moral da realidade política e confinando os indivíduos, tornados meros súditos, na área particular. Porém, no interior de todo Estado absoluto, cria-se um espaço particular interno, que a burguesia, uma vez tomada consciência da própria moralidade, ocupa progressivamente, até torná-lo público, embora não político imediatamente: as ações políticas começam a ser julgadas pelo tribunal da moral. Este tribunal da sociedade (clubes, salões, bolsa, cafés, academias, jornais) chama-se "opinião pública" e age em nome da razão e da crítica. Enquanto na Inglaterra se dá uma verdadeira coordenação entre moral (opinião pública) e política (Governo), na França, com o iluminismo, o contraste é radicalizado, preparando desta forma a crise revolucionária. A burguesia liberal iria se firmando, pois, no século XVIII, mediante o monopólio do poder moral e do poder econômico, em relação ao qual o Estado absoluto, enquanto Estado exclusivamente político, tinha ficado neutro. Sua transformação e sua destruição tiveram origem na opinião pública e no mercado.

Porém, com o estreitamento do espaço ocupado pelo elemento crítico, que é a opinião pública e a liberdade de mercado, com o desaparecimento destes espaços autônomos da sociedade civil, desaparecem também os pressupostos estruturais da ação liberal da burguesia. Por outro lado, ficou claro que o individualismo, seja na versão ética, seja na versão utilitarista, fundamento do Liberalismo, é a expressão da própria estrutura do mercado, onde o indivíduo, como proprietário, encontra-se totalmente livre, a não ser no que se refere às voluntárias obrigações contratuais: a sociedade mercantil e as instituições políticas liberais de origem contratualista encontram-se nu-

ma relação indissolúvel. Disto decorre a inevitável crise atual do Liberalismo, uma vez que a teoria tem se revelado inadequada para servir de fundamento a uma estrutura jurídica que considere o emergir da classe operária com sua própria estrutura política, baseada na solidariedade, que não admite as leis inevitáveis do mercado.

Encontramo-nos diante do terceiro preconceito, o "histórico", que dos três é com certeza o mais enraizado: o Liberalismo é a ideologia da burguesia. Tal preconceito se deve a dois erros metodológicos: antes de tudo, dizer que a burguesia é uma classe nos leva a cair no vago e no equívoco, porque o termo burguesia, referido a um período histórico tão amplo que coincide com a formação da Europa moderna, pode significar os habitantes das cidades, os que desempenham determinadas funções, os proprietários, as classes mercantis, os capitalistas, a classe média de profissionais liberais, os engravatados, as classes dominantes (ou classe política). A burguesia se torna, pois, um fantasma de mil faces, à qual dificilmente podemos atribuir uma clara e consciente estratégia para seu próprio desenvolvimento, que seria justamente o Liberalismo.

O segundo erro metodológico consiste em induzir, a partir da proximidade cronológica de dois processos históricos bastante diferenciados (a Revolução Industrial e a afirmação, quer da burguesia capitalista como classe social hegemônica, quer do Liberalismo político), relações não apenas contingentes e transitórias entre os mesmos, reduzindo o Liberalismo a mero subproduto da burguesia, quando, historicamente, a burguesia capitalista nem sempre foi liberal e nem sempre os liberais foram defensores desta burguesia. Trata-se de uma interpretação mecanicista, que acaba perdendo de vista o próprio protagonista, na medida em que não consegue entendê-lo a partir dele mesmo; totalmente presa à evolução da burguesia, acaba por concluir necessariamente que o Liberalismo terá que acabar ou que irá se transformar necessariamente em fascismo (admitindo que o fascismo é apenas um fenômeno do capitalismo, na hora em que este atinge seu momento de crise, e não uma etapa da evolução política, conseqüência do atraso do processo de industrialização do país).

Trata-se de um preconceito porque, empiricamente, podemos com facilidade desmentir esta identificação. Com efeito, em primeiro lugar não ressalta todas as reivindicações de liberdade política provenientes da aristocracia e que foram decisivas (na Inglaterra e na França) para destruir o poder absoluto do príncipe, que muitas vezes na Europa, no período do despotismo iluminado, encontrou apoio justamente na burguesia pré-capitalista e resistência na nobreza de toga ou na burguesia da administração. Esta origem aristocrática e não burguesa do Liberalismo precisa ser evidenciada, justamente para a compreensão de alguns aspectos mais significativos do Liberalismo contemporâneo: este confia totalmente, contra a democracia populista, na dialética entre elites abertas e espontâneas e, contra a democracia administrada, no momento de luta ou de confrontação política. A posição de Tocqueville é sintomática: um aristocrata, porém "um liberal de tipo novo" — como ele mesmo se definiu —, que procurou inculcar no povo as paixões aristocráticas em prol da liberdade.

Além disso, se o Liberalismo político, principalmente na Inglaterra, identificou-se com o Liberalismo econômico, precisamos reconhecer também que nem toda a burguesia européia foi livre-cambista, uma vez que muitas vezes aproveitou-se das vantagens oferecidas pelo protecionismo do Estado, forçando freqüentemente os liberais livre-cambistas ou os livre-cambistas não-liberais (às vezes socialistas) a ficarem na oposição.

Enfim, trata-se de verificar se, com o ocaso da sociedade burguesa e o advento da sociedade de massa, onde ocorreu um processo de proletarização dos antigos aliados da burguesia capitalista, ou com o advento das sociedades socialistas, onde a burguesia detentora dos meios de produção foi eliminada para favorecer uma "nova classe" burocrática, os temas tradicionais do Liberalismo, ou seja, a defesa dos direitos civis contra o poder político e social, bem como a luta para maximizar a participação política neste poder, são ainda atuais ou não.

Este enfoque, que busca dissociar o Liberalismo da burguesia, percebida marxisticamente como a classe detentora dos meios de produção, implica necessariamente uma nova valorização do momento ético do Liberalismo: este se nos manifesta como uma resposta a necessidades morais e espirituais, vistas pelos homens, em determinada etapa de sua evolução civil, como uma resposta tendencialmente válida para todos os homens e, portanto, universal. Este enfoque implica uma desvalorização das motivações extrínsecas do Liberalismo, isto é, daquelas respostas que liberais ou burgueses ou burgueses liberais deram a problemas contingentes, avaliados numa perspectiva meramente política de razão de Estado, de utilitarismo, de interesses particulares de classe.

Torna-se, assim, compreensível a pergunta acerca da atualidade do Liberalismo: o Estado contemporâneo identificou, com efeito, como capitalismo de Estado (gerenciado pela velha burguesia ou pela nova classe das burocracias socia-

listas) o progressivo desaparecimento, quer da opinião pública racional e crítica pela manipulação dos *mass media*, quer do mercado, entendido como espaço autônomo onde pode se dar o confronto entre as diversas estratégias e onde os consumidores podem livremente manifestar seu voto. A pergunta é: este Estado contemporâneo permite ainda uma possível manifestação pública e não apenas privada das necessidades morais e espirituais do homem, ou, ao contrário, procura uma concentração crescente em si próprio, não apenas de poder político (como o Estado absoluto), e sim também de poder moral-intelectual (mediante os *mass media*), bem como de poder econômico (mediante a planificação), tornando-se desta forma nada mais do que o aperfeiçoamento ou a lógica conclusão do antigo absolutismo?

Unicamente após levar adiante uma tentativa de reconstrução histórica do Liberalismo, como fenômeno "ético-político", inserido na evolução das instituições políticas representativas dos Estados europeus, será possível caracterizar a função do pensamento liberal na dúplice tendência do Estado contemporâneo em direção a uma solução "social" ou em direção a uma solução "assistencial", para descobrir se esta função se limita à conservação ou não passa de mera projeção utópica, sem nenhuma expectativa de realização prática, de maneira que a fé liberal se sinta forçada a fechar-se no espaço particular da consciência moral.

VI. As etapas do Estado liberal. — Estes quatro diferentes enfoques (histórico, filosófico, temporal e estrutural) possibilitaram uma melhor focalização de muitos aspectos do Liberalismo, porém evidenciaram também a impossibilidade se se oferecer uma definição satisfatória do mesmo justamente por ser impossível delinear uma história do Liberalismo euro-americano como se este fosse um fenômeno unitário e homogêneo, que se origina na passagem do constitucionalismo medieval para o moderno no período das guerras de religião e do naturalismo jurídico, atinge seu apogeu no período da revolução democrática (1776-1848) e entra em crise com o advento dos regimes totalitários ou dos Estados assistenciais. Todos estes fatos não impedem a existência de "épocas" liberais, onde é possível identificar duas constantes, uma a nível institucional, outra a nível dos conteúdos ético-políticos.

Contra todas as possíveis formas de Estado absoluto, o Liberalismo, ao nível da organização social e constitucional da convivência, sempre estimulou, como instrumentos de inovação e transformação social, as instituições representativas (isto é, a liberdade política, mediante a participação indireta dos cidadãos na vida política e a responsabilidade do Governo diante das assembléias e/ou dos eleitores) e a autonomia da sociedade civil como autogoverno local e associativo ou como espaço econômico (mercado) e cultural (opinião pública) no interior do Estado' não diretamente governado por ele. Do ponto de vista institucional, o Liberalismo se configura como a racionalização, na Inglaterra, do constitucionalismo medieval e, na América, da experiência colonial; ou, como a tentativa, na França, de revitalizar antigas instituições, num primeiro momento, e projetá-las de acordo com modelos racionais, num segundo momento; ou, na Alemanha, como tentativa de racionalização jurídica do Estado absoluto (o Estado de direito, os direitos públicos subjetivos); ou como a reinterpretação da antiga estrutura social por categorias, no contexto de um Estado orgânico. Embora na Europa o momento racionalista prevaleça sobre o tradicionalista, o modelo anglo-saxônico, nas duas formas de regime parlamentarista e regime presidencialista, encontra-se em toda organização constitucional. Historicamente, estas instituições liberais apresentam uma continuidade realmente extraordinária e, com exceção dos dois impérios franceses, apresentam um único verdadeiro momento de ruptura com o advento do totalitarismo. A história do Liberalismo, porém, não coincide com a história das instituições liberal-democráticas: é verdade que elas apresentam considerável continuidade e resistência a mudanças repentinas, todavia encontramos no interior destas estruturas forças políticas e sociais que agem com base em programas e ideologias não-liberais, quando não explicitamente antiliberais.

Quanto aos conteúdos ético-políticos, estes foram vivenciados pelo Liberalismo de maneiras diferentes, de acordo com os diversos movimentos culturais que a ele se relacionam cronologicamente (a Renascença, o racionalismo, o utilitarismo, o historicismo). A defesa do indivíduo contra o poder (quer do Estado, quer da sociedade) foi, porém, sempre uma constante, a fim de ressaltar o valor moral original e autônomo de que o próprio indivíduo é portador. Esta defesa sempre se evidencia como a primeira tarefa, mesmo nos pensadores que rejeitam uma concepção radicalmente individualista: Locke, através de sua redescoberta da comunidade como sede do valor moral, ou Tocqueville, através de sua defesa do associacionismo como único instrumento que possibilita a afirmação da liberdade política do indivíduo. Expressão jurídica deste complexo processo histórico são as várias Cartas e Declarações dos direitos do homem e do cidadão, de

sua liberdade política, bem como de seus direitos civis, e as formas, mais ou menos eficazes, da sua tutela jurídica.

As guerras de religião, possibilitando a afirmação da liberdade religiosa, são o berço da liberdade moderna; todos os clássicos do Liberalismo se mantêm fiéis a esta reivindicação da liberdade ética do homem. Locke, indo mais adiante, reivindica, no campo político, a autonomia da lei moral ou "filosófica" em relação à lei civil, ou seja, do poder espiritual do juízo moral que é atribuição da opinião pública. Somente na construção teórica do utilitarismo inglês, criticado justamente por John Stuart Mill, não encontramos este elemento ético.

Esta defesa da autonomia moral do indivíduo provoca uma concepção de relativismo, que aceita o pluralismo dos valores como algo positivo para toda a sociedade, a importância da dissenção, do debate e da crítica e não recua diante do conflito e da competição. A única limitação, para o conflito e a competição, é a necessidade de sua institucionalização, nos costumes mediante a tolerância, na política mediante instituições significativas, que garantam o debate (o *parliamentum*), e mediante normas jurídicas gerais, uma vez que somente no direito é possível encontrar um critério de coexistência entre as liberdades e/ou as arbitrariedades dos indivíduos. Um tal relativismo não é expressão de ceticismo, e sim de antidogmatismo, visto pressupor uma total confiança na capacidade crítica do pensamento, presente na cultura iluminista, bem como na cultura historicista, desembocadas ambas — a partir de aspectos diversos e de diferentes contextos — no Liberalismo, que nos é contemporâneo. Por um lado, no campo da política econômica e social, é sublinhado o fato de que a razão, para ser crítica, precisa submeter seus projetos e suas soluções a contínuas verificações experimentais, se não quiser cair na ideologia; por outro lado, partindo da consciência do ser histórico ou da historicidade das idéias, confia-se na capacidade que o pensamento tem de convencer criticamente sobre a adequação de determinados valores aos tempos.

Com isto, pode-se afirmar que a concepção liberal é essencialmente competitiva, visto estar orientada a colocar os indivíduos na condição máxima de auto-realização, de onde adviria um bem para toda a sociedade. Acredita na competição e no conflito, visto somente estes poderem selecionar aristocracias naturais e espontâneas, elites abertas, capazes de impedir a mediocridade do conformismo de massa, administrado por uma rotina burocrática (Tocqueville, J. S. Mill, Weber, Croce). Vale lembrar que, para o pensamento liberal, a teoria das elites corresponde a um fato (pode, portanto, ser empiricamente falsificável) e não a uma ideologia, enquanto justamente os que a negam podem cair em formas perigosas de mistificação ideológica. Ressaltado o fato, o liberal se sente empenhado, justamente, na maximização da participação mediante estruturas que possibilitem a movimentação e a competição de uma pluralidade de elites.

Posto isto, faz-se necessário articular alguns destaques do Liberalismo que, nos seus momentos mais válidos, se constituiu sempre uma resposta original aos desafios, sempre renovados, potencialmente absolutistas, lançados pela evolução política e pela mudança social: resposta mediante a qual o Liberalismo sempre se apresentou mais como força dinâmica do que como força orientada para a manutenção dos equilíbrios existentes. Força dinâmica orientada para a valorização, em termos positivos, de todas as diferenciações que foram acontecendo na evolução cultural, política e social da Europa, rejeitando, desta forma, todo ideal político de uniformidade, próprio do absolutismo. No início, foi proposto o ideal de liberdade religiosa, em seguida foi descoberta a função parlamentar dos partidos (Hume, Burke), como expressão de grandes ideais políticos, enfim, foi detectada a função das associações como mais uma maneira de articulação da sociedade civil (Tocqueville).

O primeiro desafio é caracterizado pela transformação da monarquia constitucional medieval em monarquia absoluta e burocrática. A luta do Liberalismo contra o absolutismo tem seu ponto de partida na reivindicação dos direitos naturais do indivíduo e na afirmação do princípio da separação dos poderes. Este princípio visa assegurar a independência do poder judiciário, mero aplicador do direito (quer seja uma lei, quer seja um costume) e, ao mesmo tempo, deixar com o monarca a titularidade do poder executivo, enquanto os representantes do povo recebem a tarefa de definir, mediante a lei, a vontade comum da nação (Locke, Montesquieu, Kant, Humboldt, Constant). Os ministros seriam "criminalmente" e não "politicamente" responsáveis diante dos representantes da nação.

O segundo desafio atinge o Liberalismo no poder e coincide com o advento da democracia. Respondeu-se a este desafio, antes de tudo, com a ampliação dos que tinham direitos eleitorais e com a marginalização da Câmara hereditária (que mais tarde iria se tornar também eletiva) e, posteriormente, com a proposta de uma divisão do poder político, quer na dimensão vertical (autonomias locais, federalismo), quer na dimensão horizontal, de tal forma que a antítese maioria-

minoria acabou ocupando o lugar da antítese rei-Parlamento (*Federalist*, Adams, Tocqueville, J. S. Mill).

Estes acontecimentos coincidiram com uma mudança de interesses por parte do pensamento político. A atenção não é mais dirigida para o Estado e suas estruturas, jurídicas e institucionais, e sim para a sociedade e suas estruturas, uma vez que também desta — ou principalmente desta — podem advir perigos e ameaças à liberdade do indivíduo, na atomização generalizada do corpo societário. Contra a concepção de democracia, vista como concretização do bem comum mediante a vontade geral, ou fundamentada na exaltação da vontade da maioria, contra estas concepções monistas, afirmou, mais uma vez — a nível de sociedade —, a validade do princípio pluralista. Este princípio se concretiza onde há real concorrência entre diferentes grupos para a conquista do poder no mercado eleitoral, onde é grande a autonomia dos subsistemas (partidos, sindicatos, associações, grupos de pressão) do sistema político, onde a elevada participação política permite controlar os vários líderes, onde o pluralismo admite diferentes centros de poder (político, econômico e cultural) e poderes intermediários, desempenhando uma função de mediação política, com capacidade para assegurar espaços de autonomia; sinteticamente, onde há um regime poliárquico.

Na Idade Contemporânea, temos duas formas de Liberalismo bastante diferenciadas entre si, a ocidental e a oriental (ou dos países do Leste), que, de maneira radicalmente diferente, estão unidas no desafio ao socialismo.

O Liberalismo ocidental apresenta-se unicamente como metapolítico e pré-partidário (B. Croce), uma vez que se tornou patrimônio de outros movimentos políticos e que ninguém mais coloca em discussão as estruturas do Estado liberal-democrático: não pode deixar de apelar para o ideal do império da lei e da anarquia dos espíritos (Einaudi). Todavia, viu-se na necessidade de oferecer uma resposta à questão social, isto é, ao desafio do socialismo, quando este o acusava de ser defensor de liberdades meramente "formais", enquanto a grande maioria da população não usufruía de liberdades "substanciais", lógico pressuposto ou condição essencial para as primeiras. O Liberalismo lutara fundamentalmente pelas liberdades *de* (isto é, de religião, de palavra, de imprensa, de reunião, de associação, de participação no poder político, de iniciativa econômica para o indivíduo), e conseqüentemente reivindicara a não interferência por parte do Estado e a garantia para estes direitos individuais, civis e políticos. O enfoque atual é orientado para as liberdades *do* ou *da* (isto é, da necessidade, do medo, da ignorância), e para atingir estas finalidades implícitas na lógica universalista do Liberalismo renunciou-se ao dogma da não-intervenção do Estado na vida econômica e social.

O problema da conciliação da liberdade econômica com a justiça social (ou o socialismo) foi colocado, pelo Liberalismo, não como um problema ético — onde não há questionamento de valores —, e sim como um problema prático de como os meios podem corresponder aos fins; ele pode, de tal forma, oferecer uma contribuição àltamente significativa e realista para o reformismo democrático.

Por estes motivos, a melhor percepção do Liberalismo ocidental contemporâneo se dá nos diversos pensadores ou nas diversas escolas interessadas na política econômica e na política social: L. Einaudi, W. Röpke, Beveridge, a escola keynesiana, a escola de Friburgo (W. Eucken) e a escola de Chicago (M. Friedman, F. H. Hayek). Embora todos subordinem à liberdade a solução da questão social (a justiça), estas escolas se diferenciam em maior ou menor grau de medo de que o Estado assistencial leve inevitavelmente ao fim do Liberalismo. A resposta do Liberalismo ao desafio do socialismo é, sem dúvida, a mais difícil, uma vez que a maneira concreta de realização das liberdades *do* ou *da* pode chegar a comprometer a essência do Liberalismo, ou seja as liberdades *de*. Resposta difícil, também, porque as formas modernas de Estado totalitário (mesmo de coloração política oposta: comunismo e nazismo) desenvolveram uma radical planificação da economia. Em outras palavras, a distância entre o Liberalismo e o socialismo não está na menor ou maior rapidez com que se pretenda concretizar as reformas, está na "qualidade" da intervenção estatal ou na estratégia geral do desenvolvimento social, que pode levar ao Estado assistencial ou ao Estado social.

Aspecto totalmente diferente é o apresentado pelo Liberalismo oriental, embora este não tenha ainda mostrado completamente sua fisionomia: o máximo intérprete deste Liberalismo é Milovan Gilas e sua mais profunda expressão política foi a "primavera" de Praga e, mais tarde, o "outono" polonês. O Liberalismo do Leste nasce como tentativa para superar a solução totalitária que o socialismo teve nestes países, na convicção de que o socialismo poderá ser concretizado somente pelo reformismo democrático. Caminha seguindo três diretrizes básicas: a reivindicação das liberdades individuais e civis, bem como de uma igualdade objetiva; a defesa do processo de diferenciação da sociedade, a fim de que as classes, os agrupamentos sociais e os grupos nacionais possam se

tornar autoconscientes; e, finalmente, a redescoberta da função do mercado numa economia socialista, para tornar sua gestão mais eficiente e menos dogmática, após retirá-la da "nova classe" constituída por uma burocracia parasitária.

VII. O ESTADO LIBERAL: HOJE: ENTRE NEO-CORPORATIVISMO E MERCADO. — Para concluir acerca da atualidade do Liberalismo, podemos tomar como ponto de partida uma afirmação de Keynes. De acordo com esta afirmação, os sistemas políticos democrático-liberais demonstrariam fatalmente sua superioridade assegurando, ao mesmo tempo, um máximo de eficiência econômica, de justiça social e de liberdade individual. Esta tese serve não apenas para confirmar — ou não — a superioridade dos sistemas democráticos sobre os socialistas, mas também para evidenciar os elementos problemáticos característicos da coexistência de valores bastante diferentes, se a liberdade não for entendida como uma mera situação garantida pela lei. Em outras palavras, trata-se de ver, tendo presente as inquietações da mais recente literatura liberal, se a resposta que foi dada ao problema da eficiência econômica, com a aceitação da lógica técnica, ou ao da justiça social, com o reforço do Estado administrativo, é compatível com o exercício, pelo indivíduo, de uma efetiva liberdade política e social: em síntese, se o *Welfare State* é realmente um Estado liberal.

A luta contra a pobreza, a fim de concretizar a liberdade da necessidade, nem sempre teve como resultado um crescimento na participação política: na prática, o tempo livre (particular) dos cidadãos foi favorecido bem mais que a vivência concreta de suas liberdades políticas formais, o lazer prevaleceu sobre o compromisso. Além disso, a sociedade do bem-estar tem provocado uma certa forma de incerteza espiritual; como conseqüência, os fins do desenvolvimento econômico começaram a ser questionados, na medida em que o bem-estar de amplos setores da população coexistia com o desperdício e bolsões de pobreza, com a devastação ecológica, com o tédio espiritual e a apatia política. A luta contra a pobreza, conduzida através da maximização da eficiência do sistema econômico, levou ao desaparecimento tendencial do mercado, como espaço aberto e livre, em nome de uma economia administrada de maneira centralizada mediante a planificação. Com efeito, a distinção entre Estado (política) e sociedade civil (economia) foi desaparecendo progressivamente, na medida em que o primeiro intervém cada vez mais na segunda mediante suas programações e a gestão direta de grandes empresas (o Estado-capitalista ou industrial), enquanto na segunda foram se firmando grandes concentrações monopólicas, que precisam do apoio e da sustentação do Governo.

A luta contra a ignorância alcançou em alguns países sucessos extraordinários, quer pela ampliação das estruturas educacionais, quer pela vastíssima difusão dos *mass media*. Porém, também esta luta não tornou o homem substancialmente mais livre em suas relações com a sociedade, em comparação com os tempos em que sua cultura era fundamentalmente oral. Apenas tem sido possível transformar as massas em objetos de manipulação política, cultural e econômica, manipulando a consciência dos indivíduos. Os *mass media* bombardeiam diariamente a cabeça do espectador, de tal forma que criam nele emoções passageiras — embora fortes — e não um profundo hábito de crítica. Além disso, quando ficam nas mãos do Estado ou de grandes conglomerados econômicos, possibilitam uma real manipulação, de cima, da opinião pública, marginalizando os grupos minoritários do dissenso (tem o mesmo poder sobre o mercado, viciando, mediante a publicidade, as opções do consumidor).

As exigências da sociedade tecnológica levaram, também, à marginalização da *Kultur* e à difusão de um saber tecnicamente valorizável: as instituições educacionais, pouco se preocupando com a formação de hábitos críticos, pelo amadurecimento de idéias à altura dos tempos e úteis para viver criticamente o presente, se envolvem mais na setorização generalizada do saber, na formação do "especialista bárbaro" (Ortega y Gasset), útil para tornar mais eficiente o sistema econômico. Desta forma, justamente com o mercado, enfraquece a opinião pública, como sede do juízo moral: a tendência é, pois, o desaparecimento dos dois pilares do Liberalismo clássico. E não só: no desaparecimento tendencial destes dois espaços, o poder político, o econômico e o moral-ideológico acabam se concentrando nas mãos de uma bem reduzida elite de poder, que pode exercer, com relação à liberdade dos governados, inúmeras formas de condicionamento, que se concretizam numa efetiva coação jurídica, ou na pressão psicológica, ou na chantagem quanto ao emprego.

Enfim, a luta contra a insegurança, para concretizar a liberdade do medo, isto é, para amparar os indigentes e os desempregados, os doentes e os anciãos, os marginalizados e os discriminados, provocou a formação de um sem-número de entidades e agências burocráticas, que administram os cidadãos, preocupando-se com a sua segurança e desempenhando desta forma um papel anteriormente atribuído à sociedade civil, que tinha na família e nas associações suas sedes mais idôneas. O Estado, pois, acaba interferindo em problemas bem diversos dos tradicionais da manutenção do direito e da ordem, visto criar um conjunto de serviços para atender a necessidades comuns e para um conjunto de finalidades sociais, cuja tendência é crescer cada vez mais. Tal fato acarreta, por um lado, a limitação do campo de opção, pelo cidadão, em questões importantes de sua vida (saúde, velhice) e, por outro lado, a ação paternalista das máquinas burocráticas, que julgam como melhor lhes parece as necessidades do cidadão e o bem comum, e agem sem controles políticos eficazes ou participação real na gestão por parte dos beneficiários, que perdem até o poder de escolha. A segurança social, tem, portanto, seus custos: a segurança favorece a apatia política do cidadão, mobilizando-o somente para pedir ao Estado (paternalista) sempre algo mais, provocando desta maneira formas de alienação, entre o cidadão e o sistema político, superáveis unicamente mediante formas concretas de participação.

O pensamento político liberal, atualmente, tem consciência de que, para responder ao desafio do socialismo, tem que optar entre o Estado assistencial, forma modificada do antigo "Estado policial", que atribui a tarefa de concretizar o bem-estar ou as finalidades sociais a máquinas burocráticas, assumindo, de tal forma, em relação aos cidadãos, uma atitude paternalista, e o Estado reduzido, que responsabiliza os indivíduos — singular e coletivamente — mediante o livre mercado. O Estado assistencial leva irremediavelmente a uma sociedade inteiramente administrada, onde não haveria mais lugar para o Liberalismo. Tal fato determinaria o fim do Estado liberal e o começo do Estado autoritário. Em outras palavras, a tendência do Liberalismo contemporâneo é evidenciar a incapacidade dos Estados burocráticos para resolver a questão social, pelo fatal desvio das organizações das funções prefixadas (formação de uma nova classe agindo em função de seu próprio interesse) e por haver uma contradição intrínseca entre a lógica das máquinas burocráticas e a lógica da participação.

Ou, então, o Liberalismo, fiel à sua vocação antiutilitarista, segundo a qual não se deve destruir o espírito livre do homem para alimentar o corpo, fiel à sua velha aversão aristocrática por tudo o que vem do alto, pode optar pela sociedade civil, de modo que a resposta aos problemas da justiça e da segurança social seja dada ao nível da sociedade civil e não ao nível institucional-estatal, mediante subsistemas autônomos do sistema político, mediante iniciativas independentes e convergentes, realizadas por forças sociais espontâneas, e não mediante ações burocrático-administrativas. Em outras palavras, o problema histórico, que atualmente está agitando o pensamento liberal — de direita e de esquerda —, é uma nova descoberta e uma adaptação a novos contextos da função anteriormente desenvolvida pelas autonomias locais contra o Estado burocrático-centralizador; é a afirmação sempre renovada da primazia da sociedade civil, buscando formas novas para que esta primazia possa se exprimir, deixando com o Estado apenas a tarefa de garantir para todos a lei comum, bem como a função de órgão equilibrador e incentivador de iniciativas autônomas da sociedade civil. A única alternativa desta volta à sociedade civil e ao mercado é o NEOCORPORATIVISMO (v.) ou Estado de corporações, que se baseia nas organizações dos grandes interesses privados e na sua colaboração, a nível político, nas decisões estatais. Desse modo, tais organizações se incorporam no Estado.

BIBLIOGRAFIA. — AUT. VÁR., *The relevance of liberalism*, ao cuidado de Z. BRZEZINSKI, Westview Press, Boulder 1978; Id., *Il liberalismo in Italia e in Germania dalla rivoluzione del '48 alla prima guerra mondiale*, ao cuidado de R. HILL e N. MATTEUCCI, Il Mulino, Bologna 1980; B. A. ACKERMAN, *Social justice in the liberal State*, Yale University Press, New Haven 1980; I. BERLIN, *Four essays on liberty*, Oxford University Press, London 1969; P. COSTA, *Il progetto giuridico*, Giuffrè, Milano 1974; M. CRANSTON, *Freedom — A new analysis*, Basic Books, New York 1968; B. CROCE, *Storia d'Europa nel secolo decimonono*, Laterza, Bari, 1932; E. CUOMO, *Profilo del liberalismo europeo*, Edizioni Scientifiche italiane, Napoli 1981; R. D. CUMMING, *Human nature and history — A study of the development of liberal political thought*, The University of Chicago Press, Chicago e London 1969; G. DE RUGGIERO, *Storia del liberalismo europeo*, Laterza, Bari 1925; M. DI LALLA, *Storia del liberalismo italiano*, Forni, Bologna 1976; M. DUVERGER, *Giano: le due facce dell'Occidente* (1972), Comunità, Milano 1973; P. GENTILE, *L'idea liberale*, Garzanti, Milano 1958; H. K. GIRVETZ, *From wealth to welfare: The evolution of liberalism*, MacMillan, New York 1950; J. HABERMAS, *Storia e critica dell'opinione pubblica* (1962), Laterza, Bari 1971; J. H. HALLOWELL, *The decline of liberalism as an ideology*, University of California Publications, Berkeley-Los Angeles 1943; F. A. VON HAYEK, *La società libera* (1960), Vallecchi, Firenze 1969; M. HORKHEIMER, *Lo Stato autoritario* (1942), in *La società di transizione*, Einaudi, Torino 1979; R. KOSELLECK, *Critica illuministica e crisi della società borghese* (1959), Il Mulino, Bologna 1972; R. KUHNL, *Due forme di dominio borghese: liberalismo e fascismo* (1971), Feltrinelli, Milano 1973; H. J. LASKI, *Le origini del liberalismo europeo* (1936), La Nuova Italia, Firenze 1962; C. B. MACPHERSON, *Libertà e proprietà alle origini del pensiero borghese* (1972), Isedi, Milano 1973; H. MARCUSE, *La lotta contra il liberalismo nella concezione totalitaria dello Stato* (1934), in *Cultura e società*, Einaudi, Torino 1969; N. MATTEUCCI, *Il liberalismo in un mondo in trasformazione*, Il Mulino, Bologna 1972; T. P. NEILL, *The rise and decline of liberalism*, Bruce Publishing Co., Milwaukee 1953; W. A. ORTON, *The liberal tradition*, Yale University Press, New Haven 1945; M. SALVADORI, *L'eresia liberale*, Forni, Bologna 1979; J. S. SCHAPIRO, *Liberalism: its meaning and history*, D. Van Nostrand, Princeton 1958; D. SPITZ, *The liberal idea of freedom*, University of Arizona Press, Tucson 1964; L. STAUSS, *Liberalismo antico e moderno* (1968), Giuffrè, Milano 1973; F. WATKINS, *The political tradition of the west: a study in the development of modern liberalism*, Harward University Press, Cambridge, Mass. 1948; R. P. WOLFF, *The poverty of liberalism*, Beacon Press, Boston 1969; V. ZANONE, *Il liberalismo moderno*, in *Storia delle idee politiche economiche e sociali*, ao cuidado de L. FIRPO, VI, UTET, Torino 1972.

[NICOLA MATTEUCCI]

Liberal-socialismo.

I. AS PRIMEIRAS FORMULAÇÕES. — Historicamente, vale a pena recordar que, desde a primeira metade do século passado, se falou, na Europa, em Liberal-socialismo ou socialismo liberal ou liberalismo socialista. Na Alemanha, enquanto Marx ditava o *Manifesto do partido comunista*, já circulava no debate político a expressão *liberaler Sozialismus*; ao mesmo tempo, na França e na Inglaterra, apareciam expressões análogas. A aspiração a uma síntese entre socialismo e liberalismo, desde então, tinha seu ponto de partida em liberais insatisfeitos, bem como em socialistas de diferentes correntes: porém, por razões históricas facilmente intuíveis, eram sobretudo os liberais que submetiam sua doutrina a uma crítica violenta.

Provavelmente foi o filósofo inglês John Stuart Mill (1806-1873) o primeiro entre os teóricos do liberalismo a ressaltar, no contexto da concepção liberal do Estado, algumas instâncias colocadas pelo socialismo pré-marxista europeu: especificamente, a exigência de uma repartição justa da produção entre todos os membros da sociedade, a eliminação dos privilégios de nascimento e a substituição gradual do egoísmo do indivíduo que trabalha e acumula unicamente em benefício próprio por um novo espírito comunitário. Além disso, enfatizando com clareza a distinção entre ciência e política econômica e aceitando intervenções estatais na economia, Mill foi, sem dúvida, o precursor da intuição fundamental da ideologia liberal-socialista.

Porém, é na segunda metade do século XIX, mais corretamente entre o fim do século e a primeira metade do século seguinte, que o Liberal-socialismo melhor se define como ideologia e, ao mesmo tempo, desperta interesse e consenso crescentes junto a minorias intelectuais em toda a Europa. Houve a crise do marxismo e o quente debate acerca do revisionismo, provocado pelos escritos de Eduard Bernstein (1850-1932), que levantaram para os socialistas uma questão crucial: como conciliar hipóteses e princípios da doutrina marxista ortodoxa com a realidade da sociedade capitalista e a práxis do movimento operário organizado. Tais acontecimentos conduziram os teóricos e os líderes do partido a aceitarem mais ou menos explicitamente, alguns princípios básicos da concepção liberal, abrandando seu classismo, bem como sua resistência ao método parlamentar, fazendo com que, na luta para a criação de estruturas coletivas, fosse aceita a permanência da economia de mercado. No mesmo período, deu-se também o desenvolvimento da indústria e o avanço do movimento operário, que forçaram, nos diferentes países, os teóricos do liberalismo, ou pelo menos os menos tranqüilos e mais questionados dentre eles, a descobrirem limitações na ideologia defendida, que parecia incapaz de resistir eficazmente, quer à inserção de princípios imperialistas no contexto liberal, quer à mensagem marxista, empenhada em proclamar com ardor a necessidade de justiça social para as massas proletárias. Encontramos, pois, em um outro lado, tentativas de síntese entre socialismo e liberalismo, enfatizando ora um ora outro termo do binômio.

A esta altura, porém, precisamos lembrar que idéias e motivações liberal-socialistas se encontram, também, em uma série de movimentos e correntes diferentes entre si, que se caracterizam principalmente por outras intuições. Não é, portanto, lícito fazer referência a estes movimentos na hora em que se pretende definir o núcleo da ideologia liberal-socialista. Por estes motivos, será útil fazer referências precisas aos teóricos que falaram do Liberal-socialismo ou socialismo liberal de forma explícita, tornando-o o centro de suas investigações, mais que aos fabianos ou a Bernstein ou, em geral, a todo movimento revisionista europeu do começo do século XX. Neste sentido, o fio condutor parte do inglês L. T. Hobhouse, passa pelo italiano Saverio Francesco Merlino e chega, mais recentemente, a Carlo Rosselli e Guido Calogero, bem como a todos os outros teóricos do movimento liberal-socialista dos anos 30 e 40. É justamente a estas correntes — mesmo sem esquecer o aparecimento de movimentos e idéias análogas em vários países, principalmente no pe-

ríodo entre as duas guerras mundiais — que devemos nos referir hoje para definir as características essenciais dessa ideologia.

II. Crítica do marxismo e do liberalismo. — A doutrina liberal-socialista é fruto de uma análise fechada, embora à sua maneira distante e serena, da crise em que se encontram o socialismo marxista e o liberalismo livre-cambista. Os objetivos das duas correntes são iguais — o progresso geral da sociedade humana —, porém abordados a partir de enfoques diferentes. A primeira enfatiza a solidariedade social, a responsabilidade e os deveres que o forte tem em relação ao fraco. Suas palavras de ordem são: cooperação e organização. A segunda defende a idéia de que o pleno exercício da liberdade individual levará necessariamente ao crescimento de toda a sociedade. O socialismo marxista, porém, prefere ignorar as conquistas fundamentais da democracia liberal, a começar por todos os direitos individuais de liberdade, na falsa convicção de serem os mesmos apenas uma herança do capitalismo liberal, em suma, de uma civilização que precisa ser destruída; o liberalismo livre-cambista, por outro lado, favorece a permanência e o aumento de situações de privilégio e de desigualdade, presentes na ordem capitalista.

O erro fundamental, sustentam os liberal-socialistas, é crer que as duas correntes sejam contrárias e não possam ser conciliáveis entre si, enquanto na realidade sua integração é não apenas possível, mas até desejável. A condição necessária para isto acontecer é que ambas renunciem a alguns de seus "dogmas" que não encontram mais respaldo na realidade.

O "dogma" que precisa ser abandonado pelo liberalismo é, de acordo com os liberal-socialistas, o livre-cambismo. Conforme uma distinção fundamental feita, como vimos, por Stuart Mill e mais tarde aprofundada por Croce, considerar o livre-cambismo uma característica indeclinável da doutrina liberal significa fazer dele, que é apenas um "legítimo princípio econômico", uma "ilegítima teoria ética": atribuir-se-ia a uma norma contingente, nascida num determinado período histórico e profundamente relacionada com uma concepção filosófica superada (o utilitarismo ético de Bastiat), dignidade e valor de lei social, válida em toda época e em toda circunstância. Trata-se de um erro cujas conseqüências se manifestam cada dia mais, na medida em que o desenvolvimento da indústria e a formação de grandes massas proletárias exigem uma intervenção maciça do Estado, quer na estruturação de serviços essenciais para a comunidade, quer na coordenação e disciplina das atividades econômicas, para evitar excessos de especulação e o predomínio de pequenos grupos particulares na vida nacional.

O liberalismo em nada se opõe à intervenção estatal na economia, quando se dá no respeito aos direitos individuais e para salvaguardar os interesses comunitários. O problema, no caso, seria como conciliar uns e outros, salvando, na tradição livre-cambista aquilo que não se choca com as novas exigências do progresso social.

Com relação ao socialismo, os liberal-socialistas afirmam ter chegado o tempo da superação da concepção marxista do Estado e da sociedade humana. Segundo eles, o debate revisionista demonstrou que o núcleo determinista, economicista e fatalista do marxismo não consegue se conciliar com a livre manifestação da personalidade individual, ponto central da concepção liberal, e leva as massas a empenharem-se unicamente na transformação material da sociedade (socialização dos meios de produção, etc.), sem se empenharem naquela "revolução das consciências", que é o pressuposto da nova ordem socialista. Colocar-se-ia, em suma, no mesmo plano, o que não passa de um meio, mesmo importante, da virada revolucionária, como é a socialização dos meios de produção, e os fins da revolução, que são: transformação das massas e construção de uma sociedade capaz de abolir privilégios sociais e econômicos e proporcionar a todos a liberdade da necessidade bem como todas as outras liberdades consagradas pela tradição liberal (os direitos políticos da pessoa, a liberdade de palavra, de imprensa, de voto e assim por diante).

III. AS INSTÂNCIAS FUNDAMENTAIS. — A partir destas premissas é possível determinar a parte positiva do Liberal-socialismo. "Liberalismo e socialismo, vistos no que têm de melhor — esta é a definição que podemos deduzir de um escrito de Guido Calogero — não são ideais constrastantes nem conceitos totalmente divergentes, mas especificações paralelas de um único princípio ético, que é o cânon universal de toda história e de toda civilização. Este é o princípio pelo qual as outras pessoas são reconhecidas em sua dignidade, diante da própria pessoa, e a cada uma delas se atribui um direito igual ao próprio direito".

Decorre disto, no campo político, a necessidade de que toda lei, toda norma de Governo, encontre seu direito unicamente no consenso da maioria, assim como o direito que indivíduos e grupos têm de lutar livremente para a afirmação de suas idéias: não é, pois, compatível com a concepção liberal-socialista uma liberdade de imprensa prejudicada pelo domínio econômico de poucos grupos editoriais ou a existência de movimentos políticos que não respeitem na sua dinâmica as regras fundamentais da democracia.

No campo econômico-social, a instância fundamental é "alcançar o máximo de equilíbrio entre o trabalho realizado e o bem econômico disponível": em suma, a cada um de acordo com seu trabalho. Tal objetivo da ideologia liberal-socialista se concretiza numa atitude anticapitalista, não absoluta e sim relativa, visando impedir, sobretudo, situações de parasitismo ou de privilégio (por isso, insiste-se muito na necessidade da taxação progressiva), mas, principalmente, no esboço de uma estrutura econômica "mista" ou "de dois setores", onde possam coexistir empresas privadas juntamente com segmentos nacionalizados ou controlados pelo Estado, de acordo com critérios distributivos de tipo empírico, nascidos, conforme as circunstâncias, de exigências da sociedade no seu conjunto.

Os elementos essenciais da ideologia se fazem presentes também em relação aos problemas internacionais: aplicação da exigência comunitária nas relações entre os Estados, combate ao racismo, ao imperialismo, ao nacionalismo, tendência à cooperação e a um crescente desenvolvimento de organismos internacionais representativos.

Particular atenção é dedicada pelo Liberal-socialismo à construção de um novo modelo de Estado, às garantias judiciárias e à educação das massas. Numa sociedade alicerçada em normas eficazes, por serem expressão da maioria dos cidadãos, se fazem necessários instrumentos idôneos para combater e prevenir eventuais abusos legislativos ou administrativos: torna-se portanto oportuno reforçar a independência e a autonomia do corpo judiciário e criar uma Corte suprema para defesa da lei fundamental, ou seja, da Constituição. Com relação à escola, afirma-se que somente uma organização que proporcione a todos uma instrução completa e generalizada possibilitará a consecução de dois objetivos essenciais do Liberal-socialismo: a revolução das consciências e a igualdade de oportunidade para todos os cidadãos.

IV. O "TERCEIRO CAMINHO". — Desenvolvido num período em que se defrontavam dois tipos de sociedade, a capitalista ocidental e a comunista soviética, o Liberal-socialismo é marcado por esta situação, não apenas na proposição de uma mediação, quase uma síntese, entre os dois sistemas, mas até na previsão de uma futura conciliação e fusão. Os liberal-socialistas não acreditam, como os marxistas ortodoxos, que o socialismo, ou melhor, a nova sociedade liberal-socialista, só possa se realizar mediante convulsões revolucionárias: o socialismo, como herdeiro do liberalismo, a ele sucederá gradualmente, após ter assimilado suas instâncias vitais; o capitalismo ocidental e o comunismo soviético assistirão a uma gradual diminuição de seus contrastes e diferenças recíprocas. O "Terceiro Caminho" vislumbrado por Sombart está fadado à realização. "É possível pensar — escreve Rosselli em *Socialismo liberale* — que a passagem de uma para a outra sociedade aconteça mediante um processo gradual e pacífico: mediante uma passagem que, salvando as vantagens já garantidas de uma, as reforce progressivamente através das vantagens da outra".

BIBLIOGRAFIA. — G. CALOGERO, *Difesa del Liberalsocialismo* (1945), Marzorati, Milano 1972; G. D. H. COLE, *Storia del pensiero socialista*, vol. III: *La seconda Internazionale*, 1889-1914 (1956), parte I, Laterza, Bari 1968; A. GAROSCI, *Vita di Carlo Rosselli* (1946), Vallecchi, Firenze 1973; T. H. GREEN, *L'Obbligazione politica* (1882), Giannotta, Catania 1973; L. T. HOBHOUSE, *Liberalismo* (1911), Sansoni, Firenze 1973; C. ROSSELLI, *Socialismo liberale* (1930), in *Opere scelt di C. Rosselli*, vol. I, Einaudi, Torino 1973; N. TRANFAGLIA, *Carlo Rosselli dall'interventismo a giustizia e libertà*, Laterza, Bari 1968; L. VALIANI, *Il Liberalsocialismo*, in "Rivista storica italiana", n.º 1, 1969.

[NICOLA TRANFAGLIA]

Liberdade.

A palavra Liberdade tem uma notável conotação laudatória. Por esta razão, tem sido usada para acobertar qualquer tipo de ação, política ou instituição considerada como portadora de algum valor, desde a obediência ao direito natural ou positivo até a prosperidade econômica. Os escritos políticos raramente oferecem definições explícitas de Liberdade em termos descritivos: todavia, em muitos casos, é possível inferir definições descritivas do contexto. O conceito de Liberdade se refere com maior freqüência à Liberdade social. Esta conceituação precisa ser bem discriminada com relação a outras significações da palavra, quer em sentido descritivo, quer em sentido valorativo. As definições descritivas de Liberdade caracterizam situações identificáveis empiricamente e podem ser aceitas por qualquer pessoa, independentemente dos pontos de vista normativos de cada um no que diz respeito à Liberdade (§§ I-IV). A Liberdade em sentido valorativo (§§ V-VIII) é utilizada mais a nível de exortação do que de descrição; conseqüentemente, apresenta diferentes significações, conforme os diferentes modelos éticos que inspiram os autores.

O conceito de Liberdade interpessoal ou social se refere às relações de interação entre pessoas ou grupos, ou seja, ao fato de que um ator deixa outro ator livre para agir de determinada maneira. Este conceito precisa ser definido fazendo-se referência a outra relação de interação, a de não-Liberdade interpessoal ou social.

I. NÃO-LIBERDADE SOCIAL. — Com relação ao ator *B*, o ator *A* não é livre para realizar o ato *x*, se e somente se *B* torna impossível para *A* fazer *x*, ou se fazer *x* pode implicar sanções para *A*. "*B* torna impossível para *A* fazer *x*" significa que *B* realiza determinada ação *y* tal que, se *A* procurasse fazer *x*, sua tentativa fracassaria. Negando o passaporte a um cidadão, o Governo, na prática, o torna incapaz de viajar para o estrangeiro, e portanto não-livre para realizar tal ação. Com relação aos Estados Unidos, a China comunista é não-livre para conquistar Formosa e vice-versa, uma vez que, com muita probabilidade, as forças americanas impediriam que uma ou outra potência invadisse a adversária. Se a Ku Klux Klan não permite, recorrendo ao uso da força, que os negros entrem numa escola pública, estes se acham não-livres para realizar tal ação com relação ao Governo. "*B* aplicará sanções se *A* fizer *x*" significa que, se *A* fizer *x*, *B* faria algo, *y*, que modificaria para pior a situação de *A*. As sanções governamentais contra atos ilegais não passam de um exemplo de punição entre os muitos tipos de não-Liberdade social. Com relação a um sindicato, a empresa é não-livre para recusar determinadas vantagens, se o primeiro resolver organizar piquetes diante da segunda. Com relação aos vizinhos, cuja tendência é marginalizar os não conformistas, os moradores de determinado conjunto habitacional de periferia são não-livres para se afastar de normas de conduta não escritas.

II. LIBERDADE SOCIAL. — Liberdade social não é o pólo oposto de não-Liberdade social. Oficialmente, eu deixo de ser não-livre para pagar os impostos; apesar disso, também não sou livre para pagá-los; na realidade eu sou não-livre para me recusar a pagar. Uma relação de Liberdade diz respeito a uma série de no mínimo duas ações, ou a tipos de ações alternativas. Eu sou não-livre para fazer algo; eu sou livre para fazer isto ou aquilo. Um ator é livre para agir da forma que mais lhe agrada, contanto que não exista outro ator que o torne não-livre para levar a bom termo algumas destas ações. Assim, com relação a *B*, *A* é livre para fazer *x* ou *z* na medida em que *B* não torne impossível ou passível de pena para *A* fazer *x* ou *z*. "Liberdade de voto" significa Liberdade para votar ou para se abster; porém "liberdade de difusão da verdade" significa não-Liberdade para a difusão de opiniões "erradas". Além disso, eu posso ser livre para agir desta ou daquela maneira com relação a determinada pessoa ou grupo, enquanto outro ator pode me tornar não-livre para me dedicar a esta ou àquela atividade. Oficialmente, os americanos têm Liberdade de escolher uma religião ou de não aderir a nenhuma; porém, muitos americanos são não-livres no seu agnosticismo com relação a determinados grupos não oficiais que submetem os "ateus" a todo tipo de sanção informal.

Pode ser determinado com bastante exatidão, todavia unicamente *ex post facto*, se um ator era não-livre para fazer aquilo que na realidade acabou fazendo. Se *B* frustrou *A* na sua tentativa de fazer *x*, ou se *A* conseguiu fazer *x*, porém foi punido por *B* por tê-lo feito, a conclusão lógica é dizer que, com relação a *B*, *A* foi não-livre para fazer *x*. O fato de *A* ser não-livre para fazer *x*, ou o fato de *A* ter sido, ser ou vir a ser livre para fazer *x* ou *z* são hipóteses empíricas, aceitáveis unicamente na medida em que apresentam algum grau de probabilidade, dependendo da resposta a perguntas tais como: se *A* fizer *x*, *B* o submeterá a sanções? Se, na França, sessenta por cento dos que ultrapassam os limites de velocidade são declarados culpados, podemos dizer que os motoristas franceses, na mesma proporção, são não-livres para superar os limites de velocidade, sem considerar os que ultrapassam tais limites e são multados e os que respeitam a lei. A Liberdade social de alguém não depende de seu efetivo comportamento. Muitas vezes fazemos algo que não seríamos livres para fazer (por exemplo, ultrapassar os limites de velocidade) e deixamos de fazer algo que seríamos livres para fazer (por exemplo, dirigir a velocidades inferiores ao limite).

III. LIBERDADE SOCIAL E OUTRAS RELAÇÕES SOCIAIS. — As relações de Liberdade e de não-Liberdade interpessoal ou social podem subsistir entre duas pessoas ou grupos quaisquer; por exemplo, membros de uma família, compradores e vendedores, legislativo e executivo, Papa e imperador, membros do Mercado Comum. A Liberdade de um Governo pode ou não ser limitada por outro Governo, por uma Igreja, por uma organização internacional, pelos próprios cidadãos, por grupos de interesse internos ou não à sua jurisdição, etc. A Liberdade política é uma subcategoria da Liberdade social e normalmente se refere à liberdade dos cidadãos ou das associações em relação ao Governo. O interesse pela Liberdade política, em diferentes momentos históricos, concentrou-se na Liberdade de religião, de palavra e de imprensa, de associação (religiosa, política, econômica) e de participação no processo político (sufrágio). A idéia de Liberdade política foi ampliada a fim de satisfazer aos anseios de Liberdade econômica, de "Liberdade da necessidade", de autodeterminação nacional, etc.

Não-Liberdade social e poder ou controle são categorias que se sobrepõem. Impossibilitando *A* de fazer *x*, *B* torna *A* não-livre para fazer algo e exerce controle sobre seu comportamento. Se *B* aplica sanções a *A* por ter feito *x*, *A* era, com relação a *B*, não-livre para fazer *x*, porém *B* não exerceu controle sobre a ação *x* de *A*, tanto que sua ameaça de castigo não foi suficiente para amedrontar *A* na hora de fazer *x*. A influência é uma terceira forma de poder; se *B* consegue, por exemplo, convencer *A* a votar pelos democratas, não está limitando a Liberdade que *A* tem para votar nos republicanos (ou nos democratas). Neste caso, as relações de poder e de Liberdade subsistem na mesma dupla de atores. O mesmo se dá nas seguintes situações: *B* exerce controle sobre *A* com relação a um campo limitado de alternativas; *A* é livre no contexto deste campo. Por exemplo, o Governo pode obrigar os cidadãos a servirem nas forças armadas, porém pode deixá-los livres para servirem obrigatoriamente ou alistarem-se como voluntários. *A* pode ser, com relação a *B*, livre para fazer *x*, porque *B* não tem poder para limitar a liberdade de *A*, ou porque *B* permite que *A* faça *x*. O Congresso dos Estados Unidos é livre para legislar à vontade em relação ao presidente, na medida em que este não opte por não exercer seu direito de veto. Afirmar que, em determinada sociedade, é respeitada a Liberdade de expressão, significa fazer referência às seguintes relações de Liberdade e não-Liberdade (e de poder) entre dois de seus membros *A* e *B*: *A* deixa *B* e *B* deixa *A* livre para dizer o que quiser; com relação a *B*, *A* é não-livre para impedi-lo de manifestar suas opiniões, e vice-versa; *A* e *B* são não-livres para fazê-lo, não apenas em suas relações recíprocas, mas também com relação ao Governo, protetor do direito de expressão de todos.

Existem Liberdades sociais protegidas por direitos legalmente definidos e pelos deveres correspondentes. É preciso distinguir entre conceitos referentes ao comportamento afetivo e ao direito. Todos os motoristas têm o dever, imposto pela lei, de não ultrapassar os limites de velocidade; eles são não-livres para ultrapassar estes limites somente na medida em que recebem multas. Desta forma, o motorista A que ultrapassou os limites de velocidade em determinada circunstância, sem ser descoberto, foi, em sentido comportamental, livre para fazê-lo naquela circunstância, embora não tivesse nenhum direito legal para fazer o que fez. Uma vez que quarenta por cento dos motoristas que na França ultrapassam os limites de velocidade não são multados, os motoristas franceses são socialmente, porém não legalmente, livres para superar os limites de velocidade naquela medida.

Muitos crêem ser a democracia "uma sociedade livre". Todavia, as sociedades organizadas se estruturam mediante uma complexa rede de relações particulares em Liberdade e não-Liberdade (nada existe parecido com a Liberdade em geral). Os cidadãos de uma democracia podem ter a Liberdade política de participar do processo político mediante eleições "livres". Os eleitores, os partidos e os grupos de pressão têm, portanto, o poder de limitar a Liberdade dos candidatos que elegeram. A democracia exige que as "Liberdades civis" sejam protegidas por direitos legalmente definidos e por deveres a eles correspondentes, que acabam implicando limitações da Liberdade. Num tipo ideal de ditadura, quem governa tem uma Liberdade sem limites em relação a seus súditos, enquanto estes últimos são inteiramente não-livres com relação ao primeiro. Numa democracia, as Liberdades e as não-Liberdades são colocadas de maneira mais igual, por exemplo, entre os vários escalões do Governo, entre o Governo e os governantes, entre a maioria e a minoria. Igual Liberdade, não mais Liberdade, esta é a essência da democracia.

IV. OUTROS SIGNIFICADOS DESCRITIVOS. — Enquanto a Liberdade social se refere a dois atores e a suas respectivas ações, a Liberdade de escolha caracteriza uma relação entre um ator e uma série de ações alternativas potenciais. "A tem liberdade de escolha em relação a x ou a z" significa que A pode fazer x ou z; que x ou z podem ser alcançados ou evitados por A; que A realizará x, contanto que escolha fazer x. Ao contrário, se para A é impossível ou necessário fazer x, A não tem Liberdade de escolha com relação a x. A definição de Liberdade como "o poder para agir ou não agir, conforme a determinação da Liberdade", dada por Hume, é característica desta situação. A Liberdade de escolha não é condição necessária nem suficiente da Liberdade social. Se A não pode fazer x, ele é não-livre para fazê-lo unicamente se sua incapacidade foi causada por outro agente B. Ao contrário, A continua livre para fazer x, mesmo não tendo Liberdade de escolha

com relação a x. A maioria das pessoas é incapaz, mesmo tendo Liberdade para tanto, de se tornar milionária ou de ganhar o prêmio Nobel. O desemprego em período de recessão é um exemplo de ausência de Liberdade de escolha, não de ausência de Liberdade social, a não ser que a recessão tenha uma relação causal, por exemplo, com uma determinada política governamental. O custo elevado do tempo de uma transmissão de televisão torna este instrumento inacessível à maioria; esta circunstância limita a Liberdade de escolha, não a Liberdade de expressão. Todos são socialmente "livres para dormir debaixo da ponte" ou na própria casa, incluindo os que não têm casa, que não têm Liberdade de escolha no assunto. (Nestas circunstâncias todas, é bem provável que o ator considere as possibilidades que lhe faltam e não a Liberdade que tem.) Ao contrário, temos Liberdade de escolha com relação à maioria das ações que podem ser punidas; tornamo-nos não-livres para fazê-las justamente por nos serem acessíveis.

Os não-deterministas sustentam que os seres humanos são possuidores de livre-arbítrio na medida em que têm Liberdade de escolha; isto quer dizer que suas escolhas efetivas, bem como o comportamento delas resultante não são determinados causalmente, constituindo apenas eventos acidentais. Os deterministas podem, com total coerência, negar a doutrina do livre-arbítrio e afirmar, ao mesmo tempo, que muitas vezes os homens têm Liberdade de escolha. O argumento destes últimos se fundamenta no fato de que a possibilidade de A fazer x ou z não elimina a possibilidade de explicar e prever a escolha efetiva de A mediante leis (por exemplo, psicológicas ou sociológicas) causais.

Pode-se afirmar que uma ação foi livre ou não-livre, por exemplo, quando afirmamos: "Este assassinato foi uma ação livre"; "Ele pagou os impostos, porém não o fez livremente". O comportamento involuntário é não-livre, bem como não-livres são as ações não deliberadas, como as que o agente foi condicionado a cumprir. As ações voluntárias são livres, a não ser que tenham o medo ou a sanção como motivação. Quando A entrega seu dinheiro a B que aponta um fuzil contra A, temos uma ação não-livre (todavia, trata-se de uma ação voluntária, determinada em parte pela ameaça de B e em parte pelo desejo de A de salvar sua vida). Porém a recusa de A é uma ação livre. É possível fazer livremente o que somos livres para fazer. Por outro lado, se B consegue convencer A a fazer x sem ameaça de sanções, a ação x de A é livre. Às vezes, porém, o termo "livre" é usado numa acepção mais ampla com relação a ações autônomas, isto é, determinadas exclusivamente pelas decisões do ator e não pela influência de outros. Por exemplo: "A única Liberdade digna deste nome é a de perseguir o nosso bem à nossa maneira" (J.S. Mill).

Muitas vezes o termo livre é referido a característ'·as de pessoas e não de ações. Pode-se afirmar que alguém é livre na medida em que se dispõe a agir livremente, ou a agir autonomamente, ou a desenvolver ao máximo suas capacidades. Por exemplo, Marx profetizou uma sociedade "onde o livre desenvolvimento de cada um é a condição para o livre desenvolvimento de todos". Liberdade se torna, assim, sinônimo de auto-realização.

Afirma-se, muitas vezes, que a Liberdade consiste em alguém fazer o que desejar. Seria mais correto afirmar que o agente se sente livre na medida em que faz o que quiser. A Liberdade como estado mental independe da Liberdade como estado de fato. Entre as coisas que pretendo evitar existem algumas que eu sou capaz e outras que eu sou não-livre para fazer. Há quem encontre o sentido da Liberdade no fato de ser livre quando "foge da Liberdade", para se submeter a uma autoridade que o condicione a querer fazer aquilo que precisa fazer. O grande Inquisidor de Dostoievski, manipula habilmente estes dois significados da palavra: "Hoje, mais do que nunca, as pessoas têm certeza de possuir Liberdade absoluta; todavia, elas trouxeram sua Liberdade até nós e a depositaram humildemente a nossos pés".

Pela conotação laudatória da palavra Liberdade, os autores, muitas vezes, se sentiram propensos a defini-la abrangendo unicamente aquelas relações de Liberdade, ou de não-Liberdade, que mais são valorizadas por eles e que mais são sugeridas aos outros. Estas definições persuasivas de Liberdade são úteis, não como instrumentos das ciências sociais empíricas,·e sim como expedientes retóricos; proporcionam, ao autor, a possibilidade de exprimir de maneira afirmativa seu ponto de vista normativo. Afirmando que obedecer "às leis estabelecidas pela sociedade é ser livre", Rousseau visava exortar os cidadãos à obediência para com estas leis e não explicar o significado da Liberdade. Estas definições persuasivas de Liberdade, com o objetivo de convencer e não de explicar, foram utilizadas para propor todo tipo de ideologia política, como vamos ver nos seguintes exemplos.

V. LIBERDADE COMO PROTEÇÃO DOS DIREITOS FUNDAMENTAIS. — O liberalismo clássico, de Locke a Spencer, bem como seus seguidores, sustentava que o Estado tem o direito de limitar a Liberdade de alguém unicamente quando for necessário proteger os direitos fundamentais de outro (muitas vezes considerados como sendo os próprios direitos naturais). Conseqüentemente, "nenhuma sociedade onde estas Liberdades não são, no seu conjunto, respeitadas pode ser considerada livre" (J.S. Mill). Ao contrário, uma sociedade pode ser considerada livre somente na medida em que se fundamenta nos princípios do *laissez faire*. Uma pessoa, pois, que possua estes direitos legalmente determinados e esteja sujeita aos deveres a eles correspondentes é livre, embora possa ser não-livre sob outros aspectos e em relação a agentes que não sejam o Governo, por exemplo, por causa da exploração econômica ou da pressão social. Por este motivo a Corte Suprema dos Estados Unidos achou certas leis, que fixaram mínimos salariais e máximos de horas de trabalho, como violadoras do princípio constitucional da Liberdade, visto tais regras não serem necessárias para a proteção dos direitos fundamentais, e sim constituírem limitações "arbitrárias" da "Liberdade contratual" entre empresários e assalariados.

VI. LIBERDADE COMO SATISFAÇÃO DAS NECESSIDADES FUNDAMENTAIS. — Os neoliberais observam que o direito de adquirir as coisas indispensáveis para viver pouco valor tem para os que não possuem a possibilidade de adquiri-las; que o Estado deveria tornar estas coisas acessíveis a todos; que esta necessidade implicaria por parte do Estado uma atuação limitadora da Liberdade individual, mediante a definição de normas relativas à saúde pública, à instrução e ao bem-estar. O objetivo último é o bem-estar social, não a Liberdade individual; os neoliberais usam a palavra Liberdade para definir este objetivo. "Liberdade pessoal significa, pois, o poder que o indivíduo tem para assegurar para si alimentação, moradia e vestuário suficientes" (S. e B. Webb). Ao contrário, os que não têm capacidade para obter aquilo que a sociedade deveria torná-los capazes de alcançar, porém são livres para fazê-lo com relação ao Governo, carecem de "verdadeira Liberdade". "A Liberdade da necessidade", ao contrário da Liberdade de expressão, não se refere diretamente à Liberdade social, e sim à ausência de necessidade e à presença de um nível de vida satisfatório para todos. Somente em sentido indireto, "os homens necessitados não são homens livres" (F.D. Roosevelt). Eles têm pouca Liberdade de escolha e são socialmente não-livres com relação aos poderosos, do ponto de vista econômico. Liberdade está relacionada não apenas com o objetivo do bem-estar, mas também com qualquer limitação da Liberdade social que seja considerada necessária para alcançá-lo. Atualmente a Corte Suprema interpreta a Liberdade incluindo no seu conceito as leis sobre mínimos salariais e outras "regras e proibições razoáveis impostas no interesse da comunidade". Liberdade inclui a não-Liberdade social desejável e exclui a Liberdade social não desejável.

VII. LIBERDADE COMO GOVERNO FUNDAMENTADO NO CONSENSO. — A definição de Liberdade como Governo fundamentado no consenso é utilizada para expressar a norma pela qual o Governo deveria fundamentar-se no consenso dos governados; normalmente, isto quer dizer Governo representativo e regra da maioria. Por exemplo, "a Liberdade do homem na sociedade é a de estar sujeito unicamente ao poder legislativo definido pelo Estado por consenso comum" (Locke). Neste sistema, os homens são livres porque sua Liberdade é limitada unicamente por normas em cuja elaboração puderam livremente participar. É só mudar um pouco o acento e Liberdade não significa mais que o Estado precisa ser sensível à vontade dos cidadãos, e sim significa que os cidadãos têm a obrigação de obedecer às normas governamentais, que refletem a vontade da maioria ou a "vontade geral". De acordo com Rousseau, os homens são livres na medida em que, livremente, cumprem esta sua obrigação, ou na medida em que foram "forçados a ser livres". Desta forma, Liberdade diz respeito não mais à possibilidade de agir desta ou daquela maneira, e sim à obrigação de agir da maneira ordenada pela autoridade.

VIII. LIBERDADE COMO CONSTRUÇÃO MORAL. — As definições de Liberdade até aqui analisadas, inclusive as que têm por objetivo convencer os outros, são inteiramente formadas por termos descritivos. Todavia, muitas vezes, as definições de Liberdade incluem termos éticos, quais sejam "justo", "deveria", ou "virtude". Nestes casos, não apenas o termo a ser definido (Liberdade), mas também a expressão que o define têm um significado valorativo. "A Liberdade pode consistir somente em poder fazer aquilo que devemos querer" (Montesquieu). Por analogia, muitas vezes, afirma-se que uma pessoa é livre, não quando age livremente ou desenvolve suas capacidades, e sim quando realiza "o melhor" ou "o essencial" de si mesma. "A Liberdade pode ser definida como a afirmação por um indivíduo ou por um grupo de sua própria natureza" (Laski). Uns chegaram a sustentar ser sumamente provável que alguém realize a própria natureza se for deixado livre para escolher por si mesmo. De acordo com outra tradição, que desde Platão passando pelos estóicos e pelo pensamento cristão chega até o neo-hegelianismo, o homem alcança a forma mais alta de auto-realização submetendo-se a alguma norma moral imposta externamente por alguma autoridade religiosa ou política, ou internamente pelo próprio "eu superior", normalmente identificado com a fé, a razão ou a consciência moral. "Chamo livre quem se deixa guiar unicamente pela razão" (Spinoza). "Obedecer a uma lei por nós mesmos imposta é Liberdade" (Rousseau). Liberdade não significa mais ausência de limitações desagradáveis, e sim presença de limitações agradáveis. "Não adquirimos Liberdade satisfazendo o que desejamos, e sim eliminando o nosso desejo" (Epicteto). Em suma, Liberdade é a não-Liberdade para fazer o mal, enquanto a Liberdade de se afastar do caminho certo é licenciosidade. "Se uma licenciosidade desenfreada de palavra e de escrita fosse concedida a todos, nada permaneceria sagrado e inviolado... Desta forma, a licenciosidade ganharia o que a Liberdade acabaria perdendo" (Encíclica Libertas).

Utilizando o termo Liberdade como marca registrada das preferências morais ou políticas de todos, o empenho de todos em buscar a Liberdade será vão. Todos irão concordar que a Liberdade é o bem supremo, porém sua concordância não passará disso. Uma não concordância significativa acerca do valor da Liberdade supõe uma concordância acerca do significado de Liberdade em termos não valorativos. O conceito de Liberdade social proporciona bases satisfatórias para uma discussão fecunda acerca dos aspectos normativos, bem como dos aspectos empíricos, da Liberdade. Com relação aos segmentos a ser atingidos ou não pela Liberdade social, haverá sempre opiniões divergentes, de acordo com o valor atribuído a outras finalidades sociais, quais sejam a igualdade, a justiça ou o bem-estar, que podem competir com a finalidade da Liberdade.

BIBLIOGRAFIA. — A. ARON, Essai sur les libertés. Calman-Lévy, Paris 1965; C. BAY, The structure of freedom, Stanford University Press, Stanford 1958; I. BERLIN, Four essays on liberty, Oxford University Press, New York 1969; J. P. DAY, Threats, offers, law, opinion and liberty, in "American philosophical quarterly", XIV, 1977; Liberty, ao cuidado de C. FRIEDRICH, Atherton, New York 1962; F. OPPENHEIM, Dimensioni della libertà (1962), Feltrinelli, Milano 1964; Id., Political concepts: A reconstruction, University of Chicago Press, Chicago 1981; W. PARENT, Some recent work on the concept of liberty, in "American philosophical quarterly", XI, 1974; *La libertà politica*, ao cuidado de A. PASSERIN D'ENTREVES, Comunità, Milano 1974; H. STEINER, *Individual liberty*, in "Proceedings of the aristotelian society", LXXV, 1975; F. A. VON HAYEK, *La società libera* (1960), Vallecchi, Firenze 1969.

[FELIX E. OPPENHEIM]

Liderança.

I. EVOLUÇÃO DO CONCEITO DE LIDERANÇA. — O conceito de Liderança, normalmente, tem, hoje, uma acepção bastante diferente da que teve tradicionalmente na história do pensamento, desde Platão.

Como exemplo de uma moderna formulação do conceito tradicional, podemos citar a definição de Liderança dada por R.M. Mac Iver e C.H. Page (1937), que a consideram "a capacidade de persuadir ou dirigir os homens, resultado de qualidades *pessoais*, independentemente da função exercida". Nesta definição, a Liderança é identificada e reduzida à esfera de poder resultante das atitudes do líder, como tal. O conceito de Liderança permanece, assim, totalmente preso à idéia de uma biologia específica do líder: encontramos, aqui, o último resíduo de uma concepção de líder visto como "herói" carismático, concepção esta que já entrou em crise — do ponto de vista da práxis política —, após as revoluções democráticas dos séculos XIX e XX, e — do ponto de vista da elaboração teórica — após o desenvolvimento das ciências sociais que ocorreu nas últimas décadas.

Mais realista — e mais fecundo cientificamente — é considerar a Liderança como um papel que: a) desenvolve-se num contexto específico de interações e reflete em si mesmo (e na sua "tarefa") a "situação" desse contexto; b) manifesta determinadas motivações do líder e exige atributos peculiares de personalidade e habilidade, além de recursos específicos, tudo isso (motivações, atributos e recursos) variáveis do papel, relacionadas com o contexto; c) relaciona-se com as expectativas dos liderados, seus recursos, suas aspirações e suas atitudes.

II. PAPEL, FUNÇÃO E CONTEXTO. — Entender Liderança neste sentido não significa — evidentemente — eliminar a possibilidade de o líder vir a elaborar, ele mesmo, seu papel, de forma mais ou menos decisiva, e até promover a formação do contexto onde ele se situa como detentor de Liderança. O que se pretende é esclarecer a dis-

tinção entre uma Liderança definida pelo papel e um líder que determina o papel.

Tendo esta distinção como ponto de partida, B. de Jouvenel (1958) estabelece uma diferença de posicionamento e de mentalidade entre o *rentier politique* e o *entrepreneur politique* (distinção que — no pensamento do autor — relaciona-se com a distinção existente entre *autorité subsistante* ou *préexistante*, e *autorité emergente*). Sempre com o mesmo ponto de partida, C. Wright Mills e H. Gerth (1953) discriminam três figuras de líder: o *de rotina*, o *inovador*, o *precursor*. Mediante esta última figura, encarando o precursor como um líder que cria seu papel, embora sem alguma chance de desempenhá-lo (por exemplo, Rousseau como ideólogo), Wright Mills e Gerth atribuem à sua tipologia a mesma excessiva amplitude que — como veremos mais adiante — atribuem também ao seu conceito de Liderança. É bem verdade, porém, que, considerando o perfil de líder aqui salientado, podemos efetiva e utilmente distinguir pelo menos três tipos de Liderança:

a) *O líder de rotina*, que não cria (e não reelabora), nem seu papel, nem o contexto em que é chamado a desempenhá-lo, mas desempenha apenas, dentro de limites na sua maioria já preestabelecidos, um papel-guia de uma instituição já existente, um papel ao qual pode dar, quando muito, o marco de seu estilo individual (por exemplo, na Itália um presidente da república que atue como atuaram De Nicola e, pelo menos até 1954, Einaudi).

b) *O líder inovador*, que reelabora, até radicalmente, o papel-guia de uma instituição já existente, e pode chegar à reelaboração do próprio papel da instituição (por exemplo, na Itália, um presidente da república que conseguisse garantir para si poderes efetivos de orientação política, ou — para propor um outro exemplo tirado do atual contexto italiano — uma Liderança sindical que chegasse a assumir, como suas, as funções específicas dos partidos políticos).

c) *O líder promotor* — uma figura parecida, embora não idêntica, à do *organization builder*, tal, como é caracterizada por F.H. Harbison e C.A. Myres (1959), isto é, um líder que sabe criar tanto seu papel como o contexto onde vai desempenhá-lo (por exemplo, alguém que se torne fundador de um grupo, de um sindicato, partido político, ou até mesmo de um Estado: contanto que — evidentemente — consiga proporcionar um mínimo de consistência à sua iniciativa e manter a posição de líder na instituição por ele promovida).

A personalidade do líder, em suma, é apenas um dos fatores que interferem na determinação destas diferentes formas de Liderança. Nos casos de papéis já determinados, estes podem se achar definidos de forma mais ou menos rígida — quer como sistemáticas de recrutamento quer como regras de conduta — e corresponder a exigências mais ou menos flexíveis: podem, assim, tornar-se papéis sujeitos a uma nova elaboração, embora em níveis bem variados, por parte da Liderança. Em todo caso, o que importa é que a Liderança está sempre em relação direta com a situação do contexto onde é exercida, mesmo se uma tal relação não resulta tão automática que possamos afirmar *tout court* que "os líderes são sempre, secreta ou abertamente, selecionados com antecedência pelos seus liderados, de conformidade com as necessidades do grupo" (L. G. Seligmann, 1968). Hegel, por exemplo, já observava que os "grandes líderes" emergem com maior facilidade das sociedades em fase de rápida transformação estrutural.

Por analogia, as funções (e os objetivos) da Liderança não podem ser vistas como refletindo unicamente as motivações (e os interesses) do líder. Ao contrário, estas funções (e objetivos) precisam ser, cada vez mais, relacionadas à "tarefa" que o contexto atribui à Liderança que dele é a expressão. Por isso, embora seja inegável que o líder, como tal, procura sempre a manutenção de estruturas e valores que exerçam um papel de integração no que diz respeito à sua própria Liderança, não se pode esquecer que a ênfase excessiva atribuída a este aspecto — como bem ressaltou A. S. Tannenbaum (1968) na maior parte dos estudos sobre o assunto — implicaria uma teorização da Liderança numa dimensão conservadora, que resulta, pelo menos, unilateral.

III. LIDERANÇA E PERSONALIDADE. — Após o que dissemos no § I, basta alertar que não faria sentido insistir em tentativas para levar a bom termo a compilação de uma lista com os atributos de personalidade e habilidade intrínsecos à figura do líder.

Estas tentativas foram muitas e às vezes até de fontes revestidas de autoridade. Platão, já citado, que — na *República* — configura um modelo de líder preparado pelo seu papel de "guardião do Estado", além de sê-lo também por "alguma disposição natural" e, principalmente, pela educação. Aristóteles, que — na *Política* — desvia o enfoque principalmente para as qualidades naturais ("desde o nascimento, uns são fadados a obedecer, outros a mandar"), E Michels, que — na *Sociologia del partito politico* (1911) — elabora uma grande lista de "qualidades pessoais pelas quais

uns conseguem frear as massas, qualidades que devem ser consideradas como atributos específicos dos líderes" (capacidade oratória — considerada como o "fundamento da Liderança" no período inicial do movimento operário — força de vontade, superioridade no saber, profundidade nas convicções, segurança ideológica, autoconfiança, capacidade de concentração, "em casos específicos" também bondade de alma e desinteresse, "na medida em que estas qualidades lembrem às massas a figura de Jesus Cristo e despertèm nelas sentimentos religiosos que não estavam apagados mas apenas abafados").

Diferentemente do que fazem outros autores, não incluiria nesta relação, que, em última análise, tem unicamente o valor de exemplificação, o nome de Maquiavel. No *Príncipe*, Maquiavel propõe um conceito de "virtude" política tão flexível que pode ser lido, na linguagem da ciência moderna, como apenas uma variável do contexto em que se realize o papel de líder.

É justamente este o enfoque que mais se adapta à análise da personalidade de quem exerce Liderança. Pesquisas desenvolvidas neste assunto garantem a validade do enfoque. As pesquisas, quando não se limitam a fornecer resultados excessivamente genéricos, evidenciam tantos conjuntos de atributos pessoais da Liderança quantos são os tipos dos grupos objeto de estudo (bem como suas diferentes situações). Na sua simplicidade, vale o ensinamento que, ainda em 1948, R. M. Stogdill tirava de uma resenha de estudos acerca dos fatores pessoais de Liderança: uma vez que Liderança é "uma relação existente entre pessoas inseridas em determinadas situações sociais (. . .), as pessoas que são líderes numa situação podem não o ser, necessariamente, em situações diferentes".

Com efeito, os atributos de personalidade e habilidade do líder — bem como suas motivações — se encaixam no contexto de recursos que, numa situação específica, entram em jogo para a conquista e a manutenção da Liderança: estes recursos podem ser muito diferentes, tanto quanto diferentes podem ser as causas que levam ao estabelecimento de uma relação de influência.

Não se quer negar — evidentemente — que a personalidade do líder seja um fator de importância relevante; tampouco pode ser ignorado que a figura do líder tenha suas conotações específicas em relação à figura de seus liderados. Queremos dizer que os aspectos pessoais da Liderança não podem ser objeto de generalizações, sem ultrapassar o limite da banalidade, a não ser no quadro de uma tipologia bem precisa (que, até agora, não está à nossa disposição). No máximo podemos concordar com H. D. Lasswell e A. Kaplan (1950), quando escrevem que o "traço característico do tipo político de personalidade comum a todos os líderes é a procura extremada de valores de deferência, principalmente do poder e do respeito, e, em medida bem menor, da retidão e da afeição". Sem dúvida, "o líder, como tipo de personalidade, é eminentemente um político: sua conduta é determinada por considerações relacionadas com a aquisição e a fruição de valores de deferência".

Por outro lado, a personalidade do líder não pode ser confundida com sua imagem: quer no sentido de "auto-imagem" — aquela que o líder tem de si próprio, ou que pelo menos acredita ter — quer no sentido da imagem que os liderados constroem para si com relação a seu líder. Por exemplo, a "grandeza" acaba se revelando muito mais como um atributo da imagem do que da pessoa a que se atribui (esta é uma observação de W. Lange — no seu estudo sobre "problema do gênio" — retomada em seguida por Wright Mills e Gerth). De qualquer forma, é sempre necessário distinguir entre a imagem do papel e a imagem de seu titular.

IV. LÍDER E LIDERADOS. — Com relação aos liderados, provavelmente — como observa C. A. Gibb (1968) — "o que de mais importante se tem a dizer acerca do conceito de liderados é que eles também desempenham papéis ativos". Nas análises tradicionais, a Liderança sempre foi considerada como uma relação unilinear: "alguém, ou guia, ou é guiado". Porém, ainda no começo do século — como lembra Taunenbaum —, G. Simmel, embora aceitasse uma concepção de Liderança fundamentalmente tradicionalista, alertava para o fato de que "todos os que guiam, são também guiados", e até que "na grande maioria dos casos, o chefe é escravo de seus escravos". Atualmente, principalmente após os trabalhos de C. J. Friedrich sobre "regras das reações previstas", é ponto pacífico que líder e liderados se encontram numa relação de influência recíproca. O que temos aqui são duas realidades complementares: a tal ponto que os liderados podem ser definidos — como sugere S. Verba (1961) — "colaboradores" de quem exerce a Liderança.

A tipologia proposta por M. Conway (1915) fundamenta-se na relação entre líder e liderados — mais exatamente no papel que o·líder assume com relação a seus liderados — e apresenta três diferentes tipos de Liderança:

a) *Os líderes que arrastam multidões*, "capazes de conceber uma grande idéia, de juntar uma multidão suficientemente grande para concretizá-la e de pressionar a multidão para que, de fato, a concretize".

b) *Os líderes que interpretam as multidões*, hábeis principalmente "em tornar claros e explícitos os sentimentos e os pensamentos que se encontram na multidão de forma obscura e confusa".

c) *Os líderes que representam as multidões* limitam-se a "exprimir apenas a opinião da multidão, já conhecida e definida".

Por sua vez, porém partindo de outro ponto de vista que se relaciona com os motivos que os fazem aderir a determinado líder, os liderados podem ser divididos em dois tipos: os *fiéis*, que se envolvem por razões de caráter "moral", e os *mercenários*, que atuam por motivos de interesse. Esta distinção é desenvolvida por F. G. Bailey (1969): porém, o mesmo faz questão de ressaltar que a relação entre líder e liderados permanece da mesma natureza em ambos os casos. Um líder "pode influenciar ou dirigir as ações de seus liderados unicamente na medida em que distribui vantagens": e é bom notar que as relações "morais" se configuram como vantagens tanto quanto outros tipos de relações. De fato, se os "mercenários" exigem um "pagamento" direto, também os "fiéis" impõem obrigações a seu líder, pelo menos a obrigação de "servir a causa" e de agir conforme "o modelo de seus ideais". Em um e outro caso, o que se concretiza é uma relação de "transação".

Em última análise, no tema das relações entre líder e liderados, o problema fundamental é o de saber "por que quem é guiado segue quem o guia": porém, na sua colocação mais abrangente, este é o próprio problema do poder (v. PODER) e de sua legitimação.

V. DEFINIÇÃO DE LIDERANÇA. — As dúvidas e as controvérsias existentes a respeito têm peso relevante nas definições dadas ao conceito de Liderança. Ainda hoje, estas definições se revelam bastante vagas e imprecisas, embora com certeza C. I. Barnard não pudesse repetir hoje — após as modernas análises psicológicas, sociológicas e da ciência política — o julgamento radical que emitiu em 1940, quando afirmava que "a Liderança tem sido objeto de uma enorme quantidade de idiotices (*nonsense*) enunciadas dogmaticamente".

De acordo com Wright Mills e Gerth, pode ser definida como relação de Liderança toda relação "entre alguém que guia e alguém que está sendo guiado", isto é, toda situação onde, "por causa de quem está guiando, os que estão sendo guiados agem e sentem de forma diferente do modo como agiriam e sentiriam se não estivessem sendo guiados". Acontece que, desta forma, o conceito de Liderança assume uma amplitude excessiva que acaba se confundindo com o conceito de influência, sem manifestar nenhum traço específico. Os mesmos Wright Mills e Gerth alerfam que "talvez" fosse mais correto "delimitar a Liderança a determinadas formas de *autoridade*", encarada como um poder exercido conscientemente e intencionalmente de um lado e aceito e reconhecido espontaneamente do outro.

Como característica específica da figura do líder em relação à do "chefe", alguns autores — por exemplo S. Verba (1961) e M. Sherif (1962) — salientam justamente o aspecto da "espontaneidade" dos liderados, vistos na sua qualidade de liderados. Na formulação destes autores, o conceito de espontaneidade implica, porém, também o de grupo: "o status de líder — afirma Sherif — encontra-se no interior de um grupo e não fora dele". O conceito de grupo, por sua vez, acha-se ligado à idéia de um acordo entre líder e liderados acerca dos objetivos a serem alcançados: é esta uma constante que encontramos em quase todas as modernas definições de Liderança.

Os autores que tratam do caráter "efetivo" do poder do líder evidenciam uma outra característica de sua figura. De acordo com K. Lang (1964) "a Liderança é sempre ação efetiva, não mero prestígio". Quando acontece "um fraco exercício de poder efetivo — ressaltam Lasswell e Kaplan —, temos uma autoridade formal, não uma Liderança" (porém são *boss* e não líderes os que exercem um poder efetivo "sem que o mesmo se formalize na perspectiva de autoridade").

A posição do líder, porém, não é uma posição qualquer de poder, ela é uma posição "central": quer no sentido ressaltado por Lang, quando afirma que o *líder* "é o ponto central para toda atividade do seu grupo" (e W. F. Whyte [1943] demonstra que esta "centralidade" é que discrimina as iniciativas do líder das iniciativas de um liderado), quer no sentido ressaltado por A. S. MacFarland (1969), quando observa que "a idéia de *liderança* conjuga entre si dois conceitos importantes: o de poder e o de decisões cruciais" (*issue salience*).

Concluindo — sem a pretensão, todavia, de fornecer uma definição plenamente satisfatória — podemos afirmar que são líderes os que: a) no interior de um grupo b) ocupam uma posição de poder que tem condições de influenciar, de forma determinante, todas as decisões de caráter estratégico, c) o poder que é exercido ativamente, d) e que encontra legitimação na sua correspondência às expectativas do grupo.

BIBLIOGRAFIA. — S. VERBA, *Small groups and political behavior: a study of leadership*. Princeton University Press, Princeton 1961; L. G. SELIGMAN, I.: *Political aspects*, in *International encyclopedia of the social sciences*, Free Press, New York 1968; A. S. MAC FARLAND, *Power and leadership in pluralist systems* Stanford University Press Stanford 1969.

[ORAZIO M. PETRACCA]

Livre-cambismo.

I. DEFINIÇÃO. — Em sua acepção mais simples e limitada, o Livre-cambismo é uma doutrina favorável à liberdade econômica, por razões filosóficas que Adam Smith, em polêmica contra o mercantilismo, foi dos primeiros a expor de modo sistemático. A difusão do Livre-cambismo, jamais sem contrastes, foi conseqüência de uma visão da economia diversa da tradicional, que, por milênios, se havia mantido mais ou menos como uma visão de conflito entre os homens. Era um velho axioma que "o lucro de uma pessoa era prejuízo para outra". "A partir de Aristóteles, os filósofos foram-no enriquecendo de pormenores, definindo mais exatamente qual o lucro condenável, ou seja, o excesso acima do justo preço" (J. Schumpeter). Com o Livre-cambismo, pelo contrário, rejeitou-se a idéia da economia como "jogo de soma zero" e se preferiu considerá-la como possível fonte de um maior bem-estar para todos; nela, a liberdade não degenera necessariamente em abuso, mas abre espaços à colaboração contratual.

Não há dúvida de que a transição da velha à nova doutrina foi favorecida pelo declínio da agricultura, que perdeu a superioridade produtiva, e pelo desenvolvimento da indústria, que lhe conquistou a primazia. Na agricultura, a riqueza principal é a terra, ou seja, um bem natural escasso e não reproduzível: findas as terras virgens ou de ninguém disponíveis, quem quiser mais terrenos tem de os subtrair aos outros. Na indústria, pelo contrário, a riqueza dominante é o capital, um bem artificial que se pode produzir à vontade e se pode acumular, mesmo sem o tirar aos possuidores antecedentes. Mas, mesmo antes da Revolução Industrial, na época da revolução mercantil dos séculos XVI e XVII, se não era a terra, eram o ouro e a prata que demonstravam existir no mundo uma quantidade finita de riqueza natural: uma fatia maior para um impunha uma fatia menor para qualquer outro.

A terra não gerava outra terra, nem o ouro ou a prata geravam mais ouro ou mais prata.

Um grão de trigo gerava outros grãos e, por isso, até os fisiocratas, eles incluídos, até fins do século XVIII, continuou-se a pensar que só a produção agrária fornece excedentes, mas excedentes tão exíguos que impedem a melhoria geral e durável das condições de vida. Até depois de Smith, os economistas clássicos, embora admitissem que os excedentes se podiam formar também fora da agricultura, teimaram em preocupar-se principalmente com os antagonismos relativos à sua distribuição. A ampliação global dos excedentes continuava sendo, num certo sentido, uma obra vã, já que se temia que aumentasse *pari passu* a população (os homens aumentavam "como ratos num celeiro"), mantendo-se o salário ao nível mínimo de subsistência: assim tinha acontecido durante milênios e assim continuaria.

Embora hostil ao pessimismo demográfico dos malthusianos, K. Marx chegava por outras vias mais modernas às suas mesmas conclusões. Mais: teorizando sobre a "luta de classes" entre proletários e capitalistas, acentuava como ninguém o conceito conflitante da economia, dando-lhe novas bases. O socialismo se apresentava de repente como um adversário formidável da incipiente doutrina livre-cambista, que se pode dizer só recebeu idéias fortes para se defender, e atacar, dos economistas neoclássicos da segunda metade do século XIX. Entre essas idéias, sobressaía a da produtividade marginal de cada um dos fatores: trabalho, capital, terra. Nenhum destes fatores individuais tirava nada aos outros, porque o que recebia nos mercados de concorrência era a sua contribuição para a produção: se recebia mais, era devido à sua maior produtividade e não por tirar parte da contribuição dos outros. O raciocínio neoclássico ou marginalista era criticável, mas espelhava a evidência dos salários reais que, pela primeira vez na história, iam crescendo continuamente sem prejudicar os lucros.

Desde então, o Livre-cambismo, como doutrina econômica, isto é, em sua acepção mais simples e limitada, seguiu a sorte das teorias neoclássicas ou marginalistas, que lhe serviam de suporte: teve sucesso até a Primeira Guerra Mundial, depois ressentiu-se das críticas de J. M. Keynes em 1936 e de P. Sraffa em 1960 (para só citar dois nomes e duas datas); recuperou-se ultimamente com as teorias dos economistas chamados às vezes neo-neoclássicos. A polêmica pró ou contra o Livre-cambismo se transformou cada vez mais em polêmica pela economia de mercado ou pela economia planificada. Foi um debate que, se com um ouvido atendia às vozes dos economistas teóricos, escutava com o outro as vozes dos fatos históricos de todo o gênero, que, com o passar do tempo, faziam parte da experiência adquirida. Além do Livre-cambismo como doutrina econômica, houve também um Livre-cambismo como política econômica ou como política *tout court*, com sua evolução própria. É justamente a esta evolução da prática livre-cambista que convém dedicar a próxima seção.

II. EVOLUÇÃO DA PRÁTICA LIVRE-CAMBISTA. — Começamos por afirmar, como é óbvio, que, se possuímos exemplos de Livre-cambismo em estado puro, não os temos de Livre-cambismo político isento de compromissos e de parcialidade. A par disso, nenhuma política planificadora foi jamais integral e o próprio mercantilismo, como política, em toda a parte foi abundantemente atenuado. Quando Smith atacava o mercantilismo britânico, admitia, não obstante, que os Atos de Navegação (leis tipicamente mercantilistas) haviam sido "talvez a mais sábia de todas as regulamentações comerciais da Inglaterra", se avaliadas não só no plano da economia, como também no da potência nacional. Com efeito, aquele mercantilismo foi uma arma de guerra da Grã-Bretanha contra a Holanda, que então estava na vanguarda do desenvolvimento econômico: uma arma semelhante aos canhões, também usados para resolver a questão. De resto, qualquer livre-cambista sabe que o monopólio prejudica quem lhe está sujeito e todo inglês se sentia feliz de poder prejudicar os inimigos da Inglaterra.

É regra no comércio internacional que o Livre-cambismo seja mais do agrado dos países mais desenvolvidos e menos dos outros, que tentam diminuir ou anular a sua inferioridade com medidas protecionistas. À medida que a inferioridade britânica se atenuava, para se transformar, enfim, em superioridade com a Revolução Industrial, o Livre-cambismo foi-se tornando, depois de Manica, mais certo e seguro, deixando que os países atrasados decidissem como reagir. Mas até os livre-cambistas admitiam que as novas indústrias "nascentes" precisavam de uma certa proteção temporária até ficar adultas. Haviam desaparecido muitas das condições objetivas e muitas das crenças do mercantilismo e não se pensava mais que o lucro de um redundasse inevitavelmente em prejuízo de outro; no entanto, os políticos acabavam por agir, na prática, mais ou menos como há um ou dois séculos atrás.

Em contraste, se considerarmos, em vez da economia internacional, a economia interna de cada uma das nações, constataremos um quadro diverso. Em pleno século XVII, ainda em condições de relativo subdesenvolvimento econômico, a Grã-Bretanha não hesitava em reconhecer aos seus cidadãos (não aos cidadãos estrangeiros) amplas liberdades econômicas, nisso se distinguindo claramente da França absolutista: "Entre o mercantilismo inglês e o colbertismo e derivados, havia a mesma diferença que existe entre um terno costurado pelo alfaiate e um já confeccionado" (C. Wilson). Os próprios privilégios monopólicos das companhias mercantis foram sempre olhados com suspeita pela opinião pública inglesa e até mesmo por alguns setores do Parlamento, tanto mais que entraram logo em conflito com os interesses dos industriais. Quando a Grã-Bretanha se obstinou na indústria e no carvão, apressou-se em desmantelar as companhias mercantis, bem como as antigas corporações de artes e ofícios, as aduanas internas, etc., enquanto favorecia as inovações técnicas e a livre iniciativa empresarial.

Os interesses agrários, também encabeçados pela poderosa nobreza, foram muitas vezes igualmente sacrificados aos interesses industriais "burgueses", quando excessivamente contrastantes. Mas a abolição das leis protecionistas relativas ao trigo, já avançado o século XIX, não constituiu uma viragem na política econômica britânica: foi um prosseguimento no rumo iniciado muito tempo antes, já no século XVII. Mas tal orientação não respondia só a motivos econômicos. Muitos, na Grã-Bretanha, concebiam a liberdade econômica como parte integrante da mais ampla liberdade humana, como um direito natural que duas revoluções políticas, no século XVII, a puritana e a "gloriosa", haviam admirado e, por fim, acolhido numa monarquia constitucional única na Europa. Locke interpretava o sentir comum dos britânicos ao pôr teoricamente o fundamento da sociedade civil na defesa da propriedade privada, fruto da laboriosidade individual; e não é por acaso que um livre-cambista de hoje, como R. Nozick, parte de Locke para chegar à igualdade entre o Governo justo e o Governo mínimo.

Sem este prestígio, que o liga aos grandes ideais extra-econômicos do homem, não se explicaria o êxito do Livre-cambismo mesmo fora da Grã-Bretanha, na América, na Europa continental, na Itália, na época do iluminismo e depois, em tempos e lugares diferentes, em condições econômicas diversas. Na Itália, foram livre-cambistas Romagnosi, Cavour, Francesco Ferrara e vários protagonistas do Ressurgimento, pelas mesmas razões que levaram a esse acontecimento. O maior economista italiano, V. Pareto, foi livre-cambista; também o foi Luigi Einaudi que, entre as duas guerras mundiais, num período de graves crises econômicas, entrou em polêmica com Keynes, acusando-o de ofender, não tanto

o Livre-cambismo, quanto os valores morais, bem mais preciosos, que ele envolve.

Atualmente, a sobrevivência do Livre-cambismo (como, aliás, a do antitético socialismo "obrigatório") não depende quase mais do que ele possa dizer de específico sobre o comércio internacional, sobre a eficiência econômica ou sobre qualquer outra questão restrita à mera economia. B. Croce, discutindo com Einaudi, interpretava o Livre-cambismo como algo pertencente àquilo que é útil, não ao que é justo, relegando-o, por isso, para uma esfera subordinada à esfera moral e maiormente nobre do liberalismo. Mas quase nenhum dos livre-cambistas hodiernos se poria ao lado de Croce contra Einaudi; pelo contrário, quase todos se inclinariam a crer que o Livre-cambismo é a versão mais pura e integral do liberalismo, como veremos a seguir.

III. RENASCIMENTO DO LIVRE-CAMBISMO POLÍTICO. — O atual credo livre-cambista, em sentido amplo, começa realmente com começa o livro de Nozick, *Anarquia, Estado e utopia:* "Os indivíduos possuem direitos; há coisas que nenhuma pessoa ou grupo de pessoas lhes pode fazer (sem lesar os seus direitos)". O coletivo, para os livre-cambistas, é sempre tão-só um conjunto de indivíduos, jamais os transcende. Os deveres levados em conta são os de indivíduos para com outros indivíduos, o "reverso da medalha" dos direitos individuais. Isto está vinculado à idéia liberalista de que todo indivíduo é diferente dos outros, único e irrepetível: nada o pode substituir, o que confirma o alto valor, se não o caráter sacro, da vida humana. O indivíduo tem o direito de viver a sua vida, que não é de nenhum outro, nem como nenhuma outra; tem o direito, e talvez também o dever, de fazer dela a manifestação das suas exclusivas potencialidades criativas, de fazer dela a sua própria obra-prima, seguindo "o grande desejo da excelência". Precisa, portanto, de liberdade de escolha e de experimentação, para pôr em ato a sua originalidade, condição necessária para ser o que os outros não são nem podem ser.

O Livre-cambismo é, pois, assim entendido, uma forma do individualismo, que não se há de confundir, porém, com o anarquismo individualista. Ao realizar suas experiências, o livre-cambista tem diante de si dois vínculos ou limites: o respeito pelos direitos e liberdades dos outros, é claro, e depois também a escassez dos recursos materiais disponíveis (conquanto continuamente aumentados). A política e a economia, como ciências, são, pois, chamadas a colaborar; o primado da economia entre os instrumentos livre-cambistas tem sua raiz no pensamento de que a escassez de recursos está entre as causas principais das dificuldades políticas, e não vice-versa. O anarquismo parece atribuir pouco peso à escassez, como se a próvida natureza bastasse para satisfazer o homem, mal se removessem os danos artificiosos do Governo e do direito. Não é assim o livre-cambista, que julga ser impossível suprimir a penúria com relação aos nossos desejos ilimitados e considera a natureza como algo que há de ser conquistado prometeicamente.

Ora, a lição de Smith foi que a divisão do trabalho ajuda o homem a libertar-se, salvo exceções, das piores dificuldades econômicas, que, de outro modo, o penalizariam também e principalmente nas atividades de fins não econômicos. Mas a divisão do trabalho multiplica enormemente os laços sociais, estendendo-os, para além da família, dos amigos, dos vizinhos, da tribo e da nação, a pessoas distantes e desconhecidas. Torna-se necessária uma organização complexa que atenda às necessidades diversas e constantemente mutáveis de milhões e milhões de indivíduos desconhecidos; mas o livre-cambista duvida que um planificador central possa jamais, mesmo que queira, dispor de todas as informações necessárias a esse fim e acredita, pelo contrário, que o mercado de concorrência cumpra melhor tal finalidade, por se avizinhar mais do ideal da "soberania dos consumidores".

A fórmula do comunismo, "a cada um segundo as suas necessidades", se enquadraria perfeitamente bem ao livre-cambista, se não fosse a escassez e se os bens disponíveis bastassem para satisfazer todas as necessidades de todo o mundo. Mas, não bastando, os bens escassos são destinados, levando-se em conta as prioridades que, ou são estabelecidas por uma autoridade política, ou expressas pelos próprios indivíduos, dispostos a gastar mais por certos bens e menos por outros. O livre-cambista é, obviamente, por este último método, mesmo conhecendo-lhe os defeitos: quem não tem meio de comprar, está sem condições de manifestar qualquer procura de comida no mercado, por muita fome que tenha. O mercado não se funda no egoísmo, mas na equivalência entre o que se dá e o que se recebe em troca, estabelecida mediante a concorrência e o contrato. Quem não tem nada para dar aos outros nada recebe, a não ser que a troca ceda lugar à dádiva. O livre-cambista é favorável à generosidade privada voluntária, mas desconfia da generosidade pública forçada, porque teme os abusos, que vão do furto legal ao protecionismo indevido.

Assim também não concorda que se considere justa, eqüitativa, qualquer redistribuição de renda e de riqueza de sentido igualitário. Para ele, a renda e a riqueza se julgam, não pelo modo como são, desiguais ou iguais, mas pelo modo como se formaram historicamente: a sua distribuição será justa, mesmo que desigual, se foi justa na origem e foram justas suas sucessivas variações, ou se qualquer injustiça foi entretanto sanada (princípio de Nozick). No mercado de concorrência, o sucesso e a riqueza são conferidos pela gente a quem mais a satisfaz; não importa se se premia o mérito ou a sorte; ao livre-cambista, o que importa é que premiem o arrojo de quem consegue satisfazer a gente. A livre-concorrência é necessária, porque não se sabe de antemão quem é o melhor em satisfazer: só a experiência o pode determinar. Contrariamente ao que se lê em muitos textos de economia, o empresário, tal como o entendem os livre-cambistas, não calcula o máximo lucro partindo de um conjunto de dados, mas modifica os dados que encontra e faz o que os outros não imaginam que se possa fazer ou crêem errado.

O livre-cambista está, em todo caso, pronto a sacrificar a eficiência à liberdade, havendo oposição entre ambas, ou, melhor, avalia a eficiência só em função da satisfação da livre escolha do consumo, do trabalho, etc.: não lhe interessa a eficiência de uma economia "racionalizada", com planos, monopólios, produções em série, como a proposta por tecnocratas do gênero de W. Rathenau. A eficiência obtida a preço de uniformidade, a eficiência que comprime as opções individuais é desprezada pelo livre-cambista; é por razões análogas que ele não aceita sequer a feição democrática de qualquer decisão votada por maioria. Ao mesmo tempo, ele não vê por que votar por maioria, impondo à minoria uma uniformidade que ela aborrece, quando o voto diz respeito ao que, por sua natureza, conta com escolha diversa por parte dos indivíduos. Além disso, onde a uniformidade for inevitável em razão do objeto, o livre-cambista recomenda que seja moderada, isto é, que não lese nunca direitos individuais mais elevados.

O livre-cambista não se opõe ao socialismo e ao comunismo, está até disposto a favorecer sua experimentação, desde que as experiências sejam voluntárias, como acontece, por exemplo, no *kibutz* israelense. É o socialismo e o comunismo forçoso, obrigatório, que ele repudia: para o livre-cambista, a superioridade do capitalismo está em que este aceita os atos comunistas quando entre adultos do mesmo sentir, ao passo que o comunismo não parece querer a reciprocidade. O melhor Governo não é aquele que nos dá a sua utopia, mas o que mantém um espaço de liberdade onde todos podem buscar pacificamente as suas diversas utopias. É neste sentido que Nozick pede um Governo "mínimo". Os governantes são homens como todos os demais, com os mesmos vícios e fraquezas dos outros; não temos qualquer garantia de que as suas utopias sejam melhores que as outras. Não temos sequer a certeza de que entre os governantes não se insinuem os malvados e os incompetentes, apesar de todas as cautelas para os evitar. Por isso, a pergunta mais importante para o livre-cambista não é *quem* é que deve governar, mas *como* deve governar, para não causar demasiado dano numa possível eventualidade. É também por esta via, a de K. Popper, que se chega igualmente ao Governo "mínimo".

O livre-cambista não confia nos grandes projetos; prefere avançar por pequenas etapas experimentais, com o método do *trial and error*. A iniciativa individual, conquanto limitada a pequenos horizontes e aparentemente sem coordenação, tem levado por vezes, no correr dos séculos, a construções coletivas amplamente sistemáticas, que ninguém projetou e que todos gozam: o mercado, a língua, o direito nos países do *common law*, os costumes sociais. F. Hayek insiste em afirmar, como livre-cambista, que jamais a ordem social é alcançada apenas com a perfeita compreensão lógica do nexo causal entre os meios disponíveis e os fins almejados, mas também com normas empíricas de comportamento que foram transmitidas de geração em geração, progressiva e gradualmente adaptadas, e que suavizam a nossa inevitável cegueira em face do futuro. O livre-cambista concede grande espaço ao acaso, à sorte: aceita as suas recompensas, mas também as casuais "injustiças" e danos. Em economia, uma conjuntura desfavorável conta certamente com remédios no livre-cambismo; mas sabe-se que errar é humano e que a perfeita estabilidade é irrealizável no mundo dos vivos.

Negando o super-homem, o Livre-cambismo crê, no entanto, no homem adulto, responsável, independente, moderado, que talvez também nem sequer exista ou existe quiçá em poucos exemplares, insuficientes para caracterizar uma sociedade. O Livre-cambismo é pela liberdade de consumo, mas sabe que o consumo de homens grosseiros será também um consumo grosseiro: e sente desgosto por isso. A liberdade é como um espaço vazio que deve ser repleto de coisas belas, não de coisas disformes. Sob este aspecto, o Livre-cambismo aceita e examina tudo o que outra filosofia lhe possa oferecer para uma vida melhor, de qualquer modo promissora. Em conclusão, o Livre-cambismo é uma filosofia *aberta* e o seu conteúdo é indescritível a partir de um certo ponto.

BIBLIOGRAFIA. — L. EINAUDI, *La fine del laissez-faire?*, in "Riforma sociale", novembro-dezembro 1926; M. FRIEDMAN, *Capitalism and freedom*, University of Chicago Press, Chicago 1962; F. A. HAYEK, *La società libera* (1960), Vallecchi, Firenze 1969; J. M. KEYNES, *La fine del lasciar fare* (1926), junto com *Teoria generale dell'occupazione, dell'interesse e della moneta*, UTET, Torino 1971; R. NOZICK, *Anarchia, stato e utopia* (1974), Le Monnier. Firenze 1981; K. R. POPPER, *La società aperta e i suoi nemici* (1966), Armando, Roma 1973; A. SMITH, *La ricchezza delle nazioni* (1776), UTET, Torino 1975; C. WILSON, *Il cammino verso l'industrializzazione* (1965), Il Mulino, Bologna 1979.

[SERGIO RICOSSA]

Lock-out.

I. O "LOCK-OUT" NO ÂMBITO DO CONFLITO IN-DUSTRIAL. — Em comparação com outros comportamentos conflituosos entre empresários, o *Lock-out* tem recebido menor atenção nos estudos de relações industriais do que a greve e as formas de luta operária (v. GREVE). Não se conhecem dele nem sequer as principais dimensões quantitativas, uma vez que as estatísticas oficiais, à exceção da Alemanha, da Áustria e do Japão, o destacam conjuntamente com a greve. Não obstante a falta de dados precisos, pode-se dizer que, na maior parte dos países industriais avançados, o recurso ao *Lock-out* é normalmente reprimido e usado, na maior parte das vezes, como reação por parte dos empresários contra indicativos de greve, especialmente contra formas anômalas de greve, que atingem gravemente a organização empresarial (*Lock-out* defensiva). Nos últimos anos, a freqüência de tal reação e de tais greves parece estar crescendo em diversos países, a começar pela Itália e pela França. Um uso do *Lock-out* — até em sua forma ofensiva ou de solidariedade — relativamente difundido acima da média foi registrado na Suécia e na Alemanha. Esta tendência em utilizar de forma relativamente crescente o *Lock-out* em vários países pode significar a tentativa de resistência dos empresários a pressões conflituosas que, nos últimos anos da década de 70, ameaçaram alterar bem drasticamente o equilíbrio das relações industriais.

II. OS LIMITES DO USO DO "LOCK-OUT". — A tipologia usual do *Lock-out*, a começar pela distinção apenas esboçada entre defensivo e ofensivo, tem valor unicamente aproximativo. O caráter tanto defensivo quanto ofensivo do comportamento empresarial está habitualmente presente, mas os modos e os tempos da relação (sempre presente) com a greve podem variar. No *Lock-out* de solidariedade, por exemplo, torna-se particularmente evidente o objetivo dos empresários em ampliar a frente do conflito. O objetivo comum de todas as formas de *Lock-out* é comumente o de pôr o empresário numa posição mais vantajosa em relação aos trabalhadores envolvidos na disputa. Da mesma forma, pode ser difícil distinguir entre *Lock-out* defensivo e fechamento da empresa pelas dificuldades técnico-organizacionais em continuar a produção por causa da greve.

A ambiguidade na configuração de fato do *Lock-out* se reflete nas incertezas e nas divergências de avaliação jurídico-política nos vários países. Um dos poucos pontos definidos nos ordenamentos capitalistas democráticos é que o *Lock-out*, tal como a greve, não é *per se* ilícito sob o ponto de vista penal. Ele é considerado como expressão da liberdade sindical dos dadores de trabalho. Por outro lado, nem sob este ponto de vista a equiparação com a greve é completa. Com efeito, em diversos ordenamentos, o *Lock-out* provocado para pôr em cheque, sem motivos legalmente justificáveis, a ação sindical é visto como atividade anti-sindical. Em tais casos, a ordem do juiz destinada a fazê-lo cessar é na maior parte das vezes sancionada penalmente. À parte os aspectos penalísticos, o *Lock-out* é considerado juridicamente da mesma maneira que a greve nos ordenamentos de alguns países, como é o caso da Suécia e da República Federal Alemã. A principal consequência disso é que o *Lock-out* é lícito, em linha de princípio, entre as partes, salvo limitações particulares resultantes de acordos coletivos (obrigações de trégua, pré-aviso, recurso a procedimentos conciliadores antes de se recorrer à luta). De forma paralela, o dador de trabalho não é obrigado a pagar os salários aos trabalhadores atingidos, podendo até, em casos de especial gravidade, resolver a respeito deles.

Bem ao contrário, a maior parte dos países, entre os quais a Itália, embora partindo de posições tradicionais semelhantes às anteriores, eliminaram-nas desde o momento em que a greve foi apoiada como direito. Tal apoio vale apenas para a greve e o *Lock-out* ficou como ilícito entre as partes, em linha de princípio. Esta diferença de tratamento foi normalmente justificada pela posição diferente das partes em termos de conteúdo. A posição de supremacia econômica do empresário e a sua possibilidade de usar outras formas econômicas de pressão contra os traba-

lhadores, ao mesmo tempo que requerem um reconhecimento jurídico em favor da autotutela destes, excluem-no, em princípio, através do *Lock-out*. A iliceidade do *Lock-out* implica que o empresário é obrigado a pagar aos trabalhadores envolvidos os salários respectivos durante o período de fechamento da empresa.

Para além desta contraposição, porém, na maior parte dos países existem e vão prevalecendo soluções intermediárias. Nos países que não aceitam o paralelismo entre greve e *Lock-out*, como na Itália, nem sempre este é considerado ilegítimo. Quando as modalidades da greve tornam tecnicamente impossível ou menos proveitosa e utilizável a prestação de trabalho dos grevistas além do período da greve (greves intermitentes) ou dos não-grevistas (por exemplo, os que adotam a operação-tartaruga), o dador de trabalho tem justificativa para não pagar o salário durante este período e a esses indivíduos, precisamente em virtude da impossibilidade (não culpável) da prestação de trabalho. Se na verdade se trata de impossibilidade, realmente não se pode falar de *Lock-out*, mas de "fechamento técnico" da empresa.

Nos Estados Unidos prevalecem também situações intermediárias. A propensão originária da jurisprudência em proibir o *Lock-out* como prática anti-sindical foi substituída por uma forma menos clara que dele exclui a ilegitimidade em si, fazendo depender sua qualificação de uma análise — nem sempre fácil e clara — das circunstâncias de sua utilização, dos objetivos do empresário e dos interesses em jogo. Por outra parte, as primeiras posições de indiferenciada legitimação do *Lock-out* na Alemanha Federal foram submetidas a críticas pela própria jurisprudência, especialmente por ocasião do recurso maciço de 1979 a este instrumento de luta, o que atingiu duramente a capacidade de resistência dos sindicatos. Especificamente sofreram acusação o *Lock-out* ofensivo e de solidariedade, a possibilidade de que o *Lock-out* interrompa a relação de trabalho, eliminando o controle das demissões e, mais em geral, de que estenda o conflito além do âmbito da própria greve.

III. CAUSAS DO USO DIVERSIFICADO DO "LOCK-OUT" EM VÁRIOS PAÍSES. — Esta maneira diversificada de avaliar o *Lock-out* e seu variado uso prático em muitos ordenamentos não são fáceis de explicar. E isso não é apenas devido à falta de dados precisos. Não parecem decisivos os indicadores estruturais comumente usados para explicar a caracterização do conflito operário. Também parece que não influíram no caso as variações radicais das estruturas contratuais e da organização sindical (a centralização-descentralização, por exemplo). Também não existe relação entre níveis e qualidade da conflitualidade operária e tendências voltadas para o uso do *Lock-out*, até porque este é apenas um instrumento de conflito usado pelo empresário, o qual pode usar, em contrapartida, os poderes normais de exercício da empresa para pressionar os operários.

Bem ao contrário, a prática do *Lock-out* é bastante influenciada pela intervenção do poder público e especialmente pelos dispositivos legais existentes em diversos países. Na maior parte dos países, os limites jurídicos para sua legitimidade são tão apertados que reduzem sua conveniência prática ao mínimo. A capacidade de dissuasão do *Lock-out* é, ao contrário, bem mais relevante nos países onde esse instrumento é legitimado como um equivalente legal da greve. A avaliação de tais ordenamentos corresponde à idéia de que a posição das partes coletivas no conflito é substancialmente equilibrada, sem necessidade de intervenções públicas específicas, além das que geralmente já limitam os poderes do empresário na condução da empresa. Este comportamento, que é a mais pura expressão do pluralismo, é apoiado numa tradição de autogoverno das partes sociais e de reduzida intervenção legislativa no conflito coletivo, e ainda numa experiência contratual positiva entre partes fortes que se respeitam reciprocamente e que por isso mesmo se mostram inclinados a não abusar das formas de endurecimento no conflito. Também é verdade que a neutralidade do Estado em tal matéria coexiste com a tendência a uma crescente intervenção pública centralizada na política contratual e a um progressivo acordo das partes nas instituições. O recurso ao *Lock-out* ou à sua ameaça em tal contexto é facilitado nos países onde as associações empresariais são fortes e centralizadas e se dispõem a formar uma frente comum contra os sindicatos também centralizados (caso da Suécia e da República Federal Alemã); mas é mais improvável onde há falta de estruturas empresariais centralizadas e onde a contratação é bastante descentralizada, como na Grã-Bretanha e nos Estados Unidos.

Em contraste, a maior parte dos ordenamentos hostis ao *Lock-out* experimentaram uma longa tradição de intervenções estatais nas relações industriais tendentes a estabelecer o equilíbrio de poder entre as partes coletivas a favor da considerada mais fraca. Os limites para o *Lock-out* são, neste sentido, um dos instrumentos de disciplina pública das relações sindicais. O exame

comparado confirma em cada caso que a analogia entre greve e *Lock-out* não é inteiramente aceita e que o controle público sobre o segundo é mais rígido do que sobre a primeira, mesmo nos países onde prevalecem as soluções intermediárias acima referidas.

BIBLIOGRAFIA. — *Industrial Conflict. A Comparative legal analysis*, ao cuidado de B. AARON e K. W. WEDDERBURN, Longman, London 1972; DAUBLER, *Legalität und Legitimität der Aussperrung*, Schriftenreihe der Juristischen Studiengesellschaft, Hannover, 2 Heft, Gieseking Verlag, Bielefeld 1979; RAMIN, *Le lock-out et le chômage technique*, Pichon et Durand-Auzias, Paris 1977; T. RAMM, *Il conflitto collettivo nella repubblica federale tedesca, ISEDI, Milano 1978; T. Treu, La disciplina e la prevenzione del conflito colletivo nei paesi della CEE (a ser publicado proximamente pela CEE) Id., Gli strumenti di lotta sindacale degli imprenditori: in particolare la serrata*, in "Rivista giuridica del lavoro 1980", I, pp. 215 ss.

[TIZIANO TREU]

Ludismo.

Movimento operário inglês de protesto, que se desenvolveu no início do século XIX mediante a destruição de alguns tipos de máquinas industriais, buscava alcançar melhorias salariais e frear a completa mecanização do ciclo de produção têxtil. O nome tem origem no lendário líder do movimento "Nedd Ludd" (conforme a tradição, teria sido ele o primeiro operário têxtil a quebrar o tear do patrão, devido a um conflito com o mesmo, em Loughborough, Leicestershire, lá pelo fim do século XVIII); por isso, seus sequazes se chamaram *ludders* ou *luddites* (luditas). O verdadeiro Ludismo eclodiu nos condados ingleses do Nottingham, Lancaster e York, entre 1811 e 1817, tendo ocorrido, no inverno de 1811-1812 e 1816-1817, os dois movimentos mais fortes, com características locais bastante diversificadas (no Nottinghamshire apresentou-se mais acentuado o movimento da reivindicação salarial, no Yorkshire apresentou-se fortemente politizado numa perspectiva antilondrina e antigovernativa, apresentando-se no Lancashire mais organizado e militarizado). O momento culminante da luta se deu com o assalto noturno à fábrica de William Cartwright em Rawfolds, York, em abril de 1812. No ano seguinte, em

York, deu-se o maior processo contra os ludistas: dos sessenta e quatro réus, 13 foram condenados à morte, 2 à deportação para as colônias por terem atentado contra a fábrica de Cartwright. Apesar da enorme utilização de tropas no processo de repressão, o movimento continuou evoluindo, principalmente por causa das péssimas condições de vida das classes trabalhadoras inglesas, dos efeitos mais imediatos da Revolução Industrial e do bloqueio continental napoleônico, que fechara os mercados externos. Movimentos provocados pelo aumento do preço do pão aconteceram um pouco por toda parte e o estado de agitação adquiriu características endêmicas entre a população de mais baixa renda, com nuanças que iam desde a conjuração jacobina até a revolta ludista.

É claro que, embora os acontecimentos aqui sumariamente descritos tenham sido expressamente designados pelo termo Ludismo, formas violentas de protesto já haviam surgido em 1718, 1724, 1738, 1757, 1766 e 1795, com a alagação de minas, queima das colheitas e destruição de máquinas. Após a crise dos anos 1811-1812 e 1816-1817, explodem ainda violentos movimentos em 1826 contra os teares a vapor. Pouco depois, em 1830-1831, foi a vez dos assalariados do campo que destruíram as debulhadoras. Pesquisas mais recentes evidenciaram a complexidade do movimento, pondo em relevo seu aspecto político, sua ligação com os *clubs* da esquerda e sua relação com a agitação a favor da reforma parlamentar. A generalização do sistema de produção industrial e do poder da burguesia que trazia consigo um maior controle da classe operária, e depois, a formação das primeiras *trade unions* (legalizadas em 1824), reduziram a importância e a possibilidade das revoltas ludistas. A destruição do mercado interno baseado nas manufaturas por parte do sistema de fabricação apresentava a relação entre o operário e as máquinas em termos novos e fazia com que desaparecesse o contraste direto entre o trabalho humano e o trabalho mecânico que constituía a base dessa forma de protesto. A palavra Ludismo acabou por tornar-se emotivamente negativa, tanto para as classes dominantes, diretamente ligadas à propriedade privada e ao capital industrial, quanto para as organizações operárias diversamente influenciadas pelo marxismo, então expressão de um mundo profundamente industrializado. A palavra sabotagem serve melhor para qualificar os atos de violência operária, mesmo coletivos, que, de qualquer modo, não visam à modificação radical do sistema de produção industrial mas atentam apenas contra a propriedade e o capital.

BIBLIOGRAFIA. — E. J. HOBSBAWM, *Studi di storia del movimento operaio* (1964), Einaudi, Torino 1972; *Lionel Mumby: The luddites and other essays,* ao cuidado de E. J. HOSBAWM, London 1971.

[MAURO AMBROSOLI]

Macarthismo.

Macarthismo é um termo de uso político norte-americano. Indica a atitude de um anticomunismo absoluto, concretizada numa visão política maniquéia e numa verdadeira e autêntica perseguição aos homens e instituições declarados anti-americanos, porque "comunistas". Historicamente, o Macarthismo representa o auge da Guerra Fria na política interna dos Estados Unidos, coincidindo com os anos 1950-1954, em que finda a trajetória do senador republicano do Wisconsin, Joseph McCarthy (1907-1957).

A história do Macarthismo vem a identificar-se com o período imediatamente posterior à vitória da Revolução Chinesa e à explosão da primeira bomba atômica soviética (1949), o período da guerra da Coréia. É o momento de mais acirrado anticomunismo do segundo pós-guerra. Ele dá lugar a uma série de "expurgos" políticos a todos os níveis e em todos os campos, sobretudo no campo intelectual, dentro de um clima de caça às bruxas bem mais intenso do que a luta interna, mesmo duríssima, que em outros períodos se travou contra o comunismo.

O líder político e moral deste movimento foi o senador McCarthy, que lhe deu uma plataforma teórica e formulou a tese de que os insucessos americanos em política externa só se podiam explicar pela infiltração, no aparelho estatal, de espiões e agitadores comunistas ou de seus simpatizantes, que lhe solapavam sistematicamente a ação, a fim de permitir a vitória da União Soviética. Uma dura cruzada contra a conspiração interna era, por conseqüência, o pré-requisito de toda iniciativa de política externa. A vitória republicana nas eleições presidenciais e congressionais de 1952 levou McCarthy à presidência do poderoso *Senate Committee on Government Operations*, bem como do *Permanent Subcommittee on Investigations*, o que lhe permitiu realizar, durante todo o ano de 1953, uma série de inquéritos sensacionais sobre o comportamento de diversos funcionários de órgãos públicos. Os violentos ataques e a tentativa de submeter a inquérito o ex-presidente Truman e altos oficiais do exército, bem como o clima de suspeita, desconfiança e desorganização criado na administração pública, obrigaram o presidente Eisenhower, também atacado, e o Senado a agirem contra McCarthy. Uma moção de censura votada contra ele pelo Senado, em dezembro de 1954, fez declinar rapidamente a sua estrela política, dando início à decadência de todo o movimento.

O Macarthismo é um fenômeno estreitamente ligado às peculiaridades históricas dos Estados Unidos. Sob o ponto de vista teórico, ele se baseia numa hipótese conspiratória que encontra paralelo em movimentos políticos antimaçônicos e anticatólicos do século XIX, preocupados em salvaguardar a identidade américana. Este "estilo político", que R. Hofstadter definiu como "paranóide", pela mania persecutória que ostenta e que acaba, enfim, por fazer cair em cima dos adversários, parece ligado à dificuldade histórica de oferecer adequados sistemas de identificação a uma nação que se formou com a constante sobreposição de grupos imigrados, diferentes entre si. Isto, aliado ao intenso clima de competição social existente entre os grupos étnicos, parece ter levado à profunda insegurança de que a política "paranóide" é um sintoma. Não é sem razão que a popularidade de McCarthy foi aparentemente mais viva entre os grupos mais recentemente imigrados ou que estavam consolidando a sua posição social.

É, porém, evidente que esta hipótese não basta por si só para explicar o fenômeno concreto. Lembremos que McCarthy não encabeçou nenhum movimento popular espontâneo e antiinstitucional. Os *mass media* puseram-no sem dúvida em contato com amplos estratos assaz receptivos da opinião pública; mas ele agiu sempre dentro das estruturas políticas existentes, precisamente com o apoio da direita conservadora do partido republicano. Foi a vitória republicana de 1952 que lhe deu uma posição de poder no Congresso e foram alguns poderosos senadores republicanos que lhe facilitaram por todos os meios os inquéritos no âmbito de um mais amplo desígnio político conservador. Não foi sem motivo que o alvo dos seus ataques foram sobretudo membros ou simpatizantes do partido democrático. Sua própria queda se deu dentro e através dos instrumentos da vida política oficial, tendo sido devida ao "radicalismo de direita" de que se manteve prisioneiro e que o impediu de moderar a sua posição, quando o partido republicano, fortalecido no poder, tornou mais flexível a sua linha política, tanto interna como internacional.

BIBLIOGRAFIA. — R. GRIFFITH, *The politics of fear: J. McCarthy and the Senate*, Kentucky U. P., Lexington 1970; R. HOFSTADTER, *The paranoid style in american politics*, Knopf, New York 1965; M. P. ROGIN, *The intelectuals and McCarthy: the radical specter*, MIT Press, Cambridge, Mass. 1967; R. H. ROVERE, *Senator Joe McCarthy*, Harper-Row, New York 1959.

[TIZIANO BONAZZI]

Máfia.

Fenômeno criminoso típico da Sicília ocidental, cujas origens devem ser relacionadas com as formas de exploração do latifúndio, que constitui a estrutura básica da economia nesta parte da ilha. A exploração do latifúndio consiste numa complexa e urdida especulação, organizada de maneira rigidamente piramidal. O vértice é representado pelo proprietário, que habitualmente vive de renda na cidade e prefere passar a gestão do feudo a um grande arrendatário, o *gabellotto*, que concentra em suas mãos as responsabilidades maiores: subdivide a terra em lotes menores que depois subarrenda, controla a quantidade e a qualidade das colheitas, se interessa pela cobrança das prestações anuais e dos impostos (gabella). Ao redor dele, a nível executivo, gira toda uma corte de superintendentes, olheiros e arrendatários menores, enquanto os únicos a trabalhar a terra com as próprias mãos, garantindo assim o proveito de todos, são os camponeses e os trabalhadores braçais, que representam a base da pirâmide.

Um código de leis não escritas regula as relações que vão do proprietário aos arrendatários e camponeses. Para que estas normas fossem respeitadas, antes da década de 60, os barões costumavam assalariar verdadeiras milícias privadas, formadas até de delinqüentes comuns. Depois da unificação da Itália, que de certo modo marca um limite ao superpoder da classe agrária, se

formam, em troca, pequenos grupos, chamados *cosche*, de que fazem parte poucos indivíduos, que se encarregam de garantir, quase secretamente, a estabilidade das relações econômicas e sociais numa determinada região. Este é o registro de nascimento da Máfia: forma de monopólio da violência que substitui os poderes do Estado e se encarrega de manter a "ordem" além da lei. Normalmente a Máfia intervém através de "acordos entre amigos" ou, nos casos mais difíceis, pelo uso da força, assegurando, dessa forma, a sobrevivência de um sistema agrário feudal no interior de um Estado que se proclama liberal.

Como estrutura de poder de fato, a Máfia se apóia na ruptura fundamental que a sociedade civil apresenta nestas regiões mais atrasadas da Sicília, e que ocorre entre o proprietário de enormes extensões de terra e o camponês que a trabalha, assumindo a tarefa de mediadora. Então a Máfia acaba se tornando a organização de todo aquele complexo universo que existe entre o patrão e o trabalhador, tirando lucro da terra sem ter sobre ela nenhum título particular. Exerce, dessa forma, sua pressão em duas direções: sobre o proprietário no intuito de conseguir arrendamentos mais baixos e sobre os camponeses a fim de que lhe entreguem toda a colheita. Aos poucos ela assume o controle de toda a economia de uma região, especialmente da água e do comércio. Através dos mercados penetra, em seguida, nas cidades, onde tenta apoderar-se das empreitadas de obras públicas e inicia sua escalada para a administração pública e a política.

Esta é a fase decisiva da consolidação da Máfia: primeiro as administrações locais, em seguida o parlamento nacional, a magistratura, a burocracia, os órgãos de segurança pública; mais ou menos, toda a classe política liberal ostenta ligações com a Máfia. Já nos encontramos diante de uma organização de enormes dimensões, que influencia decisivamente todas as relações da vida política, econômica e social, que administra a sua justiça, distribui prêmios e castigos. Toda a tentativa de erradicá-la com medidas policiais contra os seus chefes conhecidos se revela forçosamente inútil. O fascismo conseguiu limitar-lhe as demonstrações de força, mas após a Segunda Guerra Mundial ela reaparece com toda sua potência. Até os anos 50 a Máfia realizou um papel essencialmente conservador: se opôs à ocupação das terras por parte dos camponeses e ao desmembramento dos. feudos pela reforma agrária; às vezes é independentista, monárquica, por fim, democrata-cristã. Por último, porém, reconhece serem inúteis seus esforços para defender suas posições na economia agrária e se volta para áreas mais rendosas. A Máfia de hoje se apresenta em formas mais clamorosas e violentas; tem as dimensões empresariais do gangsterismo americano e suas esferas de ação são os mercados atacadistas, a indústria imobiliária, o contrabando, o tráfico de drogas. Entre a velha e a nova Máfia permanece, talvez, somente um ligame de mentalidade: a especulação e exploração parasitária como único meio para enriquecer, e a violência contra os mais fracos como forma para se impor na vida.

[ALFIO MASTROPAOLO]

Manipulação.

I. O QUE É A MANIPULAÇÃO. — O uso da palavra Manipulação para indicar determinadas relações sociais ou políticas que intermedeiam entre indivíduos ou grupos não é um uso primitivo mas derivado. Originariamente o termo foi empregado para designar certas intervenções do homem na natureza, em que se manuseiam ou tratam fisicamente determinadas substâncias naturais com o objetivo de lhes alterar a forma. Falava-se e fala-se de Manipulação, por exemplo, em referência ao processo artificial de separação dos metais nobres ou ao tratamento das substâncias nos experimentos químicos. Por analogia com este significado original, ao ser transposto para a esfera social e política, tal termo indica uma série de relações que se distinguem por uma acentuada diferença entre o caráter ativo e intencional da ação do manipulador, que visa transformar o comportamento do manipulado, e o caráter passivo e inconsciente do comportamento deste. O manipulador trata o manipulado como se fosse uma coisa: maneja, dirige, molda as suas crenças e/ou os seus comportamentos, sem contar com o seu consentimento ou sua vontade consciente. O manipulado, por sua vez, ignora ser objeto de Manipulação: acredita que adota o comportamento que ele mesmo escolheu, quando, na realidade, a sua escolha é guiada, de modo oculto, pelo manipulador.

Na esfera social e política, a Manipulação pode ser definida, em geral, salvo uma exceção a que me referirei mais adiante, como uma das espécies do PODER (v.), definido, por sua vez, como determinação intencional ou interessada do comportamento alheio. *A Manipulação é uma relação em que A determina um certo comportamento de B, sem que, ao mesmo tempo, A solicite abertamente esse comportamento a B, mas antes lhe esconda a sua intenção de obtê-lo (ou então a natureza da sua ação para o conseguir), e sem que,* *por outro lado, B note que o seu comportamento é querido por A (ou então que é provocado pela intervenção de A), mas antes acredite que é ele que o escolhe livremente (ou mediante uma decisão consciente).* São dois os requisitos essenciais da Manipulação social. Antes de tudo, seu caráter oculto ou invisível. O sujeito manipulado não sabe que o é e crê tomar a sua decisão de modo livre, enquanto que o seu comportamento é, na realidade, manobrado pelo manipulador como o são os movimentos de um títere nas mãos do operador. A natureza oculta da Manipulação pode referir-se à própria existência da ação do manipulador, como acontece no caso agora descrito; ou então, como foi dito na definição geral acima apresentada e como ilustrarei em breve, pode dizer respeito ao caráter da intervenção do manipulador. O segundo requisito reside no caráter intencional do exercício da Manipulação. O manipulador não procura só provocar intencionadamente o comportamento que deseja do manipulado; procura também, de modo igualmente intencional, esconder a existência e natureza da ação que provoca o comportamento do manipulado.

Se se atende ao caráter oculto da Manipulação no que tange à existência da intervenção manipulatória, a relação de Manipulação pode ser contraposta à de *persuasão*. Quando um sujeito tenta persuadir outro a abraçar uma certa crença ou a adotar um determinado comportamento, ele indica-lhos explícita e abertamente, formulando de modo igualmente explícito e aberto as razões que favoreçam essa crença ou esse comportamento. Dessa maneira, a persuasão, ao contrário do que ocorre com a Manipulação, visa à obtenção do consentimento voluntário e consciente daquele a quem se dirige. Mas é claro que nem todas as mensagens persuasivas se ajustam àquele que poderíamos chamar modelo ideal da persuasão racional, cujo fim é basear em argumentos a verdade, a racionalidade e a conveniência de uma asserção, de uma opinião ou de uma decisão como tal. É freqüente, especialmente em política mas não apenas nela, as mensagens persuasivas dos homens recorrerem, para captar a desejada adesão dos destinatários, a meios que são inadmissíveis dentro do modelo da persuasão racional e que se destinam a enganá-los, a moldar suas escolhas sem que eles o saibam: a distorsão da informação, por exemplo, a verdadeira e autêntica mentira e o recurso a mecanismos psicológicos inconscientes. Nestes casos, a mensagem continua sendo, aparentemente, uma mensagem persuasiva. Trata-se, no entanto, de uma persuasão ilusória ou, como já foi dito, de uma *persuasão* oculta, portanto, de uma forma de Manipulação. O caráter ignorado desta relação não se refere à *existência* da intervenção, que, em geral, é claramente percebida pelo destinatário, mas antes à sua *natureza*. O que parece persuasão racional e explícita é, ao invés, uma moldagem das crenças e dos comportamentos do destinatário da mensagem, por meio de instrumentos que lhe são desconhecidos.

Se se atende ao caráter intencional da ação manipulatória, poder-se-á distinguir claramente o conceito de Manipulação do de *ideologia*, entendido este em seu significado mais "forte", ou seja, como falsa consciência de uma situação de poder (v. IDEOLOGIA). Em seu sentido mais pleno, uma situação "ideológica" supõe que a justificação ideológica do poder seja aceita tanto pelos dominados quanto pelos dominadores. Por conseguinte, tal justificação do poder é falsa consciência, não porque certos atores sociais enganem intencionadamente outros, mas porque ela constitui uma falsa motivação dos comportamentos de mando e de obediência, pela qual dominador e dominados se auto-enganam através de processos inconscientes. Trata-se exatamente de uma "falsa consciência" e não de uma "falsidade consciente". Pelo contrário, a falsidade, que pode caracterizar certos tipos de Manipulação, é um verdadeiro e autêntico engano consciente, um instrumento que o manipulador utiliza de forma deliberada em relação ao manipulado. Esta distinção conceptual entre ideologia e Manipulação não impede, contudo, que, de fato, em situações sociais concretas, possam ocorrer e ocorram muitas vezes casos intermédios, caracterizados por uma combinação dos dois fenômenos. Nesses casos, à existência mais ou menos difusa de uma falsa consciência da situação de poder, ajuntam os dominadores, ou uma de suas frações, práticas deliberadas de Manipulação para inculcar a doutrina ideológica.

Do ponto de vista avaliativo, a Manipulação é um fenômeno unívoca e insofismavelmente negativo. Entre todas as formas de poder, é ela que acarreta mais grave condenação moral. Tem-se afirmado, por exemplo, que ela constitui "a face mais ignóbil do poder" e "a forma mais inumana da violência", ou que quem dela é vítima "é espoliado da alma". Esta acentuadíssima conotação de valor pode reduzir-se a três afirmações fundamentais: a Manipulação é sempre um mal; nega radicalmente o valor do homem; é irresistível. 1) Outros termos depreciativos, de uso comum com relação ao poder, como "opressão" ou "exploração", referem-se aos seus efeitos. O poder é, nesse caso, algo de valor neutro que se torna um mal ou um bem segundo os efeitos que produz. Na Manipulação, pelo

contrário, o juízo de valor diz respeito ao poder em si, isto é, ao modo como ele é exercido. A forma de poder que chamamos Manipulação é sempre e necessariamente um mal. 2) Desde o mesmo ponto de vista citado, a Manipulação é semelhante à "coação", que também indica um modo de exercício do poder que é univocamente mau. Mas a coação, conquanto oprima a liberdade de quem lhe está sujeito, não está privada de uma franqueza peculiar, embora brutal: é aberta e explícita, visando obter por meio de ameaças o que, não obstante, é sempre um comportamento voluntário e consciente. A Manipulação, ao invés, é falsa e oculta e trata o homem como uma coisa: molda-lhe o comportamento sem contar com a sua vontade consciente. Nega não só a liberdade, como também a própria capacidade de escolha do homem, ou seja, o atributo que o torna sujeito moral. 3) Resulta daí que é possível resistir à coação, embora pagando um preço mais ou menos alto, enquanto que nenhuma resistência se pode opor à manipulação. O mártir e o conspirador, que preferem a morte a renegar a própria fé ou a trair os companheiros de luta, pagam com o preço da vida, mas, ao mesmo tempo, resistem ao poder e o mantêm em xeque. O aluno que o professor instrui tirando partido da sua vulnerabilidade não pode resistir, pois não é posto diante de uma escolha, e ignora que é objeto de Manipulação.

Há duas formas genéricas de exercer a Manipulação social. Pode-se agir, em primeiro lugar, sobre as bases das crenças e ações dos homens. Toda a opinião, todo o comportamento humano, que não seja puramente instintivo, são guiados e/ou justificados pelos conhecimentos e juízos de valor do sujeito acerca do ambiente percebido como relevante para a opinião ou para a ação. É possível, por isso, guiar ocultamente as crenças e as ações de um indivíduo ou de um grupo, controlando e moldando as comunicações que ele recebe a respeito do tal ambiente. Esta forma de Manipulação se poderá chamar *distorsão ou supressão da informação*, entendendo-se aqui a "informação" num sentido genérico, que inclui tanto as mensagens de conteúdo descritivo como as de conteúdo avaliativo. B abraça uma crença ou se empenha numa ação que ele mesmo escolhe; mas a escolha de B, sem que ele o saiba, é determinada por A, mediante o controle e distorsão que este exerce sobre as informações que aquele recebe e que o orientam para essa tal crença ou essa tal ação.

Em segundo lugar, pode-se agir sobre a estrutura das motivações que impelem os homens para determinadas crenças ou para determinadas ações. Como veremos mais adiante, a estrutura das motivações pode ser entendida em sentido lato, isto é, como uma estrutura que compreende também os condicionamentos sociais e as próprias estratégias e táticas adotadas pelo sujeito. Contudo, as relações de Manipulação mais notáveis e importantes, que operam sobre a estrutura das motivações, terminam nos impulsos e dinamismos psicológicos, de caráter repetitivo e automático ou quase automático, que podem constituir a base principal das crenças e comportamentos humanos. As preferências do homem, tanto em termos de crenças como de comportamentos, não são só o fruto de deliberações racionais e conscientes; são também, em maior ou menor grau, o resultado de dinamismos psicológicos encastoados na estrutura da personalidade, de que o sujeito nem é consciente nem se pode libertar. Conseqüentemente, é possível guiar ocultamente as crenças e ações dos homens por meio do *controle* (ativação ou desativação) *dos dinamismos psicológicos inconscientes*. B abraça uma crença ou se empenha numa ação que ele mesmo escolhe; mas a sua escolha, sem que ele o saiba, é determinada por A, por meio do controle que este exerce sobre os dinamismos psicológicos inconscientes de B, orientando-o para essa crença ou para essa ação.

Em geral, a ativação manipulatória dos dinamismos psicológicos inconscientes opera mediante a emissão de mensagens que prendem a atenção do sujeito passivo e são organizadas previamente para invadir as dimensões inconscientes da sua personalidade. As práticas manipulatórias mais características deste gênero pertencem ao campo da publicidade comercial e da propaganda política. Chamarei a esta espécie de Manipulação *Manipulação psicológica*. Mas não se há de esquecer que a ativação (ou desativação dos impulsos e, em geral, dos estados emotivos, e até dos estados de atenção e inteligência, pode ser também efetuada por meio da alteração física do corpo de um indivíduo. Pensemos nas descobertas da moderna neurofarmacologia (os chamados psicofármacos), bem como nas possibilidades que foram abertas pela combinação das técnicas dos microaparelhos eletrônicos e da cirurgia cerebral. Mediante a inoculação de soros, a ministração de pílulas ou a instalação de microaparelhos eletrônicos no encéfalo, é possível controlar, não só temporária como também duravelmente, os impulsos de um homem, seus estados emotivos, seus estados de atenção e de inteligência. Se o sujeito passivo não sabe que está sendo submetido a uma dessas intervenções, ou não lhe conhece a natureza e os efeitos, é objeto de Manipulação. Chamarei a esta espécie de Manipulação *Manipulação física*. Note-se que ela não se dife-

rencia da espécie precedente pelo alvo ou fim, que continuam sendo psicológicos, pois dizem respeito aos impulsos e aos estados da mente. Diferencia-se da "Manipulação psicológica" pelo meio que usa: a modificação física do corpo do sujeito passivo mais do que a emissão de uma mensagem simbólica a ele dirigida.

Pondo termo a este ponto, lembro que se podem distinguir duas formas gerais de Manipulação, uma que atua sobre as bases cognitivas e avaliativas da escolha, outra, sobre a estrutura das motivações. Podendo a segunda destas formas ser decomposta, por sua vez, em dois subtipos principais, são três as espécies de Manipulação que devemos levar em conta: a Manipulação da informação, ou seja, a distorsão ou supressão da informação; a Manipulação psicológica, ou ativação de dinamismos psicológicos inconscientes mediante instrumentos simbólicos; e a Manipulação física, isto é, a ativação de impulsos e estados da mente mediante instrumentos físicos. Nas páginas que seguem, ocupar-me-ei distintamente de cada uma destas três espécies de Manipulação.

II. MANIPULAÇÃO DA INFORMAÇÃO. — O exemplo mais simples de Manipulação da informação é a *mentira*. Fornecendo a B falsas informações sobre acontecimentos relevantes para a sua escolha, A pode levar ocultamente B a um certo comportamento, enquanto este toma as informações por verdadeiras e julga escolher livremente. A importância da mentira em política, assim como a sua eficácia quando orientada a fins manipulatórios, ou seja, para obter o consenso do público ou de outros atores políticos, foram postas em relevo e discutidas por muitos pensadores políticos clássicos, como Platão e Maquiavel. No nosso tempo é bem conhecida a falsidade usada sem escrúpulo na propaganda de alguns Governos totalitários. Mas a mentira política não é propriedade exclusiva dos regimes iliberais. Entre os casos notáveis verificados mais recentemente nos países liberal-democráticos, o que teve conseqüências de maior alcance foi provavelmente o da chamada Resolução do Golfo de Tonquim, com que o Congresso dos Estados Unidos, baseado em falsas notícias de um ataque contra navios de guerra americanos, concedeu ao presidente Johnson poderes muito amplos com relação à guerra do Vietnã.

A *supressão da informação* é outra técnica genérica de Manipulação informativa. De per si, a supressão da informação não envolve a mentira: simplesmente *não* se publicam determinadas notícias, interpretações ou apreciações. Neste caso, a Manipulação restringe a base dos conhecimentos, das interpretações e das avaliações de que os destinatários da informação poderiam dispor, e, conseqüentemente, limita as alternativas de escolha que se lhes oferecem, tanto em termos de crenças como de comportamentos. Com efeito, as formas mais comuns de supressão política da informação — como as práticas de Governo secreto e a censura política dos meios de comunicação de massa e, por vezes também, de comunicação privada — têm como um dos objetivos essenciais o de inibir as oposições potenciais.

A Manipulação pode atuar não só limitando a informação, mas também fornecendo-a *em excesso*. A emissão incessante de grande número de informações e de interpretações diversas, total ou parcialmente contraditórias, pode saturar a capacidade de recepção e de avaliação do destinatário das mensagens e levá-lo a uma atitude defensiva de indiferença e de refúgio numa esfera de interesses mais em confronto. Este efeito foi posto em evidência especialmente nas pesquisas sobre os meios de comunicação de massa. Mas uma técnica nada diferente é usada com freqüência nas assembléias e comitês políticos, quando um líder deixa primeiro que os seus seqüazes se sintam desorientados com o excesso de documentos e de informações, que não conseguem resolver apesar do empenho e ardor da discussão, para depois apresentar uma interpretação simples dos fatos e uma proposta de ação também simples, aceitas com prontidão e alívio.

Outros tipos mais particulares de distorsão da informação podem encontrar-se no uso que se faz dos símbolos, tanto no discurso persuasivo dirigido a um auditório restrito, como no que se dirige a vastos auditórios através de meios de comunicação de massa e que pode revestir a forma, clara ou oculta, da PROPAGANDA (v.). Quanto aos *artifícios retóricos*, característicos dos discursos do primeiro tipo, lembrarei apenas que, em geral, eles podem ser usados para fazer com que o auditório aceite afirmações que a figura retórica não menciona diretamente, mas pressupõe ou implica de maneira tácita. Pensemos em certos usos do eufemismo ("países em vias de desenvolvimento" em vez de "países subdesenvolvidos"), da comunhão (o "nós", que abrange orador e auditório), das qualificações ("Ministério da Defesa" em vez de "Ministério da Guerra"), da metáfora, da interrogação retórica, etc. Entre os *artifícios propagandísticos*, utilizados com intuitos manipulatórios, mencionarei, além da seleção orientada das mensagens a transmitir, que é uma forma de supressão da informação, as técnicas análogas que permitem acentuar e realçar para o auditório umas informações mais que outras (evidenciação no espaço, repetição no tempo, etc.), a mistura de notícias e interpretações,

de fatos e avaliações, que permite fazer aparecer como fundada nos fatos a conclusão normativa desejada ("os fatos falam"), e a aparente derivação da conclusão desejada das idéias e dos princípios morais do auditório.

Uma forma de Manipulação da informação particularmente insidiosa é a que pode ocorrer na escola, quando o ensino se converte em *doutrinamento*. Trata-se de uma forma muito insidiosa pelas condições de todo especiais que a favorecem. De um lado, a escola acompanha a vida dos jovens por longo número de anos e por muitas horas ao dia; de outro, os jovens entram nela e nela permanecem durante um período em que são ainda amplamente maleáveis e, por isso, profundamente vulneráveis. Segundo alguns, a escola, sendo o âmbito privilegiado da reprodução dos valores e das tendências sociais, é por isso mesmo um "aparelho ao serviço da ideologia dominante" que envolve necessariamente o doutrinamento e a Manipulação. Mas esta tese parece demasiado exagerada e unilateral; apresenta, além disso, o grave defeito de eliminar qualquer diferença sob um rótulo pobre de conteúdo explicativo. Na realidade, uma vez reconhecidos todos os tipos possíveis de condicionamento que influem na instituição escolar, é sempre importante e discriminadora a distinção entre um ensino orientado a fazer compreender, a desenvolver o pensamento e a capacidade de um juízo autônomo no aluno, um ensino, portanto, ao serviço da verdade e da liberdade, e um ensino tendente a fazer acreditar, a fazer do aluno um instrumento dócil da sociedade, da nação ou da revolução, ao serviço, por conseguinte, de uma entidade política coletiva e do seu poder. É neste segundo caso, no caso da doutrinação, seja ela de tipo conformista (que age sobre os preconceitos já existentes na sociedade para os reforçar), ou de tipo sectário (que ataca os preconceitos já enraizados só para os substituir por outros), que observamos um uso acentuado das técnicas de opressão e de distorsão da informação, típicas da manipulação informativa.

A condição que influi de maneira mais decisiva no grau e eficácia da Manipulação da informação é o regime em que opera o emitente: é diferente se existe monopólio da informação ou pluralismo competitivo entre vários centros. No regime pluralista, a competição entre os diversos emitentes provoca uma multiplicidade de descrições, de interpretações e apreciações, que faz com que seja possível identificar e corrigir as distorsões e a supressão unilateral da informação, limitando, por conseguinte, de forma significativa, a possibilidade de cada emitente exercer uma manipulação eficiente. O monopólio, ao invés, aumenta em excesso a vulnerabilidade dos destinatários das mensagens e, correlativamente, a possibilidade de o único emitente da informação recorrer à Manipulação e de o fazer com plena eficácia. Na falta de acesso a fontes alternativas de informação, deixará de existir a possibilidade estruturada da crítica e da contestação pública. Quanto mais absoluto for o monopólio, tanto mais a supressão da informação acerca de um fato se tornará, por assim dizê-lo, supressão do próprio fato; as distorsões e avaliações unilaterais convertem-se em fatos e valores indiscutíveis; e a própria mentira, repetida constantemente e não contestada, se converte em verdade. Acrescente-se que o monopólio informativo diminui também gravemente as possibilidades de resistência à Manipulação tanto psicológica como física, já que só a liberdade de investigação e de informação torna possível identificar e denunciar publicamente essas formas de Manipulação. O regime dos meios de informação é, de fato, politicamente tão decisivo que surge como elemento constitutivo dos diversos tipos de sistemas políticos: o pluralismo das fontes de informação e a possibilidade efetiva da contestação pública são um requisito fundamental dos sistemas liberal-democráticos ou poliárquicos; e o monopólio dos meios de comunicação é um requisito necessário dos sistemas totalitários.

III. MANIPULAÇÃO PSICOLÓGICA. — Já disse antes que a Manipulação psicológica e a Manipulação física não esgotam toda a categoria das intervenções manipulatórias que agem sobre a estrutura das motivações. Esta forma geral de Manipulação torna-se possível, sempre que um ator conhece os determinismos, não só psíquicos e físicos, mas também sociais, que regem, em maior ou menor grau, o comportamento de um outro ator. Na medida em que tais determinismos regem efetivamente o comportamento de B, este tende a reagir de modo previsível a certos estímulos ambientais, sendo, por isso, vulnerável ao poder, particularmente ao poder manipulatório de outros atores. Por outro lado, se A conhece os determinismos que regem, em certa medida, o comportamento de B, será capaz de exercer poder, em especial poder manipulatório, sobre ele. O que acabo de dizer sobre os determinismos sociais é extensível também às estratégias e táticas de ação em que se empenha um ator de modo secreto ou reservado. Se A conhece a estratégia da ação em que B está comprometido e que ele crê secreta, A está em condições de manobrar eficazmente exercendo poder, particularmente poder manipulatório, sobre ele. É esta possibilidade de utilizar em função do poder e da Mani-

pulação as notícias reservadas que concernem aos atores sociais que torna potencialmente perigoso o controle centralizado das informações pessoais mediante os cérebros eletrônicos, e particularmente insidiosos os microaparelhos de espionagem eletrônica, que permitem registrar ou escutar à distância as conversas reservadas. Estes instrumentos não são de per si prática de Manipulação; são instrumentos que aumentam a vulnerabilidade dos atores visados e podem, por isso, constituir a base do uso da Manipulação contra eles.

Passemos agora à Manipulação psicológica. Como espécie de Manipulação que opera sobre a estrutura das motivações, esta se baseia numa vulnerabilidade peculiar do sujeito passivo, definível exatamente como psicológica. Dá-se tal Manipulação, quando A explora os determinismos psíquicos inconscientes de B para dirigir ocultamente o seu comportamento. A enorme eficácia social e política da Manipulação psicológica depende essencialmente de dois fatores. O primeiro é que os impulsos emotivos inconscientes motivam muitas das escolhas e das ações dos homens. O segundo é que há símbolos e imagens que possuem um forte poder de estímulo sobre esses impulsos. A tarefa do manipulador é, por isso, a de associar o conveniente símbolo-chave e/ou a imagem-chave ao objeto social para que se quer canalizar o impulso emotivo (um produto a adquirir, um chefe político a estimar e obedecer, uma nação estrangeira a odiar e a combater) e a de repetir de forma incisiva e continuada essa associação, até que a ligação entre o objeto social e a emoção se torne automático nos indivíduos manipulados como um reflexo condicionado. Estas técnicas têm sido aplicadas de modo refinado pela publicidade comercial, baseada no estudo das motivações: para vender os produtos mais diversos têm sido mobilizadas emoções profundas como a angústia, a agressividade, a sexualidade, o medo do isolamento e da singularidade, e outras muitas. Mas destas mesmas técnicas se serviram sempre, embora de modo intuitivo, os propagandistas políticos e religiosos. O apego e o amor à divindade, à tribo, à pátria, ao partido, bem como o medo e ódio às nações, às religiões, às raças e às diversas classes propagaram-se, pelo menos em parte, dessa mesma maneira: associando certos símbolos com outros símbolos e, em definitivo, com determinados impulsos inconscientes dos homens.

O apelo direto aos impulsos emotivos inconscientes torna-se particularmente eficaz quando dirigido a uma multidão. Na multidão, o autodomínio racional e o sentido da responsabilidade pessoal dos indivíduos se debilitam; adquirem um relevo indubitavelmente mais acentuado e aberto os componentes irracionais e incônscios da personalidade; tende a verificar-se uma espécie de contágio emotivo entre os membros de uma multidão. Tudo isso faz os indivíduos especialmente vulneráveis à sugestão emotiva. Uma situação bem conhecida dos agitadores e demagogos políticos, que utilizam também muitas vezes catalisadores especiais para aumentar o controle emotivo da multidão. Pensemos no uso ritual de palavras em forma de slogan ou juramento, às vezes acompanhados de música (hinos nacionais ou patrióticos, marchas populares, etc.) e da coreografia visual de bandeiras, emblemas e gestos estilizados. Estas técnicas foram elevadas a um alto grau de eficácia nos Estados totalitários, especialmente na Alemanha nazista. Às vezes a tensão emotiva criada pelo uso de tais catalisadores era tão intensa que, quando Hitler começava por fim a falar, o conteúdo do discurso já não tinha quase importância alguma para a multidão histérica e cheia de adoração. Em certos casos, pode agir como catalisador do controle emotivo de um grupo o uso de atos ou palavras que não têm qualquer relação com a situação, mas que, por suas características intrínsecas, aumentam o impacto da mensagem. Este mecanismo psicológico estava presente, por exemplo, no juramento dos Mau-Mau, cujo ritual, obscenamente terrífico e gratuitamente estranho, reforçava o poder irracional da cerimônia e o controle emotivo dos indivíduos.

Uma forma particularmente intensa e prolongada de Manipulação psicológica, combinada com ações coativas igualmente intensas e prolongadas, é a que apresentam os casos de total desintegração do sistema de valores e de idéias adquiridas de um indivíduo, bem como certos casos extremos de doutrinação, conhecidos sob o nome de *lavagem de cérebro*. Os exemplos mais notórios pertencem ao nosso século: desde as técnicas usadas para obter a "confissão" das vítimas dos processos stalinistas ou a "conversão" dos prisioneiros americanos na Coréia, à parte destrutiva dos processos mais drásticos de doutrinamento empregados na China e chamados de "reeducação". Mas não faltam precedentes na história do passado: basta pensar, para apresentar apenas um exemplo, nas técnicas com que os tribunais da Inquisição arrancavam as "confissões" das "bruxas". Em todos estes casos podem se encontrar traços comuns. Antes de tudo, é maciça a intervenção física: isolamento social, impedimento do sono, forte redução da comida e, às vezes, tortura. É freqüente também acrescentarem-se técnicas de Manipulação física, como administração de drogas e de psicofármacos. Mas o núcleo do processo é refinadamente psicológico, consis-

tindo na inibição a todo o transe dos reflexos adquiridos, ou seja, das idéias, dos princípios morais e até da identidade do sujeito passivo. A referência a fatos e valores da vítima, a sua profissão, a sua religião, e às vezes o seu próprio nome são negados e substituídos por outros. Este esvaziamento do significado das palavras carregadas da experiência do passado, reforçado por interrogatórios intermináveis, a intervalos irregulares, sempre sobre os mesmos assuntos, tendentes a fazer surgir contínuas contradições, e acompanhado de um crescente esgotamento físico, provocado pela falta de sono e pela desnutrição, leva o sujeito a um estado de desintegração da personalidade, de medo e de angústia, tão intolerável, que se ativa nele um último mecanismo psíquico de autodefesa: o emborco da sua carga emotiva num modelo oposto àquele que guiava o seu comportamento habitual no passado. Chega assim o momento da plena confissão de atos jamais cometidos e da rejeição total das idéias e dos princípios morais que antes haviam sido seus, na experiência de vida anterior.

IV. MANIPULAÇÃO FÍSICA. — A Manipulação da informação e a Manipulação psicológica, que ilustrei até aqui, são formas de poder social. Com efeito, em ambos os casos, há um ator (indivíduo ou grupo) que modifica o comportamento voluntário de outro ator (indivíduo ou grupo). É verdade que o sujeito manipulado ignora sofrer a ação da vontade do manipulador ou das propriedades da sua intervenção; mas isto não elimina a condição da existência de uma relação de poder, isto é, que o objeto da intervenção seja constituído por um comportamento voluntário. Por outras palavras, tanto na Manipulação da informação como na psicológica o sujeito ativo da relação opera por meio de mensagens que captam a atenção (consciente ou não) do sujeito passivo, até atingir e modificar eficazmente a sua vontade.

Tudo muda, quando da Manipulação da informação e da Manipulação psicológica passamos à Manipulação física. Neste caso, o objeto da intervenção manipulatória não é a vontade, mas o corpo do sujeito passivo. Na Manipulação física, o manipulador opera por meio de instrumentos químicos ou elétricos, que alteram os mecanismos físicos que regulam os sentidos e os estados do organismo de tal sujeito, a fim de que a sua receptibilidade e reatividade se adaptem eficazmente às mensagens e estímulos ambientais. É verdade que a Manipulação física serve para influenciar o comportamento do sujeito passivo, sendo, portanto, um *instrumento* de exercício do poder. Mas, considerada em si mesma, não é poder, porque não age sobre a vontade, mas sobre o estado físico do indivíduo. É antes uma forma de *violência*, se com este conceito designarmos a ação intencional de um ator sobre o estado físico de outro, contra a vontade expressa ou presumível deste (v. VIOLÊNCIA).

Nas suas manifestações tradicionais, a violência é a ação física que visa ferir, matar, destruir, ou então imobilizar, prender num espaço fechado. Esta violência, a violência "tradicional", a violência das armas e das forças armadas, dos cárceres e dos campos de concentração, possui limites claros em sua eficácia. Se considerarmos os efeitos diretos da intervenção física como tal, a violência tradicional serve para impedir que o sujeito passivo faça alguma coisa: mata-o ou aprisiona-o, impossibilitando-o de ter um comportamento socialmente relevante. Mas *não* serve para lhe fazer nada: com a mera pressão física e contra a vontade de quem a suporta, se poderá mover ou trasladar seu corpo, mas jamais provocar qualquer comportamento socialmente interessante. Ora, é justamente sob este aspecto que a "nova violência", ou seja, a Manipulação física, assume uma importância de todo particular. Ela parece ultrapassar os limites da eficácia da violência tradicional, já que, com a inoculação de um soro, a administração de uma pílula, ou a transmissão de um impulso elétrico ao cérebro, se pode, ao menos como hipótese, produzir ou facilitar diretamente um comportamento positivo: o fazer, e não apenas o não-fazer. Vejamos, portanto, em que grau é que isso acontece nos casos de Manipulação física e até que ponto é que este modo de operar da "nova violência" poderá ser utilizado no domínio político.

São dois os tipos principais de Manipulação física: a administração de psicofármacos e a estimulação elétrica do cérebro. Em um e outro caso, trata-se de técnicas originadas e desenvolvidas no âmbito da prática médica, no tratamento e cura das doenças mentais. Convertem-se numa forma de Manipulação, quando o sujeito passivo não sabe que lhe são aplicadas ou não conhece sua natureza e efeitos. O que distingue empiricamente estas formas de Manipulação e lhes dá um caráter eticamente perturbador é que, uma vez realizada a intervenção, o sujeito passivo já não pode reagir de modo algum. Dito por outras palavras, o caráter irresistível da Manipulação atinge aqui seu grau mais intenso. Na Manipulação da informação e na Manipulação psicológica, sempre pode acontecer, como hipótese, que o sujeito passivo se aperceba depois do fato e/ou da natureza da Manipulação e procure, em conseqüência, reagir e fugir-lhe. A Manipulação física, ao invés, invade de forma tão eficaz a subjetividade do manipulado que este, enquanto durar o efeito da ação, não poderá deixar de ser, por assim dizer, um aliado do manipulador. À administração de psicofármacos e à estimulação elétrica do cérebro é às vezes comparado o controle (parcial ou total) dos nascimentos com vistas à seleção genética dos nascituros. Mas tal tipo de intervenção não é uma forma de Manipulação do comportamento no sentido aqui definido e ilustrado. Não serve para modificar as *crenças* ou os *comportamentos* de determinados indivíduos ou grupos; serve para programar o número de *indivíduos* que deverão ou não vir a fazer parte da sociedade. Nesse sentido, conforme a óptica adotada, o controle seletivo dos nascimentos poderá ser entendido como algo *mais* ou então como algo *menos* que a Manipulação física do comportamento, mas será, de qualquer modo, uma coisa *diversa*.

Os psicofármacos são compostos químicos que atuam sobre o sistema nervoso central e influem habitualmente em "humores" de caráter geral. Os tranqüilizantes acalmam as pessoas; os estimulantes as excitam, deixando-as num estado de euforia; os alucinógenos alteram-lhes a percepção e a consciência. Recentemente, a estes tipos gerais de medicamentos se veio juntar uma autêntica série de compostos particulares, com os quais se procura, com maior ou menor sucesso, atuar sobre determinados componentes psicológicos, como a agressividade ou a memória. A importância dos efeitos de todos estes compostos químicos é sem dúvida notável. Contudo, para efeitos de um controle do homem que o leve a crenças e comportamentos específicos, eles se revelam menos eficazes do que muitas vezes se crê ou teme. O chamado "soro da verdade" (o pentotal), por exemplo, de que alguma vez se fabulou como de uma arma irresistível, é um composto anestésico de efeitos hipnóticos e relaxantes, que pode ajudar uma pessoa inibida, e com desejo de falar, a trazer à lembrança recordações reprimidas e a referi-las; mas em nenhum caso é capaz de coagir uma pessoa a revelar fatos que ela quer manter ocultos. Em geral, as limitações do controle químico do comportamento são fundamentalmente duas. Em primeiro lugar, os psicofármacos são parcamente seletivos, no sentido de que só debilmente conseguem agir sobre atividades psíquicas específicas, mantendo sob controle as demais atividades. Daí, em segundo lugar, que eles ajam mais eficazmente em inibir um tipo geral de comportamento, por exemplo, a agressividade, do que em orientá-lo para objetivos particulares. Tudo isto torna bastante improvável o uso político de massa destes meios químicos. É possível imaginar que a agressividade de uma população politicamente reprimida possa ser inibida de forma duradoura pela mistura de uma certa quantidade de compostos químicos tranqüilizantes na água potável distribuída. Mas, para obter tal efeito, a substância química teria de ser tão poderosa que inibisse não só o espírito de revolta, como também qualquer forma de participação ativa e organizada na vida social; por isso, este tipo de intervenção só poderia ser útil no caso, hoje pouco provável mas não descurável, em que uma elite dominante pudesse contentar-se com a obediência desarticulada e com a atividade manual e tosca de um rebanho de homens. Não só provável, mas, na realidade, muitas vezes verificado, tem sido, em vez disso, o uso dos meios químicos, usualmente combinados com outras formas de ação, para controlar indivíduos socialmente extraviados ou ativistas políticos da oposição. O emprego, por exemplo, de compostos químicos para alterar os estados mentais do manipulado acompanha muitas vezes os complexos processos de "lavagem do cérebro", que já recordei sob a epígrafe da Manipulação psicológica.

Outras intervenções físicas mais seletivas e eficazes que as mencionadas até aqui tornaram-se possíveis mediante a combinação das técnicas da miniaturização dos aparelhos eletrônicos com os da cirurgia cerebral. Com o uso de tais técnicas, se pôde penetrar no cérebro e implantar nos tecidos cerebrais, em pontos estratégicos, microaparelhos estimulantes, de tipo elétrico ou químico, que permitem controlar desde fora os mecanismos centrais do controle cerebral. Acionando os impulsos elétricos, que operam diretamente ou por meio de reações químicas, é possível estimular ou aumentar, suprimir ou diminuir funções do corpo, emoções e estados da mente ligados a determinadas áreas e processos cerebrais, como, por exemplo, as ações de comer, beber ou dormir, o terror e o amor, a docilidade e a agressividade, a memória, a atenção, a curiosidade, a inteligência. Os progressos alcançados neste campo, tanto na pesquisa experimental em animais, como na prática clínica sobre um número cada vez maior de homens angustiados por diversos males, fazem pensar que a tecnologia da estimulação elétrica do cérebro poderá um dia avizinhar-se das hipóteses do controle absoluto do comportamento. E as perspectivas de uso político de tais técnicas são bastante inquietantes, se bem que sumamente improváveis a nível de massa. A este respeito, pode-se repetir, embora por razões diferentes, o que já se disse a propósito do uso político dos psicofármacos. A complexidade das operações de instalação cerebral, que envolvem uma exploração requintada de cada indivíduo, e seus elevados custos tornam assaz difícil sua aplicação em massa. Mas isso não exclui a possibilidade do uso da estimulação elétrica do cérebro para o controle de cada um dos membros de uma oposição política e, mais ainda, para o controle dos indivíduos socialmente desviados.

BIBLIOGRAFIA. — J. A. C. BROWN, *Techniques of persuasion: from propaganda to brainwashing*, Penguin Books, Hardmondsworth, Middlesex 1963; P. BOURDIEU e J. C. PASSERON, *La riproduzione. Elementi per una teoria del sistema scolastico* (1970), Guaraldi, Rimini 1972; L. CAVALLI, *La democrazia manipolata*, Comunità, Milano 1965; S. CIACOTIN, *Tecnica della propaganda politica* (1952), Sugar, Milano 1964; M. EDELMAN, *The symbolic uses of politics*, University of Illinois Press, Urbana 1964; R. E. GOODIN, *Manipulatory politics*, Yale University Press, New Haven 1980; E. KATZ e P. E. LAZARSFELD, *L'influenza personale nelle comunicazioni di massa* (1955), ERI, Torino 1968; P. LONDON, *Il controllo del comportamento* (1969), Istituto Librario Internazionale, Milano 1971; H. MARCUSE, *L'uomo a una dimensione. L'ideologia della società industriale avanzata* (1964), Einaudi, Torino 1967; V. PACKARD, *I persuasori occulti* (1957), Einaudi, Torino 1958; O. REBOUL, *L'indottrinamento* (1977), Armando, Roma 1979; J. RUDINOW, *Manipulation*, in "ETHICS", LXXXVIII (1978).

[MARIO STOPPINO]

Maoísmo.

I. DEFINIÇÃO. — O termo Maoísmo jamais foi usado na China e os comunistas chineses sempre se opuseram ao seu uso mesmo por parte de forças estrangeiras que imitavam as suas posições políticas. A origem de tal atitude tem de ser buscada em variadíssimas circunstâncias, uma das quais poderá ser a desconfiança generalizada entre os chineses, desde a década de 1920, com respeito aos "ismos", isto é, com respeito a posições ideológicas e teóricas, com demasiada freqüência importadas de países estrangeiros e aceitas por chineses só em termos intelectualistas. Outro dos motivos pode estar na recusa do próprio Mao em acentuar o aspecto teórico, propensamente abstrato, da sua obra, que ele queria sempre ligada à prática e desejava fosse considerada como fonte de ação ulterior e não de elaboração teórica. Isto não tem nada a ver com uma possível atitude de "modéstia" por parte de Mao, porque ele foi um voluntário e consciente suscitador do culto do seu pensamento e da sua função com fins políticos. Com efeito, o Maoísmo, mais que uma formulação ideológica própria, foi uma linha estratégica que, em certo momento, basicamente nos anos 60, foi entendida e de alguma maneira elaborada como uma concepção alternativa da totalidade do movimento operário ocidental e da do movimento comunista internacional ligado ao partido comunista soviético.

A esta linha global, muitos dos que a tomaram como própria, lhe acrescentaram depois elementos derivados de complexos processos, até mesmo existenciais, perfeitamente alheios não só às formulações ideológicas, mas também às experiências históricas concretas e às exigências políticas contingentes de Mao e dos comunistas chineses. Em certa medida, este processo de transformação do Maoísmo num conjunto de fenômenos, em geral fundamentalmente impugnatórios da ordem social e cultural existente, ocorreu também na China, atuando em sentido oposto às necessidades de onde Mao partia.

Pondo de lado as mitificações e as transposições ilícitas para fora do seu contexto, convém, pois, acompanhar a experiência histórica da revolução chinesa e examinar o posto que nela ocupou Mao, para se comprovar se o conceito de Maoísmo é ou não admissível.

II. POTENCIAL REVOLUCIONÁRIO DOS CAMPONESES E SUAS LIMITAÇÕES.

— O elemento de que partiu a experiência histórica de Mao Tsé-Tung em 1927 foi a constatação-convicção do potencial eversivo que constituíam os camponeses pobres num país como a China e da sua capacidade de desempenho de tarefas revolucionárias modernas, desde que seu ímpeto de transformação fosse orientado para objetivos atuais e enquadrado numa visão que levasse em conta os processos sociais de longa duração e de importância mundial, por uma força política capaz de superar as limitações históricas, tanto da sociedade chinesa tradicional, quanto das condições de subordinação típicas do mundo colonizado. Para Mao, esta força era o partido comunista chinês, formado a partir de 1919 por uma opção cultural de numerosos intelectuais pelo marxismo de interpretação leninista e consolidado depois, entre 1921 e 1927, numa série de lutas operárias e nacionais. Tal posição exigia do partido revolucionário uma função "didática" permanente e sutil que ultrapassava a tese leninista do partido como vanguarda da classe operária e estava em certa medida ligada ao conceito propriamente chinês dos intelectuais como mestres-dirigentes-organizadores das massas camponesas, embora os intelectuais comunistas jovens rejeitassem e con-

testassem o direito a privilégios e o conservantismo mesquinho da classe dirigente chinesa tradicional.

"Sob a guia do partido" — numa relação dialética em que os intelectuais transmitiam aos camponeses um conceito moderno da revolução e os camponeses pobres induziam os intelectuais a agir pela libertação dos oprimidos — as massas rurais podiam cumprir uma função histórica do tipo da desempenhada pelo proletariado na sociedade burguesa descrita por Marx, mesmo que Mao não tenha identificado nunca os camponeses pobres com o proletariado, nem a revolução pela sua emancipação da exploração dos notáveis e dos proprietários de terras ou a revolução pela libertação da China do domínio estrangeiro com a revolução evocada por Marx para a derrubada da burguesia e criação de uma sociedade socialista. Em Marx, Mao foi buscar o conceito de classes como partes componentes antagônicas da sociedade e a Lenin, além da denúncia do imperialismo como sistema mundial vinculado à sociedade capitalista, a visão do partido como organização de vanguarda indispensável à direção da luta revolucionária. Contudo, a sua análise das classes da sociedade chinesa, por motivos ligados à estrutura social de um país subdesenvolvido, foi muito mais articulada e flexível que a elaborada por Marx. Mas a discussão sobre a função histórica do partido foi limitada em Mao até às vésperas da revolução cultural. Ele aceitava substancialmente o princípio de Marx, para quem só o proletariado industrial poderia realizar a emancipação de todos os oprimidos, por suas características modernas e sua capacidade organizativa, mas transferia para o partido esta função histórica do proletariado. Foi esta uma das mais graves limitações do Maoísmo.

Nestas condições, o problema central da elaboração política era o da transmissão e formulação da ideologia, que constituía justamente o elemento "moderno" de rompimento com o mundo estático tradicional dos camponeses e dos intelectuais-administradores. Para Mao Tsé-Tung e para os outros comunistas chineses empenhados na luta ativa era claro que o marxismo de interpretação leninista tinha sido acolhido na China por empréstimo do exterior, por empréstimo do movimento operário dos países desenvolvidos. A repetição banal ou mesmo a simples aplicação dos princípios e das práticas do marxismo não poderiam ter dado lugar a uma experiência vital na China senão através de um processo original de repensamento, de uma nova fundamentação teórica. Isto era muito difícil de realizar para qualquer partido comunista na década de 30, devido às pressões exercidas pela Internacional Comunista — e, através dela, pelo partido comunista da URSS — para a "bolchevização" dos demais partidos comunistas, o que os tornaria afins ao modelo concebido por Lenin e depois, principalmente, por Stalin. Daí a necessidade que Mao teve de combater por longo tempo o "culto do livro", o dogmatismo e as influências estrangeiras, ou seja, a tendência de transferir para a China as fórmulas ideológicas e políticas elaboradas pela URSS, particularmente as respeitantes às estruturas do partido. Esta luta pela autonomia ideológica dos comunistas chineses foi um dos aspectos fundamentais da obra de Mao. Teve as suas etapas fundamentais na elaboração da estratégia de guerrilha em torno de 1930-1935, na organização da resistência nacional ao Japão de 1937 a 1945, e, depois, nas opções para a construção da sociedade socialista após 1949.

III. LUTA DE CLASSE RURAL ARMADA, BASES VERMELHAS, RESISTÊNCIA DE LONGA DURAÇÃO. — Segundo Mao, a transformação da sociedade rural chinesa não podia dar-se mediante um desenvolvimento pacífico, uma vez que a repressão sutil exercida sobre os camponeses pobres pelos proprietários de terras por meio das milícias patronais e de outras organizações de tipo mafioso, e o controle mantido pelos notáveis e por interesses de clientela sobre os órgãos do poder local excluíam qualquer perspectiva de desenvolvimento democrático ou alternativa de gestão, tanto a nível de aldeia, quanto a nível de província e de Estado, devido às recíprocas garantias e convivência existentes entre o complexo de interesses dos notáveis-terra-tenentes e a pirâmide do poder provincial e central. A luta de classe na China só podia, portanto, ser uma luta de classe armada, como, aliás, sempre acontecera durante as tradicionais revoltas campesinas. Sob este mesmo ponto de vista, o partido comunista podia e tinha a obrigação de agir com os camponeses mediante uma nova ligação, a do "exército vermelho", garantia constante e capilar, com sua atividade de guerrilha móvel, da transformação social em curso de efetivação nas aldeias. Partido e "exército vermelho", estreitamente ligados se não coincidentes, eram a vanguarda indispensável à constituição das "bases vermelhas", fragmentos de uma sociedade nova insertos no contexto do velho regime, destinados a se ampliar gradualmente à medida que progredia a obra educativa do partido, por um lado, e, por outro, a conscientização dos camponeses, a sua capacidade de se organizarem e governarem, e a transformação das relações sociais. Isso implicava um desenvol-

vimento gradual, uma "luta de longa duração" que fazia entrar em jogo complexos elementos sociais, políticos e econômicos, mas também humanos e psicológicos, indispensáveis à revolução num país atrasado. Esta luta penetrante, apoiada na transformação das atitudes humanas, era também a base da luta pela emancipação nacional da dominação imperialista, que Mao considerou sempre intimamente ligada aos interesses da rede de poder dos notáveis-proprietários locais, fundamentada na inserção da influência econômica, política e militar estrangeira na China. Este fenômeno de colaboração tornou-se particularmente evidente quando da invasão japonesa, desde 1937, quando os japoneses, ao buscarem na China reabastecimento de alimentos, matérias-primas e mão-de-obra, eram um peso para a sobrevivência dos camponeses, encontrando entre os proprietários de terras cumplicidade direta de todo o gênero. Foi precisamente nos anos de resistência ao Japão que, operando com o apoio da sociedade rural, os comunistas conseguiram estabelecer, através de uma densa e vasta rede de guerrilhas, uma sociedade alternativa em milhares de aldeias da China do Norte. Seria fácil destruir qualquer regime que houvesse procurado restaurar a antiga ordem, como de fato foi demonstrado durante a guerra civil entre os comunistas e o Kuominttang, no período de 1946 a 1949.

IV. O SOCIALISMO COMO VIA DE SOBREVIVÊNCIA. — Depois da tomada do poder em 1949 e de uma reforma agrária radical que tomou as terras aos proprietários que não as cultivavam e as distribuiu aos camponeses pobres, Mao, presidente do partido e, durante dez anos, presidente do novo Estado, tratou de elaborar uma estratégia de desenvolvimento que permitisse consolidar a vitória sobre a dominação estrangeira e sobre os notáveis-proprietários com a erradicação substancial da miséria, sobretudo rural. Ele esteve sempre convencido de que a industrialização, predominantemente de iniciativa estatal e com capital público, era o caminho indispensável para aumentar a quantidade de bens de produção e de renda disponível para o povo chinês. Jamais pensou, contudo, que a industrialização, como tal, pudesse resolver os problemas dos camponeses, devido à carência de capital a investir, se não fosse possível multiplicar a produção, a produtividade e, conseqüentemente, a renda dos camponeses, de modo que se garantissem à indústria, ao mesmo tempo, matérias-primas, capitais e mercados de absorção. Mao acreditava que este aumento de renda dos camponeses podia ser obtido com a potenciação, mas sobretudo com a racionalização do investimento em trabalho dos próprios camponeses e com a organização da sua atividade. Mas esta organização racional só se poderia realizar mediante estruturas socialistas que oferecessem aos camponeses a perspectiva de uma melhoria das condições materiais como retribuição pelo aumento do trabalho e pela elevação da produção e dessem a tal melhoria um caráter coletivo.

Baseado nisso, Mao promoveu entre 1955 e 1956 a coletivização da agricultura e, a seguir, em 1958, a reestruturação das instituições políticas e produtivas do campo nas "comunas do povo". Esta necessidade de transformação social contínua criava uma série de cisões na sociedade entre a cidade e o campo, principalmente entre os camponeses e a classe dirigente (administradores, intelectuais, e mesmo quadros do partido), provocando numerosas tensões sociais e fortes pressões igualitárias. É nesse mesmo sentido que, sobretudo a partir de 1960, Mao se preocupava em impedir o nascimento e reprodução na sociedade de categorias e classes privilegiadas ou parasitárias que consumissem todos os excedentes, impedindo a acumulação do capital necessário para vencer o atraso. Para o temor de uma restauração do privilégio de uns poucos contribuía também a visão dialética — flexível, articulada e não predeterminada — típica de Mao: em resumo, ele negava que a marcha para o socialismo fosse avanço regular, natural e irreversível, admitindo como provável, se não como certo, o processo de involução social, logo que a transformação revolucionária deixasse de receber o impulso da luta de classe. Estas preocupações tornaram-se claras na revolução cultural, ocorrida na China a partir de 1966 e baseada não só nos princípios ideológicos formulados por Mao, como também nas contradições complexas e imprevisíveis que se achavam implícitas na sociedade chinesa.

V. CONTRADIÇÕES, LIMITES E CONTRIBUIÇÃO VITAL DO MAOÍSMO.

— A revolução cultural foi o fenômeno histórico que deu maior notoriedade ao Maoísmo ou, melhor, ao "pensamento de Mao", como formulação orgânica de uma estratégia revolucionária válida não apenas para a China e como atitude dialética capaz de enriquecer o marxismo. Ela e seus ulteriores desdobramentos puseram, contudo, em evidência também seus limites e contradições, por exemplo: o apelo a uma mobilização permanente das massas com base em palavras de ordem revolucionárias e a decisão política de manter as mesmas massas sob rigoroso controle; a denúncia sistemática do privilégio

social e, de outro lado, o monopólio do poder e do privilégio reservado a algumas pessoas sem controle, bem como o próprio culto de Mao; a formulação de uma ideologia dialética complexa e rica e, por outra parte, a redução do "pensamento de Mao" a fórmulas banais privadas de verdade histórica e social; difusão de ideais democráticos, sobretudo na educação, e prática de uma ditadura que não tinha qualquer relação com o proletariado como classe social concreta.

A necessidade imposta ao movimento operário ocidental de proceder a uma crítica do marxismo soviético e a urgência, ao mesmo tempo, de uma alternativa para a falaz "sociedade do bem-estar" baseada na exploração do Terceiro Mundo fizeram com que se encarasse o Maoísmo como solução válida para problemas que Mao jamais enfrentara e não podiam ser resolvidos por uma ideologia que, embora fundada numa aceitação genérica do marxismo, havia nascido num país tão diverso daquele onde tiveram origem a sociedade burguesa, a democracia, o movimento operário e as sociedades capitalistas atuais. É por isso que a popularidade do Maoísmo diminuiu dramaticamente, tanto na China como no Ocidente, com os insucessos da revolução cultural e depois com a morte de Mao. Não obstante tudo isto, não obstante seus limites e contradições, o Maoísmo, por sua força de mobilização social, por seu apaixonado componente educativo e moral e por sua valorização de um ideal humano, que pode ter sido utópico mas foi certamente igualitário, deixou marcas indeléveis entre aqueles que, numa certa fase da sua vida, se sentiram ou foram influenciados ou de algum modo o aceitaram como valor de referência. E isto vale, de forma complexa mas incontestável, tanto para a China como para o Ocidente.

BIBLIOGRAFIA. — J. CH'EN, *Mao Tsé-Tung e la rivoluzione cinese* (1965), Sansoni, Firenze 1966; E. COLLOTTI PISCHEL, *Le origini ideologiche della rivoluzione cinese*, Einaudi, Torino 1958-79; E. MASI, *La contestazione cinese*, Einaudi, Torino 1967; MAO ZEDONG, *Opere scelte*, Edizioni in lingue estere, Pechino 1968, 4 vols. e sgs. (V vol. em inglês ou francês); MAO TSÉ-TUNG, *Discorsi inediti*, ao cuidado de S. SCHRAM, Mondadori, Milano 1975²; Id., *Per la rivoluzione culturale*, Einaudi, Torino 1974; MAO ZEDONG, *Note su Stalin e l'URSS* (1975), Einaudi, Torino 1976; Id., *Rivoluzione e costruzione*, Einaudi, Torino 1979 (corresponde ao V volume das *Opere scelte*); J. RUE, *Mao Tsé-Tung in opposition*, Stanford University Press, 1964; S. SCHRAM, *Il pensiero politico di Mao Tsé-Tung*, Mondadori, Milano 1974²; D. WILSON, *Mao Tsé-Tung in the balance of history*, University Press, Cambridge 1977.

[ENRICA COLLOTTI PISCHEL]

Maquiavelismo.

É uma expressão usada especialmente na linguagem ordinária para indicar um modo de agir, na vida política ou em qualquer outro setor da vida social, falso e sem escrúpulos, implicando o uso da fraude e do engano mais que da violência. "Maquiavélico" é considerado, em particular, aquele que quer se mostrar como um homem que inspira sua conduta ou determinados atos por princípios morais e altruísticos, quando, na realidade, persegue fins egoísticos. Esta expressão constitui, portanto, na linguagem ordinária, uma prova da reação que a doutrina de Maquiavel suscitou e continua suscitando na consciência popular, e da tendência que considera essa doutrina como imoral.

Esta expressão, além disso, pode ser usada também em sentido técnico, para indicar a doutrina de Maquiavel ou, mais genericamente, a tradição de pensamento baseada no conceito de RAZÃO DE ESTADO (v.).

[SÉRGIO PISTONE]

Marxismo.

I. MARX E O PROBLEMA DO ESTADO. — Entende-se por Marxismo o conjunto das idéias, dos conceitos, das teses, das teorias, das propostas de metodologia científica e de estratégia política e, em geral, a concepção do mundo, da vida social e política, consideradas como um corpo homogêneo de proposições até constituir uma verdadeira e autêntica "doutrina", que se podem deduzir das obras de Karl Marx e de Friedrich Engels. A tendência, muitas vezes manifestada, de distinguir o pensamento de Marx do de Engels surge dentro do próprio Marxismo ou seja, ela própria se constitui numa forma de Marxismo. Identificam-se diversas formas de Marxismo, quer com base nas diferentes interpretações do pensamento dos dois fundadores quer com base nos juízos de valor com que se pretende distinguir o Marxismo que se aceita do Marxismo que se rejeita: por exemplo, o Marxismo da Segunda e da Terceira Internacional, o Marxismo revisionista e ortodoxo, vulgar, duro, dogmático, etc. Nesta seção nos limitaremos a expor as linhas da teoria marxista do Estado e, em geral, da política, notando que ter-se-ão em vista principalmente as obras de Marx e, só subsidiariamente, as de Engels, que geralmente, representando as teses de Marx em polêmica contra os detratores e

os deturpadores, acaba às vezes por torná-las mais rígidas.

Como é sabido, Marx não escreveu nenhuma obra de teoria do Estado em sentido estrito, embora sua primeira obra de pulso, que ficou aliás incompleta e inédita por quase um século (escrita em 1843, foi publicada pela primeira vez em 1927) fosse um comentário e uma crítica, parágrafo por parágrafo, de uma boa parte da seção sobre o Estado da *Filosofia do direito* de Hegel (obra já conhecida sob o título de *Crítica da filosofia do direito público de Hegel);* e não obstante, na obra que imediatamente se lhe seguiu — tal como a primeira incompleta e inédita, conhecida sob o título de *Manuscritos econômico-filosóficos de 1844* — ter preanunciado nas primeiras linhas do Prefácio que apresentaria "uma após outra, em ensaios diferentes e independentes, a crítica do direito, da moral, da *política".* Muitos anos mais tarde, no *Prefácio a Para a crítica da economia política* (1859), contando a história de sua formação, relatou como passara dos primeiros estudos jurídicos e filosóficos para os estudos de economia política e como, através destas pesquisas, chegara à conclusão de que "tanto as relações jurídicas quanto as formas do Estado não podem ser compreendidas nem por si mesmas nem pela chamada evolução geral do espírito humano, mas antes têm suas raízes nas relações materiais da existência". Para reconstruir o pensamento de Marx sobre o Estado é preciso, portanto, recorrer àquelas idéias esparsas que se encontram nas obras econômicas, históricas e políticas: de fato, embora, após a obra juvenil de crítica à filosofia do direito de Hegel, não exista nenhuma obra de Marx que trate especificamente do problema do Estado, igualmente não existe obra sua de onde não seja possível extrair, sobre este problema, trechos relevantes e iluminativos. É óbvio que, por causa dessa fragmentaridade e devido ao fato de que estes fragmentos estão disseminados ao longo de um período de mais de trinta anos e de que as teses que estes apresentam concisamente são expostas freqüentemente de forma ocasional e polêmica, toda reconstrução rigorosa da teoria marxiana do Estado corre o risco de ser deformante ou, pelo menos, unilateral. É preferível, porém, assumir este risco, aceitando uma ambiguidade insuperável ou relevando a presença de duas ou mais teorias paralelas.

Partindo da crítica à filosofia do direito e do Estado de Hegel, que o leva a uma mudança radical das relações tradicionais entre sociedade (natural e civil) e Estado, Marx propõe uma teoria do Estado estritamente ligada à teoria geral da sociedade e da história, que ele deduz do estudo da economia política. Esta teoria geral lhe permite dar uma interpretação e fazer uma crítica do Estado burguês do seu tempo nas diversas formas em que se apresenta e dar também uma interpretação e formular algumas propostas relativas ao Estado que se deverá seguir ao Estado burguês: permite-lhe, enfim, deduzir o fim ou a extinção do Estado. Segue-se daí que para uma exposição tanto quanto possível sistemática das linhas gerais da teoria marxista do Estado parece oportuno focalizar os cinco pontos seguintes: 1.º crítica das teorias anteriores, de modo particular da teoria hegeliana (§ 2); 2.º teoria geral do Estado (§ 3); 3.º teoria do Estado burguês em particular (§ 4); 4.º teoria do Estado de transição (§ 5); 5.º teoria da extinção do Estado (§ 6).

II. Crítica da filosofia política hegeliana. — Na filosofia do direito de Hegel chegara a cumprimento e à exasperação aquela tendência típica do pensamento político que acompanha o surgimento e a formação do Estado moderno, de Hobbes em diante, proclamando o Estado ou como a forma racional da existência social do homem, garante da ordem e da paz social que é o único interesse que todos os indivíduos viventes em sociedade têm em comum (Hobbes); ou como árbitro imparcial acima das partes, que impede a degeneração da sociedade natural, dirigida pelas leis da natureza e da razão, num Estado de conflitos permanentes e insolúveis (Locke); ou como expressão da vontade geral através da qual cada um, renunciando à liberdade natural em favor de todas as outras, adquire a liberdade civil ou moral e se torna mais livre do que antes (Rousseau); ou como meio através do qual é possível realizar empiricamente o princípio jurídico ideal da coexistência das liberdades externas, pelo que sair do Estado natural para entrar no Estado social não é tanto efeito de um cálculo utilitário quanto de uma obrigação moral por parte dos indivíduos (Kant). Iniciando a seção da Filosofia do direito sobre o Estado, Hegel tinha dito que "o Estado, enquanto é a realidade da vontade substancial (...) é o racional em si e de per si", deduzindo-se daí que o "dever supremo" de cada indivíduo era o de "ser parte essencial do Estado" (§ 258).

A crítica que Marx, sob a influência de Feuerbach, levanta contra Hegel na obra juvenil, anteriormente citada, Crítica da filosofia do direito público de Hegel (que contém um comentário aos §§ 261-313 sobre Lineamentos da filosofia do direito), tem, na verdade, mais valor filosófico e metodológico que político, no sentido de que o que interessa principalmente a Marx neste escrito é a crítica do método especulativo de Hegel,

isto é, do método segundo o qual o que deveria ser o predicado, a idéia abstrata, se torna o sujeito e o que deveria ser o sujeito, o ser concreto, se torna o predicado, como aparece mais claramente no exemplo seguinte do que em qualquer outra explicação. Hegel, partindo da idéia abstrata de soberania, em vez da figura histórica do monarca constitucional, formula a proposição especulativa "a soberania do Estado é o monarca", ao passo que, partindo da observação da realidade, o filósofo não-especulativo tem que dizer que "o monarca (isto é, aquele tal personagem histórico com aqueles determinados atributos) tem o poder soberano"; nas duas proposições, como se vê, sujeito e predicado estão invertidos. Em um capítulo sobre A sagrada família (1845), que é o melhor comentário a esta crítica, intitulado O mistério da construção especulativa, Marx, após ter ilustrado com outro exemplo o mesmo tipo de inversão (para o filósofo não especulativo a pêra é uma fruta, enquanto que para o filósofo especulativo o termo "fruta" está colocado no lugar de "pêra"), explica que esta operação pela qual se concebe a substância como sujeito (enquanto deveria ser predicado) e o fenômeno como predicado (enquanto deveria ser sujeito)" forma o caráter essencial do método hegeliano" (A sagrada família, p. 66).

É claro que, uma vez aplicada a crítica do método especulativo à filosofia política de Hegel, Marx deduz daí a rejeição não somente do método hegeliano mas também dos resultados que Hegel julgava poder obter por este método em relação aos problemas do Estado. O que Marx critica e refuta é a mesma estruturação do sistema da filosofia do direito hegeliano, baseado na prioridade do Estado sobre a família e sobre a sociedade civil (isto é, sobre as esferas que historicamente precedem o Estado), prioridade que Hegel afirma sem observar e respeitar a realidade histórica de seu tempo nem estudar como efetivamente se foi formando o Estado moderno, mas deduzindo-a da idéia abstrata de Estado como totalidade superior e anterior às suas partes. Enquanto na realidade família e sociedade civil são os pressupostos do Estado, "na especulação sucede o contrário", isto é, "os sujeitos reais, a sociedade civil, a família [...], se tornam momentos objetivos da idéia, irreais, alegóricos", ou, por outras palavras, enquanto estas são "os agentes" (isto é, um sujeito histórico real, na filosofia especulativa são "postas em ato" pela idéia real e "devem sua existência a um espírito diferente delas", pelo que "a condição se torna o condicionado, o determinador o determinado, o produtor, o produto de seu produto" (Obras filosóficas juvenis, pp. 18-9). Desde as primeiras proposições do comentário,

Marx chama a este processo "misticismo lógico". Não é o caso de nos delongarmos sobre as críticas particulares que Marx faz à esta ou àquela tese política de Hegel; basta mencionar que as críticas mais importantes são as que dizem respeito à concepção do Estado como organismo, à exaltação da monarquia constitucional, à interpretação da· burocracia como classe universal e à teoria da representação por classes, contraposta ao sistema representativo nascido da Revolução Francesa. Importa destacar particularmente que a rejeição do método especulativo de Hegel leva Marx a inverter as relações entre sociedade civil e Estado (considerando este último conseqüência do método especulativo), a firmar a sua atenção bem mais sobre a sociedade civil que sobre o Estado e, portanto, a divisar a solução do problema político não na subordinação da sociedade civil ao Estado mas, pelo contrário, na absorção do Estado por parte da sociedade civil, na qual consiste a "verdadeira" democracia, na qual, segundo os franceses, "o Estado político desaparece" (*Ibid.*, p. 42) e cujo instituto fundamental, o sufrágio universal, tende a eliminar a diferença entre Estado político e sociedade civil, pondo "no Estado político abstrato a constância da dissolução deste, como também da dissolução da sociedade civil" (*Ibid.*, p. 135)

III. O ESTADO COMO SUPERESTRUTURA. — A inversão das relações entre sociedade civil e Estado, realizada por Marx a respeito da filosofia política de Hegel, representa uma verdadeira ruptura com toda a tradição da filosofia política moderna. Enquanto esta tende a ver na sociedade pré-estatal (quer seja esta o estado de natureza de Hobbes, ou a sociedade natural de Locke, ou o estado primitivo de natureza de Rousseau do *Contrato social,* ou o estado das relações de direito privado-natural de Kant, ou a família e a sociedade civil do próprio Hegel) uma subestrutura, real mas efêmera, destinada a ser absorvida na estrutura do Estado onde somente o homem pode conduzir uma vida racional e, portanto, destinada a desaparecer total ou parcialmente uma vez constituído o Estado, Marx, ao invés, considera o Estado — entendido como o conjunto das instituições políticas onde se concentra a máxima força imponível e disponível numa determinada sociedade — pura e simplesmente como uma superestrutura em relação à sociedade pré-estatal, que é o lugar onde se formam e se desenvolvem as relações materiais de existência, e, sendo superestrutura, é destinado, por sua vez, a desaparecer na futura sociedade sem classes. Enquanto a filosofia da história dos escritores anteriores a Hegel (e especialmente no próprio

Hegel) caminha para um aperfeiçoamento cada vez maior do Estado, a filosofia da história de Marx caminha, ao invés, para a extinção do Estado. O que para os escritores precedentes, é a sociedade pré-estatal, ou seja, o reino da força irregular e ilegítima — seja este o *bellum omnium contra omnes* de Hobbes, ou o estado de guerra ou de anarquia que, segundo Locke, uma vez iniciado não pode ser abolido senão através de um salto para a sociedade civil e política, ou a *société civile* de Rousseau, onde vigora o pretenso direito do mais forte, direito que na realidade não é direito, mas mera coação, ou o estado de natureza de Kant, como estado "sem nenhuma garantia jurídica" e, portanto, provisório — é para Marx, ao contrário, o Estado, que, como reino da força ou, conforme a conhecida definição que ele dá em *O capital,* como "violência concentrada e organizada da sociedade" (vol. I, p. 814), é, não a abolição nem a superação, mas o prolongamento do Estado de natureza como Estado histórico (ou pré-histórico), não tanto imaginário ou fictício mas real da humanidade.

Já Marx, nos *Manuscritos econômico-filosóficos de 1844,* expressa este conceito fundamental, segundo o qual o Estado não é o momento subordinante mas o momento subordinado do sistema social considerado em seu conjunto, afirmando que "a religião, a família, o Estado, o direito, a moral, a ciência, a arte, etc. são apenas *modos particulares da produção* e caem sob sua lei universal" (p. 112). Numa forma ainda mais clara e extensa assim escreve na grande obra imediatamente posterior, *A ideologia alemã* (1845-1846): "A vida material dos indivíduos, que não dependem em absoluto de sua pura 'vontade', o seu modo de produção e a forma de relações, que se condicionam reciprocamente, são a base real do Estado em todos os estádios nos quais ainda é necessária a divisão do trabalho, totalmente independente da *vontade* dos indivíduos. Estas relações reais não são absolutamente criadas pelo poder do Estado; são, antes, essas relações o poder que cria o Estado" (p. 324). Diferentemente da anterior que ficou inédita, na obra do mesmo período, *A sagrada família,* publicada em 1845, a inversão da idéia tradicional, personificada neste contexto por Bruno Bauer, segundo o qual "o ser universal do Estado deve manter unidos cada um dos átomos egoístas", não poderia ser expressada com maior clareza: "Somente a superstição política imagina ainda hoje que a vida civil precise de ser mantida unida pelo Estado, enquanto, pelo contrário, é o Estado que na realidade é mantido unido pela vida civil" (p. 131). Em assunto de relações entre estrutura e superestrutura, é celebérrimo o texto do *Prefá-*

cio a *Para a crítica de economia política*: "O conjunto destas relações de produção constitui a estrutura econômica da sociedade, isto é, a base real sobre a qual se eleva uma superestrutura jurídica e política e à qual correspondem formas determinadas de consciência social. O modo de produção da vida material condiciona, em geral, o processo social, político e espiritual da vida" (p. 11).

Contra a "superstição política", ou seja contra a supervalorização do Estado, o ataque de Marx é constante, apesar de alguns intérpretes recentes discordarem. Esta rejeição da superstição política o leva a dizer num escrito juvenil, *A questão hebraica* (1843), que a Revolução Francesa não foi uma revolução completa, porque foi somente uma revolução política, e que a emancipação política não é ainda a emancipação humana. E, num escrito da maturidade, ataca Mazzini dizendo que este nunca entendeu nada porque "para este o Estado, que cria na sua imaginação, é tudo, enquanto que a que existe na realidade, não é nada" (o que é um outro modo de dizer que uma revolução apenas política não é uma verdadeira revolução).

IV. O ESTADO BURGUÊS COMO DOMÍNIO DE CLASSE. — O condicionamento da superestrutura política por parte da estrutura econômica, isto é, a dependência do Estado da sociedade civil, se manifesta nisto: que a sociedade civil é o lugar onde se formam as classes sociais e se revelam seus antagonismos, e o Estado é o aparelho ou conjunto de aparelhos dos quais o determinante é o aparelho repressivo (o uso da força monopolizada), cuja função principal é, pelo menos em geral e feitas algumas exceções, de impedir que o antagonismo degenere em luta perpétua (o que seria um volta pura e simples ao estado de natureza), não tanto mediando os interesses das classes opostas mas reforçando e contribuindo para manter o domínio da classe dominante sobre a classe dominada. No *Manifesto do partido comunista*, o "poder político" é definido com uma fórmula que já se tornou clássica: "o poder organizado de uma classe para oprimir uma outra".

Marx não desconheceu as formas de poder político eixistentes em outros tipos de sociedade diferentes da sociedade burguesa, mas concentrou sua atenção e a grande maioria de suas reflexões sobre o Estado burguês. Quando ele fala do Estado como "domínio" ou "despotismo" de classe, ou como "ditadura" de uma classe sobre a outra, o objeto histórico é quase sempre o Estado burguês. Desde um de seus primeiros artigos, comentando os *Debates sobre a lei contra os furtos de lenha* (1842), notará que o interesse do proprie-

tário de florestas era "o princípio determinante de toda a sociedade", tendo como conseqüência que: "Todos os órgãos do Estado se tornam ouvidos, olhos, braços, pernas com que o interesse do proprietário escuta, observa, avalia, provê, pega, anda". Portanto, contra as interpretações deformantes e — a meu ver — banalizantes que insistem mais sobre a independência do que sobre a dependência do Estado da sociedade, com uma frase que merece ser sublinhada, concluíra: "Esta lógica, que transforma o dependente do proprietário florestal numa autoridade estatal, transforma a autoridade estatal num dependente do proprietário" (*Escritos políticos juvenis*, p. 203). Especialmente em relação ao Estado burguês, isto é, àquela fase de desenvolvimento da sociedade civil em que as categorias se transformaram em classes e a propriedade, sendo privada, se emancipou totalmente do Estado, Marx afirma, em *A ideologia alemã*, que o Estado "nada mais é do que a forma de organização que os burgueses se dão por necessidade, tanto interna como externamente, a fim de garantir reciprocamente sua propriedade e seus interesses". Após ter precisado mais uma vez que "a independência do Estado hoje não se encontra mais que naqueles países onde as categorias ainda não se transformaram em classes", e, portanto, na Alemanha mas não nos Estados Unidos, formula a sua tese nos seguintes termos, gerais e inequívocos: "O Estado é a forma em que os indivíduos de uma classe dominante fazer prevalecer seus interesses comuns e em que se resume toda a sociedade civil de uma época" (*A ideologia alemã*, p. 40).

O fato de que em certos períodos de crise, em que o conflito de classe se torna mais agudo, a classe dominante fazem prevalecer seus interesses próprio poder político direto, que ela exerce através do Parlamento (que nada mais é do que um "comitê de negócios" da burguesia), a um personagem que surge acima das partes, como aconteceu na França após o golpe de Estado de 2 de dezembro de 1851 que deu o poder supremo a Luís Napoleão, não significa absolutamente que o Estado mude sua natureza: o que acontece neste caso (trata-se do "bonapartismo" que Engels, considerando-o uma categoria histórica, estenderá ao regime instaurado por Bismarck na Alemanha) (*Correspondência Marx-Engels*, IV, p. 406) é pura e simplesmente a passagem das prerrogativas soberanas, no interior do mesmo Estado burguês, do poder legislativo para o poder executivo, representado por aquele que dirige a administração pública; trata-se, em outros termos, da passagem dessas prerrogativas do Parlamento para a burocracia que, aliás, preexiste ao Parlamento, já que ela se formou durante a monarquia absoluta e constitui um "terrível corpo parasitário que envolve, como um invólucro, o corpo da sociedade francesa obstruindo todos os seus poros" (*O 18 de brumário*, in K. Marx e F. Engels, *Obras*, p. 575). Esta substituição de um poder por outro pode dar a impressão de que o Estado tenha-se tornado independente da sociedade civil: mas também esta forma extraordinária de "despotismo individual" não pode se sustentar, se não se apoiar numa determinada classe social, que, no caso específico de Luís Napoleão, foi, segundo Marx, a classe dos pequenos proprietários camponeses; fundamentalmente a função do poder político, esteja este nas mãos de uma assembléia como o Parlamento ou nas mãos de um homem como o ditador, não muda: Bonaparte sente, observa Marx, que "a sua missão consiste em garantir a ordem burguesa" (*Ibid.*, p. 584), mesmo se depois, envolvido nas contradições de seu papel de mediador acima das partes e impossibilitado de exercê-lo com sucesso, devido às contradições objetivas da sociedade de classes, não consegue o intento (ou pelo menos Marx julga que, ao invés de trazer a ordem prometida, o suposto salvador acabe por deixar o país no caos de uma nova anarquia). Na realidade, se a burguesia renuncia ao próprio poder direto, isto é, ao regime parlamentar para se entregar ao ditador, isto acontece porque ela julga (embora erroneamente, porque baseando-se num cálculo que não dará certo) que num momento difícil o ditador assegura o seu domínio sobre a sociedade civil, que esse domínio vale mais do que o Parlamento, ou, como diz Marx, a burguesia "reconhece que, para manter intato o seu poder social, precisa quebrar o seu poder político", ou em termos mais vulgares, "que para salvar a própria bolsa ela tem que perder a própria coroa" (*Ibid.*, p. 530).

V. O ESTADO DE TRANSIÇÃO. — Marx confirma com precisão a dependência, muitas vezes afirmada, do Estado da sociedade civil e do poder político da classe dominante, quando põe o problema da passagem do Estado, em que a classe dominante é a burguesia, para o Estado, em que a classe dominante é o proletariado. Sobre este problema ele será induzido a refletir especialmente por causa do episódio da Comuna de Paris (março-maio 1871). Numa carta a Ludwig Kugelmann, de 12 de abril de 1871, referindo-se exatamente ao último capítulo do escrito sobre o golpe de Estado na França (*O 18 de brumário de Luís Bonaparte*), em que tinha afirmado que "todas as revoluções políticas só serviram para aperfeiçoar esta máquina (isto é, a máquina do Estado) ao invés de quebrá-la" (*Ibid.*, p. 576), reafirma, após

já vinte anos, que "a próxima tentativa de Revolução Francesa não vai consistir em transferir de uma mão para outra a máquina militar e burocrática, como aconteceu até agora, mas em quebrá-la e tal é a condição preliminar de qualquer revolução popular no continente" (*Cartas a Kugelmann*, p. 139). Ele frisa, portanto, que o objetivo visado pelos insurrectos parisienses é exatamente este: eles não tendem a apoderar-se do aparelho do Estado burguês, mas tentam "quebrá-lo". Nas considerações sobre a Comuna, Marx volta freqüentemente a este conceito: ora diz que a unidade da nação tinha que se tornar uma realidade "através da destruição daquele poder estatal que pretendia ser a encarnação desta unidade independente e até, superior à própria nação, enquanto era apenas uma excrescência parasitária"; ora fala da Comuna como de uma nova forma de Estado que "quebra" o moderno poder estatal e que substitui o velho governo centralizado pelo "autogoverno dos produtores" (*A guerra civil na França*, in K. Marx e F. Engels, *Obras*, pp. 911-12).

Parece, pois, que para Marx a dependência do poder estatal do poder de classe é tão estrita que a passagem da ditadura da burguesia para a ditadura do proletariado não pode acontecer simplesmente através da conquista do poder estatal, isto é, daquele aparelho de que a burguesia se serviu para exercer seu domínio, mas exige a destruição das instituições e sua substituição por instituições completamente diferentes. Se o Estado fosse somente um aparelho neutral acima dos partidos, a conquista deste aparelho ou a mera penetração nele seriam de per si suficientes para modificar a situação existente. O Estado é uma máquina, mas ninguém pode manobrá-la a seu gosto: cada classe dominante tem que construir a máquina estatal de acordo com as suas exigências. Sobre as características do novo Estado Marx dá algumas indicações resultantes da experiência da Comuna (indicações que inspiraram Lenin no ensaio *Estado e revolução* e nos escritos e discursos dos primeiros meses de revolução): supressão do exército permanente e da polícia assalariada, substituindo-os pelo povo armado; funcionários eletivos ou postos sob o controle popular e, portanto, responsáveis e revogáveis; juízes eletivos e revogáveis; sobretudo sufrágio universal para a eleição dos delegados com mandato imperativo e, portanto, revogáveis; abolição da tão exaltada quão fictícia separação dos poderes ("A Comuna devia ser não um organismo parlamentar, mas de trabalho executivo e legislativo ao mesmo tempo"); e, enfim, tão ampla descentralização que permita reduzir a poucas e essenciais as funções do Governo central ("As poucas mas essenciais funções que ficassem ainda com o Governo central [...] seriam executadas por funcionários comunais e, portanto, profundamente responsáveis" (*Ibid.*, pp. 908-09). Marx chamou a esta nova forma de Estado "Governo da classe operária" (*Ibid.*, p. 912), enquanto Engels, na introdução a uma reimpressão dos escritos marxistas sobre a guerra civil na França, chamou-a, com força e com intenção provocante, de "ditadura do proletariado": "O filisteu social-democrático recentemente se sentiu mais uma vez tomado por um salutar pavor ao ouvir a expressão: ditadura do proletariado. Pois então, senhores, querem saber como é esta ditadura? Olhem para a Comuna de Paris. Esta foi a ditadura do proletariado" (*Ibid.*, p. 1163). Desde o *Manifesto* Marx e Engels tinham afirmado muito claramente que, sendo sempre o poder político o poder de uma classe, organizado para oprimir uma outra, o proletariado não teria conseguido exercer seu domínio se não tornando-se por sua vez uma classe dominante. Parece que Marx falou pela primeira vez de "ditadura do proletariado" em sentido próprio (e não em sentido polêmico como fala nas *Lutas de classes na França de 1848 a 1850* (*Ibid.*, p. 463), numa conhecida carta a Joseph Weydemeyer de 5 de março de 1852, onde declara não ter sido ele o primeiro a ter demonstrado a existência das classes e reconhece para si o único mérito de ter demonstrado: "1.º que a existência das classes está somente ligada a determinadas fases da evolução histórica da produção; 2.º que a luta de classes conduz necessariamente à ditadura do proletariado; 3.º que esta ditadura constitui somente a passagem para a supressão de todas as classes e para uma sociedade sem classes". A expressão é consagrada na *Crítica ao programa de Gotha* (1875): "Entre a sociedade capitalista e a sociedade comunista existe o período de transformação revolucionária de uma na outra. A este corresponde também um período político de transição, cujo Estado não pode ser outro senão a *ditadura revolucionária do proletariado*" (*Ibid.*, p. 970).

VI. A EXTINÇÃO DO ESTADO. — Como aparece na carta a Weydemeyer, o tema da ditadura do proletariado está intimamente ligado ao da extinção do Estado. Todos os Estados que existiram foram sempre ditaduras de uma classe. A esta regra não faz exceção o Estado em que o proletariado se torna classe dominante; mas, diferentemente das ditaduras das outras classes, que foram sempre ditaduras de uma minoria de opressores sobre uma maioria de oprimidos, a ditadura do proletariado, sendo ditadura de uma enorme maioria de oprimidos sobre uma minoria de opres-

sores destinada a desaparecer, é ainda uma forma de Estado, mas tal que, tendo como objetivo a eliminação do antagonismo das classes, tende à gradual extinção daquele instrumento de domínio de classe que é o próprio Estado. O primeiro indício do desaparecimento do Estado se encontra na última página da *Miséria da filosofia*: "A classe operária substituirá, no curso de seu desenvolvimento, a antiga sociedade civil por uma associação que excluirá as classes e seu antagonismo e não existirá mais poder político propriamente dito" (p. 140). O *Manifesto* inclui o tema do desaparecimento do Estado no próprio programa: "Se o proletariado, na luta contra a burguesia, se constitui necessariamente em classe, e, por intermédio da revolução se transforma a si mesmo em classe dominante destruindo violentamente, como tal, as antigas relações de produção, ele elimina também, junto com estas relações de produção, as condições de existência do antagonismo de classe, das classes em geral e, portanto, também do seu mesmo domínio de classe" (in K. Marx e F. Engels, *Obras*, pp. 314-15), A análise, que Marx faz em *A guerra civil na França*, da nova forma de Governo da Comuna mostra que a novidade em relação às demais formas de domínio anteriores consiste exatamente no fato de que ela contém em germe as condições para o gradual desaparecimento do Estado como mero instrumento de repressão: a Comuna foi "uma forma política fundamentalmente aberta, enquanto todas as formas precedentes de Governo tinham sido unilateralmente repressivas" (*Ibid.*, pp. 911-12). O Estado em que a classe dominante é o proletariado não é, então, um Estado como os demais, porque está destinado a ser o último Estado: é um Estado de "transição" para a sociedade sem Estado. É um Estado diferente de todos os demais, porque não se limita a apoderar-se do Estado existente, mas cria um novo Estado, tão novo que põe as condições para o fim de todos os Estados. O Estado de transição, enfim, se caracteriza por dois elementos diferentes que não podem ser confundidos: ele, apesar de destruir o Estado burguês anterior, não destrói o Estado como tal; todavia, construindo um Estado novo, já lança as bases da sociedade sem Estado.

Estas duas características servem para distinguir a teoria de Marx, de um lado, da teoria social-democrática, e, de outro, da anárquica. A primeira sustenta que a função do movimento operário é a de conquistar o Estado burguês internamente, não de "quebrá-lo"; e a segunda sustenta ser possível destruir o Estado como tal sem passar pelo Estado de transição. Contra a teoria social-democrática, Marx afirma, ao invés, que o Estado burguês não pode ser conquistado, mas tem que ser destruído; contra a teoria anárquica, afirma que o que deve ser destruído não é o Estado *tout curt*, mas exatamente o Estado burguês, porque o Estado como tal, uma vez destruído o Estado burguês, está destinado à extinção. Separando os dois momentos, que estão dialeticamente unidos, da supressão e da superação, pode-se afirmar que a supressão do Estado burguês não é a supressão do Estado, mas é a condição para a sua superação. E é por isso que o Estado burguês tem que ser, primeiramente, suprimido, diversamente do que sustentam os social-democratas, para, em seguida, diversamente do que sustentam os anarquistas, poder ser superado.

BIBLIOGRAFIA. – A menos que outra coisa seja dita em contrário, as citações dos textos de Marx e de Engels são feitas com base no volume antológico: K. MARX e F. ENGELS, *Le opere*, Editori Riuniti, Roma 1966. Para as demais: K. MARX, *Scritti politici giovanili*, Einaudi, Torino 1950; *Manoscritti economico-filosofici del 1844*, Einaudi, Torino 1968; *L'ideologia tedesca*, Editori Riuniti, Roma 1958; *La sacra famiglia*, Editori Riuniti, Roma 1954; *Per la critica dell'economia politica*, Editori Riuniti, Roma 1957; *Il capitale*, Editori Riuniti, Roma 1967; *Carteggio Marx-Engels*, Editori Riuniti, Roma 1951; S. AVINERI, *Il pensiero politico e sociale de Marx* (1968), Il Mulino, Bologna 1972; L. GRUPPI, *Socialismo e democrazia. La teoria marxista dello Stato*, Edizioni del Calendario del Popolo, Milano 1969; M. A. LOSANO, *La teoria di Marx ed Engels sul diritto e sullo Stato*, CLUT, Torino 1969; D. LOSURDO, *Stato e ideologia nel giovane Marx*, in "Studi Urbinati", n.ᵒˢ 1-2, XLIV, 1970; R. MILIBAND, *Marx e lo Stato*, in "Critica marxista", IV, 1966; N. POULANTZAS, *Potere politico e classi sociali* (1968), Editori Riuniti, Roma 1970.

[NORBERTO BOBBIO]

Maximalismo.

É um termo que ocorre na história do socialismo para designar programas e rumos políticos orientados à completa realização dos ideais socialistas. Começou-se a falar de Maximalismo e minimalismo nos fins do século passado, nos debates levantados no seio da social-democracia alemã.

Graças à revogação da legislação anti-socialista, o partido social-democrático alemão pôde, em 1891, reunir-se novamente em Erfurt, sede do congresso conhecido sobretudo pelo programa de partido que, composto por Kautsky depois de crí-

ticas e sugestões de Engels, constituiu uma espécie de modelo para toda a ala marxista da social-democracia internacional, pelo menos até 1914. Não explodira ainda o conflito entre Kautsky e Bernstein e o programa pôde fazer com que coexistissem bastante facilmente os dois extremos do dilema socialista (as assim chamadas duas almas) que se separarão depois do debate acerca do revisionismo. As bases teóricas de Erfurt prevêem como programa máximo (daí o termo Maximalismo) um objetivo final, a propriedade social dos meios de produção e de permuta, mas leva também em conta a necessidade de lutar pela realização de um programa mínimo, essencialmente político-administrativo e legislativo, encarnado, em primeiro lugar, no sufrágio universal masculino e feminino, no voto secreto, no sistema proporcional, no costume da legislação direta (*referendum*), na descentralização administrativa e em formas de autogoverno regional e provincial. O programa mínimo prevê, além disso, uma articulada legislação social de proteção ao trabalho, a jornada de trabalho de oito horas, a supressão do trabalho das crianças, a criação de órgãos de inspeção capazes de fiscalizar as condições higiênico-sanitárias do trabalho, e a participação dos trabalhadores na administração da empresa. O programa máximo era o fim da ação socialista (em Erfurt, evitou-se cuidadosamente falar da necessidade ou não da violência revolucionária para o alcançar) e as reformas eram o conteúdo concreto da luta operária socialista e, ao mesmo tempo, as etapas intermediárias para atingir esse fim. Era inevitável que a coexistência dos dois programas se revelasse, com o andar do tempo, nada pacífica. O centro ortodoxo kautskiano conseguiu, com a sua autoridade, impor a co-presença dos dois planos nos anos sucessivos, mas bem pronto Bernstein e a tendência revisionista haviam de sustentar que o fim nada significava e que o movimento era tudo, pondo maior ênfase na realização prática e concreta do programa mínimo e das reformas a ele vinculadas. A esquerda revolucionária insistia sobretudo na importância de não se perder nunca de vista os fins últimos: esta corrente cobrou alento com o desmoronamento da Segunda Internacional e com a guerra mundial. Tanto é assim que, em 1918, Rosa Luxemburg, retomando a linguagem das velhas polêmicas, sustentou que o socialismo'era o mínimo que se devia realizar.

Também na Itália a discussão declinou bem depressa para esse terreno e já no Congresso de Parma (1895) o P.S.I. decidiu confiar a um órgão executivo central a incumbência de elaborar os projetos dos programas mínimos, de natureza essencialmente política e administrativa. Arturo

Labriola elaborou um esquema calcado no de Erfurt, mas foi criticado. A questão, presente em todos os congressos socialistas, foi amplamente abordada no congresso de Roma, em 1900, onde se acentuou que o programa mínimo estava para o programa máximo como os meios estão para o fim e que era nisso que se distinguia de todos os programas meramente reformistas e de toda a forma, cristã ou burguesa, de filantropismo social. Foram estas as bases sobre as quais, durante anos, se travaram longas polêmicas dentro do P.S.I. (avivadas pela atitude giolittiana de atenção à estratégia social-reformista), que dividiram o partido em diversas correntes: os reformistas e os revolucionários, os centristas unitários ("intermédios" e "medianos"), os intransigentes, os sindicalistas revolucionários. O problema central do debate político foi sempre o do valor que havia de ser atribuído às lutas operárias intermediárias (o trade-unionismo) e às reformas políticas democráticas: os gradualistas concentravam-se em torno do programa mínimo para fazer das reformas possíveis o fator determinante imediato e concreto da ação socialista (com as conseqüentes alianças e "blocos" formados com os grupos democráticos e republicanos), enquanto os intransigentes (os futuros "maximalistas") tendiam a subestimar tal fator e a considerá-lo não como uma conquista em si, mas como um trampolim para a completa realização revolucionária do programa máximo. A divisão dos sindicalistas revolucionários em 1907 e o chamado longo ministério de Giolitti favoreceram momentaneamente os reformistas, mas logo Mussolini tomaria o comando do partido, conseguindo, em 1912, que fossem expulsos Bonomi, Bissolati e Cabrini (minimalistas declarados e explícitos), por ocasião da guerra da Líbia. Os acontecimentos se sucedem depois com grande rapidez: arrebenta a guerra, Mussolini é expulso e a corrente favorável à imediata realização do programa máximo (fortalecida pelo desmoronamento nacional-chauvinista da social-democracia internacional) torna-se amplamente majoritária. A revolução russa e o conhecimento ainda imperfeito dos programas do bolchevismo internacionalista e revolucionário fortalecem esta corrente, que começará a chamar-se abertamente maximalista no Congresso de Bolonha, em 1919.

Desde esse momento, começa a ganhar projeção na Itália uma projeção, em grande parte negativa, o termo "maximalismo". Tanto a direita gradualista do partido socialista (Turati, Treves, Modigliani) como a esquerda comunista (a facção comunista abstencionista de Bordiga e o grupo turinense da nova ordem de Tasca e Gramsci) difundiram a imagem, não totalmente injustificada, mas certamente exagerada, de um pântano centrista ilógico e apaixonado pela "frase escarlate". Em Livorno, em 1921, houve uma cisão no P.S.I. que arrancou do velho tronco a esquerda comunista e filobolchevique, que aderiu à nova Internacional. Em 1922, os reformistas ("unitários") se separaram dos maximalistas, que ficaram sós, incapazes de assumir uma posição clara, na época dramática da chegada do fascismo ao poder, pelo socialismo ou pelo comunismo. No estrangeiro, a área político-ideológica correspondente ao Maximalismo depressa se desagregou, enquanto o comunismo e a social-democracia se inseriam em campos ideológicos e em blocos internacionais claramente distintos. O termo continuou a ter um certo sucesso na Itália, onde o P.S.I. manteve, após a guerra, um pacto de união com o P.C.I., tornando-se, ao mesmo tempo, mais efervescente que os comunistas no campo das reivindicações político-sociais e subalterno no respeitante à política staliniana. Voltouse a falar de "Maximalismo" em 1964, por ocasião da formação do P.S.I.U.P., uma iniciativa dos socialistas hostis à coalisão de centro-esquerda.

Hoje o termo parace ter perdido as primitivas raízes históricas, tornando-se simples sinônimo de intransigência ideológica e de aspereza na luta política de esquerda. Fica-lhe, porém, a conotação negativa, a da denúncia de ações políticas sem resultado concreto, puramente demonstrativas.

[Bruno Bongiovanni]

Mercantilismo.

I. DEFINIÇÃO. — A uma linha de pensamento e de ação que se revela durante dois séculos pelo menos (séculos XVI e XVII), unindo política e economia na teoria e na prática, não se pode pedir unidade e plena coerência em seu desenvolvimento; nem a quem tente acompanhar a sua evolução, se pode pedir uma visão tão abrangente que não se torne em fragmentária, ou, ao invés, uma visão sintética que não peque por generalidade ou por estreiteza de perspectivas. Daí a insatisfação que nos deixam, não só as definições, como as próprias reconstruções históricas. O perigo está, de um lado, em cair numa vã tautologia ("o mercantilismo compreende as políticas econômicas dos séculos XVI e XVII"), do outro, em usar de distinções talvez válidas territorial ou cronologicamente, mas arbitrárias e insatisfatórias, quando se trata de sujeitar os resultados a uma avaliação global. Entre "o Mercantilismo foi tudo" e "o Mercantilismo não existiu", o exame de algumas das características comuns às teorias de política econômica dos séculos XVI e XVII pode dar algum fruto, pelo menos dentro das finalidades didáticas de uma obra de ajuda à linguagem política corrente, que peca de muitas outras ambigüidades e simplificações. Mas a contribuição mais útil para a compreensão do Mercantilismo pode estar no conhecimento dos homens cuja obra foi depois reconduzida à unidade do período histórico. O Mercantilismo, diversamente do que aconteceu com a FISIOCRACIA (v.), não nasceu como escola. É antes o resultado do confronto polêmico de outras escolas (precisamente a fisiocrática) e de outros economistas (a começar por Adam Smith, a quem se deve a primeira tentativa de reconstrução histórica em *The wealth of nations*, 1776, 1. IV, c. 8).

II. OBJETIVOS. — A compreensão do Mercantilismo, mais que uma definição, pode ser facilitada com a determinação dos objetivos comuns ao pensamento e à ação dos mercantilistas, objetivos, em geral, sumamente genéricos, tanto no século XVI como no XVII, tanto na Itália como na Alemanha, França, Espanha e Inglaterra, ultrapassando as barreiras políticas, culturais e religiosas.

O objetivo mais geral nos propósitos e mais generalizado quanto à difusão geográfica está na superação de um dos pressupostos de Maquiavel não só não é necessário para a prosperidade do Estado que ele seja rico e os súditos, ao contrário, pobres, como é justamente a riqueza dos súditos que faz rico e poderoso o Estado. Eis, pois, reunidas duas exigências que se apresentam poderosas no alvorecer da época moderna, numa tentativa de síntese que um dia se revelará aberrante: a imposição, ao mesmo tempo, do absolutismo estatal e da empresa privada. Duas instâncias cuja conflituosidade vinha sendo atenuada por uma série de circunstâncias históricas decisivas, entre elas, antes que qualquer outra, a necessidade de competir militar e economicamente com as demais potências. A primeira exigência pressupunha um Estado autoritário, a segunda uma estrutura comercial tanto mais ousada quanto melhor protegida. Uma e outra estreitamente interdependentes. Poder do Estado para defender o comércio com as armas e com as barreiras alfandegárias; comerciantes enriquecidos com a exportação de produtos acabados, que contribui para a acumulação de metais preciosos importados e mantém, dentro do território nacional, a produção de alimentos.

O internacionalismo, que tinha permeado a filosofia e a prática política da época medieval, cede o lugar à vontade de potência e, entre os instrumentos da nova visão do Estado nacional, surge sempre com maior relevo a política econômica. O comerciante será tão escutado como o general e está a surgir uma nova figura de conselheiro político: o economista. Afirma-se explicitamente o princípio utilitarista, já quase sem disfarces: é o surgir, ideal e material, do espírito burguês e capitalista.

Um aprofundamento dos objetivos do Mercantilismo nos levaria a um entrelaçamento da teoria e da prática, a partir do qual se poderia reconstruir uma espécie de paralelismo do pensamento econômico e da história econômica ao longo de dois séculos pelo menos. Uma reconstrução cuja dificuldade se revela na simples enumeração dos pontos de referência que se hão de ter sempre presentes para não perder o rumo, como adverte Aldo De Maddalena (1980), no dédalo dos escritos mercantilistas: formação e consolidação do Estado unitário nacional; fim das aspirações a um poder supranacional; sobrevivência de ideais e instituições de natureza particularista; quebra do monolitismo religioso e eclesiástico; vitória total do capitalismo comercial; descobertas geográficas e abertura de novos mercados de monopólio e absorção; desvio das correntes de tráfico internacional; consolidação de políticas e estruturas monopólicas e imperialistas; introdução de grande quantidade de moeda circulante metálica e modificação dos sistemas monetários; agressividade dos Estados nacionais; aumento incessante das despesas públicas; tendência à planificação no campo econômico (pense-se no colbertismo na França).

III. MERCANTILISTAS. — Na Itália, na Alemanha, na França, na Espanha, na Inglaterra, onde quer que fosse, nas estantes da biblioteca econômica dos séculos XVI e XVII, o primeiro objetivo, o objetivo manifesto, era o da defesa do Estado. Os que escrevem sobre assuntos de economia parecem unir-se ao coro dos fautores do absolutismo político. Mas não é assim. Se se observar melhor, o Estado já não é fim, mas um meio: o valor supremo é a riqueza, a prosperidade. E estas estarão cada vez menos ligadas a uma entidade abstrata e cada vez mais aliadas a uma classe: no caso historicamente delimitado, à classe dos comerciantes.

Uma escolha mais de acordo com as exigências da linguagem política contemporânea poderia aconselhar a exemplificação da difusão das teorias mercantilistas por meio de autores representativos das diversas realidades nacionais, só dentro dos aspectos político-sociais.

John Hales (?-1571), um dos primeiros mercantilistas ingleses, é aqui citado, em vez de William

Petty, Thomas Mun e Josiah Child, pela clareza com que afirma a índole econômica, mais que política e religiosa, do ligame que une os homens, fazendo ressaltar uma solidariedade de interesses econômicos que está além da relação soberano-comerciante: "todo o comerciante — escreve — é membro da *república* (*common weal*) e toda a profissão lucrativa para um pode sê-lo para quem a queira exercer de igual modo; o que dá ganho a um o dará a quem lhe é vizinho e, por conseguinte, a todos" (*A Discourse of the common weal of this realm of England*, publicado em 1581, mas escrito em torno de 1549 e amplamente difuso em manuscrito).

Antoine de Montchretien (1576-1621), o primeiro que escreveu um *Traité d'économie politique* (1615), evidencia, com singular clareza e simplicidade, a nova moral burguesa e capitalista, quando escreve, por exemplo, que "a felicidade dos homens consiste principalmente na riqueza, e a riqueza no trabalho".

Antonio Serra (1550/1560 — 1620/1625) é, no entender de Schumpeter (v. BIBLIOGRAFIA), o luminoso precursor das modernas análises da relação entre estruturas econômicas e balança comercial, ao superar as teorias monetaristas reinantes (os fenômenos monetários são vistos, no fundo, antes como conseqüências que como causas); possuem um valor sintomático mais do que uma importância própria).

Na órbita do Mercantilismo giram, enfim, dois autores cujo nome está ligado a "leis" econômicas ainda hoje muito citadas: Thomas Gresham (a moeda ruim expulsa a moeda boa) e Gregory King (o preço global da colheita de cereais num país da Europa diminui quando a quantidade de cereais colhidos aumenta).

BIBLIOGRAFIA. — P. W. BUCK, *The politics of mercantilism*, New York 1942; A. DE MADDALENA, *Il mercantilismo*, in *Storia delle idee politiche, economiche e sociali*, ao cuidado de L. FIRPO, vol. IV, UTET, Torino 1980, pp. 637-704; P. DEYON, *Il mercantilismo* (1969), Milano 1971; E. F. HEKSCHER, *Il mecantilismo* (1931), UTET, Torino 1936; J. W. HORROCKS, *A Short history of mercantilism*, New York 1942; J. A. SCHUMPETER, *Storia dell'analisi economica* (1954), Einaudi, Torino 1959.

[ALDO MAFFEY]

Meritocracia.

I. DEFINIÇÕES. — Em geral, por Meritocracia se entende o poder da inteligência que, nas socie-

dades industriais, estaria substituindo o poder baseado no nascimento ou na riqueza, em virtude da função exercida pela escola. De acordo com esta definição, os méritos dos indivíduos, decorrentes principalmente das aptidões intelectivas que são confirmadas no sistema escolar mediante diplomas e títulos, viriam a constituir a base indispensável, conquanto nem sempre suficiente, do poder das novas classes dirigentes, obrigando também os tradicionais grupos dominantes a amoldarem-se. Postula-se, dessa forma, o progressivo desaparecimento do princípio da *ascription* (pelo qual as posições sociais são *atribuídas* por privilégio de nascimento) e a substituição deste pelo princípio do *achievement* (pelo qual as posições sociais são, ao invés, *adquiridas* graças à capacidade individual): a Meritocracia se apresenta precisamente como uma sociedade onde vigora plenamente o segundo princípio. Além disso, a Meritocracia se ajusta ao ideal de igualdade de possibilidades, que já constava no art. 6.º da Declaração dos direitos do homem e do cidadão, de 1789, pelo qual os cidadãos "... podem ser igualmente admitidos a todas as dignidades, postos e empregos públicos, segundo sua capacidade e sem outra distinção que a de suas virtudes e inteligência". Este princípio, incontestável no plano formal, é, na realidade social, de difícil aplicação, tanto que a igualdade de oportunidades é para alguns sociólogos (Bourdieu e Passeron) uma mera ideologia, apta a justificar a permanência das desigualdades, tornando-as aceitáveis a todos. De fato, de acordo com estes autores, o sistema educacional, ao qual cabe sancionar as aptidões de cada um, funcionaria, na realidade, como mecanismo de reprodução da estratificação existente por causa dos inevitáveis fatores sociais que condicionam o êxito escolar. Por outras palavras, a seleção escolar meritocrática seria impossível de ser realizada e a função do sistema de ensino seria exatamente a de fazer com que pareçam naturais as diferenças de capacidade, quando, na realidade, essas diferenças decorrem da diferenciação social preexistente.

II. O ADVENTO DA MERITOCRACIA. — Michael Young, com um recente ensaio, que propõe, em forma satírica, a utopia sociológica do advento de uma Meritocracia, contribuiu notavelmente para que entrasse em uso esse termo. Nesta obra é descrita a Inglaterra do ano 2033, como uma sociedade perfeitamente orientada para a maximização da eficiência produtiva, mediante o completo emprego dos recursos intelectuais da população, oportunamente valorizados pela escola. Young imagina que a aceitação do princípio do mérito, generalizando-se, leve à constituição de

uma classe dirigente de homens perfeitamente selecionados, que, após numerosos e aprimorados
testes de inteligência, puderam ter acesso aos mais
altos graus da instrução, assumindo em seguida
todos os cargos de direção. Com base em critérios
científicos, os inteligentes são separados dos
outros, tornando realidade duas classes claramente distintas, se bem que de tipo novo e com
mobilidade genealógica completa. A classe superior, com quociente intelectual elevado, tem direito a uma boa instrução e a notáveis privilégios
econômicos e sociais; a classe inferior, ao invés,
recebe uma instrução elementar que, devido à
extensão da automação, não lhe permitirá sequer
o trabalho operário, mas somente o trabalho doméstico nas residências dos superdotados. O problema da igualdade e da instrução é apresentado
de forma humorística: o erro consistiria exatamente em se ter considerado fundamental a igualdade das possibilidades, que no mundo atual,
dominado pelos valores da eficiência produtiva
da indústria, leva inevitavelmente a uma desigualdade cada vez maior. No livro se critica a insigni-
ficância da escala de valores da Meritocracia,
almejando uma sociedade sem classes, isto é, uma
sociedade que "...terá em si uma pluralidade de
valores, segundo os quais se comportará. De fato
se nós avaliássemos as pessoas não somente pela
sua inteligência e cultura, pela sua ocupação e seu
poder, mas também pela sua bondade e coragem,
pela sua imaginação e sensibilidade, pelo seu amor
e generosidade, as classes não poderiam mais existir" (Young, p. 174).

O ideal de igualdade continua válido e é obtido
através de uma instrução capaz de dar a todos
uma boa formação de base, transferindo para bem
mais adiante toda diferenciação funcional dos
estudos. A atitude meritocrática, ao invés, representa o contrário de igualdade e de democracia,
mesmo que, à primeira vista, não apareça
claramente, porque uma seleção baseada na avaliação científica da inteligência e dos esforços de
cada um pode parecer justa; o resultado, porém,
será somente uma massa passiva cada vez mais
desligada da elite intelectual.

III. AVALIAÇÕES CRÍTICAS DA MERITOCRACIA.
— Em contraste com avaliações críticas como a
de Young encontram-se juízos positivos como o
de Parsons, que, recentemente, referindo-se explicitamente à Meritocracia, debateu o valor da atual
"revolução no campo da instrução", que constituiria como que uma síntese das revoluções precedentes: a industrial e a democrática. De fato,
igualdade de oportunidades e igualdade política
dos cidadãos — ideológica a primeira e utópica
a segunda — encontrariam, através da mediação

do sistema educacional, uma maior possibilidade
de realização; todavia as desigualdades perma-
neceriam, embora menos arbitrárias.

As posições favoráveis à Meritocracia estão
ligadas a um igualitarismo formal que advoga o
reconhecimento dos méritos de cada um, enquanto
muitas das posições contrárias se baseiam num
igualitarismo nivelador que pretende negar as
diferenças entre os indivíduos. É diferente, ainda,
a posição sobre o problema que se pode deduzir
da análise marxista. Marx, de fato, na *Crítica ao
programa de Gotha*, afirma a necessidade, para
a sociedade comunista do futuro, de considerar
as diferenças individuais não pela optica do reconhecimento diferencial dos méritos, mas pela da
atribuição "a cada um segundo suas necessidades". São aceitas, portanto, as diferenças naturais,
mas se rejeita a sanção social delas: trata-se de
reconhecê-las para impedir que "desiguais aptidões individuais e, portanto, capacidades de rendimento" se transformem em privilégios. A respeito da Meritocracia, o problema é colocado
numa alternativa radical, contrapondo dois tipos
claramente antitéticos, de reconhecimento social,
o dos *méritos* e o das *necessidades*.

BIBLIOGRAFIA. — T. PARSONS, *Sistemi di società*, II: *Le
società moderne* (1971), Il Mulino, Bologna 1973; D.
RIESMAN, *Annotazioni sulla meritocrazia*, in *Toward the
year 2000: work in progress*, sob a direção de D. BELL,
(1967), Bompiani, Milano 1969; M. YOUNG, *L'avvento
della meritocrazia, 1870-2033* (1958), Comunità, Milano
1962.

[LORENZO FISCHER]

Militarismo.

I. ORIGEM DO CONCEITO E DO FENÔMENO. —
O Militarismo constitui um vasto conjunto de
hábitos, interesses, ações e pensamentos associados com o uso das armas e com a guerra mas
que transcende os objetivos puramente militares.
O Militarismo é tal que pode, até, chegar a difi-
cultar e impedir a consecução dos próprios objetivos militares. Ele visa objetivos ilimitados; objetiva penetrar em toda a sociedade, impregnar a
indústria e a arte, conferir às forças armadas
superioridade sobre o Governo; rejeita a forma
científica e racional de efetuar a tomada de decisões e ostenta atitudes de casta, de culto, de autoridade e de fé. Se a maneira militar de agir consiste na concentração de homens e de recursos a
fim de conseguir objetivos específicos com o mí-

nimo gasto de tempo, e de energias, de sangue e dinheiro e mediante a aplicação de técnicas mais racionais, então o Militarismo é uma degeneração do modo militar de agir (Vagts, 1937, 11). A expressão Militarismo foi usada bem tarde, em relação ao aparecimento das primeiras formas do fenômeno. O termo aparece pela primeira vez na França durante o Segundo Império na boca dos republicanos e dos socialistas, para denunciar o regime de Napoleão III. O termo se difundiu rapidamente na Inglaterra e na Alemanha, para indicar a predominância dos militares sobre os civis, a crescente penetração dos interesses de caráter militar no tecido social e sua ampla aceitação, o emprego de recursos obtidos com o sacrifício da população e com prejuízo da cultura e do bem-estar e o desperdício das energias da nação nas forças armadas. Militarismo veio, por último, a significar concretamente o controle dos militares sobre os civis e a sistemática vitória das instâncias dos primeiros sobre os segundos. O contrário de Militaristo é, então, *poder dos civis* e não PACIFISMO (v.). O contrário de *pacifismo*, *amor* da paz, é, de fato, *belicosidade*, amor à guerra.

Se Militarismo é controle exercido pelos militares sobre os civis, ele nasce em época muito anterior ao século XIX; de fato se apresenta pela primeira vez no período do tardio Império Romano, quando quer as guarnições sediadas nos confins do Império para defendê-lo contra os bárbaros, quer os pretorianos residentes dentro da cidade de Roma constituíam o instrumento indispensável para a conquista, a manutenção e o exercício do poder imperial. Este fenômeno, denominado *pretorianismo*, constitui um exemplo esclarecedor do Militarismo *ante litteram*. O pretorianismo, porém, era uma espécie de Militarismo intermitente que, não tendo bases estruturais necessárias para plasmar a sociedade, acabava por ser somente um substitutivo de procedimentos constitucionais para a transferência do poder. Pode-se; portanto, afirmar com segurança que o perigo do Militarismo se apresenta com a formação dos exércitos permanentes e com o recrutamento em massa. É por isso que na Roma republicana o fenômeno não se apresentara, porque o comando dos exércitos era confiado a magistraturas extraordinárias submetidas ao controle do Senado, a civis desejosos de voltar ao seu trabalho habitual (Cincinato é o exemplo mais claro desta tradição); o fenômeno se representa somente quando surge nas sociedades ocidentais a necessidade de recorrer a *especialistas da violência* e da guerra.

O Militarismo não tinha direito de cidadania no período feudal quando às *levées en masse*

para as guerras seguia-se, uma vez concluída a expedição, a dissolução dos exércitos e a volta dos soldados a suas casas e ao seu trabalho: neste período não existiam exércitos permanentes, mas "guerreiros" permanentes — os fidalgos feudais. O primeiro núcleo do que teria sido um exército permanente se formou na França, exatamente em seguida (é paradoxal!) à necessidade de dissolver o exército que tinha participado da Guerra dos Cem Anos. A fim de se defender de todos os que não tinham já outra profissão a não ser a das armas e, se possível, eliminá-los, Carlos VII decidiu tomar para seu serviço, em caráter permanente, um manípulo de guerreiros. A revogação desta ordem por obra do filho, Luís XI, suscitou as críticas de Maquiavel que, todavia, parece ter confundido armas mercenárias com o sistema dos chefes de armas. Acrescente-se a isto que Maquiavel não compreendeu plenamente a importância de um exército de profissionais das armas, dependentes do monarca na criação do Estado nacional e, no que diz respeito ao caso de Florença, não foi além da intuição estratégica de uma milícia de cidadãos-soldados.

Outra fase importante é o processo iniciado pelo monarca prussiano após a paz de Westfália (1648), processo durante o qual ele se serviu da formação de um exército estável bem consistente como arma para fundar a unidade do Estado contra os privilégios das classes. Estamos ainda longe da criação de um corpo de oficiais profissionais, mas, sem dúvida, o exército estável constituiu um primeiro passo em direção a uma sempre crescente exigência de treinamento *também* dos oficiais; e não somente de treinamento, mas também de modalidades e tipos de recrutamento. Dessa forma, a verdadeira data do início da "profissionalização" dos militares deve ser considerada o dia 6 de agosto de 1808, quando o rei da Prússia com um decreto *ad hoc* abriu as altas patentes do exército a todos os que possuíssem os níveis exigidos de conhecimentos profissionais, de instrução e de coragem. Este decreto, que constituía a resposta prussiana às desastrosas derrotas de Iena e Auerstadt pela ação do exército napoleônico, foi seguido pela fundação da primeira escola militar de especialização — a *Kriegsakademie* — que levaria, enfim, à desforra contra os franceses na guerra de 1870. Com o decreto de 1808 o rei de Prússia não somente pôs fim ao recrutamento adscritício pelo qual somente os nobres podiam ocupar o cargo de oficial, recrutamento que constituíra, exatamente desde os tempos de Carlos VII e de Jacques Coeur, a regra nas sociedades ocidentais (com a única exceção da Inglaterra), mas também deu início ao processo que faria da Prússia o Estado-guia da unificação alemã e o quartel da Europa.

O processo pelo qual os nobres tinham até então ocupado todas as posições de comando nos exércitos dos vários Estados europeus — prescindindo de suas capacidades profissionais — havia sido iniciado naturalmente no momento em que se exigiu dos combatentes que eles mesmos se abastecessem às suas custas do equipamento necessário para as campanhas militares, e prosseguira com a racionalização no sentido de que os postos de comando durante a guerra deviam pertencer aos que em tempo de paz ocupavam posições de proeminência, tendo sido reforçado quando a burguesia nascente preferira dedicar-se ao comércio e às atividades industriais delegando a improdutiva profissão das armas aos nobres. Mas enquanto a Inglaterra se vacinara contra o Militarismo pela experiência da ditadura de Cromwell e pelo fato de que os burgueses conseguiram muito cedo exercer seu controle sobre as despesas do rei, bloqueando dessa forma orçamentos de verbas para fins militares, na França·e na Alemanha a burguesia se revelou mais fraca e o rei e sua burocracia nobiliária conseguiram manter o controle da área militar e de suas dotações financeiras. Assim os nobres e os aristocratas conseguiram conservar por muito tempo sua supremacia no grau de oficiais, supremacia quebrada na Prússia — só em princípio, não de fato — pelo decreto acima mencionado e na França só temporariamente pelas armas revolucionárias, porque a restauração, a monarquia burguesa e o Segundo Império nunca se libertaram totalmente do recrutamento privilegiado entre as fileiras dos oficiais de nobres profissionalmente não qualificados, com todas as disfunções que daí decorrem para o comando da guerra.

Por muito tempo, de fato, os nobres europeus, que tinham perdido sua função em decorrência da desintegração do sistema feudal, se salvaram da falência pelos cargos que conseguiram ocupar nos vários exércitos, obtendo uma espécie de sinecura. A ameaça contra este privilégio veio não somente dos exércitos revolucionários franceses, mas também do exemplo estadunidense que era um país sem exército permanente, guiado por oficiais recrutados entre cidadãos comuns e com um comandante supremo que afirmava a superioridade de sua função civil quando terminou a guerra de libertação vitoriosa. O sistema de exército permanente, confiado a nobres sem formação específica e somente com o título de seu brasão e abalado pelas duas revoluções, é definitivamente atingido e derrotado pela fundação da *Kriegsakademie* prussiana. Mas este momento, que marca o início da profissionalização dos oficiais, marca

também o fim da subordinação dos militares aos governantes civis enquanto membros da mesma classe que têm os mesmos interesses e objetivos. O complexo problema das relações entre civis e militares começa por esta transformação.

II. DIFERENCIAÇÃO ESTRUTURAL E PROFISSIONALIZAÇÃO DOS MILITARES. — O que se entende exatamente por profissionalização? A *profissionalização* é aquele processo pelo qual um grupo de indivíduos adquire um conjunto de habilidades e conhecimentos técnicos e se organiza em uma instituição com normas e regimentos próprios que o separam dos outros grupos e das outras instituições presentes na sociedade. A instituição militar, como qualquer outra organização profissional, pode regulamentar o acesso dos indivíduos ao seu grêmio quer recrutando somente os que possuem determinadas habilidades e conhecimentos explicitamente estabelecidos quer socializando os indivíduos recrutados com as normas, os regulamentos e, até, os costumes vigentes dentro da instituição. O processo de profissionalização dos militares faz, então, parte do mais amplo processo de diferenciação estrutural que as sociedades — ocidentais ou não — atravessaram e ainda experimentam no decorrer da modernização social, econômica e política.

Podem ser identificados três níveis de diferenciação. Em primeiro lugar, ao nível das relações entre sociedade e forças armadas, estas podem constituir parte integrante da sociedade, refletindo e incorporando os valores dominantes desta, e desempenhando funções não puramente militares, ou podem ser marcadamente diferenciadas e desempenhar unicamente funções militares subordinadas ao poder político na aceitação dos valores dominantes da sociedade. No segundo nível se situam as relações entre a liderança das forças armadas, isto é, o corpo dos oficiais, e as várias elites sociais, econômicas e políticas. Entre estes grupos pode haver ou uma compenetração tal que a elite militar faz também parte da elite econômica e/ou tem as mesmas origens sociais e os mesmos modelos de comportamento, ou uma divisão clara, de modo que a elite militar segue modelos de comportamento social e profissional diferentes e incompatíveis com os de outras posições da elite. O terceiro nível é o das relações entre os chefes das forças armadas e os líderes políticos mais importantes. Também neste nível pode acontecer ou o caso em que os papéis de comando político e militar sejam ocupados pelos mesmos indivíduos, verificando-se neste caso uma clara mistura, ou o caso em que os líderes políticos e chefes militares sejam recrutados de forma diferente e com base em qualificações diversas e sigam cada um seu *cursus honorum*.

É claro que estas distinções não podem ser vistas de forma estática, mas podem mudar e, de regra, mudam no tempo dando origem a modelos diversos de relações entre militares e civis. A tese mais forte sustenta que estas relações são marcadas por uma predominância dos civis, representantes da sociedade como um todo, perante ela responsáveis e revogáveis, quando a modernização das estruturas políticas — de modo particular a racionalização e a legitimação da autoridade — tenha precedido a criação de um exército moderno e eficiente de profissionais. Estas relações tendem a registrar uma prevalência, com modalidades e sob formas diferentes, dos militares sobre os civis, quando o exército representa a estrutura mais moderna de um país em que as outras estruturas estejam atravessando fases de profundas transformações e as estruturas políticas em particular estejam procurando novas formas de legitimidade.

III. RELAÇÕES CIVIS-MILITARES E ESTADO-GUARNIÇÃO. — As relações entre militares e civis devem ser examinadas também à luz das mudanças tecnológicas e do sistema internacional que se verificaram a partir do fim da Segunda Guerra Mundial até hoje e que levaram, segundo alguns autores, à instauração de uma tecno-estrutura militar ou de um complexo militar-industrial e, que segundo outros autores, poderão desembocar no chamado Estado-guarnição. Quanto à primeira hipótese, releva-se como o atual sistema internacional torna impossível o emprego das armas atualmente à disposição dos militares, sob pena do holocausto da própria humanidade. É a função do militar como especialista da violência que é posta em crise, e não a sua utilização em algumas guerras locais nas quais, aliás, a frustração pelo veto imposto pelos civis ao emprego das armas atômicas resolutivas cria enorme insatisfação entre os chefes das forças armadas. Apesar disso, o militar não abandona completamente o seu papel de perito e continua pedindo mais dinheiro, mais armas e mais homens a fim de desempenhar sua função protetora para com o Estado.

Para obter os meios necessários ao bom funcionamento de sua instituição, os militares têm que desempenhar três funções, *grosso modo*, políticas: a função de *representação dos interesses* da instituição militar à qual está, pela constituição, confiada a proteção e a defesa do território nacional e de seus cidadãos; a função de *conselho* aos detentores do poder político e, enfim, a função de *execução das opções políticas* elaboradas pelos civis também com base nos conselhos fornecidos pelos peritos militares. Os militares procuram, todavia, evitar o controle dos civis levantando ao redor de suas atividades e de suas exigências dois tipos de barreiras: a barreira do *top-secret* ou segredo de Estado e a barreira da competência. Estas duas barreiras permitem também aos militares procurar diretamente, na corrida armamentista, as indústrias bélicas e criar com estas indústrias um conjunto de ligames de interesses recíprocos tais que deram motivo para se falar exatamente de um *complexo militar-industrial*.

O Militarismo apresenta realmente sua verdadeira face moderna quando os militares são obrigados pela sua ambição de armas novas e cada vez mais aperfeiçoadas (em cuja orgulhosa demanda sublimam parte das energias não gastas em batalhas) a efetuar pressões de natureza extra-constitucional sobre os civis. Estas pressões consistem habitualmente — em ordem crescente de importância — em ameaças de demissões, de publicidade de dissenso, de abertas manifestações de despreso, de desobediência de execução das ordens, da retirada do apoio ao governo e da intervenção armada direta. Estas ameaças podem ter como objetivo tanto o Governo quanto alguns grupos políticos bem concretos. Todas as vezes que estas ameaças têm sucesso podemos falar de *intervenção* dos militares em *política*, intervenção que pode ir do simples veto a atividades governamentais ou a partes relevantes desta, à inclusão de pessoal militar no Governo até a gestão direta do poder.

A tese do Estado-guarnição, elaborada por Harold Lasserwell durante a Segunda Guerra Mundial e por ele reexaminada depois de vinte anos, se relaciona com este último ponto e sustenta, em resumo, que o amontoado de crises de segurança nos países industrializados obrigará seus líderes a mobilizar a sociedade com preparativos cada vez mais amplos e capilares para a guerra e levará inevitavelmente a uma organização sócio-política que terá como resultado o predomínio de uma coligação de líderes civis e militares.

IV. INTERVENÇÃO DOS MILITARES NA POLÍTICA. — Apesar de o conceito e o fenômeno do Militarismo terem nascido na Europa ocidental, o Militarismo, entendido como intervenção *direta* dos militares em política, nas democracias constitucionais (como também nos regimes comunistas) não se firmou se não ocasionalmente: podem ser citados os casos da Alemanha guilherminiana e hitleriana e, de certo modo, da França de 1871 a 1900 aproximadamente (de Boulanger ao caso Dreyfus). O fenômeno do Militarismo aparece, ao invés, em formas muito agudas, nos países em vias de desenvolvimento, especialmente na África e, por um longo período de sua história que ainda continua, na América Latina. Defrontam-se duas teses que visam explicar o fenômeno do Militarismo quer nos regimes ocidentais quer nos países do Terceiro Mundo.

Huntington sustenta, antes de tudo, que as verdadeiras causas da intervenção dos militares na política não devem ser procuradas principalmente dentro da organização militar mas só podem ser compreendidas se se estudam as relações entre organizações militares e organizações civis. Os estímulos à intervenção dos militares ou a exigência para uma liderança de tipo militar podem verificar-se em três ocasiões: primeiro, quando a sociedade atravessa um período de caos e de anarquia a tal ponto de se julgar que somente as forças armadas teriam condições de bloquear o processo de decadência e de desintegração social restabelecendo a ordem e a disciplina. Segundo, quando existem dois grupos em competição e o exército é chamado ou para a defesa da ordem vigente pelo grupo no poder ou para promover os interesses do grupo excluído. Se bem que os chefes militares tenham medo de provocar divisões no seio das forças armadas optando por um grupo em vez de outro, é raro que eles não tomem uma posição mesmo que não seja possível, prever *a priori* de qual grupo eles se farão paladinos. Esta opção depende freqüentemente da origem étnica, da proveniência geográfica e da classe a que pertencem os oficiais como também de suas atitudes para com a autoridade política, das tradições da nação e das forças armadas e das suas experiências anteriores. Terceiro, quando existem mais grupos em competição não somente pelo controle do poder central mas também em torno de temas de fundamental importância até para os militares como a corrupção, a ordem social, a constituição e a política externa, as forças armadas podem intervir, raramente de forma autônoma, mas freqüentemente interpeladas por uma das facções civis.

A estrutura do sistema social, seu grau de diferenciação estrutural e o nível de profissionalização das forças armadas constituem, segundo Huntington, elementos importantes e freqüentemente decisivos para dissuadir os militares da intervenção na esfera política de maneira aberta. Huntington focaliza essencialmente a profissionalização relevando como um corpo oficial formado de "profissionais" está cioso de suas prerrogativas, cônscio de sua incompetência na área política e plenamente disposto a aceitar sua função de executor das decisões governamentais. E já que a profissionalização é função de diferenciação, quanto menor é esta, tanto mais provável é a mistura

entre funções políticas e funções militares è tanto menor é a justificativa para a obediência dos militares às autoridades políticas..

A tese de Finer se fundamenta, ao invés, sobre o conceito de *cultura política*, entendida no sentido específico de apego às normas e aos procedimentos do sistema político e às suas instituições consideradas dignas de obediência. O nível de cultura política varia naturalmente de acordo com o ambiente dos grupos organizados que professam esse apego. Nos sistemas com cultura política "madura", isto é, naqueles em que os numerosos grupos organizados manifestam seu apoio às instituições civis, os militares procuram exercer sua influência somente nas formas estabelecidas pela constituição e não excedem a normal atividade de pressão. Nos sistemas com cultura política "desenvolvida", isto é, naqueles em que a legitimidade dos procedimentos para a transferência do poder ainda não está bem consolidada, as forças armadas intervêm na esfera política de maneira limitada e esporádica e os limites à intervenção são estabelecidos pelas forças sociais organizadas. Nos sistemas políticos com cultura política "imatura", isto é, onde os grupos organizados são pequenos e fracos, ou com cultura política "mínima", isto é, onde o Governo pode ignorar para todos os efeitos a opinião pública, a intervenção dos militares é relativamente mais fácil, mais direta, mais freqüente e mais duradoura.

Segundo Finer, é errado pensar que é a profissionalização que estimula os militares a fecharem-se nos quartéis. São outros os fatores que devem ser considerados, entre os quais, em primeiro lugar, o grau de aceitação social das normas constitucionais e do princípio da supremacia do Governo civil. Os militares, além disso, podem ser impedidos de intervir pelo medo de que a capacidade de suas tropas não seja adequada e de que possam acontecer cisões no seio das forças armadas e pela preocupação de pôr em perigo o próprio futuro de sua instituição caso a intervenção venha a fracassar. A própria profissionalização pode levar os militares a intervir na vida política, em primeiro lugar porque eles se consideram servidores do Estado e da Nação mais do que de um Governo particular; em segundo lugar porque eles podem chegar a identificar os valores de sua instituição e de sua força com os fins de proteção e da segurança da sociedade, enfim porque têm medo de que mudanças na ordem constituída podem prejudicá-los — perda do prestígio social, dos financiamentos — mas ao mesmo tempo recusam ser usados como defensores de uma ordem constituída particular.

As teses de Finer e de Huntington só aparentemente são antagônicas: profissionalização e cultura política servem para pôr em relevo alguns componentes da adesão dos militares àquelas normas, da tradição liberal-democrática, de um lado, e do pensamento marxista, do outro, que subordinam os militares aos civis. Vale a pena notar, mesmo com risco de simplificar demais que esta adesão e a relativa obediência podem ser obtidas somente quando o Governo é considerado legítimo: são as bases da legitimidade do Governo, a sua fonte e o seu âmbito, como também as modalidades das mudanças através dos tempos que permitem explicar e prever a intervenção dos militares na política, ficando porém assente que esta intervenção é, geralmente, inconcebível sem um violento conflito de interesses entre os representantes civis dos grupos organizados. A intervenção dos militares na política é, antes de tudo, sintoma e efeito da decadência da sociedade civil e da classe política e, em seguida, causa de uma ulterior desintegração.

V. REGIMES MILITARES. — Até há coisa de vinte anos, a intervenção dos militares na política era de caráter essencialmente cirúrgico. Eles se limitavam a amputar da esfera política alguns dos seus participantes, líderes, grupos e partidos malquistos, e a entregar o poder, após um breve interlúdio militar, a civis de confiança. Era uma decisão que dependia sobretudo de duas considerações. Em primeiro lugar, os militares não acreditavam possuir a competência necessária para governar por si sós e, em segundo lugar, tinham consciência de que sua intervenção só podia ser de algum modo legitimada se fosse claro que o poder seria rapidamente devolvido aos civis. Isso significa que os militares contavam com uma certa legitimação para intervir, mas com nenhuma para governar propriamente.

A situação mudou, particularmente na América Latina, e as conseqüências se revelaram imediatamente. O processo de profissionalização não só aumentou os conhecimentos dos militares na sua área específica, como também diversificou as suas aptidões. A criação de escolas de alta especialização para os oficiais do Estado-maior formou, nos anos 50, em alguns países, mormente no Brasil e no Peru, mas também na Argentina e no Chile, um sólido grupo de oficiais com uma preparação política, econômica e sociológica e, em sentido mais amplo, técnica, que não tinha nada a invejar à preparação alcançada pelos civis nos centros universitários. A comum experiência da aprendizagem criou, além disso, em muitos oficiais um forte sentimento de solidariedade.

Deixando de existir os dois maiores obstáculos ao exercício direto do poder de Governo, isto é, adquirida a consciência e segurança da própria capacidade e aptidão e obtida a legitimidade de amplos setores da classe média, disposta a delegar nos militares "tecnocratas" a honra e o ônus do Governo, a intervenção dos militares na política, nas décadas de 60 e 70, máxime na América Latina, perdeu seu caráter temporâneo e contraditório entre facções contrapostas. O novo pretorianismo — foi assim que foi definido — levou à intervenção institucional, ou seja, das forças armadas como um todo (embora não faltassem manifestações minoritárias de discrepância) e à criação de Governos militares, que logo procuraram transformar-se em regimes. Os casos de maior sucesso se registram no Brasil (desde 1964) e no Peru (desde 1968). Não tiveram tanto êxito, sob o ponto de vista da direção política e da transformação sócio-econômica, os casos da Argentina (1966-1973 e, depois, desde 1976), do Uruguai e do Chile (ambos desde 1973). No entanto, o poder manteve-se nas mãos dos militares. Não só isso; introduziram-se reformas e mudanças amiúde irreversíveis.

Conquanto muitas vezes fortemente criticados, os regimes militares têm tido também os seus apologetas. Diz-se que eles garantem a estabilidade política, bem aceita depois das fortes tensões e dos choques que caracterizaram os regimes civis anteriores. Afirma-se que geraram o desenvolvimento econômico, reduzindo com freqüência as altas de inflação endêmica; que se lançaram a transformações profundas na esfera da propriedade agrária (como é verdade, aliás, apenas no caso peruano); que tornaram mais fácil a integração social. Embora seja um assunto ainda em discussão, parece, pelos dados de que dispomos (NORDLINGER), que os êxitos dos regimes militares têm sido bastante limitados. Seria errado generalizar, baseando-nos só no caso brasileiro, que tem gozado de estabilidade política, mas a preço de um elevado grau de repressão, e de uma inflação contida, só até tempos recentes, à custa dos salários agrícolas e industriais. Seria de igual modo errôneo e disparatado avaliar o sucesso dos peruanos no âmbito da mobilização de uma sociedade heterogênea, sem levar em conta a involução, talvez inevitável, que se verificou a partir de meados da década de 70.

Prescindindo dos outros casos em que os regimes militares, embora longe de estarem privados do apoio de amplos setores da classe média e do favor interessado de grupos multinacionais, fizeram elevado uso da repressão, continuam principalmente em aberto os problemas de uma gestão política do Governo que permita a substituição e favoreça sucessões ordenadas e a abertura aos interesses de grupos mais vastos. Em vez disso, a experiência de quase todos os casos de regimes militares (podemos acrescentar aos já citados os do Gana e da Nigéria) demonstra que eles abafam os conflitos sem os resolverem, transmitindo-os, exacerbados, como herança aos civis ou a novos Governos militares. Estão, por isso, constantemente sujeitos à instabilidade política que tinham tentado debelar.

VI. PERSPECTIVAS DE PESQUISA. — A julgar pelas tentativas de alguns dos regimes militares mais institucionalizados, o problema que se lhes apresenta é um problema duplo: democratização da estrutura política e inserção dos civis. São passos difíceis que vão sendo dados com lentidão e não sem contradições. Não é claro se a democratização será possível sem rupturas e choques com as alas extremistas das organizações militares. E este é um dos temas de pesquisa de maior magnitude. Tampouco é claro se a evolução poderá ocorrer no sentido de um regime militar-civil, onde compita aos militares o poder último. Continuando indefinida e sem solução a amplitude da participação política que deve ser garantida aos civis, o estádio pretoriano de muitos sistemas políticos da América Latina e do Terceiro Mundo há de considerar-se ainda em pleno desenvolvimento.

BIBLIOGRAFIA. — *Political participation under military regimes* ao cuidado de H. BIENEN e D. MORELL, in "Armed Forces and Society", I, Spring 1975; S. E. FINER, *The man on horseback. The role of the military in politics*, Penguin Books, Harmondsworth 1975²; *Civil-military relations in communist systems*, ao cuidado de D. HERSPRING e I. VOLGYES, Westview Press, Boulder Colorado 1978; S. P. HUNTINGTON, *The soldier and the State. The theory and politics of civil-Military relations*, Harvard University Press, Cambridge Mass. 1957; M. JANOWITZ, *The professional soldier. A social and political portrait*, Free Press, New York 1971²; *On military ideology*, ao cuidado de M. JANOWITZ e J. VAN DOORN, Rotterdam University Press, Rotterdam 1971; Id., *On military intervention*, Rotterdam University Press, Rotterdam 1971; E. JOFFE, *Party and army: professionalism and political control in the chinese officer corps, 1949-1964*, Harvard University Press, Cambridge Mass, 1971; *Political-military systems*, ao cuidado de C. KELLEHER, Sage Publications, London-Beverly Hills, 1974; R. KOLKOWICZ, *The soviet military and the communist party*, Princeton University Press, Princeton 1967; K. LANG, *Military organizations*, in *Handbook of organizations*, ao cuidado de J. MARCH, Rand MacNally. Chicago 1965, pp. 838-78; R. LUCKHAM, *A comparative typology of civil-military relations*, in "Government and Opposition", VI, Winter 1971, pp. 5-35; Id., *The nigerian military. A sociological analisys of authority and revolt 1960-1967*, At the University Press, Cambridge 1971; E. NORDLINGER, *I nuovi pretoriani. L'intervento dei militari in politica* (1977), Etas Libri, Milano 1978; F. M. NUNN, *The military in Chile an history. Essays in civil-military relations, 1810-1973*, University of New Mexico Press, Albuquerque 1976; G. PASQUINO, *Militari e potere in America Latina*, Il Mulino, Bologna 1974; A. PERLMUTTER, *The military and politics in modern times. On professionals, praetorians, and revolutionary soldiers*, Yale University Press, New Haven 1977; *Il nuovo potere militare in America latina*, in "Politica Internazionale", maio-junho 1977; *Military rule in Latin America: functions, consequences, and perspectives*, ao cuidado de P. SCHMITTER, Sage Publications, London-Beverly Hills 1973; A. STEPAN, *The military in politics. Changing patterns in Brazil*, Princeton University Press, Princeton 1971; *Armed forces and society*, ao cuidado de J. VAN DOORN, Mouton, Haag 1969; *Civilian control of the military. Theory and cases from developing countries*, ao cuidado de C. E. WELCH JR., State University of New York Press, Albany 1976; C. E. WELCH JR. e A. K. SMITH, *Military role and rule. Perspectives on civil-military relations*, Duxbury Press, North Scituate Mass. 1974; *The military and political power in China in the 1970*, ao cuidado de W. W. WHITSON, Praeger, New York 1972.

[GIANFRANCO PASQUINO]

Minoria. — V. Decisões Coletivas, Teoria das.

Mito Político.

I. O MITO POLÍTICO ENTRE RACIONALISMO E IRRACIONALISMO SUA ORIGEM E EVOLUÇÃO COMO CONCEITO TEÓRICO. — O Mito político surgiu como conceito no início do século XX; mas não se fixou numa doutrina largamente aceita. Existem, pelo contrário, fortes tendências a considerá-lo um fenômeno anormal e a excluí-lo da lista dos instrumentos de análise política. Hoje, porém, pode-se afirmar que o debate sobre o assunto se baseia em pressupostos errôneos e historicamente superados. Convém, então, falar de Mito político como de uma questão intelectual e prática que o pensamento político não conseguiu determinar e identificar, quer pela dificuldade de definir suas relações com a mitologia, quer pela dificuldade de o distinguir do conceito de "ideologia", quer, enfim, por haver estado no centro de toda a polêmica entre racionalismo e irracionalismo.

A sorte da expressão Mito político e sua principal teorização estão ligadas a Jean Sorel (1847-1922), que em *Réflexions sur la violence* (1905-1907) define a "greve geral proletária" — máximo instrumento de luta da classe operária — como um mito, ou seja, como "uma organização

de imagens capazes de evocar instintivamente todos os sentimentos que correspondem às diversas
manifestações da guerra iniciada pelo socialismo
contra a sociedade moderna". O Mito político,
portanto, não é para ele um ato do intelecto,
analítico e abstrato, mas um ato da vontade,
baseado na aprendizagem *intuitiva* — imediata,
global e não analítica — de uma verdade ligada
"às mais fortes tendências de um povo, de um
partido, de uma classe" e, por isso, particularmente apto a sustentar a ação política de massa.
A clara matriz bergsoniana e a volta, embora
remota, à teoria dos mitos de G. B. Vico mostram
como Sorel procura fornecer ao proletariado um
tipo de conhecimento político, intuitivamente verdadeiro, que lhe explicite, de forma direta, consciência de classe — a autoconsciência — sem ter
que passar pelo filtro de formas intelectualizadas,
sempre manipuladoras e manipuladas. O ataque
de Sorel é contra a sociedade capitalista, que
provoca um conhecimento distorcido segundo os
interesses de quem detém o poder; mas, entre
os detentores do poder, ele inclui não somente os
burgueses mas também os líderes dos partidos
e sindicatos socialistas, que se deixaram envolver junto com aqueles na luta pela partilha do
poder e que, portanto, fizeram de tudo para
evitar a revolução. O Mito político da greve
geral, evitando toda a forma de ação e de pensamento organizada de cima, destina-se a restituir
ao proletariado sua autonomia.

Nas formas de um revisionismo marxista muito
pessoal, se revela aqui o sentido de crise e de
desconfiança de muitos intelectuais e políticos
europeus, que viam na sociedade urbanizada e
industrial do fim do século uma realidade em
precipitada e, talvez, incontrolável "decadência".
É dentro deste tema, ligado ao retrocesso do modelo clássico da sociedade burguesa em face das
transformações que deram origem à sociedade de
massa, que se insere a dialética de onde brota
a problemática do Mito político. As transformações sociais do período, que pareciam indicar,
contra as expectativas do individualismo progressista de meados do século, uma involução política e moral proporcional ao desenvolvimento
científico e econômico, provocaram uma crise
no pensamento democrático-liberal, quer em seu
aspecto positivista quer em sua confiança de poder generalizar para todos os indivíduos o racionalismo utilitarista em que se fundava. Esta crise,
teórica e prática ao mesmo tempo, leva, de um
lado, à procura de formas de um conhecimento
alternativo em relação ao conhecimento das ciências físicas e naturais — é o caso do intuicio-
nismo bergsoniano — e, do outro lado, a uma
atenção crescente pela psicologia social e pelos

comportamentos de massa, que põem em evidência
os seus componentes irracionais, ou seja, não
são redutíveis a uma exata determinação causal
e utilitária. O Mito político soreliano, embora
nasça deste contexto, não pretende, porém, representar um cedimento a tendências irracionais
ou espiritualistas, mas restaurar, através de instrumentos novos e subtraídos à lógica alienante
das instituições capitalistas, o valor social da
ciência e da técnica. À sua novidade teórica
Sorel põe, portanto, limites bastante claros; mas
a oposição ao racionalismo utilitarista tinha implicações tão explosivas que suplantava qualquer
tentativa de recuperação ou mediação.

Do ponto de vista intelectual, a reação ao
individualismo e ao racionalismo liberais clássicos provocou uma fecunda reflexão no campo
das ciências humanas, permitindo superar o mecanicismo utilitarista e modificar o próprio conceito de cientificidade pela compreensão do pensamento simbólico e do agir não lógico e coletivo.
Do ponto de vista político, ao invés, tal reação
foi assumida pelos movimentos da direita européia, que, consubstanciando os termos racionalismo e irracionalismo, reconheciam na idéia de
"razão" o germe de toda a revolução, especialmente da Revolução Francesa, e, conseqüentemente, o germe da "decadência" moral e política.
A volta a um tipo de conhecimento extra-racional
e intuitivo e a valores cuja verdade tinha que
ser "sentida" e "vivida" e não demonstrada,
serviu-lhes, em resposta à evolução social acima
mencionada, para fundamentar a verdade epistemológica e psicológica de teorias autoritárias e
nacionalistas normalmente baseadas em hipóteses
organicistas. É nessas teorias que se encontra o
Mito político, quer elas evoquem explicitamente
o mito ou um conhecimento mítico, que sirva
também de base e guia para o comportamento
político, quer não o façam, porque a proposta de
uma teoria política fundada em verdades intui-
tivas, ou manifestações de verdades ontológicas
simbolicamente expressas, evoca, embora invertendo os termos, a teoria soreliana. Esta última,
portanto, não é um fenômeno isolado, fruto da
reflexão de um só autor, mas indica uma problé-
mática fundamental para a política e para o
pensamento político do século XX.

O primeiro exemplo típico de apropriação de
temas "místicos" e "irracionalistas" por parte da
direita no período indicado se encontra no pensamento de Maurice Barrès (1862-1923). Partindo de um individualismo niilista nutrido na leitura de Baudelaire, ele chegou ao mais completo
tradicionalismo, baseado no culto da pátria e dos
mortos, do sangue dos mortos que continua correndo nas veias dos vivos, da cultura, dos cos-

tumes e das instituições que eles transmitem: uma herança biológica e intelectual, a única que dá dimensão, equilíbrio e sentido à vida. O *déraciné*, aquele que se subtraiu ou foi subtraído à tradição, se torna para ele o símbolo do homem sem forma e sem esperança, infeliz e portador de desordem como qualquer ser livre não ligado a nenhuma forma de continuidade com o passado. Barrès não teoriza o Mito político; mas, ao seu "culto dos mortos e da pátria", pode ser aplicada a definição soreliana; do mesmo modo, o seu *déraciné* corresponde estruturalmente ao homem alienado de Sorel. Isso mostra como este último soube captar o surgimento de uma nova instância teórica vital para o período histórico em discussão.

A idéia soreliana não teve, de imediato, um desenvolvimento científico fecundo, porque a oposição racionalismo-irracionalismo de onde nascia, em si mesma pouco consistente mas historicamente densa, ocupou todo o horizonte intelectual e se tornou o lugar privilegiado da luta e do pensamento políticos. De um lado, como já dissemos, a direita se assenhoreou do Mito político, enquanto o irracionalismo, elevado a credo semi-religioso, vinha ao encontro dos temores e das reações provocadas pelas transformações do fim do século nas camadas sociais mais expostas e um trauma cultural; do outro lado, ele foi esvaziado de sentido pelos autores e políticos conservadores e moderados que, salvaguardado um universo teórico necessariamente racional, avaliaram os "desvios irracionais" do agir prático que lhe eram contrários. É o caso, por exemplo, de Vilfredo Pareto (1848-1923) para o qual o Mito político soreliano mostra como os fins racionais e concretos são normalmente perseguidos com maior eficácia usando de argumentos fantásticos e emotivos: tais fins são determinantes para analisar e avaliar a ação. Estamos aqui em face de um reducionismo que, se capaz de ser demonstrado como verdadeiro em cada caso concreto, está ainda ligado ao universo liberal utilitarista e é inerme e incapaz de compreender um pensamento e uma prática políticas fundadas em valores simbólicos e numa relação intuitiva com eles.

Malvisto pelos moderados, como se fosse um símbolo da fraqueza humana, e rejeitado pelas esquerdas, que o consideram uma teoria quimérica e sutilmente reacionária, depara separando o sindicalismo anárquico de matriz soreliana, o Mito político do século XX, como categoria de pensamento e instrumento de ação, continua ligado especialmente aos movimentos políticos de direita e a teorias autoritárias e irracionalistas de grupos e partidos fascistas e pré-fascistas. So-

mente a *Action Française*, entre estes últimos, e o seu fundador e líder Charles Maurras (1868-1952), constituem uma exceção, embora formal, por tentarem dar vida ao mito tradicionalista da "Deusa França", baseados no racionalismo clássico e num utilitarismo quase positivista.

O caso mais macroscópico da teorização do Mito político no século XX se encontra no nazismo. Alfred Rosenberg (1893-1946), o teórico oficial da Alemanha hitleriana, assume, desde o título de sua obra principal, *Der Mythus des 20. Jahrunderts* (1930), o termo "mito" como base explicativa e mola da história, afirmando logo em seguida que "o mito do século XX é o mito do sangue que, sob o signo da suástica, desencadeia a revolução mundial da raça". Esta proposição impregna uma filosofia racista da história que encontra em R. Wagner, H.S. Chamberlin e P. de Lagarde seus inspiradores imediatos. Ela se baseia na contraposição, de origem romântica, entre *Kultur e civilisation*, a primeira produto da união íntima de um povo e das forças naturais do universo, união que permite a expressão genuína do *Volksgeist*, a segunda, ao invés, produto de um árido racionalismo mecanicista e individualista que provoca somente egoísmo e decadência. O Mito político racista é, portanto, coletivo e extra-racional; além disso, é profundamente anti-historicista e antievolucionista, porque o "espírito" de um povo é sempre o mesmo desde a eternidade, não sujeito a qualquer influxo do ambiente e intransmissível a outros povos. Porém, exatamente por causa disto, o mito racista se declara genuinamente revolucionário — não no sentido progressista e decadente — enquanto anuncia que a raça eleita, a ariana, a única pura por natureza e capaz de produzir *Kultur*, após um período em que as raças inferiores tiveram a possibilidade de se desenvolver provocando a decadência de toda a civilização humana, retomará o comando da história.

II. O MITO POLÍTICO NO SEGUNDO PÓS-GUERRA. — O uso nazista do Mito político provocou uma dura reação contra esse mito como tal, bem como contra a "cultura romântica", irracionalista e misticizante, que seria a sua base. Um dos principais intérpretes dessa reação foi Ernest Cassirer (1874-1945) que, no seu último livro escrito durante a Segunda Guerra Mundial, *The myth of the State* (1945), realizou uma das mais completas análises deste tema. Cassirer não é preconcebidamente contrário ao mito, ao qual, aliás, dá amplo espaço como forma genuína do conhecimento na sua teoria das formas simbólicas. A esta apreciação acrescenta, no entanto, uma teoria da evolução histórica da humanidade segundo a qual toda mitologia é prejudicial para a idade contemporânea. Para ele o mito é a forma típica do conhecer primitivo; expressa simbolicamente as suas emoções, ligadas ao "profundo desejo do indivíduo de libertar-se das cadeias da própria individualidade... de perder a própria identidade"; mas a história mostra, no seu dever ser, uma tendência para · a individualização psicológica, moral e política do homem, que torna o mito obsoleto. Esta tendência, que representaria o triunfo da cultura sobre a natureza, culmina, segundo Cassirer, no imperativo ético kantiano e num novo modo de conhecer, analítico e científico: O mito, portanto, seria genuíno e profundamente humano, mas não utilizável, na nossa época histórica. Querer fazê-lo reviver, como tentaram os românticos e pós-românticos na Alemanha, foi um erro trágico que, fortalecendo o sentimento de subordinação a entidades coletivas — raça, Estado — andou necessariamente unido a todas as tentativas autoritárias de tirar ao indivíduo sua responsabilidade moral no campo político e acabou por desembocar na aberração nazista.

À refutação de Cassirer, duramente provado na sua fé ética kantiana pelo nazismo e pelo irracionalismo, se acrescenta a não menos severa condenação marxista. Gyorgy Lukács (1885-1972), em A destruição da razão (1953), embora não tratasse diretamente do Mito político, traça a história de como a filosofia alemã pôde descer do nível de Hegel e Marx ao de Rosenberg, considerando o irracionalismo uma Weltanschauung, que reflete a irracionalidade da situação social alemã na sua evolução para o imperialismo, sem ter passado oportunamente por uma fase burguesa. Além da exposição histórica, Lukács pretende demonstrar como uma ideologia irracionalista e mitológica é sempre expressão de uma colocação política irracional, isto é, anti-histórica, por parte de quem a formula ou a abraça. Por isso, afirma ele, o irracionalismo moderno atua contra o materialismo e o método dialético, expressões filosóficas da evolução racional de qualquer situação de desenvolvimento. As teorias que definimos como Mito político recaem necessariamente na definição de irracionalismo de Lukács, tanto pelo seu conteúdo filosófico como político. Podemos, portanto, concluir que para ele o Mito político é sempre expressão de uma "falsa consciência", mostra o aspecto negativo da história, isto é, o seu componente dialético negativo, devendo ser estudado somente neste sentido.

Esta dupla e convergente condenação parecia destinada a pôr fim a toda a discussão e a repor o pensamento político nos trilhos de uma dialé-

tica interposta entre duas formas de racionalismo, o liberal e o marxista. Trata-se de uma proposição reforçada pela ciência política, cujos principais expoentes procederam, no pós-guerra, a um esvaziamento completo do Mito político como instrumento de análise. Isto se efetuou não tanto condenando sua irracionalidade, considerada como simples dado e não como valor, quanto reduzindo-o aos seus efeitos sobre o sistema político, efeitos quantificáveis e redutíveis a esquemas interpretativos formalizados. Assim, por exemplo, C. J. Friedrich e Z. L. Brzezinski (Totalitarian dictatorship and autocracy, 1961) o definiram como uma narração de eventos passados que dá a estes um significado especial para o presente e serve para fortalecer a autoridade de quem detém o poder. Afora a sua natureza restritiva que não permite considerar os mitos revolucionários, essa definição focaliza a atitude "prática", reflexo da de um Vilfredo Pareto, mas filtrada através do engenheirismo social estadunidense, com que muitos politicólogos acham poder fazer do Mito político não um conceito eversor com conotações negativas, mas um fenômeno racionalizável e controlável.

Por este caminho se tem movimentado também a sociologia política, interessada em identificar as conseqüências do Mito político, visto como fenômeno coletivo e não como teoria, sobre as mudanças sociais e as modalidades com que elas se apresentam. Mais facilmente que a ciência política, pôde a sociologia nutrir um fraco interesse pelo Mito político como conceito e dedicar-se ao seu estudo como fenômeno; a ela se deve em boa parte que, no pós-guerra, se tenha podido continuar a falar de Mito político, sem rígidos preconceitos éticos e políticos. Isto abriu um amplo campo à pesquisa, na medida em que foi possível identificar sociologicamente a presença do Mito político em todas aquelas situações, especialmente de rápidas mudanças e crises, em que grupos sociais ou partidos sintetizam as exigências políticas de seus membros sob forma de teorias estruturadas em torno de símbolos e fatos simbólicos ou tentam expressar e explicar com as mesmas formulações teóricas as expectativas políticas fundamentais e não organizadas de uma classe, povo ou nação. A história e a política contemporânea fornecem numerosos exemplos a respeito. São típicos os mitos políticos de libertação nacional que se podem encontrar nos países do Terceiro Mundo, em que os temas religiosos — importantes especialmente nas nações islâmicas — se conjugam com elementos carismáticos, vagas teorias socialistas, visões de redenção cultural — pense-se na négritude —, hipóteses eficientistas e tecnocráticas, criando conjuntos intelectualmente híbridos, mas fortemente capazes de motivar, mesmo por longo tempo, lutas políticas de massa.

Isto serviu para provar a presença do Mito político até mesmo fora da influência do romantismo e do decadentismo europeus e para demonstrar que ele não está ligado somente à oposição racionalismo-irracionalismo e à situação histórica que a provocou. Os estudos históricos contribuíram, por sua vez, para constatar a amplitude do fenômeno. Mito político por excelência é, por exemplo, no mundo clássico, o da "fundação de Roma", analisado, entre outros, por Karl Galinski (*Aeneas, Sicily and Rome*, 1969), em torno do qual se construiu a identidade do povo romano e que, em suas numerosas reelaborações — inclusão ou exclusão do mito, grego ou etrusco, de Enéias e sua relação com o latino de Rômulo e Remo —, serviu para dar sentido às lutas externas e internas até se tornar, com Virgílio, núcleo da ideologia imperial. Após a queda de Roma o mito de sua potência política, considerada como expressão de uma ordem metafísica, foi assumido por outros povos e se reencontra no Sacro Império Romano Germânico, no mito de Bizâncio "Segunda Roma" e no mito, com características escatológicas, do Império Russo, em que Moscou surge como "Terceira Roma". Na Europa cristã pré-moderna não foram raros os mitos político-religiosos radicais, capazes de inspirar a ação das massas populares, relacionados especialmente com expectativas e profecias escatológicas milenaristas: lembrem-se os escritos de Joaquim de Fiore e os movimentos heréticos da Idade Média (Norman Cohn, *The Pursuit of the Millennium*, 1970), ou as seitas, especialmente anabatistas, da época da Reforma e Tomás Müntzer. E o elenco poderia continuar, fazendo referência tanto a mitos políticos de fundo religioso como leigo, tais como o do "jugo normando", em que os juristas puritanos ingleses basearam sua luta contra a "tirania" dos Stuart no século XVII (Christopher Hill, *Puritanism and revolution*, 1968), ou o mito da fundação estadunidense dos "pais peregrinos" e dos "pais fundadores".

As pesquisas sociológicas e históricas reapresentaram, portanto, o Mito político como realidade a ser analisada e não apenas exorcizada. Contemporaneamente também a ciência política se tornou mais atenta aos problemas da linguagem simbólica e da simbolização, abrindo caminhos a uma nova reflexão sobre toda a matéria. Dessa forma, se foi enucleando uma série de problemas, entre os quais o principal é o da relação entre Mito político e mitologia geral e entre Mito político, ideologia e utopia. Os estu-

dos do pós-guerra, de fato, insistindo especialmente sobre a "politicidade" do Mito político e suas conseqüências, isto é, a distribuição do poder, reduziram sua aplicabilidade somente às sociedades clássicas e modernas, em que a política é componente ativo e conscientemente vivido pela sociedade. Isto não pôde, todavia, fazer esquecer as suas características míticas, ou seja, que o Mito político provoca uma série de reações coletivas automáticas e inconscientes, "irracionais", e que apresenta traços de conteúdo e estrutura arcaizantes, verdadeiros arquétipos míticos. Por outro lado, suas manifestações no seio de sociedades políticas, cada vez mais diferenciadas e abertas, onde o poder perde seu caráter sagrado para se tornar expressão imediata de equilíbrios sócio-econômicos e onde, portanto, a luta pelo poder comporta a manipulação direta e contínua dos vários componentes da opinião pública, tornou necessário fixar as relações do Mito político com a utopia e, especialmente, com a ideologia.

Desta necessidade se tornou intérprete George Gurvitch (1894-1974). Ele trata da evolução do conhecimento mítico desde as sociedades primitivas, pouco diferenciadas, até às modernas, muito diferenciadas. Nas primeiras, é um conhecimento de tipo existencial, baseado na participação do grupo na vida e na ordem do cosmos. A passagem para sociedades hierárquicas e, em seguida, classistas, mais prometéicas do que tradicionais em sua estrutura e finalidades, provoca, segundo Gurvitch, a transformação do mito em *Weltanschauung* e, sucessivamente, em ideologia. As mitologias comunitárias se desintegram e seus resíduos entram a fazer parte, como Mitos políticos e sociais, da consciência dos vários grupos em luta entre si pelo poder: uma consciência que reflete, porém, a homem desintegrado pós-comunitário, secunda sua expectativa como membro de um grupo e não da comunidade total, e pode, portanto, transformar-se em falsa consciência, em ideologia, numa forma de falso conhecimento ligado a interesses particulares. É nesta situação de conflito entre mitologias e ideologias diferentes que surgem as utopias, "um sincretismo entre mito e história". A utopia, afirma Gurvitch, transcende a história para julgá-la em nome de arquétipos míticos; mas fá-lo construindo modelos racionais de comportamento. Ela é, portanto, uma experimentação mental, que se baseia nas contribuições míticas, não uma abstração sem sentido oposta ao mito, como sustenta Sorel. Pode-se concluir que, em Gurvitch, a evolução das formas sociais é acompanhada pela evolução das formas de conhecimento, mas que a relação entre elas não é rígida nem ligada a uma escala de valores como em Cassirer. A situação mítica perde a sua função global na Idade Moderna e, enquanto ligada a situações sociais específicas, pode ser manipulada; mas continua como expressão existencial, quer na forma de genuíno mito político e social, quer transformando-se na linguagem racional da utopia.

III. PARA UMA RECUPERAÇÃO DO MITO POLÍTICO COMO INSTRUMENTO DE ANÁLISE POLÍTICA: MITO E MITO POLÍTICO. — O *excursus* histórico até aqui realizado, embora incompleto, põe em claro que, se o conceito teórico de Mito político está historicamente ligado à crise do racionalismo liberal do século XIX e à discussão entre racionalismo e irracionalismo, não depende disso, assim como o fenômeno do Mito político não está ligado a uma fase da curva de desenvolvimento da sociedade burguesa. A ligação entre Mito político e crise do racionalismo é, porém, importante e significativa, porque prova que o racionalismo, como sistema global de pensamento e ação, é incapaz de dar conta da política e mostra os riscos políticos a que está sujeita uma sociedade baseada numa autocompreensão racionalista.

A retomada do Mito político por parte das ciências sociais no segundo pós-guerra não conseguiu remediar este problema, porque ocorreu ainda num clima de racionalismo, que não era mais ético e utilitarista, mas sistemático, através do funcionalismo e do estruturalismo. Assim se perpetuou até hoje o reducionismo anteriormente mencionado, e, na tentativa de identificar a fenomenologia concreta do Mito político e suas conseqüências no corpo social, se deixou de lado a possibilidade de estudá-lo como instrumento heurístico. Hoje que a sociologia e a psicologia social demonstraram a relevância dos aspectos simbólicos na criação e na compreensão da realidade social, que os estudos religiosos e a antropologia fizeram do mito um tema central no estudo da "cultura", e que a psicologia do profundo superou a dicotomia racionalismo-irracionalismo, é talvez possível repropor o Mito político como conceito analítico no estudo da política. Isto se pode fazer, considerando, de um lado, o caráter "político" do Mito político dentro de uma história das formas e das transformações da função da consciência mítica, conforme faz Gurvitch, e baseando-se, do outro, numa recuperação da identidade entre mito e Mito político, à luz dos estudos contemporâneos sobre a mitologia.

Na vida política a atividade racional, dirigida para objetivos concretos, e a atividade simbólica se sobrepõem continuamente (Murray Edelman, *The symbolic use of politics*, 1964), de tal modo que todo ato político é examinado tanto a nível das conseqüências sobre a dinâmica do poder, como a nível do significado que ele assume como instrumento de condensação de esperanças, temores e, em geral, emoções reprimidas e inconscientes. O Mito político se situa no âmago desta presença do simbólico em política, constituindo a sua parte mais organizada, a que mais incide na dinâmica e nas transformações do poder. Daí a necessidade e a intimidade da sua ligação com o mito, que, como vimos em Cassirer e Gurvitch, representa a forma de mais intensa expressão simbólica, quer a nível de conhecimento quer a nível de organização social. De fato, é através da esfera simbólica que elementos míticos confluem para a política, fixando-se em pontos e momentos específicos. A continuidade entre Mito político e mito é, antes de tudo, formalmente, relevável, enquanto que o Mito político, como o mito, consiste em narrações estruturadas simbolicamente e, portanto, segundo o sentido antes definido, ligadas, não em forma analítica mas emotiva, a determinadas situações reais e destinadas a instituir formas privilegiadas de ação, cuja "verdade" a própria narração mítica fundamenta. Ela se pode basear, além disso, na presença no Mito político de verdadeiras fábulas reduzíveis a arquétipos míticos, como a idade de ouro, a reconquista do Éden, as fundações realizadas pelos heróis civilizadores, o livro sagrado, a transformação ou a mudança dos papéis, etc. Existe, enfim, uma freqüente relação entre ações políticas e traços rituais, pelos quais o Mito político se torna de história em "presença" e "força"; pense-se nas reuniões de massa e nas relações com o chefe, nas assembléias de massa e na conquista de uma consciência de classe revolucionária, no voto e na atualização da democracia, no juramento e na fidelidade a uma nação ou a uma causa, etc.

Contrariamente ao que sustenta Cassirer, o Mito político e os relativos elementos míticos existem de pleno direito na época moderna, porque conhecimento mítico e racional coexistem na estrutura psicológica do homem, mesmo que historicamente uma ou outra possam alargar ou restringir seu raio de ação. É verdade, porém, que as modificações históricas são levadas em consideração, como fez Gurvitch, e que os modos de ser e as funções do Mito político não são os mesmos do mito das sociedades primitivas. A importância da qualificação de "político" na expressão Mito político não pode ser esquecida. Esta expressão não indica apenas que o Mito político é, na época moderna, instrumento de alocação de poder, porque também os mitos primitivos, regulando a organização social, regulam o poder. Trata-se antes de distinguir entre sociedades em que o poder está em relação de completa interdependência com as outras funções e instituições sociais — relações matrimoniais e familiares, crenças e ritos religiosos, relações econômicas, técnicas, etc. — e sociedades em que o poder é pelo menos parcialmente independente e gerenciável como tal. Neste segundo caso, cuja origem histórica se faz normalmente remontar às civilizações clássicas européias, o poder é uma variante flexível numa estrutura social cada vez mais aberta, podendo ser usado para modificá-la total ou parcialmente, ou para mudar num breve período as pessoas dentro das funções sem seguir normas tradicionais. A este tipo de poder, "político", se liga o Mito político, baseando-lhe os conteúdos e finalidades num relacionamento ainda não esclarecido mas contínuo e íntimo à análise e à ação racionalmente orientada para fins concretos; além disso, ele sustenta o poder político criando ao seu redor o consenso necessário.

Reconhecida a continuidade entre Mito político e mito, para analisar como o primeiro se comporta numa situação "política", é necessário investigar as características do segundo. Qualidade fundamental do mito é a de ser um fenômeno de limite e de passagem (Victor W. Turner, Hyth and symbol, in International encyclopedia of the social sciences). Os mitos mostram como uma situação se transformou numa outra: a perda da imortalidade por parte dos homens, a diferenciação dos sexos a partir de um ser andrógino original, a criação do mundo e a invenção de uma determinada técnica por parte dos deuses ou heróis civilizadores, etc. Quando o mito, em momentos predeterminados, é ritualmente atualizado, os participantes são levados, em conseqüência, a um estado liminar, que é um estado além do tempo — o tempo originário —, em que tudo é possível, porque se trata de uma situação de pura potência. Durante o rito eles se encontram num limbo em que as estruturas culturais se anulam ou se significam grandemente. Orgias, canibalismo, matança de animais totêmicos, troca de funções entre os sexos, igualdade são as suas características, porque os participantes se encontram num momento criativo e de reestruturação, não num momento de caos ou destruição. A narração do mito neste período ritual é instrução, gnose e verdadeira e autêntica criação, que leva ao reaparecimento e à aceitação das estruturas sociais ou dos papéis sociais mudados ou purificados. O mito é, portanto, uma experiência de crise, que destrói as estruturas existentes e leva a um estado de absoluta liberdade, que é, ao mesmo tempo, o estado original, de onde tudo teve origem, e um estado de morte,

fundamento de uma volta à vida. A dramaticidade do mito e a excepcionalidade das situações que ele faz viver, implicam que ele seja realizado ou proclamado em momentos especiais também de crise, ligados a momentos centrais do ciclo vital — puberdade, morte — ou natural — semeadura, colheita — ou a catástrofes tais como secas, inundações, invasões.

Além dessa liminaridade, o mito é caracterizado pela ambigüidade. Ambigüidade de linguagem, cheia de transposições simbólicas, condensações, incertezas e obscuridades; ambigüidades na narração, contraditória, lógica e materialmente impossível; ambigüidade de situações morais, tanto quanto à cultura que lhe deu origem como quanto a proibições e imperativos transculturais. A ambigüidade é, sem dúvida, própria também da esfera simbólica; não se pode dizer, porém, que o mito é ambíguo porque é simbólico, mas que, ao contrário, se serve da linguagem simbólica — tão intensa quanto aberta — porque é fundamentalmente ambíguo. É possível compreender isto, desde que se identificou o mito na relação entre ambigüidade e liminaridade, que é o que se há de colocar em posição privilegiada.

A liminaridade do mito nasce do fato de que ele, sendo fenômeno que intervém e age em momentos de crise, dirigindo-a e solucionando-a a partir de um questionamento global dos institutos culturais, é o vestíbulo da formação da consciência social e da criação das estruturas do agir e do pensar. O mito, portanto, estabelece e delimita um conjunto de possibilidades — o campo do possível — que é um dos sentidos da liminaridade; ao mesmo tempo, porém, demonstra-se ambíguo em seu conteúdo, porque a ordem que cria ou reconstrói está sempre aberta à possibilidade de desordem, tanto que exige periódicas prestações rituais para se manter. Na fixação dos seus limites, o mito, como mostra a psicologia do profundo freudiana, não é livre nem está ligado a um cálculo prático mas é determinado pelo jogo impulsivo do inconsciente. Sua natureza é, portanto, mais uma vez liminar — o lugar além do qual não se consegue ver mais — e ambígua, enquanto a "censura" realiza ali as suas intervenções destinadas a mascarar a descarga dos impulsos que os momentos de crise, atenuando as estruturas existentes, provocam, e a evitar conseqüências desintegradoras. Liminaridade e ambigüidade apontam, portanto, o mito como o lugar e a narração mítica como o produto da interação entre situações concretas de crise individual e social e processos psíquicos. As primeiras desencadeiam conflitos inconscientes, são vivenciadas e interpretadas a nível psíquico segundo a dinâmica do inconsciente sendo reapresentadas à consciência sob forma de narração mítica: prova do conflito e de seu mascaramento na solução sempre precária que se lhe dá.

O mito, portanto, pelos seus conteúdos, não pode ser definido positiva mas só negativamente, se o delimitarmos do mundo externo através da análise da narração e das situações que lhe deram origem. É um vazio inatingível pela consciência; a própria estrutura da consciência é daí que nasce; podemos identificar o mecanismo donde ela nasce, não a sua natureza. A ambigüidade de narração mítica, ligada à repressão dos impulsos, revela esta situação, que a linguagem simbólica, dinâmica e aberta, expressa. O mito, portanto, não é representação de momentos irracionais ou primitivos do homem, mas conseqüência de seu modo peculiar de ser e de enfrentar os problemas cada vez novos que nascem de seus impulsos constitucionais e das relações entre estes e o meio-ambiente. Por isto o mito é inextinguível; a desintegração das sociedades tradicionais, se bem que tenha trazido consigo a destruição da mitologia como organização cultural global, não destruiu os mitos; modificou apenas suas funções e formas.

IV. UMA RECUPERAÇÃO DO MITO POLÍTICO COMO INSTRUMENTO DE ANÁLISE POLÍTICA: MITO POLÍTICO E POLÍTICA. — Os mitos clássicos e primitivos visavam especialmente manter a validade das respostas tipificadas e tradicionais às crises individuais e sociais, que eram assim, por sua vez, tipificadas e privadas, em grande parte, de sua carga destrutiva. O processo que levou as culturas clássicas e modernas a tornar mais flexíveis as finalidades e as relações entre as várias instituições sociais fez com que tais culturas se tornassem mais sujeitas a crises inesperadas em todos os níveis e, contemporaneamente, que elas mesmas se tornassem promotoras de crises e de transformações estruturais. Nesta nova situação o mito, em suas várias manifestações de que o Mito político é apenas uma, elabora as respostas inconscientes, não mais de toda a comunidade, mas de segmentos dela, a uma dinâmica cultural cada vez maior.

O surgimento do Mito político depende do aparecimento da política como função central da sociedade e instrumento de mudança social e da conseqüente formação ao redor dela de fortes impulsos emotivos. As narrações míticas, produto de conflitos inconscientes ligados a situações de crise social — no duplo sentido de mudança potencialmente favorável ou desfavorável ao grupo agente — assumem, dessa forma, caráter político, isto é, evoluem num contexto e usam uma linguagem política, objetivando a ação

política. Sua natureza, porém, é ainda psicológica, sendo o conteúdo político a via culturalmente aberta para extravasar o conflito, tal como a religião o era nas sociedades tradicionais: demonstram-no o conhecido retorno ao Mito político de arquétipos míticos e a elaboração, em novos contextos, de materiais antiqüíssimos, que sempre serviram para a expressão dos processos inconscientes.

Isto abre o capítulo, ainda por escrever, das relações e interação entre Mito político e política, sobre os quais se tentará dar alguma indicação como prova. As culturas modernas se fundamentam na tentativa que o pensamento e a ação racionais fazem para estruturar a sociedade de acordo com as próprias finalidades, servindo-se de vários instrumentos de que a política é um dos principais. O surgimento contemporâneo, na Grécia clássica, da reflexão filosófica e da política é, a este respeito, extremamente significativo. A ruptura entre o consciente e o inconsciente, buscada com o objetivo de uma vida individual e social que se supõe possa tornar-se integralmente presente a si mesma, mostra, porém, a própria limitação na permanência do mito e na sua metamorfose em novas formas entre as quais a do Mito político. A existência deste último mostra como o pensamento lógico, na sua expressão política, volta automaticamente às suas matrizes inconscientes, com a criação de um produto que reconstitui uma ponte entre o consciente e o inconsciente. Isto é, porém, causa de um contínuo e potencial conflito. Ao Mito político, de fato, não é permitido, como era permitido ao mito das sociedades tradicionais, ser matriz de institucionalização, porque essa função compete ao pensamento e à ação racionais, especialmente no que diz respeito às estruturas do poder. Nas culturas modernas assistimos, portanto, a nível de modelos, a uma contraposição entre política, que pretende ser dirigida pelo princípio da realidade e à qual são reservadas as tarefas da elaboração institucional, e o Mito político, dirigido pelo princípio do prazer ao qual tais tarefas são subtraídas.

Este conflito, intrínseco ao modelo das culturas modernas, é aprofundado pela dinâmica cultural. A política, no seu impulso racionalizador, esquecendo suas matrizes inconscientes, acaba se tornando freqüentemente elemento perturbador das estruturas psíquicas prevalecentes, desencadeando, dessa forma, conflitos diante dos quais está totalmente desarmada. Não é, porém, somente o contraste entre processos conscientes e inconscientes que provoca conflitos, mas também a continuidade existente entre uns e outros. A reflexão e a ação política nascem, em muitas ocasiões, de mitos políticos, dos quais, inadvertidamente, são a racionalização; coisa em si não negativa, enquanto o Mito político refletir adequadamente a situação concreta e depender de processos inconscientes não neuróticos, mas muito graves, no caso contrário, especialmente quando a adequação da política ao princípio da realidade se torna só aparente. Dirigido pelo princípio do prazer e, portanto, orientado para a satisfação completa da própria carga de libido ou para a defesa neurótica dos conflitos não solucionados dos quais nasce, o Mito político pode impelir o grupo para posições destrutivas ou autodestrutivas e permitir que outros grupos, capazes de identificar e explorar os seus mecanismos psicológicos, o transformem em instrumento próprio.

A relação entre política e Mito político resulta, portanto, mesmo à luz de uma análise muito superficial, extremamente viscosa, mas sumamente pregne de conseqüências. Com base no que foi dito e a modo de hipótese, podemos defini-la a três níveis. No modelo geral das culturas modernas, em que política e Mito político se contrapõem, como foi mencionado, tanto que se torna problemático qualquer equilíbrio. Na realidade psíquica, em que ambos — diretamente um e indiretamente a outra — nascem de processos inconscientes e, em conseqüência, trocam de papel, se interpenetram, se mostram um o prosseguimento do outro numa série complicadíssima de disfarces sob o signo da ambigüidade. Na realidade histórica, em que a crescente flexibilidade e complexidade da dinâmica social os impedem de ter um significado unívoco: a política como o Mito político, cada vez mais incapazes de assumir conotações globais, válidas para toda a sociedade, embora ambos aspirem a isso.

A política atua sobre o social em relação com o Mito político, não menos essencial pelo fato de a política o querer negar ou tornar seu apêndice instrumental. A continuidade e a natureza dessa relação torna, em conseqüência, necessário assumir o Mito político como conceito analítico independente, e isto não sob o signo de um reducionismo psicológico, porque no nosso mesmo viver está implícita, como "ponto de vista", a imprescindibilidade da reflexão racional consciente e da política, mas para obviar ao reducionismo racionalista — verdadeira *diminutio* para o homem —, que repudiou qualquer contato com os produtos simbólicos e fantásticos, tachados de "irracionais". O Mito político tem, portanto, valor heurístico, restituindo o pensamento político a si mesmo, fazendo-lhe compreender não a inutilidade de seus esforços, mas a impossibilidade de desempenhar sua função, se se isola numa esfera de autonomia inexistente. A conquista do princípio da realidade por parte da política depende, de fato, antes de tudo, de que ela se reconheça histórica e estruturalmente parte da dialética consciente-inconsciente, a nível de institucionalização das relações de poder. Nesta base, o Mito político, definido como produto do "revelar-se — anuviar-se" de conflitos inconscientes dos grupos sociais, sob o impacto de momentos da crise, tem um valor analítico duradouro, já que permite chegar ao imaginário de tais grupos e mostrar como se vivem as situações de crise, que expectativas ou temores criam, que tipos de relação e de predisposição provocam para o agir político.

No que se refere à inserção do Mito político a par da reflexão e da ação, como componente fundamental do conceito de "política", o aspecto que suscita as maiores perplexidades é o de tornar necessária uma lógica do ambíguo e do contraditório oposta à lógica cientificamente dominante. Trata-se, porém, de uma conseqüência da qual é impossível escapar e de cuja aceitação depende a possibilidade de aprofundar o estudo do Mito político como fenômeno constitutivo e não anormal da realidade social.

BIBLIOGRAFIA. — R. BARTHES, *Miti d'oggi* (1957), Lerici, Milano 1962; "Cahiers Internationaux de Sociologie", julho-dezembro 1962, número inteiramente dedicado ao Mito político; E. CASSIRER, *Il mito dello Stato* (1945), Longanesi, Milano 1950; N. COHN, *I fanatici dell'Apocalisse* (1970), Comunità, Milano 1976; M. DOUGLAS, *Natural symbols*, Penguin, Harmondsworth 1970; M. EDELMAN, *The symbolic use of politics*, Illinois U. P., Urbana 1967; C. J. FRIEDRICH e Z. L. BRZEZINSKI, *Totalitarian dictatorship and autocracy*, Praeger, New York 1965; K. GALINSKI, *Aeneas, Sicily and Rome*, Princeton U. P., Princeton 1969; M. GARCIA PELAYO, *Miti e simboli politici* (1964), Borla, Torino 1970; M. GODELIER, *Rapporti di produzione, miti, società* (1975), Feltrinelli, Milano 1976; CH. HILL, *Puritanism and revolution*, Secker-Warburg, London 1968; G. SOREL, *Considerazioni sulla violenza* (1905-1907), Laterza, Bari 1970; H. TUDOR, *Political myth*, Pall Mall, London 1972.

[TIZIANO BONAZZI]

Mobilidade Social.

I. DEFINIÇÃO DO CONCEITO. — Por Mobilidade se entende a mudança de indivíduos ou grupos de uma posição social para outra. Pode haver vários tipos de Mobilidade, segundo os diversos atributos do espaço social que é possível adotar para definir as posições sociais e o tipo de movimento que se dá entre elas. Distingue-se, antes de tudo, a mobilidade horizontal e a mobilidade vertical. Por mobilidade horizontal se entende o deslocamento ou passagem de uma posição social para outra, entre as quais não é possível estabelecer diferença de níveis. Pertencem a este tipo, por exemplo, muitas das formas de mobilidade territorial, conquanto muitas vezes a mudança de residência possa envolver também um deslocamento na direção vertical. Quando um indivíduo muda de confissão religiosa, se inscreve num partido político diferente daquele a que pertencia antes, se divorcia para fundar um novo núcleo familiar, ou troca o posto de trabalho mantendo a mesma qualificação profissional, encontramo-nos diante de outros tantos casos de mobilidade horizontal.

A mobilidade vertical indica, ao invés, um deslocamento entre posições sociais diversas, avaliáveis em termos de superioridade ou inferioridade. Falar-se-á então de mobilidade vertical ascendente ou descendente, conforme a direção da mudança. Conforme os atributos que se levam em consideração ao definir as várias camadas sociais, poderemos ter uma mobilidade econômica, política ou profissional; quando as diversas camadas se compõem em função da combinação destes atributos é que falamos de Mobilidade social propriamente dita. É importante salientar que o conceito de mobilidade se refere apenas a mudanças relativas; quando a remuneração de um indivíduo sobe por efeito de um geral aumento de preços que atinge todas as posições, não se poderá falar de *mobilidade*.

Quando se considera a mobilidade vertical, é importante notar se quem muda são indivíduos ou grupos. Um camponês que emigra para a cidade e é contratado como operário numa fábrica é um exemplo de mobilidade individual; uma categoria de funcionários estatais que obtém o tratamento jurídico e econômico e a consideração social de uma categoria até então tida como mais elevada, nos oferece, pelo contrário, um exemplo de mobilidade de grupo.

II. Os CANAIS DA MOBILIDADE. — A forma de *mobilidade* mais freqüentemente estudada é a da mobilidade profissional. Isto não depende apenas da maior facilidade de encontrar dados sobre o assunto e do fato de haverem sido elaborados processos metodológicos sofisticados para este tipo de estudos, mas também de que a condição profissional constitui o melhor indicador em si da posição social de um indivíduo. Também aqui se distinguem duas formas, de acordo com o método de estudo empregado. Se se confronta a profissão de um indivíduo em duas diferentes

fases do seu ciclo de existência, no início da sua atividade profissional e no momento da aposentadoria, por exemplo, ter-se-á um caso de mobilidade *intrageracional*. Se, em vez disso, se confronta a profissão de um indivíduo com a profissão do pai na mesma fase do ciclo de vida, ter-se-á um caso de mobilidade *intergeracional*. No primeiro caso poder-se-á também falar de carreira, sobretudo se as mudanças ocorrem dentro da mesma organização e se nesta estão fixados as etapas e mecanismos para a passagem de uma posição hierárquica a outra, como em geral acontece nas organizações complexas, sejam elas empresas privadas ou burocracias públicas.

Geralmente, porém, quando se diz que numa sociedade a mobilidade é maior que em outra, nos referimos à mobilidade intergeracional, ou seja, ao fato de que nela há um menor número de pessoas que exercem a mesma profissão ou ofício que o pai. As condições para a verificação de um elevado índice de mobilidade dão-se nas sociedades atingidas por um processo de mudança social, as mais das vezes resultante da industrialização. As correntes mais notáveis de mobilização intergeracional são, com efeito, devidas às transformações que, na curva de uma geração, ocorrem na estrutura das ocupações. As transformações que levam ao crescimento da indústria e do setor terciário e mudam a face do campo alimentam as correntes migratórias entre o campo e a cidade, que, por sua vez, provocam o aumento da *mobilidade*, isto é, a criação de novas ocupações urbanas, a formação de novos postos de trabalho e, ao revés, a diminuição das antigas ocupações, quando não seu desaparecimento. Se do cálculo da mobilidade se subtrai o efeito das transformações na estrutura ocupacional, o resultado obtido constituirá o índice puro da mobilidade. É claro que, se se elimina o efeito das transformações que mudam a composição quantitativa das várias camadas sociais, a uma corrente de mobilidade ascendente tem de corresponder uma corrente análoga de mobilidade descendente. Esta situação se verifica numa sociedade estática. Porém, nas sociedades modernas, a mobilidade ascendente súpera, em geral, de modo notável, a mobilidade descendente, devido exatamente ao aumento quantitativo das posições no vértice e na faixa intermediária da escala social.

Conhecer o índice de mobilidade, tanto global como puro, pode ser de utilidade nas análises comparativas, quando, por exemplo, confrontamos sociedades de diferente grau de desenvolvimento econômico. Quando, contudo, se quer conhecer os mecanismos e canais que sustentam estas correntes de mobilidade, é necessário levar a análise a um nível mais profundo. O primeiro método consiste no estudo da origem social dos indivíduos que compõem um determinado grupo profissional e, particularmente, os grupos de elite, por exemplo, médicos, advogados, notários, juízes, deputados parlamentares, bispos, membros do conselho de administração de grandes sociedades acionárias e assim por diante. Poder-se-á então observar que até nas sociedades mais móveis existem grupos que são preferencialmente recrutados das próprias fileiras; trata-se, em geral, de grupos onde a hereditariedade profissional anda vinculada à transmissão de um patrimônio, de um estudo profissional, ou então onde se consolidou a tradição de que os filhos seguissem a mesma carreira do pai. Podem então comparar-se entre si os vários grupos profissionais e classificá-los consoante as maiores ou menores possibilidades que oferecem ao acesso de indivíduos que, por nascimento, provêm de grupos diferentes, particularmente de camadas sociais inferiores. Existem grupos, por exemplo, o clero, que, por definição, excluem a transmissão hereditária e que, por conseguinte, têm constituído historicamente importantes canais de mobilidade. Uma das conseqüências sociais mais importantes do celibato dos padres católicos tem sido a de deixar aberto o acesso às hierarquias superiores a indivíduos provenientes das camadas sociais mais humildes. Em certos países, especialmente nos países subdesenvolvidos do Terceiro Mundo, é análogo o papel desempenhado pelos militares. Em outros países, pelo contrário, o uso das armas está rigorosamente reservado aos pertencentes a uma restrita casta militar. Com a transformação da estrutura da propriedade, provocada pelo advento das grandes sociedades por ações, os mais altos níveis da hierarquia empresarial se tornaram também acessíveis a indivíduos que não são proprietários. O fortalecimento dos partidos operários tem permitido muitas vezes o exercício de funções de poder a indivíduos oriundos das classes mais baixas. Existem, além disso, certos grupos profissionais — é típico o dos professores do ensino primário — que constituem freqüentemente um degrau de passagem numa escala de mobilidade que abrange a curva de várias gerações. Os professores primários são, com freqüência, filhos de membros da classe operária, de camponeses ou de empregados, enquanto que os seus filhos podem amiúde chegar às profissões de grau superior. Isto se deve ao fato de que, em geral, os professores atribuem particular importância à instrução e, por isso, fazem tudo para que os filhos possam estudar. Nas sociedades modernas, a *instrução* representa, na realidade, um dos canais mais importantes de mobilidade. Em igualdade

de outras condições, prefere-se confiar cargos de responsabilidade e prestígio a indivíduos que dispõem de um título de estudos superiores.

A instrução, no entanto, só funciona como canal de mobilidade ascendente quando o acesso aos vários níveis escolares é de algum modo limitado e seletivo, baseado em algum critério. Numa sociedade que garantisse a todos os cidadãos a obtenção dos níveis máximos de escolaridade, sem se modificar ao mesmo tempo a estrutura das ocupações, a instrução não serviria mais de canal de mobilidade. O aumento da escolaridade está, com efeito, ligado, nas sociedades avançadas, à depreciação do valor social dos títulos de estudo e, portanto, à diminuição da importância da escola como canal de mobilidade.

III. CONSEQÜÊNCIAS DA MOBILIDADE SOBRE O COMPORTAMENTO. — Os estudos realizados em vários países levaram à conclusão de que a experiência da *mobilidade* traz importantes conseqüências para o comportamento dos indivíduos envolvidos, embora estas conseqüências variem de país para país. Nos Estados Unidos, por exemplo, se evidenciou que as pessoas que passaram da classe operária para a classe média são politicamente mais conservadoras que as que pertenciam à classe média desde a nascença. Isto se explica pelo fato de que aqueles que passam a fazer parte de um grupo tendem a interpretar os seus valores e modos de comportamento de forma mais rigorosa que os que já lhe pertenciam. Nos países europeus, pelo contrário, parece operar um mecanismo diverso: os indivíduos móveis, especialmente quando de origem operária, tendem a levar consigo, pelo menos em parte, os valores e atitudes da classe de onde provêm. Mas parece um fato comum em todos os países que os indivíduos e grupos que sofreram um declínio na sua posição social tendam, em geral, com maior probabilidade, para posições e ideologias extremistas muito freqüentemente de direita. Uma das interpretações sociológicas mais difundidas do fascismo mostra, por exemplo, como a base social dos movimentos eversivos de direita tende, o mais das vezes, a ser recrutada dos grupos sociais em declínio, pertencentes à classe média, e, particularmente, dos pequenos empresários, artesãos e agricultores independentes que vêem ameaçada a sua posição com o aumento da importância política da classe operária e do grande capital.

A experiência da *mobilidade* traz também importantes conseqüências para a personalidade dos indivíduos envolvidos. É fácil que as pessoas móveis e suas famílias experimentem situações de acentuado isolamento social. Estarão propensas a descurar as relações sociais, tanto de natureza familiar como de natureza amigável, do ambiente de origem e encontrarão dificuldade em estabelecer novas relações com pessoas e famílias do estrato de que passaram a fazer parte. Isto se refletirá necessariamente num grande isolamento da família nuclear, que terá de suportar o custo psicológico de tal isolamento. Isto explica por que, nestes casos, a instituição familiar fica mais exposta à desintegração; na realidade, quanto mais os indivíduos dependerem emotivamente da família como fonte de gratificação nas relações interpessoais, tanto mais esta estará exposta a tensões que lhe ameaçam a integridade. O mesmo se diga quanto à maior incidência de doenças mentais, particularmente de neuroses, entre os indivíduos móveis do que entre os que não fizeram tal experiência. A mobilidade exige, de fato, dos indivíduos uma alta capacidade de adaptação a situações ainda não suficientemente estruturadas, tanto do ponto de vista cognitivo como emotivo, e isto, com o tempo, se torna para muitos excessivamente desgastante. O indivíduo móvel se vê assaltado por duas necessidades com freqüência dificilmente conciliáveis entre si: a necessidade de ser esquecido pelo grupo de proveniência e a necessidade de ser aceito pelo grupo de destino, isto principalmente se entre ambos os grupos existe uma diferença social e cultural notável. O fato de que a estrutura da personalidade, qualquer que ela seja, apresente sempre um certo grau de rigidez é talvez um dos fatores que contribuem em toda a sociedade para manter baixo o índice de mobilidade.

BIBLIOGRAFIA. — R. BENDIX e. S. M. LIPSET, *La mobilità sociale nella società industriale* (1959), Etas Kompass, Milano 1973; V. CAPECCHI, *La misura della mobilità sociale*, in AUT. VÁR., *Questioni di Sociologia*, La Scuola, Brescia 1966, vol. II; R. GIROD, *Disuguaglianza-disuguaglianze. Un'analisi della mobilità sociale* (1977), Il Mulino, Bologna 1979; J. LOPREATO, *La mobilità sociale in Italia*, in "Rassegna Italiana di Sociologia", XV, 1974, n.° 4; M. PACI, *Mobilità sociale e partecipazione politica*, in "Quaderni di Sociologia", XV, 1966 n.os 3-4; P. SOROKIN, *La mobilità sociale* (1927), Edizioni di Comunità, Milano 1965.

[ALESSANDRO CAVALLI]

Mobilização.

Este termo foi usado pela primeira vez na linguagem militar e indica o processo pelo qual toda a população de um Estado se prepara para enfrentar uma guerra. Neste caso se fala de Mobilização geral, total ou de massa. A proclamação do estado de Mobilização é normalmente usada como meio de pressão sobre países adversários a fim de ostentar uma clara vontade de intervir com a força para solucionar controvérsias pendentes. *Mobilização política*, em oposição a participação política, indica o processo de ativação das massas por parte dos governantes, ou dos inscritos por parte dos chefes de uma organização política; isto é, indica uma atividade de incitamento à ação imposta do alto, em oposição às atividades espontâneas provenientes da base e que caracterizam a participação genuína (v. PARTICIPAÇÃO POLÍTICA). Neste sentido, as organizações políticas podem mobilizar seus inscritos a fim de aumentar sua força de pressão sobre o Governo e sobre as outras organizações, assim como os Estados se servem da Mobilização geral como instrumento de pressão nas relações internacionais.

Recentemente o termo Mobilização foi empregado para descrever um fenômeno social de grandes conseqüências. Mobilização social significa então um processo complexo que implica a passagem de um tipo de comportamento para outro. Este processo é mais bem conceituado, se concebido em três estádios: ruptura dos velhos modelos de comportamento, isolamento e disponibilidade, indução de novos padrões de comportamento e sua aceitação e interiorização. Caso faltem na sociedade organizações e formas processuais capazes de atender às instâncias e exigências dos grupos mobilizados, verificam-se períodos mais ou menos prolongados de comportamento apático e anônimo que pode, enfim, levar à alienação (v. ALIENAÇÃO).

A Mobilização social envolve um conjunto de processos nos vários setores do sistema social. Na esfera social propriamente dita ela significa Mobilidade social e urbanização; na esfera econômica significa ampliação da economia de mercado e industrialização; na esfera cultural significa instrução universal e sujeição aos meios de comunicação de massa; na esfera religiosa significa abandono da superstição e secularização; na esfera política, enfim, significa sufrágio universal, fim das discriminações políticas e aumento da participação.

Na sua formulação mais acreditada a Mobilização social não é um processo unilinear, irreversível ou sempre positivo. Os esforços da industrialização podem fracassar; às primeiras tentativas de participação política pode se seguir a apatia; a ativação dos grupos lingüísticos, religiosos, étnicos e culturais pode provocar conflitos e dilacerações no tecido social. A mudança do âmbito de referência e identificação dos indivíduos do seu grupo primário para o Estado-nação pode se realizar de uma forma imperfeita e pode dar origem a tendências centrífugas e a tentativas de secessão. Todos estes processos e, em particular, os que implicam tentativas de restrição da participação das classes inferiores, são definidos como *desmobilização*. Apesar da realidade destes perigos, a direção geral do processo de mobilização social é ascendente, os indicadores dos vários aspectos são correlatos e, em certa medida, se reforçam reciprocamente. O ponto crucial do processo consiste no surgimento de novas instâncias políticas para satisfazer as exigências produzidas pela mobilização social, que põem duramente à prova a capacidade do sistema político. Novos e mais altos níveis de mobilização social podem ser atingidos só se o sistema político tiver a capacidade de satisfazer as exigências que ela cria de vez em quando.

[GIANFRANCO PASQUINO]

Modernismo.

Este neologismo surge aqui e ali por meados do século XIX, para indicar muito vagamente uma corrente de estilos e conteúdos poéticos novos. No alvorecer do presente século, na Itália, ele passa, por analogia, do campo literário para o religioso. É usado inicialmente com ironia pelos católicos tradicionalistas, em luta polêmica contra os simpatizantes e promotores do movimento cultural inovador que assentava principalmente no evolucionismo em todos os setores e provocou o interesse crítico de todas as igrejas históricas, a começar pela cristã e particularmente pela católica. Com este significado reformista-religioso, o termo entrou no léxico usual europeu para aí ficar definitivamente. Por isso, quem hoje diz Modernismo reevoca um movimento, de idéias substancialmente crítico-religiosas, muito complexo e variado em suas múltiplas expressões, que, no início do século XX, na área ocidental, tentou arrancar a formulação da fé revelada de um quadro metafísico absolutizante, para inseri-la no processo real da história e da cultura, em constante mudança. O Modernismo representou, em termos mais simples, um esforço por harmonizar a fé com o progresso científico, esforço que se apresentaria de novo na transição de uma época a outra.

Foi assim que seus propulsores julgaram interpretar (naquele dado período, que corresponde

também, entre outras coisas, ao surgimento das vanguardas artísticas e de novas descobertas científicas) as exigências da consciência religiosa moderna, perante as enormes mudanças políticas, antropológicas e sociológicas que ocorreram sob o impulso das grandes transformações estruturais e técnicas operadas na Europa. Neles agia, no âmbito de uma crise de valores que se mantinham ligados a uma economia agropastoril e de subsistência em declínio, uma ânsia fundamentalmente apologética do cristianismo, tendente a sintonizar as expressões teológicas e histórico-críticas da Igreja oficial com "o espírito do tempo", ou seja, com as instâncias e resultados do progresso científico e filosófico, em toda a parte ligado com os novos modos de produção industrial.

Seus escritos, pelo menos na maior parte dos casos, não punham em discussão o núcleo germinal do cristianismo, mas o revestimento ideológico e as inevitáveis excrescências que os numerosos séculos não lhe puderam poupar. Na prática, depois, a ação seletiva dos detritos da substância não conseguia muitas vezes, por variados motivos, atingir seu intento sem dificuldade e sem dor, o que provocou não poucas crises pessoais.

A autoridade eclesiástica romana, partindo de premissas bem diferentes, ligadas a uma concepção fixista e dogmatizante, não tardou em opor-se com extraordinária dureza ao movimento, mal este surgiu, reconhecendo nele "a síntese de todas as heresias". Pio X, em agosto de 1907, com a encíclica *Pascendi dominici gregis*, que tentava fazer do *modernismo* uma síntese unitária, mas um tanto deformada na opinião não só dos interessados, condenou toda a manifestação modernista. Seguia-se-lhe uma série de sanções e de disposições disciplinares contra os inovadores, verdadeiros ou supostos, abrindo entre as cúrias diocesanas uma espécie de disputa nada nobre na chamada caça às bruxas, uma disputa que havia de durar praticamente até ao pontificado de Bento XV.

Histórica e corretamente falando, o movimento modernista não pode ser reduzido a um bloco doutrinal compacto e homogêneo, apresentando-se antes como um estado de espírito marcado por aspirações comuns, mas de valências diversas, não só nos diferentes contextos ambientais e sociais, como também no âmbito da mesma confissão religiosa e até da mesma região. Assim, com a abordagem das sínteses gerais, nos Estados Unidos da América (Hecker, Gibbons, Ireland, Keane, O'Connel, Spalding, Perié), este movimento se colore de pragmatismo naturalista por um cristianismo de concorrência; na Alemanha (Harnack, Schell, Kraus, Ehrhard, Sickenberger, Muth,

Engert, Rudolphi), de crítica histórica e bíblica em sentido liberal; na França (Loisy, Houtin, Auguste Sabatier, Laberthonnière, Duchesne, Le Roy, Bergson), de voluntarismo filosófico e psicológico-religioso; na Inglaterra (Newman, Tyrrell, Petre, Von Hügel, Lilley, Bishop, Collins, Hummersley), de antiintelectualismo imanentista; na Itália (Buonaiuti, Minocchi, Murri, Fogazzaro, Graf, Fracassini, Genocchi, Gambaro, Semeria, Vannutelli), de forte ânsia pastoral-apologética, não isenta muitas vezes de apelos evangélicos.

Analogicamente, não convencem de todo as categorias escolásticas, introduzidas pela encíclica papal e depois assumidas por certa ensaística, que atribuem distinções específicas aos vários setores visados pela crítica (modernismo bíblico, filosófico, político, social, literário, etc.).

A distinção mais lógica, que se funda em algumas constantes e abrange as múltiplas expressões do modernismo nos diversos campos, é, antes de tudo, a distinção entre modernismo moderado e modernismo radical. O primeiro compreende a corrente reformista que salva a transcendência conforme a formulação do magistério eclesiástico, restringindo-se a um trabalho de correção e atualização técnico-científica para o "rejuvenescimento" formal do patrimônio doutrinal da Igreja institucional; o segundo, pelo contrário, desenvolve em profundidade as premissas ético-culturais do sentimento religioso, prescindindo das categorias transcendentalistas e reveladas, para uma mediação antropológica não dualista que se resolva na experiência subjetiva e no sentimento de fé.

Daí, sempre no plano da interpretação, deriva ainda outra distinção entre o movimento modernista em geral e o liberal-catolicismo, demasiado freqüentemente confundidos, por causa de uma certa identidade verbal nas denúncias (clericalismo, poder temporal) e de certa convergência nos juízos acerca da política eclesiástica (Estado-Igreja, autonomia da ciência). Mas, por trás destas ambíguas e ligeiras consonâncias, existe, bem considerados todos os aspectos, uma fundamental discordância. Ambos os movimentos partem, com efeito, de uma concepção eclesiológica diametralmente oposta, para não falarmos de outras coisas. O liberal-catolicismo, que tem preocupações predominantemente políticas, concebe a Igreja como uma sociedade completa e juridicamente perfeita, em contraste com o modernismo que, ao invés, tendo preocupações pré ou metapolíticas, a considera uma realidade espiritual, progressivamente realizada no tempo. O primeiro entende a questão crítico-exegética como uma atualização técnica da "ortodoxia" tradicional, enquanto o segundo

faz dela a base de uma nova fundamentação da fé, não necessariamente coincidente com as formulações da teologia oficial. Em resumo, se os liberal-católicos se revelam mais preocupados pelas relações entre liberdade e autoridade, bem como pela salvaguarda objetiva do fato cristão, por outro lado, não percebem ou até rejeitam toda problemática que atente contra o patrimônio doutrinal da Igreja institucional, mostrando assim uma clara falta de ajustamento entre o tipo de reformismo auspiciado e a análise histórica de onde o fazem nascer. Quando muito, poder-se-ia afirmar que o liberal-catolicismo possui um sentir que o avizinha um pouco do Modernismo moderado, mas não certamente do Modernismo radical, o verdadeiro Modernismo. O exemplo mais palpável o oferece o bispo Bonomelli.

Em geral, a historiografia italiana, tanto a de inspiração católica como a de inspiração laica, se bem que por razões diferentes, não tem mostrado, até há bem pouco, muito interesse pela controvérsia modernista e por tudo aquilo que lhe é subjacente: uma, por repugnância em indagar sobre uma fase sem dúvida repressiva por parte da autoridade eclesiástica, outra, por um preconceito idealista. Ambas, porém, tudo ponderado, tendem a considerar o movimento como um fato intrínseco à instituição eclesiástica, sem qualquer relação dialética com as transformações da sociedade civil, isto é, como um fato que extrapola os contextos reais e políticos. O único que, em tempos nada suspeitos,' conseguiu ver nele um certo ligame foi Gramsci, que não deixou de assinalar na crise modernista uma série de conexões interagentes entre a sociedade civil e a sociedade religiosa.

BIBLIOGRAFIA. — AUT. VÁR., *Fonti e documenti*, Argalia, Urbino 1972-1981 (10 volumes até agora); Id., *Der Modernismus*, Tübingen 1974; L. BEDESCHI, *Interpretazioni e sviluppo del modernismo cattolico*, Bompiani, Milano 1975; Id., *La curia romana durante la crisi modernista*, Guanda, Parma 1968; Id., *Lineamenti dell'antimodernismo. Il caso Lanzoni*, Guanda, Parma 1970; E. BUONAIUTI, *Il pellegrino di Roma*, Laterza, Bari 1956²; A. HOUTIN, *Histoire du modernisme catholique*, edição do autor, Paris 1913; A. LOISY, *Mémoires pour servir à l'histoire religieuse de notre temps*, Nourry, Paris 1930-31, 3 vols.; G. MARTINI, *Cattolicesimo e modernismo. Momenti di una crisi del pensiero religioso moderno*, Edizioni Scientifiche Italiane, Napoli 1951; E. POULAT, *Histoire, dogme et critique dans la crise moderniste*, Castermann, Tournai-Paris 1980²; M. RANCHETTI, *Cultura e riforma religiosa nella storia del modernismo*, Einaudi, Torino 1963; J. RIVIERE, *Le modernisme dans l'Église*, Letouzey, Paris 1929; P. SABATIER, *Les modernistes*, Fischbacher, Paris 1909; P. SCOPPOLA, *Crisi modernista e rinnovamento cattolico in Italia*, Il Mulino. Bologna 1979[3]; A. VIDLER, *A variety of catholic modernists*, University Press, Cambridge 1970.

[LORENZO BEDESCHI]

Modernização.

I. DEFINIÇÃO. — Entende-se por Modernização aquele conjunto de mudanças operadas nas esferas política, econômica e social que têm caracterizado os dois últimos séculos. Praticamente, a data do início do processo de Modernização poderia ser colocada na Revolução Francesa de 1789 e na quase contemporânea Revolução Industrial inglesa que provocaram uma série de mudanças de grande alcance, nomeadamente na esfera política e econômica, mudanças que estão intimamente inter-relacionadas. Naturalmente, o fermento dessas duas grandes transformações há de ser buscado nas condições e nos processos que vinham se desenvolvendo havia algumas décadas e que culminaram nas duas revoluções. Estes processos de transformações profundas e freqüentemente rápidas tiveram repercussões imediatas no sistema internacional e foram exportados pelos europeus para toda a parte, mesmo que só vingassem lenta e parcialmente. É essa a razão por que o processo global foi designado com o nome de europeização, ocidentalização ou, enfim, com o termo mais abrangente e menos etnocêntrico de Modernização.

Além disso, com o passar do tempo, se tomou consciência de que a Modernização não é apenas o processo de difusão de instituições, valores e técnicas européias, mas é um processo aberto e contínuo de interação entre as várias instituições, culturas e técnicas. Este processo envolve todas as esferas do sistema social de forma freqüentemente conjunta, se desenvolve segundo modelos alternativos que apresentam características semelhantes e peculiares, modelos que permitem, porém, identificar, no transcorrer da história, sistemas políticos, econômicos e sociais mais ou menos modernos do que os outros, com base em categorias comparadas. O aspecto mais interessante do processo de Modernização se relaciona exatamente com o surgimento de formas políticas, econômicas e sociais distintas e diferenciadas. O estudo da Modernização pretende fornecer uma resposta aos questionamentos relacionados com os fatores que dão origem à extraordinária variedade de formas políticas, sociais e econômicas e elaborar instrumentos que permitam influir no desenrolar do processo de Modernização e con-

trolar sua evolução, dirigindo-a para os fins desejados.

II. MODERNIZAÇÃO POLÍTICA. — Toda a definição de Modernização política há de ser tal que permita captar o processo no seu desenvolvimento dinâmico, sem assumir como modelo formas políticas existentes; deve também permitir enuclear as características de modernidade, tanto as relativas aos cidadãos como as relativas ao sistema político, e evitar a confusão entre modernidade e democraticidade. A definição até hoje mais satisfatória e que mais atende a estes requisitos acentua três características principais: a igualdade, a capacidade e a diferenciação.

Existe, portanto, Modernização política quanto à população de uma comunidade política em seu conjunto, quando se verifica a transição de uma condição generalizada de súditos para um número crescente de cidadãos unidos entre si por vínculos de colaboração, passagem que é acompanhada pela expansão do direito de voto e da participação política, por uma maior sensibilidade e adesão aos princípios de *igualdade*, e por uma mais ampla aceitação do valor das leis *erga omnes*. Existe Modernização política quanto ao desempenho do Governo e do sistema na sua globalidade, quando se verifica um aumento da *capacidade* das autoridades em dirigir os negócios públicos, em controlar as tensões sociais e em enfrentar as exigências dos membros do sistema. Quanto à organização da esfera política há Modernização, quando se verifica uma maior *diferenciação estrutural*, uma maior especificidade funcional e uma maior integração de todas as instituições e organizações que fazem parte da esfera política (Pye e Verba, 1965, 13). Esta definição que examina a Modernização política a três níveis — a nível da população, à nível do sistema político e a nível dos subsistemas, particularmente do subsistema governamental — é bastante eficaz, porque não exige somente um crescimento indefinido e inevitável no âmbito das três dimensões, mas permite detectar analiticamente incrementos numa dimensão e declínio noutras, além da incompatibilidade entre tipos diferentes de incrementos simultâneos. Trata-se, enfim, de uma definição estimuladora, porque aberta, não unilinear, multidimensional.

III. ESTÁDIOS E CRISES DA MODERNIZAÇÃO. — No estudo da Modernização recorreu-se a uma conceituação de uso bastante comum e consolidado nas ciências sociais, recentemente reapresentada com vigor em economia, que interpreta a evolução histórica segundo uma seqüência, mais ou menos rígida, de estádios. Após uma cuidadosa análise da história dos sistemas políticos ocidentais, alguns autores identificaram certos desafios fundamentais ou crises sistêmicas que, embora de modalidades e cursos diversos, todos os sistemas tinham aparentemente que enfrentar. Estas crises, sobre cujo número e sobre cujo melhor desenvolvimento não existe ainda um acordo completo, podem ser definidas e classificadas, segundo a tendência mais comum entre os autores como: crises de penetração, crises de integração, crises de identidade, crises de legitimidade, crises de participação e crises de distribuição. As crises de penetração e de integração se referem ao processo pelo qual surge um Estado mais ou menos centralizador. Este Estado procura expandir e reforçar a sua autoridade, penetrando nos vários setores da sociedade, exigindo e conseguindo para com o poder central a obediência anteriormente devida aos centros do poder local. As crises de penetração e de integração são dois desafios que poderíamos considerar de caráter estrutural, para os quais as respostas das autoridades centrais tendem a ser essencialmente estruturais. As autoridades centrais procurarão constituir uma burocracia estatal; recrutar um exército de provada lealdade e, especialmente, um corpo de polícia; unificar mercados e moedas e construir infra-estruturas viárias que facilitem as comunicações entre o centro e as periferias. As crises de identidade e de legitimidade se referem ao processo pelo qual os cidadãos chegam a obedecer às leis emanadas do Estado, a aceitá-las como justas e obrigatórias e a sentir-se parte da comunidade política. Estas duas crises dizem respeito, portanto, de um lado, e numa dimensão vertical, às relações dos cidadãos com as autoridades e, do outro lado, e numa dimensão horizontal, às relações entre os vários grupos sociais, econômicos, religiosos, étnicos e regionais. Foi através da solução destas duas crises que se chegou normalmente à formação do Estado-Nação. As crises de identidade e de legitimidade são desafios de caráter essencialmente cultural, para os quais as respostas das autoridades funcionalmente positivas tendem a ser de caráter cultural. A solução das crises de identidade será favorecida por uma política que vise à proteção dos direitos das minorias, pela igualdade no tratamento dos vários grupos (especialmente no que diz respeito ao recrutamento político) e por uma contínua produção de símbolos de caráter nacional. A solução da crise de legitimidade comportará a criação de mecanismos e dispositivos constitucionais adequados à representação dos vários grupos, mas concernentes sobretudo à consecução de um acordo fundamental sobre a natureza do Governo legítimo e sobre suas responsabilidades e atribuições na superação das rupturas entre o centro e a periferia, entre Estado e Igreja, entre cidade e campo, entre indústria e agricultura. Mas, acima desses mecanismos, muitos autores frisam que aquilo que mais conta nesta fase é o estilo e o *ethos* do Governo.

A crise de participação se verifica quando se amplia o âmbito dos indivíduos ou dos grupos que intentam participar das opções políticas. As exigências de participação acontecem normalmente junto com importantes mudanças nos setores econômico e social, que geram novas necessidades. As respostas das autoridades a estas exigências podem consistir na concessão do direito de voto, de reunião, de associação, de liberdade de imprensa, na abolição do voto público e na instauração do princípio "um homem-um voto", na extensão do sufrágio a toda a comunidade, com exclusões baseadas somente no requisito da idade, e, enfim, na legitimação completa da oposição, incluindo até o seu acesso ao Governo. No processo de solução da crise de participação aparecem as primeiras organizações políticas permanentes como os partidos políticos e, em seguida, os grupos de interesse. A crise de distribuição, enfim, diz respeito às modalidades de uso dos poderes governamentais para efetuar transferência de riqueza entre os cidadãos e para distribuir bens, serviços, valores e oportunidades. As soluções possíveis desta crise são todas as intervenções que visam tornar operante e efetivo o princípio da igualdade de oportunidades, e, portanto, de modo especial, a instituição de um sistema escolar universal e gratuito, a criação de um sistema assistencial de saúde e aposentadoria generalizado, a instauração de um sistema de tributação progressiva e qualquer outra medida de eqüidistribuição da renda nacional.

Estas crises representam os desafios; foi respondendo a eles que os sistemas políticos ocidentais se modernizaram; as respostas aqui delineadas constituem apenas algumas das respostas possíveis. De fato, de um lado, não se pode esquecer que as respostas a cada uma das crises são condicionadas pela ordem anterior do sistema, sendo a base de ulteriores condicionamentos para as respostas às crises vindouras. De outro lado, a capacidade inovadora do *homo politicus* é grande e, portanto, não se podem excluir *a priori* respostas originais por parte dos sistemas que ainda não resolveram suas crises, nem inovações surpreendentes nas respostas aos desafios, certamente exigidas numa época que terá de enfrentar os problemas da possibilidade do suicídio atômico coletivo, da corrida à conquista dos espaços, da superpopulação e do empobrecimento do Terceiro Mundo.

De modo particular, quatro fatores influenciam e têm historicamente influenciado o curso da Modernização política. Em primeiro lugar, o tipo de estruturas e de cultura política tradicionais; em segundo lugar, o momento histórico em que teve início o processo de Modernização; em terceiro lugar, as características da liderança modernizadora; enfim, a seqüência em que se apresentaram as várias crises. Ainda não é possível apresentar generalizações empíricas solidamente documentadas acerca dos tipos de estruturas e de cultura política tradicionais que teriam melhores condições de assimilar e gerar mudanças políticas. Em geral, o que mais se acentua são as características da legitimidade, da autonomia e da eficiência das instituições políticas, e a flexibilidade e capacidade imitativa da cultura tradicional.

A Modernização política é um processo que implica a transferência do poder de uns grupos para outros e o uso do poder na introdução de inovações nos diversos setores da sociedade. Alguns autores têm frisado que existe uma certa tensão entre duas exigências opostas mas também necessárias da Modernização política. Essa tensão se verifica entre a centralização do poder nas autoridades centrais e a difusão das inovações na sociedade. Temos assim, de um lado, sistemas políticos com uma forte autoridade central, capazes de impor as mudanças necessárias, conquanto também de as obstaculizar e de a elas se opor tenazmente, mas que não são aptos a encorajar a criação de inovações entre os membros do sistema; de outro, sistemas políticos descentralizados, com autoridades menos fortes, onde a capacidade. inovadora pode prosperar, mas onde a aceitação e difusão das inovações pelos vários setores da sociedade é difícil, desigual e lenta.

O período em que a Modernização política começou é de relativa importância, especialmente porque deu grande vantagem aos seus iniciadores, permitindo-lhes definir e resolver os primeiros problemas, freqüentemente de crucial interesse, com o mínimo de pressões externas e em conformidade com as suas tradições, sem necessidade de obedecer à imposição forçada de modelos elaborados e experimentados alhures e sem a ânsia da concorrência. O período do início da Modernização política foi de notável importância não só para a estrutura da sociedade tradicional, como também para as diversas classes sociais e para a escolha de diversos tipos de organização política estadual. Eis o que se tem observado: nos países que, como a Inglaterra, França e Estados Unidos, se modernizaram prematuramente, de qualquer modo por meados do século XIX, e em que o processo de transferência do poder político dos proprietários fundiários para os empresários industriais se deu sem abalos, se optou pelo caminho da democracia burguesa; países, como a Alemanha, o Japão e a Itália, em que a Modernização começou no fim do século XIX sob pressões externas e foi levada adiante por uma difícil aliança entre elites agrícolas, burocráticas e industriais, com a exclusão das massas da participação política, enveredaram pelas vias do fascismo; países, enfim, como a União Soviética e a China, em que a Modernização teve início somente no século XX e precisou da mobilização das massas camponesas contra os proprietários fundiários e as classes parasitárias urbanas, abriram o caminho das revoluções comunistas (Moore, 1969).

Este assunto leva inevitavelmente ao estudo das características das lideranças modernizadoras, características que constituem uma variável importante na explicação do processo de formação de certos tipos de Governo, não de todos. Tipicamente, nos primeiros países a se modernizarem e, em geral, na Europa ocidental, o papel de guia foi desempenhado, embora de modos diferentes em cada país, pela burguesia, isto é, por uma nascente classe comercial e empresarial, em luta, de um lado, contra a aristocracia latifundiária e, de outro, contra os camponeses e o primeiro proletariado urbano e industrial. Os intelectuais, como tais, não tiveram um lugar privilegiado neste processo, cujo impulso vinha do setor industrial. Boa parte do processo de Modernização política da Europa ocidental poderia até ser vista pela lente conceptual da luta da burguesia contra outros grupos sociais com o fim de obter o predomínio econômico e o controle dos meios do poder político. Não é, portanto, exagerado afirmar que houve uma fase deste processo em que o Estado constituía apenas o comitê executivo dos interesses da burguesia.

É neste período e em decorrência da luta desencadeada pela burguesia que se verificam ou se agravam algumas rupturas no seio do sistema social. Uma tese influente e amplamente documentada faz remontar às discordâncias entre grupos sociais organizados a existência de quatro fissuras, ressaltando a incidência destas na institucionalização das estruturas políticas, no seu funcionamento, na expressão do conflito e na expressão do dissenso. Duas destas fissuras são conseqüência direta da revolução nacional e dizem respeito aos conflitos e às relações entre a cultura e as exigências do "centro" e entre a cultura e as reações de "periferia" — seja qual for o sentido em que se defina "periferia", tendo por base tanto as características étnicas, econômicas, religiosas e lingüísticas como geográficas — e ao conflito entre as tendências centralizadoras do

Estado e a tentativa de preservação dos privilégios corporativistas por parte da Igreja. As outras duas são produto da Revolução Industrial e se referem ao conflito entre os interesses dos grandes proprietários fundiários e os interesses dos empresários, e ao conflito entre os proprietários e fornecedores de trabalho, de um lado, e os assalariados e oferecedores de mão-de-obra, do outro. O modo como estes conflitos são mediados e solucionados ou as fraturas sociais são recompostas, o modo como os conflitos se acumulam e sobrepõem ou as fraturas se agravam, se transformam em sistemas partidários que diferem substancialmente quer quanto ao papel desempenhado pela maioria, quer quanto à atividade e à legitimação da oposição.

Ainda através da lente conceptual da história da burguesia, a Modernização de tipo fascista pode ser vista como o tipo de Modernização que se verifica nos países onde a classe burguesa não dispõe de força suficiente para derrotar as elites agrárias tradicionais e tem de aliar-se a elas, aos burocratas e aos militares, para fazer prevalecer os próprios interesses. O elemento marcante deste tipo de Modernização é que ou se realiza do alto por obra de indivíduos unidos por um forte senso de sua missão e imbuídos por sentimentos de autoritarismo e de desprezo das massas, ou acaba por provocar um longo período de estagnação política, porque o conflito entre elites agrárias e elites industriais se resolve num compromisso prejudicial à população, usada como massa de manobra por ambos os grupos, mas substancialmente excluída da participação dos benefícios, embora mínimos, produzidos por este fraco ritmo de mobilização de recursos do país. Neste sistema, ou os intelectuais se conformam em desempenhar a tarefa de legitimar ideologicamente o regime, ou são simplesmente marginalizados. Com o sucesso das revoluções comunistas do século XX — a russa realizada predominantemente por uma união de intelectuais e operários da indústria, e a chinesa por intelectuais e camponeses — os intelectuais conquistam um papel dominante no processo de Modernização de seus países, embora com êxitos e fracassos, por entre humilhações e perseguições periódicas.

Hoje o debate sobre a classe ou o grupo que deve desempenhar as funções de lideranças nos países do Terceiro Mundo se concentra na possibilidade ou não de que ocorra o advento de uma classe média com forte espírito empresarial e impregnada de nacionalismo e populismo, que proceda, de um lado, à emancipação da dependência do capitalismo internacional e, do outro, saiba apelar para as massas operárias e camponesas, prometendo-lhes e realizando um melhoramento substancial em suas condições de vida. Esta tese, vigorosamente contestada por muitos no plano da cultura da nova classe média e com base numa análise estrutural da sociedade em que ela atua, é contrabalançada pela tese que considera as revoluções camponesas, levadas a efeito mediante uma longa guerrilha, onde se temperam as energias e se formam os quadros dirigentes, a única via ainda aberta para a Modernização política econômica e social dos países do Terceiro Mundo. Além disso, pelo menos a julgar pela recente experiência da revolução cubana, parece que os intelectuais estão também destinados a assumir funções diretivas nas auspiciadas revoluções camponesas do fim do século XX.

Uma das vantagens dos primeiros países a se modernizarem foi a oportunidade que se lhes oferecia de poderem, em certo sentido, adiar as diversas crises e, especialmente, enfrentá-las numa seqüência não destrutiva. Convém frisar, a este respeito, a importância da emigração como válvula de segurança de alguns regimes, particularmente da Inglaterra, nos séculos XVIII e XIX; com a emigração, não somente se eliminava um certo *surplus* da população, mas se afastavam os dissidentes políticos, tornando mais homogênea a comunidade política e desativando alguns conflitos sócio-políticos de grande vulto. Hoje, ao invés, a emigração atua numa direção bem diferente e, sobretudo devido ao desnível de renda e de oportunidades, se resolve numa drenagem dos recursos intelectuais dos países do Terceiro Mundo para os países ocidentais. O chamado *brain-drain* não só enriquece os países já mais avançados no setor da pesquisa científica, criando um novo círculo vicioso ao tornar ainda mais aliciantes as comunidades científicas dos países "maduros", essencialmente os Estados Unidos, mas empobrece, além disso, os países que mais precisariam de técnicos e de pesquisadores qualificados. Às vezes, porém, a fuga das camadas de técnicos e profissionais pode ser influenciada pelas próprias opções políticas dos líderes dos países do Terceiro Mundo, mas o aliciamento destes profissionais é, sem dúvida, uma forma sutil de manifestação do imperialismo. A conseqüência política relevante desta drenagem das energias intelectuais é que aos países do Terceiro Mundo vem a faltar aquela camada de indivíduos que, historicamente, têm sido os mais interessados na instauração de formas de organização política e econômica comumente definidas como modernas.

No que diz respeito mais especificamente às crises, o problema central está na sua acumulação, nos modos como se apresentam, são enfrentadas e solucionadas. Sobretudo a acumulação das crises de identidade, legitimidade, participação e distribuição, cria situações muito complicadas. Se, de fato, a ampliação da participação política, entendida essencialmente como sufrágio universal, é exigida e concedida em sistemas políticos em que ainda não foi definido quem faz parte da comunidade política e quem está excluído, nem quais são os procedimentos aceitos para a solução das crises, as conseqüências prováveis são, de um lado, tendências separatistas dos grupos que se consideram prejudicados, de outro, mudanças contínuas e bruscas nos dispositivos constitucionais. Se, depois, a crise de distribuição se apresenta antes que se tenha verificado um desenvolvimento econômico bastante consistente, o atendimento prematuro às exigências de distribuição provocará graves desequilíbrios na formação dos investimentos e, conseqüentemente, nas sucessivas possibilidades de produzir desenvolvimento econômico e de distribuir os resultados. Entre as limitadas generalizações de uma certa validade, a que sustenta a necessidade de que a compressão dos consumos e um alto índice de investimentos sejam mantidos até se atingir o desenvolvimento autopropulsivo, e que, em consequência, subordina a solução da crise de distribuição à arrancada industrial, parece uma das mais fundadas. No que respeita, pelo contrário, à participação política, considerando que a Modernização é um processo de constante adaptação e de contínuas inovações, não é absolutamente ousado prever o aparecimento de novas formas de participação, especialmente em setores limitados e em matérias específicas pertinentes à distribuição do poder, ao seu exercício e ao seu controle.

A Modernização política não acontece e nem pode acontecer *in vacuo*, isto é, sem entrar em contato com a Modernização dos outros setores e, em particular, com a Modernização econômica e social. Este aspecto do problema foi claramente percebido por quase todos os estudiosos, entre os quais, porém, surgiram tendências diferentes a respeito do papel específico da esfera política no processo global de Modernização. Existem a este propósito três posições. Há aqueles que defendem a autonomia da esfera política das esferas econômicas e social e que, portanto, analisam as mudanças no interior da esfera política, procurando descobrir os seus efeitos na Modernização sócio-econômica e os seus reflexos na estrutura e na cultura política das mudanças nas esferas econômica e social. Esta abordagem parece particularmente frutuosa, embora sua aplicação exija a notáveis esforços analíticos para enuclear tão claramente quanto possível as variáveis em exame e não tenha sido muito usada até agora. Existem, em seguida, os que sustentam a dependência da

esfera política das esferas econômica e social. É a clássica posição marxista, adaptada e reformulada em formas variadas, que considera as mudanças na superestrutura política como determinadas ou condicionadas pelas mudanças nas relações sociais de produção. Paradoxalmente, verifica-se uma convergência da tese marxista, na sua forma mais extrema, com a posição fortemente conservadora e de defesa do *status quo* daqueles que ressaltam as "leis da economia" como algo que não pode nem deve ser contaminado por intervenções de natureza política. Esta é também a perspectiva de muitos estudiosos comportamentistas (v. COMPORTAMENTISMO) que examinam as instituições políticas através de lentes conceptuais provindas da economia, da psicologia e da sociologia. Útil em si, a abordagem neomarxista leva, porém, a acentuar e a privilegiar só um aspecto da mutável realidade dos países em via de Modernização e, na prática, dificilmente consegue dar conta das mudanças que acontecem em países tais como a China, onde é teorizada "a primazia da política". A terceira posição constitui a negação da perspectiva marxista e afirma, exatamente, o predomínio da esfera política sobre as outras esferas. Curiosamente, os antecedentes históricos e lógicos desta corrente de pensamento se encontram em alguns elementos da teoria leninista da conquista e do exercício do poder num país atrasado, segundo os quais para a Modernização da Rússia e a instauração do socialismo seriam suficientes "o poder dos sovietes mais a eletrificação", e na constante acentuação do poder político como meio de criação de novas relações sociais que constitui uma linha relevante do pensamento de Mao Tsé-Tung. A posição aqui assumida é que se deve partir para uma abordagem mais fecunda e, em conclusão, mais compreensiva, da autonomia da esfera política, e que é necessário analisar a Modernização de um sistema globalmente através das interações da esfera política com as esferas econômica e social.

IV. MODERNIZAÇÃO ECONÔMICA. — Define-se como Modernização econômica o processo pelo qual a organização da esfera econômica de um determinado sistema se torna mais racional e mais eficiente. A racionalidade é medida com base na correspondência dos meios usados em relação aos fins que se pretendem atingir. A eficiência é medida com base em três índices: o produto nacional bruto, a renda *per capita* e o índice de crescimento de produção *per capita*. Enquanto os primeiros dois índices retratam a situação de uma economia num determinado tempo e, portanto, são estáticos, o terceiro índice filma a situação e permite colher o próprio processo de desenvolvimento e do crescimento da economia, comparar várias economias e prever suas possibilidades de desenvolvimento sucessivo. Para obter a qualificação de moderna, uma economia tem que passar por várias fases. Embora a teoria dos estádios do desenvolvimento econômico (Rostow, 1962) tenha sido freqüentemente e sob diversas formas justamente criticada, ela fornece uma fácil e estimulante síntese do processo de Modernização econômica. Segundo Rostow este processo se desenvolve a partir da sociedade tradicional com a economia de subsistência, através da criação dos requisitos para a arrancada, dos quais o mais importante é a acumulação primitiva; a arrancada representa uma verdadeira viragem, um salto qualitativo centrado na industrialização implantada. Segue-se depois a passagem à maturidade, que é o estádio em que se consolidam as mudanças estruturais decorrentes da industrialização e se prevê à eliminação dos desequilíbrios setoriais. Vem, enfim, a idade do consumo de massa em que o setor econômico, antes orientado somente para a expansão do setor produtivo, especialmente dos bens instrumentais, é ajustado à produção crescente de bens de consumo. Apesar de os estádios acusarem modalidades e tempos diferentes (seguindo, por exemplo, a lei do desenvolvimento combinado formulada por Trotski, que sustenta para os países subdesenvolvidos a necessidade e a possibilidade de superar alguns estádios, como, por exemplo, o estádio capitalista, graças ao aproveitamento dos conhecimentos já adquiridos em outros países), sobretudo no que se refere à adoção e à aplicação das inovações tecnológicas, a idéia central de que é preciso passar necessariamente de um estádio de forte compressão de consumos, de notáveis poupanças e de grandes investimentos, para uma fase de desenvolvimento econômico autopropulsivo e de expansão de consumos, não parece ser posta em dúvida.

A Modernização econômica, pois, conduz à sociedade altamente industrializada, mas o processo que ela implica e as mudanças que instiga, são muito mais vastas do que as provocadas pela industrialização. O tema, porém, que interessa de modo especial a os estudiosos da Modernização, se refere ao tipo de estruturas políticas que facilita este processo, às contribuições que estas estruturas podem trazer para a sua evolução rápida e equilibrada, e aos reflexos que a Modernização econômica tem na esfera política. Historicamente se verificaram três fases. A primeira caracterizada pelo *laissez faire* e por uma série de ajustamentos quase totalmente independentes da intervenção do Estado na esfera econômica, e compendiada na experiência inglesa. Esta primeira fase caracteriza-se, além disso, pela ausência de organizações formais de operários. Com modalidades ligeiramente diferentes, que dependem da grande disponibilidade de terras e da imigração maciça — de grande importância para o mercado de trabalho e para as lutas operárias — se desenvolve a experiência estadunidense. Uma corrente revisionista de historiadores da economia pôs em relevo que, especialmente no setor do crédito bancário e dos investimentos, o Governo estadunidense desempenhou um papel bem mais importante do que o imaginado pela ideologia americana predominante, individualista e liberalista. Numa segunda fase, a Modernização econômica é favorecida e, freqüentemente, estimulada por intervenções conscientes do Estado, como na Alemanha de Bismarck e no Japão de Meiji. A potência econômica é considerada como um dos meios, o mais importante, do exercício da atividade política, tanto que se assiste a uma substancial subordinação da esfera econômica à esfera política, enquanto, nos casos inglês e estadunidense, se havia desenvolvido, entre poder político e poder econômico, uma longa série de interações de êxito variável, embora freqüentemente favorável aos interesses econômicos. Na terceira fase, representada não somente pelos regimes comunistas revolucionários, como a União Soviética e a China, mas também pela maior parte dos países em via de desenvolvimento, inclusive a Índia, o próprio poder político se torna empresário, quer por causa da fraqueza, corrupção ou inexistência de uma classe empresarial nacional, quer devido aos fins que ele se propõe, não somente de um rápido ritmo de desenvolvimento, mas também de um desenvolvimento programado segundo diretrizes de tipo socialista, em sentido lato. O Estado empresário, tanto na sua fase mais branda do fim do século XIX, como na sua fase mais forte nos países modernizantes do século XX, tende a controlar com dureza as organizações dos trabalhadores, negando-lhes autonomia e possibilidades de negociação e participação no processo decisório, acabando, assim, por impregnar de autoritarismo o funcionamento da máquina estatal.

Nos Estados ex-coloniais, a dialética entre as exigências da Modernização econômica — com a conseqüente compressão mais ou menos prolongada dos consumos à custa, principalmente, da classe operária e dos camponeses — e as exigências de participação política e de distribuição de bens e serviços, se apresenta numa forma aguda e até agora não encontrou uma solução adequada. Em geral, pois, o problema central da Modernização econômica se refere, para o politólogo, à contribuição que o poder político pode oferecer para uma melhor organização da esfera econômica, especialmente em cada um dos estádios do desenvolvimento, e à capacidade que as estruturas políticas têm de abrandar, mediar, ou resolver os contrastes entre as classes sociais, produzidos pela própria Modernização econômica (Holt e Turner, 1966).

V. MODERNIZAÇÃO SOCIAL. — A par das transformações que se originam na esfera econômica, influenciadas por elas e a elas ligadas, ocorrem também profundas transformações na esfera social. A Modernização econômica que visa a uma melhor organização das capacidades e das potencialidades produtivas de uma sociedade envolve, antes de tudo, um êxodo mais ou menos maciço de mão-de-obra excedente dos campos, mão-de-obra expulsa em parte pela mecanização do setor agrícola, em parte atraída pelas nascentes industriais urbanas. Criam-se, assim, enormes conglomerados urbanos. A necessidade de saber manejar máquinas complexas e de prover a administração de grandes empresas torna necessário o aumento da alfabetização para que se torne possível uma mais rápida, mais segura e mais ampla aquisição dos conhecimentos indispensáveis. Acrescente-se que a alfabetização adquire também um significado político próprio. "A exigência de uma instrução elementar é comum a todas as posições políticas: é apoiada pelos conservadores, que temem a indisciplina inata do povo, indisciplina que é preciso conter com a instrução sobre os fundamentos religiosos, inculcando, dessa forma, a fidelidade ao rei e à pátria; os liberais sustentam que o Estado nacional exige cidadãos educados pelos órgãos do Estado; os populistas afirmam que as massas populares que contribuem para a criação da riqueza do país deveriam participar das vantagens da civilização" (Bendix, 1969, 114).

O processo de alfabetização é acompanhado e favorecido pelo desenvolvimento dos meios de comunicação de massa, só que relativamente mais tardio nos países da Europa ocidental, pois que os primeiros exemplos de imprensa "popular" remontam, na Inglaterra, aos começos do século XIX. Em seguida, o uso dos meios de comunicação de massa constituiu uma resposta, por um lado, aos esforços dos governantes em comunicar as decisões políticas aos governados da maneira mais rápida e compreensível, e em conseguir captar os *desiderata* dos governados através da imprensa da oposição ou não; por

outro lado, ele foi ocasionado pela alfabetização generalizada e por um relativo aumento do tempo livre. As exigências funcionais da sociedade, especialmente no que diz respeito ao trabalho nas fábricas e a uma melhor utilização dos recursos humanos e materiais, facilitam paulatinamente os deslocamentos não só entre o campo e a cidade, mas também entre os diversos setores de atividades, estimulando consideravelmente a mobilidade geográfica. Um dos efeitos mais importantes desse aumento de mobilidade geográfica e das exigências do trabalho nas fábricas está na ruptura dos esquemas tradicionais de estratificação e na revelação, embora com limitações por vezes impressionantes, de um notável grau de mobilidade social que parece ser já característica comum das sociedades industriais avançadas. No que concerne à estratificação, a Modernização sócio-econômica exige e provoca a passagem de uma estratificação rígida, baseada em vínculos de casta, para modelos de estratificação alicerçados inicialmente em ligames muito estreitos e firmes, tais como os das classes de tipo marxista, depois para modelos de estratificação nos quais os ligames entre as classes se tornam flexíveis e variados e, enfim, para uma estratificação que produz o agrupamento dos indivíduos segundo as funções que eles desempenham na sociedade. Este último modelo de estratificação, que assenta nas qualidades pessoais e na contribuição efetiva para o funcionamento da sociedade e que tem como legitimação uma ideologia da adequação dos meios aos fins, definida freqüentemente como ideologia da ciência, seria tão rígido quanto o da estratificação baseada nas castas, não poderia ser mitigado, com a aplicação do princípio da igualdade de oportunidades da forma mais compreensível, não só incluindo todos os membros da sociedade, mas também concedendo uma vantagem inicial aos mais desfavorecidos.

As transformações ocorridas nos modelos de estratificação têm, naturalmente, uma alta incidência nas transformações que ocorrem nos vários tipos de representação política (Apter, 1968). Dessa forma, enquanto nos sistemas com estratificação de casta a representação política é muito limitada e reflete somente os interesses dos grupos restritos que giram ao redor dos governantes, à medida que se vai processando a erosão dos ligames rígidos das castas e das classes de tipo marxista, se chega a uma variada representação, baseada inicialmente no predomínio dos interesses econômicos, em seguida no princípio "um homem — um voto", depois, na era atual, numa mistura da representação popular com a representação funcional, fundada na primazia em certos setores, dos experts da área (caso típico: os comitês para o planejamento econômico).

VI. VALORES E VARIÁVEIS ESTRUTURAIS. —

Nenhuma reflexão sobre a Modernização pode fugir de uma análise dos valores, das tendências, das atitudes e das motivações de cada indivíduo e dos grupos que podem influir positiva ou negativamente na aceitação e na produção de novas formas de agir social. O ponto de partida obrigatório para tal reflexão é constituído pela análise que Weber fez da relação entre ética protestante e espírito do capitalismo, interpretada não como uma relação de causa e efeito, mas como identificação da correlação e do condicionamento de certos valores — o ascetismo individual, a procura do absoluto na atividade mundana, a ética do trabalho — no surgimento de um novo sistema social. De acordo com o espírito weberiano, a análise pode ser estendida à individualização das capacidades inovadoras e transformadoras que possuem algumas religiões e os sistemas culturais tradicionais. Do estudo weberiano da constelação de valores próprios do protestantismo pré-capitalista (e que outros encontraram, por exemplo, no xintoísmo japonês) se passou, em seguida, à procura de um único valor como mola de Modernização sócio-econômico e política. As explicações monofatoriais da Modernização, que tiveram maior ressonância recentemente, puseram em relevo a procura do sucesso, o *achievement need* (McClelland, 1961) e a *empatia* (Lerner, 1958), isto é, a capacidade psíquica de identificar-se com uma outra pessoa, de conseguir projetar-se nos papéis desempenhados por outros indivíduos. Afirma-se que a empatia é o pressuposto de mobilidade, porque somente quem consegue imaginar o próprio comportamento em papéis, circunstâncias e localidades diversas dos habituais se empenhará em atingir a posição imaginada, fazendo progredir com seus esforços a própria sociedade. Da descoberta da existência de valores correlatos à Modernização ou em relação de causa e efeito com ela, se passou ao estudo dos modos como esses valores são criados, transmitidos e modificados e, portanto, a uma investigação cada vez mais complexa e sofisticada dos processos de socialização primária que não excluem *a priori* o peso das estruturas políticas e sociais.

A maior parte dos estudos dedicados aos fenômenos de transição de sociedades tradicionais para sociedades modernas se serviu largamente da conhecida e difundida formulação de uma teoria da ação social efetuada por Talcott Parsons na esteira da análise weberiana. A teoria parsoniana se apóia em cinco pares de variáveis estruturais apresentadas de forma dicotômica: adscrição-realização, particularismo-universalismo, difusão-especificidade, afetividade-neutralidade afetiva, tendência para o eu-orientação para a coletividade: as primeiras indicam as características do comportamento nas sociedades tradicionais e as segundas, as características do comportamento nas sociedades modernas. Nas sociedades tradicionais, em particular, o *status* repousa em considerações adscritivas e hereditárias, nas sociedades modernas assenta em considerações de mérito; nas primeiras avalia-se pelo que a pessoa é, nas segundas pelo que a pessoa faz; nas primeiras, o sistema das relações de papel é funcionalmente difuso no sentido de que todos os aspectos do comportamento podem ser considerados relevantes para qualquer relação; nas segundas, estas relações são funcionalmente específicas, isto é, limitadas às considerações essenciais para manter a eficiência do sistema. A base normativa das relações sociais pode prever a consideração do objeto social sob um ponto de vista particular, nas primeiras, e com base em critérios gerais ou universais nas segundas. O sujeito age com base em considerações de afetividade, quando procura a satisfação imediata das próprias necessidades individuais; de neutralidade afetiva, quando exerce um autocontrole em vista de considerações de longo alcance. O sujeito pode perseguir exclusivamente o próprio interesse ou visar interesses do grupo a que pertence.

Estas variáveis estruturais dicotômicas foram objeto de várias críticas. De fato elas não devem ser consideradas como dicotomias mas como pólos de um *continuum*. É indispensável, além disso, acentuar o fato de que nenhuma sociedade é completamente moderna nem completamente tradicional e de que em todas as sociedades se encontram indivíduos que agem segundo considerações de tipo moderno e outros que agem segundo considerações de tipo tradicional; além disso, o mesmo indivíduo, em suas múltiplas relações sociais, pode comportar-se, de cada vez, baseando-se em considerações de tipo diferente. Tudo o que foi dito para a cultura política pode, portanto, ser estendido à análise da ação social: "todos os sistemas políticos são, do ponto de vista da cultura política, sistemas 'mistos'. Não existem culturas e estruturas 'totalmente modernas' no sentido da racionalidade, nem 'totalmente primitivas' no sentido da tradicionalidade. Elas diferem, quer pelo relativo predomínio de uma sobre a outra, quer pelo tipo de mistura dos dois componentes" (Almond e Coleman, 1960, 11).

VII. CONCLUSÃO. — Concluindo, a Modernização é um fenômeno complexo, de amplo fôlego e multidimensional, que acontece em períodos de tempo diferentes e em todos os setores do sistema social. Portanto, para que a sua compreensão seja completa e exata, exige-se uma atenção constante às interações entre os vários setores e o uso de métodos múltiplos e abordagens interdisciplinares. Os dois temas que emergem no estudo da Modernização são: de um lado, a tentativa do homem em controlar a natureza e sujeitá-la às suas necessidades, do outro, o esforço perene de ampliar o âmbito das opções sociais e políticas para o maior número de pessoas. A Modernização é a história destas tentativas e destes esforços.

BIBLIOGRAFIA. — The politics of the developing areas, ao cuidado de G. A. ALMOND e J. S. COLEMAN, Princeton University Press, Princeton 1960; Crisis, choice and change. Historical studies of political development, ao cuidado de G. A. ALMOND, S. C. FLANAGAN e R. J. MUNDT, Little, Brown, and Co., Boston 1973; D. E. APTER, Some conceptual approaches to the study of modernization, Prentice Hall, Englewood Cliffs 1968; Id., The politics of modernization, University of Chicago Press, Chicago 1965; R. BENDIX, Stato nazionale e integrazione di classe (1964), Laterza, Bari 1969; L. BINDER ET AL., Crises and sequences in political development, Princeton University Press, Princeton 1971; C. E. BLACK, La dinamica della modernizzazione (1966), Istituto Librario Internazionale, Milano 1971; G. GERMANI, Sociologia della modernizzazione, Laterza, Bari 1971; Crises of political development in Europe and the United States, ao cuidado de R. GREW, Princeton University Press, Princeton 1978; R. T. HOLT e J. E. TURNER, The political basis of economic development, Van Nostrand, Princeton 1966; S. P. HUNTINGTON, Ordinamento politico e mutamento sociale (1968), Franco Angeli, Milano 1975; S. P. HUNTINGTON e J. I. DOMINGUEZ, Political development, in Handbook of political science, ao cuidado de F. I. GREENSTEIN e N. W. POLSBY, Addison-Wesley, Reading Mass. 1975, vol. 3, pp. 1-114; A. INKELES e D. H. SMITH, Becoming modern, Harvard University Press, Cambridge 1974; D. LERNER, The passing of traditional society. Modernizing the Middle East, The Free Press, Glencoe 1958; D. McCLELLAND, The archieving society, Van Nostrand, Princeton 1961; B. MOORE, Le origini sociali della dittatura e della democrazia (1966), Einaudi, Torino 1969; G. O'DONNELL, Modernización y autoritarismo, Paidós, Buenos Aires 1972; A. F. K. ORGANSKI, Le forme dello sviluppo politico (1965), Laterza, Bari 1970; G. PASQUINO, Modernizzazione e sviluppo politico, Il Mulino, Bologna 1970; Political culture and political development, ao cuidado de L. W. PYE e S. VERBA, Princeton University Press, Princeton 1975; W. W. ROSTOW, Gli stadi dello sviluppo economico (1960), Einaudi, Torino 1962; The formation of national States in Western Europe, ao cuidado de C. TILLY, Princeton University Press, Princeton 1975.

[GIANFRANCO PASQUINO]

Monarquia.

I. INDICAÇÕES DE ESTRUTURAÇÃO GERAL. — Entende-se comumente por Monarquia aquele sistema de dirigir a res pubblica que se centraliza estavelmente numa só pessoa investida de poderes especialíssimos, exatamente monárquicos, que a colocam claramente acima de todo o conjunto dos governados. Obviamente, não é suficiente o Governo monocrático para se ter Monarquia, nem a posse da totalidade dos poderes do Estado: de fato, pode haver Governo monopessoal não monárquico (o chefe de um Estado republicano de regime "presidencial") e regime monárquico desprovido da efetividade dos poderes de Governo (a Monarquia "constitucional").

Por Monarquia, portanto, se entende — na complexa formação histórica deste instituto — um regime substancial mas não exclusivamente monopessoal, baseado no consenso, geralmente fundado em bases hereditárias e dotado daquelas atribuições que a tradição define com o termo de soberania. Um conjunto de características de origem histórica e tradicional modela a Monarquia nos diversos tempos e nas diversas experiências locais e territoriais: há, porém, uma linha de tendência comum a todos os fenômenos de Monarquia no tempo: a tendência a um progressivo crescimento e centralização do poder nas mãos do monarca.

A simplicidade e a efetiva eficácia histórica do instituto explicam o seu extraordinário sucesso no tempo, tanto que as experiências estatais européias que se conhecem, todas, tiveram praticamente como matriz e fundamento a Monarquia: de fato, onde o Governo se identificou com uma Monarquia nacional, realizou uma obra substancialmente definitiva até hoje.

A definição das características essenciais da Monarquia não é, portanto, única; para se ter um regime monárquico é necessário a existência de uma pessoa estável no vértice da organização estatal com as características de perpetuidade e de irrevocabilidade: o monarca é tal desde o momento de sua elevação ao trono até sua morte, exceto o caso de voluntária abdicação. Para expulsá-lo do poder é preciso uma verdadeira revolução.

Embora existam muitíssimos exemplos históricos neste sentido, sob o aspecto conceitual não é admissível uma redução não voluntária do poder de soberano, poder que é teoricamente uniforme e igual desde o primeiro até o último dia do reinado. Na tradição mais prevalecente e amadurecida da monarquia européia (e também não européia) o rei é investido de seu poder, originariamente, por direito do nascimento; a elevação ao trono se verifica por sucessão e, portanto, decorre de um atributo estritamente pessoal do sujeito ou, por alargamento do círculo, de sua família.

O rei é aquele que é gerado por um outro rei ou designado por linha colateral da família que detém o poder monárquico. É exatamente na fase delicadíssima e crítica da sucessão ao trono que se descobre o caráter substancialmente familiar da detenção do direito de reinar. O acesso à Monarquia por sucessão é a forma mais recente do instituto; na idade romano-barbárica e feudal era sistemático recorrer ao método da eleição; eleição, todavia, que tendia a concentrar-se normalmente sobre membros de uma ou de poucas famílias. A irresistível tendência da Monarquia a se identificar com um determinado núcleo familiar aparece, então, operante desde os primeiros tempos da Idade Média.

Isto porque a Monarquia, diferentemente da tirania — que é também regime unipessoal, definitivo e centralizado numa só pessoa, *o dominus*, a totalidade dos poderes —, se baseia normalmente no consenso: um consenso que tende naturalmente a consolidar-se nos filhos e nos descendentes, em geral, do soberano que bem mereceu de seu povo um consenso que freqüentemente se expressa em termos fideísticos e sentimentais: consenso que, sendo a fonte dos sucessos da Monarquia, tem sido também, — é importante lembrá-lo — a base do processo formativo e unificador do Estado.

O soberano, de linhagem hereditária, seguido ou até amado pelo povo (potencialmente por todo o povo e até pela grande maioria de pessoas desprovidas de poder político mas não de genéricos poderes de consenso), se encontrou, com o decorrer dos séculos, cada vez mais investido daquela soma de poderes que ainda hoje não sabemos definir se não com o termo de "soberania"; quer por causa da teoria do direito divino, quer pelas conseqüências da redescoberta das teorias majestáticas romanistas a partir do século XII, os poderes da Monarquia foram cada vez melhor definidos, especialmente no sentido de que foram cada vez mais largamente ampliados, até que o *rex* não coincidiu com o *imperator* (de onde a fórmula: *Rex [Franciae] est imperator in regno suo)*, tornando-se, no fim, o único depositário daquela *suprema maiestas* de que, a partir do século XIX em diante, se tornará titular o Estado contemporâneo.

Os poderes majestáticos foram e são poderes de supremacia, de dignidade e de Governo: dessa forma o rei vivia numa esfera de altíssima dignidade e de direitos estritamente pessoais, governando pessoalmente ou através de delegados toda a *res publica*, com um poder apenas limitado pela lei divina e natural e pelos antigos costumes e direitos do reino que, muitas vezes, tinha jurado respeitar no momento de sua assunção ao trono (parlamentos, direitos nobiliários, autonomias locais, direitos da Igreja, etc.). A partir da baixa Idade Média feudal e embora com os limites referidos, o monarca deixou de ser, de algum modo, um representante e um delegado do seu povo: teoricamente, sendo o poder de origem divina, ele estava colocado numa esfera superior. É claro que não era (ou não era mais) órgão do Estado, se de Estado pode-se falar em determinados períodos, quando ele mesmo pretendeu, como aconteceu com Luís XIV, ser pura e simplesmente todo o Estado.

II. A MONARQUIA GERMÂNICA E FEUDAL, EXPRESSÃO DE UMA SOCIEDADE GENTILÍCIA E SUCESSIVAMENTE OLIGÁRQUICA. — Sob o aspecto histórico a identificação das características fundamentais da Monarquia parece-nos que pode ser feita distinguindo três períodos: o da Monarquia germânica e feudal, o da Monarquia absoluta e o da Monarquia constitucional. No primeiro período genético — deixando aqui de parte, por razões metodológicas, as complexas experiências da idade antiga — a Monarquia aparece em lenta evolução na instável constituição do ordenamento germânico que se seguiu à invasão, organizado inicialmente em bases populares e em seguida, em bases feudais.

A Monarquia era, na sua origem, um instituto militar: o rei não era senão o chefe militar de seu povo; depois, com a fixação e a territorialização dos visigodos, francos e longobardos, etc., se tornou paulatinamente chefe político. Mais lentamente procederam pelo mesmo caminho os poderes monárquicos, que se constituíram nas terras originariamente não romanas, à imitação do monarcado ocidental e bizantino (países eslavos). A soma dos poderes do rei tornou-se bastante reduzida, limitada pela assembléia dos homens livres, e restringida, em seguida, à assembléia dos grandes; a relação dialética rei-parlamento ficou sempre inelininável na Monarquia germânica e constituiu o seu limite mais evidente.

Isto derivou de um fato muito simples: de que nos reinos romano-germânicos, após os séculos V-VI, o poder efetivo estava nas mãos de diversos grupos gentilícios *(Sippe, gentes,* etc.) essencialmente suspeitos e hostis um contra o outro e dispostos a aceitar apenas um brando e genérico exercício do poder monárquico sobre eles (poder que, por ser expressão necessária decorrente do interior de um dos grupos tribais, aparecia exatamente como poder de uma *gens* sobre as demais). Acrescente-se a estes dados políticos concretos a estranheza substancial do instituto monárquico em relação à originária constituição popular germânica e o fortíssimo senso de autonomia do homem germânico que tinha a experiência secular de vida nômade ou seminômade. Embora isto explique o modo`como algumas altíssimas personalidades (Clodovéu, Teodorico, Alboíno, Autari, etc.) puderam fundar a Monarquia no Ocidente (como instrumento essencial do domínio e do controle do pequeno grupo germânico sobre a massa dos vencidos românicos), esta ficou substancialmente um instituto frágil e precário: assim como ficaram quase todos os Estados romano-germânicos. Essa situação de precariedade do poder estatal e monárquico não se modificou substancialmente, apesar de um grande acontecimento que, aliás, foi decisivo para toda a evolução futura e para a ampliação da concepção e da praxe monárquica no Ocidente, acontecimento que é o encontro da experiência germânica com a concepção imperial romana consagrado pela coroação de Carlos Magno.

Coroação imperial na verdade — não monárquica — e elevação a um poder mais alto, estável e direto do que o dos reis foi o caminho para uma nova concepção do poder soberano, que, nascida no plano do Império, devia mais tarde trazer todos os seus frutos imitativos no plano do reino. Antes de tudo, o poder foi dado a Carlos pelo próprio Déus e não pelo povo, através do Pontífice romano. E, acima de tudo, se tratava de um poder incomparavelmente mais amplo do que a antiga soberania germânica, um poder de ligar e desligar, elevar e rebaixar, um poder de tipo substancialmente sacerdotal e carismático: o homem elevado a esse poder não somente era colocado acima do povo de uma forma estável e definitiva, mas também nele via-se reconhecido um direito autônomo e estritamente pessoal ao Governo.

Todavia foi exatamente a partir de Carlos Magno que, apesar do encontro entre concepções majestáticas e monarcada germânica, o poder monárquico no Ocidente entrou num novo, delicadíssimo e difícil período. As intuições políticas que a coroação de São Pedro no Vaticano havia

suscitado germinariam muito lentamente nos séculos seguintes. De resto, teoria política nenhuma pôde mudar de per si os termos concretos da realidade: de tal forma que mesmo depois de Carlos Magno — com exceção do período irrepetível do seu reinado — a Monarquia no Ocidente continuou a viver com dificuldade como tinha vivido até ali.

De fato, o próprio esquema majestático de Carlos Magno, favorecendo a difusão do poder universal do rei franco, induziu-o a procurar uma base de consenso para o seu Governo, consenso que não consistisse unicamente num vínculo de fidelidade através dos costumeiros ligames tribais e nacionais: isto, obviamente, porque, de um lado, as *gentes,* ou as tribos como centros de poder eram já instrumentos em via de dissolução (devido à progressiva fusão com os grupos românicos dominados) e, do outro lado, porque o ligame nacional não servia mais para um soberano que dominava uma série de *nationes* diversas e hostis entre si. Foi, assim, necessário recorrer, como instrumento de Governo, ao nexo feudal (v. FEUDALISMO), recurso que consagrava o novo fundamento real do poder numa sociedade agrária desagregada, isto é, o controle e, em seguida, a posse da terra.

A Monarquia feudal assumiu assim, além dos aspectos formais absolutistas que encontramos em todos os grandes soberanos — quer como imperadores quer como reis — desde Otão I até Frederico II, o caráter de uma primazia teórica desprovida de real poder, fora das regiões de imediato e direto controle. Assumiu, assim, um simples caráter de representatividade genérica num sistema que era, de fato, uma oligarquia de poderosos dinastas fundiários: o rei como chefe da nobreza, também ele nobre e portanto não diferente da classe que lhe garantia a eleição e o poder. Esta é uma característica que substancialmente, apesar de todo o esforço contrário, acompanharia a Monarquia até o seu desaparecimento.

III. A EMERGÊNCIA DO INSTITUTO COMO RÍGIDA ESTRUTURA DE PODER NO CONFLITO ENTRE GRUPOS SOCIAIS. A MONARQUIA "ABSOLUTA". — Os verdadeiros poderes da Monarquia começaram a emergir, em sua base teórica, primeiro, da soberania carolíngia e, depois, da redescoberta da doutrina romanista, quando os dados da realidade social e econômica quebraram a dura e imutável estrutura oligárquica do mundo europeu-ocidental dos séculos IX-XI.

A formação de novas classes burguesas, de uma série de centros de poder urbanos e locais que se foram paulatinamente opondo ao controle dos grandes senhores feudais, gerou uma articulação complexa do tecido social e uma desagregação substancial da não mais homogênea estrutura feudal: no choque, nas regiões onde a sociedade não se fracionou em estruturas centrípetas de poderes locais autônomos ou semi-autônomos (como na Itália, cf. COMUNA), a Monarquia pôde substancialmente se colocar como instrumento de mediação e de equilíbrio, reforçando progressivamente seus poderes em prejuízo das outras realidades políticas.

Para que isto acontecesse, era preciso, portanto, que nenhum desses dois componentes fundamentais absorvesse ou debelasse o outro, isto é, que burguesia nas cidades e feudalismo nos campos e nos centros menores estivessem de certo modo obrigados a estabelecer entre eles relações de aliança e convivência.

Costuma-se dizer, a este respeito, que o papel da Monarquia nesse conflito fosse o de apoiar a burguesia contra a grande e sufocante feudalidade; mas raciocinando dessa maneira não se observa que, de um lado, a Monarquia, de origem feudal por estrutura e mentalidade de seus chefes não teria tido condições de viver numa realidade dominada pela burguesia mercantilista urbana (como haveriam de demonstrar a experiência italiana da baixa Idade Média e os acontecimentos históricos de épocas mais próximas de nós) e, de outro lado, a Monarquia precisava necessariamente de conservar o nexo feudal como instrumento indispensável para a manutenção de um controle territorial geral. Parece-nos, portanto, que, na realidade, a Monarquia precisava apoiar a feudalidade tanto quanto fosse bastante para conter a pressão burguesa, procurando, porém, paulatinamente substituir-se ao feudatário na gestão direta dos públicos poderes nas províncias.

Nos lugares onde a Monarquia foi bem sucedida nesta obra de parcial apoio ao sistema feudal, ela assegurou o seu futuro; mas nos lugares, como a Itália, onde não conseguiu impedir que a cidade se impusesse sobre o campo ou, como a Alemanha, onde — por um fenômeno exatamente antitético e por uma evidente contrapressão da situação italiana — não soube evitar o indiscutível primado do mundo feudal sobre o urbano, ela foi condenada à derrota: esta a obrigou a desaparecer, de fato, da Itália comunal centro-setentrional (referimo-nos a qualquer tipo de Monarquia, inclusive a eclesiástica) ou a manter-se nos antiquados esquemas da velha monarcada feudal do mundo alemão.

Nos lugares em que como a França, a Inglaterra e Castela a tentativa de fundar uma Monarquia de tipo novo, central e eficaz teve sucesso, apareceram primeiro os efeitos progressivamente centralizadores da experiência monárquica, com uma eficácia tal que estas formas de constituição estatal serviram de modelo, também exterior, para todo o renovado mundo político europeu após o século XVI e o definitivo advento em toda a Europa de elementos estruturais que permitiram em quase todos os países o relançamento da experiência da Monarquia ocidental.

Tudo isto abriu o caminho à Monarquia que mais tarde foi definida polemicamente como Monarquia absoluta: na realidade ela nunca foi absoluta, com exceção, talvez, de alguns breves períodos antes da Revolução Francesa. Isto porque a Monarquia conservou até o fim as características e os elementos que tinham consagrado seu sucesso: isto é, o poder monárquico, em sua evolução paulatina e progressiva conservou seus termos de origem que são os da mediação entre as forças políticas em conflito.

Essa mediação assegurava um papel primário à nobreza de origem feudal, destinando a ela, como real e principal apoio do poder (uma vez dominadas, após os séculos XV e XVI, as ressurgentes veleidades autonomistas), os principais postos de comando no Estado monárquico, como tácita compensação das posições de poder que a nobreza perdeu nas províncias, onde cada vez mais aumentava a autoridade do rei. A criação de uma consciência e de uma lealdade dinástica e, portanto, estatal nestas classes superiores representou uma autêntica obra-prima, base de força e de prestígio da Monarquia: esta plasmava, dessa forma, uma consciência unitária e ligava aos interesses estatais e dinásticos todos os grupos dirigentes como uma precisa e definitiva ideologia de poder.

Ao mesmo tempo, porém, a Monarquia, perante estes privilegiados, se erguia como protetora e tutora do clero e das classes urbanas, às quais, embora não reservasse o Governo do Estado, garantia, porém, o controle da vida urbana e comercial e assegurava aos grupos do poder da burguesia uma real eficácia e um real peso na vida pública. Todas as classes, pois, que eram estranhas a este delicado equilíbrio, estavam estritamente submetidas aos grupos privilegiados, fora e debaixo do Estado, acionando uma certa propaganda estatal e religiosa para garantir o consenso dessas classes e evitando qualquer prejuízo ou lesão para os interesses dominantes.

Neste quadro o papel do rei foi progressivamente dilatando-se com o desenvolvimento do "Estado-máquina" na Idade Moderna: o exército, a burocracia e a finança se tornaram as colunas do poder da Monarquia para controlar e vincular ao rígido sistema centralizado, que se vinha criando, todos os demais poderes do Estado. No mesmo interesse do equilíbrio constitucional alcançado, o trono se tornou, em quase todos os lugares, hereditário: o rei acentuou suas características de investidura divina e de superioridade e até de estranheza, perante todos os grupos sociais.

Sendo árbitra, a Monarquia era superior a todos, circundada, também exteriormente, dos sinais do poder e da majestade: nesta superioridade os grandes componentes do Estado (nobreza, burguesia, clero) encontraram a garantia formal e substancial da imparcialidade da Monarquia e, portanto, a garantia do respeito de suas posições, embora seguindo o esquema de valores e de precedências já consagrado e cristalizado pela tradição. Enfim, na ordem, nobreza, clero e burguesia se sentiram garantidos pelo sistema de pirâmide dirigido pela Monarquia. Por fim, a prevalência decisiva e a declarada ambição hegemônica de uma classe sobre a outra destruíram este sistema penosamente elaborado durante séculos e abateram, por último, também a Monarquia que não conseguia mais se assegurar se não conservando — e enquanto fosse possível conservar — a ordem social e política originária da baixa Idade Média.

IV. CONSTITUCIONALIZAÇÃO DA MONARQUIA NA IDADE DO PREDOMÍNIO DA BURGUESIA E PROGRESSIVA DECADÊNCIA DO PRINCÍPIO MONÁRQUICO. — O surgimento, através de uma série complexa de acontecimentos, da Monarquia constitucional, inicialmente na Inglaterra, em seguida na França e depois um pouco por todos os países, no século XIX representou um compromisso com que, na dissolução da velha ordem social hierárquica e na prevalência da ideologia da burguesia vitoriosa, se salvou quanto ficava do antigo significado de estabilidade do regime monárquico, inserindo-o num sistema em que os instrumentos do poder tinham já passado por diversas mãos.

A constitucionalização da Monarquia foi tanto mais radical e rápida quanto mais forte era a classe burguesa dominante e quanto mais decididamente esta tinha influído, através do processo revolucionário econômico e político, na estratificada estrutura social preexistente. Isto explica, em geral, a sorte do regime da Monarquia constitucional e as tentativas de volta ao passado que este tipo de regime conseguiu ainda efetuar.

No sistema constitucional do século XIX a Monarquia ficava vinculada a um pacto preciso de garantias jurídicas na gestão do poder: garantias que, embora concedidas formalmente através de uma carta graciosamente concedida pelo monarca, nem por isso se tornavam inteiramente contratuais e bilaterais. Através do pacto constitucional a Monarquia cessava de ser uma instituição acima do Estado e se tornava um órgão do Estado: o Estado, de fato, transmitia à Monarquia todas as suas prerrogativas, inclusive as da *suprema potestas* que, como dissemos, de então em diante, foram consideradas como pertencentes à instituição estatal.

O rei se tornou um simples representante da unidade e da personalidade do Estado, com funções que se foram paulatinamente reduzindo ao se passar do sistema constitucional-puro para o sistema constitucional-parlamentar. Nesta nova ordenação, como é sabido, as funções de chefe do executivo e de órgão legislativo que ainda pertenciam à Monarquia foram, de fato, absorvidas *in toto* pela Câmara eletiva, processando-se rapidamente um esvaziamento das prerrogativas que a Monarquia tinha reservado para si, em favor do chamado Governo parlamentar. Em suma, tornava-se essencial para a gestão do poder o consenso do Parlamento, mais do que o do soberano, para quem ficava substancialmente e só uma função certificatória e ratificadora das decisões tomadas em sede parlamentar e partidária.

Resulta bem claro como, neste sistema, podia tornar-se muito fácil, então, a passagem para uma forma institucional republicana, isto é, para uma forma de regimento que previsse a eleição direta ou indireta do mesmo chefe do Estado por um determinado número de anos: e isto pela própria lógica do poder, logo que o Parlamento reparasse que, devido às condições históricas já mudadas, poderia deixar de limitar seu papel à seleção do chefe do Governo, estendendo-o, de verdade, à eleição do chefe do Estado.

De fato, a progressiva parlamentarização da vida pública e o declínio da economia fundiária vinham progressivamente reduzindo o papel e a efetiva importância da Monarquia a quem ficava, como último instrumento, o consenso popular, um consenso, porém, já esvaziado dos meios para mantê-lo e ampliá-lo. Enfim, a Monarquia constitucional estava já nas mãos das Câmaras eletivas; não faz espanto, portanto, que a progressiva entrada no Parlamento de forças estranhas à velha tradição monárquica e contrárias à mesma alta burguesia, que também tinha estipulado o pacto constitucional com a Monarquia, tornasse, cada vez mais, malvista a conservação dos regimes institucionais dinásticos.

Onde, porém, a Monarquia soube fazer uso correto e prudente das prerrogativas formais com que ficou, conseguiu durar e manter-se também em regimes parlamentares: mas sempre como simples órgão do Estado, continuamente, embora tacitamente, confirmado pelo consenso popular. Apenas ele lhe garante ainda manifestações residuais.

BIBLIOGRAFIA. — G. ASTUTI, *La formazione dello Stato moderno in Italia*, Giappichelli, Torino 1969; E. CROSA, *La monarchia nel diritto pubblico italiano*, Bocca, Torino 1922; H. FICHTENAU, *L'impero carolingio* (1949), Laterza, Bari 1958; A. MORONGIU, *Storia del diritto pubblico. Principi e sistemi di governo in Italia della metà dell'XI ala metà del XIX secolo*, Cisalpino, Milano-Varese 1956; H. MITTEIS, *Le strutture giuridiche politiche dell'età feudale* (1933), Morcelliana, Brescia 1962.

[PAOLO COLLIVA]

Movimento Operário.

I. DEFINIÇÃO. — Por Movimento operário se entende o conjunto dos fatos políticos e organizacionais relacionados com a vida política, ideológica e social da classe operária ou, mais em geral, do mundo do trabalho. Tem como primeira condição a subsistência a um proletariado industrial, isto é, de um conjunto de homens que baseiam sua existência econômica no trabalho assalariado, estando privados da posse dos meios de produção, em oposição aos quais se encontram os detentores desses meios, isto é, o capital.

A concepção do Movimento operário, tal como se foi desenvolvendo, no curso de quase dois séculos, nos países economicamente avançados de todo o mundo, se foi paulatinamente identificando com os conceitos de proletariado e de classe operária e hoje o Movimento operário pode ser definido como a expressão de todo o proletariado (de um determinado país, de uma região, etc.), numa certa época ou como a expressão atuante e combativa, isto é, como o momento dinâmico da classe operária (também, de um certo país, de uma região, etc.). Isto significa que no Movimento operário tomam consistência e se exaltam as instâncias de combatividade e todas as organizações, instituições e opções de ação que o proletariado adotou na sua evolução histórica e que ainda adota, não de forma esquemática nem dogmática, mas procurando sempre adequar aos tempos e lugares as múltiplas manifestações organizativas elaboradas, preocupando-se com a atualização constante da problemática ideal, querendo analisar de modo sempre novo e original a sociedade, dentro da qual se encontra a atuar, e partindo sempre, em suas avaliações, de dois princípios: a) da opressão e do abuso exercidos pelo capital, isto é, pelos proprietários que dão trabalho, em relação aos trabalho assalariado, isto é, aos operários que trabalham, e b) da conseqüente divisão em "classes" da sociedade industrial moderna. Destes dois pressupostos nasce a "necessidade" da luta de classe, de que se tornaram intér-

pretes e fautores (de forma diferenciada e mais ou menos atenuada) todas as organizações que direta ou indiretamente se ligam ao Movimento operário: partidos, sindicatos, cooperativas, associações de massa, que se propõem como finalidade ou a contestação ou a reforma ou, pelo menos, a substancial transformação da sociedade presente, ou de uma parte dela, e da sua substituição por uma nova sociedade socialista, a ser realizada imediata ou mediatamente ou, enfim, a longo prazo.

II. A EVOLUÇÃO DO CONCEITO DE MOVIMENTO OPERÁRIO. — O Movimento operário como tal inicia a sua existência social com a época industrial: não é possível falar de Movimento operário na era pré-industrial; quando muito, nos podemos referir as "movimentos" que tiveram como participantes operários: movimentos camponeses, movimentos de artesãos, etc. De fato, o Movimento operário moderno tem como contexto de ação a sociedade industrial, na qual opera e domina a burguesia capitalista: a sua evolução começa quando o operário individual, típico das economias ainda não industrializadas e que se expressava especialmente nas imagens do mestre e do jovem aprendiz, começa a tomar consciência de si e, contemporaneamente, o seu trabalho não é mais usado isoladamente, independentemente do trabalho análogo e estritamente ligado de outros indivíduos, mas se insere num processo que encontra sua principal expressão na fábrica industrial capitalista. A esta evolução substancial, efeito e causa da Revolução Industrial, se vincula o fato político da emancipação burguesa, consumada mediante a Revolução Francesa, que, portanto, pode ser considerada o verdadeiro ponto de partida de um movimento que é qualificado de "operário".

Nos decênios seguintes, e cada vez com maior força à medida que nos vamos aproximando de meados do século XX, o Movimento operário foi recebendo integralmente as propostas de emancipação política apresentadas pela burguesia, o Terceiro Estado, desde 1789-1794, mas transferiu-as para a estrutura social, rejeitando-lhes o absolutismo teórico mas não a possível limitação no plano prático, e estendendo-as, em contrapartida, a todos os setores da' vida social, e mesmo a qualquer sociedade e a qualquer coletividade atuante no presente, sem distinções de censo, de poder econômico, ou de raça (esta é a exemplificação convincente proposta por Wolfgang Abendroth).

Pelos motivos acima expostos se pode falar de movimento, de corrente política, que foi e é expressão de uma particular condição econômico-social, com necessidades autônomas próprias, com exigências de poder ou simplesmente com posições defensivas independentes quanto à gestão existente do poder: um movimento que, desde os seus primórdios, apresentou soluções alternativas próprias à sociedade capitalista, fundada na posse "privada" dos meios de produção, e que, como tal, elaborou doutrinas de diversos tipos, reformistas ou revolucionárias, mas sempre ligadas a concepções socialistas, coletivistas ou comunitárias, isto é, negadoras de uma gestão meramente privada da economia.

Enquanto na Revolução Francesa o Movimento operário era ainda fragmentário e não tinha estrutura nem fins orgânicos, nos primeiros decênios do século XIX ele se definiu e estabeleceu objetivos mais precisos na Inglaterra e nos Estados Unidos da América, onde começou a se afirmar no campo sindical e no campo teórico, rejeitando a economia "clássica" e capitalista. Nos anos seguintes à revolução de julho (1830), desenvolveu-se e amadureceu politicamente o Movimento operário francês, que desenvolveu a sua luta, quer no plano revolucionário da contestação geral do sistema, quer no plano da luta sindical, quer no da elaboração teórica de uma nova perspectiva comunista — comunitária, negadora do presente burguês e capitalista. Na Alemanha, enfim, também nos anos seguintes a 1830, se acentuaram as instâncias de classe, sintetizadas em propostas organizativas que não eram somente sindicais mas que começavam a ser políticas, isto é, "partidárias". Todo este movimento de gestação se concluiu em 1848, com a criação do Movimento operário da época contemporânea, através do processo delineado por Marx e Engels no *Manifesto comunista* (1848), cujos termos resultam ainda hoje válidos, pelo menos sob o aspecto metodológico, se relacionados com os nossos dias.

Com o desenvolvimento da indústria capitalista, dizem Marx e Engels, o proletariado não cresce somente numericamente: o fato de se agruparem em grandes massas e de enfrentarem de forma necessariamente comunitária problemas análogos, faz crescer, de um lado, a sua consciência e, do outro, os conflitos ofensivos e defensivos. Daí o surgir da consciência de classe através das lutas, onde o que conta não são tanto os efeitos, muitas vezes efêmeros, mas especialmente a organização que se gera: "O verdadeiro resultado das lutas não é o sucesso imediato, mas a união cada vez mais extensa dos operários"; disto se conclui que toda a "luta de classe é luta política". Além disso, o Movimento operário não age mais egoisticamente, como acontecera no passado com todas as classes que tinham assumido o domínio político da sociedade: ele junta em si as exigências de toda a coletividade humana do presente e do futuro e nele se identificam todos os que pertencem atualmente a outras classes, destinadas a desaparecer como tais e a ser absorvidas pelo proletariado, quando este se tiver tornado classe dominante. A este propósito, o *Manifesto* proclama que o Movimento proletário é o "movimento independente" da grande maioria no interesse da grande maioria", isto é, que "o proletariado, que é a camada mais baixa da sociedade atual, não pode sublevar-se nem elevar-se, sem que toda a superestrutura das camadas que constituem a sociedade oficial seja destruída".

III. O MOVIMENTO OPERÁRIO NA SUA ESTRUTURA HISTÓRICA. — Nos anos de 1848-49, o Movimento operário (pelo menos o europeu que estava na vanguarda no plano da ação) se manifesta como componente primário da evolução histórica e se afirma ideológica e politicamente, provando haver adquirido já então consciência de classe, propondo e pondo em prática a própria organização como partido político (portanto, como todo o conjunto de órgãos colaterais) e iniciando um processo cuja primeira fase poderá considerar-se concluída com o fim da Primeira Internacional (1872-1876); no decurso deste processo o Movimento operário se apresenta já em seus contornos atuais, que precisarão somente ser atualizados com a evolução das relações sociais e com o próprio desenvolvimento científico e tecnológico, mantendo-se, contudo, íntegros em seu núcleo fundamental, classista de um lado e ambivalentemente reformista-revolucionário do outro.

É especialmente, por inspiração de Marx e de Engels que a alemã e internacionalista Liga dos Comunistas, nos seus Estatutos de 1847, fixa os conceitos básicos sobre os quais se fundam ainda hoje os partidos e os movimentos relacionados com o proletariado revolucionário e com o Movimento operário, prefigurando dessa forma, pelo menos em linha de princípio, o partido político da classe operária na sua estrutura atual. Diz assim o art. 1.º dos Estatutos: "A finalidade da Liga é a destruição da burguesia, o domínio do proletariado, a abolição da velha sociedade burguesa baseada no antagonismo entre as classes e a fundação de uma nova sociedade sem classes e sem propriedade privada". Ali a luta de classe é extensiva a toda a sociedade, é própria do movimento operário na sua oposição alternativa ao sistema, e é condição quer para a sobrevivência do próprio movimento como força política, quer para o seu próprio progresso social. Essas teses encontram uma confirmação em todo o internacionalismo operário, tal como ele se manifesta nos anos da Primeira Internacional (1864-1872), que representa exatamente a tentativa de desenvolver, um plano supranacional, a luta revolucionária pela conquista do poder político, embora respeitando as peculiaridades e as características originais locais de cada movimento, expressas nos partidos políticos nacionais e nos sindicatos (e nas demais organizações de massa, entre as quais as cooperativas, sempre, porém, unidas aos partidos). As teses de Marx e Engels, que o Movimento operário internacional assumiu, são as teses notórias de que a emancipação da classe operária "deve ser obra da própria classe operária" e de que a luta conduzida pelo Movimento operário não é luta "para privilégios de classe e monopólios", mas "para estabelecer igualdade de direitos e de deveres e para abolir qualquer domínio de classe" num plano internacional; a luta deve ser sobretudo social, porque "o social" engloba em si qualquer outra manifestação, mais precisamente, "a emancipação econômica da classe operária é o grande objetivo a que deve estar subordinado, como meio, qualquer movimento político" (vejam-se os estatutos gerais da Internacional nas versões de 1864 e de 1871).

Dentro dessas fórmulas teóricas e organizacionais se foi constituindo o Movimento operário como força classista independente de influxos externos (embora com não poucas exceções) em quase todos os países economicamente desenvolvidos e em alguns países atrasados ou pelo menos subdesenvolvidos. A confirmação prática da necessidade orgânica do Movimento operário se encontra, desde 1871, na *Comune* de Paris, que — embora fora de qualquer esquema preconstituído e de qualquer ideologização abstrata — representa a primeira forma efetiva de gestão de um poder proletário por parte do Movimento operário em cada um dos seus componentes, e que demonstra, segundo a análise de Marx em *Guerra civil na França* (1871), que, nos lugares onde "a luta de classe toma uma certa consistência", o Movimento operário pode atingir o seu objetivo imediato que é o de "debelar o despotismo do capital sobre o trabalho", na busca do grande objetivo de construir uma sociedade de tipo novo, de "democracia proletária" (substancial, isto é, antiburocrática e antimilitarista), através do instrumento da ditadura do proletariado, que conduzirá à sociedade sem classes, onde as classes já dominantes e opressoras serão, por sua vez, "oprimidas" e eliminadas como classes: isto é, levará ao socialismo.

Embora apoiando-se nas colocações marxistas, na experiência da Comuna e nas primeiras tentativas válidas de organização do Movimento operário, a Segunda Internacional, fundada em 1889 e agrupando os numerosos partidos socialistas nacionais que se tinham constituído ou que iriam sendo criados nos anos seguintes, não atende ao seu objetivo de assegurar ao Movimento operário um plano de desenvolvimento progressivo para o socialismo, contrapondo uma frente supranacional compacta contra a potência econômica do capitalismo. Embora as finalidades políticas fracassem perante a explosão da guerra de 1914 (tanto R. Luxemburg como Lenin já tinham demonstrado o fracasso da Internacional nos anos anteriores à guerra), se pode afirmar que o Movimento operário, pelo seu "desenvolvimento em amplitude", pela extensão de sua força organizativa e pela sua profunda penetração como componente indestrutível das relações econômico-sociais e do debate político da Idade Contemporânea, tirou da nova experiência histórica a maior vantagem possível e, mesmo nas sucessivas cisões e divisões, demonstrou, em geral, sua vitalidade, apesar das diversas opções realizadas: de uma parte, as opções decididamente revisionistas mais do que reformistas das social-democracias européias, não mais alternativas em relação aos sistemas burguês-capitalistas, mas neles politicamente integradas, e, de outra parte, as opções revolucionárias ou propensamente reformistas — de acordo com os lugares e os tempos e muito diferenciadas entre si — do Comunismo de inspiração bolchevista, aceitas desde o fim de 1919 até 1943 nas fileiras da Terceira Internacional.

O Movimento operário, contudo, não mudou sua estrutura classista e, apesar dos muitos momentos de integração temporária ou de desistência da luta, quer quando se encontrou em situações dominantes e emergentes, quer quando manteve as posições tradicionais de oposição, continuou a desenvolver, de formas diferentes e embora com erros, fraquezas e até culpas, a sua polêmica de ruptura contra o capitalismo. Foi especialmente mérito de Lenin ter continuado a elaboração doutrinária iniciada por Marx e Engels, no que se refere particularmente aos meios de ação e às táticas do Movimento operário.

IV. O MOVIMENTO OPERÁRIO NO SÉCULO XX. — O Movimento operário no século XX, tanto antes como depois da revolução de outubro, apresenta sempre duas inspirações que repercutem na sua ação organizativa e na sua ação política: de um lado, a inspiração reformista, que acentua o momento organizativo com vistas a uma pura e simples política de reformas, e, do outro, a inspiração revolucionária, também inteiramente apoiada no fato organizativo, mas com uma perspectiva política de raio mais amplo. São estas, de fato, as duas expressões de maior relevo do Movimento operário contemporâneo, às quais, a partir de Lenin, fazem referência todas os que foram dirigentes do mesmo movimento, e especialmente os grupos e partidos que se inspiram no socialismo. O Movimento operário, de fato, se identifica politicamente com os partidos socialistas (ou, depois, comunistas), embora não se assemelhe totalmente a eles, por apresentar em certas situações tanto características especificamente nacionais, como manifestações operário-corporativistas (é o que acontece no caso mais relevante do trabalhismo inglês ou em outros de menor importância de "partidos operários" fechados em si mesmos). As formas de organização mudam evidentemente com o tempo, embora os módulos básicos sejam sempre os da Liga dos Comunistas de 1848: trata-se de organizações que tendem a pôr em claro a independência do movimento de qualquer outro grupo, ou momento, ou partido atuante na cena político-social de cada país. Dessa forma, no Movimento operário (seguindo os princípios lançados por Lenin em *O que fazer?* de 1902 e depois reafirmados e atualizados num série de outros escritos até *Extremismo, doença infantil do comunismo*, de 1920) privilegia-se a organização partidária, guiada por "revolucionários de profissão", que se coloca na vanguarda da classe, embora sendo a ela profundamente conatural: o simples reinvindicacionismo, as coalizões, as manifestações espontâneas encontram um primeiro enquadramento na organização sindical, mas esta está limitada, quer na ação pelo interesse imediato dos objetivos, quer nas suas próprias enunciações teóricas, enquanto engloba em si, não as perspectivas unitárias de classe, mas mais genericamente as do setor. O partido, ao invés, rejeitando qualquer espontaneísmo abstrato, mas aceitando a espontaneidade das massas, constitui a organização revolucionária do Movimento operário para a consecução do fim da construção socialista, e é a sua "vanguarda" embora nunca ficando separado dele, a menos que fracasse totalmente em sua ação. Após Lenin, de fato, o partido e o Movimento operário se apresentaram como coincidentes: as divisões que historicamente aconteceram salvaguardaram sempre essa coincidência e tanto os partidos social-democráticos, quanto os partidos socialistas revolucionários e comunistas tiveram sempre a presunção de expressar globalmente todo o Movimento operário de um determinado país. As divisões — que se deram quer no plano da tática quer no dos objetivos — salvaram o princípio da unidade do Movimento operário e tiveram como objeto de discussão e diferenciação os meios de intervenção a serem adotados em relação à sociedade capitalista (luta dentro dela ou conflito desde fora), ou a própria ação social da classe

operaria, manifesta através dos meios mais diversos, desde a greve até o boicote e à luta sindical generalizada, ou os fins da transformação gradual ou violenta da própria sociedade.

Mesmo quando, como aconteceu em tempos recentes na social-democracia alemã com o congresso de Bad Godesberg (1959), se procurou separar o partido do Movimento operário, tendo em vista uma integração da classe operária na sociedade massificada das classes médias, se quis sobretudo interpretar teoricamente certas avaliações sociológicas típicas de momentos bem definidos, válidas circunstancialmente, mas desmentidas pela ação política e pela prática sindical dominantes.

Em conclusão, pode-se, portanto, recalcar a eficácia da análise de Marx e Engels: é que, como demonstrou ainda recentemente Abendroth, os operários da época contemporânea se reconhecem como "classe social dependente dos proprietários dos meios de produção". E, nos países de capitalismo amadurecido, 80% da população ativa é formada por trabalhadores dependentes.

Movimento operário, partidos socialistas de classe e organizações de massa constituem, pois, um todo unitário, não estático no tempo, mas atuante de modos diferentes nas diversas situações históricas, que tem de ser por isso interpretado dinamicamente, fora de qualquer esquema rígido, mas também sem esquecer a essência classista do Movimento operário, modelada pela sua própria existência dentro da sociedade burguês-capitalista (hoje tardo-capitalista), em cujo surgimento baseia a sua principal razão de ser.

V. O MOVIMENTO OPERÁRIO E A SOCIEDADE ATUAL. — Definir o que é o Movimento operário atual significa analisar sociologicamente a condição operária, deduzindo daí seus padrões de comportamento, sempre, porém, no quadro da aquisição de uma consciência de classe. Com isso não se quer afirmar que, se os problemas sociais com que se enfrenta hoje o Movimento operário, após a revolução tecnológica e a automatização, são diferentes em relação aos de há cento e cinqüenta anos, ou se as atitudes, objetivas e subjetivas, das classes burguesas e do mundo empresarial mudaram, se, enfim, se modificaram as condições de vida e o próprio modo de exploração da classe operária, não diminuíram nem a exploração nem a opressão capitalistas, nem mudaram os objetivos de poder alternativamente propostos pelo mundo operário em relação à gestão neocapitalista da sociedade. Desta forma, o Movimento operário atual, nos países onde reflete predominantemente o proletariado industrial de fábrica, ele, mais do que no passado, desempenha a sua função de vanguarda e tração, partindo, em sua reivindicação do poder, das exigências salariais, assistenciais e normativas mais imediatas e próximas, mesmo através das lutas setorizadas e surgidas espontaneamente da base, mas generalizando a seguir essas lutas, passando do plano egoístico e corporativo ao da totalidade, ou seja, contrapondo-se politicamente ao sistema atual com propostas destrutivas, no que se refere às formas deste sistema, e substitutivas, quanto ao que está intimamente ligado à sua substância estrutural. Nos países avançados, o Movimento operário se serve, com absoluta "maturidade", das táticas de luta, utilizando os instrumentos tradicionais, o partido e o sindicato de classe, mas fazendo deles um uso que superou a cisão entre reformas e revolução (ou entre reformismo e revolucionarismo) e procurando realizar ou fazer com que se realizem as reformas, mediante o uso correto das instituições existentes; rejeita, contudo, a aceitação teórica de um abstrato reformismo.

Em contraposição, devido às conquistas econômico-sociais cada vez maiores e mais decisivas que levaram as contradições do neocapitalismo a níveis cada vez mais altos, o movimento operário hodierno tem acentuado os seus objetivos de revolução total da sociedade e de oposição ao poder, de gestão da sociedade desde a base. A classe operária dos países desenvolvidos não só não se integrou nesta ação, coisa que deveria acontecer tanto segundo a teorização da sociologia política e industrial do neocapitalismo como segundo as interpretações intelectualistas do irracionalismo ultra-revolucionário de esquerda, mas se robusteceu sob o ponto de vista orgânico e combativo. Mostrou-se vã e puramente abstrata a contraposição entre um Movimento operário totalmente "institucionalizado" e atuante dentro do pequeno espaço permitido pelo Estado e pelo grande capital, e a ação operária espontânea, de maior relevo, por exprimir as reais aspirações revolucionárias da nossa época: com efeito, é fácil observar que os dois modos de ação indicados não são senão componentes diversos de um único movimento e que privilegiar um em prejuízo do outro ou negar este significa desvirtuar-lhe toda a ação.

A classe operária, com suas vanguardas, partido (ou partidos) e sindicato, evolve na sociedade tardo-capitalista, para o Movimento operário, não apenas quando dirige a sua luta contra os detentores dos meios de produção e suas expressões políticas, mas também quando combate conceptual e organicamente todos os grupos e núcleos que, desviados do contexto da classe e operando em planos abstratos, se autoproclamam avançada extremista, mas que têm por único objetivo destruir-lhe as manifestações organizativas e impe-

dir-lhe tanto os intentos reformistas quanto a ação revolucionária.

Após tal constatação, é também oportuno salientar que historicamente, nos anos mais recentes e nos países de mais elevado desenvolvimento industrial, os métodos de organização do Movimento operário ou seguiram com freqüência caminhos diversos dos traçados pela "tradição" classista, ou deram indiscutivelmente lugar a fenômenos de aparente degeneração corporativa, entre os quais se podem contar tanto algumas manifestações de trade-unionismo enclausurado em si mesmo, quanto variadas expressões sindicalistas ou partidárias particulares, tais como o peronismo.

Não obstante, o método e os esquemas de origem marxista ainda hoje servem para definir o status social do Movimento operário. Mas nem sempre são capazes de lhe delinear as atitudes políticas, quer se refiram às massas, quer aos indivíduos. Intervêm então outros instrumentos culturais ou cognitivos que deveriam permitir uma abordagem mais precisa da situação do Movimento operário na época contemporânea e mostrar, de modo peremptório, as condições de vida do trabalhador e das classes dos trabalhadores dependentes. Esses instrumentos são-nos oferecidos pelas ciências sociais: com eles se estudam e observam os comportamentos dos trabalhadores dos países industrialmente mais avançados (por exemplo, Estados Unidos da América, Suécia, Alemanha ocidental, etc.). O resultado da pesquisa é que, mesmo abandonando o mais das vezes qualquer perspectiva revolucionária e toda a independência no plano político, o Movimento operário e os trabalhadores dependentes mantêm uma autonomia psico-intelectual e uma série de comportamentos semelhantes ou paralelos que fazem com que se conserve também uma independência e uma unidade de necessidades internas e externas e de regras individuais e coletivas que coincidem, afinal, com a visão tradicional e marxista da "classe". Esta se expressa na teorização da luta de classes, que é ainda hoje conatural ao mundo hodierno, se bem que tenha de adaptar-se às mudanças estruturais que vão constantemente ocorrendo. Testemunhamos assim a recuperação integral, entre os temas do Movimento operário, de objetivos a realizar não já em tempos indeterminados, mas dentro de prazos preciosos, como: a autogestão e o "autogoverno dos produtores", a co-gestão, uma nova forma de associacionismo cooperativo, a democracia direta na fábrica (democracia industrial), etc. Todos estes projetos e propostas se hão de inserir em contextos nacionais e sociais diversos, e têm recebido e continuam recebendo soluções várias. Mas ajudam sempre a comprovar a validade da ação autônoma do Movimento operário e demonstram, em suma, a continuidade da sua essência classista e globalmente alternativa, embora com todas as suas contradições internas, tanto em relação às sociedades burguês-capitalistas como às burocrático-coletivistas.

É precisamente no mundo de hoje que se obtém a confirmação da análise marxista, historicamente relacionada com o ano de 1848 e com a Comuna de 1871, para a qual o Movimento operário se afirma, em sua perspectiva revolucionária e em suas propostas socialistas: a) quando do mundo desenvolvido, onde podem surgir confluências socialistas, passa ao mundo atrasado, onde os problemas da sobrevivência são decisivos; b) quando repele toda a hipótese de impaciência revolucionária que negue o presente, sem querer partir diretamente dele para a construção do futuro; c) quando atua imediatamente no plano das reformas para alcançar e efetuar, revolucionariamente, dentro de um breve ou longo prazo, conforme as condições político-sociais e econômicas, a transformação integral da sociedade.

BIBLIOGRAFIA. — AUT. VÁR., *Workers in Industrial Revolution*, Transaction Books, New Brunswick 1974; W. ABENDROTH, *Storia sociale del movimento operaio europeo* (1965), Einaudi, Torino 1971; A. ACCORNERO, *Il lavoro come ideologia*, Il Mulino, Bologna 1980; *Il movimento operaio italiano. Dizionario biografico*, ao cuidado de F. ANDREUCCI e T. DETTI, Editori Riuniti, Roma 1975-1979, 6 vols.; J. BRAUNTHAL, *Geschichte der Internationale*, J. H. W. Dietz Nachf., Hannover 1961-1971, 3 vols.; B. CACÉRÉS, *Le mouvement ouvrier*, Seuil, Paris 1967; G. D. H. COLE, *Storia del pensiero socialista*, Laterza, Bari 1967-1968, 7 vols.; F. ENGELS, *La situazione delle classi lavoratrici in Inghilterra* (1845), Editori Riuniti, Roma 1970; ESMOI, *Bibliografia del socialismo e del movimento operaio italiano*, Edizioni ESMOI, Roma-Torino 1956-1966, 7 vols.; PH. S. FONER, *History of the labor movement in the United States*, International Publishers, New York 1962-1964, 3 vols.; E. J. HOBSBAWM, *Studi di storia del movimento operaio*, Einaudi, Torino 1973; J. KUCZYNSKI, *Nascita della classe operaia* (1961), Il Saggiatore, Milano 1967; C. A. LANDAUER, *European socialism. A history of ideas and movements*, University of California Press, Berkeley-Los Angeles 1959, 2 vols.; P. MATTICK, *Ribelli e rinnegati*, ao cuidado de C. POZZOLI, *Musolini*, Torino 1976; R. MICHELS, *Cenni metodologici e bibliografici sulla storia del movimento operaio italiano*, in "Rivista Iternanazionale di Filosofia del Diritto", 1933; II. MOMMSEN, *Arbeiterbewegung und nationale Frage*, Vandenboeck und Ruprecht, Göttingen 1979; A. NEGRI, *Movimento operaio*, in AUT. VÁR., *Enciclopedia Feltrinelli-Fischer. Scienze Politiche* I (*Stato e politica*), XXVII, Feltrinelli, Milano 1970; W. SOMBART, *Sozialismus und soziale Bewegung*, Gustav Sicher 1905 (10.ª ed., sob o título de *Der proletarische Sozialismus, ibid.* 1924), 2 vols.; G. TREVISANI, *Storia del movimento operaio italiano*, Ed. Avanti, Ed. del Gallo, Milano 1958-1965, 3 vols.; M. TRONTI, *Operai e capitale*, Einaudi, Torino 1971[2]

[GIAN MARIO BRAVO]

Movimento Político.

Uma correta definição de Movimento político tem de levar em conta ambos os elementos da expressão. "Movimento" se distingue especificamente de partido e indica a não institucionalização de uma idéia, um grupo, uma atividade. "Político" se refere aos objetivos do movimento, à sua atuação na área das decisões coletivas, ao seu empenho em questionar os detentores do poder de Governo e em influir nos processos decisórios. Pelo que respeita aos aspectos da não-institucionalização e dos objetivos, tem-se falado, no curso da história, de movimento liberal e de movimento socialista, para indicar não apenas as correntes de pensamento, mas também as organizações relacionadas com as idéias liberais e socialistas; de movimento católico no mesmo sentido, em referência às diversas organizações católicas presentes nos vários setores da vida social e política; de movimento operário em relação aos vários grupos e organizações (incluídos os partidos e sindicatos) que pretendem fazer-se portadores dos interesses da classe operária em sentido lato.

Mais recentemente, tem havido organizações atuantes na cena política que adotaram a denominação de movimento para se distinguirem especificamente dos partidos. O Movimento Social italiano, por exemplo, o Movimento Republicano Popular na França do segundo pós-guerra, o movimento gaullista em suas várias encarnações, e o movimento peronista, todos eles se propõem criticar as organizações partidárias e pôr em relevo sua inserção apenas parcial na vida política institucionalizada. A expressão "movimento" é usada, de modo particular, para tornar patente, ao mesmo tempo, a necessidade de ligames profundos com os grupos sociais e o enraizamento neles, bem como um certo distanciamento das práticas políticas dos partidos. Contudo, as reivindicações, as exigências, as instâncias e a própria representação dos interesses dos grupos de referência por parte dos mais diversos movimentos se dão no âmbito político e, mais especificamente, dentro da esfera da atividade partidária.

Sob o ponto de vista da estrutura e das atividades, os Movimentos políticos não diferem muito dos MOVIMENTOS SOCIAIS (v.), mesmo que, em geral, a sua estrutura tenda a ser menos fluida e evanescente e as suas atividades, por definição, mais centradas na esfera política e orientadas a levar mais em consideração as relações políticas de força. Os Movimentos políticos enfrentam o problema da formação de identidades coletivas, ainda que amiúde exista uma ideologia de fundo (liberal, socialista, católica) que simplifica essa tarefa. Com o decorrer do tempo, vêem-se diante do problema da manutenção e renovação dessas identidades coletivas: experiência comum não só às três grandes correntes de pensamento e às respectivas organizações acima mencionadas, mas também, por exemplo, ao movimento operário em face das grandes transformações sócio-econômicas que envolveram a classe operária nos países industrializados. Finalmente, os movimentos políticos, conquanto pretendam apresentar-se como o intermediário mais eficaz entre os setores da sociedade civil e o sistema político de organizações estruturadas, tais como os partidos e sindicatos, sofrem as conseqüências da tensão irresoluta entre o conceito que eles têm de si mesmos e as pressões da vida política que impõem uma estruturação, a criação de hierarquias e a aceitação das regras de jogo.

De modo similar ao dos movimentos coletivos, os Movimentos políticos exprimem, com a sua formação e consolidação, as tensões e contradições presentes na vida política. E, tal como acontece com os movimentos coletivos, seu sucesso na introdução de transformações e mudanças na política organizada depende da sua capacidade de manter o exato equilíbrio entre a presença nos setores sociais de que são expressão, a representação dos seus interesses e a carga que é transfundida na esfera política, sem se tornarem prisioneiros das normas dessa mesma esfera. A multiplicidade dos movimentos políticos é testemunho, ao mesmo tempo, da vivacidade e vitalidade de um sistema político, da existência de contradições e da busca de soluções. Os Movimentos políticos constituem, em resumo, a linfa que transforma os sistemas políticos contemporâneos.

[GIANFRANCO PASQUINO]

Movimentos Católicos. — V. Partidos Católicos e Democrático - Cristãos Europeus.

Movimentos Sociais.

I. COMPORTAMENTOS COLETIVOS E MOVIMENTOS SOCIAIS. — Tema fascinante tanto como debatido e controverso, a análise dos comportamentos coletivos e dos Movimentos sociais ocupa um lugar central na teoria e na reflexão sociológica, quer dos contemporâneos, quer dos clássicos. Contudo, e talvez por isso, não foi elaborada até hoje uma teoria totalmente abrangente e inteiramente satisfatória da problemática em exame.

Esquematizando, podemos distinguir a existência de duas correntes na reflexão dos clássicos. De um lado estão os que, como Le Bon, Tarde e Ortega y Gasset, se preocupam com a irrupção das massas na cena política e vêem nos comportamentos coletivos da multidão uma manifestação de irracionalidade, um rompimento perigoso da ordem existente; antecipam assim os teóricos da sociedade de massa. De outro lado estão os que, como Marx, Durkheim e Weber, vêem que com alcance e implicações diversos, vêem nos movimentos coletivos um modo peculiar de ação social, variavelmente inserida ou capaz de se inserir na estrutura global da sua reflexão, por eles denotam transição para formas de solidariedade mais complexas, a transição do tradicionalismo para o tipo legal-burocrático, quer o início da explosão revolucionária.

Em todos estes autores, bem como naqueles que lhes haviam de seguir, existem alguns elementos comuns na análise dos comportamentos coletivos e dos Movimentos sociais: o acento sobre a existência de tensões na sociedade, a identificação de uma mudança, a comprovação da passagem de um estádio de integração a outro através de transformações de algum modo induzidas pelos comportamentos coletivos. Mas é diversa a importância por eles atribuída aos componentes psicológicos em relação aos sociológicos, aos aspectos microssociais em relação aos macrossociais, e, enfim, ao papel dos agentes em relação à dinâmica do sistema.

Havendo de proceder a uma definição que não comprometa a análise nem esqueça as diferenças entre as várias interpretações, dir-se-á que os comportamentos coletivos e os movimentos sociais constituem tentativas, fundadas num conjunto de valores comuns, destinadas a definir as formas de ação social e a influir nos seus resultados. Comportamentos coletivos e Movimentos sociais se distinguem pelo grau e pelo tipo de mudança que pretendem provocar no sistema, e pelos valores e nível de integração que lhes são intrínsecos.

Para proceder a uma especificação, será útil retomar a distinção feita por Alberoni entre *fenômenos coletivos de agregado* e *fenômenos coletivos de grupo*. Nos fenômenos coletivos de agregado, dá-se um comportamento similar num grande número de indivíduos, sem que se formem novas identidades. Uma vez desaparecido o elemento, a tensão, a disfunção que deu lugar a tais comportamentos coletivos, bem pouco terá mudado em quem neles participou. É o caso do pânico, da multidão, da moda, do *boom*. Nos fenômenos coletivos de grupo, pelo contrário, os comportamentos semelhantes dão origem ao surgimento de novas coletividades, caracterizadas pela consciência de um destino comum e pela persuasão de uma comum esperança. Como afirma Alberoni, esta distinção se baseia tanto em elementos derivados da experiência subjetiva (participação ou não), como no resultado objetivo do movimento (formação ou não de novas entidades sociais). A partir desta distinção, nos limitaremos e restringiremos a análise aos Movimentos sociais, deixando de lado todas aquelas formas de comportamentos coletivos que representam fenômenos de agregado.

Há um último ponto aparentemente importante: sublinhar que, embora a exposição tenha particularmente em vista os Movimentos sociais como fenômeno coletivo de grupo, será bom recordar que a análise dos Movimentos sociais há de levar também em consideração as características, as exigências e os valores de cada um dos agentes. Esta análise se situa na interseção entre o comportamento do agente e a dinâmica do sistema, correndo todos os riscos dessa colocação. No passado, o risco mais grave e muitas vezes deletério foi o de um certo reducionismo psicológico. Em tempos mais recentes, surgiu o perigo da submersão do agente individual dentro do movimento e da conseqüente falta de uma análise dos participantes, das suas motivações, dos seus recursos e das suas incumbências.

II. INTERPRETAÇÕES DOS MOVIMENTOS SOCIAIS. — Já dissemos que os contemporâneos estão geralmente conscientes de que a análise dos Movimentos sociais deve situar-se dentro de uma teoria ou, em todo o caso, dentro de um quadro de referência da ação social. No âmbito do esquema estrutural-funcionalista de Talcott Parsons, um seu autorizado discípulo, Neil Smelser, formulou uma interpretação global dos Movimentos sociais que constitui, com suas luzes e sombras, um ponto essencial de partida.

Fundamentalmente, a posição de Smelser pode ser assim sintetizada: "os episódios de comportamento coletivo constituem amiúde um primeiro estádio de mudança social, manifestam-se quando se apresentam condições de tensão, mas antes que os meios sociais tenham sido mobilizados para um ataque específico e quiçá eficaz às causas dessa tensão. Esta é uma das razões para definir o comportamento coletivo como não institucionalizado; isto se verifica quando a ação social estruturada está sob tensão e quando os meios institucionalizados para o domínio da tensão são inadequados. ... O controle social bloqueia as tentativas precipitadas dos episódios coletivos em busca de resultados rápidos; além disso, se o controle social é efetivo, canaliza as energias dos fins coletivos para tipos mais modestos de comportamento" (1968, 167).

A teoria de Smelser funda-se na identificação de quatro componentes básicos da ação social: "1) as metas gerais, ou valores, que fornecem a mais ampla guia ao comportamento social orientado a um fim; 2) as regras que regem a consecução de tais propósitos, regras que se hão de basear em normas; 3) a mobilização da energia individual para atingir os fins estabelecidos dentro da estrutura normativa; ... 4) as facilitações que o agente aproveita como meios; estas compreendem o conhecimento do ambiente, a possibilidade de predizer as conseqüências da ação, assim como a habilidade e os meios" (1968, 96-7).

A dinâmica social é o resultado do encontro dos quatro componentes básicos, tomados conjunta ou individualmente, com os fatores determinantes de maior importância do comportamento coletivo. Tais fatores são: a propensão estrutural, ou seja, a predisposição de um sistema social a ser permeado por comportamentos coletivos; a tensão estrutural, isto é, o fenômeno específico que se gera no âmbito das condições de propensão; o surgimento e difusão de uma crença generalizada; a existência de fatores de precipitação; a mobilização dos participantes na ação; a intervenção do controle social. Baseado nas diversas combinações possíveis, o abalizado funcionalista norte-americano propõe uma explicação de todos os fenômenos de comportamento coletivo.

Conquanto substancialmente única em seu gênero, a teoria de Smelser tem sido objeto de numerosas críticas. Muitas destas críticas se dirigem, não contra a teoria específica, mas contra os fundamentos da análise estrutural-funcional que anulariam inevitavelmente os próprios resultados da sua aplicação ao campo dos comportamentos coletivos. São três mais particularmente os elementos que constituiriam, segundo alguns críticos (por exemplo, Alberoni, autor da introdução à tradução italiana), os pontos fracos da teoria de Smelser. Antes de tudo, há nela uma excessiva acentuação do papel e peso das crenças na formação dos comportamentos coletivos. Isso prejudica a relevância que merecem as condições histórico-estruturais e sua especificidade. Em segundo lugar, a teoria de Smelser parece penetrada de uma faixa de irracionalismo, atribuída aos comportamentos coletivos com a mudança que seria produzida por uma fonte externa à coletividade (como diz Alberoni, isto "é algo objetivo que acontece e a que cada um reage"). Finalmente, é o próprio pressuposto do estrutural-funcionalismo que é contestado. Enquanto Smelser vê nos fenômenos coletivos a mostra de uma disfunção social que tem de ser de algum modo reabsorvida para que o sistema continue a subsistir, seus críticos parecem ver nisso, não só o indício de conflitos inevitáveis, mas sobretudo um grato fator de mudança.

Conquanto não isenta de carências, a teoria de Smelser continua sendo um dos esforços mais ambiciosos e mais estimulantes de compreensão dos comportamentos coletivos. Algumas das críticas acima referidas podem ser compartilhadas. Parece menos aceitável a posição de quem rejeita toda a teoria só porque, na tentativa de elaborar um quadro global, parte da perspectiva do sistema social e do seu funcionamento mediante adaptações sucessivas, provocadas pelo surgir de crenças generalizadas que se encarnam em comportamentos coletivos.

A alternativa teórica mais importante se fez aguardar mais de dez anos. Insere-se num esquema de interpretação global da sociedade que intenta uma fecunda combinação de condições estruturais com mecanismos de funcionamento e reprodução do próprio sistema social. É dentro desta perspectiva que o sociólogo francês Alain Touraine afirma que "os movimentos sociais pertencem aos processos pelos quais uma sociedade cria a sua organização a partir do seu sistema de ação histórica, através dos conflitos de classe e dos acordos políticos" (1975, 397).

Os fundamentos da teoria de Touraine são constituídos pelos *três princípios* da identidade, da oposição e da totalidade. Pelo princípio de *identidade*, o agente dá uma definição de si mesmo, caracteriza-se em confronto com outros agentes em meio de um conflito que os contrapõe no campo da ação social. "O conflito faz surgir o adversário, forma a consciência dos agentes que se defrontam" (415): este é o princípio de *oposição*. Finalmente, "o princípio de *totalidade* não é senão o sistema de ação histórica por cujo domínio lutam os adversários, entrincheirados na dupla dialética das classes" (416): quanto mais importantes forem os Movimentos sociais, tanto maior força terá o princípio de totalidade.

Dentro da sua teoria estrutural da ação social, Touraine parece inverter a explicação apresentada por Smelser da gênese dos comportamentos coletivos. Enquanto para o autor norte-americano a fonte da mudança reside numa disfunção que muitas vezes parece de origem extrínseca ao sistema social, para o sociólogo francês é mister "reconhecer que um movimento social *não é a expressão de uma contradição; ele faz explodir um conflito*. É uma conduta coletiva orientada não para os valores da organização social ou para a participação num sistema de decisões, mas para o objeto dos conflitos de classe que é o sistema de ação histórica" (1975, 418).

Enfim, em parte na esteira de Smelser, em parte em contraste com ele, Touraine mostra que o caminho da construção de uma tipologia dos movimentos passa pela consideração de quatro variáveis, chamadas de "tratamento" Elas dizem mais precisamente respeito: à relação mais ou menos forte de uma sociedade à sua historicidade ou ao seu dinamismo; à natureza do adversário de classe; à aptidão do sistema político para institucionalizar os conflitos sociais e os problemas de organização; ao grau de integração da organização social (475-76).

A análise estrutural de Touraine, complexa e muitas vezes de difícil compreensão, de quando em quando incompleta e um pouco genérica, fixa-se mais na dinâmica das estruturas que no papel das crenças e na importância dos valores, acabando, não raro, por descuidar excessivamente esses componentes da ação social. Se Smelser se havia inclinado em demasia a favor de crenças e valores, Touraine reequilibra desmedidamente a sua análise dos Movimentos sociais, apontando apenas para as estruturas. Em segundo lugar, se Smelser tinha procurado ser globalmente abrangente, tentando, por isso, oferecer um quadro teórico capaz de explicar todos os fenômenos de comportamento coletivo pela tendência à revolução (mas, na verdade, de revolução, ou seja, de um "movimento baseado em valores", se fala pouco), Touraine cai no inconveniente oposto. O sociólogo francês se desinteressa pelos comportamentos coletivos e se ocupa quase exclusivamente dos Movimentos sociais, mais particularmente dos movimentos sociais capazes de influir profundamente na estruturação de um sistema social. Com tal procedimento, porém, parece indicar que um sistema social só muda mediante conflitos de grande relevo e não igualmente mediante adaptações de breve duração, marginais, incompletas, de pequena importância, mas que deixam marcas.

De resto, embora carecendo de um ulterior aprimoramento e de um mais forte apoio empírico, a teoria dos Movimentos sociais de Touraine se apresenta como uma válida alternativa da teoria de Smelser, mesmo no plano da reflexão ideológica. Com efeito, enquanto Smelser vê nos comportamentos coletivos elementos de impaciência e de irracionalismo, Touraine anuncia que "o projeto de um Movimento social não se define pelo horizonte para onde avança, mas pela sua capacidade de repelir toda a ordem social e de ser o instrumento das dialéticas da ação histórica" (494).

A análise de Alberoni, produto de uma longa fase de maturação passada na reflexão sobre o vedetismo, o consumismo, o folclore e a propaganda, se situa num plano ligeiramente diferente do de Smelser e de Touraine. Também ele pretende elaborar uma teoria abrangente dos movimentos coletivos, baseada na sua útil e já mencionada distinção entre fenômenos coletivos de agregado e fenômenos coletivos de grupo. Mas a sua atenção acaba por ser atraída por uma problemática de grande importância, situada na interseção da psicologia do empenho do agente individual com a sociologia da mudança dos sistemas sociais. O objeto específico da reflexão de Alberoni é o *estado nascente*.

"... o estado nascente é um estado de transição do social em que se cria uma solidariedade alternativa e uma exploração das fronteiras do possível, dado um tal tipo de sistema social, com o fim de maximizar o que é realizável dessa solidariedade nesse momento histórico" (1977, 44). Partindo de Max Weber e fazendo reviver, de forma inovadora, muitas das suas temáticas, Alberoni se interessou pelo estudo do problema da ruptura de velhas solidariedades e das modalidades de criação de outras novas, da consolidação de estados fluidos, da transição de movimento à instituição, da institucionalização dos movimentos e da rotinização do carisma (segundo a famosa expressão weberiana). A análise de Alberoni possui, pois, um ponto de convergência bem preciso, que é a óptica pela qual o sociólogo vê a problemática dos comportamentos e dos movimentos coletivos.

O estudo do Estado nascente passa, mais especificamente, por quatro fases, reciprocamente relacionadas: "as pré-condições estruturais (o quando), os sujeitos, ou seja, quem, que parte do sistema social é envolvida, a experiência fundamental (o como) e a dinâmica psicológica (o porquê)" (1977, 44). No curso da análise e em suas numerosas e brilhantes aplicações a fenômenos concretos (1976), Alberoni dará, aliás, maior espaço aos fenômenos de "efervescência coletiva", como os define Durkheim, mais, portanto, ao *Estado nascente* propriamente dito que às pré-condições estruturais, maior importância às mutações sócio-psicológicas dos agentes que às suas consequências para o sistema social.

Definido um movimento coletivo como "o processo histórico que se inicia com o Estado nas-

cente e termina com a reconstituição do momento cotidiano institucional" (1977, 303), a análise se dirige a todos aqueles fatores que levam à manifestação do Estado nascente. A fase de institucionalização dos movimentos e, consequentemente, a avaliação do seu impacto sobre o sistema social (elementos que contaram com um espaço nas teorias de Smelser e de Touraine) ficam relativamente esquecidas na teoria de Alberoni. A interessante e virtualmente fecunda observação de que "a diferença fundamental relativa à entrada no Estado nascente e à institucionalização está em que, enquanto esta consiste na passagem de uma situação diferenciada a uma situação uniforme, na saída temos a passagem de uma situação uniforme a uma diferenciada" (1977, 183), não está convenientemente elaborada.

A consequência mais importante referente à proposta teórica de Alberoni e à sua adequação é que a interpretação dos movimentos coletivos que daí emerge é feita à luz do Estado nascente e nele fica essencialmente prisioneira. O Estado nascente é a fase positiva que brilha com luz clara, que exprime as potencialidades de transformação e de realização. A cotidianidade e a institucionalização, ao contrário, constituem uma espécie de traição, uma prisão que comprime energias; estas, no entanto, conseguem com frequência soltar-se e pôr em andamento os necessários processos de mudança.

A análise estrutural dos movimentos fica com isso um pouco prejudicada; algumas das críticas feitas por Alberoni ao caráter genérico de Smelser parecem voltar-se contra ele. Causou particularmente notável perplexidade a sua definição (e consequente assimilação teórica) do enamoramento como de um "movimento coletivo a dois", com base na sua natureza de Estado nascente. Contudo, o que parece uma aporia é a consequência direta de uma teoria centrada na problemática da ruptura-criação-ruptura de velhas e novas solidariedades com forte componente psicológico. Deste modo, em resumo, enquanto se mantém ao nível da análise explicativa do Estado nascente e dos elementos que nele confluem, a teoria de Alberoni é inovadora e elucidativa. Se excessivamente alargada, perde especificidade e vê reduzido o seu poder explicativo, particularmente no que respeita a uma análise precisa dos movimentos coletivos.

III. AGENTES, TIPOS DE MOVIMENTOS E MUDANÇA SOCIAL. — De um modo ou de outro, qualquer das teorias apresentadas fornece elementos úteis para a identificação dos agentes, para a classificação dos movimentos e para a avaliação da mudança social. Elas sintetizam em parte os resultados de numerosas pesquisas empíricas e em parte sugerem novas perspectivas de investigação.

Quanto aos agentes, a questão mais interessante da pesquisa está em identificar quem se mobiliza em primeiro lugar, que agentes (indivíduos ou grupos) podem exercer e assumiram historicamente a função de liderança, e, finalmente, quais os recursos de que dispõem. Durante algum tempo, a tese predominante viu nos agentes marginais, nos alienados do sistema, e nos excluídos de participar, os potenciais inovadores, os mais inclinados a fazer explodir o conflito e a desencadear o processo de criação de um movimento. Mas uma série de pesquisas mais recentes (particularmente Wilson, 1973, e Melucci, 1976) evidenciaram, pelo contrário, que os agentes que iniciam o Movimento social não são os marginalizados. Quando muito, estes poderão constituir, em determinadas circunstâncias e dentro de certas condições, uma base importante para a expansão e consolidação do movimento. Mas a liderança é constituída por indivíduos não periféricos, mas centrais.

Como observou, de forma convincente, Melucci (1977, 109), "os primeiros a se rebelar não são os grupos mais oprimidos e desagregados, mas os que experimentam uma contradição intolerável entre a identidade coletiva existente e as novas relações sociais impostas pela mudança. Estes podem mobilizar-se mais facilmente, porque: 1) já contam com uma experiência de participação, isto é, conhecem os procedimentos e métodos de luta; 2) possuem já líderes próprios e um mínimo de recursos de organização que provêm dos vínculos comunitários ou associativos preexistentes; 3) podem utilizar redes de comunicação já existentes para fazer circular novas mensagens e novas palavras de ordem; 4) podem descobrir facilmente interesses comuns". Entre os exemplos concretos, escolhidos expressamente de contextos e movimentos tão distantes quão diversos entre si, bastará mencionar o papel dos pastores protestantes de cor da Southern Christian Leadership Conference (entre eles, obviamente, Martin Luther King) no estímulo à mobilização pelos direitos civis e, de outro lado, a mobilização dos operários qualificados que serviram de base ao ciclo de lutas que tiveram lugar na Itália, entre 1968 e 1972.

Existe, como é natural, uma relação entre os agentes da mobilização e os tipos de movimentos daí resultantes. Seguindo basilarmente as indicações de Touraine, Melucci propôs uma distinção entre movimentos reivindicativos, movimentos políticos e movimentos de classe, baseada nos objetivos perseguidos. No primeiro caso, trata-se de impor mudanças nas normas, nas funções e nos processos de destinação dos recursos. No segundo, se pretende influir nas modalidades de acesso aos canais de participação política e de mudança das relações de força. No terceiro, o que se visa é subverter a ordem social e transformar o modo de produção e as relações de classe. A passagem de um tipo a outro depende de numerosos fatores, dentre os quais não é de somenos importância o tipo de resposta que o Estado agente pode dar, bem como da capacidade dos movimentos em aumentar seus seguidores e em incrementar suas exigências.

Amplia-se assim o campo da análise dos tipos de mudança que os Movimentos sociais introduzem ou introduziram nos sistemas de onde emergiram e, por isso, também da análise global dos sistemas sociais. Centrada muitas vezes na problemática da institucionalização (para a qual o namoro preludia o matrimônio, a religião se traduz na formação de uma Igreja, os movimentos convergem para partidos ou para associações estruturadas), a análise das mudanças provocadas pelos movimentos demonstrou-se até hoje inadequada. Recentemente, Alberoni atribuiu grande importância à fase de *desemboque* para a identificação de um movimento, afirmando que "o estudo do desemboque é importante, porquanto, na análise histórica, o resultado final constitui amiúde o ponto de partida para a interpretação dos movimentos e dos seus propósitos" (1977, 313).

Em geral, porém, a observação e pesquisa dos movimentos coletivos têm estado voltadas para a fase do Estado nascente e para a das reivindicações. A fase da institucionalização tem, pelo contrário, merecido menor atenção, sendo muitas vezes criticada por atraiçoar as origens e extinguir o impulso inovador. Com efeito, os estudiosos dos movimentos têm freqüentemente oscilado entre o pólo de uma adesão apaixonada aos movimentos, como esperança de regeneração total e de completa transformação dos sistemas sociais para além da política, e o pólo de uma rejeição das formas de participação extra-institucionais, não canalizadas nos moldes tradicionais do funcionamento dos sistemas sociais.

BIBLIOGRAFIA. — F. ALBERONI, *Statu nascenti. Studi sui processi collettivi*, Il Mulino, Bologna 1968; Id., *Italia in trasformazione*, Il Mulino, Bologna 1976; Id., *Movimento istituzione*, Il Mulino, Bologna 1977; *The sociology of social movements*, ao cuidado de J. A. BANKS, Humanities Press, New York 1973; H. BLUMER, *Collective behavior*, in *New outline of the principles of sociology*, ao cuidado de

A. M. LEE, Barnes and Noble, New York 1951; Id., Collective behavior, in Review of sociology: analysis of a decade, ao cuidado de J. B. GITTLER, Wiley, New York 1957; J. R. GUSFIELD, The study of social movements, in International encyclopedia of the social sciences, Collier-Macmillan, New York 1968, vol. 14; Protest, reform and revolt. A reader in social movements, ao cuidado de J. R. GUSFIELD, Wiley, New York 1970; R. HEBERLE, Social movements. An introduction to political sociology, Appleton-Century Crofts, New York 1951; K. e G. LANG, Collective Dynamics, Thomas and Crowel, New York 1961; A. MELUCCI, Sistema politico, partiti e movimenti sociali, Feltrinelli, Milano 1977; Movimenti di rivolta. Teorie e forme dell'azione collettiva, ao cuidado de A. MELUCCI, Etas Libri, Milano 1976; A. OBERSCHALL, Social conflict and social movements, Prentice Hall, Englewood Cliffs 1973; N. J. SMELSER, Il comportamento collettivo (1963), Vallecchi, Firenze 1968; C. TILLY, From mobilization to revolution, Addison-Wesley, Reading Mass. 1977; A. TOURAINE, La produzione della società (1973), Il Mulino, Bologna 1975; R. H. TURNER e L. M. KILLIAN, Collective behavior, Prentice Hall, Englewood Cliffs 1957; P. WILKINSON, Social movement, Pall Mall, London 1971; J. WILSON, Introduction to social movements, Basic Books, New York 1973.

[GIANFRANCO PASQUINO]

Mundialismo.

O Mundialismo é o movimento que tem como objetivo a construção da unidade política mundial. Nele confluem aspirações cosmopolitas e pacifistas, qualificadas pela indicação dos instrumentos institucionais necessários para garantir suas realizações.

Ele afirma o princípio da unidade (pluralista) do gênero humano acima das divisões nacionais e a necessidade de um seu ordenamento pacífico capaz de garantir a unidade do planeta e, ao mesmo tempo, a autonomia de todos os Estados.

O Movimento mundialista se desenvolveu especialmente durante e após a Segunda Guerra Mundial, baseado no horror que suscitou a crueldade e a devastação da guerra. Sob o aspecto histórico-social, o Mundialismo é o reflexo do processo de ampliação das dimensões das relações de produção e de troca que, em perspectiva histórica, tende a criar a base material da unificação política do gênero humano, prefigurada mas não realizada no plano institucional pela ONU.

Com efeito, o desenvolvimento da Revolução Industrial e mais recentemente da revolução científica determinou a ampliação das relações de produção e de troca além das fronteiras dos Estados, fazendo sair progressivamente de seu primitivo isolamento cada uma das sociedades em que o mundo está dividido e tornando o mundo cada vez mais estreitamente interdependente em suas partes. Formou-se desta maneira um sistema econômico, social e político de dimensões mundiais (mercado mundial e sistema mundial dos Estados), de cuja evolução depende o destino de todos os homens e de todos os povos. Um crescente número de problemas de grande relevância para o futuro do gênero humano adquiriu, na verdade, dimensões mundiais. De uma parte, a descoberta da energia nuclear que acena para a promessa de uma abundante fonte de energia a baixo custo, torna possível, ao mesmo tempo, a destruição física da humanidade. Por conseqüência, a superação da guerra como instrumento destinado a resolver os conflitos internacionais tornou-se agora indispensável para a garantia da sobrevivência da humanidade.

Por outra parte, à explosão demográfica criada pela divulgação dos conhecimentos que permitiram a redução da taxa de mortalidade em todo o mundo não correspondeu um volume de produção julgado suficiente para satisfazer às necessidades elementares das populações dos países em vias de desenvolvimento. Finalmente, a Revolução Industrial, que provocou um enormíssimo desenvolvimento das condições de vida da massa popular veio comprometer o equilíbrio do ambiente urbano e natural, deteriorando a qualidade de vida pelo congestionamento e poluição das regiões mais industrializadas e pela decadência econômica das regiões mais atrasadas. Este desequilíbrio patente no seio dos Estados envolvidos no processo de industrialização tem dimensões mundiais e se manifesta de uma forma mais grave na divisão entre países industrializados e Terceiro Mundo.

Estes exemplos mostram que o progresso técnico despertou forças cegas que escapam ao controle político e ameaçam destruir as condições que asseguraram o desenvolvimento da civilização. Perante estes problemas surge a exigência de desvincular a determinação do desenvolvimento econômico e social do mundo das forças do mercado e das relações de força entre os Estados, submetendo-a a um Governo e a um plano mundial.

No âmbito do Mundialismo podemos distinguir duas correntes: a confederalista e a federalista. A primeira se limita a apoiar a ONU. A segunda, identificando os limites dos atuais instrumentos de organização internacional, permite identificar os motivos do fracasso da ONU em garantir a paz.

Não se trata, de fato, de uma organização internacional dotada de um poder próprio acima dos Estados, mas de uma soma de Estados, cada um dos quais conserva sua plena e ilimitada soberania.

O federalismo mundial indica um Governo federal mundial capaz de transformar as atuais relações de força entre os Estados em relações jurídicas, que são a única garantia de uma ordem pacífica e legal para o mundo. Ele não é senão uma corrente do FEDERALISMO (v.) e se distingue do federalismo europeu, africano, latino-americano e outros, porque considera possível lutar pela federação mundial sem que seja necessário passar pela etapa intermediária das federações regionais. Na base da divergência entre as duas correntes está a discrepância sobre a relevância ou não das profundas divisões e disparidades de regime político e de desenvolvimento econômico entre as sociedades e os Estados do planeta com o fim de viabilizar desde agora o processo de unificação da política mundial.

[LUCIO LEVI]

N

Nação.

I. O NASCIMENTO DO TERMO NAÇÃO. — O termo Nação, utilizado para designar os mesmos contextos significativos a que hoje se aplica, isto é, aplicado à França, à Alemanha, à Itália, etc., faz seu aparecimento no discurso político — na Europa — durante a Revolução Francesa, embora seu uso estivesse, naquele período, bem distante da univocidade; na literatura, o termo aparece com o romantismo alemão, especialmente nas obras de Herder e Fichte, onde, todavia, é usado unicamente na sua acepção lingüístico-cultural. Para encontrarmos uma teorização consciente da Nação como fundamento natural do poder político, isto é, da fusão necessária entre Nação e Estado, precisamos chegar até meados do século XIX, já nas obras de Giuseppe Mazzini.

Foi assim que o termo Nação deixou de ser um termo vago, que podia ser atribuído à simples idéia de grupo, ou à idéia de toda e qualquer forma de comunidade política. Precisamos lembrar a este respeito que, assim como os africanos utilizam hoje o termo Nação com referência à própria África, ou aos Estados (isto é, às delimitações de grupos humanos definidas pelas potências colonialistas), ou às tribos, assim também os europeus, antes da Revolução Francesa, utilizavam o termo Nação para indicar toda a Europa, ou Estados como a França e a Espanha, ou os Estados regionais, ou as simples cidades-Estado. Ainda em Gioberti, por exemplo, encontramos a expressão "Nação européia". Formas análogas de uso encontramos hoje no contexto árabe (nação árabe, egípcia, argelina, etc.), assim como é possível encontrá-las no contexto da "Nação eslava", compreendendo em si outras Nações menores. Precisamos também lembrar, no que diz respeito à situação hodierna, que, onde não aconteceram manifestações típicas da idéia de Nação, isto é, no contexto anglo-saxônico, o termo Nação visa significar mais a idéia genérica de comunidade política do que a específica de um tipo bem definido de comunidade política (v. por exemplo, a expressão americana *the nation and the states*, onde Nação tem o significado de uma comunidade política, de certa forma, pluriestatal).

II. HISTÓRIA POSTERIOR DO TERMO. — A história do termo tem sido um grande paradoxo. A referência à Nação foi, no decorrer da Revolução Francesa e, mais tarde, desde meados do século XIX até nossos dias, um dos fatores mais importantes no condicionamento do comportamento humano na história política e social. Em nome da Nação se fizeram guerras, revoluções, modificou-se o mapa político do mundo. Na Idade Média uma pessoa, como bem ressalta Boyd C. Shafer, deveria se sentir antes de tudo um cristão, depois um borgonhês e, somente em terceiro lugar, um francês (sendo que o sentir-se francês tinha, então, um significado inteiramente diferente do atual). Na história recente do continente europeu, após a emergência do fenômeno nacional, foi invertida a ordem das lealdades, assim o sentimento de pertença à própria Nação adquiriu uma posição de total preponderância sobre qualquer outro sentimento de pertença territorial, religiosa ou ideológica. Assim, por um lado, as lealdades e as identificações regionais e locais foram praticamente eliminadas em função da superior referência à Nação e, por outro lado, as mesmas filiações ideológicas ou religiosas, que se apresentam como universais pela sua própria essência, foram, na prática, subordinadas à filiação nacional e, conseqüentemente, perderam sua própria natureza mais profunda. É prova disso, desde o início do século XIX até os nossos dias, a história dos movimentos liberal, democrático e socialista, cujo ápice foi a falência do internacionalismo socialista, quando eclodiu a Primeira Guerra Mundial, e da própria religião católica, cujos sacerdotes abençoam os exércitos nacionais, isto é, os instrumentos da violência nas relações internacionais, traindo assim, em nome da Nação, a vocação ecumênica da Igreja.

Não obstante isso tudo, o conteúdo semântico do termo, apesar de sua imensa força emocional, permanece ainda entre os mais confusos e incertos do dicionário político. Foi justamente sua ambigüidade, com a conseqüente impossibilidade de uma aplicação unívoca no discurso político para identificar na realidade os limites dos diferentes grupos nacionais, uma das principais causas do papel altamente negativo que a idéia de Nação tem desenvolvido — nas relações internacionais — na história moderna.

III. CONCEITOS CORRENTES ACERCA DA NAÇÃO. — Normalmente a Nação é concebida como um grupo de pessoas unidas por laços naturais e portanto eternos — ou pelo menos existentes *ab immemorabili* — e que, por causa destes laços, se torna a base necessária para a organização do poder sob a forma do Estado nacional. As dificuldades se apresentam quando se busca definir a natureza destes laços, ou, pelo menos, identificar critérios que permitam delimitar as diversas individualidades nacionais, independentemente da natureza dos laços que as determinam.

Em primeiro lugar, a idéia de "laços naturais" sugere, de imediato, a idéia de raça: com efeito, a identificação entre Nação e raça tem sido comum até à época do nazismo e permanece ainda hoje, embora na maioria dos casos de maneira implícita, o que é comprovado pelo testemunho das definições que os dicionários oferecem deste termo. Ora, não é preciso demorar muito para demonstrar que o termo "raça" não possibilita a identificação de grupos que possuem limites definidos e que, de qualquer forma, as classificações "raciais" tentadas pelos antropólogos — mediante critérios que variam para cada pesquisador ou estudioso — de maneira alguma coincidem com as Nações modernas.

Uma segunda maneira de conceber a Nação nos é dada pela confusa representação de uma "pessoa coletiva", de um "organismo" vivendo vida própria, diferente da vida dos indivíduos que o compõem. A amplitude destas "pessoas coletivas" coincidiria com a de grupos que teriam em comum determinadas características, tais como a língua, os costumes, a religião, o território, etc... É evidente que também esta segunda forma de representação não chega a ser nem o início de uma explicação. Com efeito, por um lado, o conceito de "pessoa coletiva", de "organismo vivo", etc., não possui significação alguma na medida em que tenha a pretensão de caracterizar algo não explicável mediante comportamentos individuais, constatáveis empiricamente. E, por outro lado, os critérios utilizados para delimitar a amplitude destes "organismos" normalmente não identificam grupos que coincidem com as atuais Nações. Basta lembrar que muitas Nações são plurilingües e que muitas línguas são faladas em várias Nações, que, além disso, o monolingüismo de determinadas Nações, como

a França ou a Itália, não é algo original nem espontâneo, e sim, pelo menos em parte, um fato político, fruto da imposição a todos os membros de um Estado, pelo poder político, de uma língua falada apenas numa porção deste Estado, com a conseqüente decadência dos dialetos e das línguas originais, às vezes até línguas com grandes tradições literárias, como por exemplo o provençal; e, finalmente, que os costumes — a maneira de viver — de regiões próximas, embora pertencentes a Nações diferentes que limitam entre si, são, geralmente, bem mais parecidos do que os costumes de regiões geograficamente situadas nas extremidades opostas da mesma Nação; e assim por diante.

Além disso, a ênfase dada à língua e aos costumes coloca em crise, em lugar de esclarecer, a idéia vigente de Nação. É inegável que o fato de falar a mesma língua ou ter os mesmos costumes se constituem em laços profundos, identificadores de grupos com fisionomia própria. Uma língua comum é o veículo de uma cultura comum e, portanto, acaba criando laços importantes entre os que a falam, laços que se inserem como elementos constitutivos da própria personalidade. A partilha em comum do ambiente físico onde vive um grupo de pessoas, por sua vez, liga suas experiências cotidianas, cria lembranças comuns, torna parecida sua maneira de viver e, portanto, se torna um elemento constitutivo de sua personalidade. É, porém, verdade também que os grupos identificados desta forma, e que podem receber o nome de "nacionalidades espontâneas" (M. Albertini), não coincidem com as Nações como elas são comumente percebidas e não precisam de poder político para se manterem. É por esta razão que a estes grupos pode ser atribuído o caráter da espontaneidade, injustamente atribuído às Nações como elas são normalmente percebidas.

Uma última concepção, que remonta a Ernest Renan, identifica a Nação — para além da existência de quaisquer laços objetivos — com a "vontade de viver juntos", o "plebiscito de todos os dias". Na realidade esta tentativa de definição, em lugar de resolver o problema, foge dele porque o que definiria Nação neste caso, distinguindo-a de todos os outros grupos baseados na adesão voluntária, seria a maneira de viver juntos. E é justamente este o problema que a definição de Renan deixa sem solução.

IV. A NAÇÃO COMO IDEOLOGIA. — Um enfoque empírico para se chegar a uma definição positiva de Nação consiste, de acordo com M. Albertini, em descobrir como a presença da entidade Nação se evidencia no comportamento observável dos indivíduos, isto é, na identificação de um "comportamento nacional". Esta indagação permite estabelecer, em primeiro lugar, que o comportamento nacional é um comportamento de fidelidade com relação às entidades "França", "Alemanha", "Itália", etc., sem maiores definições. Em segundo lugar, e é aqui que se encontra sua especificidade, este comportamento de fidelidade não se manifesta apenas como fidelidade política ao Estado, mas implica a presença de outros valores, cuja motivação autônoma, considerada em si mesma, não é nem de ordem política nem de ordem estadual, e que poderia ser suficiente para identificar grupos de amplitude diferente da amplitude nacional.

O sentimento italiano é, pois, ao mesmo tempo, o sentimento de pertencer ao Estado italiano e a uma entidade pensada como sendo uma realidade social orgânica, na qual a caracterização "italiano" prevalece sobre a caracterização "burguês", "proletário", etc... Esta caracterização, inegavelmente, deforma o quadro natural de referência de inúmeros comportamentos cognitivos e valorativos, introduzindo a representação falsa, por exemplo, de uma hipotética paisagem italiana, em que desaparece o fato concreto da paisagem lígure, padana, etc., ou de uma hipotética realidade estética e cultural italiana, na qual é reduzido ao quadro de referência italiano o fato universal das expressões toscana, vêneta, etc., da cultura européia; e assim por diante.

Trata-se, pois, de uma entidade ilusória, à qual não corresponde grupo algum, concretamente identificável, que possa servir como natural quadro de referência para comportamentos que normalmente estão relacionados com "França", "Alemanha", "Itália", etc...

Procurar nos indivíduos, mediante referenciais subjetivos, o que vem a ser sentimento nacional, leva a esta entidade ilusória. Utilizando referenciais objetivos encontra-se um Estado, que todavia não é pensado asim como é, mas como sendo justamente esta entidade ilusória.

Tal fato permite afirmar que a Nação não passa de uma entidade ideológica, isto é, do reflexo na mente dos indivíduos de uma situação de poder.

O fato de a Nação ser uma ideologia é suficiente para eliminar a idéia de que, antes do surgimento de comportamentos nacionais conscientes a partir da Revolução Francesa, existissem, assim como se quer provar mediante a historiografia nacional, Nações inconscientes. Isto não significa que não seja possível nem legítimo identificar, na história, tendências que levaram ao nascimento das modernas Nações. Seria, porém, profundamente falho confundir o processo, que

gerou as modernas Nações, com seu resultado. Enfim é evidente que, por faltar qualquer elemento concreto que individualize as nações, inexistem critérios, na ausência de um sentimento consciente de fidelidade, que permitam confirmar a existência de uma hipotética Nação em potencial.

V. A NAÇÃO COMO IDEOLOGIA DE DETERMINADO TIPO DE ESTADO. — A análise até aqui efetuada já contém em si a caracterização do tipo de situação de poder de que a idéia de Nação é um reflexo. Desta situação decorre que a Nação é a ideologia de um determinado tipo de Estado, visto ser justamente o Estado a entidade a que se dirige concretamente o sentimento de fidelidade que a idéia de Nação suscita e mantém. Esta conclusão provisória leva em consideração o conteúdo representativo do termo. A função da idéia de Nação, como vimos, é a de criar e manter um comportamento de fidelidade dos cidadãos em relação ao Estado. A idéia de laços naturais profundos, elemento integrante do núcleo semântico fundamental do termo, desempenha esta finalidade, inserindo-se na esfera mais íntima da personalidade dos indivíduos, unidos justamente por estes laços, a ponto de justificar a elaboração de um ritual e de uma simbologia pseudo-religiosos. Historicamente este sentimento foi criado pela extensão forçada a todos os cidadãos do Estado de alguns conteúdos típicos da nacionalidade espontânea (por exemplo, a língua) ou, no caso de se revelar inviável esta extensão, pela imposição da falsa idéia de que alguns conteúdos típicos da nacionalidade espontânea eram comuns a todos os cidadãos (por exemplo, os costumes). Este processo se concretizou, nos Estados que o levaram até às últimas conseqüências, mediante a imposição a todos os cidadãos dos conteúdos característicos da nacionalidade espontânea predominante e mediante a supressão das nacionalidades espontâneas menores (a este respeito é paradigmático o caso da França).

O caráter ideológico da Nação explica também as mudanças de enfoques — nas diferentes situações histórico-políticas — com que são abordados seus diversos e contraditórios conteúdos representativos. Por ser a ideologia de um Estado, precisará adaptar-se no seu conteúdo às diferentes exigências da razão de Estado. Por isto, quando a Alsácia era objeto de disputa entre a França e a Alemanha, a Nação era, para os franceses, o grupo dos que "querem viver juntos", enquanto era definida, pelos alemães, com base na comunhão de língua e de costumes; assim, antes da Primeira Guerra Mundial, Trento e Trieste eram italianas porque seus habitantes eram de língua italiana, enquanto a partir do término da Primeira Guerra Mundial, o Tirol do Sul é italiano porque se acha situado dentro dos "limites naturais" da Itália.

VI. A NAÇÃO COMO IDEOLOGIA DO ESTADO BU-ROCRÁTICO CENTRALIZADO. — Conforme a tese até aqui debatida, a Nação é, pois, a ideologia de um tipo de Estado.

Resta ver que tipo de Estado é este. A este respeito surge como óbvia uma primeira consideração, por sinal confirmada pela história do aparecimento do termo, na sua acepção atual: o comportamento nacional, assim como tem sido caracterizado até aqui, não seria imaginável antes da Revolução Industrial ter criado contextos de interdependência no agir humano — mesmo limitados, num primeiro momento, unicamente à classe burguesa — que correspondem em extensão aos modernos Estados nacionais. Por isto, na Idade Média, teria sido impossível qualquer referência, no agir humano, às entidades "França", "Alemanha", "Itália", etc., referência esta a nível de fato social e não apenas no contexto de esporádicas referências literárias.

A evolução do sistema de produção, provocada pela Revolução Industrial, criou mercados de dimensões "nacionais", ampliou conseqüentemente os horizontes da vida cotidiana de camadas cada vez mais amplas da população e ligou ao Estado um conjunto de comportamentos econômicos, políticos, administrativos, jurídicos que, na fase anterior, eram totalmente independentes.

Concretizavam-se, assim, algumas das condições necessárias para o nascimento da ideologia nacional. Porém, não se tratava, ainda, de condições suficientes. A ideologia nacional pressupõe, com efeito, a ligação ao Estado não apenas dos comportamentos, meramente exteriores, que acabamos de listar, mas também dos que constituem o sentimento íntimo da personalidade e da afinidade básica do grupo, ligação esta que não pode ser provocada unicamente pela evolução do sistema de produção. É característico, por exemplo, o fato de que na Grã-Bretanha, contrariamente ao que aconteceu no continente europeu, o processo de ampliação do âmbito de interdependência nas relações humanas, provocado pela Revolução Industrial, ligou ao Estado o primeiro tipo de comportamento e não o segundo, tanto que os cidadãos britânicos, mesmo se considerando cidadãos de um único Estado e presos a um dever comum de lealdade para com a Coroa, não sentem como sua "pátria" a Grã-Bretanha, e sim a Inglaterra, a Escócia ou o País de Gales. Isto significa que na Grã-Bretanha o desenvolvimento da Revolução Industrial não levou —

a não ser numa medida parcial e imperfeita — ao abafamento das autênticas nacionalidades espontâneas, substituindo-as pela idéia fictícia de Nação.

Esta diferença entre a experiência da Grã-Bretanha e a continental é explicável pela diferente evolução do Estado nas duas áreas. Enquanto a situação geográfica insular — facilmente defensável, portanto, unicamente com a armada naval — da Grã-Bretanha permitiu que esta conservasse, no decorrer dos tempos, uma estrutura estatal flexível e descentralizada, os Estados do continente europeu, expostos constantemente ao perigo de invasões por parte de seus vizinhos e, conseqüentemente, envolvidos numa permanente situação de guerra aberta ou latente, viram-se forçados, para enfrentar com eficácia esta situação, a centralizar ao máximo o poder mediante a instituição do serviço militar obrigatório, da escola de Estado, da centralização administrativa, etc... Encontraram-se, pois, na situação de ter que exigir de seus cidadãos um grau de fidelidade ao poder sem precedentes, pelo menos desde os tempos da cidade-Estado grega, que chegava a exigir de seus cidadãos até o sacrifício da própria vida. Por outro lado, como conseqüência lógica, precisaram de dispor de instrumentos aptos para incutir artificialmente no íntimo dos próprios cidadãos estes sentimentos de fidelidade. A idéia de Nação, mediante a representação de um obscuro e profundo laço de sangue que orienta na mesma direção e mediante o ritual pseudo-religioso que acompanha esta representação, foi e permanece o instrumento mais indicado para criar e manter esta lealdade potencialmente total.

É assim que se pode chegar à definição de Nação dada por Albertini: A Nação seria a *ideologia do Estado burocrático centralizado*.

VII. A SUPERAÇÃO DAS NAÇÕES. — Se a Nação nada mais é do que a ideologia do Estado burocrático centralizado, a superação desta forma de organização do poder político implica a desmistificação da idéia de Nação. Existem fundamentos concretos para esta desmistificação. É um dado de fato que a atual evolução do sistema de produção na parte industrializada do mundo, após ter levado à dimensão "nacional" o âmbito de interdependência das relações pessoais, está atualmente ampliando este âmbito, tendencialmente, para além das dimensões dos atuais Estados nacionais e aponta, com uma evidência cada vez mais direta, para a necessidade de se organizar o poder político em níveis continentais e conforme modelos federativos.

É, portanto, previsível que a história dos Estados nacionais esteja chegando ao fim e que esteja para começar uma nova fase em que o mundo se organizará em grandes espaços políticos federativos. Porém se o federalismo significa o fim das Nações no sentido até aqui definido, significa também o renascimento, ou o revigoramento, das nacionalidades espontâneas que o Estado nacional abafa ou reduz a meros instrumentos ideológicos a serviço do poder político, e, conseqüentemente, a volta àqueles autênticos sentimentos gregários dos quais a ideologia nacional se fez única detentora e que foram por ela transformados em valores dependentes.

BIBLIOGRAFIA. — M. ALBERTINI, Lo Stato nazionale, Guida, Napoli 1981²; Id., L'idée de nation, in L'idée de nation, PUF, Paris 1969; Id., Il Risorgimento e l'unità europea, Guida, Napoli 1979; F. CHABOD, L'idea di nazione, Laterza, Bari 1961; C. J. H. HAYES, The historical evolution of modern nationalism, R. R. Smith, New York 1931; W. KAEGI, L'origine delle nazioni, in Meditazioni storiche (1924-46), Laterza, Bari, 1960; E. KEDOURIE, Nationalism, Hutchinson, London, 1960; H. KOHN, L'idea del nazionalismo nel suo sviluppo storico (1944), La Nuova Italia, Firenze 1956; E. LEMBERG, Nationalismus, Rowohlt, Reinbeck bei Hamburg 1964, II; F. MEINECKE, Cosmopolitismo e Stato nazionale (1908), La Nuova Italia, Firenze 1975², II; P. J. PROUDHON, France et Rhin, Librairie Internationale, Paris 1867; E. RENAN, Qu'est-ce qu'une nation? in Discours et conférences, Calmann-Lévy, Paris 1887²; B. C. SHAFER, Nationalism: Myth and reality, V. GOLLANCZ, London 1955.

[FRANCESCO ROSSOLILLO]

Nacionalismo.

I. DEFINIÇÃO. — Em seu sentido mais abrangente o termo Nacionalismo designa a ideologia nacional, a ideologia de determinado grupo político, o Estado nacional (v. NAÇÃO), que se sobrepõe às ideologias dos partidos, absorvendo-as em perspectiva. O Estado nacional geral o Nacionalismo, na medida em que suas estruturas de poder, burocráticas e centralizadoras, possibilitam a evolução do projeto político que visa a fusão de Estado e nação, isto é a unificação, em seu território, de língua, cultura e tradições. Desde a Revolução Francesa e principalmente no nosso século, antes na Europa, em seguida no resto do mundo, a ideologia nacional experimentou tão ampla difusão, que chegou a se considerar como a única a poder fornecer critérios de

legitimidade para a formação de um Estado independente no sentido moderno; ao mesmo tempo, afirma que um mundo onde haja ordem e paz poderá ter, como fundamento, unicamente uma organização internacional formada por nações soberanas.

Porém, juntamente com esta significação, outra existe, mais restrita, que evidencia uma radicalização das idéias de unidade e independência da nação e é aplicada a um movimento político, o movimento nacionalista, que se julga o único e fiel intérprete do princípio nacional e o defensor exclusivo dos interesses nacionais.

Começamos a considerar a significação mais ampla. A exposição trará luzes para que se perceba a ligação existente entre esta significação e a outra mais específica.

II. NACIONALISMO E DEMOCRACIA. — O princípio nacional se insere num organismo que é o Estado soberano, estruturando-se aos poucos sobre os escombros da sociedade feudal, que definiu sua individualidade apresentando-se a si próprio como um poder independente no contexto dos Estados e como um poder superior com relação aos outros centros de poder — em primeiro lugar a Igreja — que atuavam no interior do Estado. É bom salientar que, nos seus inícios, o Estado soberano tinha estrutura autoritária: com efeito a soberania pertencia ao monarca absoluto. Atualmente, mediante o princípio nacional, afirma-se o Estado popular, afirma-se, em outras palavras, o Estado cujo fundamento é a soberania popular. O movimento nacional luta para que se reconheça o direito que cada povo tem de se tornar o dono de seu próprio destino. Desta maneira, ele persegue dois objetivos, um interno e outro internacional. No plano interno, luta para proporcionar aos povos a consciência de sua unidade mediante a atribuição a todos os indivíduos dos mesmos direitos democráticos; desta forma os indivíduos adquirem competência para participar na definição da política do Estado. No plano internacional, o princípio da autodeterminação dos povos possibilita a realização da independência nacional e o estabelecimento de uma política exterior do Estado fundamentada na vontade popular, sem interferências de outros Estados.

O princípio democrático e o princípio nacional, de fato, foram se afirmando contemporaneamente, na Europa, durante a Revolução Francesa. É necessário, porém, distinguir claramente os respectivos objetivos. Enquanto o valor perseguido pelo princípio democrático é o da igualdade política, o objetivo do princípio nacional é colocar o Estado nas mãos do povo.

Foi Rousseau o teorizador do princípio da soberania popular. De acordo com este princípio a idéia de que o Estado se constitui num domínio pessoal do príncipe é substituída pela idéia de que o Estado pertence ao povo, definido como um conjunto de cidadãos e não de súditos. Desta forma queria ele contestar a identificação do Estado com as pessoas do rei e da aristocracia. A soberania popular se tornou, em seguida, o princípio inspirador da Revolução Francesa. A este respeito temos a seguinte afirmação de Robespierre: "Nos Estados aristocráticos a palavra *pátria* tem sentido unicamente para as famílias aristocráticas, isto é, para os que se apoderaram da soberania. Somente na democracia o Estado é realmente a *pátria* de todos os indivíduos que o compõem e pode contar com um número de defensores, preocupados pela sua causa, tão grande quanto o número de seus cidadãos". Foi assim que a nação foi se tornando a fórmula política em que a burguesia, num primeiro momento, as classes médias, a seguir, e o povo todo, mais tarde, identificaram a afirmação de seus direitos e o progresso das condições materiais contra os privilégios e a dominação arbitrária dos monarcas, da aristocracia e do clero.

A afirmação do princípio nacional representa, pois, uma etapa fundamental na história da formação do Estado moderno; isto é, na elaboração daquela forma de organização política que coloca a racionalidade burocrática e o controle democrático do poder político no lugar de comportamentos de submissão pessoal, característicos do período feudal. É até possível sustentar que a afirmação do princípio nacional, na medida em que era o elemento constituinte da fórmula que possibilitava alcançar, mesmo parcialmente, o objetivo da soberania popular, coincidia, na Europa do século XIX, com a linha mestra da evolução do progresso histórico. Esta mesma avaliação tem que ser aplicada aos países em desenvolvimento, que, após a Segunda Guerra Mundial, se libertaram do domínio das potências coloniais.

III. A IDEOLOGIA NACIONAL. — O que foi dito não quer significar, todavia, que o Nacionalismo tenha sido o produto espontâneo do processo histórico ocorrido na Europa no século XIX. Trata-se de uma ideologia unificadora, elaborada intencionalmente para garantir a coesão do povo no Estado.

A *fraternité* é o grande ideal coletivo da Revolução Francesa. É nela que se fundamenta a idéia de nação, reflexo ideológico de se pertencer a um Estado em que a classe dirigente quer impor a todos os cidadãos a unidade de língua, de cultura e de tradições e, por esta razão, busca

transferir ao nível do Estado aqueles sentimentos de adesão que os homens sempre tiveram com relação à sua comunidade natural (para uma crítica dos critérios mais comuns utilizados para definir a individualidade nacional v. NAÇÃO).

Por exemplo, o Estado, para desempenhar eficazmente sua ação em todo o território, precisa de uma língua única que possibilite uma ligação direta e permanente entre os indivíduos, cujas relações econômicas e sociais adquiriram dimensões nacionais, e o Governo central. Por isso o Estado impõe a unidade de língua. Este objetivo, porém, nunca é alcançado na sua totalidade. Apesar do esforço de nacionalização das minorias lingüísticas levado adiante pelos Governos nacionais, nunca se realiza a unidade de língua. Isto significa que, no sentido estrito do termo, como bem frisou Mário Albertini, a nação não existe. Porém a maioria dos homens acredita na sua existência. Na realidade a finalidade última da operação política resultante na fusão de Estado e nação é justamente a de desenvolver o sentimento nacional, de cultivar a idéia segundo a qual todos os habitantes de um Estado pertencem à mesma nação e que a divisão política entre as nações é algo justo, natural e até sagrado.

A este respeito Popper em *Conjeturas e refutações* escreveu: "O absurdo total do princípio da autodeterminação nacional se torna evidente para quem se empenhe, mesmo por um instante só, a criticá-lo. A esse princípio corresponde a exigência de que todo Estado seja um Estado nacional, seja delimitado por fronteiras naturais, e coincida isto tudo com a ocupação natural de determinado grupo étnico, a nação. Desta maneira caberia ao grupo étnico, à nação, definir e proteger as fronteiras naturais do Estado. Ora, Estados nacionais assim não existem". Justamente por estas suas características, a idéia de nação possibilitou a justificação de qualquer fronteira e o questionamento de todas elas.

Apesar destas limitações, porém, a idéia de nação é a imagem mítica que possibilita aos indivíduos a representação da idéia de que o Estado pertence ao povo.

Isto porque a democracia não passa de uma ideologia que, na sua concretização plena, apresenta um tipo de sociedade que se sustenta sem coerção, ou pelo menos um tipo de sociedade que se fundamente na autocoação de todos em relação a todos. Uma vez entrado em crise o princípio de legitimidade dinástica, a ideologia democrática demonstrou-se insuficiente, por si só, para garantir a unidade do Estado contra os efeitos desagregadores do antagonismo existente entre as classes e da luta de poder entre os Estados. A idéia de nação desempenhou, pois, a função de instrumento de integração dos cidadãos no Estado democrático.

IV. O ASPECTO ESTRUTURAL DO NACIONALISMO. — Passemos a examinar, agora, as características estruturais da nação. O princípio nacional altera profundamente o conteúdo político do Estado soberano. A eleição representa o procedimento que possibilita ao povo escolher sua classe dirigente e a orientação política do Governo. Na sua forma típica, tal como foi se estruturando no século passado na França, e, posteriormente, no restante do continente europeu, o Estado nacional tem uma estrutura centralizada. A democracia encontra sua plena manifestação unicamente a nível nacional, sem ter as bases do autogoverno local. Tanto é que, mesmo quando eletivos, os centros de poder locais encontram-se subordinados ao Governo central. A instituição da figura do prefeito é a garantia de que a administração do território, estará sujeita ao controle direto do Governo central.

O modelo jacobino da república una e indivisível tem como seu alicerce dois elementos: o cidadão e a nação. Este modelo não reconhece como válida nenhuma outra realidade jurídica e política intermediária. Na Declaração dos direitos do homem e do cidadão lemos: "O princípio de toda a soberania reside essencialmente na nação; nenhum corpo, nenhum indivíduo pode exercer qualquer autoridade a não ser a que dela diretamente promana".

De fato o centralismo democrático foi o instrumento mediante o qual os jacobinos esperavam alcançar a libertação do indivíduo das velhas instituições políticas e econômicas locais, onde estavam aninhados os privilégios das velhas classes dominantes. Cumpre observar, porém, que as autonomias provinciais, na França antes de 1789, não correspondiam unicamente aos privilégios dos notáveis locais, defensores ardorosos de suas prerrogativas, e sim também a interesses parasitários de trabalhadores, membros das corporações, que constituíam uma sobrevivência do sistema feudal. Não há dúvida que, com relação a este sistema, o centralismo democrático representa um progresso e, ao mesmo tempo, a premissa para o restabelecimento, em termos democráticos, das autonomias regionais e locais.

O Estado absoluto tinha realizado, há muito tempo, e em grande parte, o trabalho de centralização do poder e de esvaziamento da comunidade. O Estado nacional completa a tarefa, derrubando todas as barreiras que fragmentavam a atividade econômica e política, e eliminando as velhas lealdades feudais, que dificultavam a realização da unidade nacional.

Ao mesmo tempo, fez-se necessária uma política de centralização burocrático-militar até por razões de ordem internacional, isto é para fazer frente, de maneira eficaz, a agressões potenciais, praticadas pelos Estados limítrofes, na atmosfera tradicionalmente carregada de tensões do continente europeu. Conseqüentemente, no continente se fazia necessária uma total integração dos cidadãos no Estado, tanto mais profunda quanto mais centralizado estava o poder, de forma a submeter ao controle direto do Governo central a maioria dos recursos materiais e ideais do país. Para concretizar este objetivo, o Estado nacional utilizou instituições apropriadas: além da tutela exercida pelo prefeito sobre os centros de poder locais, a que já nos referimos, e do sistema administrativo uniforme em todo o território do Estado, ressaltamos a escola de Estado, como instrumento de formação nacionalista dos jovens, e o serviço militar obrigatório, que, envolvendo a população no sistema defensivo-militar do Estado, visa eliminar a distinção entre soldados e civis, transformar os cidadãos em fiéis servidores do Estado e submeter o poder civil ao militar.

Todas estas instituições se configuram em instrumentos que possibilitam alcançar uma rápida mobilização em caso de guerra e uma repressão eficaz dos movimentos de oposição, que, fracionando a sociedade, enfraquecem sua capacidade defensiva. Estas instituições são ignoradas, ou pelo menos nunca chegaram a se estruturar profundamente, nos Estados de tipo insular, como a Grã-Bretanha, que, não tendo fronteiras territoriais em comum com outros Estados, no período de sistema europeu, sentiam de forma bastante menor do que os Estados continentais as exigências de segurança. Estes Estados desenvolveram estruturas políticas descentralizadas, deixando, conseqüentemente, maior espaço aos fatores que incentivam o livre desenvolvimento da sociedade.

V. O FUNDAMENTO HISTÓRICO-SOCIAL DO NACIONALISMO. — Falta ainda examinar o fundamento histórico-social do Nacionalismo. As transformações históricas sobre as quais se fundamenta a formação do Estado nacional e da ideologia nacional podem ser compreendidas unicamente no contexto da grande mudança ocorrida na evolução dos mecanismos de produção, determinada pela Revolução Industrial. Esta mudança determina a extensão das relações de produção e de troca, bem como de todos os outros aspectos da vida social direta ou indiretamente ligados a estas relações, até a formação de um mercado e de uma sociedade de dimensões nacionais. Em outras palavras, a Revolução Industrial quebra as pequenas unidades produtivas agrícolo-artesanais e as limitadas comunidades quase naturais e tradicionais, que representavam. os horizontes de vida da grandíssima maioria da população, e amplia enormemente o contexto econômico-social a que o indivíduo pertence. Consequentemente, ligou-se ao Estado um número crescente de comportamentos, uma vez que os indivíduos passaram a exigir a intervenção deste a fim de garantir a evolução ordenada das relações sociais no âmbito nacional. É evidente que o ponto de chegada destes processos históricos é a entrada ativa dos povos no cenário político e a abertura de um novo endereço político, que iria, a longo prazo, entregar as grandes massas populares à direção do Estado.

VI. INDEPENDÊNCIA NACIONAL E IGUALDADE ENTRE AS NAÇÕES. — Há, na ideologia nacional, um princípio que tem se revelado totalmente sem fundamento: o de que a independência das nações coincide com sua igualdade. Esta afirmação ignora que a concretização do princípio de autodeterminação num mundo onde o exercício da soberania nacional não conhece limites, devido à ausência de uma legislação que se situe acima dos Estados, implica o uso da força, ou pelo menos a ameaça de a ele se recorrer, como meio para resolver os conflitos entre os Estados. Os Estados vivem, pois, numa situação de guerra, pelo menos potencialmente, e a defesa da independência nacional exige o uso da força.

Quem decide qual será a política exterior dos Governos é a razão de Estado, isto é, o cálculo das relações de força existentes entre os Estados. Ademais, a independência reflete e não corrige a desigualdade entre as nações. O grau de independência de cada Estado é definido pelas relações de força que se verificam no sistema político internacional. A distribuição desigual do poder político, no mundo, define uma determinada hierarquia entre os Estados, criando relações hegemônicas e imperialistas exercidas pelos Estados mais fortes sobre os mais fracos.

Ora, a igualdade é um valor que somente a lei pode garantir. De fato, unicamente a lei pode assegurar uma forma de coexistência em que todos os homens possam ser livres e iguais. Da mesma maneira, o Estado federativo (v. FEDERALISMO) dispõe de instrumentos políticos e jurídicos para solucionar conflitos·internacionais e assegurar uma coexistência positiva entre os Estados, um sistema onde cada Governo é, ao mesmo tempo, independente e coordenado com os outros. A independência dos Estados é garantida pelos tribunais, que, mediante o juízo de constitucionalidade ou não das leis, garantem a prima-

zia da constituição sobre todos os outros poderes e, portanto, o predomínio do direito sobre a força.

VII. NAÇÃO E NACIONALISMO. — Existe, pois, uma contradição insuperável entre a fidelidade à nação, isto é, à ideologia que justifica a divisão do gênero humano de acordo com o princípio de que em cada grupo nacional podem ser identificadas características essenciais que o distinguem do resto da humanidade, e os valores universais da religião cristã e das ideologias liberal, democrática, socialista e comunista. O fundamento da religião cristã consiste na afirmação da fraternidade entre todos os homens. Por outro lado, os grandes movimentos revolucionários, que no século passado propuseram novos modelos de convivência política cuja base está nos princípios da liberdade, da democracia, da nação, do socialismo, do comunismo, caracterizaram-se desde suas origens por uma relevante componente internacionalista. Seria contraditório com relação aos valores universais, que servem de fundamento a estes modelos, pensá-los como se fossem algo de limitado às fronteiras nacionais. Sua concretização no plano nacional foi vista, sempre, como apenas uma etapa de sua concretização no plano europeu e mundial. É oportuno, além disso, lembrar que, para os fundadores do movimento nacional, nação e humanidade nunca foram termos contraditórios, e sim complementares. Para Mazzini, por exemplo, a organização da Europa e do mundo em Estados nacionais deveria se tornar o instrumento que realizaria a solidariedade entre os homens e a fraternidade entre os povos.

A realidade que foi se evidenciando progressivamente, na medida em que o princípio nacional foi se afirmando, após a Revolução Francesa, no resto da Europa, mostrou que os Estados nacionais, assim como as monarquias, não conseguiam encontrar uma harmonia espontânea. Por detrás da "nação soberana" continuava a atuar a razão de Estado, com suas velhas exigências de segurança e de poder. A história tem evidenciado, cada vez mais, que a organização da Europa em Estados nacionais não se compatibiliza com a solidariedade internacional entre os povos. Esta contradição, que começou a se manifestar ainda no período da Revolução Francesa quando foi tomada a decisão de recorrer à guerra para "exportar" a liberdade, nunca mais desaparecerá da história européia, uma vez que as relações internacionais, apesar da transformação do Estado absoluto em democrático e nacional, mantiveram sua característica tendencialmente violenta. O fato é que os direitos do homem e do cidadão, afirmados no plano nacional, são negados no plano internacional.

Para denunciar o caráter de intolerância presente na idéia de nação na prática da política jacobina, o abade Barruel em um escrito de 1798 (*Mémoires pour servir à l'histoire du jacobinisme*) utiliza a palavra Nacionalismo. É a primeira vez que o uso deste termo é registrado. "O Nacionalismo", escreve o abade Barruel, "ocupou o lugar do amor geral... Foi, assim, permitido desprezar os estrangeiros, enganá-los e ofendê-los. Esta virtude foi chamada patriotismo".

É totalmente privada de fundamento a distinção que se faz entre sentimento nacional, entendido como dedicação extremada à própria pátria, coexistindo com o amor dos outros homens para com sua própria nação, e que não está em oposição à fraternidade e à solidariedade universais, e Nacionalismo, entendido, sob um aspecto, como egoísmo nacional e, sob outro aspecto, como ódio para com as outras nações e como agressividade e espírito bélico em relação às mesmas.

É conhecido sobremaneira que a qualificação de "Nacionalismo sadio" é, geralmente, reservado para a própria nação, enquanto a de "Nacionalismo pernicioso" é utilizada com referência às outras nações.

O fato é que, uma vez que se constituiu em Estado, uma nação precisa se armar para sobreviver num mundo de Estados armados e acaba entrando, assim, num relacionamento de força com as outras nações. Sua política, conseqüentemente, precisará obedecer à RAZÃO DE ESTADO (v.), que decide quais os instrumentos necessários para garantir a segurança nacional com base na avaliação das relações de poder internacionais. Em suma, aceita a segurança como sendo o objetivo supremo de todo Estado (à qual se faz necessário subordinar toda e qualquer outra finalidade), pode-se afirmar que a decisão concreta de apelar ou não para o uso da força é algo que, em última análise, transcende a vontade dos Governos, visto depender do conjunto de relações de poder entre os Estados no contexto do sistema político internacional.

O Nacionalismo não representa, pois, a degeneração do princípio nacional, e sim sua conseqüência necessária.

VIII. ASPECTOS DA EVOLUÇÃO HISTÓRICA DO NACIONALISMO. — Definidos os aspectos típicos do Nacionalismo, resta considerar as principais etapas de sua evolução. Em sua primeira fase de desenvolvimento, iniciada, como já vimos, com a Revolução Francesa, o movimento nacional deixou campo ainda à manifestação de comportamentos internacionalistas, enraizados na religião cristã e nas ideologias liberais, democráticas e socialistas, bem como a formas de ligação ainda fortes para com comunidades territoriais menores do que a nação.

Foram fundamentalmente duas as contingências históricas que possibilitaram aos indivíduos residentes nos Estados nacionais a manutenção de laços para com coletividades maiores e menores do que a nação. No plano internacional, o equilíbrio entre as potências, fiador da estabilidade política na Europa, possibilitava a contenção da violência do choque entre os Estados, enquanto freava, ao mesmo tempo, a caminhada rumo à centralização e ao Nacionalismo. Por outro lado, no interior dos Estados, devido ao desenvolvimento ainda limitado da Revolução Industrial, o movimento operário não se tinha ainda integrado na vida do Estado nacional. Inexistiam, portanto, as condições para a plena realização da unidade nacional.

A unificação nacional da Alemanha marca o início de uma nova fase histórica durante a qual o princípio nacional atinge sua plena afirmação, no interior dos Estados nacionais, tendendo a se generalizar em todo o continente europeu, tornando frágeis conseqüentemente os impérios multinacionais, tais como o austro-húngaro, o russo e o otomano.

Tomemos em exame, em primeiro lugar, as repercussões que a unificação alemã teve no equilíbrio europeu. Após afirmar-se rapidamente como a mais forte potência do continente, a Alemanha entrou em luta com a Grã-Bretanha, contra o predomínio comercial e naval por ela exercido nos mares, perturbando assim o equilíbrio europeu. Para combater a hegemonia britânica nos mares, criou uma forte marinha de guerra e, para desenvolver seu próprio sistema industrial, apelou para o protecionismo. A partir daí, o protecionismo e o Nacionalismo econômico atingiram outros países europeus, esfacelando aos poucos a unidade do mercado mundial, cuja garantia, até então, tinha sido a hegemonia britânica nos mares, justamente na hora em que os grandes espaços abertos se tornavam indispensáveis para expandir as forças produtivas. Por outro lado, o imperialismo foi o caminho que os Estados nacionais precisaram trilhar a fim de acompanhar as tendências das forças produtivas, que exigiam grandes espaços políticos e econômicos para atingir seu desenvolvimento. Num primeiro momento, o objeto da luta entre as potências européias é representado pela repartição das colônias, mais tarde, o choque se dá no velho continente assumindo o aspecto de uma nova luta para alcançar uma posição de hegemonia na Europa, tendo como protagonista a Alemanha, e que chega a seu ponto final com a Primeira Guerra Mundial.

Em segundo lugar, é preciso lembrar que o desenvolvimento da Revolução Industrial, cujo resultado tinha sido possibilitar a participação ativa das massas na vida política e a integração nacional da classe operária, permitiu que os Governos nacionais entrassem na vida comum de todos, de tal forma que não havia como ficar independente do Estado no desenvolvimento das principais atividades sociais. Também o futuro das classes mais baixas, na medida em que viam reconhecidos seus direitos, estava ligado indissoluvelmente ao destino do Estado nacional.

Em suma, a tendência do Estado nacional para a centralização do poder, para a exigência de uma lealdade exclusiva por parte dos cidadãos em prejuízo de lealdades para com as coletividades menores ou maiores do que a nação e para o incentivo ao ódio e à hostilidade para com as outras nações, foi favorecida pelas tensões internacionais e pela participação ativa das massas na vida política. Forçados a se adaptar às condições de luta política determinadas pelo Estado nacional, os liberais, os democratas e os socialistas foram perdendo, aos poucos, sua inicial inspiração internacionalista para se sujeitarem às exigências da defesa da nação e se viram forçados a pactuar com a violência, o autoritarismo e as desigualdades políticas e sociais, alimentadas pelas necessidades internas e internacionais de sobrevivência do Estado nacional. Todavia a adequação de sua praxe política ao princípio nacional, que os levava, caso fosse necessário, a sacrificar a este princípio os valores universais do indivíduo, da humanidade ou da classe, não foi acompanhada por nenhum tipo de revisão teórica. Tal fato tornou sua conduta contraditória com seus princípios.

Esta incerteza na definição de seus objetivos os colocou em condições de inferioridade com relação às correntes políticas nacionalistas, que interpretavam bem melhor as necessidades militaristas e autoritárias do Estado nacional numa época de imperialismo e protecionismo. Na prática, os movimentos nacionais tinham a pretensão de ser os únicos intérpretes autênticos do princípio nacional. Espalhados pela Europa continental, no final do século passado, e estritamente relacionados à crise do sistema europeu dos Estados, estes movimentos têm em comum uma idéia base: a subordinação de todo valor político ao nacional.

A dissociação dos conceitos de nação e de humanidade, negada pelos fundadores do movimento nacional, porém latente desde as origens do movimento durante a Revolução Francesa, se configura numa idéia que é capaz de subverter em profundidade todo o patrimônio cultural e moral da história da Europa. A cultura representou sempre um elemento unitário na vida européia, tendo como fundamento a concepção pela qual, para usar uma expressão de Goethe, "além das nações existe a humanidade". A política com suas divisões, nunca tão profundas como na época do Nacionalismo, colocou constantemente em perigo esta unidade, porém nunca conseguiu destruí-la. O Nacionalismo, como teoria da divisão "natural" do gênero humano, colocou-se conscientemente em contraste com os valores universais da religião cristã e das ideologias liberal, democrática e socialista. Assim ele acabou rompendo com suas origens democráticas e populares e, de ideologia revolucionária que foi, transformou-se em ideologia reacionária, assumindo cada vez mais conotações militaristas e agressivas em política externa, e antiparlamentaristas e antidemocráticas em política interna. Em toda parte o movimento nacionalista, quer o francês de Charles Maurras (a *Action française*), quer o alemão (a *Liga pangermânica*, fundada por Alfred Hugenberg), quer o italiano (a *Associação nacionalista italiana*, dirigida por Enrico Corradini), caracterizou-se como oposição de direita aos Governos democráticos, acusados de incapacidade para garantir a segurança, a dignidade e o poderio nacional num mundo de Estados hostis e agressivos bem como para proporcionar garantias de unidade nacional, necessária esta para se fazer frente às pressões externas, neutralizando os conflitos sociais e a dialética democrática. Por um lado, a luta de classe e a competição democrática entre os partidos políticos precisam ser substituídas pela solidariedade nacional, elemento catalisador da "natural" desigualdade entre os homens. De fato, toda divisão política ou social, no seio da nação, serviria apenas para enfraquecer suas capacidades ofensivas e defensivas. Por outro lado, o desenvolvimento do poderio econômico e militar do Estado é condição indispensável para sua afirmação na luta com os outros Estados, sendo a guerra a prova que possibilita o prevalecer das nações mais fortes e de maior vitalidade.

Analisando os movimentos nacionalistas, tomamos em exame o Nacionalismo na sua significação mais restrita. De acordo com o que foi dito até aqui, esses movimentos constituem um aspecto de um fenômeno mais amplo, justamente o Nacionalismo, a expressão de apenas uma etapa de sua evolução histórica, em cujo decurso se afirmam as tendências imperialistas e autoritárias do Estado nacional, prelúdio estas do nazifascismo.

Existe uma relação muito estreita entre o programa político do movimento nacionalista e o do

NACIONALISMO

fascismo e do nazismo. O Nacionalismo é um componente essencial das ideologias fascista e nazista. Porém, o movimento nacionalista nunca chegou a ser, diferentemente do fascista e do nazista, um movimento de massa. O nazifascismo, como manifestação da fase máxima de degenerescência do Estado nacional, foi uma tentativa para ir contra a linha evolutiva da história, foi a expressão da vontade de sobrevivência do Estado nacional numa conjuntura histórico-social nova, que favorecia a ascensão, na condução da política mundial, das potências de dimensões continentais (Estados Unidos, União Soviética e em perspectiva, China). O nazifascismo levou até às últimas conseqüências a lógica totalitária da mobilização de todos os recursos materiais e ideais da sociedade em função de uma política de potência; do abafamento de toda a forma de conflito ou de pluralismo político social, enfraquecedor das capacidades defensivas do Estado; enfim, da dominação sobre todas as forças produtivas dentro dos limites do Estado, buscando expandir a produção, favorecendo concentrações produtivas, ampliando o controle do Estado sobre o desenvolvimento econômico mediante instrumentos de planejamento e dobrando, mediante a organização corporativista da economia, a luta de classes à disciplina garantida verticalmente pelo Estado.

No plano econômico-social, o nazifascismo representou a resposta autárquica e corporativa à recessão econômica e à radicalização da luta de classes, conseqüências dos limitados espaços econômicos nacionais, que freavam o desenvolvimento das forças produtivas. No plano político, representou a resposta imperialista diante de um equilíbrio europeu que não podia mais ser sustentado e de um papel hegemônico da Europa, no contexto mundial, já em plena decadência, bem como a resposta totalitária de uma sociedade que não mais conseguia conciliar os objetivos de segurança e de desenvolvimento econômico com a manutenção das instituições democráticas.

Na medida em que a Alemanha, para sobreviver, se viu forçada a buscar seu próprio "espaço vital" no território dos Estados limítrofes e a se transformar num império europeu, evidenciou a decadência histórica do Estado nacional. De fato, a aspiração hegemônica da Alemanha nada mais foi, como corretamente percebeu Luigi Einaudi, senão uma manifestação da necessidade de unidade da Europa. No caso de se ter concretizado o plano alemão, a própria Alemanha teria negado sua característica de Estado nacional e destruído o sistema europeu dos Estados. Por outro lado, a sobrevivência da Alemanha implicava a destruição do sistema democrá-

tico. Desta forma, ia sendo rompido o elemento de ligação entre o princípio nacional e o princípio democrático, que tinha tido sua afirmação inicial na Revolução Francesa para dilatar-se posteriormente pelos outros Estados europeus.

A Segunda Guerra Mundial marca o nascimento, sobre as ruínas do velho sistema europeu, do sistema mundial dos Estados, fundamentado no predomínio dos Estados Unidos e da União Soviética. Os Estados nacionais europeus perderam sua independência, transformaram-se em satélites das duas superpotências e se mostraram, já sem possibilidade de contradição, incapazes de garantir, dentro de seus estreitos limites, o desenvolvimento econômico e a segurança de seus cidadãos. Seu destino é sobreviver apenas como elementos anacrônicos em um mundo que está evoluindo para formas de organização política de dimensões continentais e de tipo multinacional. A crise histórica do Estado nacional se constitui na base da unificação européia, o que significa uma radical modificação das tendências políticas fundamentais que caracterizaram a história do sistema europeu de Estados. Tal crise fez surgir, no lugar do tradicional antagonismo entre os Estados, formas cada vez mais estreitas de cooperação política e econômica e, ao mesmo tempo, abriu caminho, pela primeira vez na história, a possibilidade de que seja superada a imagem de nações historicamente consolidadas. Nesta nova situação histórica, onde a segurança não é mais causa de luta entre os Estados e onde estes se vêem forçados a colaborar entre si para garantir sua sobrevivência, se dá o ocaso do Nacionalismo e a alvorada de uma nova época histórica, a que Proudhon no século passado chamara de "era das federações".

Enquanto na Europa o processo de unificação marca o ocaso do Nacionalismo, as lutas de libertação nacional no Terceiro Mundo são a manifestação de uma nova fase da evolução do Nacionalismo. A mesma exigência histórica, que, durante o século XIX e no início do século XX, impôs na Europa a formação de nações independentes, coloca no âmago da discussão o processo de desenvolvimento do Estado nacional no Terceiro Mundo. A afirmação do princípio nacional representa uma etapa necessária da história: possibilita a libertação dos povos, coloca os Estados em suas mãos e os torna protagonistas da política internacional. Todavia, este princípio não possibilita a eliminação do autoritarismo das estruturas internas dos Estados nem a supressão do uso da violência na política internacional. Conseqüentemente, a afirmação da democracia no interior dos Estados deve preceder a afirmação da democracia internacional. A soberania popular e o método democrático possibilitam a eliminação da violência nas relações sociais e o federalismo permite a eliminação da violência nas relações internacionais, a estruturação democrática das relações exteriores entre os Estados, a unificação dos povos e sua coexistência pacífica em condições de igualdade.

As lutas de libertação nacional levaram à eliminação dos impérios coloniais das potências européias e à formação de Estados independentes no Terceiro Mundo; a conseqüência tem sido sua inserção no contexto da política mundial com capacidade autônoma de iniciativa (muito embora, exceção feita da China, não tenham levado à eliminação da dependência política e da exploração econômica com relação às superpotências e ao mundo industrializado) e a afirmação da necessidade de desenvolver uma moderna sociedade industrial (embora a distância entre países industrializados e países subdesenvolvidos tenha diminuído unicamente com relação aos países possuidores de recursos econômicos e de dimensões políticas suficientes para garantir sua independência, enquanto tem aumentado com relação ao chamado Quarto Mundo, isto é aos países não produtores de matérias-primas).

Embora o aspecto que mais impressiona, no que diz respeito à situação do Terceiro Mundo, consiste na difusão do Nacionalismo, é preciso salientar que os movimentos de libertação nacional têm consciência de que o Estado nacional não se constitui mais em suporte suficiente para garantir, no mundo contemporâneo, desenvolvimento econômico e independência política. É oportuno lembrar, a este respeito, que os mesmos protagonistas dos movimentos de libertação nacional, de Bolívar a Nkrumah, foram também defensores da organização federativa, respectivamente, das nações latino-americanas e africanas. A tendência a que se estruturem uniões regionais de Estados atinge dimensões mundiais, encontrando seus fundamentos na internacionalização do processo produtivo e na formação do sistema mundial dos Estados. Isto acontece não apenas na Europa ocidental, mediante a criação das comunidades européias, e, na Europa oriental, mediante a formação do COMECON, e assim também na América Latina, na África e no mundo árabe. É sinal de que, também no Terceiro Mundo, onde o Nacionalismo parece ser a tendência dominante, estão sendo percebidos os limites dos caminhos nacionais para o desenvolvimento e a independência política. As federações regionais, vistas como etapa na caminhada para a unificação do mundo todo, parecem ser, pois, o verdadeiro objetivo que irá possibilitar a realização plena daquela finalidade que as revoluções nacionais não conseguiram realizar plenamente.

BIBLIOGRAFIA. – J. E. E. D. ACTON, *Nationality*, in *The history of freedom and other essays*, Macmillan, London 1922; M. ALBERTINI, *Lo Stato nazionale*, Guida, Napoli 1981[2]; Id., *Il risorgimento e l'unità europea*, Guida, Napoli 1979; E. H. CARR, *Nazionalismo e oltre* (1945), Bompiani, Milano 1946; K. W. DEUTSCH, *Nationalism and social communication*, MIT Press-J. Wiley & Sons Inc., Cambridge.Mass.-New York 1953; L. EINAUDI, *La Guerra e l'unità europea*, Comunità, Milano 1948; R. GIRARDET, *Autour de l'idéologie nationaliste. Perspectives et recherches*, in *"Revue française de science politique"*, XV, julho-setembro 1965; G. GORIELY, *Appunti per la storia de sentimento nazionale in Europa*, Movimento federalista europeo, Roma 1953; C. J. H. HAYES, *The historical evolution of modern nationalism*, R. R. Smith, New York 1931; F. O. HERTZ, *Nationality in history and politics*, Routledge and Kegan Paul, London 1951[3]; B. F. HYSLOP, *French nationalism in 1789 according to the general cahiers*, Columbia University Press, New York 1934; R. JOHANNET, *Le principe des nationalités*, Nouvelle Librairie Nationale, Paris 1923; E. KEDOURIE, *Nationalism*, Hutchinson, London 1969; H. KOHN, *L'idea del nazionalismo nel suo sviluppo storico* (1944), La Nuova Italia, Firenze 1956; E. LEMBERG, *Nationalismus*, Rowohlt, Reinbeck bei Hamburg, 1964 II; F. MEINECKE, *Cosmopolitismo e Stato nazionale* (1908), La Nuova Italia, Firenze 1975, II; G. L. MOSSE, *La nazionalizzazione delle masse* (1974), Il Mulino, Bologna 1975; *Nationalism: a report by a study group of members of the royal institute of international affairs*, Oxford University Press, London, 1939; B. C. SHAFER, *Nationalism: myth or reality*, V. Gollancz, London 1955; Id., *Faces of nationalism*, Harcourt Brace, New York 1972;.G. J. WEILL, *L'Europe du XIXe siècle et l'idée de nationalité*, A. Michel, Paris 1938.

[LUCIO LEVI]

Nacional-socialismo.

I. PROBLEMAS DE DEFINIÇÃO. — O termo Nacional-socialismo possui inúmeros significados e diferentes conotações. No seu sentido mais geral tem sido usado, há mais de um século, por vários movimentos e ideologias políticas, defensores de um tipo de socialismo diferente do socialismo internacionalista e marxista, ou até contrários a ele. Por um lado, o nacionalismo nasceu no século XIX, como reação à sociedade industrial e à emancipação liberal. Por outro, os movimentos nacionalistas nos países em desenvolvimento, sobretudo nos Estados árabes (socialismo árabe), defenderam, até o presente momento, formas novas de Nacional-socialismo, como alternativa ao feudalismo e ao colonialismo. Em todos estes exemplos, todavia, qualquer uso que se faça do termo ficará praticamente abandonado ou provocará mais confusão uma vez que o Nacional-socialismo, como fenômeno político de dimensões históricas mundiais, indica sobretudo o movimento político alemão, fundado e guiado por Adolf Hitler após a Primeira Guerra Mundial, polemicamente conhecido pelo diminutivo de *nazismo*.

Conseqüentemente, como no caso do fascismo italiano, é preciso não esquecer a origem concreta e o significado político do Nacional-socialismo histórico, todas as vezes que a palavra for empregada na terminologia atual; este cuidado é de suma importância uma vez que termos como fascismo e Nacional-socialismo, inúmeras vezes, são utilizados impropriamente, como instrumentos de polêmica ativa contra o adversário político, sem levar em consideração seu significado original e sua correta aplicação à realidade. Em ambos os casos, a análise do fenômeno histórico — o Nacional-socialismo alemão e o fascismo italiano — representa a condição indispensável para qualquer tentativa de definição e aplicação destes termos.

Como fenômeno histórico, o Nacional-socialismo tem que ser definido focalizando dois níveis principais: em primeiro lugar, como reação direta à Primeira Guerra Mundial e a suas conseqüências, porém, também, como resultado de tendências e idéias bem mais antigas, relacionadas com a problemática da unificação política e da modernização social — problemática que dominou o desenvolvimento alemão desde o começo do século XIX. Sem dúvida foram a inesperada derrota de 1918 e suas trágicas conseqüências — quer materiais quer psicológicas — que tornaram possível a fundação e a ascensão política do Nacional-socialismo. Porém, ao mesmo tempo, é importante considerar o fato de que as tendências e as idéias políticas fundamentais do Nacional-socialismo nasceram muito antes de 1918 e da guerra, e que o Nacional-socialismo é bem mais do que um simples movimento de protesto pós-guerra, dirigido por um eficiente agitador de massas como o foi Hitler.

Ambos os níveis — as raízes ideológicas e a concretização política — têm a mesma importância na análise e na definição dos principais elementos do Nacional-socialismo. Suas qualidades dinâmicas e explosivas conseguiram tomar consistência unicamente na situação de crise profunda da Alemanha no primeiro pós-guerra; porém, os aspectos mais radicais do movimento precisam ser explicados como resultados de várias posições ideológicas fundamentais que têm raízes históricas profundas. Estas posições formam o pano de fundo da *Weltanschauung* nacional-socialista, onde já encontramos os postulados principais e o

vocabulário específico do sistema de valores do Nacional-socialismo, cujas palavras-chaves são: nação, raça, espaço vital (*Lebensraum*), a comunidade do povo (*Volksgemeinschaft*), liderança, ação, autoridade, sangue e terra, frente e batalha.

II. RAÍZES IDEOLÓGICAS E POLÍTICAS DO NACIONAL-SOCIALISMO. — Com relação às *raízes históricas* do Nacional-socialismo austro-alemão não há concordância entre os especialistas. Alguns acham que suas origens remontam ao império medieval, à Reforma Protestante ou, pelo menos, a Frederico o Grande da Prússia. Outros negam que haja qualquer tipo de continuidade entre a política alemã anterior e o desenvolvimento do Nacional-socialismo, sublinhando a importância fundamental da Primeira Guerra Mundial e de Hitler: o Nacional-socialismo é definido como "movimento hitleriano" e "hitlerismo" — exatamente na mesma medida em que o fascismo pode ser visto como "mussolinismo". Enquanto as interpretações continuam oscilando entre estas duas posições extremistas, permanece o problema de como uma tradição intelectual e um comportamento político, tipicamente alemães, seriam indispensáveis na formação do Nacional-socialismo. O debate, encontrado em inúmeros livros desde os anos 30, tem em si um interesse que não é meramente acadêmico. Por um lado, teve influência na própria afirmação do Nacional-socialismo que foi percebido, justamente pelos seus propugnadores e ideólogos, quais Joseph Goebbels e Alfred Rosenberg, como sendo a complementação definitiva de um milênio de história alemã. Por outro lado, o problema assumiu uma importância toda especial na medida em que se envidaram esforços para combater e eliminar não apenas o poder político, mas também as mais profundas raízes do Nacional-socialismo na Alemanha, a fim de impedir, após 1945, qualquer tipo de continuação ou de revivescência do nazismo.

As raízes ideológicas do Nacional-socialismo, em decorrência dos acontecimentos históricos alemães do século XIX, encontram-se estritamente ligadas às três fases mais importantes da caminhada da Alemanha em direção ao sonhado Estado nacional: a reação nacionalista à ocupação napoleônica (1806-1815); a falência da revolução liberal de 1848; a solução conservadora e militar do problema alemão, durante o Governo de Bismarck, a partir de 1871. Na medida em que progredia o complexo processo da unificação política e da modernização, a idéia nacionalista alemã experimentou um desenvolvimento todo especial chegando a se sobrepor aos ideais liberais e constitucionais. A "nação tardia" tinha a sensação de ser a última a chegar entre os Estados europeus, pronta, porém, para se adequar ao imperialismo e ao colonialismo da época. Em um contexto muito parecido com o italiano, estes sentimentos nacional-imperiais preparavam o caminho para os movimentos pré-fascistas já bem antes da Primeira Guerra Mundial. No caso alemão, uma antiga tradição acerca da singular missão da Alemanha no contexto europeu e no mundo, conforme o que defendia o filósofo Fichte (1810), coincidiu com a reivindicação da concretização de um império pangermânico que compreenderia não apenas a Áustria e demais territórios de língua alemã, mas que iria ser reconhecido como potência hegemônica da Europa central.

As idéias pangermânicas e hegemônicas dominaram todos os movimentos que visavam anexações de territórios na Primeira Guerra Mundial. A derrota destas idéias em 1918, nunca aceita pelos partidos de direita da República de Weimar, levou à formação de grupos radicais antidemocráticos e revisionistas; um deles foi o "Deutsche Arbeiterpartei" que em 1920 tornarse-á o "National Sozialistische Deutsche Arbeiterpartei" (N.S.D.A.P.). Uma característica básica deste partido foi a continuidade das idéias que dominaram o período pré-bélico; porém, a experiência da derrota na guerra e a crise da república democrática aumentaram a força de sua influência na opinião pública alemã politizada.

A criação e a ascensão do Nacional-socialismo podem ser explicadas da seguinte forma:

a) Na situação existente em 1918-1919, era fácil a mobilização de um nacionalismo agressivo contra o tratado de Versalhes com suas pesadas imposições à Alemanha pós-bélica. Na realidade, a carreira de Hitler teve início, antes de tudo, com seus inflamados discursos contra a "escravização" da Alemanha pelo tratado de Versalhes. Tudo isto, porém, ia muito além de uma simples revisão dos tratados; ao nacionalismo foi atribuído um significado maior: a expansão imperialista da grande Alemanha, na sua condição de potência-guia mundial, fundamentada nas qualidades superiores da raça germânica ou nórdica.

b) A saída concreta para esta forma de nacionalismo foi encontrada na doutrina do "espaço vital" necessário aos alemães. Na sua atividade política de cada momento o Nacional-socialismo se apresentou como o mais ardoroso representante das forças contrárias a Versalhes; na sua ideologia, voltou à velha idéia da singular posição da Alemanha na Europa e desenvolveu a doutrina da superioridade cultural e racial de um futuro "império germânico da nação alemã"

(como sendo uma nova forma do Sacro Império Romano medieval da nação alemã). A personalidade e as idéias de Hitler proporcionaram a esta reivindicação de hegemonia nacional-imperialista o suporte da ideologia nacionalista, tipicamente austríaca, de uma grande Alemanha; em seguida esta ideologia foi sobreposta às componentes prussiano-alemãs da filosofia do expansionismo. Protegido pela estratégia da revisão do tratado, manipulada com muita inteligência, que enganou a muitos, quer na Alemanha quer fora dela, Hitler buscou, desde o início, um objetivo imutável: expandir o território do Estado nacional e ampliar o *Lebensraum* alemão bem além do "núcleo racial" do povo alemão. A idéia básica de Hitler era a de manifestar o princípio expansionista do Estado nacional mediante o princípio imperialista do predomínio dos elementos "superiores" biológica e racialmente, orientando seus ataques contra os eslavos, racialmente "inferiores", ao leste e, internamente, contra os judeus, "o inimigo mundial número um".

c) Não está ainda bem esclarecida a função desempenhada pelo militarismo alemão no meio de todos esses fatores causais. Se, por militarismo, entendemos a agressão, então o problema não se reveste de crucial importância. Porém, é inegável que o exemplo e a tradição de um Estado predominantemente militar, como a Prússia, exerceram uma influência notável na estrutura social e de poder do *Reich* bismarckiano. O exército foi apresentado como o lugar de treinamento para a nação ("Escola da nação"); uma patente no exército de reservistas aumentava o *status* social de um civil. As considerações militares dominaram até as idéias políticas de amplos segmentos da população. A ideologia "guerreira" do Nacional-socialismo pôde, pois, se estruturar sobre estas bases: Hitler encontrou dificuldades bem menores que Mussolini na mobilização do povo e na conquista do exército. Todavia, na medida em que se evidencia a função do pensamento militarista prussiano, não é possível ignorar as idéias populares de Hitler de origens austro-alemãs. Neste sentido, a energia expansionista de Hitler se orientou também para o combate à idéia reducionista prussiano-alemã do *Reich* bismarckiano, que, excluindo a Áustria-Hungria, excluía uma notável parcela da nação alemã.

d) Não causa, pois, admiração o fato de que os verdadeiros precursores do N.S.D.A.P., no início do século, foram originários da Áustria e da Boêmia, regiões onde o nacionalismo antieslavo e antisemita, do tipo sócio-popular e cristão-nacional, era fortemente sentido há muito tempo. Também não deve causar admiração o fato de que o partido de Hitler tenha sido fundado em Munique na Baviera, cidade que, assim como Viena, oferecia ambiente favorável às ideologias de seitas nebulosas ligadas a um fantástico misticismo alemão, bem como ao conceito católico da grande Alemanha, mais do que ao conceito prussiano-protestante do Estado. Guiados pelos nacional-socialistas, os alemães do sul, os austríacos e os alemães que se consideravam etnicamente puros, se sobrepuseram aos prussianos. Todavia, se não estivesse presente a tradição político-militar e estadual da Prússia, as idéias e a vida do povo alemão, no império e na República de Weimar, não teriam sofrido tamanho processo de militarização, nem o Estado totalitário teria consolidado seu poder. A união entre transnacionalismo e militarismo, durante a Primeira Guerra Mundial, teve influência marcante sobre Hitler e sua sobrevivência na luta contra a República de Weimar, bem como na aliança entre nacionalistas reacionários e revolucionários nacional-socialistas. Esta união tornou possíveis os acontecimentos de 1933.

e) A ideologia nacional-socialista proporcionou a mais ampla manifestação das responsabilidades específicas e dos fermentos históricos contidos na idéia do Estado e da nação alemães. Ao mesmo tempo, não se pode negar que a *Weltanschauung* nacional-socialista, diferentemente do marxismo e do comunismo, não é resultado de uma filosofia ou teoria coerente, e sim se caracteriza por um conjunto de idéias e princípios, concepções, esperanças e emoções, unidos por um movimento político radical numa época de crise. A Alemanha não precisava, necessariamente, de caminhar para o Terceiro Reich. Escolheu este caminho, contrariamente ao que fizeram outros países, pela natureza específica das tendências antidemocráticas existentes na Alemanha e pelas específicas condições em que se deu o nascimento do Nacional-socialismo na República de Weimar. A causa final, porém, foi a ruptura profunda entre o pensamento político alemão e o pensamento político ocidental, bem como o surgimento de um particular sentimento fatalista alemão com leves aspectos anticocidentais.

f) Com relação à importância do radicalismo anti-semita, é correto afirmar que os precursores anti-semitas do Nacional-socialismo não tinham qualquer possibilidade de sucesso político antes da grande guerra. Não passavam de grupos insignificantes, divididos entre si no que se referia aos objetivos e também com relação à função dos judeus; não tinham influência alguma no processo legislativo nem, tampouco, tinham condições para propôr leis anti-semitas ou controlar o processo de emancipação e assimilação dos judeus, apesar da magnitude de suas manifestações entre 1873 e o início do século XX. Além disso, os grupos conservadores no poder, embora utilizassem de vez em quando o anti-semitismo a seu favor, preparando desta forma o caminho para sua afirmação e seu desenvolvimento, nunca a ele proporcionaram espaços consideráveis, politicamente. Antes da ascensão de Hitler, as manifestações de violência anti-semita na Alemanha eram raras, diversamente do que ocorria na Europa oriental. Naturalmente, o anti-semitismo estava sempre presente, aguardando novas oportunidades, principalmente em períodos de crise política e econômica. Conheceu momentos de grande intensidade nos períodos de 1873 a 1895, 1918 a 1923 e 1930 a 1933, porém sua influência na vida política e a terrível concretização de seus bárbaros objetivos somente se tornaram possíveis, quando conseguiu se incorporar a um grande movimento anti-democrático de massa.

III. FATORES DA ASCENSÃO DO NACIONAL-SOCIALISMO. — A ascensão do Nacional-socialismo (1919-1933) foi possível graças à conjugação dos defeitos da política alemã, desde os primórdios do século XIX, com as raízes fatídicas e a história repleta de crises da República de Weimar. A democracia de 1918 foi considerada responsável pelas conseqüências da derrota na Primeira Guerra Mundial. O novo Governo se tornou o bode expiatório e o objeto do ódio das forças da restauração e da reação no Estado e na sociedade, bem como dos movimentos revolucionários ditatorias reunidos nos belicosos *Freikorps*, em seitas populares anti-semitas e em organizações paramilitares. O "espantalho vermelho" da revolução comunista completou a tarefa de tornar exército e burocracia, classe média e patrões, fácil conquista de tais sentimentos. As forças democráticas estenderam a seus inimigos a tolerância de um sistema jurídico constitucional. Além disso, o desejo difuso de autoridade próprio de um Estado autoritário e burocrático acabou provocando sérios problemas organizacionais no interior da República.

Foram estas as bases que permitiram ao Nacional-socialismo firmar-se como um novo tipo de força integradora. Visto ser uma manifestação tipicamente alemã de antidemocracia na Europa, o Nacional-socialismo conseguiu harmonizar-se com a situação alemã, tornando-se um fenômeno mais difícil de ser exportado do que o fascismo. É este mais um exemplo das limitações que se encontram nas idéias de um fascismo universal. Os fundamentos nacionalistas implicam a existência de profundas diferenças entre um e outro país; daí não ser possível explicação alguma monocausal baseada em premissas econômicas, políticas ou ideológicas. O Nacional-socialismo, assim como Hitler, foi o produto da Primeira Guerra Mundial, porém, recebeu sua forma e sua força daqueles problemas básicos da história alemã moderna que caracterizaram a difícil caminhada do movimento democrático. Podemos salientar entre estes problemas: a fragilidade· da tradição democrática e os poderosos resíduos das instituições autoritárias governativas e sociais existentes antes e depois de 1848; a facilidade de aceitação das idéias nacionalistas e imperialistas, produto da criação atrasada e nunca plenamente concretizada de um Estado nacional alemão; os problemas decorrentes da inesperada derrota e da decorrente invencionice da "facada pelas costas"; o difuso mal-estar com relação à paz de Versalhes; a crise permanente de uma república que nunca conseguiu obter apoio total da população; as explosivas conseqüências da depressão neste Estado altamente industrializado, social e religiosamente dividido, conservando ainda resíduos feudais e tradicionalistas; enfim, o medo da proletarização e do comunismo experimentado pela classe média, e o ulterior ressentimento e pavor de uma população rural ameaçada pela expansão da tecnologia moderna. Não deveria, portanto, causar admiração o fato que o Nacional-socialismo obteve seus maiores triunfos eleitorais primeiro na Baviera rural e depois nas províncias rurais do Schleswig-Holstein e na Baixa Saxônia.

Entre os fatores que caracterizam os inícios do Nacional-socialismo cumpre ressaltar o papel relevante desempenhado pela ascensão espetacular e pela veneração quase religiosa do Führer. A estrutura organizacional e as atividades deste novo tipo de movimento basearam-se completamente no princípio do líder. Ao centro de tudo encontrava-se a figura de Adolf Hitler. Em termos de psicologia social, ele representa o homem comum, em posição de subordinação, ansioso para compensar seus sentimentos de inferioridade através da militância e do radicalismo político. Seu nascimento na Áustria, seu fracasso na escola e na profissão e a experiência libertadora da camaradagem masculina durante a guerra, forjaram, ao mesmo tempo, sua vida e a ideologia do Nacional-socialismo.

O Nacional-socialismo se estruturava com base num darwinismo social nacionalista, racista e muito simplificado, tornado popular pelos escritos de radicais sectários. Porém, ao mesmo tempo, procurou, mediante uma mistura ecléctica de programas doutrinários e políticos, atingir todas as camadas da população. Os primeiros slogans do Nacional-socialismo, pelo seu sucesso imperialista e expansionista e pela submissão ao Governo ditatorial nacionalista, foram elaborados para distrair a classe média e a classe operária dos reais problemas internos. A "comunidade nacional" foi escolhida para ser a panacéia que curaria os males econômicos e políticos, no lugar do pluralismo econômico e da sociedade classista. As doutrinas militaristas e racistas foram os instrumentos utilizados para enganar e conquistar a população. Na campanha contra o tratado de Versalhes se fez uso de um nacionalismo agressivo que apelava para o tradicional sentimento alemão de unidade e foi explorada a visão de uma grande Alemanha unida. O passo seguinte foi a propalada necessidade de expansão dos limites nacionais e étnicos, para conseguir o espaço vital, em direção ao leste, dos povos alemão e germânico, considerados povos superiores. Além do culto ao Führer, que era uma resposta ao desejo autoritário de ordem, a versão social e biológica do anti-semitismo se tornou uma das primeiras características fanáticas do programa hitlerista. Esta forma de encarar o "problema" se prestava para a elaboração da idéia do inimigo radical, idéia esta necessária a todo movimento totalitário para poder dirigir e orientar a agressividade por ele gerada. Acima de tudo, a ideologia nacional-socialista e a tragédia política assentavam no direito do mais forte, conforme as teorias do darwinismo social. A exaltação da "ação" como ideal supremo, acima da razão e da inteligência, caracterizou a natureza fundamentalmente irracional do Nacional-socialismo. Seu fim último foi a conquista de um poder sem limites mediante a agressão, internamente, e mediante o expansionismo, externamente. A história do terceiro *Reich* mostra que o Nacional-socialismo cumpriu à risca os primitivos planos de Hitler, muito embora seus críticos da época pouco caso fizessem dele. Aliás, a história do Nacional-socialismo é a história de sua fatal depreciação.

Tudo isto vale também com relação à vitória de Hitler em 1933; o terceiro *Reich* pôde se concretizar graças a um conjunto de manobras eficazes e enganadoras. Sem estas manobras, provavelmente, Hitler nunca chegaria ao poder. Ele afirmava que a sua era uma "revolução legal". Misturando estes dois conceitos contraditórios, os nacionalistas conseguiram satisfazer o desejo popular de ordem e, ao mesmo tempo o desejo de uma mudança radical num período de profunda crise econômica. Após o fracasso de seu *putsch* em 1923, sem contar o fracasso do *putsch* reacionário de Kapp em 1920, que evidenciou a aversão da burguesia e dos funcionários públicos a golpes de Estado e a revoluções abertamente concretizadas, Hitler se limitou à utilização de táticas pseudolegais. Em lugar de tentar um *putsch* contra a República, aproveitou-se das oportunidades proporcionadas pela legislação de emergência prevista na Constituição de Weimar a fim de revogar a mesma. O caminho da ditadura presidencial sempre foi apoiado pelos adversários conservadores da democracia parlamentar e, após 1930, contou com o apoio ativo do marechal Hindenburg, o autoritário filomonárquico presidente alemão. Foi ele quem ajudou o partido nacional-socialista a se libertar da incômoda posição de partido minoritário, que nunca tinha conseguido mais de um terço dos votos populares em nenhuma eleição. Os poderes especiais, que davam ao presidente o direito de dissolver o *Reichstag* e nomear um chanceler, tornaram possível a ditadura legal do presidente. Foi o exercício destas prerrogativas, e não a aprovação de um Governo majoritário que levou Hitler ao poder.

A bem sucedida imposição de um Governo autocrático foi acompanhada pelo convite à realização de uma verdadeira "revolução nacional" No que diz respeito a Hitler, a aliança com os partidos de direita, com o meio empresarial, com os interesses dos grandes proprietários rurais e dos militares, foi apenas um expediente tático. Quando começou a se manifestar uma forte crise no partido, no fim de 1932, ele não titubeou em fazer amplas concessões aos líderes de uma "concentração nacional" da direita, chefiados por von Papen, confidente de Hindenburg. Porém, mesmo aceitando, como chanceler, uma maioria de ministros conservadores, sempre fez questão de exigir o direito de exercer poderes presidenciais ditatoriais. Camuflando as reivindicações de poder dos nacional-socialistas como sendo os apelos para um renascimento cristão-nacional, Hindenburg atingiu o resultado desejado, quer junto ao Governo quer junto ao povo, e nunca interferiu nas terríveis medidas repressivas aplicadas por Hitler, justamente em virtude destes poderes ditatoriais "legais", em fevereiro de 1933. Os aliados de Hitler, num primeiro momento, valorizaram em excesso o próprio poder e, mais tarde, procuraram reconduzir a revolução dentro de canais disciplinados. Porém, foi justamente sua colaboração que tornou possível a pseudolegalidade desta mesma revolução. Por razões semelhantes, a oposição da classe média se desarticulou diante da lei sobre os plenos poderes e os funcionários colaboraram para a legalização da revolução nazista. A própria esquerda se deixou ludibriar e, por demasiado tempo, ficou paralisada diante da nova situação de uma revolução "legal" e "nacional".

Em suma, Hitler chegou ao poder como conseqüência de um conjunto de erros que poderiam ter sido evitados. Ele não foi eleito livremente pela maioria do povo alemão, nem houve razões insuperáveis que justificassem a capitulação da república. Todavia, nos momentos finais, as forças democráticas se encontraram em minoria diante dos partidos totalitários e ditatoriais dos nacional-socialistas e dos comunistas. E foi nesta situação que um grande número de dirigentes alemães optou por se colocar do lado de Hitler, após 1933. A suscetibilidade da classe média era resultado de causas históricas e contingentes. A história da tomada do poder por parte de Hitler sem dúvida possui seus lados obscuros, e que são inúmeros. Por outro lado, os pré-requisitos do Nacional-socialismo também não são passíveis de explicações lineares. Foram inúmeros os fatores e os elementos que aí desempenharam seu papel, obscuras forças subterrâneas, resultado das condições nacionais e sociais alemãs e européias. A fatal ascensão de Hitler está intimamente relacionada com uma marcante seqüência de acontecimentos que se verificaram na Alemanha nos séculos XIX e XX, embora o Nacional-socialismo não possa ser identificado com a história alemã.

IV. CONSOLIDAÇÃO E DINÂMICA DO REGIME. — O *regime nacional-socialista* alemão (1933-1945) teve como característica um rápido processo de supressão e coordenação (*Gleichschaltung*) de todas as forças e instituições políticas, sociais e culturais. A "tomada do poder" se deu com pleno sucesso no período de cinco meses, com muito maior definição do que aconteceu na Itália fascista onde o processo levou seis anos. O sistema totalitário com um partido único e com um único líder foi definitivamente implantado no verão de 1934, quando Hitler, através de expurgos sangrentos dentro do partido (e das organizações militares do partido, as SA), conseguiu o apoio total do exército e se nomeou, após a morte do presidente Hindenburg, chefe do Estado, chanceler, líder do partido e da nação, ditador único da Alemanha.

Nos anos seguintes o regime se estruturou para concretizar suas finalidades ideológicas, quer no campo da política interna quer no da política externa. O controle totalitário do poder, na própria Alemanha, foi utilizado para a mobilização de todos os recursos na sustentação militar da hegemonia alemã na Europa e no empenho de anexação de amplos territórios, principalmente na Europa oriental. Causa surpresa observar o quanto a conduta política do Nacional-socialismo tenha sido determinada por posições ideológicas, principalmente no campo do racismo e do anti-semitismo, o que foi sobremaneira comprovado pela criminosa eliminação de milhões de judeus e pela rigorosa supressão das nações eslavas. A política de ocupação, levada adiante pelo Nacional-socialismo durante a Segunda Guerra Mundial, foi uma terrível concretização das idéias de superioridade alemã e do direito ao espaço vital. Esta política diferiu profundamente da seguida pelo Governo ditatorial, mais tradicional na sua forma, do fascismo italiano, embora tenha sido justamente a aliança entre Mussolini e Hitler que abriu o caminho para que se chegasse às últimas conseqüências no campo do terror, da guerra e da destruição.

No fim, as reais manifestações do regime nacional-socialista foram uma refutação daquelas próprias idéias em que o mesmo se baseava; daí que o neonazismo não conseguisse melhores resultados na Alemanha do pós-guerra. O fracasso total e a autodestruição do Nacional-socialismo em 1945 servem, entre outras coisas, para refutar a crença popular de que uma ditadura totalitária, pelo fato de eliminar todo controle político e moral e conseqüentemente possibilitar uma atuação mais rápida e de mais impacto, seja fiador da ordem e da eficiência de uma forma mais abrangente, bem como de maior segurança e estabilidade do que os complexos sistemas democráticos. Além da rígida pseudo-ordem imperante no Terceiro Reich, havia um mundo de rivalidades pessoais e profissionais, de ordens arbitrárias por parte do líder, de insegurança causada pela vigilância e pelo terror. O resultado foi um momentâneo aumento do poder, seguido por um enfraquecimento da consciência nacional, que culminou no caos da fase final. Os excessos que marcaram o declínio do Terceiro Reich evidenciaram a verdadeira natureza de um sistema que, contrariamente ao afirmado pela sedutora teoria da ditadura, não proporcionou a seus cidadãos sequer ordem política e Governo eficaz, e muito menos segurança maior e possibilidades melhores de se expressarem; ao contrário, erigiu-se exclusivamente . sobre o despotismo organizado e sobre crimes pseudolegais e mal escondidos. Hitler teve para tudo uma única, egomaníaca, resposta: o povo alemão fracassara na sua prova histórica, pondo em jogo, conseqüentemente, sua própria existência nacional. Nos últimos tempos, uma idéia fixa o perseguia: nunca cederia, nunca mais iria acontecer novamente na história alemã o que tinha acontecido em novembro de 1918. No seu testamento político de 29 de abril de 1945, repete as idéias fixas que tinham orientado a ascensão e a dominação do Nacional-socialismo, começando pelo seu ódio feroz com relação ao "judaísmo internacional e seus cúmplices", que, na visão do mundo de Hitler, seriam os responsáveis por tudo aquilo que estava acontecendo.

A queda do Nacional-socialismo foi sancionada juridicamente pela comissão aliada de controle que, a 4 de junho de 1945, dissolveu formalmente o N.S.D.A.P. e ordenou a prisão de seus funcionários. Os resultados do domínio nazista

foram óbvios assim como sua queda. Até seus critérios para avaliar os sucessos refutam a eficácia da política nazista. O preço pago foi imenso: mais de 6 milhões e meio de alemães mortos, o dobro de prófugos, a divisão e a repartição do país, o fim de sua existência como Estado — este foi o balanço alemão do Terceiro Reich. O balanço europeu, que se inicia com o extermínio de aproximadamente 6 milhões de judeus, nos leva muito além dos números acima: enquanto a França contou com aproximadamente oitocentas mil vítimas e a Grã-Bretanha quatrocentas mil, pelo menos vinte milhões foram mortos na Rússia, quatro milhões e meio na Polônia e um milhão e setecentos mil na Iugoslávia. A culpa da Alemanha, principalmente com relação aos povos da Europa oriental, e a expulsão, por vingança, de todos os alemães destes territórios, permanecerão para sempre como a herança deixada pelo Nacional-socialismo.

BIBLIOGRAFIA. — H. ARENDT, *Le origini del totalitarismo* (1951), Edizione di Comunità, Milano 1967; K. D. BRACHER, *La dittatura tedesca* (1969), Il Mulino, Bologna 1973; Id., *Die Auflösung der Weimarer Republik*, Ring Verlag, Villingen 1971[5]; Id., *Die Nationalsozialistische Machtergreifung*, West deutscher Verlag, Köln 1974[3]; Id., *La crisi dell'Europa* (1976, 1979), Mondadori, Milano 1978; M. BROSZAT, *Der Staat Hitlers*, Deutscher Taschenbuch Verlag, München 1969; *Anatomie des SS-Staates*, sob a direção de H. BUCHEIM, Deutscher Taschenbuch Verlag, München 1965; A. BULLOCK, *Hitler, studio sulla tirannide* (1952), Mondadori, Milano 1965; J. FEST, *Hitler* (1973), Rizzoli, Milano 1975; K. HILDEBRAND, *Das Dritte Reich*, Oldenbourg, München 1979; *Il nazionalsocialismo* (1958), ao cuidado de W. HOFER, Feltrinelli, Milano 1964; E. JAECKEL, *Hitlers weltanschauiing*, Wunderlich Rainer, Stuttgard 1981; H. A. JACOBSEN, *Nationalsozialistische Aussenpolitik 1933-1938*, A. Metzner, Frankfurt 1968; G. L. MOSSE, *La crisi dell'ideologia tedesca* (1964), Milano 1968.

[KARL DIETRICH BRACHER]

Não-alinhamento.

I. DEFINIÇÃO. — Por Não-alinhamento (ou *neutralismo*), se entende a rejeição da guerra fria e da política dos blocos por parte dos países do Terceiro Mundo (ex-colonizados) e dos que se situam à margem da esfera de influência e de "colonização política" (v. SATÉLITE) das grandes potências (Iugoslávia); a abstenção das opções políticas e estratégicas internacionais dos blocos contrários. A definição mais rigorosa de Não-alinhamento é aquela que foi formulada na Convenção do Cairo em junho de 1961 e que preparou a primeira conferência dos países neutralistas em Belgrado no mês de setembro de 1961. "O primeiro critério para definir a política de Não-alinhamento é aquele através do qual podem ser considerados não comprometidos aqueles países que dentro de uma coerência perseguem uma política independente, inspirada nos princípios da coexistência ativa e pacífica e da colaboração com todos os países na base de igualdade, prescindindo das diferenças existentes nos respectivos ordenamentos sociais. O segundo critério é o de que cada país não alinhado deve, com coerência e constância, apoiar e contribuir ativamente para a luta pela independência nacional e pela completa libertação de todos os povos. Os outros três critérios dizem respeito à questão da não adesão a alianças militares multilaterais e a outros tratados que se apresentam como instrumentos do antagonismos dos blocos, à questão das alianças defensivas regionais convenientes e à posição dos países que permitiram a instalação de bases em seu próprio território a potências estrangeiras." O termo Não-alinhamento define portanto uma opção de caráter político e não deve ser confundido com outros termos semelhantes mas não análogos, tais como "neutralidade" e "neutralização" que se referem essencialmente ao *status* e à relativa e conseqüente atitude prescritiva de um país em período de guerra e que dizem respeito à esfera do direito internacional mais do que à esfera política. Na realidade, a condição de país não-alinhado não exclui a possibilidade de conflito com outros países neutros e não neutros, referindo-se essencialmente aos dois blocos e a seus possíveis conflitos.

II. COLOCAÇÃO HISTÓRICA. — O Não-alinhamento é historicamente a conseqüência direta da guerra fria e da divisão do mundo em blocos contrários e é também a reação e a opção ético-política dos países ex-colonizados frente à polarização e à radicalização das relações internacionais que se seguiu à Segunda Guerra Mundial. É portanto a partir de 1945 que a natureza da neutralidade muda para assumir novas conotações, não mais conexas ao conceito de guerra em campos de batalha mas ao de guerra ideológica e condicionadas por novas e mais sofisticadas formas de organização internacional (alianças estratégicas e militares coletivas, organismos multinacionais políticos e econômicos, etc.). Pioneiro do Não-alinhamento foi o líder indiano Nehru que o concebeu sobretudo como rejeição da guerra fria em chave anticolonial. Rejeitado pelas duas grandes potências (a URSS teve durante muito tempo

como "burgueses" todos os países não comunistas e os Estados Unidos o consideraram por longos anos como uma traição à democracia), o Não-alinhamento foi, assim, em sua primeira formulação, a bandeira distintiva dos novos Estados independentes. Foi na Conferência da Bandung (abril de 1955), em que participaram também países pertencentes aos dois blocos (Turquia, Paquistão, Iraque, China e Vietnã do Norte), que apareceu, no ponto seis da resolução final, de forma sistemática, a vontade de abstenção do recurso a formas de defesa coletiva destinadas a servir os interesses particulares de uma grande potência. Pouco a pouco, foi-se atenuando o carácter de rígida oposição dos dois blocos, próprio da guerra fria, exaurindo-se o processo de descolonização, mudando também o conceito de Não-alinhamento e perdendo grande parte de seu primitivo conteúdo anticolonialista e racial. De simples "recusa", o Não-alinhamento assumiu a conotação de ideologia autônoma do Terceiro Mundo e com a entrada da Iugoslávia no clube dos países neutralistas, de ideologia positiva de Não-alinhamento. O fim da guerra fria e o início da distensão e da coexistência pacífica assinalaram, por conseguinte, a passagem do Não-alinhamento "passivo" — como opção moral pura dos tempos de Nehru — para o Não-alinhamento "ativo" teorizado pelo marechal Tito, presidente da Iugoslávia, como autêntica opção política. Finalmente, com a declaração emitida pela Conferência de Belgrado em 1961, o conceito de Não-alinhamento tornou-se um princípio atuante dentro da Organização das Nações Unidas, presença nas decisões internacionais, arbitragem e participação nas iniciativas de paz no âmbito da ONU e nos conflitos internacionais. A criação de forças de paz das Nações Unidas e a própria Carta da ONU — que torna difícil a neutralidade clássica (com as cláusulas relativas à intervenção da organização nas controvérsias internacionais, aos poderes do Conselho de Segurança, etc.) mas que parece favorecer o Não-alinhamento — conferiram, a propósito, um papel positivo e autônomo aos pequenos Estados assim como aos países neutralistas. Nas sucessivas conferências dos não-alinhados (Belgrado, 1969; Lusaka, 1970; Argel 1974; Colombo, 1976; Havana, 1979) manifestaram-se as contradições latentes entre fautores de um Não-alinhamento eqüidistante dos dois blocos (os chamados "amigos da paz" chefiados pela Iugoslávia) e os fautores de um Não-alinhamento comprometido com o antiimperialismo, na clássica acepção marxista-lenista (liderados por Cuba), abrindo-se uma crise praticamente sem saída no seio do movimento.

III. O NEUTRALISMO COMO IDEOLOGIA. — Fundamentando-se na resolução da Conferência de Belgrado, o Não-alinhamento: 1) rejeita o conceito de inevitabilidade da guerra e também da guerra fria; 2) afirma o princípio da coexistência entre sistemas diferentes, assim como dos princípios de autodeterminação, de independência e de livre escolha das formas de desenvolvimento; 3) reafirma a essencialidade da participação dos países neutralistas nas iniciativas de paz; 4) considera o alargamento da esfera do Não-alinhamento como a única alternativa possível contra a divisão do mundo em blocos e contra a guerra fria; 5) recomenda a abolição de todas as formas de colonialismo e de exploração. O programa do Não-alinhamento cobre um amplo raio de variações políticas simpatizantes com o Ocidente democrático-liberal e com o mundo comunista, traduzindo em substância, muitas vezes, a simples vontade dos Estados não-alinhados não se envolverem em conflitos que não lhes digam diretamente respeito. Esta razão por que entre os mesmos Estados neutralistas não existe comunhão de instituições, de preferências ideológicas e de ação diplomática. A opção da forma de Não-alinhamento em si não pode dizer-se que seja fruto do grau e da natureza do subdesenvolvimento e da forma institucional de organização política própria de cada Estado neutralista. Foram as circunstâncias políticas, e a psicologia das elites no poder e dos povos que, ao contrário, determinaram e ainda determinam e influenciam as modalidades do Não-alinhamento.

BIBLIOGRAFIA. — P. LYON, *Neutralism*, Leicester University Press, Leicester 1963; R. OGLEY, *The theory and practice of neutrality in the twentieth century*, Routledge & Kegan Paul, London 1970; O. R. YOUNG, *The intermediaries*, Princeton University Press, Princeton 1967.

[PIERO OSTELLINO]

Não-violência.

O termo Não-violência pode ser usado em duas acepções bastante diversas que convém distinguir claramente. No primeiro sentido, ele designa só um modo de agir, ou seja, um conjunto de métodos ou técnicas de luta. No segundo, ao invés, designa uma "doutrina" ou, de qualquer modo, um conjunto de idéias, conceitos, teses, teorias e propostas de estratégia política que pretende apresentar-se como tal. No primeiro caso, o termo Não-violência pertence à mesma classe do termo "violência" e a definição de um envolve a definição do outro. No segundo caso, pelo contrário, o termo Não-violência pertence à mesma classe a que pertencem termos como "marxismo", "anarquismo", "liberalismo", e dar uma definição dele é esboçar uma particular concepção ético-política. No primeiro caso será oportuno falar de *Não-violência pragmática e negativa*, no segundo, de *Não-violência doutrinal e positiva*. Em ambos os casos, a Não-violência se distingue do pacifismo, entendido como uma posição ética que rejeita a guerra, e, mais em geral, a violência física, na condução e solução dos conflitos, sobretudo dos conflitos de grupo. Entendida como doutrina, a Não-violência, na realidade, não é só uma posição ética, enquanto que, entendida como maneira de agir, não o é de modo algum, mesmo que, naturalmente, possa ser escolhida por razões éticas.

I. A NÃO-VIOLÊNCIA PRAGMÁTICA E NEGATIVA. — Com a expressão "Não-violência pragmática e negativa", se pretende acentuar que aquilo a que se faz referência é a) um conjunto de métodos de luta, b) que se caracterizam, negativamente, pela ausência da violência e c) cujo emprego é de per si compatível com qualquer doutrina ou ideologia, já que nada exclui que eles possam ser usados, mesmo por razões táticas, por qualquer grupo, com vistas a um fim ou causa tanto justos como injustos. Do termo assim entendido há tantos significados quantos os do termo "violência", em função do qual aquele é definido. Podemos distinguir, *grosso modo*, três significados de "violência", cada vez mais amplos ou inclusivos, e, respectivamente, três significados cada vez mais restritos ou exclusivos de Não-violência.

1) Por "violência" se pode entender, em sentido estrito, a morte intencional e forçada de um ser humano (ou, mais genericamente, de um senciente), ou a provocação intencional e forçada de sofrimentos ou lesões físicas, mediante o uso da força (violência física ativa). No campo das relações de conflito entre grupos, a forma que a violência assim entendida assume regularmente é a da violência armada e organizada, ou seja, a da violência militar. A esta noção restrita de violência corresponde uma noção bastante ampla de Não-violência, pela qual o termo designa toda a técnica de luta isenta de violência física ativa. No plano das relações de conflito entre grupos, estas técnicas de luta se identificam, na prática, com os vários *métodos de luta não-militar*, como a greve, o boicote, certas formas de sabotagem, etc.

2) Numa acepção mais ampla, por violência se pode também entender a morte intencional e forçada, ou a provocação intencional e forçada de sofrimentos ou lesões físicas, quer isso ocorra

mediante o uso da força (violência física ativa), quer não, deixando, por exemplo, de fazer determinadas ações cujo cumprimento seria suficiente, ou necessário e suficiente, para salvar as vidas ou para evitar sofrimentos e lesões físicas (violência física passiva). A esta acepção mais ampla de violência corresponde uma mais restrita acepção de Não-violência, pela qual o termo designa toda a técnica de luta isenta tanto da violência física ativa, como da violência física passiva. Para nos referirmos a um tal método de luta, poderemos usar o termo *métodos de luta incruenta*. Todo o método de luta incruenta é, desse modo, também um método de luta não-militar, mas nem todo o método de luta não-militar é método de luta incruenta. Se o grupo A, em conflito com o grupo B, deixa de enviar os medicamentos de que o grupo B tem extrema necessidade, e o faz para obrigar o grupo B a ceder, este método de luta é um método não-militar, mas não é um exemplo de método incruento, já que, por omissão, o grupo A causa sofrimentos ou lesões físicas aos membros do grupo B, exercendo, por isso, violência passiva.

3) Numa terceira e ainda mais ampla acepção, pode-se, enfim, entender por violência, além da morte intencional e forçada ou da provocação intencional e forçada de sofrimentos ou lesões físicas (de modo ativo e passivo), a própria provocação intencional e forçada de sofrimentos ou lesões *psíquicas*. Por isso, além da violência física, poder-se-á falar também de violência psíquica. Exemplos de sofrimento psíquico são um estado de ansiedade aguda, ou um estado de pânico ou desespero intensos. Segundo esta acepção, o ato terrorista, enquanto intencionalmente orientado a gerar tais estados de angústia, pânico ou desespero, além de constituir um exemplo de violência física, constitui também um exemplo de violência psíquica. O exemplo mais claro de *lesão* psíquica nos é oferecido, por sua vez, pela destruição da capacidade de deliberação e decisão autônoma do indivíduo (pense-se no estado a que fica reduzido Winston Smith no fim do romance *1984* de G. Orwell). A uma tal acepção ampla de violência corresponde uma acepção restrita de Não-violência, pela qual o termo designa todo o método de luta isenta tanto de violência física (ativa ou passiva), quanto de violência psíquica (ativa ou passiva). Poderemos referir-nos a esses métodos com o termo *métodos de luta inofensivos*. Um exemplo de método deste tipo é o método democrático, fundado no princípio da maioria e em outras regras conhecidas de procedimento. Com efeito, embora certas pessoas que se venham a encontrar em minoria, possam, em decorrência de tal fato, experimentar sofrimentos, mesmo sérios, não se pode, contudo, afirmar que a maioria lhes

inflige esses sofrimentos de maneira forçada, já que os que são minoria, tendo aceitado livremente esta eventualidade, aceitaram também os sofrimentos a ela ligados *(volenti non fit injuria)*. Como é já claro e transparece também deste exemplo, um método inofensivo é sempre igualmente um método incruento e, *a fortiori*, um método não militar. Mas certos métodos incruentos podem ser ofensivos, na medida em que envolvem violência psíquica, como certas formas de lavagem de cérebro, por exemplo.

O problema da escolha entre as três acepções de Não-violência indicadas é um problema que enfrentam, de modo particular, aqueles que rejeitam a violência, pelo menos em parte, por motivos morais, enquanto que tal não acontece com os que, em determinadas situações, se abstêm da violência por razões puramente táticas. Do ponto de vista moral, há duas boas razões para a adoção da terceira e mais ampla acepção de violência e, conseqüentemente, da mais restrita de não-violência. A primeira é que, desde esse ponto de vista, é difícil ver que diferença existe entre matar uma pessoa ou causar-lhe graves sofrimentos físicos cravando-lhe uma faca nas costas e fazê-la morrer ou submetê-la a graves sofrimentos físicos cortando-lhe os alimentos, razão pela qual, se se caracteriza como violência o ato do primeiro caso, também se há de caracterizar como tal a omissão do segundo. A outra razão é que, ainda sob o mesmo ponto de vista moral, é difícil ver que diferença existe entre provocar sofrimentos ou lesões de natureza *física* e provocar sofrimentos ou lesões de natureza *psíquica*: se o primeiro é um mal, também o é o segundo, visto existirem sofrimentos psíquicos que, para certas pessoas, são muito piores que os sofrimentos físicos mesmo intensos (muitos preferem a dor a que são submetidos na cadeira do dentista, ao estado de angústia intensa que experimentam em sua sala de espera). Uma das objeções mais sérias que se pode fazer ao pacifismo tradicional é justamente a de operar com uma acepção de violência indevidamente restrita, ou seja, de rejeitar de modo bastante gratuito apenas a violência física ativa. Isto não impede, contudo, que a redução máxima dessa forma de violência, sobretudo da violência militar, constitua no mundo de hoje um objetivo particularmente importante, vistas as conseqüências funestas que o seu uso pode trazer para todo o gênero humano.

II. A NÃO-VIOLÊNCIA DOUTRINAL E POSITIVA. —
Entendida como "doutrina", a Não-violência se apresenta como uma tentativa de resposta apropriada e abrangente aos novos e graves problemas postos pelo enorme desenvolvimento dos armamentos, pela *escalation* da violência política,

pelas tendências totalitárias congênitas ao Estado moderno, pelo desenvolvimento sem controle do industrialismo (não apenas capitalista) e pelas diferenças cada vez maiores entre as populações pobres e as populações ricas. Trata-se de uma doutrina "aberta", no sentido de que está ainda em elaboração, baseando-se, em parte, no encontro entre certas idéias do pacifismo ocidental e de certos temas do socialismo e do pensamento anárquico com o pensamento e as "experiências" políticas de Gandhi, em parte também no estudo atento e sistemático dos vários exemplos de lutas não violentas que se oferecem no curso da história humana, principalmente em nosso século. Embora se trate de uma doutrina aberta, como fica indicado, é possível, não obstante, identificar alguns dos componentes fundamentais em que se articula: uma concepção do homem como ser racional, capaz de um comportamento moral mesmo em situações de conflito extremamente fortes; uma filosofia da educação que teoriza os métodos educativos mais aptos a favorecer o máximo desenvolvimento de tal capacidade; uma filosofia da história segundo a qual as grandes conquistas humanas não obstante o uso da violência, de modo algum foram alcançadas graças ao seu emprego; uma concepção da vida associada, do poder político e do Estado; uma doutrina ética que se estende até abraçar todos os seres sensíveis e dá consistência a uma rejeição da violência que não é apriorística, mas se funda numa atenta reflexão sobre a relação meios-fins; a proposta de uma modalidade de luta totalmente particular, que já se tornou habitual designar com o termo *satyagraha*, criado por Gandhi, que continua ainda hoje seu maior teórico. Remetemos, para uma melhor caracterização desta proposta particular, à palavra GANDISMO, limitando-nos aqui a expor as linhas de pensamento que a doutrina em exame apresenta acerca do Estado e da violência.

1) Tanto a concepção do homem como ser autônomo, como a idéia de igualdade, que se manifesta nas fórmulas de *onicracia* ou poder de todos (Capitini) e do *sarvodaya* ou bem-estar de todos (Gandhi), levam o defensor da doutrina da Não-violência a opor uma clara recusa àquela combinação de centralismo, burocracia e exército em que, com razão ou não, ele crê basear-se fundamentalmente o Estado moderno e a sua aspiração cada vez mais totalitária. Servindo-se de algumas propostas do socialismo, dos teóricos da autogestão e da concepção gandhiana de um "estado não violento", a doutrina em questão propõe uma ordem política fortemente descentralizada, cujas estruturas fundamentais são constituídas por conselhos de cidadãos, organizados a nível de fábrica, de bairro, de aldeia, etc., investidos de amplos poderes decisórios, baseados no método democrático, no que toca às questões de política local, e com um poder efetivo sobre as decisões respeitantes a toda a comunidade. A doutrina da Não-violência teoriza, além disso, a socialização dos grandes meios de produção, cuja autogestão deseja ver confiada aos trabalhadores, mas deixa, pelo contrário, em aberto, a questão do grau em que a economia há de ser planificada numa sociedade assim. Reavaliando as críticas feitas por Gandhi ao sistema de produção industrial como tal e integrando estas críticas com as mais recentes denúncias provenientes dos vários movimentos de defesa do ambiente ecológico, a doutrina da Não-violência propõe uma sociedade de baixo consumo energético, onde o desenvolvimento tecnológico seja inteiramente condicionado pelas exigências de um pleno e harmonioso desenvolvimento de toda a pessoa humana. Numa sociedade deste tipo, serão mantidas todas aquelas conquistas tecnológicas que sejam indispensáveis ao bem-estar humano (entendido não apenas em termos de satisfação das necessidades, mas também em termos de qualidade de vida). Quanto ao mais, esta doutrina propõe um rigoroso controle do desenvolvimento das forças produtivas (divergindo neste ponto das marxistas que vêem em tal desenvolvimento algo sempre positivo) e faz votos para que os trabalhos mais pesados, perigosos e monótonos sejam feitos por turno e obrigatoriamente por todos (serviço civil). Estes fatores já impediriam, segundo o fautor desta doutrina, uma política de rapina em relação às outras comunidades, garantindo, portanto, além da justiça interna, também a externa. Mas, para maior garantia disso e por outras razões abaixo indicadas, o fautor da doutrina da Não-violência propõe a abolição de todo o tipo de exército e confia a defesa da sociedade, que propugna, à resistência não-violenta de massa (teoria do *satyagraha* e das técnicas de luta não violenta positiva), que julga facilitada não só pela descentralização que caracteriza tal sociedade, como também pelo alto nível de consciência moral e política que se presume exista nela.

2) O discurso que a doutrina da Não-violência apresenta acerca da violência assenta naquilo que Max Weber chamou ética da responsabilidade. É com base nela que o uso da violência, sobretudo da violência organizada e empregada como instrumento de luta política, é condenado, com argumentos que dizem respeito às conseqüências negativas a ele inerentes. Nisso, a doutrina da Não-violência se distingue assaz claramente do pacifismo tradicional, especialmente do de matriz religiosa (Tolstoi), onde o uso da violência (física

ativa) é condenado *a priori,* em qualquer tempo e lugar.

A tese das conseqüências negativas da violência é defendida com enorme série de argumentos. Resumiremos aqui os mais importantes. O primeiro faz ressaltar o processo histórico de *escalation* da violência. Segundo tal argumento, o uso da violência, mesmo o da violência justificada como necessária para diminuir ou pôr cobro à violência, levou sempre a novas e mais amplas formas de violência, numa espiral que conduziu às duas últimas guerras mundiais e que hoje ameaça acabar na destruição de todo o gênero humano. À célebre metáfora da violência como obstetriz da história opõe o autor deste argumento a da violência como coveira da história.

Outro argumento realça as tendências desumanizantes e embrutecedoras ligadas à violência, pelas quais quem se envolve em seu uso tende a tornar-se cada vez mais insensível aos sofrimentos e sacrifício de vidas que provoca, dispondo-se, por isso, a aceitar e a sancionar formas de violência cada vez mais amplas e destruidoras: "Se te recai no jogo da violência, corre-se o risco de aí ficar para sempre" (Merleau-Ponty, 1978, p. 23).

Um terceiro argumento contra o uso da violência refere-se ao depauperamento do fim a que o seu emprego pode levar: mesmo onde ela for justificada por um fim altamente desejável, seu uso tende a pôr em movimento um processo de reestruturação do objetivo pretendido que se esvazia cada vez mais dos seus componentes morais, humanos, e se reduz, em medida crescente, aos componentes mais imediatamente político-militares. Os meios violentos corrompem o fim, mesmo o mais excelente.

Outro dos argumentos dá particular importância à forma como a violência organizada favorece o aparecimento e colocação em postos cada vez mais importantes da sociedade ou do movimento, de indivíduos e grupos autoritários, caracterizados por débeis inibições quanto ao uso da violência e favoráveis à militarização do movimento ou da sociedade em que surgiram. O emprego da violência organizada conduz sempre, mais tarde ou mais cedo, ao militarismo.

O quinto e último argumento é o que põe em relevo o processo pelo qual as instituições necessariamente fechadas, hierárquicas, autoritárias, quando vinculadas ao uso organizado da violência, tendem a transformar-se em componentes estáveis e integrais do movimento ou da sociedade que a ela recorrem. O emprego organizado da violência é fatal para a democracia: "a ciência da guerra leva à ditadura" (Gandhi).

Os fautores da doutrina da Não-violência sabem muito bem que toda a condenação da violência como instrumento de luta política está sujeita a converter-se em exercício de estéril moralismo, se não for acompanhada de uma séria proposta de instituições e meios de luta alternativos. Daí a proposta da alternativa *satyagraha* ou da luta não violenta positiva, baseada na dupla tese a) da sua praticabilidade mesmo a nível de massa e em situações profundamente conflituosas, e b) da sua eficácia como instrumento de luta pela realização de uma sociedade do tipo acima esboçado. Em prol da primeira tese, além das considerações teóricas, é apresentada uma verdadeira série de exemplos de lutas não violentas de massa, em situações onde, em geral, se recorre à violência (lutas não violentas dos docentes noruegueses contra o regime de Quisling durante a ocupação nazista, grandes campanhas *satyagraha* conduzidas ou inspiradas por Gandhi na África do Sul e na Índia, etc.). Em prol da segunda tese, além de vários exemplos de luta não violenta que se mostrou eficaz na consecução de determinados objetivos, é também apresentado o argumento segundo o qual o poder, mais que no cano do fuzil, reside na firme vontade de não-colaboração, contra a qual, se organizada em bases de massa e fundada num vasto programa e num esforço construtivo, nem o mais potente tirano pode resistir por muito tempo.

BIBLIOGRAFIA. — AUT. VAR., *Marxismo e nonviolenza,* Editrice Lanterna, Genova 1977; Id., *Nonviolenza e marxismo,* Feltrinelli, Milano 1981; N. BOBBIO, *Il problema della guerra e le vie della pace,* Il Mulino, Bologna 1979; J. V. BONDURANT, *Conquest of violence,* University of California Press, Berkeley 1969[2]; A. CAPITINI, *La nonviolenza, oggi,* Comunità, Milano 1962, Id., *Le tecniche della nonviolenza,* Libreria Feltrinelli, Milano 1967; B. DE LIGT, *Pour vaincre sans violence,* Mignolet & Storz, Paris 1935 e edição aumentada *The conquest of violence,* E. P. Dutton, New York 1938; T. EBERT, *Gewaltfreier Aufstand. Alternative zum Bürgerkrieg,* Fischer Bücherei, Freiburg 1968; J. GALTUN, *On the meaning of nonviolence,* "Journal of peace research", 3, 1965; R. B. GREGG, *The power of nonviolence,* Schoken, New York 1966[2]; H. J. N. HORSBURGH, *Non-violence and aggression,* Oxford University Press, London 1968; M. MERLEAU-PONTY, *Umanismo e terrore,* trad. ital., Sugarco, Milano 1978; W. R. MILLER, *Nonviolence,* Allen and Unwin, London 1964; J. M. MULLER, *Strategia della nonviolenza* (1972), Marsilio Editori, Venezia-Padova 1975 (com uma ampla bibliografia sobre a não-violência, ao cuidado de M. SOCCIO); J. NARAYAN, *Verso una nuova società,* trad. ital., Il Mulino, Bologna 1964; G. PONTARA, *The concept of violence,* "Journal of peace research", 1, XV, 1978, pp. 19-32; G.

SHARP, *The politics of nonviolent action*, Porter Sargent Publisher, Mass., Boston 1973; *The quiet battle: writings on the theory and practice of non-violent resistance*, ao cuidado de M. Q. SIBLEY, Anchor Books, Doubleday, New York 1963.

[GIULIANO PONTARA]

Neocorporativismo.

I. OS DIFERENTES CONCEITOS DE NEOCORPORATIVISMO. — O conceito de Neocorporativismo difundiu-se recentemente na literatura política internacional, como instrumento para analisar um conjunto de mudanças ocorridas nas relações entre Estado e organizações representativas dos interesses particulares, nos países capitalistas com regime democrático. O prefixo "neo", assim como os adjetivos "societário", "liberal", "democrático", "contratado", "voluntarista", utilizados em seu lugar por diferentes autores (respectivamente: Schmitter 1974, Lehmbruch 1977, Wilenski 1977, Crouch 1977a e 1977b), quer sublinhar a necessidade de se distinguir este conceito do outro, clássico, de corporativismo (v. CORPORATIVISMO), irremediavelmente comprometido por sua identificação ideológica com o fascismo. O tipo de relações entre Estado e sociedade civil que os dois conceitos pretendem identificar não é, na realidade, muito diferente. Ambos "referem-se a tentativas para reviver algo da unidade orgânica da sociedade medieval, como reação ao individualismo e à atomização produzidos pelo liberalismo" (Crouch 1977b). A diferença fundamental é a seguinte: num sistema neocorporativista a organização representativa dos interesses particulares é livre para aceitar ou não suas relações com o Estado, contribuindo, portanto, para defini-las enquanto que no corporativismo clássico é o próprio Estado que impõe e define estas relações.

Na prática, que tipo específico de relações entre Estado e sociedade civil corresponde ao conceito de Neocorporativismo? Na literatura mais recente têm-se afirmado duas diferentes aplicações deste conceito.

Para os autores que se referem à definição de Schmitter (1974), o Neocorporativismo é uma particular *forma de intermediação dos interesses* entre sociedade civil e Estado, diferente e até oposta à amplamente conhecida como pluralista (v. PLURALISMO). Contrariamente ao que ocorre no sistema pluralista, no sistema neocorporativista os interesses gerados na sociedade civil são organizados em números limitados de associações (principalmente em "grupos de produtores", isto é, sindicatos dos trabalhadores e dos empresários, associações de agricultores, etc.) cuja diferença está fundamentalmente nas funções por elas desenvolvidas, não competindo, portanto, entre si. Estas associações têm uma estrutura interna centralizada e hierárquica, e pertencer a elas é muitas vezes uma obrigação, pelo menos de fato quando não de direito. O aspecto mais característico, porém, está na sua específica relação com a máquina do Estado. É o Estado que dá a estas associações o reconhecimento institucional e o monopólio na representação dos interesses do grupo, assim como é o Estado que delega a elas um conjunto de funções públicas. Segundo Offe (1981), a "corporativização" das organizações representativas dos interesses, em particular dos sindicatos, nos países de capitalismo avançado de regime democrático, consistiria essencialmente na "atribuição às mesmas de um status público" por parte do Estado. O fenômeno, todavia, lançaria suas raízes muito mais atrás no tempo, na "refundação da Europa burguesa" (Maier 1975), ocorrida entre as duas guerras mundiais, ou até na passagem do capitalismo liberal para o capitalismo organizado na virada do século.

Polemizando com a visão pluralista, hegemônica nos países anglo-saxônicos porém incapaz de interpretar o sistema político dos países da Europa ocidental, chegamos assim a ressaltar o papel desenvolvido por muitos Estados na formação e consolidação das organizações representativas dos interesses, na maioria dos casos dispersos e incapazes de se agregar na sociedade civil. "Apenas a intervenção coercitiva do Estado burocrático moderno na sustentação da vida das organizações, na regulamentação de seu campo de jurisdição e na manutenção de seu monopólico representativo, na delegação às mesmas de determinadas funções, na garantia de seus privilégios seletivos, na imposição da obrigatoriedade de a eles se pertencer de fato ou de direito, na solicitação de um fluxo de informações, no estímulo à formação de 'partners' organizados de acordo com os princípios da representatividade funcional para gerir a política econômica e social... tem *chances* para obter esta resposta organizada por parte da sociedade civil" (Schmitter 1981).

Mas grande parte da literatura relativa ao Neocorporativismo se refere a um momento de processo político que pode ser analiticamente distinguido do momento da mediação de interesses entre sociedade civil e Estado. O Neocorporativismo é visto, neste caso, como uma específica *maneira de formação das opções políticas* por parte da máquina do Estado. No Neocorporativismo as grandes organizações representativas dos interesses não se limitam a exercer pressões externas — como acontece no modelo pluralista — mas são envolvidas diretamente, ou incorporadas, no processo de formação e de gestão das decisões. O Neocorporativismo consiste, desta forma, de acordo com diversos autores, na "participação dos grandes grupos sociais organizados na formação da política do Estado, e principalmente da política econômica" (Lehmbruch 1977).

O primeiro conceito se refere, pois, ao *input* do processo político, isto é ao momento da transmissão dos apelos que a sociedade civil faz ao Estado: o Neocorporativismo se refere ao tipo de estrutura e de funções das organizações que reúnem e representam os interesses. O segundo conceito se refere ao *output* do processo político, isto é, à maneira pela qual as opções se formam e são geridas: o Neocorporativismo, neste sentido, está a indicar uma forma específica da incorporação destas organizações na máquina decisória e administrativa. Neste segundo caso, fala-se muito também de "consensualidade" na política econômica, isto para significar o fato de que algumas organizações representativas de interesses particulares são sistematicamente consultadas pelos governos antes da adoção de medidas políticas. Parece, antes de tudo, que o conceito de Neocorporativismo implique uma relevante institucionalização e formalização destas relações.

Não há dúvida de que, em ambos os casos, tratamos de situações ideais. Em país algum tem-se concretizado plenamente um sistema que corresponda a todas as características presentes nos dois enfoques dados ao conceito de Neocorporativismo. Porém este conceito se torna útil para analisar tendências e tentativas recorrentes em vários países europeus.

II. CAUSAS DAS TENDÊNCIAS NEOCORPORATIVISTAS. — Está implícita, em ambos os usos do conceito de Neocorporativismo, a visão de um Estado que assume a iniciativa no que se refere às organizações representativas dos interesses. Dá a elas um reconhecimento público e às vezes as sustenta, delega-lhes funções públicas, fá-las participantes na formação das opções políticas.

Esta iniciativa é, geralmente, justificada pela necessidade, por parte dos Governos, de responder a um conjunto de problemas que surgem nos países de capitalismo avançado. Em primeiro lugar, a impossibilidade de evitar o conflito de classe mediante a simples repressão da ação sindical traz a necessidade de sua regulamentação, transportando este conflito para a área política. Mediante a negociação política, o Estado pode conceder poder e benefícios às organizações do capital e do trabalho, em troca de moderação em suas relações conflituais. Em segundo lugar, o aumento dos apelos dirigidos ao Estado por parte dos grupos organizados leva, conforme os teóricos da "sobrecarga", a uma crise de governabilidade. Alguns Governos reagiram, então, procurando incorporar os grupos mais fortes no processo de formação das opções políticas, para induzi-los a não exercer *a posteriori* seu poder de veto sobre as próprias opções. Enfim, conforme alguns autores, diante da crise do Estado assistencial (v. ESTADO DO BEM-ESTAR) que se limitava a sustentar de fora o desenvolvimento econômico sem intervenções diretas, o Estado se vê forçado a assumir um papel mais "diretivo" para garantir níveis aceitáveis de acumulação complexiva (Winkler 1976). Os Governos, porém, são, em geral, demasiadamente fracos para desempenhar sozinhos este papel; procuram, então, envolver na regulamentação pública da economia as grandes organizações representativas dos interesses, que têm suficiente poder e legitimidade para tornar aceitável este plano.

Todavia, é bom ressaltar que nem todos os Governos dos países de capitalismo avançado responderam a estes problemas comuns procurando criar estruturas neocorporativistas. Algumas experimentaram soluções diferentes, como seja a busca de uma governabilidade baseada em sistemas de apoio que garantam um consenso atomizado, não coordenado pelas organizações representativas dos interesses, ou o controle do conflito de classes mediante a exclusão — em lugar da incorporação — da classe operária do bloco social destinado a gerir o desenvolvimento econômico, ou, enfim, a volta ao mercado e à *pressure politics* de tipo pluralista em lugar de uma maior regulamentação pública da economia. Na realidade, a solução neocorporativista se impôs, acima das outras alternativas viáveis, unicamente naqueles países (e naqueles períodos históricos) em que o Governo é dominado pelos partidos da classe operária (v. SOCIAL-DEMOCRÁTICOS, GOVERNOS).

Com efeito, estes Governos representam para as organizações sindicais a garantia política de que o Estado será o promotor de alguns interesses fundamentais da classe operária: pleno emprego e sistema de *Welfare*, além da proteção dos direitos sindicais. A existência desta garantia leva os sindicatos a privilegiar a negociação política acima da atividade conflitivo-contratual no sistema de relações industriais. Este costume leva a uma centralização da estrutura sindical e da atividade de negociação. Tal fato permite, por sua vez, a participação dos sindicatos na formação da política econômica, bem como a delegação aos mesmos de funções públicas.

A afirmação de soluções neocorporativistas não deve, pois, ser vista como simples resultado de uma "estratégia de dominação" (Crouch 1977*b*), buscada pelos Estados como resposta a determinadas exigências, e sim como o êxito de um processo onde também as opções realizadas pelas organizações sindicais e as características institucionais em que se desenvolvem as relações de classe desempenham um papel decisivo.

Onde não se verificam estas condições políticas e institucionais e os sindicatos são fracos ou fragmentários — como acontece nos Estados Unidos da América ou na França giscardiana — estes ficam, conseqüentemente, fora da negociação política. Em alguns casos — como na Itália dos anos 70 — se tornam particularmente fortes e, então, conseguem obter reconhecimento e influência nas opções de política econômica e participação no exercício de funções semipúblicas. Manifestam-se, assim, tendências muito parecidas com as neocorporativistas, como resultado de conquistas efetuadas a partir de baixo e não como fruto de concessões vindas do alto. Porém, justamente a sua origem torna difícil inserir estas tendências numa coerente "estratégia de dominação" e uma estrutura neocorporativista plenamente institucionalizada. Elas permanecem, ao contrário, como fortes elementos de tensão e de desequilíbrio no sistema político e nas relações industriais.

BIBLIOGRAFIA. — C. CROUCH, *Relazioni industriali ed evoluzione del ruollo dello Stato nell'Europa occidentale*, in *Confitti in Europa. Lotte di classe, sindacati e Stato dopo il'68*, ao cuidado de C. CROUCH e A. PIZZORNO, Etas Libri, Milano 1977ª; Id., *Class conflict and the industrial relations crisis*, Humanities Press, London 1977ᵇ; G. LEHMBRUCH, *Corporativismo liberale e governo dei partiti* (1977), in *La società neo-corporativa*, ao cuidado de M. MARAFFI, Il Mulino, Bologna 1981; C. MAIER, *La rifondazione dell'Europa borghese* (1975), De Donato, Bari 1979; C. OFFE, *The attribution of public status to interest groups*, in *Organizing interests in western Europe*, ao cuidado de S. BERGER, Cambridge University Press, New York 1981; P. SCHMITTER, *Ancora il secolo del corporativismo?* (1974), in M. MARAFFI, op. cit., Id., *Interest intermediation and regime governability in contemporary western Europe and North America*, in S. BERGER, op. cit.; H. WILENSKY, *The "new corporatism", centralization, and the welfare State*, Sage Publications, London 1977; J. WINLER, *Corporatism*, in *"Archives européennes de sociologie"*, XVII, 1976, n.º 1.

[MARINO REGINI]

Neogüelfismo.

É assim designado o movimento dos que concordavam com as idéias expostas por Gioberti em *Primado*, atribuindo ao Papa uma função diretora, como presidente de uma confederação de príncipes italianos.

Mais tarde, e ainda hoje, o nome continuou sendo usado para definir toda atitude favorável a que a Igreja tome posição nos acontecimentos italianos, ou à criação de um Estado confessional católico.

Não houve partido político ou escritor que se apresentasse, durante o *Risorgimento* e após o *Risorgimento*, com este nome, forjado pelos adversários (da mesma forma os adversários designaram como neogibelinos todos os que, na época da restauração e depois, desejavam se aproximar da Áustria, na esperança ou na ilusão de que esta se constituísse na herdeira do reino itálico deixando lá um exército autônomo, seu código, suas instituições).

Na realidade os que, pelos seus adversários, herdeiros do anticlericalismo jacobino e animadores de revoluções, foram chamados neogüelfos, consideravam-se a si mesmos como elementos moderadores, pertencentes ao *juste-milieu*, assim como o próprio Cavour declarava ser, antes de 1848.

Cumpre lembrar, o que traz luz à obra de Gioberti, que, com a queda de Napoleão, houve, a título de reação, uma grande explosão de romantismo e todos os povos começaram a exaltar suas antigas glórias, anteriores à Renascença; assim na Itália assumiram uma nova significação a resistência ao Barba-Roxa, a batalha de Legnano, o *carroccio*, o arcebispo Ariberto, as comunas livres, embora se tratasse de acontecimentos que diziam respeito apenas a uma pequena parte da Itália e nos quais a lenda tinha enfeitado muito a realidade. É a partir destas lembranças revividas e voltando no tempo, mais longe, até o século VIII, que surge a tese do Papa como defensor dos italianos contra os estrangeiros, tese que será sustentada também por Manzoni.

No período napoleônico os franceses não se tinham tornado populares, por causa de sua arrogância, nem sequer no reino itálico (lembre-se a obra de Porta); porém, nenhuma região do centro ou do norte da Itália se encontrava nas condições do Piemonte, ligado há séculos a uma dinastia que tinha proporcionado príncipes notáveis em ações de guerra e no campo da diplomacia. A afeição pela dinastia não tinha esmorecido mesmo no período do medíocre Vittorio Amedeo III. Por isso houve, no Piemonte, forte resistência à difusão não apenas de instituições, e sim da própria língua francesa, embora mesmo na Corte o italiano nunca tivesse sido uma língua de muito uso, predominando o francês, quando, e isto ocorria na maioria dos casos, não se utilizava o dialeto. Afrancesar o Piemonte, logicamente, era algo temido especialmente pelos católicos, hostis a toda a filosofia que tinha levado à revolução e, posteriormente, a Napoleão com sua atitude orgulhosa diante do Papa. Por esta razão, já no período napoleônico tinha-se formado, na casa Balbo, uma *Accademia degli Ornati* empenhada na defesa da língua e das glórias literárias italianas, nem todas tão distantes — era muito lembrado o Alfieri —, e na insistência em ressaltar que o Piemonte era Itália e não França (César D'Azeglio se empenhava, principalmente, na superação dos danos que a dominação francesa tinha produzido no campo religioso).

Estas as premissas.

Os movimentos de 1821 e de 1830-1831 tinham sido do tipo revolucionário e os moderados não tinham aderido a eles.

Porém, a partir de 1841, a política de Carlos Alberto, até então em perfeita harmonia com a Áustria, parece tomar novos rumos. Em 1843 era impressa a obra de Vincenzo Gioberti, *Do primado moral e civil dos Italianos*, com tons acentuados de catolicidade e de respeito para com o Papa, de contestação para com a idéia de que o papado teria dificultado a formação da unidade. Nesta obra afirmava: "todo o desígnio de renascimento itálico é inútil, se não tiver como base a pedra angular do pontificado", e ainda "a idéia do primado romano é o único princípio de união possível entre os diferentes Estados peninsulares". É, pois, viável unicamente a idéia da unidade federativa, a federação entre os diferentes Estados sob a presidência do Pontífice, sem mexer "na soberania efetiva no que diz respeito a cada príncipe". Aconselhavam-se, conseqüentemente, apenas assembléias consultivas, para que todos pudessem se tornar conscientes de quais eram os desejos dos povos.

Em um primeiro momento, a obra despertou entusiasmo; afirma-se (existem, todavia, dúvidas a respeito) que o próprio futuro Pio IX e o futuro primeiro rei da Itália a tenham lido. Os soberanos, porém, a receberam com bem pouco entusiasmo por perceberem na confederação uma diminuição de seus poderes. Não agradou de maneira alguma a todos os anticlericais que, justamente, começaram a usar o termo Neogüelfismo. Porém, também um católico como Cesare Balbo, em *As esperanças da Itália*, declarou-se contrário, observando que o domínio exercido pela Áustria sobre uma parte da Itália tirava a independência também aos príncipes italianos e que o Papa,

príncipe italiano, se encontrava dominado pela Áustria mais do que por outros Estados.

Além disso, para Balbo, seria impossível fazer da Itália um ·único reino autônomo com uma única capital.

É sabido que a idéia da confederação evaporou-se em 1848, quer pela resistência apresentada pelo governo piemontês, quer pela declaração de Pio IX de que nunca declararia guerra à Áustria, quer por prevalecerem movimentos insurreccionais na Itália central. Por outro lado o mesmo Gioberti, mediante seus escritos posteriores, afastou de si a simpatia inicial dos católicos.

Apesar disso, a idéia da Confederação italiana presidida pelo Papa não foi rapidamente esquecida, principalmente fora da Itália. O padre Lacordaire, em 1860, pensa ainda na Confederação italiana, pelo menos como o único instrumento de salvação do poder temporal; em fevereiro de 1861, o escrito do visconde de Gueronnière, considerado por muitos como a expressão do pensamento do Governo francês, *Le Pape e le Congrès*, apresenta ainda traços da visão giobertiana. Esta visão já se tinha modificado. Conforme o Gioberti deste período, o Papa deveria aceitar o sistema constitucional e, na Romanha, ser rei apenas de nome, atribuindo o título de seu vigário a Vítor Emanuel II.

É portanto possível falar em Neogüelfismo somente como algo significativo no curtíssimo período em que houve quem acreditasse na possibilidade de concretização da idéia giobertiana, muito embora, como foi rapidamente lembrado, o termo continue a ser usado, porém com significações bem diferentes (em Nápoles, até à Primeira Guerra Mundial, publicava-se um periódico, *O neogüelfo*, que era o órgão dos poucos remanescentes ainda fiéis à casa dos Bourbons).

BIBLIOGRAFIA. — A. ANZILOTTI, *Dal neoguelfismo all'idea liberale*, in "Nuova Rivista Storica", I, 1917; Id., *La funzione storica del giobertismo*, Vallecchi, Firenze, 1924; Id., *Gioberti*, Vallecchi, Firenze 1931[2]; W. MATURI, *Neoguelfismo*, in Enciclopedia italiana, XXIV, Milano 1934; G. B. SCAGLIA, *Cesare Balbo*, Studium, Roma 1975.

[ARTURO CARLO JEMOLO]

Neutralidade.

I. DEFINIÇÃO. — O termo Neutralidade serve para designar a condição jurídica em que, na comunidade internacional, se encontram os Estados que permanecem alheios a um conflito bélico existente entre dois ou mais Estados.

II. NORMAS INTERNACIONAIS ACERCA DA NEUTRALIDADE. — As normas internacionais que regem o *status* de Neutralidade têm, fundamentalmente, origem em práticas costumeiras. As convenções mais importantes, existentes neste assunto, raramente ultrapassam a simples, embora utilíssima, fiel e orgânica estruturação — codificação — das regras costumeiras já existentes. É de importância relevante ressaltar este fato para se poder atribuir seu justo e limitado valor à cláusula, presente em todas as convenções adotadas na Conferência de Haia de 1907, segundo a qual as próprias convenções são aplicáveis unicamente no caso de os beligerantes serem todos partes contraentes (cláusula chamada *si omnes* ou de participação geral). A limitação provocada por esta cláusula tem valor, com efeito, unicamente em relação às poucas normas convencionais que acrescentam algo novo às regras costumeiras, enquanto estas regras permanecem com toda sua força, sem nenhuma limitação, com relação a todos os membros da comunidade internacional.

Ao lado das normas do direito internacional existem também normas internas em matéria de Neutralidade, normas definidas diretamente por cada Estado a fim de regulamentar a conduta de seus próprios órgãos e de seus próprios cidadãos. Podem ser normas cujo objetivo é serem aplicadas em todos os casos futuros em que o Estado em questão irá se encontrar na posição de neutral ou numa situação específica e concreta de conflito. As normas do direito internacional que disciplinam a Neutralidade se tornam aplicáveis com relação a um determinado Estado, a partir do momento em que este adquire consciência da existência de um conflito bélico, no qual, evidentemente, não esteja envolvido. Uma vez que cabe aos beligerantes provar sua situação de beligerantes, geralmente eles cuidam de comunicar o fato a outros países, que portanto adquirem disto o conhecimento legal (cf. o art. 2.º da III Convenção de Haia de 1907).

O estado de Neutralidade acaba com o término das hostilidades (por causa, por exemplo, de uma capitulação geral ou pela ocupação por parte de um dos beligerantes de todo o território do outro), sem a necessidade de se aguardar a cessação formal do estado de guerra, que geralmente acontece num momento posterior, isto é, mediante a assinatura do tratado de paz.

III. DEVERES DOS ESTADOS NEUTRAIS. — As principais normas do direito de Neutralidade,

de acordo com o que se encontra nas Convenções, dizem respeito ao território dos Estados neutrais, ao direito de asilo, à não emissão de atos capazes de influenciar o desenvolver-se das operações militares, ao comércio e à navegação de embarcações e aeronaves neutrais.

A eclosão do estado de guerra não implica qualquer renúncia ao princípio da inviolabilidade do território dos Estados que permanecem alheios ao conflito; origina, porém, no que diz respeito a estes Estados, o dever de zelar com todos os meios por esta inviolabilidade e de impedir que seu território venha a ser usado, desta ou daquela maneira, por qualquer um dos beligerantes como ponto de partida ou de apoio para operações militares. É expressamente reconhecido o poder que os Estados neutrais têm para receber no seu território formações militares ou indivíduos pertencentes às forças armadas em luta, prisioneiros de guerra fugitivos, feridos e doentes; porém, ao mesmo tempo, é definida sua obrigação de mantê-los e vigiá-los de modo que não possam participar mais das operações de guerra.

O dever de se absterem de todo comportamento capaz de proporcionar vantagem ou prejuízo para qualquer uma das partes antagônicas, comportamentos tais que possam influenciar na evolução e no resultado das hostilidades, se constitui na característica fundamental da posição jurídica dos Estados neutrais. É necessário, porém, ressaltar que este dever não diz respeito àqueles comportamentos cuja influência seria totalmente esporádica e sem repercussões diretas na evolução da guerra e que diz respeito unicamente a atividades de órgãos do Estado. O Estado neutral, em suma, não será responsável por atividades de seus cidadãos, atuando como particulares, nem terá obrigação de impor limitações à liberdade que os cidadãos têm de manter relações com os beligerantes (quando, porém, são introduzidas limitações desse tipo, elas devem se inspirar no princípio da imparcialidade e devem ser uniformemente aplicadas nas relações com ambos os beligerantes).

Estas observações valem também no que diz respeito às normas relativas ao comércio e à navegação. Com efeito, é proibido aos Estados neutrais entregar, por qualquer motivo, material bélico a um dos beligerantes (v. art. 6.º da XIII Convenção de Haia), porém não há, para os países neutrais, obrigação alguma de impedir a exportação ou o trânsito do mesmo material, quando isto é feito sob a responsabilidade de um ou do outro beligerante (art. 7.º). Na sua condição de particulares, os cidadãos dos Estados neutrais podem, pois, continuar seu comércio e seu fornecimento de material bélico mesmo durante o conflito; fazem isto, porém, por sua conta e risco. Eles estão sujeitos ao risco de ver confiscada ou até destruída a mercadoria — e também as embarcações e as aeronaves em que a mercadoria é transportada — pela ação do beligerante adversário do destinatário da mercadoria, isto sem que o Estado a que eles pertencem, ou o Estado a que pertencem os meios de transporte, possa exercer a proteção diplomática e fazer valer pretensões de indenização.

É evidente que os princípios de liberdade de comércio e de liberdade de navegação, garantidos pelo direito internacional de paz, sofrem, pelo princípio de necessidade bélica, uma diminuição considerável em prejuízo dos neutrais. Além disso, é preciso ressaltar que o ponto de equilíbrio, penosamente alcançado mediante a conciliação de exigências e princípios contrários, acabou por sofrer modificações, no sentido de piorai ainda mais a posição dos neutrais, como conseqüência da transformação da guerra por que tem se tornado um fenômeno que abrange, cada vez mais profundamente, toda a estrutura do Estado e principalmente sua organização econômica. Nas duas guerras mundiais se deram, pela ação dos beligerantes, graves e sistemáticas violações das normas que dizem respeito ao bloqueio naval e ao contrabando de guerra; além disso, após o segundo conflito, os Estados vencedores chegaram até a exigir em vantagem própria, a título de reparação dos danos causados pela guerra, a liquidação dos bens de propriedade alemã que se encontravam em países neutrais.

IV. EVOLUÇÃO MAIS RECENTE. — Na prática, hoje, é seriamente questionada a validade da disciplina acima sintetizada, codificada nas Convenções de Haia de 1907, tendo como ponto central o obrigatoriedade, por parte dos Estados não envolvidos, de manterem atitudes de imparcialidade com relação aos beligerantes. São inúmeros os fatores que levam a perceber que ocorreu um notável desgaste nos conceitos e nas disciplinas tradicionais acerca da Neutralidade. Vários são os fatores que precisam ser levados em conta: as mudanças estruturais ocorridas na comunidade internacional; o caráter de totalidade assumido pelas guerras dos dois conflitos mundiais, que colocaram em questão a própria estrutura das relações internacionais; a alteração dos equilíbrios de poder ocorrida, na prática, após a Segunda Guerra Mundial, juntamente com a continuação e generalização de tensões entre sistemas e subsistemas de Estados antagônicos; a natureza radical dos instrumentos bélicos atualmente nas mãos de muitos Estados; a ilegalidade de se recorrer à guerra de acordo com o Pacto da Sociedade das Nações e a Carta das Nações

Unidas (a exclusão do uso da força prevista pelo § 4 do art. 2.º pode ser considerada, atualmente, como aceita por todos) e a conseqüente discriminação com relação ao Estado agressor, sendo, porém, bom lembrar a este respeito também o ineficiente funcionamento do sistema de segurança coletiva previsto pela Carta; enfim, a caracterização das guerras de libertação nacional, vistas como uma categoria independente, com características diferentes tanto das guerras civis como das guerras internacionais propriamente ditas.

De acordo com a doutrina mais moderna, os fatores até aqui sumariamente recordados teriam levado à superação da distinção tradicional entre direito internacional de paz e direito internacional de guerra. Sem dúvida levaram a um esvaziamento da contraposição entre intervenção armada e Neutralidade (perfeita). Uma atitude de participação indireta no conflito ou, sob outro enfoque, de Neutralidade discriminatória é normalmente assumida pelas duas grandes potências a fim de controlar — nos resultados e nas dimensões — os conflitos armados, dando sua assistência a ambas as partes envolvidas nestes conflitos. A posição e a atitude das potências, evidentemente, tem reflexos inevitáveis, mediante o jogo das alianças, nos comportamentos dos Estados não diretamente envolvidos nos acontecimentos bélicos.

V. ESTADOS NEUTRALIZADOS. — Estados *neutralizados* são os que, geralmente mediante um tratado, assumiram como seu programa de ação generalizada o compromisso de se manterem alheios, neutrais, com relação a toda possível guerra futura (sem, logicamente, abrir mão do direito de defesa quando agredidos) e que receberam dos Estados contraentes o compromisso de nunca atacá-los e considerá-los, justamente, como neutrais.

Assumir um compromisso desse tipo tem repercussões, naturalmente, mesmo em tempo de paz, na condição jurídica destes Estados. Eles são, com efeito, obrigados a se abster de toda e qualquer atitude que poderia, no futuro, envolvê-los num conflito: têm a obrigação — para citar o exemplo mais claro — de se abster da realização de alianças militares, mesmo meramente defensivas.

Apesar do que foi dito no parágrafo anterior e apesar dos acontecimentos da Segunda Guerra Mundial (basta pensar nas violações sofridas por Estados neutralizados da área balcânica, e também da área centro-européia como a Bélgica e o Luxemburgo) que evidenciaram claramente suas limitações, o instituto da neutralização parece manter sua atualidade, mesmo como instrumento a ser usado excepcionalmente.

Prova disto encontramo-la no rigor com que a Confederação Helvética salvaguarda sua condição de Estado neutralizado, desempenhando fielmente os comportamentos decorrentes deste fato, e também o ocorrido na neutralização da Áustria em 1955, bem como a neutralização, ainda em processo, de Malta.

O fenômeno da neutralização apresenta finalidades e características parecidas, integral ou parcialmente, permanentemente ou não, em todos os territórios ou em todos os espaços — submetidos à soberania de um Estado, ou não pertencentes a Estado algum — cuja não utilização, ou utilização apenas parcial, em futuros e eventuais conflitos é prevista mediante acordos adequados, excluindo com relação a estes territórios ou espaços o uso de todos ou de específicos instrumentos de guerra. Proporcionam exemplos disto: o tratado de paz com a Itália de 10 de fevereiro de 1947, que no art. 49 estipula a desmilitarização de Panteleria e de outras pequenas ilhas; o Tratado de Washington de 1.º de dezembro de 1959 que estipula a desmilitarização da Antártida; o Tratado de Tlatelolco, apresentado para a assinatura na Cidade do México a 14 de fevereiro de 1967, que visa à interdição das armas nucleares na América Latina; enfim, o Tratado de Washington de 1.º de março de 1967 acerca do regime jurídico do espaço exterior, proibindo colocar em órbita ao redor da Terra e instalar nos corpos celestes artefatos nucleares, obrigando os contraentes a utilizar a lua e outros corpos celestes unicamente para fins pacíficos.

BIBLIOGRAFIA. - G. BALLADORE PALLIERI, *Diritto bellico*, Cedam, Padova, 1954[2]; L. CONDORELLI, *Neutralizzazione*, in *Novissimo digesto italiano*, UTET, Torino 1965, XI, pp. 259-168; R. DE NOVA, *Neutralità e nazioni unite*, in "Comunita Internazionale", I, outubro-dezembro 1946, pp. 495-505; Id., *Considerazioni sulla neutralità permanente dell'Austria*, in "Comunicazioni e studi dell'Istituto di diritto internazionale e straniero dell'Università di Milano", VIII, 1956, pp. 1-13; M. VON GRÜNIGEN, *Neutrality and peace keeping*, in *United nations peace keeping*, ao cuidado de A. CASSESE, Sijthoff & Noordhoff, Alphen aan den Rijn 1978, pp. 125-53; HJ. L. HAMMARSKJÖLD, *La neutralité in général*, in "Bibliotheca visseriana", III, Brill, Lugduni Batavorum (Leiden), 1924, pp. 53-141; H. MEYROWITZ, *Le principe de l'égalité des belligérants devant le droit de la guerre*, Pédone, Paris 1970; A. MIELE, *Neutralità*, in *Novissimo Digesto Italiano*, UTET, Torino 1965, XI, pp. 234-59; Id. *L'estraneità ai conflitti armati secondo il diritto internazionale*, Cedam, Padova 1970; D. SCHINDLER, *Aspects contemporains de la neutralité*, in "Académie de droit international", Recueil des cours, CXXI (1967 II), pp. 221-321; G. SCHWARZENBERGER, *The law of armed conflict*, Stevens & Sons, London 1968; L. SICO, *Neutralità*, in *Enciclopedia del diritto*, Giuffrè, Milano 1978, XXVIII, pp. 164-99; Id. *Neutralizzazione*, in *Enciclopedia del diritto*, Giuffrè, Milano 1978, XXVIII, pp. 199-228.

[FRANCO MOSCONI]

Neutralismo.

Em sentido amplo o termo designa a atitude política de quem, diante de um conflito em andamento, adota uma atitude de não-participação e de eqüidistância com relação às partes em luta. Entre os referenciais históricos, precisamos lembrar, principalmente, a orientação política da parcela de forças políticas bem como da opinião pública italiana que, após o início da Primeira Guerra Mundial, lutavam para manter o país fora do conflito. Estas tendências, chamadas *não-intervencionistas*, tiveram seu expoente mais categorizado na pessoa de Giovanni Giolitti.

Após a Segunda Guerra Mundial o termo Neutralismo tem sido utilizado para indicar a atitude de grupos de países que rejeitam a lógica dos blocos (ver BLOCOS, POLÍTICA DOS) antagônicos. Nesta segunda acepção o termo é, normalmente, substituído pelo mais adequado de NÃO-ALINHAMENTO (v.).

[GIORGIO BIANCHI]

Niilismo.

I. O CONCEITO E A SUA EVOLUÇÃO. — De *nihil*, nada: termo que indica um pensamento — ou também uma condição geral da cultura e da existência — em que se negam o ser e os valores, e se afirma, ao contrário, o nada como a única "realidade".

O termo foi introduzido na terminologia filosófica na Alemanha nos últimos anos do século XVIII, no contexto dos debates acerca dos sucessos idealistas do kantismo. Assim, F. H. Jacobi (provavelmente o primeiro a usar a palavra com significação filosófica precisa), fala em Niilismo numa carta a Fichte para indicar o caráter do idealismo como negação de Deus e absolutização do mundo. Num sentido análogo, encontramos o termo Niilismo em Baader; enquanto traços explicitamente niilistas, deste teor, podem ser encontrados em autores sensíveis aos aspectos mais claramente idealistas do romantismo, como E. T. A. Hoffman, H. von Kleist e, principalmente, Jean Paul, cujo *Discurso do Cristo morto*

(1797) foi indicado como uma "alegoria do Niilismo".

A popularidade do termo Niilismo, que encontramos durante a primeira metade do século XIX usado às vezes pelos filósofos com significações não tematicamente precisadas (por exemplo, Hegel fala em Niilismo lógico para indicar o caráter dialético da lógica), se inicia na Rússia dos anos 60, quando a opinião conservadora e moderada tacha de niilistas os que rejeitam a ordem vigente e os valores tradicionais.

Com exceção da significação específica assumida na Rússia, na segunda metade do século XIX, o conceito de Niilismo encontra sua precisão filosófica principalmente em dois autores: M. Stirner e F. Nietzsche. São eles os primeiros a se declararem niilistas em filosofia. Para Stirner (*O único e sua propriedade*, 1844) trata-se de desmascarar o caráter mistificador de todos os valores que sempre tiveram a pretensão de se impor ao homem, afirmando em seu lugar o eu, que por outro lado não possui base alguma de legitimação; sua luta desta forma acaba se fundamentando explicitamente sobre o nada. A posição de Nietzsche é mais complexa. Ele vê no niilismo a característica básica de toda a história da cultura ocidental, pelo menos a partir de Sócrates. Esta cultura tentou, com todas as suas forças, contrapor ao fluir da vida e a seu caos estruturas e valores imutáveis; estes, porém, acabaram revelando progressivamente sua característica de meras ilusões, até se chegar ao ponto em que, como escreve Nietzsche, "Deus está morto" ou, o que é a mesma coisa, a idéia de um mundo verdadeiro não passa de uma fábula (*Crepúsculo dos ídolos*, 1888). O desaparecimento de Deus e dos valores foi possível, segundo Nietzsche, unicamente porque, no decorrer da história construída para se justificar ou dois, a existência humana tem se tornado cada vez menos violenta e insegura, tornando supérflua toda visão globalizadora e metafísica do mundo. No vazio deixado por estruturas metafísicas e valores, afirma-se como único princípio real a vontade de poder. É preciso, segundo Nietzsche, abandonar as posições de Niilismo passivo e reativo (que considera a morte de Deus como uma perda irreparável) optando, em seu lugar, pelo Niilismo ativo, o do homem que assume como sua a responsabilidade de definir valores e leis.

O duplo sentido que o Niilismo tem no pensamento de Nietzsche — dissolução dos valores metafísicos e responsabilização consciente por parte do homem — serve para caracterizar também, numa dimensão bastante generalizada, a história deste conceito no século XX. Segundo

Martin Heidegger (*Nietzsche*, 1961) também o Niilismo ativo de Nietzsche pertence à história do Niilismo, percebida como história da dissolução (ou "esquecimento") do ser da qual o pensamento precisa buscar afastar-se; porém existem outros, como Ernst Jünger, que salientam o afastamento, por parte do Niilismo, de toda concepção pessimista. Para Jünger, o Niilismo não se identifica de maneira alguma com uma situação de abandono à decadência e ao caos. Muito pelo contrário, o Niilismo é a condição que acompanha a implantação da forma mais radical de racionalização técnico-científica da existência (o que, por sinal, tinha sido percebido também por Heidegger em seus estudos sobre Nietzsche). Em sentido análogo, podemos relacionar com o Niilismo também o discurso politológico de Carl Schmitt, cujo *decisionismo* se fundamenta na percepção do desaparecimento, do mundo moderno, de toda a legitimação baseada em estruturas metafísicas estáveis. No contexto dos que salientam o caráter afirmativo do Niilismo se situa também uma corrente muito recente do pensamento francês, estruturalista e pós-estruturalista, que coloca na eliminação do ser metafísico a condição para o reconhecimento da multiplicidade de estruturas (retóricas, lingüísticas e psicológicas) que compõem a existência histórica. Permanece, porém, bem viva, mesmo na cultura mais recente, uma concepção "negativa" do Niilismo, que no campo político, conforme alguns autores, teria encontrado sua expressão no nazismo, como política de poder cujo fim é ela mesma. Outro sentido, também não "afirmativo", do Niilismo, mas sem qualquer conotação nazista podemos encontrá-la na obra de Albert Camus, onde o reconhecimento do absurdo dos valores metafísicos tradicionais abre o caminho para uma ética baseada em valores mínimos de respeito pela vida e de solidariedade humana elementar.

BIBLIOGRAFIA. — A. CAMUS, *L'uomo in rivolta* (1951), Bompiani, Milano 1980; E. JUNGER, *Ueber die Linie*, Klostermann, Frankfurt 1950; F. MASINI, *Nichilismo e re-religione di Jean Paul*, De Donato, Bari 1974; H. RAUSCHING, *Masken und Metamorphosen des Nichilismus. Der Nichilismus im XX Jahrhundert*, Humboldt Verlag, Frankfurt 1954; C. SCHMITT, *Le categorie del politico* (1922-32), Il Mulino, Bologna 1972; E. SEVERINO, *Essenza del nichilismo*, Paidea, Brescia 1972; G. VATTIMO, *Il soggeto e la maschera, Nietzsche e il problema della liberazione*, Bompiani, Milano 1979².

[GIANNI VATTIMO]

II. O NIILISMO RUSSO. — O Niilismo russo é, mais que um específico movimento político, uma corrente intelectual-cultural surgida no contexto da *intelligentzia* revolucionária russa no final da década de 1850 e no início da década de 1860. O termo Niilismo foi criado pelo escritor Ivan Turgenev em *Pais e filhos*, romance que veio à luz em 1862 e onde o protagonista Bazarov expressava a carga de revolta radical e destrutiva da nova geração, os filhos, contra o regime autocrático czarista e a ideologia dominante, em polêmica e contraposição às posições reformistas dos pais. Seria, porém, atitude redutiva delimitar o significado e o alcance do Niilismo a um mero conflito de gerações. O Niilismo teve origem na época das reformas iniciadas por Nicolau I e que tiveram seu ápice com a emancipação dos servos, no tempo de Alexandre II (1861); reformas que, por seu caráter limitado e tardio, não abriram perspectivas para uma evolução democrática, embora tenham aberto alguns caminhos na estrutura político-social da Rússia. Um destes caminhos foi o aparecimento de uma nova categoria de intelectuais, conseqüência da abertura da universidade às camadas populares, e a formação de quase uma nova classe social, os *raznocincy*, formada por pequenos funcionários, artesãos, nobres decaídos, camponeses e filhos de padres. Tudo isto la modificando a composição da velha *inteligentzia* revolucionária, de origem principalmente nobre, e evidenciando novos valores e interesses culturais, novas atitudes psicológicas, novos comportamentos políticos; mais especificamente esta nova camada social, nascida na periferia da sociedade czarista e fruto, em parte, de processos de marginalização, estava propensa a rejeitar mais radicalmente ainda a ordem dominante, não apenas nos seus aspectos autocráticos opressores, mas como complexo de tradições e valores culturais, ideológicos, estéticos e comportamentais. Como portador destas pressões e destas aspirações o Niilismo era expressão, também, da nova configuração que ia sendo assumida pelos conflitos sociais e políticos na segunda metade do século XIX na Rússia.

Justamente pela sua característica de corrente cultural-política é difícil estabelecer uma data precisa para o nascimento do Niilismo. Encarado como movimento de mudança social, de reviviscência da consciência intelectual e moral, tal como o encarou Aleksandr Herzen, que, no entanto, iria condenar com firmeza suas manifestações políticas mais extremistas e fanáticas, seus primórdios podem ser situados na década de 1840 quando, como escreveu o próprio Herzen, "a vida começou a brotar com força crescente, quebrando portas até então rigidamente fechadas". Nesta linha podem ser considerados pais ou inspiradores do Niilismo Nikolaj Cernysevskj Dobroljubov que deram início na década de 1850, com a revista "Sovremennik", a um movimento intelectual-político, cuja influência seria decisiva junto às sucessivas gerações de intelectuais revolucionários, inclusive a seus grupos terroristas. Se, porém, encaramos os aspectos individualistas do Niilismo, tornam-se evidentes suas conexões com o posterior movimento anarquista e, em particular, com Michail Bakunin, que teve um relacionamento profundo de colaboração com Sergej Necaev, considerado como o mais fanático expoente do Niilismo militante. São inúmeras e complicadas suas relações como o populismo, em cujo contexto o Niilismo tomou forma, dele tornando-se uma cíclica expressão extremista ou um "intermezzo" terrorista, em alternância com o trabalho sócio-cultural e com as "idas ao povo". Existiam, também, ligações diretas, ideológica e politicamente, com o grupo que será chamado dos jacobinos ou blanquistas russos, de Pëtr Tkacev. Enfim, foram encontradas possíveis relações entre a experiência do Niilismo revolucionário e o bolchevismo pela importância por ambos atribuída à figura do revolucionário profissional e ao problema da organização.

No efervescente contexto de correntes culturais e políticas que caracterizou as origens do movimento revolucionário russo, é possível, todavia, delimitar com maior precisão o espaço histórico do Niilismo: quer como corrente cultural dos primeiros anos da década de 1860, que teve seu epicentro na revista "Russkoe slovo", quer como conjunto de iniciativas, organizações e grupos políticos que, no decorrer das décadas de 1860 e 1870, entraram no terreno da ação violenta terrorista, inspirando-se explicitamente na ideologia negativista do Niilismo teórico, ou, na maioria das vezes, apresentando-se como derivações extremistas e a nível de conspiração do movimento populista russo.

A revista "Russkoe slovo", cujo animador principal foi o literato Dimitrij Pisarev, nos poucos anos de sua existência, teve ampla repercussão entre as novas gerações de estudantes e intelectuais. Contrariamente ao "Sovremennik", empenhado numa busca de crítica cultural-social, a revista de Pisarev rejeitava os valores tradicionais em nome de um individualismo extremado, exaltava o egoísmo e o cálculo utilitarista pessoal, e atribuía às ciências sociais o papel de libertadoras do povo dos preconceitos tradicionalistas, em polêmica com os princípios artístico-estéticos da cultura russa. Inspirada num forte ecletismo ideológico, a revista obteve sucesso entre a juventude revolucionária mais pelo forte marco iconoclasta que atingia também os comportamentos, as modas, os gostos individuais, do que pelas orientações sócio-políticas, bem mais evidentes no "Sovremennik". "Russkoe slovo" sofreu, de qualquer forma, assim como o periódico de Cernysevskj e Dobroljubov, as perseguições da polícia e, em 1866, ambas as revistas foram proibidas e presos muitos de seus promotores e colaboradores.

No plano estritamente político, tendências niilistas se manifestaram após a onda de prisões ocorridas nos primeiros anos da década de 1860 e o desmantelamento, em 1864, da *Zemlja i Volja*, primeiro núcleo organizado do populismo. Formou-se então, o grupo de Nikolaj Isutin, chamado a Organização, e que unia às atividades sociais e de propaganda, tipicamente populistas, objetivos terroristas; foi neste grupo que amadureceu a decisão de atentar contra a vida do czar, atentado que ocorreu, sem sucesso em 1866, por obra de D. Karakozov. No final da década nasceu, por iniciativa de Sergej Necaev, a *Narodnaja Rasprava*, uma organização quase misteriosa que serviu para que seu fundador pudesse estreitar relações, no exterior, com os representantes mais prestigiados da velha geração revolucionária, Herzen, Ogarëv, Bakunin; sua maior repercussão deveu-se ao seu *Catecismo do revolucionário*, rígido código de comportamento do militante profissional, e ao cruel assassinato do estudante I. Ivanov, fato este que marcou o fim do grupo. Uma reviviscência do terrorismo ocorreu após o fim da segunda *Zemlja i Volja* e o relativo sucesso da "ida ao povo". A nova fase começou com o atentado levado a termo por Vera Zasulic contra o general Trepov, em janeiro de 1868, e chegou ao seu ponto culminante, em 1871, com a morte do czar Alexandre II por obra da *Narodnaja Volja*.

Independentemente dos resultados de sua atuação histórico-política, que por sinal se acabou em curto espaço de tempo, foi mérito do Niilismo perceber, desde a metade do século XIX, o caráter radical que iria ser tomado pelo processo revolucionário na Rússia e intuir a impraticabilidade, para aquele país, de adotar uma solução liberal-progressista. Mediante sua negação integral da ordem estabelecida demonstrou também um forte potencial ético, um espírito de dedicação que muitas vezes chegou à beira do fanatismo. Foi mérito do Niilismo enfrentar aspectos cruciais da vida e do comportamento social, tais como o obscurantismo, o fatalismo, a apatia e a inércia, típicos do caráter russo, bem como antecipar temas e problemas como a emancipação feminina e a organização familiar, envolvendo inúmeras mulheres no movimento. Foi o resultado de profundas modificações e rupturas sociais, contribuindo para que tudo isto viesse à tona e se tornasse conscientemente percebido.

Todavia, as soluções propostas eram confusas culturalmente e excessivamente simplistas: como afirmou Herzen, "suscitou homens de ação dotados de grande força e de enormes talentos... porém não trouxe novos princípios".

BIBLIOGRAFIA. − F. VENTURI, *Il populismo russo*, Einaudi, Torino 1972; G. D. H. COLE, *Marxismo e anarchismo*, Laterza, Bari, 1967; A. HERZEN, *A un vecchio compagno*, Einaudi, Torino 1977; V. STRADA, *Leggendo "padri e figli"*, in *Tradizione e rivoluzione nella letteratura russa*, Einaudi, Torino 1980; V. ZASULIC, O. LJUBATOVIC e E. KOVALSKAJA, *Memorie di donne terroriste*, Savelli, Roma 1979; A. B. ULAM, *In nome del popolo*, Garzanti, Milano 1978.

[LISA FOA]

Nobreza.

I. CARACTERÍSTICAS DA NOBREZA. — Em todas as sociedades, a transmissão hereditária constituiu sempre um mecanismo normal de reprodução de determinadas relações sociais. As próprias sociedades modernas que aboliram juridicamente os privilégios de sangue dividem os indivíduos em classes baseando-se antes de tudo em suas condições familiares (v. CLASSE). Nas sociedades pré-modernas, e sobretudo nas mais arcaicas, caracterizadas por escassa mobilidade, esse mecanismo tem um papel decisivo na determinação do lugar social dos indivíduos, sendo normal nelas a presença de elites "definidas", ou seja de grupos de famílias que de geração em geração mantêm posições de privilégio em termos de poder, de riqueza e de *status*. Tal situação de fato é normalmente determinada por normas de direito positivo ou consuetudinário que reconhecem a esses grupos um direito exclusivo aos privilégios que possuem, fazendo do sangue um pré-requisito regular e indispensável para aspirar a eles. A importância dada ao "sangue" exige, por outro lado, que os membros das famílias privilegiadas desposem apenas membros de outras famílias do mesmo nível, de modo a que o conjunto de tais famílias constitua um grupo organicamente fechado ou seja, uma CASTA (v.). Desta maneira dá-se o fenômeno histórico da Nobreza, isto é, de um agrupamento social endogâmico que goza de privilégios juridicamente estatuídos e do qual ninguém faz parte a não ser por via agnatícia.

O requisito agnatício pode não ser suficiente para pertencer à Nobreza e tem muitas vezes correlação com a posse de bens patrimoniais, com o exercício de funções públicas particulares ou com determinadas capacidades pessoais, mas é de qualquer maneira um requisito indispensável que todo o nobre deve ter. Fazem exceção os casos em que um indivíduo de origem ignóbil é investido de prerrogativas nobiliárias por uma autoridade superior a quem se reconhece esse poder de investidura. Em tais casos, normalmente limitados, o novo nobre tem o direito de transmitir a dignidade de seu grupo aos próprios descendentes, os quais, por sua vez, entram na norma geral de ser nobres por direito de sangue. No caso de faltar essa investidura superior (ou na ausência de uma autoridade que possa concedê-la como nas antigas comunidades gentilícias), um "novo homem" pode ascender a uma condição socialmente elevada mas sua família não será inteiramente reconhecida nas fileiras da Nobreza senão depois de um número razoável de gerações. No mais, segundo a genealogia nobiliária (v. também, III), a nobreza vinda de cima não basta para criar um autêntico nobre, mas simplesmente, na maior parte dos casos, para reconhecer uma dignidade nobiliária preexistente.

A Nobreza, conforme já se disse, é um fenômeno típico das sociedades dotadas de escassa mobilidade social, a saber, das sociedades prémodernas onde a agricultura é a base normal da economia e o uso da força material não é ainda, como nos Estados modernos, monopolizado e gerenciado por um número limitado de órgãos do poder soberano, mas está espalhado por uma série de centros semi-soberanos de poder. Isto explica por que é que as Nobrezas, enquanto classes dominantes de um tal tipo de sociedade, gozam do duplo privilégio da propriedade fundiária e da função militar. Mesmo que tais requisitos não sejam essenciais para o conceito de Nobreza, eles ocorrem tão amiudadamente que tornaram corrente a imagem do nobre como proprietário de terras e como homem de armas.

II. PRIVILÉGIOS E IDEOLOGIA DA NOBREZA. — Para os romanos, o nobre era, antes de mais nada, conforme a força etimológica, aquele que era conhecido, estimado ou considerado: *nobilis quasi noscibilis seu notabilis*. O próprio termo Nobreza nos diz que o prestígio social é certamente uma das vantagens que a condição nobre oferece. Podemos acrescentar que quando vem a faltar um reconhecimento jurídico raramente ele é negado em linha de fato à Nobreza. Na origem de uma ascendência nobre achamos normalmente requisitos mais essenciais. Na maior parte das vezes, a riqueza é o fundamento originário da Nobreza de uma família. É a vanta-

gem econômica que permite adquirir prestígio e preeminente papel político, por exemplo. Um rico proprietário de terras do século XII, por exemplo, conquistará o título de cavaleiro em virtude da sua possibilidade de pagar o caro equipamento exigido para tal função e isso lhe valerá poderes senhoriais sobre as suas terras e sobre eventuais outras que lhe sejam dadas pelo seu *senior*, o que equivalerá a uma sanção e a um aumento de seu prestígio, de seu papel político e de seu estado patrimonial. Mais tarde, as diversas formas de privilégio, de classe, de função e de *status*, vão-se consolidando alternadamente. Entre os privilégios concedidos à Nobreza, são típicos e recorrentes, embora não onipresentes, o acesso exclusivo e preferencial aos altos graus da administração pública, das hierarquias militar e eclesiástica, o direito de exoneração fiscal e de tratamento judicial e penal privilegiado (foro particular, julgamento por iguais, *guidrigildo*, exclusão de penas infamantes) e o direito a distintivos de dignidades particulares (*ius immaginum*, lugares privilegiados na corte, na igreja, no teatro, etc.).

Produto lento de complexas condições históricas, o fenômeno nobiliário tem uma interpretação histórica que o apresenta inteiramente limpo de todo o carácter "ignóbil". Ideologicamente, a Nobreza, com seus privilégios, é fruto da virtude. Para Cícero, a Nobreza não é mais do que a virtude conhecida e seu fundamento é a consideração devida à virtude: virtude de uma linhagem divina (como no caso de *ghéne* gregos) ou de uma série assaz longa de gerações virtuosas e virtude de cada nobre que deve renovar através de sua conduta os méritos da própria ascendência ou pelo menos abster-se de atos e comportamentos indignos da sua condição (rebeldia, loucura, infâmia, núpcias desonestas, artes e ofícios degradantes), sob pena de perder efetivamente sua própria condição. A justificação dos privilégios nobiliários como direitos devidos à virtude está implícita no uso do termo *aristocracia* (= governo dos melhores) como sinônimo de Nobreza. A tese de que a virtude é transmissível pela via do sangue tem uma importância central na ideologia da Nobreza. É ela na verdade que tem como função justificar a transmissão, por via hereditária, dos privilégios nobiliários. Por isso, um indivíduo é tanto mais nobre quanto mais antiga for a Nobreza da família a que pertence, por ser maior o patrimônio de virtude que ele herda. Em síntese, ideologicamente, a Nobreza é o atributo de uma família que se gloria de longa tradição de comportamentos virtuosos. É isso que significa a frase atribuída a Henrique VIII segundo a qual para fazer um nobre só é preciso virtude e tempo. O requisito do tempo explica por que é que o nobre que se tornou nobre por recente concessão do príncipe ou por ter tomado posse de alto cargo não é considerado inteiramente um nobre, enquanto que o poderão ser diversas gerações posteriores (mínimo de três ou quatro) e seus descendentes. Como fato moral, a Nobreza é por conseguinte independente do reconhecimento jurídico dela (com relativos privilégios) e permanece mesmo que este lhe venha a faltar e isto pelo fato de o "título ser o acidente e a Nobreza a substância". Da mesma forma, se a riqueza faltar não vai faltar nada à essência nobiliária. Já Teognides, o aristocrático poeta ateniense do século VI-V, afirmava: "Muita gente inepta é rica enquanto os nobres estão na miséria; com estes eu não trocaria virtude por riqueza: pois que aquela resistirá eternamente..." A possibilidade de provar a antiguidade de uma linhagem é assegurada de várias maneiras. À Nobreza romana era concedida a prerrogativa de um *cognomen* transmissível hereditariamente; a Nobreza feudal tinha origem nos brasões cuja legitimidade originariamente era verificada por ocasião dos torneios dos arautos (daqui veio o nome de heráldica) e cuja exibição veio a ser posteriormente exigida para a admissão às ordens de cavalaria, aos capítulos das igrejas, colégios aristocráticos, etc. A partir do tempo feudal, as famílias nobres beneficiaram de títulos hereditariamente transmissíveis (duque, marquês, conde, etc.) que denotam o exercício, passado ou atual, de altas funções públicas.

III. DADOS HISTÓRICOS: A NOBREZA NA ÉPOCA CLÁSSICA. — O problema da origem da Nobreza nas sociedades antigas se identifica com o controverso problema da origem do poder e do Estado. Poder, Estado e Nobreza podem ser considerados como o resultado de uma acentuada estratificação endógena de uma sociedade humana ou então como o efeito de uma conquista externa e de uma "superestratificação" étnica dos vencedores sobre os vencidos. Como quer que seja, a existência de uma Nobreza como grupo de famílias privilegiadas em termos de poder, de riqueza e de prestígio é certificada em todas as formas mais antigas de sociedades.

Na maior parte dos pequenos Estados da antiga Grécia os nobres, que se autodefinem como *áristoi* (= os melhores) ou como *agathoi, eugenéis, eupatrídes*, fogem à modesta autoridade do monarca (*wanax*) e fundam uma constelação de repúblicas aristocráticas que florescem durante dois séculos aproximadamente.

.A ascensão de uma classe de ricos mercadores e empresários, animados pelo espírito burguês, os movimentos ameaçadores das massas campo-

nesas empobrecidas levam à crise do regime aristocrático e ao advento de regimes tributários (v. TIMOCRACIA), entre os quais, o mais clássico é, sem dúvida, o ateniense de Sólon. Em vão a aristocracia helênica tentou defender seus privilégios. Na época em que se deu o declínio do poder nobiliário, Píndaro definia lúcida e pateticamente a ideologia da Nobreza: somente quem possui a virtude (*areté*) tem o direito de governar, mas se a virtude é também fruto de um empenho pessoal nas guerras e nas competições, ela é antes de tudo herança de uma nobre estirpe, como dom de divina origem e nenhum mérito pessoal pode suprir a falta de sangue nobre.

A passagem, bastante freqüente na história, de formas aristocráticas de Governo para formas timocráticas não comporta necessariamente por outro lado o desaparecimento de privilégios hereditários nem de uma casta nobiliária. Por um lado, na verdade, o privilégio econômico é em grande parte hereditário e com ele, indiretamente, o político, pelo fato de os direitos políticos serem distribuídos em bases tributárias. Por outra parte, a antiga Nobreza conserva um privilégio de *status*, ciosamente defendido e mais ou menos voluntariamente reconhecido por outras *couches* sociais. Aliás, não poucas vezes riqueza e Nobreza estão estreitamente unidas a ponto de no regime tributário a classe aristocrática permanecer também em destaque durante longo tempo e sob todos os aspectos. O mesmo vale particularmente, como veremos em seguida, para o regime timocrático da Roma republicana.

No princípio, entre as classes em que se dividia a sociedade romana encontramos o elemento aristocrático, o patriciado, no qual se concentram todos os privilégios e uma massa popular subalterna, os plebeus. Através do monarca, por este periodicamente eleito, e do senado, constituído pelos anciãos das famílias patrícias (*patres*), a aristocracia romana — os *optimates* — tinha na mão o Estado e a sociedade romana. Durante a dominação etrusca registrou-se um atentado contra os privilégios aristocráticos exatamente quando os soberanos estrangeiros em luta contra a aristocracia indígena restauraram os comícios curiatos, assembléia popular com poderes de decisão, constituída em bases paritárias, por patrícios e plebeus. O contraste entre os monarcas etruscos e a aristocracia romana teve como desfecho a queda da monarquia e a instituição da república. A isto se seguiria rapidamente (talvez por volta de 471 a.C.) a instituição do regime timocrático apoiado em comícios centuriais (que a tradição faz remontar a Sérvio Túlio). A instauração de um regime tributário seria uma reforma baseada nos próprios interesses do patriciado, que sendo por tradição a classe mais rica garantiria para si o poder político de Roma associando na gestão dele um número limitado de plebeus ricos. O predomínio aristocrático manteve-se por longo tempo; depois, o patriciado perante a crescente oposição da plebe foi constrangido a fazer numerosas concessões (reconhecimento do direito de os plebeus assumirem o consulado, 366 a.C.; reconhecimento do valor de lei dos plebiscitos, 287 a.C.) que formalmente colocam em pé de igualdade os direitos políticos de patrícios e plebeus mas que de fato permitem a um número limitado de plebeus ricos entrar nas fileiras da classe dirigente. É desta maneira que se forma em Roma uma nova aristocracia a que é dada o nome novo de *nobilitas*. Os *nobiles* são os membros das famílias que podem vangloriar-se de ter entre seus membros um cônsul ou outro magistrado curul de grau inferior. Em sua maioria, as famílias da *nobilitas* são de origem patrícia. É reduzido o número dos *homines novi* plebeus que promovidos a uma magistratura curul conseguem fazer entrar sua própria família no número das famílias nobiliárias.

As prerrogativas da Nobreza não são formalizadas através de uma lei orgânica; seja como for, entre as que são formalmente reconhecidas estão o *ius immaginum*, ou seja, o direito de expor no átrio das casas nobres os retratos dos parentes elevados a cargos curuis, a adoção de um cognome hereditário, um título particular na aspiração aos cargos curuis e sacerdotais.

No regime de Augusto forma-se uma nova casta privilegiada que tem a característica de Nobreza apenas imperfeitamente. Na ordem senatorial cujos membros só podem tornar-se magistrados e em conseqüência disso senadores, não pode pertencer ninguém que não possua pelo menos um milhão de sestércios e é esta e não o sangue a condição necessária para fazer parte da nova e mais alta casta privilegiada. O declínio econômico leva ao desaparecimento de quase toda a velha Nobreza republicana antes dos fins do século I d. C. e é substituída na ordem senatorial por uma nova leva de famílias de origem eqüestre.

A partir de Constantino e com o início do período do dominato importantes transformações acontecem no âmbito da Nobreza romana. Desaparece a ordem eqüestre deixando-se absorver pela ordem senatorial. Os membros desta, conhecidos pelo nome de *clarissimi*, dividem-se em vários graus, sendo os mais importantes os *inlustres* e os *spectabiles*, importantes pelas funções públicas exercidas. Cai o requisito da pensão para pertencer à *ordo* senatorial e volta-se a 'uma Nobreza estritamente hereditária. Começa, por outro lado, a delinear-se uma crescente e nítida separação entre ordem senatorial, cada vez mais excluída da administração pública, e os altos cargos da burocracia estatal, confiados, cada vez com mais freqüência, diretamente, pelo imperador, a "companheiros" (*comites*, de que deriva o título de conde), ou seja, a personalidades que gozam da confiança do imperador, transformado, na época do DOMINATO (v.), em árbitro supremo da direção do Estado. O título de *comes* consagrado no Baixo Império é provavelmente o primeiro título nobiliárquico que se expandiu durante a Idade dos Bárbaros. No período gótico, os *comites* de muitas cidades têm dignidades e poderes notáveis. Durante a dominação bizantina destacam-se os *duces* (duques), comandantes militares de províncias em estado de guerra. Muitas vezes o duque era designado também pelo título de patrício, termo que não indicava mais uma condição nobre e sim um cargo e uma função pública eminente. Com tais títulos serão condecorados Odoacro e Teodorico. *Patricius romanorum* será chamado pelos papas o rei dos Francos com o significado de altíssima dignidade pública e de função de protetor de Roma e da Igreja romana. Entre o final do império do ocidente e o período da dominação bizantina, a ordem senatorial conserva o caráter de Nobreza hereditária mas fica inteiramente à margem do exercício das funções públicas.

Reveste-se de particular interesse, no quadro do império, a Nobreza provincial, que era a "classe média" do Estado e o nervo social da "federação de cidades" a que se resumia o império. Enquanto a alta Nobreza provincial foi-se imiscuindo gradualmente na ordem senatorial, a Nobreza média fornece os quadros da administração municipal, ou seja, da ordem dos *curiales*, que mantém através do senso cívico e dos próprios recursos a vida dos municípios, adquirindo o direito-dever de transmitir a seus descendentes os cargos ocupados.

IV. A NOBREZA NA IDADE MÉDIA. — Nos séculos da alta Idade Média foi-se formando lentamente uma nova aristocracia. Aos remanescentes da Nobreza tribal germânica (dizimada pelas guerras de conquista e pelos soberanos bárbaros que procuravam assegurar para si um poder absoluto) e aos da classe senatorial romana e provincial se junta a elite dos altos funcionários e chefes militares que os reis germânicos empregam para controlar politicamente seus próprios domínios. Esta última não é ainda uma verdadeira Nobreza porque os seus privilégios não são hereditários e não derivam do nascimento e sim da função exercida e do patrimônio fundiário e podem perder-se. Gradualmente, porém, com o desenvolvimento do sistema feudal (v. FEUDALISMO) este grupo de grandes funcionários e proprietários se transforma numa casta de famílias que transmitem de geração em geração não somente a propriedade de grandes bens fundiários livres e feudais mas também funções de carácter público relacionadas com os mesmos e títulos, recebidos ou usurpados, dos mais altos cargos públicos: de conde, de marquês, de duque, de vice-conde, etc. A partir do século IX, o vértice da sociedade carolíngia é ocupado por duzentas ou trezentas "famílias condais", em grande parte de origem franca, que dispõem de propriedades fundiárias imensas e que têm o monopólio dos cargos públicos do Império. Mais: dada a autonomia de que goza, a alta Nobreza feudal dispõe em seus domínios de um poder político semi-soberano, no quadro daquela confederação *sui generis* que é o Sacro Império Romano. Depois do ano mil, nos potentados que se formaram sobre as ruínas do império carolíngio, achamos ainda uma alta Nobreza de *magnates*, vassalos diretos do Império, descendente, ao que parece, da própria Nobreza carolíngia, que mantém uma *seigneurie hautaine*, com direito de alta justiça, em cujo ambiente é quase impossível entrar. Abaixo dela, se situa uma segunda faixa, a dos cavaleiros ou *milites*, uma nova Nobreza que busca sua origem na linhagem dos proprietários rurais com possibilidades de comprar o caro equipamento militar exigido pela evolução da técnica bélica que neste período incide quase unicamente sobre a cavalaria couraçada. O acesso à elite de cavalaria não é tão difícil como o de acesso ao grau superior (as qualidades pessoais podem levar um jovem corajoso a entrar nela), mas a tendência histórica é no sentido de fechamento, favorecido pela formação de um segundo estrato de cavalaria cadete (*minores* ou *secundi milites*). Os *milites primi*, chamados também de *capitanei* ou *cattani* na Itália, gozam, dentro dos próprios territórios e no âmbito da hierarquia feudal, de limitadas funções públicas próprias dos vassalos menores. Por sua vez, os *secundi milites*, ou vassalos de um vassalo, exercem também poderes políticos delegados pelo vassalo maior e, em dado momento, adquirem na Itália, o direito à herança do feudo (*Constitutio de feudis* de Conrado II, 1037). Na Itália, a Nobreza menor está intimamente ligada e subordinada à figura do bispo-conde, que substitui amplamente a do grande vassalo leigo.

V. NOBREZA CÍVICA E REPÚBLICAS ARISTOCRÁTICAS. OUTRAS FORMAS DE NOBREZA. — Com o nascimento e o renascimento gradual das cidades se delineia a formação de um novo tipo de Nobreza, o qual, indiretamente, tem origem na queda da soberania e do poder político, típico da idade feudal: a Nobreza cívica ou *patriciado*.

Conforme é sabido (v. COMUNA), no princípio, o fenômeno comunal tem origens aristocráticas. A comuna nasce de parceria com os pequenos feudatários não-urbanos, os quais, substituindo a autoridade leiga e o bispo-conde fundam uma espécie de senhoria coletiva. Gradualmente, todos os cidadãos se tornam titulares da senhoria coletiva, perdendo-se a distinção originária entre *nobiles* e *cives*. O cidadão livre, enquanto tal, é equiparado nos direitos políticos e na dignidade ao nobre: "nobilis vel civis". No primeiro período da vida comunal os cidadãos exerciam seu direito político através dos conselhos e dos cônsules. Os conselhos comunais eram muito numerosos no princípio. Depois ficaram reduzidos a um número limitado de membros, dando lugar a uma nova forma de desigualdade. Os membros dos conselhos eram escolhidos entre as famílias mais ricas, originárias das cidades e possivelmente citadas como nobres em documentos antigos. Em muitos casos chega-se a recorrer a elencos restritos de famílias cujos membros podem fazer parte dos conselhos. Estas famílias constituem o patriciado da cidade e a classe dominante de Estados oligárquicos que se configuram como repúblicas aristocráticas. Entre estas a mais famosa é a República de Veneza, cujo patriciado constitui o exemplo mais vistoso de uma Nobreza fundamentalmente separada, nos séculos de sua formação, da propriedade fundiária e dedicada ao contrário a atividades comerciais e armatoriais, julgadas ignóbeis pela aristocracia de origem feudal.

À Nobreza de formação alto-feudal dos séculos X-XIII se ajunta, a partir do tempo das senhorias, uma outra, criada por príncipes, grandes vassalos do império e vigários imperiais, os quais tomam para a concessão de feudos sob forma de compensação, partes do território de seu Estado. Este uso se difundiu amplamente pela Itália fazendo que em determinada altura a maior parte das comunas se achasse novamente dependente dos feudatários. Estes novos nobres (*domini* no norte e *baroni* no sul) foram assumindo com o tempo títulos desproporcionais em relação à instituição feudal (condes e marqueses no norte e duques e príncipes no sul).

A partir do século XIV difunde-se ainda uma forma de Nobreza puramente honorífica não ligada ao exercício presente ou passado dos direitos feudais. Trata-se da chamada Nobreza por *diploma* ou *por carta de nobilitação*, que é criada por imperadores, papas, reis, príncipes e cidades para compensar súditos beneméritos por serviços especiais com um título (de nobre a príncipe) transmissível aos herdeiros. Hostilizada pela nobreza feudal, que contesta a possibilidade de uma nobreza inteiramente dissociada do poder senhorial ("Il n'ya pas de marquis sans marqui-sat"), esse tipo de Nobreza se difunde também largamente sobretudo na Alemanha, onde cons-titui a massa da baixa Nobreza sem feudo.

Com a ampla difusão e consagração do direito romano, em conexão com a ascensão do absolu-tismo monárquico, volta a estar no auge o prin-cípio romanista segundo o qual a Nobreza está ligada aos cargos públicos exercidos. Surge en-tão a chamada *Nobreza de toga* ou *funcional* que é atribuída aos funcionários públicos de grau elevado e que se difunde particularmente na França ("noblesse de robe"). Segundo a defini-ção dada no início, achamo-nos de novo diante de uma Nobreza imprópria pelo seu carácter não adscritício e pela sua não transmissibilidade: o funcionário era pessoalmente enobrecido gozan-do os privilégios relativos mas sua descendência não herdava a condição.

A partir do século XVI manifesta-se ainda uma forma diferente de Nobreza que irá durar até princípios do século XVIII. De acordo com uma ideologia nobiliária segundo a qual uma família se torna nobre por virtude própria prolongada no tempo, reconhece-se durante este período o direito à *Nobreza por usucapião* àquelas famílias que puderem demonstrar ter vivido nobremente durante um tempo suficientemente longo (três ou quatro gerações), ou seja, no luxo, sem que seus membros tenham exercido atividades "vis" ou cometido atos infamantes ou contraído matrimô-nios indecorosos e tiverem adquirido paralela-mente os privilégios próprios da Nobreza.

Última no tempo e para ajuntar aos vários tipos de Nobreza que até agora descrevemos, está a Nobreza criada por Napoleão no início do século XIX (1804): os títulos de duque, de conde, e de barão acompanham os altos cargos civis, militares e eclesiásticos e tornam-se trans-missíveis aos primogênitos, com a prévia insti-tuição de um direito de primogenitura com ren-da adequada ao título. Após a queda de Napo-leão, a Carta Constitucional de 1814 reconhece esta extrema forma de Nobreza estabelecendo que a "velha Nobreza volte a ter seus títulos e que a nova conserve os seus".

VI. NOBREZA E MONARQUIA. A DECADÊNCIA. — A passagem da Idade Média para a Idade Moderna assinala na Europa o progressivo en-fraquecimento da classe nobiliária e o paralelo fortalecimento da instituição monárquica. A re-lação entre Nobreza e coroa é complexa e mu-tável no tempos. Durante o período feudal, a Nobreza conquistara um poder político quase comparável ao poder soberano gozado nas co-munidades gentilícias arcaicas de estrutura con-federal (chefes e anciãos dos *ghéne* gregos, das *gentes* latinas e das *Sippen* germânicas). Durante muito tempo, a Nobreza tentou confinar o prín-cipe numa condição de dependência, como se ele fosse uma emanação dela. Tal determinação está muito bem expressa na fórmula através da qual os *ricos hombres* de Aragão nomeavam os reis antes de a coroa se ter tornado hereditária: "Nós que somos iguais a vós e que podemos mais do que vós, vos elegemos rei e senhor se obser-vardes nossas leis e nossos privilégios; se não, não"; fórmula que recalca aquele ultimato diri-gido ao monarca da antiga Nobreza visigoda: "Rex eris, si recte facies, si non facies, non eris". Paulatinamente, a monarquia vai-se reforçando e com isso vai limitando a autonomia semi-sobe-rana dos feudos e o poder político da Nobreza. A composição interna desta última muda radi-calmente. A Nobreza alto-feudal, que tem ori-gens não menos antigas do que a Nobreza das dinastias reinantes, reduz-se a uma modesta mi-noria em relação às novas formas de Nobreza: tardo-feudal, de toga, por diploma, por usuca-pião, que tiram, todas, títulos e fortuna do *bon plaisir* do monarca. Progressivamente, toda a No-breza se torna cortesã. A posição na corte fixa novas relações hierárquicas, enquanto que as fun-ções políticas são paulatinamente subtraídas aos aristocratas em benefício de elementos da classe burguesa em ascensão. Esta evolução alcança seu auge com Luís XIV que reduz a Nobreza a esplêndido e a inútil ornamento da sua corte em Versalhes: "Le néant par état de toute no-blesse".

De outra parte, a monarquia, em seu secular esforço por assegurar-se um poder absoluto e um próspero domínio proporciona uma maiêutica histórica ao trazer dos escombros da velha or-dem feudal uma nova sociedade que em certa altura se voltará contra ele. Nesse momento, No-breza e monarquia descobrem a afinidade pro-funda que as liga como instituições de uma mes-ma estrutura histórica, apoiadas sobre a mesma base econômica, sobre a grande propriedade imo-biliária e legitimada pelos mesmos princípios: a prerrogativa agnatícia, a sociedade hierárquica, a legitimação religiosa do poder e do privilégio. Quando o *Ancien Régime* for tomado de assalto pelas novas classes em ascensão, o monarca vol-tará a sentir-se e a comportar-se como o primeiro gentilhomem do reino e na queda final poder monárquico e poder nobiliário serão devorados juntamente.

Após a Revolução Francesa é afirmado o prin-cípio da igualdade de todos os cidadãos perante a lei e as câmaras altas dos Estados reservadas na maior parte das vezes à Nobreza perdem gra-dualmente todo o poder político real. À medida que os regimes republicanos substituem as monarquias, os títulos de Nobreza são geralmente abolidos ou no mínimo não são concedidos novos. Nas monarquias que sobrevivem, a coroa conserva o direito de conceder novos títulos, que têm entretanto um caráter sempre honorífico. Na Itália, o código albertino (1837) autoriza o rei a conceder novos títulos e a renovar os das famílias extintas. Em 1869 é instituída uma consulta heráldica para o conhecimento e o regulamento do Estado nobiliário.

A Constituição da república italiana nas disposições transitórias, e finais (XIV) negou o reconhecimento dos títulos nobiliários, mas concedeu que os existentes antes do advento do fascismo possam valer como parte integrante do nome.

BIBLIOGRAFIA. — M. BLOCH, *La società feudale* (1939), Einaudi, Torino 1949; G. A. DE LA ROQUE, *Traité de la noblesse et des toutes ses différtes espéces*, Rouen 1735; F. DE MARTINO, *Storia della costituzione romana*, Jovene, Napoli 1972⁶; PH. DU PUY DE CLINCHAMPS, *La noblesse*, P.U.F., Paris 1959; G. FASOLI, *Introduzione allo studio del feudalesimo italiano*, Patron, Bologna 1959; G. GLOTZ, *La città greca* (1953), Einaudi, Torino 1973; P. GOUBERT, *L'Ancien Régime* (1969), Jaca Book, Milano 1976; G. TABACCO, *Il feudalesimo*, in *Storia delle idee politiche, economiche e sociali*, ao cuidado de L. FIRPO, UTET, Torino 1983.

[GIULIANO MARTIGNETTI]

Notável.

Mediante o termo Notável pretende-se indicar uma pessoa que detém um particular poder político e econômico, que é conseqüentemente pessoa importante, com influência na vida e na atividade de um grupo social ou político. Trata-se de pessoas cuja influência e poder decorrem não tanto de suas próprias e intrínsecas qualidades, carismáticas, morais e intelectuais, quanto de sua sólida base econômico-social, tornada mais forte politicamente por apoios interesseiros.

O fenômeno em apreço originou-se na Itália do século XIX, favorecido pela existência do colégio eleitoral uninominal e do sufrágio limitado, já no Parlamento piemontês e, em seguida, mais acentuado ainda, no Parlamento italiano após a unificação. O deputado, não existindo então partidos organizados no sentido moderno, partidos que desempenhassem o papel de mediadores entre interesses setoriais e interesses pessoais com a finalidade de procurar mais o bem comum do que o bem particular, sentia-se autorizado, pelos próprios eleitores, a ser seu patrono junto ao Governo central, que recebia ou perdia o apoio dos deputados na medida em que estes ficavam ou não satisfeitos com os favores recebidos para si ou para seus eleitores. Os presidentes do Conselho, para se manterem no poder, viam-se muitas vezes forçados a construir para si uma maioria parlamentar mediante o apoio de pessoas interessadas em favores e mediante negociações constantes cóm os líderes de bancadas profundamente instáveis, reunidas ao redor de pessoas, ou por grupos regionais de deputados. Figura característica do regime liberal da época, o Notável, de origem social burguesa, inserido profundamente na estrutura da vida da província, depreciador de atividades comerciais e industriais, proprietário de terras, era na maioria das vezes um profissional liberal, que exercia sua profissão com muita dignidade e dedicação em consonância com os postulados de sua severa educação humanista. Era difícil tornar-se Notável, em geral era possível sê-lo por direito de nascença, pelos bens, pela freqüência do meio social aristocrático e da alta burguesia e pela inscrição, quase uma obrigação, nos melhores círculos da cidade. Neste meio as qualidades morais e intelectuais mais valorizadas eram: a seriedade, a integridade de caráter (fora, porém, do campo político onde esta qualidade contava até um certo ponto), estudos realizados e sucesso na atividade profissional, capacidade para administrar com parcimônia, quase com avareza, o patrimônio, na maioria dos casos conspícuo, herdado. Os eleitores não votavam neste ou naquele candidato unicamente com base nos programas apresentados: sua opção era condicionada à capacidade que os candidatos tinham de obter benefícios para as cidades e os burgos da província (uma estrada, uma parada do trem, etc.) e favores pessoais (uma promoção, um título honorífico, uma permissão, etc.). Desta forma "a seleção da classe política mediante o clientelismo ocorria tendo como critério não especificamente a capacidade política, e sim a capacidade de patronato" (P. Gentile, *Polemica contro il mio Tempo*, Volpe, Roma 1965, p. 126). O clientelismo da base subia ao vértice, principalmente mediante a figura dos prefeitos, representantes locais do poder central, de tal forma que os que não se mostravam propensos à vocação de *ministeriali* ou de *ascari*, isto é, de pessoas fiéis ao Governo, fosse quem fosse o homem que o chefiava ou a orientação política assumida, eram punidos com o fracasso na reeleição, habilmente manipulada. Assim delineada, esta figura de Notável permanece como uma constante na vida parlamentar, pelo menos até 1919, quando, após a ampliação do direito de voto (1912) e o término da Grande Guerra, apresentam-se no cenário político nacional os grandes partidos de massa. O advento do fascismo vai sustar seu provável desaparecimento e vai transformar em Notáveis os hierarcas e burocratas locais do partido único.

Após a Segunda Guerra Mundial, modificado o regime, numa sociedade que caminha para se tornar sociedade industrial mais do que agrícola, a figura do Notável, excluídas algumas regiões do sul, muda formalmente de fisionomia, e, num certo sentido, muda até na sua substância. Atualmente é dentro dos partidos que precisamos identificar o Notável, já com uma nova fisionomia: sua origem social continua burguesa, porém bem diferente é a evolução de sua carreira política, assim como os métodos utilizados para alcançar e manter o poder.

Num primeiro momento atinge os vértices da política local e, mais tarde, os da política nacional após uma caminhada quase meramente burocrática na estrutura partidária, onde, graças à sua habilidade de incansável negociador e à distribuição de favores e benefícios a burocratas, eleitores e amigos com as mesmas tendências, alcançou bases sólidas de poder ocupando cargos de responsabilidade. Cercado por elementos muitas vezes medíocres, porém fiéis, o Notável recebe o apoio interesseiro de camadas sociais e grupos econômicos ligados por interesses corporativistas. Atuando, através de todo tipo de manobras, entre partido e autoridade política e administrativa, o Notável, ao assegurar, mediante a prática do chamado Governo subterrâneo, vantagens (um financiamento, uma aposentadoria, uma encomenda, uma licitação, etc.) a seus *"clientes"*, cuida do próprio colégio eleitoral.

BIBLIOGRAFIA. – D. BLEITRACH e A. CHENU, *Les notables et la technocratie*, in "Cahiers internationaux de sociologie", LVI, janeiro-junho 1974, pp. 159-74.

[GIANPAOLO ZUCCHINI]

Oligarquia.

I. SIGNIFICADO TRADICIONAL. — Oligarquia significa etimologicamente "governo de poucos", mas, nos clássicos do pensamento político grego, que transmitiram o termo à filosofia política subseqüente, a mesma palavra tem muitas vezes o significado mais específico e eticamente negativo de "Governo dos ricos", para o qual se usa hoje um termo de origem igualmente grega, "plutocracia" (aliás já empregado por Xenofonte, *Recordações*, IV, 6, 12). Diz Platão: — "Que sistema político... entendes por Oligarquia? — A constituição baseada no patrimônio... onde os ricos governam, enquanto o pobre não pode partilhar do poder" (*República*, 550 c.). Diz, de igual modo, Aristóteles: "... poder-se-á dizer que existe democracia quando governam os livres; com maior razão ter-se-á uma Oligarquia quando governam os ricos, sendo geralmente muitos os livres e poucos os ricos" (*Política*, 1290b). Segundo a distinção aristotélica entre formas puras e formas viciadas de constituição, a Oligarquia, como Governo dos ricos, é a forma viciada da aristocracia, que é o Governo dos melhores (*Política*, 1279b). Geralmente, na linguagem política grega, o termo Oligarquia é usado com um significado que envolve um juízo de valor negativo. Isócrates, por exemplo, afirma: "Da maioria dos discursos por mim pronunciados se deduzirá claramente que eu vitupero as Oligarquias e os regimes baseados na prepotência, mas aprovo os baseados na igualdade e as democracias" (*Areopagítico*, 60). Este significado negativo perdurou em toda a tradição do pensamento político posterior. Em *De la république*, Bodin fixa de modo singularmente exemplar o sentido desta tradição: "Como a monarquia pode ser régia, despótica, tirânica, também a aristocracia pode ser despótica, legítima, facciosa; este último tipo era chamado oligarquia na antigüidade, isto é, domínio exercido por um pequeno número de dominadores... Por isso, os antigos usavam sempre o nome de Oligarquia com significado negativo e aristocracia com significado positivo" (Livro II, cap. VI).

Devido ao seu forte significado de valor negativo, o termo Oligarquia teve e tem ainda, na linguagem política, mais uma função polêmica que ilustrativa. Pode-se dizer por outras palavras que, enquanto é imediatamente perceptível seu significado valorativo, por ser imediatamente claro que, quando se diz que um Governo é oligárquico, pretende-se afirmar que ele é nocivo e chama-se assim justamente porque há vontade de o condenar, já não é tão inequívoco o seu significado descritivo, uma vez que, diversamente do que ocorre com outros termos da mesma família, como monarquia e democracia, que designam um certo tipo de instituições, Oligarquia não designa tanto esta ou aquela instituição, não indica uma forma específica de Governo, mas se limita a chamar a nossa atenção para o fato puro e simples de que o poder supremo está nas mãos de um restrito grupo de pessoas propensamente fechado, ligadas entre si por vínculos de sangue, de interesse ou outros, e que gozam de privilégios particulares, servindo-se de todos os meios que o poder pôs ao seu alcance para os conservar. A falta de um significado técnico bem definido do termo Oligarquia é demonstrada ainda pelo fato de que, diversamente mais uma vez do que acontece com "monarquia" e "democracia", cujo uso corrente se restringe à esfera das relações do poder político, o termo Oligarquia é aplicado analogicamente, com excessiva facilidade, a relações de poder diversas das relações políticas, com o fim de designar o mesmo fenômeno do domínio de um grupo restrito e fechado em organizações outras que não o Estado, como quando se fala de Oligarquias econômicas, militares, sacerdotais, burocráticas, sindicais, financeiras, etc.

II. OLIGARQUIAS E ELITISMO. — Na teoria política moderna, o conceito de Oligarquia, se não o termo, começou a alcançar especial sucesso e uma importância particular, quando alguns escritores deram em sustentar (e com êxito) que todos os Governos que existiram ou estão por existir foram ou serão sempre Governos de poucos, ou, para empregarmos as palavras mais freqüentemente usadas, Governos de minorias organizadas ou de elites (v. ELITES, TEORIA DAS). Mosca como Pareto não estão familiarizados com o termo Oligarquia. Mosca fala de "classe política", de "minoria governante"; Pareto fala de "aristocracia", de "classe eleita" e, para a época contemporânea, de "plutocracia", que divide em dois tipos, a plutocracia demagógica e a plutocracia militar. Mas o conceito é claro: segundo a teoria das elites, a Oligarquia é, no sentido etimológico da palavra, a única forma possível de Governo. Com isso, os elitistas não querem afirmar que todos os Governos sejam iguais: limitam-se a sustentar que, no tocante ao número de governantes segundo o qual têm sido discriminadas as diversas formas de Governo, os Governos não apresentam diferenças relevantes, isto é, todos eles são oligarquias, embora de espécie diversa, que cabe ao estudioso da história das instituições identificar e descrever.

O termo, bem como o conceito, entraram largemente no uso da ciência política graças à aplicação que Robert Michels fez da teoria das elites, destinada a explicar o fenômeno das minorias governantes no âmbito da organização estatal, à organização dos grandes partidos de massa. Como é sabido, ao estudar a organização do partido social-democrático alemão, Michels julgou poder deduzir daí uma lei de tendência válida para qualquer grande organização, que chamou "lei férrea da Oligarquia", com base na qual afirmou ser "a formação de Oligarquias no seio das múltiplas formas de democracia um fenômeno orgânico e, por isso, uma tendência a que se submete necessariamente toda a organização, inclusive a socialista e libertária". Após Michels, o termo Oligarquia foi vastamente aceito na linguagem da ciência política, perdendo, aliás, pouco a pouco, a sua primitiva significação de valor negativo e adquirindo outra axiologicamente neutra. Que toda a grande organização e, conseqüentemente, mais ainda o Estado sejam e não possam ser senão governados por um restrito número de pessoas, tem sido cada vez mais considerado como um fato dependente da própria natureza das coisas; e, para o estudioso, um fato é objeto de análise, não de desaprovação. Um escritor de grande notoriedade como Duverger usa o termo Oligarquia para designar a classe dominante, isto é, para dar um nome àquele mesmo fenômeno que os teóricos das elites haviam chamado "minoria organizada" ou "classe eleita" (La tecnodemocrazia, 1972). Para descrever a passagem da democracia liberal àquela que ele chama "tecnodemocracia", examina a composição e moda

lidades de exercício do poder da "nova Oligarquia", com o fim de evidenciar suas diferenças em relação à Oligarquia que dirigia o Estado liberal no século passado. O texto não deixa a menor dúvida de que, para Duverger, o termo mais apropriado para designar a estrutura do poder do Estado moderno em suas várias fases é a Oligarquia, e isto em razão do valor descritivo que o termo foi adquirindo à medida que foi perdendo o seu significado valorativo.

III. OLIGARQUIA E REGIMES DO TERCEIRO MUNDO. — Depois da Segunda Guerra Mundial, o interesse dos estudiosos das ciências sociais e da ciência política pela organização social e política dos países do Terceiro Mundo, de onde surgiria a teoria do desenvolvimento e subdesenvolvimento pouco a pouco aplicada à própria análise e comparação dos regimes políticos, contribuiu para que fosse posto de novo em circulação, com um significado específico, o termo Oligarquia. Este foi usado como termo oposto a democracia (entendida como forma de Governo dominante nos países do Ocidente) e referido à maior parte dos regimes em vias de desenvolvimento, numa época de transição de um sistema social e político "tradicional" para um sistema social e político "moderno". Num ensaio bastante conhecido, Edward Shils (Political development in the new states, 1962) apresenta uma tipologia dos sistemas políticos tão ampla que abrange todos os sistemas existentes, mesmo os dos países subdesenvolvidos. Esta tipologia se baseia na distinção fundamental entre sistemas democráticos e sistemas oligárquicos. Os últimos se caracterizam por um grupo de poder restrito, homogêneo, estável, com uma boa organização interna e fortes vínculos entre seus membros, pouco confiante na lealdade de quem a ele pertence e cauteloso na admissão de novos membros; é um grupo que governa de modo autoritário, robustecendo o executivo, controlando o judiciário, marginalizando ou excluindo o Parlamento, desencorajando ou eliminando a oposição. Os sistemas democráticos dividem-se, segundo Shils, em "democracias políticas" (a que correspondem as democracias ocidentais) e "democracias tutelares" (como a "democracia dirigida" da Indonésia); os sistemas oligárquicos se dividem e distinguem, por sua vez, à medida que se afastam do ideal democrático e se acham num grau cada vez mais baixo de modernização, em "Oligarquias modernizadas", "Oligarquias totalitárias" e "Oligarquias tradicionais" (James S. Coleman acrescentou outro tipo, o das "Oligarquias coloniais e raciais", entre as quais incluiu Estados como a África do Sul e Rodésia do Sul, The politics *of developing areas*, 1960, pp. 561-62). A maior parte dos Estados em vias de desenvolvimento são classificados entre os regimes oligárquicos de um e de outro tipo. De fato, como observa Shils, "em todos os novos Estados existe... uma fé difusa na necessidade de uma mais elevada concentração da autoridade e de um remédio mais forte para curar o paroquialismo, a desunião e a apatia. No Sudão, no Iraque, no Egito, no Paquistão e entre diversos elementos da Indonésia, do Ceilão e da Índia se crê que a Oligarquia é a única via capaz de criar uma sociedade moderna, com uma administração racional e honesta, bem como uma ação decisiva para o progresso social" (p. 67). Contrapondo-se assim claramente à democracia, o termo Oligarquia, pelo fato de ter sido adotado para expressar de modo exclusivo um dos dois campos em que se divide toda a extensão ocupada pelos regimes políticos existentes (são oligárquicos todos os regimes que não são democráticos), adquire um significado descritivo bastante preciso, mesmo que conserve o significado de valor negativo que o acompanha desde a antiguidade (um regime oligárquico é tanto mais ruim quanto mais se afastar do regime posto como modelo, a democracia política).

IV. OLIGARQUIA ANTIGA E MODERNA. — A vitalidade do termo Oligarquia não deve induzir em erro no que respeita à continuidade e coerência do léxico da filosofia política da antiguidade até hoje. Como vimos, pelo que tange ao seu significado valorativo, o termo tem sido tradicionalmente usado em sentido negativo, devido à influência da classificação aristotélica, para a qual a Oligarquia é uma das formas viciadas de constituição; contudo, por influência da teoria das elites, ele foi adquirindo cada vez mais um significado axiologicamente neutro, à medida que se foi constatando que todos os regimes, mesmo os que se proclamam democráticos, são regidos, e não podem deixar de o ser, por Oligarquias. Mesmo onde o termo continua a ter um significado polêmico, como nas tipologias que compreendem os regimes do Terceiro Mundo, o critério de avaliação negativa é divergente na teoria tradicional e na moderna: naquela, o juízo negativo derivava de um confronto com a aristocracia; nesta, de um confronto com a democracia. Segundo a formulação aristotélica, a Oligarquia é um mau governo, não porque seja governo de poucos (a aristocracia também o é), mas porque governa mal (obedecendo aos interesses dos governantes e não do povo); segundo o uso que fez do mesmo termo um autor como Shils, a Oligarquia é um mau Governo porque é um Governo de poucos, isto é, um Governo sem base popular ativa, sustentado não por uma participação contínua e

consciente, mas pela inércia da maioria ou pela momentânea mobilização das massas nos momentos cruciais, mesmo que, casualmente, nessa situação histórica, esse seja o melhor dos Governos. É de fato de observar que, em vez de ser acusada de buscar apenas o próprio interesse, a Oligarquia dominante nos países em vias de desenvolvimento é considerada como o único grupo de poder capaz de promover os interesses nacionais, desde que seja tido como interesse nacional o abrir caminho ao processo de modernização.

À medida que ia adquirindo relevo o confronto entre democracia e Oligarquia, ia perdendo importância o confronto tradicional entre Oligarquia e aristocracia. Isto a partir do momento em que, por influência dos escritores políticos, se começou a entender por "aristocracia", desde o início da época moderna, uma das duas formas de Governo republicano (a outra era a da república popular), precisamente aquela em que a classe política vai transmitindo o poder hereditariamente (caso paradigmático era a república de Veneza). Mosca, ressaltando o valor perene do princípio da transmissão hereditária do poder, se bem que dentro de limites restritos, contrapunha também o princípio democrático, não ao oligárquico, mas ao aristocrático. Ora, extinta ou em vias de extinção toda a forma de Governo aristocrático, entendido este como forma de Governo onde se tem acesso aos cargos pelo nascimento, o confronto entre aristocracia e Oligarquia não teria já qualquer interesse. As Oligarquias dos regimes políticos dos nossos dias já não são aristocracias: sua unidade, sua coesão e sua relativa estabilidade, presumivelmente menos duradoura que a das aristocracias tradicionais, não dependem do respeito ao princípio hereditário, mas da comunhão de interesses (Oligarquias econômicas), da integração no mesmo corpo de funcionários públicos (é típico o regime dos coronéis), da solidariedade do movimento revolucionário (os bolcheviques), ou da libertação nacional (algumas das elites dos novos Estados africanos) que as levou ao poder.

Dado o uso corrente de Oligarquia na ciência política contemporânea, mantém-se ainda o interesse pela distinção entre Oligarquia e democracia, mesmo por parte daqueles que afirmam ser todos os regimes Oligarquias, reconhecendo muito embora que existem diferenças relevantes entre Oligarquias que governam em sistemas democráticos (o próprio Duverger, que fala de "novas Oligarquias", chama "tecnodemocracia" ao regime em que elas atuam) e Oligarquias que governam em sistemas não democráticos. Estas diferenças, que são relevantes, dizem respeito quer à fonte, quer ao exercício do poder. Quanto às fontes, aquelas vão buscar sua legitimidade ao voto popular periódico, pelo menos formalmente livre, estas ao voto dirigido, de opção única, à tradição, ou à força carismática dos chefes, quando não se regem pelo terror (neste caso, caem na velha categoria montesquiana do despotismo). Quanto ao exercício, aquelas reconhecem a oposição legal, garantindo, dentro de certos limites, a liberdade .de expressão; estas não reconhecem nem uma nem outra, antes as perseguem, onde quer que se manifestem.

[NORBERTO BOBBIO]

Ombudsman.

I. CARACTERÍSTICAS GERAIS. — A insatisfação quanto ao sistema de garantias que se oferecem em relação aos comportamentos da administração pública contribuiu para o sucesso do instituto escandinavo do Ombudsman, que apresenta a possibilidade de conciliar formas públicas de controle da administração mediante um órgão fiduciário do Parlamento, com a satisfação de solicitações que as pessoas privadas têm o direito de lhe dirigir para obter tutela.

O papel do Ombudsman pode ser definido de modo preferentemente negativo. Por um lado, não pode exorbitar com formas de controle sobre a ação de importância política da administração que se confundam com a sindicância fiscalizadora que o Parlamento tem de exercer sobre o Governo; por isso foge à intervenção do Ombudsman tudo quanto possa implicar averiguação da conduta política do Governo ou da administração pública. Por outro, tampouco pode exceder seus limites em formas de garantia jurídica de situações subjetivas dos administrados que se assemelhem às já oferecidas junto a órgãos jurisdicionais previstos pelos vários ordenamentos.

Levadas em conta estas observações preliminares, pode-se concluir que o objeto da intervenção do Ombudsman são os comportamentos ou omissões que possuem apenas relevância administrativa e não política, enquanto que as ocasiões em que as pessoas privadas podem provocar a sua interferência serão sobretudo aquelas em que não seja possível alcançar justiça usando dos remédios oferecidos pelos vários ordenamentos, mediante o controle jurisdicional exercido sobre as pessoas e sobre os seus atos, isto é, em casos eventuais de prejuízo, originados por desserviços e disfunções administrativos, e nos de injustiça substancial.

As atribuições confiadas ao Ombudsman são principalmente de inspeção; os procedimentos usados no desempenho destas funções são de caráter administrativo e às vezes também para-jurisdicional. Contudo, este órgão está geralmente incorporado ao poder Legislativo ou é considerado seu auxiliar. Foram-se delineando alguns elementos caracterizantes do Ombudsman, com uma tendência bastante unívoca à sua tipificação:

a) o ordenamento que o adota deve seguir, pelo menos em linhas gerais, o conhecido princípio orgânico da separação dos poderes;

b) o Ombudsman destina-se a flanquear o Legislativo no controle do Executivo, devendo, por isso, ficar absolutamente distante de qualquer possível influência deste último;

c) a ação do Ombudsman concerne diretamente apenas aos departamentos, administrativos que dependem do Governo; nunca aos responsáveis políticos pelos mesmos, os ministros;

d) o Ombudsman é fiduciário do Parlamento, mas goza de uma ampla autonomia em relação a ele em sua atuação concreta; o Parlamento estabelece princípios de ação e diretrizes gerais, mas nunca disposições perceptivas referentes a casos concretos;

e) o Ombudsman não é titular de poderes de direção política, nem de sindicância política sobre o uso desses poderes; sua presença não deveria alterar o mecanismo equilibrado das relações Parlamento-Governo que, embora com notáveis diferenças, caracterizam os sistemas de Governo parlamentar.

f) o Ombudsman põe em evidência o mau uso do poder administrativo, ligado ou não à lesão dos interesses individuais, sem, no entanto, poder substituir com sua ação a ação da administração pública.

g) o Ombudsman, sob o aspecto fiscalizador, tem a obrigação geral de referir ao Parlamento os resultados das indagações efetuadas, enquanto que, no que se refere à tutela das situações individuais, tem o direito de assinalar, com mais ou menos veemência, à administração as disfunções verificadas.

Tendo em conta o que fica dito, pode-se concluir que não coincidem com a figura do Ombudsman órgãos assim denominados e dotados de atribuições análogas, dependentes na realidade do Executivo, como acontece com os instituídos pelas administrações locais de alguns Estados-membros dos Estados Unidos da América. O mesmo acontece também com o *médiateur*, instituído pela lei francesa a 4 de janeiro de 1973, n.⁰ˢ 73-6, com claras referências ao instituto escandinavo. Sendo nomeado pelo Governo e não pelo Parlamento, só parcialmente o podemos remontar à origem do instituto que analisamos.

II. FUNÇÕES: ORIGENS E DESENVOLVIMENTO.

— Introduzido na Suécia por lei sobre a forma de Governo, de 6 de junho de 1809 (art. 96), o Ombudsman foi sucessivamente aceito nos restantes Estados escandinavos e, a seguir, na Nova Zelândia, na República Federal Alemã, no Reino Unido, nas Províncias do Canadá e num bom número de Estados de independência recente. As últimas constituições portuguesa e espanhola lhe dedicaram normas explícitas. Três estatutos regionais italianos o prevêem, introduzindo-o assim, pela primeira vez, no direito público italiano.

Tem-se como arquétipo do Ombudsman o sueco, que se impôs inicialmente como órgão de controle parlamentar sobre a orientação do Executivo.

A história constitucional sueca mostra, com efeito, que, na época, a adoção do Ombudsman era uma resposta à necessidade de garantir uma forma eficaz de sindicância parlamentar sobre a ação régia no campo administrativo, necessidade que ao princípio foi satisfeita sob o pretexto formal da afirmação do princípio da correta aplicação da lei dentro da administração pública: o Ombudsman zelava pelo respeito da lei e, ao mesmo tempo, se achava em condições de controlar a orientação administrativa do Governo.

Superada a monarquia constitucional e assegurada uma certa forma de Governo parlamentar, o Parlamento, em consequência do princípio da responsabilidade ministerial em face do mesmo, garantiu um controle amplo e geral sobre a orientação do Governo na administração e *o papel do Ombudsman foi se modificando progressivamente até perder as características originais*. Enquanto as questões governamentais de direção política encontravam um interlocutor no Parlamento, o princípio da tutela da correta aplicação da lei assumia um significado diverso, tendendo a restringir-se às hipóteses em que a ação administrativa de sentido estrito apresentasse disfunções objetivas ou incidisse, com efeitos negativos, sobre situações de interesse individual ou coletivo juridicamente tuteladas. Deste modo, o Ombudsman se apresentava cada vez mais firmemente como *tutor público do uso correto do poder administrativo*. É assim que ele foi depois imitado e admitido em outros ordenamentos até à recente reforma inglesa. Seria então superficial limitarmo-nos a pensar que, onde existente, o Ombudsman proporcione ao Parlamento uma forma de controle direto da administração pública, apoiando-se na forma mais genérica de controle indireto que se obtém examinando no âmbito parlamentar

a ação dos ministros, de acordo com os conhecidos princípios do Governo parlamentar. Mais precisamente: as novas funções afastavam o Ombudsman da atividade de controle político, enquanto o iam aproximando, sob alguns aspectos, dos órgãos jurisdicionais.

Diversos fatores concorriam para isto. Um dos mais importantes era o da *insuficiência do sistema de garantias jurisdicionais* em relação à ação administrativa, progressivamente crescente em intensidade e abrangendo setores e matérias cada vez mais vastos ou referindo-se a setores tradicionalmente excluídos das formas de garantia das situações de interesse individual, como no caso da organização das forças armadas. Outro, geralmente não sublinhado, era o da divisão cada vez mais clara do órgão parlamentar em minorias de oposição e maioria, bem como da união evidente que se vinha criando nos sistemas de Governo parlamentar entre maioria e Governo. Em tal situação, a inspeção parlamentar sobre as atividades do Executivo nos departamentos administrativos, a consequente sindicância e eventual censura, foram deixadas de preferência à oposição, que nem sempre dispõe dos meios necessários para se impor à atenção do Governo. Em vez disso, o mais provável é que o Governo, com a *sua* maioria, consiga eludir ou circunscrever formas de ingerência desagradáveis no desenvolvimento da atividade administrativa, de acordo com uma linha de tendência dificilmente reversível.

Isto é verdadeiro especialmente nas questões que envolvem, de modo mais claro, a orientação política da maioria. Então, enquanto se mantiver a relação de confiança, é praticamente impossível infringir a vontade do enlace maioria parlamentar-Governo, tornando-se utópico reclamar formas de controle objetivamente oportunas, como ensina a experiência dos inquéritos parlamentares. Quanto às relativas ao desenvolvimento da atividade administrativa normal, não sendo questões politicamente relevantes, podem os desajustes e as disfunções no uso do poder discricionário levar à concordância sobre a necessidade de um remédio objetivo, à margem dos problemas das relações entre maioria e minorias da oposição, a fim de se achar solução para a crise de confiança do cidadão em face das instituições administrativas, mediante a utilização de um mecanismo institucional mais ágil e eficaz que o recurso às interpelações e aos inquéritos parlamentares.

Hoje, portanto, o Ombudsman não significa função de controle político, mas tende, antes de tudo, a assegurar uma forma de *controle parlamentar confiável*, para além do contraste de interesses da maioria e das minorias da oposição,

sobre o funcionamento da administração pública.
Não se trata, porém, de um controle sob o aspecto
meramente objetivo da ação administrativa. Já
lembramos que outro dos fatores importantes que
justificam o Ombudsman é a insuficiência de
formas de garantia jurisdicional das situações de
interesse subjetivo em face da ação administrativa. Na realidade, o Ombudsman funciona como
instância de tutela de situações individuais, onde
não existem remédios suficientes de caráter administrativo ou jurisdicional.

Com o que fica dito, podemos agora esboçar
com mais precisão a figura orgânica do Ombudsman: *é um órgão vinculado ao Legislativo, privado de atribuições de controle político, garantia
do uso correto do poder administrativo, integrante de formas insuficientes de tutela administrativa
e jurisdicional dos interesses da coletividade.*

III. POSIÇÃO NA ORGANIZAÇÃO. — Em conformidade com as funções que lhe foram designadas,
o Ombudsman se encontra em particular posição
de independência dentro da organização. Não só
está desvinculado do Executivo, enquanto a sua
ação diz respeito aos departamentos administrativos dele dependentes, como também do Parlamento, porquanto, se o Ombudsman fosse um
instrumento da maioria, verificar-se-iam os mesmos inconvenientes já observados sobre a sua
credibilidade como efetivo instrumento de controle da atuação governamental.

A independência do Ombudsman é garantida
mediante vários expedientes fixados no âmbito
constitucional, legislativo e convencional. Não
pode ser parte do Parlamento nem ser submetido
a qualquer constrangimento parlamentar, uma vez
eleito por ampla maioria, muitas vezes com o
acordo unânime dos partidos mais importantes.
Está apenas sujeito a normas gerais de comportamento, prescritas pela constituição, por leis e
regulamentos, mas nunca a instruções relativas
a casos concretos. Seu *caráter apolítico e imparcialidade* são considerados requisitos fundamentais; a escolha recai amiúde sobre magistrados
com o objetivo de satisfazer a tais exigências.
A garantia de independência em relação ao Parlamento é ainda acentuada pelo caráter fixo dos
termos da função, não ligada à duração da legislatura que elegeu o Ombudsman, pela tendência
à prorrogação do cargo e pela prática cada vez
mais persistente da reconfirmação dos titulares.
A autonomia da ação do Ombudsman é reforçada
pela discricionariedade de que goza na organização do cargo, na escolha dos colaboradores,
na direção e desenvolvimento das atividades.

Mas esta independência não impede que exista
um importante vínculo entre o Ombudsman e o
Parlamento. Trata-se de uma *relação de confiança*

que é mister que subsista permanentemente. Se
essa confiança vier a faltar, o Ombudsman poderá
ser exonerado. Como já foi lembrado, o Parlamento só pode estabelecer disposições de caráter
geral, concernentes aos critérios de organização
e aos princípios de comportamento, mas há contatos constantes entre o Ombudsman e o Parla-
mentô, geralmente por intermédio de comissões
parlamentares restritas. Além disso, o Parlamento
e seus membros podem influir de vários modos
na atividade do Ombudsman, pois gozam de poderes de decisão em relação a ele. Enfim, sobre
o Ombudsman pesa a obrigação de informar o
Parlamento, o que se verifica sempre através de
relatórios anuais, mas às vezes também através
de relatórios particulares sobre questões específicas.

IV. COMPETÊNCIA E PROCEDIMENTOS. — Ao
Ombudsman cabem amplos poderes de inspeção,
sinteticamente chamados de poder de informação,
abrangendo os poderes de inspetoria, de exame
da documentação das administrações controladas,
de presença em debates de órgãos administrativos e, de quando em quando, também nos de
órgãos jurisdicionais. Está prevista a obrigação
de colaboração por parte das administrações controladas. Compete sempre ao Ombudsman o poder de iniciativa nos processos de indagação,
sempre autônomos.

O Ombudsman não pode nunca substituir a
administração ou a jurisdição, porquanto é considerado parte do Legislativo e vale neste caso o
princípio da separação. E, quando se fizer questão de disposições da administração pública onde
se reconheça ilegitimidade ou inoportunidade, ele
não pode anular ou revogar, nem sequer parcialmente. Seus poderes, terminada a fase de instrução, são *poderes de persuasão e de influência*
em relação à autoridade administrativa diretamente interessada, ou *poderes de proposta* para
com as autoridades administrativas superiores,
jurisdicionais e legislativas.

No primeiro caso se diz que o Ombudsman
é essencialmente uma magistratura de influência
em relação aos órgãos administrativos cujo comportamento ativo ou omisso censura. Seu controle
é exercido sobre o comportamento do órgão e,
se existirem, sobre os atos formais do mesmo.
Mas a censura é só sobre o órgão, nunca sobre
as suas disposições. O Ombudsman intervém
usando de recomendações ou exprimindo pareceres — impróprios, já que sua função não é
consultiva — para estimular a autotutela administrativa. Em certos casos, pode chegar à advertência e à admoestação.

No segundo caso, o Ombudsman funciona como centro propulsor de ulteriores intervenções

de órgãos pertencentes aos três poderes tradicionais. Quando verificar que a autoridade administrativa, objeto do seu interesse, persiste em comportamentos considerados insatisfatórios, o Ombudsman se dirigirá ao superior hierárquico, para que se proceda inclusive a ação disciplinar, ou então à autoridade jurisdicional. Em alguns ordenamentos, era também reconhecido ao Ombudsman o poder de iniciar ação penal dentro dos critérios usuais do acusador público, mas tal poder parece ter caído em desuso. Seus poderes mais importantes são aqueles de que goza em relação ao Parlamento, ao qual aponta as disfunções administrativas e as situações de lesão de interesses, quer de forma isolada, quer nos relatórios periódicos que lhe tem de remeter, pelo menos uma vez ao ano. Se durante as investigações vem a verificar imperfeições em atos normativos, está também previsto que o faça notar ao Governo.

Os procedimentos perante o Ombudsman estão regulamentados por disposições minuciosas que tendem a garantir, não obstante, uma grande informalidade. São desenvolvidos, sob a iniciativa unilateral do Ombudsman, por sujeitos privados, pelo Parlamento e pelos seus próprios membros: a lei inglesa prevê apenas esta última possibilidade. Em caso de recurso de pessoas privadas, é exigida a forma escrita, fornecimento de provas e uso de terminologia apropriada. A apresentação do recurso obriga o Ombudsman a responder. Uma solicitação parlamentar obriga à apresentação de exposição motivada.

Na fase preliminar, o Ombudsman decide da própria competência. Recorde-se que não pode aceitar recursos nem agir com autoridade, sempre que esteja em questão assunto de importância política. Isto está relacionado com o que se disse antes sobre as funções hodiernas desta instituição: todas as legislações concordam em excluir do Ombudsman o exame das questões políticas, reservando-lhe apenas as administrativas. Pelo que respeita à procedência, sua ação é geralmente vedada pelo debate parlamentar anterior ou contemporâneo. É complexo o problema das relações entre os processos junto ao Ombudsman e os processos administrativos e jurisdicionais: em geral, observa-se a tendência a experimentar antes estes últimos, mas não há uniformidade. Mas parece certo que, na pendência de processos jurisdicionais, o Ombudsman não pode agir.

Quando dada por certa a sua competência, o Ombudsman inicia a fase de averiguação, onde usa amplamente dos seus poderes de inspeção. São particularmente extensivas as normas respeitantes à aquisição de provas e às garantias dos sujeitos envolvidos no processo. Concluído o processo, se os resultados confirmarem as observações iniciais, o Ombudsman adotará as providências já lembradas.

V. O OMBUDSMAN NO ORDENAMENTO ITALIANO.

— A experiência do Ombudsman escandinavo e a sua influência nas decisões adotadas em numerosos ordenamentos acabaram por fazer com que se encarasse a introdução desse instituto no ordenamento italiano. Após uma série de debates doutrinais, foram apresentadas propostas para a sua adoção a nível nacional, mas sem êxito, enquanto, a nível regional, os estatutos de três regiões de autonomia ordinária previam a criação do ofício do "defensor cívico", claramente inspirado no Ombudsman. Trata-se dos estatutos das regiões da Liguria (art. 14), Lazio (art. 38) e Toscana (art. 61) que entraram em vigor, respectivamente, com a L.R. de 6 de junho de 1974, n.º 17, a L.R. de 28 de janeiro de 1980, n.º 17, e a L.R. de 21 de janeiro de 1974, n.º 8. A estas disposições estatutárias se hão de acrescentar as iniciativas tomadas por outras regiões que pretendem constituir o Ombudsman com base no poder genérico da auto-organização atribuído pelos estatutos às instituições regionais. Entre as numerosas propostas apresentadas tanto nas regiões de estatuto ordinário como nas de estatuto especial, já se converteram em lei as da Campania L.R. de 11 de agosto de 1978, n.º 23), da Umbria (L.R. de 22 de agosto de 1979, n.º 48), da Lombardia (L.R. de 18 de agosto de 1980, n.º 7), de Friuli-Venezia Giulia (L.R. de 27 de abril de 1981, n.º 20) e da Puglia (L.R. de 9 de julho de 1981, n.º 38).

O defensor cívico, que revelam as normas regionais, se configura como fiduciário do conselho regional, que provê à sua nomeação bem como à sua eventual destituição. O seu *status* tende a equiparar-se ao dos conselheiros regionais. As funções que lhe são atribuídas podem se resumir na vigilância sobre a administração regional, para que esta possua uma segura eficiência na satisfação dos interesses dos administrados. Suas intervenções incidem sobre os procedimentos administrativos onde estes se desenvolvam de modo danoso para os interesses dos administrados, por exemplo, com atrasos e irregularidades, e não, portanto, quando se enfrentam comportamentos da administração que podem ser condenados, sob o aspecto do mérito e da legitimidade, perante a justiça administrativa. Está, de qualquer modo, taxativamente excluído o recurso ao defensor cívico em pendências de procedimentos administrativos e jurisdicionais.

A intervenção do defensor pode efetuar-se de ofício ou em virtude de o interessado dirigir solicitação documentada prévia, procrastinada pela administração. O defensor cívico intervém para examinar o estado do exercício da prática administrativa; tem o direito de obter as informações oportunas e pode pedir para examinar a prática vinculada ao ofício competente, fixando eventualmente um termo para a regularização e aperfeiçoamento dos processos. Quando continuam as irregularidades, as insuficiências e descumprimentos que envolvem violação do princípio de eficiência da ação administrativa, faz a denúncia ao superior hierárquico com vistas a eventuais sanções disciplinares. Sempre que surjam hipóteses de reato, apresenta uma exposição à autoridade judiciária e penal. Além disso, são sempre enviados relatórios semestrais ou anuais ao conselho regional sobre os resultados das verificações ocorridas.

O defensor cívico não possui, pois, particulares poderes de sanção em relação à administração, mas, mediante a intervenção em cada um dos processos, as advertências que pode enviar à administração e os relatórios que dirige ao Conselho, parece poder exercer uma certa influência na correção da ação administrativa regional.

BIBLIOGRAFIA. — R. BIN, Il difensore civico in Toscana: metamorfosi di un istituto?, in "Le Regioni", 1977, n.° 5; G. DE VERGOTTINI, Sull'istituzione di un commissario parlamentare alle forze armate, in "Rivista trimestrale di diritto pubblico", 1970; Id., L'Ombudsman: esperienze e prospettive, in "Diritto e società", 1973, n.° 3; Id., Ombudsman, in Enciclopedia del diritto, Vol. XXIX, Giuffrè, Milano 1979; A. DI GIOVINE, L'Ombudsman in Scandinavia, in "Rivista trimestrale di diritto pubblico", 1974; W. GELLHORN, Ombudsman and others, Harvard University Press, Cambridge, Mass. 1966; A. GIOVANNELLE, Sull'evoluzione del commissario parlamentare in alcune esperienze costituzionali europee, in "Annali della Facoltà di scienze politiche dell'Università di Genova", 1973, I, e 1974, II; A. LEGRAND, L'Ombudsman scandinave, Pinchon, Paris 1970; L'Ombudsman (il difensore civico), sob a responsabilidade de C. MORTATI, UTET, Torino 1974; G. NAPIONE, L'Ombudsman, Giuffrè, Milano 1969; G. PIRAS, L'Ombudsman in Italia nella dottrina e nella legislazione: bilancio di dieci anni (1965-1975), in "Giurisprudenza italiana", 1976, IV; I. E. PITARCH, El Ombudsman en el Estado intervencionista, in AUT. VÁR., El control parlamentario del gobierno en las democracias pluralistas, Barcelona 1978; D. C. ROWAT, The Ombudsman, citizen's defender, Allen and Unwin, London 1968; Id., The Ombudsman plan, MacLelland and Stewart, Toronto 1973; Ricerca sul comissario parlamentare, Segretariato generale della Camera dei deputati, Roma 1971; F. TERESI, Brevi osservazioni sull'Ombudsman delle Regioni, in "Atti del XII convegno di Studi di scienza dell'Amministrazione", Giuffrè, Milano 1972.

[GIUSEPPE DE VERGOTTINI]

Opinião Pública.

I. DEFINIÇÃO. — A Opinião pública é de um duplo sentido: quer no momento da sua formação, uma vez que não é privada e nasce do debate público, quer no seu objeto, a coisa pública. Como "opinião", é sempre discutível, muda com o tempo e permite a discordância: na realidade, ela expressa mais juízos de valor do que juízos de fato, próprios da ciência e dos entendidos. Enquanto "pública", isto é, pertencente ao âmbito ou universo político, conviria antes falar de opiniões no plural, já que nesse universo não há espaço apenas para uma verdade política, para uma epistemocracia. A Opinião pública não coincide com a verdade, precisamente por ser opinião, por ser doxa e não episteme; mas, na medida em que se forma e fortalece no debate, expressa uma atitude racional, crítica e bem informada.

A existência da Opinião pública é um fenômeno da época moderna: pressupõe uma sociedade civil distinta do Estado, uma sociedade livre e articulada, onde existam centros que permitam a formação de opiniões não individuais, como jornais e revistas, clubes e salões, partidos e associações, bolsa e mercado, ou seja, um público de indivíduos associados, interessado em controlar a política do Governo, mesmo que não desenvolva uma atividade política imediata.

Por isso, a história do conceito de Opinião pública coincide com a formação do Estado moderno que, com o monopólio do poder, privou a sociedade corporativa de todo o caráter político, relegando o indivíduo para a esfera privada da moral, enquanto a esfera pública ou política foi inteiramente ocupada pelo Estado. Mas, após o advento da burguesia, ao constituir-se dentro do Estado uma sociedade civil dinâmica e articulada, foi se formando um público que não quer deixar, sem controle, a gestão dos interesses públicos na mão dos políticos. A Opinião pública foi levada deste modo a combater o conceito de segredo de Estado, a guarda dos arcana imperii e a censura, para obter o máximo de "publicidade" dos atos do Governo.

II. A OPINIÃO PÚBLICA ENTRE A MORAL E A POLÍTICA. — Enquanto para Hobbes, o maior teórico do absolutismo, a Opinião pública é condenável por introduzir no Estado um germe de anarquia e de corrupção, a primeira reivindicação clara da sua autonomia só se dá com o pensamento liberal. Em seu Ensaio sobre a inteligência humana, J. Locke fala de uma "lei da opinião ou reputação", que é uma verdadeira e autêntica lei filosófica: ela é a norma das ações, serve para julgar se elas são virtuosas ou viciosas. Ao formar a sociedade política, os homens abdicaram, a favor do poder político, do uso da força contra os concidadãos, mas mantiveram intangível o poder de julgar a virtude e o vício, a bondade e maldade das suas ações. A lei da opinião se coloca perto da lei divina e da lei civil; sua sanção é a exprobração e o elogio, por parte da sociedade, desta ou daquela ação. Sendo juízo expresso pelos cidadãos, apoiado em oculto e tácito consenso, toda a sociedade, de acordo com seus próprios costumes, estabelecerá leis de opinião, que serão diversas conforme os países. Na estruturação do Estado liberal esboçada por Locke, é de salientar uma radical distinção entre a lei moral, expressa pela Opinião pública, e a lei civil, expressa pela assembléia representativa, verdadeira e autêntica distinção entre o poder político e o poder filosófico. É claro o contraste entre moral e política. A moral, no entanto, não se erige em tribunal da política, dado que Locke fala, não de um Estado absoluto, mas de um Estado liberal representativo.

Em Rousseau a Opinião pública continua a expressar juízos morais, mas tais juízos estão em consonância direta com a política e com os canais institucionais por meio dos quais se exprimem. De fato, no *Contrato social*, revaloriza a instituição da censura, sendo o censor o ministro da lei da Opinião pública: "Assim como a declaração da vontade geral se faz por meio da lei, assim também a declaração do juízo público se faz por meio da censura". O censor não é o árbitro da opinião do povo, mas apenas sua expressão; não pode, portanto, afastar-se do costume. Deste modo, se a censura pode ser útil para conservar os costumes, não o é para os restabelecer, quando se corrompem. Rousseau que, com a "vontade geral", quer superar a distinção entre política e moral, apresenta uma estreita correlação entre soberania popular e Opinião pública, leis e costumes, política e moral, vendo na Opinião pública a "verdadeira constituição do Estado". Não pôde desenvolver mais seu pensamento, já porque em sua democracia direta não se pode dar aquela tensão entre esfera privada e esfera pública, que é própria do Estado moderno, onde há espaço para a Opinião pública, já porque ele define como tal o que são mais propriamente "costumes", herança do passado ou criações espontâneas nunca certamente o resultado de uma discussão pública racional, como acontece com uma verdadeira e autêntica Opinião pública.

Quem tratou de modo mais sistemático da função da Opinião pública no Estado liberal foi Emmanuel Kant, se bem que não use este termo, mas o de "publicidade" ou de "público". Perguntando a si mesmo *Que é o Iluminismo?*, responde que ele consiste em *"fazer uso público da própria razão em todos os campos"*; é o uso que dela se faz *"como estudioso* perante a totalidade do público dos *leitores"*, como membro da comunidade e dirigindo-se a ela. Este "uso público" da razão, que há de ser sempre livre, possui uma dupla função e tem em vista dois destinatários. Por um lado se dirige ao povo, para que se torne cada vez mais capaz de liberdade de agir, enquanto na comunicação da própria opinião se tem a confirmação da sua verdade pelo consenso dos demais homens. Por outro, se dirige ao Estado absoluto, para lhe mostrar que é vantajoso tratar o homem, não como uma "máquina" de acordo com as regras do Estado de polícia, mas segundo sua dignidade; deve chegar até os tronos, para fazer sentir sua influência nos princípios do Governo, para fazer ouvir os lamentos do povo. Depois da Revolução Francesa, em *Pela paz perpétua* e *Se o gênero humano está em constante progresso para melhor*, o conceito de "publicidade" é mais bem explicado por Kant no âmbito do ideal da constituição republicana. Antes de tudo, quem deve esclarecer o povo sobre os seus direitos e deveres não deverão ser pessoas oficiais designadas pelo Estado, mas livres cultores do direito, filósofos: aqui, na desconfiança para com o Governo, pronto sempre a dominar, fica clara a distinção entre política e moral, e a autonomia da sociedade civil, composta de indivíduos autônomos e racionais, em face do Estado. Ligada a tal concepção, a publicidade serve para superar o conflito existente entre política e moral, para salvar pelo ideal do direito, o único que pode alicerçar a paz: "a verdadeira política não pode fazer qualquer progresso, se antes não prestar homenagem à moral; e, embora a política seja por si mesma uma arte difícil, sua união com a moral não é de modo algum uma arte, pois esta corta os nós que aquela não pode desatar, mal surge o conflito entre ambas". A publicidade é justamente o que constrange a política "a dobrar o joelho diante da moral", serve de mediadora entre política e moral, entre Estado e sociedade, e se torna assim um espaço institucionalizado e organizado no âmbito do Estado de direito liberal, onde os indivíduos autônomos e racionais procedem, pelo debate público, à autocompreensão e entendimento.

O pensamento liberal inglês e francês dá continuidade, com Burke e Bentham, Constant e Guizot, ao pensamento de Locke, mas com uma novidade fundamental: acentua a função pública, ou, melhor, política, da Opinião pública como instância intermédia entre o eleitorado e o poder legislativo. A Opinião pública tem por função permitir a todos os cidadãos uma ativa participação política, colocando-os em condições de poder discutir e manifestar as próprias opiniões sobre as questões de geral interesse: é assim que a agudeza e sabedoria políticas se estendem para além dos governantes e as discussões do Parlamento são parte das discussões do público. Se de um lado isto serve de controle ou virtual oposição à classe política, de outro favorece a onipotência do Parlamento, quando se governa sob o consenso da Opinião pública: esta é um tribunal da política, um tribunal que talvez possa errar, mas que é "incorruptível". Mas, para que a Opinião pública possa desempenhar sua função, é necessária a "publicidade" das discussões parlamentares e dos atos do Governo, e a plena liberdade da imprensa. Benjamin Constant estuda, além disso, todas as reformas institucionais (as leis eleitorais, por exemplo), para levar a Câmara dos deputados a ser a expressão da Opinião pública, que, para ele, em muitos casos, se mostrou bastante mais avançada que a representação nacional, e para impedir que as assembléias adquiram um espírito de corpo que as isole da Opinião pública.

III. A CRISE DA OPINIÃO PÚBLICA. — Uma primeira desvalorização da Opinião pública, em cotejo com a ciência, ocorre em Hegel, em *Filosofia do direito*; é uma desvalorização paralela à da sociedade civil em relação ao Estado. A Opinião pública é, para Hegel, a manifestação dos juízos, das opiniões e dos pareceres dos indivíduos acerca dos seus interesses comuns. Trata-se de um saber apenas como fenômeno, como conjunto acidental de modo de ver subjetivos, que possuem uma generalidade meramente formal, incapaz de atingir o rigor da ciência. A sociedade civil, onde se forma a Opinião pública, é, de igual modo, um conjunto anárquico e antagônico de tendências que não elimina a desigualdade. Dos interesses particulares não se chega à universalidade, porque a sociedade civil está desorganizada: por isso, o auto-entendimento da Opinião pública não se pode apresentar como razão; se, mediante o poder Legislativo do Estado de direito, se eleva o grupo dos particulares à participação da coisa universal, permuta-se o Estado com a sociedade civil, levando a desorganização desta ao seio daquele, o qual, se quiser ter universalidade, tem de ser orgânico. No Estado orgânico, existe uma integração dos cidadãos a partir do alto, uma real superação da sociedade civil, a passagem do bom senso às "ciência", só possível em política, quando os indivíduos adotam o ponto de vista do Estado, que é a objetivação do Espírito absoluto.

Uma análoga depreciação da Opinião pública a encontramos em Marx, a partir da *Crítica da filosofia hegeliana do direito público*. Em *Questão hebraica*, ele observa que, com a formação do "Estado político", foi neutralizada e despolitizada a sociedade civil, baseada nas castas e nas corporações, sendo contrapostos, de um lado, os indivíduos e, do outro, o espírito político universal, que se presume independente dos elementos particulares da vida civil. A Opinião pública é só falsa consciência, ideologia, pois, numa sociedade dividida em classes, emascara o interesse da classe burguesa: o público não é o povo, a sociedade burguesa não é a sociedade geral, o *bourgeois* não é o *citoyen*, o público dos particulares não é a razão. A Opinião pública é, portanto, apenas a ideologia do Estado de direito burguês. Contudo, com a ampliação do sufrágio universal, há uma tendência da sociedade a dar a si própria uma existência política: a arma da publicidade, inventada pela burguesia, tende a voltar-se contra ela. Quando a sociedade civil tiver uma completa existência política, cessará, com a abolição das classes, a sua contraposição ao Estado, porquanto as novas classes, não mais burguesas, já não terão interesse em manter a sociedade civil como esfera privada da propriedade, separada da política. Só então a Opinião pública realizará a total racionalização do poder político até o ponto de o abolir, porque o poder político se constituiu pela opressão de uma classe sobre outra. O poder político se dissolverá no poder social e a Opinião pública poderá assim desenvolver plenamente as suas funções políticas; com a desaparição da esfera privada, dar-se-á a identidade entre *homme* e *citoyen*.

Também a geração dos liberais que sucedeu aos Constant e aos Bentham começou a temer que a Opinião pública não fosse assim tão "incorruptível" como havia crido a anterior: o perigo da corrupção não vinha tanto do Governo, como da própria sociedade, através do despotismo da maioria ou o conformismo de massa. Alexis de Tocqueville, em *Democracia na América*, e, na sua esteira, John Stuart Mill, em *Sobre a liberdade*, mostram como o despotismo da massa opera não tanto através da autoridade pública, por meio do aparelho coercitivo do Estado, quanto sobretudo mediante pressão psicológica da sociedade sobre a alma e não sobre o corpo do indivíduo, para quem então só resta a dramática escolha entre o conformismo e a marginalização. Há aí um controle social mais que um controle político, a impedir o livre desenvolvimento da personalidade individual e a formação de um público de indivíduos que use da razão para raciocinar. A crise da Opinião pública é, aliás, devida a outros dois fatores: de um lado, ao eclipse da razão que, para demonstrar sua legitimidade, tem que demonstrar ser útil praticamente e tecnicamente avaliável para o bem-estar, para o qual ela se reduz ao cálculo mercantil, não buscando mais, no diálogo racional, a universalidade das opiniões; de outro, à "indústria cultural" que transforma as criações intelectuais em simples mercadoria destinada ao sucesso e ao consumo, sendo o desejo da glória suplantado pelo do dinheiro. O diálogo ideal do iluminista com o seu público, pretendido por Kant, não tem assim condições de se poder realizar.

A sociologia crítica atual aceitou algumas das intuições de Tocqueville, para provar o desaparecimento ou declínio da Opinião pública. Com o triunfo do "grande", deixaram de existir os lugares que facilitavam a formação, através do diálogo, da Opinião pública: em lugar da sala de reuniões, temos a televisão; os jornais tornaram-se empresas especulativas; as associações e os partidos são dirigidos por oligarquias; os espaços da formação da Opinião pública não são autogovernados, mas administrados por potentes burocracias. Além disso, no Estado contemporâneo, vai desaparecendo a distinção entre Estado e sociedade civil, já que ambas as realidades se compenetraram, dando lugar à formação de uma classe dirigente que, ávida do poder, pode manipular facilmente a Opinião pública. A isto só se poderá pôr remédio criando espaços institucionais que permitam tornar efetiva a liberdade de expressão, de associação e de imprensa, por meio de uma real participação dos cidadãos na formação da Opinião pública. É preciso obrigar as organizações que controlam os meios de comunicação de massa, a desenvolver sua função no sentido da criação de um diálogo, assente num processo de pública comunicação e não no da manipulação de um público atomizado, que tem hoje na "publicidade", não um instrumento de liberdade racional, mas de sujeição ao sistema produtivo. Em suma, é preciso reinventar soluções institucionais que devolvam à publicidade o elemento que a distinguia: seu poder de crítica.

A experiência dos regimes totalitários, onde a "publicidade" kantiana se converteu em propaganda, e a existência das novas tecnologias dos meios de comunicação de massa, que fazem perder o hábito da crítica, ofuscaram certamente a imagem da Opinião pública. Contudo, o mito das massas, totalmente passivas e dóceis à publicidade, tem sido desencantado e, por conseguinte, a Opinião pública se pode afirmar onde quer que exista liberdade de pensamento e de expressão, pluralidade e pluralismo de órgãos de informação autônomos ou não controlados pelos políticos: neste policentrismo, com equilíbrio, sempre se

pode formar a Opinião pública num duplo processo, de baixo para cima e vice-versa, através dos líderes de opinião, tanto a nível local como nacional.

BIBLIOGRAFIA. — AUT. VÁR., *Nascita dell'opinione pubblica in Inghilterra*, ao cuidado de A. CARACCIOLO e R. M. COLOMBO, fascículo especial de "Quaderni storici", XIV, setembro-dezembro de 1979; H. L. CHILDS, *Public opinion: nature, function and role*, Van Nostrand, Princeton 1965; L. COMPAGNA, *Alle origini della libertà di stampa nella Francia della restaurazione*, Laterza, Bari 1979; J. HABERMAS, *Storia e critica dell'opinione pubblica* (1962), Laterza, Bari 1971; R. KOSELLECK, *Critica illuministica e crisi della società borghese* (1959), Il Mulino, Bologna 1972; H. D. LASWELL, e outros, *Propaganda, communication and public opinion*, Princeton University Press, Princeton 1946; N. MATTEUCCI, *Opinione pubblica*, in "Enciclopedia del diritto", vol. XXX, Giuffrè, Milano 1980; A. SAUVY, *L'opinion publique*, Presses Universitaires de France, Paris 1964.

[NICOLA MATTEUCCI]

Oportunismo.

Entende-se por Oportunismo a busca do proveito pessoal no desenvolvimento de qualquer atividade política, sem nenhuma consideração pelos princípios ideais e morais. O Oportunismo distingue-se da corrupção (v. CORRUPÇÃO) em dois aspectos. A corrupção é típica do funcionário público, estatal, enquanto o Oportunismo diz respeito a qualquer pessoa que exerça uma atividade política, sobretudo em organizações não estatais como os partidos políticos e as associações sindicais. Com a corrupção se favorecem mais os interesses particulares de um grupo que os interesses pessoais; com o Oportunismo, pelo contrário, é a consecução de vantagens puramente pessoais que acaba por orientar a atividade política.

O Oportunismo surge nas situações de crise ou de transição e prospera, enquanto tais situações não hajam mudado e o processo político não tenha sido convenientemente institucionalizado; mas ele também contribui para a criação e permanência das situações de crise. Estas situações são fundamentalmente períodos em que se verifica a transferência do poder de uma para outra classe, durando até que tal transferência se consuma totalmente. Por conseguinte, é sobretudo nas sociedades com instituições políticas ainda não solidamente legitimadas que medra o *Oportunismo político*.

São três os fatores fundamentais de que depende o *Oportunismo político*: a composição da classe política, a cultura política dos componentes do sistema político e a rapidez das mudanças sócio-políticas. O Oportunismo é tanto maior e tanto mais difuso quanto mais heterogênea é a classe política, quanto mais a cultura política ressalta o sucesso pessoal e quanto mais profundas e complexas são as mudanças sócio-políticas. Depende, além disso, das características sócio-econômicas da sociedade e do tipo de processo político predominante. É provável que o Oportunismo cresça simultaneamente com a possibilidade de obter ganhos pessoais no exercício da atividade política e com a possibilidade de fugir às sanções (possibilidades que dependem da fragilidade das estruturas e da debilidade da disciplina dos partidos); mas ele cresce sobretudo quando a atividade política se constitui o único caminho do sucesso, ou o mais rápido, e quando condiciona todas as demais atividades, representando o meio mais seguro para adquirir *status*, riqueza e poder. Neste último caso, o Oportunismo tende a obter seu máximo desenvolvimento nas sociedades que se modernizam, não só quando o poder estatal constitui o fulcro do sistema político, econômico e social, como, sobretudo, quando o poder econômico alcançou tal desenvolvimento que condiciona todo o tipo e nível de atividade política. São as elites em declínio como as elites nascentes que se mostram, em tais sociedades, mais propensas ao Oportunismo, quer para manter as vantagens pessoais que se desvanecem com a própria classe, quer para conquistar tais vantagens antecipadamente. O índice de Oportunismo parece estar ligado ao grau de participação política e ao tipo de estruturas onde a participação se manifesta. Assim, onde a participação é limitada, e as elites concorrentes bem como as organizações políticas são embrionárias, o Oportunismo é elevado. Onde a participação é vasta, onde as elites são concordes sobre os princípios fundamentais do sistema e as organizações políticas são sólidas, o Oportunismo é limitado e não compensa; pode até acontecer que seja contraproducente para quem a ele recorra.

Na linguagem política marxista, Oportunismo é o contrário de *dogmatismo*. Enquanto com o dogmatismo se quer indicar uma rígida e excessiva adesão aos princípios marxistas, uma adesão que exclui qualquer tentativa de os adaptar criticamente às mutáveis situações políticas, com o Oportunismo se faz referência a uma também excessiva desenvoltura e flexibilidade na interpretação dos mesmos princípios. Em ambos os casos, contudo, a conseqüência pode ser o esclerose da ação política revolucionária. Enquanto os dogmáticos se situam geralmente à esquerda, os oportunistas se colocam à direita, pois renunciam de fato à revolução reconhecendo-a de palavra, não aceitam romper definitivamente com a burguesia, não crêem na ditadura do proletariado e admitem a conquista do poder sem a destruição da máquina do Estado e sem a eliminação da burocracia. Conseqüentemente, "os oportunistas não acham nada melhor que deixar tranqüilamente ao futuro todas as questões capitais relativas às tarefas da revolução proletária" (Lenin).

[GIANFRANCO PASQUINO]

Oposição.

I. DEFINIÇÃO. — O termo Oposição, um tanto difícil de definir como todos os termos essenciais das ciências sociais, nasce das funções inerentes ao papel que os grupos ou indivíduos assumem e desempenham no contexto da sociedade. Este modo de ver e entender a Oposição não se acha, portanto, separado da análise dos papéis e relações segundo os quais agem, por exemplo, A e B, os quais, quando um adota uma posição, o outro lhe contrapõe uma posição igual e contrária. O que nos interessa não é tanto A, B ou C... quanto o papel que eles têm e a função que desempenham dentro de uma relação política, sabedores de que o papel da Oposição pode ser executado, de vez em vez, segundo um sem-número de variáveis, dentre as quais indicamos o tempo e os objetivos, ora por A, ora por B, ora por C..., etc.

Podemos assim definir a Oposição como a união de pessoas ou grupos que objetivam fins contrastantes com fins identificados e visados pelo grupo ou grupos detentores do poder econômico ou político; a estes, institucionalmente reconhecidos como autoridades políticas, econômicas e sociais, opõem os grupos de oposição sua resistência, servindo-se de métodos e meios constitucionais e legais, ou de métodos e meios de outros tipos, mesmo ilegais e violentos. De tudo isto se pode deduzir um novo e mais específico significado de Oposição. Falamos daquele tipo particular de Oposição política que é a *oposição parlamentar*, a que hoje se faz geralmente referência, quando, num regime liberal-democrático, se fala simplesmente de Oposição. Num regime de Governo parlamentar, o papel e função da Oposição são reconhecidos e tutelados pela Constituição, bem como pelas leis que sancionam os modos, os tempos e as formas em que o direito à Oposição pode ser exercido. Mas a *Oposição parlamentar*, embora seja o modelo mais comum e importante, não esgota a tipologia da Oposição. De fato, já que, como se viu, a Oposição, constituída por grupos, mesmo ligados entre si como os partidos, opera dentro de um sistema social mais amplo de que o sistema político é apenas uma parte ou subsistema não indiferente, vai hoje adquirindo cada vez maior relevo um vasto movimento de oposição às instituições (políticas, econômicas, culturais) que não se serve dos clássicos canais de manifestação das divergências de opinião e dos conflitos, reconhecidos como legítimos pelo sistema e a ele adequados, mas que, procurando envolver a maior parte da base populacional, opera servindo-se de ações enérgicas e/ou métodos e meios violentos na conquista de seus objetivos, a mudança radical e global do sistema.

Neste caso, nos encontramos diante daquela Oposição que é definida como *anti-sistema* ou *extra-sistema*. Ao passo que no modelo de sistema político que se apóia num sistema de crenças liberal-democráticas (modelo de regime pluralista ou poliárquico), é possível encontrar Oposições extra-sistema, também chamadas *Oposições ilegítimas,* ao lado de *Oposições legítimas,* que são as que agem dentro dos valores e limites claramente partilhados pela sociedade, no modelo de sistema político de inspiração autoritária (modelo de regime hegemônico), a Oposição, embora proibida, continua a ter vida, de modo clandestino, atuando através dos canais de difusão e de agregação do consenso dentro do partido único ou da sociedade, sob duas formas: a) como *Oposição subserviva* ou Oposição anti-sistema em sentido estrito; b) como *Oposição fracionária* de grupo de poder ou de facção ideologicamente integrada, mas de modo mais ou menos acentuadamente desviada e discorde da linha oficial de gestão do sistema quanto aos modos e tempo de alcançar os objetivos, aliás unicamente aceitos. A acusação dirigida pelos inimigos contra este tipo de Oposição é, em geral, a de constituir um grupo antipartidário e/ou revisionista. Num regime de democracia re-presentativa (modelo poliárquico), podemos também, sempre no âmbito da Oposição extra-sistema, assinalar outra divisão: a) a Oposição anti-sistema que, embora rejeite em princípio o modelo de sociedade existente e proponha, conquistado o poder, sua substituição por outro, aceita, contudo, tacitamente o papel que funcionalmente lhe é reservado, assim como as regras de jogo conseqüentes; b) a Oposição extra-sistema que nasce da "contestação" de grupos ou grupúsculos, de *leadership* essencialmente intelectual (por exemplo, a "New left" ou "Nova esquerda" americana), que pretendem restringir as normas do sistema político à interpretação que o grupo apresenta das normas gerais desse sistema, considerando as aplicações feitas como abusivas e não correspon-

dentes às aplicações originais, que eram as certas. Tal ação se traduz primeiro na exigência de maior socialidade, liberdade, igualdade, etc., e se transforma depois em Oposição extra-sistema, à medida que o movimento afronta o insucesso com a recusa por parte do *establishement* (Governo e oposições legítimas) em aceitar as reivindicações. Isto poderá levar à total radicalização, por se entender que o grupo contestador excede os limites impostos pelo subsistema político, para atropelar todo o modelo de desenvolvimento da sociedade. Neste sentido, a transformação dos grupos representativos da minoria negra dos Estados Unidos em Oposição extra-sistema é exemplar. Trata-se de uma Oposição que, não obstante dar sempre preferência ao fator político, é mais simplesmente definida como *Oposição extraparlamentar* (v. abaixo), por sua específica rejeição da instituição parlamentar e sua perspectiva revolucionária. A Oposição extra-sistema tende a construir um modelo absolutamente novo (de sociedade e sistema político) em relação aos existentes.

II. FUNDAMENTOS HISTÓRICOS DA OPOSIÇÃO. — Se, portanto, falamos de Oposição referindo-nos a qualquer movimento contrário ao grupo e movimento político detentor do poder, é possível pensar que a Oposição data dos primórdios da organização política da sociedade. Elemento fundamental da democracia, a Oposição achou meio de se exprimir na antigüidade em formas similares às modernas, na Grécia e, particularmente, em Atenas, no período do seu maior esplendor. Contudo, é depois de sucessivos períodos de mudanas e vicissitudes, que a Oposição política chega a concretizar-se no modelo específico da *Oposição parlamentar,* aparecendo historicamente pela primeira vez na Inglaterra do século XVIII, com seu significado e conteúdo modernos. Este primeiro modelo, baseado no conceito de que no Parlamento havia de ser politicamente representado todo o povo, era caracterizado pela alternância no Governo de dois grupos socialmente homogêneos, os *Whigs* e os *Tories,* que compartilhavam o mesmo objetivo comum de manter o sistema numa visão substancialmente unitária do quadro político geral, enquanto divergiam sobre a estratégia e, em parte, sobre os fins últimos do desenvolvimento do país. Em tal situação, os contrastes eram mais de caráter pessoal que de tipo político-ideológico. Isso não impediu, porém, que, no decurso do mesmo século XVIII e começos do XIX, tal hábito e método de fazer Oposição se enraizassem de tal maneira no ânimo dos cidadãos que, mesmo depois das reformas eleitorais de 1867, que reconheceram o direito do voto aos operários da indústria, e da de 1884, que estendiam o mesmo direito aos trabalhadores agrícolas, favorecendo assim o surgimento dos partidos de massa típicos da democracia moderna, eles se mantiveram essencialmente intangíveis, conquanto os conflitos entre maioria e minoria da Oposição não estivessem já marcados e dominados pela personalidade dos líderes, mas por visões do quadro político geral, cada vez mais diametralmente opostas e ideologicamente distantes, mesmo se globalmente aceita a validade do sistema e do contexto sócio-econômico. O sistema de Governo se consolidou, baseando-se na alternância da maioria e minoria, esta transformada, por seu turno, de Oposição em partido do Governo, sob a guia do Executivo. O sistema, que tinha dado boa prova de si e obtido resultados consideráveis, passou da Inglaterra, graças também às teorizações levadas a termo pelos pensadores políticos do século XVIII e XIX, a muitos outros Estados, tornando-se, com algumas modificações mais formais do que substanciais, o modelo de todos os regimes democráticos onde a Oposição, como organização aglutinante da dissensão, possui, não apenas por definição, um papel e uma função sumamente importantes, que caracterizam o próprio sistema.

Assim, do primeiro modelo de regime parlamentar, onde o líder da maioria é também chefe do Governo, como na Inglaterra, se passou, onde ele não pôde ser posto em prática, por diferentes e diversos motivos histórico-políticos e pela escolha de sistemas de eleição proporcional, a Governos de coalizão entre forças políticas homogêneas, sendo a Oposição não já representada por um só grupo de minoria, mas cada vez mais por grupos nem sempre homogêneos e ideologicamente afins. Se bem que, mediante estratégias e objetivos finais diferentes e o mais das vezes divergentes entre si, estes grupos se propõem, como objetivo comum imediato, substituir a maioria no exercício do poder político.

III. ESTRUTURA E FUNÇÕES DA OPOSIÇÃO. — Neste contexto, é constitucionalmente reconhecida à Oposição a função da limitação e do controle crítico do poder da maioria, controle e limitação que se exercem, no plano formal, mediante o exame da legitimidade da atividade legislativa desenvolvida pela maioria, e, no plano essencial, mediante a defesa dos direitos dos minorias dissidentes e a alternativa política do poder.

As condições nas quais e pelas quais nasce, vive e se desenvolve a Oposição são as mais variadas, estando ligadas não só ao quadro político geral, mas também à situação sócio-econômica do sistema onde ela opera e às condições histórico-políticas internacionais. Outra série de elementos, de que não podemos prescindir numa análise da solidez e funcionamento de qualquer Oposição, está no conjunto das estruturas chamadas formais que constituem o quadro institucional delimitador e regulador do jogo das forças políticas do sistema: referimo-nos às estruturas constitucionais, aos sistemas eleitorais, à organização administrativa, à burocracia estadual e local, etc. A par de tais condições, podem se encontrar outras de igual valor e importância, relativas à formação histórico-cultural da sociedade, ao seu grau de cultura política e à sua modernização. A estas se poderá acrescentar ainda uma série de condições secundárias e dependentes, entre as quais poderemos indicar, como mais influentes na diversificação das Oposições de Estado para Estado, os diferentes sistemas de crenças, os graus e níveis de conflito, de desagregação e de agregação de tendências e opiniões diferentes ou contrastantes, e grau de polarização do sistema político.

Do exame global destas condições, primárias e secundárias, dentro das quais atua a Oposição, é possível extrair algumas considerações importantes, conquanto sumárias, e certas conclusões. Em primeiro lugar, resulta claro que as condições primárias podem variar, dentro de uns certos limites e independentemente umas das outras; mas, quando tais limites são em certa medida ultrapassados e as condições singulares sensivelmente modificadas, há uma série de reações nas relações entre as próprias condições primárias e entre estas e as dependentes secundárias que originam uma forte pressão para a modificação das demais, aumentando assim o grau de probabilidade da mudança do modelo de oposição existente. Em segundo lugar, quando em dois países há notáveis diferenças, mesmo em relação a uma única condição das acima referidas, pode-se afirmar com muita probabilidade que também seus modelos de Oposição são diferentes. De tudo isto se conclui que, antes de procedermos à análise e comparação de dois ou mais modelos de Oposição existentes em vários sistemas políticos, é necessário analisar as condições primárias e secundárias, bem como as interações que as ligam, subjacentes a tais modelos.

Elemento característico e distintivo das democracias, a Oposição não é, pois, como vimos, redutível a um só modelo. Isso não impede, contudo, que possamos identificar um conjunto de características e elementos comuns aos vários modelos que permitam chegar, quando menos, a uma esquemática mas significativa estrutura de classificação. A este propósito, segundo Robert A. Dahl em *Political oposições in western democracies* (1966), podemos distinguir seis elementos mais importantes, sobre os quais é possível fundamentar uma análise comparativa dos modelos de Oposição. São: 1) coesão orgânica ou concentração dos opositores; 2) caráter competitivo da *Oposição*; 3) pontos-chaves de desenvolvimento da competitividade entre a Oposição e a maioria; 4) caráter distintivo e identificável da Oposição; 5) objetivos da Oposição; 6) sua estratégia.

Se excetuarmos a Oposição que definimos como extraparlamentar, a expressão mais visível da Oposição está hoje nos partidos; que são os agentes de agregação da demanda política; é à análise do subsistema partidário que é preciso recorrer, para poder individualizar e classificar esses elementos. As hipóteses então possíveis, mediante a combinação dos diversos elementos, são múltiplas; contudo, só usando alguns desses elementos se poderá obter pluralidade de modelos, enquanto, na realidade, cada um desses elementos singulares, sob o aspecto modelar, não apresenta senão poucas mas precisas variáveis. Assim, em relação (1) à coesão orgânica ou concentração dos opositores, é possível verificar que, numa situação de bipartidarismo, existe maior grau de concentração das Oposições do que numa situação de pluripartidarismo, onde há uma tendência à polarização competitiva. No seio de cada partido, devido a um conjunto de variáveis que vão da busca de liderança e, em geral, das oposições de poder às diversas escolhas estratégicas, poder haver níveis de coesão desiguais, determinados pelo número e combatividade das facções. Será interessante acrescentar que, no caso de um sistema de partido único, a Oposição, não podendo manifestar-se abertamente, tenderá a agir de preferência dentro do próprio partido. O grau de concentração das Oposições é também, em parte, causa determinante (2) do caráter competitivo, competitivo-cooperativo ou de coalizão do partido ou partidos da oposição em relação ao partido ou partidos do Governo. Em caso de bipartidarismo e de partidos de tendência fortemente unitária, o caráter de competitividade alcançará sua máxima expressão nas eleições políticas gerais e nas votações parlamentares que caracterizam a política da maioria, pois as cadeiras ou votos perdidos ou ganhos por um dos contendores corresponderá a vitória ou a derrota do outro. Nos sistemas pluripartidários, ao contrário, o grau de competitividade será sempre mais fraco, deixando tanto mais lugar para manobras de cooperação ou de coalizão entre os partidos de maioria e os de minoria, quanto mais baixo for o grau de concentração da Oposição. Os (3) pontos-chaves onde mormente se evidencia esta competitividade não são, porém, os mesmos em todos os sistemas: de alguns já se falou; pode-se acrescentar-lhes um elemento fundamental, básico em toda a democracia, que é a luta pela conquista do apoio da opinião pública pelo incremento do consenso popular em torno da própria ação política. Assim, partindo do exame analítico da combinação dos primeiros três elementos, é possível identificar as (4) características distin-

tivas da Oposição dentro do sistema. No modelo clássico, tipo inglês, a Oposição é claramente identificável, porque existe nele, em geral, um nítido contraste e forte espírito competitivo entre a maioria e a minoria oposicionista, contraste esse que, facilitado pela forte coesão interna dos partidos, se desenvolve a diversos níveis, do Parlamento, que representa o papel principal, às eleições gerais (e em parte também às administrativas) e à opinião pública; as maiores dificuldades estão na observação dos outros modelos onde, com muita freqüência, as linhas que separam a maioria da Oposição, não são, como se pôde ver, muito distintas e claras. Nestes casos, se desenvolvem nas estruturas onde são postos em ação os processos políticos decisivos, estratégias características de cooperação-competitividade entre maioria e Oposição, determinadas ainda por graus diferentes de coesão interna nos partidos e de descentralização da sua política, tornando-se por vezes difícil, como acontece nos Estados Unidos, indicar exatamente quem é da Oposição ou quem é favorável à política do Governo, já que os conflitos relativos aos diversos pontos que caracterizam tal política passam a ser partilhados tanto pelo grupo da maioria como pelo da minoria. Em outros lugares, onde existe um açulado pluripartidarismo e o Governo se apóia quase sempre numa maioria resultante da coalizão de dois ou mais partidos, a Oposição tende, ao invés, a evidenciar-se mais no plano estratégico e ideológico, podendo chegar, como na Itália, a teorizar uma alternativa global do sistema político e econômico-social, sem, contudo, aceitar a lógica conseqüência de se pôr à margem do sistema como Oposição extraparlamentar. Há por isso grupos de Oposição que tentam modificar as estruturas decisórias do poder, permanecendo, não obstante, dentro do sistema e aceitando, conseqüentemente, a sua lógica funcional de racionalização. Dito isto, resta apenas examinar os (5) *objetivos*, a curto e a longo prazo, como dizem alguns autores, preponderantes ou reguladores da Oposição, como prefere Dahl, e as (6) *estratégias* usadas como meio de alcançar esses mesmos objetivos. Também aqui, aqui principalmente, se torna impossível proceder a uma exata classificação. Contudo, podemos afirmar com certa razão que os objetivos que orientam e suscitam a atividade da Oposição, hão de buscar-se na mudança de rumo político do Governo, quer se trate da mudança de homens da estrutura governativa *(Oposição não estrutural)*, quer de pontos qualificativos e específicos da política da maioria *(Oposição estrutural limitada)*, quer das estruturas políticas e das estruturas sócio-econômicas *(Oposição essencialmente estrutural)*. De qualquer modo, simplificando ao máximo a linha de comportamento político da Oposição pode ser sempre identificada como inspirada no conservadorismo, no reformismo ou no revolucionarismo. Assim, uma vez analisado o sistema político e os pontos-chaves onde a Oposição, dadas suas características específicas, melhor pode atuar, a escolha de uma estratégia por parte dos grupos de Oposição será igualmente influenciada pelos objetivos que eles quérem atingir e obter.

IV. A OPOSIÇÃO EXTRAPARLAMENTAR. — A esta última conclusão, que resume o comportamento e funcionamento da Oposição, chegou, se bem que através de uma análise em parte diferente e à margem das regras do jogo, que rejeita, esse fenômeno político recente, revelado, em formas ostensivas, nas democracias ocidentais (mas também nas socialistas e, de algum modo, em todo o mundo), que é a *Oposição extraparlamentar*. Nascida do impulso do movimento estudantil de 1968, visa à transformação revolucionária ou, melhor, à destruição do sistema político capitalista-burguês ou comunista-revisionista e à sua substituição por um novo modelo. A análise dos grupos de Oposição extraparlamentar parte, de fato, na experiência ocidental, de uma constatação: a de que é impossível que o Parlamento cumpra sua função com um sistema representativo que não espelha a realidade social e política do país; ele é um simulacro que permite a institucionalização do conflito, excluindo da gestão do poder decisório, portanto do Governo da coisa pública, as massas trabalhadoras, ao ser delegado substancialmente a maioria o poder de guiar a política do Estado sem o efetivo controle das Oposições. Em vez disso, as massas operárias são cada vez mais exploradas, no plano político e econômico, pelas classes dominantes, que, mediante o esvaziamento da assembléia parlamentar e o sistema de representação adotado a todos os níveis do poder de decisão, da fábrica à universidade e ao Estado, tornaram mais fácil o processo de racionalização tecnológica do capitalismo avançado das modernas sociedades industriais, incluídas as estruturas sociais e políticas, impedindo, por meio da repressão, as convulsões mais profundas e os conflitos que surgem das contradições internas do capitalismo. A rejeição do sistema envolve também os partidos de inspiração marxista e classista, que deveriam defender na teoria e na prática os interesses do proletariado urbano e rural, mas que, ao invés, no entender dos grupos de Oposição extraparlamentar, se integraram no sistema e perderam a sua genuína carga revolucionária original, para seguir uma linha reformista-burguesa, renunciando, na realidade, à sua natureza classista e proletária. Quanto à política externa, a Oposição extraparlamentar contesta a liderança do movimento marxista-lenista ao grupo dirigente da União Soviética que, sendo favorável à coexistência pacífica e à manutenção do *status quo* da divisão do mundo em blocos e zonas de influência, põe em ação, de acordo com o capitalismo internacional, uma política revisionista dentro do país e uma política imperialista em relação ao exterior. Para atingir seu objetivo, o da destruição do atual sistema capitalista ou socialista historicamente formado, a Oposição extraparlamentar não se serve tanto dos meios revolucionários clássicos da insurreição armada quanto, sobretudo, do uso de meios menos violentos no plano físico, mas não no plano moral e no da eficácia prática, mas em consonância com o atual desenvolvimento da sociedade industrial. É justamente uma das características da Oposição extraparlamentar o rebelar-se e agir de preferência nas sociedades industriais avançadas. A finalidade é a de concentrar em torno de si, por meio de ações significativas (manifestações e atos coletivos, por exemplo), por um lado, e ações instrumentais, por outro, o mais amplo consenso da sociedade, sacudindo-a da sua suposta ou real apatia e resignação, para fazer com que a revolução, partindo da base, se transforme numa avalanche cada vez mais ingente que destrua o sistema.

BIBLIOGRAFIA. — *Kursbuch: l'opposizione extraparlamentare*, ao cuidado de G. BACKHAUS, Mondadori, Milano 1969; *Studies in Opposition*, ao cuidado de R. BARKER, Macmillan, London 1971; F. CAZZOLA, *Governo e opposizione nel Parlamento italiano. Dal centrismo al centrosinistra: il sistema della crisi*, Giuffrè, Milano 1974; R. DAHL, *Poliarchia Partecipazione e opposizione nei sistemi politici* (1971), Angeli, Milano 1981; *Political Opposition in Western Democracies*, ao cuidado de Id., Yale University Press, New Haven-London 1966; *Regimes and Opposition*, ao cuidado de Id., Yale University Press, New Haven London 1973; G. DE VERGOTTINI, *Lo "shadow cabinet". Saggio comparativo sul rilievo costituzionale dell'opposizione nel regime parlamentare britannico*, Giuffrè, Milano 1973; A. S. FOORD, *His majesty's opposition 1714-1830*, Oxford University Press, Oxford 1964; C. J. FRIEDRICH, *Federalism and opposition*, in "Government and opposition", I, 3, abril de 1966; M. FRIEDRICH, *Opposition ohne Alternative? Über die Lage der parlamentarischen Opposition im Wohlfahrtsstaat*, Wissenschaft und Politik, Köln 1962[2]; G. J. GRAHAM JR., *Consenso e opposizione: una tipologia*, in "Rivista italiana di scienza politica", I, 1, abril de 1970; R. HOFSTADTER, *The idea of a party systems: the rise of legitimate opposition in the United States, 1780-1840*, University of California Press, Berkeley 1969; G. IONESCU e I. DE MADARIAGA, *Opposition. Past and present of a political institution*, Pelikan Books, Baltimore 1972[2]; O. KIRCHHEIMER, *Politik und Verfassung*, Suhrkamp Verlag, Frankfurt/M. 1964; G. LAVAU, *La contestazione politica*, in "Il nulino", 214, março-abril de

1971; G. PASQUINO, *L'opposizione difficile*, in "Rivista italiana di scienza politica", IV, 2, agosto de 1974; R. M. PUNNETT, *Front bench opposition*, Heinemann Educational, London 1973.

[GIAMPAOLO ZUCCHINI]

Ordem Pública.

Fala-se de Ordem pública com significados completamente diferentes em hipóteses dificilmente conciliáveis com um sistema orgânico de conceitos.

Em primeiro lugar, no direito público defende-se desde há muito tempo uma concepção *material* ou objetiva da Ordem pública que é semelhante à que vigora na área política. A Ordem pública é concebida ao mesmo tempo como uma *circunstância de fato* como um *fim* do ordenamento político e estatal e nesse sentido o encontramos na legislação administrativa, policial e penal como *sinônimo de convivência ordenada*, segura, pacífica e equilibrada, isto é, normal e conveniente aos princípios gerais de ordem desejados pelas opções de base que disciplinam a dinâmica de um ordenamento. Nessa hipótese, Ordem pública constitui objeto de regulamentação pública para fins de tutela preventiva, contextual e sucessiva ou repressiva, enquanto que a jurisprudência tende a ampliar o conceito "material" de Ordem pública até fazer incluir nele a execução normal das funções públicas ou o normal funcionamento das instituições como a propriedade, de importância publicitária *(ordem legal constituída)*.

É evidente que uma vez que é objeto de disciplina normativa, a Ordem pública material se traduz através de um sistema de normas que a têm como objeto e que variam de ordenamento para ordenamento. Por conseguinte, com a variação da inspiração ideológica e dos princípios orientadores (democráticos ou autocráticos, por exemplo), cada ordenamento dará uma disciplina própria (ampla ou restrita) das hipóteses de intervenção normativa e de administração direta tendentes a salvaguardar a Ordem pública.

Além do aspecto objetivo da tranqüilidade social, política e econômica ligada à convivência "ordenada", a temática da Ordem pública é importante sob o perfil das possíveis repercussões conseqüentes sobre a esfera jurídica dos vários sujeitos de um ordenamento.

A Ordem pública é comumente evocada como *limite ao exercício de direitos* e assume particular importância quando referida aos direitos de liberdade assegurados pela constituição: neste caso se indica que não é possível questionar um limite de

caráter geral ligado à chamada *Ordem pública constitucional* — que parece fazerem coincidir com o conjunto dos princípios fundamentais de um ordenamento — porquanto dos princípios gerais não se poderiam originar limites situados além dos já previstos no âmbito da disciplina constitucional de cada um dos direitos. Discute-se se a Ordem pública, quando se trata de determinar as limitações aplicáveis aos direitos fundamentais, há de identificar-se com a simples realidade material, isto é, com a situação de normalidade já lembrada, ou ter presente também uma hipotética realidade ideal, ou seja, um conjunto de finalidades que deveriam caracterizar idealmente as relações sociais. Afirma-se a este propósito que nos regimes democrático-liberais predominaria a primeira tendência, enquanto a segunda seria característica dos regimes, ideologicamente muito marcados, dos Estados monopartidários recentemente consolidados. Parece certo que, neste tipo de ordenamento, se confirmou uma *noção elástica* de Ordem pública que trouxe consigo a ampliação dos limites e permite uma maior redução dos direitos de liberdade. Contudo, se bem que por motivos diferentes, observou-se sempre uma elasticidade semelhante nos ordenamentos primeiramente lembrados.

Em sentido diferente, a Ordem pública assume a posição jurídica dos sujeitos no âmbito do direito privado enquanto *limite ao exercício da autonomia contratual*. Todavia, já que existem limites precisos que derivam de uma minuciosa disciplina normativa *ad hoc*, considera-se que tal noção coincide com os princípios diretivos gerais deduzidos das próprias opções constitucionais que não influiriam senão de modo geral e indireto na autonomia privada. No direito privado, portanto, todas as vezes que a Ordem pública é evocada como limite ao exercício de direitos, ela se apresenta como *noção residual* que é difícil de detinir de forma precisa: trata-se, na verdade, de um limite que atua quando não existem limites específicos e que tende a coincidir com a exigência, por via integrativa, do núcleo de princípios que caracterizam a constituição do Estado, mas que por vezes coincide com a exigência também de um núcleo de valores e de critérios extrajurídicos que fogem a uma possível predeterminação objetiva.

Nas relações entre ordenamentos regulados pelo chamado direito internacional privado, o limite da *Ordem pública internacional* é chamado a indicar situações em que na prática não se pode recorrer à dilação: nessa hipótese, a utilização, realizável em termos abstratos, de uma norma estrangeira para regulamentar relações internas, chocar-se-ia concretamente com os princípios fundamentais do ordenamento jurídico. A Ordem pública constitui portanto *limite de caráter excepcional* na medida em que derroga o funcionamento normal das vinculações entre os ordenamentos.

No caso indicado, a Ordem pública dita internacional é, na realidade, um limite derivado *direta e exclusivamente* do sistema constitucional que deveria operar o adiamento, quando a norma chocasse com os princípios de tal sistema. Mas existem limites de Ordem pública originados em princípios fundamentais da comunidade internacional. Contudo, como os ordenamentos estatais se apropriam de tais princípios constitucionalizando-os, pode-se dizer que eles acabam também por impor-se como limites internos: trata-se, porém, de limites gerais que operam sempre, mesmo independentemente de hipóteses de dilação no quadro do direito internacional privado.

Lembremos, enfim, que o conceito de Ordem pública *internacional* é usado com um sentido diferente, em referência às relações postas em prática no âmbito da comunidade internacional, tendo os Estados por protagonistas. Então os princípios constitucionais da comunidade, refletindo o *standard* moral em que se moldam os comportamentos interestatais, constituem a Ordem pública internacional e se impõem como *limite inderrogável* quer à atividade pactual, quer à praxe consuetudinária interestatal.

[GIUSEPPE VERGOTTINI]

Organização Eclesiástica.

I. DEFINIÇÕES. — Com relação à noção geral de organização, definida como "conjunto dos instrumentos (órgãos) escolhidos, predispostos e oportunamente coordenados por um invidíduo ou grupo, com vistas à consecução de determinados fins" (Etzioni), a Organização eclesiástica apresenta, pelo menos, dois aspectos específicos: a natureza religiosa dos fins visados pela própria organização e a estrutura formal e hierárquica que a caracteriza. Este último elemento distingue a Organização eclesiástica do gênero mais abrangente das "organizações religiosas", que não oferecem o mesmo grau de estabilidade, complexidade e institucionalização.

A Organização eclesiástica tem sido analisada, em geral, pelas disciplinas que entroncam com a ciência da organização e, especialmente na Europa, com a ciência da administração. As análises deste último tipo, diferenciadas das primeiras por uma mais acentuada atenção aos aspectos jurídico-institucionais da Organização eclesiástica, não se hão de confundir com os estudos de adminis-

tração eclesiástica, desenvolvidos particularmente nos Estados Unidos ("church administration", "church management"), orientados a investigar os processos, as técnicas e os "estilos" administrativos mais adequados aos diversos modelos organizacionais e mais aptos a assegurar a melhor utilização dos recursos humanos e materiais disponíveis.

Ressalte-se por último que o estudo das Organizações eclesiásticas pode efetuar-se a diversos níveis: a par de pesquisas de caráter geral, voltadas para a análise dos aspectos organizacionais de uma instituição de grandes dimensões (a Igreja, por exemplo), existem pesquisas mais particulares, concentradas em entidades de menores dimensões (uma diocese ou uma paróquia, por exemplo), que, por seu turno, podem fazer parte de uma Organização eclesiástica mais ampla.

II. PERFIL E DIMENSÕES DA ORGANIZAÇÃO ECLESIÁSTICA. — A aplicação da noção de fins às Organizações eclesiásticas suscitou algumas dificuldades. Os mais atentos aos dados da teologia têm, com efeito, notado uma acentuada orientação das Organizações eclesiásticas a se autodefinirem em termos de presença (a Igreja como povo de Deus, comunidade dos fiéis, nova criação, corpo de Cristo) mais que em termos de atividade orientada à consecução de fins específicos. Tal constatação (unida a uma certa perplexidade de caráter mais geral sobre a vantagem de privilegiar modelos finalisticamente orientados na análise organizacional) levou a adotar um gênero de abordagem de tipo relacional que impeça separar a consideração da Organização eclesiástica da consideração do ambiente em que ela se insere, ou desarticular o exame de cada um dos seus componentes internos. A atenção concentrou-se, portanto, nas *interações* existentes entre as diversas partes da Organização eclesiástica (estruturas, processos, finalidades, comportamentos, sistemas de crenças...) e entre esta e o mundo exterior.

Esta orientação encontrou um ulterior impulso no desenvolvimento das teorias sistêmicas, ou seja, de teorias baseadas no estudo de uma entidade (sistema) completa e limitada quanto ao ambiente circundante, mas em constantes e recíprocas relações com ele (Langrod). As teorias sistêmicas foram aceitas como adequadas por aquelas correntes de pensamento que, nas últimas duas décadas, puseram em relevo, em todos os setores ligados ao estudo das instituições eclesiásticas, a necessidade de concentrar a pesquisa nas relações entre a Igreja e o "mundo": daí a tendência a aprofundar particularmente os *processos de adequação* da Organização eclesiástica às mudanças da sociedade em que se vive, assim como os *processos de transformação* dos recursos ambientais em produtos, para se usar de um termo habitualmente aplicado às organizações seculares.

No primeiro aspecto, as solicitações, vindo do exterior, estimulam uma resposta organizativa das Igrejas que, através de um processo de adaptação às condições ambientais, tendem a assumir a configuração julgada mais adequada ao contexto em que se inserem e atuam. Daí que as estruturas, os processos e os comportamentos das Organizações eclesiásticas sejam freqüentemente condicionados por uma série de fatores a elas extrínsecos e por elas em grande parte não controlados. Assim, se os estudos de Houtart evidenciaram o nexo existente entre fenômenos de urbanização, declínio das estruturas eclesiásticas territoriais (como a paróquia) e desenvolvimento de ministérios pastorais "especializados", as pesquisas de Thompson sobre o anglicanismo atribuíram o imobilismo administrativo e organizacional, que caracterizou até há bem pouco tempo a Igreja da Inglaterra, à sua relação de subordinação ao Estado. Outros ressaltaram a influência exercida no modelo organizacional das Igrejas por outros elementos como a presença numa mesma área geográfica de mais de uma instituição religiosa (em relação de recíproca colaboração ou de competição), a caracterização política e ideológica da comunidade social em que a organização eclesiástica se desenvolve, e por aí afora.

As relações entre o mundo exterior e a Organização eclesiástica não se apresentam só sob o aspecto do condicionamento que exerce aquele sobre esta; os elementos intelectuais, materiais e, mais genericamente, humanos que constituem o ambiente em que a Organização eclesiástica se insere, representam, na realidade, um enorme conjunto de *recursos* de que ela virtualmente dispõe para a consecução dos seus próprios fins. Nesta perspectiva, a Organização eclesiástica se apresenta como uma entidade em constante intercâmbio com o mundo exterior, onde vai buscar as idéias necessárias para o desenvolvimento do próprio "corpus" doutrinal, recrutar os indivíduos que hão de constituir o pessoal eclesiástico e arrecadar os meios materiais indispensáveis ao seu funcionamento. O exato conhecimento dos processos e técnicas de identificação, seleção, distribuição, utilização e controle dos recursos é essencial para uma adequada compreensão das estruturas e dos comportamentos da organização eclesiástica. A articulação do poder no seio das Igrejas e a adoção de métodos de Governo de orientação democrática ou autoritária, por exemplo, não podem ser estudadas a fundo sem se terem em conta os processos de seleção e utilização do pessoal eclesiástico (controlados em alguns casos pela hierarquia episcopal, em outros pelas congregações dos fiéis, em outros ainda por colégios de eclesiásticos), os métodos de distribuição dos recursos econômicos (pense-se, por exemplo, na diferença que existe entre a fragmentação do patrimônio a que dá lugar o sistema de benefícios vigente na Igreja católica, e a concentração administrativa que caracteriza a instituição dos "Church Commissioners" na Igreja da Inglaterra), o grau de controle exercido por cada um dos ministros de culto sobre as fontes da própria renda e, conseqüentemente, o grau de independência que cada um pode blasonar em relação à autoridade eclesiástica ou ao laicado. Por aqui se pode ver como o estudo dos processos de transformação a que estão sujeitos, dentro das Organizações eclesiásticas, os recursos provenientes do ambiente, é, sem dúvida, vasto e está ainda longe de se haver completado. Parece particularmente descurado o estudo dos procedimentos através dos quais a Organização eclesiástica chama a si e faz próprios os recursos intelectuais presentes no mundo exterior. Basta pensar, no que se refere à Igreja católica romana, que está ainda substancialmente inexplorado o jogo de sugestões e influências que liga as opções de "engenharia" constitucional do Concílio Vaticano II às transformações institucionais ocorridas na sociedade secular e o "Condex Iuris Canonici" às codificações civis do século XIX. São lacunas que, pelo menos em parte, se explicam por falta de um nexo interdisciplinar, ou então por debilidade ou ausência de uma relação entre os estudos referentes à Organização eclesiástica e os estudos respeitantes a outros ramos do saber — direito canônico, teologia, história das relações entre Estado e Igreja — que, embora correspondam a ciências diversas, assumem o mesmo objeto de estudo.

Foi igualmente subestimada até tempos bastante recentes a importância dos *processos de comunicação*, assim como a dos *mecanismos decisórios*, intrínsecos à Organização eclesiástica. Foi só nestes últimos anos que os progressos da cibernética induziram ao aprofundamento de tal temática, estimulando a pesquisa sobre a rede de comunicações (formais e informais) dessa organização — cuja estrutura influi no esmero das mensagens transmitidas, nas "performances" globais dos membros da organização, na satisfação que obtêm com seu trabalho, etc. — sobre os elementos que compõem o processo de comunicação (fonte, codificação, mensagem, descodificação, destinatário) e sobre as distorções que ele pode sofrer nas fases de codificação e descodificação por causa da heterogeneidade de experiências e percepções entre a fonte e o destinatário da mensagem. Estes estudos levaram a interpretar a "crise" de algumas Organizações eclesiásticas como um "communication breakdow" (Granfield) que impede a circulação de informações entre a Igreja e a sociedade, por um lado, e, por outro, dentro da própria Igreja, com a conseqüência de que a Organização eclesiástica se vai estruturando cada vez mais como sistema fechado, incapaz de receber os estímulos provenientes de fora, criando-se uma certa tendência à polarização (pela qual as decisões de cúpula são entendidas como "out of touch" das realidades de base) e o. senso de frustração nos grupos que encontram dificuldade em influir eficazmente, por meio das próprias informações, nos processos decisórios (o episcopado, por exemplo, se sente impotente, incapaz de influir nas decisões dos órgãos eclesiásticos centrais, o laicado nas decisões do clero, etc.). Em especial, a análise dos processos de comunicação e decisão pode servir para constatar a efetiva importância das mudanças operadas nas estruturas em que se articula a distribuição da autoridade no seio da Organização eclesiástica. A desintegração do poder central e a simultânea aparição de organismos de índole participativa e colegial (sínodos, conferências, conselhos), se na realidade constituem, como se escreveu a propósito da Igreja católica, uma transição da estrutura monofásica para uma estrutura polifásica (Fichter), de um modelo organizacional de tipo "benevolent authoritative" a um tipo "consultive" (Donahue), não podem coexistir por longo tempo com uma Cúria romana estruturada como um sistema "fechado", caracterizado por canais de "inputs" reduzidos e seletivos, e por "outputs" autoritários e não participativos: não é caso único que uma ampla pesquisa realizada entre o clero católico dos Estados Unidos tenha levado à conclusão de que os principais motivos de insatisfação se referem ao modo como o poder decisório está distribuído na Igreja. Para pôr remédio a esta situação — ou, para apresentar outro exemplo, para pôr remédio às tensões freqüentemente originadas entre a Cúria romana e as conferências episcopais nacionais, que reclamam ser previamente informadas das decisões e declarações da Santa Sé, para poderem propor as correções aconselhadas pelas situações locais — torna-se evidentemente necessário controlar a rede de comunicações que une os organismos colegiais de criação mais recente com as instituições centrais tradicionais da Igreja e verificar o número, a capacidade de operação, a mobilidade e a eficiência dos canais que permitem a tais organismos fruir do fluxo de informações e intervir nos processos decisórios das instituições centrais.

III. ESTRUTURA DAS ORGANIZAÇÕES ECLESIÁSTICAS. — As observações já formuladas sobre o problema da distribuição da autoridade levam-nos ao tema das *estruturas* da Organização eclesiástica. A relação entre os dois elementos foi subli-

nhada por Spencer, entre outros, que fez notar como o poder decisório se concentra, na Igreja católica, a três níveis (papado, diocese, paróquia) que já não correspondem às articulações fundamentais da sociedade civil (cidade, área metropolitana, nação, região geográfico-cultural supranacional). Daí se segue que os problemas surgidos nesses âmbitos não encontram na Igreja uma estrutura de decisão correspondente, capaz de os enfrentar com eficácia. Spencer sugeria, por isso, que se multiplicassem os níveis hierárquicos na Igreja católica e se concedesse um poder real aos decanatos e arquidecanatos (nas áreas urbanas e metropolitanas), por um lado, e às conferências episcopais nacionais e continentais (nas áreas nacionais e supranacionais), por outro.

O estudo das estruturas eclesiais tem sido especialmente incentivado, nestas últimas décadas, pelas mudanças institucionais ocorridas em numerosas confissões religiosas. Pelo que toca à Igreja católica, em particular, o Concílio Vaticano II veio pôr fim a um longo período de imobilismo organizativo e constituiu o início de uma obra de revisão "constitucional" que veio favorecer tanto a redefinição das funções e competência dos organismos eclesiásticos já existentes, como a criação de novas instituições. Neste contexto, caracterizado por inevitáveis tensões oriundas da coexistência entre o velho e o novo, têm sido propostas diversas linhas de interpretação, baseadas na distinção entre estruturas e funções individuais e colegiais, autoritárias e participativas, centralizadas e descentralizadas, hierárquicas e congregacionais... Subjacente a estas e outras variações terminológicas, existe, contudo, um idêntico problema: o de avaliar o alcance, em termos de alteração da ordem estrutural antes existente, das inovações introduzidas pelo Concílio na Igreja católica e pelo processo mais geral de adaptação às transformações da sociedade secular nas demais Organizações eclesiásticas.

Trata-se particularmente de avaliar a intensidade do processo de transformação que invadiu a Igreja católica (atinge as estruturas centrais da instituição eclesiástica ou incide, de preferência, sobre pontos periféricos?) e a sua distribuição (tende pelo menos a cobrir todas as estruturas, processos e comportamentos internos da Igreja ou apenas algumas áreas?). Para verificá-lo, será conveniente analisar as transformações institucionais no que respeita a quatro elementos que caracterizam a estrutura de toda a organização complexa: a) definição das tarefas concernentes a cada um dos membros da organização; b) aglutinação das diversas funções nela existentes; c) grau de controle exercido sobre o trabalho dos membros da organização ("span of control");

d) distribuição da autoridade. A conveniência de recorrer a tais instrumentos de investigação parece confirmada pelos primeiros e animadores resultados a que a sua utilização levou. Assim, algumas pesquisas sobre os organismos colegiais da Igreja católica (sínodo dos bispos, conselhos pastorais, conselhos diocesanos, etc.) permitiram chegar à conclusão de que a sua instituição não alterou de forma significativa nem o "span of control", nem o grau de descentralização, e, conseqüentemente, de distribuição, da autoridade existente antes do Vaticano II. Isto faz pensar que as mudanças institucionais ocorridas na Igreja católica (e provavelmente também em outras Organizações eclesiásticas) se hão de considerar, não na perspectiva de uma transformação da estrutura hierárquica tradicional, mas na da criação de uma nova estrutura de coordenação de caráter horizontal — distinta da hierárquica, de caráter vertical, sempre substancialmente inalterada — que garante a ligação das iniciativas nos vários níveis da organização eclesiástica e constitui um canal de transmissão que leva até ao vértice (cúria/pontífice) as instâncias e problemas locais (nacionais, regionais, sub-regionais, etc.).

BIBLIOGRAFIA. — *Communication in the church*, ao cuidado de G. BAUM e A. GREELEY, in "Concilium", III, 1978; J. A. BECKFORD, *Religious organization*, Mouton, La Haye-Paris 1973; B. F. DONAHUE, *Political ecclesiology* in "Theological studies", 1972; P. GRANFIELD, *Ecclesia cybernetics*, Macmillan, New York 1973; D. T. HALL e B. SCHNEIDER, *Organizational climates and careers. The work lives of priests*, Seminar Press, New York-London 1973; F. X. KAUFMANN, *The church as a religious organization*, in "Concilium", 1974; G. LANGROD, *L'Église catholique et le management*, in *Les Églises comme institutions politiques*, ao cuidado de L. MOULIN, I, Bruxelles 1972; Id., *Les mutations du pouvoir dans l'Église*, in *Mélanges G. Burdeau*, Paris 1977; P. F. RUDGE, *Ministry and management*, Tavistock, London 1968; Id., *Management in the Church*, Maidenhead, London-New York 1976; A. E. C. W. SPENCER, *The structure and organization of the catholic church in England*, in *Use of sociology*, ao cuidado de J. D. HALLORAN e J. BROTHERS, London 1966; *Le pouvoir dans l'Église*, in "Pouvoirs", 17, 1981.

[SILVIO FERRARI]

Organização Internacional.

I. CONCEITO E CARACTERÍSTICAS GERAIS DAS ORGANIZAÇÕES INTERNACIONAIS. — O fenômeno associativo, embora sob modalidades diversas, é uma necessidade comum a todo o corpo social, qualquer que seja a sua dimensão e a sua composição. Isso se observa na própria comunidade internacional que, ao desenvolver-se, tende a organizar-se em esquemas cada vez mais complexos. Entendido como fato sócio-político, tal fenômeno só indiretamente poderá interessar à análise jurídica; para esta são de grande relevo as manifestações singulares onde é possível concretizar a referida evolução organizativa.

A história das relações internacionais tem registrado, principalmente nos últimos vinte anos, o surgir e rápido multiplicar-se de associações de Estados que, de simples uniões, foram progressivamente evoluindo até às mais recentes comunidades supranacionais.

Uma contribuição decisiva para a mencionada evolução se pode encontrar no fenômeno do *regionalismo internacional*, revelado no âmbito da sociedade multinacional. O progressivo aumento dos membros da comunidade internacional e a variedade de interesses políticos, econômicos e sociais que ele trouxe, levaram os Estados a criar formas associativas em áreas geopolíticas, espontaneamente definidas pela afinidade de interesses e problemas, com o fim de alcançar objetivos comuns, mais facilmente assequíveis num contexto homogêneo, baseado em razões políticas, econômicas, sociais, geográficas, ou mesmo étnicas e religiosas. Esse fenômeno se manifesta na instituição de organizações regionais específicas, nomeadamente no campo econômico; mas dá-se também no seio de organizações internacionais de tendência universalista em cujo âmbito os grupos regionais homogêneos constituem muitas vezes o elemento catalisador no desenvolvimento de ações comuns ou coordenadas, ou então o pressuposto de uma estrutura descentralizada, territorialmente articulada, mediante órgãos regionais criados na área dos órgãos subsidiários (v. adiante).

O estudo de tal fenômeno deu lugar a uma análise jurídica e amiúde até a uma disciplina específica que tem por objeto os diversos exemplos de Organizações internacionais.

Para delimitar o campo da nossa pesquisa, torna-se, portanto, necessário proceder a uma definição do conceito de Organização internacional. Para isso, é oportuno partir de um exemplo já conhecido que é o da *união internacional de Estados*. Esta é, de fato, a forma mais freqüente e, ao mesmo tempo, mais simples, usada pelos sujeitos do ordenamento internacional para a satisfação de um interesse comum. Os requisitos essenciais se resumem na existência de um acordo internacional entre os Estados, visando criar uma colaboração estável, disciplinada por normas de direito internacional, para a realização de interesses comuns. Desta ampla categoria se distinguem depois as chamadas uniões internacionais institucionalizadas, isto é, as que não se limitam a coordenar as atividades dos Estados-membros, mas dão lugar a uma entidade separada, destinada a exercer sua própria função, não já por meio dos órgãos dos Estados, mas sim mediante a instituição de órgãos adequados, previstos no acordo internacional.

Outro elemento de individualização do conceito de Organização internacional se deduz da consideração da atual realidade jurídica, caracterizada pela pluralidade de ordenamentos. Considerada, de fato, sob o aspecto normativo, toda Organização internacional constitui ordenamento jurídico, já que possui uma estrutura própria, seus órgãos, seus meios de ação e normas jurídicas peculiares. Este ordenamento, embora se mova, em sentido lato, na órbita do ordenamento internacional geral, de que se distingue e freqüentemente se afasta em virtude da própria autonomia, possui um caráter particular, quer em relação aos Estados e ao ato que lhe deu origem, quer porque visa a disciplinar, não já toda a vida dos membros, mas apenas algumas das suas atividades.

Segue-se, portanto, de quanto fica dito que a Organização internacional representa como que um *genus* em relação à *species* das uniões internacionais, podendo ser definida como associação entre sujeitos de direito internacional, instituída e disciplinada segundo normas do mesmo direito, concretizada numa entidade de caráter estável e dotada de um ordenamento jurídico peculiar, bem como de órgãos e meios próprios para cumprir os fins de interesse comum para que foi criada.

O fato de as Organizações internacionais terem de ser instituídas, como se disse, mediante acordo entre sujeitos de direito internacional exclui, de per si, que no conceito exposto possam ser incluídas aquelas outras formas de associação que não se constituem por meio de atos jurídicos internacionais, comumente designadas como *organizações não governativas*.

Ao conceito de Organização internacional acima apresentado, a análise da realidade permite acrescentar certos elementos que, por sua presença na quase totalidade das Organizações internacionais existentes, bem podem ser considerados como características gerais dessas entidades. O primeiro de tais elementos reside no *caráter voluntário* da sua constituição. O acordo internacional que lhe dá origem é, de fato, o ato típico em que se concretiza o encontro das vontades de vários sujeitos. Esta característica está destinada a refletir-se na própria vida da entidade, geralmente ligada à duração do ato da instituição e, conseqüentemente, à vontade dos sujeitos que lhe deram vida.

Outro elemento é o *caráter paritário* em que a associação se funda. Diversamente do que ocorre com certas uniões de Estados que podem, inclusive, validar a preponderância de um sujeito sobre outro, todas as Organizações internacionais se baseiam no princípio da igualdade dos membros. Isto não impede, aliás, como se dirá a seguir, que algumas organizações, por exigências de estrutura e funcionamento, tenham introduzido, no próprio ordenamento interno, corretivos tais como o voto ponderado que derrogam o princípio da paridade dos membros.

Ainda outro elemento é o da *pluralidade dos membros* que constituem uma Organização internacional. Esta se origina num acordo multilateral e só fica geralmente instituída quando um certo número de Estados, previsto no próprio acordo, manifestou a vontade definitiva de participar, mediante as formalidades prescritas para a aceitação do ato institutivo.

II. A CRIAÇÃO DA ORGANIZAÇÃO INTERNACIONAL. — Todo o fenômeno associativo entre sujeitos de direito internacional tem sua origem num acordo de que deriva o conjunto de direitos, obrigações, poderes, faculdades e encargos de que são titulares os membros participantes da associação. Também as Organizações internacionais que, conforme se disse, pertencem à categoria mais ampla das uniões de Estados, devem a sua origem a um acordo internacional; mas nem todos os acordos internacionais são aptos para dar vida a uma entidade, nem toda a união cristaliza numa instituição. Para haver uma Organização internacional, é mister que exista uma entidade separada dos Estados-membros que participaram do acordo, é mister também que estes hajam constituído um aparelho institucional, isto é, um conjunto de órgãos e de institutos distintos de cada um desses Estados e que a entidade tenha seu próprio ordenamento interno e uma atividade específica na busca dos interesses comuns dos associados.

O ato institucional da Organização internacional não se considera, portanto, apenas como ato formal pertencente à categoria jurídica dos acordos, mas também como ato diretamente ligado à nova entidade a que dá vida e cuja constituição representa. Na verdade, ele não possui as características normais de um acordo internacional, destinado a esgotar seus efeitos com a consecução dos objetivos previstos, mas as de um ato destinado a perdurar e a desenvolver-se no tempo, bem como a representar o núcleo jurídico-estrutural da nova organização.

Fixado o acordo institucional, para que se possa dizer que a Organização internacional foi efetivamente criada, é preciso proceder à constituição concreta e funcional dos mecanismos institucionais previstos. A entidade internacional não surge, pois, no momento em que o acordo entra em vigor, mas, com base no princípio da efetividade, no momento em que a organização começa a funcionar mediante seus próprios órgãos, como sujeito distinto dos Estados-membros. Na prática, de fato, para que se torne efetiva a constituição da organização, são muitas vezes criadas comissões preparatórias, que deverão operar durante o período inicial até à constituição e funcionamento dos órgãos previstos. Isto aconteceu, por exemplo, com as Nações Unidas, efetivamente instituídas em 10 de janeiro de 1946 com a primeira reunião da Assembléia, onde foram designados o secretário-geral e os demais órgãos, e não em 24 de outubro de 1945, data em que entrou em vigor a Carta de S. Francisco.

As linhas gerais acima apresentadas são igualmente aplicáveis ao fenômeno da extinção de uma Organização internacional, não necessariamente ligada a uma previsão do ato institucional ou a uma manifestação da vontade dos associados, mas ao momento em que deixa de funcionar o aparelho institucional, qualquer que seja a causa determinante.

III. FORMAÇÃO DAS ORGANIZAÇÕES INTERNACIONAIS. — As Organizações internacionais constituem comunidades particulares, compostas por um certo número de Estados. O sujeito que participa de uma organização por haver ratificado o ato da sua instituição, por haver aderido ou por ter sido admitido, vem a encontrar-se numa situação jurídica peculiar que o distingue de todos os demais sujeitos de direito internacional. Assume um *status* jurídico particular e torna-se, por isso, sujeito de um conjunto característico de situações jurídicas, comuns apenas aos outros sujeitos que se acham em condições idênticas. Para sabermos ao certo que categoria de sujeitos pode adquirir o *status de membro* de uma organização internacional, é preciso, antes de tudo, recordar o caráter de acordo, isto é, de fonte de produção normativa do direito internacional, de que se reveste o ato institucional de tal entidade. Como tal ele só pode ser estipulado por sujeitos e entre sujeitos com a qualificação requerida pelo ordenamento internacional. A praxe atual demonstra, de fato, que as entidades internacionais são, em geral, estabelecidas entre sujeitos que possuem caráter de Estados. Isso não exclui, aliás, que algumas organizações permitam a participação de sujeitos sem esse caráter. O Estatuto do Conselho da Europa, por exemplo, contém uma cláusula que permitiu ao Sarre tornar-se membro associado, ao mesmo tempo que protetorados, colônias e territórios não autônomos podem vir a ser membros do UPU, do OMM,

tanto quanto membros associados do UIT, do IMCO e outras associações.

Um dos elementos constitutivos do conceito de Organização internacional é o caráter voluntário manifestado principalmente no momento da aquisição do *status* de membro: quer isto dizer que nenhum Estado pode converter-se em membro em virtude de uma disposição obrigatória do acordo e independentemente da própria vontade. Pelo contrário, a participação associativa é o efeito jurídico exclusivo da manifestação da vontade do Estado ou de um procedimento onde a vontade do Estado de aceitar sua qualidade de membro é elemento indispensável.

A primeira forma de aquisição do *status* de membro de uma Organização internacional é a que se realiza pela participação do sujeito na estipulação do acordo institucional e em sua ratificação consecutiva. Esta modalidade só excepcionalmente constitui a única via possível: o é nas organizações fechadas, como certas uniões aduaneiras; o Benelux, por exemplo, não prevê a admissão de outros membros além dos três atuais. Na maioria das outras Organizações internacionais, chamadas abertas, estão previstos um ou mais procedimentos que permitem tornarem-se membros sujeitos que não participaram no ato da instituição. Nestes casos, a participação no ato da instituição, conquanto não seja o único, mas tão-só um dos processos de aquisição do *status* de membro, alcança particular importância, dando lugar à categoria dos chamados *membros originários ou fundadores*. Pelo que respeita aos Estados que não tomaram parte no acordo, duas possibilidades ou procedimentos se lhes oferecem geralmente como meios de aquisição do *status* de membros: a adesão e a admissão.

A cláusula da *adesão,* contida no ato institucional, manifesta explicitamente a vontade e consentimento da associação; por isso, não se dirige a todos os Estados indiscriminadamente, mas só àqueles que, por pertencerem a uma determinada categoria ou por se acharem em determinadas condições, oferecem garantias suficientes que permitam, a priori, o assentimento favorável ao seu ingresso. Nos outros casos, os mais freqüentes, a participação dos Estados está sujeita ao processo de *admissão,* pelo qual um ou mais órgãos da entidade ponderam a candidatura de cada Estado e se pronunciam sobre a sua aceitação. Este processo faz com que a organização possa estabelecer as condições e requisitos necessários, para que um Estado passe a fazer parte dela. A par da categoria dos membros ordinários, há também organizações que prevêem a categoria dos *membros associados,* que participam com direitos limitados.

O caráter voluntário do vínculo associativo, base de toda a Organização internacional, se revela também na perda do *status* de membro por *retirada*. Alguns atos institucionais prevêem explicitamente, em benefício de cada um dos Estados-membros, a possibilidade de estes porem termo à sua permanência na organização, mediante uma declaração de propósitos manifestada sob certas condições. A doutrina ensina, além disso, que essa possibilidade subsiste, mesmo quando o ato institucional não prevê explicitamente o caso da retirada.

A perda do *status* de membro pode ser também conseqüência de uma decisão da organização, decisão pela qual um Estado, por graves motivos particulares, é excluído da sociedade a que pertence. A hipótese da *expulsão*, embora presente em diversos atos institucionais, tem registrado casos muito limitados, em virtude da gravidade de tal medida.

Finalmente, a *suspensão*, que é uma medida essencialmente temporária e tem muitas vezes o caráter de sanção, não provoca a perda do *status*, mas limita-se a privar um Estado-membro do gozo dos seus direitos.

IV. ESTRUTURA DAS ORGANIZAÇÕES INTERNACIONAIS. — Nenhuma organização, qualquer que seja a sua natureza ou estrutura interna, poderá agir materialmente senão por meio das pessoas físicas. A atividade dos indivíduos, capazes de querer e de agir, é atribuída à organização, em virtude de normas apropriadas que regulam, entre outras coisas, a estrutura interna da entidade, número de órgãos, sua composição e sua função. Contudo, na fase atual, o direito internacional geral não contém normas orientadas a disciplinar a estrutura interna das Organizações internacionais; prevalece, portanto, a este respeito, o princípio da liberdade de organização, que faz com que exista uma grande variedade quanto ao número, dimensões, funcionamento e competência dos órgãos de tais entidades. Esta liberdade constitui uma das manifestações mais evidentes do poder de autonomia que têm as Organizações internacionais; não encontra qualquer limite externo.

Ao estabelecer seus próprios órgãos internos, cada entidade parte de necessidades e interesses diversos, levados em conta as funções e os objetivos para que foi criada. Se existem casos onde um só órgão é capaz de assegurar a atividade de uma organização (é o caso do "Conselho" no Conselho Nórdico), o normal é que exista pluralidade de órgãos ou de instituições, criados para desempenhar funções diversas e para responder a diferentes exigências.

Não obstante esta liberdade de esquemas, uma rápida indagação sobre as organizações hoje existentes permite verificar que a estrutura mais freqüente é a chamada *ternária*, englobando três órgãos principais: uma assembléia que reúne todos os Estados-membros; um órgão de composição mais restrita e dotada de poderes executivos para responder às necessidades de uma concreta capacidade funcional da entidade; um órgão burocrático de caráter administrativo.

A *assembléia* é um órgão que se encontra em todas as Organizações internacionais. Mesmo que tenha títulos diversos como conferência, conferência geral, conselho, congresso, etc., responde sempre à necessidade de constituir um órgão colegial onde possam ser representados, em condições de paridade, todos os Estados-membros da organização. A assembléia se reúne normalmente uma vez por ano e tem competência sobre todas as atividades da associação. Em sua organização interna estão muitas vezes previstas comissões cuja competência em determinadas matérias se assemelha à dos Parlamentos nacionais.

Na recente experiência européia, a estas assembléias formadas pelos Estados se acrescentaram órgãos formados por indivíduos eleitos pelos respectivos parlamentos nacionais, representando conseqüentemente os povos dos Estados-membros e não já os Governos desses Estados. Ao primeiro exemplo, que foi o da Assembléia Consultiva do Conselho da Europa, seguiram-se a Assembléia análoga da UEO e a da CECA. Esta última se transformou, em decorrência dos tratados de Roma, no Parlamento europeu, que é a assembléia comum das três comunidades européias e constitui até hoje o primeiro exemplo de órgão de uma instituição internacional diretamente eleito pelo povo dos Estados-membros.

O órgão executivo das Organizações internacionais recebe várias denominações: *conselho*, conselho executivo, comitê, etc. Mas as suas funções, na maioria dos casos, são as de um órgão permanente de Governo que atua dentro dos limites das diretrizes da assembléia. Em algumas organizações universais, o órgão de Governo não é o único. Na ONU, por exemplo, o órgão de Governo é representado por três órgãos diversos por sua competência: o Conselho de Segurança, o Conselho Econômico e Social e o Conselho de Curadorias. Nas comunidades européias, devido à particular influência da atividade comunitária sobre os ordenamentos internos de cada um dos Estados, ao lado do órgão executivo clássico, a comissão, se colocou outro órgão executivo, o Conselho de Ministros, que é uma emanação direta dos Estados-membros.

Não existem regras uniformes para a composição de tais órgãos. Podem ser formados pelos

Estados, como os conselhos da ONU, ou por indivíduos, como a Comissão da Comunidade Européia. Tampouco há uniformidade nos modos de designação dos membros. Em geral são eleitos pela assembléia, total ou parcialmente. No último caso, alguns dos membros podem estar predeterminados por precisa indicação dos estatutos, como acontece com os membros permanentes do Conselho de Segurança da ONU, ou então podem ser indicados segundo critérios de escolha, como, por exemplo, a tonelagem da frota mercante, em se tratando do órgão do IMCO.

O terceiro órgão que completa a estrutura ternária das Organizações internacionais, comumente designado com os termos *secretário-geral* ou *diretor-geral*, é o órgão que garante a continuidade da ação da organização e, sobretudo, a administra. Nomeado pela assembléia, sob indicação eventual do executivo, ele é posto à cabeça do pessoal e de todo o aparelho administrativo, que poderá ser mais ou menos complexo segundo as dimensões da entidade. O secretário-geral acompanha as atividades dos diversos órgãos e sustenta o relacionamento com os Estados-membros. Da sua personalidade e da sua capacidade depende, muitas vezes, o sucesso da organização, especialmente quando lhe são atribuídas particulares incumbências político-diplomáticas, como no caso das Nações Unidas.

Os atos de instituição das Organizações internacionais limitam-se a prever a constituição dos órgãos principais, como os já descritos, órgãos que exercem os poderes e atribuições essenciais para a vida da organização. Mas a complexidade da vida das Organizações internacionais, cujos objetivos se estendem e multiplicam progressivamente, carece de uma adaptação constante que se reflete em sua própria estrutura interna. Tal necessidade é inerente a toda a organização que participe da vida e da evolução da sociedade internacional. Não raro, os próprios Estados promotores, prevendo o fenômeno, atribuem explicitamente à organização o poder de instituir *órgãos subsidiários*. É o caso das Nações Unidas cujo estatuto contém uma disposição geral (art. 7.°, § 2) que permite a criação de órgãos subsidiários, quando se revelem claramente necessários, e disposições específicas que atribuem tal poder à Assembléia Geral (art. 22), ao Conselho de Segurança (art. 29) e ao Conselho Econômico e Social (art. 68).

Mas, mesmo nos numerosos casos em que o ato de instituição nada prevê a tal respeito, os princípios gerais das Organizações internacionais têm sido considerados como fonte suficiente para a criação de órgãos subsidiários. Nesse contexto, no que respeita à prática dos procedimentos na criação dos mencionados órgãos, uma interes-sante evolução se verificou no âmbito das comunidades européias, onde se recorreu a um acordo entre os Estados-membros para a reestruturação de órgãos anteriormente instituídos: com o tratado de 8 de abril de 1965 sobre a fusão dos comitês executivos, se atribuiu na realidade um *status* definitivo ao Comitê dos Representantes Permanentes (COREPER) já previsto pelo art. 151 do tratado CEE, enquanto que, com o tratado de 22 de julho de 1975, se proveu à instituição de um tribunal de contas comunitário.

A variedade e diversidade dos órgãos subsidiários não permite a esquematização senão limitada aos órgãos periféricos, de caráter regional, instituídos dentro de algumas organizações universais, com o intuito de melhor satisfazer às necessidades das várias regiões do mundo. Pertencem a esta categoria as quatro comissões econômicas da ONU, respeitantes à Europa (ECE), à África (ECA), à Ásia e ao Extremo Oriente (ECAFE) e à América Latina (ECLA), bem como as diversas agências regionais criadas no âmbito da OMS, da FAO, da OMM, etc. Entre as restantes categorias de órgãos subsidiários, que são numerosos, pode-se mencionar, antes de tudo, as comissões de especialistas a quem é encomendado o estudo e a preparação dos atos que depois hão de ser adotados por outros órgãos; os organismos de gestão, atuantes fundamentalmente no âmbito das instituições econômicas; finalmente, os órgãos destinados a resolver as controvérsias relativas à relação de emprego dos funcionários, como o Tribunal Administrativo das Nações Unidas, o da OIT e as comissões de recurso, que possuem funções análogas e foram criadas junto de outras Organizações internacionais.

V. A FORMAÇÃO DA VONTADE NAS ORGANIZAÇÕES INTERNACIONAIS. — As Organizações internacionais, qualquer que seja a sua estrutura, simples ou complexa, elaboram suas decisões com base nas normas do ato que as instituiu. Não existem, com efeito, no ordenamento internacional, princípios gerais referentes à formação da vontade nas instituições. Deste modo, elas prepararam diversos sistemas e corretivos que foram pouco a pouco evolvendo, da regra da *unanimidade*, ainda hoje amplamente seguida, baseada no princípio da absoluta igualdade jurídica dos Estados e incompatível, portanto, com qualquer limitação à sua recíproca independência, para os mais modernos sistemas funcionais onde as diversas maiorias dão lugar a uma ampla variedade de aplicações. É neste contexto que se insere, por exemplo, o estatuto da OCSE que, embora preveja a regra geral da unanimidade, permite a sua não-aplicação, quando se concorde que uma determinada resolução não se refere a alguns dos Estados-membros em razão da sua situação particular. Além disso, na aplicação do regulamento de procedimentos, toda a eventual abstenção há de ser motivada e, por conseguinte, sempre que um Estado declara abster-se por não estar interessado no objeto da deliberação, a ausência do seu voto não impede a formação da unanimidade prevista.

Parecem também de grande importância as disposições destinadas a definir uma *maioria qualificada* por meio de um sistema de votos favoráveis necessários, cujo exemplo típico se encontra no Conselho de Segurança da ONU, onde, nas questões de maior interesse, se exige que, no cálculo da maioria necessária para a adoção de medidas, estejam compreendidos os votos favoráveis de todos os membros ditos permanentes. Tal sistema fez com que se pensasse que cada um dos membros permanentes tinha poder de veto sobre as resoluções do órgão.

Algumas organizações, conscientes de que a rígida aplicação do princípio da igualdade jurídica dos Estados poderia paralisar suas atividades — pense-se, por exemplo, em iniciativas que implicam notáveis compromissos financeiros, aprovadas por uma maioria numérica de Estados que representem, porém, uma quota mínima de capital — introduziram um corretivo, o chamado *voto ponderado*, com a intenção de atribuir maior peso à vontade expressa dos representantes de determinados Estados. O efeito pode ser alcançado por meio de diversos expedientes e responde a várias necessidades. Nas Organizações internacionais de financiamento, por exemplo, o voto atribuído é proporcional à quota de capital subscrita pelo Estado. Daí reconhecer-se maior influência aos Estados que contribuem com maior prestação financeira para as atividades da associação. No Conselho das Comunidades Européias, se atribui, em vez disso, a cada Estado um número de votos relacionado com o seu peso político-econômico. Em outros casos, como o das assembléias parlamentares, compostas por indivíduos eleitos pelos respectivos Parlamentos nacionais, o princípio da igualdade dos Estados é substituído por um sistema que lhes atribui um número de cadeiras proporcional às respectivas populações.

À variedade de sistemas exemplificados se deve acrescentar que a formação da vontade pode diferir de um órgão para outro; e, muitas vezes, dentro de um mesmo órgão, não tem uma disciplina uniforme, mas está diversamente prevista, levada em conta a natureza das decisões a tomar.

Não obstante o progresso verificado nos processos de votação descritos, em muitas Organizações internacionais, onde aumentou conside-

ravelmente o número dos membros, houve uma crescente dificuldade em utilizar o sistema de voto na formação das decisões da instituição. Recorreu-se, por isso, com freqüência, ao uso do *consensus* que, sendo já utilizado pela ONU, foi explicitamente previsto nas normas de procedimento da Conferência para a Segurança e Cooperação na Europa (C.S.C.E.): "o consenso significa ausência de qualquer objeção manifestada por um representante e por ele considerada como um obstáculo à adoção da decisão". O *consensus* não constitui um novo processo de "votação" em sentido técnico, mas uma prática que, em certas situações, é usada para superar o rígido mecanismo do voto e expressar de algum modo a vontade do órgão ou da entidade.

VI. FUNÇÕES DAS ORGANIZAÇÕES INTERNACIONAIS. — A variedade de fins para os quais são instituídas as Organizações internacionais se reflete também na variedade das funções por elas desempenhadas. Isso não impede, contudo, que façamos algumas considerações gerais e nos detenhamos em algumas das funções mais comuns.

Toda Organização internacional, conquanto se origine num acordo que cria direitos e obrigações entre os associados, adquire importância institucional na medida em que desenvolve funções próprias, diversas das dos Estados-membros. Estes encontram a razão das suas funções no próprio poder e não na autoridade a eles conferida pelo ordenamento internacional. Todo o Estado adquire, de fato, subjetividade internacional na medida em que é capaz de justificar autonomamente as próprias funções. As Organizações internacionais, pelo contrário, embora sendo portadoras, como já foi dito, de um ordenamento jurídico autônomo, desempenham funções a elas confiadas pelos Estados, mediante ato institucional. Todas as atividades da entidade encontram um limite intransponível na sua mesma "constituição". As funções das Organizações internacionais não só pressupõem a existência dos Estados-membros com suas atividades específicas, como são por vezes instrumentalizadas em relação a tais atividades, assumindo um caráter integrativo. Muitas das atividades das organizações são, de fato, destinadas a promover, a acompanhar e facilitar atividades específicas dos Estados.

Entre as funções de maior relevo das Organizações internacionais está geralmente, antes de tudo, a *função normativa*. Esta tem de ser entendida em sentido lato: compreende não só a atividade específica da criação de normas jurídicas, mas também qualquer outra iniciativa que contribua para a promoção e desenvolvimento da atividade normativa. As primeiras manifestações desta função têm lugar na esfera das relações internas da entidade e visam à sua auto-organização. A evolução deste poder leva depois a atividades normativas relevantes à margem do ordenamento interno da organização, atividades apontadas como função normativa externa, distinta da interna antes mencionada. Junto com este poder normativo direto, assume particular relevância também o indireto. O poder normativo indireto revela-se no plano do ordenamento internacional, objetivando facilitar a produção de normas jurídicas entre os Estados-membros.

As Organizações internacionais desenvolvem a propósito uma complexa ação que vai da especificação da matéria que deverá constituir o objeto da norma, até os estudos e pesquisas preliminares, recolha de dados informativos e de todos os elementos que possibilitem a confluência dos diversos interesses para uma solução comum, preparação e convocação de grupos de técnicos competentes ou de conferências internacionais.

Se todas as Organizações internacionais desenvolvem as atividades referidas, merece uma menção especial a Organização Internacional do Trabalho (OIT) que, durante estes seus anos de existência, tem contribuído, com suas mais de cento e vinte convenções, para a consolidação internacional da observância das condições mínimas do trabalho.

Além das funções normativas, as Organizações internacionais exercem também, embora de forma limitada, uma *função executiva*. As primeiras uniões administrativas internacionais já desempenhavam predominantemente atribuições correspondentes à sua denominação, exercendo funções administrativas comuns do interesse dos Estados-membros. No período histórico atual, essa função tende a adquirir um desenvolvimento mais amplo, pois as Organizações internacionais vêm assumindo diretamente tarefas operativas e executivas, com a conseqüente diminuição da atividade dos Estados nesses campos. Pensemos, por exemplo, em alguns setores da pesquisa científica, como o espacial e o da energia nuclear, os quais, pelo menos na Europa, se acham cada vez mais subtraídos à ação de cada um dos Estados para serem diretamente administrados por Organizações internacionais para isso instituídas (EURATOM, CERN, ESA, etc.).

Merecem também uma menção as *funções militares* que, embora excepcionalmente, têm sido desempenhadas pelas Nações Unidas, em situações de especial perigo para a paz do mundo. A primeira vez que isso aconteceu foi durante o conflito coreano, quando dezesseis Estados-membros forneceram seus contingentes militares, organizados sob a égide da ONU. Depois, a crise do Suez em 1956 levou à constituição de um corpo regular de forças armadas da ONU, as chamadas forças de emergência (UNEF), que guarneceram, por motivos de segurança, alguns pontos do território egípcio. O mesmo aconteceu em 1960, quando, com a crise do Congo, se procedeu à constituição de outro corpo (ONUC), com a incumbência de manter a ordem pública e de reprimir as atividades terroristas e secessionistas.

Uma função que teve um particular desenvolvimento nas mais recentes manifestações das organizações internacionais foi a *jurisdicional*. O surgimento desta função foi assaz lento, devido, entre outras razões, à resistência tradicionalmente oposta pelos Estados à instituição de órgãos judiciários com competência para julgar os seus atos, mesmo que apenas dentro de um contexto específico.

A atribuição de poderes judiciários é particularmente ampla e eficaz em algumas Organizações internacionais, como, por exemplo, o Conselho da Europa, em cujo âmbito, conquanto restrito à Convenção Européia dos Direitos do Homem, foram instituídas uma *Comissão* e uma *Corte*, perante as quais se desenvolve um efetivo "processo" que, passando pelas fases de instrução e decisão, termina com uma sentença obrigatória e vinculadora. Um exemplo ainda mais eficaz, embora até hoje único, é o que nos oferecem as comunidades européias cuja estrutura compreende a *Corte de Justiça*, criada como juiz permanente, com competência exclusiva no âmbito do ordenamento comunitário.

Entre outras numerosas funções que desempenham as Organizações internacionais, será oportuno ainda recordar a *atividade de assistência técnica*, assistência das mais diversas formas, hoje principalmente orientada aos países em vias de desenvolvimento, que recebeu particular impulso com os programas preparados para tal fim pela ONU/UNDP. Recordamos as funções de estímulo às atividades dos Estados-membros e as destinadas à coordenação das mesmas, bem como a atividade de uniformização de *standards* e de medidas técnicas nos mais variados setores, com o fim de facilitar e desenvolver as relações internacionais.

VII. CLASSIFICAÇÃO DAS ORGANIZAÇÕES INTERNACIONAIS. — A singular amplitude que alcançou o fenômeno da Organização internacional no século XX, e seu contínuo multiplicar-se em infinidade de siglas que confundem até os mais expertos, torna sobremaneira oportuna uma tentativa de classificação. Os critérios que se podem usar com tal objetivo são variadíssimos, mas nenhum, por si só, poderá oferecer uma visão completa do fenômeno. Convém, por conseguinte, integrar os critérios que dizem respeito ao ato constitutivo com uma referência às atividades que realiza a organização.

Levados em conta, antes de tudo, os sujeitos que podem vir a ser membros, as Organizações internacionais podem ser *abertas* ou *fechadas*, segundo o ato institucional contenha ou não disposições que consistam a admissão ou adesão de membros diferentes dos originais. Pelo que respeita à sua duração, as Organizações internacionais podem depois dividir-se em organizações por *tempo indeterminado* e organizações por *tempo determinado*. Se levarmos em consideração o espaço em que operam e os Estados que delas fazem parte, as Organizações internacionais podem ser *universais* e *regionais ou particulares*. As primeiras são constituídas com objetivos tão gerais que requerem a participação de todos os Estados do mundo. Tal universalidade é, de resto, potencial, já que nenhuma das organizações hoje existentes compreende todos os Estados do Mundo, e, mesmo que os compreendesse num determinado momento, essa característica podia ser logo menoscabada com o afastamento de qualquer dos membros ou com o surgimento de um novo sujeito da comunidade internacional. As demais organizações, constituídas ao invés, com intuitos particulares, não tanto pela matéria objeto das suas atividades quanto pelos interesses comuns a um determinado grupo de Estados, são chamadas particulares e, mais freqüentemente, *regionais*, levando-se em consideração os Estados entre os quais surgem, geralmente pertencentes a uma mesma área geográfica. Pense-se, por exemplo, em típicas organizações regionais como a Comunidade Econômica Européia ou a Organização dos Estados Americanos, confrontando-as com as Nações Unidas, o exemplo mais clássico das organizações de tendência universal.

As distinções acima apontadas, de caráter essencialmente jurídico, hão de ser oportunamente complementadas com o estudo das atividades e fins das diversas organizações.

Já nos referimos à existência de Organizações internacionais com fins e competência gerais, isto é, organizações que têm por objeto todos os interesses comuns aos membros, dentro do âmbito global da sua cooperação. Pertence a esta categoria sobretudo a ONU, que constitui, de resto, a única organização que, além de possuir competência geral, possui também um caráter universal. As outras organizações com objetivos e finalidades similares são, na realidade, sem exceção, de caráter regional, isto é, destinadas a atuar a favor dos interesses comuns dos associados, mas tendo em conta, fundamentalmente, as necessidades específicas da região em que operam. Na região européia, podemos citar o Conselho da Europa e, apenas concernente à península escandinava, o Conselho Nórdico; nas Américas, a Organização dos Estados Americanos (OEA) e a dos Estados Centro-americanos, que mergulham suas raízes nos primeiros movimentos pan-americanos de Simón Bolivar de 1826; na África, a recente Organização para a Unidade Africana (OUA), surgida em Addis Abeba com o tratado de 26 de maio de 1963 e, só relativa aos Estados árabes, a Liga Árabe, instituída no Cairo em 22 de março de 1945.

Consideradas as atribuições específicas das Organizações internacionais, podemos distinguir as seguintes categorias:

a) *Organizações econômicas,* constituídas com fins de cooperação entre os Estados com vistas a alcançar objetivos econômicos gerais ou restritos a determinados setores. Entre estas últimas lembramos as Organizações internacionais respeitantes aos chamados produtos de base, como o Grupo Internacional do Estudo do Estanho, o Órgão Internacional dos Vinhos, a Comissão Internacional da Baleia, o Conselho Internacional do Açúcar, o Conselho Internacional do Trigo, o do Chá e o do Café, o Comitê Consultivo Internacional do Algodão e o Conselho Internacional do Estudo da Lã.

Outras Organizações internacionais possuem uma função monetária e bancária específica. Entre as primeiras é de assinalar o Fundo Monetário Internacional (FMI), onde vai dar todo o sistema da estabilidade e paridade das moedas, bem como as diversas uniões monetárias internacionais. Entre os institutos de crédito assinalamos: o Banco das Regularizações Internacionais, o Banco Internacional para a Reconstrução e o Desenvolvimento (BIRD), a Sociedade Financeira Internacional (SFI), a Associação Internacional para o Desenvolvimento (IDA) e numerosos bancos regionais como o Banco Europeu de Investimentos (BEI), no sistema das Comunidades Européias, o Banco Interamericano de Desenvolvimento (IBD), o Asiático, o Africano e o Árabe. Organizações de competência econômica geral temos as surgidas na região da Europa, particularmente: o Benelux, união econômica, que engloba a Bélgica, a Holanda e o Luxemburgo, a OECE, nascida imediatamente depois da guerra, como conseqüência do plano Marshall, e depois transformada em Organização para a Cooperação e Desenvolvimento Econômicos (OCDE), bem como o Conselho de Mútua Assistência entre os Países da Europa Oriental (COMECON) e as três comunidades européias.

b) *Organizações técnicas,* como a União Internacional de Proteção à Propriedade Industrial, Literária e Artística, o Instituto Internacional de

Patentes, a Comissão Internacional do Estado Civil e o Comitê Internacional de Exposições.

c) *Organizações técnico-científicas*, destinadas a operar em determinados setores técnicos, com a exata incumbência de desenvolver os conhecimentos científicos dos Estados-membros, mediante programas de pesquisa que não poderiam ser realizados pelos Estados isolados. Entre elas se contam a Agência Internacional para a Energia Atômica (AIEA), ligada às Nações Unidas, a Organização Européia de Pesquisa Nuclear (CERN), o Instituto Central de Pesquisas Nucleares, que engloba 11 Estados da Europa oriental, a Organização Meteorológica Mundial (OMM), uma instituição especializada da ONU, a Organização Européia de Pesquisa Espacial (ESA) e a da Construção e Desenvolvimento dos Vectores (ELDO); incluem-se também aqui a Agência Hidrográfica de Padronização dos Documentos Náuticos, a Agência Internacional de Pesos e Medidas, que guarda os protótipos internacionais das unidades de medida do sistema métrico decimal, o Comitê Internacional de Medicina e Farmácia Militares, a Comissão Internacional das Indústrias Agrícolas e o Conselho Internacional para a Exploração do Mar, cujo objeto são as pesquisas oceanográficas internacionais.

d) *Organizações sociais*, entre as quais adquirem particular importância alguns dos institutos especializados da ONU: a Organização Internacional do Trabalho (OIT), a Organização Mundial da Saúde (OMS) e a Organização para a Educação, para a Ciência e para a Cultura (UNESCO). Propósitos amplamente sociais são também os da Organização para a Alimentação e Agricultura (FAO) e de Organizações internacionais de competência geral como a ONU, através do seu Comitê Econômico e Social, e o Conselho da Europa, que criou instrumentos jurídicos de particular importância, entre os quais se inclui a Convenção Européia dos Direitos do Homem, a Carta Social Européia e a Convenção Européia de Estabelecimento.

e) *Organizações militares*, instituídas no segundo pós-guerra, com o fim de se criar formas de defesa coletiva com base na institucionalização das anteriores alianças militares. A mais conhecida é a Organização do Tratado do Atlântico Norte (NATO), instituída em Washington a 4 de abril de 1949; se lhe contrapõe a Organização do Pacto de Varsóvia, de 14 de maio de 1955, que une os países da Europa Oriental em torno da União Soviética.

f) Podem englobar-se numa última categoria as numerosas Organizações internacionais que operam nos diversos setores das *comunicações*. Entre as instituições especializadas da ONU recordare-

mos: a Organização Marítima Consultiva Intergovernativa (IMCO) para as comunicações marítimas, a Organização Internacional da Aviação Civil (ICAO), a União Postal Universal (UPU) e a União Internacional das Telecomunicações (UIT).

VIII. As Organizações internacionais e as comunidades européias. — As considerações acima apresentadas, aplicáveis na sua generalidade às múltiplas Organizações internacionais hoje existentes, não levam em conta a particularidade de alguns fenômenos recentemente manifestados. Com o Tratado de Paris, de 18 de abril de 1951, foi instituída a Comunidade Européia do Carvão e do Aço, que devia depois ser apontada como a primeira *comunidade supranacional*. Tal qualificação, mencionada explicitamente no tratado da CECA, é a seguir igualmente aplicada à Comunidade Econômica Européia (CEE) e à EURATOM, instituídas em cumprimento do Tratado de Roma, de 25 de março de 1957. O caráter supranacional, que diferencia estas comunidades das demais Organizações internacionais, patenteia-se em certos elementos estruturais e funcionais que as apresentam como colocadas acima dos Estados que delas fazem parte.

Um dos elementos essenciais consiste no fato de que as associações comunitárias são capazes de obrigar direta e imediatamente, por meio dos seus órgãos, os sujeitos dos Estados-membros, ao passo que, em qualquer outra Organização internacional, os órgãos diretivos, conquanto expressem a vontade da entidade, se dirigem unicamente aos Estados-membros, que, por seu lado, deverão conformar-se. A obrigatoriedade se manifesta, portanto, só quanto às relações entre o Estado-membro e a organização, isto é, quanto ao ordenamento internacional, tornando-se necessário, no plano interno, um processo de adaptação do ordenamento do Estado às diretrizes da Organização internacional. No sistema comunitário, ao invés, essa adaptação não é necessária, já que o ordenamento da entidade se integra com o ordenamento interno dos Estados, apresentando os mesmos sujeitos e unidades de origem da produção jurídica.

A justificar a supranacionalidade das organizações comunitárias, estão, além deste elemento, já de notável importância, estes outros: o princípio majoritário na adoção das decisões, princípio que substitui o da unanimidade não como exceção, mas como regra geral; o caráter parlamentar da assembléia, que é representativa dos povos e não dos Governos; a estrutura do órgão executivo, composto de pessoas físicas escolhidas em função da sua capacidade e desvinculadas, no desempenho das suas atribuições, de qualquer relação com o país a que pertencem.

Não obstante os elementos postos de relevo, parece difícil, dada a limitada casuística, podermos hoje sustentar a existência de uma nova categoria de Organizações internacionais, isto é, a existência das comunidades supranacionais. Isso não impede, aliás, que as atuais comunidades européias se diferenciem substancialmente das clássicas Organizações internacionais, quer no plano associativo, onde se apresentam como entidades de notável integração econômica e política, quer no plano jurídico, em cujo âmbito as características do ordenamento e o desenvolvimento do direito comunitário vêm a constituir uma terceira dimensão do direito, entre o direito interno dos Estados e o da comunidade internacional.

BIBLIOGRAFIA. — G. BISCOTTINI, Il diritto delle organizzazioni internazionali, Cedam, Padova 1971; C. CHAUMONT, Les organisations internationales, Université de Paris, Paris 1949; C. COLLIARD, Institutions internationales, Dalloz, Paris 1970³; DIEZ DE VELASCO, Instituciones de derecho internacional público, II, Organizaciones internacionales, Editorial Tecno, Madrid 1977; M. GIULIANO, Diritto internazionale, I, La società internazionale ed il diritto, Giuffrè, Milano 1974; R. GOODSPED, The nature and function of international organization, Oxford University Press, New York 1967²; C. LEONARD, International organization, McGraw-Hill Book Company, New York 1951; A. MIGLIAZZA, Il fenomeno dell'organizzazione e la comunità internazionale, Giuffrè, Milano 1958; R. MONACO, Lezioni di organizzazione internazionale, Giappichelli, Torino 1965-1975, vol I e II; Id., Les principes régissant la structure et le fonctionnement des organisations internationales, in Recueils des Cours, ibid., 1977, III, p. 89 ss. T. REUTER, Institutions internationales, Presses Univ. de France, Paris 1972²; SCHERMERS, International institutional law, A. W. Sijthoff, Leyde 1972; A. P. SERENI, Diritto internazionale, Giuffrè, Milano 1966, II, 2; Id., Organizzazioni internazionali, Giuffrè, Milano 1959; K. ZEMANEK, Das Vertragsrecht der internationalen Organisationen, Springer, Wien 1957.

[CLAUDIO ZANGHI]

Organização, Teoria da.

I. PROBLEMAS DE DEFINIÇÃO. — Quando se fala de Teoria da organização, o termo "teoria" não é usado na acepção própria das ciências físicas, segundo a qual uma teoria não é apenas uma sólida estrutura lógica com referências empíricas, mas o é de tal sorte que poderá ser refutada, caso um único dado empírico a contradiga. Neste contexto entendemos antes por teoria um esquema conceitual ou, melhor, um conjunto de esquemas conceituais, complementares ou alternativos, cujo objetivo, não necessariamente alcançado, é o de nos deixar em condições de podermos descrever, interpretar, possivelmente prever e eventualmente controlar, os fenômenos organizativos.

A expressão Teoria da organização é demasiado ampla e indefinida para se prestar a uma definição sintética e substantiva. De fato, dada a amplitude e indeterminação terminológica da expressão, tal vocábulo é inteiramente reservado à tentativa de definir analiticamente, de uma perspectiva histórico-crítica, o que vem a ser Teoria da organização.

Numa primeira análise, diremos que a Teoria da organização é uma ciência social que estuda todas as organizações, fazendo-o desde uma perspectiva interdisciplinar; é uma disciplina social, por assim dizer, de segunda geração, cujos antecedentes imediatos se encontram, por um lado, no recente e autoconsciente progresso das ciências sociais e, por outro, na consolidação dos estudos de organização empresarial e de ciência da administração. Sua matriz teórica é, pois, a mesma das ciências sociais, as primeiras que entraram sistematicamente na pesquisa de campo, para chegar à generalizações validadas pela verificação das hipóteses, ou seja, a do empirismo e, a nível mais específico, conforme a escola e as tendências científicas, a do comportamentismo, do neopositivismo, e da concepção estruturalfuncional do agir social.

As tendências que acabamos de indicar possuem uma perspectiva comum: consideram a organização como um sistema, ou uma realidade cujas partes se dispõem obedecendo a relações sistemáticas, sendo constituídas por pessoas. Em suma, a dimensão da organização que aqui se acentua é a que a caracteriza como estrutura social, como instituição humana. São numerosos os adjetivos qualificativos usados pelos autores para mostrar mais especificamente — se bem que não de forma unívoca — qual é a organização que interessa ou, melhor, qual dos seus aspectos: as expressões que se encontram com maior freqüência são as de organização administrativa, complexa, "em larga escala", burocrática ou formal. Em geral, não se trata tanto de atributos usados para distinguir determinadas organizações concretas, quanto de termos evocativos desta ou daquela orientação metodológica, desta ou daquela fundamentação teórica.

Todavia, comumente, esses termos qualificativos possuem a particularidade de se referir a experiências humanas realizadas no âmbito de estruturas orgânicas preeminentemente caracterizadas como tipos peculiares de sistemas sociais, ou seja, caracterizadas por uma rede de relações prescritas por uma autoridade, por valores mais ou menos amplamente interiorizados, conquanto sempre setoriais e específicos, por processos de socialização e de diferenciação dos participantes e, particularmente, por funções que tendem a ser minuciosamente circunscritas, relativamente estáveis e explicitamente definidas tanto quanto à dimensão hierárquica, como quanto à dimensão da especialização individual.

No presente artigo, após uma breve exposição do desenvolvimento histórico desta disciplina, daremos conta das principais tendências teóricas e metodológicas que caracterizam a sua evolução mais recente para, enfim, discutirmos as contribuições da Teoria da organização que assumem importância particularmente relevante em relação à ciência política.

II. DESENVOLVIMENTO HISTÓRICO E SUAS CONSTANTES. — A Teoria da organização contemporânea deriva de um breve, rápido e intenso processo onde é possível distinguir, generalizando e sintetizando, duas escolas ou movimentos de características e objetivos bem diversos. A tais escolas servem de fundo e oferecem apoio conceptual duas orientações de base, dois modos antitéticos de ver e de conceber o fenômeno organizacional. Estas duas orientações se apresentam, numa análise histórico-crítica do pensamento organizativo, como constantes intelectuais que, além de haverem moldado o desenvolvimento histórico da disciplina, permeiam umas e outras das várias tendências e escolas que hoje coexistem dentro da Teoria da organização.

Desde o momento em que, nas ciências sociais, se começou a fazer das organizações o objeto de uma especulação autônoma, duas concepções, mutuamente excludentes, foram propostas em relação ao fenômeno organizativo: por um lado, a organização foi analisada com referência a um modelo racional, por outro, com referência a um modelo natural. Temos, num extremo, uma concepção racionalista; no outro, uma concepção organicista: podemos buscar sua origem, respectivamente, em Saint Simon e em Comte. Para a primeira, a organização é um instrumento, uma máquina que o homem pode conscientemente construir e manipular até alcançar, por meio de processos racionais, os fins explicitamente estatuídos. Para a segunda, ao invés, a organização é um organismo dotado de vida própria, interessado em manter um equilíbrio interno e externo que lhe possa garantir mais eficazmente a sobrevivência e o desenvolvimento.

Historicamente, como já foi dito, estas duas orientações correspondem a outras tantas escolas

bem definidas em seus contornos. De um lado temos a Teoria da organização que hoje é costume apresentar como teoria *clássica* ou *ortodoxa*. O seu conteúdo provém de um móvimento que teve lugar pelos anos 30 especialmente na América e que está bem representado nos trabalhos de Gulick e Mooney. Esta teoria está caracteristicamente marcada por uma interpretação racionalista da organização — podendo-se afirmar que é uma ampliação e reelaboração sistemática do trabalho pioneiro de Taylor e Fayol — assim como por um conjunto de técnicas produtivas que se desenvolveram no princípio do século e foram principalmente aplicadas ao trabalho industrial. A teoria clássica propõe como objetivos e valores mais importantes os da economia e eficiência, fazendo sua uma concepção mecânica e formalista que pretende restringir o fenômeno organizativo aos limites do organograma. Os temas e interesses fundamentais são os da especialização, do controle e da cadeia hierárquica; o objetivo é o de apresentar descrições acuradas da fenomenologia da organização, mas o fator operativo é de longe muito mais importante que o cognoscitivo, e o fim principal que os representantes desta escola têm em vista é um fim prescritivo, o de melhorar o produto econômico e a eficiência. O conceito das estruturas organizacionais é tipicamente mecanicista, assim como a teoria da motivação mais ou menos explicitamente adotada por esta escola; tal como o taylorismo, a teoria clássica concebe o participante da organização em termos rigorosamente individualistas e hedonistas, ignorando a influência do grupo e as exigências emocionais e psicológicas.

Temos de outro lado aquela que hoje é definida como *teoria neoclássica* (mais comumente conhecida como movimento das "Relações Humanas"), expressão típica da concepção natural e organicista da organização, cujo êxito está intimamente associado às pesquisas e escritos de Mayo. A teoria neoclássica se desenvolveu e consolidou entre os anos 30 e 40 e é de extraordinária importância por dois motivos principais. Primeiro, do ponto de vista metodológico, por ter realçado a função essencial da psicologia, da psicologia social e da sociologia no estudo das instituições organizacionais. Isso equivale a dizer que, com Mayo e seus discípulos, as ciências do comportamento são introduzidas no campo dos estudos da organização, levando consigo, portanto, rigorosas metodologias de investigação empírica e de teorização baseada na comprovação das hipóteses. Em segundo lugar, é preciso lembrar os resultados fundamentais, de caráter cognoscitivo, originados deste movimento: é com a teoria neoclássica que se dá uma sistemática relevância aos aspectos sociais, informais e de motivação no funcionamento organizacional.

A teoria neoclássica pode ser interpretada, em muitos dos seus aspectos, como uma refutação polêmica da teoria clássica. Não resta a menor dúvida, se pensarmos na tendência da teoria neoclássica a rejeitar os esquemas estruturais, mecanicistas e racionalistas da teoria ortodoxa, na função essencial que ela atribui a processos espontâneos e informais na interpretação do funcionamento da organização e do comportamento dos seus participantes, e na meticulosa formulação de uma teoria da motivação que nega a importância do aspecto individual e econômico, para valorizar a do aspecto coletivo e social. Não obstante, através da teoria neoclássica perpassa o mesmo fio que costura conjuntamente as diversas partes da teoria clássica: é o caso de sublinhar especialmente a contínua ênfase dada aos valores do conhecimento científico, da produtividade e da eficiência. Por isso se pode dizer que a estratégia imanente à escola neoclássica consiste em colocar os fenômenos não racionais, espontâneos e informais, por ela convertidos em objeto de conhecimento sistemático, sob o controle de uma racionalidade que visa à eficiência. Não é por acaso que muitas das técnicas e experimentos das "relações humanas" atraíram sobre si a acusação não imerecida de favorecerem uma direção manipulativa dos participantes da organização e uma visão mistificante das relações industriais.

À medida que nos vamos acercando do terceiro estádio de desenvolvimento da Teoria da organização, o que abrange aproximadamente os últimos vinte anos, torna-se cada vez mais difícil fazer qualquer especificação ou generalização. Na realidade, aquela que se impôs num período mais recente é genericamente definida como teoria *moderna*, mas não existe na respectiva literatura acordo quanto a definições, métodos e objetivos, como aliás já assinalamos na introdução a estas notas. Se nos afigura, portanto, oportuno apresentar analiticamente os vários modelos e as várias escolas que, embora interagindo entre si, se foram desenvolvendo com características próprias.

III. O MODELO DO PROCESSO DECISÓRIO. — O primeiro dos modelos, que se tornou conhecido no fim da década de 40 com os trabalhos de Simon, é o que põe como centro do funcionamento organizacional o processo de formação das decisões (*decision-making*). Entre os aspectos que identificam esta escola, os mais importantes são: a ênfase dada aos aspectos racionais e intelectivos do comportamento organizacional, onde ressalta claramente a influência dos economistas e dos

psicólogos da comunicação, e a adesão programática e consciente às orientações próprias do neopositivismo lógico. Simon e a sua escola criaram uma estrutura conceptual de notável elegância e solidez: está baseada em opções precisas a nível filosófico-metodológico (distinção entre fato e valor, correlação entre meios de organização e fins institucionais, clara adesão à concepção científica da ação organizacional com o intuito de lhe melhorar a eficiência), na reelaboração crítica de temas tradicionais (comunicação, autoridade, especialização), na possibilidade de considerar e avaliar os aspectos afetivos, informais e espontâneos do comportamento organizacional e, conseqüentemente, na aceitação, em clave diversa, das contribuições da escola neoclássica.

Mas o ponto focal do modelo simoniano é o de que os processos administrativos são processos de decisão que se desenvolvem no contexto de uma racionalidade limitada, se articulam em escolhas entre alternativas sucessivas e, levadas em consideração as premissas organizativas da decisão (estruturais, funcionais, comportamentais, etc.), se orientam à realização dos fins fixados.

Para concluir, pode-se afirmar que o objetivo prático e ao mesmo tempo teórico de tal orientação é o de descobrir os modos pelos quais os processos decisórios se podem tornar cada vez mais lógicos e racionais; mas, à medida que a orientação foi adquirindo maior profundidade de conhecimentos e maior requinte metodológico, pode-se dizer que o modelo decisório foi assumindo importância para uma área cada vez mais limitada da fenomenologia administrativo-organizacional. A crítica tem insistido nomeadamente sobre o fato de que ficam excluídos do modelo decisório, tal como ele se tem ido delineando nos últimos tempos, aspectos essenciais da fenomenologia organizacional como a modificação de objetivos para fins de sobrevivência ou de expansão institucional, e a interação entre ambiente e organização, bem como os seus efeitos sobre os sistemas institucionais e ideológicos.

IV. A ORGANIZAÇÃO COMO SISTEMA. — Se o modelo decisório, mesmo que concentrado num aspecto setorial e específico do comportamento organizacional, traz consigo a necessidade de estudar as organizações na sua totalidade, tal exigência constitui o tema central e o objetivo fundamental de outro movimento que optou pelo modelo da organização como sistema (*General systems theory*). A idéia-base é a de que a melhor maneira de estudar as organizações consiste em estudá-las como sistemas, isto é, como entidades que são mais ou menos independentes e estão constituídas de partes que são variáveis mutuamente dependentes.

Do ponto de vista metodológico, são grandes as influências exercidas pela sociologia, mas mais ainda pela cibernética, sobre este modelo. A *systems theory* apresenta, contudo, uma característica muito própria e uma orientação inconfundível: seu tema fundamental é o de que os sistemas, como tais, possuem características genéricas comuns e que, por isso, a pesquisa científica, qualquer que seja o seu campo de aplicação (da física à biologia, da economia à sociologia), poderá encontrar no conceito de sistema significados e orientações universais. Podemos afirmar basicamente que, quando se fala de *systems theory*, trata-se de um movimento que propugna a unidade da ciência. As pesquisas nascidas deste movimento apresentam todas elas numerosas diferenças entre si no que respeita aos métodos e tendências conceptuais: há contribuições de representantes da concepção racionalista da organização, como os cultores da cibernética, e obras, pelo contrário, moldadas na concepção organicista, especialmente as devidas a psicólogos. Mas, afora tais diferenças, há também características que contribuem para dar um tom unitário ao movimento. Além da insistência geral em analisar as organizações como sistemas de variáveis interdependentes, podemos indicar também alguns temas comuns estudados pela *systems theory*: os agregados de indivíduos inseridos no sistema; as interações entre os indivíduos e o ambiente do sistema organizacional; as interações entre os indivíduos dentro do sistema; as condições necessárias para garantir a estabilidade do sistema. A maior parte das pesquisas está encaminhada a identificar quais são os elementos estratégicos de um sistema organizacional, qual é a natureza da sua interdependência e quais são os processos ativos do sistema que desempenham uma função conectiva entre as diversas partes, facilitando a sua mútua adaptação.

V. ORIENTAÇÃO SOCIOLÓGICA. — No campo da *teoria moderna da organização*, as contribuições quantitativamente mais relevantes e, quiçá, essencialmente mais significativas, são, podemos sem dúvida afirmar, de origem sociológica. Também aqui abundam as diferenças de tendência e de método, mas é sempre possível identificar duas bases principais de pesquisa, inspiradas respectivamente no modelo burocrático de organização e no modelo de organização como sistema social. Acrescentemos ainda que, neste ou naquele autor, são freqüentes e numerosas as interdependências e integrações entre ambos os modelos.

O modelo burocrático tem a sua origem e a sua mais autorizada matriz ainda hoje na análise da burocracia levada a cabo por Max Weber. A análise desenvolvida por este sociólogo se caracteriza por observações extraordinariamente minuciosas acerca das estruturas formais e do funcionamento da burocracia, sendo ao mesmo tempo extremamente cautelosa sob o ponto de vista historicista. Assim, se, por um lado, a análise weberiana chega a generalizações de vasto alcance sobre as modalidades estruturais e funcionais da organização burocrática, por outro, nutrida por uma riquíssima consciência histórica, está continuamente atenta e voltada para a identificação das "précondições" que hão de existir numa sociedade, para que nela se possa desenvolver a burocracia.

O modelo burocrático (ou *ideal-típico*) consiste num catálogo de descrições sucintas de aspectos tanto estruturais como funcionais da organização burocrática (como hierarquia, divisão do trabalho, processos de recrutamento, atitude impessoal dos burocratas, etc.) que fornecem assunto para a observação empírica, mas que não são, em si, descrições desta ou daquela organização concreta; são acentuações unilaterais do que empiricamente foi observado, com vistas a poder delinear um tipo *puro* de burocracia. Enfim, o modelo weberiano não é uma classificação de organizações concretas e históricas, mas antes um mapa que ajuda a leitura do mundo das organizações burocráticas, que mostra quais os elementos característicos e relevantes para a análise.

O modelo weberiano tem inspirado, direta ou indiretamente, toda a literatura sociológica da Teoria da organização: parte dela não atinge o núcleo essencial da metodologia weberiana, quando se aventura a refutar a validade do modelo burocrático, baseando-se na distonia, empiricamente demonstrada, entre as características do modelo e as características das organizações concretas. Mas isto é secundário. O importante é que muitas das contribuições científicas mais significativas dos últimos anos se devem a autores que fizeram da teoria weberiana o motivo da sua inspiração, se bem que criticando-a num ou noutro ponto. Basta lembrar a este propósito os trabalhos de Bendix e de Gouldner sobre a estrutura da autoridade na indústria, as contribuições de Merton e Crozier sobre a questão das disfunções patológicas da burocracia, e os trabalhos de Selznick e Blau sobre a institucionalização administrativa.

Como já foi assinalado, no âmbito da orientação sociológica, temos, ao lado dos estudos centralizados no modelo burocrático, os que se centralizam na organização, entendida como sistema social. Isto quer dizer que as organizações são vistas como sistemas sociais que funcionam no contexto mais amplo e abrangente da sociedade global, com a qual mantêm estreitíssimas relações de interdependência.

Esta orientação tem em Parsons seu mais autorizado defensor. Considerando as organizações burocráticas como um dos aspectos mais salientes da diferenciação e especialização funcional dentro da sociedade moderna, apresenta uma definição de organização que indica como elemento que a distingue de outros tipos de agregado social, sua orientação essencial à consecução de um fim específico. Esta consecução é um *output* que, de um lado, é visto como um *input* para outras organizações e, do outro, é entendida como uma ação funcionalmente referida à sociedade como um todo.

O conceito de organização como sistema social tem sido amplamente usado, se bem que com maior ou menor adesão ao pensamento de Parsons, pela literatura organizativista. Entre as obras sistemáticas mais recentes, a de Etzioni, por exemplo, define o conceito de organização em termos mais ou menos parsonianos, caracterizando-a explicitamente como sistema social. Etzioni põe como central na organização entendida como sistema social a reelaboração do conceito weberiano de autoridade, isto é, do poder que é legítimo aos olhos dos destinatários, na medida em que estes compartilham, pelo menos parcialmente, das suas premissas de valor. Etzioni sustenta, de fato, que o elemento que caracteriza toda a organização é o controle que dentro dela se exerce, e que este controle assume formas e características diversas, de acordo com a relação que existe entre as modalidades de articulação da autoridade da organização e a expectativa dos que nela participam. Eis por que o controle organizacional pode se basear na coação, na distribuição de gratificações econômicas ou em valores normativos. Aqui, as variáveis principais são constituídas pelas modalidades de adesão ao comando organizacional. Pode haver três tipos, correspondendo cada um deles a um determinado tipo de controle social. Deste modo, ao fim, será possível chegar a uma classificação de todas as organizações, levando-se em conta o predomínio nelas de controles coercivos, utilitaristas ou normativos.

VI. ANÁLISE COMPARATIVA DA ORGANIZAÇÃO. — A literatura organizacional mais recente vem mostrando um interesse cada vez maior pelo método comparado. Em muitos autores foi amadurecendo a convicção crítica de que, se a investigação empírica é condição indispensável sempre que se queira obter conhecimentos confiáveis sobre a estrutura e o funcionamento das organizações, ela não é uma condição suficiente. E isto porque, ainda até há poucos anos, as generalizações propostas por um ou outro autor derivavam de pesquisas que, embora esquematicamente bem elaboradas e metodologicamente aprofundadas, se limitavam à observação intensiva de casos singulares, sendo, portanto, capazes de levar a resultados apenas válidos para o caso considerado e nunca aplicáveis a outras situações. Os que propugnam um conhecimento das organizações baseado na análise comparada pretendem obviar as deficiências acima referidas. O aspecto fundamental da sua tese é o de que, para chegar a resultados verdadeiramente generalizáveis, é preciso estudar mais organizações do mesmo ou de diverso tipo, adotando um mesmo esquema conceitual montado sobre uma série de variáveis. O acordo, contudo, termina aqui. Existem, por isso, pesquisas comparadas, como a de Etzioni acima lembrada, que aceitam como variável independente o controle social; outras que, ao contrário, aceitam como tal a dimensão ou o processo tecnológico, o nível de profissionalização, etc. Embora no contexto de um sem-número de orientações e temas de análise comparada, é hoje possível distinguir duas correntes principais de análise comparativa das organizações.

Temos, por um lado, grande número de estudos respeitantes a organizações de todo o tipo, mas especialmente a organizações de caráter industrial ou comercial, estudos que foram adquirindo um cunho acentuadamente *intracultural*. Queremos dizer com isto que, conquanto sejam numerosíssimas e diversas entre si as organizações tomadas em consideração, elas foram geralmente escolhidas entre as que operam nos países ocidentais de elevado nível industrial ou quase exclusivamente nos Estados Unidos. A objeção que se pode fazer a tal orientação é, portanto, a de que as generalizações de caráter conclusivo a que muitos autores pensam haver chegado não fazem caso algum da relação existente entre cultura e funcionamento organizacional. Isto traz como conseqüência apropriarem-se muitas vezes tais generalizações de critérios de avaliação ideológico-normativa, de uma forma acrítica.

Por outro lado, existe uma segunda corrente, também amplamente representada na literatura recente, que estuda de preferência organizações públicas (primeiramente as burocracias), numa perspectiva comparada *intercultural*. Neste caso, a pesquisa concentra-se normalmente em organizações do mesmo tipo, operantes em contextos culturais diferentes; deste modo, as variáveis culturais e ecológicas, descuradas, como se viu, pela primeira corrente, têm aqui importância fundamental.

Concluamos. Embora muitos autores recentes tenham apresentado análises otimistas sobre o estado da Teoria da organização, crendo ser possível formular princípios verdadeiramente universais sobre o funcionamento das organizações, é conveniente fecharmos com uma palavra de cautela, cautela que é sugerida pelos resultados de alguns dos recentes trabalhos de administração comparada. Parece podermos concluir que é ilusório pensar poder-se chegar, como crêem numerosos autores rigorosamente neopositivistas, a uma Teoria da organização absolutamente abstrata e "livre de valores". Isto porque o conceito de organização, tal como foi definido na introdução a estas notas (administrativa, formal, complexa ou "em larga escala", etc.), se refere a entidades que não existem em estado natural, mas só em sociedades caracterizadas por um certo nível e um certo tipo de desenvolvimento: daí se segue que as organizações estão infiltradas e impregnadas dos valores predominantes na sociedade em que atuam. Por isso, se é verdade que as técnicas de pesquisa e os esquemas conceptuais apresentados até agora pelos cultores da Teoria da organização fazem esperar a aquisição de notáveis conhecimentos científicos, também é verdade que, em última análise, "tais conhecimentos só adquirirão relevância probatória e peculiar em relação a tipos específicos de valores que podem ser buscados por organizações operantes num certo tipo de sociedade".

VII. BUROCRACIA E CIÊNCIA POLÍTICA. — Fica ainda por discutir um último setor de reflexão teórica e pesquisa empírica que, embora se situe de pleno direito dentro da Teoria da organização e incorpore muitas das suas propriedades e características descritas até aqui, assume uma importância específica e direta para a ciência política. Trata-se da área de estudo que se concentra na análise das funções "políticas" mais ou menos latentemente desenvolvidas pelo aparelho da administração pública. O ponto de partida, hoje amplamente conseguido e empiricamente válido, está em que os administradores de profissão participam ativamente na formação das decisões político-administrativas e exercem um controle quase monopólico sobre as tecnologias de organização que regem a execução dessas mesmas decisões. Por outras palavras, trata-se do tema clássico da relação entre política e administração que está sendo sujeito à revisão crítica e à verificação empírica.

Dentro deste setor se observam duas correntes de pesquisa, com bases metodológicas e elaborações teóricas específicas e distintas, uma de origem comportamentista, a outra de tendência estruturalista. A corrente comportamentista concentra a sua atenção na estrutura das opiniões políticas e das atitudes ideológicas dos burocratas, bem como nos dados sociográficos que mais diretamente influem nos processos de socialização política. Para esta tendência, uma vez afastada a idéia, empiricamente inaceitável, segundo a qual a imparcialidade da ação administrativa seria assegurada pela neutralidade política dos burocratas, e uma vez assente que o papel do administrador público não é, como pretende a mesma concepção, um papel instrumental com relação aos órgãos político-deliberativos, mas um papel de ativa participação na formação das decisões político-administrativas, o conceito de "receptividade" dos burocratas adquire uma importância fundamental. A receptividade é definida como prontidão em captar as solicitações provenientes do público e dos seus representantes e como capacidade de agir em sintonia com os valores e planos manifestados pela sociedade civil. É por isso que a análise das atitudes ideológicas e das opiniões políticas da burocracia como grupo social constitui o centro de interesse da corrente comportamentista. Quando tal análise visa, em seu desenvolvimento, conhecer melhor os princípios de valor de uma das mais importantes elites da sociedade contemporânea e os modos como se situa no âmbito do sistema político, os resultados obtidos são de grande importância empírica e parecem dotados de um elevado poder explicativo. Mais prudente, se não negativo, há de ser nosso juízo, quando se admite uma relação estreita, ou até mesmo unilinear, entre receptividade dos burocratas e eficácia (que definimos como relação entre objetivos estabelecidos e objetivos efetivamente alcançados) da ação administrativa, pelo que esta seria uma função de alta congruência entre as atitudes político-ideológicas da classe administrativa e os valores dominantes no sistema político, interiorizados e expressos pela classe política.

É esta prudência crítica que mantém a corrente estruturalista, propensa a pôr em relevo os efeitos de uma série de condições estruturais, institucionais e culturais, sobre a eficácia dos serviços administrativos. Baseados em case-studies, ou seja, em pesquisas dinâmicas sobre o processo de formação e execução das decisões, os representantes desta tendência observam que, para um mais eficaz desempenho, aos diversos tipos de função pública (distinguem-se três: funções autoritário-abonadoras, de intervenção econômico-social, de intermediação de interesses) deveriam corresponder modalidades diferentes de decisão, cada uma delas caracterizada por uma específica e distinta racionalidade administrativa. Por sua vez, a racionalidade administrativa é função das estruturas orgânicas e normativas e das culturas profissionais que nela se inserem, muitas vezes fruto de longos processos históricos. A conclusão a que se chega com base nestas análises é que, embora com destaques diferentes nos diversos países, as burocracias atuantes nos sistemas políticos liberal-democráticos são estruturadas e culturalmente condicionadas de tal modo que privilegiem a racionalidade legal (no sentido weberiano), com total desvantagem dos outros tipos de racionalidade, o que ajudaria a explicar os problemas de carácter governativo das sociedades pós-industriais. Com efeito, a racionalidade legal, de grande eficácia no que concerne aos processos decisórios lógico-dedutivos adotados no exercício das funções autoritárias típicas do Estado de direito do século XIX, é totalmente inadequada quando as funções a desempenhar tiverem o caráter de intervenção econômico-social ou de intermediação de interesses. As primeiras poderão ser eficazmente cumpridas, usando da racionalidade empírico-indutiva, experimental e incrementável, as segundas mediante uma racionalidade receptiva, orientada para decisões "aceitáveis" e negociadas. A racionalidade legal é dotada de grande eficácia em contextos que se caracterizam por fins inequívocos e por meios de organização (ou conhecimentos) sempre apropriados aos fins. A situação é outra, quando os meios de organização têm de ser constantemente atualizados mediante metódicas empírico-experimentais (como no caso das intervenções econômico-sociais), ou quando os objetivos são por vezes definidos mediante o uso de técnicas de arbitragem (como no caso da intermediação de interesses). E, em conclusão ao que concerne à tendência estruturalista, uma vez que o tipo de racionalidade que caracteriza uma administração é resultante de vínculos estruturais relativamente inelásticos, não é tanto a atitude política da burocracia que importa, mas a sua prontidão e disponibilidade em cumprir as funções do Estado moderno, partindo de adequados princípios decisórios.

BIBLIOGRAFIA. — J. D. ABERBACH, R. D. PUTNAM e B. A. ROCKMAN, Bureaucrats and politicians in western democracies, Harvard University Press, Cambridge 1981; J. A. ARMSTRONG, The european administrative elite, Princeton University Press, Princeton 1973; P. BLAU, Exchange and power in social life, Wiley, New York 1964; P. BLAU e W. R. SCOTT, Le organizzazioni formali (1962), F. Angeli. Milano 1972; M. CROZIER, Il fenomeno burocratico (1963). Etas Libri, Milano 1978[2]; A. ETZIONI, A comparative analysis of complex organizations: on power, involvement and their correlates, The Free Press of Glencoe, New York 1961; G. FREDDI, L'analisi comparata di sistemi burocratici pubblici, Giuffrè, Milano 1968; H. HECLO, Modern social policies in Britain and Sweden: from relief to income maintennance, Yale University Press, New Haven 1974; J. D. KINGSLEY, Representative bureaucracy: an interpretation of the british civil service, The Antioch Press, Yellow Springs 1944; Handbook of organizations, ao cuidado de J. G. MARCH, Rand McNally, Chicago 1964; J. G. MARCH e H. SIMON, Teoria dell'organizzazione (1959), Comunità, Milano 1973; R. MAYNTZ e F. W. SCHARPF, Policy-making in the german federal bureaucracy, Elsevier, Amsterdam 1975; P. SELZNICK, Leadership in administration: a sociological interpretation, Row, Peterson and Co., Evanston 1957; H. SIMON, Il comportamento amministrativo (1957[2]). Il Mulino, Bologna 1973; E. N. SULEIMAN, Politics, power and bureaucracy in France, Princeton University Press, Princeton 1974; V. A. THOMPSON, Modern organization: a general theory, Knopf, New York 1961; A. WILDAVSKY, Bilancio e sistema politico (1964), F. Angeli, Milano 1978.

[GIORGIO FREDDI]

Organizações Sindicais.

I. TIPOLOGIA DOS SINDICATOS. — As grandes organizações de representação dos trabalhadores dependentes, ou, simplesmente, os sindicatos, apresentam hoje uma grande quantidade de formas de organização. De acordo com os critérios de referência, podem-se distinguir vários tipos.

Se se leva em conta o critério com que se definem os âmbitos, as áreas onde se recrutam os membros, a distinção principal é a dos sindicatos de profissão e dos sindicatos de indústria (v. SINDICALISMO): aqueles recrutam indivíduos pertencentes ao mesmo mister, independentemente do setor ou setores industriais onde ele é exercido; estes fazem seu recrutamento entre os que pertencem a um determinado ramo ou categoria industrial. Nos países anglo-saxônicos existem também os sindicatos chamados gerais, grandes organizações que congregam trabalhadores de várias e diferentes categorias, formadas através de sucessivos processos de fusão. Como é sabido, os sindicatos de profissão existem hoje principalmente naqueles países (Grã-Bretanha, Estados Unidos) onde o movimento operário se organizou bem cedo, na fase inicial da industrialização, para os grupos de trabalhadores com forte poder no mercado. Os sindicatos de indústria, pelo contrário, são a solução adotada pelos sindicatos mais recentes ou pelos que se reconstituíram no pós-guerra (Itália, Alemanha), bem como por aqueles que, de um modo geral, organizam os setores da produção de massa. Entre os sindicatos de indústria podem-se distinguir ainda os sindicatos que representam juntamente operários e empregados de uma mesma indústria (como acontece na Itália) e os sindicatos onde a representação dos empregados é uma representação à parte.

Se se considera a amplitude dos interesses que os sindicatos representam, pode-se distinguir entre sindicatos associativos e sindicatos de classe: os primeiros fazem referência exclusiva aos interesses dos seus inscritos; os segundos, ao contrário, procuram também incumbir-se dos interesses dos não aderentes, revelando, além disso, uma certa tendência pelos estratos mais débeis e desprotegidos. Mais: os primeiros recorrem, de preferência, à contratação coletiva; os segundos utilizam também a ação política (Pizzorno, 1976). De modo amplo, embora não perfeitamente, esta distinção coincide com a distinção entre sindicatos de profissão (que são associativos) e sindicatos de indústria (que tendem a ser de classe).

Finalmente, é possível ainda distinguir entre sindicatos não confessionais ou sem ideologia e sindicatos que se caracterizam por sua base ideológica (como na França, e na Itália nas décadas de 50 e 60).

Todas as distinções que foram mencionadas têm sua origem nos momentos da constituição ou reconstituição dos vários movimentos sindicais, havendo-se depois consolidado em estruturas orgânicas. Mas, se lembrarmos os comportamentos efetivos dos diferentes sindicatos nestas duas últimas décadas, parece que se poderá notar uma real atenuação em muitas das diferenças. Teremos sindicatos associativos envolvidos, embora cautelosamente, em objetivos de alcance geral, ou, pelo contrário, sindicatos de classe fautores de políticas de descentralização contratual, ou ainda processos de reaproximação ou reunificação de sindicatos ideologicamente divididos (Pizzorno, 1976).

II. A ESTRUTURA ORGANIZACIONAL DOS SINDICATOS. — A articulação orgânica dos sindicatos mais representativos conta hoje com um nível nacional (de categoria, de profissão) e com um ou mais níveis descentralizados com base no território e/ou lugar de trabalho (sendo a descentralização de base territorial típica dos sindicatos de classe, e a que se baseia especificamente nos lugares de trabalho, muito mais típica dos sindicatos associativos). Existem ainda sindicatos menores que são meros sindicatos de empresa, como a SIDA, na Itália, sindicato autônomo dentro da Fiat. O nível mais significativo no que concerne à distribuição do poder é, como observa Clegg, aquele em que se acha mormente desenvolvida a contratação coletiva (salva a vária importância relativa à ação política): nos sindicatos associativos será a estrutura periférica que se constitui a partir dos lugares de trabalho; nos sindicatos

de classe, serão antes os níveis centrais, capazes de selecionar e coordenar as solicitações particulares da base (Clegg, 1980).

Os sindicatos nacionais estão geralmente afiliados a uma ou mais confederações, que constituem o nível mais geral, o árbitro dos litígios (quando se trata, por exemplo, de conflitos de competência entre os sindicatos) e a instância de representação de todo o movimento sindical nas negociações ou nas ações de pressão sobre os Governos.

Na Itália, a articulação das estruturas da CGIL, tal como ficou definida no imediato pós-guerra (e foi depois reproduzida com algumas modificações pelas outras duas centrais sindicais, a CISL, de inspiração católica, e a UIL, de inspiração social-democrática, em sentido lato, após a cisão sindical), assenta num duplo critério organizacional: o de tipo territorial ou horizontal, e o de categoria ou vertical. Ambas estas linhas de organização possuem articulações a nível local, provincial e nacional. Mas é a lógica da coordenação e da direção geral, tal como se expressa nas estruturas horizontais, que prevalece sobre a lógica da representação de interesses mais específicos e particulares, melhor expressa nas estruturas de categoria. Com efeito, é pelo fato de se pertencer à Câmara do Trabalho provincial (instância horizontal) que se faz parte da CGIL. No estatuto de 1945 se lê que "todas as câmaras confederativas do trabalho locais e todos os sindicatos provinciais de indústria ou categoria constituem a Câmara Confederativa do Trabalho provincial, que realiza a união orgânica da classe operária e de todos os trabalhadores organizados da respectiva província". O conjunto das câmaras de trabalho provinciais e das federações nacionais de indústria e de categoria formam a CGIL. Diversamente do que acontece com outros movimentos sindicais, na Itália, a confederação não é, portanto, uma superinstância de coordenação entre sindicatos fundamentalmente autônomos (é desta posição que se aproxima bastante a CISL, definida, com efeito, como confederação de "sindicatos" e não de trabalhadores), mas é, em sentido lato, o sindicato (observações análogas sobre o sindicalismo francês encontram-se em Clegg, 1980, 53).

Na década de 70, a estrutura do sindicato italiano se modificou com a introdução de um nível de base nos locais de trabalho (v. REPRESENTAÇÃO OPERÁRIA) e de um nível regional, tanto no tocante à linha vertical como à horizontal. A criação de uma estrutura sindical na empresa é o principal resultado (a nível de organização) do enorme incremento da contratação descentralizada ocorrido entre os fins dos anos 60 e o início dos anos 70. A introdução dos níveis regionais pode ser considerada, tanto como um processo de adaptação ao ambiente, pois que imita a descentralização administrativa posta em prática pelo Estado com a criação das regiões, quanto como uma busca de instâncias intermediárias de coordenação entre as locais e as nacionais, exigidas por uma estratégia contratual voltada para a consecução de objetivos a médio prazo. Este processo de redefinição dos níveis de articulação do sistema há de continuar ainda, segundo se prevê, pela década de 80, com o desenvolvimento de estruturas de ligação entre o nível regional e o nível local, a exemplo dos projetos de reorganização das administrações locais, e com o progressivo desaparecimento das estruturas provinciais.

III. O SINDICATO COMO ORGANIZAÇÃO: FINS INSTITUCIONAIS. — Todos os sindicatos enfrentam o problema de garantir a sobrevivência da organização, de lhe assegurar a duração mesmo em condições desfavoráveis e, se possível, de a expandir.

A força de um sindicato depende, de fato, em grande parte, embora decerto não exclusivamente, da consistência dos que a ele aderem: quanto maior for a adesão explícita, tanto maior será a possibilidade de fazer pressão sobre as partes adversárias com o fim de obter benefícios para os representados e consideração ou poder, bem como reconhecimento e prestígio, para os representantes. E quanto maiores forem os êxitos e resultados que o sindicato apresentar, tanto maior será a probabilidade de alcançar novas adesões, que depois o reforçarão. Poder-se-ia, sem dúvida, pensar que se trata de uma espiral, onde o recurso inicial (a adesão da base) e o produto final da ação sindical se reforçam cumulativamente. Na realidade não é assim, pois que a concessão dos benefícios não se pode dar. indefinidamente sem provocar efeitos distorcidos e indesejáveis em outros pontos do sistema (pressão inflacionária, redução das bases de emprego regular, etc.).

Os sindicatos têm, além disso, necessidade de garantir a suficiente estabilidade das inscrições, por ser delas que deriva grande parte das suas disponibilidades financeiras. E este é também um recurso de que não é possível prescindir, já que, de pequenas associações voluntárias, os sindicatos se transformaram em grandes organizações, com um aparelho amplo e inúmeras atividades.

Os modos como os diversos sindicatos procuraram assegurar os fins institucionais da sobrevivência, da estabilidade e da expansão da organização são variados e apresentam-se marcados pelas circunstâncias em que se deu seu fortalecimento. Os sindicatos associativos, que se impu-

seram em condições de mercado de trabalho favoráveis à oferta, fizeram valer em muitos casos a regra do *closed shop* ou do *union shop*, pela qual a inscrição se torna um pré-requisito necessário para a entrada no trabalho, ou uma prática obrigatória depois de o assumir. Os sindicatos de classe deixaram um espaço maior ao proselitismo, contando mais com a voluntariedade da adesão.

Mas, mesmo neste caso, têm crescido as medidas de proteção sindical. Consideremos, por exemplo, o caso italiano. Desde a metade da década de 60, os sindicatos de muitas categorias negociaram e obtiveram a instituição da delegação sindical que implica a inscrição por tempo indeterminado e a retenção direta na fonte das cotas sindicais. É claro que isto não explica a expansão das inscrições verificada no início dos anos 70, mas dá conta da gestão sindical e do rigor das inscrições, uma vez que os inscritos, para saírem, têm de tomar a ingrata iniciativa de apresentar a renúncia explícita à direção. Em alguns casos (agricultura, emprego público) o envolvimento institucional do sindicato lhe permite também oferecer benefícios acrescidos aos inscritos (informações e proteção, ajuda no acesso à assistência pública, etc.), favorecendo diretamente o aumento das inscrições.

Uma conseqüência contraditória do incremento das medidas de proteção sindical é que, se com elas se assegura a estabilidade orgânica dos sindicatos, por outro lado, o nível das inscrições perde com o tempo o significado de indicador do consenso da base à organização; e a manifestação do consenso, de que os sindicatos não podem prescindir, terá de ser buscada por outras vias.

IV. O SINDICATO COMO ORGANIZAÇÃO: RELAÇÕES INTERNAS. — Uma organização de representação de interesses coletivos como o sindicato se caracteriza, decerto, também pelas relações que se estabelecem entre representantes e representados, pelo grau de participação na vida associativa e de controle das decisões dos dirigentes, e pelo tipo de democracia interna.

Muitos estudiosos das relações industriais puseram em relevo como os sindicatos adotaram uma estrutura formalmente democrática (os dirigentes são eleitos pelos membros por meio de congressos, as decisões mais importantes são submetidas ao parecer das assembléias dos inscritos ou dos trabalhadores), mas também como a essa estrutura corresponde uma escassa participação, quando não uma clara indiferença dos sindicalizados (Rees, 1962; Seidman, 1954; Korpi, 1978; Streeck, 1978). As razões apresentadas para explicar a minguada participação ativa dos inscritos na vida sindical são variadas: o fato de as questões enfrentadas pelos sindicatos tenderem a ser cada vez mais complexas e, portanto, difíceis de julgar; a tendência generalizada entre os trabalhadores de considerar o sindicato como uma agência seguradora ou um serviço semipúblico, a que se pede apenas um bom funcionamento sem implicações pessoais, muito mais quando a organização é sólida e tem tradição; a própria grandeza da organização que faz parecer inútil o custo individual da participação.

Mas há uma indicação que parece emergir das observações dos estudiosos, sobretudo anglosaxões, que foram os que mais se ocuparam destes temas: é a de que a queda da participação não pode ser simples e univocamente interpretada como queda de consenso, como diminuição do apoio dos trabalhadores. O que acontece de preferência é que o sindicato que possui uma tradição firme se transforma numa organização onde os papéis são cada vez mais profissionalizados e técnicos, e dificilmente controláveis. Estas observações parecem, portanto, confirmar as previsões de Michels sobre o fortalecimento do comando oligárquico nas organizações complexas.

A experiência italiana da década de 70 também revela a passagem de uma elevada participação na vida sindical, em momentos em que a organização mais se expande através da ação descentralizada da fábrica (e a exigência comum entre os trabalhadores é a de uma participação "direta", não delegada), a um progressivo declínio depois, quando a estratégia sindical tende a concentrar-se em objetivos de médio e longo prazo, fora da fábrica. É possível interpretar esta evolução como indicadora de uma geral tendência histórica à centralização das decisões nas organizações políticas de representação. Mas também se pode aventar a hipótese de que a queda da participação não é uma tendência irreversível: ela poderá existir, e até em parte ser favorecida, enquanto os sinais de um escasso envolvimento ativo dos inscritos não ameaçar a consistência do recurso fundamental em que se baseia a organização, a adesão da base. Nessa altura, tornar-se-á conveniente abrir novo espaço às instâncias descentralizadas, aos militantes de base, a novos estratos operários.

BIBLIOGRAFIA. — AUT. VAR., *Il sindacato e le sue strutture*, "Quaderni di rassegna sindacale", XII, julho-agosto 1974; Id., *La sindacalizzazione fra ideologia e pratica*, ao cuidado de G. ROMAGNOLI, Ed. Lavoro, Roma 1980; H. CLEGG, *Sindicato e contrattazione colletiva* (1976), Franco Angeli, Milano 1980; M. CROZIER, *Sociologie du syndicalisme*, in *Trattato di sociologia del lavoro*, ao cuidado de G. FRIEDMANN e P. NAVILLE, Edizioni di Comunità, Milano 1963; W. KORPI, *The working class in welfare capitalism*, Routledge & Kegan Paul, London 1978; S. M. LIPSET, M. A. TROW e J. S. COLEMAN, *Democrazia sindacale* (1956), Etas, Milano 1972; R. MICHELS, *La sociologia del partito politico nella democrazia moderna*, Il Mulino, Bologna 1966; A. PIZZORNO, *Osservazioni comparate sulle rappresentanze del lavoro nei paesi capitalistici avanzati*, in *Problemi del movimento sindacale in Italia*, Feltrinelli, Milano 1976; A. REES, *The economics of trade unions*, Oxford University Press, Oxford 1963; J. SEIDMAN, *The labor union as an organization*, in *Industrial conflict*, ao cuidado de A. KORNAAUSER, R. DUBIN e A. M. ROSS, McGraw-Hill, New York 1954; W. STREECK, *Processi di razionalizzazione amministrativa nei sindacati della Germania occidentale*, in *Sindacato e organizzazione*, ao cuidado de G. GASPARINI, Franco Angeli, Milano 1878.

[IDA REGALIA]

Pacifismo.

I. DEFINIÇÃO.

— Por Pacifismo se entende uma doutrina, ou até mesmo só um conjunto de idéias ou de atitudes, bem como o movimento correspondente, marcados por estas duas características: a) condenação da guerra como meio apto para resolver as contendas internacionais; b) consideração da paz permanente ou perpétua entre os Estados como um objetivo possível e desejável. O Pacifismo é contrário tanto ao belicismo, isto é, a todas as doutrinas que exaltam a guerra como fator de progresso moral, social e técnico, quanto ao imperialismo, isto é, à doutrina que não exclui a paz mesmo permanente, mas quer alcançá-la mediante a conquista ou a sujeição dos mais débeis, política e economicamente, pelos mais fortes. O Pacifismo distingue-se, por sua vez, tanto do cosmopolitismo, que é a afirmação de universalismo, mais no campo das idéias que das instituições, e reivindica a superação de todas as barreiras nacionais quanto aos indivíduos, não quanto aos Estados, como também do internacionalismo, que proclama a união supranacional das pessoas pertencentes ao mesmo grupo, classe ou partido, com o objetivo de reforçar sua coesão e influência, não necessariamente com fins pacíficos.

II. BREVE HISTÓRIA DAS CORRENTES PACIFISTAS.

— O Pacifismo moderno nasceu sob a forma de uma doutrina filosófico-jurídica, no século XVIII, com *Projeto para tornar a paz perpétua na Europa*, do abade Charles Frené Castel de Saint-Pierre (1658-1743), aparecido em 1713 e alicerçado no princípio de uma aliança perpétua entre os Estados soberanos, obrigados, por um tratado internacional, a submeter todas as suas contendas ao juízo de todos os outros Estados reunidos em assembléia permanente. Sua primeira elaboração doutrinal de relevo se encontra num pequeno tratado kantiano, *Para a paz perpétua* (1795), que se inspira no princípio de que a tendência da história humana é a de tornar real uma sociedade jurídica cada vez mais vasta, entendido o direito como conjunto de condições capazes de tornar possível a coexistência pacífica das liberdades externas: um fim que pode ser alcançado por uma federação de Estados livres, quando cada Estado houver adotado uma forma republicana, onde o poder de decidir da guerra ou da paz não caiba ao monarca, mas ao povo. Em 1814, Saint-Simon, juntamente com o historiador Thierry, escreveu um opúsculo, *Da reorganização da sociedade européia*, onde auspiciava a formação de um parlamento geral europeu, constituído à imagem e semelhança do Parlamento inglês, que fosse "colocado acima de todos os Governos nacionais e investido do poder de julgar seus litígios".

No século XIX, os projetos individuais, ligados a pessoas singulares, cedem a passagem à formação de associações para a paz, primeiro de caráter religioso como a Sociedade da Paz de New York (1815), instituída pelo quacre David Dodge, a Sociedade Americana para a Paz (1828), fundada por William Ladd, e a primeira sociedade pacifista européia fundada na Suíça, em 1830, pelo conde de Sellon; numa segunda fase, se inspiraram na doutrina econômica do livre comércio, de que foi animador Richard Cobden, nos primeiros grandes congressos da paz (Londres, 1843; Bruxelas, 1848; Paris, 1849); numa terceira fase, elas se desenvolveram por obra de grupos democráticos e radicais que aspiravam à paz mediante o triunfo do princípio da nacionalidade, a destruição dos antigos impérios e a instauração de Governos fundados na soberania popular (recorde-se, neste sentido, o Congresso de Genebra de 1867, organizado pela Liga Permanente da Paz de Frédéric Passy, onde Garibaldi tomou parte com grande sucesso; a seguir, os Congressos de Berna, 1868, e de Lausana, 1869). Com a constituição da Segunda Internacional socialista (1889), os congressos socialistas representaram uma das maiores manifestações de Pacifismo internacional.

III. AS VÁRIAS FORMAS DE PACIFISMO.

— As várias correntes pacifistas se distinguem pela maneira diversa como explicam as origens das guerras e, conseqüentemente, pelos diversos meios que propõem como necessários para as eliminar. Para o Pacifismo ético-religioso, as causas das guerras hão de ser buscadas sobretudo na própria índole ou natureza do homem; portanto, o remédio só pode ser de caráter espiritual. A versão secularizada desta interpretação individualista da guerra encontramo-la nas várias teorias psicológicas, e agora também psicanalísticas, que vinculam a guerra à agressividade instintiva do homem e propõem como remédio modos alternativos, menos nocivos, de satisfazer e desafogar o instinto de agressão.

O Pacifismo econômico, que obteve grande êxito com os defensores do livre comércio, sustentava que a causa principal das guerras era o protecionismo econômico que obrigava os Estados a buscar pela conquista o que não conseguiam obter com o livre comércio. A idéia de Cobden de que, mediante a abertura das fronteiras econômicas, o comerciante substituiria pouco a pouco o guerreiro, era uma idéia que emparelhava com a filosofia da história de Spencer, para quem as leis fatais da evolução teriam transformado as antigas sociedades militares, que viviam da guerra e na guerra, em pacíficas sociedades industriais. Já Voltaire escrevera que a guerra, um dos flagelos mais terríveis da humanidade, é obra "da fantasia de trezentas ou quatrocentas pessoas espalhadas pela superfície do orbe terráqueo, com o nome de príncipes ou governantes". Que a guerra era devida ao "capricho dos príncipes" e, portanto, a causas essencialmente políticas, e que, por conseguinte, a única esperança de eliminar a guerra estava no abandono do despotismo pela democracia, foi também, como se viu, a idéia de Kant. Esta forma de Pacifismo, que se pode chamar político pela sua causa ou democrático pelo remédio, esteve em voga sobretudo nos movimentos democráticos do século passado. Mazzini, no estatuto da Nova Europa, proclamava que "a humanidade não estará verdadeiramente constituída senão quando todos os povos a compõem, havendo alcançado o livre exercício da sua soberania, se associarem numa federação republicana" (art. 19). No âmbito das diversas correntes socialistas, a guerra foi sempre considerada um produto, não tanto de um certo tipo de regime político, quanto de uma determinada forma de produção, como é justamente a capitalista, cuja sobrevivência depende da constante conquista de novos mercados; isso traz como conseqüência, de um lado, as guerras de conquista colonial e, de outro, as guerras ainda mais terríveis entre as mesmas potências coloniais pela repartição das colônias, de acordo com as teorias da fase imperialista

do capitalismo, de que conhecemos duas diversas versões, a de Rosa Luxemburg e a de Lenin. Segundo esta interpretação da história, a paz internacional não poderá ser alcançada senão com a eliminação do capitalismo. Moções de orientação pacifista podemos encontrá-las em todas as ordens do dia aprovadas pelos diversos congressos da Segunda Internacional: "As guerras entre os Estados capitalistas — lê-se na declaração final do Congresso de Stuttgart, de 1907 — são em geral resultado da sua concorrência no mercado mundial"; vem a seguir a conclusão de que "as guerras cessarão com o desaparecimento do capitalismo". A Terceira Internacional, empenhada em defender as conquistas da revolução soviética, foi obrigada a deixar para tempos melhores o Pacifismo finalístico, limitando-se a desmascarar o falso Pacifismo da Sociedade das Nações, infamada como Santa Aliança dos Estados capitalistas. Pacifismo jurídico, ou da paz pelo direito, é, enfim, o que atribui as guerras à permanente anarquia da sociedade internacional e vê como único remédio a eliminação da soberania absoluta de cada um dos Estados e a criação de organizações internacionais cada vez mais amplas e cada vez mais centralizadas, até que venha a constituir-se o Superestado ou o Estado universal. Segundo este ponto de vista, é preciso distinguir bem a noção de conflito da noção de guerra. A guerra é apenas um modo, caracterizado pelo uso da força organizada, de resolver os conflitos internacionais: há razões econômicas, políticas e sociais que servem para explicar a origem dos conflitos, mas só a soberania absoluta dos Estados e a fraqueza de um direito como o internacional, que é paritário e não hierárquico, explicam por que é que os conflitos entre os Estados não podem ser resolvidos, com o andar do tempo, senão pela guerra. Em 1947 foi elaborado por um comitê um plano de constituição do Estado universal; outros projetos e comissões se lhes seguiram nos anos sucessivos, mas sem qualquer resultado para a política dos Estados e com pouca repercussão na opinião pública.

IV. PACIFISMO PASSIVO E PACIFISMO ATIVO. — Segundo outro critério de distinção, as doutrinas pacifistas podem dividir-se em passivas e ativas, conforme considerem a meta final, a paz, como resultado de uma evolução fatal da sociedade humana ou como conseqüência do esforço inteligente e organizado do homem com vistas a um fim desejado. Reproduz-se, assim, no âmbito do pensamento pacifista, a mesma distinção que divide os movimentos socialistas da Segunda Internacional, inspirados numa concepção determinista da história, daqueles que vão buscar a força e o nome à teoria leninista do partido revolucionário. Grande parte das correntes pacifistas do século passado eram guiadas pela idéia de que a guerra estava destinada a desaparecer, tal como o Estado, com o desenvolvimento da sociedade industrial (teorias liberais), com a ampliação e consolidação dos Estados nacionais e populares (teorias democráticas), ou com a desaparição gradual das sociedades divididas em classes. O Pacifismo passivo esgotara sua função, quando conseguiu demonstrar que a guerra já não era necessária para o desenvolvimento da humanidade. O Pacifismo ativo quis demonstrar, em vez disso, que a guerra é um acontecimento negativo e danoso que *tem* de ser impedido. A característica das correntes pacifistas de hoje, da era da guerra atômica, é a de se haverem transformado em Pacifismo ativo: em face do perigo da destruição de todo o vestígio humano sobre a terra, a paz é um bem sumamente importante, ao qual é preciso tender com esforço tenaz e unânime.

V. PACIFISMO INSTRUMENTAL, INSTITUCIONAL E FINALÍSTICO. — Este esforço pode estar voltado para os meios que se usam para fazer a guerra, para as instituições que a tornam possível, ou para o próprio homem. Daí a distinção entre Pacifismo instrumental, institucional e finalístico. Cada uma destas três formas de Pacifismo ativo apresenta, por sua vez, duas faces. No Pacifismo instrumental convém distinguir a ação orientada à destruição ou à drástica limitação dos instrumentos bélicos (doutrina e política do desarmamento), da ação tendente a substituir os meios violentos pelos não violentos e, conseqüentemente, a obter, por outros meios, o mesmo resultado (teoria e prática da não-violência, em particular a doutrina do Satyagraha de Ghandi). Ao Pacifismo institucional estão ligadas tanto as teorias que visam à constituição do Estado universal, como as que visam à abolição do Estado, isto é, tanto o Pacifismo que dissemos jurídico, como, em última análise, a doutrina comunista e anárquica. No Pacifismo finalístico juntam-se, enfim, quer o Pacifismo ético-religioso que tem em vista a conversão e transformação moral do homem, o homem novo, quer o Pacifismo científico, que tem em vista neutralizar ou canalizar em outras direções o instinto de agressão; junta-se aí tanto o Pacifismo dos sacerdotes e dos moralistas, quanto o dos homens da ciência. As três formas de Pacifismo dispõem-se numa ordem progressiva de maior complexidade e profundidade: a primeira finca-se no plano das técnicas específicas; a segunda estende-se ao plano da organização social global; a terceira vai mais além, até o homem,

isto é, até o autor e usuário das técnicas e das várias formas de organização social. Uma vez que a viabilidade está em relação inversa com a complexidade e a eficácia em relação direta com a profundidade, poder-se-á também dizer que qualquer destes três caminhos para a paz será tanto mais viável quanto menos eficaz, e vice-versa. Isto permite colocá-los numa ordem decrescente de viabilidade e numa ordem crescente de eficácia, partindo do desarmamento, que é o caminho mais viável, mas também o menos eficaz, até à reforma moral do homem, que é certamente o caminho mais eficaz, se bem que, no plano real, o menos viável.

BIBLIOGRAFIA. — AUT. VÁR., *La paix*, 2 vols. Éditions de la librairie encyclopédique, Bruxelles 1961-62; G. BOLTHOUL, *La guerra. Elementi di polemologia* (1951), Longanesi, Roma 1961; G. DEL VECCHIO, *Il fenomeno della guerra e l'idea della pace*, Bocca, Torino 1911; E. ROTA, *I movimenti pacifisti dell'800 e del 900 e le organizzazioni internazionali*, in *Questioni di storia contemporanea*, vol. II, Marzorati, Milano 1952; T. RUYSSEN, *Les sources doctrinales de l'internationalisme*, 2 vols., P.U.F., Paris 1954-1958; M. SCHELER, *Die Idee des Friedens und der Pazifismus*, Der Neue Geist Verlag, Berlim 1931.

[NORBERTO BOBBIO]

Parlamento.

I. ESBOÇO HISTÓRICO. — Quando se fala de Parlamento e de parlamentarismo, se faz normalmente referência a fenômenos políticos cujo desenvolvimento histórico se insere na curva temporal que vai da Revolução Francesa até os nossos dias. Contudo, em quase todos os países europeus houve, mesmo nos séculos anteriores, instituições políticas genericamente denominadas "Parlamentos", embora por vezes fossem também chamadas de "Estados Gerais", "Cortes", "Estamentos", etc.

Afora o nome, existe algum vínculo de parentesco entre esses dois tipos de instituições? Existe algum elemento que permita falar de continuidade entre os Parlamentos chamados "medievais" e os Parlamentos modernos, não obstante as enormes transformações que se hão de dar por descontadas? É difícil dar uma resposta totalmente unívoca a tais questões. O exame das características estruturais e das modalidades de desenvolvimento das funções específicas revela uma grande distância entre os Parlamentos "medievais" e os Parlamentos modernos, distância que reflete a diferença igualmente clara que existe entre o Estado medieval e o Estado moderno. Contudo, se descermos aos princípios fundamentais (o medieval de que *quod omnes tangit ab omnibus probetur* e o moderno da participação) e ao núcleo funcional (representação, controle, elaboração de normas) que caracterizam as instituições parlamentares tanto velhas como novas, poderemos descobrir elementos de continuidade que não são de desprezar. A própria experiência histórica européia justifica sem dúvida, até certo ponto, essa divergência de interpretações. Ela apresenta, de fato, diversas seqüências de desenvolvimento: umas onde predomina a continuidade, outras, ao invés, acentuadamente marcadas por transformações bruscas. Só para termos alguns exemplos clássicos, pensemos na Inglaterra e na França. Ressalvadas as diferenças justificadas pela diversidade histórica, ocorre perguntar se será possível conciliar, pelo menos parcialmente, tais interpretações. Ora, é necessária uma certa conciliação, porquanto, se é verdade que entre os Parlamentos medievais e os modernos há enormes diferenças, quer se considere sua composição, seus poderes ou duração, também é verdade que, pelo menos um dos Parlamentos contemporâneos, e não certamente o de menor importância, nasceu, por evolução, das instituições medievais. É preciso, porém, ter presente que a chave de um confronto útil entre as instituições políticas de uma curva temporal tão longa está em buscar, não tanto semelhanças muito precisas, improváveis por causa das mudanças ocorridas no contexto político geral, quanto as "correspondências" e analogias de estruturas e funções. Tomemos, por exemplo, a função da elaboração das normas. Os Parlamentos medievais exerciam-na, fundamentalmente, como ação "conservativa", de consolidação do direito consuetudinário e de defesa dos *privilegia* em vigor. Nos Parlamentos modernos, ao contrário, esta função assume um caráter nitidamente "inovador", visa à produção de novas leis. Contudo, após havermos explicado estas variedades funcionais, referindo-as aos diversos ordenamentos jurídicos, um descentralizado e estático e o outro centralizado e dinâmico, a que correspondem tais variedades, emergirá, não obstante, um certo parentesco básico.

O contexto político, que dá origem às instituições parlamentares e lhes imprime a marca fundamental, é o do Estado medieval, caracterizado por uma estrutura muito descentralizada e articulada, um verdadeiro mosaico de situações e "privilégios" particulares. A atividade política central do Estado não se elevou ainda a uma posição de grande relevo e se desenvolveu sem muita continuidade. Estas características reper-

cutem diretamente nos Parlamentos. À estrutura complexa e variada do Estado medieval, corresponde a estrutura igualmente complexa dos Parlamentos (subdivisão em várias câmaras, presença simultânea de membros eleitos e de membros de direito), assim como à maior homogeneidade nacional resultante, em geral, do surgimento do Estado moderno, corresponderá uma maior homogeneidade também na composição dos Parlamentos.

Na verdade, é a estrutura caracteristicamente policêntrica do Estado medieval que cria os pressupostos para o nascimento das instituições parlamentares. A descentralização da autoridade, que é resultado da organização feudal, faz surgir a necessidade da ação compensatória de um elemento unificador. Quem desempenha inicialmente esta função é o próprio *entourage* do soberano, isto é, aquela assembléia bastante restrita de feudatários leigos e eclesiásticos que toma umas vezes o nome de *curia* e outras o de *consilium regis*. É deste núcleo que nasceram muito provavelmente, mediante progressivos alargamentos, os Parlamentos medievais. Uma etapa fundamental deste processo é assinalada pela intervenção, primeiro irregular e de peso incerto, depois de freqüência mais regular e eficácia maior, nas reuniões destes organismos, de delegados dos centros urbanos, que vão adquirindo uma crescente importância econômica e social. A instituição ampliada perde o caráter de órgão estritamente ligado ao soberano com funções de assistência e conselho; em tais funções, cede pouco a pouco o seu lugar a organismos de caráter profissional (isto é, formados de *clérigos*) e mais especializados que vão nascendo. O *Magnum Consilium* se transforma em *Parlamentum*, saindo desta transformação com uma posição de maior autonomia em face do poder régio. Relacionados com esta nova posição, se desenvolvem os poderes moderador e de controle. Este processo genético se verifica, mais ou menos, em todos os países da Europa, entre os séculos XII e XIV; as vicissitudes sucessivas dos Parlamentos serão as mais diversas. Como base nestes desenvolvimentos históricos, há uma dupla necessidade. Por um lado, há a urgência de o poder central do rei consolidar o consenso do país, associando e, conseqüentemente, vinculando às decisões políticas os poderes periféricos, tanto feudais como urbanos, sem cuja colaboração se tornaria quase impossível a execução de qualquer programa político. Paradoxalmente é, portanto, o próprio poder régio que, pelo menos no início, enquanto não dispõe de instrumentos administrativos próprios e eficazes busca uma certa participação das partes politicamente importantes do país. Por outro lado, entra em jogo a necessidade sentida pelos poderes periféricos de garantir os próprios privilégios e de exercer certo controle sobre o emprego que o poder régio faz das suas contribuições pessoais e financeiras (lembremos o aforismo inglês *no taxation without representation*).

É claro, porém, que, se existe entre as duas posições uma certa área de convergência, esta possui, entretanto, limites bem definidos, para além dos quais os interesses das partes tornam a divergir. A aspiração natural das assembléias parlamentares é a de institucionalizar, de tornar regulamentada a própria presença política. Ao poder régio, pelo contrário, os Parlamentos só interessam, enquanto são assembléias facilmente controláveis, que se limitam a prestar seu assentimento e a conceder contribuições, sem aspirar a um verdadeiro e autêntico exercício conjunto do poder.

O nascimento e desenvolvimento das instituições parlamentares dependem, portanto, de um delicado equilíbrio de forças entre o poder central e os poderes periféricos. Onde o poder central goza de uma significativa preponderância, graças à disponibilidade autônoma de bases do poder, as instituições parlamentares vingam mal e dificilmente prosperam. Mas tampouco na situação oposta, ou seja, onde são, ao contrário, os poderes periféricos que prevaleçam, existem condições para a consolidação dos Parlamentos; falta, na verdade, um estímulo que leve as várias forças do país a se unirem de forma duradoura. Neste caso, a linha de desenvolvimento mais freqüente é a da fragmentação política. As assembléias parlamentares tornam-se então, na prática, assembléias de enviados de entidades políticas autônomas, sem consciência unitária de uma representação nacional. O caso da Alemanha é talvez o que mais se aproxima deste esquema de desenvolvimento.

A prova da dificuldade de tal equilíbrio no-la dá o geral declínio que, nos séculos XVI e XVII, atinge as instituições parlamentares nascidas na Idade Média. É o momento em que o Estado feudal cede lugar à monarquia chamada "nacional" e "moderna". O poder monárquico, para cumprir as tarefas de unificação e de defesa nacional de que se incumbiu, se transforma, munindo-se de instrumentos administrativos de crescente eficácia, em face dos quais as assembléias parlamentares se vêm a encontrar, o mais das vezes, em situação de inferioridade. É também desfavorável ao Parlamento a sua subdivisão em classes: isso permite ao poder régio aproveitar-se dos contrastes existentes entre os diversos componentes do Parlamento, apoiando-se ora nuns, ora noutros. Em particular, é freqüente que a burguesia nascente preste seu apoio à monarquia absoluta, que se apresentava como uma força

modernizadora relativamente aos múltiplos embaraços postos pela organização feudal às atividades econômicas.

Neste período, só o Parlamento inglês sai vitorioso do confronto com o poder régio. A partir da "Revolução Gloriosa" (1688), torna-se bem claro o curso ascendente do Parlamento britânico. Foi até a vitalidade deste Parlamento, tornado modelar para a literatura e para a prática política, que veio a constituir poderoso fator de renovação das instituições parlamentares, nos fins do século XVIII. Tal renovação é, contudo, caracterizada por importantes transformações. Desempenha aqui um papel relevante, como experiência e exemplo, o Parlamento americano. Implantado *ex novo* num sistema político que não possuía as tradições medievais, apresenta características de total novidade (abolição da divisão por classes, base bastante ampla de sufrágio, estrutura mais homogênea). Mas a mudança mais radical veio quiçá da França. É justamente o desvio parlamentar francês que constitui o pressuposto essencial da transformação. O ressurgir, em fins do século XVIII, dos Estados gerais que, deixados no esquecimento, não se tinham podido desenvolver e modernizar, vem pôr a nu o inadequado dos Parlamentos tradicionais e assinalar, por isso mesmo, a sua morte, para deixarem lugar a uma instituição parlamentar inteiramente nova.

O século XIX é o grande período do desenvolvimento dos novos parlamentos. Alguém o definiu como século de ouro do parlamentarismo europeu. Na Inglaterra, na França (exceptuados os períodos imperiais), na Bélgica, na Holanda e na Itália, o Parlamento constitui-se o centro do debate político, estendendo progressivamente a sua influência ao Governo que havia sido até então expressão do poder régio. A monarquia constitucional cede o lugar ao regime parlamentar, que tem como fulcro a "responsabilidade" do governo perante o Parlamento. Naturalmente, esta transição acontece não sem inquietações e conflitos: suas etapas estão marcadas por votos de censura parlamentar, por dissoluções antecipadas das câmaras por parte do rei com o fim de lhes bloquear o desenvolvimento, e por verdadeiras crises constitucionais. Mas, no começo do século XX, o conflito entre o Parlamento e a monarquia já se havia resolvido, em quase todos os países europeus, a favor do primeiro.

II. DEFINIÇÃO DE PARLAMENTO. — Se da dimensão histórica voltarmos os olhos para a situação atual, nos encontraremos diante de uma variedade de formas parlamentares igualmente desconcertante. O nome é sempre o mesmo, o de Parlamento, mas a substância é diversíssima de

caso para caso. Na base destes contrastes há
múltiplos fatores, nomeadamente a própria proliferação das instituições parlamentares em grande
número de novos Estados aparecidos neste século
e caracterizados por realidades políticas sumamente variadas, e a diversa incidência das grandes novidades políticas (democracia de massa,
partidos organizados, regimes totalitários, etc.)
neste período.

Para nos orientarmos no meio desta variedade
de formas, precisamos, como ponto de referência,
de uma definição, certamente ampla e elástica,
mas capaz de individualizar alguns elementos comuns que não sejam meramente nominais. Parlamento pode definir-se assim: uma assembléia
ou um sistema de assembléias baseadas num
"princípio representativo", que é diversamente
especificado, mas determina os critérios da sua
composição. Estas assembléias gozam de atribuições funcionais variadas, mas todas elas se
caracterizam por um denominador comum: a participação direta ou indireta, muito ou pouco relevante, na elaboração e execução das opções políticas, a fim de que elas correspondam à "vontade popular". Convém precisar que, ao dizermos
"assembléia", queremos indicar uma estrutura
colegial organizada, baseada não num princípio
hierárquico, mas, geralmente, num princípio igualitário. Trata-se, por isso, de uma estrutura de
tendência policêntrica. Como toda a definição,
também esta apresenta o problema de certos
casos-limites. Existem, por exemplo, instituições
políticas que respeitam formalmente estes cânones e que se poderiam chamar, portanto, Parlamentos, mas que, por trás da fachada exterior,
apresentam uma realidade muito diferente, não
podendo, por isso, ser consideradas como tais.
E não se deve esquecer que tais ambigüidades
possuem um claro significado político.

A definição escolhida compõe-se de duas partes: a primeira atende à dimensão morfológica e
estrutural do fenômeno; a segunda, ao invés, à
sua dimensão funcional.

III. ASPECTOS ESTRUTURAIS DO PARLAMENTO.
— A análise morfológica distingue dois níveis: o
ambiental ou estrutural e o individual. Ou seja,
um organismo colegial como o Parlamento é suscetível de ser estudado e classificado, tanto do
ponto de vista do pessoal que o compõe, quanto
do das estruturas dentro das quais ele age.

O ambiente parlamentar é uma realidade bastante complexa na verdade; é resultante de múltiplos fatores. Em primeiro lugar, numa sucessão
lógica e não em ordem de importância, estão os
processos de recrutamento e seleção do próprio
pessoal. Trata-se certamente de um elemento cru-

cial, porque é nele que encontra especificação
operativa o princípio representativo característico
da instituição parlamentar. Enquanto nos Parlamentos "pré-modernos" coexistem critérios diversos de determinação dos componentes — para um
setor do Parlamento o princípio eletivo, para outro a participação de iure, para outro ainda a
transmissão hereditária — nos modernos, o processo normal de designação é o da investidura
eletiva. É uma homenagem prestada, pelo menos
formalmente, ao princípio dominante da soberania popular. Restam ainda, é verdade, formas de
nomeação "do alto" ou de participação de iure
(por exemplo, na Itália fazem parte do Parlamento cinco senadores nomeados pelo Presidente,
bem como os presidentes da república cessantes),
mas em grau limitadíssimo e sem peso decisivo.

O processo eleitoral é suscetível de múltiplas
variações de grande significado político (v. SIS-
TEMAS ELEITORAIS). Uma vez que são os mecanismos eleitorais que determinam a natureza da
ligação entre a sociedade e o Parlamento, é deles
que depende em boa medida o "peso específico"
da instituição parlamentar e o seu grau de autonomia em relação às demais estruturas políticas.
Eles determinam, além disso, as relações de força
entre os diversos grupos políticos e, parcialmente,
também o clima político, contribuindo para a
definição da natureza e limites do papel do Parlamento no processo político. Possuem particular
relevo, entre os diversos elementos, a extensão
da base eleitoral, o nível de competitividade e a
presença ou não de fatores de distorsão nos critérios de avaliação do resultado eleitoral.

Da grande revolução política do último século — a da universalização do voto, brusca ou
progressiva segundo os casos — as instituições
parlamentares saíram em toda a parte transfor-
madas. As mudanças se referem sobretudo às características do pessoal parlamentar (desaparece
a figura do político independente, sendo substituída pelo homem de partido, pelo político de
profissão) e à dimensão da unidade de referência
da vida parlamentar (o parlamentar isolado e o
grupo pouco estruturado são suplantados pelo
partido ou grupo solidamente organizado e disciplinado). Isto vale naturalmente como quadro
geral, porque, examinados um a um, há Parlamentos como a Câmara dos Comuns inglesa, de
rígida disciplina partidária, o Parlamento italiano, que conhece também a disciplina partidária
mas em grau limitadíssimo enfraquecida pela oposição das correntes,
e o Senado americano, onde as figuras indivi-
duais se elevam amiúde à posição de destaque
político.

O nível competitivo do processo eleitoral pode
muito bem ser definido como elemento discriminante entre duas categorias de Parlamentos: Par-

lamentos que assumem um papel fundamental na vida política e Parlamentos reduzidos a um papel de adorno ou de fachada. O Parlamento reproduz, com efeito, se bem que com certa distorsão, prolongando-a pelo período da sua duração, a dialética das forças políticas que o momento eleitoral pôs em relevo; é a forma dessa dialética e sua vivacidade que caracterizam a ação política do Parlamento. Onde, como nos regimes de partido único, o mecanismo eleitoral desencoraja ou até suprime a pluralidade e a competição, o Parlamento, não sendo animado pela dialética maioria-oposição, funciona, antes de tudo, como caixa de ressonância propagandística dos órgãos reais do Governo (o executivo, o partido). Onde a dialética política é aceita, o andamento da competição eleitoral influirá também no caráter que ela assumirá no seio do Parlamento. A diferença, por exemplo, entre oposição responsável e oposição irresponsável está ligada não só a fatores de tradição histórica, como também ao espaço e às possibilidades de afirmação que o momento eleitoral atribui às várias forças políticas.

Desaparecidas, quase por toda a parte, as câmaras nobiliárquicas hereditárias, e sendo também assaz raras as câmaras constituídas por nomeação, a duração temporaneamente limitada do mandato é uma das características fundamentais dos Parlamentos contemporâneos. Que se trata de um elemento de importância política demonstram-no as lutas que, na história parlamentar, se travaram em torno da questão dos limites de duração, especialmente na Inglaterra, e do poder de dissolução antecipada por parte do executivo (lembremos a crise política da III República Francesa, provocada, em 1877, com a dissolução antecipada do Parlamento). Do ponto de vista político, são de importância sobretudo a regularidade e confiabilidade dos períodos eleitorais e, conseqüentemente, da duração da "legislatura". O poder de dissolução atribuído geralmente ao executivo, correspondente ao poder que o Parlamento tem de retirar a confiança ao Governo, não perturba a vida parlamentar, enquanto permanece um poder limitado e é usado com discrição. Onde se recorre a ele com excessiva facilidade e de modo reiterado, ele se converte em instrumento capaz de explicar a autonomia política do Parlamento (cf. a experiência de Weimar).

A duração média das assembléias parlamentares gira em torno de 4-5 anos. A Câmara dos Representantes americana, com um mandato de apenas dois anos, é uma exceção. Em alguns casos, para conciliar as necessidades contrastantes da continuidade e da periodicidade da "responsabilidade política", foi adotada a fórmula da renovação parcial: o Senado americano renova-se num terço de dois em dois anos; por isso, cada terço permanece no cargo. seis anos. A duração é um fator que influi particularmente na capacidade de atividade política das assembléias: de fato, parlamentares continuamente sujeitos à obsessão da reeleição têm dificuldades em esboçar um trabalho de longo prazo, que pode trazer consigo também uma impopularidade momentânea. Ela influi igualmente nas reações do Parlamento aos estímulos políticos externos e, em último termo, na sua independência política. Mas a "duração" de uma assembléia não depende, substancialmente, apenas da extensão do intervalo entre duas eleições sucessivas, mas quiçá mais ainda da presença de um núcleo mais ou menos grande de parlamentares que não mudam de uma eleição para outra. Este núcleo, quando dotado de uma certa consistência, constitui fator significativo de continuidade, já que assegura a transmissão de toda aquela bagagem de costumes, convenções e regras não escritas que tanta importância têm na caracterização de um Parlamento. É a estes parlamentares "permanentes" que convém atender antes de tudo, para distinguir as estruturas de poder que também existem por trás da fachada paritária das assembléias parlamentares.

Outro elemento significativo na morfologia do Parlamento está no número das assembléias. Os Parlamentos contemporâneos são geralmente monocamerais ou bicamerais, isto é, são compostos de uma ou de duas câmaras. O bicameralismo, herança tradicional dos Parlamentos medievais e do "Estado de classes" (Ständestaat), adquiriu hoje, após o desaparecimento das câmaras nobiliárquicas, um significado diverso do do passado. Geralmente, no bicameralismo moderno, o princípio político que serve de base a uma e a outra câmara é o mesmo, ou seja, o da soberania popular, mas são diversas as modalidades institucionais que nas duas câmaras lhe hão de garantir a atuação prática. As duas câmaras representam, portanto, elementos complementares que se integram num mesmo esquema. O sistema bicameral é até agora o mais comum, se bem que, depois da última guerra, em vários países como Nova Zelândia, Dinamarca e Suécia, se introduziu o monocameralismo. No âmbito do sistema bicameral, há muita variedade. Nos Estados federativos ou de ampla autonomia regional, o bicameralismo constitui uma constante, como o demonstram os Estados Unidos, a União Soviética, a Áustria, a Suíça, a Alemanha Federal e tantos outros exemplos. Nestes casos, a segunda câmara é concebida como instrumento de integração da representação, considerada a estrutura particular do sistema político; ela deve representar as unidades federadas em sua singularidade, enquanto a primeira as representa de modo indiferenciado. Em outros casos, a segunda câmara é concebida como elemento de equilíbrio, como contrapeso das tendências políticas da outra câmara; constitui, pois, fator de reflexão na atividade decisória do Parlamento. Revelam-se mais adequadas ao desempenho deste papel as assembléias de dimensões numéricas reduzidas e de longa duração. A coexistência de duas câmaras não está isenta de problemas: a presença da segunda câmara adquire uma conotação negativa, se provocar uma injustificada lentidão nos trabalhos parlamentares e der lugar a uma situação de xeque, devido ao fato de se afirmarem nas duas câmaras maiorias politicamente inconciliáveis. Por isso, para uma avaliação da forma bicameral, são particularmente importantes as relações que existem entre ambas as câmaras no desenrolar das várias funções parlamentares. Tais relações podem apresentar aspecto de "divisão do trabalho", de "cooperação" e de "oposição" moderada ou intransigente. Estas relações dependem tanto de fatores institucionais constantes (como a atribuição a cada uma das câmaras de competências específicas), quanto da mutável situação política (relações de força política, consistência das maiorias, clima dialético maioria-oposição). A história do bicameralismo inglês pode servir para ilustrar as diversas relações possíveis entre as câmaras. Ao período de oposição frontal que desembocou no *Parliament Act* de 1911, limitativo dos poderes dos Lordes, sucedeu um regime, ora de colaboração, com os conservadores no Governo, ora de oposição moderada, quando eram os trabalhistas que governavam; hoje vigora ainda entre as duas câmaras uma certa divisão de trabalho no tocante a algumas funções.

Quanto à estrutura interna das assembléias parlamentares, o panorama mundial mostra uma grande variedade nos graus de complexidade. Poder-se-á encontrar a explicação destas diferenças no processo genético associado a cada Parlamento e nas condições políticas em que ele se desenvolveu. Há, de fato, câmaras que são o resultado de um longo processo de *institucionalização*, câmaras para as quais este processo está ainda no início ou sofre a resistência das condições políticas ambientais, e, enfim, câmaras que nasceram já com uma estrutura complexa. A importância das características estruturais é grande, já que delas depende, em grande parte, a funcionalidade do Parlamento e a possibilidade de ele ter uma participação significativa no processo político. Em linhas gerais, os Parlamentos caracterizados por escassa diversificação política e baixo grau de articulação operativa interna não podem aspirar a um papel político de grande peso, quan-

do não ficam reduzidos, sem mais, a uma função puramente aclamatória.

A primeira dimensão estrutural que é preciso considerar é a da *articulação operativa* das assembléias parlamentares. Nesse termo compreendemos todos aqueles elementos organizativos internos que foram instituídos para permitir e facilitar o desenvolvimento das atividades parlamentares. Neste campo, uma das estruturas parlamentares mais antigas e comuns é a da presidência, principal órgão de arbitragem e regulamentação dos trabalhos parlamentares. Em alguns Parlamentos, o presidente é figura de indiscutível imparcialidade — o *speaker* britânico é o modelo, em outros, como na Câmara dos Representantes americana, assume uma posição mais partidária. A presidência possui um significado particular, já que dela dependem, em geral, os instrumentos administrativos e jurisdicionais da autonomia parlamentar. A autoridade de que goza pode ser tida como índice desta autonomia. E não se deve esquecer que o princípio da autonomia parlamentar, isto é, da não interferência dos outros órgãos políticos nos *interna corporis*, princípio penosa e tenazmente afirmado no confronto com o poder monárquico, constitui tradicionalmente um dos fundamentos da experiência parlamentar. Em sua outra função, a da coordenação e direção do andamento dos trabalhos parlamentares, a presidência é geralmente coadjuvada por um organismo composto por representantes dos vários grupos políticos parlamentares.

Dado o número dos seus componentes, quase sempre elevado devido às exigências da representatividade e ao volume crescente do trabalho, as assembléias parlamentares tendem a articular-se em *comissões*, isto é, em organismos mais restritos e, por isso, mais eficazes no plano operativo. Os critérios segundo os quais é organizado o sistema das comissões, variam de um Parlamento para outro. Relativamente ao critério de distribuição do trabalho, há comissões especializadas e comissões não especializadas; quanto à duração, há comissões permanentes e comissões *ad hoc*, criadas unicamente para o desempenho de uma determinada tarefa. Um elemento importantíssimo é a estabilidade do pessoal: quanto maior ela for, tanto maior tenderá a ser também a coesão política e, conseqüentemente, o peso das comissões. São disso um ótimo exemplo as comissões parlamentares da III República e certas comissões do Senado americano que, pelo alto grau de permanência dos componentes, se tornaram verdadeiros baluartes políticos, dificilmente expugnáveis desde fora. O relevo que as comissões adquirem numa assembléia parlamentar tem um notável significado político, já que o modelo decisório típico delas é comumente diferente do da assembléia: acordo e negociação no primeiro caso, critério majoritário no segundo. Por isso, quanto mais importantes forem as comissões, tanto mais a dialética parlamentar estará marcada por esse modelo decisório e tanto menos se caracterizará por um clima de choque frontal.

Mas a estrutura real de uma assembléia parlamentar também é definida por elementos que se situam numa outra dimensão: aquela que concerne aos grupos políticos presentes nos Parlamentos. Os parlamentares não agem, com efeito, de modo atomístico, mas geralmente enquadrados em unidades superindividuais organizadas: esta é uma constante na grande maioria dos Parlamentos atuais. Um fenômeno que é fruto da grande revolução política que trouxe à ribalta os partidos organizados. Os partidos modernos possuem, em geral, a sua base organizacional fora do âmbito parlamentar; mas tornam-se também presentes nas assembléias parlamentares mediante estruturas organizativas apropriadas, como os *grupos parlamentares*. Do ponto de vista da estrutura do Parlamento, são elementos importantes o número dos partidos, as possibilidades de alianças e coalizões interpartidárias, o grau de coesão interna, ou seja, aqueles fatores que são a base da dinâmica interpartidária. Dada a grande incidência da variável partidária, podemos dizer que há pelo menos tantos tipos de Parlamentos quantos são os tipos de sistemas partidários. Há Parlamentos onde o sistema de partido único elimina toda a forma de dialética política, assim como onde o bipartidarismo apresenta uma vigorosa contraposição de linhas políticas alternativas; e também onde o pluripartidarismo oferece uma complexa amálgama de formas de conflito e acordo entre as variadas forças políticas. Assim, a par dos Parlamentos onde a relação *maioria-minoria* é equilibrada, há também aqueles onde ela pende a favor da maioria que goza de uma superioridade esmagadora, ou então de uma minoria que está em condições de reduzir a maioria à impotência. Outra variável está na maior ou menor dependência dos órgãos partidários parlamentares em relação aos órgãos partidários externos e, vice-versa, no papel que o componente partidário parlamentar desempenha dentro do partido global. Do máximo de desvinculação, como é a do Parlamento americano, se passa a uma situação qual a inglesa, onde o *parliamentary party* está estreitamente ligado ao partido, gozando, porém, dentro dele de uma posição de grande destaque político. Em geral, nas democracias parlamentares européias, existe um elevado grau de dependência dos órgãos partidários externos, que são o verdadeiro centro motor da política.

São todos estes elementos da morfologia parlamentar que concorrem para a formação do complexo sistema de oportunidades e limitações, de recompensas e punições, de motivações e desestímulos, dentro do qual se define a ação do ator parlamentar individual. A ação parlamentar, entretanto, é resultado não só destes elementos ambientais, como também das características pessoais dos que compõem as assembléias. A classe de onde provém, a qualificação profissional, a carreira política já vivida e, finalmente, no plano psicológico, o tipo de percepção do próprio papel são as características que podem ter um significado político. Sob este aspecto, também é possível descobrir importantes transformações na história parlamentar do último século. Dos Parlamentos aristocráticos aos Parlamentos da democracia de massa, o passo relativo à mudança das características dos parlamentares foi muito grande. Fenômenos como a ampliação do sufrágio, o alargamento da base política, a expansão da intervenção estatal na vida social e o advento dos partidos organizados de massa, tiveram todos clara repercussão em tais características. A figura do político independente, proveniente das classes altas e diletantes, é substituída cada vez mais pela do político de profissão, que faz carreira nas fileiras do partido e é geralmente originário da classe média. Estes fatores influem no papel que os atores parlamentares poderão assumir; para um amplo setor, que da atividade política tira também a sustentação econômica, o papel de gregário torna-se o único possível.

IV. FUNÇÕES PARLAMENTARES. — Do ponto de vista funcional, os Parlamentos são instituições geralmente polivalentes. A variedade de funções desempenhadas tem uma explicação no papel característico dos Parlamentos, que faz delas os instrumentos políticos do princípio da soberania popular. É deste papel que nasce para o Parlamento o direito e o dever de intervir, embora de formas diversas, em todos os estádios do processo político. Segundo o estádio e as modalidades de tal intervenção, haverá atividades de estímulo e de iniciativa legislativa, de discussão e de deliberação, de inquérito e de controle, de apoio e de legitimação. Tão variadas atividades podem ser globalmente compreendidas no quadro das quatro funções parlamentares fundamentais: representação, legislação, controle do Executivo e legitimação. É natural que, conforme a posição que cada Parlamento ocupa no sistema político, varie a importância das diversas funções; certamente há funções que, em determinadas situações políticas, podem se atrofiar e ficar reduzidas ao simples aspecto formal.

Dentre as funções parlamentares, é a representativa a que possui uma posição que poderíamos chamar *preliminar*. Isso porque, em primeiro lugar, ela é uma constante histórica em meio das transformações sofridas pelas atribuições do Parlamento, e, em segundo lugar, porque nela se baseiam todas as demais funções parlamentares, cujas características dependem, em boa parte, das formas do seu desenvolvimento. Por ser fundamental, esta função assume um significado discriminante entre um Parlamento e outro.

A representação política é uma função assaz delicada; de fato, faltando determinadas garantias institucionais, é capaz de cair no oposto, a "manipulação", ou seja, de se transformar de fluxo de opiniões e opções políticas que se movem de baixo para cima, em fluxo descendente de modelos e opções políticas impostos desde o alto. A posição intermédia do Parlamento, entre o público e os órgãos do Governo, pode convertê-lo em instrumento de qualquer dessas duas possibilidades. Em certos casos, a representatividade dos Parlamentos está tão reduzida, tão cerceada e deformada, que se pode dizer que ela é apenas uma fachada destinada a esconder a realidade, que é, ao invés, a de um verdadeiro encapsulamento do corpo político e de uma mobilização do consenso de cima para baixo. É o que se verifica nos regimes autocráticos de todos os tipos, os quais, embora rejeitem substancialmente o princípio da soberania popular, dele conservam, no entanto, para efeitos de cobertura política, a aparência externa, mediante instituições parlamentares desvitalizadas. No âmbito dos Parlamentos que atuam como verdadeiros instrumentos representativos, o elemento distintivo está na "imagem" característica da sociedade política que eles são capazes de personificar. Em tal situação, a variável partidária tem naturalmente um peso decisivo. Uma das distinções mais importantes pelas conseqüências que implica para as outras atividades parlamentares é a existente entre Parlamentos aglutinadores da demanda política e Parlamentos pouco aglutinadores, ou seja, entre Parlamentos que concedem ampla margem a todas as instâncias mesmo particulares, e Parlamentos capazes de selecionar e sintetizar as demandas, "agregando-as" em alternativas políticas de certa amplitude. Um delicado problema de equilíbrio político é o de conciliar esta exigência de agregação com a exigência, também importante, de manter no Parlamento um elevado grau de transparência do pluralismo existente na sociedade, isto é, de evitar o risco de uma representação demasiado redutiva. Neste campo da função representativa, são também elementos importantes a sensibilidade às transformações do clima político e a receptividade a novas demandas. Aqui se revela de particular importância o espaço político que o Parlamento atribui à oposição, já que é esta a força institucionalmente mais adequada ao desenvolvimento de uma ação estimuladora em tal sentido.

A par da função representativa, o Parlamento desempenha também a função de legitimação. Os Parlamentos, na verdade, não só transmitem demandas e pedidos, como também, em geral, manifestações de consenso e dissenso, de apoio político ou de contestação, em face das estruturas de Governo. É natural que as mensagens políticas de um e de outro tipo se misturem: a própria forma das demandas é já amiúde um indício do grau de apoio público ao sistema político. Intermediário do apoio ou dissenso, o Parlamento ajuda a conferir ou a subtrair legitimidade política ao Governo. Nos regimes que limitam fortemente o papel político autônomo do Parlamento, esta função legitimadora constitui a principal justificação para a manutenção das instituições parlamentares. Nestes casos, é claro, a estrutura parlamentar é reforçada em seus aspectos mais adequados às exigências de legitimidade do regime. A pluralidade de opiniões cede lugar à unidade de expressão política.

Todas as demais atividades parlamentares estão estreitamente ligadas à função representativa: elas são, na realidade, os instrumentos da sua atuação. Com o tempo e de acordo com o regime político, estes instrumentos parlamentares sofrem notáveis mudanças. A interferência do Parlamento no processo político se torna mais ou menos direta, mais ou menos determinante.

A atividade legislativa é, de todas, sem dúvida, a mais típica do Parlamento moderno, tanto que ele é definido por antonomásia como "poder legislativo". Convém lembrar que, por trás desta identificação, está aquela complexa corrente de pensamento conhecida sob o nome de doutrina da separação dos poderes. Esta doutrina, onde os aspectos descritivo e prescritivo se misturam, atribui ao Parlamento a função legislativa, entendida como elaboração de *normas gerais;* deixa-se ao Executivo a atividade de Governo, ou seja, a incumbência de atender ao caso concreto e particular dentro do quadro geral estabelecido pela legislação. Mas as transformações políticas do último século ofuscaram bastante a clareza destas distinções. Influíram particularmente dois fatores. Recordemos, em primeiro lugar, o declínio do poder da realeza, que trouxe como conseqüência a gravitação do executivo dentro da esfera parlamentar, tornando-se às vezes o dominador, outras o dominado, mas perdendo sempre aquele destaque que o separava do Parlamento, quando o Executivo era expressão do poder real. Em segundo lugar, convém referir a transformação do próprio instrumento legislativo. A lei, na moderna situação criada pela crescente intervenção da autoridade política na vida social, perdeu o seu primitivo caráter de raridade e estabilidade e, convertida em forma comum de ação política, se transformou em algo necessariamente particular e mutável.

Em contraste com a antiga distinção, pode-se afirmar que hoje se governa legislando. O Executivo, responsável pela função de governar, atua também no setor da legislação. A atividade legislativa tornou-se, portanto, em todas as suas fases (iniciativa, discussão, deliberação), resultado da intervenção conjunta do Parlamento e dos órgãos do Governo. Já desde a primeira fase, a da iniciativa, se insere o Executivo na clássica função parlamentar. O Governo tem de intervir desde o início, se quiser realizar o seu programa político. Mas quanto mais forte for o Executivo e maior for a posição de autoridade de que goza perante o Parlamento, tanto mais a iniciativa legislativa de origem parlamentar se reduzirá a uma atividade residual. A título de exemplo, comparemos, de um lado, a marginalidade das iniciativas parlamentares no Parlamento inglês, de outro a relativa importância de tais iniciativas no Parlamento italiano. Outro aspecto importante desta primeira fase do processo legislativo é o da coordenação e programação do trabalho parlamentar. Trata-se de fixar as prioridades políticas, de escolher entre as iniciativas legislativas concernentes ao mesmo assunto ou de as integrar. O Executivo, como centro principal da iniciativa política orgânica, aspira geralmente a uma participação destacada também neste campo. O seu êxito depende do grau de controle que consegue exercer sobre a maioria parlamentar que o apóia e do peso institucional da oposição, quando existente.

A fase de deliberação se desenvolve segundo moldes que variam de um Parlamento para outro. O projeto legislativo em questão é geralmente submetido a repetidos exames. O elemento de diversificação mais significativo está na importância que têm neste processo a assembléia plenária e as comissões, sempre que existam. Há um mínimo de interferência das comissões, quando estas expressam apenas seu parecer, e um máximo, quando lhes é delegado o poder de decidir com eficácia vinculatória para todo o Parlamento. A dialética entre as diversas forças políticas, que caracteriza esta fase de deliberação, é fortemente influenciada pelo ambiente institucional em que se desenvolve. As comissões parlamentares, criando um ambiente mais restrito e dis-

creto, favorecem as formas negociáveis e conciliatórias de decisão. Isto será tanto mais válido quanto mais densa for a textura de recíprocas concessões que o pessoal das comissões, superando as diferenças de alinhamento político, conseguir criar com sua estabilidade. O grau de eficiência do sistema de comissões é ainda importante, porque dele depende, em grande parte, a possibilidade de o Parlamento interferir nas iniciativas legislativas externas (do Executivo, dos partidos) para as modificar e emendar. De fato, onde, como na Inglaterra, o Executivo mantém fortemente sob controle o processo legislativo, nota-se claramente sua oposição às transformações que, tais como a introdução de comissões especializadas e estáveis, fortaleceriam os poderes do Parlamento.

A fase que se desenrola na assembléia segue esquemas bastante mais rígidos e formais que os da comissão. Em geral ela compreende, antes de tudo, uma discussão global sobre o projeto legislativo, depois o exame de cada um dos artigos e das emendas propostas, e, finalmente, a votação do projeto em seu conjunto. Na etapa da discussão, como na final da votação, não falta geralmente a intervenção, direta ou indireta, de forças políticas externas. O Executivo pode intervir diretamente, declarando qual é a sua vontade política, apresentando emendas, retirando suas próprias propostas de lei, ou introduzindo a questão de confiança durante a votação. De igual modo, tal como os grupos de pressão de qualquer gênero, também o Executivo pode intervir de modo indireto, ou seja, por meio das suas bases de apoio parlamentar. Nos regimes parlamentares, a base do Executivo é quase sempre constituída pela maioria parlamentar; nos regimes presidenciais ocorre não raro faltar esta base majoritária, ou então ela tem um caráter meramente ocasional, como acontece geralmente nos Estados Unidos com os presidentes republicanos. Para os múltiplos grupos de pressão que caracterizam a vida política moderna, a base parlamentar está, em geral, em grupos informais de deputados que se comprometem a favorecê-los durante o período legislativo.

A função parlamentar que se segue, em ordem lógica, é a do controle do Executivo e das atividades dos seus setores burocráticos. Devemos, além disso, lembrar que esta é uma das funções primordiais dos Parlamentos. Se foi um pouco eclipsada pela exaltação da função legislativa no século XVIII (a sublimidade das leis gerais e libertadoras), hoje se revelou de novo a sua extrema importância. Isto se deve à diminuída grandeza das leis, inflacionadas e, com freqüência, totalmente privadas de uma eficácia prática direta, e à crescente importância de uma série de atos governativos que, se bem que teoricamente de natureza executiva, isto é, limitados pelo quadro legislativo existente, são substancialmente de natureza decisória e constituem atividades de grande inovação política. Na base destas novas formas de ação política, está a crescente responsabilidade do Governo no que se refere ao andamento da vida econômica, que fez dele, ao mesmo tempo, empresário igual aos outros, mediador nos conflitos sindicais e programador de todo o desenvolvimento da sociedade.

O Parlamento, que limitasse a sua intervenção apenas à fase legislativa, deixaria escapar uma importantíssima parcela do processo político. O real peso político do órgão representativo deveria ser avaliado, portanto, tendo também em conta a eficácia da sua atividade de controle.

São vários os instrumentos por meio dos quais o Parlamento exerce esta função. Nos regimes parlamentares, a negação da confiança é a forma mais drástica de ação do Parlamento sobre o Governo. Mas é uma forma bastante rara, primeiro, por sua própria gravidade, depois, por causa dos vínculos partidários que ligam o Executivo à maioria parlamentar; as maiores possibilidades ocorrem com Governos de coalizão ou então minoritários. Nos regimes presidenciais, onde a permanência do Executivo não depende do Parlamento, as condições de intervenção são necessariamente diversas: o Parlamento pode recorrer à ameaça, ou de obstar ao Executivo nos aspectos do seu programa que, exigindo a forma legislativa, têm de passar pelo crivo parlamentar, ou de negar fundos aos programas governamentais. Mas, em linhas gerais, o instrumento parlamentar de controle mais comum está no poder de tornar notória e apontar à opinião pública, por meio da solicitação de explicações, interpelações e inquéritos, a atuação do Executivo. É claro que este tipo de ação, para ser eficaz, requer a existência de um público atento aos acontecimentos políticos e capaz de influir no seu processo. Um momento importante da função de controle dá-se com a repetição anual da discussão do orçamento. Esta atividade parlamentar tradicional, que, em certos países, dá ao Parlamento o poder de modificar o projeto de orçamento do Governo, enquanto em outros vê o papel do Parlamento limitado à sua aprovação ou rejeição total, possui, em todo o caso, um importante significado político, pois submete à vigilância parlamentar a realidade global do programa anual do Governo e oferece ocasião para um debate geral acerca das finalidades da ação do Executivo.

Dizendo que o Parlamento tem um papel peculiar no processo legislativo e que ele exerce a função de controle, estamos usando expressões sintéticas que não irão esconder uma realidade que é feita de partes e papéis diversos. A tradição parlamentar ocidental, não obstante todas as suas variações, se baseia na dialética entre duas partes diversas: maioria e oposição. A maioria, vinculada ao Governo, tem seu papel determinante na atividade legislativa. A oposição se limita aqui a uma função crítica, com interferências modificativas, caso tenha força para tanto. Na atividade de controle, pelo contrário, a parte principal cabe justamente à oposição que, pela sua posição política, é muito mais instada a examinar criticamente a ação do Governo do que a maioria que o apóia. Há certamente países onde falta um razoável equilíbrio entre maioria e oposição, um equilíbrio que constitua a base de uma dialética política viva, e o Parlamento se exprime a uma só voz; mas é difícil que a intervenção do Parlamento nos momentos cruciais do processo político seja ali determinante.

V. CONCLUSÃO. — Sendo estas as atividades em que participa o Parlamento, poder-se-á dizer ainda hoje que ele goza de um poder decisivo ou pelo menos significativo no processo político? Não se deverá falar, em vez disso, do "ocaso do parlamento"? São questões repetidamente levantadas em face de certas realidades políticas que parecem demonstrar que o Parlamento foi suplantado por outras instituições. Não é o caso de falar aqui do fenômeno macroscópico dos regimes totalitários e autoritários que se desenvolveram neste século e destruíram o regime democrático parlamentar preexistente, abolindo o Parlamento ou, de qualquer modo, esvaziando-o completamente de toda a autonomia e significado políticos. A questão assume uma importância muito maior justamente em relação aos regimes democráticos pluralistas, onde não existe certamente o antiparlamentarismo explícito dos anteriores, mas, não obstante, se assiste igualmente ao desenvolvimento das tendências que parecem denotar uma perda da centralidade do Parlamento; o debate político não tem já o âmbito parlamentar como sede principal, mas se desenrola, em grande parte, fora, entre partidos, organizações sindicais, forças econômicas, e através dos canais de comunicação fornecidos pelos *mass media*. Vemos também como uma série de negociações, acordos e decisões de importância política decorrem à margem da esfera parlamentar. Por isso, em muitos casos, o Parlamento se limita a registrar decisões que foram tomadas alhures.

Na origem desta situação real que contradiz o modelo tradicional do parlamentarismo, ainda aceito nas constituições democráticas, existem fundamentalmente dois fenômenos. O primeiro está no desenvolvimento do aparelho partidário fora do Parlamento; o segundo na consolidação, concomitante à expansão da interferência estatal na economia, da prática da negociação das decisões públicas entre o Governo e as grandes "corporações" (sindicatos operários, organizações empresariais, associações profissionais, associações do comércio e da agricultura). A questão é se estas tendências da política contemporânea assinalam necessariamente o fim do papel do Parlamento como instituição fundamental e indispensável da democracia, ou se, mesmo alterando-lhe as funções, lhe reservam ainda uma função importante a desempenhar. Uma democracia meramente "partidária" ou meramente "neocorporativa" (o "neo" é para distinguir o corporativismo espontâneo das sociedades industriais avançadas do corporativismo de caráter autoritário) será possível? Pelo que respeita a um dos dois aspectos do problema, o partidário, podemos já destacar uma função do Parlamento que, se não se inclui entre as suas funções tradicionais e é por isso habitualmente pouco notada, nem por isso deixa de ser importante: a função reguladora da competição política. A competição entre os partidos, que constitui o eixo e suporte da democracia contemporânea, como tem sido acentuado a partir de Schumpeter, tem naturalmente nas complexas normas do processo eleitoral o primeiro mecanismo de regulamentação, de arbitragem e de sanção dos resultados. Mas o confronto e competição entre esses atores políticos não se exaure na precisão e intermitência do momento eleitoral, mas constituem um dado continuativo da vida política. A condição para que as eleições não se transformem em embates decisivos e para que exista uma instituição capaz de proporcionar um canal de expressão duradouro a esta competição, dotada dos instrumentos necessários para lhe oferecer uma mediação continuada. Hoje o Parlamento ainda continua sendo a instituição mais bem aparelhada para desenvolver esta tarefa pouco visível, mas certamente basilar. E isto devido à sua específica forma estrutural, que permite a presença simultânea, sob o mesmo teto, de múltiplas forças políticas, bem como ao seu apetrechamento institucional, destinado a regular as relações entre elas e a institucionalizar a sua cooperação. A prática parlamentar, pela sua intrínseca necessidade de reciprocidade de comportamentos, de intercâmbio de comunicações, de colaboração e de mútuos favores, constitui um fator que pode contribuir, de modo bastante significativo, para criar um fundo de coesão entre as forças políticas, capaz de transcender as suas divergências, e pode servir para contrabalançar as pressões centrífugas que nascem inevitavelmente da dialética política. Como é natural, pará que o Parlamento possa desempenhar eficazmente este papel, não basta a existência pura e simples do seu arcabouço institucional e jurídico; é preciso também que este órgão político seja dotado de uma vida institucional própria e real. Parece aqui particularmente importante a questão da institucionalização, isto é, do processo de desenvolvimento multidimensional pelo qual uma estrutura política adquire força e coerência. Um processo que, no caso do Parlamento, significa afirmação de um específico *ethos* político, ou seja, de uma tradição de normas, costumes e convenções informais, nem por isso menos vinculatórios, capaz de se impor a todas as forças políticas, de um certo grau de continuidade e sustentação institucional do pessoal parlamentar, apto a garantir-lhe alguma margem de autonomia, e, finalmente, de uma certa homogeneidade das forças políticas representadas, no sentido de uma adequação da sua estrutura ao modelo parlamentar.

Quanto ao outro aspecto, o da política neocorporativa, parece à primeira vista mais difícil ver a possibilidade de que o Parlamento continue a desempenhar aí um papel significativo. As negociações e acordos de tipo vertical entre as grandes organizações sócio-econômicas e o Governo parecem tornar totalmente vã a necessidade e possibilidade da interferência de um organismo complexo e lento no plano das decisões e, além disso, imediatamente não tão representativo dos 'interesses", como é o Parlamento. Na realidade, este quadro neocorporativo não é totalmente convincente. O que acontece é que a impetuosa ascensão política de certas corporações (especialmente os sindicatos), ocorrida nas últimas décadas, e o predomínio do método de negociação em muitas decisões importantes e altamente manifestas fizeram quiçá com que se superestimasse a importância e extensibilidade desta forma de política. Entretanto é preciso dizer que este modelo não parece poder ser aplicado a todos os setores do *policy-making*, na política externa, por exemplo, na política judiciária, na política fiscal, pelo menos em suas linhas fundamentais, etc. É nestes âmbitos, portanto, que subsiste a possibilidade de um espaço para o Parlamento. Em segundo lugar, mesmo nos setores em que vigora o modelo neocorporativo, uma das partes em causa é necessariamente o Governo. Ora bem, num regime que queira ser de democracia pluralista, será possível alicerçar a estrutura do Governo sem a instituição parlamentar? O Governo que não estivesse ladeado por um Parlamento capaz de oferecer espaço político à oposição, não degeneraria necessariamente em órgão autocrático? Voltamos assim ao que se disse antes sobre a política partidária. O futuro das instituições parlamentares depende, portanto, em grande parte, da sua capacidade de adaptação, no que respeita a estruturas e modos de operar, ao papel de elemento de equilíbrio num sistema político aberto e pluralista.

BIBLIOGRAFIA. — W. BAGEHOT, *The english constitution* (1865), Oxford University Press, London 1964; K. VON BEYME, *Die parlamentarischen Regierungssysteme in Europa*, Piper, München 1970; G. BURDEAU, *Il regime parlamentare*, Comunità, Milano 1950; H. FINER, *The theory and practice of modern government* (1932), Methuen, London 1961; V. HERMAN, *Parliaments of the world*, MacMillan, London 1976; I. JENNINGS, *Parliament* (1939), Cambridge Univ. Press, Cambridge 1957; K. KLUXEN, *Parlamentarismus*, Kiepenheuer und Witsch, Köln 1967; G. LOEWENBERG e S. C. PATTERSON, *Comparing legislatures*, Little, Brown, Boston 1979; F. W. MAITLAND, *The constitutional history of England* (1908), Cambridge University Press, Cambridge 1961; A. MARONGIU, *Il parlamento in Italia nel medioevo e nell'età moderna*, Giuffrè, Milano 1962; R. REDSLOB, *Die parlamentarische regierung*, J.C.B. Mohr, Tübingen 1918; G. SARTORI e outros, *Il parlamento italiano 1946-63*, Esi, Napoli 1963; *Legislative behavior*, ao cuidado de J. WAHLKE e H. EULAU, Free Press, Glencoe 1959; Id., e outros, *The legislative system*, Wiley, New York 1962.

[MAURIZIO COTTA]

Participação Política.

Na terminologia corrente da ciência política, a expressão Participação política é geralmente usada para designar uma variada série de atividades: o ato do voto, a militância num partido político, a participação em manifestações, a contribuição para uma certa agremiação política, a discussão de acontecimentos políticos, a participação num comício ou numa reunião de seção, o apoio a um determinado candidato no decorrer da campanha eleitoral, a pressão exercida sobre um dirigente político, a difusão de informações políticas e por aí além. É fácil de ver que um tal uso da expressão reflete praxes, orientações e processos típicos das democracias ocidentais. E não é para admirar, se considerarmos que foi justamente em tais contextos que se realizaram as primeiras pesquisas sobre a Participação política e que até hoje, não obstante a ampliação de tais estudos, os nossos conhecimentos sobre o assunto derivam de pesquisas efetua

das num número bastante limitado de países ocidentais. A matriz cultural destes estudos faz com que a fundamentação conceptual e o campo de pesquisa nem sempre sejam transferíveis para contextos diferentes. Assim, a aplicação a sociedades em vias de desenvolvimento, carentes de infra-estruturas políticas e caracterizadas por elevadas taxas de analfabetismo, dos esquemas preparados para o estudo da Participação política em sociedades desenvolvidas e possuidoras de uma tradição democrática mais ou menos sólida, não é sempre frutífera. Tampouco contribui para a clareza conceptual assemelhar, por exemplo, a participação nas atividades de partido num regime pluralista às formas de enquadramento e mobilização das massas, características dos sistemas ditatoriais. É indispensável precisar bem isto, porque se verifica que o substantivo e o adjetivo que compõem a expressão Participação política se prestam a interpretações diversas. Antes de tudo, a definição de atividade política nem sempre é unívoca; se quanto a certas atividades como o ato de votar, por exemplo, não existem dúvidas, pelo que respeita a outras, principalmente da esfera religiosa, econômica e cultural, o problema não é assim tão simples e a solução depende amiúde da cor ideológica dos próprios participantes. Em segundo lugar, o termo participação se acomoda também a diferentes interpretações, já que se pode participar, ou tomar parte nalguma coisa, de modo bem diferente, desde a condição de simples espectador mais ou menos marginal à de protagonista de destaque.

Há pelo menos três formas ou níveis de Participação política que merecem ser brevemente esclarecidos. A primeira forma, que poderíamos designar com o termo de *presença*, é a forma menos intensa e mais marginal de Participação política; trata-se de comportamentos essencialmente receptivos ou passivos, como a presença em reuniões, a exposição voluntária a mensagens políticas, etc., situações em que o indivíduo não põe qualquer contribuição pessoal. A segunda forma poderíamos designá-la com o termo de *ativação:* aqui o sujeito desenvolve, dentro ou fora de uma organização política, uma série de atividades que lhe foram confiadas por delegação permanente, de que é incumbido de vez em quando, ou que ele mesmo pode promover. Isto acontece quando se faz obra de proselitismo, quando há um envolvimento em campanhas eleitorais, quando se difunde a imprensa do partido, quando se participa em manifestações de protesto, etc. O termo *participação*, tomado em sentido estrito, poderia ser reservado, finalmente, para situações em que o indivíduo contribui direta ou indiretamente para uma decisão política. Esta contri buição, ao menos no que respeita à maior parte dos cidadãos, só poderá ser dada de forma direta em contextos políticos muito restritos; na maioria dos casos, a contribuição é indireta e se expressa na escolha do pessoal dirigente, isto é, do pessoal investido de poder por certo período de tempo para analisar alternativas e tomar decisões que vinculem toda a sociedade. É evidente que a Participação política em sentido estrito só se pode dar com um número bastante reduzido de pessoas, naqueles sistemas políticos, ou organismos, que não têm um caráter competitivo e que utilizam os mecanismos eleitorais, se os utilizam, para fins bem diversos.

As pesquisas feitas nos últimos decênios permitem traçar um quadro bastante completo da extensão da Participação política nas sociedades democráticas contemporâneas. Note-se, antes de mais, que a inserção de grandes massas nos mecanismos da vida política é um fato bastante recente: excetuados os Estados Unidos, o sufrágio universal e a igualdade do voto só foram conquistados, de uma maneira geral, nos primeiros decênios deste século. De 1861 a 1880, os que tinham direito a voto na Itália não iam muito além dos 2% da população; de 1882 a 1909, o percentual é inferior a 10%; nas eleições de 1913, apesar da ampliação do sufrágio, os eleitores só representavam cerca de 23% da população; as mulheres só tiveram direito ao voto após a Segunda Guerra Mundial; em países que blasonam de tradições democráticas, como a Suíça, as mulheres ainda são parcialmente excluídas de votar. O mesmo se diga de outras estruturas de participação de grande importância, como os partidos políticos: estes também são instituições muito recentes e, em certos países, sua continuidade foi muitas vezes interrompida por experiências de regimes não democráticos.

O ideal democrático supõe cidadãos atentos à evolução da coisa pública, informados dos acontecimentos políticos, ao corrente dos principais problemas, capazes de escolher entre as diversas alternativas apresentadas pelas forças políticas e fortemente interessados em formas diretas ou indiretas de participação. Numerosas pesquisas levadas a cabo nos últimos decênios demonstraram claramente que a realidade é bem diferente. Em primeiro lugar, o interesse pela política está circunscrito a um círculo bem limitado de pessoas e, não obstante o relevo dado pela comunicação de massa aos acontecimentos políticos, o grau de informação a tal respeito é ainda baixo: os acontecimentos esportivos, o mundo do espetáculo e outros aspectos da crônica diária são muito mais conhecidos do grande público. Vale a pena lembrar que, segundo uma pesquisa efetuada em 1959, cerca de 40% da população italiana adulta não conseguiam sequer citar o nome de um líder político e 53% não foram capazes de recordar o nome de um único membro do Governo. Pelo que respeita à participação propriamente dita, a forma mais comum, e, para muitos, também a única, é a participação eleitoral. Contudo, em diversos países, neles incluídos alguns dos que possuem uma longa tradição democrática como os Estados Unidos, as taxas de abstencionismo atingem por vezes níveis bastante elevados. Em outros países em que o abstencionismo é reduzido, como na Itália, à participação eleitoral não se seguem outras formas de Participação política. A militância em partidos políticos atinge uma faixa bastante limitada de cidadãos: segundo levantamentos bastante recentes, os inscritos em partidos políticos italianos seriam cerca de 4 milhões, de acordo com as avaliações mais otimistas. Pensemos, além disso, que a inscrição não se traduz depois, automaticamente, numa verdadeira e autêntica participação: os militantes ativos constituem uma fração reduzida do total dos inscritos e os participantes, em sentido estrito, isto é, os dirigentes de base, intermediários e nacionais, constituem um número ainda mais exíguo. O quadro não melhora muito, se se considera a inscrição noutras associações não explicitamente políticas, mas que exercem freqüentemente uma certa influência na vida política e podem ser consideradas como veículos subsidiários de Participação política, como, por exemplo, os sindicatos, as associações culturais, recreativas, religiosas, etc. Consideremos também que as diversas formas de Participação política tendem a acumular-se e que os inscritos e participantes são, no conjunto, os mesmos. Finalmente, têm adquirido certo relevo formas novas e menos pacíficas de participação, nomeadamente as manifestações de protesto, marchas, ocupação de edifícios, etc. Segundo alguns observadores, encontraríamo-nos, aqui, em face de uma revitalização da Participação política que, abandonados os velhos esquemas, se articularia agora em outros canais. Trata-se indubitavelmente de fenômenos de um certo interesse que não podem ser subestimados. Recorde-se, no entanto, que, visando estas formas a tornarem-se extremamente visíveis e sendo com freqüência documentadas em toda a sua dramaticidade e com grande realce pelos meios de comunicação de massa, é fácil sermos levados a superestimar sua importância pelo número de pessoas que participam. Trata-se, além disso, de formas esporádicas de participação que não levam quase nunca à criação de instrumentos organizativos, isto é, à institucionalização da Participação política.

Vejamos agora quais são os fatores que condicionam, positiva ou negativamente, a Participação política. Atentemos principalmente em dois elementos fundamentais. O primeiro é constituído por aquilo que poderíamos chamar estruturas ou ocasiões de Participação política, amplamente determinadas pelo ambiente em que o indivíduo se move. Não se exclui evidentemente que o indivíduo se faça promotor de novas formas, mas esses são casos bastante raros. Ora, tais estruturas variam notavelmente de sistema para sistema e mesmo dentro de um mesmo sistema: basta pensar nas diferenças entre regimes de amplo sufrágio e regimes de sufrágio restrito, ou então nas diversas formas de organização de base dos partidos, ou ainda nas normas da legitimidade das forças de oposição. As estruturas de participação mais importantes estão ligadas, nos sistemas democráticos, aos mecanismos de competição entre as forças políticas e estão geralmente institucionalizadas nas normas que dizem respeito ao processo de renovação dos cargos públicos. Além disso, é importante realçar o papel do conjunto de associações voluntárias que constituem o tecido conectivo de uma sociedade pluralista e que têm uma tríplice função principal: são fontes de estímulo político, servem de mecanismo de recrutamento e unem os indivíduos e os grupos primários às instituições e às diversas forças políticas. Nos sistemas autoritários e totalitários, a Participação política, em vez de ser estimulada por mecanismos competitivos, em vez de ser, por conseguinte, essencialmente voluntária, apresenta, a despeito de uma terminologia que é muitas vezes idêntica, um caráter bem diferente. O termo mais adequado seria o de *mobilização* para acentuarmos que a presença e a atividade de estratos mais ou menos amplos da população são programadas do alto e enquadradas na atividade das organizações de massa, às quais são confiadas, além de funções de estímulo, a incumbência do controle social. Conquanto difusas, as estruturas de participação não são por si sós suficientes onde a motivação para participar é baixa ou limitada a um círculo restrito; é aqui que as características da cultura política — ou, melhor, das diversas subculturas que a compõem — mais se fazem sentir. Assim, na Itália, a cultura política dominante dá relevo exclusivo ou principal ao dever cívico do voto e a motivação está mais vinculada ao temor de sanções, um temor mais ou menos justificado, do que a elementos de caráter positivo. Podemos dizer, em substância, que largos estratos recebem estímulos insuficientes de participação política, se não estímulos contrários que levam à abstenção.

As pesquisas sobre participação trouxeram à luz certas características individuais, psicológicas ou sociológicas, que andam unidas a uma elevada ou baixa Participação política. Algumas destas características parecem ser relativamente constantes de sistema para sistema; outras, ao invés, são função de traços específicos de determinados contextos. Mas é preciso ter presente que se trata de tendências e não de uma uniformidade absoluta. Em geral, os resultados indicam que os níveis de participação política são mais elevados entre os homens, nas classes altas, nas pessoas de mais elevado grau de instrução, nos centros urbanos mais que nas zonas agrícolas, entre pessoas educadas em famílias onde a política ocupa um lugar de relevo, entre os membros de organizações ligadas mesmo indiretamente à política, entre os que estão mais facilmente expostos a contatos com pessoas ou ambientes politizados, etc. A identificação de características deste tipo tem, contudo, por enquanto, apenas um valor descritivo. Não obstante as numerosas pesquisas realizadas, ainda não foi elaborada uma verdadeira e autêntica teoria da Participação política que conseguisse explicar a variedade de resultados.

BIBLIOGRAFIA. — F. ALBERONI e outros, *L'attivista di partito*, Il Mulino, Bologna 1967; L. W. MILBRATH, *Political participation*, Rand Mc Nally, Chicago 1965; A. PIZZORNO, *Introduzione allo studio della partecipazione politica*, in "Quaderni di sociologia", XV, 1966; *Elezioni e comportamento politico in Italia*, ao cuidado de A. SPREAFICO e J. LA PALOMBARA, Comunità, Milano 1963; S. VERBA e N. H. NIE, *Participation in America, political democracy and Social equality*, Harper & Row, New York 1972; S. VERBA, N. H. NIE e J. KIM, *Participation and political equality. A seven-nation comparison*, Cambridge University Press, Cambridge 1978.

[GIACOMO SANI]

Partidos Católicos e Democrático-Cristãos Europeus.

I. ELEMENTOS PARA UMA DEFINIÇÃO. — Como os partidos tradicionalistas da direita ou conservadores, os partidos liberais, democráticos e radicais, e os partidos socialistas e comunistas, os Partidos católicos e democrático-cristãos constituem um dos componentes do panorama político da Europa, nos séculos XIX e XX. Sua influência se estendeu pela América Latina no decorrer deste século. Estes partidos são ou se mantiveram por muito tempo como partidos "religiosos", reportando-se, de vários modos, a uma confissão religiosa ou aos princípios cristãos. Esta característica explica por que tais partidos conseguiram sobreviver até hoje, apesar das mudanças históricas, e lograram superar suas grandes divisões internas.

Enquanto a expressão Partidos democrático-cristãos não encontra objeções, pode acontecer que a noção de Partidos católicos venha a ser rejeitada como imprecisa, se não polêmica. Poder-se-ia justamente observar que o Centro alemão recusou, de fato, qualquer denominação confessional e que Windthorst insistiu constantemente sobre este ponto. Contudo, existem várias razões, razões não apenas de comodidade, a favor da adoção da expressão Partido católico. Ela tem o mérito de abranger uma realidade mais vasta e variada que a de Partido democrático-cristão, que só se introduz progressivamente e, por muito tempo, não se agrega nem ao partido católico belga, nem, por exemplo, ao partido católico holandês. A análise comparativa não pode restringir-se só à democracia cristã, que é, na realidade, um dos componentes de um complexo mais vasto.

Houve uma época em que a expressão Partido católico foi adotada não só pelos adversários de tais partidos, mas também com muita freqüência pelos seus próprios dirigentes. Enquanto o Centro alemão não tem uma denominação confessional, a *Katholische Volkspartei*, criada no Grão-ducado de Baden pelos fins da década de 60, no século passado, apresenta um caráter abertamente confessional. Finalmente, enquanto a expressão Partido católico nem sempre é de fato utilizada e é até por vezes rejeitada, ela traduz, com a máxima fidelidade, a realidade efetiva, tal qual foi percebida pelos contemporâneos e se impõe à atenção do historiador. Por isso, poderá afigurar-se legítimo o uso da expressão Partido católico (uma noção que, de resto, tem aplicação principalmente no século XIX, ao passo que o desenvolvimento dos Partidos democrático-cristãos é sem dúvida característico do século XX).

Para dizer a verdade, as expressões Partidos democrático-cristãos e Partidos católicos não esgotam certamente a série de denominações que o historiador confronta em sua investigação. Partido Católico Popular (nos Países-Baixos, no Grão-ducado de Baden, na Hungria em 1894), Partido do Centro, Partido Democrático Popular, Liga Democrática (na Bélgica em 1891), Federação dos Republicanos Democráticos (na França, nas vésperas da Primeira Guerra Mundial), Movimento Republicano Popular: eis uma lista, provavelmente incompleta, de denominações que já é de per si suficiente para suscitar observações e perguntas capazes, umas e outras, de nos dar uma primeira perspectiva. A adjetivação confessional é relativamente rara. É escolhido de preferência o atributo "cristão", um atributo interconfessional, que permite também englobar os protestantes — entendidos como não ortodoxos, mas, no entanto, ligados à moral cristã — e que põe em evidência uma autonomia de ação com relação à hierarquia católica.

A declaração de confessionalidade caracteriza, desde antes de 1914, o Centro alemão, bem como, por exemplo, a *Schweizerische Konservative Volkspartei*, fundada em 1912, ou o Partido da Direita, no Luxemburgo, fundado a 9 de janeiro de 1914. O programa destes partidos, que são confessionais, refere-se, de resto, à "visão cristã do mundo" e à "política social cristã". A diversidade e evolução das denominações merecem uma certa atenção: o atributo cristão aparece na Alemanha e na Itália só depois da Segunda Guerra Mundial. Na Áustria, ao contrário, é uma denominação não confessional que substitui o atributo cristão-social em 1945, com a *Oesterreichische Volkspartei*.

Estes partidos se apresentam com freqüência como partidos "populares". O adjetivo, que em alemão é portador de uma intensa carga ideológica, faz referência a uma visão social bem definida, a do povo "organizado" em corpos e associações, contraposto ao individualismo liberal. É este o "popularismo" de dom Sturzo. Estes partidos populares, sociais, não se dizem necessariamente democráticos, como o demonstra o nome da C.S.U. (*Christliche Soziale Union*) bávara. O termo de democracia reflete um ideal social, o da democracia cristã, que dirige sua atenção, em primeiro lugar, para os "interesses populares", mas que também pode querer pôr em questão as hierarquias sociais tradicionais. "Democracia cristã", por outro lado, expressa uma perspectiva política. É uma expressão que sugere a aceitação da democracia política liberal e dos seus valores. Nem todos os que, em fins do século XIX e princípios do século XX, se dizem democrático-cristãos, aceitam este segundo significado; os que não o aceitam reduzem o sentido de tais palavras a uma "benéfica ação social a favor do povo", tal como é pedido pela Encíclica *Graves de communi*, em 1901.

Até as denominações relativas aos tipos de organização destes partidos são subjetivas. "Federação" lembra formas de organização elásticas, descentralizadas. "Liga" ou "Movimento" traduzem a vontade de se distinguirem dos partidos clássicos, com a formação de uma estrutura original e o apelo às "forças vivas", como aconteceu com o Movimento Republicano Popular, em 1944, na França. A palavra "Centro", enfim, desde o Centro alemão ao Centro Democrático francês, alude a uma das estratégias possíveis, não a única, mas a mais usual, e ao modo como tais partidos tentaram se inserir no jogo das forças políticas, entre os socialistas e a direita.

O estudo dos Partidos católicos e democrático-cristãos, que se estendem por mais de século e meio de história, está ligado a outros dois temas de reflexão, muito próximos mas distintos: a Igreja católica e a política, os católicos e a política. A relação entre a Igreja e a política não é mediada só pelos partidos. Durante muito tempo, a Igreja preferiu, aliás, a intervenção dos bispos e da cúria junto ao chefe de Estado, herdeiro do "príncipe cristão", à ação dos partidos parlamentares, controlados pelos leigos. Não há imagem menos exata do que a que simboliza os Partidos católicos ou democrático-cristãos como "braço secular" da hierarquia ou da Santa Sé. Quando se quis pôr fim ao Kulturkampf, Roma tratou diretamente com Bismarck sem levar em conta o Centro. Em 1943, a Cúria não viu com muito bons olhos o nascimento de um grande partido democrático-cristão na Itália. Aconteceu, por outro lado, que a Igreja preferiu à ação dos partidos a ação de organizações católicas capazes de atuar como grupos de pressão sobre o poder político e sobre os vários partidos, organizações que tinham por incumbência defender os interesses católicos; foi assim, na França, com a Federação Nacional Católica em 1924, ou com a Associação Parlamentar pela liberdade do ensino em 1951. O exame do campo das relações entre Igreja e política não se limita, portanto, ao dos Partidos católicos.

Ocorre a mesma coisa quando se estudam as atitudes políticas dos católicos. É um estudo indispensável para compreender a história dos Partidos católicos, mas que não se identifica com as suas manifestações. Na Grã-Bretanha, os católicos, grupo minoritário, jamais formaram um partido, diversamente do que ocorre em outro país onde os católicos são também minoria, como nos Países-Baixos. Na França e na Espanha, países em que o catolicismo é religião majoritária, os Partidos católicos ou de inspiração cristã tiveram apenas uma história efêmera e um destino medíocre. Um tal fracasso é indício da multiplicidade dos comportamentos políticos dos católicos e da resistência à fórmula que havia de encontrar no mundo germânico, ou na Bélgica e na Itália (neste caso, em época tardia), seus mais notáveis resultados. Por outro lado observa-se que nem todos os católicos alemães, mesmo

no apogeu do Centro, votavam pelo partido de Windthorst. À medida que a lembrança do Kulturkampf se foi afastando, este fenômeno se acentuou.

Quem se quiser adstringir a uma definição rigorosa, capaz de orientar a pesquisa relativa aos partidos que remontam, em sua própria base essencial, ao catolicismo e aos princípios cristãos, não poderá incluir entre os partidos católicos os partidos dinásticos ou conservadores, mesmo que neles os católicos sejam numerosos e a defesa da religião tenha um lugar de relevo em seu programa. Nem o carlismo na Espanha, nem o legitimismo na França possuem características que os possam colocar na galeria dos partidos católicos. Seu princípio de origem é a fidelidade dinástica, conquanto o acatamento a Deus e ao rei sejam uma coisa só. Do mesmo modo, há formações conservadoras, como o partido de "Ordre dans la France", na França da Segunda República, ou o da Federação republicana no período entre as duas guerras, que não podem ser designados como partidos católicos. São formações que reúnem em torno do mesmo programa, antes de tudo político, homens entre os quais há alguns — pense-se, por exemplo, em Thiers ou Louis Marin, na França — que não têm uma particular ligação com a Igreja. Embora tais partidos pretendam defender os "interesses religiosos" e contem em seu eleitorado com numerosos católicos, não são por isso Partidos católicos.

Este mesmo critério de classificação leva a reservar também a expressão "partido protestante" para aqueles partidos que, na origem, se reportam expressamente ao cristianismo. É neste sentido que podemos lembrar o Partido cristão histórico e o Partido Anti-revolucionário nos Países-Baixos, ou a tentativa de Ludwig von Gerlach na Prússia, mas não o Partido conservador prussiano, mesmo que os luteranos tenham apoiado tal formação. De resto, as experiências de partidos protestantes parecem raras, como se a doutrina dos "dois reinos" e uma certa atitude de desconfiança do luteranismo em relação à política tenham desaconselhado por longo tempo tal fórmula. Por sua parte, o calvinismo só excepcionalmente originou a formação de partidos "religiosos"; levou antes seus fiéis a assumir, dentro da própria responsabilidade individual, atitudes políticas de esquerda, nas fileiras liberais e democráticas primeiro, e socialistas depois. Merece particular atenção o crescimento, especialmente depois da Segunda Guerra Mundial, do interconfessionalismo dos partidos de inspiração cristã, como conseqüência tanto da luta comum dos católicos e protestantes contra o nazismo, como da melhoria das relações entre as confissões.

II. ORIGEM E DESENVOLVIMENTO: CONDIÇÕES.
— As condições em que nascem os Partidos católicos e democrático-cristãos constituem um primeiro conjunto de problemas. Existe uma condição prévia, constituída pela existência de um regime representativo e por um parlamento. Formam-se então grupos parlamentares, como no caso do Centro prussiano em 1852, e começa a tomar corpo um movimento específico de opinião, embora não se trate ainda de uma verdadeira estruturação partidária. Outra das condições prévias é a existência de um Estado "indiferente em assuntos de religião", segundo a expressão de La Mennais. Com efeito, numa monarquia católica ou num Estado cristão, a idéia de um partido que se reporte ao catolicismo parece absurda. Em contraste, logo que o catolicismo deixa de ser a religião de Estado para ser simplesmente a religião "dominante", como afirma, por exemplo, a Concordata com a França, e à medida que se estabelece uma certa laicização, os católicos, ou pelo menos uma parte deles, tendem a servir-se das instituições liberais e a apelar para a opinião pública: um procedimento que bem pode ser ilustrado com o exemplo do Partido católico de Montalembert. Nos Países-Baixos ou na Prússia, a existência de um soberano protestante leva às mesmas conseqüências.
São exemplos que nos levam a fazer referência, pelo que concerne à constituição dos Partidos católicos, não já ao papel das relações entre a Igreja e o Estado, mas ao desempenhado pelo mapa religioso da Europa. Não há dúvida de que os primeiros êxitos dos Partidos católicos se deram nos Estados em que o catolicismo era minoritário e de que eles surgiram como um verdadeiro e autêntico instrumento de defesa dos direitos dos católicos, mantidos em condições de inferioridade. A associação católica de O'Connell na Irlanda, os primeiros passos políticos dos católicos na Prússia, as iniciativas dos católicos belgas no Reino dos Países-Baixos, tudo isso são casos que ilustram tal fenômeno. Além disso, é preciso consignar que, nestes casos, as minorias católicas são na realidade maiorias dentro de um determinado complexo territorial, na Renânia, na Irlanda, na futura Bélgica. Tem sido posto com freqüência em evidência que o mapa religioso da Europa, fixado no século XVI, e época das Reformas, segundo o princípio cujus regio, ejus religio, pelo qual os súditos hão de seguir a religião do soberano, tem ainda hoje um certo peso na geografia dos partidos. A C.S.U. bávara obteve por longo tempo seus maiores sucessos nas zonas onde a tradição católica se manteve depois do século XVI.
É claro que os Partidos católicos não surgiram só nos Estados onde o catolicismo era minori-

tário. Contudo, em sua origem, sempre se encontra o desejo de lutar contra a política anticlerical dos liberais no poder, uma política que faz dos católicos cidadãos de segunda classe. O Partido popular italiano, fundado por dom Sturzo em 1919, visa restituir aos católicos seu lugar na sociedade política. No império da Áustria, outro Estado em que o catolicismo é majoritário, o Partido cristão-social, em fins do século XIX, pretende pôr fim à influência dominante dos liberais.
Em sua origem, estes partidos eram, portanto, partidos de defesa religiosa que tinham em vista a garantia e proteção dos direitos da Igreja no campo do direito comum. Mas adotaram depois, em ritmos diversos, um programa político e social próprio. Estes programas se baseavam numa filosofia política e social e numa concepção da civitas que era inspirada pelo cristianismo. Teria sido mais que incerto o destino dos partidos de mera defesa religiosa. Pelo contrário, a referência à concepção do homem e do mundo afirmada pelo ensino político e social da Igreja deu a esses partidos o apoio, se bem que nem sempre constante e total, da hierarquia e do clero, que seria a base da sua força e da sua continuidade.
Estes partidos encontraram principalmente um viveiro de militantes e de pessoal fiel em movimentos e associações extremamente variados, que se desenvolveram particularmente a partir de finais do século XIX, prenunciando o surgimento da Ação católica. Esta formou numerosos militantes cujo compromisso político se traduziria em ação nas fileiras dos Partidos católicos e democrático-cristãos. É corrente a afirmação de que os Partidos católicos tiveram sua origem nas regiões de características fortemente cristãs, naquelas regiões em que a prática religiosa apresenta ainda hoje um particular fervor. Na realidade, a vitalidade religiosa de uma região é condição necessária mas não suficiente para fazer nascer um Partido católico. Não é menos indispensável a existência de uma rede de associações e movimentos que enquadrem a população naquele Vereinskatholizismus tão fundamental na história do catolicismo alemão, mas que no Vêneto como em Flandres ou na Eslováquia teve um destino não menos relevante. Desse modo, os Partidos católicos foram verdadeiramente a expressão política de um catolicismo "popular", profundamente radicado no seu húmus, de um catolicismo "social", para dizer tudo. Tornaram-se um dos componentes da paisagem da cristandade, como as obras, as associações e os sindicatos cristãos agrícolas ou operários.
Estes partidos surgiram da reação à política anticlerical e da convicção que os católicos mili-

tantes tinham de ser excluídos de uma vida política dominada pelos liberais. Quando dom Sturzo funda, em 1919, o Partido popular italiano, pretende, aproveitando-se da cessação do *non expedit*, rejeitar o acordo clérico-moderado de 1913 e afirmar intransigentemente a autonomia das forças católicas. É hostil tanto a um compromisso com a classe dirigente burguesa, como a uma aliança com o socialismo. A criação do P.P.I. é justamente o desfecho da longa luta dos católicos italianos contra o Estado liberal. A política liberal e anticlerical favoreceu o surgimento dos partidos católicos. Constatar isto equivale a formular uma interrogação, que não é de somenos importância, sobre o porvir de tais partidos, numa época em que a questão "religiosa" já não é de primeiro plano nas lutas políticas.

Partidos de simples defesa religiosa, pode acontecer que se limitassem à proteção dos direitos dos católicos, no campo das liberdades comuns de que estes deveriam também gozar a par de todos os demais cidadãos. Tal pode ser a motivação de um Windthorst, entre outros, na época do Kulturkampf. Mas, de um catolicismo político "defensivo", se passou a um catolicismo político de "proselitismo", visando assegurar à Igreja posições políticas privilegiadas, com a aprovação de leis aptas a criar um clima favorável à vida religiosa. É evidente que se tornaria necessário analisar desde esta perspectiva a legislação posta em vigor nos países onde o Partido católico manteve o poder sozinho durante um longo período: foi o que aconteceu na Bélgica de 1884 a 1919. Ao mesmo tempo, seria conveniente poder avaliar as reações provocadas por tal política.

Enfim, além do simples proselitismo, vê-se às vezes delinear-se a possibilidade de um catolicismo político "teocrático" sob a forma parlamentar. Foi esse o juízo que dos Partidos católicos fizeram seus adversários liberais e que está bastante bem expresso nestas palavras de Émile de Laveleye: "Na Idade Média, os papas tentaram privar os reis de suas coroas, excomungando-os: quase nunca o conseguiram. Hoje parte de Roma uma palavra de ordem: transmitem-na os bispos e os párocos; os eleitores obedecem e assim, por meio do mecanismo do voto, o sumo pontífice escolhe os ministros, depõe-nos, numa palavra, governa os Estados". É um tema repetido infindas vezes: os Partidos católicos são aos olhos dos adversários o último expediente duma estratégia teocrática. A realidade é indubitavelmente bem mais complexa. Mas é um fato que o sonho teocrático jamais foi totalmente abandonado; pense-se na atitude de Fornari, núncio em Bruxelas logo a seguir à independência, ou nas esperanças de certos democrata-cristãos, fiéis

a uma tradição que na Itália, depois da liberação, culminou nos sonhos de uma nova cristandade de Dossetti ou de La Pira.

Na realidade, no curso da sua história, os Partidos católicos experimentaram, não sem contradições e dificuldades, a condição ambígua derivada da sua própria definição, das suas estreitas relações com os bispos, o clero e os movimentos católicos, e até do próprio eleitorado. Confessionalismo, interconfessionalismo com os protestantes, aconfessionalismo, limites da autonomia política com relação à Igreja, relações com a hierarquia e com Roma, eis outros tantos motivos de controvérsias, de conflitos e, conseqüentemente, de divisões. A referência confessional ao catolicismo é mais rara que a referência interconfessional ao cristianismo, em que se baseia o apelo de Windthorst à colaboração com os protestantes, com os não católicos, portanto. É indubitável que a presença dos protestantes no Centro se mantém bastante escassa. Foi-se ampliando, não obstante, nos últimos anos da República de Weimar, preludiando assim aquela colaboração que se estabeleceria depois no seio da C.D.U.

A referência ao cristianismo não implicava para os Partidos católicos e democrático-cristãos a renúncia à autonomia política em face da hierarquia. Significava, antes de mais nada, a adesão a uma moral política e social. Contudo, a reivindicação da aconfessionalidade envolvia um certo equívoco: o Partido democrático popular, fundado na França em 1924, bem como o Partido popular italiano, fundado em 1919, afirmaram vigorosamente não serem partidos confessionais; o próprio Centro alemão também o afirmou constantemente. Além disso, em contraste com a *Christliche Demokratische Union*, surgida logo a seguir à Segunda Guerra Mundial, a denominação do Centro não continha qualquer referência explícita ao cristianismo.

Entre os dirigentes e os militantes destes partidos, por um lado, e as autoridades religiosas, por outro, estabeleceram-se relações mais complexas do que habitualmente se tende a afirmar. Até há bem poucos anos, a hierarquia da Itália, da Bélgica, da Alemanha, dos Países-Baixos aumentava regularmente, na iminência das consultas eleitorais, seu apoio aos Partidos católicos. Portanto, os vínculos efetivos com as autoridades religiosas eram estreitos. Mas, em tais condições, os Partidos católicos conservavam um âmbito de ação que há de ser avaliado levando-se em conta as situações nacionais e a falta de homogeneidade, por não dizer divisões, dos episcopados. Já nos fins do século passado, o historiador Charles Seignobos intuíra que, entre os leigos e os "chefes oficiais da Igreja", "as rivalidades contrastantes, as influências e as divergências de opinião" estavam para suscitar "conflitos de novo gênero". O próprio "Partido católico" de Montalembert, que era, de fato, um grupo de pressão pela liberdade do ensino, havia provocado, em 1846, a desconfiança de uma parte dos bispos, apreensivos em face do "laicismo": parecia-lhes que as novas autoridades exerciam sua influência sobre o ânimo dos fiéis, enquanto as lutas políticas não podiam senão dividir os católicos; não seria melhor intervir diretamente junto aos governos, sem passar pela mediação dos partidos? Era este, com assaz freqüência, o pensar dos bispos, ligados à imagem tradicional das relações entre a Igreja e o Estado.

As restrições dos bispos convertiam-se por vezes em hostilidade, quando os Partidos católicos adotavam um programa social que suscitava a aversão dos católicos conservadores, ou quando parte do clero jovem militava ativamente nesses partidos, contra o parecer da hierarquia. É bem conhecida a desconfiança do alto clero da Áustria, no tempo do império, com relação à *Kaplansbewegung;* são conhecidas suas queixas a Roma, especialmente por causa do anticapitalismo, misturado de anti-semitismo, dos cristão-sociais, e o apoio que estes tiveram dos cardeais Agliardi e Rampolla. Neste caso, Roma parece ter apoiado um Partido católico, passando por cima dos chefes dos católicos locais. Mas, ao invés, existem também exemplos de tensão entre os Partidos católicos e a cúria: o de maior relevo foi o da recusa do Centro alemão a votar o Setênio militar, em 1887, apesar do convite expresso da Santa Sé. O episódio marcou uma mudança nas relações entre o Centro e a cúria e trouxe consigo uma evolução mais "alemã" e menos "romana" do partido de Windthorst. Este caso demonstra que os Partidos católicos não foram o braço secular da Santa Sé, mas comprova que, ao estudá-los, não se pode ignorar a política vaticana e a sua influência.

III. AMBIENTE IDEOLÓGICO. — A história dos Partidos católicos vai buscar sua substância na história das ideologias sociais e políticas de que o catolicismo foi portador na época contemporânea. Os primeiros católicos que empreenderam uma ação política organizada afirmaram seu direito à liberdade e sua vontade de se servirem das instituições liberais e parlamentares. Neste sentido, os primeiros Partidos católicos são inseparáveis do movimento católico liberal. Observa-se, ainda, por outro lado, que eles compartem da mesma ambigüidade do catolicismo liberal: de que é que se trata, de reivindicar a liberdade para os católicos ou a liberdade para todos? Por

outra parte, muitos destes católicos liberais — pensemos, por exemplo, em Mérode, na Bélgica — apresentam ainda os sinais do tradicionalismo contra-revolucionário. Além disso, nem todos os católicos liberais quiseram atuar dentro de um Partido católico, podendo até ter acontecido que preferissem a ação dos católicos dentro das diversas formações políticas, unidos aos "honestos". Na França, em particular, os homens ligados à tradição do catolicismo liberal acolheram antes desfavorável que favoravelmente as iniciativas tendentes à criação de um Partido católico. Seria legítimo, pensavam, impor a todos os católicos uma mesma linha política? Uma tal escolha seria verdadeiramente a mais adequada à atuação em defesa do catolicismo? Foi por essa razão que a Santa Sé desaprovou, em 1885, a tentativa, da autoria de Albert de Mun, de constituir um Partido católico, quando a morte do conde de Chambord fez desvanecer as esperanças dos legitimistas.

Débito equivalente ao que têm com o catolicismo liberal, têm-no também os Partidos católicos com o catolicismo "intransigente". A historiografia contemporânea pôs em evidência a importância desta corrente, durante muito tempo tratada com desprezo pelos historiadores liberais. Não é este o lugar para avaliar o papel, assaz notável, do movimento intransigente na vida religiosa da segunda metade do século XIX. Bastará dizer que ele serviu para preservar, ou, antes, para reforçar, a "sociedade católica", em oposição à sociedade civil, sujeita a uma progressiva secularização. Este catolicismo intransigente, este "intransigentismo", como dizem os historiadores italianos utilizando um vocábulo que indica bem quão misturados aí andam o religioso e o ideológico, é possuidor de uma filosofia política e social específica. E esta, por seu turno, também é devedora ao pensamento tradicionalista: é dominada pela hostilidade contra o liberalismo condenado pelo *Syllabus* e contra o individualismo nascido da Revolução Francesa; exalta uma sociedade baseada em corpos e associações e rejeita o Estado centralizado e jacobino.

Tudo isto são temas que os Partidos católicos encontraram e que muitas vezes se apropriaram, quando tais formações políticas adquiriram sua verdadeira feição, no último terço do século XIX. Sob muitos aspectos, a conjuntura é então bastante diversa daquela que viu florescer o catolicismo liberal e que acompanha a pré-história dos Partidos católicos após 1830. Mudam as dimensões da vida política. As elites sucedem as massas, ao sufrágio restrito o sufrágio ampliado ou mesmo o sufrágio universal. Os partidos deixaram de ser juntas de notáveis ou tendências de opinião pública, para ser antes poderosas organizações de massa. O anticlericalismo torna-se mais radical. Os liberais moderados abandonam a colaboração com os católicos na Bélgica, na Prússia e nos Países-Baixos. O socialismo transforma-se numa força política. Torna-se agora imperiosa aos católicos uma organização no plano político que até então se achava apenas esboçada.

Como herança do catolicismo liberal, os Partidos católicos conservam, sem dúvida, a inclinação de fazer uso das instituições liberais e parlamentares, contestadas, ao invés, por alguns intransigentes, não por todos. É um fato incontestável que os Partidos católicos foram uma derivação do catolicismo intransigente. É a ele que devem não só grande parte de sua ideologia e a estratégia da luta em duas frentes, contra os liberais e contra os socialistas, mas também seus quadros e estruturas. Com efeito, os Partidos católicos se desenvolveram no campo de associações, de organizações, de obras e de um enquadramento do povo cristão que, em larga medida, era obra dos intransigentes. Sem esse *Vereinskatholizismus*, tais partidos não se teriam tornado forças importantes, capazes de lutar com sucesso contra o socialismo, nem teriam triunfado, com o advento do sufrágio universal, sobre as formações liberais, como aconteceu na Bélgica.

O catolicismo intransigente queria ser popular e o foi. Aceitava a democracia de sentido social, mas não político. Deu aos Partidos católicos a possibilidade de serem populares e democráticos por meio de seus eleitores e militantes. Uma rede de comitês e associações, fortaleza de apoio do clero, unia os fiéis (camponeses, mas também operários e classe média). A democracia não está necessariamente ligada, como o uso francês da palavra induziria a crer, à condição liberal e jacobina e ao anticlericalismo. Na realidade, uma das virtualidades da democracia era exatamente a de estar associada ao ultramontanismo e ao cristianismo.

São observações que levam a interrogarmo-nos sobre as relações entre os Partidos católicos, o catolicismo social e a democracia cristã. O catolicismo social firma-se, em suas origens, no patrimônio espiritual do catolicismo contra-revolucionário, do tradicionalismo e do catolicismo intransigente. Não surpreende, pois, que os Partidos católicos tenham assumido os temas "sociais" do catolicismo intransigente: crítica da sociedade liberal, desconfiança a respeito do industrialismo, apologia da ordem corporativa. Em contraposição, os homens que podemos incluir na família católico-liberal foram aqueles que, diante destas idéias sociais, mantiveram as maiores reservas: assim

aconteceu com os conservadores belgas que dominaram por longo tempo o Partido católico.

A esta cisão entre católicos conservadores liberais e católicos sociais, se juntou bem depressa, no seio dos Partidos católicos, a oposição cada vez mais profunda entre católicos sociais e democratas cristãos. A democracia cristã não possui primariamente e não possui apenas um sentido político. O movimento democrático-cristão invade todo o mundo católico no fim do século passado, depois da Encíclica *Rerum novarum*. Encontram-se aí associados três componentes que não caminham sempre *pari passu:* uma vontade de reforma e de transformação religiosa, assim como de democracia na Igreja, uma vontade de transformação social, e uma vontade de transformação política. Postas tais premissas, pode-se afirmar que, assim como a história dos Partidos católicos possui uma extensão bastante mais ampla que a dos Partidos democrático-cristãos (naquela incluída), assim também a história da democracia cristã é bastante mais que um capítulo da história dos Partidos católicos, conquanto tal capítulo haja atingido, no século XX, dimensões consideráveis.

Os democratas cristãos tinham em comum com os outros componentes da família católica social a rejeição do liberalismo econômico e social e do coletivismo socialista. Mas as exigências da democracia "social" os levaram a repelir a visão hierárquica da sociedade, uma visão própria do catolicismo social contra-revolucionário, a preconizar a participação e a igualdade de direitos, e a fundar sindicatos "separados" e não "mistos" Duras controvérsias opuseram os dois ramos do catolicismo social, o tradicionalista e o democrático, refletindo-se na história dos Partidos católicos desde o fim do século XIX até aos nossos dias. Foi o que aconteceu no Centro alemão e também na C.D.U. dos cristãos-sociais austríacos e no Partido católico belga. Estas controvérsias, que deram lugar a graves conflitos, ou mesmo a cisões, não impediram, contudo, a convivência dentro do Partido católico, na Bélgica, de democratas cristãos e conservadores. Depois de 1945, os ideais dos democratas cristãos se tornaram predominantes no programa social dos partidos católicos.

Outras controvérsias foram provocadas pela necessidade da democracia "política". Os debates no plano social e no plano político possuem interferências mútuas, mas nem sempre coincidem: é assim que a ala mais "social" do Centro alemão, no tempo da República de Weimar e tendo Stegerwald à frente, não foi a mais avançada no plano político. Os "dossettianos", que integraram a Democracia cristã italiana desde 1945, estão longe de aceitar, como De Gasperi, o Estado laico.

A vontade de estabelecer uma autêntica democracia política leva a reivindicar a plena participação dos cidadãos na vida do país. A criação de um senado profissional, a descentralização e a reforma regional, temas fundamentais para uma democracia participativa, reaparecem em programa após programa, desde o fim do século passado até os nossos dias. Não eram exclusivos da democracia cristã, que nisso se colocava dentro da própria corrente do tradicionalismo, e, por isso, se impuseram facilmente aos Partidos católicos. Ao invés disso, quando democracia política significava afirmar a autonomia política em relação à Igreja, desconfessionalização, colaboração com os não-crentes, com os liberais, ou mesmo com os socialistas, aceitação de uma legislação que já não concedia à Igreja condições de privilégio, então as tensões internas se tornavam fortes. Os "democratas cristãos", que se opunham aos defensores da linha confessional e "integralista", se atinham à tradição do catolicismo liberal condenado pelo *Syllabus* de Pio IX, que inicialmente parecia rejeitarem.

No curso da história dos Partidos católicos se observa a repetição de seqüências análogas. A princípio há a vontade expressa de permanecer no campo estritamente católico, de levar as exigências cristãs ao corpo social e à sociedade civil. É assim que se manifesta o sonho de uma política e de uma *civitas* cristãs. Trata-se de uma tendência intimamente ligada a uma certa rejeição do mundo presente e da esperança de o transformar sob a influência do cristianismo. Nisto os partidos católicos trazem consigo uma certa visão milenarista de regeneração social. Depois, a época da rejeição do presente e da esperança nos fins últimos cede o lugar à dura revelação dos condicionamentos da política, que pertence a uma ordem diversa da da religião. Para alguns esta é a hora da desconfessionalização e da descoberta dos valores profanos. Para outros é o tempo da transição da mística à política e às realidades do poder e da gestão. Os Partidos católicos viveram assim entre dois pólos, um religioso, o outro político. É esta tensão que constitui a originalidade da sua história e talvez, mais em geral, da história dos movimentos de inspiração cristã empenhados no mundo. Entre a afirmação da necessidade de uma política de inspiração cristã e a afirmação da autonomia da política, quantas soluções intermédias, que caminhos complexos...

IV. DIMENSÕES DO FENÔMENO. — Ao concluir estas reflexões, é necessário fazer um balanço. No início do século XX, os Partidos católicos eram verdadeiros e autênticos partidos apenas nos pequenos Estados da Europa liberal, Bélgica, Países-Baixos, Suíça, e nos dois impérios da Alemanha e da Áustria-Hungria. O único destes partidos que detinha o poder era o Partido católico belga. Na Suíça, nos Países-Baixos e na Alemanha, países em que os protestantes constituíam maioria, os Partidos católicos mantinham-se minoritários. Mas, depois de haverem sido formações de oposição na época das lutas anticlericais, passaram a fazer parte das maiorias de Governo e puderam, como aconteceu nos Países-Baixos, ter acesso às responsabilidades governativas.

Os anos que se sucederam à Primeira Guerra Mundial viram surgir diversos partidos democráticos de inspiração cristã, favorecidos pela democratização da vida pública do imediato pós-guerra, caracterizada pela extensão do sufrágio universal, que chegou a incluir às vezes até o voto feminino. O surgimento do Partido popular italiano em 1919, do Partido social popular na Espanha em 1922, do Partido democrático popular na França em 1924, e de um Partido popular na Tchecoslováquia, confirma essa tendência. Mas este mapa dos Partidos democrático-cristãos se reduz rapidamente como pele de lixa, à medida que as democracias liberais se retraem diante dos regimes autoritários.

Depois da Segunda Guerra Mundial, as formações democráticas cristãs mantêm uma posição duradoura, sem igual até então, na vida política da Europa Ocidental. As razões são bem conhecidas: encontram-se no papel dos democratas cristãos na Resistência, no eclipse dos partidos da direita tradicional depois da guerra, no medo ao comunismo e na atitude favorável da Igreja. Não é momento de voltar à imagem um tanto mítica de uma Europa democrático-cristã encarnada por Konrad Adenauer, Alcide De Gasperi e Robert Schuman. Enquanto na França o M.R.P. sofre um rápido declínio, na Alemanha e na Itália, a democracia cristã adquire um papel dominante na vida política. O mesmo acontece, mas não é novidade, com o Partido social-cristão belga e com o Partido católico holandês. Mas, por fins da década de 60, muitos observadores tiveram a sensação de um inelutável declínio dos partidos democrático-cristãos: o fim do M.R.P. na França, o fracasso do Centro-esquerda na Itália, a passagem à oposição na Alemanha Federal e na Áustria e o refluxo dos partidos confessionais nos Países-Baixos constituem outros tantos sinais de crise. É incontestável que a longa permanência no poder tinha privado os Partidos democrático-cristãos daquela força de atração que tinham quando da Liberação. Haviam-se tornado partidos de gestão, identificando-se com políticas conservadoras. Além disso, as realizações reformistas dos Governos do pós-guerra tinham esvaziado parte do seu programa.

Tal como a evolução política, também a evolução da Igreja pôde parecer desfavorável aos Partidos democrático-cristãos. A diminuição dos conflitos entre a Igreja e o Estado deixou sem objetivo os partidos de defesa religiosa. E o que é sobremaneira importante é que a Igreja, após o Concílio, reconheceu a legitimidade do pluralismo nas atitudes políticas dos católicos, desde que não sejam contrárias aos ensinamentos do cristianismo.

Mas é preciso que nos guardemos da tentação de deduzir de tais constatações conclusões demasiado apressadas, que seriam desmentidas pela realidade. Parece, com efeito, que, nos últimos anos, como foi revelado por diversas consultas eleitorais, se está verificando uma certa estabilização de posições, se não mesmo um novo revigoramento dos Partidos democrático-cristãos. O que é certo é que eles foram se convertendo cada vez mais em partidos como os outros, perdendo parte da sua especificidade. Em diversos países como a Alemanha e a Áustria, ocupam, com efeito o lugar dos partidos conservadores, já ausentes do mapa político. Mas seria engano negar sua capacidade de renovação, como o demonstrou em certos momentos a Democracia cristã italiana ou o êxito do Apelo democrático-cristão nos Países-Baixos, nascido da união dos partidos confessionais.

É certo que tanto a evolução da Igreja como a mudança dos objetivos políticos tendem ao enfraquecimento dos aspectos propriamente confessionais dos Partidos democrático-cristãos, que assim vão perdendo a ambigüidade que os caracterizava. Na realidade, os Partidos democrático-cristãos se convertem autenticamente — e não apenas em seus ideais — em partidos aconfessionais. Mas, chamem-se ou não cristãos, mantêm uma referência, se não à doutrina social e política do cristianismo ("a Bíblia não é um livro de receitas", diz o programa do C.D.U.), ao menos à visão do mundo de que o cristianismo é portador. Deste modo eles constituem coisa bem diversa dos partidos de gestão, pragmáticos, à americana. Permanecem como *Weltanschauungsparteien*, em cujo seio convivem correntes diversas, conservadoras umas, democráticas outras, quando não socializantes. Esta mesma variedade é um indício de vitalidade; aconselha, em todo caso, o historiador a ser prudente em seus prognósticos.

Quando se pretende conhecer a evolução dos programas dos partidos democráticos de inspiração cristã de há dez anos para cá, é grande a impressão que causa a continuidade e, ao mesmo tempo, o esforço de aprofundamento. Na insistência sobre os valores familiares e sobre o papel das comunidades intermediárias, no respeito pela propriedade privada, na busca da participação nas relações do trabalho, e no pluralismo político, não existe nada de particularmente novo. Mas o relevo dado aos direitos e à liberdade da pessoa e ao perigo da burocratização e do estatalismo é algo que responde com maior precisão às inquietações recentes quanto à evolução das sociedades contemporâneas. São temas suscetíveis de encontrar eco numa Europa onde os projetos socialistas talvez tenham perdido seu fascínio, numa Europa em busca de valores espirituais.

BIBLIOGRAFIA. — J. BEAUFAYS, *Les partis catholiques en Belgique et aux Pays-Bas*, 1918-1958, Bruylant Bruxelles 1973; K. BÜCHHEIM, *Geschichte der christlichen Parteien in Deutschland*, Kösel, München 1953; J. P. CHASSERIAUD, *Le parti démocrate-chrétien en Italie*, Colin, Paris 1966; G. DE ROSA, *Storia del movimento cattolico in Italia*, Laterza, Bari 1966; A. DIAMANT, *I cattolici austriaci e la prima Repubblica, 1918-1938*, Cinque Lune, Roma, 1964; M. FOGARTY, *Christian democracy in western Europa*, Rutledge & Kegan, London 1957; G. CALLI, *Storia della democrazia cristiana*, Laterza, Bari 1978; G. HERMET, *Les catholiques dans l'Espagne franquiste*, Presse de la Fondation Nationale des Sciences Politiques, Paris 1980; J. M. MAYEUR, *Des partis catholiques à la démocratie chrétienne*, Colin, Paris 1980; R. MORSEY, *Die deutsche Zentrumspartei, 1917-1923*, Droste, Düsseldorf 1966; Id., *Der Untergang des politischen Katholizismus. Die Zentrumspartei zwischen christlichen Selbverständnis und "Nationaler Erhebung" 1932-33*, Belser Verlag, Stuttgart-Zürich 1977; G. PRIDHAM, *Christian Democracy in Western Europe*, St. Martin's, New York 1977; L. REICHHOLD, *Geschichte des O. V. P.*, Styria, Graz 1975; A. SIMON, *Il partito cattolico belga 1830-1945*, (1958), Cinque Lune, Roma 1964; M. VAUSSARD, *Storia della democrazia cristiana* (1956), Cappelli, Bologna, 1959.

[JEAN-MARIE MAYEUR]

Partidos Políticos.

I. DEFINIÇÃO. — Segundo a famosa definição de Weber, o Partido político é "uma associação... que visa a um fim deliberado, seja ele 'objetivo' como a realização de um plano com intuitos materiais ou ideais, seja 'pessoal', isto é, destinado a obter benefícios, poder e, conseqüentemente, glória para os chefes e sequazes, ou então voltado para todos esses objetivos conjuntamente". Esta definição põe em relevo o caráter associativo do partido, a natureza da sua ação essencialmente orientada à conquista do poder político dentro de uma comunidade, e a multiplicidade de estímulos e motivações que levam a uma ação política associada, concretamente à consecução de fins "objetivos" e/ou "pessoais". Assim concebido, o partido compreende formações sociais assaz diversas, desde os grupos unidos por vínculos pessoais e particularistas às organizações complexas de estilo burocrático e impessoal, cuja característica comum é a de se moverem na esfera do poder político. Para tornar mais concreta e específica esta definição é usual sublinhar que as associações que podemos considerar propriamente como partidos surgem quando o sistema político alcançou um certo grau de autonomia estrutural, de complexidade interna e de divisão do trabalho que permitam, por um lado, um processo de tomada de decisões políticas em que participem diversas partes do sistema e, por outro, que, entre essas partes, se incluam, por princípio ou de fato, os representantes daqueles a quem as decisões políticas se referem. Daí que, na noção de partido, entrem todas as organizações da sociedade civil surgidas no momento em que se reconheça teórica ou praticamente ao povo o direito de participar na gestão do poder político. É com este fim que ele se associa, cria instrumentos de organização e atua.

Nesta acepção, os partidos aparecem, pela primeira vez, naqueles países que primeiramente adotaram formas de Governo representativo: não que os partidos nasçam automaticamente com o Governo representativo; é mais porque os processos civis e sociais que levaram a esta forma de Governo, que previa uma gestão do poder por parte dos "representantes do povo", teriam depois conduzido a uma progressiva democratização da vida política e à integração de setores mais amplos da sociedade civil no sistema político. Em termos gerais, pode portanto se dizer que o nascimento e o desenvolvimento dos partidos está ligado ao problema da participação, ou seja, ao progressivo aumento da demanda de participação no processo de formação das decisões políticas, por parte de classes e estratos diversos da sociedade. Tal demanda de participação se apresenta de modo mais intenso nos momentos das grandes transformações econômicas e sociais que abalam a ordem tradicional da sociedade e ameaçam modificar as relações de poder. É em tal situação que emergem grupos mais ou menos amplos e mais ou menos organizados que se propõem agir em prol de uma ampliação da gestão do poder político a setores da sociedade que dela ficavam excluídos ou que propõem uma estruturação política e social diferente da própria sociedade. Naturalmente, o tipo

de mobilização e os estratos sociais envolvidos, além da organização política de cada país, determinam em grande parte as características distintivas dos grupos políticos que assim se formam.

II. O PARTIDO DOS NOTÁVEIS. — Historicamente, a origem do partido pode remontar à primeira metade do século XIX, na Europa e nos Estados Unidos. É o momento da afirmação do poder da classe burguesa e, de um ponto de vista político, é o momento da difusão das instituições parlamentares ou da batalha política pela sua constituição. Na Inglaterra, o país de mais antigas tradições parlamentares, os partidos aparecem com o *Reform Act* de 1832, o qual, ampliando o sufrágio, permitiu que as camadas industriais e comerciais do país participassem, juntamente com a aristocracia, na gestão dos negócios públicos. Antes dessa data, não se pode falar propriamente de Partidos políticos na Inglaterra. Os dois grandes partidos da aristocracia, surgidos no século XVIII e desde então presentes no Parlamento, não tinham, fora disso, nenhuma relevância nem algum tipo de organização. Tratava-se de simples etiquetas atrás das quais estavam os representantes de um grupo homogêneo, não dividido por conflitos de interesses ou por diferenças ideológicas substanciais, que aderiam a um ou a outro grupo, sobretudo por tradições locais ou familiares. Como afirma Weber, eles não eram mais do que séquitos de poderosas famílias aristocráticas tanto que "toda a vez que um *Lord*, por qualquer motivo, mudava de partido, tudo o que dele dependia passava, na mesma hora, para o partido oposto".

Depois do *Reform Act* começaram a surgir, no país, algumas estruturas organizativas que tinham o escopo de ocupar-se da execução prevista pela lei para a eleição do Parlamento e de recolher votos em favor deste ou daquele candidato. Tratava-se de associações locais promovidas por candidatos ao Parlamento ou por grupos de pessoas notáveis que tinham lutado pelo alargamento do sufrágio ou, algumas vezes, por grupos de interesse. Estes círculos reagrupavam um número mais restrito de pessoas, funcionavam quase exclusivamente durante os períodos eleitorais e eram liderados por notáveis locais, aristocratas ou burgueses de alta sociedade, que proviam à escolha dos candidatos e ao financiamento da atividade eleitoral. Entre os círculos locais não existia nenhum laço de tipo organizativo nem em sentido horizontal nem em sentido vertical. A sua identidade partidária assim como a sua expressão nacional se achava no Parlamento: era o grupo parlamentar do partido que tinha a função de preparar os programas eleitorais e escolher os líderes do partido. O poder do grupo parlamentar do partido, além disso, era acrescido do fato de que os deputados tinham um mandato absolutamente livre: não eram responsáveis por sua atividade política nem frente à organização que tinha contribuído para sua eleição nem frente aos eleitores, mas, como se afirmava então, eles eram responsáveis "só diante da própria consciência".

Este tipo de partido que na literatura sociológica é chamado de "partido dos notáveis" por sua composição social ou partido do "comitê" por sua estrutura organizativa, ou de "representação individual" pelo gênero de representação que exprimia, é o que prevalece durante todo o século XIX, na maior parte dos países europeus. Existem obviamente diferenças entre um país e outro, seja porque em alguns países os partidos nascem muito mais tarde (na Alemanha, por exemplo, pode-se falar de partidos só depois da revolução de 1848 com a formação dos partidos liberais da burguesia e na Itália só depois da unificação nacional) seja porque as condições sociais e políticas que levaram à sua constituição foram parcialmente diversas das inglesas. Todavia, pode-se afirmar, de um modo geral, que o ingresso da burguesia na vida política foi contra-assinalado pelo desenvolvimento de uma organização partidária com base no comitê e que enquanto o sufrágio foi limitado e a atividade política exclusivamente atividade parlamentar da burguesia, não houve mudanças na estrutura partidária.

III. O PARTIDO DE ORGANIZAÇÃO DE MASSA. — Nos decênios que precederam e se seguiram aos fins do século XIX a situação começou a mudar após o desenvolvimento do movimento operário. As transformações econômicas e sociais produzidas pelo processo de industrialização levaram à ribalta política as massas populares cujas reivindicações se expressam inicialmente em movimentos espontâneos de protesto, encontrando depois canais organizativos sempre mais complexos até à criação dos partidos dos trabalhadores. É precisamente com o aparecimento dos partidos socialistas — na Alemanha em 1875, na Itália em 1892, na Inglaterra em 1900 e na França em 1905 — que os partidos assumem conotações completamente novas: um séquito de massa, uma organização difusa, e estável com um corpo de funcionários pagos especialmente para desenvolver uma atividade política e um programa político-sistemático.

Estas características correspondiam a exigências específicas dos partidos dos trabalhadores, quer pelos objetivos políticos que se propunham quer pelas condições sociais e econômicas das massas a que se dirigiam. Os movimentos socia-

listas haviam surgido com o programa de promover um novo modo de convivência civil, de que seriam artífices as classes subalternas política e socialmente emancipadas. Para tal fim, era necessário educar as massas, torná-las politicamente ativas e conscientes do próprio papel. Para fazer isto não era suficiente uma genérica agitação política por ocasião das eleições nem tinha grande importância a atividade parlamentar. Ao contrário, era essencial que no país se desenvolvesse uma estrutura organizativa estável e articulada, capaz de enfrentar uma ação política contínua que envolvesse o maior número possível de trabalhadores e que atingise toda a esfera de sua vida social, que acolhesse as suas demandas e exigências específicas e as transformasse num programa geral. Além disso, era necessário que à atividade de educação e propaganda e ao trabalho organizativo se dedicassem, em tempo integral, pessoas qualificadas e especialmente pagas para isto, não sendo possível que os trabalhadores, com pesados horários de trabalho e baixos salários, dedicassem à atividade política mais do que um pouco do seu escasso tempo livre, nem que abandonassem o trabalho para se dedicarem à política a simples título de honra. Havia, enfim, o problema do financiamento do partido: faltando os "Notáveis" que financiassem a atividade e a organização política foi introduzido o sistema das "quotas", isto é, as contribuições periódicas que cada membro devia pagar ao partido.

A estrutura que assim se desenvolveu teve uma configuração de tipo piramidal. Na base havia as uniões locais — círculos ou seções — com a finalidade de enquadrar todos os membros do partido pertencentes a um dado espaço territorial (bairro, cidade, país). As seções tinham reuniões periódicas e discutiam os principais problemas políticos e organizacionais do momento. Ocupavam-se da atividade de propaganda e proselitismo e elegiam os próprios órgãos de direção internos e os seus representantes de nível superior no partido. Por sua vez, as seções estavam organizadas a nível de circunscrição eleitoral ou a nível provincial ou regional, em federações, que constituíam os órgãos intermediários do partido com funções prevalentemente de coordenação. Enfim, a cúpula era constituída pela direção central, eleita pelos delegados enviados pelas seções ao Congresso Nacional que era o órgão máximo de deliberação dentro do partido, o qual estabelecia a linha política a que deviam sujeitar-se todas as instâncias do partido, desde as seções até à direção central. Todas as posições de responsabilidade eram de caráter eletivo e era também função das assembléias do partido escolher os candidatos às eleições. Estes últimos, uma vez eleitos, tinham um mandato imperativo e eram obrigados a uma rígida disciplina de partido na sua atividade parlamentar.

Juntamente com a verdadeira estrutura partidária, os partidos socialistas podiam contar com uma densa rede de organizações econômicas, sociais e culturais, sindicatos, cooperativas, organizações de assistência para os trabalhadores e suas famílias, jornais e tipografias — que agiam como instrumentos de integração social e contribuíam para reforçar a identidade política e os valores que o partido propunha. Tais organizações, de um modo geral, tinham nascido antes do partido e haviam contribuído para sua fundação. Apesar de tudo, o partido se preocupava em reforçá-las e em criar outras novas com o fim de ampliar a própria presença social.

A extensão e a complexidade desta rede organizativa indica como os partidos socialistas, pelo menos nos primeiros decênios de sua história, se preocupavam sobretudo com a mobilização permanente dos seguidores e pela conquista de espaços de influência cada vez mais amplos dentro da sociedade civil, na tentativa de aumentar o espaço e a intensidade da adesão ao seu projeto de gestão da sociedade. O momento eleitoral e a conquista de cadeiras no Parlamento era sobretudo importante para a etapa posterior de marcar presença entre as massas e como instrumento para a própria batalha política posterior, mas não constituía o objetivo principal do partido. Bem pelo contrário, muitas vezes o Parlamento era considerado com uma certa desconfiança e o grupo parlamentar do partido estava sujeito a uma vigilância particular a fim de que seu comportamento correspondesse à linha política decidida pelos congressos nacionais e mandada respeitar pela direção.

Este modelo, denominado "partido de aparelho" ou "partido de organização de massa", se aplica sobretudo ao partido social-democrático alemão no período da sua linha revolucionária, mas caracteriza, de uma certa maneira, também, os partidos socialistas francês e italiano. Este último, embora contando com uma estrutura organizacional espalhada por quase todo o país e com uma série de organizações de sustentação como são as câmaras de trabalho, as cooperativas e as caixas rurais, tinha laços organizativos verticais mais frágeis e o seu grupo parlamentar era dotado de uma notável autonomia. Isto devia-se ao fato de que o partido socialista italiano era expressão de setores heterogêneos das classes subalternas, faltava-lhe um forte núcleo operário, estando o desenvolvimento capitalista italiano apenas em seus inícios e por conseqüência nele coexistiam linhas políticas diversas que impediam a construção de uma "máquina" partidária racionalmente organizada e politicamente homogênea. Nos primeiros decênios do século XX, o partido socialista italiano acentuou as suas características de partido organizativo de massa, mas, na Itália, o modelo mais completo de tal partido surgirá só depois da Segunda Guerra Mundial com o desenvolvimento do partido comunista.

IV. O PARTIDO ELEITORAL DE MASSA. — A introdução do sufrágio universal ou de um sufrágio muito generalizado, a rápida expansão dos partidos operários nos países em que estes estavam radicados e sua parcial ou total integração no sistema político, estava destinada a produzir mudanças graduais até nos partidos da burguesia. No início, os notáveis não se mostraram muito favoráveis à formação dos partidos de massa. Tinha havido progressiva ampliação da participação nos círculos e nos comitês eleitorais, e tinha-se procurado unificar, a nível nacional, o trabalho eleitoral, e potenciá-lo através da admissão de pessoal político remunerado. Todavia, o medo de ver ameaçada a própria posição de preeminência de uma democratização dos seus partidos ou de ver colocada em discussão a própria concepção da política ou os próprios critérios de gestão do poder produziram nos notáveis uma acentuada hostilidade em relação aos partidos de massa. Além disso, tendo em mãos as principais levas do poder político e podendo contar com a ação do exército e da burocracia, os partidos da burguesia puderam impedir, durante um certo período, a integração política dos partidos dos trabalhadores e neutralizar, portanto, a concorrência no mercado político. Só na Inglaterra, onde o Governo trabalhista foi aceito rapidamente como legítimo aspirante ao poder governativo, o partido conservador iniciou, desde o fim da Primeira Grande Guerra Mundial, a própria transformação em partido com a participação de massa. Na Europa continental, este processo aconteceu, de um modo geral, depois da Segunda Guerra Mundial quando a maior parte dos partidos de comitê foi obrigada a criar um aparelho estável para uma eficaz propaganda, procurando uma clientela de massa e coligações com grupos e associações da sociedade civil capaz de dar ao partido uma base estável de consenso.

Todavia, diferentemente dos partidos dos trabalhadores, estes partidos tiveram e têm como característica distintiva a mobilização dos eleitores mais do que a dos associados. Dotados de uma organização em parte decalcada sobre a dos partidos operários — com seções, federações, direção centralizada e pessoal político trabalhando em tempo integral — os *partidos eleitorais de massa* não são dirigidos de um modo geral a uma classe ou a uma categoria particular, não se propõem uma gestão diferente da sociedade e do poder, mas procuram conquistar a confiança dos estratos mais diversos da população, propondo em plataformas amplas e flexíveis, além de suficientemente vagas, a satisfação do maior número de pedidos e a solução dos mais diversos problemas sociais. Precisamente por seus objetivos essencialmente eleitorais, a participação dos inscritos na formulação da plataforma política do partido é de natureza formal: mais do que o debate político de base, a atividade crucial do partido é a escolha dos candidatos para as eleições, que devem corresponder a toda uma série de requisitos aptos para aumentar o potencial eleitoral do partido. Por esta razão, ganham ainda importância os notáveis, que, precisamente pelo fato de ocuparem posições-chaves na sociedade civil, podem procurar para o partido grande clientela e fornecer parte dos meios econômicos necessários para o financiamento da atividade eleitoral.

Ao mesmo tempo, a conquista das posições de poder político e a gestão dos negócios públicos a nível nacional e local fazem aumentar os recursos eleitorais dos partidos que a partir dessas posições podem corresponder às exigências de variados grupos da população e merecer seu apoio. Finalmente, neste tipo de partido não existe, ou existe de modo contrastado, uma disciplina de partido ou uma ação política unitária. É muito freqüente, na verdade, que o partido apresente várias faces segundo a natureza das camadas e das zonas geográficas a que se dirige, tal como aconteceu muitas vezes em que sua linha política sofreu variações táticas notáveis em conexão com momentos políticos particulares. Por este conjunto de conotações, o partido eleitoral de massa foi definido também como "partido pega-tudo" (*partito pigliatutto*).

O partido eleitoral de massa é o último a comparecer na cena política européia e em certo sentido termina a história tal como se desenvolveu até agora. Deve repetir-se que se trata de uma "história" que prescinde, em grande parte, dos acontecimentos específicos de cada Estado, uma vez que as características sociais e políticas dos vários países europeus influíram tanto sobre a data de nascimento do sistema político como sobre o período de constituição deste ou daquele partido ou de partido com características "mistas". Além disso, se entre os partidos descritos existe uma ordem de sucessão, no sentido em que historicamente são comparsas da ordem a que nos referimos acima, não existe entre eles uma relação necessariamente evolutiva. Não se segue, por isso, que um certo tipo de partido produza inevitavelmente um outro, com o desa-

parecimento conseqüente do precedente. Mais do que isso, causas sociais e políticas específicas levam à emergência de uma determinada configuração partidária que pode durar por um certo tempo e depois modificar-se e assumir finalmente características inteiramente novas. Isto comporta, entre outras coisas, que tipos diversos de partidos podem coexistir no mesmo sistema partidário. Na verdade, ainda que a maior parte dos partidos burgueses tenha se transformado em partidos eleitorais de massa, permanece ainda pequeno partido de pessoas notáveis, assim como em certos países existem, ao mesmo tempo, partidos eleitorais de massa e "partidos de aparelho".

V. TRANSFORMAÇÃO DO PARTIDO DE ORGANIZAÇÃO DE MASSA. — Quando se aludiu às modificações que podem ocorrer numa determinada configuração partidária ficaram demonstradas as transformações que sofreram ou estão sofrendo importantes partidos de aparelho europeus. Foram estes partidos que mais interesse despertaram na literatura e nas publicações de caráter sociológico e político. Julgados por alguns como os mais aptos a permitir a participação política dos cidadãos e tidos por outros como partidos de estrutura antidemocrática dominada pelos aparelhos que servem de instrumento de manipulação das massas, eram todavia unanimemente considerados como "partidos modernos" por excelência, conseqüência necessária ou inevitável da democracia de massa, destinados a ocupar o lugar de todos os outros. Houve as tentativas de transformar alguns partidos eleitorais de massa em partido de aparelho, assim como de outros lados era desejada uma transformação de todos os partidos nesta direção.

Contudo, estas tentativas e estes auspícios jamais se realizaram completamente, assistindo-se, de outra parte, a uma progressiva modificação dos partidos de aparelho. Em particular, eles foram perdendo algumas das suas características essenciais, como a alta participação das bases na vida do partido, a contínua ação de educação moral e intelectual das massas, a precisão do programa político e o apelo à transformação da sociedade. Do lado contrário, se acentuou sua orientação eleitoral e o empenho maciço em ampliar sua influência para além das próprias bases tradicionais e a importância sempre crescente da atividade parlamentar. Assistiríamos, assim, a um processo de homogeneização dos partidos, todos preparados para se transformar em partidos "pega-tudo".

As razões que servem de base a esta transformação são de ordem política e social ao mesmo tempo. Em primeiro lugar, nas últimas décadas, a partir do segundo pós-guerra, foi-se realizando nos principais países europeus, a integração, pelo menos formal, das massas populares no sistema político: os partidos de origem operária foram reconhecidos quase em toda a parte como concorrentes legítimos no "mercado" político — especialmente os que abandonaram totalmente qualquer apelo a uma transformação radical da sociedade — e, portanto, como possíveis detentores do poder político. Sendo por ela favorecida, esta integração provocou ao mesmo tempo uma intervenção cada vez maior do Estado nos setores mais diversos da sociedade e a conseqüente necessidade de princípios de planejamento econômico e social, ou, em todo o caso, de uma mediação entre interesses diversos, para a qual se requer a colaboração, clara ou tácita, dos partidos operários, especialmente quando eles podem contar com o apoio das mais poderosas organizações sindicais do país. Isto representou uma diminuição ou queda da pressão das massas, mantidas antes à margem do sistema, e uma mudança na qualidade e no nível das suas exigências políticas. É, fato, ainda mais importante, se assistiu na esfera social a profundas modificações que atingiram vastos setores da população, tais como: a consecução de um mínimo de segurança social, a difusão do consumo e de símbolos culturais homogeneizados, e o surgimento de tendências de tipo secular e privativo. Este conjunto de fatores implicou uma relativa estabilização das relações sociais, uma codificação mais ou menos compartilhada pela maior parte da população das regras de convivência civil e, conseqüentemente, uma menor intensidade na participação política com objetivos de tipo geral e totalizante.

A possibilidade real ou potencial da gestão do poder político, a relativa estabilização da situação social e, em conseqüência, a menor participação política das massas, fez com que os partidos operários abrandassem os apelos de classe em benefício de uma imagem de si mesmos que pudesse merecer o assentimento de vários setores da sociedade: a referência às solicitações e aos interesses de uma determinada classe foi acompanhada ou substituída por programas e apelos cujo conteúdo realça o interesse "nacional" e, em geral, as aspirações globais da sociedade. Tudo isto trouxe conseqüências mesmo a nível de estrutura organizacional. A participação política de base se orientou preponderantemente para a propaganda eleitoral e a obra de educação moral e política das massas se tornou quase que supérflua. Em contraposição, acentuou-se a importância do profissionalismo político nos níveis médios e altos do partido e a cooptação de "peritos" para se poder fazer face a uma

atividade política cada vez mais complexa; do mesmo modo, tornou-se essencial a escolha dos candidatos com vistas ao sucesso eleitoral do partido, recorrendo-se para isso aos próprios notáveis de várias esferas sociais e profissionais.

Este processo de transformação atingiu, de forma mais ou menos acentuada, os principais partidos de articulação européia. Obviamente os partidos podem encontrar limitações, mais ou menos rígidas, às suas tendências do "tudo serve": certos interesses claramente em contraste com os da sua base tradicional não podem ser representados, a não ser que se queira incorrer na defecção eleitoral dessa mesma base; da mesma maneira, as persistentes tradições políticas de classe podem desaconselhar uma propaganda interclassista muito ousada. Porém, em geral, os partidos superam tais obstáculos evitando assumir posições claras sobre problemas capazes de criar divisões e conflitos decisivos dentro do país, lutando pela conquista do poder político com plataformas eleitorais e sistemas de gestão do próprio potencial que não se diferenciam substancialmente dos de outros partidos, mas são até muito semelhantes a eles sob muitos aspectos.

Em síntese, poderíamos dizer que a persistência dos partidos de aparelho ou vice-versa, a sua transformação em partidos eleitorais de massa, parece estar ligada à qualidade e à intensidade da participação política: onde existir um consenso generalizado sobre certos temas e problemas de base e a participação popular se manifestar através de exigências setoriais e específicas, é provável que prevaleçam estruturas partidárias com tendências "pega-tudo"; quando, ao contrário, por qualquer motivo de ordem interna ou internacional, surgirem crises capazes de criar fortes conflitos políticos ou de colocar em discussão as relações sociais existentes, a tendência para "construir máquinas políticas" profundamente homogêneas e organizadas deverá ser mais clara.

VI. FUNÇÃO DOS PARTIDOS. — A aparição dos partidos de massa, quer sob a forma de partidos de aparelho, quer sob a forma de partidos eleitorais, tornou crucial um problema que na bibliografia sociológica e política foi muito debatido desde o aparecimento dos partidos. É o problema das suas funções. Com esta expressão se indicam, em geral, todas as atividades dos partidos que geram conseqüências mais ou menos relevantes no sistema político e social. Especialmente no momento em que os partidos se difundiram por grande parte do mundo e assumiram um relevo enorme na vida política, o problema das suas funções tornou-se não apenas uma questão de análise e teoria política mas também e sobretudo uma questão política que inevitavelmente suscitou respostas contrastantes e muitas vezes polêmicas.

Ao analisar o desenvolvimento dos partidos, viu-se como eles foram um instrumento importante, senão o principal, através do qual grupos sociais sempre mais vastos imergiram no sistema político e como, sobretudo, por meio dos partidos, tais grupos puderam exprimir, de modo mais ou menos completo, as próprias reivindicações e as próprias necessidades e participar, de modo mais ou menos eficaz, da formação das decisões políticas. Que os partidos transmitem o que nos livros de sociologia e de política se chama de "questionamento político" da sociedade e que, através dos partidos, as massas participem no processo de formação das decisões políticas, são as duas funções que unanimemente são reconhecidas para os partidos. À função de transmissão do questionamento político pertencem todas aquelas atividades dos partidos que têm como escopo fazer com que ao nível de decisão sejam tomadas em consideração certas necessidades da sociedade. Por outro lado, ao momento da participação no processo político pertencem atos como a organização das eleições, a nomeação de pessoal político e a competição eleitoral; através disso, o partido se constitui sujeito de ação política e é delegado para agir no sistema a fim de conquistar o poder e governar.

O modo como os partidos exercem estas duas funções, a prioridade dada a uma ou a outra, é o que diferencia empiricamente os próprios partidos, constituindo também o objeto das respostas contrastantes presentes nos estudos da matéria e das polêmicas políticas sobre os partidos e seu funcionamento.

É evidente que se se faz referência aos velhos partidos dos notáveis, não existem muitos problemas a respeito. Eles, na verdade, agregando uma camada homogênea, numericamente restrita e não dividida por fortes contrastes de princípios e de interesses, não tinham necessidade nem de uma organização nem de procedimentos muito complexos para transmitir o questionamento político da própria base social e para nomear e controlar os próprios representantes oficiais. Estes últimos podem agir facilmente para satisfação das necessidades da base que representavam e às quais organicamente pertenciam, para manutenção e proteção dos próprios privilégios sociais.

Com os partidos de massa, pelo contrário, os quais por vezes organizam milhões de pessoas, que podem expressar questionamentos diversos de tipo setorial como de tipo geral, homogêneos ou contrastantes entre si e que pressupõem com-

plicados procedimentos para nomeação e controle das pessoas que agem dentro do sistema político, em nome e por conta desta centena de milhares ou milhões de pessoas, a situação é diferente e de necessidades muito complexas. Quais são, de preferência, os questionamentos que os partidos transmitem? Refletem efetivamente as exigências mais autênticas da própria base social? De que modo os partidos transmitem estes questionamentos? De que natureza é a delegação que os partidos recebem dos próprios correligionários? Quais são as conseqüências que se verificam no sistema político se um partido ou diversos partidos desenvolverem suas funções de um modo, em vez de outro?

A resposta a estas interrogações toma, em geral, em consideração, a configuração organizativa dos partidos. Os partidos de massa — como longamente já se expôs —, não obstante a letra de seus estatutos e de seus complicados processos de controle, são, em sua maior parte, casos constituídos de uma maioria de seguidores que, pelas mais diversas razões, aderem ao partido e por uma minoria de profissionais da política — o círculo interno —, que toma todas as decisões importantes, define a linha política, controla as nomeações apesar do possível dissenso ou dos interesses reais das bases do partido. Isto deveria atribuir-se, essencialmente, a uma lógica de tipo organizativo. Segundo R. Michels, um dos mais ilustres estudiosos dos **Partidos políticos**, uma participação política difundida necessita de estruturas organizativas complexas, mas é exatamente a existência da organização que produz necessária e inevitavelmente tendências oligárquicas. Na verdade, o progressivo desenvolvimento da organização, a crescente complexidade dos fins a atingir com a conseqüente divisão de trabalho e a necessidade de conhecimentos especializados que este fato comporta, conduzem à profissionalização e estabilização da *liderança* do partido, à sua objetiva superioridade em relação aos outros membros da organização e portanto à sua inamovibilidade e ao exercício de um poder de tipo oligárquico. Nesta situação, portanto, a delegação e o controle sobre ela seriam fictícios e a transmissão do questionamento político seria manipulável e manipulado conforme os interesses de poder da oligarquia do partido. Ao nível de sistema político geral, a conseqüência seria naturalmente a negação de grande parte das instâncias democráticas que os partidos deveriam representar.

Embora se reconheça que, em muitos casos e em muitas situações, os partidos manifestam tendências oligárquicas, a interpretação de Michels foi criticada porque ela apresenta como "lei" um fenômeno que pode verificar-se em algumas circunstâncias históricas, pode ser uma tendência em outras ou pode até nem apresentar-se de fato em outros casos ainda. O modo de funcionamento dos partidos não é uniforme. Ele pode variar segundo os tempos e os lugares e é por isso difícil, a propósito, encontrar uma regra que seja válida universalmente.

Para dar uma resposta que tenha em conta esta variedade de funcionamento e que ao mesmo tempo seja empiricamente verificável põe-se a hipótese de que, tanto a transmissão do questionamento político como o processo de delegação estão estreitamente ligados ao fenômeno da participação política. Dentro desta hipótese, os tipos e os modos de transmissão do questionamento político, assim como as várias modalidades de formação da delegação derivam, em grande parte, do tipo e da intensidade de participação política existentes em sistemas políticos diversos e em diversas circunstâncias histórico-sociais. Uma vez que se sabe que a participação política assume várias formas — participação eleitoral, inscrição nos partidos, freqüência às reuniões e às várias atividades dos partidos, mobilização de grupos e de categorias sócio-profissionais — e é de intensidade diversa segundo os partidos e os sistemas políticos, e de diferentes momentos históricos, também o funcionamento dos partidos estará sujeito a uma grande variabilidade. Quando o nível de participação for elevado e o envolvimento político dos cidadãos intenso, a delegação e o controle sobre ela serão acumulados e específicos e os partidos serão levados a colocar um questionamento político que tenha em conta as exigências e as necessidades mais gerais dos próprios associados e simpatizantes. Ao contrário, um baixo nível de participação e uma situação de não-mobilização tornarão menos controlável a delegação, favorecerão a cristalização das estruturas políticas permitindo que estas funcionem como filtro de questionamentos particulares e setoriais. Em resumo, a possibilidade de os partidos serem instrumento de democracia está dependente do controle direto e da participação das massas.

Para concluir, podemos afirmar que se o fenômeno "partido" como configuração organizativa e como conjunto de funções por ele desenvolvidas mostra, em termos gerais, uma tipicidade própria, do ponto de vista concreto e analítico se apresenta de modo muito diferente pelo que, para captar sua especificidade e a relevância atual num dado sistema político, é necessário vê-lo inserido na estrutura econômico-social e política de um determinado país, num bem definido momento histórico.

BIBLIOGRAFIA. — J. BLONDEL, *An introduction to comparative politics*, Weindenfeld e Nicholson, London 1969; M. DUVERGER, *I partito politici* (1951), Comunità, Milano 1975 ; L. D. EPSTEIN, *Political parties in western democracies*, Pall Mall, London 1967; *Political parties and political development*, ao cuidado de J. LA PALOMBARA e M. WEINER, Princeton University Press, Princeton 1966; A. LEISERSON, *Party and politics. An institutional and behavioral approach*, Knopf, New York 1958; M. MICHELS, *La sociologia del partito politico* (1911), Il Mulino, Bologna 1966; *Modern political parties. Approaches to comparative politics*, ao cuidado de S. NEUMAN, University of Chicago Press, Chicago 1966; M. OSTROGORSKI, *Democracy and organization of political parties* (1902), Quadrangle Books, Chicago 1964; A. PIZZORNO, *I soggetti del pluralismo, Classi, partito e sindacati*, Il Mulino, Bologna 1980; G. SARTORI, *Partito e sistemi di partito*, Editrice Universitaria, Firenze 1964-65; *Sociologia dei partito politici*, ao cuidado de G. SIVINI, Il Mulino, Bologna 1979²; M. WEBER, *Economia e società* (1922), Comunità, Milano 1961, pp. 241-42, 718-28 do II volume.

[ANNA OPPO]

Partitocracia.

I. ORIGEM E DEFINIÇÃO. — Este termo é utilizado em alguns contextos europeus, particularmente depois da Segunda Guerra Mundial, em referência a um fenômeno que não é novo, mas que é inusitado em suas manifestações quantitativas: a presença e a consolidação social e política dos partidos de massa. O fenômeno não é novo, já que tanto a Alemanha como a França e a Itália souberam o que eram os partidos de massa, radicados e constituídos, desde o início deste século, com o fortalecimento dos partidos socialistas. Ele assume um caráter insólito, pois, por um lado, os pequenos partidos moderados ou foram varridos ou drasticamente redimensionados em seu efetivo peso político e, por outro, os partidos de massa conquistaram o quase monopólio da atividade política.

Partitocracia significa, de fato, mais que Governo dos partidos, seu domínio ou expansão da ambição de domínio. Este termo foi usado, numa primeira fase que vai até ao final da década de 60, de uma forma essencialmente crítica, por autores e homens políticos que poderíamos definir, em sentido lato, como liberais. Recordam com saudade os tempos da *representação individual* dos interesses, a fase em que os notáveis (ou seja, os homens dignos de nota) podiam desenvolver atividades políticas relativamente desvinculados das organizações, em que existia um "público" restrito e bem informado que debatia os problemas políticos e controlava seu representante (observe-se que a polêmica contra a Partitocracia está muitas vezes unida aos ataques contra a representação proporcional). Se De Gaulle não cessa de criticar os partidos como corpos intermediários que distorcem a vontade dos cidadãos, se Maranini investe incessantemente contra a penetração obsessiva dos partidos na sociedade, na Alemanha também se atribuem ao Estado de partidos (*Parteienstaat*) qualidades positivas de consolidação da democracia pós-nazista.

Estudiosos e políticos visam neste momento criticar, mais ou menos conscientemente, não tanto os partidos em si, mas uma nova fase política que tem sido definida como irrupção das massas na cena política. É uma fase caracterizada pelo aparecimento e consolidação dos partidos chamados de *integração social*. Estes tornaram-se alvos da crítica como representantes de interesses de massa, interesses muitas vezes não diferenciados e amiúde totalizantes. Na medida em que esta crítica propõe um retorno impossível ao passado, talvez idealizado, ela pode bem ser definida como conservadora.

Contudo, na própria palavra-definição "Partitocracia" há uma possível crítica implícita que diz justamente respeito à ambição ou até mesmo ao êxito dos partidos em monopolizar não só o poder político como também a própria vida política organizada. A Partitocracia se identifica então, antes de mais nada, com o predomínio dos partidos em todos os setores: político, social e econômico. Caracteriza-se por um constante esforço dos partidos em penetrar em novos e cada vez mais amplos espaços. Culmina no seu total controle da sociedade. É então que a Partitocracia é deveras domínio dos partidos.

Depois do longo período de assentamento e consolidação dos partidos, até mesmo alguns estudiosos e homens políticos que tinham visto com bons olhos a expansão da política mediante e graças ao papel por eles desempenhado, começam agora a questionar alguns dos seus elementos que consideram inadequados ou degenerados. Foi assim que surgiram as críticas de Bobbio aos partidos italianos, transformados em diafragma e não em ponto de transmissão da demanda social e política, de Pizzorno aos partidos que se tornaram incapazes de desempenhar eficazmente as funções de transmissão da demanda e de delegação política (ele chega a tocar os problemas da burocratização dos partidos e da falta de mudança), e de Sartori à degeneração dos partidos, cheios de facções.

Mas a orientação das críticas à Partitocracia muda profundamente, quando, em 1968, alguns grupos repelem a institucionalização burocrática e vêem nos partidos, em todos eles, um instrumento de conservação e não de transformação da sociedade, e, sobretudo, quando, por meados dos anos 70, os movimentos e autores radicais lançam suas críticas contra os partidos totalizantes e didáticos e contra a sua pretensão de monopolizar a demanda política, controlar a expressão das novas necessidades e impedir todo o movimento potencialmente desestabilizador dos equilíbrios políticos tradicionais.

Mas então a crítica possuía uma nova marca política: provinha agora da esquerda (do próprio seio dos partidos da esquerda, conquanto preocupados em manter as suas posições de poder) e se erguia como representante de uma sociedade civil transformada e com vontade de mudar, contra os próprios partidos ou, de qualquer maneira, sem eles ou à margem deles. A Partitocracia foi acusada de querer deter a necessidade de mudança, de querer canalizar tudo para o leito da política institucional dos partidos, de não deixar espaço para a sociedade civil e para as verdadeiras aspirações das massas. Os ataques à Partitocracia são também ataques à política dos "profissionais", de uma nova classe que se recruta e mantém por si mesma, que vive *da* política e não *para* a política (como Weber tinha profeticamente advertido).

O círculo fecha-se assim: a Partitocracia provocou fortes críticas mesmo entre aqueles que lhe haviam reconhecido a necessidade na fase de transformação da política em atividade de massa, mas que agora denunciam sua insuficiência e danos, dedicando-se a descobri-los. Mas ela criou meios próprios para se manter e consolidar, lançando mão de novos instrumentos.

II. INSTRUMENTOS DA PARTITOCRACIA. — Embora muitas vezes evocado no contexto italiano, o voto obrigatório é um instrumento muito débil (não existindo sanções) nas mãos da Partitocracia. É indubitável que a alta percentagem de votantes e a sua estabilidade no tempo podem constituir, aos olhos dos dirigentes de partido, uma prova de que o sistema partidário não perde legitimidade. Mas, sendo assim, o recente crescimento do abstencionismo, mesmo na Itália, há de ser avaliado segundo o princípio da não-legitimação da Partitocracia, em situações claramente definidas e com sinais bastante específicos (*referendum*, eleições regionais, etc.).

Os dois principais instrumentos da Partitocracia, adequadamente utilizados na sua manutenção e expansão, são, por um lado, o *financiamento público dos partidos* e, por outro, a atribuição de cargos em vastos setores da sociedade e da economia segundo critérios predominantemente políticos (fenômeno que, no caso italiano, é apropriadamente definido como *loteamento*). Ambos os instrumentos fortalecem os partidos, envolvendo amplas e, às vezes, importantes camadas de cidadãos.

Em quase todos os sistemas políticos ocidentais existem formas de financiamento público dos partidos. São as modalidades que diferem com freqüência, indicando filosofias políticas diversas como base de tal escolha e envolvendo conseqüências várias. O máximo reforço da Partitocracia se dá, quando os fundos vão diretamente à caixa dos partidos e não são previstos pagamentos a cada um dos candidatos, nem financiamento de atividades específicas, nem concessões, como espaços publicitários, salas, imprensa, propaganda radiotelevisiva. Obviamente, um dos elementos que poderiam servir de freio à Partitocracia seria um sério e rigoroso controle dos orçamentos. A questão é que os fundos que afluem diretamente aos partidos e são utilizados sem controle se prestam ao robustecimento da burocracia, da submissão dos eleitos à cúpula partidária e da criação de uma verdadeira e autêntica classe dependente da política (e, mais especificamente, dos administradores dos fundos).

O sistema de financiamento público dos partidos italianos representa, neste contexto, um dos mais eficazes instrumentos de fortalecimento da Partitocracia e das cúpulas partidárias, em detrimento da difusão da política e da independência dos eleitos (dentro de limites um tanto restritos, mas possíveis). Submetida a *referendum* em junho de 1978, a lei n.º 195, de 9 de abril de 1974, transformou-se no catalisador de um tão vasto e difuso quão heterogêneo sentimento antipartidário, que conquistou sem dificuldade 43,7 por cento de votos favoráveis à sua revogação.

O outro instrumento clássico da Partitocracia é o da distribuição dos cargos fundada na adesão ao partido. É importante sublinhar que são duas as variáveis que influem para que este instrumento seja mais ou menos eficaz. Antes de mais nada, quanto mais vasto for o âmbito de intervenção do Estado nos setores social e econômico, tanto mais numerosas serão as posições disponíveis para os partidos (e quanto mais débeis forem as instituições, tanto mais fácil será para os partidos intervir e colonizá-las). Por isso, um Estado intervencionista e instituições débeis, como, por exemplo, um aparelho burocrático mantido à mercê do Governo, são um terreno favorável à Partitocracia e às suas atividades de expansão e fortalecimento.

A outra variável é a do uso de critérios de adesão partidária mais que o de critérios de competência e profissionalismo. É raro que o simples fato de pertencer a um partido avantage totalmente a competência; mas é, evidentemente,

o grau de combinação entre ambas as coisas que determina a existência de uma Partitocracia voraz e ramificada. Dizemos até que, em certos contextos, é, às vezes, a própria adesão partidária que serve de trampolim para alguns funcionários blasonarem da posse de qualidades profissionais. Assim, o responsável pela seção dos estudos escolares de um partido poderá afirmar ser um perito e, conseqüentemente, aspirar a cargos na área da instrução pública; por sua vez, um jornalista que haja trabalhado no jornal ou nas publicações do mesmo partido poderá, sendo preciso, ornar-se do título de "experto em problemas de comunicação de massa", e assim por aí afora.

É claro que, se as posições a lotear entre os partidos são muitas e se os critérios de adesão partidária continuam a constituir o elemento preferencial na escolha para um sem-número de cargos, haverá possivelmente uma corrida à inscrição nos partidos, ou, em todo caso, a favor e serviços dos dirigentes de partido. A Partitocracia entrará então num círculo muito produtivo para o seu destino, podendo, às vezes, recrutar até os mais ambiciosos e sem escrúpulos dentre os competentes. Contudo, as mais das vezes, não é assim, e o recrutamento partitocrático se desenvolve entre os homens do partido e os seus fiéis vassalos, sem atender a qualquer título profissional. O sistema é muitas vezes criticado até pelos que dele desfrutam; enreda-se em escândalos, mas a rede de conluios se revela bem mais forte que as resistências ou as polêmicas.

III. REMÉDIOS PARA A PARTITOCRACIA. — Por muito forte que possa ser o domínio dos partidos, muitas vezes lhe escapam decisões importantes; as poderosas multinacionais, por exemplo, são capazes de passar por cima deles, de fugir ao seu controle, levando avante seus próprios programas, devido ao seu peso econômico e político e à capacidade técnica que podem mobilizar. Este exemplo mostra um aspecto importante: a Partitocracia é capaz de se apropriar dos meios existentes, mas, se não os souber criar, com o andar do tempo, acabará por provocar as condições da sua própria crise. Mas esta crise pode tardar em chegar e coincidir, afinal, com a disgregação do sistema em seu conjunto.

Com isso, os poucos remédios identificáveis para a Partitocracia, ou seja, para o domínio dos partidos tal qual se apresenta no início da década de 80, quase sempre requerem que os mesmos partidos estejam de acordo em levá-los a efeito, em pô-los em prática; por isso, têm poucas possibilidades de sucesso. Só uma casual e afortunada coincidência de fortes pressões provenientes da sociedade civil e de movimentos de autonomia oriundos das instituições colonizadas pelos partidos (órgãos públicos da economia, bancos, ministérios, Parlamento, meios de comunicação de massa) podem criar uma situação onde a intervenção dos partidos seja censurada, severamente regulamentada e drasticamente limitada, e os responsáveis por violações paguem politicamente (com a derrota nas urnas) e penalmente.

Outro caminho está na mudança das regras de jogo político, isto é, em reformas institucionais que provoquem situações de incerteza e de competição incessante entre os partidos. É o que De Gaulle quis e conseguiu fazer contra os partidos franceses e contra seu jogo político em 1958, no início da V República. É o que, numa situação originariamente muito favorável, fizeram, no contexto norte-americano, as reformas de democratização dos processos de seleção dos candidatos e de financiamento das campanhas, chegando ao extremo oposto da decomposição dos partidos. Este também é um caminho por onde é possível enveredar, já com a aprovação de todos os partidos, que se tornaram conscientes da gravidade e dos danos da situação (mas isto é certamente raro), já contra todos os partidos, não sendo muito claro, no caso italiano, de quem possa surgir, democraticamente, a necessária e autorizada iniciativa.

O que se requer pode, em parte, ser obtido mediante normas rigorosas sobre a *incompatibilidade* dos cargos, sua *renovação* e *rotatividade*. A circulação do pessoal político, a ruptura de esquemas ossificados e a criação de situações em que seja impossível ter uma carreira por tempo ilimitado na esfera política poderão desestimular virtuais membros da Partitocracia e tornar, por isso, menos amplo o círculo dos dependentes da política. Isto pode não bastar por si só. O *turnover* do pessoal político só poderá constituir um dos mecanismos que contribuem para destruir ou, de algum modo, reduzir as características mais odiosas da moderna Partitocracia, se ligado a uma constante e real competição entre os partidos políticos, que reproduza, na esfera da política, as condições que se atribuem (se bem que erroneamente), na esfera econômica, à competição entre empresas e produtos e ao mercado de trabalho, ou seja, concorrência e mobilidade. O *turnover* do pessoal político pode constituir um dos mecanismos que contribuem para destruir ou de alguma maneira reduzir as características mais odiosas da moderna Partitocracia.

De outro modo, a Partitocracia, mesmo com a crise dos partidos, estará destinada a continuar como fenômeno característico de alguns sistemas políticos contemporâneos, sobretudo daqueles que não contam com a alternância no poder e estão privados da substituição do pessoal político. Seus aspectos mais visíveis e suas degenerações mais graves se evidenciarão onde a sociedade civil for mais débil e as instituições menos autônomas. Infelizmente, é este o caso italiano.

BIBLIOGRAFIA. — S. BERGER, *Politics and antipolitics in western Europe in the seventies*, in "Daedalus", Winter 1979, pp. 27-50; J. JULLIARD, *Contre la politique professionnelle*, Seuil, Paris 1977; A. PANEBIANCO, *Le risorse della partitocrazia e gli equivoci della partecipazione*, in "Argomenti radicali", abril-maio 1978, n.º 7, pp. 26-41; G. PASQUINO, *Contro il finanziamento pubblico di questi partito*, in "Il Mulino", março-abril 1974, pp. 233-55; Id., *Crisi dei partito e governabilità*, Il Mulino, Bologna 1980; A. PIZZORNO, *I soggetti del pluralismo. Classi Partito Sindacati*, Il Mulino, Bologna 1980; *Correnti, frazioni e fazioni nei partito politici italiani*, ao cuidado de G. SARTORI, Il Mulino, Bologna 1973; M. WEBER, *Il lavoro intellettuale como professione* (1919), Einaudi, Torino 1971

[GIANFRANCO PASQUINO]

Paternalismo.

Na linguagem vulgar, Paternalismo indica uma política social orientada ao bem-estar dos cidadãos e do povo, mas que exclui a sua direta participação: é uma política autoritária e benévola, uma atividade assistencial em favor do povo, exercida desde o alto, com métodos meramente administrativos. Para expressar tal política, nos referimos então, usando de uma analogia, à atitude benevolente do pai para com seus filhos "menores".

Do ponto de vista conceptual, o pensamento liberal identificou repetidas vezes, embora de formas diversas, as características do Estado paternal, um Estado que, de vários modos, de acordo com as diversas épocas, sempre ameaçou o Estado "político" ou liberal. John Locke, no segundo *Tratado sobre o governo*, distingue três poderes: o paterno, o político e o despótico. Dava assim continuação à polêmica iniciada no primeiro *Tratado* contra Robert Filmer que, no *Patriarca*, tinha defendido, partindo do direito divino dos reis e da teologia natural, uma estreita analogia entre o poder que os pais têm sobre os filhos e o que tem o monarca sobre seus súditos. Para Filmer a única diferença está na amplitude e extensão, pois ambos governam segundo a própria vontade e não segundo as leis ou o querer dos filhos e dos súditos. Com sua tripla distinção dos Governos, Locke quis defender o

Governo político (ou liberal) contra os Governos paternal e despótico (ou absoluto). O poder do magistrado sobre os súditos, o do pai sobre a mulher e os filhos, e o do senhor sobre os escravos e servos, são entre si logicamente distintos: o primeiro se baseia no consenso, o segundo na natureza (o direito-dever do progenitor à criação da prole, limitado no tempo), o terceiro exclusivamente na força. No Estado paternal Locke via a encarnação da monarquia senhorial, onde o rei "pai" era também proprietário do reino; mas, para ele, o direito de propriedade é um direito privado, diferente do direito de soberania que é, ao invés, um direito público.

Enquanto Locke polemizava contra a monarquia senhorial, Immanuel Kant fazia-o contra o despotismo iluminado, contra o Estado de polícia, que atende ao bem-estar dos cidadãos de modo exclusivamente administrativo. No ensaio *Sobre o dito vulgar: "isto pode ser justo em teoria, mas não vale na prática"*, onde demonstra que o Estado civil, considerado como Estado jurídico, se fundamenta em três princípios *a priori* (liberdade, igualdade e independência), Kant afirma que o princípio da liberdade pode ser assim expresso: "Ninguém me pode obrigar a ser feliz a seu modo (isto é, como imagina o bem-estar dos outros homens), mas cada um poderá buscar a sua felicidade pelo caminho que lhe parecer bom, com tal que não leve prejuízo à liberdade que os demais têm ao tender ao mesmo fim, podendo deste modo a sua liberdade coexistir com a liberdade de qualquer outro, segundo uma possível lei universal". Condena de igual modo, com dureza, o Governo paternalista (*imperium paternale*), onde os súditos são filhos menores de idade, incapazes de um querer autônomo, como o pior despotismo que se possa imaginar, pois tolhe a liberdade.

Com o advento da democracia parecia que o perigo do Estado paternal tivesse sido eliminado; mas Alexis de Tocqueville mostra, no último capítulo do seu livro *Democracia na América*, como tal ameaça é mais grave e impendente que nunca. O Estado paternal é possível numa sociedade atomizada de massa, onde o individualismo encerrou o indivíduo no círculo estreito dos interesses familiares e domésticos, e onde predomina, com paixão exclusiva, a corrida ao bem-estar e ao gozo dos bens materiais. O novo Estado paternal se diferencia, segundo Tocqueville, do antigo despotismo, porque "estaria mais estendido, seria mais brando e envileceria os homens sem os atormentar": tornou-se possível graças precisamente a um compromisso entre o despotismo administrativo e a soberania popular. Sobre uma multidão incontável de homens seme-

lhantes e iguais, que não se conhecem, é ainda o pensamento de Tocqueville, "ergue-se um poder imenso e tutelar que se encarrega, por si só, de lhes assegurar o desfrute dos bens e de vigiar sobre a sua sorte. É absoluto, minucioso, sistemático, previdente e brando. Assemelhar-se-ia à autoridade paterna se, como esta, tivesse por fim preparar o homem para a idade viril, mas não procura senão prendê-lo irrevogavelmente à infância", afastando dele "todo o tédio de pensar, toda a canseira de viver".

As três definições, embora diversas por haverem sido escritas em tempos históricos diferentes, apresentam certos elementos comuns: a defesa da liberdade política, que conduz à valorização do pluralismo político e social, e a recusa da solução dos problemas individuais e sociais com métodos administrativos e burocráticos, que alienam o indivíduo do sistema político.

[NICOLA MATTEUCCI]

Pauperismo

O termo Pauperismo, derivado do vocábulo latino *pauper*, apareceu na Inglaterra e entrou rapidamente em uso nos alvores do século XIX, sendo empregado para designar o fenômeno de generalização, recrudescimento e progressiva estabilização da indigência que assinalou, de forma dramática, as primeiras fases da Revolução Industrial. Se o surgimento do termo no contexto particular de uma sociedade invadida pelo processo de transformação capitalista serve para situar historicamente o fenômeno por ele indicado, será, contudo, necessário observar que esse quadro histórico foi ultrapassado pela prática lingüística que se valeu do vocábulo para designar não só a chaga da miséria aberta com a Revolução Industrial, como também, mais genericamente, o problema da pobreza em sua dimensão social, surgida como tal com o nascimento do capitalismo moderno.

É na Inglaterra elisabetana que se apresenta, de fato, pela primeira vez, o problema do Pauperismo, como conseqüência do vasto movimento de cerco das terras que pôs na rua amplas camadas de camponeses, até então no gozo de uma série de direitos consuetudinários sobre as propriedades alheias. O aparecimento de turbas de indigentes que desolavam as cidades e os campos ingleses surgiu aos olhos das autoridades como um fato grave, não tanto pela intensidade inicial do fenômeno, quanto pelas deletérias conseqüências que se temia pudesse trazer aos costumes o reiterado espetáculo da vagabundagem, lesando aquele espírito de dedicação ao trabalho que, sendo resultado da ética protestante, constituía o pressuposto em que se sustentava a nascente sociedade capitalista. Daí a severidade da legislação elisabetiana sobre a matéria: organicamente recapitulada no Ato n.º 43, conhecido como *Poor Law*, cominava graves penas à mendicância e instituía, com o fim de a evitar, um complexo sistema assistencial que se manteria em vigor até 1834.

Mas é só no fim do século XVIII que o fenômeno do Pauperismo irrompe com toda a sua gravidade, como conseqüência do surgimento na França e da definitiva consolidação na Inglaterra do sistema liberal em todos os setores da economia, particularmente no da indústria manufatureira. De fato, a proletarização das classes rústicas e artesanais que o regime do *laissez-faire* tinha arrancado violentamente à terra e ao comércio, a súbita imissão no mercado do trabalho de mulheres e crianças provocada pela introdução do maquinismo, a vaga de aumento demográfico que se registrou nessa época na Europa, foram fatores que geraram um grande aumento na disponibilidade de mão-de-obra. Isto, num sistema onde a determinação dos salários era deixada ao livre jogo das leis da oferta e da procura, não podia senão levar à sua depressão a níveis de fome, e a uma constante presença na sociedade de amplas faixas de desocupados: problemas que foram ulteriormente exacerbados pelo já iniciado processo de concentração capitalista e pelas freqüentes crises de superprodução que começavam a afligir a indústria moderna.

Da dramaticidade do fenômeno do Pauperismo na primeira fase de desenvolvimento do capitalismo industrial dão testemunho as várias tentativas realizadas pelos Governos para o conter: pense-se nas medidas introduzidas pelo Governo inglês, no fim do século XVIII, para adaptar os salários ao aumento do custo de vida, especialmente no chamado *Speenhamland System*, ou naquelas mais radicais e orgânicas propostas pelo *Comité de mendicité* na França revolucionária. São também prova disso as inquirições sobre a miséria levadas a efeito na primeira metade do século passado (basta pensar nas promovidas pelo Governo inglês com vistas à revisão da *Poor Law*, ou nas conhecidíssimas de Villermé e Buret), bem como o aceso debate suscitado nessa mesma época em torno dos princípios da economia clássica.

Esta discussão teórica, se teve como porta-bandeiras os representantes do então nascente pensamento socialista, envolveu também expoentes de diversas tendências políticas, como De Bonald, Bigot de Morogues e De Gérando, na França,

Craig, Sadler e Laing, na Inglaterra. Dela surgiu clara a necessidade de uma ampla obra de previdência e assistência para os indigentes, que seria promovida pelo Estado; tenazmente combatida pelos mais assanhados defensores da teoria liberal clássica, ela havia de ser empreendida a partir dos fins do século passado em diversos países europeus, em virtude da pressão exercida sobre os Governos pelas associações sindicais e políticas da já então organizada classe operária. Com a entrada na cena política das organizações de classe, o problema do Pauperismo perdeu a dramaticidade que o caracterizara nos princípios do século XIX, sem por isso deixar de se impor à atenção dos estudiosos. Provam-no as pesquisas sobre a pobreza levadas a cabo por Charles Booth em 1892, por B. Seebohm Rowntree em 1899, 1936 e 1950, por A. L. Bowley em 1928, e por D. Caradog Jones em 1934.

[MIRELLA LARIZZA]

Paz.

I. PAZ INTERNA E EXTERNA. — Na sua acepção mais geral, Paz significa ausência (ou cessação, solução, etc.) de um conflito. Por Paz interna entendemos a ausência (ou cessação, etc.) de conflito interno, conflito entre comportamentos ou atitudes do mesmo ator (por exemplo, entre dois deveres incompatíveis, entre dever e prazer, entre razão e paixão, entre o interesse próprio e o interesse de outrem). Por Paz externa entendemos a ausência (ou cessação, etc.) de conflito externo, o conflito entre indivíduos ou grupos diversos. No conceito de Paz externa, inclui-se também a Paz interna de um grupo, Paz que é externa para os indivíduos ou o compõem. O tema da Paz interna pertence à moral e seu estudo é incumbência habitual dos moralistas; o tema da Paz externa pertence ao direito e sua discussão é incumbência habitual dos juristas. De passagem podemos acrescentar que o nexo existente entre os dois significados de Paz tem sido muitas vezes acentuado no próprio plano axiológico, especialmente pelas filosofias espiritualistas, que consideram a Paz interior como a "verdadeira" Paz de que depende a Paz exterior, ou, de qualquer modo, como condição necessária e suficiente para se obter a Paz entre os indivíduos ou os grupos.

No que toca à Paz externa, o campo em que aqui nos movemos e em que se movem geralmente os estudos acerca da Paz deve ser também delimitado. Quando contrapomos a Paz externa à Paz interna, nos referimos à Paz que se segue a qualquer tipo de conflito entre indivíduos ou grupos. Daí usarmos as expressões "apaziguar" ou "fazer as pazes", referindo-nos a duas pessoas que litigam entre si, e falarmos de Paz sindical, religiosa, etc., ou genericamente de Paz social. A Paz de que aqui pretendemos falar é, em vez disso, a Paz para a qual está geralmente voltada a chamada "peace research" que se tem desenvolvido nestes últimos anos. Trata-se da Paz que põe termo ao tipo de conflito particular que é a guerra, em todas as suas acepções. De resto, é este o sentido predominante, não só na linguagem literária, filosófica e jurídica, como também na linguagem comum, onde Paz é usada habitualmente como antônima de "guerra" e não, genericamente, como oposta ao conflito, e muito menos à violência, como sustenta, ampliando o significado do termo, um dos mais acreditados expoentes da "peace research", Johan Galtung.

II. A PAZ COMO NÃO-GUERRA. — Acerca da definição de Paz, a primeira consideração que importa fazer é a de que a Paz não pode ser definida senão em relação e em estreita ligação com a definição de "guerra". Convém atentar no seguinte: enquanto, entre dois termos opostos, um é freqüentemente definido por meio do outro, como "movimento" (ausência de repouso) ou "repouso" (ausência de movimento), no caso dos dois opostos Paz-guerra, é sempre o primeiro que é definido por meio do segundo e nunca ao contrário. Por outras palavras: enquanto "guerra" é definida positivamente com o elenco das suas conotações características, Paz é definida negativamente como ausência de guerra, em síntese, como não-guerra. Dos dois termos em questão se diz que o primeiro é o termo forte, o outro, o termo fraco.

Não é difícil encontrar uma explicação para tal persistência em definir só negativamente a Paz. Quando dois termos opostos não são definidos ambos positivamente, isto é, independentemente um do outro, ou ambos negativamente, isto é, um dependentemente do outro, ou seja, quando dos dois termos um é sempre o termo forte e o outro sempre o fraco, o termo forte é o que denota o estado de fato existencialmente mais relevante. Quem se detiver sequer por um instante a considerar a história da filosofia política não poderá ter dúvidas a tal respeito: existe uma copiosa filosofia da guerra, como fenômeno positivo, mas não existe uma vasta filosofia da paz. Poder-se-ia até afirmar que grande parte da filosofia política, especialmente da época moderna, é uma constante meditação sobre o problema da guerra, nela compreendida, já se entende, a guerra civil. Mais: a ampla filosofia da

história da época moderna que vai do iluminismo ao marxismo, passando pelo historicismo e pelo positivismo, parte da pergunta sobre o significado da guerra e da luta, em geral, pelo desenvolvimento da civilização humana. Não houve fenômeno social que, mais que a guerra, tenha levado o filósofo a interrogar-se sobre o sentido da história e sobre o contraste entre duas respostas antitéticas, a otimista e a catastrófica, bem como sobre a resposta que, abandonando a história do mundo (*Weltgeschichte*) ao contra-senso, isto é, ao domínio da não-razão, à contingência, ao acaso, encontra um sentido apenas na história da salvação individual (*Heilgeschichte*).

Uma prova *a contrario* se pode achar numa antítese, em muitos aspectos semelhantes à antítese guerra-paz, a antítese ordem-desordem, onde, ao inverso, o termo forte é "ordem", análogo de Paz, e o termo fraco é "desordem", análogo de "guerra". De fato, enquanto é correto definir "desordem" como falta de ordem, seria não apenas impróprio, mas contrário ao uso comum, definir "ordem" como falta de desordem. Isto ocorre evidentemente, porque, em seu uso mais comum, "ordem" é nas relações internas de um Estado o que a Paz é nas relações internacionais, conquanto não seja incorreto falar de paz interna e de ordem internacional. Nas relações internas, o estado de coisas duradouro não é a desordem, mas a ordem, tanto que, ao invés do que ocorre na história das relações entre Estados, tradicionalmente concebida como uma história de guerras, isto é, de sucessivas desordens, a história de um Estado é normalmente concebida como uma história de sucessivos ordenamentos, onde os momentos de ruptura ou de desordem, de mudanças devidas a conflitos violentos, são momentos excepcionais. No campo das relações internacionais, é historicamente relevante e preeminente a desordem-guerra; nas relações internas, é historicamente relevante e preeminente a Paz-ordem.

É evidente que, se caracterizarmos a Paz como não-guerra, a definição de Paz depende da definição de guerra. As definições de guerra são tais e tantas, é tão variada a diferença de tonalidades entre umas e outras, que teremos de nos contentar aqui apenas com indicações gerais. De resto, sabemos muito bem que as diversas definições de um conceito dependem da sua maior ou menor extensão, fixada por sua vez, com grande margem de arbítrio, pelo investigador. As conotações de "guerra" mais freqüentes são estas: a) é um conflito; b) entre grupos políticos respectivamente independentes ou considerando-se como tais; c) cuja solução é confiada ao uso da violência organizada. Existe situação de conflito, sempre que as necessidades ou os interesses de um indivíduo ou de um grupo não podem ser satisfeitos senão com dano de outro indivíduo ou grupo: um caso típico é o da concorrência de vários indivíduos ou grupos à posse de um bem escasso. Mas os motivos de conflito podem ser também psicológicos, uma ofensa, por exemplo; neste caso, o objeto que desencadeia o conflito não é um bem, mas a própria pessoa do outro. Por "grupo político" entendemos um grupo organizado, cujo objetivo é manter ou conquistar o máximo poder possível entre e sobre homens que convivem. Máximo poder possível é o daquele que pode dispor do monopólio da força física, para conseguir que suas ordens sejam cumpridas: nos referimos aqui não só à conservação, mas também à conquista do máximo poder, para abranger no conceito de guerra também a guerra civil. Finalmente, entendemos por violência: a) o uso da força física; b) intencionalmente orientado ao efeito desejado pelo sujeito ativo; c) não aceito por parte do sujeito passivo. Não é violência, no sentido corrente da palavra, a chamada violência psicológica, ou o uso de meios de manipulação da vontade, para conseguir um fim desejado; causar sofrimentos, mesmo graves, sem intenção; causar sofrimentos, mesmo graves, em quem consente. Acrescentamos violência "organizada", porque o conceito de guerra não é tão amplo que compreenda explosões de violência, mesmo entre grupos políticos, que sejam esporádicas, não duradouras, acidentais.

No conceito de guerra assim definida, incluem-se quatro tipos: a guerra externa entre Estados soberanos, a guerra dentro de um Estado ou guerra civil, a guerra colonial ou imperialista, e a guerra de libertação nacional. Usando outra terminologia empregada por Aron, teríamos: a guerra interestatal, a guerra infra-estatal, a guerra superestatal ou imperial, e a guerra infra-imperial.

Definida assim a guerra, a Paz, entendida como não-guerra, pode ser definida como uma situação em que não existe entre os grupos políticos relação de conflito caracterizado por uma violência durável e organizada. Daí deriva que: a) dois grupos políticos podem estar em conflito entre si sem estar em guerra, já que o estado de paz não exclui todo o conflito, mas só o conflito que se traduz em violência durável e organizada; b) dois grupos políticos não se hão de considerar em estado de guerra, se nas suas relações se verificam casos de violência esporádica, como são, por exemplo, os incidentes de fronteira.

III. PAZ "NEGATIVA" E PAZ "POSITIVA". — Embora seja habitualmente definida como ausência de guerra, embora, por outras palavras,

a Paz não conte habitualmente senão com um conceito negativo, isso não exclui que na linguagem técnica, especialmente técnico-jurídica, o termo Paz tenha também um significado positivo. Trata-se então de um conceito não genérico, mas específico, com que se entende não tanto a ausência de guerra (Paz como não-guerra), mas o fim, a conclusão, ou o desfecho juridicamente regulado de uma guerra. Em seu significado negativo, a Paz é um estado de coisas genérico (o estado de não-guerra); em seu significado positivo, a Paz é um estado específico, previsto e regulado pelo direito internacional, um estado que acaba por ser criado em consequência de um acordo com que dois Estados cessam as hostilidades e regulamentam as suas relações futuras. "Estabelecer a Paz" não significa apenas cessar as hostilidades e deixar de fazer a guerra, mas significa também instaurar um estado de coisas juridicamente ordenado, com tendência a uma certa estabilidade. Enquanto guerra, em sua significação positiva, e Paz, em sua significação negativa, podem ser entendidas como dois termos contraditórios, de modo que, entre um e outro, *tertium non datur*, isto é, entre dois Estados há guerra, não há Paz, e, se há Paz, não há guerra, guerra e Paz, em sentido positivo, podem ser interpretados como dois termos contrários, de tal modo que entre um e o outro *tertium datur*, podendo existir entre a guerra, em sentido positivo (como vimos, a guerra é sempre definida nesse sentido), e a Paz, também em sentido positivo, uma zona intermédia, como a trégua ou o armistício, que não são nem guerra nem Paz, ou não são guerra, mas também não são ainda Paz. Por outras palavras, guerra (em sentido positivo) e Paz (em sentido negativo) ocupam toda a extensão das relações possíveis entre os Estados; guerra, em sentido positivo, e Paz, em sentido positivo (onde Paz já não é definida negativamente como ausência de guerra, mas positivamente como conclusão juridicamente regulada de uma guerra), são dois termos extremos que, como tais, não ocupam toda a extensão das relações possíveis entre os Estados, antes deixam um espaço livre para um termo médio indispensável para a completar. Isto deve-se ao fato de que o conceito positivo de Paz, que é um conceito técnico e não genérico, é mais restrito do que o negativo, ocupando como tal um espaço menor.

Fique bem claro que este conceito positivo de Paz, sendo um conceito técnico do direito internacional, não tem nada a ver com o conceito positivo de Paz que se insere às vezes no discurso teológico e filosófico, onde por paz, em sentido positivo, se entende a "verdadeira" paz, não uma Paz qualquer, não a Paz ditada pelo vencedor, mas a Paz com justiça, como se lê, por exemplo, na *Gaudium et spes* do Vaticano II (n.º 78): "A Paz não é a simples ausência da guerra, ela é definida com toda a exatidão: obra da justiça, *opus iustitide, pax*". Enquanto que o conceito técnico-jurídico de Paz é positivo no sentido de que não se limita a definir a Paz como ausência de guerra, mas leva em conta as condições formais sob as quais uma guerra pode ser concluída de modo definitivo, o conceito teológico-filosófico de Paz é positivo no sentido de que, rejeitando a definição negativa de paz como ausência de guerra, a caracteriza como um estado de coisas que é portador de um valor positivo como a justiça, capaz, por si só, de tornar tal estado desejável. Mas aqui a definição de Paz já não é uma definição meramente lexical, mas uma definição persuasiva, isto é, uma definição que diz, não o que a Paz é, mas o que deveria ser para ser considerada como um bem. Na definição técnico-jurídica de Paz, não há nada que permita distinguir uma Paz justa de uma Paz injusta; na definição teológico-filosófica, só a Paz com justiça merece ser propriamente chamada Paz, enquanto a Paz injusta é apenas um simulacro de Paz, uma Paz aparente, uma Paz impropriamente dita.

IV. A PAZ COMO VALOR. — Esta discussão sobre o conceito de Paz positiva no sentido teológico-filosófico, repetido, se bem que inconsideradamente, por alguns estudiosos da Paz, nos abre caminho para o exame do segundo problema que queríamos tratar: o da Paz como valor. A oposição de termos como a de guerra-Paz, é costume fazer um uso classificatório, dizendo, por exemplo, que todos os seres de um universo (neste caso, o universo são as relações entre grupos políticos) se englobam na extensão de um ou de outro dos termos (no exemplo todas as relações entre grupos políticos são ou relações de guerra ou relações de Paz), ou então um uso axiológico, ao dizer que um dos dois termos tem valor positivo e o outro um valor negativo, que é um desvalor (mais uma vez, *tertium non datur*). Não há dúvida de que, na antinomia guerra-Paz, o primeiro termo é geralmente entendido como um estado de coisas a que se atribui um valor negativo, o segundo como um estado de coisas a que se atribui um valor positivo.

É paradigmático o caso da filosofia política de Hobbes, sendo lícito falar de um "modelo hobbesiano" que dominou, por sua simplicidade e rigor, toda a filosofia posterior, mesmo quando polemicamente rejeitada. Como é sabido, Hobbes parte do estado de natureza, considerado como estado de guerra universal e perpétua. Como tal, o estado de natureza é uma condição de que a humanidade precisa absolutamente de sair; para isso, *pax est quaerenda*. Contraposto ao estado de natureza, entendido como estado de guerra, o estado de Paz é a sociedade civilizada. Este modelo hobbesiano é importante e historicamente significativo, porque o confronto entre guerra e Paz, respectivamente consideradas como mal e bem absolutos, se tornou atual com o advento e contínua ameaça de uma guerra termonuclear. O equilíbrio do terror é, num certo sentido, o retorno ao estado de natureza, isto é, um estado de que é preciso necessariamente sair. Isto explica o crescente interesse que existe pelos problemas da Paz (da Paz tradicionalmente entendida como ausência de guerra) na era da guerra atômica. Em face de tal perigo, existe uma certa tendência a considerar de novo a guerra, à maneira de Hobbes, como um mal absoluto, consideração que levou, em conseqüência, a avaliar a Paz como um bem absoluto. Só com o perdurar do equilíbrio do terror que, contra as apreensões dos chamados "apocalípticos", afastou aparentemente o perigo da guerra, e com o suceder das guerras parciais em quase todas as partes do mundo, guerras não atômicas, é que se reapresentou o problema do valor da Paz e do desvalor da guerra, mas não já em termos de bem e de mal absolutos. Dissemos "se reapresentou", porque, pensem e digam o que quiserem a tal respeito os críticos no âmbito da pesquisa sobre a Paz, que descobriram que a Paz, entenda-se a Paz negativa, não foi sempre o valor último, a filosofia política, ao longo dos séculos da sua história, quase nunca fez da antítese guerra-Paz o uso axiológico que dela fez Hobbes, isto é, jamais considerou a guerra como um desvalor absoluto e a Paz como um valor absoluto.

V. O VALOR DA PAZ EM SI. — Na recusa de considerar a guerra como um mal absoluto e a Paz como um bem absoluto, podemos distinguir, no curso do pensamento político dos últimos séculos, duas tendências: a) a tendência segundo a qual nem todas as guerras são injustas e, correlativamente, nem toda a Paz é justa, razão por que a guerra nem sempre é um desvalor, e a Paz nem sempre um valor; b) a tendência segundo a qual tanto a guerra como a Paz não são valores absolutos ou intrínsecos, mas relativos ou extrínsecos, resultando daí que, de acordo com o princípio de que o valor do meio depende do valor do fim, uma guerra pode ser boa, se o fim a que tende é bom, e a Paz só é boa, quando o resultado que dela se origina é bom.

Desde os tempos das guerras hegemônicas entre os Estados europeus até hoje, o problema da guerra justa mudou de natureza após um período obscuro que corresponde mais ou menos ao período das duas grandes conflagrações européias. Há, de fato, dois modos fundamentais de justificar a guerra, isto é, de distinguir uma guerra que se aprova como justa, de uma guerra que se desaprova como injusta. Uma é a guerra como resposta a uma violação do direito estabelecido ou como sanção, com base no princípio aceito no próprio seio dos Estados soberanos, segundo o qual *"vim vi repellere licet";* então guerra justa por excelência seria a guerra de defesa ou mesmo a de reparação de uma ofensa, e injusta a guerra de agressão. Outra é a guerra como instauração de um direito novo contra o velho tornado injusto, isto é, como ato criativo de direito, com base noutro princípio não menos tradicional, o de que *ex facto oritur ius;* então guerra justa por excelência seria a guerra revolucionária ou de libertação nacional, e injusta a guerra imperialista. Enquanto durante a guerra do equilíbrio europeu a teoria da guerra justa, que apaixonou teólogos, moralistas, filósofos e juristas, se resolvia na justificação da guerra como sanção e, conseqüentemente, como restauradora do *status quo* ou da ordem internacional constituída, atualmente o interesse pelo problema da justificação da guerra está sobretudo voltado para as guerras que tendem a modificar o *status quo* e a instaurar uma nova ordem internacional.

Do mesmo modo que a guerra pode ser justa e, como tal, não ser mais um valor negativo, também a Paz pode ser injusta e, como tal, não ser mais um valor positivo. O princípio segundo o qual se pode distinguir uma Paz justa de uma Paz injusta, é o mesmo que serve para a legítima defesa, que se requer seja proporcionada à ofensa, isto é, o princípio da chamada justiça corretiva, segundo o qual deve existir proporção entre delito e castigo, entre transgressão e reparação do direito. Será, portanto, injusta uma Paz que imponha aos vencidos um castigo, uma reparação de danos, uma perda de territórios, ditados pelo espírito de vingança e não pelo propósito de restabelecer a ordem lesada. Frases famosas como *"solitudinem faciunt, pacem appellant",* "a ordem reina em Varsóvia", a "paz dos cemitérios", exprimem bem a idéia de que a Paz não é sempre justa e, como tal, nem sempre é um benefício, mesmo para o vencedor.

Vão será dizer que, na realidade concreta, é difícil estabelecer quando é que uma guerra é justa e quando é que uma Paz é injusta. Isto por falta de um juiz imparcial superior às partes na ordem internacional e, segundo as teorias classistas do Estado, como as geralmente aceitas pelos partidos revolucionários, por falta de um juiz imparcial também nas relações internas do Estado. Qualquer grupo político tende a considerar justa a guerra que faz e injusta a Paz que é obrigado a suportar. E, quanto ao tribunal da história, seu critério de julgamento não é a justiça ou a injustiça, mas o sucesso.

VI. A PAZ COMO MEIO. — A segunda tendência, que propende a dar à guerra e à Paz um valor que se afasta do modelo hobbesiano, segundo o qual a guerra é um mal absoluto e a Paz um bem absoluto, é a que considera a guerra e a Paz como valores instrumentais; conseqüentemente, se o valor do meio depende do valor do fim, são válidos os princípios de que "um fim bom justifica um meio mau", "um fim mau injustifica também um meio bom". Neste contexto, as duas teorias predominantes até nossos dias, sobretudo no campo da filosofia da história, primeiro na iluminista, depois, sucessivamente, na idealista, na positivista e na marxista, são as que consideram a guerra como *mal necessário* e a Paz como bem *insuficiente.*

A teoria da guerra como mal necessário tem sido certamente a de maior difusão em todas as filosofias da história que, de uma forma ou de outra, meditaram sobre o significado da guerra para a civilização humana. Está estreitamente ligada às teorias do progresso, segundo as quais, em diversa medida e sob diversos aspectos, o progresso da humanidade vem ou sempre veio através da guerra. O nexo entre a concepção de guerra como mal necessário e as teorias do progresso apresenta-se sob três formas principais. A guerra é necessária para o progresso moral da humanidade, porque desenvolve energias que em tempo de Paz não têm possibilidade de se manifestar, e incita os homens ao exercício de virtudes sublimes, como a coragem heróica, o sacrifício de si mesmo em prol de um ideal, o amor à pátria, sem as quais nenhum grupo social teria condições de sobreviver. A guerra é necessária para o progresso social da humanidade, pois torna possível a unificação de povos diversos em comunidades cada vez mais vastas, contribuindo assim para o fim último da história que é a unificação do gênero humano. A guerra é necessária para o progresso técnico, porquanto a inteligência criadora do homem responde com maior vigor e resultados mais surpreendentes aos desafios que o contraste com a natureza e com os demais homens lhe apresenta de quando em quando; a guerra é certamente um dos maiores desafios que um grupo social tem de enfrentar para sobreviver.

A outra face da concepção da guerra como mal necessário é o da concepção da Paz como bem insuficiente. Considerar a Paz como bem insuficiente significa que a Paz não pode, por si só, garantir uma vida social perfeita, onde os homens vivam felizes e prósperos. A Paz é considerada geralmente como condição, apenas como uma das condições para a realização de outros valores, habitualmente considerados superiores, como a justiça, a liberdade e o bem-estar. Se pode dizer da Paz, como aliás se diz do direito enquanto técnica social orientada à realização da Paz, que esta impede o maior dos males, a morte violenta, mas não visa a alcançar o maior dos bens. O bem que a Paz defende é o bem da vida. Mas a vida será o maior dos bens? Além de não existir, em absoluto, o maior dos bens, a vida é um bem posto continuamente em confronto com outros, como a liberdade, a honra pessoal, a honra do grupo, o bem-estar da coletividade, etc., e, nesse confronto, nem sempre leva a melhor. Quando outro bem, como a liberdade, é considerado como superior à vida (recorde-se o "antes mortos que vermelhos" com que responderam à provocação de Bertrand Russell "antes vermelhos do que mortos"), a Paz não é mais um valor supremo e, em certas circunstâncias, poderá até converter-se em desvalor. Todos aqueles que consideraram a guerra como causa do progresso, consideraram a Paz como causa, se não do retrocesso, ao menos do não-progresso; viram nela a chave explicativa daquelas civilizações que no século passado foram chamadas, em contraposição às da progressiva Europa, de "estacionárias".

VII. TIPOLOGIA DA PAZ. — São inumeráveis as formas ou tipos de Paz de que encontramos notícia na história, e não são menos numerosos os critérios segundo os quais vários autores tentaram sua classificação. A título de orientação, limitar-me-ei a recordar a classificação feita por Raymond Aron, uma das mais conhecidas. Aron distingue três tipos de Paz, que ele chamou de "potência", de "impotência" e de "satisfação". A Paz de potência é subdividida, por seu turno, em três subespécies, que são a Paz de "equilíbrio", de "hegemonia", e de "império", conforme os grupos políticos estiverem em relação de igualdade, ou de desigualdade baseada na preponderância de um sobre os outros (como acontece no caso dos Estados Unidos em relação aos outros Estados da América), ou então baseada num verdadeiro e autêntico domínio, exercido pela força, como a chamada "pax romana". A Paz de impotência seria um evento novo e assentaria naquele estado de coisas que, com o surgir da guerra atômica, se chamou de "equilíbrio do terror", definido como um estado que "reina entre unidades políticas, cada uma das quais é capaz

de infligir à outra um golpe mortal". A Paz de satisfação tem lugar, quando, de um grupo de Estados, nenhum deles nutre ambições territoriais ou de qualquer outro tipo para com os outros, e as suas relações se baseiam na confiança recíproca, que é justamente o oposto do temor recíproco. É esta a Paz que vigora, depois da Segunda Guerra Mundial, entre os Estados da Europa Ocidental.

Mas esta classificação, como todas as classificações, também não é totalmente satisfatória. Em primeiro lugar, entre os diversos tipos de Paz de potência, faltam, quando menos, outros dois, presentes em todas as classificações, isto é, a Paz de extermínio, que é algo bastante mais resolutivo que a Paz de império, e a Paz confederativa (v. CONFEDERAÇÃO), que é algo bastante mais vinculante que a Paz de equilíbrio, se bem que seja um tanto diversa da Paz de império, porque a superação da pluralidade de seres em possível conflito ocorre com base não na força, mas num acordo. Em segundo lugar, a distinção entre Paz de potência e Paz de impotência é forçada. Poder-se-ia dizer, com igual direito, que a Paz do terror é a paz do máximo de potência, da superpotência, e não de impotência, e que o equilíbrio das potências é, ao mesmo tempo, o equilíbrio das impotências. O equilíbrio do terror não é senão a forma extrema da Paz de equilíbrio. Tanto uma como a outra têm isto em comum: que o estado de ausência de guerra se apóia na igualdade entre os Estados e não na desigualdade, como ocorre, ao invés, tanto na Paz de hegemonia quanto na de império. A definição que Aron dá do equilíbrio do terror é idêntica à que Hobbes deu do estado de natureza, quando observa, justamente no início da descrição deste estado, que nele os homens são todos iguais, no sentido de que cada um pode levar ao outro o maior dos males, a morte. O estado de natureza assim concebido é o estado de equilíbrio do terror permanente, isto é, um estado que, quando não degenera em guerra aberta, se rege pelo terror recíproco. A diferença entre o estado de natureza e a sociedade civilizada é a de que, no estado de natureza, o temor é recíproco, ao passo que, na sociedade civilizada, o temor é de todos em relação a um. A passagem do estado de guerra potencial ao estado de Paz atual não é outra coisa senão a passagem do estado de temor recíproco ao estado de temor de todos em face de um só. Quando o temor é recíproco, como acontece quer na Paz de equilíbrio no sentido tradicional, quer na Paz assente no equilíbrio do terror, a relação entre os Estados é simultaneamente de potência e de impotência, no sentido de que cada um é potente na medida em que o outro é impotente e vice-versa. Só na Paz de império (que corresponde à sociedade civilizada de Hobbes), onde a relação entre poder e não poder deixou de ser recíproca para ser de uma só direção, é que, a potência de um, o soberano, corresponde a impotência de todos os restantes. Com isso quero dizer que não existe uma Paz de potência e uma Paz de impotência, mas Paz onde a potência e a impotência se acham diversamente distribuídas.

Da Paz de potência, que é ao mesmo tempo também de impotência, se distingue a Paz de satisfação, onde a ausência de guerra depende, não do temor, mas da falta de conflitos que, por sua gravidade, só podem ser resolvidos pela força.

BIBLIOGRAFIA. — Para a história do problema são fundamentais os dois volumes de AUT. VÁR., *La paix*, Editions de la librairie encyclopédique, Bruxelles 1961-62 (contêm numerosos ensaios sobre a história da Paz, desde a idade arcaica até aos nossos dias). Para o aspecto teórico do problema e para a tipologia é fundamental R. ARON, *Paix et guerre entre les nations*, Calmann-Lévy, Paris 1962. Para o conceito amplo de Paz, entendida como não-violência, veja-se J. GALTUNG, *Violence, peace and peace research*, in "Journal of peace research", 1969, 167-191; do mesmo autor, *Peace thinking*, in AUT. VÁR., *The search for world order*, Meredith Corporation, New York 1971, 120-153. Para o conceito de Paz positiva, ou Paz com justiça, AUT. VÁR. *La Pace come dimensione dello spirito*, Il Mulino, Bologna 1967 (atas de um encontro organizado pelo *Comitato cattolico docenti universitari*). Para o conceito de paz como fim da guerra, B. A. CARROLL, *How wars end: and analysis of some current hypothesis*, in "Journal of peace research", 1967, 295-321. Sobre os aspectos políticos do problema, G. BOUTHOUL, *Avoir la paix*, Grasset, Paris 1967; R. CLARKE, *The science of war and peace*, Jonathan Cape, London 1971

[NORBERTO BOBBIO]

Paz, Pesquisa Científica Sobre a.

A pesquisa sobre a Paz, ou *peace research*, PR, pode ser definida, de modo genérico e provisório, como uma atividade científica, interdisciplinar e multidisciplinar, que se preocupa em pôr em evidência as condições de uma paz estável e duradoura no mundo, bem como de averiguar em que medida e de que maneira tais condições se podem tornar realidade. O desenvolvimento científico e sistemático que esta atividade de pesquisa alcançou nos últimos vinte anos é tal que talvez não seja de modo algum prematuro começar a falar de uma verdadeira e autêntica ciência da Paz ou *irenologia*.

I. ORIGENS E DESENVOLVIMENTO. — As origens do movimento da pesquisa científica sobre a Paz remontam aos anos que antecederam a Segunda Guerra Mundial, anos em que um certo número de psicólogos e psicólogos sociais (M. Conway, E. Glover, J. F. Brown) e de estudiosos das ciências políticas (H. D. Lasswell, Q. Wright) demonstraram crescente interesse pela aplicação dos métodos de pesquisa das ciências sociais ao estudo dos fenômenos da guerra e da Paz. Durante algum tempo tornou-se habitual fazer referência a este tipo de pesquisa científica com o termo *polemologia* e, em 1945, surgia já na França o *Institut Français de Polemologie*. Logo depois do fim da Segunda Guerra Mundial, o grande estímulo ao ulterior desenvolvimento da PR veio da UNESCO, sob cuja iniciativa, em 1947, 1948 e 1949, grupos de estudiosos de diversas origens científicas e ideológicas se reuniram para discutir sobre a contribuição que as ciências sociais poderiam prestar para uma mais profunda compreensão dos conflitos, especialmente de grupo, e da maneira de os resolver de forma pacífica. Fruto destes encontros foram os dois volumes coletâneos *Tensions that cause wars* (Urbana, 1950, trad. franc. Paris, 1951) e *The nature of conflict* (trad. franc., UNESCO, Paris, 1957). Outros estímulos ao desenvolvimento da PR vieram do movimento de Pugwash, surgido graças à iniciativa de Bertrand Russell, com o objetivo de reunir estudiosos de várias proveniências científicas e ideológicas para a discussão do contributo da ciência para a solução dos grandes problemas do nosso século, particularmente o da Paz.

Em 1952, o Instituto de Pesquisas Sociais de Oslo anunciava um concurso de ensaios sobre o problema da "importância da pesquisa científica relacionada com a solução pacífica dos conflitos internacionais" Os três ensaios vencedores (de Ch. Boasson, W F. Cottrell e Q. Wright) foram publicados no volume *Research for peace* (Amsterdam, 1954) e as propostas de ulteriores pesquisas neles contidas levaram à criação, em 1959, no mesmo Instituto de Oslo, de uma seção de pesquisa sobre os conflitos e a Paz, cuja direção foi confiada a J. Galtung. Nesse mesmo ano, era fundado junto à Universidade de Michigan o *Center for Research on Conflict Resolution*. Mas já em 1957, havia sido criada, na mesma universidade, a primeira revista de pesquisa sobre os conflitos e a Paz, o *Journal of Conflict Resolution*, que, com o andar do tempo, se foi ocupando cada vez mais da aplicação da teoria dos jogos ao estudo dos conflitos. Entre os que colaboraram mais intensamente nesta iniciativa, contam-se o economista K. Boulding, o sociólogo R. Angell, o psicólogo D. Katz e o matemático e biólogo A. Rapoport. Após 1957, multiplicaram-se rapidamente por todo o mundo as iniciativas de criação de centros de pesquisa sobre a Paz. Entre as etapas mais importantes deste desenvolvimento, recordam-se as seguintes. Em 1961, surge o *Canadian Peace Research Institute* que, desde 1964, publica o importante *Peace Research Abstract Journal*, onde vem classificada a maior parte das publicações que vão aparecendo no mundo sobre a matéria, e que, desde 1969, publica também a quadrimestral *Peace Research*. Em 1964, é fundado pela seção de pesquisa sobre os conflitos e a Paz do Instituto de Pesquisas Sociais de Oslo o *Journal of Peace Research*, uma das revistas mais brilhantes na matéria e a mais importante do gênero na Europa. Em 1966, essa seção de pesquisa é transformada em instituto independente com o nome de *International Peace Research Institute*. Ainda no mesmo ano, surge em Estocolmo, por direta iniciativa do Governo sueco, o *Stockholm International Peace Research Institute* (SIPRI), que, desde 1969, publica um importante anuário, o *World armament and disarmament sipri yearbook*. Desde 1964, existe também uma associação internacional, a IPRA (*International Peace Research Association*), cuja tarefa é a de "promover a pesquisa interdisciplinar sobre as condições da Paz e as causas da guerra". Esta associação publica o boletim bimestral *International Peace Research Newsletters*, fundado em 1963, onde se dão regularmente informações acerca das atividades de pesquisa sobre a Paz que se estão efetuando no mundo. A maior parte dos institutos ou centros dedicados com exclusividade à pesquisa sobre a Paz se encontram na América do Norte e na Europa Ocidental. Na Itália, o interesse pela PR foi promovido, na década de 60, sobretudo por F. Fornari e pelo chamado "Grupo anti-H", que se reuniu em torno de Fornari e L. Pagliarani. Fruto deste interesse foi o volume coletâneo *Dissacrazione della Guerra* (ao cuidado de F. Fornari, Milano 1969). Recentemente foi fundado em Nápoles um instituto com o nome de *Italian Peace Research Institute*, que publicou já alguns escritos e está filiado ao IPRA. Não obstante estas e outras iniciativas, não se pode ainda afirmar que a PR já tenha começado na Itália.

II. DEFINIÇÕES E ÁREAS DE PESQUISA. — Não existe uma definição universalmente aceita da PR. Isso depende, em parte, da dificuldade que há em delimitar de forma precisa o fenômeno a que a pesquisa se refere, ou seja, em definir o que se deve entender por Paz. A definição de tal conceito não é, aliás, apenas fundamental para uma mais precisa definição da atividade científica em questão; é também fundamental para a elaboração de uma adequada "teoria da Paz", justamente considerada não raro como uma das tarefas fundamentais da PR. Ora, do termo Paz, como de qualquer outro termo, cada um é livre de dar, dentro dos limites, por certo bastante amplos, das propriedades semânticas, a definição que mais lhe agrade. Na realidade, entre os que se autodefinem como *peace researchers*, há os que se inclinam por uma acepção bastante lata do termo; para estes, a sociedade pacífica torna-se praticamente sinônimo de sociedade ideal sob todos os aspectos, uma vez que a Paz é justamente definida, não apenas negativamente como ausência de violência, mas também positivamente, em termos de justiça, de bem-estar, de relações integradas e construtivas entre os grupos. Segundo outros, por Paz se há de entender, em sentido mais restrito, uma propriedade de sistemas de conflito, mais precisamente, a propriedade de estarem isentos de violência. Neste sentido, o ordenamento pacífico se identifica com o ordenamento social onde os conflitos são acompanhados e resolvidos sem recorrer à violência, especialmente militar. Na prática, contudo, nota-se uma certa tendência dos *peace researchers* a realizar pesquisas sobre as condições da Paz neste sentido mais restrito, porquanto é da realidade da Paz assim entendida que pode hoje depender a existência de todo o gênero humano.

Podemos falar da pesquisa sobre a Paz em sentido estrito como de uma atividade científica que visa ao estudo das condições de eliminação da guerra e, mais em geral, da violência armada como métodos de condução e solução dos conflitos de grupo. Mas, à PR assim entendida, pode-se contrapor a objeção de estar politicamente comprometida, pois favorece o *status quo*, ou seja, o sistema internacional vigente, com todas as suas injustiças patentes e com as suas diversas formas de exploração do homem. A ela se subtraem os *peace researchers* que crêem ser uma das principais tarefas da pesquisa a que se dedicam, a de estudar os vários tipos de métodos não violentos de condução dos conflitos e as possibilidades que tais métodos oferecem em prol de soluções construtivas e conformes à justiça. Entendida desta maneira, a PR acolhe algumas das exigências apresentadas pelos que são por uma acepção lata do termo Paz e se caracteriza, ao mesmo tempo, não só como pesquisa *sobre* a Paz, mas também como pesquisa *pela* Paz. Torna-se assim, fundamentalmente, um ramo da ciência aplicada, entendendo-se como tal aquela parte da pesquisa científica que estuda as condições de consecução de um certo fim ou valor (como a saúde na medicina). E, já que a Paz, mesmo se entendida em sentido restrito, é um fim cuja consecução tem sido sempre extremamente difícil e dependente de múltiplos fatores, eis como se explica que a PR seja uma atividade de pesquisa interdisciplinar: contribuem para ela as mais variadas e diversas disciplinas como a ciência política, a sociologia, as relações internacionais, a economia, a psicologia, a história, a filosofia, o direito internacional, a estatística, a matemática, a demografia, etc. À medida que a pesquisa adquire contornos mais precisos, torna-se desejável a passagem da fase predominantemente interdisciplinar, em que se encontra agora, à fase multidisciplinar, caracterizada pelo fato de que a pesquisa é levada a efeito, não já por equipes de cientistas provenientes das disciplinas que interessam, mas por cientistas versados nos aspectos de interesse das disciplinas em questão.

Existem duas disciplinas com as quais a PR tem muito em comum, mas de que é importante também diferenciá-la, a ciência das relações internacionais e a teoria geral do conflito. A primeira se distingue, grosso modo, como estudo do comportamento dos Estados e dos fatores que lhes determinam os vários modos de interação. A segunda se pode caracterizar, também grosso modo, como estudo dos mais variados tipos de conflito, entre indivíduos, grupos e organizações, desde os conflitos econômicos, sociais e políticos, aos conflitos raciais, éticos, religiosos e ideológicos, com o objetivo de pôr em evidência, se possível, as leis do seu desenvolvimento no âmbito de uma mais vasta e abrangente teoria geral. A PR distingue-se delas sob dois aspectos. Em primeiro lugar, enquanto aquelas são ramos do que se costuma chamar pesquisa pura, exclusivamente orientada à apuração e explicação dos fatos, a PR é, como já se acentuou, um ramo da pesquisa orientada à realização de um determinado fim. Em segundo lugar, a PR se distingue das disciplinas referidas por entrarem em seu campo de pesquisa problemas que são estranhos a elas. Apresentemos só alguns exemplos: problemas concernentes aos aspectos econômicos, jurídicos, matemáticos, psicológicos e social-psicológico do controle dos armamentos e do desarmamento; os que concernem aos fatores que influem nos processos de decisão nas relações internacionais; os ligados ao estudo da formação da opinião pública sobre a política externa; os ligados ao estudo de alternativas, processuais e funcionais, diversas da da violência organizada como método de solução dos conflitos; os relacionados com o estudo do imperialismo e do

militarismo como causa da guerra; os problemas apresentados pelo estudo dos métodos de defesa não violenta, etc.

Um problema particularmente importante e dramático que enfrentam os *peace researchers* é o da utilização dos resultados obtidos no campo teórico da investigação como contribuição para a efetiva realização de uma Paz estável no mundo. Trata-se do problema de traduzir a teoria em propostas precisas e práticas e do modo como influir nos *decision-makers*, para que as adotem. A consciência deste problema levou a um crescente interesse pelas questões relativas à educação para a paz e à criação, em 1970, do periódico *Bulletin of Peace Proposals*, editado pelo Instituto de Oslo, sob os auspícios do IPRA. Seu objetivo é o de "apresentar, de um modo sistemático, vários planos, propostas e idéias respeitantes ao desenvolvimento, à justiça e à Paz, e de os confrontar e discutir à luz da teoria geral da *peace research*".

BIBLIOGRAFIA. K. E. BOULDING, *The peace research movement in the USA*, in *Alternatives to war and violence*, ao cuidado de T. DUM, James Clarke, London 1963; C. CHATFIELD, *International peace research: the field defined by dissemination*, in "Journal of peace research", 1979, 2, pp. 161-79; J. GALTUNG, *Essays in peace research*, vol. I: *Peace, research, education, Christian Ejlers, Copenaghen*, 1975; T. LENTZ, *Towards a science of peace*, Halcyon Press, London 1955; G. PONTARA, *La ricerca interdisciplinare e multidisciplinare sulla pace*, in *Dissacrazione della guerra*, ao cuidado de F. FORNARI, Feltrinelli, Milano 1969; H. SCHMID, *Politics and peace research*, in "Journal of peace research", 3, 1968; *Kritische Friedensforschung*, ao cuidado de D. SENGHAAS, Suhrkamp Verlag, Frankfurt am Main 1977; H. WIBERG, *JPR 1964-1980 — What have we learnt about peace²*, in "Journal of peace research", 2, 1981.

[GIULIANO PONTARA]

Pensamento Social Cristão.

Por Pensamento social cristão se há de entender aquele conjunto de idéias e doutrinas que, embora inspiradas nos valores do cristianismo, concebem a si mesmas como inseridas numa sociedade autônoma em relação à comunidade eclesial. A doutrina da existência de um espaço autônomo do social, que tem sua origem na distinção marxista entre sociedade civil e Estado, era um elemento adquirível pelo pensamento cristão. Com ela foi possível transferir as teses respeitantes à autonomia da família e da Igreja de um contexto estritamente eclesiológico para uma reflexão global, que ambicionava apresentar-se como interpretação católica da ciência social e, por isso, de qualquer modo, como uma ciência alternativa. Não foi por acaso que, desde o fim do século passado até à década de 50, se falou longamente de "sociologia cristã".

O problema da produção capitalista, o fato operário, as mudanças que eles acarretam, constituem a "questão social" e são o principal objeto da nova ciência cristã-social.

Um leitor contemporâneo achará a *Rerum novarum* (1891) de Leão XIII um documento de escasso valor e um tanto ou quanto reacionário: mas continua autêntica a impressão explosiva que, no *Diário de um cura de aldeia* de G. Bernanos, é reevocada pelo pároco de Torcy. A encíclica leonina constitui um esforço por definir o poder, por estabelecer um contrato, a propriedade, limitado pelos direitos da outra parte, o trabalhador, independentemente dos termos em que este esteja disposto a estipulá-lo. O jusnaturalismo católico não enfrentara o tema da propriedade senão em termos jurídicos e, portanto, formais. A tese de São Tomás, que não considerava furto o que é tomado para saciar a fome mesmo contra a vontade do proprietário, já que o direito ao uso comum dos bens é de maior valor que o da apropriação privada deles, não fizera escola.

"Embora, pois, o operário e o patrão estabeleçam, de comum acordo, um pacto e, nomeadamente, o valor do salário, entra aí sempre um elemento de justiça natural, anterior e superior à livre vontade dos contraentes, o de que a quantia do salário não deve ser inferior à do sustento do operário, frugal, entende-se, e de bons costumes. Se este, obrigado pela necessidade ou por medo de pior, aceita acordos mais pesados, que, sendo impostos pelo proprietário ou pelo empresário, hão de ser aceitos de bom ou de mau grado, isso é sofrer violência contra a qual a justiça protesta" (*Rerum novarum*, n.º 27).

Este texto pode ser considerado como momento original do pensamento social cristão. O conteúdo do contrato é visto em função de um *quid* indeterminado, mas determinável, que é o "sustento do operário frugal". Aqui o Papa se opõe tanto à concepção liberalista da concorrência como medida única do preço do trabalho, ou de qualquer outro preço, quanto à tese marxista do decrescimento necessário do salário. O tema fundamental é de que o lucro não pode ser tido como único critério para a fixação do salário. A fórmula é, evidentemente, assaz moderada e parece lembrar a fórmula marxista sobre a reprodução da força-trabalho: a medida social do salário

é "o sustento" do operário, portanto a mera existência, e, além disso, o operário que faz regra há de ser "frugal e de bons costumes". Não parece que tais palavras pudessem impedir a exploração.

Mas o importante era que a Igreja se declarava, em princípio, se bem que de forma mínima, a favor da reforma social, tomando posições contra as teses liberalistas. No plano teórico, surgia a idéia de que o interesse social qualificava os interesses individuais e impunha suas regras à autonomia de cada um, independentemente dos vínculos das leis positivas. Revelava-se a idéia fundamental do Pensamento social cristão, que era justamente a da inserção do homem num todo social que tinha por fim a plenitude da vida individual.

Nesta perspectiva, esse texto modesto e moderado da *Rerum novarum* apresenta-se como ponto de partida. O Papa foi mais incisivo ao afirmar como direito natural, portanto não restringível pelas leis positivas, o direito de associação: "o direito de se unir em sociedades o homem o possui por natureza: e os direitos naturais o Estado deve tutelá-los, não destruí-los". E lembrava o princípio mais forte da tradição jusnaturalista católica: "pois as leis não obrigam senão enquanto conformes com a reta razão e, conseqüentemente, com a lei eterna de Deus" (n.º 30).

O Papa citava Tomás de Aquino, cujo pensamento possui virtualidades dinâmicas ainda não realizadas: e mostrava uma delas.

Leão XIII introduzia outro elemento importante, o da intervenção obrigatória do Estado a favor dos economicamente mais fracos: "a classe dos ricos, forte em si mesma, tem menos necessidade da pública defesa; as populações miseráveis, que carecem de um apoio próprio, é que têm especial necessidade de o encontrar no amparo do Estado. E aos operários, que pertencem ao número dos fracos e necessitados, deve o Estado dirigir seus cuidados e providências".

Foi assim que a Igreja, como instituição e como totalidade, enveredou pelas vias do reformismo, entrando desse modo, através do social, no campo das liberdades modernas que tão duramente rejeitara, com Gregório XVI e Pio IX, no plano formalmente político e estadual. Mas a Igreja de Pio IX estava envolvida na onda da cultura romântica e tradicionalista. Leão XIII, com a restauração do tomismo, reabriu a corrente jusnaturalista e racional a via mestra do pensamento eclesiástico. E podia fazê-lo graças precisamente ao êxito principal das correntes tradicionalistas: a solene definição do primado e infalibilidade pontifícios, proclamada em 1870 pelo I Concílio Vaticano.

Só a autoridade papal podia permitir uma ação social comum a um povo tão dividido em sua cultura, em suas paixões e interesses como o da Igreja católica.

Criava-se assim uma situação rica de tensões. Os católicos foram impelidos, conforme se afirmou, "para fora da sacristia". Mas isto os expunha às influências do mundo circunstante, das suas várias culturas e opiniões; estimulava as diferenças no seio da própria Igreja.

Não foi por acaso que o pontificado de Leão XIII se encerrou, deixando os católicos mais ativos, mas também mais divididos; o pontificado seguinte, o de Pio X, surgiu como uma reação ao pontificado leonino.

A doutrina social da Igreja foi assim totalmente assumida pelo papado. Foi tida como um conjunto de verdades ligadas à revelação e por isso incluídas no objeto próprio do magistério eclesiástico. Isso acabou por mudar profundamente seu papel. Com efeito, nenhuma outra intervenção dos papas em matéria social provocou a impressão e emoção da *Rerum novarum*. Aquela vibrante sintonia com os interesses sociais espezinhados, que é uma característica objetiva da encíclica, não obstante o limitado valor das suas fórmulas, não se tornou mais a ver salvo talvez em alguma das radiomensagens de Pio XII durante a guerra ou em textos como a *Populorum progressio* (1967) de Paulo VI.

No período que vai de Leão XIII a Pio XII, as tensões inerentes ao compromisso cristão-social se revelam sobretudo à volta do problema da autonomia política dos crentes.

Se o social entra nos horizontes da Igreja e, por outro lado, não pode, na realidade, ser considerado como algo confiado simplesmente ao magistério ou ao Governo eclesiástico, surge um problema, o do papel de cada um dos crentes no plano social. Existe um espaço onde o seu juízo se pode considerar congruente com a sua existência de crentes e, ao mesmo tempo, não determinado por um preceito eclesiástico? Não se trata aqui apenas de um problema prático, mas de um problema que envolve também um elemento teórico. Pode a justiça social realizar-se sem a participação direta daqueles que estão interessados na sua realização, sem a participação, portanto, antes de mais, dos crentes? Ou será que os crentes se hão de limitar à ação religiosa e à enunciação de princípios gerais? É um problema que irrompe subitamente, no pontificado de Pio X; tanto na França, com o *Sillon*, como na Itália, com a democracia cristã de Murri. Com Pio X, a hierarquia escolhe a via da con-

centração dos crentes no espaço eclesiástico e nega o conceito de autonomia dos crentes em sua prática política e social. Não teve melhor sorte depois, com Pio XI, a tentativa de Sturzo, na Itália, com o partido popular italiano, só tornado possível por Bento XV, que retoma a mesma linha de Leão XIII. Os interesses de Sturzo se referem mais à esfera do Estado do que à esfera social propriamente dita: o que lhe interessa é a franca aceitação por parte dos católicos das instituições democráticas e, ao mesmo tempo, a luta pela sua reforma. Contudo, o princípio da autonomia é um princípio fundamental na obra de Sturzo. Este princípio sofreu duro revés com o fascismo e com a atitude de Pio XI, muito longe de o aceitar e profundamente decidido a comprometer diretamente a Igreja na solução da "questão social". A sua encíclica para comemorar a *Rerum novarum*, a *Quadragesimo anno*, tem por objetivo centralizar a questão social na competência da instituição eclesiástica como tal. O destinatário intencional da *Quadragesimo anno* não são bem os partidos ou os sindicatos, nem os cristãos individuais como tais; a Igreja, na plenitude da sua autoridade, se dirige aos Estados. É preciso colocar a *Quadragesimo anno* no quadro do grande zelo concordatário de Pio XI. Ele quer concentrar todas as forças católicas na hierarquia, de modo que seja esta a representá-las integralmente. As diferenças entre os católicos parecem, pois, irrelevantes, inúteis para o fim que se tem em vista e, portanto, nocivas. Na Igreja só a hierarquia parece ativa no plano social. A ação social é vista como uma só coisa com a evangelização de uma sociedade novamente paganizada: "nós devemos lutar com um mundo que recaiu, em grande parte, no paganismo... os primeiros apóstolos dos operários têm de ser operários, e os industriais e comerciantes, os apóstolos dos industriais e dos homens de comércio" (*Quadragesimo anno*, n.° 60).

A unidade é, por isso, a palavra de ordem numa luta que não se situa já no imediato da ordem social, mas vem a ser o "bom e pacífico combate de Cristo", a que se devem unir "todos os homens de boa vontade... sob a guia dos pastores da Igreja" (*ibidem*, n.° 61).

É uma linha que não prevaleceu. A guerra de Espanha dividiu os católicos. Um grupo de intelectuais franceses, com Bernanos e Maritain, assume uma posição de desvinculação do nexo orgânico entre Igreja e Estado que a *Quadragesimo anno* supõe, e dá novamente início à luta pela autonomia. Em *Humanisme intégral* (1936), J. Maritain apresenta a distinção entre o que um católico cumpre *como católico* e o que ele faz *por ser católico*. Aquelas ações pertencem à ordem da doutrina e do culto, estas à da ação histórica. É para este segundo tipo de ação que se reivindica a autonomia.

O pontificado de Pio XII é um pontificado de transição, porque põe como centro do pensamento social cristão o tema dos direitos da pessoa humana. Até então, a linha fundamental do magistério pontifício tinha insistido no caráter objetivo da justiça social e isto dera às intervenções da hierarquia o cunho de um apelo a normas que transcendem a vontade dos indivíduos. Colocar, ao invés, o tema dos direitos da pessoa humana como conteúdo primário da "ordem natural" implica a valorização das opções subjetivas de cada um. A ordem natural consiste num espaço de exeqüibilidade em torno de cada homem e a norma ética fundamental está no equilíbrio objetivo dos direitos.

Pio XII baseia teocentricamente os direitos da pessoa humana na sua condição de imagem de Deus e tal fundamentação converte-se também numa delimitação e qualificação do espaço de exeqüibilidade: "a origem e o fim essencial da vida social hão de ser a conservação, o desenvolvimento e o aperfeiçoamento da pessoa humana, que a ajudarão a pôr retamente em prática as normas e os valores da religião e da cultura" (*Radiomensagem natalina* 1942, n.º 7).

Os direitos da pessoa humana baseiam-se apenas numa ordem moral teocêntrica. Mais uma vez se concentra na finalidade e instituição religiosas a importância fundamental do social propriamente dito.

Contudo, no desenvolvimento concreto do pensamento, o direito da pessoa é expresso de forma absoluta, como algo que se impõe mesmo a quem não lhe reconhece ou avalia o fundamento teocêntrico: "do ordenamento jurídico, querido por Deus, dimana o inalienável direito do homem à segurança jurídica e, com isso, a uma esfera de direito protegido de qualquer investida arbitrária" (*ibidem*, n.º 11). O campo dos direitos da pessoa humana é definido como "intangível" (*ibidem*, n.º 9). Em todas as questões que respeitam ao Estado, à estrutura social e à organização produtiva, o tema fundamental do Papa não é mais a ordem objetiva, tomada como algo preciso, mas os "intangíveis direitos" da pessoa humana.

A tradição liberal-democrática do Ocidente obtém aqui seu mais pleno reconhecimento em face do desafio totalitário.

Este problema se apresenta de novo, quando se define o papel da Igreja na sociedade. O social é tido como parte eminente da ação eclesial, chegando mesmo a constar expressamente na definição de Igreja: "a Igreja pode chamar-se a sociedade daqueles que, sob o influxo sobrenatural da graça, constroem, na perfeição da sua dignidade pessoal de filhos de Deus e no desenvolvimento harmônico de todas as inclinações e energias humanas, a estrutura da convivência humana" (discurso ao primeiro Consistório, 20-2-1946, n.º 14).

Por intermédio dos leigos, "a Igreja é o princípio vital da sociedade humana" (*ibidem*, n.º 18). Por outro lado, o caráter fortemente institucional da eclesiologia de Pio XII faz com que, no plano eclesial, se volte a operar aquela concentração hierárquica que se tornou habitual na doutrina social pontifícia. A Igreja·defende, por conseguinte, os direitos da pessoa humana na sociedade, mas, para o fazer, acentua em si a dimensão unitária e autoritária. São as obras sociais das instituições eclesiásticas que têm a incumbência de provocar a mudança na vida civil. Mesmo quando, na *Exortação aos romanos*, de fevereiro de 1952, Pio XII se dirigir a todos os homens de boa vontade, será, mais uma vez, com vistas a uma ação social que tenha por inspiradora e guia a Igreja em sua hierarquia.

Pio XII tentará elaborar um conceito mais amplo do apostolado dos leigos e abandonar, portanto, a referência exclusiva à AÇÃO CATÓLICA (v.), usual em Pio XI; mas se deterá no limiar dos problemas efetivos da autonomia política e do pluralismo. Ele criou, contudo, no pensamento e na prática, uma situação histórica que tornou inevitável a transposição desses limiares.

Isso é já de notar em dois documentos de João XXIII, a *Mater et magistra* (1961) e a *Pacem in terris* (1962).

Estes documentos assinalam indubitavelmente um avanço na história do Pensamento social cristão, uma mudança de tal natureza que nos leva a perguntar se, depois de João XXIII, se pode ainda continuar a falar de Pensamento social cristão no sentido em que se falava antes. Antes de tais documentos, a doutrina social da Igreja era exposta como uma doutrina racional, vinculada à revelação, de que a hierarquia eclesiástica é intérprete e guardiã. Seu perfil é, pois, teórico de um lado e paradogmático do outro. Com a *Mater et magistra*, o discurso assume o aspecto de uma avaliação prudencial dos problemas na ordem do dia e respeitantes à cultura e à política mundial: o Papa fala do equilíbrio entre agricultura e indústria, entre mundo do desenvolvimento e mundo dos subdesenvolvidos. É um tema que não se presta a soluções racionais claras, não se trata de uma discussão de feição jurídica sobre as relações entre a propriedade privada e o direito da coletividade. Conseqüentemente, torna-se evidente que a Igreja não dispõe de soluções definidas e que o Pensamento social cristão não pode ser usado como uma ideologia, não pode ser cultura básica de um partido, etc. Sob este aspecto pode-se dizer que, com João XXIII, o Pensamento social cristão tende a ser prudência, uma arte de conselho e de atividade prática: nisso vem a coincidir com temas tradicionais, já presentes na teoria política de Tomás de Aquino. Mas, por outro lado, justamente por ser um *esprit de finesse*, modo essencial de um julgar concreto, o *habitus* cristão-social se apresenta como imediatamente adequado à prática. Dirige-se, por isso, diretamente aos leigos, que atuam mais imediatamente no âmbito político: "que (os leigos cristãos) não esqueçam que a verdade e a eficácia da doutrina social católica se demonstram sobretudo pela orientação segura que ela oferece para a solução dos problemas contemporâneos... Uma doutrina social não deve ser apenas proclamada, mas há de ser traduzida em termos concretos na realidade" (*Mater et magistra,* IV).

O que vale não são, portanto, os princípios como tais, a teoria e o papel da hierarquia, mas a avaliação dos fatos e a prática concreta. O social passa assim da ordem da fé para a ordem da caridade.

Não se trata de uma mudança de somenos importância, já que, com ela, se abandona um esquema linear doutrina-prática, para se estabelecer um esquema circular onde teoria e prática se fundamentam reciprocamente. Mas isso, inevitavelmente, envolve também, por um lado, os não-crentes, que podem se achar comprometidos na prática, baseada afinal numa avaliação prudencial do real e não num sistema teórico definido, e evoca, por outro, a possibilidade de diversas escolhas por parte dos crentes.

É sobretudo este segundo ponto que é apresentado no segundo dos documentos sociais de João XXIII, a *Pacem in terris.*

Este documento torna próprias todas as reivindicações do pensamento democrático: descreve a sociedade onde são respeitados os direitos de cada um como a sociedade justa e vê na própria distinção dos poderes uma garantia do respeito pelos direitos individuais.

E o próprio nexo entre a ordem divina e a ordem social é posto a nível da consciência do indivíduo.

A doutrina social da Igreja adquire assim um tom novo, não já distante daquilo que hoje é entendido na cultura contemporânea como laicidade. A declaração das Nações Unidas sobre os direitos do homem é agora elogiada sem reservas, conquanto não fundamente tais direitos na transcendência divina.

O princípio da colaboração dos católicos com os não-católicos transforma-se, de exceção, em princípio. As próprias ideologias hostis ao cristianismo já não são, de per si, consideradas como motivo de não-colaboração. Importa considerar a prática concreta dos movimentos, não a sua ideologia: tal prática se modifica, de fato, concretamente, mesmo que a referência à ideologia possa, em abstrato, permanecer imutável. João XXIII aplica, pois, a todas as posições ideológico-políticas aquela passagem ao prudencial e operativo, aquela avaliação funcional que aplicou à doutrina social cristã.

Com o Concílio Vaticano II, começa uma nova era para o Pensamento social cristão. Isso até tal ponto que podemos perguntar se ainda pode-se classificar assim o magistério conciliar e pós-conciliar e, sobretudo, o modo concreto como o pensamento e a prática dos crentes se manifestam.

Com os documentos conciliares, o pensamento social abandona o campo da lei natural e da reflexão racional para se situar mais dentro do cristianismo. Definindo biblicamente o homem como imagem de Deus e retomando o tema escatológico do Reino, os grandes textos conciliares, como a *Lumen gentium* e a *Gaudium et spes,* transformam a imagem do próprio sujeito do discurso, a Igreja.

Nela aparece mais claramente a dimensão do *mistério,* ou seja, da vida trinitária comunicada ao homem, e a dimensão *escatológica,* isto é, o advento do reino de Deus na história como fim, sentido e epílogo da mesma. Criação, redenção e comunicação da vida divina surgem não só como diferentes, mas também como intimamente unidas. A própria Igreja é, pois, concebida dentro de uma economia que envolve toda a realidade histórica. A história é vista como realização do Reino. A Igreja não se apresenta mais como o lugar da salvação numa história de perdição, mas como o lugar onde se manifesta o gesto salvífico de Deus dirigido a todo o homem e a toda a história. A história universal encontra exatamente a sua unidade na unidade do gesto criador, redentor e divinizador do Deus trino.

Que isso comporta uma mudança na concepção da relação entre a Igreja e a sociedade é coisa que parece evidente.

O que sucede à doutrina social da Igreja poderia provisoriamente ser definido como *teologia da libertação.*

Estes dois termos, teologia e libertação, possuem um sentido preciso que os distingue do tema da doutrina social da Igreja. Trata-se de uma pesquisa livre, que se refere à totalidade da revelação e não é mais determinada apenas pelo magistério e concernente a uma reflexão filosófica sobre a sociedade, vista como implicitamente vinculada à reflexão propriamente revelada. É uma coisa que se expressa melhor com o termo de teologia do que com o de doutrina da Igreja. O termo de libertação, de tradição bíblica e da mesma natureza que o de redenção, indica melhor a densidade teológica da reflexão e, ao mesmo tempo, seu caráter prático.

Os temas novos que enfrenta tal reflexão são os temas das relações entre o mundo desenvolvido e o mundo subdesenvolvido. Surgem como temas centrais naquela que pode ser considerada a primeira encíclica da teologia da libertação, a *Populorum progressio* de Paulo VI. O lugar histórico onde esta teologia se situa é a América Latina. Até isso mostra as dimensões da mudança. A doutrina social da Igreja teve por epicentro a questão operária; a teologia da libertação tem como central o tema do imperialismo e do subdesenvolvimento. É devido a tal diferença de forma, de âmbito e de planos que a preocupação eclesial pelo político não pode, depois do Concílio Vaticano II, assentar nas mesmas bases do primeiro.

BIBLIOGRAFIA. A. ACERBI, *La chiesa nel tempo*, Vita e Pensiero, Milano 1979; G. BAUM, *That they may be one*. *A study on papal doctrine Leon XIII, Pius XII*, London 1958; G. JARLOT, *Doctrine pontificale et histoire*, Gregoriana, Roma 1964-1973, vol. 2; A. F. UTZ e M. BOEGLIN, *Éthique sociale*, Éditions Universitaires, Fribourg 1960-1965, vol. 5; Id., *La doctrine sociale de l'Église à travers les siècles*, Fond. Internaz. Humanum, Roma, Paris 1970, vol. 5.

[GIANNI BAGET-BOZZO]

Peronismo.

I. DEFINIÇÃO. — Este termo designa o movimento político criado por Juan D. Perón, quando foi presidente da república argentina (1946-1955). Para diferenciar o seu movimento de um partido político, o próprio Perón destacou sempre o caráter heterogêneo do Peronismo, que era constituído não só por um partido político com duas ramificações, masculina e feminina, mas também por organizações sindicais e um aglomerado de forças diversas, estudantis, esportivas, etc., que confluíam ao "movimento", ao qual incumbia representar a totalidade "dos interesses nacionais". A este movimento se deu também o nome de "justicialismo".

A palavra de ordem lançada pelo Peronismo era: a) "justiça social", baseada não na luta de classes (Perón acentuou sempre o caráter interclassista do seu movimento), mas na melhoria do nível de vida dos trabalhadores; b) "independência econômica" do país diante dos monopólios estrangeiros; c) "terceira posição" no âmbito internacional, entendida como uma atitude neutralista em relação aos dois grandes blocos que, durante os anos do seu Governo, se defrontavam na guerra fria.

II. PERONISMO, FASCISMO, NASSERISMO. — Considerado não já como movimento, mas como tipo de regime político, o Peronismo foi sucessivamente comparado ao fascismo, ao nasserismo, ao bonapartismo, etc. Pelo que concerne aos resultados obtidos, foi visto depois como "revolução nacional" por seus partidários e como "revolução democrático-burguesa sem sucesso" ou como processo sincrético-fascista por outros. Com os três primeiros modelos indicados, o Peronismo tem em comum um elemento fundamental: a presença de um líder carismático. Mas são também claros os elementos discordantes.

A sua comparação com o fascismo foi peculiaridade da oposição liberal ao regime. Perón, exadido militar na Itália durante a Segunda Guerra Mundial, pertencera a uma loja militar simpatizante do Eixo (o "Grupo de oficiales unidos" — GOU), e, durante o seu Governo, a Argentina tornou-se o refúgio de muitos chefes nazistas e fascistas. Contribuiu também para reforçar a imagem fascista do Peronismo o círculo de intelectuais de extrema direita que rodearam Perón, sobretudo nos primeiros anos do seu Governo. Porém, diversamente do fascismo, o Peronismo não se baseou na mobilização da pequena burguesia, mas na dos setores operários e dos camponeses que chegavam aos centros urbanos para se inserirem no processo de industrialização. Embora este sindicalismo operário tenha sido organizado do alto, com a eliminação dos dirigentes socialistas ou anárquicos incapazes de se associar e mediante a criação de uma espécie de sindicalismo de Estado, foram sem dúvida os operários a fonte principal de apoio do regime. Foi precisamente durante o decênio peronista que ocorreu na Argentina a inserção das massas no processo político, mesmo que o sufrágio universal masculino existisse já desde 1912. Por outro lado, o corporativismo nunca teve um grande desenvolvimento, ainda que se desenvolvesem esforços nesse sentido. Finalmente, o partido peronista teve sempre um papel predominante, mas nunca o de partido único.

A identificação com o nasserismo provém, ao invés, da suposta origem militar de ambos os regimes. Contudo, embora Perón tenha tomado parte no golpe militar que em 1943 derrubou o regime civil, que por mais de uma década conseguira manter-se no poder por meio da fraude eleitoral, sua elevação à presidência deu-se, não por imposição das forças armadas, mas graças a eleições constitucionais, em competição regular com as demais forças políticas do país. O Peronismo manteve sempre este aspecto legal, mesmo que, em virtude de uma rígida censura da imprensa, da supressão de várias publicações e da perseguição aos líderes da oposição, as ulteriores eleições não fossem já tão incontestáveis como as que o levaram ao poder. É igualmente verdadeiro que o Peronismo conservou seu peso eleitoral mesmo depois da queda de Perón e, nas ocasiões em que lhe foi possível concorrer, nunca obteve menos de um terço dos sufrágios do eleitorado argentino. Por isso, embora o exército (mais que a aeronáutica e a marinha) tenha apoiado Perón durante boa parte do seu Governo, ele não chegou ao poder como Nasser, mediante um golpe militar. O exército teve depois um papel mais de oposição que de direta co-gestão do poder. Mas é característica comum de ambos os regimes a perseguição da esquerda tradicional, sobretudo do partido comunista, posta em prática tanto pelo Peronismo como pelo nasserismo.

III. A POLÍTICA DO PERONISMO. — Se a caracterização teórica do Peronismo já foi difícil para a literatura por causa das peculiaridades deste regime, a dificuldade torna-se ainda maior se se consideram as claras diferenças existentes entre as suas primeiras realizações e as últimas. As fontes ideológicas gerais da sua caracterização hão de ser buscadas na teoria da "nação em armas", concebida pelos teóricos do militarismo alemão da segunda metade do século XIX, traduzida pelo Peronismo na doutrina da "defesa nacional". Seus elementos fundamentais eram: a) o impulso ao processo de industrialização — iniciado na Argentina antes do Peronismo — para que as forças armadas pudessem contar com os meios necessários ao seu armamento, sem dependerem do estrangeiro; b) uma política de salários mais altos para os setores operários, como meio de "abolir a luta de classes" e de reforçar assim a frente interna. Era função do Estado servir de árbitro entre o capital e o trabalho. Esta política distributiva foi posta em prática nos primeiros anos do Peronismo e favorecida pelo extraordinário volume de exportações de carne e cereais do imediato pós-guerra. Para tornar viável tal política, as exportações foram subordinadas a um órgão estatal centralizador, para que, ao mesmo tempo, seu produto pudesse ser orientado ao investimento industrial. Mas, no que se refere à industrialização, só se alcançaram bons resultados na indústria média; na indústria pesada não se operou um verdadeiro desenvolvimento, uma vez que a maior parte daquelas reservas foi usada, tanto na concretização da referida política distributiva, quanto numa ingente obra de propaganda destinada a consolidar a popularidade do regime.

A situação mudou fundamentalmente nos últimos anos, quando o agravamento da conjuntura econômica obrigou o Peronismo ao lançamento de uma campanha de "produtividade" nas fábricas que agitou profundamente os ambientes operários e provocou diversas tentativas reprimidas de greve. A redistribuição da renda agrária, que teve lugar no primeiro Governo de Perón mas não no segundo, quando ele foi reeleito graças à modificação da Constituição, não foi acompanhada da necessária reforma, o que permitiu aos proprietários de terras imporem-se de novo logo após a queda do Peronismo. Todos estes elementos assinalam as etapas da crise que derrubaria o Peronismo em 1955, crise que foi agravada pelo início de negociações visando à exploração de jazidas petrolíferas por parte de empresas estrangeiras.

A Igreja (que não recebera com agrado as tentativas de beatificação da esposa, Eva Perón, morta em 1952), após haver perdido a confiança em Perón como "homem de ordem", começou a tratar da criação de um novo partido de orientação democrático-cristã. Perón reagiu com a introdução do divórcio, pondo assim fim ao idílio com a hierarquia local da Igreja católica que tinha caracterizado o seu Governo.

Tudo isto debilitou as bases de apoio do regime e abriu caminho às tentativas da direita econômica para o derrubar. Fracassada a tentativa de um golpe de Estado levada a efeito principalmente pela marinha, Perón ameaçou 'com a radicalização do movimento e intimidou os opositores, lançando a idéia da criação das milícias operárias. Três semanas depois, em setembro de 1955, foi derrubado por um golpe militar.

Com a queda do regime e o exílio do seu chefe, o movimento sindical converteu-se no principal sustentáculo do Peronismo, já que os elementos peronistas foram excluídos das forças armadas. As classes médias que tinham apoiado o movimento, trataram de se inserir no novo sistema, já por meio dos antigos partidos políticos, já mediante a criação de sucessivos partidos "neoperonistas". Esta iniciativa foi apoiada em certos casos até por muitos chefes sindicais. Com as freqüentes polêmicas internas, acabou por produzir-se no Peronismo um certo processo de polarização entre a direita, e a esquerda do movimento. Do exílio, Perón manteve o seu controle, apoiando pendularmente ora um ora outro dos setores, ou os dois ao mesmo tempo, por meio de diferentes porta-vozes.

Esta polarização agravou-se com o surgimento de grupos guerrilheiros ligados ao Peronismo, mas em contraste com os setores reformistas e com a direita do movimento.

Nos dezessete anos que se seguiram à queda do regime peronista, apenas foram eleitos dois Governos civis em eleições onde não foi permitida a participação de listas oficialmente peronistas. Ambos os Governos foram derrubados por golpes militares antes do fim do seu mandato: no primeiro caso, 1962, para impedir que assumissem seus cargos candidatos peronistas que saíram vencedores em eleições para a renovação das Câmaras e dos Governos provinciais; no segundo, 1966, para impedir um eventual sucesso eleitoral peronista.

Em 1972, a última das ditaduras militares instaladas desde 1955, na impossibilidade de controlar o processo econômico-social, abriu o caminho eleitoral ao Peronismo, no intuito de o integrar numa frente moderada e de levantar um dique, com a regularização do processo político, contra a crescente radicalização em curso, de que a atividade guerrilheira era o fenômeno mais visível.

Em 1973, Perón retornou à Argentina e, depois de várias vicissitudes, foi reeleito presidente da república em setembro do mesmo ano, com o voto de mais de 60% do eleitorado. Mas o seu reconhecido poder carismático não bastou para superar as profundas cissuras que se foram abrindo entre as faixas extremas do seu movimento. Acusado pela esquerda de ser fraco e de chamar para o Governo figuras conservadoras, Perón se pronunciou irritado a favor do *establishment* sindical e, indiretamente, dos setores de direita identificados com o Peronismo, tendência depois aprofundada por sua mulher, Maria Estela Martínez, tornada presidenta com a sua morte (1974).

Agravou-se então a luta entre as diversas facções de inspiração peronista, num clima de generalizada violência que se insere no panorama mais vasto de agudos conflitos de que se tornou cenário o país inteiro. Malgrado o esforço de diversas forças políticas — entre elas algumas tradicionalmente opostas ao Peronismo que não escondiam suas críticas à gestão governativa — para que não se rompesse de modo algum a continuidade institucional, o Governo de Maria Estela Martínez foi deposto em 1976 por um novo golpe de Estado militar.

Entre os diversos grupos e facções, ficava ainda aberta a luta pela herança do Peronismo.

BIBLIOGRAFIA. C. BARBÉ, *Il peronismo e la crisi argentina*, in "Il Mulino", n." 221, maio-junho 1972; A. CAFIERO, *De la economia social-justicialista al régimen liberal-capitalista*, Eudeba, Buenos Aires 1974; D. GERMANI, *El surgimiento del peronismo: El rol de los obreros y de los migrantes internos*, in "Desarrollo econômico", n." 51, outubro-dezembro 1973; C. FAYT, *Naturaleza del peronismo*, Viracocha, Buenos Aires 1967; A. LANUSSE, *Mi testimonia*, Lasserre, Buenos Aires 1977; M. MURMIS, J. C. PORTANTIERO, *Estudios sobre los origenes del peronismo*, Siglo XXI, Buenos Aires 1974³; M. OLIVIERI, *Peronismo e forze armate*, in "Il Mulino", n. 241, setembro-outubro 1975; R. POTASH, *The army and politics in Argentina*, Stanford Univ. Press, Stanford 1969; R. PUIGGROS, *El peronismo: sus causas*, Corregidor, Buenos Aires 1971, 2.ª ed.; J. A. RAMOS, *Revolución y contrarrevolución en la Argentina*, PlusUltra, Buenos Aires 1970³; A. ROUQUIÉ, *Pouvoir militaire et société politique en République Argentine*, Presses de la Fondation Nationale de Sciences Politiques, Paris 1978; P. H. SMITH, *The social base of peronism*, in "Hispanic american review", 52, 1972; Id., *Las elecciones argentinas de 1946 y las inferencias ecológicas*, in "Desarrollo econômico", n." 54, julho-setembro 1974; D. CANTON *Elecciones y partidos politicos en la Argentina*, Siglo XXI, Buenos Aires 1973.

[CARLOS BARBÉ]

Personalismo.

Em sua acepção moderna, Personalismo designa um movimento surgido na França, por 1930, em torno da revista "Esprit", sob a guia de Emmanuel Mounier (1905-1950). Este movimento desenvolve uma concepção filosófica, chamada Personalismo comunitário, que insiste no valor absoluto da pessoa e nos seus vínculos de solidariedade com as outras pessoas. O humanismo personalista de Mounier se opõe tanto ao individualismo burguês, objeto de uma crítica intransigente, como ao coletivismo soviético, não deixando de simpatizar, todavia, com o marxismo, com o qual travou um intenso diálogo "espiritual".

O personalismo comunitário apresenta um certo relevo politológico, pois foi viva em seu fundador a aspiração a transformar a filosofia personalista numa deontologia ético-política que teria por objeto, embora só em princípios essenciais, a sociedade econômica, a sociedade política e o Estado.

As origens culturais do Personalismo comunitário encontram-se no cristianismo, no existencialismo e na tradição socialista, marxista e não marxista. Os autores que mais influenciaram Mounier pertencem à linha do humanismo espiritualista, místico e religioso, desde Max Scheler a Martin Buber, Nicolai Berdiaeff, Maurice Blondel e sobretudo Gabriel Marcel, a cuja descrição das "estruturas do universo pessoal" ele se refere óom freqüência.

Para Mounier, o universo pessoal não pode ser definido "objetivamente", porque a pessoa não é um "objeto". A pessoa "é uma atividade vivida de autocriação, de comunicação e de adesão, que se apreende e conhece a si mesma em seu próprio ato, como movimento de personalização". As "dimensões" da "experiência da vida pessoal" são a vocação, a encarnação e a comunhão. A vocação é a tendência da pessoa a se superar indefinidamente; a encarnação é a condição corporal e material da pessoa; a comunhão indica que a pessoa não se realiza senão dando-se à comunidade, que é superior às pessoas.

O "primado do econômico", defendido pelo marxismo, é para Mounier a consequência de uma desordem histórica cuja responsabilidade remonta, antes de tudo, ao capitalismo. Contra o capitalismo e o poder anônimo do dinheiro, Mounier elabora um quadro de reivindicações substancialmente tirado do socialismo: abolição da condição proletária, substituição da economia anárquica, baseada no lucro e na "fecundidade do dinheiro", por uma economia organizada dentro das "perspectivas totais da pessoa", socialização sem estatização dos setores de produção que são causa de alienação econômica, desenvolvimento da vida sindical e da pessoa operária. Trata-se, em síntese, da afirmação da primazia do trabalho sobre o capital, do serviço social sobre o lucro, da responsabilidade pessoal e orgânica sobre os aparelhos anônimos e os mecanismos.

É na sociologia político-jurídica de G. Gurvitch e no pluralismo democrático que se inspiram as páginas que Mounier dedica à tentativa de bosquejar uma "teoria personalista do poder". O direito é a garantia institucional das pessoas contra o abuso do poder, que, se não controlado, tenderá naturalmente à exorbitância. É necessário, por isso, um "estatuto público da pessoa" e uma limitação constitucional dos poderes do Estado: equilíbrio entre o poder central e os poderes locais, organização dos instrumentos de recurso legal dos cidadãos contra o Estado, *habeas corpus*, limitação dos poderes de polícia, independência do poder judiciário.

A soberania popular não pode se basear na mera autoridade do número: a maioria é tão arbitrária quanto o arbítrio individual. A soberania não pode ser senão a soberania do direito, de uma ordem jurídica racionalmente organizada,

mediando entre liberdade e organização, entre espontaneidade social e poder. Mas é a pressão direta dos cidadãos sobre as estruturas do poder organizado que produz o "direito", muito mais que as iniciativas dos juristas e a boa vontade dos detentores do poder.

Os partidos modernos perderam a sua função original de agregação e de educação política e tendem a transformar-se em mecanismos de despersonalização e de esclerose ideológica. Um estatuto público dos partidos, conquanto insuficiente, poderia ser útil na contenção desta tendência involutiva.

Aceitando a crítica marxista do Estado representativo, Mounier propõe uma reorganização completa da democracia política, baseada numa efetiva democracia econômica. Mais que na extinção do Estado, preconizada pelo marxismo, o Personalismo confia num "Estado pluralista", ou melhor, já que o Estado não pode abdicar da sua unidade, num "Estado organizado ao serviço de uma sociedade pluralista".

Entre os fins da década de 40 e princípios da de 50, o Personalismo comunitário exerceu uma certa influência política na Europa. Foi o "estatuto público da pessoa", em particular, apresentado por "Esprit" em 1939 e feito objeto, em 1944-1945, de um projeto de declaração, que influiu na Constituição francesa de 1946. O personalismo de Mounier também inspirou na Itália algumas das formulações constitucionais, graças à participação nos trabalhos da Constituinte de personalidades católicas como Giorgio La Pira e Giuseppe Dossetti.

Menos importância parece ter hoje a elaboração propriamente filosófica do personalismo comunitário. A inspiração oratória encobre aparentemente, com excessiva freqüência, nas páginas elegantes de Mounier, a generalidade dos assuntos e a incerteza metodológica. Parece sobretudo insuficiente a própria conceituação da idéia de pessoa, ecleticamente tensa entre as solicitações opostas do platonismo espiritualista e do realismo, do apriorismo religioso e da antimetafísica. Pensamento não sistemático, o Personalismo expressa sobretudo uma sincera e apaixonada necessidade de renovação da cultura européia entre as duas guerras e, particularmente, da espiritualidade cristã, que Mounier crê contaminada por uma indébita solidariedade com a ética e os interesses do mundo burguês.

O próprio pensamento político de Mounier, não obstante a nobreza dos propósitos e o talento crítico, parece antes uma brilhante combinação de elementos extraídos de tradições diversas do que uma proposta teórica consistente e original.

BIBLIOGRAFIA. J. LACROIX, *Marxisme, existentialisme, personnalisme*, P.U.F., Paris 1950; C. MOIX, *La pensée d'Emmanuel Mounier*, Editions du Seuil, Paris 1960; E. MOUNIER, *Rivoluzione personalista e comunitaria* (1935), Comunità, Milano 1955; Id., *Dalla proprietà capitalista alla proprietà umana* (1936), Gatti, Brescia 1947; Id., *Manifeste au service du personnalisme*, Montaigne, Paris 1936; Id., *Il personalismo* (1949), Garzanti, Milano 1953; A. RIGOBELLO, *Il contributo filosofico di E. Mounier*, Milano 1955.

[DANILO ZOLO]

Plebiscito.

A noção de Plebiscito é controversa. Que se trata de um pronunciamento popular, é coisa fora de discussão. Comprovam-no, quer a origem histórica do termo, que designava, na antiga Roma, uma deliberação do povo ou, mais exatamente, da plebe convocada pelo tribuno, quer o uso que dele se faz habitualmente para designar as votações que, após a Revolução Francesa e a difusão das ideologias fundadas na soberania popular, se realizaram na Europa e na própria Itália, sobre assuntos de importância constitucional. Pensemos, por exemplo, nos Plebiscitos sobre anexações territoriais que se sucederam durante o Ressurgimento e a formação do Estado italiano. O plebiscito é, pois, uma votação popular sobre assuntos de relevância constitucional, sendo, por isso, um instrumento de democracia direta, se bem que, como todos os dispositivos deste tipo, possa ser instrumentalmente usado por correntes autoritárias ou totalitárias para legitimar o seu poder autocrático. Ora, tal definição poderá parecer parcial e incompleta, já que não permite estabelecer uma clara distinção entre Plebiscito e um instituto análogo, o REFERENDUM (v.), também consistente num pronunciamento popular sobre assuntos de importância constitucional. Mas existe realmente uma diferença conceptual rigorosa entre ambos?

Os estudiosos defendem, em geral, que existe uma diferença. Mas as definições que dão de Plebiscito e que o deveriam distinguir do *referendum*, não se coadunam com o uso da linguagem apresentado no curso da história.

Assim, há quem defenda que existe Plebiscito, quando o povo delibera sobre um assunto sem ato prévio dos órgãos estatais, cuja presença caracterizaria o *referendum*. Mas tal definição é contestada pela existência de Plebiscitos, realizados para ratificar atos estatais, como, por exemplo, a aprovação da constituição de 22 de brumário do ano VIII, que abriria caminho ao golpe de Estado de Napoleão I, ou então a aprovação da incorporação, já efetuada, das várias regiões no reino da Itália, ao passo que há também *referenduns*, como, por exemplo, o de 2 de junho de 1946 na Itália, que não foram precedidos por atos estatais. Dizem outros, e é uma opinião difusa na Itália, que existe Plebiscito, quando o povo se pronuncia sobre determinados fatos ou acontecimentos (preposição de pessoas para cargos, anexações territoriais, escolha de formas de Governo) e não sobre atos normativos, para os quais existiria o *referendum*. Mas esta definição também não se harmoniza com a prática histórica, se se tiver em conta o já citado Plebiscito que aprovou a constituição (ato normativo) de 22 de brumário do ano VIII. Há ainda outros que apresentam o Plebiscito como escolha de um homem, vendo no *referendum* o voto relativo a um problema (distinção seguida pelos estudiosos franceses da ciência política). Estas definições, no entanto, também contrastam com a existência de Plebiscitos por motivo de anexações.

Desta rápida resenha de definições propostas pelo uso histórico é possível tirar algumas conclusões.

Sob o aspecto normativo, poder-se-á apresentar uma definição de Plebiscito que o distinga do *referendum*; a partir daí, qualificar-se-ão ou não como Plebiscitos as votações populares historicamente verificadas, se, por suas conotações, entrarem ou não na definição pré-escolhida. Mas, sob o aspecto descritivo, é de registrar a falta de uma definição unívoca de Plebiscito que o diferencie do *referendum*. Os dois termos são, a rigor, sinônimos. Apenas pode-se observar uma certa diferença histórica no uso de um ou de outro termo. Assim, em primeiro lugar, o termo Plebiscito é usado para designar eventos excepcionais, normalmente à margem das previsões constitucionais, situações em que os textos constitucionais aludem mais frequentemente ao *referendum*. Neste contexto, poderão encontrar, não uma ratificação, como vimos, mas uma explicação, certas definições apresentadas, porquanto se pode considerar que, dada a sua normal excepcionalidade, se usa mais frequentemente o termo Plebiscito para indicar pronunciamentos populares não precedidos por atos estatais, máxime sobre fatos ou eventos (não atos normativos) que, por sua natureza excepcional, não contam com uma disciplina constitucional.

[GLADIO GEMMA]

Pluralismo.

I. O QUE É O PLURALISMO. — Na linguagem política chama-se assim a concepção que propõe como modelo a sociedade composta de vários grupos ou centros de poder, mesmo que em conflito entre si, aos quais é atribuída a função de limitar, controlar e contrastar, até o ponto de o eliminar, o centro do poder dominante, historicamente identificado com o Estado. Como tal, o Pluralismo é uma das correntes do pensamento político que sempre se opuseram e continuam a opor-se à tendência de concentração e unificação do poder, própria da formação do Estado moderno. Como proposta de remédio contra o poder exorbitante do Estado, o Pluralismo se distingue da teoria da separação dos poderes, que propõe a divisão do poder estatal, não em sentido horizontal, mas em sentido vertical. Distingue-se igualmente da teoria do liberalismo clássico que propõe a limitação da onipotência do Estado pela subtração à sua ingerência de algumas esferas de atividade (religiosa, econômica e social, em geral), onde os indivíduos possam desenvolver livremente sua própria personalidade. Distingue-se, finalmente, da teoria democrática que vê o remédio na participação mais ampla possível dos cidadãos nas decisões coletivas. Distingue-se de tais teorias, mas não se lhes opõe: as propostas das doutrinas pluralistas são perfeitamente compatíveis, já com as propostas da doutrina constitucionalista, uma vez que a divisão horizontal do poder não obsta mas integra a divisão vertical, já com as da doutrina liberal, visto a limitação da ingerência do poder estatal constituir, de per si, condição de crescimento e desenvolvimento dos grupos de poder diversos do Estado, já com as da doutrina democrática, pois a multiplicação das associações livres pode constituir um estímulo e uma contribuição para o alargamento da participação política. Todas elas são compatíveis, porquanto visam ao mesmo alvo comum: o Estado como único centro de poder. O Pluralismo impugna-lhe a tendência à concentração, o constitucionalismo a indivisibilidade, o liberalismo o caráter absoluto, a democracia a concepção descendente e não ascendente do poder. É freqüente os teóricos do Pluralismo considerarem como sistema antitético o totalitarismo. Mas o sistema totalitário de poder é, ao mesmo tempo, também anticonstitucionalista, por não reconhecer a separação dos poderes, antiliberal, por não reconhecer nenhuma das formas tradicionais de liberdade da ingerência do Estado, e antidemocrático, porquanto degrada o povo reduzindo-o a massa inerte e aclamante. Por conseqüência, a par de um Estado constitucional, liberal, democrático, pode dar-se um Estado pluralista, assim definido: "O Estado pluralista é simplesmente um Estado onde não existe uma fonte única de autoridade que seja competente em tudo e absolutamente abrangente, isto é, a soberania, onde não existe um sistema unificado de direito, nem um órgão central de administração, nem uma vontade política geral. Pelo contrário, existe ali a multiplicidade na essência e nas manifestações; é um Estado divisível e dividido em partes" (Kung Chuan Hsiao, p. 8).

O que distingue o Pluralismo das restantes doutrinas antiestatalistas é que ele se afirma polemicamente contra toda a forma de concepção individualista da sociedade e do Estado, isto é, contra toda a concepção que contraponha o indivíduo singular ao Estado, porquanto considera o estatalismo e o individualismo como duas faces da mesma medalha. Pelo contrário, existe ali a multiplicidade que, embora de dois pontos de vista diversos, tendem a marginalizar ou até mesmo a eliminar as formações sociais que ocupam o espaço intermédio entre os dois pólos extremos do indivíduo e do Estado. A luta que o Pluralismo trava tem sempre duas frentes: uma contra a concentração de todo o poder no Estado, outra contra o atomismo. É uma luta travada em nome da concepção de uma sociedade articulada em grupos de poder que se situem, ao mesmo tempo, abaixo do Estado e acima dos indivíduos, e, como tais, constituam uma garantia do indivíduo contra o poder excessivo do Estado, por um lado, e, por outro, uma garantia do Estado contra a fragmentação individualista.

II. DOUTRINA DOS CORPOS INTERMÉDIOS. — Uma das fontes históricas do Pluralismo moderno é a teoria dos "corpos intermédios", que teve em Montesquieu um dos seus mais autorizados defensores. O autor de *Esprit des lois* vê na presença de "ordens intermédias" o caráter distintivo do Governo monárquico em relação ao Governo despótico: "O Governo monárquico apresenta grande vantagem sobre o despótico. Já que a própria natureza quer que o príncipe tenha abaixo de si várias ordens vinculadas à constituição, o Estado é mais forte, a constituição mais firme, a pessoa dos governantes mais segura". As ordens intermédias distinguem também o Governo monárquico do republicano, cujo princípio é a virtude dos cidadãos. Isto explica por que a teoria dos corpos intermédios foi rejeitada conjuntamente pelos fautores do despotismo iluminado, como os fisiocratas, e por Rousseau que, fundindo a vontade dos indivíduos na única, indivisível e infalível vontade geral, condenou as "sociedades parciais", acusando-as de fazerem prevalecer interesses setoriais sobre o interesse geral. Conquanto os corpos intermédios, de que fala Montesquieu (nobreza, clero e antigas ordens privilegiadas), não tenham nada a ver com as várias formas associativas de que os fautores do Pluralismo moderno se fazem propugnadores, a função que lhes atribui Montesquieu não é diferente, uma vez que essas ordens constituem uma "contraforça" capaz de impedir que o príncipe governe a seu talante. Se algo mais há a observar é que Montesquieu é também um dos maiores teóricos da divisão dos poderes, isto é, do Pluralismo vertical, e que, das duas teorias, a do contrapoder e a dos poderes divididos, a que foi aceita nas primeiras constituições não foi a primeira mas a segunda: enquanto que o art. 16 da Declaração dos direitos do homem e do cidadão de 1789 diz que "toda a sociedade em que a garantia dos direitos não for assegurada nem a separação dos poderes determinada, não tem constituição", a Constituição de 1791, em seu preâmbulo, depois de haver declarado que ficam "abolidas irrevogavelmente as instituições que feriam a liberdade e igualdade dos direitos", proclama que "não há mais juramentos, nem corporações de profissões, artes e ofícios". A teoria dos corpos intermédios contrastava com a teoria jusnaturalista da sociedade e do Estado, que havia sido construída de Hobbes a Kant, com base na contraposição simples do Estado de natureza, onde não há senão indivíduos isolados, livres porque sem leis, iguais porque sem superiores, e o estado civil, onde os indivíduos se transformaram, mediante um pacto de associação e de união, em povo soberano: segundo a concepção dos jusnaturalistas, entre os indivíduos singulares e o Estado não há graus intermédios. Além disso, tais quais os considerara Montesquieu, os corpos intermédios eram uma sobrevivência do passado, um obstáculo às reformas desejadas pela nova classe que, no momento de fazer valer os próprios direitos, se identificaria com a nação inteira. Para os propugnadores dos direitos naturais do indivíduo, a defesa contra o despotismo não estava nos corpos intermédios: estava quer no alargamento da liberdade de cada um, quer no controle do poder estatal deste baixo, ou seja, na liberdade negativa e na liberdade positiva.

III. VÁRIAS FORMAS DE PLURALISMO. — A supressão dos corpos intermédios como proteção do interesse geral contra o predomínio dos interesses particulares baseava-se em duas hipóteses destinadas a não se concretizarem: a fusão de todos os indivíduos que constituíam o corpo da nação na vontade geral e da vontade geral

na expressão genuína do interesse comum, e a lenta mas inexorável limitação dos poderes do Estado, à medida que fosse ocorrendo a transição (segundo as falazes previsões do evolucionismo positivista) das sociedades militares do passado à irreprimível sociedade industrial. A permanência, ou antes, o robustecimento do Estado-aparelho, fizeram com que a maior parte dos escritores políticos do século XIX, posteriores à época da Restauração, voltassem os olhos para a sociedade subordinada ao Estado, aquela que Hegel chamara "sociedade civil". Diversamente do que teria acontecido no hipotético estado de natureza, na sociedade civil, que é a sociedade das relações reais e concretas, das relações econômicas, os indivíduos não são solitários. Relacionam-se entre si, associam-se e desassociam-se, encontram-se e desencontram-se, entram em conflito. Nesta perspectiva, o fenômeno associativo é observado e estudado com renovado interesse e nasce a sociologia. As principais correntes de pensamento político do século XIX redescobrem, se bem que de ângulos diversos e com inspirações ideais opostas, várias formas de associação dos indivíduos à margem do Estado ou mesmo contra o Estado, como fator destinado a mediar e a resolver a longo prazo a antítese entre o indivíduo-só e o Estado-tudo. Estas correntes são o liberalismo democrático, o socialismo libertário e o cristianismo social. Conquanto as diversas concepções do Pluralismo não possam ser colocadas no mesmo plano, o relevo dado às sociedades intermédias, venha de onde vier, compreende sempre um aspecto oposto ao Estado e outro ao indivíduo, e implica o esforço por encontrar, se não uma síntese, pelo menos uma mediação entre os dois pólos opostos do universo social.

Poder-se-ia distinguir, imitando uma distinção célebre, um Pluralismo dos antigos e um Pluralismo dos modernos. Por Pluralismo dos antigos entendo o que, em face de um Estado centralizador e nivelador, desenterra o velho Estado de classes ou de ordens que a Revolução Francesa já deu por morto e que a sociedade industrial em marcha tornou cada vez mais anacrônico: tal foi sem dúvida a doutrina dos "corpos sociais" (a *Genossenschaftslehre*) que Gierke exumou do antigo direito germânico; tal foi também ao princípio, em sua referência às corporações medievais, a doutrina das sociedades intermédias do cristianismo social. Por Pluralismo dos modernos entendo aquele que, contra o mesmo Estado centralizador e só aparentemente nivelador, mas na realidade profundamente inigualitário, utiliza, do modo mais amplo e desabusado, as conquistadas liberdades civis, primeiro a liberdade de associação, para criar uma defesa do indivíduo isolado contra a potência e intromissão do Estado burocrático, ou das classes economicamente mais débeis contra o poder econômico que se vai organizando na grande empresa capitalista. No tocante aos corpos intermédios, enquanto o associonismo inspirado no cristianismo social favorece as formas comunitárias, como a família e a paróquia, e o associonismo democrático as associações voluntárias, o Pluralismo socialista leva sumamente em conta, de forma alternativa, tanto umas como outras. Outra diferença é a que concerne à concepção geral da sociedade onde essas três diversas teorias do Pluralismo se baseiam: é orgânica e hierárquica a do cristianismo social, funcional a socialista, conflituosa a democrática.

IV. O PLURALISMO SOCIALISTA. — Se é verdade que nem todo o socialismo é pluralista (o socialismo marxista não o é certamente), também é verdade que uma das correntes historicamente mais importantes do Pluralismo é de inspiração socialista. Só para começar, a toda a doutrina socialista está inseparavelmente ligada a idéia da superioridade do homem associado ao homem isolado, e a idéia do homem isolado está sempre vinculada à ideologia burguesa que parte do *homo oeconomicus* (o próprio Marx não deixou nunca de mofar dos "Robinsons"). Na época da Restauração na França, o termo "association", que, contraposto a "antagonisme", é fundamental na "doutrina" saint-simoniana, passa por "socialisme". Os dois grandes princípios para a reforma da humanidade são, para Fourier, a associação e a atração. O verdadeiro pai do Pluralismo socialista é Proudhon, cuja doutrina é uma das expressões mais radicais do reviramento da tradição em relação à sociedade e ao Estado, tão característico de boa parte da filosofia política do século XIX. Em oposição à sociedade organizada pelo poder do Estado, Proudhon põe na multiplicidade dos agrupamentos sociais, unidos entre si por vínculo federativo e onde os indivíduos participam segundo as próprias aptidões e necessidades, o segredo da emancipação humana. É diretamente de Proudhon que deriva a teoria do Pluralismo jurídico e social de Georges Gurvitch que, com a afirmação de um "direito social" contraposto ao "direito do Estado", descobre a própria conclusão da *Declaração dos direitos sociais* (1945), verdadeira e autêntica *summula* de uma concepção pluralista da sociedade global. Segundo ela, o homem deve ser considerado, não como um ser abstrato, mas nas multiformes atividades sociais em que participa, e, por conseguinte, como produtor, como consumidor e como cidadão; a toda a atividade há

de corresponder uma forma de associação funcional que não pode ser impedida de buscar seus próprios fins dentro da sociedade nacional, que, como tal, é suprafuncional e tem por incumbência coordenar e não dominar.

A corrente mais significativa do socialismo pluralista é representada por aquele pequeno grupo de socialistas ingleses, fabianos ou próximos ao fabianismo, que, com G. D. H. Cole e S. G. Hobson, deram origem ao movimento chamado de "guild-socialism", um movimento que elaborou uma teoria completa do "Estado pluralista", definido como tentativa de combinação da verdade do marxismo com a do sindicalismo. A nota característica do Estado pluralista é a descentralização funcional que deveria integrar a descentralização territorial, típica do Estado democrático puro e simples. A idéia da descentralização funcional nasce da constatação de que a função política exigida ao Estado, mesmo que seja a função principal em qualquer sociedade, não pode absorver a função econômica, que deve, por conseguinte, ser confiada a associações representativas dos vários interesses econômicos, relativamente autônomos em relação ao poder central do Estado. Cole fala da necessidade de um equilíbrio funcional entre política e economia, e distingue três graus ou séries de organizações: as que unem os produtores, as que reúnem os consumidores, as que se orientam a fins culturais e civis, todas elas compreendidas dentro da superior organização política do Estado. Do ponto de vista institucional, é uma conseqüência da divisão entre descentralização funcional e descentralização territorial a proposta corrente da representação por interesses, também chamada funcional. Na mesma tradição do Pluralismo socialista, mas fortemente inspirado por autores cristãos (Jacques Maritain, Emmanuel Mounier), pode ser também incluído o movimento de comunidades, fundado por Adriano Olivetti ao findar a Segunda Guerra Mundial. Suas teses estão expressas no volume *L'ordine politico delle Comunità* (1946) (mas veja-se também *Società, stato, comunità*, 1952); uma dessas teses é, mais uma vez, a da representação funcional. De resto, neste caso, poder-se-ia falar talvez antes de comunitarismo do que de Pluralismo, dado que o que se acentua é não tanto a multiplicidade dos centros de poder quanto a importância do pequeno grupo, da comunidade precisamente, para a formação moral e integração social da pessoa humana. Mais que o Estado centralizador, é o coletivismo o alvo do comunitarismo, que se serve da centralização estatal para alcançar seus intentos. O que é comum ao Pluralismo e ao comunitarismo é a luta contra o individualismo atomizante e o reconhecimento de que é preciso que o indivíduo aperfeiçoe a própria personalidade na solidariedade com o grupo.

V. O PLURALISMO DEMOCRÁTICO. — As célebres páginas que Tocqueville escreveu sobre a intensa e fecunda vida associativa dos americanos têm sido fonte perene de inspiração para a ideologia do Pluralismo democrático, um dos componentes essenciais, se bem que hoje duramente contestado, do "American way of life". "A América — escreveu — é o único país do mundo onde se tirou o maior proveito da associação e onde se aplicou este poderoso meio de ação a maior variedade de situações". Em outro lugar: "Os americanos de todas as idades, condições e tendências, se associam constantemente... Ali onde à frente de uma nova iniciativa encontrais na França o Governo e na Inglaterra um grande senhor, podeis estar seguros de que encontrareis nos Estados Unidos uma associação". Esta observação serviu a Tocqueville para captar o nexo profundo que existe entre associação e democracia, ao escrever que "o habitante dos Estados Unidos aprende desde a nascença que precisa contar consigo mesmo na luta contra os males e obstáculos da vida; ele não olha senão com desconfiança e inquietação a autoridade social, só recorrendo ao seu poder quando não a pode dispensar". Embora hoje, sob o nome de "Pluralismo democrático", entendam vários escritores de ciência política americana a teoria que se opõe ao elitismo (v. ELITES, TEORIA DAS), isto é, a teoria que, mesmo admitindo a existência de elites de poder, sustenta que, na sociedade americana, existem diversas elites em concorrência entre si, o sentido predominante e ideologicamente mais completo de Pluralismo é ainda o de Tocqueville. Robert Dahl, um dos mais convencidos teóricos e ideólogos do Pluralismo, no duplo sentido, depois de haver afirmado que a constituição americana se inspirou em três princípios, o da autoridade limitada, o da autoridade equilibrada e o do "Pluralismo político", definiu assim este último: "Já que os próprios mecanismos jurídicos e constitucionais podem ser subvertidos, se alguns cidadãos ou grupos adquirem parcelas desproporcionadas de poder em comparação com os demais, o poder virtual de um grupo há de ser controlado (*balanced*) pelo poder de outro grupo" (p. 40). O texto clássico a que se refere é uma declaração de Madison na Convenção, onde o pai da Constituição afirma categoricamente, contra a temida tirania da maioria, que "o único remédio é ampliar a esfera e, conseqüentemente, dividir a comunidade em tão grande número de interesses e de partes que, em primeiro lugar, a maioria não possa ter, no mesmo momento, um interesse comum separado do de todos ou da minoria e, em segundo lugar, tendo-o, não possa estar unida ao buscá-lo". O axioma fundamental de um sistema pluralista é, segundo Dahl, o seguinte: "Em vez de um único centro de poder soberano, é necessário que haja muitos centros, dos quais nenhum possa ser inteiramente soberano. Embora na perspectiva do Pluralismo americano só o povo seja o legítimo soberano, ele não deve ser nunca um soberano absoluto... A teoria e a prática do Pluralismo americano tendem a afirmar que a existência da multiplicidade de centros de poder, nenhum deles totalmente soberano, ajudará a refrear o poder, a garantir o consenso de todos e a resolver pacificamente os conflitos" (p. 24).

Entre as correntes da ciência política americana, a maior contribuição para a análise teórica e empírica, bem como para a apologia da sociedade pluralista é a que se faz remontar à obra de Arthur F. Bentley, *The process of government* (1908), retomada e continuada por David B. Truman, *The governmental process* (1953). Um dos conceitos fundamentais da análise de Bentley é o conceito de "grupo", entendido como conjunto de indivíduos que desenvolvem uma atividade comum. Partindo do conceito de grupo, Bentley e os seus continuadores dão particular relevo, na análise da sociedade, a sociedade americana da primeira metade do século, ao fato de que os indivíduos se associam em grupos para satisfazer seus interesses (podendo, por isso, cada um pertencer e geralmente pertence a grupos diversos) e de que os grupos assim constituídos, sobrepondo-se, permitem que os vários interesses se manifestem e se contraponham, sem acabar, no entanto, em conflitos destruidores da sociedade em seu conjunto, desde que acima dos grupos parciais exista e se mantenha um grupo universal em potência cujo interesse seja o de não permitir que se alterem as regras do jogo. Como entidade social, o grupo se contrapõe à classe, no sentido marxista da palavra: enquanto o indivíduo singular pode pertencer a diversos grupos, o mesmo indivíduo não pode pertencer senão a uma classe, com a conseqüência de que uma sociedade dividida em grupos tenderá a resolver os conflitos mediante ajustes entre os próprios grupos, e uma sociedade dividida em classes não poderá refrear o antagonismo frontal de uma classe contra outra senão recorrendo à coerção. Contraposto assim o grupo à classe, o Pluralismo democrático se apresenta como a antítese não só de uma concepção monística do

Estado, como também de uma concepção dualista ou dicotômica da sociedade.

VI. O PLURALISMO CRISTÃO-SOCIAL. — Enquanto a concepção social do Pluralismo democrático é conflituosa, a do Pluralismo cristão-social é organicista, pois vê os vários grupos sociais disporem-se em ordem hierárquica, recebendo cada um a própria dignidade da função que desenvolve, segundo a própria ordem e grau, dentro do todo. O Código social de Malines (1927), depois de ter afirmado que "a vida humana se desdobra num certo número de sociedades", enumera as seguintes: a sociedade familiar, a sociedade civil ou política, a Igreja, as sociedades profissionais, as sociedades que buscam um fim particular, a sociedade internacional. A multiplicidade das sociedades, naturais ou não naturais, em que o indivíduo toma parte, é aduzida como uma prova contra duas falsas doutrinas entre si opostas, a do individualismo, segundo a qual o indivíduo basta a si mesmo, e a do coletivismo que, ao invés, deifica o Estado ou a sociedade: "Mediando estes extremos, o pensamento cristão segura firmemente as duas extremidades da cadeia, ou seja, a eminente dignidade da pessoa humana e a necessidade da sociedade para o seu desenvolvimento integral". Para citar um documento autorizado e recente, lemos na Constituição Pastoral "A Igreja no Mundo Contemporâneo" (*Gaudium et spes*) do Concílio Vaticano II: "Reconheçam-se, respeitem-se e promovam-se os direitos das pessoas, famílias e grupos, assim como o seu exercício, juntamente com os deveres aos quais estão obrigados todos os cidadãos. . Acautelem-se os governantes de entravar os grupos familiares, sociais ou culturais, as corporações ou organismos intermédios, e não os privem da sua ação legítima e eficaz, antes procurem promovê-la, de boa vontade e regularmente" (§ 75).

É sobradamente conhecida a influência que teve a concepção pluralista do cristianismo social, através de alguns dos membros da Assembléia Constituinte (Giorgio La Pira, Aldo Moro, Giuseppe Dossetti), na formulação do art. 2.º da Constituição da república italiana, onde se pede que o Estado reconheça os direitos invioláveis do homem, não só como indivíduo singular, mas também "nas organizações sociais onde se desenvolve a sua personalidade" (v. FORMAÇÃO SOCIAL). É de notar que o próprio La Pira, nas discussões da Assembléia Constituinte, para esclarecer seu pensamento, usou justamente a expressão "sociedade pluralista", afirmando: "O ideal a propor numa sociedade pluralista é precisamente este ideal orgânico, pelo qual todo o homem possua

uma função e um lugar na organização social, função e lugar que lhe hão de ser determinados pelo chamado Estado profissional, que define a posição de cada um no corpo social". Atrás dos constituintes, que usavam esta linguagem, estava a tradição do movimento político dos católicos, nascido na Itália em fins do século passado. Os dois escritores mais populares do movimento, Romolo Murri e Luigi Sturzo, apresentaram sempre a sua doutrina social como uma defesa contra o individualismo de origem iluminista e contra o estatismo de origem romântica (o "Estado panteísta" de Sturzo). Num discurso programático de 1899, *Propositi di parte cattolica*, escrevia Murri: "Em lugar do liberalismo decadente e em oposição ao socialismo,... ressurge mais vivo, com o despertar católico, o verdadeiro espírito das liberdades populares, fundadas no direito social cristão e postas como base do nosso programa democrático, juntamente com o princípio do reordenamento social por profissões e da participação efetiva do povo organizado na vida pública". Num dos seus primeiros escritos, *L'organizzazione di classe e le unioni professionali* (1901), Sturzo não será diferente. Ele fala de uma "concepção orgânica da sociedade" contra a "concepção individualista dos princípios de 89"; na conferência *La lotta sociale legge di progresso* (1903), vê os conflitos sociais acabarem sempre em novos equilíbrios, para os quais concorrem os vários "organismos" que formam a sociedade global e "constituem, nas suas relações concêntricas e harmônicas, nas suas finalidades naturais e coordenadas, o todo social". No "Apelo aos livres e aos fortes", que é o manifesto do Partido Popular Italiano (18 de janeiro de 1919) pede um "Estado verdadeiramente popular" que "respeite os núcleos e os organismos naturais, a família, as classes, as comunas".

VII. O PLURALISMO COMO TEORIA E COMO IDEOLOGIA. — Como quase todos os "ismos" da linguagem política, também o Pluralismo se apresenta sob dois aspectos: como teoria, isto é, como tentativa de explicação global de um conjunto de fenômenos, e como ideologia, isto é, como proposta de ação prática, não importa se com propósitos conservadores, reformadores ou revolucionários. Enquanto o Pluralismo socialista e o cristão-social tiveram uma função predominantemente ideológica, o Pluralismo democrático teve também, no que respeita especialmente à sociedade americana de onde nasceu e à qual tem sido com particular insistência aplicado, uma função teórica; tanto é assim que foi considerada pela corrente de ciência política, pelo menos até há bem poucos anos, academicamente mais influente, como a interpretação sociológica mais correta da natureza específica da sociedade americana.

As críticas dirigidas ao Pluralismo dizem respeito tanto ao seu valor teórico como ao seu valor ideológico. Sob o aspecto teórico, os pluralistas são acusados de ter apresentado uma imagem distorcida da realidade social (entenda-se da sociedade americana). Um dos críticos recentes das teorias pluralistas escreveu sentencialmente: "A teoria do Pluralismo faliu... A tecnologia coletivizou o que a geografia uma vez separara" (Kariel, *The promise of politics*, p. 49). Entre as obras de interpretação da sociedade americana que obtiveram maior sucesso nestes anos, hão de ser incluídas algumas que tiveram por principal objetivo a interpretação pluralista, como *The power elite* de C. Wright Mills (1956), *The decline of American pluralism* de Henry Kariel (1961), *One-dimensional man* de Herbert Marcuse (1964). As teorias pluralistas são acusadas de continuar a julgar verdadeira uma imagem da sociedade americana que, na melhor das hipóteses, corresponde a uma fase superada do desenvolvimento econômico, social e político dos Estados Unidos, e, portanto, de continuar a apresentarem-se como teorias científicas, quando já só mantêm uma função meramente ideológica, que é a de fazer crer, aos controlados, que ainda controlam, aos esbulhados, que ainda possuem pelo menos uma parte do poder, ao homem unidimensional que ele tem, participando de diversos grupos igualmente influentes, várias dimensões. Quanto à crítica da ideologia pluralista, isto é, ao Pluralismo como proposta de solução do problema tradicional dos limites do poder, podemos fazê-lo partindo de duas vertentes diversas: no associacionismo pluralista tanto se pode considerar seu aspecto contrário ao individualismo, como o que se opõe ao estatalismo. Do ponto de vista do indivíduo, o Pluralismo é acusado de não levar em conta que todo o grupo social tem uma tendência natural ao enrijecimento das estruturas, à medida que cresce o número dos seus membros e se estende o raio das suas atividades. Uma sociedade aparentemente pluralista é, na realidade, policrática, isto é, tem vários centros de poder, cada um dos quais fará valer as próprias pretensões sobre seus membros; conseqüentemente, quando o indivíduo crê ter-se libertado para sempre do Estado-patrão, torna-se servo de muitos patrões. Do ponto de vista do Estado, as sociedades parciais, pelo menos desde que Rousseau sentenciou sua condenação, são consideradas culpáveis de impedir a formação da vontade geral e, por isso, de levar, quando não coibidas, à disgregação da unidade estatal. O fenômeno que, quando julgado positivamente,

é chamado Pluralismo, julgado negativamente, é apontado como um novo feudalismo, isto é, como falta de um verdadeiro centro de poder, como prevalência dos interesses setoriais ou corporativos sobre o interesse geral, das tendências centrífugas sobre as centrípetas: não como Pluralismo, mas como particularismo.

BIBLIOGRAFIA. AUT. VAR., *The bias of pluralism*, ao cuidado de W. E. CONNOLLY, Atherton Press, New York 1969; AUT. VAR., *Legal personality and political pluralism*, ao cuidado de L. C. VERB, Melbourne University Press, Melbourne 1958; R. A. DAHL, *Pluralist democracy in the United States. Conflict and consent*, Rand McNally, Chicago 1967; R. EISFELD, *Il pluralismo tra liberalismo e socialismo* (1972), Il Mulino, Bologna 1976; W. KORNHAUSER, *The politics of mass society*, Free Press, New York 1959; KUNG CHUAN HSIAO, *Political pluralism. A study in contemporary political theory*, Kegan Paul, London 1927; A. S. McFARLAND, *Power and leadership in pluralist systems*, Stanford Univ. Press, Stanford 1969; R. A. NISBET, *La comunità e lo Stato* (1953), Edizioni di Comunità, Milano 1957. Para a discussão do pluralismo na Itália é fundamental P. RESCIGNO, *Persona e comunità*, Il Mulino, Bologna 1966.

[NORBERTO BOBBIO]

Poder.

I. DEFINIÇÃO. — Em seu significado mais geral, a palavra Poder designa a capacidade ou a possibilidade de agir, de produzir efeitos. Tanto pode ser referida a indivíduos e a grupos humanos como a objetos ou a fenômenos naturais (como na expressão Poder calorífico, Poder de absorção).

Se o entendermos em sentido especificamente social, ou seja, na sua relação com a vida do homem em sociedade, o Poder torna-se mais preciso, e seu espaço conceptual pode ir desde a capacidade geral de agir, até à capacidade do homem em determinar o comportamento do homem: Poder do homem sobre o homem. O homem é não só o sujeito mas também o objeto do Poder social. É Poder social a capacidade que um pai tem para dar ordens a seus filhos ou a capacidade de um Governo de dar ordens aos cidadãos. Por outro lado, não é Poder social a capacidade de controle que o homem tem sobre a natureza nem a utilização que faz dos recursos naturais. Naturalmente existem relações significativas entre o

Poder sobre o homem e o Poder sobre a natureza ou sobre as coisas inanimadas. Muitas vezes, o primeiro é condição do segundo e vice-versa. Vamos dar um exemplo: uma determinada empresa extrai petróleo de um pedaço do solo terrestre porque tem o Poder de impedir que outros se apropriem ou usem aquele mesmo solo. Da mesma forma, um Governo pode obter concessões de outro Governo, porque tem em seu Poder certos recursos materiais que se tornam instrumentos de pressão econômica ou militar. Todavia, em linha de princípio, o Poder sobre o homem é sempre distinto do Poder sobre as coisas. E este último é relevante no estudo do Poder social, na medida em que pode se converter num recurso para exercer o Poder sobre o homem.

Por isso não se podem aceitar as definições que, inserindo-se numa tradição que remonta a Hobbes, ignoram este caráter relacional e identificam o Poder social com a posse de instrumentos aptos à consecussão de fins almejados. A definição de Hobbes, tal como se lê no princípio do capítulo décimo do *Leviatã*, é a seguinte: "O Poder de um homem... consiste nos meios de alcançar alguma aparente vantagem futura". Não é diferente, por exemplo, o que Gumplowicz afirmou: que a essência do Poder "consiste na posse dos meios de satisfazer as necessidades humanas e na possibilidade de dispor livremente de tais meios". Em definições como estas, o Poder é entendido como algo que se possui: como um objeto ou uma substância — observou alguém — que se guarda num recipiente. Contudo, não existe Poder, se não existe, ao lado do indivíduo ou grupo que o exerce, outro indivíduo ou grupo que é induzido a comportar-se tal como aquele deseja. Sem dúvida, como acabamos de mostrar, o Poder pode ser exercido por meio de instrumentos ou de coisas. Se tenho dinheiro, posso induzir alguém a adotar um certo comportamento que eu desejo, a troco de recompensa monetária. Mas, se me encontro só ou se o outro não está disposto a comportar-se dessa maneira por nenhuma soma de dinheiro, o meu Poder se desvanece. Isto demonstra que o meu Poder não reside numa coisa (no dinheiro, no caso), mas no fato de que existe um outro e de que este é levado por mim a comportar-se de acordo com os meus desejos. O Poder social não é uma coisa ou a sua posse: é uma relação entre pessoas.

É preciso também notar que a expressão acima empregada, "Poder do homem sobre o homem", se entende mais exatamente como "Poder de um homem sobre um *outro* homem". Com tal especificação se exclui no nosso campo de pesquisa o Poder que um homem possa exercer sobre si mesmo. Sempre que, por exemplo, uma senhora

se imponha uma certa dieta de emagrecimento e, não obstante os desejos, mantenha seu propósito, podemos dizer que ela exerce um Poder sobre si mesma. Neste caso, como em casos análogos, pelo menos se se considerarem em si mesmos, não se trata de uma relação de Poder entre pessoas, mas de um exercício de Poder que começa e termina no âmbito, digamos, de uma só pessoa; mas o Poder que nos interessa analisar em relação ao estudo da política é o que uma pessoa ou grupo tem ou exerce sobre outra pessoa ou grupo.

Como fenômeno social, o Poder é portanto uma relação entre os homens, devendo acrescentar-se que se trata de uma relação triádica. Para definir um certo Poder, não basta especificar a pessoa ou o grupo que o detém e a pessoa ou o grupo que a ele está sujeito: ocorre determinar também a esfera de atividade à qual o Poder se refere ou a *esfera do Poder*. A mesma pessoa ou o mesmo grupo pode ser submetido a vários tipos de Poder relacionados com diversos campos. O Poder do médico diz respeito à saúde; o do professor, à aprendizagem do saber; o empregador influencia o comportamento dos empregados sobretudo na esfera econômica e na atividade profissional; e um superior militar, em tempo de guerra, dá ordens que comportam o uso da violência e a probabilidade de matar ou morrer. No âmbito de uma comunidade política, o Poder de *A* (que pode ser, por exemplo, um órgão público ou um determinado grupo de pressão) pode dizer respeito à *política* urbanística; o poder de *B*, à política exterior em relação a uma certa área geográfica; o poder de *C* dirá respeito, enfim, à política educacional, e assim por diante. A esfera do Poder pode ser mais ou menos ampla e delimitada mais ou menos claramente. O Poder que se funda sobre uma competência especial fica confinado ao âmbito dessa competência. Mas o Poder político e o Poder paterno abrangem, normalmente, uma esfera muito ampla. Por sua vez, a esfera de Poder de uma pessoa que ocupa um cargo numa organização formal (como é o caso do presidente ou do tesoureiro de uma associação) é definido de modo preciso e taxativo, enquanto que a esfera de Poder de um chefe carismático não é precisada por antecipação e tende a ser ilimitada.

II. O PODER ATUAL. — Quando, no exercício do Poder, a capacidade de determinar o comportamento dos outros é posta em ato, o Poder se transforma, passando da simples possibilidade à ação. Assim, podemos distinguir entre o Poder como simples possibilidade (Poder potencial) e o Poder efetivamente exercido (Poder em ato ou atual). O Poder em ato (*atual*) é uma relação entre comportamentos. Consiste no comportamento do indivíduo *A* ou do grupo *A* que procura modificar o comportamento do indivíduo *B* ou do grupo *B* em quem se concretiza a modificação comportamental pretendida por *A*, abrangendo também o nexo intercorrente entre os dois comportamentos: um exame mais detalhado do Poder em ato comporta uma análise destes três aspectos do fenômeno.

Num primeiro sentido se pode dizer que o comportamento de *A* visa a modificar a conduta de *B*: *A* exerce Poder quando provoca *intencionalmente* o comportamento de *B*. O requisito da intenção é amplamente aceito nos escritos de politologia e sociologia respeitantes ao Poder. Contudo, alguns autores excluem-no, julgando que se pode falar de Poder sempre que um dado comportamento provoque um outro, embora não de maneira intencional. Mas tal definição do Poder parece demasiado ampla. É correto afirmar que o pai exerce Poder sobre o filho, quando lhe dá, com êxito, uma determinada ordem; mas já não parece tão correto afirmá-lo, quando o filho não obedece e, em vez disso, se rebela ou abandona a família em decorrência da ordem paterna. Neste segundo caso, é ainda verdade que o comportamento do pai provoca o comportamento do filho; descreveremos todavia esta relação não como um exercício de Poder do pai sobre o filho, mas como uma tentativa malograda de exercer o Poder.

Por outro lado, se pode distinguir uma posição intermédia que estenda a noção do Poder para além da modificação intencional do comportamento alheio, sem por isso se qualificar como Poder qualquer tipo de causalidade social não intencional. O conceito em que convém basear este alargamento da noção de Poder é o conceito de *interesse*, tomado em sentido subjetivo, isto é, como estado da mente de quem exerce o Poder. Diremos então que o comportamento de *A*, que exerce o Poder, pode ser associado, mais que à intenção de determinar o comportamento de *B*, objeto do Poder, ao interesse que *A* tem por tal comportamento. As relações de imitação, por exemplo, onde falta a intenção no imitado de se propor como modelo, se incluem em Poder, se a imitação corresponde ao interesse do imitado (como em certas relações entre pai e filho), mas não se incluem, se à imitação não corresponde o interesse do imitado (como pode acontecer, quando uma senhora vê que uma amiga imita o seu modo de vestir).

O comportamento de *B*, que é sujeito de Poder, é dotado, no mínimo, de voluntariedade. Mas não se diz que *B* esteja consciente de que deverá agir de acordo com a vontade de *A*. Por um lado, portanto, trata-se de um comportamento voluntário. Mas isto não comporta necessariamente que o comportamento também seja "livre". No caso, por exemplo, do Poder coercitivo, *B* tem o comportamento desejado por *A*, só para evitar um mal de ameaça: embora o comportamento não seja livre, *B* executa-o e por isso é dotado de um mínimo de voluntariedade. Isto permite distinguir entre o exercício do Poder coercitivo e o emprego direto da força ou VIOLÊNCIA (v.). Neste último caso, *A* não modifica a conduta de *B*, mas modifica diretamente seu estado físico: mata-o, fere-o, imobiliza-o, aprisiona-o, etc. É sabido que, nas relações sociais e políticas, se recorre muitas vezes à força quando não se consegue exercer o Poder. Por outra parte, para se ter Poder, não é necessário que *B* tenha intencionalmente o comportamento pretendido por *A*. *A* pode provocar um determinado comportamento de *B* sem manifestá-lo explicitamente; pode até esconder de *B* que ele deseja esse comportamento e sem que *B* se dê conta de que se está comportando segundo a vontade de *A*. Isto pode verificar-se, por exemplo, em certos casos de propaganda camuflada. Este tipo de relação, que habitualmente é conhecido pelo nome de MANIPULAÇÃO (v.), entra, certamente, no âmbito do conceito do Poder.

Falemos, enfim, da relação que intermedia entre o comportamento de *A* e o de *B*. Para que exista Poder, é necessário que o comportamento do primeiro determine o comportamento do segundo, o que se pode exprimir de outra maneira dizendo que o comportamento de *A* é *causa* do comportamento de *B*. Deve-se, no entanto, explicar em que sentido é lícito usar aqui a noção de "causa". Antes de tudo, quando referida às relações do Poder social, a noção de causa não envolve em si uma perspectiva de determinismo mecanicista. As relações entre comportamentos são relações prováveis, não relações "necessárias". Por isso, neste contexto, o conceito de causa está desvinculado do conceito de "necessidade", devendo ser entendido como "causa provável". Em segundo lugar, pelo menos em muitos casos, a noção de Poder social serve para descrever uma determinada relação que intermedia entre dois comportamentos particulares, sem que isso implique que a relação descrita seja um caso particular de uma lei universal ou geral. Em muitos casos, dizer que o comportamento *a* de *A* é causa do comportamento *b* de *B* não implica que todas as vezes que *A* adota um comportamento do tipo *a*, este seja seguido de um comportamento do tipo *b* de *B*, ou que sempre que *B* adote um comportamento do tipo *b*, lhe precede um comportamento do tipo *a* de *A*. *B* é induzido por *A*, por exemplo, a votar no partido socialista numa determinada disputa eleitoral; mas, nas eleições seguintes, *B* pode votar no partido liberal, apesar de *A* tentar levá-lo, mais uma vez, a votar nos socialistas; ou então *B* pode votar de novo no partido socialista, mas sem a interferência de *A* nesse sentido. Por conseguinte, afirmar que, dentro do exercício do Poder, o comportamento de *A* é causa do comportamento de *B*, é apenas dizer, pelo menos num numerosos tipos de relação, que *a* é causa de *b* *naquele caso determinado*. Outras vezes, contudo, um certo uso do Poder pode constituir um caso particular de uma lei ou de uma uniformidade geral. Isso se pode dizer, por exemplo, em determinadas situações, de uma particular relação de mando e obediência que liga ao "Governo" um membro da sociedade política, pelo menos num dos dois sentidos acima referidos: às injunções de tipo *a* do Governo é provável, em geral, que se sigam condutas de obediência de tipo *b* tanto desse como dos demais membros da sociedade política.

Com as restrições agora mencionadas, pode-se, portanto, afirmar que a relação de Poder constitui um certo tipo de causalidade, particularmente um tipo de causalidade social. Mantém-se todavia aberta a questão de como entender, se bem que dentro dos limites referidos, o conceito de causa. Alguns autores entendem o nexo causal entre os comportamentos no sentido de que o comportamento de *A* é condição *necessária* do comportamento de *B* (o comportamento de *B* só ocorre, se ocorrer o comportamento de *A*). Outros, considerando demasiado rígida tal interpretação, entendem o nexo causal no sentido de que o comportamento de *A* é condição *suficiente* do comportamento de *B* (se se verifica o comportamento de *A*, verifica-se também o de *B*). Há ainda quem opta por uma orientação contrária, pensando que se deveria reformular o conceito de Poder equiparando-o à noção de condição *necessária e suficiente* (o comportamento de *B* se dá quando e só quando se dá o de *A*).

Penso, com Oppenheim, que entre estas três noções de causa convém escolher a de *condição suficiente*, que é a que mais se conforma com a perspectiva provável. Por um lado, um comportamento *a* que seja condição necessária, mas não suficiente, de um subseqüente comportamento *b*, pode não ser um exercício de Poder. Por exemplo, a inclusão do meu nome nas listas eleitorais pelo funcionário comunal para isso designado é uma condição necessária para que eu vote, assim como para que eu vote por um certo partido. Mas certamente não se pode dizer que esse funcionário exerceu Poder sobre mim e isso, atente-se bem, mesmo no caso em que ele estivesse interessado na vitória eleitoral desse partido: eu, na verdade, poderia votar em outro partido ou abster-me de votar. Por outro lado, quando um comportamento

a é condição suficiente de um subseqüente comportamento *b*, é razoável qualificar tal relação como exercício de Poder, mesmo que *a* não seja condição necessária de *b*. Com as bombas atômicas de Hiroshima e Nagasaki, os Estados Unidos exerceram um indubitável Poder sobre o Japão, no sentido de que o levaram à rendição (condição suficiente); mas não se pode afirmar que, sem essas bombas, o Japão não se teria rendido, pois não é possível excluir absolutamente que ele não se houvesse decidido à rendição de modo autônomo ou que não fosse induzido a isso movido por qualquer outro agente (a URSS, por exemplo). Concluindo este ponto, se pode, portanto, afirmar que, na prática do Poder, o comportamento *a* é a causa determinante, pragmaticamente decisiva, do comportamento *b*; ou seja, é a sua condição "suficiente", não a sua condição "necessária", nem, com maior razão, a sua condição "necessária e suficiente".

Do fato de existir entre os comportamentos um nexo causal, alguns estudiosos pretendem deduzir também que a relação do Poder é assimétrica, no sentido de que se o comportamento de *A* é causa do comportamento de *B*, o comportamento de *B* não é causa do comportamento de *A*. Ora, é verdade que muitas relações de Poder possuem esta característica, sendo, por conseguinte, unidirecionais; mas existem também relações de Poder que se distinguem por um maior ou menor grau de reciprocidade. Pensemos, por exemplo, nas relações de Poder que intermedeiam entre dois partidos durante as negociações para a formação de um Governo de coalizão. Cada partido usa de diversos meios para influir no comportamento do outro e no resultado dos entendimentos; mas é claro que não pode deixar de fazer certas concessões (e de suportar, portanto, o Poder do outro partido) para arrancar também, por sua vez, algumas (e exercer, conseqüentemente, Poder sobre o outro partido).

III. O PODER POTENCIAL. — O Poder potencial é a capacidade de determinar o comportamento dos outros. Enquanto o Poder atual é uma relação entre comportamentos, o potencial é uma relação entre atitudes para agir. De uma parte, *A* tem a possibilidade de ter um comportamento cujo objetivo é a modificação do comportamento de *B*. De outra parte, se esta possibilidade é levada a ato, é provável que *B* tenha o comportamento em que se concretiza a modificação de conduta pretendida por *A*. Um chefe militar *exerce* Poder sobre seus soldados quando ordena o ataque e seus soldados executam a ordem. E *tem* Poder sobre eles se é provável que os soldados atacarão se o comandante ordenasse. Uma vez que exercer o Poder implica necessariamente ter a possibilidade de exercê-lo, o Poder social, em seu sentido mais amplo, é a capacidade de determinação intencional ou interessada no comportamento dos outros.

Quando podemos dizer, de verdade, que tal capacidade existe?

Antes de tudo, é necessário que *A* tenha à sua disposição recursos que podem ser empregados para exercer o Poder. Os recursos deste tipo são numerosos: riqueza, força, informação, conhecimento, prestígio, legitimidade, popularidade, amizade, assim como ligações íntimas com pessoas que têm altas posições de Poder. Mas não basta. A capacidade de *A* depende também da habilidade pessoal de converter em Poder os recursos à sua disposição. Nem todos os homens ricos têm a mesma habilidade em empregar recursos econômicos para exercer Poder. Uma favorita pode usar a sagacidade com fins de Poder, ao aproveitar seu íntimo relacionamento com o monarca, levando vantagem sobre outras que já ocuparam posição análoga. Esta habilidade pode dizer respeito à utilização de um determinado recurso ou de vários recursos. E no caso de *A* ser um grupo, deve ser utilizada a coesão e a coordenação do próprio grupo. Assim, nas relações internacionais, os Poderes recíprocos de dois Governos podem não ser proporcionais aos recursos humanos, econômicos e militares que os dois Governos têm respectivamente à disposição, porque um dos Governos é mais habilidoso na utilização de um recurso importante ou no emprego combinado de vários recursos, ou então porque um dos dois Governos tem maior grau de coesão e coordenação mais eficaz.

Por outro lado, o fato de *A* ser dotado de recursos e de habilidades máximas não é suficiente para fazer que *A* tenha Poder sobre *B*. *A* pode ser riquíssimo e entretanto não ter Poder sobre o paupérrimo *B*, em relação a certos comportamentos, se o segundo não estiver disposto a ter tais comportamentos a troco de uma compensação. Analogamente, um homem que dispõe dos mais poderosos meios de violência não tem Poder sobre um inerme a respeito de um determinado comportamento, se o segundo prefere morrer a assumir tal ou tal comportamento. É o caso do mártir que recusa renegar seu Deus, ou o do conspirador que recusa revelar os nomes dos companheiros. Trata-se, sem dúvida, de casos de exceção, mas que têm o mérito de pôr em evidência que o Poder potencial, tal como o Poder atual, é uma relação entre seres humanos. Uma relação que se rompe se aos recursos de *A* e à sua habilidade em utilizá-los não corresponder a atitude de *B* para se deixar influenciar. Esta atitude — a probabilidade de *B* realizar o comportamento pre-

tendido por *A* — depende, em última análise, da escala de valores de *B*. Se os instrumentos usados para exercer Poder forem de tipo generalizado dentro de um ambiente social, como é o caso do dinheiro, haverá também uma atitude mais ou menos generalizada, naquele âmbito social, para uma pessoa se deixar influenciar em certas esferas de atividade. Nesta hipótese, se para atingir seus fins *A* não precisa, especificamente, do comportamento de *B*, e não apenas do comportamento de *B* (como acontece no caso do mártir e do conspirador), mas do comportamento de *B* ou *C* ou de *D* ou de *E*..., a sua probabilidade de ter sucesso dependerá da escala de valores que prevalecer no ambiente social em que age.

Com base nos conceitos desenvolvidos na análise do Poder potencial, podemos individualizar as relações de Poder *estabilizado*, particularmente importantes na vida social e política. O Poder diz-se estabilizado quando a uma alta probabilidade de que *B* realize com continuidade os comportamentos desejados por *A*, corresponde uma alta probabilidade de que *A* execute ações contínuas com o fim de exercer Poder sobre *B*. O Poder estabilizado se traduz muitas vezes numa relação de comando e obediência. E pode ser ou não acompanhado de um aparato administrativo com a finalidade de executar as ordens dos detentores do Poder. É o que acontece, respectivamente, nos casos do Poder governamental e do Poder paterno. Além disso, o Poder estabilizado pode fundar-se tanto em características pessoais do detentor de Poder (competência, fascínio, carisma) como na função do detentor do Poder. Quando a relação de Poder estabilizado se articula numa pluralidade de funções claramente definidas e estavelmente coordenadas entre si, fala-se normalmente de Poder *institucionalizado*. Um Governo, um partido político, uma administração pública, um exército, como norma, agem na sociedade contemporânea com base numa institucionalização do Poder mais ou menos complexa.

IV. O PAPEL DAS PERCEPÇÕES SOCIAIS E DAS EXPECTATIVAS. — De tudo o que se disse até agora fica evidenciado que o Poder não deriva simplesmente da posse ou do uso de certos recursos mas também da existência de determinadas atitudes dos sujeitos implicados na relação. Essas atitudes dizem respeito aos recursos e ao seu emprego e, de maneira geral, ao Poder. Entre tais atitudes, devem ser colocadas as percepções e as expectativas que dizem respeito ao Poder. As percepções ou *imagens sociais do Poder* exercem uma influência sobre fenômenos do Poder real. A imagem que um indivíduo ou um grupo faz da distribuição do Poder, no âmbito social a que pertence, contribui para determinar o seu comportamento, em relação ao Poder. Neste sentido, a reputação do Poder constitui um possível recurso do Poder efetivo. *A* pode exercer um Poder que excede os recursos efetivos que tem à disposição e a sua vontade e habilidade em transformá-los em Poder, se aqueles que estão debaixo do seu Poder reputam que *A* tem de fato mais Poder do que aquele que seus recursos, sua vontade ou sua habilidade mostram. Num confronto ou numa negociação internacional, se o Governo *A* acha que o Governo *B* tem um Poder maior do que ele, esse Governo tende naturalmente a sofrer, de fato, um maior Poder da parte do Governo *B*, até nos casos em que uma avaliação correta dos recursos disponíveis, por parte dos dois Governos, pudesse levar a um resultado mais favorável ao Governo *A*.

No que toca às expectativas, deve dizer-se, de uma maneira geral, que, numa determinada arena de Poder, o comportamento de cada ator (partido, grupo de pressão, Governo, etc.) é determinado parcialmente pelas previsões do ator relativas às ações futuras dos outros atores e à evolução da situação em seu conjunto. Mas é nas relações de Poder que operam através do mecanismo das *reações previstas* que o papel das expectativas se torna mais evidente.

O Poder age de modo previsível quando *B* modifica sua conduta de acordo com os desejos de *A*, não através da intervenção direta de *A*, mas porque *B* prevê que *A* adotaria reações desagradáveis, se ele não modificasse seu comportamento. Naturalmente, para que haja Poder, é necessário que *A*, embora não provoque intencionalmente o comportamento de *B*, nutra um interesse por tal comportamento. Por exemplo, um Governo está sujeito ao Poder de certos setores agrícolas influentes, mesmo sem a intervenção direta destes últimos, quando ao programar sua política agrícola não leva em consideração as reações desses setores e faz um planejamento que não prejudica os interesses dos agricultores. Como já observou Carl J. Friedrich, que, pela primeira vez, pôs em relevo a importância deste aspecto do Poder, o mecanismo das reações previstas constitui habitualmente um poderoso fator de conservação, uma vez que é muito mais fácil "avaliar e, portanto, conhecer as preferências de um indivíduo ou de um grupo no que diz respeito ao estado das coisas existentes do que conhecer a sua preferência no respeitante a um possível futuro e eventual estado das coisas". Este modo operacional do Poder torna ambíguas muitas situações concretas. Por exemplo, o fato de que as providências tomadas por um Governo, em matéria industrial, encontrem notável correspondência no comportamento dos empre-

sários da nação, pode querer dizer que o Governo tem um grande Poder sobre eles, mas pode significar também, ao contrário, que os empresários usufruem de um grande Poder sobre o Governo, pela capacidade que têm de impedir, através do mecanismo das reações previstas, que sejam tomadas decisões que ponham em perigo seus interesses.

Não estamos privados, entretanto, de instrumentos para desfiar a meada. Em primeiro lugar, podemos fazer um mapa dos interesses dos atores do sistema e procurar identificar, por este processo, as vigas mestras sobre as quais podem apoiar-se as previsões das reações e as respectivas relações de Poder. Em segundo lugar, deve ter-se presente que a ambigüidade depende do equilíbrio da situação. Se surgem conflitos relevantes entre os atores, torna-se possível averiguar a orientação fundamental da vontade dos mesmos e portanto a direção prevalente em que opera o Poder.

V. MODOS DE EXERCÍCIO E CONFLITUALIDADE DO PODER. — Os modos específicos pelos quais os recursos podem ser usados para exercer o Poder, ou seja, os *modos de exercício* do Poder, são múltiplos: da persuasão à manipulação, da ameaça de uma punição à promessa de uma recompensa. Alguns autores preferem falar de Poder só quando a determinação do comportamento alheio se funda sobre a coação. Neste sentido, se distingue, às vezes, entre Poder e influência. Mas a palavra influência é empregada em muitos sentidos diferentes, tanto na linguagem comum, como na linguagem técnica. E são numerosos os casos em que se emprega o termo Poder para denotar relações não coercitivas: pode-se falar, por exemplo, de um Poder baseado na persuasão. A verdade é que neste aspecto, o problema essencial se arrisca a tornar-se uma simples questão de palavras. Para além dos termos empregados, o que importa é formular uma noção clara da determinação intencional ou interessada sobre a conduta alheia e identificar, dentro deste *genus*, a *species* particularmente importante da determinação do comportamento alheio fundado sobre a coerção (coação). A coerção pode ser definida como um alto grau de constrangimento (ou ameaça de privações). Ela implica que as alternativas de comportamento em que *B* se acha (e que sofre a coerção) são alteradas pela ameaça de sanções de *A* (que faz a coerção), de tal modo que o comportamento que este último deseja do primeiro termina por parecer a *B* como a alternativa menos penosa. É o caso daquele que é assaltado e dá a carteira para salvar a vida. No conceito de coerção pode incluir-se também um alto grau de aliciamento (promessa de vantagens).

Neste sentido sofre coerção, por exemplo, o indivíduo que, para sair de um estado de extrema indigência, aceita fazer um trabalho perigoso ou degradante. Para além da etiqueta terminológica, existe uma diferença entre o primeiro e o segundo caso. No primeiro, é o assaltante que coloca o assaltado em situação de ceder à ameaça; no segundo, não se diz que seja o aliciante a pôr o aliciado em estado de inferioridade que o força ceder à promessa.

O problema da *conflitualidade* do Poder está ligado, ao menos parcialmente, com os modos específicos através dos quais se determina o comportamento alheio. As relações de Poder são necessariamente de tipo antagônico? Do conflito entre a vontade de *A* e de *B* podemos falar, referindo-nos ao momento em que *A* inicia a tentativa de exercer Poder sobre *B* ou tendo em conta o momento em que *B* executa o comportamento pretendido por *A*: no momento inicial ou no momento final do exercício do Poder. Ora, que exista um conflito inicial entre a vontade de *A* e a vontade de *B* está implícito na definição de Poder: *B* teria agido de maneira diferente daquela com que foi induzido a agir por *A*. O problema que interessa é saber se existe necessariamente um conflito entre a vontade de *A* e a de *B*, mesmo no momento final. Colocada assim em termos precisos, a pergunta não pode ter senão uma resposta negativa: a conflitualidade ou não conflitualidade depende do modo de exercer o Poder. Consideremos, por exemplo, um exercício baseado sobre a persuasão, de um lado, e um exercício baseado sobre a ameaça de uma punição, do outro. Em ambos os casos, por definição, *B* teria tido — não havendo intervenção de *A* — um comportamento (que chamados (a) diferente de (b)) que proviria como conseqüência de tal intervenção. Mas, no caso do Poder de persuasão, após a intervenção de *A*, prefere *b* a *a* e, tendo *b*, se comporta como é de seu agrado se comportar. Por outras palavras, *B* atribui *maior* valor ao comportamento que tem depois da intervenção de *A* do que ao comportamento que teria tido sem tal intervenção. Por conseqüência podemos dizer que não existe conflito de vontade entre *A* e *B*. Bem ao contrário, no caso do Poder baseado sobre ameaça de punição, *B*, após a intervenção de *A*, continua a preferir *a* a *b* e tem o segundo comportamento não porque o prefira simplesmente ao primeiro, mas prefere-o ao primeiro sem a ameaça de punição feita por *A* (a-p). Por outras palavras, *B* atribui *menor* valor ao comportamento que tem depois da intervenção de *A* do que ao comportamento que teria tido na ausência de tal intervenção. Podemos dizer, por isso, que nesta relação de Poder existe um conflito de vontade entre *A* e *B*.

O caráter antagônico das relações de **Poder** pode derivar, porém, mais do que do conflito de vontade, acima referido, de outros aspectos do Poder.

Na relação de manipulação, por exemplo, não surge imediatamente um conflito, mas existe, via de regra, um conflito potencial que se torna atual no momento em que *B* se der conta de que seu comportamento foi manipulado por *A*. E este conflito pode derivar da simples manipulação: do juízo negativo e do ressentimento de *B* em relação à manipulação de *A*. Também, num nível extremo de aliciamento, a conflitualidade da relação pode nascer do fato de *B* se sentir ferido e nutrir ressentimento pela grave desigualdade entre seus recursos e os recursos de *A* e também pelo fato de *A* tirar vantagem desta situação de desigualdade. O ressentimento derivado da desigualdade de recursos é, por isso, juntamente com o antagonismo das vontades, a segunda matriz que se evidencia na conflitualidade do Poder. Ela pode ser encontrada também nas relações de manipulação e aliciamento moderado e, de um modo geral, em todas as relações de Poder, particularmente se estabilizadas, uma vez que toda a forma de Poder é habitualmente a expressão de uma desigualdade de recursos. E quanto mais esta é sentida pelo sujeito passivo como um peso oneroso ou como uma vergonha infamante, tanto mais a relação de Poder tende a criar um antagonismo de atitudes e a preparar um conflito aberto.

VI. A MENSURAÇÃO DO PODER. — Esclarecido o conceito de Poder, podemos aplicá-lo à realidade social e ver quando existe, de fato, uma relação do Poder. Mas em relação aos fenômenos reais, temos também necessidade de comparar entre si diversas relações de Poder e de saber se uma relação de Poder é, ao menos grosso modo, maior ou menor do que outra. Coloca-se assim o problema da *mensuração* do Poder.

Um modo de medir o Poder é o de determinar as diversas dimensões que pode ter o comportamento em causa. Em tal sentido, uma primeira dimensão do Poder é dada pela probabilidade que o comportamento desejado se verifique. Quanto mais provável for que *B* reaja positivamente às ordens e às diretrizes de *A*, tanto maior é o **Poder** de *A* sobre *B*. Uma segunda dimensão é constituída pelo número dos homens submetidos ao Poder. Existem Poderes que se dirigem a uma só pessoa e Poderes que dizem respeito a milhares e` até a milhões de pessoas. Existe uma terceira dimensão que é a esfera do Poder. Com base na escala de valores prevalecentes numa determinada cultura, pode-se dizer que um Poder que diz respeito a uma certa esfera tem um peso maior ou menor do que outro que se refere a uma esfera diversa. Por exemplo, na nossa cultura, o Poder de um bom costureiro sobre a forma de vestir é bem menor do que um Poder que diz' respeito à vida e à morte e que pode ser, em certas ocasiões, o próprio Poder político. Uma quarta dimensão do Poder é dada pelo grau de modificação do comportamento de B (ou de B, C, D...) que A pode provocar dentro de uma certa esfera de atividades. Por exemplo, dois grupos de pressão têm ambos um certo Poder sobre o Governo no campo da instrução pública, mas um deles tem condições de influir sobre a política escolar em maior medida que o outro.

Pode constituir-se ainda uma quinta dimensão a partir do grau em que o Poder de A restringe as alternativas de comportamento que restam abertas para B.

A esta tentativa de mensuração do Poder que concentra sobre a entidade a atenção dos efeitos provocados em B foi objetado que, para medir o Poder de um modo adequado, convém levar em conta, também, os custos que pesam sobre A, para tentar exercer Poder sobre B e também a sua força, que seriam os custos que pesariam sobre B no caso de este se recusar a ter o comportamento desejado por A. E não há dúvida de que esta colocação do problema enriquece as possibilidades de mensuração fornecidas pelas dimensões do Poder anteriormente mencionadas. Deve-se acrescentar, finalmente, que foram feitas tentativas de elaboração de métodos para a mensuração da distribuição do Poder dentro de um sistema: de um modo particular para medir a distribuição do Poder entre os membros de um Comitê eleitoral, quando a decisão depende exclusivamente da própria votação e para medir o grau de concentração de Poder entre os participantes de um sistema político.

VII. O PODER NO ESTUDO DA POLÍTICA. — Um dos fenômenos mais difundidos na vida social é exatamente o do Poder. Pode dizer-se que não existe praticamente relação social na qual não esteja presente, de qualquer forma, a influência voluntária de um indivíduo ou de um grupo sobre o comportamento de outro indivíduo ou de outro grupo. Não devemos nos surpreender ao verificar que o conceito de Poder foi empregado para interpretar os mais diversos aspectos da sociedade: desde os pequenos grupos da administração de produção e desde a família até às relações entre as classes sociais. Todavia, o campo em que o Poder ganha seu papel mais crucial é o da política; em relação aos fenômenos políticos, o Poder tem sido pesquisado e analisado continuamente e com a maior riqueza de métodos e de resultados. Isto é

atestado pela longa história e tradição da filosofia política, e é atestado pelas ciências sociais contemporâneas, a partir da análise hoje tornada clássica que do Poder fez Max Weber.

Para Weber, as relações de mando e de obediência, mais ou menos confirmadas no tempo, e que se encontram tipicamente na política, tendem a se basear não só em fundamentos materiais ou no mero hábito de obediência dos súditos, mas também e principalmente num específico fundamento de legitimidade. Deste Poder legítimo, que é muitas vezes designado pela palavra AUTORIDADE (v.), Weber especificou três tipos puros: o Poder legal, o Poder tradicional e o Poder carismático. O Poder *legal*, que é especificamente característico da sociedade moderna, funda-se sobre a crença na legitimidade de ordenamentos jurídicos que definem expressamente a função do detentor do Poder. A fonte do Poder é, portanto a lei, à qual ficam sujeitos não apenas aqueles que prestam obediência, como são os cidadãos e consócios, mas também aquele que manda. O aparelho administrativo do Poder é o da burocracia, com sua estrutura hierárquica de superiores e de subordinados, na qual as ordens são dadas por funcionários dotados de competência específica. O Poder *tradicional* funda-se sobre a crença no caráter sacro do Poder existente "desde sempre". A fonte do Poder é portanto a tradição que impõe vínculos aos próprios conteúdos das ordens que o senhor comunica aos súditos. No modelo mais puro do Poder tradicional, o aparelho administrativo é de tipo patriarcal e composto de servidores ligados pessoalmente ao patrão. O Poder *carismático*, enfim, está fundado na dedicação afetiva à pessoa do chefe e ao caráter sacro, à força heróica, ao valor exemplar ou ao Poder de espírito e da palavra que o distinguem de modo especial. A fonte do Poder se conecta com o que é novo, com o que não existiu nunca, e por isso o Poder tende a não suportar vínculos predeterminados. Quem comanda é verdadeiramente o líder (o profeta, o herói guerreiro, o grande demagogo) e aqueles que prestam obediência são os discípulos. O aparelho administrativo é escolhido com base no carisma e na dedicação pessoal e não constitui, por isso, nem uma burocracia, nem um corpo de servidores.

Depois de Weber, o interesse dos estudiosos pelo Poder se acentuou cada vez mais. Particularmente, no que se refere ao conceito de Poder, surgiu uma das principais correntes que deram vida à ciência política. Esta corrente, que teve seu maior representante em Harold Lasswell, se contrapôs às teorias jurídicas e filosóficas precedentes centradas em torno do conceito de Estado e concentrou a análise política no estudo do Poder como fenômeno empiricamente observável. De uma parte, Lasswell viu no Poder o elemento distintivo do aspecto político da sociedade e construiu elaborado sistema conceptual para o estudo dos fenômenos do Poder no quadro da vida social em seu conjunto. Por outra parte, utilizando conceitos psicanalíticos de origem freudiana, Lasswell examinou as relações existentes entre Poder e personalidade: identificou a personalidade política como sendo a que está orientada predominantemente para a busca do Poder; estudou sua dinâmica de formação, chegando à conclusão de que ela se funda numa transferência racionalizada, em termos de interesse público, de impulsos privados reprimidos, para objetos públicos; e analisou o marco deixado pelos aspectos neuróticos da personalidade sobre a participação na vida política e sobre suas diversas formas, como a do agitador e a do organizador. Destes estudos lasswellianos tomaram impulso as pesquisas sucessivas sobre a personalidade autoritária (v. AUTORITARISMO).

Atualmente, o Poder é considerado como uma das variáveis fundamentais, em todos os setores de estudo da política. Isto se verifica, por exemplo, na análise das burocracias, e mais genericamente, na análise das organizações, onde a estrutura hierárquica mais ou menos acentuada e as diversas formas que ela pode assumir colocam, naturalmente, em primeiro plano, o fenômeno do Poder. Verifica-se também a fundamentalidade do Poder no estudo das relações internacionais, onde o conceito de Poder, quando não é considerado como instrumento privilegiado de interpretação, fornece, de uma maneira, um critério de análise de que não se pode prescindir e verifica-se também, no estudo dos sistemas políticos nacionais e locais, onde o estudo do Poder termina no estudo da natureza e composição das elites políticas (v. ELITES, TEORIA DAS) e das relações que existem entre elites e outros setores da população. Neste último campo existem pouquíssimas pesquisas empíricas dirigidas para o estudo da distribuição do Poder, a nível do sistema político nacional. Por outro lado, existem numerosas pesquisas voltadas para o estudo da distribuição do Poder ao nível da comunidade política local. A propósito, sociólogos e politólogos, especialmente nos Estados Unidos, construíram técnicas de investigação mais ou menos elaboradas para identificar onde reside, de preferência, o Poder e quem governa nesta ou naquela cidade. Deveremos recorrer a este tipo de estudo para examinar os principais métodos de pesquisa empírica do Poder, adotados até agora.

Mais recentemente, uma importante tentativa de construir uma teoria política geral fundada sobre o conceito de Poder foi realizada por Talcott Parsons. Identificando como função específica do sistema político no âmbito do funcionamento global da sociedade a "consecução de objetivos" ou a capacidade de tornar efetivos os objetivos coletivos, Parsons define o Poder, no sentido específico de Poder "político", como a "capacidade geral de assegurar o cumprimento das obrigações pertinentes dentro de um sistema de organização coletiva em que as obrigações são legitimadas pela sua coessencialidade aos fins coletivos e portanto podem ser impostas com sanções negativas, qualquer que seja o agente social que as aplicar". Nesta perspectiva, o Poder, conservando embora sua característica relacional fundamental, torna-se entretanto uma propriedade do sistema; torna-se, precisamente, o "meio circulante" político, análogo à moeda na economia, ancorado por uma parte na institucionalização e na legitimação da autoridade e por outra na possibilidade efetiva do recurso à ameaça e, como extrema medida, ao uso da violência.

VIII. MÉTODOS DE INVESTIGAÇÃO EMPÍRICA. — Um método de pesquisa do Poder que nas investigações mais recentes foi usado como instrumento secundário, é o posicional. Consiste na identificação das pessoas mais poderosas que têm uma posição formal de cúpula nas hierarquias públicas e privadas mais importantes da comunidade. O maior valor desta técnica de pesquisa é a sua grande simplicidade. Basta saber quem ocupa formalmente certas posições para estabelecer quem detém maior Poder. Mas é também nesta simplicidade que está o defeito fundamental do método. Na verdade, não foi dito que o Poder efetivo corresponde à posição ocupada formalmente. Dentro das estruturas de Poder formalmente reconhecidas, podem existir, e normalmente existem, estruturas informais de Poder que exercem sobre as primeiras uma influência maior ou menor. Por isso, o método não atinge diretamente o Poder. Dá somente um indicador indireto muito inadequado e inteiramente insuficiente. Todavia, isso não significa que o método seja inteiramente inservível. Ele pode ser usado utilmente, em particular para averiguação das posições de cúpula entre os ocupantes dos cargos mais elevados em diversas organizações. Poderá, assim, oferecer elementos muito úteis para identificar a existência de laços mais ou menos orgânicos entre diversas organizações e setores institucionais.

Um outro método de pesquisa, que tem sido usado principalmente por sociólogos, é o da reputação. Ele se funda essencialmente na avaliação de alguns membros da comunidade estudada, os quais, quer pelas funções, quer pelos

942 PODER

cargos que exercem, são considerados *bons* conhecedores da vida política da comunidade. Por outras palavras, o pesquisador que adota este método se fia na "reputação" formulada por um certo número de juízes que previamente considera particularmente atendíveis. Os poderosos da comunidade são as pessoas que os "juízes" reputam como tais. Este método é relativamente econômico e de fácil aplicação. Ele foi submetido a numerosas e múltiplas críticas. Mas a mais importante e mais radical objeta que o método não atinge o Poder efetivo, mas só o Poder reputado. Este último pode corresponder ou não corresponder ao Poder real e, enquanto estivermos no âmbito da técnica reputacional, não é possível estabelecer a medida de tal correspondência.

E desde que as reputações ou as percepções sociais do Poder são uma possível fonte de Poder, o método pode ser utilizado para averiguação desta fonte e, em tal caso, deverá ser dirigido não para as "reputações" de um certo número de juízes, mas para as reputações de indivíduos e grupos que participam mais ou menos ativamente do processo do Poder. Como técnica geral para averiguar a distribuição do Poder na comunidade, o *método reputacional* deve ceder o lugar a outros instrumentos mais objetivos, que estejam em condições de investigar o Poder de forma mais direta. A técnica reputacional se abaixa ao nível da técnica de reforço e de integração. Neste sentido, ela foi muito útil para especificar se e em que medida existem fenômenos de Poder oculto na comunidade, a saber, relações de Poder que não são abertamente visíveis para que se verifiquem nos bastidores da cena da vida pública.

Um terceiro método de investigação, que foi empregado especialmente por politólogos, é o *decisional*. Baseia-se sobre a observação e sobre a reconstrução dos comportamentos efetivos que se manifestam no processo público de decisões. Para determinar quais sejam as pessoas poderosas, alguns pesquisadores se limitam a considerar a participação ativa no processo de decisão, ou porque conseguem que seja tomada uma decisão agradável ou porque impedem que seja tomada uma decisão desagradável. Trata-se obviamente de um método menos simples e econômico do que os precedentes; e por isso pode ser utilizado apenas para estudar algumas decisões ou alguns setores de decisão que o investigador considera importantes e fundamentais. O enormíssimo valor desta técnica é o de pesquisar o Poder diretamente em seu real desenvolvimento.

Mesmo assim, também o método decisional recebeu numerosas críticas, das quais destacamos duas particularmente incisivas. A primeira afirma que através do estudo de alguns setores de decisão, mesmo quando julgados importantes pelo pesquisador, não pode reconstruir-se de modo satisfatório a distribuição geral do Poder na comunidade. Isto é ainda mais verdadeiro se considerarmos, como sustenta a segunda crítica, que o processo de decisão pública não é todo o Poder, mas apenas uma parte. Quem exerce Poder, na verdade, é quem propugna, com sucesso, uma certa decisão; exerce Poder quem impede que seja tomada uma decisão proposta, mas também o exerce quem controla de fora todo o processo de decisão e impede, por exemplo, que certas decisões sejam propostas ou tomadas. Por outras palavras, o processo de decisão não tem lugar no vácuo mas num determinado contexto organizativo. Ele parte de instituições, de regras de jogo e de valores dominantes que pré-selecionam as propostas admissíveis ao processo de decisão e caracterizam a orientação geral da ação pública. E a delimitação e a orientação geral do processo de decisão, por sua vez, se apóiam sobre uma constelação de outros centros de Poder, como o econômico e o religioso, por exemplo, que condicionam, de modo relativamente estável, o Governo local. Ora estes condicionamentos estruturais, que são uma parte decisiva do Poder na comunidade, fogem inteiramente ao método decisional. Estas críticas atingem indubitavelmente o alvo e levam à conclusão de que o método decisional, embora constitua uma técnica indispensável para o estudo do Poder que se manifesta no processo de decisão, não pode definir, *por si só*, a distribuição geral do Poder.

Em conclusão: ainda que a fertilidade relativa destes métodos de pesquisa seja muito diferente, nenhum dos que foram até agora utilizados conseguiu averiguar, de modo satisfatório, a distribuição do Poder dentro da comunidade ou, de forma geral, dentro de um sistema político, visto em seu conjunto. Isto parece indicar que, para estudar o Poder empiricamente, não é necessário utilizar simplesmente um dos métodos mencionados, mas usar um leque articulado de técnicas de pesquisa, dirigidas para a averiguação não só do dinamismo dos processos de decisão, mas também para os Poderes estruturais que condicionam esses dinamismos de uma forma mais ou menos profunda.

BIBLIOGRAFIA. – *Power and political theory*, ao cuidado de B. BARRY, London 1976; *Political power: a reader in theory and research*, ao cuidado de R. BELL, D. V. EDWARDS e R. H. WAGNER, New York 1969; P. M. BLAU, *Exchange and power in social life*, New York 1964; R. A. DAHL, *Who governs?*, New Haven 1961; Id., *Power*, in *International encyclopedia of the social sciences*, New York 1968 (trad. ital. em apêndice a *Introduzione alla scienza politica*, Il Mulino, Bologna 1967); A. ETZIONI, *A comparative analysis of complex organizations*, New York 1961; F. W. FREY, *Dimensioni del potere*, in "Rivista italiana di scienza politica", vol. II (1972); C. J. FRIEDRICH, *Man and his government: an empirical theory of politics*, New York 1963; F. HUNTER, *Community power structure*, Chapel Hill 1953; B. DE JOUVENEL, *Il potere. Storia naturale del suo sviluppo* (1945), trad. ital., Rizzoli, Milano 1947; H. D. LASWELL, *Potere e personalità* (1948), trad. ital. in *Potere, politica e personalità*, UTET, Torino 1975; H. D. LASSWELL e A. KAPLAN, *Potere e società* (1950), trad. ital., Etas Libri, Milano 1979[2]; N. LUHMANN, *Potere e complessità sociale* (1975), trad. ital., Il Saggiatore, Milano 1979; R. MARTIN, *The sociology of power*, London 1977; C. W. MILLS, *L'élite del potere* (1956), trad. ital., Feltrinelli, Milano 1973[3]; H. MORGENTHAU, *Politics among nations: the struggle for power and peace*, 6.ª ed., New York 1968; F. E. OPPENHEIM, *Dimensioni della libertà* (1961), trad. ital., Feltrinelli, Milano 1961; *Potere ed élites politiche*, ao cuidado de S. PASSIGLI, Il Mulino, Bologna 1971; T. PARSONS, *Sul concetto di potere politico* (1963), trad. ital. in *Sistema politico e struttura sociale*, Giuffrè, Milano 1975; B. RUSSELL, *Il potere: una nuova analisi sociale* (1938), trad. ital., Feltrinelli, Milano 1981[5]; M. STOPPINO, *Potere politico e Stato*, Giuffrè 1968; Id., *Le forme del potere*, Guida, Napoli 1974; M. WEBER, *Economia e società* (1922), trad. ital., Comunità, Milano 1980[2]; D. WRONG, *Power*, Oxford 1979.

[MARIO STOPPINO]

Policentrismo.

A expressão Policentrismo é usada tanto quando se faz referência ao fenômeno da crise da liderança ideológica da URSS dentro do sistema de Estados de regime comunista e do movimento comunista internacional, quanto para indicar uma ordem do sistema internacional diversa do sistema bipolar.

Quanto ao primeiro aspecto, começou-se a falar de Policentrismo em 1948, quando da defecção iugoslava do bloco comunista, que veio pôr em questão o princípio do Estado-guia, contrapondo-lhe a tese de que, embora dentro de uma comum orientação ideológica de base, fossem possíveis diversos modelos de construção do socialismo. Este pensamento teve um desenvolvimento teórico de capital importância nas posições assumidas por Togliatti (veja-se particularmente a entrevista a "Nuovi argomenti", em 1956) em face da reviravolta representada pelo XX Congresso do P.C.U.S. Nessa ocasião, o líder do P.C.I. não só recalcou a tese, aprofundada a partir da viragem de Salerno, das diversas "vias nacionais para o socialismo" (que até então girara em

torno do problema de como chegaram todos, partindo cada um das condições nacionais singulares e específicas, a identificar-se com a substância política da experiência soviética), mas sustentou também que o modelo soviético não devia mais ser entendido como obrigatório e que, em conseqüência, o movimento comunista deveria tornar-se policêntrico, deixando de estar sujeito a um guia único. Um passo tangível e de enorme importância nesta direção se deu a seguir com a emancipação da China da hegemonia soviética, ou seja, de uma potência que soube, pouco a pouco, unir à sua crítica ideológica contra a URSS uma capacidade de iniciativa autônoma, no plano internacional, capaz de provocar uma mudança substancial no equilíbrio mundial. A mais recente e significativa manifestação do Policentrismo está no "eurocomunismo" que, sobretudo em sua versão italiana, constitui, em termos concretos, a definição de um modelo socialista radicalmente diverso do modelo soviético e, por conseguinte, a primeira tentativa concreta de solução, na Europa Ocidental, do problema proposto por Togliatti a partir de 1956, mas que só pôde contar còm progressos reais no quadro da distensão.

Quanto ao segundo aspecto, a expressão é usada quer para descrever um processo fatual ainda em curso, quer para indicar um objetivo que, de acordo com vários pontos de vista, há de ser alcançado ou evitado.

No plano descritivo, fala-se de Policentrismo para indicar o resultado da progressiva decomposição do sistema bipolar. Enquanto funcionou, este sistema criou uma situação que permitia às duas superpotências um controle eficaz sobre quase todo o mundo, de que se excluíam, sem contudo ser realmente capazes de influir na evolução mundial, alguns poucos países não alinhados. Esta situação entrou em crise no decorrer dos anos 60 e 70, com o surgir de novos "centros" ou "pólos" (daí a expressão "multipolarismo", preferida, em geral, pelos estudiosos de relações internacionais), mais ou menos eficazmente autônomos em relação às superpotências. Na esfera de influência soviética, o fato decisivo está na conquista de uma plena autonomia por parte da China, fato que, como vimos, está ligado ao fenômeno mais complexo da crise da liderança ideológica soviética. Na esfera de influência americana, os fatos determinantes foram o fortalecimento da Comunidade européia (que constitui a base real das iniciativas autonomistas, mesmo no plano militar, da França de De Gaulle e dos seus sucessores) e do Japão e o despertar do Terceiro Mundo (particularmente dos países ricos em matérias-primas), que, em sua grande maioria, estava sujeito a um controle mais ou menos eficaz, mais ou menos direto dos Estados Unidos. Diversamente do que ocorreu com a URSS, não se pode, contudo, falar, no caso americano, ou não é possível fazê-lo nos mesmos termos, de uma crise de liderança ideológica, pois jamais existiu uma organização dos partidos não comunistas (liberais, democráticos, cristãosociais, social-democráticos e socialistas) comparável, na extensão ou na coesão, ao movimento comunista internacional. Excluídas tais diferenças, a progressiva erosão das posições hegemônicas das duas superpotências levou finalmente ao surgimento de um novo sistema internacional que se define como policêntrico e multipolar do ponto de vista político, mas que, ao invés, se mantém ainda substancialmente bipolar do ponto de vista militar.

No plano ordenativo, entende-se geralmente por Policentrismo uma ordem internacional que supere profundamente o bipolarismo e onde a China e a Comunidade européia (esta depois da plena consecução da sua unidade tanto no plano econômico como no político-defensivo) se tornem pólos do equilíbrio mundial fundamentalmente equivalentes à URSS e USA, sendo possível o emergir sucessivo de outros pólos autônomos de equilíbrio e da conseqüente superação dos blocos. Os defensores desta perspectiva pensam que ela contém, em confronto com o sistema bipolar, uma série de aspectos positivos que se podem resumir: em tornar mais fluido o confronto de forças (se um pólo se debilita, não se encontra só em face de um outro automaticamente fortalecido, pois podem intervir, como fatores reais de equilíbrio, os demais pólos), o que criaria uma condição estrutural mais favorável — tidos em conta os perigos para a sobrevivência da humanidade ligados à existência das armas de destruição total — aos progressos para o desarmamento e para uma mais duradoura distensão; na maior autonomia das médias e pequenas potências, pois a passagem de uma aliança ou zona de influência a outra, ou a preferência pelo não alinhamento, seriam menos traumáticos numa situação onde não existem apenas dois blocos, um dos quais ganharia automaticamente o que o outro perde; na possibilidade, a isso ligada, de que até os outros Estados mais débeis e pobres possam fazer valer mais as suas exigências diante dos Estados mais fortes. Como é óbvio, esta convicção é contestada por quem pensa que, muito pelo contrário, só um sistema bipolar pode garantir uma maior estabilidade e segurança, uma vez que a coexistência pacífica seria mais fácil de se concretizar entre dois sujeitos do que entre um número maior de sujeitos autônomos.

[SÉRGIO PISTONE]

Polícia.

I. DEFINIÇÃO. — É uma função do Estado que se concretiza numa instituição de administração positiva e visa a pôr em ação as limitações que a lei impõe à liberdade dos indivíduos e dos grupos para salvaguarda e manutenção da ordem pública, em suas várias manifestações: da segurança das pessoas à segurança da propriedade, da tranqüilidade dos agregados humanos à proteção de qualquer outro bem tutelado com disposições penais.

Para uma melhor definição no que concerne à Itália, temos o art. 1.º do Texto Único das Leis de Segurança Pública em vigor: "A autoridade da segurança pública vela pela manutenção da ordem pública, pela segurança dos cidadãos, pela sua incolumidade e pela tutela da propriedade; cuida da observância das leis e dos regulamentos gerais e especiais do Estado, das províncias e das comunas, bem como da observância das determinações das autoridades; presta auxílio em caso de desgraça pública ou privada...".

Esta definição de Polícia não abrange o sentido que o termo teve no decorrer dos séculos: derivando de um primeiro significado diretamente etimológico de *conjunto das instituições necessárias ao funcionamento e à conservação da cidade-Estado*, o termo indicou, na Idade Média, a *boa ordem da sociedade civil*, a competência das autoridades políticas do Estado, em contraposição à boa ordem moral, do cuidado exclusivo da autoridade religiosa. Na Idade Moderna, seu significado chegou a compreender *toda a atividade da administração pública*: veio assim a identificar-se um ESTADO DE POLÍCIA (v.), com que se designava um ordenamento em que toda a função administrativa era indicada com o termo de Polícia. Este termo voltou a ter um significado mais restrito, quando, no início do século XIX, passou a identificar-se com *a atividade tendente a assegurar a defesa da comunidade dos perigos internos*. Tais perigos estavam representados nas ações e situações contrárias à *ordem pública* e à *segurança pública*. A defesa da ordem pública se exprimia na repressão de todas aquelas manifestações que pudessem desembocar numa mudança das relações político-econômicas entre as classes sociais, enquanto que a segurança pública compreendia a salvaguarda da integridade física da população, nos bens e nas pessoas, contra os inimigos naturais e sociais.

Estas duas atividades da Polícia são apenas parcialmente distinguíveis do ponto de vista político: na sociedade atual, caracterizada por uma evidente diferenciação de classes, a defesa dos bens da população, que poderia parecer uma atividade destinada à proteção de todo o agregado humano, se reduz à tutela das classes possuidoras de bens que precisam de defesa; quanto à defesa da ordem pública, ela se resume também na defesa de grupos ou classes particulares. A orientação classista da atividade de Polícia consentiu, além disso, que normas claramente destinadas à salvaguarda da integridade física da população contra inimigos naturais tenham sido utilizadas com fins repressivos: pensemos, por exemplo, nas normas sobre a funcionalidade dos locais destinados a espetáculos públicos (cinemas, teatros, estádios, etc.) e no uso que deles se fez em tempos e países diversos para impedir manifestações ou reuniões antigovernamentais.

É nesse sentido que se confirma a definição de Polícia acima apresentada, já que a defesa da segurança pública é, na realidade, uma atividade orientada a consolidar a ordem pública e, conseqüentemente, o estado das relações de força entre classes e grupos sociais.

II. ORGANIZAÇÃO FUNCIONAL. — A atividade de Polícia abrange, em seu conjunto, as iniciativas voltadas para a prevenção e repressão dos delitos. Na Itália, estas iniciativas são geralmente da incumbência dos mesmos corpos de polícia, mas distinguem-se em atividades de Polícia administrativa (preventiva) e de Polícia judiciária (repressiva).

É função da Polícia administrativa aplicar as limitações e proibições impostas pela lei à liberdade dos cidadãos e dos grupos sociais, e derrogá-las, caso se trate de proibições não absolutas, com autorizações. A título de exemplo, enquanto a Polícia tem por obrigação impedir a venda de produtos regulamentados por lei (tabacos, bebidas alcoólicas, etc.), pode derrogar a proibição, concedendo as oportunas autorizações a tipos particulares de prática comercial.

O caráter duplo da atividade de Polícia administrativa revela-se em suas variadas especializações operativas: Polícia de segurança, que tem por fim a salvaguarda da segurança e ordem públicas e que, dentro do âmbito das leis, proíbe as manifestações contrárias a esses dois interesses e concede autorização só para as permitidas; Polícia veterinária, que autoriza e proíbe o transporte e comércio de carnes, assegura a profilaxia dos animais, etc.; Polícia sanitária, que visa à defesa da higiene e da saúde pública e à fiscalização das atividades profissionais e comerciais que interessam à saúde pública; Polícia marítima, que cuida das alfândegas marítimas e do bom funcionamento da aparelhagem portuária; Polícia de trânsito, para o controle do tráfego automobilístico e da viabilidade das estradas; Polícia ferroviária, para a manutenção da ordem nas es-

tações e nos trens; Polícia local, para o controle das cidades, do tráfico, do comércio e dos setores sob a jurisdição das administrações locais; Polícia funerária, para o controle das operações de sepultamento ou, de qualquer modo, relacionadas com os cemitérios; e outras. A Polícia administrativa depende orgânica e operativamente do poder executivo (Governo, prefeitos, síndicos).

É função da Polícia judiciária a averiguação dos delitos, sua repressão para impedir que continuem, a garantia das provas e das pessoas indiciadas à autoridade judiciária, e todas as investigações que esta julgue necessárias ou úteis para o desenvolvimento da instrução. A Polícia judiciária depende organicamente do executivo e operativamente do judiciário. Esta separação é muitas vezes causa do mau funcionamento deste tipo de Polícia, suscitando o problema da especialização orgânica dos corpos policiais. Disso falaremos mais adiante.

Outro tipo de Polícia é, geralmente, o da Polícia tributária que tem por finalidade a repressão e averiguação dos delitos em matéria fiscal: as fraudes, o contrabando, a sonegação de tributos, etc. Todavia, este tipo de Polícia pode muito bem ser englobado nos outros dois, já que não representa uma função diferente, mas, mais simplesmente, um campo específico e técnico de intervenção.

III. CORPOS DE POLÍCIA. — As funções de Polícia administrativa e de Polícia judiciária não têm correspondido na Itália a diferentes corpos de Polícia para isso organizados.

No período que vai até à Primeira Guerra Mundial, não se pode falar de verdadeiros e autênticos corpos de Polícia: afora o Corpo de Guardas Aduaneiros (1862), depois Guarda de Finanças (1881), que desempenhava tarefas administrativas e judiciárias em matéria tributária, as funções de Polícia foram de preferência exercidas pelas prefeituras e pelos empregados civis do ministério do interior. É verdade que, pouco a pouco, se foram organizando corpos de guardas locais, como o Corpo de Guardas da Segurança Pública (1852), depois Corpo dos Guardas de Cidade, desde 1890, Guarda Real para a Segurança Pública, desde 1919, Classe dos Carabineiros Especializados, desde 1923, e novamente Corpo de Guardas da Segurança Pública, desde de 1925, mas tal corpo não apresentará senão pelos fins do século passado características orgânicas suficientes para uma utilização autônoma em operações de ordem pública. Até esse momento, os funcionários da Segurança Pública, caso surgissem manifestações populares, solicitavam a intervenção do exército, para que ele reprimisse manu militari os motins e restabelecesse a ordem pública. Era de igual modo aos militares que, em momentos de especial tensão social e política, se confiava a gestão da ordem pública, mediante a declaração de *estado de sítio* (instituição que, no entanto, não estava prevista no Estatuto). Foi assim que aconteceu em Gênova em 1849, na Sardenha em 1852, na Sicília em 1862, em Palermo em 1866, de novo na Sicília em 1894, em Milão em 1898, em Messina e Reggio Calabria em 1909, e finalmente em Turim em 1917. Restabelecida a ordem por meio da repressão e dos tribunais militares, suspendia-se o estado de sítio e as funções de Polícia eram de novo confiadas aos funcionários civis das prefeituras.

Nesse mesmo período, eram limitadas as funções desempenhadas pela *Arma dos Carabineiros Reais:* órgão integrante do exército, de consistência numérica limitada, dispunha de escassa capacidade operativa, devido ao parcelamento territorial da sua força. Fora dos casos de grave situação da ordem pública, como o do banditismo nas províncias meridionais, a função de Polícia civil desta Arma se revelou na atividade de vigilância e controle sobre o país que a sua organização fracionária lhe permitia. Mais importante foi a sua função de Polícia militar, no respeitante aos delitos cometidos por elementos pertencentes às forças armadas: neste sentido, porém, não se pode falar de um uso maciço deste corpo antes da Primeira Guerra Mundial, quando foi determinante a utilização dos carabineiros na repressão das revoltas na frente.

O fascismo constituiu também no campo da Polícia o elemento racionalizador do aparelho jurídico-repressivo do Estado liberal: logo a seguir à chamada marcha sobre Roma, para dar uma aparência de ocupação a uma parte dos subproletários e aventureiros que tinham participado no empreendimento, foi criada a *Milícia Voluntária para a Segurança Nacional,* órgão paramilitar de Polícia de partido e de regime que se equiparou, nas tarefas tradicionais, aos funcionários de Polícia e às forças armadas. Para ampliar o próprio campo de ação e o controle sobre o país e para aumentar as possibilidades de emprego para os seus membros, a M.V.S.N. se organizou em várias especialidades operacionais: milícia de estradas, florestal, portuária, ferroviária, etc. Os problemas de atritos e rivalidades surgidos entre ela e as forças armadas foram por fim resolvidos com a exclusão destas das tarefas de Polícia, a que haviam sido antes destinadas.

A queda do regime fascista não significou a automática eliminação do sistema repressivo por ele organizado. O Corpo de Guardas de Segurança Pública passou a fazer parte, formal e dis-

ciplinarmente, das forças armadas em 1943, poucos dias depois da queda do fascismo, para garantir sua fidelidade ao soberano e ao novo governo. A M.V.S.N. foi extinta, mas os Governos que se sucederam a 1948 aproveitaram a sua organização, suas especialidades e até grande parte dos seus homens.

Na Itália contemporânea, os corpos de Polícia compreendem: a *Polícia de Estado,* o *Corpo dos Agentes de Custódia,* o *Corpo de Vigias do Fogo,* dependentes do ministério do Interior; o *Corpo da Guarda das Finanças,* dependente do ministério das Finanças; o *Corpo dos Guardas Florestais,* dependente do ministério da Agricultura; e os vários corpos de *guardas* e *vigilantes* rurais urbanos, dependentes de cada uma das administrações locais. Desempenha sobretudo funções de Polícia, embora pertença às FORÇAS ARMADAS (v.) e, especificamente, ao exército, a *Arma dos Carabineiros,* a única que desenvolve também funções de Polícia militar.

IV. RECRUTAMENTO. — O primeiro elemento de avaliação dos corpos de Polícia está na análise do tipo de recrutamento adotado. Os corpos que recrutam o seu pessoal em todo o território nacional podem realmente organizar-se de forma que contem com unidades e grupos constituídos por elementos provindos de regiões diferentes das regiões de operações: o emprego de corpos de Polícia contra populações que não possuem vínculos sociais, econômicos e culturais com eles, foi sempre a melhor solução para uma política repressiva antipopular. Daí o envio do pessoal de Polícia para regiões distantes da região de origem com um duplo resultado, o do isolamento social e cultural com relação às populações controladas e o do conseqüente aferro psicológico ao corpo a que se pertence e às suas estruturas.

Os corpos de Polícia, que têm um recrutamento circunscrito à zona de controle (por exemplo, os guardas urbanos alistados pelas comunas onde se encontram trabalhando), não se prestam a ações diretamente antipopulares e repressivas pelos ligames sociais e políticos que existem entre seus componentes e as populações controladas. Sua utilização fica, pois, restrita ao desempenho de funções de Polícia urbana, rural, etc., em tarefas que não apresentam um imediato aspecto político e que envolvem mormente a defesa da segurança pública em sentido lato e não tanto a ordem pública.

Tal distinção permite reexaminar os juízos emitidos por alguns sobre os corpos de Polícia italianos. As chamadas "oito Polícias" que d'Orsi, por exemplo, julga atuarem com uma função político-repressiva, hão de ser, em nosso entender, analisadas e diferenciadas segundo o critério do tipo de recrutamento adotado. Segundo o recrutamento em uso, os corpos poderão ser considerados ou não como capazes de se envolver em operações políticas antipopulares conforme as diretrizes do executivo: os vigilantes e guardas não podem ser usados numa repressão política determinada, mas podem constituir, pelo estreito ligame que os une à realidade sócio-econômica do lugar, um instrumento de contenção e esfriamento das situações de tensão. Assim também outros corpos, considerados como disponíveis na repressão política, como os Vigias do Fogo e os Agentes de Custódia, só poderão ser utilizados com grande dificuldade fora dos seus campos específicos de intervenção.

V. ESPECIALIZAÇÃO. — O segundo elemento de avaliação dos corpos de Polícia está no seu grau de especialização funcional e na correspondência deste com a estrutura orgânica dos corpos. A especialização da Polícia de estradas, por exemplo, é um elemento positivo para a explicação do controle do trânsito e da rede rodoviária; o mesmo se pode dizer da Polícia científica, onde o funcionamento dos corpos apresenta aspectos substancialmente positivos. Onde, pelo contrário, a especialização não se acha acompanhada de uma estrutura organizacional apropriada, as funções de Polícia apresentam problemas que não podem ser desprezados.

A inexistência de um corpo organizado de Polícia judiciária, por exemplo, prejudica muitas vezes o correto e pronto andamento das investigações e da instrução dos processos. A Polícia judiciária é composta por Núcleos da Arma dos Carabineiros, da Polícia de Estado e da Guarda das Finanças, depende operacionalmente do procurador geral junto ao Tribunal de Recursos e do procurador da república e, organicamente, dos vários ministérios a que está subordinado cada um dos corpos. Este estado de dupla dependência tem criado dois tipos de disfunções. Devido ao prevalecente emprego dos Núcleos nos trabalhos de secretaria, a capacidade operacional da Polícia judiciária está ligada às exigências de serviço dos vários corpos e, conseqüentemente, à disponibilidade das autoridades de Segurança Pública local. A falta de autonomia explica, de fato, a dependência revelada pela autoridade judiciária em relação à autoridade de Segurança Pública em certas investigações: daí as indagações serem feitas principalmente por questores e comissários, e uma perda de autoridade por parte dos órgãos judiciários. Outra das disfunções está na separação entre carreira e setor de atuação dos agentes: estes não se sentem estimulados a um melhor trabalho, porque o mecanismo de carreira obedece ao corpo e não à especialidade

(como acontece, ao invés, com a Polícia de trânsito, por exemplo).

O problema da falta de especialização existe também nos corpos organizados segundo critérios e métodos de uso já um tanto ultrapassados. É o caso da Polícia de fronteira, oprimida por regulamentos antiquados e obrigada, por isso, a não os aplicar, e composta de elementos escassamente preparados e especializados para as novas tarefas que a instituição exige (pense-se no policiamento dos aeroportos e nas delicadas tarefas antiterroristas). Está igualmente ultrapassado o critério de emprego da Polícia de segurança (em seus *grupos móveis*) na manutenção da ordem públicª: o uso das armas mesmo em situações livres de perigo, a utilização dos grupos em condições psicofísicas precárias por causa das longas esperas e do estado de tensão criado artificialmente pelos quadros diretivos, a total desinformação sobre as situações que provocaram a intervenção, fazem com que o emprego destes grupos, em lugar de representar um instrumento especializado e funcional para o pronto restabelecimento da ordem pública, se transforme, amiúde, em elemento de desordem e, por conseguinte, de aumento das tensões. A exigência por muitos formulada em face do exemplo inglês, de *desarmamento dos grupos de Polícia* empenhados em operações de ordem pública, embora profundamente válida, alcança apenas parcialmente a realidade do problema: a especialização da Polícia de Segurança apresenta aspectos que vão além do desarmamento dos seus corpos e abrange uma melhor compreensão da realidade social e política do país. Os métodos atuais do seu uso têm, com efeito, sua razão de ser na utilidade que o sistema repressivo criado pelo Estado fascista apresenta ainda hoje quanto ao emprego indiscriminado dos corpos de Polícia nas operações de ordem pública.

VI. DESCENTRALIZAÇÃO. — Outro elemento que caracteriza a atividade dos corpos de Polícia está no seu grau de descentralização com relação à administração estatal. A direta dependência dos corpos de Polícia dos prefeitos e, por conseqüência, do Governo nacional, permite que eles sejam utilizados na instauração do estado de ordem que o executivo exige para o desenvolvimento da sua própria função. Num sistema de poder tendente à descentralização, como é o baseado nas instituições regionais e nas autonomias locais, a estrutura centralizada dos corpos de Polícia constitui um elemento de unidade nacional entre as várias situações da ordem, sendo também um forte fator da permanência da estrutura do poder tradicional.

A descentralização dos corpos de Polícia em termos de um efetivo recrutamento regional e local e a organização estruturada sobre essa base e esse raio de ação limitado poderiam constituir um fator de potenciação da atividade de Polícia no verdadeiro e específico campo da segurança pública, ao mesmo tempo que poderia ser mais moderado e, de qualquer maneira, correspondente a situações de mais amplo interesse, o emprego desses corpos em funções de ordem pública. A criação de variado número de corpos de Polícia regional reduziria o perigo das involuções autoritárias que os corpos de Polícia organizados mediante recrutamento nacional sempre representaram até aqui. Além disso, a fragmentação geográfica das forças de Polícia permitiria que se superasse o mecanismo do antagonismo entre os diversos corpos hoje existentes, mecanismo que, se constituiu um indiscutível fator de estabilidade institucional, não impediu que em certos momentos se criasse o perigo de retrocesso e de algum golpe de força, mercê de determinados corpos de Polícia.

Nestes últimos tempos, também se tem agitado na Itália a questão da diferença existente entre as necessidades operativas — predominantes nas zonas industriais do Norte — e a oferta de candidatos para a carreira de agentes de Polícia, provenientes em grande número das zonas mais subdesenvolvidas do Sul ou das Ilhas. Esta diferença punha os corpos de Polícia diante do pedido insistente dos agentes oriundos das regiões meridionais para serem transferidos para o Sul ou, em todo caso, para regiões não distantes das regiões de origem. Uma das soluções adotadas consistiu na regionalização dos editais de recrutamento, onde se indicam as necessidades de pessoal para cada uma das regiões e se exige como requisito aos candidatos a residência nelas. Trata-se de um artifício burocrático que não lesa o caráter nacional dos corpos de polícia (P. de S., G. de F.) por não constituir um verdadeiro e autêntico recrutamento regional, que não respeita à totalidade desses corpos (os carabineiros, por exemplo, estão excluídos) e que se apresenta como um instrumento técnico de contenção do impulso ao "retorno à casa", que o sistema de clientela da administração do Estado favorecia e não estava, portanto, em condições de resolver.

VII. SINDICALIZAÇÃO DOS CORPOS DE POLÍCIA. — O problema da agremiação dos membros do Corpo de Guardas da Segurança Pública em sindicatos de categoria foi recentemente resolvido com a lei n.º 121 de 1.º de abril de 1981, que substituiu o nome do corpo pelo de Polícia de Estado, sempre dependente do ministério do In-

terior, e introduziu outras importantes inovações, tanto orgânicas como funcionais.

O problema político da sindicalização dos corpos de Polícia surgiu na década de 70, devido ao encontro do espírito das medidas de militarização da corporação, emanadas por evidentes razões de ordem pública do Governo Badoglio em 1943, com o temor de que a organização sindical constituísse, por si, uma ameaça à disciplina e ao profissionalismo dos integrantes do Corpo de Guardas da Segurança Pública.

A exigência de um sindicato dos que trabalham na polícia era reforçada por uma situação de mal-estar respeitante ao trabalho, pelas condições precárias em que ele era realizado, pelo baixo nível de remuneração e pela escassa influência que o pessoal tinha nas decisões de organização e funcionamento da corporação; manifestada desde 1974, em reuniões cada vez menos clandestinas dos membros do Corpo de Guardas da Segurança Pública, foi pouco a pouco sensibilizando as forças políticas parlamentares italianas, que debateram longamente uma solução legislativa para as exigências concordemente formuladas pelos integrantes deste setor particular da administração pública. Evocando o direito comparado europeu, não deixaram dúvidas sobre importantes casos anteriores de sindicalização dos membros de numerosos corpos de Polícia dos países da comunidade, precedentes que já haviam conseguido demonstrar a inconsistência dos temores de uma queda na eficiência dos corpos de Polícia, quando privados da particular tutela decorrente das limitações postas pelos códigos militares à liberdade pessoal.

Contudo, foi exatamente em torno do raciocínio sindicalização-desmilitarização que se desenvolveu e encontrou solução o debate político sobre tal problema na Itália: entendeu-se que só com a desmilitarização do Corpo de Guardas da Segurança Pública se poderia permitir a sindicalização dos seus membros, atribuindo-se com isso ao texto da Constituição — que no art. 98 admite, mas não indica, tal limitação a respeito dos elementos dos corpos militares e da Polícia — um significado de sentido mais restrito; ignorava-se, além disso, o alcance da convenção da OIL, ratificada pelo próprio Parlamento italiano, que prevê expressamente a possibilidade de que os militares possam pertencer a organizações sindicais.

A liberdade de associação sindical dos membros da Polícia de Estado fez-se assim derivar da desmilitarização dos seus membros, ficando a prudência do legislador italiano satisfeita com a proibição de afiliação a outros sindicatos imposta, por lei, aos sindicatos do pessoal da Polícia, e com a proibição, aliás aceita por esse mesmo pessoal desde o surgir do problema da sindicalização, de usar a arma da greve.

Do desenvolvimento e ação dos sindicatos dos empregados da Polícia dependerá, em conclusão, a possibilidade de que, num futuro que não é lícito prever particularmente próximo, a mesma liberdade seja estendida também aos integrantes de outros corpos de Polícia — Guarda das Finanças, Arma dos Carabineiros, etc. — a menos que o Governo e o Parlamento não definam e ponham em prática soluções destinadas a acabar com o mal-estar reinante entre os trabalhadores destes corpos e a eliminar a base de descontentamento que deu origem à exigência de sindicalização da Polícia italiana.

BIBLIOGRAFIA. — S. BOVA, *Il controllo politico delle forze armate*, Einaudi, Torino 1982; A. BRAVO, *Gestione dell'ordine pubblico e classe operaia*, "Politica del diritto", vol. 3/4, agosto 1974; A. CICERO, *Cenni sull'organizzazione delle forze di polizia*, Roma 1959; A. D'ORSI, *Il potere repressivo. La polizia. Le forze dell'ordine italiano*, Feltrinelli, Milano 1972; V. GUCCIONE, *La polizia di sicurezza*, Firenze 1960; P. JANNITTI PIROMALLO, *Manuale delle leggi di pubblica sicurezza*, Giuffrè, Milano 1953.

[SERGIO BOVA]

Pólis.

I. NOÇÃO DE PÓLIS E ELUCIDAÇÃO SOBRE A PERSISTÊNCIA HISTÓRICA E DIFUSÃO GEOGRÁFICA DA CIDADE-ESTADO. — Por Pólis se entende uma cidade autônoma e soberana, cujo quadro institucional é caracterizado por uma ou várias magistraturas, por um conselho e por uma assembléia de cidadãos (*politai*).

A noção assim antecipada, em cuja formulação entram categorias jurídicas de algum modo estranhas ao espírito grego, é na realidade fruto de um processo de abstração de situações históricas assaz diversas entre si. Basta dizer que, falando da Pólis grega, podemos nos referir quer aos regimes oligárquicos (típicos dos séculos VIII-VI, mas verificáveis também nos séculos posteriores), quer aos regimes democráticos que se encontram a partir mais ou menos do século VI. Por outro lado, o fenômeno da cidade-Estado não se esgota no mundo grego, isto é, no território da Hélade e nas regiões colonizadas pelos gregos tanto no Oriente como no Ocidente, tais como a Magna Grécia. Cidade-Estado é, de fato, em suas origens e mesmo depois por longo tempo, a própria Roma. Aqui nos limitaremos, po-

rém, a tratar apenas das vicissitudes fundamentais por que passou a Pólis por antonomásia, isto é, a grega.

II. ORIGENS DA PÓLIS NA GRÉCIA E SUAS CARACTERÍSTICAS ESSENCIAIS. — Os momentos mais obscuros da história da Pólis concernem às origens, isto é, ao período da sua consolidação como estrutura política própria do mundo grego. Existem sobre esta matéria opiniões bastante díspares: alguns autores fixam sem hesitar a origem da Pólis em torno do ano 500 a. C.; outros, ao contrário, fazem remontar o fenômeno à época monárquica, tal como no-la descrevem os poemas homéricos. Tais divergências são obviamente fruto dos diferentes ângulos em que se colocam os estudiosos; mas é preciso reconhecer que o problema não é de fácil solução. Um dos maiores obstáculos à clara determinação das circunstâncias históricas que favoreceram o surgimento das Póleis está na *vexata quaestio* da invasão dórica: segundo a opinião de alguns estudiosos, teriam sido precisamente os dórios, outro povo de origem indo-européia e de estirpe helênica, mas mais jovem e militarmente mais forte, que submeteram os aqueus, já estabelecidos no território da Hélade e governados por uma monarquia. Com a conseqüente queda do regime monárquico e a instauração do regime oligárquico teria surgido uma nova organização política, precisamente a Pólis. Na opinião de outros estudiosos, não se há de dar fé à tradição da invasão dos dórios, que seria o novo nome dado aos aqueus no momento da sua expansão por outros pontos. Segundo esta mesma tese, a Pólis teria surgido de algum modo da passagem da monarquia à oligarquia; ter-se-ia, porém, consolidado sem a intervenção de fatores externos como simples conseqüência da supremacia da nobreza militar sobre o poder monárquico, supremacia que se generaliza durante o século VIII e reduz o *basileus*, quando não o elimina, a mero órgão do Estado ou a *rex sacrificulus*.

Isto exposto, será conveniente estabelecer alguns pontos essenciais que permitam compreender o desenvolvimento histórico

O primeiro se refere à peculiar conformação orográfica da Grécia, favorável, sem dúvida, à formação de pequenos Estados, constituídos por uma cidade principal, geralmente de modestas dimensões, e um território, também ordinariamente de reduzidas proporções.

O segundo ponto refere-se às relações entre a Pólis e os organismos políticos menores; estes, além da família em sentido estrito, são, em ordem crescente de amplitude, o *ghenos* (isto é, o conjunto dos que estão ligados a um tronco familiar comum), a fratria (associação de famílias com encargos de comum defesa e assistência, e culto próprio) e a tribo (conjunto de fratrias que, na ausência de um eficiente poder estatal, acaba por assumir funções de grande importância). A *Pólis* teria se formado precisamente com o reconhecimento de uma autoridade superior à dos organismos ora mencionados. Diga-se também que de alguns destes organismos, nomeadamente do *ghenos*, se discute sua anterioridade em relação à *Pólis*; mas podemos também acrescentar que uma parte ao menos da tradição política grega apresenta as origens da *Pólis* precisamente como foi acima exposto.

O terceiro ponto, relacionado com o precedente, diz respeito à qualidade e quantidade das funções assumidas pela cidade-Estado: é claro que a sobreposição da *Pólis* aos organismos menores não podia significar a imediata subtração de todas as funções que eles até então haviam desempenhado. Em vez disso, muitas instituições conservaram por longo tempo os sinais da sua origem nos organismos pré-estatais: pensemos, por exemplo, na repressão do homicídio que, estando outrora confiada aos organismos menores, fica posteriormente sujeita ao exercício de uma ação penal privada, isto é, sem qualquer intervenção de ofício dos órgãos estatais. O direito de família também se manteve essencialmente livre das ingerências da *Pólis*; foram conservadas as normas vigentes nas instituições menores e o Estado apenas se limitou a exigir sua observância.

O último ponto concerne às relações entre as *Pólis*. Convém dizer a tal respeito que as cidades gregas estiveram ligadas, desde os tempos mais antigos, por vínculos de caráter sagrado, no sentido de que os grupos de *Pólis* se uniam em torno de santuários célebres. Estas ligas sagradas ou *anfictionias* (dentre as quais a mais importante é a de Delfos na Fócida) não conseguiram nunca, não obstante, exercer uma ação eficaz a favor da unificação política da Grécia. Formaram-se, é verdade, unidades cantonais ligadas por vínculos federativos; mas a renúncia às prerrogativas da soberania, ou mesmo apenas a uma parte delas, constituiu sempre para cada uma das *Pólis* um sacrifício pesadíssimo. A confederação mais importante foi a peloponésica. O perigo da hegemonia de uma cidade sobre as outras (diante do qual os gregos reagiam de modo tão particular) teve aqui plena realização; a supremacia de Esparta, ao princípio só verificável no plano dos fatos, foi depois também formalmente reconhecida. Houve excepcionalmente uniões de cidades ainda mais amplas, como no caso de perigo de invasões externas: foi assim que a ameaça persa teve o condão, em 481, de unir pelo menos momentaneamente Atenas e Esparta, tradicionalmente rivais. Mas, podemos concluir, à unidade da cultura grega não correspondeu, na época das *póleis*, uma visão unitária, ou seja, nacional, no plano político.

III. A PÓLIS OLIGÁRQUICA. — Ficam assim delineados, se bem que de forma sumária e segundo as teses mais tradicionais, os problemas da origem da *Pólis*, e fixados os pontos fundamentais para a compreensão do seu desenvolvimento histórico. Poderemos agora falar brevemente da *Pólis* oligárquica.

Já sabemos que a superação das instituições monárquicas se deu com o predomínio da nobreza militar; é precisamente por isso que o novo ordenamento da *Pólis* se chamou aristocrático. Mas as mudanças econômicas que se verificaram a partir do século VIII com o incremento do comércio marítimo tiveram como consequência a formação de uma rica burguesia urbana, influindo igualmente no Governo da cidade. Em suma, quem mais se enriquecera e havia empregado, por vezes, seus recursos financeiros na aquisição de terrenos, foi alcançando, pouco a pouco, a possibilidade de tomar parte mais ativamente na vida política. Foi assim que nasceu a oligarquia timocrática ou plutocrática: o acesso aos cargos públicos estava vinculado à posse de um certo patrimônio, geralmente bastante elevado.

A tipologia das cidades oligárquicas é assaz variada e está destinada a evoluir com o tempo. Por isso, as quatro formas que Aristóteles conseguiu distinguir (*Pol.*: IV, 5, 1 e 6-8) são de caráter meramente lógico: na primeira forma, a renda exigida para participar do Governo era bastante baixa, de tal modo que as magistraturas se tornavam acessíveis à maioria; na segunda forma, a renda necessária já era mais elevada e os magistrados eram escolhidos por cooptação; a terceira exigia uma renda ainda maior, sendo os cargos transmitidos por via hereditária; a quarta, onde se formava, sem mais, uma "dinastia" notável pelas riquezas e não sujeita às leis, como o estavam, pelo contrário, os demais tipos de oligarquia.

Por sua vez, os órgãos da cidade oligárquica são os mesmos que se encontram na cidade democrática e que já enumeramos anteriormente.

A diferença essencial entre os dois regimes não consiste, pois, no número de tais órgãos, mas antes na gama de poderes a eles atribuídos. Na prática, na *Pólis* oligárquica era menor o peso político, e mesmo jurídico, da assembléia dos cidadãos, especialmente quando seu número era bastante elevado, se comparado com os poderes de que gozavam o conselho e os magistrados. Se considerarmos, por exemplo, as leis constitucionais de Esparta, que ficou para sempre como tipo da cidade oligárquica, depressa observaremos que, pelo menos a partir de uma certa época, metade do século VII, a *Apella* ou assembléia dispôs de poderes quase exclusivamente formais, salvo no que respeita, como veremos, à eleição dos *éforos*. A amplitude dos poderes, quer no concernente aos negócios internos, quer no tocante às relações exteriores, pertencia à *gherousia*, formada por vinte e oito membros vitalícios escolhidos pela assembléia entre os que houvessem completado sessenta anos. Da *gherousia* faziam parte também os dois reis ou diarcas, elevando assim o número total dos seus membros para trinta. Os diarcas eram obviamente um resíduo, em Esparta mais resistente do que em qualquer outro lugar, da antiga monarquia; tinham originariamente funções de grande relevo, mas foram-nas perdendo progressivamente a favor de outros órgãos.

Não há dúvida de que, sob o aspecto jurídico, também o conselho fosse uma verdadeira e autêntica magistratura; aliás, os gregos o consideravam a magistratura mais elevada. Contudo, devido à própria necessidade da divisão do trabalho e, conseqüentemente, da especialização, bem como da preparação da atividade do conselho, surgiram mais tarde outros magistrados, que, no caso específico de Esparta, são os cinco *éforos*. Estes magistrados, por serem eleitos cada ano pela *Apella*, representavam, sem dúvida, um órgão mais próximo da vontade popular e foram ampliando cada vez mais seus poderes, originariamente só de controle, em prejuízo dos diarcas. Trata-se, porém, de uma magistratura muito questionada, à qual se imputava sobretudo haver traído suas origens populares e aspirar ao poder absoluto. Por este mesmo motivo, pode-se afirmar que a constituição espartana, tradicionalmente atribuída ao legislador Licurgo (hoje, de resto, considerado pela crítica moderna .como mera figura mítica), foi sempre de tendência oligárquica.

IV. A TIRANIA E A ORIGEM DA PÓLIS DEMO-CRÁTICA. — No decorrer do século VI, ocorreu em muitas cidades gregas uma profunda transformação política. Será oportuno considerar a este propósito que, na transição da oligarquia aristocrática à oligarquia timocrática, nem sempre à inteira classe média, ou seja, aquela que então era chamada *demos*, obteve adequado reconhecimento político. Contudo, havia tempo que a burguesia prestava uma contribuição essencial para o exército da cidade que, ao transformar-se de exército de cavaleiros em exército de hoplitas, isto é, de infantaria, se havia servido de quantos eram capazes, por si sós, de conseguir uma armadura,

indubitavelmente menos custosa que a manutenção de um cavalo. Acrescente-se a isto que, abaixo da classe média, existia o largo estrato dos que nada tinham, ou seja, uma base naturalmente disponível para a luta de facções, ou mesmo de classes. Diante desta massa de pequenos burgueses e deserdados se apresentavam alguns objetivos imediatos, como a codificação das normas consuetudinárias, assim como outros de mais longínqua perspectiva. Para alcançar todos esses objetivos, ou parte deles, se oferecia às classes inferiores como alternativa, ou o acordo com as classes dominantes (responde a tal escopo a nomeação de *esimnetas*, ou pacificadores, e de legisladores), ou, ao invés, o apoio a um chefe capaz de deslocar o eixo do poder político. A escolha de semelhante chefe, muitas vezes pertencente justamente às classes mais ricas, deu azo à "tirania", instituição detestável para o pensamento político grego (sobretudo porque o tirano tendia a afirmar a toda a custa seu poder pessoal), mas à qual se há de reconhecer uma função específica na transição da oligarquia para a democracia.

Como é fácil de entender, o advento da democracia implicava, em primeiro lugar, a atribuição do máximo poder político à assembléia e trazia consigo novos critérios para a escolha dos magistrados, inclusive para a atribuição das magistraturas por sorteio. Mas é de observar aqui que a idéia democrática também contou com uma ampla e clara oposição intelectual. De Sócrates a Platão e Aristóteles, pode-se encontrar, se bem que com tonalidades diversas, a condenação do individualismo vinculado à idéia democrática e a aversão à onipotência da assembléia (que amiúde acabava por governar por meio de decretos e não segundo a lei) como uma das constantes do pensamento político. Aristóteles, particularmente, acentua repetidas vezes o perigo que existe de que a democracia degenere em demagogia; um risco verdadeiramente grave, porquanto a democracia já é tida como uma degeneração da *politia*, isto é, daquela forma ideal de constituição onde governa certamente a maioria, mas no interesse de todos e não no de uma só classe social, conquanto numerosa. Aristóteles (*Pol.*, IV, 4, 2-7, e IV, 5, 3-5) distingue cinco formas de democracia: a primeira é aquela em que as classes dos ricos e dos pobres estão, por lei, no mesmo plano de igualdade, mesmo que, sendo os pobres mais numerosos, seja a eles que cabe inevitavelmente governar, com a conseqüência implícita de uma política de classe; a segunda é aquela onde, para chegar à magistratura, é preciso possuir um patrimônio não elevado; a terceira é aquela em que os cargos são acessíveis a qualquer cidadão de origem irrepreensível; a quarta é aquela em que todos os cidadãos podem aspirar aos diversos cargos; a quinta é aquela onde é soberana não a lei, como nas formas precedentes, mas a massa, ou seja, a assembléia, sendo então que ocorre o fenômeno da demagogia. Aristóteles acaba por aderir à opinião daqueles que vêem no último caso a ausência de uma verdadeira constituição.

V. A CONSTITUIÇÃO DEMOCRÁTICA DE ATENAS NAS SUAS PRINCIPAIS INSTITUIÇÕES E MOMENTOS HISTÓRICOS.

— Contrastando com Esparta, a cidade democrática por antonomásia é Atenas. Sua constituição democrática se foi formando, sem dúvida, gradualmente; a tradição assinalou, por isso, alguns momentos fundamentais, ligados às maiores personalidades políticas.

Deixando de lado Drácon, em que a crítica moderna se inclina a ver não já o autor de uma constituição, mas antes um codificador do direito, a primeira figura de grande importância na história da democracia ateniense é, indubitavelmente, Sólon. Obteve o arcontado, que era a magistratura epônima, entre 594-593, com a incumbência de reorganizar a constituição e de eliminar, em conseqüência, os contrastes entre as classes em luta. Elaborou, de fato, uma série de medidas: em primeiro lugar, aboliu, com efeito retroativo, a escravidão por dívidas, declarando também nulas as hipotecas sobre bens indispensáveis à vida do devedor, mas, ao mesmo tempo, se recusou a autorizar novas distribuições de terras; em segundo lugar, já num plano diretamente constitucional, procedeu, baseando-se nas distinções então existentes, à divisão censitária dos cidadãos em quatro classes (a dos *pentacosiomedimnas*, a dos cavaleiros, a dos *zeugitas* e a dos *tetas*), reconhecendo depois como capazes de eleição passiva apenas as três primeiras classes e, em certos casos, só a primeira ou a primeira e a segunda, ao passo que o direito de eleição ativa atingia todos os cidadãos, sem distinção; finalmente, ainda no plano constitucional, criou novos órgãos, como a *Eliea* ou tribunal do povo, cujos membros eram escolhidos à sorte entre os cidadãos e sob cuja alçada recaíam as acusações públicas.

A avaliação da atividade de Sólon e da sua linha política tem sido sempre de grande interesse para a historiografia moderna. Entre as interpretações extremas que vêem em Sólon, ora o fundador da democracia ateniense, ora, pelo contrário, o simples conservador iluminado, o juízo mais freqüente e equilibrado é o de que ele levou a cabo uma revolução moderada, não ainda plenamente democrática, mas certamente favorável à instituição da democracia.

Depois de Sólon, Atenas experimentou longos anos de lutas civis, seguidos depois por longos anos de tirania, com Pisístrato e com seu filho Hípias. Tratou-se, não obstante, de uma tirania bastante respeitosa da constituição. Após o fim do Governo de Hípias, cuja queda foi provocada pela aristocracia com a ajuda dos espartanos, surgiu outra figura de grande relevo, Clístenes. Era um aristocrata, como aliás Sólon, mas a sua ação política e as suas reformas, que tiveram início por volta do ano 510, depois de ser nomeado arconte, estiveram claramente voltadas para o interesse do *demos*. Clístenes dividiu o país em dez tribos territoriais; cada tribo compreendia três distritos ou *trittie*, e cada um destes distritos abrangia outros menores, os *demi*. Isto não só destruiu os laços conaturais às antigas tribos gentílicias, mas constituiu também a base da instituição de um novo órgão, a *Bulè* dos Quinhentos, de que faziam parte cinqüenta cidadãos tirados à sorte de cada uma das tribos: a *Bulè*, uma magistratura colegial, converteu-se no supremo órgão administrativo da cidade, tendo também uma função *probuleutica*, que implicava a composição da ordem do dia da assembléia popular.

Quanto ao mais, Clístenes não modificou substancialmente a constituição de Sólon, mas é de assinalar a criação da instituição do ostracismo que veio aumentar ainda mais os poderes da assembléia popular, se bem que os estudiosos não estejam totalmente de acordo quanto à atribuição deste instituto a Clístenes.

A constituição de Clístenes manteve-se praticamente imutável durante várias décadas, isto é, até ao advento de Péricles. Uma das novidades mais importantes deste período, marcado, aliás, por acontecimentos como as guerras pérsicas e as reaceas discórdias entre os partidos, é a reforma do sistema de nomeação dos arcontes, agora escolhidos mediante sorteio, mesmo que tal novidade tenha coincidido com o decréscimo da importância do arcontado e com o aumento da influência da estratégia, magistratura criada por Pisístrato e destinada a tornar-se a mais importante da cidade. Outra inovação de interesse, devida a Efialta em 461, foi a limitação da competência do Areópago (órgão naturalmente conservador, porquanto composto de membros vitalícios) só aos homicídios premeditados.

A época de Péricles, iniciada em 460 com a sua primeira eleição para estratego, distinguiu-se por uma complexa e intensa relação entre aquele que representava uma espécie de chefe do Governo, reeleito estratego pela assembléia umas trinta vezes, e a própria assembléia popular. As inovações deste período são, com efeito, assaz reveladoras: de um lado, foi introduzida a acusação pública de *paranomia*, usada contra o proponente de um decreto em contraste com as leis, com o fim evidente de reduzir o perigo de constantes derrogações das leis por parte da assembléia; do outro, concedeu-se uma indenização (*mistoforia*) a quem desempenhasse um cargo público, com o claro objetivo de permitir até aos menos abastados, então admitidos à magistratura por sorteio, a participação no Governo da *Pólis*.

Durante o domínio de Péricles, iniciou-se também a guerra do Peloponeso que opôs principalmente Atenas e Esparta, fazendo depois deflagrar a discórdia, de forma violenta, entre os próprios democratas e oligarcas em cada uma das cidades. Houve então em Atenas um temporâneo retorno à oligarquia: o episódio mais relevante neste sentido é o do Governo dos Trinta. A restauração do regime democrático deu-se em 403, com a volta à constituição de Clístenes e Péricles; o regime democrático, não obstante os contínuos conflitos entre as *Póleis* e as classes sociais, manteve-se depois estável em Atenas até 338, ou seja, até à batalha de Queronéia, que assinalou, como se sabe, a supremacia dos macedônios sobre os gregos.

VI. ASPECTOS SALIENTES DA DEMOCRACIA ATENIENSE. — A constituição democrática de Atenas foi diversamente avaliada pelos próprios gregos, como já dissemos, o mesmo acontecendo com os estudiosos modernos. Para além de qualquer polêmica, é indubitável que o regime democrático ateniense apresenta muitos aspectos positivos, ainda hoje merecedores de consideração; importa, porém, reconhecer igualmente que a exacerbação de alguns princípios trouxe consigo inconvenientes de não pequena monta. Convirá, pois, a título de mero exemplo, ressaltar alguns pontos. O primeiro, fundamental para a avaliação de qualquer regime político ou ordenamento jurídico, se refere àquilo que hoje chamamos poder judiciário. Se considerarmos, por um lado, a composição do supremo tribunal de Atenas na época democrática (a *Eliea* em que todo o cidadão tinha direito de participar) e, do outro, a deficiente configuração do Estado como pessoa jurídica, logo veremos que não se pode falar de um verdadeiro poder judiciário tal como hoje é entendido, e muito menos de separação de poderes; em suma, exercendo as funções judiciárias, o cidadão participa diretamente da soberania da *Pólis*, entendida como sociedade de *politai*. É claro que o não-profissionalismo do juiz oferece algumas vantagens, pois evita, acima de tudo, que o corpo judiciário se isole como uma "casta" (quase sempre guarda de ordenamentos ultrapas-

sados); mas também não se pode ignorar que isso dá azo à incompetência e, por vezes, à corrupção. Outro ponto significativo está na relação entre lei e decreto (no sentido exclusivamente grego de deliberação da assembléia), num ordenamento constitucional onde a assembléia popular ocupa posto de tão grande importância. É evidente que a assembléia tenderá com freqüência a modificar a lei existente por meio de uma simples deliberação, sem ter antes ab-rogado a lei em vigor. Para evitar precisamente a constante subversão da ordenação jurídica, nela compreendidas as próprias normas constitucionais, foram excogitados alguns remédios, em primeiro lugar a já mencionada acusação pública de *paranomia*, que tinha de ser apresentada à *Eliea*. Acima dos remédios, estava, contudo, a realidade de uma assembléia numerosa, onde se desenrolava o jogo das pressões momentâneas e onde a legalidade, para ser salvaguardada, precisava de ter defensores.

VII. A VITÓRIA MACEDÔNIA E O FIM DA PÓLIS. — A democracia, restaurada em Atenas nos fins do século V, encontra no século IV sua decadência. Como os próprios gregos já sublinharam, as causas de tal declínio podem resumir-se numa só que foi o predomínio do individualismo mais desenfreado. A participação na assembléia não é mais entendida como contribuição para o bem comum, mas como meio de obter vantagens pessoais. É extremamente significativo, aliás, que o *misthos* seja então pago pelo Estado não apenas aos titulares de uma magistratura, mas também aos simples participantes da assembléia. É este o sinal mais evidente da mudança do clima político; mas o quadro geral apresenta ainda outros muitos elementos negativos. Os participantes da assembléia são agora sobretudo os que nada possuem; isto seria o bastante para pôr em crise os recursos de um Estado onde as magistraturas financeiras se tornavam cada dia mais importantes. Sobre este fundo vai ganhando cada vez mais corpo a tendência de uma parte considerável do pensamento político a favor do regime monárquico, o único que se acreditava seria ainda capaz de devolver a ordem ao Estado.

As guerras contra os macedônios aceleram o processo de decadência. As condições de paz impostas por Filipe II e a criação da liga de Corinto constituem uma das maiores contribuições para a consolidação da idéia pan-helênica. Nessa altura, a época da cidade-Estado grega pode considerar-se finda, mesmo que continuem a existir formalmente as *Póleis* e suas constituições particulares. O novo ideal político é para muitos, inquestionavelmente, o monárquico.

BIBLIOGRAFIA. –G. FASSÒ, *La democrazia in Grecia*, II Mulino, Bologna 1959; N. D. FUSTEL DE COULANGES, *La cité antique*, Hachette, Paris 1864, Vallechi, Firenze 1924 e Laterza, Bari 1925; G. GLOTZ, *La cité grecque*, Albin Michel, Paris 1953, Einaudi, Torino 1956 e II Saggiatore, Milano 1969; *Zur griechischen Staatskunde*, ao cuidado de F. GESCHNITZER, Wissenschaftliche Buchgesellschaft, Darmstadt 1969; *Hellenische Poleis, Krise-Wandlung-Wirkung*, ao cuidado de E. CH. WELSKOPF, I-IV, Akademie-Verlag, Berlin 1974.

[ROBERTO BONINI]

Política.

I. O SIGNIFICADO CLÁSSICO E MODERNO DE POLÍTICA. — Derivado do adjetivo originado de *pólis* (*politikós*), que significa tudo o que se refere à cidade e, conseqüentemente, o que é urbano, civil, público, e até mesmo sociável e social, o termo Política se expandiu graças à influência da grande obra de Aristóteles, intitulada *Política*, que deve ser considerada como o primeiro tratado sobre a natureza, funções e divisão do Estado, e sobre as várias formas de Governo, com a significação mais comum de arte ou ciência do Governo, isto é, de reflexão, não importa se com intenções meramente descritivas ou também normativas, dois aspectos dificilmente discrimináveis, sobre as coisas da cidade. Ocorreu assim desde a origem uma transposição de significado, do conjunto das coisas qualificadas de um certo modo pelo adjetivo "político", para a forma de saber mais ou menos organizado sobre esse mesmo conjunto de coisas: uma transposição não diversa daquela que deu origem a termos como física, estética, ética e, por último, cibernética. O termo Política foi usado durante séculos para designar principalmente obras dedicadas ao estudo daquela esfera de atividades humanas que se refere de algum modo às coisas do Estado: *Politica methodice digesta*, só para apresentar um exemplo célebre, é o título da obra com que Johannes Althusius (1603) expôs uma das teorias da *consociatio publica* (o Estado no sentido moderno da palavra), abrangente em seu seio várias formas de *consociationes* menores.

Na época moderna, o termo perdeu seu significado original, substituído pouco a pouco por outras expressões como "ciência do Estado", "doutrina do Estado", "ciência política", "filosofia política", etc., passando a ser comumente usado para indicar a atividade ou conjunto de atividades que, de alguma maneira, têm como termo de referência a *pólis*, ou seja, o Estado.

Dessa atividade a *pólis* é, por vezes, o sujeito, quando referidos à esfera da Política atos como o ordenar ou proibir alguma coisa com efeitos vinculadores para todos os membros de um determinado grupo social, o exercício de um domínio exclusivo sobre um determinado território, o legislar através de normas válidas *erga omnes*, o tirar e transferir recursos de um setor da sociedade para outros, etc.; outras vezes ela é objeto, quando são referidas à esfera da Política ações como a conquista, a manutenção, a defesa, a ampliação, o robustecimento, a derrubada, a destruição do poder estatal, etc. Prova disso é que obras que continuam a tradição do tratado aristotélico se intitulam no século XIX *Filosofia do direito* (Hegel, 1821), *Sistema da ciência do Estado* (Lorenz von Stein, 1852-1856), *Elementos de ciência política* (Mosca, 1896), *Doutrina geral do Estado* (Georg Jellinek, 1900). Conserva parcialmente a significação tradicional a pequena obra de Croce, *Elementos de política* (1925), onde Política mantém o significado de reflexão sobre a atividade política, equivalendo, por isso, a "elementos de filosofia política". Uma prova mais recente é a que se pode deduzir do uso enraizado nas línguas mais difundidas de chamar história das doutrinas ou das idéias políticas ou, mais genericamente, história do pensamento político à história que, se houvesse permanecido invariável o significado transmitido pelos clássicos, teria de se chamar história da Política, por analogia com outras expressões, como história da física, ou da estética, ou da ética: uso também aceito por Croce que, na pequena obra citada, intitula *Para a história da filosofia da política* o capítulo dedicado a um breve *excursus* histórico pelas políticas modernas.

II. A TIPOLOGIA CLÁSSICA DAS FORMAS DE PODER. — O conceito de Política, entendida como forma de atividade ou de práxis humana, está estreitamente ligado ao de poder. Este tem sido tradicionalmente definido como "consistente nos meios adequados à obtenção de qualquer vantagem" (Hobbes) ou, analogamente, como "conjunto dos meios que permitem alcançar os efeitos desejados" (Russell). Sendo um destes meios, além do domínio da natureza, o domínio sobre os outros homens, o poder é definido por vezes como uma relação entre dois sujeitos, dos quais um impõe ao outro a própria vontade e lhe determina, malgrado seu, o comportamento. Mas, como o domínio sobre os homens não é geralmente fim em si mesmo, mas um meio para obter "qualquer vantagem" ou, mais exatamente, "os efeitos desejados", como acontece com o domínio da natureza, a definição do poder como tipo de relação entre sujeitos tem de ser completada com a definição do poder como posse dos meios (entre os quais se contam como principais o domínio sobre os outros e sobre a natureza) que permitem alcançar justamente uma "vantagem qualquer" ou os "efeitos desejados". O poder político pertence à categoria do poder do homem sobre outro homem, não à do poder do homem sobre a natureza. Esta relação de poder é expressa de mil maneiras, onde se reconhecem fórmulas típicas da linguagem política: como relação entre governantes e governados, entre soberano e súditos, entre Estado e cidadãos, entre autoridade e obediência, etc.

Há várias formas de poder do homem sobre o homem; o poder político é apenas uma delas. Na tradição clássica que remonta especificamente a Aristóteles, eram consideradas três formas principais de poder: o poder paterno, o poder despótico e o poder político. Os critérios de distinção têm sido vários com o variar dos tempos. Em Aristóteles se entrevê a distinção baseada no interesse daquele em benefício de quem se exerce o poder: o paterno se exerce pelo interesse dos filhos; o despótico, pelo interesse do senhor; o político, pelo interesse de quem governa e de quem é governado, o que ocorre apenas nas formas corretas de Governo, pois, nas viciadas, o característico é que o poder seja exercido em benefício dos governantes. Mas o critério que acabou por prevalecer nos tratados jusnaturalistas foi o do fundamento ou do princípio de legitimação, que encontramos claramente formulado no cap. XV do *Segundo tratado sobre o governo* de Locke: o fundamento do poder paterno é a natureza, do poder despótico o castigo por um delito cometido (a única hipótese neste caso é a do prisioneiro de guerra que perdeu uma guerra injusta), do poder civil o consenso. A estes três motivos de justificação do poder correspondem as três fórmulas clássicas do fundamento da obrigação: *ex natura, ex delicto, ex contractu.* Nenhum dos dois critérios permite, não obstante, distinguir o caráter específico do poder político. Na verdade, o fato de o poder político se diferenciar do poder paterno e do poder despótico por estar voltado para o interesse dos governantes ou por se basear no consenso, não constitui caráter distintivo de qualquer Governo, mas só do bom Governo: não é uma conotação ·da relação política como tal, mas da relação política referente ao Governo tal qual deveria ser. Na realidade, os escritores políticos não cessaram nunca de identificar seja Governos paternalistas, seja Governos despóticos, ou então Governos em que a relação entre Governo e súditos se assemelhava ora à relação entre pai e filhos, ora à entre senhor e escravos, os quais nem por ·isso deixa-

vam de ser Governos tanto quanto os que agiam pelo bem público e se fundavam no consenso.

III. A TIPOLOGIA MODERNA DAS FORMAS DE PODER. — Para acharmos o elemento específico do poder político, parece mais apropriado o critério de classificação das várias formas de poder que se baseia nos meios de que se serve o sujeito ativo da relação para determinar o comportamento do sujeito passivo. Com base neste critério, podemos distinguir três grandes classes no âmbito de um conceito amplíssimo do poder. Estas classes são: o poder econômico, o poder ideológico e o poder político. O primeiro é o que se vale da posse de certos bens, necessários ou considerados como tais, numa situação de escassez, para induzir aqueles que não os possuem a manter um certo comportamento, consistente sobretudo na realização de um certo tipo de trabalho. Na posse dos meios de produção reside uma enorme fonte de poder para aqueles que ·os têm em relação àqueles que os não têm: o poder do chefe de uma empresa deriva da possibilidade que a posse ou disponibilidade dos meios de produção lhe oferece de poder vender a força de trabalho a troco de um salário. Em geral, todo aquele que possui abundância de bens é capaz de determinar o comportamento de quem se encontra em condições de penúria, mediante a promessa e concessão de vantagens. O poder ideológico se baseia na influência que as idéias formuladas de um certo modo, expressas em certas circunstâncias, por uma pessoa investida de certa autoridade e difundidas mediante certos processos, exercem sobre a conduta dos consociados: deste tipo de condicionamento nasce a importância social que atinge, nos grupos organizados, aqueles que sabem, os sábios, sejam eles os sacerdotes das sociedades arcaicas, sejam os intelectuais ou cientistas das sociedades evoluídas, pois é por eles, pelos valores que difundem ou pelos conhecimentos que comunicam, que se consuma o processo de socialização necessário à coesão e integração do grupo. Finalmente, o poder político se baseia na posse dos instrumentos mediante os quais se exerce a força física (as armas de toda a espécie e potência): é o poder coator no sentido mais estrito da palavra. Todas estas três formas de poder fundamentam e mantêm uma sociedade de desiguais, isto é, dividida em ricos e pobres com base no primeiro, em sábios e ignorantes com base no segundo, em fortes e fracos, com base no terceiro: genericamente, em superiores e inferiores.

Como poder cujo meio específico é a força, de longe o meio mais eficaz para condicionar os comportamentos, o poder político é, em toda a sociedade de desiguais, o poder supremo, ou seja, o poder ao qual todos os demais estão de algum modo subordinados: o poder coativo é, de fato, aquele a que recorrem todos os grupos sociais (a classe dominante), em última instância, ou como *extrema ratio*, para se defenderem dos ataques externos, ou para impedirem, com a desagregação do grupo, de ser eliminados. Nas relações entre os membros de um mesmo grupo social, não obstante o estado de subordinação que a expropriação dos meios de produção cria nos expropriados para com os expropriadores, não obstante a adesão passiva aos valores do grupo por parte da maioria dos destinatários das mensagens ideológicas emitidas pela classe dominante, só o uso da força física serve, pelo menos em casos extremos, para impedir a insubordinação ou a desobediência dos subordinados, como o demonstra à saciedade a experiência histórica. Nas relações entre grupos sociais diversos, malgrado a importância que possam ter a ameaça ou a execução de sanções econômicas para levar o grupo hostil a desistir de um determinado comportamento (nas relações entre grupos é de somenos importância o condicionamento de natureza ideológica), o instrumento decisivo para impor a própria vontade é o uso da força, a guerra.

Esta distinção entre três tipos principais de poder social se encontra, se bem que expressa de diferentes maneiras, na maior parte das teorias sociais contemporâneas, onde o sistema social global aparece direta ou indiretamente articulado em três subsistemas fundamentais, que são a organização das forças produtivas, a organização do consenso e a organização da coação. A teoria marxista também pode ser interpretada do mesmo modo: a base real, ou estrutura, compreende o sistema econômico; a supra-estrutura, cindindo-se em dois momentos distintos, compreende o sistema ideológico e aquele que é mais propriamente jurídico-político. Gramsci distingue claramente na esfera supra-estrutural o momento do consenso (que chama sociedade civil) e o momento do domínio (que chama sociedade política ou Estado). Os escritores políticos distinguiram durante séculos o poder espiritual (que hoje chamaríamos ideológico) do poder temporal, havendo sempre interpretado este como união do *dominium* (que hoje chamaríamos poder econômico) e do *imperium* (que hoje designaríamos mais propriamente como poder político). Tanto na dicotomia tradicional (poder espiritual e poder temporal) quanto na marxista (estrutura e supra-estrutura), se encontram as três formas de poder, desde que se entenda corretamente o segundo termo em um e outro caso como composto de dois momentos. A diferença está no fato de que, na teoria tradicional, o momento principal é o ideológico, já que o econômico-político é concebido como direta ou indiretamente dependente do espiritual, enquanto que, na teoria marxista, o momento principal é o econômico, pois o poder ideológico e o político refletem, mais ou menos imediatamente, a estrutura das relações de produção.

IV. O PODER POLÍTICO. — Embora a possibilidade de recorrer à força seja o elemento que distingue o poder político das outras formas de poder, isso não significa que ele se resolva no uso da força; tal uso é uma condição necessária, mas não suficiente para a existência do poder político. Não é qualquer grupo social, em condições de usar a força, mesmo com certa continuidade (uma associação de delinqüência, uma chusma de piratas, um grupo subversivo, etc.), que exerce um poder político. O que caracteriza o poder político é a exclusividade do uso da força em relação à totalidade dos grupos que atuam num determinado contexto social, exclusividade que é o resultado de um processo que se desenvolve em toda a sociedade organizada, no sentido da monopolização da posse e uso dos meios com que se pode exercer a coação física. Este processo de monopolização acompanha *pari passu* o processo de incriminação e punição de todos os atos de violência que não sejam executados por pessoas autorizadas pelos detentores e beneficiários de tal monopólio.

Na hipótese hobbesiana que serve de fundamento à teoria moderna do Estado, a passagem do Estado de natureza ao Estado civil, ou da *anarchía* à *archía*, do Estado apolítico ao Estado político, ocorre quando os indivíduos renunciam ao direito de usar cada um a própria força, que os tornava iguais no estado de natureza, para o confiar a uma única pessoa, ou a um único corpo, que doravante será o único autorizado a usar a força contra eles. Esta hipótese abstrata adquire profundidade histórica na teoria do Estado de Marx e de Engels, segundo a qual, numa sociedade dividida em classes antagônicas, as instituições políticas têm a função primordial de permitir à classe dominante manter seu domínio, alvo que não pode ser alcançado, por via do antagonismo de classes, senão mediante a organização sistemática e eficaz do monopólio da força; é por isso que cada Estado é, e não pode deixar de ser, uma ditadura. Neste sentido tornou-se já clássica a definição de Max Weber: "Por Estado se há de entender uma empresa institucional de caráter político onde o aparelho administrativo leva avante, em certa medida e com êxito, a pretensão do monopólio da legítima coerção física, com vistas ao cumprimento das leis" (I, 53). Esta definição tornou-se quase um lugar-comum da ciência política contemporânea.

Escreveram G. A. Almond e G. B. Powell num dos manuais de ciência política mais acreditados: "Estamos de acordo com Max Weber em que é a força física legítima que constitui o fio condutor da ação do sistema político, ou seja, lhe confere sua particular qualidade e importância, assim como sua coerência como sistema. As autoridades políticas, e somente elas, possuem o direito, tido como predominante, de usar a coerção e de impor a obediência apoiados nela... Quando falamos de sistema político, referimonos também a todas as interações respeitantes ao uso ou à ameaça de uso de coerção física legítima" (p. 55). A supremacia da força física como instrumento de poder em relação a todas as outras formas (das quais as mais importantes, afora a força física, são o domínio dos bens, que dá lugar ao poder econômico, e o domínio das idéias, que dá lugar ao poder ideológico) fica demonstrada ao considerarmos que, embora na maior parte dos Estados históricos o monopólio do poder coativo tenha buscado e encontrado seu apoio na imposição das idéias ("as idéias dominantes", segundo a bem conhecida afirmação de Marx, "são as idéias da classe dominante"), dos deuses pátrios à religião civil, da religião confessional à religião de Estado, e na concentração e na direção das atividades econômicas principais, há todavia grupos políticos organizados que consentiram a desmonopolização do poder ideológico e do poder econômico; um exemplo disso está no Estado liberal-democrático, caracterizado pela liberdade de opinião, se bem que dentro de certos limites, e pela pluralidade dos centros de poder econômico. Não há grupo social organizado que tenha podido até hoje consentir a desmonopolização do poder coativo, o que significaria nada mais nada menos que o fim do Estado e que, como tal, constituiria um verdadeiro e autêntico salto qualitativo, à margem da história, para o reino sem tempo da utopia.

Conseqüência direta da monopolização da força no âmbito de um determinado território e relativas a um determinado grupo social, assim hão de ser consideradas algumas características comumente atribuídas ao poder político e que o diferenciam de toda e qualquer outra forma de poder: a exclusividade, a universalidade e a inclusividade. Por exclusividade se entende a tendência revelada pelos detentores do poder político ao não permitirem, no âmbito de seu domínio, a formação de grupos armados independentes e ao debelarem ou dispersarem os que porventura se vierem formando, assim como ao iludirem as infiltrações, as ingerências ou as agressões de grupos políticos do exterior. Esta característica distingue um grupo político organizado da "societas" de "latrones" (o "latrocinium" de que

falava Agostinho). Por universalidade se entende a capacidade que têm os detentores do poder político, e eles sós, de tomar decisões legítimas e verdadeiramente eficazes para toda a coletividade, no concernente à distribuição e destinação dos recursos (não apenas econômicos). Por inclusividade se entende a possibilidade de intervir, de modo imperativo, em todas as esferas possíveis da atividade dos membros do grupo e de encaminhar tal atividade ao fim desejado ou de a desviar de um fim não desejado, por meio de instrumentos de ordenamento jurídico, isto é, de um conjunto de normas primárias destinadas aos membros do grupo e de normas secundárias destinadas a funcionários especializados, com autoridade para intervir em caso de violação daquelas. Isto não quer dizer que o poder político não se imponha limites. Mas são limites que variam de uma formação política para outra: um Estado autocrático estende o seu poder até à própria esfera religiosa, enquanto que o Estado laico pára diante dela; um Estado coletivista estenderá o próprio poder à esfera econômica, enquanto que o Estado liberal clássico dela se retrairá. O Estado todo-abrangente, ou seja, o Estado a que nenhuma esfera da atividade humana escapa, é o Estado totalitário, que constitui, na sua natureza de caso-limite, a sublimação da Política, a politização integral das relações sociais.

V. O FIM DA POLÍTICA. — Uma vez identificado o elemento específico da Política no meio de que se serve, caem as definições teleológicas tradicionais que tentam definir a Política pelo fim ou fins que ela persegue. A respeito do fim da Política, a única coisa que se pode dizer é que, se o poder político, justamente em virtude do monopólio da força, constitui o poder supremo num determinado grupo social, os fins que se pretende alcançar pela ação dos políticos são aqueles que, em cada situação, são considerados prioritários para o grupo (ou para a classe nele dominante): em épocas de lutas sociais e civis, por exemplo, será a unidade do Estado, a concórdia, a paz, a ordem pública, etc.; em tempos de paz interna e externa, será o bem-estar, a prosperidade ou a potência; em tempos de opressão por parte de um Governo despótico, será a conquista dos direitos civis e políticos; em tempos de dependência de uma potência estrangeira, a independência nacional. Isto quer dizer que a Política não tem fins perpetuamente estabelecidos, e muito menos um fim que a compreenda a todos e que possa ser considerado como o seu verdadeiro fim: os fins da Política são tantos quantas são as metas que um grupo organizado se propõe, de acordo com os tempos e circunstâncias. Esta insistência sobre o meio, e não sobre o fim, corresponde, aliás, à *communis opinio* dos teóricos do Estado, que excluem o fim dos chamados elementos constitutivos do mesmo. Fale mais uma vez por todos Max Weber: "Não é possível definir um grupo político, nem tampouco o Estado, indicando o alvo da sua ação de grupo. Não há nenhum escopo que os grupos políticos não se hajam alguma vez proposto... Só se pode, portanto, definir o caráter político de um grupo social pelo meio... que não lhe é certamente exclusivo, mas é, em todo o caso, específico e indispensável à sua essência: o uso da força" (I, 54).

A esta rejeição do critério teleológico não impede, contudo, que se possa falar corretamente, quando menos, de um fim mínimo na Política: a ordem pública nas relações internas e a defesa da integridade nacional nas relações de um Estado com os outros Estados. Este fim é o mínimo, porque é a *conditio sine qua non* para a consecução de todos os demais fins, conciliável, portanto, com eles. Até mesmo o partido que quer a desordem, a deseja, não como objetivo final, mas como fator necessário para a mudança da ordem existente e criação de uma nova ordem. Além disso, é lícito falar da ordem como fim mínimo da Política, porque ela é, ou deveria ser, o resultado imediato da organização do poder coativo, porque, por outras palavras, esse fim, a ordem, está totalmente unido ao meio, o monopólio da força: numa sociedade complexa, fundamentada na divisão do trabalho, na estratificação de categorias e classes, e em alguns casos também na justaposição de gentes e raças diversas, só o recurso à força impede, em última instância, a desagregação do grupo, o regresso, como diriam os antigos, ao Estado de natureza. Tanto é assim que, no dia em que fosse possível uma ordem espontânea, como a imaginaram várias escolas econômicas e políticas, dos fisiocratas aos anarquistas, ou os próprios Marx e Engels na fase do comunismo plenamente realizado, não haveria mais política propriamente falando.

Quem examinar as definições teleológicas tradicionais de Política, não tardará a observar que algumas delas não são definições descritivas, mas prescritivas, pois não definem o que é concreta e normalmente a Política, mas indicam como é que ela deveria ser para ser uma boa Política; outras diferem apenas nas palavras (as palavras da linguagem filosófica são não raro intencionadamente obscuras) da definição aqui apresentada. Toda história da filosofia política está repleta de definições normativas, a começar pela aristotélica: como é bem conhecido, Aristóteles afirma que o fim da Política não é viver, mas viver bem (*Política*, 1278b). Mas em que consiste uma vida boa? Como é que ela se distingue de uma

vida má? E, se uma classe política oprime os seus súditos, condenando-os a uma vida sofrida e infeliz, será que não faz Política, será que o poder que ela exerce não é um poder político? O próprio Aristóteles distingue as formas puras de Governo das formas deturpadas, coisa que já antes dele fizera Platão e haviam de fazer, durante vinte séculos, muitos outros escritores políticos: conquanto o que distingue as formas deturpadas das formas puras, seja que nestas a vida não é boa, nem Aristóteles, nem todos os escritores que lhe sucederam, lhes negaram nunca o caráter de constituições políticas. Não nos iludam outras teorias tradicionais que atribuem à Política fins diversos do da ordem, como o bem comum (o mesmo Aristóteles e, depois dele, o aristotelismo medieval) ou a justiça (Platão): um conceito como o de bem comum, quando o quisermos desembaraçar da sua extrema generalidade, pela qual pode significar tudo ou nada, e lhe quisermos atribuir um significado plausível, ele nada mais poderá designar senão aquele bem que todos os membros de um grupo partilham e que não é mais que a convivência ordenada, numa palavra, a ordem; pelo que toca à justiça platônica, se a entendermos, desvanecidos todos os fumos retóricos, como o princípio segundo o qual é bom que cada um faça o que lhe incumbe dentro da sociedade como um todo (*República*, 433a), justiça e ordem são a mesma coisa. Outras noções de fim, como felicidade, liberdade, igualdade, são demasiado controversas e interpretáveis dos modos mais díspares, para delas se poderem tirar indicações úteis para a identificação do fim específico da política.

Outro modo de fugir às dificuldades de uma definição teleológica de Política é o de a definir como uma forma de poder que não tem outro fim senão o próprio poder (onde o poder é, ao mesmo tempo, meio e fim, ou, como se diz, fim em si mesmo). "O caráter político da ação humana, escreve Mário Albertini, torna-se patente, quando o poder se converte em fim, é buscado, em certo sentido, por si mesmo, e constitui o objeto de uma atividade específica" (p. 9), diversamente do que acontece com o médico, que exerce o próprio poder sobre o doente para o curar, ou com o rapaz que impõe seu jogo preferido aos companheiros, não pelo prazer de exercer o poder, mas de jogar. A este modo de definir a Política se poderá objetar que ele não define tanto uma forma específica de poder quanto uma maneira específica de o exercer, ajustando-se, por isso, igualmente bem a qualquer forma de poder, seja o poder econômico, seja o poder ideológico, seja qualquer outro poder. O poder pelo poder é um modo deturpado do exercício de qualquer forma de poder, que pode ter como sujeto tanto quem exerce o grande poder, qual o político, quanto quem exerce o pequeno, como o do pai de família ou o do chefe de seção que supervisiona uma dezena de operários. A razão• pela qual pode parecer que o poder como fim em si mesmo seja característico da Política (mas seria mais exato dizer de um certo homem político, do homem maquiavélico), reside no fato de que não existe um fim tão específico na Política como o que existe no poder que o médico exerce sobre o doente ou no do rapaz que impõe o jogo aos seus companheiros. Se o fim da Política, e não do homem político maquiavélico, fosse realmente o poder pelo poder, a Política não serviria para nada. É provável que a definição da Política como poder pelo poder derive da confusão entre o conceito de poder e o de potência: não há dúvida de que entre os fins da Política está também o da potência do Estado, quando se considera a relação do próprio Estado com os outros Estados. Mas uma coisa é uma Política de potência e outra o poder pelo poder. Além disso, a potência não é senão um dos fins possíveis da Política, um fim que só alguns Estados podem razoavelmente perseguir.

VI. A POLÍTICA COMO RELAÇÃO AMIGO-INIMIGO.

— Entre as mais conhecidas e discutidas definições de Política, conta-se a de Carl Schmitt (retomada e desenvolvida por Julien Freund), segundo a qual a esfera da Política coincide com a da relação amigo-inimigo. Com base nesta definição, o campo de origem e de aplicação da Política seria o antagonismo e a sua função consistiria na atividade de associar e defender os amigos e de desagregar e combater os inimigos. Para dar maior força à sua definição, baseada numa oposição fundamental, amigo-inimigo, Schmitt a compara às definições de moral, de arte, etc., fundadas também em oposições fundamentais, como bom-mau, belo-feio, etc. "A distinção política específica a que é possível referir as ações e os motivos políticos, é a distinção de *amigo* e *inimigo*... Na medida em que não for derivável de outros critérios, ela corresponderá, para a Política, aos critérios relativamente autônomos das demais oposições: bom e mau para a moral, belo e feio para a estética, e por aí afora" (p. 105). Freund se expressa enfaticamente nestes termos: "Enquanto houver política, ela dividirá a coletividade em amigos e inimigos" (p. 448). E explica: "Quanto mais uma oposição se desenvolver no sentido da distinção amigo-inimigo, tanto mais ela se tornará política. É característico do Estado eliminar, dentro dos limites da sua competência, a divisão dos seus membros ou grupos internos em amigos e inimigos, não tolerando senão as simples rivalidades ago-

nísticas ou as lutas dos partidos, e reservando ao Governo o direito de indicar o inimigo externo... É, pois, claro que a oposição amigo-inimigo é politicamente fundamental" (p. 445).

Não obstante pretender servir de definição global do fenômeno político, a definição de Schmitt considera a Política de uma perspectiva unilateral, se bem que importante, que é a daquele tipo particular de conflito que caracterizaria a esfera das ações políticas. Por outras palavras, Schmitt e Freund parecem estar de acordo nestes pontos: a Política tem que avir-se com os conflitos humanos; há vários tipos de conflitos, há principalmente conflitos agonísticos e antagonísticos; a Política cobre a área em que se desenrolam os conflitos antagonísticos. Que esta seja a perspectiva dos autores citados parece não caber dúvida. Escreve Schmitt: "A oposição política é a mais intensa e extrema de todas e qualquer outra oposição concreta será tanto mais política quanto mais se aproximar do ponto extremo, o do agrupamento baseado nos conceitos amigo-inimigo" (p. 112). De igual modo Freund: "Todo o desencontro de interesses... pode, em qualquer momento, transformar-se em rivalidade ou em conflito, e tal conflito, desde o momento que assuma o aspecto de uma prova de força entre os grupos que representam esses interesses, ou seja, desde o momento que se afirme como uma luta de poder, tornar-se-á político" (p. 479). Como se vê pelas passagens citadas, o que têm em mente estes autores, quando definem a Política baseados na dicotomia amigo-inimigo, é que existem conflitos entre os homens e entre os grupos sociais, e que entre esses conflitos há alguns diferentes de todos os outros pela sua particular intensidade; é a esses que eles dão o nome de conflitos políticos. Mas, quando se procura compreender em que é que consiste essa particular intensidade e, por conseguinte, em que é que a relação amigo-inimigo se distingue de todas as outras relações conflitantes de intensidade não igual, logo se nota que o elemento distintivo está em que se trata de conflitos que, em última instância, só podem ser resolvidos pela força ou justificam, pelo menos, o uso da força pelos contendores para pôr fim à luta. O conflito por excelência de que tanto Schmitt como Freund extrapolaram sua definição de Política, é a guerra, cujo conceito compreende tanto a guerra externa quanto a interna. Ora, se uma coisa é certa, é que a guerra constitui uma espécie de conflito eminentemente caracterizado pelo uso da força. Mas, se isso é verdade, a definição de Política em termos de amigo-inimigo não é de modo algum incompatível com a definição antes apresentada, que se refere ao monopólio da força. Não só não é incompatível, como é uma especificação da mesma e, em última análise, sua confirmação. É justamente na medida em que o poder político se distingue do instrumento de que se serve para atingir os próprios fins e em que tal instrumento é a força física, que ele é o poder a que se recorre para resolver os conflitos cuja não solução acarretaria a decomposição do Estado e da ordem internacional: são os conflitos em que, confrontados os contendores como inimigos, a *vita mea* é a *mors tua*.

VII. O POLÍTICO E O SOCIAL. — Contrastando com a tradição clássica, segundo a qual a esfera da Política, entendida como esfera do que diz respeito à vida da *pólis*, compreende toda a sorte de relações sociais, tanto que o "político" vem a coincidir com o "social", a doutrina exposta sobre a categoria da Política é certamente limitativa: reduzir, como se fez, a categoria da Política à atividade direta ou indiretamente relacionada com a organização do poder coativo e restringir o âmbito do "político" quanto ao "social", é rejeitar a plena coincidência de um com o outro. Esta limitação baseia-se numa razão histórica bem definida. De um lado, o cristianismo subtraiu à esfera da Política o domínio da vida religiosa, dando origem à contraposição do poder espiritual ao poder temporal, o que era desconhecido do mundo antigo. De outro, com o surgir da economia mercantil burguesa, foi subtraído à esfera da Política o domínio das relações econômicas, originando-se a contraposição (para usarmos a terminologia hegeliana, herdada de Marx e hoje de uso comum) da sociedade civil à sociedade política, da esfera privada ou do burguês à esfera pública ou do cidadão, coisa que também era ignorada do mundo antigo. Enquanto a filosofia política clássica se baseia no estudo da estrutura da *pólis* e das suas variadas formas históricas ou ideais, a filosofia política pós-clássica se caracteriza pela contínua busca de uma delimitação do que é político (o reino de César) do que não é político (quer seja o reino de Deus, quer seja o de *Mammona*), por uma contínua reflexão sobre o que distingue a esfera da Política da esfera da não-Política, o Estado do não-Estado, onde por esfera da não-Política ou do não-Estado se entende, conforme as circunstâncias, ora a sociedade religiosa (a *ecclesia* contraposta à *civitas*), ora a sociedade natural (o mercado como lugar em que os indivíduos se encontram independentemente de qualquer imposição, contraposto ao ordenamento coativo do Estado). O tema fundamental da filosofia política moderna é o tema dos limites, umas vezes mais restritos, outras vezes mais amplos conforme os autores e as escolas, do Estado como organização da esfera política, seja em relação à sociedade religiosa, seja em relação

à sociedade civil (entendida como sociedade burguesa ou dos privados).

É exemplar também sob este aspecto a teoria política de Hobbes, articulada em torno de três conceitos fundamentais que constituem as três partes em que se divide a matéria do *De Cive*. Estas partes são assim denominadas: *libertas, potestas, religio*. O problema fundamental do Estado e, por conseguinte, da Política é, para Hobbes, o problema das relações entre a *potestas* simbolizada no grande Leviatã, por um lado, e a *libertas* e a *religio*, por outro: a *libertas* designa o espaço das relações naturais, onde se desenvolve a atividade econômica dos indivíduos, estimulada pela incessante disputa pela posse dos bens materiais, o Estado de natureza (interpretado recentemente como prefiguração da sociedade de mercado); a *religio* indica o espaço reservado à formação e expansão da vida espiritual, cuja concretização histórica se dá na instituição da Igreja, isto é, duma sociedade que, por sua natureza, se distingue da sociedade política e não pode ser com ela confundida. Relacionados com esta dupla delimitação dos confins da Política, surgem na filosofia política moderna dois tipos ideais de Estado: o Estado absoluto e o Estado liberal, aquele com tendência a estender, este com tendência a limitar a própria ingerência em relação à sociedade econômica e à sociedade religiosa. Na filosofia política do século passado, o processo de emancipação da sociedade quanto ao Estado avançou tanto que, por primeira vez, foi por muitos aventada a hipótese da desaparição do Estado num futuro mais ou menos remoto e da conseqüente absorção do político pelo social, ou seja, do fim da Política. Conforme o que se disse até aqui sobre o significado restritivo de Política (restritivo em relação ao conceito mais amplo de "social"), fim da Política significa exatamente fim de uma sociedade para cuja coesão sejam indispensáveis as relações de poder político, isto é, relações de domínio fundadas, em última instância, no uso da força. Fim da Política não significa, bem entendido, fim de toda a forma de organização social. Significa, pura e simplesmente, fim daquela forma de organização social que se rege pelo uso exclusivo do poder coativo.

VIII. POLÍTICA E MORAL. — Ao problema da relação entre Política e não-Política, está vinculado um dos problemas fundamentais da filosofia política, o problema da relação entre Política e moral. A Política e a moral estendem-se pelo mesmo domínio comum, o da ação ou da práxis humana. Pensa-se que se distinguem entre si em virtude de um princípio ou critério diverso de justificação e avaliação das respectivas ações, e que, em consequência disso, o que é obrigatório em moral, não se pode dizer que o seja em Política, e o que é lícito em Política, não se pode dizer que o seja em moral; pode haver ações morais que são impolíticas (ou apolíticas) e ações políticas que são imorais (ou amorais). A descoberta da distinção que é atribuída, injustificada ou justificadamente a Maquiavel (daí o nome de maquiavelismo dado a toda a teoria política que sustenta e defende a separação da Política da moral), é geralmente apresentada como problema da autonomia da Política. Este problema acompanha *pari passu* a formação do Estado moderno e sua gradual emancipação da Igreja, que chegou até, em casos extremos, à subordinação desta ao Estado e, conseqüentemente, à absoluta supremacia da Política. Na realidade, o que se chama autonomia da Política não é outra coisa senão o reconhecimento de que o critério segundo o qual se julga boa ou má uma ação política (não se esqueça que, por ação política, se entende, em concordância com o que se disse até aqui, uma ação que tem por sujeito ou objeto a *pólis*) é diferente do critério segundo o qual se considera boa ou má uma ação moral. Enquanto o critério segundo o qual se julga uma ação moralmente boa ou má é o do respeito a uma norma cuja preceituação é tida por categórica, independentemente do resultado da ação ("faz o que deves, aconteça o que acontecer"), o critério segundo o qual se julga uma ação politicamente boa ou má é pura e simplesmente o do resultado ("faz o que deves, a fim de que aconteça o que desejas"). Ambos os critérios são incomensuráveis. Esta incomensurabilidade está expressa na afirmação de que, em Política, o que vale é a máxima de que "o fim justifica os meios", máxima que encontrou em Maquiavel uma das suas mais fortes expressões: ". . . e nas ações de todos os homens, e máxime dos príncipes, quando não há indicação à qual apelar, se olha ao fim. Faça, pois, o príncipe por vencer e defender o Estado: os meios serão sempre considerados honrosos e por todos louvados" (*Príncipe*, XVIII). Mas, em moral, a máxima maquiavélica não vale, já que uma ação, para ser julgada moralmente boa, há de ser praticada não com outro fim senão o de cumprir o próprio dever.

Uma das mais convincentes interpretações desta oposição é a distinção weberiana entre ética da convicção e ética da responsabilidade: ". . . há uma diferença insuperável entre o agir segundo a máxima da ética da convicção, que em termos religiosos soa assim: 'O cristão age como justo e deixa o resultado nas mãos de Deus', e o agir segundo a máxima da ética da responsabilidade, conforme a qual é preciso responder pelas conseqüências previsíveis das próprias ações" (*La politica come professione*, in *Il lavoro intellet-*

tuale come professione, Torino, 1948, p. 142). O universo da moral e o da Política movem-se no âmbito de dois sistemas éticos diferentes e até mesmo contrapostos. Mais que de imoralidade da Política e de impoliticidade da moral se deveria mais corretamente falar de dois universos éticos que se movem segundo princípios diversos, de acordo com as diversas situações em que os homens se encontram e agem. Destes dois universos éticos são representantes outros tantos personagens diferentes que atuam no mundo seguindo caminhos quase sempre destinados a não se encontrarem: de um lado está o homem de fé, o profeta, o pedagogo, o sábio que tem os olhos postos na cidade celeste, do outro, o homem de Estado, o condutor de homens, o criador da cidade terrena. O que conta para o primeiro é a pureza de intenções e a coerência da ação com a intenção; para o segundo o que importa é a certeza e fecundidade dos resultados. A chamada imoralidade da Política assenta, bem vistas as coisas, numa moral diferente da do dever pelo dever: é a moral pela qual devemos fazer tudo o que está ao nosso alcance para realizar o fim que nos propusemos, pois sabemos, desde início, que seremos julgados com base no sucesso. Entram aqui dois conceitos de virtude, o clássico, para o qual "virtude" significa disposição para o bem moral (contraposto ao útil), e o maquiavélico, para o qual a virtude é a capacidade do príncipe forte e sagaz que, usando conjuntamente das artes da raposa e do leão, triunfa no intento de manter e consolidar o próprio domínio.

IX. A POLÍTICA COMO ÉTICA DO GRUPO. — Quem não quiser ficar apenas na constatação da incomensurabilidade destas duas éticas e queira procurar entender a razão pela qual o que é justificado num certo contexto não o é em outro, deve perguntar ainda onde é que reside a diferença entre esses dois contextos. A resposta é a seguinte: o critério da ética da convicção é geralmente usado para julgar as ações individuais, enquanto o critério da ética da responsabilidade se usa ordinariamente para julgar ações de grupo, ou praticadas por um indivíduo, mas em nome e por conta do próprio grupo, seja ele o povo, a nação, a Igreja, a classe, o partido, etc. Poder-se-á também dizer, por outras palavras, que, à diferença entre moral e Política, ou entre ética da convicção e ética da responsabilidade, corresponde também a diferença entre ética individual e ética de grupo. A proposição de que o que é obrigatório em moral não se pode dizer que o seja em Política, poderá ser traduzida por esta outra fórmula: o que é obrigatório para o indivíduo não se pode dizer que o seja para o grupo de que o indivíduo faz parte. Pensemos quão profunda é a diferença de juízo dos filósofos, teólogos e moralistas acerca da violência, quando o ato violento é praticado só pelo indivíduo ou pelo grupo social de que ele faz parte, ou, por outras palavras, quando se trata de violência pessoal que, afora os casos excepcionais, é geralmente condenada, e quando se trata de violência das instituições que, afora os casos excepcionais, é geralmente justificada. Esta diferença tem a sua explicação no fato de que, no caso de violência individual, não se pode recorrer quase nunca ao critério de justificação da *extrema ratio* (salvo quando em legítima defesa), ao passo que, nas relações entre grupos, o recurso à justificação da violência como *extrema ratio* é usual. Ora, a razão por que a violência individual não se justifica funda-se precisamente no fato de que ela está, por assim dizer, protegida pela violência coletiva, tanto que é cada vez mais raro, quase impossível, que o indivíduo se venha a encontrar na situação de ter de recorrer à violência como *extrema ratio*. Se isto é verdadeiro, resultará daqui uma conseqüência importante: a não justificação da violência individual assenta, em última instância, no fato de ser aceita, porque justificada, a violência coletiva. Por outras palavras, não há necessidade da violência individual, porque basta a violência coletiva: a moral pode resolver ser tão severa com a violência individual, porque se fundamenta na aceitação de uma convivência que se rege pela prática contínua da violência coletiva.

O contraste entre moral e Política, entendido como contraste entre ética individual e ética de grupo, serve também para ilustrar e explicar a secular disputa existente em torno à "razão de Estado". Por "razão de Estado" se entende aquele conjunto de princípios e máximas segundo os quais ações que não seriam justificadas, se praticadas só pelo indivíduo, são não só justificadas como também por vezes exaltadas e glorificadas se praticadas pelo príncipe ou por quem quer que exerça o poder em nome do Estado. Que o Estado tenha razões que o indivíduo não tem ou não pode fazer valer é outro dos modos de evidenciar a diferença entre Política e moral, quando tal diferença se refere aos diversos critérios segundo os quais se consideram boas ou más as ações desses dois campos. A afirmação de que a Política é a razão do Estado encontra perfeita correspondência na afirmação de que a moral é a razão do indivíduo. São duas razões que quase nunca se encontram: é até desse contraste que se tem valido a história secular do conflito entre moral e Política. O que ainda é necessário acrescentar é que a razão de Estado não é senão um aspecto da ética de grupo, conquanto o mais evidente, quando menos porque o Estado é a

coletividade em seu mais alto grau de expressão e de potência. Sempre que um grupo social age em própria defesa contra outro grupo; se apela a uma ética diversa da geralmente válida para os indivíduos, uma ética que responde à mesma lógica da razão de Estado. Assim, ao lado da razão de Estado, a história nos aponta, consoante as circunstâncias de tempo e lugar, ora uma razão de partido, ora uma razão de classe ou de nação, que representam, sob outro nome, mas com a mesma força e as mesmas conseqüências, o princípio da autonomia da Política, entendida como autonomia dos princípios e regras de ação que valem para o grupo como totalidade, em confronto com as que valem para o indivíduo dentro do grupo.

BIBLIOGRAFIA. — M. ALBERTINI, *La politica*, in *La politica ed altri saggi*", Giuffrè, Milano 1963; G. A. ALMOND e G. B. POWELL, *Politica comparata* (1966), Il Mulino, Bologna 1970; B. CRICK, *Difesa della politica* (1962), Il Mulino, Bologna 1969; R. DAHL, *Introduzione alla scienza politica* (1963), Il Mulino, Bologna 1967; M. DUVERGER, *Introduzione alla politica* (1964), Laterza, Bari 1966; J. FREUND, *L'essence du politique*, Sirey, Paris 1965; C. FRIEDRICH, *Introduzione alla filosofia politica* (1970) Isedi, Milano 1971: H. R. G. GREAVES, *The foundation of political theory*, Bell, London 1958; H. D. LASSWELL e A. Kaplan, *Potere e società* (1950). Etas Libri, Milano 1969; N. POULANTZAS, *Potere politico e classi sociali* (1968), Editori Riuniti, Roma 1972; G. RITTER, *Il volto demoniaco del potere* (1948), Il Mulino, Bologna 1958; B. RUSSELL, *Il potere* (1938), Feltrinelli, Milano 1972³; G. SARTORI, *La scienza politica*, in "Storia delle idee politiche economiche sociali", UTET, Torino 1972, vol. VI, Il secolo ventesimo; C. SCHMITT, *Le categorie del politico* (1927), Il Mulino, Bologna 1972; M. STOPPINO, *Potere politico e stato*, Giuffrè, Milano 1968; M. WEBER, *Economia e società* (1922), Comunità, Milano 1961. vol. I, pp. 51-5, 207-52; vol. II, pp. 201-42.

[NORBERTO BOBBIO]

Política Comparada.

I. DEFINIÇÃO. — A expressão Política comparada designa, em geral, na visão da CIÊNCIA POLÍTICA (v.) contemporânea, o recurso dos estudiosos a um método particular de análise — a comparação — no processo de verificação empírica das hipóteses, generalizações e teorias concernentes aos fenômeno político.

A par desta acepção, é também freqüente na literatura pelo menos outra forma de entender a Política comparada: neste caso, mais que o *como* comparar é *o que* comparar que conta, entendendo-se por isso o conjunto de observações levadas a efeito pelos politólogos em múltiplos países ou numa área geográfica global. Se no primeiro caso a Política comparada é um *método*, no segundo ela é vista sobretudo como um *campo*, um setor de estudo dentro da área mais vasta da ciência política. É claro que as duas acepções se completam mutuamente. Na realidade, se "o que" comparar determina e delimita o âmbito de interesse (o campo) dos estudiosos, é o "como" comparar (o método) que condiciona o seu trabalho prático e a própria credibilidade dos resultados. Se a distinção é legítima, ela está, para além dos limites de uma óbvia diferenciação entre os dois momentos intrínsecos a um único processo explicativo, na diversa acentuação dos propósitos que orientam os diferentes tipos de pesquisa comparada: aquela que se limita a coligir simples registros paralelos de dados relativos a dois ou mais países; e aquela que, pelo contrário, é realizada com critérios metodológicos bem precisos, a fim de poder definir, de maneira cada vez mais correta, o âmbito de validade das generalizações concernentes aos vários fenômenos políticos, com base no confronto de países de regimes diversos.

Mas não só. É necessário também atender a outros elementos possíveis. Dentro de cada uma dessas duas acepções podem, de fato, ser incluídos outros usos correntes da expressão Política comparada. Assim, no âmbito da comparação como "campo", podem se entender quando menos três coisas: uma pesquisa não viciada pelos preconceitos etnocêntricos, ou seja, por uma interpretação da realidade política baseada apenas nas próprias experiências nacionais; um confronto de instituições políticas, em particular, das estruturas constitucionais; um confronto das "funções" desempenhadas pelas várias estruturas políticas nos diversos países. Analogamente, no âmbito da comparação como "método", há quem considere a Política comparada ora como um processo de descoberta das relações que existem entre dois ou mais fenômenos, ora como processo de mensuração e quantificação de grande parte dos conceitos usados pela ciência política. Mas, convém repetir, todos estes casos constituem acentuações (ou até mesmo exasperações) intrínsecas às duas acepções gerais até aqui descritas.

II. ORIGENS E FINALIDADES DA MODERNA POLÍTICA COMPARADA. — Na história do conhecimento dos fenômenos políticos, sempre se fez uso das comparações, tendo existido sempre, portanto, uma Política comparada, desde Aristóteles a Maquiavel e Montesquieu. O que em certa medida é novo com relação à maior parte das tentativas do passado, são as *finalidades* e as *condições* que caracterizam o trabalho comparativo hoje desenvolvido pelos estudiosos (Eckstein e Apter, 1963). Este "novo rumo" remonta, na prática, ao começo dos anos 50, sendo devido ao estímulo e necessidade de superar ao menos três diferentes limitações. A primeira refere-se à entrada na cena política internacional de países de estrutura política atípica em comparação com o modelo constitucional-pluralista, até agora preferentemente estudado, próprio de grande parte dos países ocidentais. Pensemos nas democracias populares da área comunista, bem como nos países em vias de desenvolvimento do chamado "Terceiro Mundo", em face dos quais as categorias tradicionais elaboradas pelo pensamento político ocidental pareciam, quando menos, incapazes de "viajar", isto é, de estabelecer significativos confrontos entre uma área e outra. A segunda limitação deriva do fato de que os estudiosos se encontram diante desta nova realidade, dispondo apenas de conceitos que, além de serem eurocêntricos, não eram suscetíveis de ir além da mera fachada jurídico-institucional e de penetrar na realidade político-informal de sociedades de diferente estrutura constitucional. A terceira limitação, enfim, decorre paradoxalmente da enorme facilidade de encontrar informações. Tal facilidade se transformou, na realidade, numa arma de dois gumes: se, de um lado, a maré de novos dados veio ampliar o panorama de informações do estudioso, do outro, acabou também por aumentar consideravelmente a situação de congestionamento e confusão dos conhecimentos. Daí a necessidade de ordenar convenientemente as informações, separando as homogêneas das heterogêneas, condição básica para "bem comparar".

Pelo que respeita às *finalidades* da nova Política comparada, é mister referirmo-nos à principal característica das explicações ("leis") fornecidas pela ciência política contemporânea: a possibilidade de verificação empírica. Para ser definida como "científica", ou corretamente formulada do ponto de vista científico, qualquer explicação dos fenômenos políticos há de ser passível de *verificação* baseada na experiência. As possibilidades de aumentar a precisão e valor dos nossos conhecimentos dependem, por isso, em grande parte, dos *meios* (processos) usados para submeter "à prova dos fatos" as hipóteses, generalizações e teorias de que dispomos. É precisamente do exame dos processos de verificação (experimental, estatística, comparada, histórica) utilizáveis nas ciências sociais que o método comparado surge como o "meio" a que a ciência política pode mais comumente e frutuosamente recorrer.

O exame pode ser assim esquematizado. A verificação *experimental* não poderá ser usada pelo politólogo senão em casos raros: para dela se servir, o estudioso deve dispor, de fato, de dois ou mais "casos" facilmente isoláveis, observáveis em retornos sucessivos e, o que mais importa, manipuláveis. Tampouco a verificação *estatística* parece oferecer maiores vantagens, já que, para ser feita, requer a disponibilidade de casos quantificáveis e assaz numerosos. Mais longo e menos escusado seria falar da verificação *histórica*. A sua "debilidade" para fins de uma significativa análise empírica deriva da própria natureza da pesquisa historiográfica. Esta engloba em seu âmbito dois momentos, só um dos quais (o generalizante, ou *nomotético*) é congruente com a ciência política, enquanto o outro (o individualizante, ou *idiográfico*) não o é. Quando o historiador se esforça por compreender um fenômeno qualquer, a Revolução Francesa, por exemplo, é indubitável que ele "generalizará" e "individualizará" ao mesmo tempo: sobre as condições *da* revolução em geral, quanto ao primeiro aspecto, e sobre a peculiaridade *dessa* revolução em particular, no tocante ao segundo. A ciência política, como disciplina que visa descobrir "uniformidades", generalizações, só poderá, portanto, utilizar o trabalho do historiador na medida em que for possível separar, o que não é simples, as duas fases constitutivas da obra historiográfica. Caso contrário, correr-se-á o risco de generalizar, tendo por base casos radicalmente atípicos. Daí, então, ser conveniente para a ciência política recorrer à análise comparada. Esta tem primazia sobre o método histórico, porque "mais forte", e sobre os métodos experimental e estático, porque mais freqüentemente utilizável, se bem que intrinsecamente "mais débil" do que estes últimos.

III. ALGUNS ESCOLHOS METODOLÓGICOS DA COMPARAÇÃO. — Quanto às *condições* a observar na comparação, o problema fundamental está nas cautelas que se hão de ter para minimizar, enquanto possível, o perigo de confrontar fenômenos que não admitem confrontação (Urbani, 1972). Se a finalidade principal da comparação é a verificação de uma generalização empírica (como: "se a cultura política do país *x* se fragmenta cada vez mais, então é provável que, em tal sistema, a união de interesses dos cidadãos se torne cada dia mais precária"), será preciso cuidar de que os fatos aduzidos para comprovar a qualidade de uma asserção sejam verdadeiramente "causas" assimiláveis de "efeitos" assimiláveis. Sobre *como* proceder neste sentido, o debate jamais foi tão amplo como hoje. Não obstante, existe grande concordância de pontos

de vista sobre quatro processos, pelo menos, complementares e tributários uns dos outros. O primeiro processo, propedêutico em certa medida, é o da *classificação*. Classificar quer dizer, na prática, pôr em ordem uma realidade multiforme, fixar os critérios segundo os quais se há de distinguir entre fenômenos só aparentemente semelhantes, ou até mesmo dentro de fenômenos que apresentam atributos tão intricados que podem criar perigosas confusões. Pensemos no caso de dois sistemas políticos caracterizados por alto grau de estabilidade, situação que é tida como resultado de um determinado subsistema partidário (o bipartidarismo, por exemplo). Classificar quer dizer, antes de tudo, desenredar as meadas de conceitos como "estabilidade do regime político" e "bipartidarismo", isto é, verificar quais são os atributos que definem a estabilidade de um país e quais os de um outro, quais as características do bipartidarismo neste país e naquele.

O segundo processo consiste em fazer uso de conceitos que sejam, ao mesmo tempo, "capazes de viajar" e bons "recolhedores de fatos". Capazes de viajar, ou seja, aptos a definir instituições e comportamentos políticos pertencentes a países de regimes assaz diversos entre si; recolhedores de fatos, isto é, definidos por meio de atributos suscetíveis de observação empírica. Encontrar um bom equilíbrio entre estas duas exigências não é certamente fácil. Há pelo menos dois perigos. Por um lado, o de chegar a conceitos válidos para tão alto número de casos, que estes se tornem, na prática, incapazes de qualquer especificação significativa. Por outro lado, o perigo é o de nos servirmos de conceitos que definem um dado fenômeno político de forma tão específica (individuante e individualizante), que se tornem inúteis para estabelecer qualquer comparação entre um país e outro. Pelo que concerne ao primeiro ponto, devem ser evitadas abstrações não suscetíveis de confrontação com os fatos; quanto ao segundo ponto, não devemos trabalhar com definições que denotam um *único* fenômeno, um fenômeno irrepetível. Em conclusão, "generalidade" e "importância empírica" são as duas condições que satisfazem. É possível dar maior extensão a uma em detrimento da outra (isto é, possuir conceitos definidos por tão baixo número de atributos, que possam ser referidos ao maior número possível de comunidades políticas, ou conceitos tão especificados que sejam aplicáveis, na prática, a dois fenômenos e não mais); isso dependerá, obviamente, do tipo de comparação. Em qualquer caso, porém, é importante que a observância de uma das condições não impeça o respeito pela outra.

O terceiro processo consiste em ver de que modo os "contextos políticos" dos países estudados influem no fenômeno que é objeto da comparação. Ou seja, devemos ver se e em que medida é legítimo considerar as diversidades políticas ambientais como *irrelevantes* em relação ao acontecimento que estamos estudando. O modo mais simples é então o de limitar os casos examinados àqueles países que, pela cultura política, pelos erros históricos e pelos níveis de desenvolvimento econômico, parecem ser mais semelhantes. Infelizmente, esta solução reduz consideravelmente o número de casos que poderiam ser estudados e expõe-nos ao risco de considerarmos irrelevante o que, em outro contexto, pode não sê-lo. É então questão de diminuir tal risco, levando-se em conta as relações que, em cada contexto, intermedeiam entre o sistema global e o fenômeno considerado. Isso tornou-se geralmente possível graças às teorias "de conjunto" relativas ao SISTEMA POLÍTICO (v.). Dito em poucas palavras, tais teorias permitem observar os diversos contextos de diferentes países, mediante uma mesma óptica, mediante um quadro comum de referência. Deste ponto de vista, as teorias sobre o sistema político constituem um instrumento de grande valia para a pesquisa comparada, já que as possibilidades de lançar um pouco de luz na obscuridade do *ceteris paribus* dependem, em grande parte, do grau de aprofundamento de tais teorias.

O quarto processo, ao qual convém apenas fazer uma referência, está no uso "racional" (produtivo) das várias técnicas de investigação (Przeworsski e Teune, 1970). Trata-se aqui essencialmente de levar o pesquisador a poupar tempo e trabalho, servindo-se, enquanto possível, dos processos de recolha de dados que, pela sua própria natureza, são mais aptos a fornecer elementos já até certo ponto comparáveis (por exemplo, os processos que visam a estabelecer correlações transnacionais).

IV. APLICAÇÕES E PERSPECTIVAS DA POLÍTICA COMPARADA. — As possibilidades de utilização hoje oferecidas pela Política comparada estão implícitas no que foi dito até aqui. O desenvolvimento e maturação desta disciplina podem, de fato, melhorar consideravelmente, quer o nosso conhecimento dos fenômenos políticos, quer o nosso próprio comportamento político de cidadãos.

Pelo que concerne ao primeiro destes aspectos, já vimos como e por que é que a ciência política deve fazer uso freqüente do método comparativo, se quiser aumentar o grau de validade das suas asserções. A isto está unida pelo menos outra contribuição fundamental: a oferta de importantes hipóteses de trabalho para os estudiosos. Se quisermos expandir a área dos conhecimentos cientificamente dignos de crédito acerca dos fenômenos políticos, precisamos de comparar, tendo em vista dois objetivos principais. Por um lado, *formar* novas hipóteses, generalizações e teorias. Pelo outro, *verificar* o alcance da validade de qualquer teorização em forma de "lei". Precisamos, em ambos os casos, da comparação como de uma estratégia para nos certificarmos das *condições* que tornam possível um evento ou determinam o funcionamento de uma instituição. Pouco importa que se ressalte ora o momento da formação, ora o da verificação das hipóteses. Em qualquer dos casos, é pela descoberta de relações de associação entre os fenômenos, explicativos uns dos outros, encontrados em diferentes sistemas políticos e épocas diferentes, que vamos avançando.

Pelo que respeita ao segundo aspecto, são claros os vínculos existentes entre os progressos do conhecimento político no campo científico e as oportunidades de amadurecimento cívico que dele derivam a nível do comportamento político cotidiano: a melhora dos próprios conhecimentos leva, que mais não seja, a agir com maior domínio dos próprios atos. Mas este não é o único resultado. Comparar não é apenas um procedimento científico; é também um modo de pensar, mediante o qual aumentam as possibilidades de "aprender dos outros" e de entesourar lições vindas da experiência de sistemas políticos diferentes do nosso. Comparar, sob este aspecto, significa poder diminuir os riscos da experiência no escuro: uma contribuição de importância incalculável, portanto, tanto para o estadista que tem de decidir, quanto para o cidadão que tem de julgar quem governa.

Isto explica o grande sucesso que a Política comparada vem tendo de há alguns lustros, assim como a vasta quantidade de temas políticos que hoje são enfrentados com métodos de pesquisa comparada. A popularidade de uma disciplina acaba, com o tempo, por depender das possibilidades que ela tem de resolver determinadas interrogações do homem; sob este aspecto, não há dúvida de que as possibilidades de uso da comparação parecem assaz relevantes. Disso dão fé os *campos* da ciência política hoje envolvidos: das teorias sobre o sistema político aos partidos e sistemas partidários, dos grupos de pressão às técnicas decisórias, dos parlamentos ao processo jurisdicional, da cultura política à socialização, não há nenhum tema importante da vida política ao qual a Política comparada não esteja a prestar seu decisivo contributo.

Com que perspectivas? A pergunta, malgrado as cores otimistas do quadro até aqui traçado, não é desarrazoada, dado que o futuro da Política comparada não parece livre de incógnitas. Os pontos fracos do trabalho do comparatista são principalmente dois: a tentação de subestimar a atual carência de maturidade metodológica (Holt e Turner, 1970) e o renascente preconceito de que toda a comparação é vã, em virtude da afirmada peculiaridade histórica de cada fenômeno social.

Desembaracemo-nos em seguida do preconceito. A idéia de que toda a experiência ou instituição política represente um *unicum* irrepetível e de que, por isso mesmo, toda a comparação resulte vã ou enganosa, é tão imperecível quão singularmente contraditória. Como esquecer que a *unicidade* de um evento qualquer só pode ser provada com uma *comparação* rigorosa? Se é verdade que todo o fenômeno político apresenta aspectos absolutamente *peculiares*, também é verdade que só o podemos saber comparando. E não se pode dizer que, entre a malha de tantos eventos "únicos", não reste ainda alguma coisa significativamente "comum": as uniformidades que são base das generalizações nas ciências sociais e que, não esqueçamos, constituem a única alternativa para o estado de quase ilimitada ignorância em que nos achamos. A outra incógnita não é menos grave. Não basta dizer que devemos comparar; é preciso demonstrar também qual o modo de *bem* comparar e quão relevantes podem ser os resultados de uma boa comparação. São objetivos que nos podemos propor, mas só sob a condição de não cedermos à tentação de empreender pesquisas tão falhas no plano dos processos metodológicos como, correlativamente, insignificantes no campo explicativo. Em suma, as perspectivas da Política comparada estão hoje estreitamente associadas ao nível de maturidade epistemológica da disciplina e dos seus cultores.

BIBLIOGRAFIA. — *Comparing political systems: power and policy in three worlds*, ao cuidado de G. K. BERTSCH, R. P. CLARCK e D. M. WOOD, Wiley, New York 1978; *Comparative politics. A reader*, ao cuidado de H. ECKSTEIN e D. APTER, Free Press, New York 1963; *The methodology of comparative research*, de R. T. HOLT e J. E. TURNER, Free Press, New York 1970; INTERPARLIAMENTARY UNION, *Parliaments of the world*, De Gruyter, Berlim 1976; M. D. IRISH e E. FRANK, *Introduction to comparative politics*, Prentice-Hall, Englewood Cliffs 1978; *Comparative socialist systems: essays on politics and economics*, ao cuidado de C. MESA-LAGO e C. BECK, University of Pittsburgh. Pittsburgh 1975; A. PRZEWORSKI e H. TEUNE, *The logic of comparative social inquiry*, Wiley, New York 1970; G. SARTORI, *Parties and party systems*, Cambridge University Press, Cambridge 1976; Id., *La politica. Logica e metodo in scienze sociali*, Sugar Co, Milano 1979; *La politica comparata*, ao cuidado de G. URBANI, Il Mulino, Bologna 1972; *Comparative methods in sociology*, ao cuidado de I. VALLIER, University of California Press, Berkeley 1971; P. ZANNONI, *Il concetto di élite*, In "Rivista italiana di scienza politica", VII, 1977, pp. 357-91.

[GIULIANO URBANI]

Política Eclesiástica.

1. Sabe-se que o conceito de religião é um conceito amplamente controvertido e que são poucos os pontos de convergência dos sequazes das diversas teorias. Um destes pontos é, no entanto, a afirmação de que a religião não concerne apenas à esfera interior da pessoa, mas determina também comportamentos (individuais e coletivos) externamente relevantes. A experiência religiosa, tanto a que se define institucionalmente na forma de uma igreja, como a que assume as características de uma seita, se apresenta, portanto, como fenômeno que tende, quando menos, a abranger todos os aspectos da existência humana, incidindo até sobre aspectos da vida associada muito distantes da esfera dos interesses puramente espirituais. Podem assim remontar a motivos religiosos comportamentos respeitantes ao mundo da economia, da luta política, etc.

Todo o mundo sabe também que a experiência religiosa favorece o sentimento de solidariedade entre os que nela se acham envolvidos: uma solidariedade que pode apresentar diferentes níveis de intensidade, determinando a constituição de grupos sociais caracterizados por uma maior ou menor homogeneidade de convicções, juízos e comportamentos. Quando a experiência religiosa se desenvolve em formas mais complexas, dela surgem organismos dotados de uma estrutura jurídica própria que revelam, a nível institucional, "uma verdadeira sociedade, completa, com suas leis, suas autoridades, seus modos de pensar e de sentir, seus costumes, seus ritos" (Jemolo): nestes casos se fala de uma "sociedade religiosa", distinta e, às vezes, até mesmo oposta em relação à "sociedade civil".

Postas tais premissas e admitido que com o termo "política" estamos acostumados a indicar "a atividade ou conjunto de atividades que têm, de algum modo, como termo de referência a *pólis*, isto é, o Estado" (Bobbio), torna-se evidente que os detentores do poder político não podem descurar um fenômeno que, como o religioso, se reflete tão profundamente na estrutura da sociedade, principalmente quando, apresentando-se em formas estáveis e organizadas, dá origem a verdadeiras e autênticas instituições.

Por Política eclesiástica se entende, neste caso, o complexo de iniciativas e disposições com que os detentores do poder político visam a orientar conforme seus próprios objetivos a atividade dos organismos e das instituições onde se concretiza historicamente a experiência religiosa dos homens.

2. Partindo de tal definição, é possível compreender que a Política eclesiástica incide sobre facetas e setores da vida humana que concernem, sob certos aspectos, à esfera da política e, sob outros, à da religião, que recaem, em certos casos, sob a competência do Estado, em outros sob a da Igreja: isto cria uma série de problemas de cuja solução derivam as orientações e sistemas de Política eclesiástica que sucederam na história dos últimos dois séculos.

A idéia de que existe uma esfera na vida individual e associada que escapa ao *imperium* do Estado e se sujeita a outras leis que remontam, em última análise, à divindade, é peculiar do pensamento judeu-cristão, que distingue claramente o que diz respeito à *salus animarum* do que se refere ao bem-estar material dos homens. Esta concepção, que passou a fazer parte dos valores fundamentais por que se rege a civilização ocidental, introduz um princípio dualista no Governo do gênero humano ("daí a César o que é de César e a Deus o que é de Deus"), rompendo com o monismo que caracterizava o mundo antigo, onde toda a manifestação religiosa, considerada como "coisa atinente, antes de mais nada, à coletividade e, depois, ao indivíduo" (Ruffini), era disciplinada pelo Estado.

É assim que se vêm a definir duas esferas distintas de interesses e de relações humanas: a religiosa, que teve sua principal expressão institucional nas confissões religiosas, e a política, historicamente concretizada no Estado. Isso cria imediatamente o problema dos confins que separam a religião da política, a sociedade religiosa da sociedade civil. É em torno deste problema que gira toda a concepção teórica e toda a orientação prática da Política eclesiástica: todos os sistemas de relações entre o Estado e a Igreja, onde tais concepções e orientações encontraram formalização jurídica ao longo da história destes dois últimos milênios, regularam as relações intercorrentes entre as sociedades civil e religiosa com a determinação dos limites que separam uma da outra. Cesaropapismo, jurisdicionalismo, confessionismo, separatismo, indicam modelos jurídicos que se distinguem pela diversa amplitude dos poderes exercidos pela sociedade civil sobre a sociedade religiosa (até ao ponto de o detentor do poder político intervir na definição de ele-

mentos constitutivos da *communitas fidelium*, como a doutrina, os ritos, a disciplina, etc.), ou pela sociedade religiosa sobre a sociedade civil (neste caso, é a autoridade religiosa que legitima a existência da sociedade civil em seus aspectos fundamentais, coroando ou depondo soberanos, revogando as leis, etc.).

O tema central da Política eclesiástica é, pois, o das relações entre a sociedade civil e a sociedade religiosa. Mas ambas as sociedades (cada uma delas com as suas próprias instituições, sistemas de valores e normas) apresentam a peculiaridade de ser constituídas "pelos mesmos indivíduos, pelos mesmos homens, em sua inalterável unidade" (Jemolo): a distinção entre cidadão e fiel, entre *homo politicus* e *homo religiosus*, dá-se, as mais das vezes, na mesma pessoa. Esta particularidade — além de diferenciar a Política eclesiástica de qualquer outro ramo da política (da política internacional, por exemplo) que se refira a grupos sociais que se distingam pelos membros que os integram — dá ao problema dos limites entre a sociedade civil e a sociedade religiosa uma incidência imediata e direta sobre o tema das liberdades individuais e coletivas: definir tais limites equivale a determinar os espaços de liberdade de que os crentes e não-crentes gozam dentro da *Ecclesia* e da *Civitas*.

Fica assim confirmada a exatidão de uma observação de Francesco Ruffini que, já em 1924, acentuava a necessidade de se repensar toda a problemática subjacente ao conceito de Política eclesiástica, partindo "do direito do cidadão a uma ordem" nas relações entre o Estado e a Igreja "que respeite e garanta, antes de tudo, a sua liberdade de fé"

3. A noção de Política eclesiástica não se confunde com a de direito eclesiástico. A dialética entre sociedade civil e sociedade religiosa invade muitas vezes também o mundo do direito: nesses casos, ela dá origem a complexos normativos, destinados a regular as relações entre o Estado e as confissões religiosas, que constituem o direito eclesiástico (nome com que se designa também a ciência que, na Itália e em outros países, estuda essas normas). Em geral, no direito eclesiástico, encontra-se a expressão do processo de definição e cristalização das orientações de Política eclesiástica que predominam numa sociedade ou, pelo menos, na sua classe dirigente. Quer isto dizer que o direito eclesiástico é instrumento (não o único, aliás) da afirmação da Política eclesiástica defendida por certos indivíduos ou grupos sociais e que, por conseguinte, seu estudo é realizado em estreita relação com o das orientações de tal política a ele subjacentes.

BIBLIOGRAFIA. —AUT. VÁR., *Religion and political society*, Harper and Row, New York-London 1974; Id., *Church, society and politics*, Blackwell, Oxford 1975; DALE A. JOHNSON, *Church and society in modern history: beyond church and State*, in "Journal of church and state" 1977, 497 segs.; A. C. JEMOLO, *Premesse ai rapporti tra chiesa e Stato*, Giuffrè, Milano 1970; Id., *Politica ecclesiastica*, in *Società civile e società religiosa*, 1955-1958, Einaudi, Torino 1959, 461 segs.; F. RUFFINI, *Relazioni tra Stato e chiesa*, Il Mulino, Bologna 1974.

[SILVIO FERRARI]

Política Econômica.

I. O CAPITALISMO INDUSTRIAL E A CONCEPÇÃO LIBERALISTA DA POLÍTICA ECONÔMICA. — As primeiras análises dos processos de produção e de distribuição de bens, levadas a efeito por especialistas (os economistas), estavam orientadas à formulação de sugestões de Política econômica: tinham por objetivo definir as orientações que o Governo devia seguir e as intervenções que eventualmente devia efetuar para aumentar a riqueza do país. Os mercantilistas do século XVII sugeriam uma política de expansão das exportações e de controle, ou até mesmo de proibição, das importações.

Estas indicações estavam em sintonia com as exigências e as perspectivas do capitalismo comercial que na Inglaterra abrirá o caminho para o capitalismo industrial. A revolução agrária executada em vários países torna porém rapidamente possível e oportuno um modelo diferente de Política econômica. O empresário privado, desde que sejam eliminados os numerosos freios para sua iniciativa, está em condições de organizar a atividade produtiva de modo a obter um superávit. A fonte da riqueza — defendem os fisiocratas polemizando com os mercantilistas — não deve ser procurada na vantagem das exportações sobre as importações mas no superávit que só a agricultura pode produzir. Os economistas clássicos, raciocinando em termos de valores físicos, demonstrarão que na própria indústria, após o advento da fábrica e da divisão do trabalho que ela instaurou, se forma um superávit que no regime de concorrência alcança — graças à propensão dos empresários e ao mecanismo do mercado — o máximo nível possível. A Política econômica que corresponde às novas exigências do capitalismo industrial não pode ser aquela que foi sugerida pelos mercantilistas. Na Inglaterra, os empresários industriais, diferentemente dos capitalistas comerciais, são contra os privilégios do comércio; eles sentem necessidade de que seja garantida a liberdade de iniciativa e, por isso, abolido o que ainda resta dos ordenamentos das corporações de artes e ofícios com o fim de se conseguir com novas técnicas a realização e a busca de uma organização produtiva cada vez mais eficiente. É necessário, em suma, "deixar passar as mercadorias": só com um mercado suficientemente amplo se poderá intensificar a divisão do trabalho que exige, em primeiro lugar, uma significativa concentração da produção e que implica, em conseqüência, uma certa especialização produtiva de cada uma das diversas regiões do país que, nas estruturas precedentes, constituíam outros tantos mercados suficientemente autônomos e isolados.

Nos últimos decênios do século XVIII, com A. Smith, as novas orientações liberalistas se apresentam com o aval de uma primeira análise científica do novo processo econômico, depois desenvolvida e aperfeiçoada por Ricardo.

As orientações liberalistas, graças às quais se julga poder ter sucesso uma Política econômica racional, afundam em verdade suas raízes em concepções filosóficas muito antes desenvolvidas e que desembocarão no Iluminismo. Para a escola escocesa, a que se refere Smith, a ordem moral não deve ser imposta na medida em que todos possuem o senso moral. Para Smith, os dois móbeis fundamentais da ação humana são o egoísmo e a simpatia, pelos quais revivemos as paixões e as experiências dos outros. Tais sentimentos bastam para produzir, havendo instituições sociais apropriadas, a ordenação racional da sociedade. Este dualismo é superado pelas concepções utilitaristas de Bentham. Para Bentham a explicação da ordem moral assenta exclusivamente naquele que é o único móbil real de toda a ação humana: a busca do máximo prazer.

II. ESTADO E CONCEPÇÕES LIBERALISTAS EM ALGUNS PROCESSOS DE INDUSTRIALIZAÇÃO. — Na elaboração concreta das orientações de Política econômica, um certo compromisso se impõe entre os princípios livre-cambistas e as exigências concretas do mundo industrial. O próprio Smith já admitiu que o critério da livre iniciativa podia sofrer exceções, em conseqüência da concessão dos alvarás necessários ao estímulo do progresso técnico e de alguns direitos exclusivos inpensáveis para o fortalecimento da posição nacional dentro da economia mundial.

O êxito das políticas de livre-câmbio foi favorecido pela criação de um sistema monetário internacional que elas favorecem por sua vez. Atribuindo ao ouro o papel de moeda internacional, esse sistema tem condições de garantir o pagamento dos débitos de um país ao outro e de provocar oscilações nos preços capazes de restabelecer o equilíbrio na balança de pagamentos, quando tal equilíbrio diminui em virtude do excesso de importações ou da falta de exportações, por causa, por exemplo, de uma exagerada elevação dos salários. O reequilíbrio das relações econômicas internacionais será, na realidade, facilitado pelo movimento de capitais que, da Inglaterra principalmente, se dirigem para outros países, e pelos processos de colonização.

As concepções livre-cambistas serão acentuadas pelos economistas neoclássicos que hão de entender o mercado como um mecanismo orientado, mais que a assegurar o máximo de crescimento, a garantir a maior satisfação das necessidades individuais. Voltarão a afirmar o que já se encontra em J. S. Mill, que, enquanto as leis da produção são leis naturais — sendo o mercado ao mesmo tempo o resultado destas leis e um mecanismo *racional* de organização da atividade econômica — as leis da distribuição são leis sociais que derivam do ordenamento político.

Na Itália, à vigorosa afirmação dos princípios do liberalismo econômico (obra principalmente de Ferrara), em que se inspirou largamente a política levada a efeito por Cavour, quer nas décadas que precederam a unificação, quer na década posterior, assim como a política seguida em outros Estados da península, particularmente no grão-ducado de Toscana, se seguiu uma Política econômica eclética, caracterizada pela ajuda mesmo direta do Estado às novas indústrias, o que desembocaria na adoção de uma política protecionista, concebida em proveito tanto dos setores industriais, particularmente do setor siderúrgico e do setor têxtil, quanto dos grandes proprietários de terras, especialmente beneficiados pelos impostos sobre a importação de cereais e de outros produtos agrícolas.

Nos Estados Unidos da América, o pensamento liberalista se inspirou muito mais nas concepções darwinianas e spencerianas que nas de Bentham. A livre iniciativa era justificada não tanto pela necessidade de reconhecer concretamente a igualdade dos homens, quanto pela constatação de que os homens não são iguais e de que é necessário, por isso, favorecer a vitória dos mais hábeis, embora isso signifique a eliminação dos débeis. A criação do sistema industrial americano se distinguiu pela atividade muitas vezes predatória de alguns grandes capitalistas (basta lembrar a criação da Standard Oil Company, obra de Rockefeller) e pela notável importância que nela teve o crédito, que veio permitir um

mais rápido desenvolvimento das inovações tecnológicas, favorecidas também pela amplitude do mercado e estimuladas pela relativa escassez de mão-de-obra e pelo custo relativamente mais alto dos salários. A concorrência que caracterizou este processo de desenvolvimento parece bem diversa daquela que é teorizada pelos economistas marginalistas (neoclássicos), que supõe procura e oferta privadas de qualquer poder de influência sobre o mercado. Esta concorrência se manifesta entre agentes capazes de influir cada um deles nas perspectivas dos agentes rivais (concorrência oligopólica). Estas características do processo concorrencial — que já foram analisadas por Marx, para quem os processos de concentração e centralização dos capitais que aquelas comportam, haviam de trazer a ruína, com o regime concorrencial, do próprio sistema capitalista — serão reanalisadas por Schumpeter, em sua teoria do desenvolvimento econômico, e por estudiosos (Chamberlin, Robinson), que, aprofundando e atualizando a classificação já apresentada por Cournot e Marshall das várias formas de mercado, estudarão as formas específicas da concorrência monopolista (ou imperfeita) que resultam, principalmente, da diferenciação do produto e das atividades comerciais tendentes a modificar as preferências dos consumidores (particularmente a publicidade).

Nos Estados Unidos, as teorias liberalistas foram aplicadas com certa descontinuidade. Depois da guerra civil foi adotada uma política protecionista que, de resto, contrariamente ao que se verificará na Itália, desembaraçou as possibilidades de desenvolvimento industrial e, em consequência, os interesses dos capitalistas, dos vínculos que implicava a defesa dos interesses dos proprietários de terras. Em 1890, é aprovada uma lei (o Sherman Act) que se propõe restaurar a estrutura competitiva, aparentemente comprometida com a criação dos grandes colossos como a Standard Oil Company, e mantê-la com a proibição de acordos e comportamentos tendentes à monopolização dos mercados. Porém, nas décadas a seguir, a força política dos produtores relativamente pequenos vai-se, pouco a pouco, debilitando. A economia americana se estrutura como sistema de mercados, dominados muitos deles por um pequeno número de empresas (oligopólios): a lei antimonopólica é aplicada *cum grano salis*. Para conter a grande depressão de 1933, Roosevelt adotará até códigos de comércio que outra coisa não são senão um reconhecimento implícito do direito de as empresas poderem agir conjuntamente; alguns anos depois, a disposição legislativa que permitiu esta prática foi declarada anticonstitucional.

III. As atribuições do estado na concepção liberalista da política econômica. — O conceito liberal da Política econômica permite definir, de uma vez para sempre, as atribuições do Estado. A organização da produção e a distribuição dos bens devem ser deixadas ao livre mercado; é obrigação do Estado apenas garantir — assegurando o respeito aos contratos e tutelando a concorrência — que o mercado funcione efetivamente nos moldes da análise teórica. Há uma atividade econômica que o Estado deve desempenhar à margem do mercado: a que visa à satisfação das necessidades sociais ou coletivas, necessidades que não podem ser satisfeitas pela demanda individual no mercado, tais como a necessidade da defesa, a da administração da justiça, a da educação elementar, etc. A aquisição dos bens e serviços necessários ao desempenho desta atividade há de ser financiada mediante a imposição de obrigações fiscais. O princípio sancionado pela Carta Magna da Inglaterra, vários séculos antes, segundo o qual os encargos fiscais não devem exceder as necessidades do Estado e as despesas públicas não devem superar as receitas fiscais (princípios do equilíbrio do balanço), encontra assim, com o andar do tempo, a sua justificação econômica.

A tendência liberalista se traduz em duas orientações diversas.

1) Uma orientação conservadora, segundo a qual o economista não pode nem deve justificar a redistribuição da renda. E isto na medida em que:

a) não é de comparar o maior bem-estar que obtém o pobre em decorrência de medidas de redistribuição das rendas, com o menor bem-estar a que se obriga o rico;

b) o sistema econômico deve premiar o empreendedor capaz: uma imposição fiscal fortemente progressiva impediria que o sistema de livre mercado desse seus frutos.

2) Uma orientação reformista que acentua, ao contrário, o valor de uma política de redistribuição da renda como meio capaz de levar a um mais elevado bem-estar social (Marshall, Wicksell, Pigou, etc.).

Para quem aceita a orientação livre-cambista conservadora não se acha que seja sempre possível e conveniente manter o sistema da democracia parlamentar. A maioria, na realidade, poderia tomar decisões que põem em crise o sistema livre-cambista (é este um dos paradoxos da regra majoritária). Da concepção spenceriana se pode facilmente passar às concepções sociológicas de Pareto das elites que fazem a história: destas

concepções às concepções fascistas há apenas um passo não muito longo.

Alguns resultados das políticas kenesianas e programativas (v. §§ VII e IX) deram novo alento às concepções livre-cambistas. As teses do livre-cambismo foram novamente lançadas sobretudo por alguns economistas franceses (Jean-Jacques Rosa e Florin Aftalion) que defendem que o crescimento do Estado, longe de levar a um maior bem-estar, sufocou o indivíduo e reduziu a eficiência do sistema econômico. É mister revalorizar o mercado e impor limites intransponíveis à ação do Estado que tem de se limitar ao desempenho das funções que, por razões técnicas, não podem ser levadas a efeito por agentes privados.

IV. As intervenções do estado justificadas por certas limitações dos mecanismos concorrenciais. — O critério do máximo lucro e, conseqüentemente, o da livre-iniciativa no mercado só podem conduzir a um uso racional dos recursos, quando não existem economias ou não-economias externas, ou seja, quando todas as vantagens que qualquer possível iniciativa acarreta para a sociedade, se convertem em lucro e todas as desvantagens em custos para a empresa que a iniciativa há de pôr em ação. Quando há vantagens em algumas iniciativas (por exemplo, as favoráveis a outras atividades produtivas que a particular localização de uma atividade industrial comporta) que não se traduzem em lucros vários para a empresa (economias externas), ou há desvantagens (como as que traz consigo a excessiva concentração das atividades numa região limitada) a que não correspondem custos empresariais, a liberdade de iniciativa não garante a consecução de estruturas de produção e distribuição de bens que sejam ótimos para a coletividade, no sentido definido por Pareto, isto é, que sejam tais que, com eles, não seja possível aumentar o bem-estar de um indivíduo sem diminuir o bem-estar de outro.

O problema das economias e das não-economias externas é particularmente importante, quando se consideram as atividades econômicas nas suas dimensões espaciais. Por isso, algumas tendências livre-cambistas parecem favoráveis a uma legislação urbanística que permita a formação, por parte das administrações públicas, de planos de organização territorial. Em relação às economias e não-economias externas, é, portanto, justificável uma política de subsídios e impostos que vise determinadas atividades econômicas e certas localizações particulares.

V. A política anticíclica. — Bem depressa se apresentou à Política econômica uma temática que não encontrara respostas válidas nas formulações marginalistas do pensamento liberalista. Os novos problemas surgiram da experiência das flutuações cíclicas. Deve o Estado quedar-se indiferente diante dos fenômenos de desemprego que ocorrem nas fases de depressão? Não faltaram economistas (Schumpeter, por exemplo) que olhavam com certa desconfiança as políticas que, para controlar o ciclo econômico, procuraram evitar que, a fases de excessivo aquecimento do sistema, se seguissem fases de drástica e prolongada retração da produção e do emprego. Para Schumpeter os ciclos são uma manifestação inevitável do processo de desenvolvimento num sistema capitalista; por isso existe o perigo de que, com uma firme política anticíclica, se reduza a taxa de um crescimento a longo prazo. Esta visão otimista do processo econômico não é, contudo, partilhada por muitos; outros economistas liberais tentam encontrar uma política anticíclica. Para estes o ciclo é devido essencialmente ao funcionamento do sistema monetário e creditício: na realidade, a oferta de moeda não pode ser deixada ao livre-mercado (apenas algum raro economista defendeu tese contrária no início do século XIX), mas regulada pelo Estado. Elevando a taxa dos juros nos períodos de excessivo aquecimento (expansão) e baixando-a nos períodos de depressão, é possível fomentar um desenvolvimento mais regular e estável dos investimentos. Para combater a depressão, será suficiente aplicar as indicações provenientes da análise econômica: quando há excesso de oferta, é mister reduzir o seu preço. Na depressão, há excesso de oferta de trabalho; por isso deve-se reduzir o salário. A redução dos salários instigará os empresários a empregar mais trabalho e, possivelmente, menos capital; se os preços se mantiverem invariáveis, aumentarão os lucros e, em conseqüência, a oferta de capital destinado a promover novos investimentos; tais investimentos poderão contribuir decisivamente para a reabsorção da mão-de-obra ociosa. Esta política (deflacionária) foi aplicada sobretudo na Alemanha, após a grande depressão de 1929, mas com escassos resultados.

A grande depressão esteve unida à crise do sistema do ouro: os principais países industriais, ao desvalorizar as suas moedas, tentavam expandir as exportações, ou seja, exportar a crise e a depressão. Os critérios de Política econômica que, no século XVIII, tinham sido inculcados pelos economistas mercantilistas, parecem estar novamente em voga. O regime de livre-comércio entra assim em crise. Em muitos países, particularmente na Itália, criaram-se regimes autárquicos.

VI. A POLÍTICA CORPORATIVA. — Na Itália e em outros países europeus (Alemanha, Espanha, Portugal), impõe-se uma nova concepção da Política econômica, a concepção corporativa, que por força quer subordinar os interesses de cada um ao interesse nacional, na realidade só vagamente definido. Esta política se caracteriza pela eliminação das organizações sindicais diretamente indicadas pelos trabalhadores, e por um vasto conluio entre os principais grupos monopólicos, que aquela torna possível. Não se pode, pois, falar da superação do mercado. O mercado continua sendo o regulador do processo econômico: um mercado, aliás, que, pelas próprias barreiras alfandegárias, parece dominado por grandes complexos, os quais, contrariamente ao que ocorre nos Estados Unidos da América, preferem, a uma política de luta oligopolista, uma política de paz como a que lhes é possibilitada graças precisamente às estruturas corporativas.

VII. A POLÍTICA KEYNESIANA. — É com J. M. Keynes, nomeadamente com a publicação da sua famosa Teoria geral do emprego, juro e moeda, que se supera pela primeira vez e de forma decisiva a interpretação da Política econômica liberalista, tal como foi apresentada pelas escolas marginalistas atrás mencionadas.

Keynes critica asperamente a política deflacionária aconselhada para debelar a depressão. Não se pode afirmar — sustenta o economista de Cambridge — que uma maior capacidade de parcimônia na economia, como a provocada por uma redução dos salários, represente maior volume de investimentos.

As decisões de investimento são independentes das de poupança. Nelas influem vários fatores, só parcialmente considerados nas análises neoclássicas. São de particular relevo os mecanismos que geram as expectativas dos empresários e os que regulam os mercados financeiros. Entre estes últimos encontram-se particularmente as atividades especulativas. Quanto às taxas de lucro, elas podem tornar-se ineficientes em promover um nível de investimentos capaz de garantir um pleno emprego. Isto por duas classes de motivos:

a) as taxas de juros são determinadas, segundo Keynes, pela demanda e oferta de moeda: a demanda pode ser tal que impeça que a taxa de juros desça abaixo de um certo nível (armadilha da liquidez), sendo o nível mínimo superior àquele que provoca um volume de investimentos capaz de levar a demanda aos níveis correspondentes à plena ocupação;

b) o equilíbrio que os mecanismos de mercado tendem a gerar não é o equilíbrio estudado pelos neoclássicos (principalmente por Walras), um equilíbrio que pressupõe o perfeito ajustamento dos preços, de tal maneira que as quantidades oferecidas e adquiridas correspondem às que os agentes desejariam obter ou ceder no mercado e se tornaram iguais entre si. Pode ser que se estabeleça um equilíbrio em que alguns agentes estejam *racionados*, isto é, vendam ou comprem menos do que estariam dispostos a ceder ou a despender: aos preços estabelecidos, as demandas e ofertas que os agentes acham conveniente efetuar, dados os limites impostos entre si, vêm a ser iguais entre si. É possível, de um modo especial, que os empresários, dadas as suas expectativas, ponham no mercado menos do que os consumidores desejariam adquirir, se lhes fosse possível ceder a quantidade de trabalho que desejam oferecer. Ao nível de produção que daí resulta, não é possível absorver todo o trabalho que os consumidores estariam dispostos a oferecer; por isso, os consumidores são obrigados a ajustar a demanda dos bens de consumo à renda resultante da sua oferta *racionada* de trabalho. Há assim um equilíbrio de subemprego que tem sido interpretado por alguns economistas modernos (Benassy, Hahn e Malinvaud) mediante um modelo de equilíbrio geral (neowalrasiano). Com efeito, as decisões de investimento e de poupança podem dar lugar, se levarmos em conta o papel que pode ter o crédito bancário, a processos que se desenvolvem em desequilíbrio, estudados pelos economistas da escola sueca, que retomaram algumas das teorias wicksellianas (veja-se também Minsky).

Keynes, que considera o mecanismo de mercado capaz de assegurar, a qualquer nível de demanda global, a mais eficiente estrutura produtiva — e nisto partilha as teses essenciais do livre-cambismo — atribui, no entanto, ao Estado uma tarefa, nova em relação às formuladas pelos livre-cambistas, que condiciona o desempenho de todas as demais, na medida em que impliquem dispêndio de meios a adquirir com a receita fiscal: a tarefa de garantir um volume de demanda global que permita o emprego de todos os recursos de trabalho disponíveis. Uma primeira medida que Keynes também aconselha para reagir a tendências depressivas é a redução das taxas de juros. Mas esta medida é, em geral, insuficiente. É necessário, por isso, que o Estado realize intervenções que tenham como efeito direto o aumento da demanda adicional. Estas intervenções podem consistir em medidas fiscais: redução dos impostos que aumentam a renda disponível e determinam, em consequência, um aumento pelo menos no consumo, ou aumento da despesa pública que se une ao consumo e aos investimentos privados na configuração da demanda global. O princípio

do equilíbrio do balanço não pode ser aplicado só a um ano, mas há de ser entendido em relação a uma curva temporal bastante longa, onde seja possível compensar a política contra a depressão com uma política de controle da expansão. Esta é uma política que Keynes considera difícil, por não ser fácil estabelecer quando é que a aceleração do desenvolvimento apresenta um caráter patológico e quando é que, ao invés, se há de considerar como normal, correspondendo a legítimas perspectivas de expansão e de renovação tecnológica. O pagamento de subsídios de desemprego também pode contribuir para manter em nível elevado a demanda de bens dos particulares no mercado.

Os autores que reataram a temática keynesiana têm discutido amplamente a contribuição que pode resultar para a retomada da economia, da política monetária respeitando àquilo que podem trazer os dois tipos de medidas fiscais já mencionados (alívio fiscal e aumento da despesa pública). Algumas correntes de pensamento (sobretudo americanas) parecem preocupadas com os poderes discricionários que algumas destas medidas implicam. Rigorosamente fiéis às concepções livre-cambistas, solicitam a adoção de mecanismos automáticos capazes de tornar o ciclo estável. A reconfirmar as tendências livre-cambistas visam também algumas reformulações de teorias pré-keynesianas: lembramos especialmente o economista americano Milton Friedman, que defende que a circulação monetária deve expandir-se de acordo com o crescimento da renda: utilizar o instrumento monetário numa política anticíclica pode ser contraproducente.

E, na verdade, para os sequazes de Friedman (escola monetarista), grande parte da instabilidade econômica é devida a flutuações na oferta da moeda cuja demanda se manteria, ao invés, estável. Esta tendência teórica tem conseguido obter amplo consenso, não só pela dificuldades técnicas da política keynesiana, mas também pelo fato de que a política que se tem difundido como keynesiana tem sido, na realidade, uma política de constante expansão da despesa pública para mediar interesses contrastantes, bastante fortes no plano político-sindical. Alguns dos progressos recentes do sistema monetário e creditício, tornando mais difícil a administração da moeda (é a expansão da renda e a expectativa da inflação que provocam muitas vezes a expansão da moeda, convertendo-a assim, em larga medida, numa variável endógena) fizeram com que as receitas monetaristas perdessem significado e fossem mais difíceis de pôr em prática.

VIII. PROBLEMAS DE POLÍTICA ECONÔMICA DO PÓS-GUERRA. — As teorias keynesianas afiguraram-se inadequadas para a compreensão e solução dos problemas de Política econômica que os Governos tiveram de enfrentar no segundo pós-guerra. Enquanto nos Estados Unidos o êxito das novas políticas comerciais das empresas contribuía para manter elevada a demanda a despeito das previsões pessimistas dos keynesianos e facilitava a tarefa dos Governos (que aplicaram, em geral, as terapias keynesianas), enquanto em alguns países, como a Itália e a Alemanha, o rápido desenvolvimento tecnológico e a difusão dos novos modelos de consumo levavam a altas taxas de crescimento da renda, em outros países, como a França e a Inglaterra, a Política econômica era dominada por um novo e grave problema: o de atingir mais altas taxas de crescimento econômico. O problema do desenvolvimento apresentava-se relevante até em seus aspectos espaciais: a tendência à concentração geográfica provocava, com efeito, fenômenos de congestionamento em algumas áreas e de depressão em outras. Fenômenos deste tipo se mostraram também na Itália, onde os movimentos migratórios alcançaram, na década de 50-60, dimensões preocupantes. Em alguns setores produtivos (especialmente na agricultura), o desenvolvimento técnico-econômico era dificultado por certas características sócio-institucionais: a importância que tais setores atingiam em algumas regiões contribuía para agravar os desequilíbrios territoriais. Os problemas de Política econômica pareciam, pois, particularmente complexos.

Na realidade, a política das despesas públicas suscita problemas que a temática keynesiana não considera: o problema da produtividade do sistema público que concorre efetivamente para determinar, de forma crescente, não só a demanda global como também a oferta; o problema da *estrutura* da despesa pública de que dependem os efeitos na taxa de inflação, no saldo do balanço de pagamentos e na dinâmica da produtividade do sistema econômico global; os complexos problemas da coordenação das políticas fiscais (em especial, da expansão da despesa), monetárias e cambiais (desvalorização ou revalorização da moeda).

O crescente poder dos sindicatos e a acentuada influência das classes médias sobre os partidos políticos induziram o Estado a aumentar certas despesas públicas (sobretudo correntes): a política da despesa, aparentemente keynesiana, reflete, na realidade, por um lado, estas novas tarefas de mediação social assumidas pelo Estado e, por outro, a influência dos principais grupos (pense-se na rápida expansão na Itália, durante o período do milagre econômico, das despesas com auto-

estradas, em função da difusão do automóvel) e das grandes estruturas burocráticas (um aspecto do problema que foi aprofundado por alguns teóricos da *public choice*, que lembraremos mais adiante).

Enquanto que na determinação das políticas internas intervinham motivações que as teorias predominantes (keynesianas e monetaristas) desconheciam, entrava em crise, em 1971, o sistema monetário internacional estabelecido, em 1944, em Bretton Woods: em 1974, a crise energética trazia graves problemas tanto às economias industrializadas como às dos países em vias de desenvolvimento, não produtores de petróleo. Acentuava-se assim a importância de alguns elementos decisivos da Política econômica que não haviam ainda merecido da parte dos economistas toda a atenção devida. Trata-se dos problemas de reestruturação industrial cuja importância cresceu recentemente, em conseqüência inclusive das mudanças ocorridas na divisão internacional do trabalho. Eles demonstraram a relevância para a Política econômica do problema da oferta, deixado de lado em decorrência das afirmações teóricas de Keynes, que realçou o problema da demanda, convencido de que o sistema podia ajustar a oferta, tanto em seu nível global como em sua estrutura, às mudanças na demanda agregada.

A falta de solução para estes problemas estruturais, a rigidez crescente da despesa pública e as dificuldades de administração da moeda tornaram, enfim, difícil a própria política de estabilização conjuntural a que deveria estar orientada, segundo Keynes, tanto a política fiscal como a monetária. Nos processos conjunturais, as expectativas exercem uma influência cada vez maior: por isso, os efeitos das medidas de Política econômica sobre tais expectativas adquirem uma crescente importância.

IX. ALGUMAS DAS NOVAS ORIENTAÇÕES TEÓRICAS DA POLÍTICA ECONÔMICA. — Para a crise da concepção liberalista tradicional não contribuiu apenas a teoria keynesiana; contribuíram também outras análises modernas.

Alguns autores (lembramos especialmente Tinbergen) tentaram generalizar o contexto marginalista, sugerindo uma concepção mais realista e complexa do bem-estar social, que não faz depender só das utilidades dos vários indivíduos ou grupos de indivíduos (as utilidades são medidas pela importância atribuída ao bem-estar de determinados grupos da sociedade), mas que crê seja também função de outras variáveis, por exemplo, da taxa de crescimento econômico, da intensidade com que são satisfeitas certas necessidades coletivas, etc. (função do bem-estar social). Os objetivos da Política econômica podem então ser definidos mediante uma função do bem-estar social que a análise econômica não poderá explicar, mas que há de aceitar como predeterminada. Os problemas teóricos de Política econômica poderão assim ser reconduzidos à conceituação marginalista. Tais problemas se resolvem na busca das modalidades (valor das variáveis instrumentais) com que seja possível assegurar que os recursos são usados do modo mais eficiente para alcançar as finalidades sociais.

Alguns autores quiseram saber como é possível individualizar os objetivos expressos pela função social do bem-estar. Arrow tratou especialmente de indagar se a função social do bem-estar de uma dada coletividade se pode obter, com um processo de decisões democráticas, das funções de preferência de cada um dos indivíduos.

Pareceu evidenciar-se que o sistema democrático formado com base nas preferências coletivas (ou seja, remissíveis às preferências ou valores individuais) pode levar a um sistema de preferências não coerente. Este resultado paradoxal pode ser evitado, se se acrescentarem hipóteses adicionais sobre o sistema dos valores individuais e sobre o processo de agregação (Black, Sen, etc.). Mais radical ainda é a tentativa de integrar, num único sistema lógico, o mercado e a democracia, levada a efeito pelos estudiosos da *public choice* (veja-se principalmente Buchanan & Tullock): à decisão dos indivíduos está ligada a própria formulação dos mecanismos com que as escolhas públicas se efetuam. A constituição do Estado fundamenta-se assim numa espécie de contrato social. A nova corrente teórica da *public choice* se propõe aplicar a economia à análise de alguns problemas da ciência política. Tal aplicação seria possível na medida em que houvesse um certo isomorfismo estrutural entre a teoria econômica do processo em que se tomam as decisões políticas, e a microeconomia. Com efeito, apresenta-se cada vez mais claro o problema de obviar a muitas das insuficiências das teorias de Política econômica acima lembradas com a integração de análises econômicas, sociológicas e de ciência política. Não parecem ajustar-se a tal objetivo os postulados individualistas das teorias da *public choice*.

X. EXPERIÊNCIAS DE PLANEJAMENTO NOS PAÍSES CAPITALISTAS. — Os problemas particulares que alguns países tiveram de enfrentar já nos primeiros anos do pós-guerra inspiraram tendências de política econômica que não podiam restringir-se à consideração dos valores agregados das variáveis econômicas (consumo, investimento,

despesa pública), como fazem as políticas keynesianas, mas deviam ter em mira a consecução de determinados efeitos estruturais. Ou seja, tornava-se necessária uma política de *planificação*. Esta é uma política estimulada, mesmo teoricamente, por economistas de tendência livre-cambista (Meade), que consideram o mercado incapaz de garantir a coordenação das decisões através do tempo — para eles a planificação há de ser de tipo indicativo, efetuar-se mediante acordo entre o Estado e os agentes econômicos — e por economistas que pensam que ao sistema econômico se hão de fixar objetivos que o mercado é incapaz de alcançar. Para estes a planificação tem de ser, pelo menos em certa medida, uma planificação *normativa*.

A alternativa entre planificação indicativa e planificação normativa não é, contudo, tão radical como as discussões teóricas fazem pensar. Na verdade, enquanto uma planificação essencialmente indicativa pode alcançar, se o Estado conseguir usar eficazmente certos instrumentos, resultados que se desejaria fossem objetivo da planificação normativa, os métodos desta planificação, aplicados em alguns países como a Tchecoslováquia e a Hungria, se revelaram inadequados para a consecução dos resultados almejados, como tiveram de reconhecer esses mesmos países. As experiências de planificação econômica adotadas por outros países (nomeadamente França, Holanda e Itália) não deram os resultados esperados; isso aconteceu sobretudo na Itália onde, por uma série de razões, políticas entre outras, não foi ainda possível pôr em marcha uma séria política de planificação. As próprias tentativas de planificação regional deram praticamente em nada.

A planificação tornou a apresentar, em termos novos, o problema da política dos rendimentos. Há sobretudo alguns economistas neokeynesianos (Modigliani, Kahn) que julgam que o que determina os processos inflacionários é o aumento demasiado rápido dos salários; tal aumento pode comprometer a acumulação. De resto, é ao aumento dos salários que olham, mormente em determinadas fases, com certo interesse ou escassa preocupação, aqueles setores da burguesia que estão particularmente interessados no crescimento do consumo dos novos bens duráveis (automóveis particularmente).

O problema da política da renda veio a tornar-se um problema de difícil formulação e solução, porquanto foram desaparecendo certos mecanismos homeostáticos que até há coisa de cinco anos mantinham o crescimento dos salários compatível com as exigências de crescimento da economia.

A crise do sistema monetário internacional atenuou particularmente os mecanismos que obrigavam os diversos Governos a adotar políticas deflacionárias para "trazer à razão" os sindicatos: isso enquanto os efeitos de tais políticas sobre o comportamento dos sindicatos se abrandavam fortemente. A crescente liquidez internacional, alimentada pelo fluxo dos petrodólares, tornou depois bastante fácil para os diversos países o financiamento dos déficits do balanço de pagamentos. Reduziram-se assim posteriormente os estímulos à prática de políticas deflacionistas: a despesa pública, em especial, pôde expandir-se com as consequências já mencionadas.

O malogro das políticas de planificação não levou à diminuição das intervenções do Estado. Enquanto em alguns países (a França, por exemplo) foi possível pôr em prática uma política de reestruturação industrial que trouxe resultados significativos, noutros (Itália), inclusive pela situação política e sindical que se gerou, se acentuaram as políticas assistenciais, com reflexos negativos na taxa de crescimento da produtividade.

As experiências de planificação despertaram o interesse pelo problema da descentralização das decisões e, consequentemente, das relações entre planificação e mercado, sendo o mercado entendido como um dos possíveis sistemas de descentralização (veja-se, por exemplo, Kornai).

O desenvolvimento técnico, principalmente no campo da informática e dos computadores, e o desenvolvimento teórico da cibernética, das teorias da informação, da planificação, dos jogos e dos controles, permitem agora que se repensem, de um modo geral, os modelos de Política econômica.

Estes progressos técnicos concorrem também para o questionamento das concepções tradicionais que, não obstante, dominam ainda o ensino oficial da matéria.

Aos progressos teóricos se contrapõe a atitude de alguns economistas (Morgenstern, por exemplo) que pensam que a Política econômica, em suas manifestações concretas, não pode refletir uma fundamentação racional de problemas de opção a nível social. Por conseguinte, o economista não pode nem deve elaborar uma Política econômica racional; pode, quando muito, fornecer informações que os agentes públicos poderão levar em conta ao tomar as suas decisões, baseados sobretudo em considerações políticas e sociológicas.

Este raciocínio não parece convincente, se se considera a Política econômica como uma ciência que não pode deixar de implicar um certo grau de abstração, sendo no entanto capaz de contribuir com outras ciências (política, sociologia) na descoberta das soluções concretas para os problemas do Estado e da administração pública que condicionam o processo econômico e são por ele condicionados.

Para se poder repensar validamente os problemas de Política econômica, é necessário, contudo, aprofundar certas manifestações peculiares que o processo de desenvolvimento econômico foi gradualmente assumindo. A propósito, cabe salientar que, nos países capitalistas avançados, sobretudo em consequência dos progressos da eletrônica e da informática, se vai delineando uma possível perspectiva de crescimento constante na produção industrial, a taxas não inferiores às da demanda potencial e com uma diminuição contínua do emprego de mão-de-obra. Não se oferecendo outras possibilidades de emprego da mão-de-obra que teria de abandonar a indústria, esses progressos potenciais têm sido obstaculizados de diversos modos em todos os países, com o resultado paradoxal da redução das taxas de crescimento da produtividade. Outra possível reação, por parte sobretudo de alguns países (Alemanha e Japão), foi a intensificação da competição comercial a nível mundial. O desenvolvimento dos serviços (consumo socializado) poderia ser a saída para o emprego que a indústria já não poderá dar, se se quiser realizar o potencial desenvolvimento tecnológico. Poderia ser essa a incumbência da planificação repensada em seus objetivos, perspectivas e processos, de uma planificação capaz de fazer evoluir o sistema para estruturas pós-capitalistas. Vislumbram-se, no entanto, problemas nada fáceis que dizem respeito tanto ao sistema político como social.

BIBLIOGRAFIA. J. BUCHANAN e outros, *The economics of politics*, IEA Readings 18, The Institute of Economic Affairs (Inglaterra) 1978; F. CAFFÉ, *Politica economica*, Einaudi, Torino 1971; H. VAN DEN DOEL, *Democracy and welfare economics*, Cambridge University Press, Cambridge 1979; F. FORTE, *Manuale di politica economica*, Einaudi, Torino 1970; G. M. HEAL, *The theory of economic planning*, North Holand/American Elsevier, Amsterdam-New York 1973; M. KALDOR, *Essays on economic policy*, Duckwarth, London 1964; J. M. KEYNES, *Occupazione, interesse e monete* (1936), UTET, Torino 1946; S. LOMBARDINI, *I problemi della politica economica*, UTET, Torino 1977; Id., *Oltre la crisi verso un sistema postcapitalista*, Il Mulino, Bologna 1979; J. E. MEADE, *The theory of indicative planning*, University Press, Manchester 1970; L. ROBBINS, *Teoria della politica economica nell'economia politica classica inglese* (1953), UTET, Torino 1963; J. SCHUMPETER, *Capitalismo, socialismo, democrazia* (1942),

Etas Kompass, Milano 1964; J. TINBERGEN, *Principi e metodi della politica economica*, Angeli, Milano 1969; D. S. WATSON, *Economic Policy. Business and government*, Moughton Mifflin, Boston 1962.

[SIRO LOMBARDINI]

Política e Ecologia.

Toda a espécie vivente sente que o seu sucesso evolutivo depende dos meios que o ambiente lhe oferece e da sua capacidade de adaptação. Esta capacidade pode manifestar-se em âmbitos muito diversos, desde o anatômico (o desenvolvimento do tecido adiposo, por exemplo, em função de reserva energética) ao fisiológico (coloração mimética, por exemplo) e ao comportamental (por exemplo, os cuidados parentais, a estratégia da caça, etc.). Já que, numa definição muito genérica, se pode dizer que a esfera da política se refere pelo menos a uma parte dos comportamentos da espécie humana — os comportamentos socialmente organizados —, é óbvio, ou devia sê-lo, o nexo existente entre Política e Ecologia. Na realidade, porém, a consciência de tal relação tem atingido níveis bem diferentes nas diversas sociedades e nas diversas fases históricas. Exemplos de sociedades com alto nível de consciência do nexo existente entre Política e Ecologia no-los oferecem as primeiras sociedades historicamente documentadas: os antigos impérios fluviais da Mesopotâmia e do Egito. Dado que a possibilidade de sobrevivência dependia da capacidade de uma resposta comportamental coletiva às variações do volume dos rios, o poder político nessas sociedades possuía uma forte conotação ecológica: estava ligado à capacidade de prever as inundações, de descrever e medir as consequências dos fatos ambientais (avaliação das terras fertilizadas pelo limo) e de intervir (regulação das águas, escrituração dos cadastros, etc.).

Se os antigos impérios fluviais podem constituir exemplos de sociedades fortemente conscientes da relação entre Política e Ecologia, havemos de incluir entre as menos conscientes as sociedades industriais, tanto as de economia livre como as de economia planejada. De fato, a partir da Revolução Industrial, se foi formando uma ideologia que atribui papel fundamental à produtividade do trabalho humano e do capital e se desinteressa pelo papel da produtividade dos sistemas naturais: mais, chega a interpretar a produtividade dos sistemas naturais apenas como função do trabalho humano e do investimento de capitais.

Foi, contudo, em plena Revolução Industrial e em seu próprio berço, ou seja, na Inglaterra, que, por primeira vez, com os precursores de Malthus e depois com ele, mas também com Ricardo, naquela parte da sua obra que acolheu o pensamento malthusiano, se teorizou explicitamente, se bem que com uma terminologia diferente da moderna, sobre a relação existente entre a Ecologia e a economia, e, por conseguinte, entre a Ecologia e a Política. Malthus chamou a atenção para o fato de que a fertilidade dos solos não é homogênea e de que a espécie humana possui um poder reprodutivo maior que as possibilidades de sobrevivência, que depende da disponibilidade dos recursos ambientais. A combinação destes dois fatos impele a humanidade a cultivar primeiro os solos mais férteis e depois, pouco a pouco, solos cada vez menos produtivos; isso se traduz numa diminuição constante da produtividade média dos solos cultivados.

A intuição de Malthus sobre a exuberância do poder reprodutivo, não só da espécie humana como também de todas as espécies viventes, foi considerada por Darwin base teórica fundamental para a teoria da evolução biológica. O "motor" da evolução está justamente no desequilíbrio entre o número de nascimentos e a disponibilidade de recursos: sem o conhecimento deste "motor", o pensamento evolucionista não teria podido sair da metafísica lamarckiana, daquele compromisso entre a ciência e teologia, que supõe uma *scala naturae* e um plano preordenado "onde cada um tende a um fim que lhe foi prescrito desde fora" (Ageno, *Lezioni di biofísica*, 1). Só a intuição malthusiana da exuberância do poder reprodutivo libertou o evolucionismo de toda a contaminação teleológica. Mas verificou-se um fato sobremaneira curioso que não parece ter sido suficientemente investigado: por um lado, os estudiosos dos fenômenos vitais, como Darwin e Wallace, aceitavam Malthus como mestre, por outro, se identificaram com Darwin, se bem que por razões opostas (e, por isso, às vezes certamente desvirtuadas) muitos estudiosos dos fenômenos históricos (políticos, econômicos, sociais), como os marxistas e os social-darwinistas; mas a confessada admiração por Darwin não levou aqueles que se proclamavam seus discípulos a aceitar quem era mestre do próprio mestre. Por quê?

Os "porquês" da barreira de incompreensão que, a propósito, se levantaram entre as ciências da natureza e as ciências da sociedade e da história situam-se em domínios diversos, ou podem ser descritos com linguagens diferentes. Em primeiro lugar, é preciso considerar quais possam ter sido as consequências da grande confusão feita pelo próprio Malthus (não corrigida por seus maiores contestadores, como Marx), quando, ao procurar identificar a grandeza que decresce, julgou vê-la na produtividade da terra. Ao contestá-lo, Marx sustenta que a produtividade da terra não só não diminui, como aumenta em função do trabalho humano. Escapava a Marx que existe "algo" cuja produtividade diminui de fato, e a Malthus que esse "algo" é a energia. Malthus e Marx não foram os únicos que não souberam utilizar o conceito de energia na análise dos fatos econômicos: a recusa a utilizar este conceito manteve-se, até há bem poucos anos, em toda a cultura econômica, sociológica e política. De resto, o próprio mundo científico, e até mesmo a ciência física, obstinaram-se antes em não aceitar, de pleno direito, a termodinâmica, seu aparato conceptual e suas implicações, mesmo depois que, já de há séculos, as máquinas térmicas, em cuja observação se fundava a "estranha ciência", se haviam mostrado capazes de transformar profundamente a sociedade. No nosso século, pelo contrário, a Ecologia, entendida como estudo dos sistemas viventes, tem usado amplamente o modo de pensar da termodinâmica, chegando a considerar não só "o vivente" como também "a vida", ou seja, o conjunto das relações entre os viventes, à maneira de uma máquina térmica ("a vida é um ciclo de matéria sustentado por um fluxo de energia"). Desta maneira, é provável que a "barreira" entre os conceitos da Ecologia e da Política, a que fizemos referência, vá crescendo e se solidifique.

Como é Malthus e aqueles que, de tendências opostas, o repeliam, foram unânimes em cometer o curioso erro de "não ver" a energia? Contudo, eles viviam num mundo que via como crescia incessantemente a produtividade do trabalho, obtida à custa de crescente emprego de energia, bem como de uma contínua diminuição da produtividade da própria energia. É de pensar que não tenham enxergado tais fenômenos, porque a experiência histórica falava de aumento da energia disponível: tal aumento, aparentemente ilimitado, não só compensava, no plano prático, a diminuição da produtividade de energia, como a afastava da cena dos fatos teoricamente relevantes (ou mesmo apenas *existentes*). Não foi sem razão que só houve consciência dos problemas energéticos, quando se esboçou a penúria de energia.

A experiência histórica falava de um aumento da energia disponível, por causa do processo de desenvolvimento que há mais de um milhar de anos se vinha desenrolando e era caracterizado por um mecanismo de *feedback* positivo, que ia pondo à disposição da economia européia quantidades de energia efetivamente crescentes, em razão da energia empregada. Citaremos dois exemplos extremamente significativos, o dos moinhos e o das bombas a vapor. Permitindo acionar hidraulicamente malhos e foles, os moinhos levaram à fabricação de engrenagens de ferro gusa, em lugar das tradicionais engrenagens de madeira, e essas novas engrenagens vieram aumentar a potência dos moinhos: dessa maneira, justamente em razão de haver sido usada uma certa quantidade de energia hidráulica para fins produtivos, podia-se usar para os mesmos fins uma cota ainda maior. As primeiras máquinas a vapor, de combustão a carvão, foram as bombas de drenagem das minas carboníferas, que permitiam atingir as jazidas mais profundas: também aumentava neste caso a energia disponível, precisamente em razão de haver sido utilizada. Esta experiência histórica, que hoje chamamos "de desenvolvimento", parecia contradizer a afirmação malthusiana de que existia "algo" cuja produtividade ia diminuindo. E é esta talvez a razão fundamental da rejeição, mais nos comportamentos que nas teorias, das intuições malthusianas.

A ciência ecológica moderna voltou a dar valor a tais intuições, talvez também porque a realidade histórica está, de fato, mudando. Contudo, ao serem retomadas, as concepções de Malthus passam por várias revisões nas diversas escolas. Para facilitar a exposição, identifiquemos duas escolas: uma a "escola de Odum", a outra a "escola de Commoner".

A que definimos como "escola de Commoner" substitui o conceito malthusiano de "produtividade da terra" pelo conceito mais vasto e genérico de "produtividade dos recursos limitados não renováveis". O fenômeno histórico relevante para esta escola não é a passagem do cultivo de terras altamente férteis ao cultivo de terras cada vez menos produtivas, mas um fato bem mais geral, o da passagem da exploração de recursos altamente produtivos (terras férteis, mas também jazidas ricas, poços acessíveis, etc.) a recursos menos produtivos (terras menos férteis, mas também jazidas mais pobres, poços menos acessíveis, etc.). Existe um espaço dentro do qual a produção pode ser aumentada, mesmo que a produtividade original (do solo, da jazida, do poço) diminua em média: a diferença é preenchida com o aumento das transformações energéticas. Isto significa, porém, que aumenta a carência energética, ou seja, diminui a produtividade da energia. Além disso, constituindo as próprias fontes energéticas um recurso limitado não renovável, também elas vêem diminuir sua produtividade. Depois que as jazidas de um mineral metalífero rico foram exploradas, passa-se a explorar jazidas de mineral pobre, o que significa que as instalações para a exploração da mina e para o tratamento do mineral exigem, em sua construção, maior quantidade de metal e, em seu funcionamento, maior quantidade de combustível; o mesmo acontece com o petróleo. É necessário, pois, mais metal e mais petróleo para conseguir o metal, é necessário mais petróleo e mais metal para conseguir o petróleo. Segundo esta escola, Malthus não teria descoberto senão um caso particular de uma lei geral. Na primeira fase da história da tecnologia, a lei geral não era visível, porque estavam sendo introduzidos procedimentos que aumentavam a produtividade das transformações energéticas, e o aumento da produtividade destas transformações podia compensar a diminuição da produtividade das fontes de energia e de matérias-primas. É aqui que se situa a fase do "desenvolvimento". Quando, ao invés, a diminuição da produtividade das fontes não é mais compensada, inicia-se um processo de empobrecimento que se revela como inflação. Também este é um processo com características de *feedback* positivo, ou seja, um processo que se auto-alimenta, porém num movimento invertido: enquanto na fase de desenvolvimento se tornava disponível tanto maior quantidade de recursos quanto maior era a quantidade utilizada, na fase que se abre as fontes tornam-se cada vez menos produtivas em razão da exploração que delas se faz.

Odum, que pode ser considerado o pai da concepção ecológica que considera o conjunto dos fenômenos vitais como uma máquina térmica, aprofunda a análise malthusiana em vez de a expandir, como faz a escola de Commoner. Ele estuda a relação entre a produtividade da terra cultivada (medida em termos de produção por hectare de alimentos úteis ao homem) e a energia despendida em seu cultivo: a produtividade aumenta com o aumento do dispêndio energético só enquanto a energia gasta no cultivo não supera a quantidade de energia solar que as plantas cultivadas conseguem fixar pela fotossíntese. Quando este limiar é ultrapassado, a produtividade das transformações energéticas diminui cada vez mais rapidamente. O raciocínio de Odum refere-se, portanto, à produtividade das transformações, não à das fontes. A lei do rendimento decrescente da energia subsidiária pode ser teoricamente demonstrada à luz do pensamento biológico evolucionista e tem resistido a todas as verificações experimentais a que a submeteram até hoje. Além disso, Odum considera os ecossistemas não só sob o ponto de vista energético, mas também sob o ponto de vista da estabilidade, que é função da complexidade; esta, por sua vez, é função da variedade das informações genéticas presentes no ecossistema considerado e da multiplicidade de rela-

ções existentes entre os portadores de tais informações. É possível demonstrar que a revolução neolítica (particularmente, acentua Odum, na sua versão eurasiática, depois também estendida à América) pôs em movimento um processo de simplificação dos ecossistemas que a Revolução Industrial veio acelerar. Este processo de simplificação é constantemente acelerado com o uso crescente da tecnologia química.

É claro que não existe oposição entre as concepções de Commoner e de Odum: a diminuição da produtividade das fontes de recursos materiais e energéticos coexiste, de fato, com a diminuição da produtividade das transformações energéticas e com a diminuição da complexidade dos ecossistemas. Este enredo de fenômenos tem repercussões a nível econômico e político (aumento dos custos de produção, mudanças tão rápidas na composição orgânica do capital que se tornam difíceis as previsões e projeções, necessidade de aumentar os investimentos públicos em relação à totalidade dos investimentos, para a produção de energia, por exemplo) e também a nível sanitário e de qualidade de vida (aumento da patologia neoplástica e degenerativa, assim como da sociopatologia). Que para a diminuição da produtividade das fontes e das transformações energéticas se possa encontrar remédio em novas formas de produção de energia em quantidades praticamente ilimitadas (reatores autofertilizantes, reatores de fusão) é uma hipótese que se acha limitada pelo fato de que uma imissão ilimitada de energia no ecossistema lançaria a sua simplificação para limiares de grande periculosidade.

Em todo o mundo capitalista, os cientistas que se ocupam de Ecologia, e os movimentos de opinião, sobretudo juvenis, que fazem eco de suas preocupações, lamentam que, no âmbito das decisões políticas, a ciência ecológica nem seja abertamente contestada, nem adotada como critério de escolha. É outra a situação na União Soviética e na China: na União Soviética, ou não há no mundo científico defensores do pensamento de Commoner e de Odum, ou então, se os há, não têm a liberdade de divulgar seus próprios pontos de vista; pode-se ainda aventar a hipótese de que as enormes riquezas de um território em sua maior parte despovoado deixem na sombra, pelo menos para uma grande parte, os pontos essenciais da questão ecológica. No entanto, a incapacidade revelada pela sociedade soviética em alcançar a auto-suficiência na produção de alimentos deveria provocar alguma inquietação. Na China, pelo pouco que dela se sabe, as teorizações eram, no tempo de Mao, desdenhosamente antimalthusianas; a prática, contudo, parecia encaminhada a criar situações de equilíbrio ecológico, através de modelos produtivos e políticos orientados ao equilíbrio cidade-campo, à valorização do trabalho manual, aos pequenos complexos e a uma moderada tecnologia. Hoje, ao invés, parece que o modelo industrial tem primazia; a adoção de uma política severamente orientada à diminuição da natalidade faria pensar no abandono da polêmica contra Malthus. Além de uma certa carência de informações, a única coisa que parece clara é que a ciência ecológica, ciência das relações dos sistemas viventes entre si e com os componentes abióticos do ambiente, se originou e se está desenvolvendo nas sociedades capitalistas. Mas, mesmo nas sociedades capitalistas, que lhe consentem liberdade de expressão e fontes de pesquisa, ela não encontra modo de orientar as decisões políticas. E isto não acontece porque sejam contestadas as conclusões a que a ciência ecológica chegou. Ninguém diz que os ecólogos não tenham razão, quando sustentam que o uso de recursos não renováveis faz aumentar constantemente os custos de produção. Do mesmo modo, também ninguém nega que eles tenham razão ao afirmar que o excesso de transformações energéticas torna instável o ecossistema.

A propósito da recusa de se levar em conta o alarme lançado por Malthus, tem-se falado de uma experiência histórica de "desenvolvimento" que tornava inevitável tal recusa. Hoje a experiência histórica é diferente, mas é provável que o fim do desenvolvimento seja uma experiência ainda demasiado recente, para ser levado em conta no plano operativo. Há dificuldades de ordem conceptual e de ordem prática.

Sob o aspecto conceptual, é difícil tomar consciência da irreversibilidade dos fenômenos. Estamos acostumados a pensar que o homem resolve os problemas à medida que eles se apresentam; e isto indica que se supõe, embora inconscientemente, que os processos são sempre reversíveis. A lei da produtividade decrescente da energia subsidiária (Odum) nos adverte de que a produtividade do nitrato artificial, medida em termos de rendimento adicional, está diminuindo; as verificações experimentais o confirmam. Um dia, a produtividade do nitrato será tão baixa que já não poderemos utilizar mais os nitratos artificiais. Adiar as decisões sobre o modo de adubar a terra para *esse dia* significa supor que os homens que viverão "então" terão as mesmas possibilidades de modificar as tecnologias de fertilização que nós temos hoje; mas isso não é verdade, como não é verdade que nós tenhamos as mesmas possibilidades que tiveram nossos pais. O uso de nitratos exige terrenos irrigáveis; é por isso que o cultivo dos terrenos semi-áridos e elevados tem sido abandonado, concentrando-se os trabalhos

agrícolas na planície, tal como se concentrou ao longo dos rios a criação de gado, já que o uso dos nitratos artificiais eximia da necessidade de poder contar com o adubo produzido na proximidade do campo a fertilizar. Redistribuir os rebanhos pelo território e recuperar os terrenos elevados significa abandonar os estábulos, os armazéns, as casas hoje existentes, e construir outros novos, com novos custos econômico-energéticos. Em suma, o mundo em que os nitratos artificiais têm sido empregados *não é mais* o mundo de antes. Iguais observações se podem fazer em outros campos: o mundo que se modelou com a generalização do automóvel privado não é mais o de antes; por isso, prescindir do automóvel depois de o ter é coisa diferente de renunciar a ele desde o início. Contar com a irreversibilidade dos fenômenos foi coisa difícil no âmbito do conhecimento físico do mundo, mas o é ainda mais difícil no âmbito da ação política, que se espera possa intervir a todo o momento na cadeia causa-efeito. A insistência dos ecólogos sobre o conceito de "ponto de não-retorno" tende exatamente a fazer penetrar esse conceito de irreversibilidade dos fenômenos no mundo das decisões políticas, até agora incapaz de o compreender.

Outra das dificuldades em orientar as decisões políticas, de modo que não comprometam o equilíbrio ecológico, está no fato de que o respeito portal equilíbrio requer uma vasta ampliação do âmbito dessas decisões, e isso por causa da área de incidência dos custos relativos ao emprego das tecnologias modernas, que é muito mais vasta que a área em que se recebem os benefícios: é a falta de coincidência dos sujeitos que se transforma em decisão política o que, usando tecnologias diversas, era uma decisão técnica ou econômica. Enquanto o homem resolve defender-se dos ratos com a ratoeira ou com o gato, a escolha entre ambas as modalidades de defesa é apenas técnica e é assunto do indivíduo: de fato, nenhuma das duas modalidades causa dano aos vizinhos. Mas, no momento em que a indústria química prepara raticidas de ação lenta, o problema muda completamente de aspecto: os ratos que tenham ingerido o veneno lento só morrerão depois de dias ou semanas; durante este lapso de tempo, andarão pelos edifícios ou pelas áreas circundantes, daí resultando que o cão de um vizinho morrerá por haver despedaçado um rato envenenado e o padeiro amassará um pão contaminado por não se aperceber de que um desses ratos foi morrer no saco da sua farinha. Quem se serve de ratoeiras ou de gatos recolhe os benefícios e paga os custos da sua escolha: é a identidade do sujeito que faz com que o poder político se desinteresse pela questão. Mas, quem adota o veneno de ação lenta, tirando daí benefícios, não é o mesmo que paga os custos: é por isso que o problema se torna político, no sentido de que será preciso aprovar uma lei, ou, quando menos, uma deliberação da administração pública, que proíba ou regulamente o uso dos raticidas e providencie meios de controle para verificar se as normas são seguidas pelo fabricante, pelo vendedor e pelo usuário. Por isso se pode dizer que, se uma tecnologia é de tal ordem que modifique o ambiente trazendo riscos para sujeitos diferentes daqueles que colhem os benefícios dessa mesma tecnologia, as decisões que, de outro modo, seriam apenas de ordem técnico-econômica e seriam tomadas só pelo cidadão, passam a fazer parte da esfera legislativa, administrativa e judiciária, ou seja, da esfera política.

Conseqüentemente, quando o desenvolvimento da tecnologia é de tal modo que o fenômeno da falta de coincidência, entre os sujeitos que lhe colhem os benefícios e os que lhe suportam os custos, ultrapassa um certo limite, a defesa do ambiente aumenta a área das decisões que hão de ser tomadas no âmbito político. Isto apresenta problemas, não só práticos como também teóricos, de grande dificuldade.

Um exemplo: as legislações inspiradas na idéia de permitir a imissão no ambiente de substâncias, cuja capacidade de provocar alterações não fosse demonstrada, fizeram com que ele sofresse grave e persistente contaminação por causa de tais substâncias; é por isso que hoje se julga, em geral, que é preciso mudar de critério e só permitir a imissão no ambiente de substâncias que comprovadamente não provoquem alterações. Isso significa que as indústrias deverão munir-se de laboratórios adequadamente equipados, mas também que a administração pública há de dispor de laboratórios mais eficientes que quaisquer outros, para poder controlar os registros dos laboratórios das indústrias. E não só isso. As substâncias geradoras de alterações que poluem o ambiente não são só os "produtos" da indústria, mas também os produtos intermédios que se formam durante o processo produtivo e fogem ao controle, bem como restos e resíduos, tanto sólidos como líquidos e gasosos. É por isso que a administração pública tem de dispor também da capacidade de controlar os ciclos produtivos, as instalações e os projetos, com competência técnica e científica superior à das indústrias, pois, com uma competência inferior, tal controle não teria sentido. Mas não é tudo. A substância alterante pode formar-se fora do processo produtivo, quando seus resíduos interagem com o produto ou com os resíduos de outro processo de produção. Só a administração pública pode investigar fenômenos dessa ordem,

porque só ela conhece, ou deveria conhecer, o que ocorre no território. Além disso, é preciso considerar que as substâncias que provocam alteração, ou que as precedem, derivam não só dos processos produtivos, como também dos de consumo (o benzopireno, por exemplo, se forma em todas as combustões); que as *noxae* não são só provocadoras de alterações e de câncer, mas também irritantes, cáusticas, etc.; que não são somente químicas, mas também físicas (ruídos, radiações, etc.). Daí a legitimidade da seguinte generalização: quando a exteriorização negativa das tecnologias supera um certo limite (já superado), a defesa do ambiente exige que a administração pública possua instrumentos de pesquisa científica e de controle de potencialidades superiores aos instrumentos de pesquisa dos operadores econômicos. Isso implica a passagem, da gestão privada para a gestão pública, de recursos materiais, mas principalmente humanos, enormes, cada vez maiores e de grande valor.

Estamos, pois, diante de uma grave contradição: na parte do mundo em que a economia está em mãos públicas, a ciência ecológica está pouco menos que silenciosa ou, em todo caso, muito retraída; na parte em que a ciência ecológica está mais avançada, o poder público encontra dificuldade em estender sua intervenção tanto quanto a defesa do ambiente o exigiria. Uma contradição inquietante.

BIBLIOGRAFIA. B. COMMONER, *Il cerchio da chiudere* (1971), trad. it. Garzanti, Milano 1977; L. CONTI, *Che cos'è l'ecologia*, Mazzotta, Milano 1977; M. HARRIS, *Cannibali e re* (1977), Feltrinelli, Milano 1980; MARX, ENGELS, LENIN, *Sulle società precapitalistiche*, ao cuidado de M. GODELIER (1970), trad. it., Feltrinelli, Milano 1970; E. ODUM, *Principi di ecologia* (1971), trad. it., Piccin, Padova 1973; R. E. RICKLEFS, *Ecologia* (1973), trad. it., Zanichelli, Bologna 1976.

[LAURA CONTI]

Populismo.

I. DEFINIÇÕES DO POPULISMO. — Podemos definir como populistas as fórmulas políticas cuja fonte principal de inspiração e termo constante de referência é o povo, considerado como agregado social homogêneo e como exclusivo depositário de valores positivos, específicos e permanentes.

Alguém disse que o Populismo não é uma doutrina precisa, mas uma "síndrome". O Populismo não conta efetivamente com uma elaboração teórica orgânica e sistemática. Muitas vezes ele está mais latente do que teoricamente explícito. Como denominação se amolda facilmente, de resto, a doutrinas e a fórmulas diversamente articuladas e aparentemente divergentes, mas unidas no mesmo núcleo essencial, da referência recorrente ao tema central, da oposição encarniçada a doutrinas e fórmulas de diversa derivação.

As definições do Populismo se ressentem da ambigüidade conceptual que o próprio termo envolve. Para Peter Wills, Populismo é "todo o credo e movimento baseado nesta premissa principal: a virtude reside no povo autêntico que constitui a maioria esmagadora e nas suas tradições coletivas" (Wills em Ionescu-Gellner, 1971); para Lloyd Fallers, o Populismo é uma ideologia segundo a qual "a legitimidade reside no povo" (Fallers, 1964); para Peter Worsley, ele é "a ideologia da pequena gente do campo ameaçada pela aliança entre o capital industrial e o capital financeiro" (Worsley, 1964); para Edward Shils, o Populismo "se baseia em dois princípios fundamentais: o da supremacia da vontade do povo e o da relação direta entre povo e *leadership*" (Shils, 1954).

Para evitarmos o risco de definições excessivamente vagas que, ou limitam demais o âmbito do Populismo, ou o confundem com uma espécie de democratismo romântico, é mister ter presente que o conceito de povo não é racionalizado no Populismo, mas antes intuído ou apodicticamente postulado. Uma tirada de estilo populista é o que encontramos nesta frase de Eva Duarte: "Um dia afirmou sabiamente Perón que, tendo percorrido o país de um cabo ao outro, e tendo conhecido todas as suas belezas e maravilhas, ao fim teve de se encontrar com a sua maior e mais alta beleza, o povo" (Eva Perón, 1952).

Para além de uma exata definição terminológica, o povo é tomado como mito a nível lírico e emotivo. O Populismo tem muitas vezes uma matriz mais literária que política ou filosófica e, em geral, suas concretizações históricas são acompanhadas ou precedidas de manifestações poéticas, de uma descoberta e transfiguração literária de dados ou supostos valores populares. Exemplo disso, a poesia de Walt Whitman nos Estados Unidos, os eslavófilos na Rússia, a geração de 98 na Espanha e em Strapaese na Itália.

II. O CONCEITO DE POVO. — Como representante, como quinta essência do povo, é evocado aquele elemento social que parece menos contaminado por ingerências exteriores e que se pode identificar, em países predominantemente agrícolas, entre a população rural. O "mujik" russo, o camponês-soldado alemão celebrado por Junger e Walter Darrè, o "farmer"-pioneiro americano, são exemplos desta visão peculiar. A uma carga histórica de que o camponês seria o legítimo portador, se acrescenta um privilégio de tipo ético-antropológico: se atribui ao homem do campo "uma certa prioridade moral por causa do caráter natural do seu trabalho, do seu contato com a terra e do caráter fundamental da produção agrícola". (Hofstadter em Ionescu-Gellner, 1971.)

O elemento rural, embora privilegiado pelo Populismo, não lhe é essencial: em países com forte índice de concentração urbana, o povo pode ser formado pela massa dos trabalhadores. Mais: como protótipo, como síntese simbólica das virtudes populares, pode ser preferido um elemento social marginal como o "chulo" madrileno para alguns teóricos da Falange, um soldado das tropas especiais como o "ardito" para o fascismo italiano, ou simplesmente o "combatente" para vários movimentos populistas do primeiro pós-guerra europeu, ou então o jovem como tal em certos movimentos da década de 30.

O pertencer ao povo não depende, para o Populismo, da condição social ou profissional. Propondo como modelo do povo argentino o "descamisado", o servente do subúrbio, Eva Perón afirma: "descamisado é aquele que se sente povo". "É importante — acrescenta — que nos sintamos povo, que amemos, soframos e nos alegremos como faz o povo, embora não nos vistamos como o povo, circunstância puramente acidental" (Eva Perón, 1954). O arquétipo do camponês castelhano ou romeno inclui o braceiro, o pequeno proprietário, a burguesia intelectual da província e até elementos aristocráticos.

O Populismo exclui a luta de classes: "é fundamentalmente conciliador e espera transformar o *establishment;* é raramente revolucionário" (Wills em Ionescu-Gellner, 1971). Considerado como uma massa homogênea, o povo não se apresenta no Populismo como classe ou agregação de classes. Nos populismos africanos se nega absolutamente a legitimidade do conceito de classe como categoria social dentro do contexto autóctone, que é julgado resultante da extensão da unidade familiar de base. Hofstadter fala do caráter "ecumênico" do Populismo americano, da sua tendência "a garantir a legitimidade moral e a aceitabilidade política a quem faz um trabalho honesto" (Ionescu-Gellner, 1971).

Fundado no postulado da homogeneidade das massas populares, o Populismo se diferencia radicalmente não só dos movimentos de classe, como também dos movimentos interclassistas. O interclassismo não nega, de fato, a diferenciação de classes, embora tente conciliá-las. O Populismo, ao invés, a ignora. Para o Populismo, a divisão é entre o povo e o "não-povo".

III. O "NÃO-POVO". — O "não-povo" é tudo o que é extrínseco a um povo histórica, territorial e qualitativamente determinado. Populismo e internacionalismo são incompatíveis.

O não-povo pode ser internamente representado, não só por uma elite cosmopolita ou imperialista (como nos países ex-coloniais), ou por uma elite plutocrática (a oligarquia argentina), mas também por setores das próprias massas populares, como, por exemplo, os movimentos de classe, julgados portadores de ideologias ou de valores estranhos, ou incongruentes com os valores genuínos da tradição popular autóctone.

O Populismo, que é fideísta em suas premissas, torna-se messiânico em seus módulos de ação, temendo contínuas insídias à pureza popular e buscando sua sobrevivência ou preservação em formas carismáticas; torna-se maniqueu, tendendo à expulsão radical do sistema político e social daquilo que não é povo, como germe parasitário e corruptor. Daí a presença pública ou latente, em quase todos os Populismos, de uma constante feição racista. Pensemos nos movimentos *volkisch* aos quais o nacional-socialismo foi buscar o seu anti-semitismo. Segundo Wills, que também se refere na sua tipologia a movimentos de tendências reformistas e moderadas, "o Populismo revela uma forte tendência para um brando racismo: o bom povo simples é de origem diversa da do mau *establishment*"; "os *Sinn Fein* atacavam as guarnições inglesas; Cárdenas, Haya de la Torre, Belaunde, eram todos porta-vozes dos astecas e dos incas diante dos criolos; a Guarda de Ferro era anti-semita; muitos narodniki eram anti-hebreus e antigermânicos; e o Populismo norte-americano tem sido anti-semita (Padre Coughlin, William Aberhat, Ezra Pound) " (Jonescu-Gellner, 1971).

Em alguns países que ainda não concluíram o processo de integração étnica e onde é justamente o elemento popular que apresenta características étnicas heterogêneas como na Argentina e no Brasil, os movimentos populistas não invertem a tendência à fusão étnica, mas a aceleram, favorecendo a integração dos elementos étnicos marginais e contrapondo-os às classes dominantes, mesmo que seja exatamente nestas últimas que as características tradicionais aparecem acentuadas e sublimadas. Em países assim, o povo surge, antes de tudo, como um modo de ser aberto e voluntário. A discriminação está voltada contra certas categorias econômicas e culturais ou então se resolve num racismo de tipo ideológico. Deste modo, em vários sistemas populistas militares, os comunistas constituem o "diverso", o corpo estranho que é preciso destruir fisicamente ou expulsar.

O não-povo é visto a uma luz demoníaca como corpo conspirativo, como uma espécie de conjuração permanente, de proporções universais. Um líder populista americano, o senador Peffer, lançava em 1892 este misterioso lamento: "Uma vasta conspiração contra o gênero humano foi organizada nos dois continentes e se está apoderando rapidamente do mundo". As expressões "conspiração comunista" ou "conspiração imperialista" ocorrem alternativamente à boca dos líderes populistas. A arcádica área populista está dominada pelo pesadelo de perenes conjuras.

IV. POPULISMO E IDEOLOGIAS CONTEMPORÂNEAS. — A incompatibilidade com o classismo, com o internacionalismo e, podemos acrescentar, com a matriz materialista do socialismo científico, faz com que o Populismo se apresente, em relação ao socialismo, como uma ideologia concorrente e divergente, e não como uma ideologia complementar ou subordinada. Se se pode falar de Populismo, referindo-o a certos sistemas políticos definidos como socialistas (stalinismo, castrismo, etc.), é porque eles assimilaram e fizeram própria na prática a temática populista, afastando-se, na medida correspondente, da própria linha teórica.

Embora tal tese seja comumente aceita por quase todos os movimentos ditos "populistas", alguma perplexidade pode surgir diante do Populismo russo, considerado por Franco Venturi como "uma página da história do socialismo europeu" (Venturi, 1972). Parece que, no que respeita a este movimento, havemos de nos ater mais precisamente à análise de Lenin que acentua o seu caráter ambíguo e a origem tradicionalista do seu anticapitalismo, relegando-o ao "romanticismo econômico" (Andrej Walicki em Ionescu-Gellner, 1971). O mesmo Venturini observa, aliás, a propósito da revivescência do Populismo na época staliniana: "Nos revolucionários democráticos, havia alguma coisa que resistia a toda a tentativa de aniquilamento. Nos seus escritos, ressurgia constantemente o problema nacional, a questão do próprio ligame entre o movimento revolucionário e a história russa". Só o Populismo podia oferecer a um marxismo "em vias de ossificação", "um sangue diferente e talvez mais antigo", ocupar o lugar de um internacionalismo declinante, facilitar uma nova relação entre a tradição russa e o Estado soviético, orientar a reviravolta nacionalista do sistema.

Como afirma Wills, o Populismo está muito mais longe do socialismo que do fascismo. Ainda segundo o mesmo autor, "há muitíssimo populismo no fascismo" e "o exemplo mais perfeito é a Guarda de Ferro romena que foi essencialmente um movimento populista, tornado fascista por causa do grande número de judeus que havia na Romênia e porque o fascismo estava na moda na época". Também no Populismo americano da década de 30 teria havido acentuadas características fascistas. Wills pensa, todavia, que o fascismo se distingue do autêntico Populismo pelo seu "elitismo" e pela obrigação de obedecer ao líder. A atração exercida sobre os populistas pelo "carisma de líderes heróicos" é, não obstante, sublinhada por Donald McRae (Ionescu-Gellner, 1971). Mas as afirmações de Wills podem ser facilmente refutadas, se se leva em conta que o igualitarismo populista é mais semelhante ao igualitarismo fascista — o igualitarismo dos uniformes, do estilo de vida e do modo de ser — que ao igualitarismo liberal democrático, que não faz distinção entre povo e não-povo. As elites a que se opõem o fascismo e o Populismo são as elites extrínsecas ao povo: para o fascismo e o Populismo, o próprio povo é sinônimo de aristocracia e de elite.

Na realidade concreta dos vários sistemas populistas, ressalta sempre uma *leadership* de tipo carismático e a formação de uma elite de "iluminados", de intérpretes quase sagrados da vontade e do espírito do povo. A diferença com o fascismo há de, pois, ser buscada em outra coisa. Não no "ruralismo" que não é uma característica essencial do Populismo e que, de alguma maneira, aflora às vezes de forma petulante e obsessiva no fascismo e na sua terminologia (pense-se nos conceitos de um "lugar ao sol" e do "espaço vital", na concepção de um imperialismo puramente territorial e rural, na reivindicação retórica da ruralidade); não no racismo que, no fascismo, é de origem populista. Na realidade, a diferença entre o Populismo e o fascismo está em que, se o Populismo pode incluir quase todos, se não todos os fascismos, não é possível excluir do seu âmbito — apesar da polêmica populista contra a democracia formal — movimentos democráticos como o mazzinianismo, o próprio movimento russo, o primeiro movimento americano com as suas nostalgias da "jacksonian democracy" e da revolução, pacifistas como o gandhismo, coletivistas como o stalinismo e o castrismo.

Poderá o fascismo ser considerado como uma variante agressiva ou dramática do Populismo e este, em seu sentido estrito, como uma versão pacífica e asséptica do fascismo? É indubitável que o Populismo representa um útil ponto de referência para outras classificações. Poder-se-ia, por exemplo, afirmar que a ligação, o *trait d'union* entre o fascismo e o nacional-socialismo, por um

lado, e o stalinismo, por outro, não advêm do totalitarismo, mas mais claramente da matriz populista comum. É igualmente indiscutível o ligame existente entre o Populismo e o nacionalismo. "O Populismo, afirma Stewart, é uma espécie de nacionalismo cujo traço característico assenta na equação entre 'nação' e 'povo' " (Ionescu-Gellner, 1971). O fundo nacionalista tampouco está ausente dos movimentos populistas democráticos.

Pelo contrário, é bastante clara a separação entre Populismo e tradicionalismo. Embora conceda especial relevo aos valores tradicionais, o Populismo não preconiza uma sociedade estática e imóvel. O seu elemento dinâmico foi focalizado com agudeza por Hofstadter, ao recordar as características da democracia jacksoniana, o modelo dos populistas americanos de fins do século XIX. "Pelo que respeita aos valores, a democracia jacksoniana se distingue por dois temas principais, aparentemente contrastantes. O primeiro é o fascínio persistente de novos empreendimentos em face de oportunidades maiores, o protesto contra os monopólios e a autocracia, e a exigência de um maior e melhor acesso do cidadão comum à grande concorrência dos negócios, da política e das profissões. Nisso podemos ver a velha tendência americana a avançar, a paixão pelo progresso. O segundo tema é o que Marvin Meyers chamou de restauracionismo. É um tema voltado para a simplicidade, para a abnegação cívica, para a nobreza, para as limitadas aspirações materiais e para o alto tom moral que se julgavam característicos da velha República" (Ionescu-Gellner, 1971). A restauração representa um dos aspectos da paixão pelo progresso; o Populismo não visa a restaurar uma sociedade ou um sistema, mas uma moral, um tipo de vida. Com efeito, se estudarmos a fundo as particularidades ideológicas do Populismo, essa característica ressaltará com clareza: "o Populismo é mais moralista que programático... a lógica e a efetividade são menos apreciadas que uma atitude correta e que a harmonia espiritual"; "a sua ideologia é vaga e as tentativas de a definir com exatidão provocam irrisão e hostilidade" (Wills em Ionescu-Gellner, 1971).

O Populismo se distingue igualmente dos movimentos de inspiração democrático-cristã. Isso não só porque tais movimentos apresentam interpretações teóricas orgânicas, mas também porque o Populismo não se inspira em qualquer realidade religiosa transcendente. O deus do Populismo é o próprio povo. O Populismo é um neopaganismo, não admite valores confessionais. Quando estes valores são incorporados numa ou noutra fórmula populista, é porque eles se materializaram numa tradição popular. A reavaliação do catolicismo na Falange, da ortodoxia na Guarda de Ferro, do judaísmo na democracia israelense, são certamente fenômenos desta feição. Mas também não se pode negar que alguns movimentos democrático-cristãos se harmonizam, em determinadas circunstâncias, com comportamentos de tipo populista.

Alguns (Wills) pensam que o Populismo é incompatível com o militarismo. Existem, não obstante, casos bastante freqüentes de militarismo populista. O próprio conceito do exército como povo armado, como soma das virtudes populares, como perene reserva de valores nacionais e populares autênticos, é um conceito populista típico.

Com o militarismo e o fascismo, o Populismo partilha, fundamentalmente, da mesma falta de organização ideológica, do ecletismo e, até certo ponto, do desprezo pela ordem constituída e pelas formulações ideológicas; por isso, ele também se apresenta como contestação do sistema e como uma antiideologia. Constitui uma resposta à abordagem ideológica e à problemática política: a estruturação ideológica é considerada, seja qual for a sua origem, como mistificante e ilusória. A ideologia populista se reduz, portanto, a um núcleo suscetível de variações mesmo radicais, por motivos pragmáticos. Este núcleo ideológico foi exatamente definido por Lenin em seu bifrontismo: o Populismo é a tentativa de conciliar restauração e modernização.

V. POPULISMO E MODERNIZAÇÃO ECONÔMICA. — A relação entre Populismo e processo de industrialização (v. INDUSTRIALIZAÇÃO) tem sido reiteradamente assinalada. Para Angus Stewart, o Populismo surge "quer da tensão entre os países atrasados e os países mais avançados, quer da tensão entre as regiões mais desenvolvidas e as mais atrasadas de um mesmo país" (Ionescu-Gellner, 1972). Para Shils, o Populismo nasce da tensão entre metrópole e província (Shils, 1956). Para Pollack, que se refere de modo específico ao populismo americano, ele é o resultado de uma certa interação dos intelectuais agrários que criticam o trabalho industrial, e dos intelectuais urbanos que aceitam o industrialismo (Pollack, 1962).

O Populismo é o recurso natural de uma sociedade em crise, dividida entre o setor tradicional e o setor moderno. Isso sucede, como observa Stewart, "quando as ideologias e os movimentos que enfrentam mais diretamente a industrialização e as suas conseqüências são considerados alheios ou inadequados, ou uma coisa e outra". "Assim — prossegue Stewart — em seu aspecto externo, o Populismo russo é a resposta a determinadas teorias socialistas da Europa ocidental".

"No peronismo, o modelo apresenta-se sobremaneira emaranhado, dada a sua sensibilidade ao nacionalismo populista mercê da rejeição do socialismo, do sindicalismo e do anarquismo por parte das bases de massa, enquanto a elite do movimento sofria as influências do fascismo italiano" (Ionescu-Gellner, 1971).

Como resposta ao dualismo causado pela industrialização, o Populismo é uma ideologia de síntese, uma ideologia global e cicatrizante. A síntese populista dá-se "entre os valores de base em que se fundamenta a cultura tradicional da sociedade em questão, e a necessidade de modernização" (Hofstadter em Ionescu-Gellner, 1971). O segundo elemento, a aceitação da necessidade de modernização econômica e, portanto, de Revolução Industrial, é no Populismo tão fundamental quanto o elemento tradicional. Não parece por isso aceitável a tese de Gerschenkron segundo a qual o Populismo deve ser considerado "como um capítulo da história das ideologias numa situação de atraso" (Gerschenkron, 1968). De fato, é verdade que o Populismo russo se dissolveu com a introdução, por parte do Governo czarista, de uma política de rápida industrialização; mas o seu abandono determinará o malogro de tal política e o Populismo renascerá na época do impulso staliniano.

Embora possa assumir caráter de protesto contra o ritmo e os modelos ideológicos do processo de industrialização, o Populismo não é uma ideologia do atraso, uma ideologia de retaguarda; não é antiindustrial nem constitui um movimento reacionário. Ao contrário, recorrendo aos valores tradicionais e insurgindo-se contra as oligarquias cosmopolitas e capitalistas estranhas, ele apóia a mobilização de massa no âmbito da Revolução Industrial.

VI. TIPOLOGIA DO POPULISMO. — O Populismo presta-se a tipologias confusas e contraditórias. Wills remonta sem hesitação aos *levellers* e aos *diggers* da revolução inglesa para incluir na categoria os *narodniki* ou populistas russos, os americanos, os social-revolucionários, Gandhi, o *Sinn Fein*, a Guarda de Ferro, o movimento canadense do Crédito Social, o Partido Revolucionário Institucional (PRI) mexicano sob a presidência de Cárdenas, a APRA (Aliança Popular Revolucionária Americana) peruana, outro movimento canadense, o C.C.F., o poujadismo, a Ação Popular de Belaunde Terry do Peru e o socialismo africano de Nyerere (Ionescu-Gellner, 1971).

Lowenthal alude ainda ao regime budista-marxista birmanês, ao nacionalismo indonésio e ao nasserismo (Ionescu-Gellner, 1971). Di Tella

(1963) classifica os movimentos populistas em cinco grupos:

a) partidos interclassistas de integração (o PRI mexicano, o Partido Social Democrata e o Partido Trabalhista Brasileiro do Brasil);
b) partidos apristas (a APRA, a Ação Democrática da Venezuela, o PRD dominicano, o Partido de Libertação Nacional, o PLN, da Costa Rica);
c) partidos nasseristas ou militaristas reformistas;
d) partidos social-revolucionários, ou castristas;
e) partidos peronistas.

Pelo que respeita à classificação de Wills, pode-se observar que os movimentos de tipo poujadista ou qualunquista quase não têm nada a ver com o Populismo, que não expressa apenas uma sensação de marginalização ou de obsolescência social. O qualunquismo é um movimento de caráter puramente nostálgico e corporativo e se coloca efetivamente, ao contrário do Populismo, numa situação de absoluta oposição à mudança social, numa linha abertamente antimoderna. Também a inclusão entre os partidos populistas de movimentos de caráter exclusivamente reformista proposta por Di Tella é insatisfatória: trata-se, na maioria dos casos, de expressões de radicalismo democrático das classes altas e médias, sem qualquer mística de tom populista, com escassa mobilização das massas e escasso poder sobre elas. O insucesso experimentado por tais movimentos se explica pela sua incapacidade de efetuar mediações de tipo populista entre a necessidade de modernização econômica e as características peculiares do país em questão.

Em rigor, poderíamos agrupar os movimentos populistas em três categorias: nacional-populistas, populistas revolucionários e populistas democráticos ou pluralistas.

A primeira abrange todos os movimentos de tipo fascista, incluindo o nacional-socialismo, a Guarda de Ferro, o peronismo e vários movimentos militaristas afins (particularmente o nasserismo).

Os populismos revolucionários seguem dois protótipos: o stalinista e o castrista.

A distinção entre nacional-populismo e Populismo revolucionário não é aliás definitiva: o elemento nacional tende a superar no segundo a doutrina revolucionária e coletivista que se transforma no final num instrumento de arregimentação das massas a serviço do Estado-nação.

Os Populismos democráticos ou pluralistas têm como modelo a *Jacksonian democracy*, cujas características — Pluralismo interno, expansionismo e sentido da missão nacional no exterior — se encontram tipicamente representadas no sistema democrático israelense e no indiano (de que o gandhismo constitui a forma pacifista). Desvios de tipo populista são, porém, também freqüentes em sistemas liberal-democráticos (a Itália da época de Crispi e a própria Itália giolittiana no tempo da guerra da Líbia), coisa que é comum nas grandes democracias ocidentais, na fase imperialista.

Entre as categorias indicadas se encontram diversas formas intermédias como os socialismos africanos ou asiáticos, os nacional-comunismos da Iugoslávia e da Romênia, o Baas do Oriente Médio, o PRI mexicano, o "getulismo" (o Estado Novo de Getúlio Vargas) do Brasil, sobre cujo caráter populista fundamental não pode haver dúvidas. Há elementos populistas também no sistema chinês atual e no albanês.

VII. CONCLUSÃO. — O Populismo tende a permear ideologicamente os períodos de transição, particularmente na fase aguda dos processos de industrialização. É ponto de coesão e de sutura e, ao mesmo tempo, de referência e solidificação, apresentando grande capacidade de mobilização e oferecendo-se como fórmula homogênea a cada uma das realidades nacionais em face das ideologias "importadas", como uma fórmula autárquica.

A característica da transitoriedade é mais acentuada nas fórmulas de tipo nacional-populista. Os Populismos militaristas, revolucionários e democráticos, por seu lado, bloqueiam ou suprimem de todo a componente populista nos períodos de normalização e com a arrancada do desenvolvimento econômico.

Em todo o caso, não obstante a tendência das sociedades industriais a expelir do seu contexto político, mesmo que extremamente populista, toda a feição inspirada em valores transcendentes ou em verdadeiros e autênticos mitos (no Populismo o "povo" se apresenta como um mito que deve ser aceito ou rejeitado), as fórmulas populistas renascem, sempre que ocorre uma rápida mobilização de vastos setores sociais, uma politização à margem dos canais institucionais existentes. O Populismo renasceu assim nos movimentos de contestação, não apenas no mito do "povo dos jovens" (reminiscência de outras fórmulas do passado, "povo dos camponeses", "povo dos trabalhadores", "povo dos combatentes", "povo dos militares", etc.), mas também na reformulação de certas aspirações de tipo tradicional, conquanto extremas (a tradição revolucionária na França, a tradição sindicalista na Itália, a tradição anarquista e libertária na Espanha, o folclore guerreiro no Japão, a tradição "jeffersoniana" nos Estados Unidos). Tais aspirações são de novo apresentadas, não tanto pelo conteúdo ideológico geralmente caducado ou falido, quanto pelo conteúdo que está subentendido no inconsciente Populismo dos seus porta-bandeiras, o do "retorno" a certos valores originais da sociedade nacional.

O apelo à força regeneradora do mito — e o mito do povo é o mais fascinante e obscuro ao mesmo tempo, o mais imotivado e o mais funcional na luta pelo poder político — está latente mesmo na sociedade mais articulada e complexa, para além da sistematização pluralista, pronto a materializar-se, de um instante para o outro, nos momentos de crise.

BIBLIOGRAFIA. L. FALLERS, "Populism and nationalism", in "Comparative studies in society and history", 4, 1964; A. GERSCHENKRON, Continuity in history and other essays, Harvard University Press, Cambridge, Mass. 1968; O. IANNI, La fine del populismo in Brasile (1968), Saggiatore, Milano 1974; Populism, its meaning and national characteristics, ao cuidado de G. JONESCU e R. LOWENTHAL, "The points of the compass," in olitical change in underdeveloped countries, ao cuidado de J. H. KAUTSKY, Willey, New York 1962; C. MENDES DE ALMEIDA, Beyond populism, State University of New York Press, Albany 1976; E. PERÓN, La razón de mi vida (1953), Bocca, Milano 1953; N. POLLACK, The populist response to industrial America: Midwestern populist thought, Harvard University Press, Cambridge Mass. 1962; E. SHILS, The torment of secrecy: The background and consequences of american security policies, Heinmann, London 1956; T. DI TELLA, "Populism and reform in Latin America, in Obstacles to change in Latin America, ao cuidado de C. VÉLIZ, Oxford University Press, Oxford 1965; F. VENTURI, Il populismo russo, Einaudi, Torino 1972²; P. WORSLEY, The third world, Weidenfeld and Nicolson, London 1964.

[LUDOVICO INCISA]

Povo.

Uma das primeiras e mais conhecidas afirmações do conceito político de Povo está muito ligada ao Estado romano, até mesmo na fórmula que o define. De fato, o único modo conhecido de definição da respublica romanorum está na fórmula dominante Senatus populusque romanus que exprimia, nessa aproximação não disjuntiva, os dois componentes fundamentais da civitas romana: o Senado, ou núcleo das famílias gentilícias originárias representadas pelos patres, e o Povo, ou grupo "dêmico" progressivamente integrado e urbanizado que passou a fazer parte do Estado com a queda da monarquia.

O populus, guiado pelos seus tribunos, capaz de atingir o consulado — que na sua bipolaridade representava numericamente os dois componentes básicos do Estado romano — é deveras um dos pilares do Estado, chamado a votar por meio dos comitia, presente em armas nas legiões, titular de amplos e plenos direitos civis. A importância do Povo está bem manifesta no papel decisivo do partido que se referia ao grupo popular e o representava, o partido exatamente denominado "democrático", e na constante aspiração dos outros populi da Itália romana a serem admitidos, mediante o reconhecimento da civilitas, a fazer parte do populus romanus.

Com o surgimento do Principado, primeiro, e depois, do Dominado, apoiados pelo Povo, este viu amplamente diminuídos seu papel e funções, sendo pouco a pouco confundido com a realidade popular muito mais vasta do Império, com as gentes diversíssimas reunidas sob o cetro de Roma, especialmente depois do ato formal — a Constitutio antoniana de 212 d.C. — com que Caracala concedia a cidadania a todos os súditos do Império, tornando-os membros do populus romanus.

Um papel político preciso teve-o de novo o Povo nas organizações barbarescas instaladas nas terras do Império com a destruição do mundo romano, organizações caracterizadas por instituições de cunho verdadeiramente popular. Estruturas tribais onde estava mal definido o papel e até mesmo o título do poder, elas se baseavam exclusivamente no consenso ativo e na plena e marcante presença do Povo nas decisões da guerra e da paz, ao legislar e ao julgar. O Povo germânico era apenas constituído pelos homens armados, ou seja, pelos varões capazes, e enquanto capazes, de portar as armas e combater; era representado por uma assembléia específica, a dos homens armados, dos "heermänner", isto é, dos homens do exército.

Ali o Povo deliberava e decidia ao clangor da "gairethinx", ou seja, ao som do golpe das armas sobre os escudos, ali exercia o seu poder eletivo, de mistura, no entanto, com elementos da nobreza, chefes militares e dirigentes religiosos, grupos que, com o andar do tempo, tomarão de fato em suas mãos (e de direito entre os francos) a exclusiva direção da assembléia. Mas, no caráter das instituições, nas estruturas políticas, nos costumes, perdurará por muito tempo a influência decisiva e original do Povo na vida das gentes germânicas no Ocidente.

A progressiva estratificação social da época feudal (v. FEUDALISMO) foi depois interrompida, especialmente na Itália, pela organização comunal (v. COMUNA), de base local e urbana. Se as primeiras comunas eram ainda totalmente feudais e alto-burguesas, elas começaram depois a ser fortemente pressionadas pelo elemento popular que constituía a sua base social e pretendia fazer parte da estrutura política da cidade. Nasceu assim aquele instrumento político que as fontes definem com o nome romano de *Populus;* surgiu o Povo como organização de um complexo núcleo social, como partido dentro da comuna.

O Povo como partido derivava, em realidade, da organização econômica corporativa e trazia, portanto, consigo todas as limitações dela: às *Artes* estavam adscritos tanto os chefes de oficina, os titulares do negócio, como os prestadores de serviço associados; mas o poder de decisão, as opções fundamentais, estavam reservados aos *magistri,* aos autores de empreendimentos, aos titulares dos diversos negócios produtivos, em cujas mãos estava a parte mais relevante do comércio e da vida econômica da cidade.

O Povo vinha a constituir assim um partido formado predominantemente por pequenos homens de negócios, comerciantes e artesãos, ao qual se ligavam importantes interesses e vastas massas populares, mas de que se excluíam as contribuições políticas e decisórias dos não inscritos nas *Artes,* que constituíam uma simples faixa de trabalhadores meramente dependentes, afastada de qualquer forma de participação política.

Com estas limitações, o *Populus* comunal bem depressa se fez notar como força capaz duma enorme iniciativa e pressão política. Isso se evidenciou, por exemplo, na constituição de uma comuna própria, o *Commune populi,* organizada primeiro como alternativa da comuna urbana tradicional, mas depois, de fato, a ela sobreposta. Da metade do século XIII em diante, a comuna popular torna-se realidade decisiva e dominante nos centros médios e grandes da Itália setentrional e central.

O *Capitaneus populi* converte-se em órgão superior ao antigo *potestas* comunal, e o Conselho do Povo, especialmente o mais restrito, o chamado *Consilium ancianorum,* bem depressa veio a constituir o verdadeiro instrumento das decisões supremas na vida da cidade. Foi em geral através da utilização inescrupulosa destes órgãos que se chegou à Senhoria após as numerosíssimas tensões internas do século XIV (v. SENHORIAS E PRINCIPADOS), quando, na realidade, a vida econômica e política da cidade entrou em progressiva crise de desenvolvimento produtivo e político.

O *Dominus,* o Senhor, excluiu pouco a pouco o Povo da vida política, que se foi concentrando num núcleo restrito de grupos sociais e políticos, enclausurados numa aristocracia rigidamente determinada pela norma desenvolvida e conservada apenas por autocooptação. O Povo tornou a ser deste modo uma mera designação social, realidade subalterna e disgregada, fundamentalmente excluída da gestão do poder, primeiro na senhoria, depois no principado, presente tão-só como massa manobrável, e em momentos esporádicos e infrutíferos de rebelião.

Foi só com a redescoberta romântica do Povo, já em coincidência com uma visão política nacional, que identificava o Estado com a nação e, portanto, dava novo e maior valor a tudo o que compunha a realidade nacional, que ele começou outra vez a ser sentido como possível sujeito de vida política. Mas a sua revelação havia de estar depois concretamente ligada aos grandes processos de transformação econômico-social iniciados com a era industrial no século XIX e com a conseqüente formação de grandes partidos políticos populares.

BIBLIOGRAFIA. – G. DE VERGONTTINI, *Scritti di storia del diritto italiano,* ao cuidado de G. ROSSI, I, Seminário giuridico dell'Università di Bologna LXXXIV[1], Giuffrè, Milano 1977, pp. 387-467; O. VON GIERKE, *Das deutsche Genosseschaftsrecht,* I, *Rechtsgeschichte der deutschen Genosseschaft,* Weidmann, Berlim 1868 (Nachdruck Graz 1954).

[PAOLO COLLIVA]

Práxis.

1. O CONCEITO DE PRÁXIS NAS TESES SOBRE FEUERBACH. – O conceito de Práxis representa, na história do pensamento ocidental, o elemento central de filosofias como o marxismo e o pragmatismo. Na primeira abordagem, ele significou a unificação da modificação e interpretação do mundo, conseguindo, como escreveu Dewey, identificar o "verdadeiro" e o "verificado". Mas "verificado" não exprime aqui uma passiva adequação ao real, mas o resultado de ações nele levadas a termo (G. Preti). O aprofundamento deste conceito foi no marxismo particularmente fecundo. Isso aconteceu, por vezes, sob o estímulo das vicissitudes históricas, às quais a análise de tal conceito não poderá deixar de referir-se.

Na primeira das teses sobre Feuerbach, Marx define a Práxis como *atividade prático-crítica,* isto é, como atividade humana perceptível em que se resolve o real concebido subjetivamente. O termo atividade nos adverte da superação do velho materialismo naturalístico, de origem iluminística e chegado até Feuerbach, o qual concebia a natureza como um dado intuitivo, passivamente contemplado. Era uma concepção nascida numa economia ainda de tipo agrário, onde homem e natureza constituíam uma identidade imediata. O materialismo histórico de Marx estabelece entre os dois elementos uma relação prática, uma relação ativa. A natureza não existe por si, mas só em relação ao homem; por isso, se pode dizer, como afirma G. Preti, que ela é o nosso passado, pois constitui o acúmulo das atividades dos séculos passados. A natureza só tem sentido para o homem na medida em que foi por ele modificada, na medida em que suportou os fins que lhe foram impostos para a satisfação de necessidades reais. Em Marx, a natureza compreende tanto o material de que o homem se apropria como a sociedade. Portanto, a Práxis medeia entre estes dois elementos assegurando-lhes uma congruência cada vez maior e fazendo entrar a realidade natural num processo produtivo que a priva da autonomia e lhe define a utilidade. Contudo, dentro desta unidade garantida pela Práxis, os dois elementos mantêm uma autonomia parcial. De fato, o homem, cuja obra consiste na mera transformação das formas naturais, não pode modificar a natureza de outro modo senão seguindo as suas leis; por isso se pode dizer que continua a sua ação criadora. Mas isto não autoriza a reconhecer uma natureza original, isto é, uma matéria absoluta estranha ao processo histórico. Uma perspectiva metafísica assim está totalmente ausente da obra de Marx, onde a realidade externa aparece sempre como um complexo de determinações particulares historicamente definidas. A natureza é o corpo inorgânico do homem e, no homem, ela chega à autoconsciência.

Marx analisa a relação entre ambos, usando o conceito de intercâmbio orgânico que foi buscar às ciências naturais e, de um modo particular, aos escritos de Moleschott. Trata-se de um conceito que exprime uma relação imediata com a natureza, ou seja, o processo laborativo produtor de um valor de uso para o consumo. O capitalismo rompeu esta imediação, porquanto inseriu entre a produção e o consumo o momento da troca e alterou profundamente o intercâmbio orgânico, concentrando grandes massas em cidades separadas do campo e impedindo o retorno dos produtos consumidos à natureza.

O conceito de Práxis exprime precisamente o poder que o homem tem de transformar o ambiente externo, tanto natural como social; é por isso que Marx concebe o real como atividade sensível *subjetiva*.

Ele tomou de Feuerbach a perspectiva do processo histórico como resposta contínua à tirania das necessidades; mas superou o seu naturalismo estático, aportando a uma visão historicista, onde a humanidade está, como escreve Mondolfo, em luta consigo mesma, isto é, com as condições ambientais, sociais e naturais, por ela criadas e/ou modificadas. Se, pois, Práxis é identificação da mudança ambiental com a atividade humana, ela surge como autotransformação ou como atividade que se modifica a si mesma (*Práxis que se modifica*) ao modificar o ambiente. A terceira tese de Feuerbach oferece a este respeito algumas indicaçõs claras: é verdade que os homens são condicionados pelo ambiente e pela educação, mas também é verdade que são justamente eles que modificam as próprias condições ambientais.

II. IMPORTÂNCIA EPISTEMOLÓGICA DO CONCEITO DE PRÁXIS COMO ATIVIDADE PRÁTICO-CRÍTICA. — O conceito de Práxis como atividade sensível subjetiva atrás esboçado tem, além disso, um importante significado epistemológico: ele talvez permita superar a rígida oposição estabelecida por Dilthey entre as ciências da natureza e a história, entre o método da explicação (*Erklären*) causal e a compreensão (*Verstehen*) intuitiva. Para Marx, não existe na realidade uma natureza pura, isto é, não modificada pela história humana, nem existe campo de ação onde não seja possível descobrir leis. Seu pensamento é contrário ao de Dilthey que distingue, ao invés, um campo de fatos individuais, só referíveis a valores e livres de qualquer relação causal. A solução apresentada por Marx permite também compreender por que é que ele analisa a relação da natureza com a sociedade usando o conceito de intercâmbio orgânico, um conceito tirado das ciências naturais. A concepção marxista só prevê uma ciência: a do homem; uma ciência que abranja tanto a ciência da natureza (que pertence à história do homem), quanto a ciência do espírito.

III. A PRÁXIS COMO HISTÓRIA E COMO LUTA DE CLASSES. — Em concordância com a análise acima exposta, para Gramsci a Práxis é história, ou melhor, o fazer-se da história, a sua realização por obra da vontade racional. Como ele mesmo explica, a vontade é racional porque suscitada por um pensamento historicamente baseado, acolhido pela grande maioria por responder às necessidades manifestadas num contexto ambiental que é marcado pela intervenção do homem e se transforma por isso em móbil de ação. Está aqui sinteticamente expressa a identidade entre teoria e Práxis, sendo esta uma prática racional e aquela um pensamento historicizado e realístico.

Na concepção marxista, a história da humanidade é luta de classes e com ela se identifica a Práxis, tomada numa acepção onde ela não é mais a Práxis que se modifica (expressão empregada, mas ainda em sentido idealista, por primeira vez, por Gentile em *La filosofia di Marx*, 1899), mas *Práxis que modifica* (expressão introduzida no início do século pelo sindicalismo revolucionário; v. R. Mondolfo, 1952). Estes dois modos, diversos mas não contraditórios, de conceber a Práxis derivam de que, no primeiro caso, se faz referência a um único sujeito, ao gênero humano, transformador das condições ambientais por ele mesmo criadas, enquanto, no outro, o que se tem em vista são as classes sociais, que compõem o gênero humano, e as suas relações conflitantes, ou seja, a supressão por parte de uma delas das formas de organização social que a outra instaurou. Estes conflitos entre as classes se exprimem na tensão constante que existe entre forças e relações de produção. Assim como os meios de produção e permuta postos em ação pela burguesia chocaram com as relações de propriedade feudais e as suprimiram, assim as forças de produção reunidas pela burguesia colidirão com as relações de propriedade burguesas, gerando uma situação de ruptura que tem nas crises comerciais a sua expressão mais evidente. Nelas, a destruição de produtos (para manter as margens de lucro) e de grande parte das forças produtivas (fechamento de fábricas para recriar o exército de reserva e reduzir a incidência do custo do trabalho) demonstra que a sociedade burguesa se tornou um freio para o desenvolvimento das forças de produção.

A conotação social da Práxis como luta de classes não deve de modo algum obscurecer sua constante referência ao ambiente natural. Com efeito, assim como a divisão do trabalho e a distinção de classes daí decorrentes dependem da diferenciação dos produtos e não de uma fertilidade ilimitada do solo, assim também o equilíbrio entre as forças e relações de produção deveriam permitir um aproveitamento mais racional das condições naturais, que evitasse desperdício e destruição de forças produtivas e de produtos.

IV. PRÁXIS E TOTALIDADE. — No tocante à definição do conceito de Práxis, Lukács apresenta uma noção extraordinariamente precisa. Define a Práxis como eliminação da indiferença da forma em relação ao conteúdo.

Não se compreenderia tal afirmação sem uma referência à filosofia kantiana e às oposições apa-

rentemente insolúveis que ela estabeleceu entre necessidade das leis naturais e liberdade das opções éticas, entre sujeito e objeto, entre forma e conteúdo. Hegel resolveu estas oposições partindo não do fato, mas do ato, ou melhor, do agir que se converte em ato, do movimento dialético. Pôde assim elaborar uma lógica do universal concreto, ou seja, a lógica da idéia, entendida não como hipóstase ideal, mas como identidade do conceito e do ser. Tal identidade deve assentar numa nova substância, que se individualiza na história como ato e à qual Hegel atribui como sujeito o espírito, isto é, a idéia unida à autoconsciência. Mas, desta maneira, termina, como escreve Lukács, numa nova oposição: a oposição entre o espírito e a história, compreendida como uma sucessão irracional de fatos.

Marx desmistificou a lógica da idéia e reconheceu como sujeito da história o proletariado. Foi assim estabelecida uma nova lógica da totalidade, ou seja, da unidade do objeto (como realidade natural e social) que é posto e do sujeito que o põe. É a totalidade não como idéia que se faz espírito, mas como realidade do processo histórico. A Práxis é o ato que realiza a unidade entre o sujeito e o objeto, na medida em que traduz em nova estrutura econômica a consciência das relações entre os homens. Nela coincidem as determinações do pensamento e o desenvolver-se da história. Por isso, a Práxis é a consciência da totalidade e a sua realização. A consciência, porém, não precede a ação; pelo contrário, ela funda-se no ato. O proletariado, escreve Lukács, conhece a própria situação enquanto luta contra o capitalismo e age enquanto conhece a própria situação.

Em síntese, são três os termos usados por Lukács: 1) o pensamento; 2) a realidade em sua dinâmica; 3) o sujeito. A Práxis é o ato revolucionário que realiza o sujeito (o proletariado) como conhecedor e agente ao mesmo tempo e que, simultaneamente, fundamenta a identidade do pensamento e da história.

V. A TEORIA COMO PRÁXIS. — K. Korsch estudou particularmente a dimensão teórica da Práxis, com a qual chega a identificar a teoria. No curso da história, observa, ao suceder dos acontecimentos corresponde uma mudança das categorias do pensamento e das suas relações. Assim como a classe burguesa, com o fim da sua atividade revolucionária, perdeu a capacidade de compreender o nexo dialético existente entre a evolução das idéias e a da realidade, assim também o marxismo não se subtrai a essa lógica, sendo também ele um produto da história como qualquer outra teoria (Korsch cita significativamente Bacon: *"Recte enim veritas filia temporis dicitur"*). O marxismo é a teoria da transição da sociedade capitalista à sociedade socialista e assume aspectos diversos, como, por exemplo, a social-democracia e o leninismo, destinados a sucederem-se um ao outro, segundo a evolução do movimento operário. Ora, a teoria não é só expressão das condições atuais das relações entre as classes sociais, mas é também alavanca duma futura ação revolucionária. Deste modo, a teoria é Práxis, isto é, luta social de classes. Ela é, de um lado, um aspecto da consciência social da situação em ato, até o ponto de se identificar com a consciência de classe; de outro, é uma teoria, não uma teoria positiva mas crítica, que resolve as representações estáticas em processos dinâmicos e em conflitos sociais. Os elementos nela envolvidos, conquanto aparentemente neutros, assumem uma específica conotação de classe: o Estado é o Estado burguês; o direito é o direito contrário ao proletariado. A teoria é então Práxis, não só porque está intimamente ligada aos conflitos sociais, dos quais é expressão, mas também porque elabora os meios de uma forma alternativa de sociedade.

VI. AFINIDADE ENTRE PRÁXIS E PESQUISA SOCIOLÓGICA CRÍTICA. — Não está longe desta posição de K. Korsch a posição de Adorno, que estabeleceu uma certa afinidade entre a Práxis e a pesquisa sociológica crítica. Chegou a essa conclusão rejeitando quer a distinção de método e objeto e a utilização exclusiva das categorias analíticas (isto é, a-históricas) que acabam por ser prejudicadas pela própria realidade que deveriam explicar, quer o uso exclusivo das categorias descritivas, ou seja, a redução da sociologia à pesquisa empírica. Esta consiste na setorização da pesquisa como garantia de exatidão e como tentativa de reproduzir as condições experimentais de laboratório que são próprias das ciências naturais; é por isso que distingue, por exemplo, a sociologia da economia e cultua as relações humanas depois de as haver separado do seu condicionamento econômico. Consiste também em ater-se estritamente aos dados e em excluir qualquer indagação sobre o sentido dos fenômenos e sobre a sua essência, julgada metafísica. Acaba assim por tornar-se uma "administrative social research", cujo fim é o da racionalização do sistema existente (redução, por exemplo, da sociologia a simples técnica para influenciar um grupo social ou para maximizar a venda de um produto).

Adorno propõe, em vez disso, uma "critical social research", que é crítica porque relacionada com uma teoria crítica, isto é, com uma teoria que articula as instituições com a vida, as formas das relações humanas com a história, permitindo assim superar as rígidas delimitações de específicos campos de pesquisa. Ela anula também a distância que separa o conceito do fato, a ciência especulativa da ciência positiva, ao estabelecer uma permanente tensão entre o que existe na realidade e o interesse verdadeiro (uma sociedade livre, um Estado justo, etc.). Deste modo, a pesquisa empírica torna-se Práxis, ou seja, pesquisa sociológica crítica, porquanto torna possível referir o fenômeno aos seus condicionamentos objetivos, evitando a setorização da pesquisa e superando a mera descrição de fenômenos subjetivos, ou seja, mantendo o ponto de vista da totalidade (que aqui abandona toda a conotação especulativa para se tornar categoria certamente efetiva). Um exemplo: nas sociedades capitalistas, os conflitos sociais são neutralizados, isto é, traduzidos em processos institucionais aprovados, mas existem de fato, escreve Adorno, porque fundados na realidade da divisão do trabalho. É função de uma pesquisa convertida em Práxis descobri-los, mediante a identificação dos móbeis sociais que transcendem o indivíduo, fazendo emergir, por exemplo, a raiz social da agressividade individual.

A própria racionalização da técnica, a objetivação da estrutura autoritária e a integração institucional dos trabalhadores na empresa reduzem a luta de classes a mera reivindicação salarial; por isso o antagonismo é contido, limitando-se a fenômenos sociais marginais ou a manifestações psicológicas particularmente indicativas, como o jargão, a risada, o comportamento ordinário. São fenômenos onde é preciso encontrar o conflito latente, graças a uma Práxis que experimente o inexperimentável, ou seja, o que só pode ser compreendido numa perspectiva total.

Em síntese, são três, segundo Adorno, os elementos fundamentais da sociologia: a teoria, a vontade de mudança (expressa na referência constante a uma sociedade alternativa) e a pesquisa social permeada pela Práxis.

VII. A PRÁXIS COMO TÉCNICA. — Finalmente, Habermas estuda a identificação da Práxis com a técnica. Distingue entre interação e trabalho social, entre quadro institucional e agir racionalizado. Um é o sistema de valores e normas que são interiorizados e orientam as ações, ou seja, o universo da vida sócio-cultural. O outro é o conjunto de subsistemas de ação que têm por objetivo o poder de dispor da natureza. Até ao século XIX, durante todo o período do capitalismo liberal, o quadro institucional assentava na ideologia da justa troca, sendo legitimado pela economia de mercado, que seria a realização concreta dessa ideologia. Marx, ao invés, achou descobrir, sob o instituto jurídico do livre contrato, uma relação de poder.

Desde o último quartel do século XIX, ou seja, desde o início do chamado capitalismo tardio, a ideologia da troca de equivalentes cai praticamente, uma vez que o Estado intervém cada vez mais amiúde, a fim de eliminar as conseqüências da economia de mercado, usando de um sistema de compensações que lhe garantisse a lealdade das massas. Surge assim a nova ideologia da programação. Mas esta requer uma diferente base de legitimação que lhe é oferecida por outro dos aspectos relevantes do capitalismo avançado: um vínculo cada vez mais estreito entre pesquisa e técnica e a assunção, por parte da ciência, do papel de primeira força produtiva, fonte de mais-valia independente da força-trabalho. Desta maneira, o progresso técnico-científico converte-se no fator principal do crescimento econômico e a ele acaba por se ajustar o quadro institucional que, visando à conservação e ao crescimento do sistema, reconhece como próprios os fins impostos pelo aparelho técnico. A lógica deste é aceita como necessidade objetiva, já que, embora seja causa da sujeição do indivíduo ao processo produtivo e distributivo, bem como da desprivatização do tempo livre (Marcuse), proporciona um bem-estar confortável.

Foi assim que a Práxis, entendida como capacidade de emancipação, como reflexão sobre o próprio passado e como possibilidade de orientar os objetivos da ciência de modo alternativo, veio a perder sua importância. A Práxis se identificou com a técnica: a política tornou-se gestão do existente e solução administrativa dos problemas técnicos. Não se discute a estrutura da ciência ou o sentido da pesquisa, nem a natureza das necessidades que satisfaz; permanecem também inalteradas as relações entre ciência e poder social. Diz-se apenas *o que* se quer para viver, mas não se consegue particularizar, tidas em conta as potencialidades ao alcance, *como* se poderia viver.

Como prática de emancipação ou como consciência crítica dos objetivos da ciência, a Práxis já não existe, portanto, mas mantém-se a sua identificação com a técnica, Habermas crê, contudo, na possibilidade da reconstrução de uma zona de livre debate público, deixada a possibilidade da sua ativação, se bem que de maneira um tanto idealista, a certos grupos do meio estudantil, que, por seu *status* social e pela rejeição das expectativas consentidas pelo mercado de trabalho, são particularmente imunes à mentalidade tecnocrática.

VIII. TEORIA E PRÁXIS.

VIII. TEORIA E PRÁXIS. — Habermas diz que a teoria é a tomada de consciência do sentido da Práxis e, além disso, que, para realizar esta tomada de consciência, ela tem necessidade de uma Práxis que seja suficientemente prática e não técnica. A Práxis é, pois, tanto objeto da teoria como sua referência imanente. Esta última acepção do conceito de Práxis justifica a adoção do conjunto de categorias conhecimento-interesse para definirmos a sua relação com a teoria. A Práxis é, com efeito, definida como interesse (pelo uso técnico do ambiente natural ou pela emancipação do domínio) reconhecível no processo cognoscitivo.

Marx encara o problema da relação da teoria com a Práxis, ao expor a necessidade de mudar o mundo e não apenas de o interpretar (tese undécima sobre Feuerbach). Na primeira tese, ao considerar a Práxis como *atividade perceptiva* (ou seja, como ação que é, ao mesmo tempo, conhecimento) e não como contemplação, ele estabelece um nexo entre teoria e Práxis,. nexo que apresenta como existente desde o início, desde o momento da percepção que constitui a base do pensamento teórico. A Práxis é, pois, o fundamento do conhecimento numa concepção rigorosamente monística e dialética. Nada está no intelecto que antes não tenha estado nos sentidos; mas também nada está nos sentidos que antes não tenha estado no intelecto. Os pensamentos de que os homens se servem para a produção prática do mundo são os mesmos de que se servem para o compreender de forma teorética. Os homens só conhecem, de fato, aquilo que fazem. As próprias formas da percepção não são apenas o pressuposto da atividade humana, mas também o seu produto.

Escreveu R. Mondolfo que, para Marx, *o pensamento* é Práxis, como também é Práxis o seu *objeto*. Na Práxis ambos coincidem.

Mas ela não é só o fundamento do pensamento; constitui também o seu critério de verdade (segunda tese sobre Feuerbach). Em Engels, este aspecto é particularmente sublinhado. Ele entende como Práxis também a *indústria* e o *experimento científico*, que funcionam como instâncias de verificação do processo cognoscitivo. O processo industrial fornece, com efeito, os dados que permitem verificar as hipóteses formuladas: realiza a unificação do fato e da hipótese. Além disso, o experimento científico assinala o fim, segundo Engels, da incognoscibilidade da coisa em si kantiana. Com efeito, se conseguimos reproduzir em laboratório um processo químico ou físico, podemos estar certos de o conhecer ("conhece-se aquilo que se faz").

Práxis como fundamento do conhecimento e como seu critério de verdade: relação especular, portanto, de teoria e Práxis. É uma solução rejeitada pela escola althusseriana que reivindica a independência e distinção da "prática teórica", da prática real. Admite a construção de um concreto-de-pensamento distinto do objeto real. Este concreto é o resultado de um processo teórico que parte dos dados, colhidos da análise da realidade social, numa perspectiva ideológica portanto, mas reelaborados, graças a um articulado aparato conceptual sem vinculação imediata com a prática, numa dimensão científica utilizada na interpretação da realidade histórica. Trata-se de um processo teórico que foge à relação de identidade com a Práxis, já que, como adverte Marx e repetem os althusserianos, tomando-o da conhecida introdução a *Para a crítica da economia política*, jamais será possível identificá-lo com o movimento real da história.

BIBLIOGRAFIA. J. HABERMANN, *Teoria e prassi nella società tecnologica*, Laterza, Bari 1969; M. HORKHEIMER e T. W. ADORNO, *Lezioni di sociologia* (1956), Einaudi, Torino 1966; K. KORSCH, *Marxismo e filosofia* (1930), Sugar, Milano 1970; G. LUKÁCS, *Storia e coscienza di classe* (1923), Sugar, Milano 1967; H. MARCUSE, *Cultura e società* (1965), Einaudi, Torino 1969; K. MARX, *Tesi su Feuerbach* (1888), Ed. Rinascita, Roma 1950; R. MONDOLFO, *Il materialismo storico di F. Engels*, La Nuova Italia, Firenze 1952; G. PRETI, *Praxis ed empirismo*, Einaudi, Torino 1957; A. SCHMIDT, *Il concetto di natura in Marx* (1962), Laterza, Bari 1969.

[GUSTAVO GOZZI]

Principado.

I. O PRINCIPADO DE AUGUSTO: HISTÓRIA E FUNDAMENTOS JURÍDICOS E POLÍTICOS. — Por época do Principado se entende comumente aquela que, partindo da época de Augusto, vai até à queda da dinastia dos Severos, ou seja, até ao ano 235 depois de Cristo.

O relato fundamental sobre a instauração do Principado nos é fornecido pelo próprio Augusto em *Res gestae* (espécie de "catálogo" das suas atividades políticas, conservado através de diversas vias epigráficas). Nos referiremos, portanto, sobretudo a este documento, advertindo, porém, que a interpretação de *Res gestae*, em conjunto e em cada um dos seus pontos, é objeto de vivas discussões entre os estudiosos, mesmo porque o texto nem sempre é claro e apresenta lacunas.

Recapitulemos brevemente os fatos mais conhecidos. Logo depois da morte de César, começa o longo conflito entre Otaviano e Antônio. Este conflito não exclui, como é óbvio, momentos de trégua e divisão do poder, conforme testemunha o acordo do ano 43 a. C., que leva a um triunvirato qüinqüenal, juntamente com Lépido, depois renovado no ano 37. Só depois da batalha de Ácio, ano 31 a. C., que terminou com a derrota definitiva de Antônio, é que Otaviano se converte no único líder do Estado romano. O primeiro problema é, pois, o da reconstrução dos fundamentos do poder de Otaviano entre os anos 43 a 31 aC. e também, como melhor explicaremos a seguir, nos anos imediatamente subseqüentes até ao início do ano 27 a. C.

A justificação do poder de Otaviano é fácil no que concerne ao período de 43 a 33 a. C., porquanto ele próprio nos lembra em *Res gestae* o seu triunvirato contínuo de dez anos. Mas não é tão fácil encontrar justificação para os anos 32 a. C. e imediatamente subseqüentes, pois só uma parte dos estudiosos é da opinião de que o cargo de triúnviro de Otaviano não findou automaticamente em 33 por falta de *abdicatio* por parte do titular. *Res gestae* referem-se, a este propósito, a um *consensus omnium* e a uma *coniuratio Italiae*, descrevendo o objeto e amplitude do poder de Otaviano com a expressão *potitus rerum omnium*. Como se combinam tais elementos e qual o seu preciso significado, é o que constitui matéria discutida; também se discute se, com essas expressões, Otaviano pretenderia apresentar uma justificação jurídica ou apenas política (ou ético-política). A tese mais aceita é a de que faltava à posição de Otaviano uma base jurídica, mesmo que, a partir do ano 31 a. C., ele se tenha feito eleger anualmente como cônsul, mostrando assim querer voltar, de algum modo, a um regime de normalidade. Desde então, não só dispõe de um *imperium militare* extraordinário e da *tribunicia potestas* (segundo alguns estudiosos, apenas um *ius tribunicium*), como governa também, de fato, as províncias.

É a 13 de janeiro do ano 27 a. C. que se dá uma profunda mudança constitucional, depois que Otaviano assumiu o sétimo consulado. São estas as palavras de *Res gestae*: "*in consulatu sexto (a. 28) et septimo (a. 27), postquam bella civilia extinseram, rem publicam ex mea potestate in senatus populique romani arbitrium transtuli*". O objeto real desta *restitutio* é controverso, pois há certa tendência a negar que Otaviano tenha devolvido ao Senado e ao povo todos os poderes até então retidos; contudo, a situação posterior à *restitutio* (que rendera a Otaviano o sobrenome de *Augustus*, decretado pelo Senado) é assim descrita em *Res gestae*: "*post id tempus auctoritate omnibus praestiti, potestatis autem nihil amplius habui quam ceteri qui mihi quoque in magistratu conlegae fuerunt*". O problema está, pois, sobretudo em definir *auctoritas*, dado que *potestas* se refere certamente ao poder magistrático. Existem a propósito duas teses fundamentais, obviamente ligadas a duas visões globais diversas do Principado: para a primeira, a *auctoritas* seria uma qualidade de ordem político-moral; para a segunda, ela teria um conteúdo jurídico. Conquanto fundamental, este problema não poderá aqui ser convenientemente discutido; nos limitaremos, portanto, a acrescentar que, com base nos acordos do ano 27 a. C., foi atribuído a Augusto, que conservava ainda o consulado, o *imperium* sobre as províncias não pacificadas (as províncias foram divididas em senatoriais e imperiais).

Depois do ano 27 a. C., Augusto tende a consolidar o novo regime, chegando sem riscos, no ano 23 a.C., a uma nova e definitiva ordem constitucional. Havendo renunciado ao consulado, foi-lhe atribuída uma *tribunicia potestas* vitalícia (é duvidosa a sua relação com atribuições anteriores mais ou menos análogas) e um *imperium proconsulare maius et infinitum* que lhe dava também preeminência sobre os próprios governadores das províncias senatoriais e lhe era concedido para sempre. O Principado fica assim definido em suas formas jurídicas; excetuam-se episódios como o da atribuição do título de *pater patriae*, decretado pelo Senado a favor de Augusto no ano 2 da nossa era, sendo-lhe também contestada a atribuição da *cura legum et morum*. À soma de poderes acumulados nas mãos de Augusto, ornado também desde havia tempo com o título de *imperator*, se acrescentavam os cargos religiosos como o de pontífice máximo. Não se esqueça ainda o culto ao seu *genius*, embora ele tenha procurado sempre evitar sua divinização enquanto vivo.

Se agora quiséssemos oferecer uma imagem conclusiva da história do principado de Augusto, diríamos que a nova constituição se forma bastante lentamente, o que não exclui momentos de "ruptura" e êxitos finais de marcante relevo; mas o desígnio político estava traçado de há tempos.

II. PROBLEMA DA DEFINIÇÃO E CARACTERÍSTICAS DO PRINCIPADO. — Convém agora dedicar algumas considerações ao problema da definição jurídica, e mesmo política, do Principado.

Não se pode negar a tal respeito que as fontes oficiais e a historiografia que inspirou (a que lhe era adversa não chegou até nós por evidentes razões políticas) apresentem a obra de Augusto como restauração da república e da *libertas* republicana; mas a versão oficial só raramente satisfez os estudiosos. Alguns deles chegam a falar da fundação de uma verdadeira e autêntica monarquia, negando qualquer diferença entre principado e poder absoluto; outros, de restauração absolutamente temporária de uma república destinada a transformar-se rapidamente em monarquia; outros ainda, de uma diarquia entre os *princeps* e o Senado (esta é a conhecidíssima tese de Mommsen); mas uma das teses que tiveram maior sucesso, é a de Arangio-Ruiz, que fala de uma "tutela" do *princeps* em relação às instituições republicanas. A escolha entre estas diversas teses é assaz difícil. Talvez se possa dizer que as cautelas formais de Augusto não conseguem disfarçar de todo uma realidade que é já totalmente diversa da republicana.

Indiquemos, enfim, brevemente alguns dos problemas apresentados pelos estudiosos que nos podem servir para melhor determinar as características do Principado. Um destes problemas é se o Principado de Augusto pode ser qualificado como uma instituição ou como um simples poder pessoal. Ambas as respostas parecem, num certo sentido, possíveis. Se se atende à continuidade histórica do Principado, ele se configura antes como instituição; se, em vez disso, se olhar ao seu modo de formação e a alguns dos seus aspectos exteriores, ganharão maior realce os elementos pessoais.

Os estudiosos têm debatido amplamente outro problema. Podem o Principado e a sua época ser qualificados de "revolucionários" (é de "revolução romana" que fala justamente Syme) ou, conforme sustentam os historiadores marxistas, não havendo sido alterada a base econômica das relações de classe e, especialmente, o tipo de economia que continuou escravista, o termo "revolução" seria inadequado? É claro que se acham aqui contrapostas, não só duas reconstruções diversas do Principado, como também, e talvez sobretudo, dois conceitos diversos de revolução. Quiçá estejam perto de uma solução mais equilibrada do problema os estudiosos marxistas que não subestimam a importância de certos fenômenos sociais — mesmo que eles não se refiram principalmente às relações de produção — como são, por exemplo, a ascensão política definitiva da classe dos *equites* e a criação de uma classe burocrática, ou de uma administração hierarquicamente organizada. Por outro lado, não se pode esquecer que, como acentuaram muitos dos historiadores não marxistas, a nova ordem representa, ao fim e ao cabo, uma clara ruptura, se bem que às vezes só no plano das potencialidades, em relação ao sistema republicano, e que tal ruptura é favorecida por algumas "passagens" não justificáveis no plano jurídico.

III. DESTINO DOS ÓRGÃOS CONSTITUCIONAIS REPUBLICANOS. — Para melhor se compreender a natureza do Principado e o seu desenvolvimento histórico, é conveniente examinar os fatos também sob outro aspecto, ou seja, o do destino e dos limites de sobrevivência, funcionais e cronológicos, dos órgãos constitucionais republicanos. Faremos referência apenas aos órgãos de maior importância, isto é, aos comícios, ao Senado e às mais altas magistraturas.

Os comícios, após uma breve revivescência da sua atividade legislativa no tempo de Augusto, depressa entram em incontida decadência. A razão é óbvia: trata-se de uma instituição tipicamente ligada à cidade-Estado que agora tinha de subsistir num Estado de dimensões mundiais. No plano político é igualmente claro que um órgão que sempre constituíra expressão da vontade popular não podia ter mais espaço num regime como o do Principado, que, além do mais, consolidando-se, tendia cada vez mais ao poder absoluto. A decadência dos comícios foi mais rápida e completa no que toca às funções legislativa e judiciária (matéria penal); a função eletiva dos magistrados se manteve, ao contrário, por mais longo tempo, se bem que em condições puramente formais, pois os comícios se limitavam a votar em nomes que eram coativamente propostos pelo imperador ou pelo Senado. Os próprios imperadores sentiam, aliás, a necessidade de pedir ao povo a confirmação formal do seu poder: é nesta perspectiva que se explica a *lex de imperio*. Temos, em forma epigráfica, a de Vespasiano, nos moldes de um senatus-consulto onde se enumeram as competências do imperador; ao senatus-consulto vai unida a *sanctio* comicial.

No que respeita ao Senado, havemos de reconhecer que ele mantém ainda na nova constituição um notável poder e funções importantes; tanto é assim que, como já dissemos, o novo regime, pelo menos na fase inicial, foi ainda considerado uma diarquia. Baste recordar, entre as novas funções, o direito de eleição para as magistraturas republicanas, depois de uma reforma de Tibério, e o valor normativo, especialmente em matéria privada, assumido pelos senatus-consultos; não se podem esquecer, enfim, as funções administrativas em relação às províncias senatoriais. Mas também é verdade que o controle dos imperadores sobre as atividades do Senado era muito amplo: basta pensar na revisão anual das listas dos senadores. Também é verdade que só uma particular sensibilidade política e jurídica

impele o imperador a consultar o Senado, principalmente em matéria de assuntos externos.

No que concerne finalmente à mais elevada magistratura da república, o consulado, é evidente que um dos seus mais importantes poderes, o *imperium militare*, depende agora do *imperium maius* do *princeps*. Entre as demais magistraturas, continua vital sobretudo a pretura, dada a sua função judiciária específica em matéria de direito privado, não obstante o esclerosamento do *jus edicendi*.

IV. A CRIAÇÃO DE UMA BUROCRACIA IMPERIAL. — Um dos aspectos mais dignos de nota do Principado é a progressiva formação do aparelho burocrático. Convém, portanto, determo-nos um pouco na organização deste aparelho que, em parte, completa os órgãos da administração republicana ou se modela por eles, e, em parte, ao contrário, é de criação totalmente nova.

Podemos distinguir uma administração central e outra periférica. A administração central é constituída, em primeiro lugar, por uma série de *officia palatina*, cuja natureza "pública" se vai afirmando cada vez mais, em detrimento da sua natureza original de serviços domésticos da casa imperial. Cria-se, além disso, uma série de *praefecturae* (*urbi, annonae, vigilum, praetorio*), o mais das vezes da ordem eqüestre, com atribuições ligadas à segurança da capital e do próprio imperador. Da ordem senatorial são, em vez disso, os vários *curatores* (provavelmente constituindo um único *collegium*), que possuem competências correspondentes a cada uma das funções das magistraturas republicanas.

Completam a administração central o *consilium principis*, que coadjuva o imperador na jurisdição do grau de apelação, e o fisco. Este, contrapondo-se ao *aerarium*, é, em substância, o instrumento financeiro do novo sistema.

A administração periférica está baseada na divisão das províncias em imperiais e senatoriais (mesmo que os poderes militares estivessem reservados ao imperador em todas as províncias). Aquelas eram governadas por um *legatus Augusti pro praetore*, escolhido e nomeado pelo imperador por tempo indeterminado; estas por procônsules, tidos como continuadores dos *imperia* de tipo republicano e, portanto, escolhidos entre os ex-magistrados, permanecendo no cargo apenas por um ou dois ano. É claro que Augusto, sob pretexto de reservar para si as mais difícil Governo, acabou por classificar como imperiais as províncias mais ricas. Nestes dois tipos de províncias, era diferente, no início, o método de cobrança de impostos: nas províncias imperiais, se pagava o *tributum*, que era exigido diretamente e se destinava ao fisco; nas senatoriais, era o *stipendium*, que era cobrado indiretamente através dos órgãos locais e se destinava ao *aerarium*.

Posição particular era, enfim, a do Egito, tido como um reino destinado ao príncipe. Governava-o um *praefectus*, na prática um vice-rei, da ordem eqüestre, sendo vedado aos senadores o acesso ao cargo.

A exposição que até aqui fizemos só nos dá, devido ao seu caráter esquemático, uma idéia parcial dos novos critérios administrativos (seria interessante, por exemplo, uma referência às autonomias locais); acima de tudo, ela não historiciza bastante as políticas imperiais no setor administrativo (as reformas de Adriano, por exemplo, mereciam um pouco de detenção). Numa avaliação global, poderíamos não obstante afirmar que, durante o Principado, se foi estranhando cada vez mais a convicção de que só um serviço permanente, profissional (portanto retribuído) e hierarquicamente organizado (até ao imperador) poderia criar uma administração eficiente; é clara a antítese com os princípios que tinham regido as magistraturas e promagistraturas republicanas. Pode-se afirmar, em todo caso, que foram eliminados alguns dos aspectos degenerativos da administração periférica dos últimos séculos da república e ainda e sobretudo que a atenção dada pelos imperadores, às estruturas burocráticas, traduzindo-se na melhoria da organização social, contribuiu notavelmente para se poder definir a época situada entre a morte de Domiciano e a subida ao poder de Cômodo como uma das mais venturosas, e não apenas da história romana.

V. ESBOÇO HISTÓRICO DO PRINCIPADO, DESDE TIBÉRIO À CRISE DA ÉPOCA DOS SEVEROS E DA ÉPOCA SUBSEQÜENTE. — Não é possível traçar aqui senão em esboço sumário a história do Principado, particularmente a história das novas ideologias políticas e das transformações jurídicas e sociais ocorridas na época que vai de Augusto à morte de Alexandre Severo (235 da nossa era).

A tendência evolutiva essencial está sem dúvida caracterizada pela transição de uma monarquia que tenta salvaguardar, pelo menos em parte e num plano predominantemente formal, as instituições republicanas, a uma monarquia de tipo absoluto. Mas este processo histórico decorre entre fases que teriam de ser apresentadas em toda a sua diversidade, para poderem ser consideradas criticamente fundadas. Contentar-nos-emos com afirmar que, se o Governo de Tibério está ainda muito próximo do modelo de Augusto, o breve reinado de Calígula já se acha marcado pela acentuação do caráter religioso do poder imperial e, ao mesmo tempo, por uma maior importância da classe militar nos momentos decisivos da indicação do príncipe. Pode-se dizer, em geral, que a época júlio-cláudia representa um passo de enorme importância na transformação do Principado em poder absoluto. Isto veio confirmar, naturalmente, o difícil equilíbrio em que se apoiava a constituição de Augusto.

Na época dos Flávios, esta tendência continua; torna-se até asperamente repressiva contra qualquer outra concepção do poder. Há uma pausa neste processo histórico: a época dos príncipes iluminados ou humanistas (pense-se, por exemplo, na figura de Marco Aurélio). Vai-se tornando clara a idéia de um império universal, sem diferenças nacionais nem desigualdades perante a lei. O príncipe começa a ser visto como um pai e um benfeitor, não como um deus. A paz e a prosperidade que caracterizam este período trazem com o tempo a sensação de que as idéias filosóficas e políticas podem influir nas atitudes concretas do poder. Uma estrutura burocrática mais sólida permite, além disso, como já foi dito, uma melhor organização da vida social.

As aflições e dificuldades da época dos Severos, que sucedeu a seguir, estão destinadas a se destacar ainda mais diante do quadro desse período feliz. Embora a interpretação da época dos Severos seja sumamente controvertida, podemos afirmar que o poder imperial luta com decisão contra a velha classe dirigente, buscando favorecer, ao mesmo tempo, as classes inferiores, particularmente as do campo, segundo opinam alguns estudiosos. Sendo então o exército formado precisamente por elementos vindos destas classes inferiores, as características militares do poder imperial aumentam consideravelmente. Discute-se, porém, até que ponto esta política era baseada num plano global, para se poder eventualmente considerar democrática em sentido lato; segundo alguns, isso era apenas fruto de opções ocasionais, isto é, do "poder". Há, contudo, alguns fatos certos, como o da existência de uma crise econômica e do definitivo alargamento da cidadania romana, tornado efetivo com a *constitutio antoniniana*, do ano 212 da nossa era. Outros fatos, particularmente o da persistência no Senado do poder de conferir o *imperium* ao imperador, não permitem por enquanto considerar esta monarquia como uma monarquia de todo análoga à do tipo oriental, mesmo que o parêntese de Heliogábalo constitua, até no plano dos costumes públicos, uma evidente e mais avançada antecipação de muitos dos aspectos da monarquia do Oriente.

A morte de Alexandre Severo e o período de anarquia militar que vai de Maximiano, o Trácio, a Galiano (268 d. C.), assinalam, desde muitos pontos de vista, o fim da experiência do Principado.

BIBLIOGRAFIA. — F. DE MARTINO, *Storia della Costituzione romana*, Jovene, Napoli 1974², IV, I e IV, 2, Id. 1975² ; *Lineamenti di storia del diritto romano*, ao cuidado de M. TALAMANCA, Giuffré, Milano 1979; S. MAZZARINO, *L'Impero romano*, Laterza, Bari 1980³, I-III.

[ROBERTO BONINI]

Processo Legislativo.

I. NOÇÃO. — Na linguagem comum, as expressões Processo legislativo e "procedimento legislativo" designam igualmente e de forma genérica as vicissitudes da produção das leis. Entre os politólogos, como entre os juristas, se vai, ao invés, consolidando a idéia de atribuir à primeira expressão o significado convencional de fenômeno dinâmico da realidade social, que se caracteriza por uma concatenação de atos e de fatos não necessariamente disciplinada pelo direito, começando com a "demanda" da lei e terminando com a "decisão" da lei ou com a rejeição da "demanda" (Predieri). Pelo que toca à segunda expressão, é incontestável que ela indica uma seqüência juridicamente preordenada de atividades de vários sujeitos na busca de um determinado resultado: a formação ou a rejeição da lei. Donde se segue que o Processo legislativo (bastante mais complexo) abrange o "procedimento legislativo" (*iter legis*), entendido como uma parte de tal "processo" que está sujeita a normas do ordenamento positivo.

Para que examinar toda a concatenação dos atos e fatos que caracterizam a produção legislativa, em vez de ficar apenas no *iter legis*?

Antes de mais nada, tal opção parece basear-se, em geral, na consideração de que a dialética entre a sociedade civil e a sociedade política e as relações entre os poderes do Estado dificilmente toleram ser constringidas dentro de rígidos esquemas jurídicos: as forças políticas e sociais tendem a subordinar o respeito pelo modelo normativo à satisfação de exigências específicas e à superação de certas situações particulares.

Em segundo lugar, os atos e fatos do processo se situam antes, a par e eventualmente depois do desenrolar do *iter legis*. Antes: as formas e modos como a "demanda" se transforma efetivamente em iniciativa legislativa (projeto, esboço, proposta de lei) a ser apresentada à assembléia ou assembléias para "decisão" constituem uma fase do processo que antecede o procedimento legislativo; é uma fase que se pode desenvolver como uma seqüência jurídica em que o ato da iniciativa legislativa constitui o termo final. A par: no *iter* parlamentar podem inserir-se elementos não necessários nem necessariamente disciplinados pelo direito. Eventualmente depois: discute-se, de fato, os os mecanismos da entrada da lei em vigor, após a aprovação do projeto pelo Parlamento, fazem ou não parte do *iter legis*; mas tais mecanismos estão certamente compreendidos no Processo legislativo.

Em terceiro lugar, a distinção entre "Processo legislativo" e "procedimento legislativo" parece particularmente apropriada para evidenciar que, em alguns ordenamentos positivos, se pode usar, no curso do *iter* parlamentar, de um instituto específico com características "processuais", que comporta a ativa participação eventual dos destinatários na produção das leis. Nos referimos, por exemplo, ao instituto da *hearing* na experiência estadunidense. Este instituto, no que aqui nos interessa, se manifesta no poder que as Comissões do Congresso têm de chamar a depor, na fase instrutiva do processo, aqueles que porventura estejam interessados na preparação da lei: funcionários, peritos e cidadãos particulares (Di Ciolo). As *hearings*, como audiências legislativas, obtiveram a confirmação de legitimidade da Corte suprema federal, que determinou (*Watkins* v. *United States*, de 1957) que "o poder do Congresso de fazer inquirições é conatural ao *legislative process*". Por conseguinte, segundo a interpretação norte-americana, não só o Congresso dos USA, mas, poder-se-ia afirmar, qualquer outro parlamento contemporâneo que baseie como ele seu poder no consenso dos governados poderá dirigir-se a eles a fim de obter as informações necessárias para a produção das leis. A experiência americana dos *hearings* suscitou interesse noutros países, particularmente na Itália, onde se discutiu se inserir ou não as audiências no Processo legislativo, chegando-se por fim à tese negativa em nome da chamada "pureza" do procedimento legislativo, isto é, em nome de uma tese definida como de "retaguarda" (Manzella). Posto que a tese vitoriosa seja realmente de "retaguarda", não se mostrando destinada a durar, é possível sem dúvida reconhecer que fazem parte da lógica do sistema tentativas para a obtenção de informações que se crêem necessárias para a produção legislativa, com instrumentos jurídicos diferentes das audiências legislativas propriamente ditas. Deste modo, o instituto das indagações de conhecimento (a teor do art. 48 r. S. e do art. 144 r. C.) pode assumir, em substância, as mesmas características do modelo americano. Isso ocorre, quando uma comissão parlamentar, ao ser incumbida de examinar um projeto de lei, enfrenta a necessidade de novas informações; suspendendo os trabalhos durante o tempo necessário ao desenvolvimento de uma indagação esclarecedora sobre a matéria do projeto, os retoma depois baseada nas novas informações obtidas (D'Onofrio). Contudo, na prática, a Câmara dos Deputados também se tem servido de consultas informais (visto se terem desenvolvido em comissões restritas), enquanto que, no Senado, são por vezes solicitados elementos informativos aos funcionários dos diversos ministérios, bem como aos administradores de órgãos sujeitos ao controle do Estado, de acordo com o art. 47 r. S.

Uma observação se torna, no entanto, necessária. Ao analisar o conceito de Processo legislativo, convém não perder de vista que, no mundo contemporâneo, especialmente nos países democráticos do Ocidente da Europa e da América do Norte, o próprio procedimento legislativo está estruturado de modo que possa desenvolver-se nos moldes considerados mais favoráveis e adequados aos princípios que dão forma ao sistema (pense-se, por exemplo, nos mecanismos de reflexão e maturação da vontade política, e nos institutos de salvaguarda das minorias no seio dos corpos deliberativos). Embora a disciplina do *iter legis* assente em certos critérios gerais, todos os ordenamentos positivos a adaptam depois às suas necessidades peculiares. A este propósito, é significativo que dois países oriundos da mesma matriz histórica, envolvidos no mesmo tipo de democracia ocidental e caracterizados por um desenvolvimento análogo, mas diferentes quanto à forma de Estado e de Governo, como a Grã-Bretanha e os Estados Unidos da América, se valham, na formação das leis, de procedimentos notavelmente diferenciados. Além disso, no mesmo país, podem coexistir, integrando-se, vários tipos de leis, cada um deles com o seu próprio *iter* formativo; e, até no desenrolar da seqüência processual, se podem dar modalidades alternativas. Na Itália, por exemplo, a disciplina do *iter legis* parlamentar, tanto ordinário como constitucional, prevê várias hipóteses e se distingue tanto da disciplina relativa à formação das leis regionais — das regiões ordinárias e das de estatuto especial — como da disciplina concernente às leis provinciais, restrita às províncias de Trento e Bolzano. Em suma, a *ratio* das normas de procedimento é repetidamente sujeita à análise minuciosa da crítica.

É de notar que as normas de procedimento legislativo correspondem habitualmente aos princípios que estruturam as respectivas Constituições e que, particularmente nos sistemas democráticos ocidentais, elas privilegiam a maioria em relação às minorias. No plano operativo, tais normas podem ser inadequadas para fazer frente às realidades atuais: são normas obsoletas e, por isso, inaptas para disciplinar o jogo político em sua evolução hodierna; ou então são normas novas, faltando-lhes disposições que as tornem atuantes e operativas. Nestes casos como em outros casos similares, compreende-se que o *iter legis* pode desenvolver-se sem que se respeitem plenamente as regras processuais. Mas, num clima político democrático, não parece justificar-se a tendência de quem tolera (ou, pior, sugere) que se eludam essas regras sem um claro motivo e, sobretudo, sem que sejam apresentadas propostas para a sua conveniente modificação: é por este caminho que se vai dar naquilo que Ungari chama, referindo-se à situação italiana, "aventuras e desventuras da produção legislativa", que se resolvem numa menor observância das próprias garantias fundamentais que dão significado à Constituição.

II. "DEMANDA" DA LEI E INICIATIVA LEGISLATIVA. — Esta iniciativa constitui, pois, o divisor entre duas fases do Processo legislativo: por um lado, ela é o termo final da "fase" em que a "demanda" da lei se transforma em projeto (proposta, esboço) de lei: do outro, é o termo inicial da "fase" de decisão legislativa.

À primeira vista, de um modo geral, a "demanda" da lei surge como uma expressão de vontade, preliminar ao ato de proposta, que se pode manifestar dos modos mais variados; mas esta variedade fica sensivelmente reduzida, logo que se passa da observação genérica à consideração de que a "demanda" tem de ser inserida num ordenamento jurídico positivo; e torna-se ainda mais reduzida após a especificação do ordenamento que se leva em conta.

Qualquer pessoa pode expressar o desejo de uma lei. Mas, mesmo nos sistemas que encaram com particular interesse a iniciativa popular, é raro que a vontade dos governados adquira a efetiva consistência da "demanda" sem a mediação de estruturas políticas, sociais e econômicas. O Governo, os partidos e sindicatos, os grupos de pressão e de opinião, etc., além de serem produtores de "demandas", são também ponto de acolhimento dos desejos de lei da sociedade civil. Estes desejos são filtrados e depois abandonados ou aceitos; se aceitos, são eventualmente agregados a outros, elaborados, às vezes modificados, e, finalmente, reformulados como "demandas" mais amadurecidas. Como já se disse, a "demanda" da lei pode desembocar num procedimento jurídico que termina com a formação do ato da iniciativa legislativa, ou então seguir um processo informal, mas não necessariamente menos rigoroso, ao fim do qual é assumida como ato de iniciativa por um titular desse poder. Mas "demanda" de lei e ato de proposta poderão coincidir: isso acontece, quando o sujeito que exerce o poder de iniciativa é também o ideador e redator do projeto de lei.

Entre os produtores da "demanda" de lei, indicou-se primeiramente o Governo para evidenciar a sua importância preeminente na produção legislativa; esta importância é determinada não tanto pelo número dos projetos apresentados, quanto pelo seu significado político (Spagna Musso) e pela maior probabilidade de que venham a transformar-se em leis (Cuocolo). É interessante observar que a primazia das "demandas" de lei do Governo se manifesta tanto nos ordenamentos onde a iniciativa governamental está expressamente prevista, como naqueles em que está excluída, em virtude de uma concepção rigorosa do critério propugnado por Montesquieu da divisão dos poderes. Em nossos dias, especialmente nas democracias ocidentais, a orientação política do país está confiada, antes de tudo, ao executivo e a concretização dessa orientação está ligada à formulação de projetos de lei que o mesmo executivo, conquanto formalmente não investido do poder de iniciativa legislativa, não terá dificuldade em fazer chegar à assembléia ou assembléias às quais incumbe a "decisão" das leis. De resto, a rigorosa orientação a que aludimos vai além do esquema do próprio Montesquieu que entendia a iniciativa legislativa do Executivo como "não necessária" (Cuocolo); como é natural, a observação se referia à situação vigente no tempo em que foi formulada. Contudo, o mero exercício formal da iniciativa para a produção de projetos elaborados em outro âmbito não carece de consequências: os titulares desse poder não se podem eximir de respeitar algumas regras que, permitindo ao ato de proposta iniciar o iter legis, são constitutivas de obrigações jurídicas a cargo da assembléia ou assembléias.

Como se inserem nesta síntese a disciplina e a prática, tanto jurídicas como políticas, dos diversos países? Para situar o problema, sem pretender responder exaustivamente à questão, evocaremos aqui os aspectos mais significativos da "demanda" e da proposta das leis parlamentares na Grã-Bretanha, Alemanha Ocidental e França, tomando dentro de uma consideração mais ampla as vicissitudes análogas do processo legislativo italiano.

Na Grã-Bretanha, o projeto de lei (bill) pode ser introduzido no Parlamento por ato de proposta legislativa propriamente dito (public bill), ou, em se tratando de questões pessoais, de relações de propriedade ou de interesses de entidades locais, na forma de petição (private bill). A iniciativa legislativa pertence ao Governo e a cada um dos membros do Parlamento, mas o Governo, quando apresenta suas propostas de lei à Câmara dos Comuns ou dos Lordes, vale-se da intermediação dos ministros que sejam respectivamente membros de uma ou de outra assembléia palamentar. O Governo é livre e pode introduzir o projeto em qualquer das duas Câmaras, a menos que se trate de um money bill, respeitante a impostos ou despesas: neste caso, a proposta deve ser submetida aos Comuns, com base na antiga fórmula de no taxation without representation. Concretamente, porém, os projetos de lei de iniciativa parlamentar são poucos e tratam de temas específicos como a pena de morte e a homossexualidade; a proposta de leis de importância política e econômica é quase exclusivamente governamental e, habitualmente, seu sucesso no Parlamento é assegurado por negociações prévias à sua formulação.

A lei fundamental (Grundgesetz) da República Federal Alemã deixa a iniciativa das leis federais: ao Governo federal; aos membros da Câmara representativa de "todo o povo" (Bundestag); à Câmara constituída pelos componentes dos Governos dos Länder (Bundesrat) em seu conjunto. Os projetos do Governo federal são enviados primeiro ao Bundesrat, para que este exprima o seu parecer; depois ao Bundestag, para que este delibere a respeito. Paralelamente, os Projetos do Bundesrat são enviados ao Governo que os encaminha, com o seu parecer, ao Bundestag. A fórmula não reflete a efetiva primazia do executivo nem o papel decisivo do Bundesrat na produção das leis: esses fatores se revelam mais adiante, no curso do processo, especialmente depois da declaração de "estado de emergência legislativa" para um projeto de lei (art. 81, I, II, III, GG.), ou quando circunstâncias particulares levem à proclamação do "estado de tensão" e do "estado de defesa", nos termos das emendas introduzidas na Grundgesetz em 1968.

A Constituição francesa em vigor molda a disciplina da iniciativa legislativa no critério da preeminência do executivo, que caracteriza todo o sistema da V República. A iniciativa pertence, é verdade, tanto ao primeiro-ministro que, após deliberação do Conselho de ministros e ouvido o Conselho de Estado, apresenta os projetos de lei do Governo, quanto aos membros do Parlamento que apresentam suas propostas; ambos os atos abrem igualmente caminho ao *iter legis* (art. 39 da Const.). Mas o *domaine de la loi* está limitado apenas às matérias "atribuídas" à lei pelo art. 34 da Constituição; as demais matérias são diretamente disciplinadas pelo Governo, com atos a que a Constituição reconhece caráter regulamentar (art. 37 da Const.), mas que se situam no mesmo plano da lei, na hierarquia das fontes normativas. Além disso, nas circunstâncias particulares indicadas pelo art. 16 da Constituição (quando as instituições se acharem ameaçadas e tiver sido interrompido o regular funcionamento dos poderes públicos constitucionais), o presidente da república poderá substituir o Parlamento e o Governo, adotando medidas excepcionais, depois de ouvir o primeiro-ministro, os presidentes das assembléias e o presidente do Conselho Constitucional; posteriormente, a teor do art. 11 da Constituição, sob proposta do Governo ou das assembléias parlamentares, ser-lhe-á sempre possível submeter diretamente aos eleitores, mediante *referendum*, a aprovação ou não de alguns projetos de lei. Quanto às leis adotadas pelas vias normais, 90% são de origem governamental e as restantes, nascidas de propostas parlamentares, seguem, em geral, as linhas programáticas do Governo. Observe-se que, entre as propostas que não percorrem frutuosamente o *iter legis*, se incluem as de parlamentares individuais que, mesmo fazendo parte da maioria, sugerem a modificação de medidas impopulares queridas pelo Governo. A *ratio* de tais iniciativas é meramente eleitoral: até os próprios formuladores se pasmariam se obtivessem a sua aprovação (Avril).

A Constituição italiana se amolda ao pluralismo da iniciativa legislativa. O poder de apresentar projetos de lei (ordinária e constitucional), a qualquer das duas Câmaras, pertence ao Governo, a cada um dos membros parlamentares, ao povo e aos órgãos e entidades aos quais tenha sido conferido por lei constitucional (art. 71, I e II, da Const.); ao Conselho nacional da economia e do trabalho (art. 99, III da Const.); aos conselhos regionais (art. 121, II da Const.). É duvidoso se constituem verdadeiras e autênticas iniciativas legislativas as das comunas que visam à mudança das circunscrições provinciais e à instituição de novas províncias dentro de uma região, de acordo com o art. 133, I da Constitui-

ção, ou se, pelo contrário, se hão de considerar como simples "pré-iniciativas" dirigidas ao Governo, análogas aos pedidos das províncias e das comunas para serem desmembradas de uma região e anexadas a outra (art. 132, II da Const.).

As iniciativas do Governo e dos membros das Câmaras são implicitamente reconhecidas, no plano constitucional, como mais importantes do que as demais.

Quanto à iniciativa legislativa do Governo, a sua primazia deriva das seguintes considerações: é uma iniciativa ligada à concretização da orientação política, contando, por isso, com o apoio da maioria parlamentar; o procedimento da formação do ato de iniciativa é particularmente solene, já que a apresentação das propostas de lei governamentais às câmaras necessita da prévia autorização do presidente da república (art. 87, IV da Const.); em certos casos, a iniciativa pertence ao Governo de forma exclusiva, especialmente quando se trata das leis de aprovação do orçamento (art. 81, I da Const.) e das leis de conversão dos decretos-leis (art. 77, II da Const.).

A importância da iniciativa legislativa parlamentar advém do seu virtual pluralismo: todas as forças políticas do país estão representadas nos dois ramos do Parlamento e cada parlamentar ou grupo de parlamentares pode apresentar propostas de lei à Câmara a que pertence. Por conseguinte, ou a proposta é apresentada por parlamentares da maioria — e a iniciativa parlamentar se torna subsidiária a do Governo, no sentido de que pode integrar ou estimular o programa governamental — ou é apresentada por parlamentares da minoria (oposição) e então a iniciativa parlamentar se contrapõe à do Governo. A Constituição não prevê qualquer limitação à iniciativa parlamentar, salvo nos casos em que ela pertence ao Governo de maneira exclusiva. Por isso se crê que a proposta de leis em relação às quais se possa reconhecer uma obrigação constitucional compete em primeiro lugar ao Governo, mas, de maneira subordinada, também aos membros das câmaras.

A menor importância das restantes formas de iniciativa se depreende, no plano constitucional, das seguintes considerações:

A iniciativa popular se exerce mediante projetos de lei compostos de artigos, subscritos ao menos por cinqüenta mil eleitores e apresentados ao presidente de uma das câmaras (art. 71, II da Const.; Lei n.º 352, art. 48, I, de 25 de maio de 1970). Entendeu-se assim atribuir ao povo a possibilidade de manifestar as suas exigências no Parlamento, livre da influência dos partidos e dos grupos de pressão, segundo um procedimento de formação do ato de proposta que não apresenta demasiadas dificuldades. Mas a circunstância de este projeto ter de ser discutido e aprovado pelas Câmaras e de não ser submetido, como acontece com outros ordenamentos, à direta aprovação do corpo eleitoral, torna tal forma de iniciativa inidônea para satisfazer as exigências da democracia direta, revelando seu caráter meramente integrativo em relação às iniciativas do Governo e dos parlamentares.

Mas também a iniciativa regional apresenta um caráter acessório, resultante quer da consideração de que se trata de uma iniciativa limitada a matérias que são do interesse da região proponente, quer do empenho das autoridades centrais em promover e reconhecer as instâncias regionais (art. 5.º da Const.), às quais o Senado, eleito "com base regional" (art. 57, I da Const.), deveria ser particularmente sensível.

Quanto à iniciativa do Conselho nacional da economia e do trabalho, a Lei n.º 33 de 5 de janeiro de 1957 (art. 10, 11) lhe limita o objeto (legislação econômica e social, para a qual não tenha sido solicitado o parecer do mesmo Conselho), especificando que deve ser levada a efeito por intermédio do presidente do Conselho de Ministros que provê a apresentação das propostas de lei a uma das Câmaras.

Note-se, por último, que as propostas de lei regionais e provinciais também podem ser apresentadas por variado número de sujeitos.

Em todo o caso, a iniciativa decai, ou porque o sujeito que a apresentou a retira antes de se dar a sua aprovação por uma das câmaras ou pelo Conselho, ou ainda por efeito de "decadência", quando sobrevém o fim da legislatura.

Quais as conseqüências do pluralismo da iniciativa legislativa? Os dados relativos aos projetos de lei parlamentar são bastante desconcertantes. Antes de tudo, deles se deduz que toda a forma de iniciativa acessória em relação à iniciativa do Governo e dos membros das câmaras tem sido, na prática, estéril. Em segundo lugar, parece agora claro — enquanto que, no período constituinte, não havia sido convenientemente considerado — que as iniciativas governamentais e parlamentares são condicionadas pelas forças políticas e sociais e que as do Governo o são ainda pelo aparelho burocrático. Não raramente, os titulares das propostas não foram senão simples portadores de projetos preexistentes, já debatidos e elaborados alhures; o fluxo desses projetos não se enquadra, porém, como ocorre ao contrário na Grã-Bretanha, num sistema regido por convenções constitucionais, universalmente respeitadas, e por normas políticas rigorosas. Em terceiro lugar, a experiência das legislaturas passa-

das nos mostra que a "demanda" de leis foi excessiva: a par de alguns projetos de lei importantes, foram numerosos os veleidosos e inúteis, quando não "microssecionais" (Predieri), sobretudo de autoria parlamentar. Um quarto e último ponto que importa ponderar respeita ao uso (à luz de dados mais recentes, se diria melhor abuso) dos decretos-leis, que, na prática, assumem cada vez mais as características de projetos de leis que hão de durar por muito tempo: são iniciativas (Cervati, Petitti, Predieri) que abrem caminho mais a processos de conversão do que a processos legislativos ordinários, mesmo em casos que dificilmente podem ser compreendidos entre os casos "extraordinários de necessidade e urgência" previstos pelo art. 77, II da Constituição.

III. APROVAÇÃO DA LEI E FUNCIONALIDADE DO PARLAMENTO. — O *iter* do projeto de lei no Parlamento — exame e discussão, eventual reelaboração e, por último, aprovação ou rejeição — está disciplinado, em qualquer ordenamento positivo, por normas escritas e consuetudinárias.

O método mais antigo e célebre é o das "três leituras" em que se baseiam, com algumas diferenças de pormenor, ambas as Câmaras do Parlamento britânico. Na Câmara dos Comuns, as "três leituras" se articulam assim: 1) a "primeira" consiste na mera enunciação da lei proposta, cujo texto se distribui aos parlamentares; 2) então o apresentador pede que se dê curso à "segunda leitura", que se concretiza na decisão da assembléia de adiar a discussão (e "enterrar" o projeto) ou de a prosseguir, confiando o texto ao exame de uma comissão (geralmente comissão de toda a Câmara — *Committee of the whole house* — para os projetos mais importantes e uma comissão permanente para os outros), onde tem lugar o debate e podem ser propostas emendas; 3) se o texto é aprovado sem emendas pelo *Committee of the whole house*, se procede à "terceira leitura"; caso contrário, o projeto é remetido à assembléia para ulterior discussão, que fecha com o pedido: *that the bill be now read a third time*. As diferenças do *iter* na Câmara dos Lordes dizem particularmente respeito à distribuição dos trabalhos na comissão e à possibilidade de ainda apresentar emendas, quando o projeto tiver voltado à assembléia para a "terceira leitura".

Todo o projeto de lei tem de ser ainda hoje sujeito às "três leituras", primeiro numa das Câmaras, depois na outra (os *money bills*, como se disse, são introduzidos na Câmara representativa) e, após a "terceira leitura", cada assembléia procede à votação final. Quando o texto, eventualmente emendado, recebe a aprovação das duas Câmaras, é enviado ao soberano, que participa do exercício do poder legislativo (*King, or Queen, in Parliament*) com a sanção (*Royal assent*). Dois importantes textos normativos, os *Parliament acts* de 1911 e 1949, deixaram todavia claro que as duas câmaras não se encontram mais no mesmo plano no exercício da função legislativa: se um *money bill* aprovado pelos Comuns é rejeitado pelos Lordes, pode ser enviado ao Soberano para sanção com o *advice* e o *consent* apenas dos *Commons*; para superar a oposição dos Lordes a *bills* de diferente conteúdo, é necessário, em vez disso, uma segunda votação das Câmaras dos Comuns, pelo menos com um ano de intervalo da primeira. Estas normas, embora reconheçam a superioridade da assembléia representativa em relação à outra, não deixam todavia clara a sua efetiva contribuição na "decisão" das leis. É uma contribuição que se revela em termos modestos, já que, concretamente, o Governo, responsável perante os Comuns, é constituído pelo núcleo central do partido majoritário. Sabe-se particularmente que o primeiro-ministro — membro da assembléia representativa — é o líder do partido que venceu as eleições. A "disciplina de partido", que molda o sistema político inglês, garante de tal maneira a aprovação das propostas de lei governamentais que os *Commons* constituem, para usar uma expressão de Finer, o "prolongamento" (*extension*) do executivo.

A produção das leis federais na Alemanha Ocidental segue, em geral, um procedimento fundamentalmente bastante similar ao britânico. Entre os titulares do poder de iniciativa referente às leis, o Governo se situa, sem dúvida, numa posição de primazia. É interessante observar que o projeto governamental é elaborado pela burocracia do Governo central, enquanto que o *Bundesrat*, que examina o projeto antes de ele ser levado à Câmara baixa, é formado, como se sabe, por membros dos Governos dos *Länder* (art. 51, I, GG.) que podem valer-se do aparelho burocrático local: poder-se-á, pois, falar de um "controle da burocracia por parte da burocracia", mais eficaz em relação ao executivo do que o exame do projeto por parte do próprio *Bundestag* (Herz). Contudo, no plano formal, é a esta última Câmara que cabe a "decisão" da lei; o *Bundesrat* possui, ao invés, uma função retardativa que, em alguns casos — leis referentes à estrutura territorial dos *Länder*, diretrizes federais sobre a organização dos serviços, etc. (art. 29, 84, I, 105, 106, 107, 109, 134 GG.) — pode representar um "veto absoluto". Uma situação peculiar surge, em vez disso, quando o *Bundestag* recusa dar voto de confiança ao chanceler, sem todavia o dar a favor do seu sucessor. O Presi-

dente pode optar pela dissolução da Câmara baixa, ou então pela declaração do "estado de emergência legislativa": esta segunda escolha, levada a efeito com o acordo do Chanceler, traz como conseqüência que, por um período de seis meses, as leis de iniciativa governamental rejeitadas pelo *Bundestag* possam ser enviadas ao *Bundesrat e*, se este as aprovar, entrem em vigor. Desta maneira, a orientação legislativa do Governo pode ser posta em prática sem a confiança da Câmara representativa (Mortati). Há outros expedientes previstos no caso de proclamação do "estado de tensão" e do "estado de defesa"; de acordo com os art. 115-a., II, V, 115-d., II e 115-e, I, GG., uma comissão especial (*Gemeinsamer Ausschuss*) poderá substituir as câmaras para ativar formas mais rápidas de legislação, mesmo nos setores de competência dos *Länder*. Esta regulamentação, introduzida, como se disse, com as emendas de 1968, desvirtua, nas situações de emergência, o caráter do processo legislativo.

Na França, o procedimento de aprovação das leis nos dois ramos do Parlamento (Assembléia Nacional e Senado) se caracteriza por alguns elementos que realçam com particular evidência a superioridade dos órgãos do executivo. Antes de tudo, segundo o art. 48, o Governo dispõe do direito de inscrição prioritária na ordem do dia dos trabalhos; pode opor a inaceitabilidade dos projetos de iniciativa parlamentar e das emendas que pareçam estranhas às matérias de que trata o art. 34 da Constituição, ou sejam contrárias à delegação que lhe foi concedida, nos termos do art. 38 da mesma Constituição; são igualmente inadmissíveis as propostas e emendas apresentadas pelos parlamentares que impliquem a diminuição da receita ou agravante de uma obrigação pública (art. 40 da Const.). Na França, os projetos de lei também são entregues a uma comissão para que os examine, voltando depois à assembléia. É interessante observar que o Governo pode opor-se a qualquer emenda que não tenha sido previamente submetida ao exame da comissão, podendo também solicitar que a assembléia se pronuncie com um só voto sobre a totalidade ou parte do texto em discussão, acrescido somente das emendas que o mesmo Governo tenha proposto ou aceito (art. 44, III da Const.). Este pedido de *vote bloqué* conduz ao mesmo resultado da questão de confiança, sem que, de resto, o Governo ponha em jogo a sua responsabilidade política (Prélot). Cada projeto de lei, depois de aprovado por uma assembléia, tem de ser enviado à outra. Em caso de desacordo sobre o texto definitivo, o primeiro-ministro pode promover a reunião de uma comissão mista com igual número de representantes, incumbida de resolver as questões controversas; mas nenhuma emenda é possível sem a anuência do Governo (art. 45, II e III da Const.). Os resultados desta comissão paritária são submetidos a ambas as Câmaras; se ainda houver desacordo, o Governo pode pedir à Assembléia Nacional que decida definitivamente. As leis que forem aprovadas no Parlamento poderão, antes da promulgação, ser submetidas ao Conselho Constitucional, para que ele delibere sobre a sua conformidade com a Constituição; isto é obrigatório, quando se trata de leis orgânicas.

A Constituição italiana estabelece que "a função legislativa é exercida coletivamente pelas duas câmaras" (art. 70). O projeto é apresentado a um dos dois ramos do Parlamento (ou a ambos) e, conforme o programa dos trabalhos da Câmara que o recebeu, tem de passar por uma série de acertos, exames e eventuais modificações. O *iter* do projeto na Câmara se esgota com a sua rejeição ou aprovação. Uma vez aprovado, o texto é enviado à outra Câmara, para que o examine por seu turno: a deliberação da assembléia que votou em primeiro lugar tem um valor de "proposta" perante a outra (Mortati). As eventuais emendas aprovadas pela Câmara que examina o projeto em segundo lugar hão de ser aprovadas pela Câmara que o examinou primeiro.

O projeto pode seguir quatro procedimentos alternativos internos, disciplinados pela Constituição (art. 72) e pelos regulamentos parlamentares: o ordinário, o abreviado, o descentralizado e o "misto". O procedimento ordinário (ou "normal") consiste, em síntese, numa fase preparatória (de instrução), no âmbito de uma comissão, e numa fase de discussão e deliberação por parte da assembléia. No decorrer da discussão, cada um dos membros da Câmara e o Governo poderão propor emendas supressivas, aditivas ou substitutivas que não alterem substancialmente o projeto original. A Constituição (art. 72, IV) dispõe que se adote sempre o procedimento normal de exame e aprovação direta por parte da Câmara nas propostas de lei referentes à matéria constitucional e eleitoral, bem como nas de delegação legislativa, de autorização para ratificação de tratados internacionais, e de aprovação de orçamentos e despesas. O procedimento abreviado segue o mesmo *iter* do ordinário, mas a declaração de "urgência" (art. 72, III da Const.) que acompanha a proposta de lei admite diferentes modalidades tanto no exame e relatório da comissão, como na discussão e aprovação da assembléia. O procedimento descentralizado se desenvolve inteiramente dentro da comissão, reunida, neste caso, "em sessão legislativa e deliberativa"; engloba tanto a fase de instrução, como a de discussão e aprovação final do projeto. Está, no entanto, previsto (art. 72, III da Const.) que a proposta de lei seja enviada à Câmara, se o Governo, ou um décimo dos componentes da Câmara, ou um quinto da comissão pedirem que seja discutida ou votada pela mesma Câmara, ou então que seja submetida à sua aprovação final, com mera declaração de voto. O procedimento "misto" — que a Constituição não prevê, mas que está disciplinado pelos regulamentos das Câmaras — consiste no exame, na discussão e na aprovação, artigo por artigo, do projeto por parte de uma comissão reunida "em sessão de redação", e na votação final por parte da assembléia. Alguém observou que, neste caso, a comissão exerce um poder referente a efeitos reforçados (Elia).

A disciplina e a praxe do *iter legis* constituem tema de discussão, tanto pela existência de problemas de ordem geral, como pela sua referência a situações contingentes.

Os estudiosos não são unânimes quanto à conveniência da descentralização legislativa. Antes de tudo, se tem observado que, se a atividade deliberativa das comissões fosse indispensável, não se explicaria que todos os Estados de civilização européia, com exceção da Itália, conseguissem dela se abster (Mortati). Tem-se observado também que, graças ao procedimento das comissões, o Parlamento pode produzir *demasiadas leis*. Para usar de uma expressão de Elia, se tem espalhado a sensação da "lei fácil", que contribui para um uso patológico da iniciativa legislativa, especialmente parlamentar: o legislador intervém com desenvolta freqüência, tanto para corrigir os erros de leis anteriores não suficientemente ponderadas (neste caso, se pode falar de excessivo "experimentalismo"), como para disciplinar matérias que mais apropriadamente poderiam ser confiadas a fontes subordinadas. Contudo, não falta quem pense que a descentralização é não apenas uma medida necessária como também, em face dos fatos, indispensável (Clerici): o defeito do sistema havia de ser antes buscado na excessiva "demanda" de leis que o Parlamento tem de enfrentar.

A Constituição qualifica como "normal" o procedimento em assembléia; conseqüentemente se diria que ela quer atribuir um caráter não ordinário e, portanto, auxiliar ao procedimento das comissões. Tal distinção, ignorada pelo regulamento do Senado (que, de resto, no art. 35, recalca, com alguma adição, a indicação *ex* art. 72, IV da Const., relativa aos projetos "para os quais é sempre obrigatória a discussão e a votação por parte da assembléia") foi notada pelos formuladores do regulamento da Câmara dos Deputados:

o art. 92, I, r.C. especifica, com efeito, que o recurso às comissões com propósitos legislativos deve limitar-se aos projetos de lei que não possuam "especial relevância de ordem geral", acrescentando, contudo, depois, como para corrigir tal limitação, que esse "mesmo procedimento pode ser adotado quanto a projetos de lei que apresentam particular urgência". Na prática, portanto, os regulamentos parlamentares constituem um débil dique à "legislação por comissão"; é necessário, contudo, sublinhar que o fenômeno se acha hoje em fase descrescente e não desperta mais as preocupações que suscitou no passado.

Os regulamentos das duas câmaras disciplinam de modo diferente a consignação dos projetos de lei às comissões (tanto no âmbito informativo como no legislativo). É o presidente do Senado que os consigna, comunicando-o à assembléia (art. 34, I e 35, II), com a advertência, reforçada pelo art. 35, II, de que, até ao momento da votação final, o projeto será reenviado à assembléia, caso isso seja solicitado pelos titulares e dentro dos termos indicados pelo art. 72, III da Constituição. É também o presidente da Câmara dos Deputados quem destina os projetos de lei às comissões para apresentação de parecer; mas, se nos dois dias seguintes um presilente de grupo ou dez deputados propõem uma outra atribuição, o presidente inscreve a questão na ordem do dia e a deixa à decisão da assembléia (art. 72, I, r.C.). Quanto à destinação de projetos de lei a comissões com função legislativa, o presidente pode propô-la à Câmara e a sua proposta será inscrita na ordem do dia da sessão seguinte. No caso de uma oposição votada na Câmara, ou formulada por um décimo dos seus componentes, ou vinda do Governo, o projeto passará do âmbito legislativo ao do simples parecer. Podemos, pois, concluir que o papel do presidente do Senado é, neste momento do *iter*, bem mais direto e incisivo do que o do presidente da Câmara.

Os regulamentos parlamentares se preocupam em coordenar as iniciativas legislativas com o fim de tornar a atividade das Câmaras mais "funcional" e eficaz sob o ponto de vista da política legislativa. Por isso, o art. 77, I, r.C. dispõe que "se na ordem do dia de uma comissão se encontram projetos de lei idênticos" — o que é bastante inverossímil — "ou versando sobre matéria idêntica, o exame deve ser combinado". Paralelamente, o art. 51, I, r.S. estabelece que "as propostas de lei com objetos idênticos, ou estreitamente conexos, hão de ser postos na mesma ordem do dia da comissão competente". A atividade das duas Câmaras, quando examinem ao mesmo tempo projetos de lei que versem so-

bre a mesma matéria, é coordenada pelos respectivos presidentes. Esta coordenação se insere na que se realiza no âmbito de cada uma das câmaras: quer com a "combinação" de projetos respeitantes à mesma matéria (habitualmente, se existe uma proposta de lei governamental, esta será considerada como texto de base, sendo nele "absorvidas" as propostas de iniciativa parlamentar), quer mediante o parecer do CNEL ou de comissões diferentes daquela a que foi confiado o projeto — mormente das comissões de assuntos constitucionais e de programação econômica — parecer que, em alguns casos, pode ser obrigatório (art. 74, I, r.C., art. 40, II, III, r.S.).

Cada deputado e cada senador pode transmitir às comissões e/ou apresentar à assembléia propostas de emenda ao projeto de lei em discussão ou a qualquer dos artigos desse mesmo projeto. Os regulamentos das duas Câmaras disciplinam as complexas maneiras de proceder em sua coordenação e em definir sua precedência (art. 80, II e 86 r.C.; art. 97, 100, r.S.), confiando o seu exame preventivo ao presidente (com o fim de evitar que sejam apresentadas emendas estranhas ao objeto da discussão), a comitês restritos e às próprias comissões (para que julguem do seu mérito). O direito de propor emendas constitui uma importante garantia das minorias e das prerrogativas parlamentares no exercício da função legislativa (Longi), mas é também um instrumento com que se pode alterar totalmente a fisionomia do projeto, de tal modo que a maioria, favorável a ele, possa deixar de o ser, após a aprovação das modificações. É precisamente por isso que, quando o Governo põe a questão de confiança sobre a permanência de um artigo, se procede à sua votação depois que todas as emendas apresentadas tenham sido elucidadas; mas, se o voto é favorável, o artigo é aprovado e as emendas se consideram rejeitadas (art. 116, II, r.C.).

A técnica das emendas pode ser usada não já para corrigir o projeto de lei apresentado, modificando-o, até em seus elementos mais característicos, mas para o protelar e, em caso de termo peremptório (conversão de decreto-lei), para lhe impedir a aprovação: é este um dos aspectos do fenômeno do obstrucionismo, a que recorrem os grupos minoritários para se oporem ao programa político da maioria e à sua realização por meio de normas legislativas. Nos últimos tempos, muitos têm desejado uma modificação dos regulamentos parlamentares, por não acharem suficientemente eficazes para impedir o recurso excessivo a tal instrumento, as normas de fechamento previstas nos art. 44, I, II, r.C. e 99, r.S. e a questão de confiança posta pelo Governo. Podemos concordar com a conveniência de se rever a disciplina parlamentar, tendo até em conta os recentes acontecimentos obstrucionistas que paralisaram por vezes a realização dos programas governamentais; mas, naturalmente, desde que não se perca de vista que "se poderá discutir sobre a... seriedade, sobre a... oportunidade, sobre a legalidade de cada uma das manifestações, mas não sobre a legitimidade do fenômeno unitariamente considerado" (Lavagna).

Vale a pena chamar a atenção, embora resumidamente, para a fase aprobatória das leis constitucionais (leis de revisão da Constituição e outras leis constitucionais, conforme a definição do art. 138 da Const.), bem como das leis regionais e provinciais.

Os modos de aprovação das leis constitucionais se concretizam num agravamento do procedimento ordinário. Com efeito, o art. 138, I da Constituição, dispõe que as leis constitucionais "são adotadas por cada uma das câmaras mediante duas deliberações sucessivas, com intervalo não inferior a três meses, sendo aprovadas por maioria absoluta dos componentes de cada Câmara na segunda votação". Na primeira deliberação, se aplicam as normas de procedimento estabelecidas para os projetos de lei ordinária (art. 97 r.C. e 121 r.S.), levando-se em conta que a Corte Constitucional identificou as leis formalmente constitucionais com as de matéria constitucional; deste modo, o procedimento a seguir é sempre o normal, de acordo com o art. 72 da Constituição (Cervati). Os art. 97 r.C. e 121 r.S., acima referidos, determinam que, a seguir à primeira deliberação, o projeto de lei constitucional é enviado à outra Câmara, excluindo assim a hipótese — apresentada com base numa outra interpretação da norma ex art. 138, I — de que possa haver, uma após outra, duas deliberações sucessivas na mesma Câmara. Sempre que, na segunda votação, não tiver sido alcançada a maioria qualificada de dois terços dos componentes de cada uma das Câmaras, a lei constitucional será submetida a referendum popular, se, dentro de três meses após a sua publicação, assim o solicitarem um quinto dos membros de uma Câmara, ou quinhentos mil eleitores, ou cinco conselhos regionais. Essa publicação que, como é óbvio, precede a promulgação, tem por objetivo indicar o momento a partir do qual começa a decorrer o prazo de três meses para o pedido da publicação do referendum.

As leis regionais e provinciais são aprovadas pelos respectivos Conselhos em moldes nada diferentes "do procedimento normal de aprovação da lei ordinária do Parlamento". Depois que as comissões tiverem desempenhado a função da elaboração de parecer (e, excepcionalmente, de redação), se desenvolve a discussão e a votação na assembléia. Para poderem ser promulgadas, as leis regionais e provinciais têm de superar uma série de controles, uns necessários, outros eventuais, respeitantes a órgãos do Estado-pessoa (comissário do Governo, Governo).

IV. A ENTRADA DA LEI EM VIGOR. — Quais os atos e fatos necessários para que o Processo legislativo se encerre e a lei entre em vigor?

Na Grã-Bretanha, o soberano intervém com a sanção (Royal assent) de que, em geral, se faz porta-voz o Lord Chancellor, pronunciando a antiga fórmula: "La reine le veult". A fórmula contrária, "La reine s'avisera", com que a sanção é recusada, foi usada pela última vez em 1707. Após a sanção, a lei é publicada pelo "Her majesty's stationery office" e, se ninguém dela disponha de outra maneira, entra logo em vigor.

Na Alemanha, as leis são promulgadas pelo presidente da república, após haverem sido referendadas pelo chanceler e pelos ministros competentes. Julga-se que a promulgação só poderia ser recusada no caso de patente inconstitucionalidade do ato; e observe-se que, se tal recusa não fosse motivada, o presidente poderia ser acusado de violação intencional da Lei Fundamental, de acordo com o art. 61. Publicada no Boletim das Leis Federais, a lei entra em vigor no dia por ela mesma estabelecido; faltando essa indicação, entrará em vigor no décimo quinto dia a seguir à publicação (art. 82, I, II, GG.).

Na França, a promulgação da lei também é incumbência do presidente da república (art. 10, I da Const.) que, no entanto, antes de a promulgar, poderá pedir ao Parlamento uma nova deliberação sobre a totalidade do texto normativo ou alguns dos seus artigos (art. 10, II da Const.). É ponto controverso se esta devolução da lei se pode englobar no poder presidencial de "mensagem", para cujo exercício não é necessária a referenda, ou se — atendo-nos a uma interpretação restritiva do art. 19 da Constituição, que estabelece que "os atos do presidente da república, diversos dos previstos no art. 8.º (parágrafo primeiro), 11, 12, 16, 18, 54, 56 e 61, são referendados pelo primeiro-ministro e, se for o caso, pelos ministros responsáveis" — a referenda, necessária para a promulgação, também o será para a solicitação de uma nova deliberação. É interessante observar que tal pedido se justapõe a um outro: o que o presidente e outros podem encaminhar ao Conselho Constitucional, para que, também antes da promulgação, exprima seu parecer sobre a constitucionalidade da lei. A publicação das leis consiste na sua inserção no *Journal officiel.*

Na Itália, conforme dispõe a Constituição, "as leis são promulgadas pelo presidente da república" (art. 73, I) que, no entanto, "antes de promulgar a lei, pode, em mensagem motivada, solicitar à Câmara uma nova deliberação" (art. 74, I); ou seja, possui o poder de devolução, que é uma forma de "veto suspensivo", na medida em que, "Se as Câmaras aprovam novamente a lei, esta deve ser promulgada" (art. 74, II). Do confronto das duas normas resulta claro que promulgação e devolução são dois atos distintos, mas estreitamente ligados. A promulgação se sintetiza numa fórmula determinada, divisível em três partes. A primeira, "A Câmara dos Deputados e o Senado da República aprovaram", atesta a regularidade do processo de formação (constitucionalidade intrínseca) do ato legislativo. A segunda, "O Presidente da República promulga a seguinte lei...", declara a vontade de promulgar. A terceira, "A presente lei, munida da chancela do Estado, será inserta na coleção oficial das leis e dos decretos da república italiana. Torna-se uma obrigação para aqueles a quem disser respeito observá-la e fazê-la observar como lei do Estado", contém a ordem de execução (Mortati). Têm sido levantados numerosos problemas, diversamente propostos e amplamente discutidos pelos autores, sobre a natureza da promulgação na Itália. Merece ser lembrado que, segundo alguns (Galeotti, Mortati), a decisão concorde das câmaras produziria uma lei perfeita, mas não ainda eficaz: a promulgação se caracterizaria, por isso, como integrativa da eficácia da lei. Segundo outros, ao invés (Sandulli), a lei só seria verdadeiramente tal após a promulgação.

A importância prática da função presidencial no Processo legislativo se revela principalmente no poder de "veto suspensivo"; a lei pode ser devolvida por ser considerada constitucionalmente ilegítima; nesse caso, parece incontestável que a devolução seja um ato não só formal como também substancialmente presidencial. Mas a lei também pode ser devolvida por ser considerada politicamente inoportuna; quanto a tal devolução, se discute se ela depende da decisão exclusiva do presidente, a ser adotada com muita cautela, devido à sua posição de órgão estranho à orientação política (Mortati), ou se deve ser substancialmente determinada pelo Governo, ficando ao chefe do Estado apenas o poder de aconselhar (Lucatello).

Com base na disposição constitucional acima citada (art. 74, II), desde que as câmaras aprovem novamente a lei, a promulgação é para o presidente um "ato devido" que terá de cumprir dentro de um mês ou, em caso de urgência, dentro de um prazo mais breve (art. 73, I, II da Const.). Tal dever cessa apenas no caso em que ele descubra no conteúdo da lei fatos delituosos que impliquem a sua responsabilidade, ou seja, de acordo com o art. 90 da Constituição, alta traição e atentado contra a Constituição.

A publicação, imediatamente posterior à promulgação (art. 73, III da Const.), se efetiva com a inserção da lei na coleção oficial; a Gazeta Oficial deve anunciá-la e reproduzi-la por inteiro. Se a lei não estabelece um prazo diferente, entra em vigor quinze dias depois da publicação. Pelo que respeita à lei constitucional, se tiver sido aprovada na segunda votação com maioria qualificada de dois terços dos componentes de cada uma das Câmaras, as formas de promulgação e publicação serão análogas às da lei ordinária. Verificando-se, em vez disso, a hipótese da possibilidade do pedido de *referendum*, a promulgação e, a seguir, a publicação terão lugar após o vencimento do prazo de três meses, se o *referendum* não tiver sido solicitado, ou então após a proclamação do resultado positivo do *referendum*.

As leis regionais e provinciais são promulgadas respectivamente pelo presidente da junta regional e pelo presidente da junta provincial e depois publicadas no Boletim Oficial da região e, para conhecimento, numa seção apropriada da Gazeta Oficial da República.

BIBLIOGRAFIA. — AUT. VÁR., *Il Parlamento nella Costituzione e nella realtà*, Giuffrè, Milano 1979; P. AVRIL, *Il Parlamento francese nella quinta Repubblica* (1972), Edizioni di Comunità, Milano 1976; P. BARILE e C. MACCHITELLA, *I nodi della Costituzione*, Einaudi, Torino 1979; P. BISCARETTI DI RUFFIA, *Sanzione, assenso e veto del Capo dello Stato nella formazione delle legge negli ordinamenti costituzionali moderni*, in "Rivista trimestrale di diritto pubblico", 1958, pp. 241-94; F. CANTELLI, V. MORTARA e G. MOVIA, *Come lavora il Parlamento*, Giuffrè, Milano 1974; G. M. CARTER e J. H. HERZ, *Major Foreign Power*, Harcourt Brace Jovanovich, New York 1972; F. CAZZOLA, A. PREDIERI e G. PRIULLA, *Il decreto legge fra governo e parlamento*, Giuffrè, Milano 1975; F. CAZZOLA, M. MORISI, *L'alluvione dei decreti; il processo legislativo tra settima e ottava legislatura*, Giuffrè, Milano 1981; A. A. CERVATI, *Parlamento e funzione legislativa*, in AUT. VÁR., *Attualità e attuazione della Costituzione*, Laterza, Bari 1979; pp. 42-64; G. F. CIAURRO, *Legiferare per decreti*, in "Nuovi studi politici", 1974, pp. 95-103; F. CUOCOLO, *Iniziativa legislativa*, in *Enciclopedia del diritto*, Giuffrè, Milano 1971, vol. XXI; F. D'ONOFRIO, *Le indagini conoscitive delle commissioni parlamentari*, Edizioni della Università di Chieti, Chieti 1971; L. ELIA, *Le commissioni parlamentari italiane nel procedimento legislativo*, in

"Archivio giuridico", 1961, pp. 42-124; Id., *Forma di Governo e procedimento legislativo negli Stati Uniti d'America*, Giuffrè, Milano 1961; S. E. FINER, *Comparative government*, Penguin Books, Harmondsworth, Middlesex, England 1970; S. GALEOTTI, *Contributo alla teoria del procedimento legislativo*, Giuffrè, Milano 1957; *La promulgation, la signature et la publication des textes législatifs en droit comparé*, ao cuidado de J. B. HERZOG e G. VLACHOS, Les éditions de l'epargne, Paris 1961[6]; O. HOOD PHILLIPS, *Constitutional and administrative law*, Sweet & Maxwell, London 1967[4]; V. LAVAGNA, *Istituzioni di diritto pubblico*, UTET, Torino 1979, vol. IV; V. LONGI, *Elementi di diritto e procedura parlamentare*, Giuffrè, Milano 1978; P. G. LUCIFREDI, *l'iniziativa legislativa parlamentare*, Giuffrè, Milano 1968; A. MANZELLA, *Il parlamento*, Il Mulino, Bologna 1977; C. MORTATI, *Istituzioni di diritto pubblico*, IX, CEDAM, Padova, Tomo I, 1975, Tomo II, 1976; L. PALADIN, *Diritto regionale*, CEDAM, Padova 1979[3]; A. PREDIERI, *La produzione legislativa*, in *Il parlamento italiano, 1946-1963*, Edizioni Scientifiche Italiane, Napoli 1963; Id., *Aspetti del processo legislativo in Italia*, in *Studi in memoria di Carlo Esposito*, CEDAM, Padova 1974, vol. IV, pp. 2457-2529; Id., *Parlamento 1975*, in *Il parlamento nel sistema politico italiano*, Edizioni di Comunità, Milano 1975; Id., *Mediazione e indirizzo politico nel parlamento italiano*, in "Rivista italiana di scienza politica", Il Mulino, Bologna 1975; M. PRÉLOT e J. BOULOUIS, *Institutions politiques et droit constitutionnel*, Dalloz, Paris 1972[6]; A. M. SANDULLI, *Legge, (diritto costituzionale) Novissimo digesto italiano*, UTET, Torino 1965, vol. IX; E. SPAGNA MUSSO, *L'iniziativa nella formazione delle leggi italiane. I il potere d'iniziativa legislativa*, Jovene, Napoli 1958; S. TOSI, *Diritto parlamentare*, Giuffrè, Milano 1974.

[NINO OLIVETTI]

Profissionalismo Político.

I. PROFISSIONALISMO POLÍTICO E PROFISSIONALIZAÇÃO DA POLÍTICA. — O conceito de Profissionalismo político, bem como o de "político de profissão", vêm muitas vezes a sobrepor-se e a confundir-se, mesmo na linguagem cotidiana, com o conceito limítrofe de "classe política" (v. ELITES, TEORIA DAS). É também freqüente observar o emprego restritivo de tal conceito, referido exclusivamente àqueles que se ocupam da organização política, evidentemente segundo os cânones do profissionalismo, dentro dos modernos partidos de massa (v. PARTIDOS POLÍTICOS E APARELHO). Seria, em vez disso, muito mais interessante considerar, de modo mais genérico, o fenômeno do Profissionalismo político como momento emergente daquele que podemos definir como "processo de profissionalização da po-

lítica", onde convergem tanto o problema histórico da diferenciação de uma esfera política da esfera social com o consolidar-se do modo de produção capitalista, quanto e *contrario* o problema mais explorado da participação política (v. PARTICIPAÇÃO POLÍTICA).

Não limitando o estudo a uma simples tipologia descritiva dos papéis políticos a que se atribui comumente a condição específica da profissionalização, tentaremos aqui enquadrar num conjunto tais papéis, remontando-nos particularmente ao pensamento fundamental do ensaio weberiano dedicado a *A política como profissão* — ponto de partida obrigatório para quem afronte este tema — pois nele o autor, mais que o esboçar uma verdadeira e autêntica tipologia dos políticos de profissão, se preocupa em propor uma análise extensiva do problema da profissionalização da política e, conseqüentemente, em termos globais, do Profissionalismo político.

II. O PROFISSIONALISMO POLÍTICO DA FORMAÇÃO DO ESTADO MODERNO AOS PARTIDOS DE MASSA. — O ensaio de Weber *A política como profissão* é muito mais que um vulgar elenco dos diferentes tipos de políticos profissionais; vai muito mais além do tema do Profissionalismo político, para considerar, ao mesmo tempo, o problema da "política como vocação", problema que infelizmente passa despercebido na restritiva tradução italiana do termo *Beruf* (que pode ser traduzido como profissão e como vocação). O estudo de Weber parte da definição bastante ampla da política, da política entendida como "toda a sorte de atividade diretiva autônoma", que vêm unir-se, nas especificações ulteriores, seja a atividade tendente à conquista da direção, seja o exercício da atividade diretiva, isto é, a administração. É precisamente esta terceira modalidade da política que vem a receber, antes que qualquer outra, a conotação da profissionalização, em estreita ligação com o processo genético do Estado moderno (v. ESTADO MODERNO), racional e capitalista, progressivamente emancipado como esfera política específica e autônoma do resto do sistema social, com o qual, na sociedade pré-moderna, praticamente coincidia. O Estado moderno é definido por Weber como "um grupo de poder institucionalizado que procurou, com êxito, monopolizar, no âmbito de um determinado território, o uso legítimo da força física como meio de poder e pôs, com esse fim, os meios materiais do empreendimento nas mãos dos seus chefes, expropriando todos os funcionários privilegiados de casta que antes deles dispunham por direito próprio e ocupando o seu lugar na esfera mais alta" O processo de profissionalização da política vem então a delinear-se como aspecto essencial da centralização do poder político conduzida pelos príncipes em prejuízo da administração tradicional feudal e de "castas", onde os funcionários retinham como próprios os meios de exercício da sua função. A moderna burocracia (v. BUROCRACIA), que surge do processo de centralização, é, ao invés disso, diretamente encabeçada pelo príncipe e seus membros — cronologicamente os primeiros políticos profissionais — parecem caracterizar-se, quer pela carência da posse dos meios de produção (Weber tende a acentuar a simetria com a empresa capitalista), quer pela renúncia a governar de maneira autônoma. A tipologia de tais políticos, colaboradores dos príncipes na luta contra as castas, compreende progressivamente o clero, os humanistas, a nobreza feudal expropriada e empobrecida que aflui à corte, a baixa nobreza (gentry) inglesa, os juristas de origem acadêmica e os advogados, até ao aparecimento dos verdadeiros e autênticos funcionários.

Neste breve elenco, a figura de maior relevo é, sem dúvida, a do funcionário cujo tipo ideal é possível individualizar, tendo em conta uma série de parâmetros precisos: preparação técnica como pressuposto para a imição na categoria; recrutamento segundo critérios universais, isto é, exames e concursos públicos; ascensão na escala hierárquica conforme a avaliação dos superiores; atividade, desenvolvida a tempo pleno e com remuneração paga regularmente, no âmbito de um aparelho organizado segundo critérios rigidamente piramidais, onde as funções são atribuídas tendo em conta a competência técnica de cada funcionário, que se há de limitar rigorosamente ao cumprimento das ordens, administrando com isenção, isto é, sine ira et studio.

Contemporânea à consolidação do aparelho burocrático e ao sucesso dos funcionários públicos profissionais, verifica-se também junto aos príncipes a profissionalização dos seus colaboradores mais tradicionais: os conselheiros, que sempre os auxiliaram, evoluem gradualmente, segundo a expressão de Weber, para uma categoria profissional de "dirigentes políticos". Nasce assim, como vértice do aparelho burocrático estatal, aquilo que Weber chama de "gabinete"; continua a reunir-se à volta do príncipe para o aconselhar e lhe dar assistência em suas decisões; seus membros tendem cada vez mais a ser recrutados nas filas da alta burocracia. Da crescente competência técnica dos funcionários burocráticos e do constante amadorismo dos príncipes origina-se um contínuo processo de polarização entre os primeiros, que, dada a sua competência, se acham em vantagem diante da com-

plexidade da administração pública, e os segundos, cuja soberania acaba por ser cada vez mais nominal. Nas sucessivas transformações do gabinete, intervêm depois os processos de mobilização política da classe burguesa e o surgimento dos parlamentos modernos (v. PARLAMENTO). A burguesia consegue, quase por toda a parte, penetrar no sistema político e as características do executivo dependerão do grau de tal penetração. No caso alemão, por exemplo, onde o poder monárquico conseguiu contrastar eficazmente a pressão do Parlamento, o conflito entre o soberano e os seus colaboradores não existe, com vantagem para ambas as partes, uma e outra ameaçadas, pois o vértice da administração pública está sob o controle dos funcionários dedicados ao soberano. No caso inglês, ao contrário, o poder executivo passa às mãos do líder da fração majoritária do Parlamento que, dessa maneira, pode assegurar o controle da máquina estatal. Neste segundo caso, estabelece-se entre os funcionários uma certa diferenciação: estão, de um lado, os funcionários "técnicos", de que já se falou antes, com seu desvelo impessoal e abstrato em relação à administração pública global; de outro, os funcionários "políticos", que se distinguem, em vez disso, pela ação de apoio explícito ao equilíbrio político existente.

Com a referência ao executivo e ao controle nele exercido pela leadership parlamentar, introduzimos praticamente o problema dos partidos políticos (e do profissionalismo dentro deles) que se formam nos Parlamentos, depois que a mobilização política da burguesia se exauriu e transformou em participação na gestão do poder político através de representantes eleitos por sufrágio censitário. Aqui se entende por política a atividade orientada à conquista do poder: nascem assim os primeiros partidos de origem parlamentar, decorrentes da necessidade que sentem os representantes de um aparelho organizado que os apóie desde fora e que se ocupe de incrementar o consenso eleitoral. Inicialmente, a organização partidária surgiu sob a forma de círculos políticos locais, sendo os contatos garantidos pessoalmente pelos próprios parlamentares, notáveis em geral (v. NOTÁVEL) que se valiam, entretanto, da ajuda e apoio de outros notáveis alheios ao Parlamento. Numa situação histórica em que o eleitorado ativo se limita a uma minoria restrita da população, a política se apresenta como uma ocupação sem continuidade, colateral, além disso honorífica, que envolve os expoentes mais respeitáveis da burguesia proprietária; as únicas figuras de políticos verdadeiramente profissionais são, na prática, os jornalistas. A profissionalização posterior foi imposta por inúmeros fatores. Antes de mais nada, é a importância do que está em jogo, aquilo que Weber chama "patrocínio dos cargos", que impõe uma racionalização crescente das atividades e da organização dos partidos; daí a profissionalização e burocratização em termos simétricos ao que ocorre na administração pública e na economia. Some-se a isto a necessidade de manter contatos mais freqüentes entre os eleitos e os eleitores, de garantir ou impedir a reeleição de alguém, de formular programas com que se possam identificar setores mais amplos da opinião pública. Por trás dos parlamentares vai se desenvolvendo assim uma estrutura orgânica cada vez mais duradoura, dirigida por funcionários regularmente retribuídos no centro, mas dominada pelos notáveis ainda por longo tempo na periferia. Daqui para a frente, a política assume também dimensões empresariais, sem exclusão da possibilidade de risco: nasce na Grã-Bretanha a figura do *election agent*, que é um angariador de votos pago por conta de terceiros, e, nos Estados Unidos, o *boss*. O *boss* controla o poder de estruturas partidárias peculiares como as americanas — que só adquirem relevância em face da consulta eleitoral — a partir de posições de poder extrapartidárias, geralmente uma atividade profissional que lhe permite estabelecer uma ampla rede de contatos e, portanto, de desenvolver uma ação informal em benefício de determinados candidatos, com a esperança de tirar daí alguma vantagem em caso de vitória — de qualquer maneira, porém, não em primeira pessoa — mediante o *spoils-system*.

A última etapa evolutiva dos partidos, a que corresponde, como é óbvio, um novo desenvolvimento do fenômeno do Profissionalismo político — Weber não lhe dedica uma atenção especial e estudá-la-emos melhor ao falar de Michels — trouxe a total exclusão dos notáveis de origem extrapartidária, mesmo em papéis periféricos, e sua substituição por um aparelho sutil e estável, formalmente controlado pela base, mas na prática monopolizado pelos funcionários e pela burocracia interna — em evidente contradição com as premissas teóricas da democracia e igualdade — que, de dentro do partido e de fora do Parlamento, chegam a controlar rigorosamente os próprios representantes parlamentares.

III. Profissionalismo político e lei férrea da oligarquia. — Resumindo as observações de Weber, conseguimos acompanhar o processo de profissionalização política que atinge a estrutura dos partidos burgueses e — se bem que com menor abundância de detalhes — também os partidos de massa. Se atentarmos mais um pouco, não nos restará dúvida de que a mobilização política da burguesia se baseava, a nível ideológico, em profundas aspirações antiabsolutistas e, em larga medida, também antiestatais, em virtude das quais se negava a primazia do político e se proclamava a capacidade da sociedade civil, como sociedade burguesa, de chegar, por vias absolutamente autônomas e meta-estatais, graças aos mecanismos da livre concorrência, à conquista do equilíbrio. Os Parlamentos haviam surgido como esfera institucionalizada da opinião pública burguesa, que se queria coincidisse com a autodecisão e que, como é óbvio, rejeitava — é isto o que importa recordar antes de ir mais além — qualquer forma de divisão social do trabalho que atribuísse a alguém um papel profissional e, por conseguinte, monopolicamente orientado à política. Não obstante, ao arrepio de tais premissas, é também nesse contexto que se vê nascer e desenvolver-se o Profissionalismo político.

Agora vamos ver como, no caso dos partidos social-democráticos, se apresenta, mais uma vez, a contradição entre as aspirações teóricas à participação igualitária e a tendência à burocratização e profissionalização.

Podemos com certeza sustentar que as organizações socialistas são as primeiras organizações partidárias dignas de tal nome que foram criadas com o fim específico de fazer face, de modo eficaz, à índole classista do Estado liberal burguês. No respeitante a tais partidos e aos fenômenos de profissionalização neles ocorridos, temos à nossa disposição, entre outras, a pesquisa de Michels, que apresenta a vantagem de alcançar um nível de generalização tal que a faz superar os partidos socialistas e a torna aplicável — com a devida exclusão dos partidos fascistas e, como veremos, dos partidos leninistas — a outras formações partidárias de massa. O movimento socialista se propõe, tão pronto começa a surgir, formar uma estrutura orgânica rigorosamente igualitária onde os dirigentes tenham por obrigação estar ao serviço da base. Os funcionários, de quem a organização não pode prescindir, e os representantes são escolhidos de vez em vez por turno, se não por sorte, e, de qualquer modo, consideram-se revogáveis a cada momento. Apesar de tais premissas, diz Michels, "quem diz organização, diz tendência à oligarquia". De fato, com o crescer das dimensões da organização, vão-se revelando, irreversivelmente, tendências de sentido oposto ao das tendências igualitárias das origens. O partido não pode sobreviver contando exclusivamente com o entusiasmo dos seus intelectuais ou com o trabalho voluntário e gratuito dos operários nos dias festivos. "Ao provisório sucede o permanente, ao amadorismo a atividade profissional". Enquanto os dirigentes das origens continuavam a exercer, a par do trabalho político, a sua atividade profissional, de onde tiravam os meios de sustento, com o desenvolvimento da organização se vai formando uma *leadership*, com um corpo de funcionários a tempo pleno, exclusivamente dedicada às atividades do partido e das estruturas de apoio na sociedade civil, como as ligas, os círculos, as cooperativas e as entidades locais. Surgem então as escolas do partido, pois faz-se necessário resolver o problema do adestramento especializado, científico, dos futuros funcionários, que, em certos casos, chegam mesmo a ser recrutados por concurso. A estrutura igualitária dos primeiros tempos da mobilização política evolve radicalmente, assumindo uma configuração piramidal, onde o vértice, constituído exclusivamente — devido à complexidade da organização e à competência requerida para a dirigir — por políticos de profissão, não só alivia os simples membros e simpatizantes dos cuidados do partido, concentrando, como é natural, em suas mãos o poder decisório, mas também foge ao seu controle. Esta tendência não se inverte; pode mesmo verificar-se depois, quando, com a ampliação do sufrágio, é concedida aos partidos socialistas a plena cidadania política e sua organização passa por profundas transformações e adaptações com vistas à consulta eleitoral. Além disso, em razão da especificidade do trabalho parlamentar, o Profissionalismo político encontra então uma área a mais de expansão.

IV. O REVOLUCIONÁRIO DE PROFISSÃO. — O modelo leninista do partido nasce da tomada de consciência da dimensão econômica e corporativa (*trade-unionist*) em que se move a classe operária, sem ter capacidade de ascender, nem no plano teórico, nem no prático, à luta "política". A consciência política só pode advir à classe operária desde fora. É aqui que se situa a função do partido, como vanguarda que reúne os intelectuais e os proletários mais conscientes. Mediante o partido, eles se unem à classe.

O partido tem de ser o fator da mobilização política, do vértice à base, como conhecimento e avaliação "científica", da situação existente e como forma de intervenção direta na luta de classes, visando destruir pela violência o Estado burguês. Podemos observar quão longe se está da organização de massa das social-democracias tradicionais, que se baseiam na perspectiva de uma conquista progressiva do Estado e se desenvolvem dentro da legalidade, exigindo a concessão de direitos políticos e reformas sociais, e prevenindo, através da rede de organizações co-

laterais que operam na sociedade civil, a intervenção estatal no mecanismo econômico. Ao contrário, o partido leninista visa à imediata e total destruição do Estado. Com esse objetivo, Lenin defende que "o único princípio organizativo sério tem de ser este: rigorosa clandestinidade, escolha minuciosa dos inscritos, preparação de revolucionários de profissão". Lenin rejeita, por conseguinte, tanto a perspectiva de uma organização de massa, excessivamente vulnerável diante do aparelho repressivo da monarquia czarista, quanto a concepção pelo menos teoricamente igualitária, propondo, em vez disso, uma estrutura orgânica composta de militantes escolhidos, entre os quais os primeiros em importância hão de ser os "revolucionários de profissão". O profissional do partido comunista será um especialista da revolução; inserir-se-á numa vanguarda que está chamada a apressar a mobilização revolucionária. No revolucionário de profissão se reflete a nova concepção do partido da classe operária, não só sob o aspecto da dedicação total ao serviço do partido, do qual, para não se desviar por outros compromissos, tem de receber necessariamente os meios de sustento, mas também nas formas segundo as quais se efetuará a sua relação com o resto do partido. Estas formas são, na teoria leninista, as do centralismo democrático, consistentes, por via de regra, num trabalho de construção das opções políticas coletivas através de uma constante discussão dentro do partido, uma discussão que deriva do vértice até à base.

BIBLIOGRAFIA. — D. GAXIE, *Les professionnels de la politique*, P.U.F., Paris 1973; V. I. LENIN, *Che fare?* (1902), Editori Riuniti, Roma 1970; R. MICHELS, *Sociologia del partito politico nella democrazia moderna* (1912), Il Mulino, Bologna 1966; M. WEBER, *La politica come professione*, in *Il Lavoro intellettuale come professione*, Einaudi, Torino 1948; Id., *Parlamento e Governo nel nuovo ordinamento della Germania* (1919), Laterza, Bari, 1919; Id., *Economia e società* (1922), Edizioni di Comunità, Milano 1961, vol. II, parte IX, s. IX.

[ALFIO MASTROPAOLO]

Progresso.

I. DEFINIÇÃO. — A idéia de Progresso pode ser definida como idéia de que o curso das coisas, especialmente da civilização, conta desde o início com um gradual crescimento do bem-estar ou da felicidade, com uma melhora do indivíduo e da humanidade, constituindo um movimento em direção a um objetivo desejável. A idéia de um universo em perpétuo fluxo não basta, pois, para formar a idéia de Progresso; é necessária também uma finalidade, um objetivo último do movimento. É na concretização deste objetivo na história que se acha a medida do Progresso. É por isso que se fala de "fé no Progresso".

Torna-se difícil conceber o Progresso em sentido absoluto e não relativo. A fé no Progresso depende do tipo de valor que se escolhe como medida. Por outro lado, a aceitação de um determinado modelo pode gerar uma atitude conservadora ou de todo reacionária, se ele não se adequar à mutação das situações históricas. Quando, ao invés, se quiser excluir a perpétua mudança do conteúdo da idéia de Progresso, identificando-o com um valor absoluto como o estado de perfeição, então será fácil cair na utopia.

A doutrina do Progresso tem-se desenvolvido numa dupla direção. Existe um conceito de Progresso que poderíamos chamar iluminístico e outro que poderíamos considerar idealístico, mas sem referência histórica exclusiva ao iluminismo do século XVIII ou ao idealismo romântico. Os dois conceitos se diferenciam qualitativamente e neles se podem sintetizar as várias teorias. O conceito iluminístico está vinculado à idéia da possível perfectibilidade humana, realizável no mundo dos homens. Implica uma atitude crítica em relação à atividade humana e ao processo histórico e, conseqüentemente, a formulação de critérios de avaliação e identificação na história de épocas de progresso, de decadência ou de retrocesso. O conceito idealístico, ao contrário, considera o Progresso como um processo necessário do universo, realizado por um princípio espiritual, e, por isso, contínuo e sem possibilidade de retrocesso; o retrocesso não pode ser senão aparente. Se o primeiro conceito obriga o homem, no plano prático, à escolha constante das alternativas que se lhe apresentam e à avaliação das conseqüências da sua ação no rumo do Progresso, o segundo conceito compromete-o sobretudo no plano racional, isto é, faz com que tente compreender, através da filosofia da história que construiu, o significado que o momento que ele vive tem no processo necessário do universo. Nesta última perspectiva, cabe à ação humana, no máximo e não sempre, a tarefa de tornar mais célebre o processo histórico. Na interpretação histórica há diversidade de atitudes na medida em que o primeiro conceito leva a avaliar o fato histórico, tornando-se ele mesmo o critério metodológico da historiografia, com conotações diversas de acordo com o setor científico específico a que é aplicado, e o segundo leva, em vez

disso, à compreensão do fato histórico como momento necessário de um processo inevitável, onde a participação humana ativa não é muitas vezes senão ilusória e instrumental.

II. ORIGENS HISTÓRICAS DO CONCEITO. — A idéia do Progresso não é, portanto, unívoca. Se, por conveniência, se admitem duas concepções fundamentais, convirá advertir que, na realidade, existem muitos conceitos de Progresso, a cada um dos quais corresponde também uma origem histórica diferente. Trata-se de uma idéia relativamente recente, mas as suas origens encontram-se num passado mais ou menos remoto, conforme os atributos que se lhe reconhecerem como próprios. No mundo clássico não achamos senão concepções esporádicas, dela parcialmente próximas. Encontra-se, de fato, o sentido da marcha do universo e também, se bem que raramente, o sentido da gradualidade desse processo (por exemplo, em Lucrécio, que foi o primeiro, parece, que usou o termo: De rerum natura, v. 1448 e segs.); mas, a maior parte das vezes, ele se refere ao passado, enquanto, como já vimos, esta idéia exige uma meta bem definida e o sentido de um melhoramento futuro. Isso falta geralmente nos antigos. Mas encontramo-lo nos primeiros cristãos, para quem a história do mundo tem uma direção e um guia, ambos ultraterrenos. Por isso hoje muitos autores fazem remontar ao cristianismo e ao sentido de esperança que ele trouxe consigo o clima preparatório para o despontar desta idéia.

Para outros, pelo contrário (e é esta a tese mais tradicional), é a Renascença que, ao voltar seu interesse para o homem e para a sua vida secular, prepara o ambiente favorável ao surgimento da idéia do Progresso, em alguns casos já bastante precisa. Bodin, por exemplo, em Methodus ad facilem historiarum cognitionem (1566), considera a história da humanidade como algo unitário, com a sua concepção, fundamental para o conceito de Progresso, da solidariedade entre os povos, e, além disso, como uma ascensão gradual rumo a formas de civilização cada vez mais elevadas. Depois, no início do século XVII, Francis Bacon liberta o pensamento da autoridade constrangente dos antigos, afirmando que a Idade Moderna é mais avançada que as idades passadas, porquanto se acha mais desenvolvido o conhecimento e está, por isso, mais próximo da verdade. Descartes, enfim, descobre leis naturais invariáveis e faz delas a base da ciência, excluindo com isso no processo histórico a idéia de um guia providencial. Com tais pressupostos, a civilização ocidental estava pronta para acolher a teoria do Progresso. Com efeito, no início do século XVII, encontramos princípios bastante semelhantes na disputa literária denominada *querelle des anciens et modernes*, que se desenvolve, separadamente, na França e na Inglaterra pelo decorrer de quase um século, e à qual se costuma remontar a história da idéia do Progresso. O argumento dos defensores dos *modernes* é simples: se as leis naturais são invariáveis e a natureza gera homens potencialmente válidos em igual medida em todos os tempos, então não têm fundamento a teoria da degeneração e a da pretensa superioridade dos antigos sobre os modernos, bem como o conseqüente princípio da autoridade; antes se pode afirmar que os modernos são superiores aos antigos, em virtude de um conhecimento mais rico adquirido através dos séculos e alicerçado na própria experiência dos antepassados. O escrito mais notável desta disputa é *Digression sur les anciens et les modernes* que Fontenelle publicou em 1688. O autor baseia também a sua teoria na idéia, que terá difusão sobretudo no século seguinte, da recíproca implicação das ciências e da influência que o progresso de uma exerce sobre o progresso das outras. Daí deduz que a perfectibilidade humana e a possibilidade do progresso constante, paralelo à acumulação do patrimônio cognoscitivo, são leis naturais invariáveis.

Se a teoria do Progresso está presente nos "modernistas" da *querelle*, sem que eles se apercebam plenamente disso (temos a impressão de que, para eles, isso não é mais que um argumento de defesa na disputa), os seus motivos são retomados com pleno conhecimento, na primeira metade do século seguinte, pelo abade de Saint-Pierre. Este vai mais além, afirmando que o gênero humano ainda não saiu da infância e que terá vida muito longa, uma vida de progresso rumo à felicidade, que se diz ser conseqüência não só do progresso da sabedoria, como também da moral e da política. A base do movimento é o Progresso da razão universal, tanto especulativa como prática.

Na obra do abade de Saint-Pierre encontramos, portanto, os elementos que indicamos serem necessários, para que se possa falar da idéia de Progresso: não só a gradualidade do processo histórico, mas também o sentido dum longo futuro para a humanidade e a indicação de uma meta. No fundo, o abade de Saint-Pierre apresenta todas aquelas características que a geração dos iluministas e dos enciclopedistas, em particular, haviam de fazer suas. De fato, os maiores historiadores do iluminismo julgam que o Progresso é precisamente o Progresso da civilização e que o seu fundamento está no desenvolvimento da razão e na aceitação da mesma por parte do homem como guia do seu comportamento. As épocas históricas de decadência se explicariam, pois, como épocas onde a razão não é cultivada e utilizada, e, vice-versa, as épocas em que a razão ilumina e conduz a ação do homem, seriam as épocas de progresso civil e social. Trata-se de um elemento muito importante na história da concepção do Progresso, porque elimina a idéia da necessidade do melhoramento, substituindo-a pela idéia da possibilidade, a que corresponde também a possibilidade contrária, a do retrocesso. A teoria do progresso assim formulada leva o homem a intervir no curso da história, para que o progresso rumo à felicidade geral seja impulsionado e acelerado. Estas idéias surgem com particular evidência em Turgot, mas são dominantes também no pensamento dos demais iluministas. É precisamente a concepção do Progresso, que se acha nestes autores vinculada à interdependência das ciências e à potenciação da racionalidade através da difusão da cultura, tanto como à possibilidade de melhorar os costumes e o caráter dos homens por meio de instituições e leis adequadas, que se inspira não só a longa e difícil empresa da compilação e publicação da *Encyclopédie*, como também o pensamento da escola fisiocrática. Condorcet levará depois ao extremo a confiança no Progresso que caracteriza o século XVIII francês, convencido de que ele devia atingir necessariamente todos os homens de todos os países e que havia de ser garantido pelo domínio da razão. É a idéia dominante em seu *Esquisse d'un tableau historique des progrès de l'esprit humain*, de 1794. Condorcet resume aqui as tendências do século, traçando um quadro histórico que se baseia no conceito da perfectibilidade indefinida do homem e se refere exclusivamente aos progressos do conhecimento humano, princípio essencial do Progresso social. É digna de nota a sua insistência sobre a idéia de que o Progresso não tem limites, já que é sem limites a possibilidade de aperfeiçoamento das faculdades humanas, nem pode ter interrupções; pode apenas sofrer afrouxamento. Pelo contrário, ele pode ser acelerado, principalmente porque a história futura é previsível para quem, na história do passado, soube descobrir as leis gerais dos fenômenos sociais. É exatamente isto que lhe permite delinear a futura idade da história. Mas não lhe é possível fazer previsões a longo prazo, porque não descobriu a lei da evolução histórica; só pode dizer que a direção em que se move o Progresso político é a igualdade e que, por conseguinte, uma maior igualdade há de ser o escopo de toda a ação tendente a promover mudanças na sociedade.

Neste mesmo século, a teoria do Progresso também foi formulada na Inglaterra e na Alemanha, mas não se encontra nestes países aquela confiança incondicional que vimos na França. Na Inglaterra ela se traduz na fé na perfectibilidade tanto do homem como da sociedade e no seu avanço para uma condição cada vez mais feliz. Na Alemanha, os iluministas, particularmente Lessing e Herder, adotam uma concepção do Progresso comparável à do cristianismo primitivo, isto é, uma concepção teológica da história. Kant, em vez disso, cria a propósito uma doutrina ética fundada no aperfeiçoamento moral e identifica a meta da humanidade com uma sociedade civil universal, governada pela lei moral; este movimento em direção à justiça universal não é para ele um fato comprovado, mas simplesmente um processo provável, ou, melhor, um imperativo (cf. *Idee zu einer allgemeinen Geschichte in weltbürgerlicher Absicht*, 1784).

Também na Itália, na primeira metade do século, apareceu uma concepção importante do Progresso. É a de Vico. Mas não exerceu influência por se haver adiantado quase um século. Podemos chamar esta doutrina de pré-historicista, se não historicista. Recorre à intervenção divina para explicar a história do homem ou da civilização, já que distingue uma lei que regula o Progresso, criada pela divindade. Resulta daí uma filosofia da história segundo a qual há três idades que se sucedem em constante retorno: a idade dos sentidos, a idade da fantasia e a idade da razão, ou então a idade dos deuses, a dos heróis e a dos homens. A civilização volta a ser outra vez necessariamente barbárie, mas isso não nega o Progresso, antes afirma que ele tem também como componente a decadência. A barbárie que se segue à civilização (Vico traz o exemplo da Idade Média), é, de fato, mais complexa que a barbárie primitiva. Em resumo, o Progresso não possui aqui um andamento retilíneo, como para os iluministas, mas um andamento em espiral.

No princípio do século XIX, se encontram, pelo contrário, sobremaneira difundidas as concepções historicistas que identificam o Progresso temporal com o Progresso ideal. A filosofia da história dos idealistas alemães considera o progresso histórico necessário, mas independente da ação do homem; antes é ele que condiciona essa ação. O desenvolvimento histórico, em qualquer dos seus aspectos, não é senão a progressiva realização do espírito absoluto, e essa realização é o único escopo do devir. O fim coincide com a liberdade, mas não entendida como a entendem

os iluministas: é a liberdade do espírito em relação à natureza, ou a consciência de tal liberdade, sendo afirmada como elemento de um esquema construído *a priori*. Não é, portanto, liberdade de escolha em face de diversas alternativas possíveis; não há alternativas, há só um processo necessário; a liberdade consiste no reconhecimento desse fato. Como para Vico, também para os idealistas existe Progresso, porque acrescimento contínuo.

O que mais interessa à história da idéia do Progresso é a tentativa dos idealistas de descobrir a lei do devir, tentativa que muitos empreendem, no decorrer do século XIX, particularmente na França, onde, no entanto, o fazem partindo da nova ciência, da sociologia. Fourier, Saint-Simon e Comte buscam, não a lei do devir, mas a lei do desenvolvimento social. Para Saint-Simon é a lei da alternância de épocas orgânicas e de épocas críticas; para Comte é a lei dos três estágios (teológico, metafísico e positivo). São os herdeiros do iluminismo francês, mas trazem à concepção do Progresso algo a mais e algo a menos. Algo a mais: uma lei científica, ou, quando menos, uma lei geral, em lugar de uma fé otimista. Algo a menos: a necessidade de desenvolvimento tira importância e responsabilidade à ação do homem. Uma observação extensiva a muitas filosofias do século XIX, incluída a marxista. A única salvaguarda contra o quietismo é a possibilidade (quando reconhecida) de acelerar o Progresso e o convite aos homens que daí redunda. É com base neste princípio que, no século IX, se procura justificar qualquer movimento e a idéia de Progresso adquire um acentuado caráter de arma política; tanto é assim que Pio IX a condena, em 1864, no *Syllabus errorum*.

A afirmação da necessidade do Progresso, fundada numa lei geral, é firmemente corroborada por muitos evolucionistas. Spencer, que já desde 1851 vinha publicando *Social statics*, considera o Progresso fruto da evolução, ou seja, de uma adaptabilidade cada vez mais adequada ao ambiente: qualquer grau de civilização derivaria das adaptações já realizadas e corresponderia à assunção de hábitos de comportamento apropriados à luta pela sobrevivência. As obras posteriores, onde se definem as leis da evolução, também se orientam neste sentido. Mas é com a publicação, em 1859, de *On the Origin of species by means of natural selection* de Darwin que o processo histórico se subordina decididamente às leis naturais e se insere no processo mais amplo da evolução do universo. A evolução é considerada efetivamente, não como um simples movimento, mas como melhoramento, e esta fé se manterá inabalável por todo o resto do século.

III. O PROGRESSO NO SÉCULO XX.

— Em geral, se pode afirmar que, nos primeiros quarenta anos deste século, predomina na Europa, e especialmente na Itália, o significado romântico do Progresso; mas, depois da Segunda Guerra Mundial, é a acepção iluminística do termo que pouco a pouco se impõe. Acompanha um certo movimento de reação aos fascismos, um movimento que pretende ser distinto do antifascismo anterior, contemporâneo ao próprio fascismo: esse é visto como um sentimento ainda romântico, como um romanticismo racional que se opunha ao romanticismo-fascismo irracional e ativista. Em confronto com ele, surgem os ideais da resistência, como redescoberta dos valores do iluminismo e do pensamento revolucionário capaz de transformar o mundo.

Devemos, no entanto, observar que, no século XX, assistimos a uma verdadeira crise da idéia de Progresso. A teoria da evolução está sendo reconduzida ao seu significado científico e, como tal, vai readquirindo o valor neutro que é próprio de qualquer termo da ciência. O mecanicismo evolucionista não está tanto em Darwin e Wallace quanto nos filósofos positivistas da época. Mais: o evolucionismo de Darwin e Wallace se diferencia do que o precedeu pela noção de contingência aplicada aos seres viventes e à sua formação. Por isso, a sua variação não faz parte da harmonia do universo; nem está mais necessariamente ligada à idéia de Progresso: não há aí nenhuma idéia de Progresso ou de retrocesso, de bem ou de mal, porque as variações se dão ao acaso e só *a posteriori* são sujeitas ao crivo da natureza; existe antes, inevitavelmente, aumento de complexidade e irreversibilidade na sucessão das transformações. Por isso, os filósofos irracionalistas do nosso século pensam que só se pode atribuir à evolução um significado de Progresso com a introdução de uma força ou de uma lei externas. É assim que Bergson, seguindo Boutroux, ressalta o elemento de contingência que existe na evolução e a conseqüente irracionalidade do desenvolvimento histórico. E Pierre Teilhard de Chardin admite o determinismo das leis físicas e biológicas, mais, estende o seu funcionamento a todos os aspectos do ser, incluída a história, a religião, o cristianismo, mas afirmando que a própria evolução é orientada por uma finalidade superior, que é ao mesmo tempo a origem das leis do desenvolvimento.

A desilusão do homem contemporâneo abrange também o Progresso tecnológico, particularmente depois da Primeira Guerra Mundial e, sobretudo, a partir da Segunda. As rápidas transformações das condições externas de vida que a revolução tecnológica trouxe e que colocaram rapidamente o homem numa situação de conforto jamais experimentada pelas gerações passadas, têm nutrido a idéia do Progresso, bem como a constatação de que o mundo, que é objetivamente melhor que antes, será objetivamente melhor do que é. Não obstante, o Progresso tecnológico também nos tem levado a uma situação de grande precariedade, consistente no perigo de uma destruição total. Daí que o tema do Progresso se centralize para muitos na questão essencial de saber se a humanidade estará em condições de impedir a catástrofe final. Tem-se a impressão de que o remédio não está num retrocesso, mas no uso adequado dos meios do próprio Progresso. Mas é um fato que a orientação do melhoramento tecnológico permanece vaga, até o ponto de provocar dois tipos de reações: a reincidência do homem numa perplexidade angustiosa, ou a construção de um projeto justo e inteligível da sociedade que indique a orientação precisa (seja ela o comunismo, o fascismo ou a sociedade capitalista planificada). Ambas as reações ameaçam internamente a idéia do Progresso: a primeira, porque é, *a priori*, falta de confiança nele; a segunda, porque fixa um fim ao desenvolvimento que é, ao mesmo tempo, o próprio fim do Progresso. Por isso hoje há muitos que rejeitam a idéia do progresso, a crença no bem-estar e na auto-suficiência do homem, a fé no poder da ciência como meio de banir o sofrimento. Esta atitude encontramo-la já em Carl L. Becker (*Heavenly city of the eighteenth-century philosophers*, New Haven, Conn., 1932), mas acha-se hoje particularmente generalizada entre grande número de estudiosos que afirmam ser a idéia do Progresso diretamente derivada da concepção teológico-cristã da vida. Estes pensam que é possível voltar à fé no Progresso, mas sobre bases cristãs. Reinhold Niebuhr, por exemplo, afirma que, às trágicas experiências dos nossos dias, não se pode opor uma "história de sucesso" como aquela com que se quis substituir a história bíblica de um redentor cruxificado, mas só a visão cristã da história como expressão da dramática liberdade do homem, do *homo viator* (*Faith and history*, New York 1949). Karl Löwith (*Meaning in history*, Chicago 1949) e Emil Brunner (*Eternal hope*, Philadelphia 1954) vêem na idéia moderna do Progresso a mera tradução, em conceitos seculares, da epopéia cristã. Eric Voegelin identifica o espírito de modernidade, como dimensão dos movimentos políticos modernos, com a imanentização do *eschaton* cristão, que é, ao mesmo tempo, processo regressivo a que a civilização pós-cristã está inexoravelmente sujeita, mesmo que tenha formulado a idéia do Progresso. O seu processo regressivo está, segundo Voegelin, aproximando-se bastante rapidamente do fim, pois é um processo autodestrutivo: a atual civilização se basearia no equilíbrio das forças existenciais, equilíbrio que constantemente se vê comprometido e tem de ser restaurado por meios violentos, visto que a política adota, para a obtenção da paz, medidas que aumentam os desequilíbrios e conduzem fatalmente à guerra (The new science of politics, Chicago 1952).

O fato é que se torna difícil negar o relativismo da idéia. Como valor abstrato e abrangente de todos os progressos possíveis, o conceito torna-se equívoco com demasiada freqüência, provocando objeções em quem se apercebe de que o que sob certo aspecto é progresso, sob outro é retrocesso. O fato de se lhe verem ambigüidades e contradições de vários lados, o fato de se pôr em discussão (coisa que não acontecia nos séculos XVIII e XIX, são sintomas da crise por que passa este conceito. Salienta-o Theodor W. Adorno num artigo, Fortschritt, de 1964: o conceito de Progresso não se resolve na sociedade, mas, nascido de uma raiz social, reclama o confronto crítico com a sociedade que lhe serve de conteúdo; a impossibilidade de o reduzirmos, tanto à fatualidade como à idéia, é um indício da contradição que lhe é própria; na realidade, o Progresso não é uma categoria de caráter conclusivo; quer impedir o triunfo do mal radical, não triunfar em si mesmo; mais que entrega do homem ao processo do desenvolvimento, é corretivo do perigo sempre presente de retrocesso, oposição ao risco da recaída.

A ambigüidade do conceito faz com que atualmente, em termos políticos, se use de preferência uma expressão da ciência política, ou seja, a de modernização, e de seu contrário, ou seja a de subdesenvolvimento (ou até a de retrocesso ou decadência).

As maiores contribuições para a fé no progresso vêm do pensamento científico, daquela minoria entre os cientistas que, partindo do seu trabalho especializado, divulgam as teorias científicas, aproando ao campo da filosofia, da teologia e da política. Geralmente crêem que só a ciência pode resolver os problemas sociais que ela mesma ajudou a criar e que a humanidade progredirá indefinidamente, se o seu futuro for planejado e construído cientificamente. Mais uma vez, como no passado, é a biologia que desempenha um papel de primazia entre as ciências no desenvolvimento de tais teorias.

Nos últimos anos, a idéia de Progresso sofreu duro golpe, que pode representar também uma possibilidade de recuperação, daquela mesma ciência que noutros tempos a nutriu, a biologia. Já que se admite que o modelo do Progresso está no domínio da natureza exterior e interior ao homem, os biólogos propõem o aprofundamento do conhecimento do homem e da sua natureza. São várias as conseqüências tiradas das descobertas da biologia. As revelações atualmente mais interessantes nos vêm de François Jacob (La logique du vivant, Paris 1970) e Jacques Monod (Le hasard et la nécessité, ibid. 1970), que, no entanto, saltam da demonstração científica para convicções cientificamente fundamentais. Eles pensam que a biologia molecular, se bem que não possa explicar a origem dos primeiros sistemas viventes, sendo provável a priori que a vida surgisse na Terra como um quase nada e a sua realização tenha sido, por conseguinte, um acaso, demonstrou, não obstante, que por trás da vida não se esconde nenhuma entidade metafísica e que termos como progresso e aperfeiçoamento são impróprios. Isto vale para qualquer organismo ou integron, mais ou menos complexo, mesmo para os integrons sociais (da família ao Estado, da etnia à coalizão entre as nações). Mas, mesmo aqui, enquanto Jacob se detém a seu devido tempo, prevenindo aqueles que pretendem conhecer os integrons culturais e sociais apenas com os esquemas explicativos da biologia, Monod vai mais além, propondo uma ética do conhecimento: o homem, sabendo-se só na imensidão indiferente do universo de onde emergiu por acaso, e sabendo que o seu dever e o seu destino não estão escritos em nenhum lugar, devia pôr o conhecimento científico como fundamento das instituições sociais e políticas, com o fim de promover a sua vida autêntica a todos os níveis e de se tornar o senhor da evolução do mundo moderno.

Estas teorias, tornadas familiares até aos que não são especialistas, têm influído nas ciências humanas em geral, sem excluir a historiografia. Daí alguns tentarem reinterpretar a história social e política não tanto à luz da ideologia do progresso histórico, com seu pressuposto de lenta mas segura melhoria, quanto pelo relevo atribuído ao acaso, ao elemento de "desordem", ao "evento" como forma de possibilidade alternativa e, conseqüentemente, à micro-história, às opções individuais, às mitologias, às ideologias, às crises e às guerras, fatores que, perturbando a aspiração própria de toda a cultura a perpetuar-se, determinariam o devir histórico. Acentuando o papel do evento como fator de inovação, o curso da história conserva para eles o andamento descontínuo que é típico da doutrina do progresso; mas, pela incerteza do fim, estimulada pelas próprias discussões cada vez mais vivas sobre a ambivalência do progresso tecnológico, ele é o que melhor se adequa à imagem da atual perplexidade em relação ao futuro do homem. Resta, contudo, observar que as teses de Monod e Jacob são hoje questionadas, se não radicalmente refutadas por muitos cientistas que excluem a hipótese da origem fortuita da vida e voltam a insistir na importância e responsabilidade do homem e das suas opções na construção do porvir, em meio às infinitas evoluções futuras. Assim, não é por acaso que Ilya Prigogine (*La nuova alleanza* [1979], Longanesi, Milano 1979) se considera por tal motivo um sucessor da época das luzes, propondo que se retome, em novas bases, o programa do século XVIII para uma ciência unificada que aproxime as "duas culturas" e que seja ao mesmo tempo tecnologia e filosofia da natureza.

BIBLIOGRAFIA. — AUT. VÁR:, *Teorie dell'evento,* ao cuidado de E. MORIN (1972), Bompiani, Milano 1974 : J. B. BURY, *Storia dell'idea di progresso* (1932), Feltrinelli, Milano 1964; C. DAWSON, *Progresso e religione* (1929), Comunità, Milano 1948; J. DELVAILLE, *Essai sur l'histoire du progrès jusqu'à la fin du XVIIIᵉ siècle,* Alcan, Paris 1910; R. FRANCHINI, *Il progresso: storia di un'idea,* Nuova Accademia, Ed., Milano 1960; M. GHIO, *L'idea di progresso nell'illuminismo francese e tedesco,* Edizioni di "Filosofia", Torino 1962; G. GUSDORF, *De l'histoire des sciences à l'histoire de la pensée,* Payot, Paris 1966; R. F. JONES, *Antichi e moderni. La nascita del movimento scientifico nell'Inghilterra del XVII secolo* (1961), Il Mulino, Bologna 1980; R. KOSELLECK, *Fortschritt,* in *Geschichtliche Grundbegriffe, Historisches Lexikon zur politisch-sozialen in Deutschland,* ao cuidado de O. BRUNNER, W. CONZE, R. KOSELLECK, II, Klett Verlag, Stuttgart 1975; P.-F. MOREAU, G. MAIRET, *L'idéologie du progrès,* in *istoire des idéologies,* ao cuidado de F. CHATELET, vol. III, Hachette, Paris 1978; *Die Philosophie und die Frage nach dem Fortschritis* (Debates do VII Congresso alemão de Filosofia, Münster, i. V. 1962) München 1964; G. M. POZZO, *La storia e il Progresso nell'illuminismo francese,* CEDAM, Padova 1964; R. V. SAMPSON, *Progres in the age of reason,* W. Heinemann, London 1956; Ch. VAN DOREN, *The idea of progres,* F. A. PRAEGER, New York-Washington-London 1967; W. W. WAGAR, *Good tidings: the belief in progres from Darwin to Marcuse,* Indiana University Press, Bloomington-London 1972; Id., *Modern views of the origins of the idea of progres,* in "Journal of history of ideas", XXVIII, 1967.

[SAFFO TESTONI BINETTI]

Proletariado.

I. DEFINIÇÕES. — É um vasto grupo social constituído pelo subconjunto dos trabalhadores dependentes que, ocupados em diversos ramos de atividade no âmbito do processo de produção capitalista, recebem um salário, em troca do trabalho prestado, de quem detém a propriedade dos meios de produção e o controle da sua prestação de trabalho.

Este termo, usado dentro da concepção marxista para designar uma verdadeira e autêntica classe social — a classe dos produtores assalariados —, ocorre nas ciências sociais, mas cada vez menos freqüentemente, a indicar, de forma genérica, a totalidade dos trabalhadores manuais.

Recentemente, ele voltou a ser usado em estudos, as mais das vezes realizados dentro de uma perspectiva marxista, sobre o mercado de trabalho e sobre processos de desenvolvimento dependente, onde se evidenciam, não um, mas diversos tipos de Proletariado. Quanto ao mercado de trabalho, uma das distinções que ocorrem é a que se estabelece entre Proletariado (ou força-trabalho) central e Proletariado marginal, enquanto que, em relação aos processos de desenvolvimento econômico capitalista — em escala internacional e mesmo nacional — se defende a distinção entre Proletariado interno e externo.

Tradicionalmente, com este termo, se costuma designar, em sentido lato, um grupo social que possui, como conotação, uma *condição* específica dentro da sociedade. O grupo e a sua condição, embora descritos, não foram nunca objeto de definições precisas até o século XIX, nomeadamente até à obra de K. Marx. Originariamente chamavam-se proletários (*proletarii*) aqueles que, na antiga Roma, pertenciam à última classe — a sexta — da sociedade, cuja condição específica de indigência a exclusão os isentava dos dois deveres principais da cidadania: o pagamento de impostos e o serviço militar. A referência à pobreza e à exclusão se mantém através das sucessivas transformações do significado do termo que, de quando em quando, é usado para designar grupos socialmente distantes, como, por exemplo, o Proletariado urbano da época comunal e o Proletariado agrícola no *Ancien Régime*. À noção de pobreza se foi associando cada vez mais, na Idade Moderna, a do trabalho, como elemento de definição do Proletariado. Já em princípios do século XVIII, B. De Mendeville se referia ao Proletariado como a "uma massa de pobres trabalhadores". Foi assim que o Proletariado veio a contrapor-se, em período posterior, à noção de burguesia. Contudo, a contraposição entre burguesia e Proletariado como imagem dicotômica da estrutura social encobre por muito tempo a de ricos e pobres. Os dois termos indicam assim dois grupos internamente heterogêneos e bastante diversificados.

II. INTERPRETAÇÃO MARXISTA. — Houve dois processos históricos — a Revolução Industrial de onde se originou o Proletariado moderno, por um lado, e os movimentos de liberdade e os movimentos socialistas da primeira metade do século XIX, por outro — que transformaram radicalmente a conotação sociológica e política de ambos os grupos. Foram transformações que a obra de Karl Marx reflete e teoriza com grande vigor e profundidade. Com base em específicas noções de trabalho e exploração, nela o Proletariado é definido não tanto como uma condição social, quanto como algo que assenta numa *relação social* de produção, historicamente determinada, em que ele se insere como um dos pólos, sendo o outro a burguesia. A distinção entre Proletariado e burguesia tende, na obra de Marx, a associar-se ou alternar-se com a de operários e capital. "Na mesma medida em que se desenvolve a burguesia, ou seja, o capital, cresce também o Proletariado, a classe dos operários modernos" (*Manifesto do partido comunista*, I). Não obstante os dois termos — proletários e operários — serem habitualmente usados por Marx como equivalentes, é possível distinguir neles elementos diversificantes. Em primeiro lugar, enquanto a figura do operário aparece vinculada ao trabalho da fábrica, o proletário pode também ter relação com outros setores produtivos; em segundo lugar, o termo "proletário" está mais explícita e freqüentemente vinculado à acção política dos trabalhadores assalariados. Isto está, aliás, mais em consonância com a distinção analítica entre *modo de produção* e *formação social*: é no primeiro que se situa a relação capital-trabalho e, na segunda, mais propriamente a relação burguesia-Proletariado.

Daí resulta, fundamentalmente, uma redução da noção de Proletariado, que passaria a significar a classe operária, ou seja, a totalidade dos trabalhadores manuais da indústria. É neste sentido que se entende também a clara distinção entre Proletariado, a que Marx atribui uma função revolucionária, e *subproletariado* (*Lumpenproletariat*), ao qual reconhece um papel contra-revolucionário; este é constituído pelas camadas mais baixas da sociedade e formado por desocupados ou ocupados, de forma acentuadamente

precária e interrupta, em setores extrínsecos ou marginais ao modo de produção capitalista.

Sob este aspecto, o Proletariado pode-se definir, segundo a concepção marxista, como o total dos trabalhadores assalariados e produtivos que, não detendo a propriedade dos meios de produção com que operam, estão sujeitos, no processo de laboração, ao controle do capitalista, por quem, como figura do capital, são expropriados da mais-valia por eles produzida, vindo assim a assegurar a valorização do capital e sua reprodução, como força-trabalho submetida ao capital.

O Proletariado, antes de se caracterizar por uma específica condição social e profissional, antes de constituir uma categoria social com modos de vida, cultura e organizações típicos, constitui, como se disse, o componente essencial da relação social de produção capital-trabalho, como relação intrinsecamente contraditória e núcleo constitutivo do modo de produção capitalista. Tendendo este a suplantar e a sujeitar à própria lógica os anteriores modos de produção, é daí que deriva a extensão da relação capital-trabalho: "Acumulação de capital é, pois, aumento do proletariado" (K. Marx. *O Capital*, I). Por conseguinte, a *proletarização* é um processo intrínseco ao modo de produção capitalista e, em parte, condição para ele. Lê-se, com efeito, que "Aqueles que constituíram até agora as pequenas classes médias, os pequenos industriais, os comerciantes e a gente que vive da pequena renda, os artesãos e os agricultores, todas estas classes se afundam no Proletariado (...) o Proletariado está sendo recrutado em todas as classes da população" (*Manifesto*, I). A proletarização consiste, portanto, na transformação das classes e categorias sociais mais diversas em proletários, para assegurar a quantidade de população ativa necessária ao funcionamento da produção capitalista e a existência de um exército industrial de reserva (força-trabalho desocupada) que, elevando o grau de fungibilidade e precariedade da mão-de-obra ocupada, garanta ao capital a manutenção da reprodução da força-trabalho e dos salários a níveis próximos da subsistência.

A gênese e desenvolvimento da relação capitalista de produção, e, concomitantemente, do Proletariado, dependem de fatores econômicos, sociais e institucionais historicamente variáveis. A identificação da formação e características de uma classe operária nacional específica, relacionada com um determinado período histórico, exige, por isso, que se examine a especificidade da natureza e das inter-relações de tais fatores, ou seja, requer um estudo diacrônico da formação social. Em termos gerais, os principais fatores podem resumir-se em: acumulação original do capital, criação e expansão do livre mercado de trabalho, exclusão da agricultura da força-trabalho tornada excessiva, advento da imigração urbana e da urbanização.

Segundo a concepção marxista, o Proletariado é o único entre as classes subordinadas que assumem em si, em virtude das características necessárias do devir histórico, a função de libertar a humanidade, mediante a luta de classes, das cadeias da opressão e da exploração do homem pelo homem. Libertação que leva a efeito por meio da *abolição da propriedade privada* e que permite a instauração da sociedade socialista, isto é, da sociedade sem classes: "O movimento proletário é o movimento independente da grande maioria em vantagem da grande maioria" (*Manifesto do Partido Comunista*, I). Isso é de imputar, em primeiro lugar, à crescente contradição, imanente ao capitalismo, entre a socialização da produção e a concentração da propriedade e do controle das forças produtivas. A libertação e o pleno desenvolvimento das forças produtivas impõem necessariamente, segundo o marxismo, a instauração de novas relações de produção. A classe operária é o ator histórico e o beneficiário desta transformação radical. Para que tal aconteça, é necessário que, às anteriores formas de consciência social, suceda, na práxis revolucionária, uma consciência proletária: uma consciência de classe que se ajuste à compreensão e finalização da ação política do Proletariado, de acordo com o movimento necessário da história, conducente à instauração do socialismo. Tal transformação consiste na passagem da *classe em si* à *classe por si*. O partido do Proletariado converte-se, na tradição marxista-leninista, no principal instrumento de organização da classe e em lugar por excelência da formação e orientação da consciência de classe.

III. O PROLETARIADO NA SOCIEDADE CONTEMPORÂNEA. — Pelo papel conflituoso que de fato exerceu neste último século e meio nos países capitalistas, o Proletariado adquiriu um relevo fundamental nas ciências sociais e no debate político. A classe operária constituiu, com efeito, por longo tempo e ainda hoje continua a constituir a base e referência principais dos sindicatos e dos partidos de esquerda, a que inicialmente deu origem. Além disso, o MOVIMENTO OPERÁRIO (v.) — tanto em suas formas nacionais, quanto como movimento operário internacional — tem constituído a principal força organizada de luta contra a dominação capitalista,

quer assumindo finalidades revolucionárias, quer perseguindo objetivos reformadores.

Mas a história se encarregou de desmentir a previsão que ligava a *revolução socialista* ao desenvolvimento da industrialização capitalista. Na realidade, a instauração dos regimes socialistas ocorreu, mesmo que o Proletariado das fábricas tenha desempenhado um papel importante, longe dos centros do desenvolvimento capitalista, em países de economia predominantemente pré-industrial.

Muito ao contrário, nos pontos mais elevados do desenvolvimento capitalista — na Europa Ocidental, no Norte da América e no Japão — verificou-se, embora com modalidades e graus assaz diversos, um certo processo de separação da classe em si da classe por si: separação que implica a tendência ao distanciamento da grande força econômica do Proletariado da sua expressão política, o socialismo. No entanto, é necessário distinguir duas classes de situações histórico-políticas essencialmente diferentes. A primeira concerne a países da Europa Centro-Setentrional, como a Alemanha Ocidental e a Suécia, onde, de há longa data, o Proletariado adotou uma forma política, além da organização sindical, buscando ou realizando formas de *social-democracia* mais ou menos estáveis. A segunda classe de situações históricas concerne aos países — em primeiro lugar, aos Estados Unidos da América — em que o Proletariado não assumiu forma política mediante a constituição de um partido político próprio, mas onde a sua força se exprime essencialmente através da ação dos sindicatos.

Tais êxitos políticos hão de ser relacionados com processos como a extensão e o desenvolvimento dos direitos políticos e sociais, a adoção de políticas keynesianas, o desenvolvimento dos sindicatos, a expansão do consumo de massa, o desenvolvimento de formas de Estado assistencial, que, nos países capitalistas chamados avançados, reduziram consideravelmente a situação de insegurança histórica tradicional do Proletariado e contribuíram para fazer dele um ator do sistema político nacional.

É um dado a que se tem referido a tese recente, aventada até por posições ideologicamente distantes, da progressiva institucionalização da luta operária. A ação sindical e a ação política do Proletariado se inscreveriam no âmbito de sistemas de negociação e intercâmbio, regulados por normas comuns, e aceitariam como vínculos de ação as chamadas compatibilidades do sistema econômico e político (v. CONFLITO, *O conflito industrial*). Na versão menos integracionista, mas, ao mesmo tempo, mais radical, a classe operária não seria mais portadora de um movimento social, mas constituiria uma força política entre outras, conquanto importante.

Por outro lado, a constatação, cada vez mais comprovada, da permanência de relações de produção e de poder não socialistas nos países do chamado socialismo real, deu lugar a dois tipos de concepções. Uma delas vê nisso um desmentido ao ideal socialista e à possibilidade do socialismo. Entre as múltiplas versões desta tese, há de ter-se como central e válida a convicção de que a existência das classes sociais e o conflito de classes constitui o dado fundamental e permanente — não extinguível, porquanto fundado na acumulação — da vida associada. Daí que se possa chegar a sustentar, como já alguém fez, que a possibilidade de ação da esquerda não se restringe ao grau de vitalidade do ideal socialista. Mesmo então, o Proletariado não é mais a base de um movimento social, mas uma categoria sócio-profissional enquadrada em normas de divisão do trabalho, politicamente não modificáveis em sua essência, e/ou uma força política. Outra concepção, ao invés, vê nisso a necessidade e a possibilidade de unir socialismo e democracia. O Proletariado é, neste caso, tanto um movimento social, como uma força política.

Entre estas concepções diversas e contrapostas existe uma notável convergência que consiste na elaboração de imagens, ou até mesmo definições, do Proletariado, onde é deixada em segundo plano a relação do trabalhador com a propriedade dos meios de produção e se põe em evidência a relação de auto-heterodeterminação das condições, dos modos e dos objetivos do trabalho prestado.

Uma sólida contribuição neste mesmo sentido tem sido dada, não só pela análise das mudanças ocorridas na tecnologia e na organização do trabalho, como também por numerosos estudos, efetuados nestes últimos três lustros, sobre o mercado do trabalho, e por alguns menos numerosos sobre a estrutura de classe, mormente nos países de economia dependente. A contribuição mais relevante está na imagem, empiricamente fundada, de uma composição assaz diversa do Proletariado, imagem reconstruída com base nos processos de exclusão, seleção e colocação da força-trabalho com relação aos segmentos do mercado e da sociedade. Estes estudos continuam, no entanto, circunscritos, o mais das vezes, ao âmbito da problemática da composição e reprodução da força-trabalho; o Proletariado é aí estudado tão-só como classe dominada. As contribuições para o estudo das possibilidades estruturais de ação e dos modelos de ação da classe operária e das suas frações provêm, ao invés, das pesquisas sobre o conflito industrial.

BIBLIOGRAFIA. M. DOBB, La formazione del proletariato, in Problemi di storia del capitalismo (1946), Editori Riuniti, Roma 1972⁴; F. ENGELS, La situazione della classe operaia in Inghilterra (1845), Editori Riuniti, Roma 1955; J. FOSTER, Class struggle and the industrial revolution, Weidenfeld and Nicolson, London 1974; D. GALLIE, In search of the new working class, Cambridge University Press, Cambridge 1978; J. H. GOLDTHORPE, D. LOCKWOOD e outros, Classe operaia e società opulenta (1968 e 1969), Angeli, Milano 1973; K. MARX, Il capitale (1867), Editori Riuniti, Roma 1956; Id., Il manifesto del partito comunista (1848), Editori Riuniti, Roma 1947; M. PACI, Mercato del lavoro e classi sociali in Italia. Ricerche sulla composizione del proletariato, Il Mulino, Bologna 1973; A. TOURAINE, L'evoluzione del lavoro operaio alla Renault (1955), Rosemberg & Sellier, Torino 1974; Id., La coscienza operaia (1966), Angeli, Milano 1969.

[PAOLO CERI]

Propaganda.

I. SIGNIFICADO DO TERMO. — A Propaganda pode ser definida como difusão deliberada e sistemática de mensagens destinadas a um determinado auditório e visando a criar uma imagem positiva ou negativa de determinados fenômenos (pessoas, movimentos, acontecimentos, instituições, etc.) e a estimular determinados comportamentos. A Propaganda é, pois, um esforço consciente e sistemático destinado a influenciar as opiniões e ações de um certo público ou de uma sociedade total. É no sentido da difusão de idéias, isto é, sem conotações explicitamente negativas, que o termo foi originariamente usado pela Igreja católica para designar a sua atividade de proselitismo. Na ideologia e na práxis comunistas, é usada com freqüência a distinção — devida a Plekhanov e depois repetida por Lenin — entre agitação e Propaganda. Aquela é feita sobretudo oralmente e visa a inculcar uma só idéia ou poucas idéias num grande número de pessoas; esta teria, ao contrário, como objetivo difundir muitas idéias num auditório restrito. Em suas acepções mais correntes, a Propaganda difere de outras formas de persuasão, enquanto realça elementos puramente emotivos, recorre a estereótipos, põe em relevo só certos aspectos da questão, revela um caráter sectário, etc. Em suma, o termo adquiriu uma conotação amplamente negativa: a propaganda está muitas vezes ligada à idéia de manipulação de grandes massas por parte de pequenos grupos; certamente o uso exagerado que dela têm feito neste século os regimes totalitários muito contribuiu para a difusão de tal conotação. São-lhe bastante semelhantes outras atividades como a publicidade e as chamadas relações públicas. Estas têm de comum com a Propaganda o dirigirem-se normalmente a amplos auditórios e servirem-se muitas vezes dos mesmos canais de comunicação, de técnicas muito semelhantes, moldadas em princípios comuns de psicologia aplicada, e, não raro, dos mesmos especialistas.

II. ORIGEM E DIREÇÃO DA PROPAGANDA. — A Propaganda adquiriu neste século uma enorme importância, mas suas raízes hão de ser buscadas em vários fatores que tiveram lugar no século XIX. O primeiro está no grande aumento da população mundial que duplicou entre 1800 e 1900; o segundo se encontra nos efeitos da Revolução Industrial, com a conseqüente urbanização de grandes massas; o terceiro é o do constante progresso da tecnologia das comunicações e, sobretudo, o da crescente difusão da imprensa que, de meio restrito e reservado exclusivamente às elites, começou a difundir-se por estratos mais amplos; o quarto está no surgimento de movimentos políticos de massa, entre os quais designadamente o movimento socialista; o quinto está no maior relevo que, a partir da Revolução Francesa, vem sendo dado à ideologia como premissa ou justificação da ação; o sexto, enfim, consiste na transformação das características da guerra que, de atividade reservada a mercenários ou especialistas, tende a converter-se cada vez mais em guerra total, ou seja, a envolver toda a população. É fácil observar que estas tendências se acentuaram cada vez mais nestes últimos cinqüenta anos: os ventos do nacionalismo invadem os países que emergem da derrocada dos impérios coloniais, as comunicações de massa acrescentaram à palavra escrita a palavra falada, primeiro, e, depois, também a imagem, alcançando uma difusão onipresente, impossível de imaginar algumas décadas atrás; houve sociedades inteiras que elevaram a religião do Estado a ideologias exclusivistas; finalmente, os conflitos bélicos assumiram características de tal maneira totais que implicam o risco da destruição de toda a humanidade.

A Propaganda apresenta duas direções principais: uma interna, a da Propaganda voltada para o sistema político, e outra externa, a da Propaganda utilizada nas relações entre os Estados. Os esforços orientados para o exterior têm por objeto o sobretudo a opinião pública — ou alguns dos seus setores — num ou em vários países; em tempo de paz, eles visam criar ou robustecer sentimentos de amizade ou solidariedade e, por vezes, também, a incutir respeito; em todo o caso, o que se pretende é influir, com a intenção presumível de exercer, por este meio, pressões sobre os governantes. Em tempo de guerra, o fim principal é o de enfraquecer o inimigo, provocando a sua disgregação e confusão, minando-lhe a coragem e debilitando-o nas suas estruturas internas. Uma guerra psicológica deste tipo — realizada, por exemplo, com a emissão de transmissões de rádio dirigidas às tropas ou às populações inimigas — tem sido sistematicamente praticada, no nosso século, por todas as grandes potências, a partir da Primeira Guerra Mundial. Como este instrumento é usado por todos os protagonistas, Propaganda e contrapropaganda estão profundamente ligadas. A natureza da Propaganda dentro de um país varia muito de acordo com o regime político: nos regimes autoritários e totalitários, a Propaganda é firmemente controlada pelo Estado ou pelo partido dominante, que a utilizam, tendo em vista a expansão e consolidação do regime, para inculcar na população uma versão simplificada da ideologia oficial e para combater as formas internas de oposição. Nos regimes pluralistas — quando são verdadeiramente tais — à Propaganda efetuada por um grupo ou por uma formação política corresponde sempre uma ou mais contrapropagandas, isto é, uma forma mais ou menos equilibrada de contestação, mesmo que nem todas as forças políticas disponham da mesma possibilidade de acesso aos canais de informação ou de redes de distribuição igualmente aparelhadas. A importância que o acesso aos canais de informação e a possibilidade de dispor deles tem para as forças políticas é atestada pelos conflitos que muitas vezes caracterizam os debates acerca das instituições que podem facilmente converter-se em instrumentos de Propaganda, como a escola, a imprensa, e os meios audiovisuais; outro indício claro está no fato de que as emissoras de rádio e televisão estão entre os primeiros alvos dos golpes de Estado.

III. MEIOS DE PROPAGANDA. — A Propaganda vale-se de todos os instrumentos que as condições tecnológicas põem à sua disposição em cada época, mas existem diferenças na sua utilização. A imprensa, que tem sido tradicionalmente o veículo mais importante, continua a ser maciçamente usada. Mas, a par dela, foi-se colocando com êxito primeiro o rádio e depois a televisão, formas que permitem atingir eficazmente, em termos de comunicação, camadas ainda muito vastas de analfabetos e semi-analfabetos. Parecem decrescer, ao invés, formas diretas de difusão, como o uso de comícios, o trabalho de Propaganda a nível individual ou em pequenos grupos, mas é bastante difícil obter dados a tal respeito. Continuam a ter certo relevo as manifestações espetaculares que envolvem grandes massas e que foram usadas com extrema freqüência, grande habilidade e, segundo parece, notável eficácia, na Alemanha nazista e na Itália do período fascista. Manifestações deste tipo, habilmente orquestradas e rigorosamente controladas desde cima, são bastante mais freqüentes em regimes não competitivos: valem-se de símbolos, uniformes, músicas, bandeiras, ou seja, de uma série de elementos destinados a criar nos participantes o sentido da adesão e um ambiente de elevada tensão emotiva onde se insere depois a aparição e o discurso do líder. Entre os instrumentos de Propaganda, não podemos esquecer, por último, o uso de formas artísticas, documentos, filmes, produções teatrais e as histórias, direta ou indiretamente inspiradas em fins de Propaganda ou, quando menos, utilizadas nesse sentido.

O exame dos textos e mensagens de Propaganda revela a existência de um certo número de princípios que são não raro utilizados até conjuntamente, sem qualquer pretensão de que sejam os únicos. Mencionemos alguns. O primeiro é o princípio da simplificação: isto significa, antes de tudo, que a mensagem é condensada ao máximo e resumida, se possível, num breve *slogan*, que é facilmente captado e rapidamente recordado; em segundo lugar, que a mensagem limita os temas ou idéias tratados a uma ou duas no máximo. Sendo a Propaganda geralmente dirigida a um auditório heterogêneo e devendo o nível intelectual da mensagem ser suficientemente baixo para poder ser compreendido por um número maior de pessoas, quanto mais vasto for o auditório, tanto mais baixo será o nível da mensagem. O segundo princípio é o da saturação: a mensagem, se bem que com graduações diversas, é emitida uma e outra vez, pois a sua eficácia é função, entre outras coisas, da freqüência da emissão ou da recepção; por isso, será muito melhor, se o auditório se encontra em situação de não poder deixar de ficar exposto à Propaganda. Outra técnica é a de apresentar posições parciais, que refletem apenas o pensamento de uma minoria, como se exprimissem, em vez disso, a convicção unânime de uma população inteira; trata-se, no fundo, de convencer o ouvinte ou o leitor de que, em termos de opinião, está fora do caminho certo, e de o induzir a aderir às teses que lhes são apresentadas, por meio de um mecanismo bem conhecido da psicologia social, o do conformismo induzido por pressões do grupo sobre o indivíduo isolado. O quarto princípio é o da deformação e da parcialidade: a informação nunca é apresentada em toda a sua

inteireza, contendo sempre um elemento de valor bastante acentuado, geralmente assinalado pela presença de adjetivos "fortes"; ao mesmo tempo, os argumentos eventualmente contrários, ou são ignorados, ou ridicularizados, ou tratados como irrelevantes, mas sem nunca se entrar na sua essência. Mais: a posição de quem emite a informação é sempre a de quem apresenta conclusões absolutamente certas e incontroversas e não pontos discutidos: a expressão da dúvida e da perplexidade não é o ponto forte do propagandista. Finalmente, já que a mensagem não cai no vazio, mas é interpretada e decodificada à luz das orientações preexistentes, a Propaganda tende a inserir a idéia, a opinião ou a mensagem nova na estrutura dos elementos já existentes, alterando a sua ordem o quanto menos possível.

IV. PERIGOS DA PROPAGANDA. — É fácil pressentir os perigos que encerra a Propaganda, se se consideram os progressos verificados no plano tecnológico, o tamanho do auditório atingido e a utilização indiscriminada, por vezes brutal, das técnicas de persuasão. Estes perigos constituem uma amarga realidade nos sistemas onde o monopólio dos instrumentos de informação é acompanhado da censura das comunicações com e do exterior. São menos graves onde, à Propaganda, se pode contrapor a contrapropaganda, isto é, a difusão de idéias, opiniões e argumentos contrários. Mas é preciso lembrar que direito de acesso aos canais de informação não significa, na realidade, que todos os grupos contem com as mesmas possibilidades de emitir mensagens, tomar posições e desenvolver um trabalho de persuasão; basta pensar nos enormes custos de implantação e gestão da imprensa diária e periódica para nos apercebermos disso. Além disso, se a existência de uma estrutura de tipo pluralista no sistema de comunicações é suficiente para assegurar o debate, não garante, de per si, a sua qualidade, ou seja, não basta para impedir a parcialidade, a excessiva simplificação, o recurso ao estereótipo e o desvio do plano da argumentação para o da oposição de *slogans*. Estes inconvenientes podem ser limitados, se não totalmente eliminados, onde a Propaganda der com um público atento e informado, com bom nível de instrução, dotado de atitude crítica e, sobretudo, interessado em confrontar idéias e alternativas opostas. Infelizmente os nossos conhecimentos sobre o reduzido interesse do público pela vida política e sobre o seu nível de informação levam-nos a conclusões pessimistas. É, porém, possível que a crescente familiaridade adquirida com a Propaganda e as experiências negativas do passado produzam frutos e que o só culo que conheceu a invenção e a enorme aplicação da Propaganda seja também aquele que veja a sua eficácia drasticamente reduzida no plano da manipulação.

BIBLIOGRAFIA. – H. D. LASSWELL e N. LEITES, *The language of politics. Studies in quantitative semantics*, Georg Stuart, New York 1949; *La propaganda política in Italia*, ao cuidado de P. FACCHI, Il Mulino, Bologna 1960; B. L. SMITH, *Propaganda*, in *Internacional encyclopedia of the social sciences*, Collier Macmillan, New York 1968.

[GIACOMO SANI]

Propriedade.

I. DEFINIÇÃO. — A definição corrente de um termo explica o significado que lhe reconhece uma determinada sociedade, num determinado momento histórico. A etimologia do termo, quando é possível encontrá-la, permite avaliar, mediante cotejo, a eventual diferença entre o significado atual e o original, bem como investigar historicamente, tendo em conta essa mesma base, a sua evolução através dos tempos.

No caso da Propriedade, o confronto etimológico não evidencia mudanças fundamentais com o correr do tempo. O substantivo Propriedade deriva do adjetivo latino *proprius* e significa: "que é de um indivíduo específico ou de um objeto específico (nesse caso, equivale a: típico daquele objeto, a ele pertencente), sendo apenas seu". A etimologia oferece os traços de uma oposição entre um indivíduo ou um objeto específico e o resto de um universo de indivíduos e de objetos, como categorias que se excluem reciprocamente.

O conceito que daí emerge é o do "objeto que pertence a alguém de modo exclusivo", logo seguido da implicação jurídica: "direito de possuir alguma coisa", ou seja, "de dispor de alguma coisa de modo ilimitado, sem limites". A implicação jurídica (de enorme importância sociológica) surge logo: ela é, com efeito, um elemento essencial do conceito de Propriedade, dado que todas as línguas distinguem, como já fazia o direito romano, entre "posse" (manter "de fato" alguma coisa em seu poder, independentemente da legitimidade de o fazer) e Propriedade (ter o direito de possuir alguma coisa, mesmo independentemente da posse de fato).

Estes elementos, embora sóbrios, são suficientes para propor uma definição sociológica do conceito de Propriedade. Chama-se Propriedade à relação que se estabelece entre o sujeito "A" e o objeto "X", quando A dispõe livremente de X e esta faculdade de A em relação a X é socialmente reconhecida como uma prerrogativa exclusiva, cujo limite teórico é "sem vínculos" e onde "dispor de X" significa ter o direito de decidir com respeito a X, quer se possua ou não em estrito sentido material.

A definição indica, genericamente, um sujeito A e um objeto X, sem especificar quem ou que coisa sejam A e X.

A vaguidade abstrata da definição serve para pôr em evidência o aspecto essencial da relação, que é a faculdade exclusiva de A dispor e decidir com respeito a X. Neste sentido, o conjunto de A e X e da sua relação de complementaridade em serem ativos e passivos é suficiente para identificar um sistema que, na definição proposta, se poderia configurar como um universo, completo em si, como aconteceria, a nível de pura teoria, se identificássemos em A todos os homens que vivem na Terra e em X todo o resto do mundo físico que constitui o orbe terráqueo, mais o conjunto, considerado em comunicação recíproca absoluta, de conhecimentos e idéias, ou de toda a vida psíquica dos homens que constituem A.

O aspecto implícito na definição é, pelo contrário, que A e X, como conjunto, não se identificam com o universo, mas constituem parte dela, já que a relação de Propriedade se configura "exclusiva". Supõe-se que existe um universo "U" que contém outros elementos diferentes de A e de X, e que esses elementos estão excluídos da relação; e, ainda para ter sentido falar de exclusão, se supõe que existem, a par de A, outros sujeitos virtuais da relação (B, C, etc.) que, no entanto, dela foram excluídos, ou que, a par de X, existem outros objetos virtuais (V, W, etc.) igualmente excluídos, ou que ambas as alternativas ocorrem contemporaneamente. Como no caso de A e de X, também os outros sujeitos e objetos potenciais da relação podem ser unidades individuais ou grupos de unidades.

II. PROPRIEDADE PRIVADA E PÚBLICA. — Perguntar-se-á se a especificação do adjetivo "privada" vem acrescentar alguma coisa ao conceito de Propriedade antes definido e o quê. À primeira vista, o adjetivo não lhe acrescenta nada; parece apenas recalcar a contraposição que existe entre as partes envolvidas na relação e o resto do universo U, excluído de tal relação. Contudo, um exame mais atento nos revelará que o adjetivo "privada", longe de ser supérfluo, vem acrescentar dados preciosos, permitindo distinguir melhor o tipo de contraposição que existe dentro do contexto específico a que nos referimos, que, neste caso, é o das sociedades ocidentais contemporâneas.

As implicações mais importantes do conceito de Propriedade privada podem ser apresentadas, em síntese, como segue:

1) É socialmente aceito e está legalmente estatuído que A, B, C, etc., já se trate de indivíduos ou de grupos organizados (segundo critérios também então socialmente aceitos e legalmente estabelecidos), possam ser sujeitos de uma relação de Propriedade, exclusiva como tal, em relação a uma série de objetos (V, W, X, etc.), no âmbito de um sistema social, o universo U_1. (Estão também explicitamente previstos os casos em que os termos da relação, ou seja, o sujeito e o objeto, hão de ser especificados com exatidão e a legitimidade da relação tem de ser documentável.)

2) No caso concreto (as sociedades ocidentais contemporâneas), os sujeitos virtuais da relação são *todos* os homens e os grupos reconhecidos como válidos para tal fim, integrantes do universo ou sistema social U_1. Estão, porém, previstas condições limitativas, expressamente indicadas no sistema jurídico desse universo: há, por exemplo, condições em que a relação não pode ser estabelecida, ou, se já existe, cai. As condições limitativas configuram-se negativamente, como "exceções".

O "direito" de Propriedade privada apresenta-se assim formalmente como um direito *igualitário*, no sentido de que, salvas as limitações explicitamente previstas, todos podem dele ser titulares (os indivíduos como também os grupos que preencham os requisitos requeridos), desde que sejam rigorosamente aplicados os mecanismos legais previstos no sistema para a aquisição de tal direito. Há várias formas: doação, herança, compra-venda, etc.

3) Embora este direito se apresente como igualitário, isto é, teoricamente acessível a todos (até, em determinados casos, a sujeitos estranhos a U_1), os mecanismos previstos para ele poder ser adquirido impõem, na realidade, limitações à possibilidade de que todos possam ser titulares em igual medida, mesmo não levados em conta os limites dos recursos gerais disponíveis e a constatação de que, se A é proprietário de X, são automaticamente excluídos da possibilidade de o serem B, C, etc. À igualdade teórica se opõe uma discriminação ou *diferenciação* prática, quantitativamente avaliável mediante a unidade de medida socialmente aceita, o dinheiro.

4) Se não houver condições limitativas previstas no sistema jurídico, a relação de Propriedade privada possui uma *duração ilimitada*; continua para além da morte biológica ou social do titular do direito (indivíduo ou grupo). O sistema jurídico prevê mecanismos apropriados para lhe garantir a continuidade.

5) A contraposição implícita no conceito de Propriedade privada é, pois, antes de tudo, a existente entre cada uma das relações que se excluem reciprocamente.

A par desta contraposição surge, porém, subitamente outra, evidente na expressão lingüística usual: o oposto de "privado" é *público*. À Propriedade privada se contrapõe uma "Propriedade pública". Também esta contraposição implica um aspecto de "exclusão" que se configura pelo menos em duas formas diversas.

6) Na Propriedade pública, o sujeito da relação é o universo U_1, ou o sistema social *em seu conjunto*, conceptualmente diverso da soma dos sujeitos singulares (homens e grupos) que o compõem; dentro desse universo, todo o sujeito singular está, como tal, excluído da relação. Pelo que toca aos objetos dessa relação, eles estão, no mínimo, negativamente especificados (não podem ser os objetivos da relação privada que tem como sujeitos A, B, C, etc., e vice-versa, como é natural). Neste sentido, existe uma contraposição-exclusão entre a Propriedade pública e a Propriedade privada, dentro do sistema social a que nos referimos, U_1.

7) O universo U_1 se contrapõe, porém, igualmente a outros universos ou sistema sociais (U_2, U_3, etc.), em relação aos quais continua sendo válido o princípio de exclusão. Nesta perspectiva, a Propriedade de "pública" de U_1 assume as características de Propriedade "privada" em relação às de U_2, U_3, etc., igualmente privadas, na medida em que U_1, U_2, U_3, etc. são partes de um universo mais vasto, U, seja qual for a extensão geográfico-social que se lhe atribua. Aqueles que pareciam "sistemas sociais" fechados se configuram como subsistemas de um sistema social global mais amplo. É um lugar-comum, mas não uma afirmação inexata, dizer que, hoje, este universo global inclui toda a Terra e que os vários Estados nacionais, e, sob certos aspectos, também alguns grupos deles, são subsistemas de um sistema global ainda fluido em suas estruturas. Problemas redutíveis ao da Propriedade já vão sendo, aliás, formulados com respeito aos planetas e ao espaço, como novos "objetos" possíveis de uma relação de Propriedade.

Além disso, se a "Propriedade" tem por sujeito um Estado nacional, os problemas aqui esboçados também se apresentam no âmbito dos países socialistas que, no entanto, reduziram drasticamente, no seu interior, as manifestações da propriedade privada e as áreas onde ela pode ocorrer.

Em conclusão: os termos "público" e "privado" exprimem conceitos relativos e exigem, portanto, que se especifique sempre o universo ao qual se faz referência.

Algumas destas implicações são, sob o aspecto sociológico, de extrema importância, devido aos seus efeitos econômico-políticos. Destaquemos: a possibilidade de que os sujeitos da relação possam ser indivíduos ou grupos organizados de vários tipos (da família à sociedade por ações); a igualdade teórica que, na realidade, se traduz em desigualdade; a duração por tempo ilimitado; a contraposição entre Propriedade pública e a Propriedade privada; a relação entre Propriedade privada e poder.

É necessário, além disso, pôr em evidência a diferença de significado que assume a relação, se se considerar não apenas o sujeito, como se fez esquematicamente até aqui, mas também o objeto, com cuja modificação se altera profundamente o significado da relação de Propriedade privada e a influência sobre as estruturas e a dinâmica do sistema social.

III. ESQUEMAS CONCEPTUAIS RELATIVOS À RELAÇÃO DE PROPRIEDADE PRIVADA. — Quaisquer que sejam as origens históricas da Propriedade, ao lado dos aspectos já indicados na análise dessa relação, particularmente na análise da Propriedade privada, os modos sociologicamente importantes de a conceber, especialmente nas sociedades atuais (não excluídas, quanto a certos aspectos, as socialistas), se apresentam como variações de dois esquemas fundamentais: o primeiro, de clara fundamentação psicológica, tem como ponto de partida e de chegada de um processo circular o indivíduo, que, no momento em que o tema se torna sociológico, chamaremos mais apropriadamente de "sujeito", como fizemos até aqui; o segundo esquema, tipicamente sociológico, tem como termo de referência o sistema social e estuda nele as funções exercidas pela Propriedade, entendida como uma das estruturas fundamentais do sistema. Em ambos os esquemas, é de importância fundamental estabelecer quais são os objetos possíveis da relação de Propriedade privada.

1) *Propriedade como "processo individual".* — Este esquema conceptual é de origem psicológica; ao mesmo tempo, porém, ele é a base da definição do conceito de Propriedade, em sentido jurídico, e adquire um significado sociológico, quer por esse mesmo motivo, quer porque não só implica, como vimos, a exclusão do resto do universo social, mas é, acima de tudo, um conjunto de "modelos de comportamento" socialmente reconhecido, com reflexos variadíssimos no sistema social que o compreende. Coisa evidente, se se analisam as interpretações que se podem apresentar tanto do "sujeito" da relação como do seu "objeto".

É este o esquema do processo:

Se, para o psicólogo, o termo de referência do processo é, indubitavelmente, o indivíduo, mesmo em relação a outras coisas que fazem parte do seu "campo psíquico", para o sociólogo, como para o jurista, o sujeito a quem o processo é referido pode ser tanto um indivíduo como um grupo variamente organizado, dentro de um sistema social definido. Neste sentido, o termo "sujeito" da relação é, no mínimo, ambíguo: será necessário precisar em cada caso a quem exatamente se refere, se a um indivíduo ou a um grupo, e a que grupo. Da incerteza semântica deriva facilmente a confusão da análise, se, mais ou menos sub-repticiamente, se passar do âmbito individual ao do grupo.

Outro tanto acontece com a transladação do conceito de Propriedade de um ao outro dos elementos do processo acima indicados; e, fato ainda mais grave, podem equiparar-se, englobando-os num conjunto único, os vários tipos de "objetos", como se ser dono de um relógio significasse, em sentido sócio-econômico, a mesma coisa que ser proprietário de uma mina ou de uma fábrica, e ser proprietário da casa em que se habita equivalesse, quanto à "gratificação" inerente ao usufruto, a ser proprietário de um imóvel dado em aluguel (tratando-se sempre de "casas"). É preciso, pelo contrário, examinar sempre analiticamente o processo e averiguar a que elemento específico se faz referência, já se trate do sujeito ou do objeto da relação, quando se fala de Propriedade privada num dado contexto sócio-econômico. É claro, por exemplo, que, nos países socialistas, o conceito de Propriedade privada pode-se continuar a aplicar aos bens de consumo e pode aplicar-se aos bens móveis duráveis, embora se excluam, se não necessariamente os bens imóveis, certamente a sua renda (onde seja admitida a propriedade da casa, mas de habitação própria), ou então parte da renda, mas não o bem imóvel (parte das colheitas, mas não o terreno, administrado, por exemplo, por uma unidade coletiva adequadamente organizada); seria claramente absurdo equiparar estruturas de Propriedade, por serem redutíveis a um mesmo esquema conceptual, sem levar em conta os limites da relação socialmente admitidos, tanto a nível do sujeito como do objeto, sendo justamente estas diferenças que caracterizam os sistemas sociais, o "capitalista" e o "socialista", por exemplo.

Muitos equívocos, e até mistificações, têm precisamente a sua origem na confusão de planos (indivíduo-grupo) e na confusão dos elementos do processo, não suficientemente identificados quanto à sua posição e conteúdo. É freqüente estas confusões não serem criticamente advertidas.

A este propósito, é conveniente observar como, no nosso sistema cultural, o conceito corrente de Propriedade privada continua a identificar com o sujeito da relação-processo o indivíduo. É assim que fazia a ideologia da burguesia, quando do seu nascimento e consolidação. Os valores Indivíduo-Propriedade-Liberdade se apresentaram como imprescindíveis nas teorias político-econômicas "clássicas", que encontravam correspondência nas teorias da evolução natural, baseada na luta pela sobrevivência, teorias igualmente clássicas que também foram expressas pela classe burguesa do século XIX.

Contudo, no âmbito sócio-econômico em que se reconhecem as características peculiares das sociedades ocidentais contemporâneas, a expressão Propriedade privada se refere cada vez menos a indivíduos singulares e cada vez mais a grupos organizados. Continuar a usar a respeito esquemas conceptuais e conjuntos de valores originalmente referidos aos indivíduos é índice de desarticulação cultural e uma avaliação anacrônica propícia à confusão dos planos.

2) *Propriedade privada como estrutura do sistema social.* — Os sociólogos recentes ou contemporâneos que tratam do tema da Propriedade privada colocam-no nesta perspectiva: a Propriedade privada é um elemento determinado da situação estudada e eles a analisam como "estrutura", discriminando-lhe as "funções" no âmbito do "sistema social" ao qual se referem, o sistema "capitalista", onde o conceito de Propriedade privada goza da acepção mais ampla e de um peso econômico-político acentuado. Georg Simmel, embora não a enquadre totalmente na perspectiva de um "sistema", destaca a função da Propriedade privada de criar uma desigualdade crescente, apresentando-a como um dos aspectos da antinomia irredutível que existe entre liberdade e igualdade numa sociedade não socialista. Para Max Weber, a Propriedade privada é um exemplo típico da "relação fechada", que, como tal, segundo regras estabelecidas a respeito dos objetivos específicos que a relação tem em vista, garante certas vantagens a quem nela está incluído, excluindo o acesso dos demais. A Propriedade é

um conjunto de direitos adquiridos pelos indivíduos ou pelos grupos; é "livre" na medida em que tais direitos são "alienáveis", dentro de certas condições. O interesse de Max Weber está concentrado na "Propriedade privada" como "categoria sociológica da ação econômica"; os aspectos que considera mais importantes são, com a divisão do trabalho (na qual é compreendida também a "apropriação" das funções diretivas), a apropriação, conquanto relativa, dos recursos econômicos e a autonomia de decisão e controle que os "sujeitos" exercem sobre eles. Para Weber, a Propriedade privada típica é a "moderna empresa privada". Seu tema central é o da distribuição do poder de controle e decisão (*Verfügungsgewalt*), nas formas específicas que tal distribuição assume na "empresa privada", confrontadas, segundo costume característico do autor, com outras formas existentes em tipos diversos de organização sócio-econômica.

O estudo do tema da Propriedade privada, que nos oferece Talcott Parsons, está claramente relacionado com o conceito de "sistema social". A Propriedade privada é uma das estruturas pelas quais se opera a "atribuição" (*allocation*) das tarefas e dos recursos econômicos dentro do sistema; desta estrutura fazem parte "papéis-expectativas" específicos, isto é, modelos de interação que asseguram o equilíbrio do funcionamento do sistema ou a sua "integração". A atribuição ou a distribuição das tarefas e dos recursos, que compreendem aqui também e a sua integração, são "os dois tipos fundamentais de processos necessários à manutenção de um certo estado de equilíbrio num sistema". Na medida em que a atribuição dos recursos (*allocation of facilities*) é um dos aspectos importantes da função da Propriedade, ela se transforma automaticamente em estrutura que controla a distribuição do poder. Sendo o dinheiro o recurso que serve para adquirir todos os demais recursos, dispor-se-á de poder sobre os homens na medida em que se controlar a atribuição da sua remuneração. Depois, é a faculdade de atribuir tarefas e papéis num sistema social onde os objetivos se alcançam mediante a interação de papéis complementares, que confere o poder direto sobre os homens; mas o poder, sendo "por natureza" escasso, concentra-se nas mãos de quem dispõe dos recursos econômicos e os controla. Com propósitos claramente polêmicos, Charles Wright Mills estuda a evolução da Propriedade privada, suporte fundamental da classe média norte-americana do século XIX, desde as formas individualistas generalizadas de então às da concentração econômica e industrial dos Estados Unidos de meados deste sécul~ confronta a situação atual con a relativa fixidez da ideologia individualista e da imagem de si que, anacronicamente, a classe média ainda mantém; reconhece na grande Propriedade privada, financeira e industrial, uma das três estruturas do poder que controlam o sistema sócio-econômico dos Estados Unidos e lhe marcam o rumo, ao lado dos grupos de vértice político e militar.

Não obstante a diversidade de fundamentação, que atinge os próprios métodos de análise adotados, se reconhecem elementos comuns nos modos, sucintamente esboçados, de definir a posição da Propriedade privada dentro dos sistemas sociais que lhe reconhecem um âmbito de legitimidade assaz amplo, e de identificar as suas funções sociologicamente importantes. Ao mesmo tempo, porém, se notam discrepâncias que põem em evidência contradições hoje muito mais visíveis que as observadas por Marx em seu tempo.

Os elementos essenciais respeitantes à Propriedade privada podem assim ser resumidos, usando o sistema social como esquema de referência:

1) A Propriedade privada que se julga estrutura essencial do sistema é a que incide diretamente sobre a sua vida econômica, condicionando-o visivelmente em seu modo de funcionar: é a Propriedade dos meios de produção definida por Marx e, mais genericamente, a Propriedade dos recursos econômicos.

2) Contudo, embora as outras formas em que se molda a Propriedade privada, especialmente a que se refere a sujeitos individuais e a objetos de uso e de consumo e não de "especulação econômica", pareçam marginais em relação ao funcionamento global do sistema, elas desempenham uma função que está longe de ser indiferente no apoio àquela que é efetivamente determinante. Constituem, de fato, um "princípio" ou "valor" que legitima até culturalmente (e não apenas como expressão de um princípio jurídico geral) as formas economicamente dominantes da Propriedade privada; por outras palavras, elas fazem com que o "valor" da Propriedade privada seja de tal maneira compartido, a todos os níveis da sociedade onde se é ou se aspira a ser proprietário de qualquer objeto ou bem julgado importante para o indivíduo (ou grupo familiar), que qualquer ataque a essa Propriedade será interpretado como uma ameaça aos próprios interesses, mesmo quando ela a tiver por alvo as *outras* formas, bem mais importantes, de Propriedade.

3) As estruturas da Propriedade privada que condicionam a vida sócio-econômica têm cada vez mais como sujeito grupos de indivíduos (que, em regra, se apresentam como entidades dotadas de personalidade jurídica) e não indivíduos singulares. Por um lado, isto reforça, embora diversificando-os internamente, os modelos de "papéis e expectativas" que o sistema sócio-cultural atribui a estes sujeitos da relação de Propriedade; por outro, confere à sua função de "atribuir" tarefas e recursos e de "integrar" os elementos da organização e, mais genericamente, do sistema social (homens, mas também meios e fins), uma "objetividade" ou "racionalidade" que, de lógica da organização em que operam, tende a transformar-se em lógica do sistema global, ao passo que, a nível do "empreendedor" individual, essa conotação de objetividade parecia atenuada com respeito à arbitrariedade subjetiva das escolhas.

4) A função de "atribuir" tarefas e recursos e de "integrar" os elementos, considerada por Parsons como essencial ao equilíbrio, mesmo dinâmico, do sistema, parece fortemente comprometida desde que confiada à Propriedade privada, se bem que a "estabilidade" que a distingue como direito reconhecido sem limite de tempo surja como um elemento a favor da tese do equilíbrio.

O configurar-se a Propriedade privada como "relação fechada" (Weber) faz parecer a contraposição conceptualmente elinimável (isso não quer dizer que não possa haver, pelo menos temporariamente, casos de efetiva convergência de interesses entre a parte e o todo), por muito extensos e circunstanciais que possam ser os vínculos que o sistema social global consegue impor, de fato e não apenas de direito, às suas partes, mas continuando a manter o princípio da Propriedade privada a nível das decisões e das iniciativas econômicas fundamentais.

5) O aspecto preeminente que a Propriedade privada assume no sistema social como economicamente determinante (e sobre isto todos os autores citados estão de acordo) está na sua função de *estrutura de poder*, social e juridicamente reconhecida, mesmo que este reconhecimento remonte a um momento histórico em que tal função era menos visível e evidente que agora e se opunha, pelo menos parcialmente, às estruturas de poder então dominantes. Na medida em que uma parte do sistema, dotada de uma autonomia ampla mas não absoluta, controla os recursos humanos e econômicos, dispõe deles e toma decisões que atingem e modificam todo o sistema, é não apenas uma força política real, mas, como tal, seu poder exclusivo (que, como é natural, quase sempre é exercido numa situação de concorrência com outras estruturas de poder, do mesmo tipo ou de tipo diferente) se estende para além dos limites juridicamente previstos.

É neste sentido que a estrutura da Propriedade privada, como estrutura de poder em sentido político, torna mais evidente a sua característica de fator de *desigualdade*, de uma desigualdade que se auto-alimenta (Simmel), já implícita na sua própria definição, e de fator de *não-liberdade*, se bem que a burguesia, em sua origem, tenha equiparado os três "valores" num conjunto que pretendia ser indivisível.

IV. PROPRIEDADE E PODER. — A análise feita até aqui serviu essencialmente para pôr em evidência:

1) A oposição entre as partes e entre as partes e o todo, implícita na definição de Propriedade, depois corroborada pela especificação Propriedade privada.

2) As diferenças de significado e, conseqüentemente, de incidência sociológica, ligadas ao conteúdo exato atribuído ao sujeito e ao objeto da relação.

3) A vantagem de se considerar a relação como um processo, discriminando-lhe os elementos, para melhor colher tais diferenças de significação e de incidência sociológica.

4) A conveniência de considerar a Propriedade como estrutura de um sistema social e de analisar as suas funções desde este ponto de vista.

Fizemo-lo, seguindo um caminho difícil (que poderá parecer inútil), para voltarmos, finalmente, ao aspecto inicialmente reconhecido como implícito na definição de Propriedade: a *Propriedade como poder*.

Neste sentido, a Propriedade parece identificar-se com uma possível definição de "poder", entendido este como capacidade de controlar e de impor a própria vontade; isto supõe também uma característica de "exclusividade". Desde este ponto de vista, outra conotação que a Propriedade apresenta em relação ao poder é seu reconhecimento no plano do direito, ou seja, de legitimidade, quer se fale especificamente de Propriedade privada ou não; o poder pode ser, ao contrário, um simples poder "de fato", sem que tenha de ser necessariamente sancionado, pelo menos ao princípio, como direito (neste caso, é costume falar, seguindo Weber, de "autoridade", isto é, de poder tido por legítimo).

Trata-se, sem dúvida, de uma distinção essencial, de uma distinção que, ao mesmo tempo, mostra o caminho que convém seguir para distinguir entre os dois conceitos, que, do contrário, poderão parecer idênticos e, por conseguinte, reciprocamente substituíveis. A Propriedade, especialmente a Propriedade privada, apresenta-se

como uma *categoria* no âmbito de um conceito mais amplo, o do "poder". Muitas confusões práticas são precisamente devidas a não se distinguir entre os dois conceitos e a não se acentuar, no plano teórico, a particularidade de um (Propriedade) ser categoria do outro (poder).

Se por "poder" se entende, como já se disse em concordância com o uso corrente, "a capacidade (ou faculdade) de controlar e de impor a própria vontade" (ou seja, de dispor e decidir) com respeito ao objeto sobre o qual se exerce o poder, é evidente que a definição de Propriedade está contida na de poder, mas também é claro que não a esgota.

Em geral, nas sociedades, o poder tende a concentrar-se nas mãos de quem superintende nas estruturas em que se molda a organização da sociedade, e as controla, e de quem dispõe das fontes de informação, no sentido amplo dos conteúdos culturais. *Organização* e *informação* são duas esferas de poder conceptualmente distintas, mas a área em que se cruzam pode muito bem definir-se como o lugar do poder social. Num universo social, ou sociedade global, e aqui que se situa, quer o poder de impor coercivamente aos indivíduos determinados comportamentos (poder político em sentido estrito), através da estrutura orgânica de importância fundamental que é o Estado, quer o poder de decidir acerca da produção e distribuição dos recursos econômicos necessários à sociedade (poder econômico), através das organizações produtivas (empresas privadas e públicas). São o Estado e as empresas que dispõem, em proporções acentuadamente monopólicas, da informação, isto é, dos meios de produção e difusão (centros de pesquisa, escolas, mass-media) dos conhecimentos científicos e técnicos, das normas e valores predominantes na sociedade.

Quando a disponibilidade dos meios de produção é reconhecida e garantida como faculdade exclusiva de empresas dirigidas por indivíduos ou grupos privados, existe o fenômeno da Propriedade privada, que se configura, por isso, como poder econômico, dotado da marca da legalidade e, no que respeita aos bens capitais considerados, também da exclusividade.

Dentro desta perspectiva, a *organização* (no sentido amplo antes indicado) e a *informação* revelam-se como os *setores essenciais em que se exerce o poder*, no sentido de que se torna inimaginável um sistema social que possa funcionar sem eles, ao passo que são imagináveis e existem sistemas sociais cujo funcionamento prescinde da estrutura da Propriedade privada.

Se não estão previstas no sistema estruturas de Propriedade privada, particularmente as que coincidem com estruturas de organização econômico-política e com a informação, isso não significa que o sistema tenha resolvido automaticamente os seus problemas de distribuição do poder, ou seja, os problemas do controle e da decisão, em sentidos político, econômico e social. Se no sistema estão previstas estruturas de Propriedade privada e elas se podem cruzar com os setores da organização e da informação, especialmente nos seus aspectos macroscópicos, é claro que os problemas políticos, econômicos e sociais vinculados com a propriedade privada se acrescentarão, entrecruzando-se com eles, aos problemas apresentados pela organização e pela informação.

Este breve esboço, aliás, não esgota, como é óbvio, o tema relativo ao problema do poder, nem mesmo no âmbito da definição antes apresentada.

V. VALORES LIGADOS À PROPRIEDADE. — Há inúmeros valores que parecem ligados à Propriedade, mas não constituem um conjunto homogêneo. Alguns deles são *valores tradicionais* que contribuem para fazer da própria Propriedade um valor de sinal positivo, em sua qualidade de estrutura reconhecida pelo sistema sócio-cultural como instituição. Outros, embora não absolutamente novos, são *valores emergentes*, enquanto reconhecidos, cada vez mais conscientemente, como fundamentais nas sociedades modernas e em contraste com muitos dos valores tradicionais. Os primeiros, os valores mais tradicionais, estão diretamente vinculados ao esquema da Propriedade como processo que tem por sujeito o indivíduo; os segundos, os emergentes, possuem como termo de referência o sistema social global, nos diversos níveis em que um sistema social pode ser considerado como um universo de referência.

1) *Estabilidade, segurança*: a Propriedade privada, como estrutura permanente, é vista, com o tempo, como garantia disso, ligada diretamente, em sua origem, às maiores possibilidades de sobrevivência familiar e individual que assegurava; ainda hoje é vista em função da sobrevivência, se bem que em formas mais mediatas (não se trata mais dos produtos do rebanho ou do campo, mas do rendimento de um capital investido de algum modo, do próprio capital transformável em dinheiro líquido, da casa que, como quer que seja, garante um abrigo). Trata-se de um valor claramente entendido num sentido econômico, no âmbito de um sistema social que tem na Propriedade privada uma estrutura essencial; no indivíduo, ele se baseia na necessidade psicológica de garantir, com suficiente segurança, a possibilidade de sobreviver. Este valor diminui de intensidade na medida em que a própria sociedade assume a responsabilidade de garantir um nível suficiente de possibilidades de sobrevivência. O sentido de valor absoluto, quase metafísico, do conceito de Propriedade privada é neste contexto que se desenvolve: a Propriedade (ou o dinheiro, que constitui a sua unidade de medida e o seu símbolo) torna-se, como a divindade, um ser carregado de conteúdos emocionais, aquele algo que não trai no momento da necessidade; uma conotação psicológica de grande importância. Sobre este fundo, a Propriedade privada se identifica, transformando-se em seu símbolo, com o valor da *liberdade*, entendida como independência da necessidade e dos outros homens, e sempre um bem exclusivo.

2) *Reciprocidade, justiça*: a Propriedade privada é entendida também como compensação de uma prestação, passada ou presente, e até, em casos cada vez mais freqüentes, como compensação antecipável de uma prestação futura (se acumulam pouco a pouco partes de Propriedade, quando, por exemplo, se adquire um bem com pagamento a prestações); a prestação pode ser o dinheiro gasto na aquisição, um certo risco enfrentado, um esforço feito, ou, ainda, um comportamento que dá lugar a um ato de benevolência da parte de alguém (como no caso de um presente). De qualquer modo, o valor material da Propriedade adquirida corresponde à realidade da prestação; a relação de reciprocidade implica condição de eqüidade respeitada e evoca uma relação de causa-efeito.

A relação prestação-Propriedade pode, de resto, ser uma relação mediata, que segue esquemas socialmente operantes e sancionados pela lei: herda-se, por exemplo, uma Propriedade a que corresponde uma prestação direta ocorrida uma ou várias gerações antes. Contudo, precisamente por ser mediato, este tipo específico de relação tende a ser socialmente menos aceito que outrora, se bem que continue legalmente operante.

3) *Sucesso*: a Propriedade privada é um testemunho e um símbolo do sucesso passado e presente do indivíduo ou de um grupo restrito na competição social e econômica, quando apresentada como exclusiva. De modo tácito ou explícito, estabelece-se a seguinte equação: tenho mais, porque valho mais; valho mais, porquanto tenho mais. Embora este aspecto esteja ligado na origem ao problema da sobrevivência, hoje seu significado predominante é claramente social, de prestígio (*status*), diversamente vinculado ao poder.

4) O valor da *legitimidade* é, por definição, intrínseco ao conceito de Propriedade, qualquer que seja o âmbito do sistema social reconhece à Propriedade privada; hoje, neste caso, ele é controvertido na medida exata em que é objeto de

controvérsia social o próprio conceito de Propriedade.

Dentro do sistema social, o ponto crítico está hoje no contraste entre o âmbito da legitimidade em sentido estrito ou jurídico, que continua válido se bem que com maiores vínculos que no passado, e o âmbito da legitimidade socialmente aceita. As duas áreas não coincidem, de fato, antes se manifestam tanto mais em conflito quanto mais as conseqüências das decisões tomadas em virtude do direito de Propriedade privada condicionam diretamente aspectos essenciais da vida da coletividade, ou seja, do sistema social (ocupação, renda, política em geral e política econômica em particular, escolha de programas, estratificação social, etc.), apresentando-se como expressão de interesses particulares contrapostos aos da coletividade.

5) Surge mais uma vez o *poder*, já considerado em sua íntima relação com a Propriedade privada; o seu valor emergente, contraposto ao tradicional, é de sinal negativo.

Privilégio e *igualitarismo* são os dois valores antitéticos que se confrontam nestes pontos críticos. Não são de todo novos na história dos homens. Algo novo na história dos dois últimos séculos são: a consciência crescente dos processos que contrapõem esses valores; a energia com que tem sido reivindicada a legitimidade do segundo (igualitarismo) e condenada a ilegitimidade do primeiro (privilégio); a confiança com que se afirmou e continua a afirmar que o segundo pode ser "deste mundo", em vez de ser adiado como possibilidade para um mais além que faz de câmara de compensação dos males da terra; a tenacidade com que se tem buscado transferir o valor do igualitarismo da utopia para a realidade.

6) Neste sentido, a contestação do sistema, identificado com as estruturas exclusivas do poder (de que a Propriedade privada é uma das categorias), constitui um valor hoje emergente, e não apenas a palavra corrente com que se designa um conjunto de ações tendentes a romper um equilíbrio que propende a reforçar os privilégios existentes e, conseqüentemente, a tornar inúteis os esforços igualitários.

Nos sistemas sócio-econômicos que aceitam a Propriedade privada em sua acepção mais ampla, é nela que se descobre o obstáculo que importa remover. Nesse contexto, é o privilégio econômico que surge em primeiro plano e pode ser identificado, simplificando a situação, com o privilégio político, na medida em que, de fato, os dois privilégios se apresentam combinados e se somam; o privilégio político parece passar assim a segundo

plano. Nas sociedades socialistas atuais, o privilégio político está, ao invés, em primeiro lugar como objeto de contestação e o privilégio econômico surge em posição subordinada, na medida e formas específicas que assume em cada caso, não necessariamente configuráveis como Propriedade privada.

7) À dupla de valores contrapostos, privilégio-igualitarismo, corresponde esta outra, *Propriedade privada-coletividade*, ou, o que no caso significa a mesma coisa, subsistema-sistema social, onde a expressão "sistema social" assume pouco a pouco um conteúdo mais amplo e abrangente. A coletividade ou sistema social constitui, como o igualitarismo, um valor emergente, na medida em que está sendo cada vez mais conscientemente reconhecido, se bem que amiúde apenas verbalmente, como um valor ao qual é de praxe fazer referência e render preito oficial.

VI. CONCLUSÕES. — A primazia do elemento econômico nas formas que têm mais direta incidência sobre o sistema social global (mesmo num âmbito mais vasto que o nacional) e a inseparabilidade do elemento político do elemento econômico no conceito de Propriedade privada caracterizam as correntes de pensamento sócio-político que, há mais de um século, se inspiram em Karl Marx. Nas sociedades européias industrializadas do século XIX, a progressiva concentração do poder econômico na classe média empresarial constitui um fenômeno macroscópico tal que ele viria a ser a marca desse período histórico; as suas conseqüências sócio-econômicas (proletarização urbana de massas cada vez maiores da população, exploração, alienação, etc.) foram também macroscópicas. A luta de classes era a expressão desta situação, carregada de tensões e de contrastes (de "contradições"). A "contestação" (fosse qual fosse a palavra então usada) era a condição que Marx e os marxistas consideravam intrínseca à classe operária (mais exatamente, a não proprietária), objeto de exploração econômica. A sujeição política surgia como conseqüência dessa exploração. As formas de Propriedade privada industrial, para que se atentava, eram ainda relativamente simples e fáceis de individualizar: os "patrões" eram homens ou grupos de homens claramente identificáveis, mais ainda que os "políticos" (homens ou grupos) que eram obrigados a sofrer suas pressões, embora tentando às vezes opor-se-lhes, em nome dos interesses da velha classe dominante (a aristocracia e os proprietários de terras).

Hoje, no próprio âmbito das correntes marxistas, o que se acentua é o aspecto claramente político como tal: a faculdade de decidir, à margem do controle da coletividade, embora tendo em conta os condicionamentos que ela logra impor; a faculdade de decidir casualmente contra a coletividade, quando houver claro contraste entre os seus interesses e os interesses de grupos restritos, oligárquicos. Continua-se a falar, como é óbvio, de lucro e de exploração, mas fala-se ainda mais de "poder econômico", isto é, do poder de decidir e controlar o funcionamento do sistema sócio-econômico, baseado no "controle dos meios de produção" e, com altibaixos, no "controle do mercado" (bem como das limitações daí advindas à condição da "livre concorrência", que cada vez mais se afigura uma hipótese não realista). A estrutura da Propriedade privada e o sistema econômico nela fundado continuam a ser o centro da controvérsia, não só pela relação estatuída dentro da empresa entre o dador de trabalho e o trabalhador (esta mesma relação tem hoje características diversas das de outros tempos, na medida em que os trabalhadores conseguem organizar-se sindicalmente), como também pela relação que se estabelece entre a empresa e a sociedade global, uma vez que as decisões da empresa, incidem sobre a sociedade de múltiplas maneiras que não só no definir a entidade e as condições da ocupação.

Ao mesmo tempo, ao lado da figura do proprietário-empresário, vem adquirindo uma importância cada vez maior o papel do dirigente, que pode até ser estranho à relação de Propriedade, no sentido econômico, mas auxilia ou substitui o proprietário na tomada de decisões, dentro do âmbito reconhecido à relação da Propriedade privada, desempenhando, nesse sentido, um papel "político" semelhante. Analogamente, a relação de Propriedade pode estar formalmente diluída numa massa anônima, mais ou menos ampla, de acionistas (fenômeno sobre o qual os economistas e sociólogos muito têm discutido e, amiúde, inventado), mas as decisões e o controle efetivos continuam nas mãos de grupos restritos que constituem os centros do poder real; por sua vez, estes grupos, por meio dos seus membros individuais, estabelecem uma rede que controla diversos complexos empresariais e, através das empresas mais importantes, setores econômicos inteiros.

Neste sentido, a instituição da Propriedade privada, configurando-se cada vez mais como estrutura e instrumento de poder econômico, assume uma função onde o poder político é dominante.

Além disso, é dado o maior relevo ao dispor e decidir do objeto e este pode incluir conteúdos específicos dos mais diversos (objetos físicos, processos, símbolos e até homens, que fazem funcionar as máquinas, por exemplo, e têm idéias e conhecimentos); possuir o objeto em sentido mate-

rial e como fim em si mesmo torna-se cada vez menos importante; a importância do objeto está em sua condição de instrumento indispensável à realização das decisões tomadas. Ser proprietário do objeto, qualquer que ele seja, é um aspecto importante, pois garante a faculdade de decidir, em sentido jurídico, sem limitações de tempo, e legitima as decisões tomadas e o controle exercido por indivíduos e grupos, excluindo interferências externas por parte do ambiente, chame-se ele coletividade ou sistema social.

Nesta perspectiva, fica mais clara a relação entre organização produtiva e Propriedade privada, a que nos referimos ao falar de Propriedade e poder. No caso da Propriedade privada, que representa um poder econômico efetivo, o objeto da Propriedade é a própria organização, mais em seu conjunto do que em cada uma das suas partes, algumas das quais (os homens) estão juridicamente excluídos de poderem ser objeto de Propriedade. Contudo, a organização não constitui um subsistema fechado dentro do sistema sócio-econômico; dele depende (e este é um tema amplamente tratado pelos economistas) e, mais ainda, ele o condiciona (o tema mais freqüentemente abordado pelos sociólogos), sem que, de resto, qualquer sistema social tenha conseguido elaborar instrumentos de controle capazes de assegurar que sejam perseguidos e alcançados os seus fins e não os de cada uma das suas partes, quando estas buscam fins que contrastam com os fins gerais.

A informação, também o dissemos, é outro setor essencial onde se manifesta o poder. Controlar e decidir quanto aos subsistemas onde se torna real a relação da Propriedade privada (em qualquer campo, mas sobretudo, como é natural, no das organizações produtivas), controlar e decidir tambem no que respeita ao funcionamento do sistema sócio-econômico global, implica o uso de informações apropriadas e exatas: o controle de tais informações confere automaticamente uma posição de vantagem sobre quem delas não pode dispor. Na medida em que a relação de Propriedade privada envolver a possibilidade exclusiva de dispor, controlar e decidir no tocante a essas informações, especialmente àquelas que concernem ao funcionamento do sistema global, crescerá e se robustecerá o poder de que dispõe a Propriedade privada com relação a esse mesmo sistema. A exclusividade da informação não respeita só à condição considerada no plano jurídico como "Propriedade intelectual"; compreende aspectos bastante mais vastos e importantes. Hoje, como já dissemos, ela é um dos pontos mais críticos que condicionam o funcionamento de qualquer sistema sócio-econômico, constituindo um aspecto eminentemente político; dela depende, de fato, a possibilidade de um controle difuso e apropriado do sistema (v. MANIPULAÇÃO).

Falar de sujeição ou de participação política, de centralização ou de descentralização das decisões é pôr em evidência alguns aspectos do problema geral do controle que o sistema exerce sobre si mesmo e teria o mesmo significado encarar o problema da função da escola a todos os níveis e dos outros "canais de informação" que hoje operam.

Tudo isto requer, provavelmente, que se reexamine, para o corrigir, o conceito tradicional de "poder", considerado à maneira de um "bem escasso" e, por assim dizer, "maciço" ou, quando muito, pouco divisível, ou seja, com as características de exclusividade que distinguem a Propriedade privada. A este conceito se opõe outro hoje emergente de um poder que *pode* ser distribuído, conquanto o efeito sinérgico seja do conjunto.

VII. ESBOÇO HISTÓRICO. — Nas antigas civilizações do "crescente fértil" (Egito, Síria, Mesopotâmia) ficou documentadamente provada a existência de muitas das variadas formas de Propriedade depois conhecidas com o evoluir das sociedades humanas. A forma de Propriedade mais antiga é certamente a forma coletiva das comunidades gentilícias (grupos familiares, clã, tribo). Cada um dos seus membros pode ter sobre os bens móveis e imóveis unicamente um direito temporário de gozo, inalienável e não transmissível. O predomínio da Propriedade coletiva funda-se provavelmente em concepções semelhantes às investigadas pelos etnólogos entre os povos chamados primitivos: o indivíduo não conta, o que conta é a comunidade, que é a verdadeira unidade social; por conseguinte, "a terra pertence — no sentido pleno do termo — ao grupo social em sua totalidade, ou seja, ao conjunto dos vivos e dos mortos" (Levy-Bruhl). A Propriedade privada, ao princípio, se limita aos utensílios que o homem fabrica por si mesmo. "Estes objetos são inseparáveis da pessoa: fazem parte dela, são ela mesma." De modo mais geral, entre os primitivos, é corrente o sentimento de "um vínculo místico criado entre a pessoa que possui e os objetos, que, de algum modo, fazem parte dela". Como parte integrante do grupo social e de cada indivíduo, a Propriedade é, pois, algo sagrado; isto explicaria a lentidão com que, no mundo antigo, se chega à plena reificação da coisa possuída e, paralelamente, à formulação da Propriedade como um direito de usar, alienar ou destruir um bem material. O aperfeiçoamento da instituição da Propriedade privada individual acompanha geralmente o progresso civil dos povos antigos e a transição irre-

versível da comunidade política de tipo gentílico à comunidade política territorial: o Estado tende a privilegiar juridicamente os indivíduos singulares, em desvantagem dos grupos gentílicos, que lhes são antagônicos. Ao mesmo tempo, ele dá origem a formas ingentes de Propriedade pública. Na tipologia marxista das formas pré-capitalistas, o surgimento da Propriedade privada e da Propriedade pública representa a dupla e divergente superação da "sociedade primitiva asiática", caracterizada pela propriedade coletiva dos meios de produção: com a primeira dá-se o desenvolvimento da "sociedade antiga", marcada pela Propriedade agrícola parcelar associada à indústria doméstica; com a segunda, a "sociedade asiática despótica", na qual, aos pequenos agricultores "unidos numa comunidade de produção", se contrapõe diretamente o Estado "como proprietário fundiário e, ao mesmo tempo, como soberano... não existe a propriedade privada da terra, embora exista a sua posse e o seu uso tanto privado como comum" (*O Capital*, III, VI). Nas antigas cidades-Estados sumérias, o rei, ou governador, detém como "arrendatário" do deus titular o mais vasto lote de terras (além do poder de impor tributos e do direito ao butim de guerra). A partir da segunda metade do terceiro milênio a.C., o comércio dos metais converte-se em monopólio régio. No Egito, "pelo menos teoricamente, toda a terra pertencia ao faraó e os excedentes de produção eram reunidos nos celeiros e tesouros reais. Na prática, uma parte substancial era destinada à nobreza oficial — os ministros de Estado e os governadores de distrito (monarcas)" (Gordon Childe). Enquanto o poder soberano se mantém forte, a "casa real" conserva o controle político e econômico de todo o país. Quando se debilita, ministros e governadores se reservam grandes propriedades de tipo feudal desmembrando-as de vastos domínios, ou distritos inteiros "organizados como 'casas' fechadas em si mesmas, miniaturas da 'casa real' de que faziam parte... Dentro das 'casas' reinava uma economia de tipo natural". Nelas, os artesãos, tal como os agricultores, estão provavelmente ligados à terra em que vivem. Entre os hebreus dos tempos pré-mosaicos, que vivem da pastorícia nômade, vige a Propriedade coletiva das terras de pasto e à Propriedade privada, familiar, do rebanho. Depois da migração para a Palestina, estende-se a Propriedade privada da terra que a Bíblia faz remontar a uma prescrição divina (*Números*, XXXIII, 53, 54). Inicialmente a Propriedade fundiária seria hereditária, perpétua, inviolável e só temporariamente alienável: de cinqüenta em cinqüenta anos, no ano jubilar, a família originariamente detentora da Propriedade recupera a sua posse (*Levítico*, XXV). Na época histórica, a Propriedade privada está já solidamente estabelecida. Criam-se grandes desigualdades. Concentra-se a Propriedade, os grandes proprietários de terras valem-se do poder político e da usura para expropriar e vender como escravos os pequenos agricultores. Mas, a partir do século IX a. C., nenhum judeu pôde continuar escravo por mais de sete anos.

O fenômeno da escravidão, da Propriedade do homem sobre o homem, é característico do mundo antigo, achando-se já presente nas sociedades primitivas. Nas sociedades antigo-orientais, ele apresenta, no entanto, um aspecto secundário, assume freqüentemente a forma de trabalho doméstico no âmbito da família patriarcal. É bem diferente a importância que tem no mundo greco-romano, onde este fenômeno atinge uma difusão tão enorme que se converte no fundamento da economia, justificando as tipificações marxistas de "modo de produção escrava" e "sociedade escravista".

A Grécia e Roma. — As fontes da Grécia arcaica atestam, desde a época mais antiga, a prática da divisão e atribuição de terras entre os vários grupos familiares. Segundo alguns estudiosos, as famílias a quem os terrenos eram concedidos obtinham só dessa maneira o direito de os usar; crê-se geralmente que, na Grécia arcaica, os bens móveis, especialmente objetos pessoais, constituíam Propriedade individual, enquanto os imóveis pertenciam à coletividade que os destinava ou tirava a seu arbítrio. Entre o fim do século VII e princípio do VI a. C., é presumível que se tenha consolidado o princípio da Propriedade privada. Ao princípio ela possui quase certamente um caráter familiar: os bens, de que os membros da família são com igual direito proprietários, não podem ser vendidos nem livremente destinados por testamento. A proibição de testar foi abolida em Atenas por Sólon (início do século VI) só para quem não tivesse prole e, em Esparta, apenas no século V. Enfim, é bastante lentamente que se vai impondo o princípio da plena Propriedade individual. Isso é também conseqüência do aparecimento da economia monetária (século VII) que encontra no mundo helênico a primeira área da sua escolha. O uso da moeda tem o efeito de mobilizar a Propriedade em dimensões antes desconhecidas. A desigualdade da distribuição da riqueza aumenta consideravelmente, difundem-se as hipotecas, os critérios usurários, a escravidão por dívidas. Embora os gregos não tenham chegado nunca a possuir um termo técnico que a definisse, puseram certamente em prática o princípio de uma Propriedade individual plena, disponível e inviolável. Nas formas de direito mais evoluído, o proprietário pode servir-se da coisa

ou gozar dos seus frutos, pode aliená-la, arrendá-la, hipotecá-la e, enfim, destruí-la. O seu direito está limitado apenas pelo poder de expropriação por parte do Estado por motivos de utilidade pública e por algumas servidões.

Não está provado que, na sociedade romana arcaica, existisse o regime de Propriedade coletiva, mas é verossímil que, no início, todo o território de uma *gens* fosse Propriedade indivisa dessa mesma *gens (res mancipi)* e que ela gozasse também de um poder político soberano sobre o território. A Propriedade de coisas a título individual talvez só fosse admitida para certos bens móveis *(res nec mancipi)*, mas então a Propriedade estava estreitamente ligada à posse (sem a qual todo o direito à coisa desaparecia). A mistura de elementos públicos e patrimoniais existente na Propriedade gentilícia, encontramo-la ainda no amplo poder de que goza o *pater famílias (potestas, manus, mancipium)* no âmbito da cidade-Estado que se afirma com a desagregação do poder gentilício. O patrimônio familiar *(família, pecunia, família pecuniaque)* compreende os animais, as alfaias agrícolas, os escravos *(humana instrumenta)*, mas sobretudo a terra *(fundus)*. Até à tardia romanidade, ele é Propriedade exclusiva do *pater*, com as características marcantes e típicas do *dominium ex jure Quiritium*: é perpétua, exclusiva, absoluta, isenta de impostos, extensiva a tudo o que se encontra acima e abaixo do solo, e sujeita a pequenas limitações; só na época romano-helenística é que as limitações impostas pelo Estado se tornam numerosas e se impõe o princípio da expropriação por utilidade pública. À Propriedade plena sobre o *ager limitatus* se contrapõe a Propriedade precária e revogável do *ager arcifinius (publicus, occupatorius)* concedido pelo Estado. Esta distinção se atenua pouco a pouco, em benefício principalmente das grandes famílias aristocráticas, até desaparecer de todo e os territórios concedidos se tornarem domínios *optimo jure*, após a desafortunada tentativa dos Gracos de redistribuir o *ager publicus*. Desta maneira, todas as terras itálicas se convertem, gradualmente, em domínios assimilados ao domínio sobre o *ager romanus*, ao mesmo tempo que, paralelamente, se estende o direito romano a todo o território da península e é concedida a todos os itálicos a cidadania romana. A mesma evolução se dá depois com relação à Propriedade rústica das províncias: não se reconhece ao princípio como domínio *optimo jure*, mas se permite a sua posse e usufruto aos provinciamos e aos próprios cidadãos romanos, a troco de um tributo periódico. A diferença entre este tipo de Propriedade, de grau inferior, e o da Propriedade do terreno rústico itálico cessa, quando Diocleciano estende também o imposto fundiário a essa última. É, no entanto, a partir do último século da república, que se desenvolve a grande Propriedade fundiária; sobre os imensos latifúndios condenados por Plínio, o Velho, trabalham massas cada vez maiores de escravos; o modo de produção escravista atinge, com o império, o seu auge. O desenvolvimento das atividades mercantis, financeiras e manufatoras torna entretanto conveniente uma legalização mais ágil da transmissão da Propriedade e igual tutela para a res mancipi adquirida pela simples traditio. Com as sentenças dos pretores, cresce a chamada Propriedade bonitaria (de in bonis habere): com isso, as res mancipi obtidas sem atos solenes ficam convenientemente tuteladas, assim como as res nec mancipi, cuja Propriedade estava originariamente ligada à posse e só era tutelada contra o furto. Finalmente, na época de Justiniano, a instituição da Propriedade adquire um caráter unitário: não existem mais as antigas distinções entre ius quiritium e in bonis, entre res mancipi e nec mancipi, nem tampouco entre Propriedade dos cives e Propriedade peregrina, instituto mediante o qual os pretores tinham defendido a Propriedade dos estrangeiros privados do ius commerci. O direito de Propriedade converte-se, sob todos os aspectos, no ius utendi et abutendi re sua, segundo a célebre definição inspirada numa das leis das Pandectas. Não obstante, no momento em que a instituição da Propriedade privada atinge, no campo normativo, sua formulação mais coerente e vigorosa, ela parece, ao contrário, notavelmente restringida e prejudicada no campo de efetuação econômico-social. Na época imperial, a Propriedade pública dos meios de produção se foi estendendo em enormes proporções. O Estado "transformou-se no maior latifundiário do Império" (Piganiol), em proprietário e administrador de numerosas minas e fábricas de armas, dirigidas por funcionários (procuratores) diretamente dependentes da administração central. Aliás, todo o aparelho produtivo e distributivo do império fica sujeito, depois da crise do século III, a um férreo regime dirigista ("uma economia de estado de assédio") que esvazia parcialmente de significado a instituição da Propriedade privada. Finalmente, na última fase do império, a crise da pequena Propriedade rural e o crescimento desmesurado dos latifúndios levam, com o declínio da autoridade estatal, à formação de alguns tipos precários de Propriedade, de características pré-feudais. Os pequenos camponeses (os humiliores das regiões rurais) acolhem-se à proteção dos grandes proprietários, os honestiores, cedendo-lhes as próprias terras e readquirindo-as in precarium. Entretanto, refugiam-se também nas villae numerosos artesãos

urbanos. No coração de uma economia cada vez mais estatizada, vão-se formando assim enclaves territoriais cada vez mais vastos, de economia tendentemente natural. Através dos mecanismos da commendatio e da cessão precária, "as terras se juntam a outras terras, os privilégios a outros privilégios, e o feudalismo começa a esboçar-se ainda antes das invasões" (J.-Ph. Levy).

A Idade Média. — Com as invasões bárbaras e o desfazer-se do império do Ocidente, existe uma maciça transferência de Propriedades. Os recém-chegados aplicam, em grande escala, o antigo instituto da hospitalitas, confiscando pelo menos um terço das terras conquistadas; ao mesmo tempo, os soberanos bárbaros asseguram à coroa as imensas possessões de Propriedade imperial. Neste contexto, a Propriedade passa por profundas modificações.

Entre os germanos, no tempo das invasões, ela apresenta ainda características arcaicas. Estes povos, então ainda fortemente propensos ao nomadismo, passam de um território a outro, que exploram coletivamente, enquanto ele se mantém fértil; depois emigram. As tribos é que são titulares desta Propriedade coletiva (Marka, Allmende, Volkland). As terras confiscadas aos proprietários romanos ou provinciais tornam-se, por conseguinte, Propriedade coletiva dos grupos gentilícios (sippen, fare) ou por vezes, de comunidades de soldados (arimannie). Mais tarde, em contato com o direito romano e por necessidade de salvaguardar o caráter intensivo das culturas, começa a desenvolver-se entre os germanos a Propriedade privada das terras, delimitada, em primeiro lugar, pelos vínculos familiares (não são permitidas alienações danosas aos herdeiros e sem o consentimento dos filhos), enquanto se conserva o uso de bens comuns (não ignorado, aliás, no direito romano) como terras cultiváveis, bosques, pastagens. Forma-se, entretanto, a grande Propriedade de terras germânica, que ladeia e depois se funde com a Propriedade "senatorial" itálica e provincial. Contudo, o princípio que se estabelece na Idade Média sofre as influências da concepção do "Gewere" germânico, que não é a Propriedade plena e absoluta dos romanos, mas um direito parcial de usufruto da coisa, o qual não exclui outros "Gewere" sobre essa mesma coisa, levando assim à concepção tipicamente feudal do dominium divisum, isto é, de uma Propriedade dividida entre vários dominia, possuidores de títulos diversos sobre uma mesma coisa. Esta concepção será aceita e aplicada também pelos juristas do renascente direito romano, para definir as relações de vassalagem: falar-se-á de dominium directum, pertencente ao senior que concede, e de um dominium utile pertencente ao concessionário (*vassus, puer*), válido não só para o feudo, como também para a enfiteuse, o aforamento e a locação a longo prazo. A concessão do *dominium divisum* se harmoniza particularmente bem com a realidade política, social e econômica da Idade Média. Enquanto ideologicamente persiste a vinculação com a concepção universalista e despótica da DOMINAÇÃO (v.) constantiniana — tanto que, segundo alguns juristas, o *dominus mundi* ou imperador possui verdadeiro e autêntico direito de Propriedade sobre todas as coisas — na realidade, o estado decadente da agricultura e das cidades, da autoridade pública e das vias de transporte e comunicação, leva a uma fragmentação do poder político e do controle econômico cada vez mais acentuada, se bem que dissimulada por uma complicada trama de interdependências jurídicas, tendentes a negar, abaixo da autoridade imperial, qualquer forma de poder político soberano e de plena e exclusiva Propriedade. De fato, não existindo uma autoridade central dotada de um poder efetivo, reina em todos os níveis aquela "confusão da soberania e da Propriedade" (Guizot) que é típica do FEUDALISMO (v.): o proprietário de terras assume poderes políticos sobre os camponeses que trabalham nas suas terras, impondo uma série de limitações às suas liberdades pessoais. Assim, o modo de produção escravista é substituído pelo feudal: ao escravo sucede o servo, que goza de uma liberdade pessoal parcial, da Propriedade parcial dos meios de produção (instrumentos de trabalho, animais) e de uma certa autonomia na gestão da sua pequena empresa agrícola.

Para a desvalorização do conceito clássico de Propriedade concorreu também o pensamento cristão dominante que, com S. Tomás, só a Deus reconhece o *principale dominium*, o único domínio verdadeiramente absoluto, e condiciona, em geral, o direito de propriedade à obrigação de colocar as próprias riquezas ao serviço dos pobres e necessitados.

Não se pode deixar de afirmar, por outro lado, que, conquanto restrita, a área da plena Propriedade privada, chamada na época feudal *allodio* (do germânico *all od*, plena posse), não desapareceu completamente; com o declinar da economia feudal e com a chegada da época comunal, ela torna a reexpandir-se. As comunas libertam as terras em redor dos vínculos feudais e os cidadãos ricos investem depois em bens imóveis parte das suas riquezas. É neles que o *dominium directum* e o *dominium utile* voltam a unir-se e, mais em geral, é sob o impulso modernizante das cidades que torna a afirmar-se em toda a Europa o princípio da Propriedade plena e absoluta sobre as coisas móveis e imóveis, uma Propriedade que

Bartolomeu de Sassoferrato (1314-57) já define romanisticamente como *ius de re corporali perfecte diponendi nisi lex prohibeat*. Ao retorno à concepção humanística da Propriedade impele também a volta à economia monetária que exige a plena comercialização das terras e, em geral, de qualquer bem, assim como a conseqüente remoção de todo o estorvo de natureza feudal. Um pouco mais tarde, a descoberta do Novo Mundo, a sua colonização e exploração, o grande comércio atlântico e a "revolução dos preços" anunciarão o fim da economia de base predominantemente agrícola e da milenar supremacia econômica, social e política da Propriedade imobiliária que a ela está ligada.

A Idade Moderna. — Com o comércio, os bancos e o início da grande produção manufatureira, nascem os grandes impérios financeiros de algumas das grandes famílias (os Bardi, os Peruzzi, os Medici, depois os Welser e os Fugger), a que se seguirão, nos séculos XVI e XVII, os grandes bancos públicos (o Banco de Rialto, os bancos de Amsterdam, de Hamburgo e de Londres). Depressa se desenvolverão também as sociedades por ações (a Companhia Holandesa das Índias e a Companhia Inglesa das Índias Orientais que, tendo sido fundadas no início do século XVI, distribuirão dividendos fabulosos de 15 até 380%). No século XVI, a iniciativa da propriedade privada mobiliária européia atravessa os mares e tende a tornar-se mundial. Neste período começa a dar-se o fenômeno da chamada acumulação primária do capital, tirado, em boa parte, dos países de dominação colonial. Esta leva a um grande desenvolvimento da indústria manufatureira e à concentração predominante da iniciativa do capital móvel oriundo do comércio e do investimento colonial na produção de manufaturados. A formação paralela de uma mão-de-obra carente de tudo (v. PROLETARIADO) leva ao surgimento do moderno CAPITALISMO (v.), que, com a Revolução Industrial, passa da fase manufatureira à do maquinismo. À Propriedade imobiliária veio juntar-se uma nova Propriedade, a industrial, constituída por terrenos, edifícios e instalações (o capital fixo da empresa). As protagonistas desta evolução são a média e pequena empresas de Propriedade individual ou societária que operam no livre mercado; é este que fixa os custos dos fatores de produção (inclusive do trabalho assalariado) e dos preços das mercadorias produzidas. É a fase do capitalismo clássico, concorrencial. A iniciativa da propriedade mobiliária é apoiada por uma estrutura de bancos, bolsas, *holdings*, cada vez mais complexa. A evolução ideológica e jurídica tende a justificar e a facilitar ao máximo a plena expansão da Propriedade privada. O jusnaturalismo a exalta como um direito fundamental, junto com a vida e a liberdade. A evolução jurídica culmina na declaração dos direitos de 1789, que proclama a Propriedade inviolável e sagrada, e no *Code Civil*, que faz dela, segundo a concepção românica, "um direito de dispor das coisas de forma absoluta, desde que não se faça delas um uso proibido pelas leis". Esta definição se encontra tal qual no art. 436 do código civil italiano de 1865. O regime concorrencial leva, no fim do século XIX, a uma progressiva concentração societária do capital e ao aparecimento das sociedades acionárias gigantes, destinadas a dominar a produção e o mercado mundiais. Passa-se do capitalismo concorrencial ao capitalismo oligopolista e monopólico.

Na história da Propriedade, um dos eventos de grande alcance foi a revolução russa que assinala o nascimento de um novo sistema econômico-social e apregoa, pelo menos em princípio, a superação da Propriedade privada dos meios de produção. A principal novidade registrada no começo desta revolução é a da autogestão operária das indústrias. Mas bem depressa é substituída pela gestão de dirigentes nomeados pelo Estado e por este controlados, de forma análoga ao que vem sucedendo já com os transportes e com os bancos. Na agricultura, depois da enorme vaga de expropriações de terras, das alternas vicissitudes do "comunismo de guerra" e da NEP, a superação da Propriedade privada tradicional se realiza rapidamente, a partir dos fins dos anos 20, com a constituição de cooperativas agrícolas (*kolchoz*) e de fazendas agrícolas do Estado (*sovchoz*). A experiência soviética será repetida, em suas diversas formas, e desenvolvida em sentidos diversos, no âmbito do sistema de Estados coletivistas criado depois da Segunda Guerra Mundial.

No mundo capitalista, o fenômeno da concentração financeira se acentua entretanto. No segundo pós-guerra, as grandes sociedades estendem suas atividades por outros setores (*conglomerates*) e por outros países (multinacionais). Nos Estados Unidos, transformados, nas primeiras décadas deste século, na primeira potência industrial, este processo se torna excepcionalmente acentuado. Em 1962, as 100 maiores sociedades americanas controlam 58% dos terrenos, edifícios e instalações utilizados pela indústria estadunidense. Nesta fase do capitalismo evoluído, opera-se uma importante mudança no campo da Propriedade.

O capital das grandes *corporations* pulveriza-se entre milhares de pequenos acionistas que são postos fora do processo decisório das empresas, passando este às mãos dos *top managers* ou altos dirigentes (ou então daqueles que são proprietá-

rios ou representantes de importante número de ações): é o fenômeno da separação entre a Propriedade e o controle, surgido já no começo dos anos 30. Esta tendência é favorecida na Europa pelo forte aumento da Propriedade pública dos meios de produção: nas grandes empresas de capital público, a separação entre a Propriedade (do Estado) e o controle, em mãos dos *managers* públicos, é completa. A elevação do Estado a protagonista máximo da atividade produtiva é, de qualquer modo, o fato saliente do atual desenvolvimento capitalista. Mesmo nos países onde a Propriedade pública não está estendida como na América, é enorme a importância assumida pela administração pública ao comissionar setores que fazem avançar a produção (armamentos, pesquisa espacial), e ao regular os fluxos financeiros (através dos dispositivos fiscais, das despesas "de transferência" e do controle do crédito), enquanto o acentuado dirigismo que, em geral, visa a uma programação articulada das economias capitalistas, faz com que, na gestão efetiva da economia, aos capitalistas e *managers* privados ou públicos, se juntem e se sobreponham os tecnocratas do Estado, tornando-se o papel ativo da Propriedade privada e da iniciativa individual cada vez mais secundário. No campo jurídico e ideológico, a Propriedade privada tende a perder a condição de privilégio excepcional e de especial proteção de que gozava no século XIX. Vai-se impondo o conceito de que a Propriedade de um bem, especialmente quando instrumental, só é legítima se cumprir uma função social. No direito italiano, o código civil de 1942 já destacava as obrigações impostas pelo ordenamento jurídico (art. 832). A Constituição republicana fala expressamente da função social da Propriedade, afirmando que ela pode ser expropriada por motivos de interesse geral (art. 42). Em geral, o sistema econômico capitalista parece tender, de forma mais gradual, àquela marginalização da Propriedade privada que se operou drasticamente nos países de capital monopólico estatal. Entre as principais diferenças verificáveis até agora entre os dois sistemas no tocante à Propriedade, contam-se: 1) a maior autonomia (acrescida do fato de que, normalmente, os altos dirigentes são também grandes acionistas) de que gozam, atrás da fachada privatista das empresas não públicas, os *managers* privados, em confronto com os dirigentes das empresas de Estados socialistas coletivistas; 2) a permanência de um setor de pequenas e médias empresas de tipo agrícola (existentes também no mundo socialista) ou de tipo industrial e artesanal (complementares da grande empresa) que são propriedade e são administradas por uma pequena burguesia "relativamente autônoma"; 3) a existência de uma extensa Propriedade de títulos de ações e obrigações que constituem condição de renda mais ou menos parasitária a cargo do sistema produtivo. A tendência mundial levará, em definitivo, à limitação da Propriedade privada ao âmbito dos bens de consumo, mesmo que o controle dos grandes meios financeiros, de produção e de troca, possa continuar a concentrar ainda por longo tempo nos grupos particulares a gestão do poder econômico e, por conseguinte, direta ou indiretamente, a gestão do poder político.

BIBLIOGRAFIA. – P. A. BARAN e P. M. SWEEZY, *Il capitale monopolistico* (1966), Einaudi, Torino 1968; A. A. BERLE e G. C. MEANS, *Società per azioni e proprietà private* (1932). Einaudi, Torino 1966; F. CHALLAYE, *Histoire de la propriété*, P.U.F., Paris 1967; H. DENIS, *Storia del Pensiero Economico* (1965), Mondadori, Milano 1973[2]; M. DOBB. *Problemi di storia del capitalismo* (1946), Editori Riuniti. Roma 1969; J. K. GALBRAITH, *Il nuovo Stato industriale* (1967), Einaudi, Torino 1968; R. GONNARD, *La propriété dans la doctrine et dans l'histoire*, Librairie Générale de Droit et de Jurisprudence, Paris 1943; V. GORDON CHILDE, *Il progresso nel mondo antico* (1942), Einaudi, Torino 1970[3]; I.-PH. LEVY, *L'économie antique*, P.U.F., Paris 1969; K. MARX, *Il capitale* (1867, 1885, 1894), Editori Riuniti, Roma 1951-56, 3 vols.; K. MARX, F. ENGELS. W. LENIN, *Sulle società precapitalistiche* (1970), ao cuidado de M. Godelier, Feltrinelli, Milano 1970; P. PERLINGIERI, *Introduzione alla problematica della "proprietà"*, Jovene, Napoli 1971; S. RODOTA, *Proprietà (diritto vigenti)* in *Novissimo digesto italiano*, UTET, Torino 1967. vol. XIV; Id., *Il terrible diritto*, Il Mulino, Bologna 1982; R. SCHLATTER, *Private property: the history of an idea*. Allen and Unwin, London 1951.

[GIULIANO MARTIGNETTI]

Pública, Administração.
V. Administração Pública.

Puritanismo.

I. INTRODUÇÃO HISTÓRICA. — O termo Puritanismo não designa uma igreja ou uma seita específicas, nem um sistema teológico bem definido, mas o movimento de reforma religiosa surgido na Inglaterra durante o reinado de Isabel I, para "purificar" a Igreja anglicana de todos os resíduos de "papismo"; ampliando-se, assumiu o protesto político parlamentar que culminaria na revolução contra Carlos I, na quarta década do século XVII.

Surgido em torno de 1570, por obra, sobretudo, de ex-exilados que haviam fugido para o continente, durante as perseguições da rainha católica Maria Tudor (1553-58) e que, se bem que com algumas esfumaturas, haviam aderido ao calvinismo em Frankfurt e Genebra, o Puritanismo do século XVI teve no grupo presbiteriano, chefiado por Th. Cartwright, seu centro propulsor. O presbiterianismo, que foi até à chegada de Cromwell ao poder a ala mais forte do Puritanismo, queria, conforme o exemplo escocês, uma Igreja nacional calvinista que abolisse os bispos e transferisse os seus poderes às *classes*, órgãos constituídos por pastores e representantes leigos das paróquias. Chocando com a política de Isabel, interessada em fazer da adesão à Igreja anglicana mais uma prova de fidelidade à nação que um meio de reforma espiritual, os presbiterianos foram vencidos e as suas esperanças destruídas. Não obstante, o Puritanismo não morreu; muito ao contrário, a obra de proselitismo dos seus adeptos abriu brechas em amplos estratos da população, sobretudo entre a *gentry* do campo e as classes mercantis das cidades. As discussões suscitadas pelos puritanos no campo religioso vieram assim a fundir-se com o protesto político que estes grupos, cada vez mais fortes na *House of commons*, promoveram contra as tendências dos primeiros soberanos Stuart, Jaime I e Carlos I, que procuravam robustecer o Governo central para ampliar a esfera do poder real. Foi neste período de ásperas lutas e de perseguições que os grupos de puritanos radicais pertencentes à ala congregacionista — que só reconhece como verdadeiras as Igrejas, ou congregações, diretamente formadas por fiéis "regenerados" — negando qualquer hierarquia entre elas — emigraram para a América do Norte, onde fundaram, a partir de 1620, as colônias da New England. Ali, e sobretudo em Massachusetts, os ideais religiosos e políticos dos puritanos pareceram realizar-se, tanto que influíram profundamente em toda a civilização ulterior americana, que, na herança por eles deixada, buscou sempre as razões mais profundas da própria identidade.

Unido no combate aos soberanos Stuart, o Puritanismo revelou a sua natureza heterogênea no momento do seu triunfo, isto é, durante a revolução. A maioria presbiteriana, tanto no Parlamento como entre os pastores, não conseguiu realmente impor-se às correntes sectárias — congregacionistas, batistas, etc., geralmente designados como independentes — e a sua tentativa de impor uma Igreja nacional presbiteriana, levada a efeito em 1645, se revelou inviável. Controlando o exército, os independentes conseguiram conquistar, em 1648, o poder político. Foi a seguir, no protetorado de Oliver Cromwell, que se fez o último e supremo esforço pela reforma da vida política e moral da nação, segundo os ideais puritanos. Mas a tentativa feita pelo chamado *Barebones Parliament* (junho-dezembro de 1653), visando a impor a todos, mesmo pela força, as normas ditadas pela pequena assembléia dos "regenerados" calvinistas, se mostrou utópica. A desilusão provocada por tais experiências e pelo malogro em restabelecer a concórdia religiosa foi uma das causas que facilitaram a restauração monárquica em 1660, sob Carlos II; a isso se seguiu o ocaso definitivo do Puritanismo como força política e um longo período de discriminação contra os sectários.

II. INFLUÊNCIA DO PURITANISMO NA SOCIEDADE INGLESA.

— A penetração do Puritanismo entre a *gentry* e as classes mercantis e profissionais foi um fenômeno de importância histórica excepcional. Eram, com efeito, estes os grupos sociais mais atingidos pelas grandes transformações da Inglaterra no século XVI: a reforma Tudor do Estado, a crise da aristocracia, a venda dos bens eclesiásticos depois da Reforma, a ampliação do mercado internacional, a penetração das idéias renascentistas e a inserção da espiritualidade reformada na piedade tradicional inglesa. Mesmo que não se aceite a tese do surgimento da classe média neste período, a baixa nobreza e os comerciantes eram impelidos pelas sobreditas transformações a assumir posições inovadoras com relação às estruturas sociais e aos modos de viver tradicionais. Estes, no entanto, traduziam numa *Weltanschauung* profundamente religiosa os desejos de mudança, bem como as ânsias e perigos que daí derivavam, vendo agigantarem-se os defeitos da Igreja anglicana — a ignorância de muitos pastores, o formalismo do cerimonial e o abandono espiritual do povo. Chegaram, por isso, à assustadora conclusão de que a Igreja Anglicana era incapaz de promover a salvação e, por conseguinte, de pôr em ordem o seu confuso horizonte espiritual. A pregação puritana, que insistia numa religiosidade íntima e espontânea e na necessidade, para a salvação, do renascimento de cada um por meio da graça concedida por Deus individualmente (regeneração), isto é, de uma transformação interior que havia de ser buscada pessoalmente e sem a mediação direta de uma igreja, devolvia a confiança em si e na religião. À interiorização da relação homem-Deus, correspondia a interiorização do imperativo ético, porque a única prova, embora nunca certa, de ter obtido o perdão divino, estava na capacidade de viver a

vida moral no coerente cumprimento dos próprios deveres da vida terrena. O conceito de *vocação*, de origem luterana, pelo qual o cristão se revela instrumento de Deus, não nos heroísmos da vida monástica, mas na aceitação do próprio lugar no mundo, onde cabe demonstrar a glória divina, vencendo o mal, atuando de maneira cristã e com sucesso no reino do demônio, torna-se assim um dos fundamentos do Puritanismo. Esta religiosidade, sempre cuidadosa em resolver, em termos de experiência prática, as dúvidas espirituais e intelectuais, permitiu a um grande número de ingleses resolver, em termos religiosos, os problemas criados pelas modificações históricas que estavam vivendo. Impedindo trágicas cisões entre o apelo religioso e os novos processos sociais e políticos, o Puritanismo, embora ideologia de uma revolução, se revelou uma preciosa força de canalização e organização das tendências que levavam à mudança social, no delicado período de incubação do mundo moderno.

III. PURITANISMO E CAPITALISMO: AS TESES DE MAX WEBER.

— Duramente atacado nos fins do século passado por seu espírito autoritário, sua moral rígida e restrita a uma religiosidade precisa e sem espontaneidade, de que acabou por se tornar símbolo, o Puritanismo tornou ao centro do interesse dos estudiosos como fator primário do desenvolvimento da civilização ocidental, com a obra de Max Weber *Die protestantische Ethik und der Geist des Kapitalismus*, de 1905. Desde então, em conseqüência da furiosa polêmica levantada em torno dessa obra e devido aos sucessivos estudos do mesmo autor sobre as relações entre religião e sociedade, o Puritanismo tornou-se corpo de prova obrigatório tanto para os estudiosos das origens do capitalismo, quanto para os estudiosos da mudança social.

O estudo da ética protestante nasceu, para Weber, da necessidade de explicar a fraqueza da burguesia alemã, sobretudo se comparada com a burguesia inglesa, e se desenvolveu como pesquisa das forças que deram origem ao capitalismo e, portanto, à burguesia. Em constante polêmica, se bem que as mais das vezes apenas implícita, com o marxismo, Weber reavalia as idéias ético-religiosas e as mudanças na consciência de grupo que elas provocam, como fator primário da mudança social. Não cai, porém, num monofatorismo que subvertesse simplesmente a relação marxista estrutura/supra-estrutura, para fazer do Puritanismo a única causa do capitalismo. Ele se coloca numa perspectiva plurifatorial onde os elementos psicológicos e religiosos emparelham com os econômicos.

O capitalismo moderno, diferente do simples desejo de riquezas e caracterizado pela organização nacional do trabalho livre na empresa, não pode ter surgido espontaneamente, segundo Weber, sem uma mudança radical no horizonte psicológico e intelectual do homem; um horizonte que, em seu entender, mais uma vez em polêmica com Marx, é naturalmente caracterizado pelo tradicionalismo, ou seja, pela tendência a achar suficientes o teor e modos de vida herdados. Ter-se-ia chegado a tal mudança com a Reforma e, particularmente, com o calvinismo, que teria reabilitado a idéia da vocação terrena, desviada na Alemanha para o misticismo, unindo-à da predestinação. O Puritanismo inglês e americano, na opinião de Weber, outra coisa não fez senão cristalizar e pôr em prática, numa situação histórica particularmente favorável, essas tendências, que orientavam o homem, subtraindo-o definitivamente "ao império da magia", e lhe permitiam agir como indivíduo inteiramente racional e responsável. Sozinho diante de Deus juiz, privado da ajuda da Igreja e da possibilidade de escapar, através da "magia" dos sacramentos, à angústia do ser pecador, o puritano devia, na verdade, buscar uma solução para as suas incertezas espirituais no racionalismo prático da "ascese terrena". Este conceito, que é central na análise weberiana, nos faz voltar ao que se disse antes sobre o significado da vocação terrena e sobre a necessidade que há, para obter pelo menos uma certeza parcial da própria salvação, de assegurar-se constantemente de novo, provando a própria capacidade de perseverar e de prosperar na própria vocação. A mudança do agir no campo da atividade ética levava à necessidade de racionalizar a ação até ao máximo, para obter um sucesso terreno que era avaliado, antes de tudo, em termos ético-religiosos. O mecanismo que daí nasceu e que estimulava, não ao consumo, mas à poupança para poder reinvestir em novas atividades econômicas, teria dado lugar à acumulação primária, demonstrando assim a importância do Puritanismo como elemento propulsor do capitalismo.

Depois de uma viagem pelos Estados Unidos em companhia de E. Troelsch, Weber tratou novamente do tema do Puritanismo, mas desde outro ponto de vista, em *Die protestantischen Sekten und der Geist des Kapitalismus* (1906). A compreensão do pluralismo americano e o conceito troelschiano de "seita" lhe permitiram afirmar a importância não só da "ética" protestante, como também da organização religiosa sectária no desenvolvimento do capitalismo. Baseando-se essa organização na escolha dos futuros membros por parte de quem já o é, a fim de preservar sua

pureza, ela se traduz no atento escrutínio do comportamento dos candidatos, avaliada segundo os padrões e os ideais da ascese terrena. Essa atenta supervisão, que também se protrai sucessivamente e pode levar a quem não se adapta à moral do grupo a uma exclusão equivalente a uma verdadeira ruína social, é instrumento essencial no desenvolvimento de uma mentalidade racionalista e capitalista. Aqui se vê, portanto, como a contribuição do Puritanismo para a sociedade moderna se concretiza numa achega não só intelectual como organizativa — a seita — que faz dele a clave daquela marcha do homem à busca da razão que é a base do pensamento weberiano.

A polêmica sobre as teses de Weber, muito acesa até à Segunda Guerra Mundial, mas ainda hoje muito longe de se haver acalmado, ampliou a discussão sobre as origens do capitalismo, o que L. Brentano fez remontar, mais atrás, à Idade Média, que Sombart encontrou nas práticas econômicas dos hebreus e R. H. Tawney no "espírito" não apenas do Puritanismo, mas do protestantismo em geral. Os estudiosos da história econômica também interviram no debate, para negar ou diminuir a importância das idéias religiosas na vida econômica, quer desde o ponto de vista marxista (M. Dobb), quer desde o não-marxista (H. Sée, H. R. Trevor-Roper). Nesta discussão, o Puritanismo acabou muitas vezes por passar para segundo plano, não obstante o forte apoio de E. Troelsch às teses de Weber; mas não se pode dizer que isso o tenha levado ao esquecimento, nem que as tentativas de A. Fanfani de o julgar, do ponto de vista católico, como agente de descristianização do homem, ou as de A. Hyma de o apresentar antes como um movimento conservador do que inovador, tenham aberto brechas profundas no que Weber escreveu. Pelo contrário, acalmados os ânimos em torno do tema do capitalismo, os sociólogos, principalmente Parsons, reabilitaram o exemplo puritano dentro da temática da mudança social, fazendo dele ponto obrigatório da sua reflexão.

BIBLIOGRAFIA. — T. BONAZZI, *Il sacro esperimento*, Il Mulino, Bologna 1970; P. COLLINSON, *The Elizabethan Puritan Movement*, Cape, London 1967; J. E. EUSDEN, *Puritans Lawyers and Politics in early XVII Century England*, Yale Univ. Press, New Haven 1958; *Puritanesimo e libertà*, ao cuidado de V. GABRIELI, Einaudi, Torino 1956; W. HALLER, *Liberty and reformation in the puritan revolution*, Columbia, New York 1955; CH. HILL, *Puritanism and revolution*, Seeker-Warburg, London 1958; Id., *Society and puritanism in pre-revolutionary england*, Mercury Books, London 1964; P. MILLER, *Lo spirito della Nuova Inghilterra* (1939 e 1953), Il Mulino, Bologna 1962, 2 vols.; G.

L. Mosse, *The Holy Pretence*, Blackwell, Oxford 1957; J. F. H. New, *Anglican and puritan: the basis of their opposition*, Stanford Univ. Press., Stanford 1964; A. Simpson. *Puritanism in Old and New England*, Chicago Univ. Press., Chicago 1955; W. Sombart, *Il borghese* (1913), Longanesi, Milano 1950; H. R. Trevor-Roper, *Protestantesimo e transformazione sociale* (1967), Laterza, Bari 1969; E. Troelsch, *Le douttrine sociali delle chiese e dei gruppi cristiani* (1911), La Nuova Italia, Firenze 1960, vol. II; M. Walzer, *The Revolution of the Saints*, Harvard Univ. Press, Cambridge, Mass. 1965; W. Weber, *L'etica protestante e lo spirito del capitalismo* (1904-5), Sansoni, Firenze 1965; L. Ziff, *Puritanism in America*, Viking Press, New York 1973.

[Tiziano Bonazzi]

Qualunquismo.

Assinalam-se com a definição de Qualunquismo uma série de atitudes e comportamentos políticos muito difundidos nos países ocidentais, embora na variedade dos casos nacionais, e que tem como substrato comum a exaltação do indivíduo e do seu trabalho, a defesa da família e da propriedade e a promoção da ordem e da lei. Pelo contrário, a atividade política, o papel dos partidos e qualquer atitude de dissenso quanto ao sistema são considerados por estes movimentos como fenômenos que, provocados por minorias agressivas e não representativas, perturbam a ordem e a convivência social, que é a vontade da maioria. As mais importantes encarnações do Qualunquismo se verificaram na Itália e na França, mas se encontram exemplos dele também nos Estados Unidos e na Dinamarca.

O movimento no qual teve origem o termo surgiu ao redor do semanário "L'uomo qualunque", fundado em Roma em dezembro de 1944 sob a direção do comediógrafo Guglielmo Giannini. A mais completa exposição de seus vagos princípios pode ser encontrada no volume do próprio Giannini, *La folla* (1946). Explorando a ampla camada de opinião pública centro-meridional, formada de pequenos-burgueses e despolitizada, e que logo após a guerra não tinha nenhum partido que a representasse em seus interesses, Giannini conseguiu fazer eleger 36 deputados para a Constituinte (2 de junho de 1946). Outros grandes sucessos conseguiu algumas semanas depois nas eleições administrativas de Roma e, em seguida, em abril de 1947, nas eleições regionais da Sicília.

A reorganização do partido fascista sob a forma de Movimento Social Italiano, a penetração da Democracia Cristã no eleitorado moderado, graças ao acentuar-se da sua propaganda anticomunista, ao aumento da presença do partido monárquico e à incapacidade natural da *Fronte dell'uomo qualunque* (Frente do homem comum), para organizar-se e estruturar-se, devido à sua base social tipicamente refratária a qualquer tipo de participação constante, todos estes fatores provocaram seu rápido declínio.

Na França, o Qualunquismo se apresentou sob as aparências de um fenômeno coletivo dos pequenos comerciantes e artesãos contra a política fiscal do Governo, protesto organizado pelo dono de uma papelaria, Pierre Poujade, no período de 1953-1956. Os temas principais, além da exigência da redução dos impostos contra o Estado "vampiro", eram a luta contra a corrupção pública e a imoralidade privada, o antiparlamentarismo e, veladamente, o anti-semitismo. Entre as propostas concretas apresentadas pelo semanário do movimento "Fraternité Française", destaca-se a reorganização do Estado com base na representação corporativa dos interesses, que tinham como modelo os Estados-gerais de Luís XIV. Explorando a profunda crise interna da IV República e os graves insucessos internacionais da Indochina e da Argélia, a *Union pour la Défense des Commerçants et Artisans* (UDCA) conseguiu seu ponto máximo de votos nas eleições políticas de janeiro de 1956: 2.500.000 votos aproximadamente (9,2%) com 52 cadeiras; mas foi logo reabsorvido também por causa do desgaste de seu grupo parlamentar.

Nos Estados Unidos, o Qualunquismo assumiu a forma de maioria silenciosa. Nela se encontram todos aqueles setores que, alarmados com os movimentos estudantis, com o fortalecimento dos protestos negros, com a radicalização dos intelectuais do *establishment* da costa oriental — portadores das críticas duríssimas feitas pelas maiores companhias rádio-televisivas, especialmente CBS e NBC aos responsáveis pela política americana, e autores de *reportagens* extremamente realistas sobre a guerra do Vietnã — e com o aumento da criminalidade, apóiam a repressão da polícia e da guarda federal, repressão que atingiu seus momentos mais altos na destruição física dos Panteras Negras, na violência contra a convenção democrática de Chicago (1968) e na matança dos estudantes na Kent State University (1970). Esta maioria silenciosa é geralmente identificada nos setores de operários e empregados brancos, muito freqüentemente de origem não saxônica (chamados, por isso, de pigs, isto é, [porcos]: *poles, italians, germans and slavs*), temerosos de perder seu *status*, necessitando, portanto, lutar para defender o sistema que lhes permitiu uma afirmação, embora limitada.

Como nos Estados Unidos, também na Dinamarca, o Qualunquismo recentemente iniciou com sucesso sua luta contra as atividades do Estado nos setores assistenciais, exigindo uma substancial redução dos impostos e a abolição dos programas estatais de assistência aos pobres, doentes, velhos e mães solteiras. Na Europa Ocidental, em geral, o fenômeno do Qualunquismo se manifesta com maior virulência nos países onde existem partidos de direita organizados, que se tornam portadores das exigências destas maiorias silenciosas. Vê-se então quão tênue é a distinção entre o Qualunquismo e o fascismo e quão urgente é um aprofundamento do problema das atitudes sócio-políticas das chamadas *classes médias*.

[GIANFRANCO PASQUINO]

Quarto Estado.

Termo ligado à tradição extremista de Hébert e Babeuf, em contraposição com o Terceiro Estado da França pré-revolucionária, fundamentalmente constituído pelos grupos burgueses. Nele, a acepção da palavra Estado (cf. o termo alemão *Stand*) mantinha o sentido de classe, condição social, que tivera desde o início da época moderna: mas o conceito de Quarto Estado já implicava uma função antitética em relação à mesma burguesia e era mais adequado, portanto, às novas camadas sociais engrossadas pela evolução da Revolução Industrial, isto é, ao proletariado nascente. Com essa crescente caracterização classista, o termo foi usado por Ferdinand Lassalle exatamente para indicar a classe operária contemporânea e foi, em seguida, assumido, mais ou menos adequadamente, pela publicidade e pela propaganda socialista entre as massas praticamente até os nossos dias (cf. também o conhecido quadro do mesmo título de Giuseppe Pelizza de Volpedo).

Com o título *Quarto Estado* foi editada em Milão, de 27 de março a 30 de outubro de 1926, uma "Revista socialista de cultura política", fundada por Carlo Rosselli e Pietro Nenni que, embora entre graves dificuldades, se propôs a oferecer uma contribuição original à oposição contra o fascismo e à solução da crise do socialismo italiano. *Quarto Estado*, ainda, se intitulou, após a Segunda Guerra Mundial, uma revista de estudos

socialistas dirigida por Lelio Basso, de março de 1946 a 1950.

BIBLIOGRAFIA. — F. BUONARROTI, *Cospirazione per l'eguaglianza detta di Bebeuf*, ao cuidado de G. MANACORDA, Einaudi, Torino 1971; S. MERLI, *Il "Quarto Stato" di Rosselli e Nenni e la polemica sul rinnovamento socialista nel 1926*, in "Rivista storica del socialismo", n.° 11, Milano 1960; G. PARISET, *L'hébertisme et la conjuration des Egaux*, in "Annales révolutionnaires", 1923; N. TRANFAGLIA, *Carlo Rosselli dall'interventismo a giustizia e libertà*, Laterza, Bari 1968.

[CARLO LEOPOLDO OTTINO]

Quarto Poder.

Os meios de informação desempenham uma função determinante para a politização da opinião pública e, nas democracias constitucionais, têm capacidade de exercer um controle crítico sobre os órgãos dos três poderes, legislativo, executivo e judiciário. A imprensa independente, portanto, enquanto se posiciona em competição cooperativa com os órgãos do poder público, foi definida como o Quarto poder.

No fim do século XVIII, as Declarações americana e francesa dos direitos afirmaram a liberdade de imprensa como garantia fundamental da liberdade política. Na América, Thomas Jefferson declara que a liberdade é garantida onde a imprensa é livre e os cidadãos são capazes de ler: "Caso eu tivesse de decidir se deveríamos ter um Governo sem jornais ou jornais sem um Governo, não hesitaria um instante em preferir a segunda opção". Na França, o desenvolvimento do Quarto poder coincide com o predomínio do Terceiro Estado; os jornais políticos se multiplicaram desde os dias imediatamente sucessivos à tomada da Bastilha, atingiram muitas centenas de títulos no ápice do período revolucionário e se reduziram a pouquíssimos durante o império. "A liberdade de imprensa tem que se tornar nas mãos do Governo uma potente auxiliar", escrevia Napoleão em Santa Helena. Mas, ao mesmo tempo, acrescentava: "Meu filho será obrigado a reinar com liberdade de imprensa. Esta é hoje uma necessidade". As Constituições liberais do século XIX reforçaram a influência da imprensa. "Burke disse que existem três poderes no Parlamento — observava Carlyle — mas, se se observa a tribuna dos jornalistas, existe um Quarto poder muito mais importante que todos os demais."

A liberdade de informação não é realmente um poder no sentido constitucional, mas, antes de tudo, o fundamento da legitimidade dos poderes delegados. Considerada como direta explicação da liberdade de pensamento e de discussão, a liberdade de informação é fundamental para um correto exercício dos poderes democráticos e constitui, portanto, um direito que não deve ser atribuído, mas garantido; é uma liberdade nem externa ao Estado democrático nem a ele subordinada, mas histórica e conceptualmente coeva à sua formação; tanto que os atentados contra o Estado democrático são, em muitos casos, atentados contra a liberdade de informação.

No próprio âmbito dos Estados constitucionalmente democráticos, hoje, porém, é difícil designar os meios de informação (que da imprensa passaram para os meios audiovisuais) como Quarto poder. No que diz respeito ao século de ouro do jornalismo político, a exigência econômica da concentração faz diminuir o número dos jornais, que geram o pluralismo e o confronto das opiniões. O balanço financeiro das empresas jornalísticas depende, em muitos casos, não tanto dos que adquirem o jornal quanto dos que anunciam. Quanto aos meios audiovisuais, são muitas vezes, ou de propriedade dos Governos, ou por eles controlados, tanto que Duverger encontrou nos meios de informação, dos mais antigos (a imprensa) aos mais modernos (o rádio e, depois, a televisão), um grau de dependência destes poderes públicos inversamente proporcional à sua antiguidade.

[Valério Zanone]

Questão Agrária.

I. O conceito e o contexto histórico. — Através desta locução, indica-se, em geral, o conjunto dos problemas sociais e econômicos que se referem ao setor primário da economia, e em particular, os relacionados com os trabalhadores da terra (e, neste caso, fala-se também da questão camponesa). Esses problemas, obviamente, variam segundo as épocas históricas, tanto que na linguagem historiográfica fala-se de uma Questão agrária na idade romana, de uma na Idade Média, de uma outra ainda na Idade Moderna e Contemporânea. Esta última, entre os séculos XIX e XX, se tornou objeto de interesse consciente por parte das ciências sociais com os resultados que, junto com os acontecimentos relativos, serão mencionados neste verbete.

As origens teóricas da análise da Questão agrária podem ser encontradas na teoria da renda de David Ricardo (1817) e de seus sucessores, enquanto que é somente lá pela metade do século

que J. S. Mill (1848), num longo capítulo sobre a propriedade agrária, historiciza, pela primeira vez, as condições que serviram de base para o desenvolvimento da agricultura inglesa e continental. O desaparecimento definitivo de uma classe de médios e pequenos proprietários independentes (*yeomen*), na Grã-Bretanha da primeira metade do século XIX, foi o fato que deu início à análise sócio-política da situação das áreas camponesas britânicas. Um momento de união entre operários, artesãos, pequenos proprietários, e assalariados agrícolas tinha sido ainda possível no tempo da última revolta dos camponeses ingleses de 1831, que precedeu imediatamente a Reforma Parlamentar de 1834. Nos anos de ouro da metade do século, estimulada pela demanda dos produtos agrícolas, a grande propriedade mobiliária, subdividida em fazendas capitalistas de enormes dimensões, controlava sozinha quase a metade das terras do reino. A ausência de pequenos proprietários, elo entre médios e grandes proprietários e os assalariados, aumentava sobremaneira o peso político da aristocracia como classe hegemônica a nível nacional. A posse da terra (incluindo matas e minas) por parte da aristocracia e dos *squires* permitia um controle geral sobre o crescimento econômico britânico (lembre-se o desenvolvimento das cidades em terrenos que nunca eram completamente vencidos). Somente a importação do exterior dos cereais e dos produtos para criação a preços mais baixos teria permitido aos industriais aumentarem a produtividade do próprio capital com a economia dos salários. Como havia mostrado D. Ricardo, renda e lucros estavam em contraste contínuo. A supressão de todo imposto alfandegário pelo Governo liberal de Robert Peel (1854) deveria permitir a queda dos preços agrícolas. Este fato, porém, aconteceu vinte anos depois, devido ao atraso com que as agriculturas extra-européias entravam em concorrência com a economia do velho mundo, porque também para elas se reproduzia a relação de dependência e subordinação entre agricultura e indústria, típica do desenvolvimento econômico da sociedade capitalista. Com maior razão se lamentou então a falta de uma classe de camponeses proprietários: de fato, pela contínua transformação dos salários em capital, os produtos da agricultura camponesa custariam menos não sendo onerados pelos juros sobre o capital tomado em empréstimo (pelo menos em teoria).

Quase contemporaneamente apareciam os escritos de Marx (*A luta de classe na França, O 18 Brumário de Luís Bonaparte*) e de Engels (*A guerra dos camponeses na Alemanha* e, em seguida, *A questão camponesa na França e na Alemanha*), que colocavam o problema camponês no centro do desenvolvimento social e político dos países de economia capitalista. O modo de produção camponês é uma forma econômica anterior à capitalista que será por esta paulatinamente eliminada. Com o desaparecimento da classe camponesa, seria possível à sociedade capitalista reorganizar-se numa forma mais eficiente para o próprio funcionamento. Mas, de fato, a predição do desaparecimento da classe camponesa era mais uma declaração de princípio do que um fato real: afora o caso da Inglaterra, nos países da Europa continental viu-se, nos camponeses, uma forte resistência a uma grande capacidade de adaptação às novas situações. É, porém, necessário fixar sem equívocos as causas da persistência de uma organização sócio-econômica camponesa no meio de um sistema mais complexamente capitalista. É oportuno lembrar certas necessidades típicas do capitalismo urbano da época, especialmente a necessidade de obter dos campos excedentes regulares, quer de produtos alimentícios, quer de força de trabalho. Neste sentido, o capitalismo urbano encontrava no próprio persistir de certas situações de subdesenvolvimento camponês a possibilidade de satisfazer determinadas necessidades estruturais, em momentos de rápido e relativamente espontâneo desenvolvimento. Uns dez anos após a publicação dos escritos mencionados, Marx escrevia que a agricultura era regulada pelos princípios da economia capitalista (O Capital, vol. IV, Intr.). As transformações em ato nos últimos decênios do século XIX em toda a Europa obrigavam agora as organizações políticas, sustentadas, ou pelo Estado, ou pelos grupos sociais (dos proprietários aos sindicatos dos assalariados), a escolherem uma política capaz de enfrentar os efeitos da crise agrária, que então tinham posto a descoberto as estruturas sociais das economias agrárias européias: estas, de fato, apesar dos numerosos pólos industrializados, se baseavam ainda em grande parte na sociedade rural.

II. POLÍTICA E ECONOMIA AGRÁRIA DURANTE A CRISE DO FINAL DO SÉCULO. — No contexto de uma economia dualista, a Questão agrária apresentava também como questão da representação política dos camponeses dentro do Estado liberal já consolidado. Os campos se tornavam destinatários da mensagem política, que as novas organizações socialistas e católicas lançavam. No último decênio do século XIX, os socialistas franceses, alemães e italianos tentaram fundar uma política agrária para os campos.

Embora em sua especificidade, os acontecimentos que levaram às resoluções do Congresso de Marselha, em 1892, são assaz sintomáticos da crise das estruturas agrárias que perturbava os campos europeus. Em 1863, a filoxera (nova e perigosa praga da videira) invadiu e dominou rapidamente a região do Baixo Languedoc e a Provença. Um número de produtores cada vez mais dependentes das receitas monetárias é obrigado ao êxodo (tendência já manifesta desde 1850). Relacionado com a depreciação dos produtos, cai também o valor da terra: a taxa de juro do dinheiro tomado em empréstimo para enfrentar a crise é superior à taxa de capitalização do solo em cerca de 3%. Nestas condições, os arrendatários e os meeiros podem satisfazer a tradicional aspiração da posse da terra. A Questão agrária se apresenta cada vez mais em termos de questão camponesa.

O protecionismo é a arma imediata, quer dos conservadores quer dos republicanos. Os primeiros se reúnem na Société des Agriculteurs de France (1867) e os segundos na Societé Nationale d'Encouragement à l'Agriculture (1880). Cai, portanto, o princípio da livre-troca, um dos pilares da política econômica da época, e novas tarifas (1881-1884 e 1892) são ajustadas de acordo com os Estados e os termos de troca recíprocos. O trigo é, sem dúvida, o produto privilegiado. As guerras alfandegárias, sustentadas pela França contra a Itália (1888-1889) e a Suíça (1893-1895), são fatos notórios que mostram a concorrência direta entre setores produtivos semelhantes (agricultura mediterrânea e indústria de laticínios). O capitalismo agrário é agora obrigado a confrontar-se a nível internacional; somente o aumento dos rendimentos unitários pode permitir o pagamento de lucro e renda. O Estado reage criando um novo ministério, o da agricultura (1881) e da formação rural. Os proprietários se associam para a seleção do gado, ovinos e bovinos, para a escolha de sementes de cereais, tudo isso com vistas a uma especialização regional. Também as relações com a força de trabalho estão sujeitas a mudanças. Devido à diminuição da mão-de-obra rural (atraída para a cidade por salários mais elevados), são estimulados o aumento dos salários para os que ficam no campo, a difusão do uso de máquinas (ceifadeiras, tratores a vapor), e dos produtos de indústria química (os adubos químicos). O sindicalismo na França se preocupa especialmente com duas categorias: os assalariados e os meeiros. Em 1891, a Bolsa de Trabalho de Montpellier procura organizar os assalariados empregados na viticultura, em concorrência com a mão-de-obra italiana e espanhola. Mais flutuante foi o sucesso das organizações sindicais entre os assalariados da região parisiense, apesar de que a concentração da grande empresa capitalista podia favorecer o seu desenvolvimento. Forte, ao contrário, nas regiões típicas da parceria (o Vale de Aquitânia), o movimento dos meeiros procura especialmente uma forma típica de contrato e se organiza em torno de uma ação cooperativa.

Nesta situação, o partido operário francês teve que rever as decisões do Congresso de Le Havre (1880), onde se tinha seguido muito de perto as teses de Marx sobre a abolição da propriedade privada. Foram, porém, os Congressos de Marselha (1892) e de Nantes (1894) que sistematizaram o programa político·dos socialistas franceses, apoiando-o em bases mais eleitorais, mas também mais próximas à variedade de situações do fim do século. O programa agrícola procurava pontos a favor de todos os setores: salários mínimos, limitações aos cânones de arrendamento, utilização dos terrenos comunais pelos agricultores mais pobres, luta ao protecionismo e empréstimo gratuito das máquinas por parte da comunidade. Não eram muito diferentes as iniciativas dos republicanos com suas reivindicações de empréstimos e de crédito, isenção de impostos e desenvolvimento da instrução agrária. Mas especialmente se procurava tutelar a pequena e média propriedade dos camponeses e meeiros, que, embora trabalhassem com a ajuda de assalariados, eram eles próprios as vítimas da crise e da política protecionista que favorecia os grandes produtores. Como escreveria Engels, na França não era possível fazer a revolução contra os pequenos proprietários (*A questão camponesa na França e na Alemanha*, 1894). Mas, ao mesmo tempo, se tornava mais difícil uma política mais rigorosa de inspiração marxista e se abriam as portas aos programas reformistas dos Congressos de Breslau (1895) e de Bolonha (1897). A Questão agrária de Kautsky (1899) surgia, portanto, como resposta, também a nível teórico, aos problemas de ação política relativos à crise e às transformações ocorridas na agricultura européia nos decênios finais do século.

A obra de Kautsky estava presente nos debates surgidos no Congresso de Frankfurt (1894) e nos rumos aí tomados pelas·discussões sobre a Questão agrária, que favoreciam um modelo de desenvolvimento para a agricultura baseado na pequena propriedade camponesa, tipicamente "bávara", que não levava em conta a situação das demais regiões do *Reich*. Mas o problema camponês, segundo Kautsky, não podia ser enfrentado como uma realidade isolada em si, solucionável em bases democrático-burguesas, mas tinha que ser analisado em relação à grande propriedade, isto é, como parte de um sistema organizado sobre dois pólos: grande e pequena propriedades. Nesta perpectiva, ele tornou claro que a modernização da agricultura alemã — mas este critério podia muito bem ser aplicado a grande parte da agricultura do continente europeu — devia ajustar-se

à organização social camponesa ainda prevalecente em muitas regiões do *Reich*. A resistência dos pequenos proprietários às formas mais comuns de modernização das técnicas agrícolas (rodízio contínuo e mecanização) não podia ser interpretada unicamente como resultado do fechamento camponês às invenções mais racionais do tempo, mas especialmente como necessidade de defesa contra a introdução de relações capitalistas no campo. A este estado de coisas não é estranha a modernização das estruturas políticas e financeiras (Parlamentos e partidos políticos mais ou menos representativos e maior ou menor facilidade de crédito bancário) que lá pelo final do século o Estado tinha já atingido. A ela se acrescentavam o melhoramento dos transportes ferroviários, que permitiam uma maior integração nacional e regional, a penetração do mercado capitalista e a difusão dos valores sociais burgueses. Verificava-se assim que, no quadro de um Estado formalmente moderno, subsistia uma cultura camponesa, que, de fato, rejeitava uma modernização mais completa de todas as estruturas sociais. Sombart, por essa altura, falava de setores que fugiam ao processo de socialização; de fato, o setor camponês se apresentava como uma "ordem" residual da sociedade destruída pelas revoluções liberais. Este processo contribuiria para acelerar a proletarização dos pequenos proprietários e, de qualquer modo, os tornaria ainda mais dependentes das exigências do mercado urbano e do setor industrial, aos quais estruturalmente mal se adaptavam. Um primeiro resultado disso foi o abaixamento do nível de vida das classes camponesas, causado especialmente pela deterioração da razão de troca entre produtos agrícolas e manufaturados industriais, que limitou a possibilidade de manter o volume de investimentos produtivos necessários para tornar mais competitivo o próprio trabalho.

O problema, portanto, se apresentava como necessidade de chegar a uma adequação da produtividade da agricultura camponesa à do capitalismo, tanto agrário como industrial. Por sua parte, a grande empresa agrícola imitava de perto aquilo que acontecia na indústria, divisão do trabalho e especialização monocultural, sem particulares considerações pelas motivações que não pudessem reduzir-se ao princípio do lucro. A introdução das máquinas no ciclo de produção (ceifadeiras, arados a vapor) era considerada como a única intervenção verdadeiramente decisiva da Questão agrária: conseqüentemente, aconselhava·se a constituição de grandes empresas, sem ter em conta as condições do solo ou da oferta local de mão-de-obra. Crescia, dessa forma, a já estreita dependência do campo da economia e da sociedade urbana e, ao mesmo tempo, acabavam eliminadas as formas intermediárias de produção, que se situavam entre o proletariado capitalista e o braçal. As máquinas tinham a dupla função de reduzir os custos de produção, sustentando a produção das grandes empresas contra a concorrência externa, e de regular o mercado de trabalho, mantendo alta a oferta de mão-de-obra. A presença das máquinas se tornava, então, uma arma contra as greves sazonais muito mais eficaz do que a intervenção da autoridade estatal. Mas, nesta situação, o programa dos social-democratas alemães não propunha a defesa da agricultura camponesa, cuja estrutura social, baseada na família ampliada, era considerada muito conservadora. Fazia-se uma distinção entre empresas camponesas parasitárias e não parasitárias: estas últimas deviam ser defendidas com um conjunto de intervenções legislativas contra os resíduos feudais e o trabalho das crianças, em defesa dos trabalhadores sazonais, e em prol de uma maior facilidade de associação entre os camponeses, da instrução técnica e da nacionalização das florestas. A mediação da nova tecnologia agrária era o meio com que as pequenas empresas camponesas podiam se tornar agentes sociais ativos numa nova Alemanha.

III. CRISE SOCIAL E REESTRUTURAÇÃO SÓCIO-POLÍTICA NOS CAMPOS. — É importante lembrar que, enquanto o desenvolvimento econômico nos campos europeus já seguia um modelo capitalista, o desenvolvimento das estruturas políticas continuava condicionado pelos chamados "resíduos feudais". Os *junker*, os barões sicilianos, como também os grandes magnatas da terra do Leste europeu admitem, pelo menos em teoria, a reestruturação capitalista das próprias empresas, mas ficam com o domínio do poder político, e através de uma burocracia a eles submissa, lhes é permitido o controle do Estado. É preciso, portanto, acentuar que a emigração da força de trabalho excedente — os mais pobres, excluídos da propriedade da terra, mas também os mais empreendedores — para o continente americano facilitou o desenvolvimento econômico capitalista e a manutenção de um sistema político conservador, quando não claramente reacionário. As massas camponesas expulsas da terra não se inseriram diretamente no ciclo de produção industrial dos próprios países: por exemplo, a Itália, o Leste europeu e a Rússia têm um desenvolvimento industrial fragmentário, dependente das finanças e da tecnologia anglo-francesas e alemãs. A urbanização aconteceu, portanto, nas nações de alémmar, onde a organização econômica da cidade e do campo e a falta de rígidas estruturas sociais as

tornavam mais aptas a receber essas grandes levas de força de trabalho estrangeira. É talvez devido a esta alternativa oferecida pela emigração que as tensões sociais relativas à Questão agrária não provocaram nunca um movimento revolucionário de massa, embora a atividade política de anarquistas e socialistas tenha registrado um desenvolvimento notável nos campos no final do século XIX.

Evidentemente, não foram estranhos à Questão agrária os movimentos, no início espontâneos, em seguida cada vez mais controlados e dirigidos pelas associações sindicais, que organizaram, em defesa da própria condição, os assalariados, meeiros, arrendatários e camponeses pobres. Foram especialmente importantes os que se verificaram na Itália entre o fim do século XIX e o primeiro quartel deste, culminando nos *fasci* sicilianos e na ocupação das terras em 1919-1921. O capitalismo agrário na Itália do século XIX não teve manifestações muito diferentes das dos outros países europeus: os numerosos contratos existentes na península se foram modificando paulatinamente, evoluindo para a solução monetária das relações entre proprietário e arrendatário ou para a erosão das cotas *in natura* das colônias em parceria. Estas lutas se inseriam num movimento secular de tensões de classe entre proprietários e camponeses, entre cidade e campo (revoltas durante o período napoleônico, usurpação dos domínios públicos no Sul, em 1847, e agitações na Lombardia, em 1848, invasões dos domínios públicos, e feudos após a queda do regime bourbônico), que são um testemunho da aspiração camponesa à propriedade da terra. A análise gramsciana do Ressurgimento como "revolução agrária falhada" é, sem dúvida, a chave para se compreender o peso que manteve a renda fundiária no desenvolvimento político do novo reino da Itália. Apesar de a parte mais esclarecida dos proprietários fundiários ter feito própria a questão do melhoramento das condições de vida dos camponeses italianos, logo após os motins em defesa da moenda em 1869 (como o testemunham as atas da junta de Inquérito Agrário, 1877-1884, redigidas sob a orientação do conde Stefano Jacini, católico liberal, e do ex-acionista Agostino Bertani), o mecanismo de transformação das rendas em lucros se tornou mais lento que o caos sócio-econômico provocado pela Grande Depressão.

Na Itália, como em outros lugares do continente europeu, entre as associações que, de várias maneiras, tentaram responder à Questão agrária de forma organizada estão os sindicatos de inspiração socialista, as organizações católicas, os comícios agrários e as sociedades de proprietários. Após o fracasso das insurreições anárquicas dos anos 70, os socialistas procuraram contatar os assalariados rurais da Itália Setentrional, da Puglia e da Sicília, com reivindicações que tinham seu centro nos aumentos salariais, ou nos arrendamentos coletivos de feudos e domínios públicos caso disto se apresentasse a ocasião na Itália Meridional. Não foram sempre fáceis as relações entre camponeses e socialistas: os primeiros, divididos entre uma multiplicidade de contratos agrários a que mal se aplicava a divisão simplista entre proprietários e assalariados; os segundos, flutuantes entre as posições dos socialistas franceses, favoráveis à pequena propriedade, e a adaptação das teses de Kautsky a um contexto em que não faltavam diferenças notáveis.

Para os socialistas, a difusão do capitalismo nos campos também determinaria um claro melhoramento na situação da agricultura italiana. Assim enquanto as agitações dos braceiros mantuanos se assemelhavam mais às reivindicações salariais operárias, era com maior dificuldade que os socialistas italianos se defrontavam os os *fasci* sicilianos, onde as reivindicações autonomistas estavam ligadas a uma mais profunda rejeição do Estado unitário e do respectivo sistema fiscal. Enfim, a oposição entre pequenos proprietários, meeiros e assalariados se encontrava também na Federação Nacional dos Trabalhadores da Terra (1901). Os anos que precederam a Primeira Guerra Mundial constituíram um período de intensa transformação capitalista do campo e de fortes lutas contratuais que levaram ao aumento dos salários dos braceiros no Norte e ao melhoramento do padrão de vida dos camponeses arrendatários, meeiros e pequenos proprietários. Ficava o problema do desmembramento do latifúndio meridional em pequenas propriedades; começava a surgir uma nova capacidade produtiva, graças especialmente aos investimentos em máquinas agrícolas. Só Salvemini propôs a pequena propriedade em vez da enfiteuse como efetivo melhoramento para os camponeses meridionais, na perspectiva da união política entre operários do Norte e camponeses do Sul.

Nesta situação, ficava uma ampla margem para as associações católicas e para as dos proprietários. São bem conhecidas as ligas brancas, de inspiração católica, organizadas por Luigi Sturzo na Sicília, logo após os *fasci*, e, paulatinamente, nas demais regiões da Itália: congregavam aqueles setores de pequenos e médios proprietários, que, havendo sido também profundamente atingidos pela crise econômica, foram deixados de lado pela propaganda socialista.

Os princípios que inspiravam a ação dos católicos visavam à formação de associações de mútua ajuda, numa perspectiva de reorganização e modernização das estruturas produtivas. O Vêneto foi certamente a região onde mais se desenvolveram as associações católicas, que aqui herdaram particulares condições para a inserção do clero na vida social do campo, importante resíduo da administração dos Habsburgos. Tendo como modelo a experiência alemã e austríaca, surgiram caixas de poupança por toda a parte. Elas foram o meio de reunir as poupanças dos agricultores que ainda não tinham sido arruinados pela crise, permitindo o reinvestimento em máquinas, adubos e sementes selecionadas. Porém, dessa forma, aumentava a dependência da agricultura camponesa dos produtos da indústria e dos mecanismos de crédito. Em outros lugares, especialmente nas regiões tradicionais da parceria, não faltaram propostas de consolidação da própria parceria, como meio para superar a crise econômica e especialmente para frear a transformação dos meeiros em assalariados e, conseqüentemente, a adesão certa destes ao socialismo. O apoio à parceria significava, portanto, manter o *status quo* social nos campos.

Não foi de pouca importância o papel que tiveram as associações dos proprietários na formulação da política agrária do reino da Itália: muitos deles tinham assento na Câmara ou no Senado, como por exemplo Jacini, Minghetti, Salandra. A opção protecionista de 1885 alinhava a política econômica italiana com a da França e da Alemanha e, a seguir, com a da Áustria, Hungria e Rússia; os impostos sobre o trigo serviriam para proteger e reestruturar a cultura cerealífera italiana (elevando seu produto unitário), através da aplicação das técnicas mais modernas (sempre inspiradas no *high farming* inglês) e da destinação das terras piores a culturas tipicamente mediterrâneas, como a oliveira e a videira, geralmente protegidas contra a crise provocada pela concorrência de além-mar. Uma reestruturação técnica que implicava também uma reorganização da sociedade agrária e contava com o consenso dos elementos mais avançados da indústria, como A. Rossi, desde que, bem entendido, o protecionismo agrário não trouxesse o aumento dos salários industriais. Veículo da reconstrução técnica foram os comícios agrários e, a seguir, os consórcios agrários (1892), que surgiram em todas as províncias do reino. A atividade destes estava orientada para dois objetivos: a formulação de contratos agrários modelares, em consonância com as relações de produção locais, e a venda de produtos industriais especializados já insubstituíveis, para manter altos os rendimentos e defender as culturas de doenças, tais como peronóspora e a filoxera. Próximos em muitas questões (a parceria, o crédito rural, a pequena propriedade) à prolemática dos católicos, eles nos revelam mais claramente a sua composição classista, quando analisamos as listas dos sócios e dirigentes: empresários burgueses e membros da antiga nobreza do lugar são quem garante do alto as transformações capitalistas da agricultura da região.

IV. O CAPITALISMO NOS CAMPOS E A QUESTÃO AGRÁRIA NAS DÉCADAS DE 20 E 30. — A crise produzida pela Primeira Guerra Mundial, com a participação em massa dos camponeses nas frentes de batalha em toda a Europa e com a sua maior politização, levou ao agravamento das relações de classe no campo, especialmente na Europa Centro-Meridional, onde a economia camponesa mantinha fortes traços de auto-suficiência sócioeconômica. Então, só a reforma agrária se apresenta como alternativa à transformação da Questão agrária em revolução. A queda do czarismo abria o caminho, na Rússia, para a ocupação e divisão dos latifúndios nobres e das florestas pelos camponeses.

Na Europa, os primeiros anos após a guerra registraram um suceder contínuo de lutas e revoltas. Na Itália, entre 1919 e 1920, numerosíssimas greves desembocaram na ocupação de terras, especialmente na Itália Centro-Meridional, de domínio público e latifúndios. A queda da Áustria-Hungria deixava aberta a questão dos latifúndios nobres nas mãos da aristocracia austríaca e magiar. Além disso, a Revolução Russa teve prontos reflexos nas províncias orientais do ex-império dos Habsburgos e, em 1917, houve explosões revolucionárias na Transilvânia, Bessarábia, no Vojvodato e na Croácia. Nestas regiões e na Tchecoslováquia, a grande propriedade foi repartida em benefício dos camponeses locais. Na esperança da transformação completa da Hungria em Estado socialista e da nacionalização das terras, Bela Kun deixou intato o regime agrário existente: foi tarefa do almirante Horthy dividir, na década de 30, a insignificante quantidade de um milhão de hectares nas fronteiras do país e transformá-los em servidão militar. Pouco mais de seis milhões de hectares foram divididos, com objetivos semelhantes, na Polônia, antes e depois da ascensão de Pilzudski ao poder. Na Romênia, em 1918, a reforma agrária solucionava o fracionamento dos latifúndios na Transilvânia e Bessarábia, enquanto que, na Bulgária, a reforma era dirigida contra as propriedades dos camponeses ricos.

Mas o fenômeno político de maior relevância no Leste europeu, no espaço intermediário entre as duas guerras, foi a criação espontânea de numerosos partidos camponeses (Hungria 1919, Bulgária 1923, Polônia 1926, Iugoslávia 1926,

Romênia 1931), partidos com características nacionais próprias, mas que, em geral, estavam de acordo em justificar a propriedade privada como propriedade do uso do solo e em eliminar os intermediários capitalistas entre o camponês e o mercado urbano, apresentando-se como radicais dentro do alinhamento político dos novos Estados nacionais. E não faltaram, como na Romênia, movimentos populistas paralelos de "ida ao povo", contrastados, é claro, pelos regimes fascistas, que se instauraram nos países do Leste europeu. De resto, o desaparecimento dos impérios centrais e a atormentada vida política da república de Weimar e da república austríaca obrigaram a social-democracia austro-alemã a rever suas bases teóricas sobre a Questão agrária, para favorecer uma aliança sócio-política mais vasta, que reforçasse os precários sistemas políticos democráticos. Assim, Otto Bauer compreendeu que a situação sóciopolítica da agricultura camponesa devia ser analisada em termos diferentes daquilo que tinha sido feito na década de 90. A pequena propriedade mostrava uma forte tendência a não desaparecer diante da grande empresa capitalista (da qual dependia, oferecendo força de trabalho em tempo de crise). Aliás, na Itália, fortaleceu-se exatamente nos anos que se seguiram imediatamente à guerra. A transição para o socialismo exigia a expropriação das grandes propriedades (recorde-se que, na Europa Central, estas controlavam imensas áreas de florestas e pastagens), mas o Estado tinha que se limitar à exploração dessas áreas, para não perturbar a propriedade camponesa. Nesta perspectiva, a aliança entre operários e camponeses podia tornar-se realidade somente se os camponeses pobres conseguissem se subtrair ao controle político exercido pelos camponeses ricos, que, através do consórcio de estruturas de crédito, muito desenvolvidas na Áustria e na Alemanha, possuíam instrumentos primordiais de pressão. Mas, no breve período de dez anos, na onda da crise econômica de 1929, o partido nacional-socialista tomou o poder nos países alemães, explorando, entre outros, os sentimentos anticapitalistas dos camponeses em relação ao capitalismo financeiro. A democracia burguesa, que se apoiava na união política da pequena burguesia e dos camponeses, foi, segundo Bauer, suplantada pelo nacional-socialismo, que, embora manobrado pelo sistema financeiro, pelo capitalismo industrial e pela aristocracia fundiária, conseguiu dar um escape ideológico à insatisfação do pequeno-burguês e do camponês. O rearmamento e a necessária política de auto-suficiência alimentar, praticada pela Alemanha, absorvia a superprodução agrícola; slogans como Blut und Boden deviam servir ao camponês alemão para sentir-se fundamento do *Reich*, no momento em que a propriedade de sua terra se tornava perpétua, enquanto que suas necessidades e prioridades econômicas eram decididas pelo Estado totalitário através de uma rígida política de preços.

Profundamente diferentes foram as soluções da Questão agrária na Rússia. No início do século, populistas e socialistas revolucionários (1900) se opunham a uma aplicação imediata da análise marxista à grande empresa e à empresa camponesa, sustentando que a velha comunidade camponesa poderia ser a estrutura social que evitaria a fase do capitalismo na agricultura. Por sua parte, Lenin (*O programa agrário da social-democracia*, 1907, e *Teoria da questão agrária*, 1899-1917) seguiu mais estritamente a análise de Kautsky. Imediatamente após a revolução russa de 1905, as reformas de Stolypin, 1906-1910, procuravam resolver o problema da dependência da força de trabalho agrícola da *obscira*, a comunidade da vila que assumiu a responsabilidade fiscal após a libertação dos servos (1858-1861). A queda do regime czarista provocou a invasão imediata dos latifúndios e das florestas pelos camponeses e, dois anos depois, a propriedade camponesa dominava toda a Rússia, satisfazendo a uma aspiração secular. Mas, se a divisão das terras dava o quão não tinha nada, acrescentava também a quem já era proprietário. As forças sociais de produção se dividiam, portanto, em *kulaki*, camponeses médios, e camponeses pobres e braçais; a eles se acrescentavam alguns *kolkhoz* e *sovkhoz* e os velhos *mir*. O novo Código agrário (1922), ao mesmo tempo que socializava os meios de produção com a nacionalização das terras, garantia o uso hereditário perpétuo dos camponeses. Enquanto se tornava cada vez mais claro que o ambicioso plano de industrialização da Rússia não podia ser atingido com a estrutura social existente no campo, era elevada a diferença de rendimento e produtividade das grandes e pequenas empresas camponesas. Reacende-se o debate sobre a maior ou menor produtividade da grande empresa: atingiu elevado nível de teorização a escola de "organização e produção", bem como seu maior expoente, A. V. Chayanov, que desenvolveu temas à margem do marxismo. A queda dos abastecimentos urbanos em 1927 e o aumento do poder dos camponeses em relação ao setor industrial (cujo desenvolvimento de fato limitavam) foi a mola que levou à coletivização dos campos. Trotsky ainda sustentava que a coletivização e a mecanização da agricultura eram o único sistema capaz de aumentar a produtividade e permitir a industrialização. Stalin, em *Construção do socialismo num só país*, indicava o mesmo

caminho: em 1930, a campanha para a coletivização foi iniciada e conduzida pela burocracia proveniente da cidade e estritamente fiel a Stalin. O *kolkhoz* se tornou a estrutura sócio-econômica que, sob o controle do poder político externo, permitiria, finalmente, uma melhor exploração do trabalho camponês. Foram destruídas as antigas formas comunitárias *mir*. Já são conhecidos os custos sociais e econômicos causados pela apressada decisão que, aos olhos dos dirigentes soviéticos da época, pareceu já uma verdadeira guerra, para obrigar os camponeses a se integrarem politicamente e a contribuírem para o esforço maciço de industrialização do Estado soviético, mediante uma drástica redução do consumo.

V. QUESTÃO AGRÁRIA E REFORMA AGRÁRIA HOJE: OS PAÍSES EXTRA-EUROPEUS. — Neste contexto, é mister lembrar, tendo por base o esquema de análise fornecido pela experiência européia, se hão de levar também em conta as modificações por que passou a Questão agrária na segunda metade do século XX. É necessário, porém, adiantar, que só formalmente se trata da continuação de problemas ligados à afirmação do modo de produção socialista no campo, definitivamente introduzido na sociedade ocidental durante a primeira metade deste século. Com efeito, enquanto que nos primeiros decênios o contexto permanece aproximadamente igual ao da década de 80 do século passado, após a Segunda Guerra Mundial, o salto qualitativo da tecnologia e da economia em escala internacional é tão grande que os problemas da transformação agrária se inserem numa perspectiva estruturalmente diferente. A descolonização acaba revolvendo o *status quo* político de muitos países extra-europeus e obriga o capitalismo internacional a reorganizar os próprios sistemas de exploração, em harmonia com o que se define por Terceiro Mundo, países primeiro subdesenvolvidos e hoje países em vias de desenvolvimento. Os países europeus, do fim do século passado à década de 30, enfrentaram sempre a Questão agrária no âmbito do capitalismo nacional, apesar das várias intervenções bancárias estrangeiras, e permitiram às burguesias nacionais, ou aos resíduos do feudalismo ainda politicamente ativo a plena disponibilidade do produto nacional bruto. De outro lado, as burguesias nacionais dos países coloniais ou ex-coloniais criaram seu próprio poder político e econômico na adesão ao modelo de exploração das matérias-primas dos países de capitalismo avançado. Nas sociedades não industrializadas, a terra representa a principal forma de riqueza que produz, entre outros, o poder político e econômico, e isto se reflete nos sistemas locais de propriedade e de exploração do solo. Neste sentido, a Questão agrária não é solucionável aplicando-se unicamente novas técnicas e novos instrumentos de crédito, como podem crer à primeira vista as sociedades européias aqui consideradas: a Questão agrária se impõe necessariamente como reforma agrária, exatamente porque na situação anterior à reforma a produção era fraca em confronto com a concorrência estrangeira. Além do mais, estava aí uma garantia contra a difusão dos movimentos revolucionários de inspiração marxista.

Mas, assim como na transformação capitalista dos campos europeus a agricultura foi subordinada à indústria em razão da tecnologia empregada, assim também o imperialismo econômico consegue subordinar a si as possibilidades de redução dos problemas agrários dos países em vias de desenvolvimento, com sua interferência na tecnologia e nas estruturas de crédito. Já Lenin, em *Imperialismo, estádio supremo do capitalismo,* insistia na necessidade que o imperialismo capitalista tinha de exportar capitais para os países atrasados. Da mesma forma hoje a tecnologia, produto do capital investido nos países industrializados, é exportada para as agriculturas em vias de desenvolvimento e condiciona a sua transformação em sentido capitalista. Por exemplo, no México (1911, 1934-1940), na Bolívia (1935), no Chile (1964-1970), no Peru (1969), as reformas agrárias fortaleceram mais a burguesia agrária do que as classes camponesas. Se é possível comparar os países em vias de desenvolvimento ao "campo do sistema sócio-político atual e os países industriais à cidade" (Lin Piao), é somente examinando as relações entre indústria e agricultura dentro de cada país que é permitido ir além do *slogan* político. Vimos como as relações entre os dois setores formam a armação dentro da qual se inserem os dados particulares da Questão agrária: precisamos agora nos lembrar que hoje os setores agrícola e industrial contribuem de forma diferente para o sistema político e econômico internacional. O único país que organizou uma política econômica redutível à análise aqui desenvolvida das relações entre indústria e agricultura é a China. O *slogan* "Tornar a agricultura a base e a indústria o fator dirigente" significava renunciar à opção da industrialização pesada como fator de tração da revolução socialista na China. As três fases (1949-1952, reconstrução; 1953-1957, primeiro plano qüinqüenal; 1958-1960, "salto à frente") que precedem a política econômica acima sintetizada marcaram opções políticas cada vez mais distanciadas do modelo de desenvolvimento soviético e a adoção da ordem de prioridade: agricultura, indústria

leve, indústria pesada. É provável que a atual política de modernização se torne possível pela capitalização do trabalho camponês nos lugares de produção, nas décadas de 60 e 70.

Os acontecimentos da Questão agrária na Europa se ligaram intimamente à economia industrial urbana. Solucionou-se o conflito secular entre cidade e campo em total desvantagem deste último. Historicamente continua sendo questionado se o desenvolvimento político da sociedade européia (e das sociedades que a tomaram como modelo) foi facilitado ou retardado pela ausência-presença de uma vasta classe de pequenos e médios proprietários camponeses. Recentemente os teóricos da modernização, que se inspiraram no desenvolvimento político e social do mundo anglo-saxão, puseram em relevo a ação moderna que a existência de uma numerosa classe camponesa exerce sobre a sociedade política. Tendo em conta a experiência destes últimos anos, parece, pelo contrário, considerados também os exemplos acima referidos, que as soluções autoritárias nos países de grande maioria camponesa se deram devido à capacidade dos grupos hegemônicos encontrarem as instituições necessárias para quebrar a unidade cultural da classe camponesa: a subordinação da agricultura à indústria, ao capital e, especialmente hoje, à pesquisa científica foi e é ainda a forma de manter sob controle a classe camponesa.

BIBLIOGRAFIA. —VAR., *Instituzioni agrarie nel decollo industriale,* in "Quaderni storici", 36, 1977; P. BARRAL, *Les agrariens français de Méline à Pisani,* P.F.N.S.P. Paris 1968: O. BAUER, *Der Kampf um Wald und Weide,* 1925, e *Sozialdemokratische Agrarpolitik,* 1926, in Id., *Werkausgabe* Europa Verlag, Wien 1976, III: Id., *Tra due guerre mondiali"* (1936), Torino 1979: A. CARACCIOLO, *La questione agraria e il movimento socialista nelle campagne,* in "Critica sociale", ao cuidado de M. SPINELLA, A. CARACCIOLLO, R. AMADUZZI, G. PETRONIO, Felinelli, Milano 1959: F. DE VECCHIS e A. VAROTTI, *Il marxismo e la questione agraria in Italia. Storia teoria metodologia* Roma 1975: M. GUTELMAN, *Struttura e riftrme nell'agricoltura,* Mazzota, Milano 1976: P. JALEE. *Lor pillage du tiers monde,* Maspero, Paris 1967: K. KAUTSKY, *La questione agraria* (1899), Feltrinelli, Milano 1959: S. LANARO, *Movimento cattolico e sviluppo capitalistico nel Veneto fra '800 e 900,* in "Studi storici", XV, 1974: D. MITRANY, *Marx against the peasant. A study in social dogmatism,* University of North Caroline Press. Durliam 1951: B. MOORE JR. *Origini socialidella dittatura e della democrazia* (1966), Einaudi, Torino 1970: E. SERENI, *La questione agraria nella rinascita nazionale italiana* Einaudi, Torino 1975²: J. TEPICHT, *Marxisme et agriculture,* Colin, Paris 1973: V. I. ULIANOV (LENIN), *Lo sviluppo del capitalismo in Russia* (1898), Editori Ruiniti, Roma 1956: Id., *Teoria della questione agraria 1899-1917* Editori Riuniti, Roma 1951: D. WARRINER, *Economics of peasant farming* F. Cass, London 1964²: *Lotte agrarie in Italia. La Federazione Nazionale dei lacoratori della terra 1901-1926* ao cuidado de R. ZANGHERI, Feltrinelli, Milano 1960.

[MAURO AMBROSOLI]

Questão Meridional.

I. DEFINIÇÃO E TOMADA DE CONSCIÊNCIA DO PROBLEMA. — Por Questão meridional se entende comumente a situação de atraso ou de subdesenvolvimento, a nível sobretudo econômico e social, e também político segundo alguns, em que se achava e ainda se acha a Itália meridional. Esta situação pode ser analisada principalmente a partir de dois pontos de vista diferentes. Antes de tudo pode ser estudada na sua apresentação efetiva e no desenvolvimento da realidade italiana dos séculos XIX e XX e portanto atribuída ou não a toda uma série de eventos históricos que condicionaram o processo de unificação e de desenvolvimento da sociedade italiana.

É este o tipo de abordagem que, por muito tempo, dominou na cultura italiana em relação ao problema. Esta abordagem, naturalmente, não impede que a análise passe a um campo mais estritamente operativo e forneça, portanto, indicações mais propriamente políticas. Mas, forçosamente tende a focalizar especialmente aquelas peculiaridades da história italiana que contribuíram para o surgimento do problema. Deste ponto de vista, este tipo de abordagem, se de um lado põe em claro um conjunto de dados indispensáveis para a compreensão do problema, acaba por não levar em conta as úteis indicações que a análise comparada pode dar, especialmente por não evidenciar os mecanismos que produzem ou tendem a produzir, em determinadas circunstâncias, um certo tipo de situação como a do Sul.

É exatamente à reconstrução possível destes mecanismos que se tem dedicado a análise das ciências sociais que, após a guerra, começaram a ocupar-se com o estudo da Questão meridional. Como se verá, o êxito deste novo tipo de abordagem se deve, não só à influência da cultura anglo-saxônica, como também, em grande parte, ao surgimento, a nível internacional, do estudo dos problemas do atraso e do subdesenvolvimento.

Na Itália, a questão nasce especialmente da reconhecida necessidade de que o Estado intervenha na realidade social para modificar os mecanismos que produziram e produzem o atraso no Sul. Para isso, não basta só um conhecimento estritamente

histórico do problema, mas é indispensável identificar os mecanismos precisos que a intervenção do Estado possa modificar com êxito.

A Questão meridional como problema político, cultural e econômico surge com a unificação italiana: Cavour entreviu, desde os primeiros relatórios dos enviados do Governo piemontês, as condições de atraso do ex-reino bourbônico.

O problema, contudo, é logo colocado e implicitamente solucionado, atribuindo a responsabilidade aos Bourbons. O mau Governo destes teria depauperado uma região de per si rica, que, para sarar dos males que a atormentam, precisa somente de um Governo esclarecido e enérgico. Este é o argumento que pesa de forma crucial no debate sobre centralização e descentralização que se desenvolve nesses anos no novo Estado. O Sul não pode ficar abandonado a si mesmo: sua sociedade é corrupta, ou melhor, foi corrompida pelo poder político; portanto, não está em condições de autogovernar-se. Outorgar ao Sul um sistema federal como o americano significaria não somente pospor qualquer solução do problema, mas especialmente pôr em perigo a mesma unidade do Estado italiano, mantendo na Itália meridional uma situação de mal-estar social potencialmente perigosa.

Dessa forma, embora desde 1860 se tivesse notado a existência de uma grave questão no Sul, na década seguinte, a própria colocação acima mencionada tornou mais forte a convicção de que a mera unificação seria capaz de, por si só, resolver tal questão, impedindo que, no debate político do novo Estado, fossem abordados com maior atenção os problemas do Sul.

II. A PROCURA DAS CAUSAS. — Entretanto, desse modo, torna-se estável no Sul uma situação típica de atraso. Dois grandes grupos sociais dominam a cena: a grande propriedade agrária de origem mobiliária ou grã-burguesa, reforçada em seguida pelo desmembramento da mão-morta eclesiástica, e numa massa numerosa de camponeses sem terra ou proprietários de minúsculos terrenos, ligados economicamente à grande propriedade. No meio de uma pequena burguesia crescente, a classe média, que, não tendo meios próprios de subsistência, se reduz a atividades de serviço à grande propriedade, aspirando, em medida cada vez maior, aos empregos estatais, que logo se tornam seu exclusivo monopólio.

Nos anos sucessivos à unificação, a situação evolui cada vez mais neste sentido: consolidação da grande propriedade, que consegue, assim, se inserir com sucesso no sistema político nacional; início de um longo processo de meridionalização do **aparelho** burocrático do novo Estado, que permite absorver, em larga escala, as aspirações sociais da pequena burguesia; marginalização política dos camponeses, que se manifestam, unicamente através de formas impróprias, como o banditismo e revoltas locais semelhantes às *jacqueries* medievais.

Só depois de 1870, começa-se a tomar consciência, nos círculos políticos dominantes, da potencial periculosidade desta situação. Houve um notável grupo de estudiosos que contribuiu para fazer concentrar a atenção da opinião pública sobre os problemas do Sul.

Alguns deles se agrupam ao redor de "Rassegna Settimanale" e iniciam um estudo sistemático e, enquanto possível, científico das condições da região meridional. É o chamado grupo dos meridionalistas conservadores que, conscientes da gravidade da Questão meridional, pretendem solucioná-la, induzindo as classes dirigentes a uma política de mais amplas ambições, capaz de fortalecer as bases da jovem nação italiana e de dar provas da missão histórica da burguesia como classe libertadora (Salvadori, 37). E, por crerem num conservadorismo capaz de ser motor de progresso, seu ponto de referência é o modelo político constitucional inglês. São eles Pasquale Villari, Sidney Sonnino e Leopoldo Franchetti, autores estes dois últimos do famoso inquérito sobre "Sicília em 1876". Seu trabalho se enquadra principalmente no campo da pesquisa empírica das condições da sociedade meridional, produzindo um extraordinário e interessante volume de dados.

Quanto à terapia sugerida para mudar a situação, a principal medida necessária é a transformação do latifúndio meridional num vasto número de arrendamentos em parceria ou de pequenas propriedades, para formar assim uma numerosa classe de camponeses econômica e politicamente independentes.

Com Giustino Fortunato, a colocação do problema vai mais além. Apresenta-se a necessidade de considerar com mais atenção quais as forças que estão possivelmente interessadas em fomentar uma política de reformas no *Mezzogiorno*. Para Fortunato, somente o Estado está em condições de efetuar tais reformas, mobilizando, porém, a favor destes objetivos de reforma, as massas camponesas. Ele chega a estas conclusões através da crítica ao processo histórico da unificação, representado pelo Ressurgimento, processo que não envolveu certamente as grandes massas populares. Mas a confiança na mudança é posta exatamente naquelas forças que governam o Estado, que não se mostraram muito interessadas em promover mudanças relevantes. De fato, considera a obstinada insensibilidade do Estado perante qualquer necessidade de reforma e a sua função de principal apoio do

bloco do poder meridional, Fortunato chega enfim a considerar inútil e até perigosa qualquer intervenção do Estado na vida econômica do país e, em conseqüência disso, a converter-se depois a um liberalismo radical, opondo-se a um protecionismo estatal que se demonstrara um formidável elemento de conservação da estrutura social do *Mezzogiorno*.

Neste sentido, a Questão meridional se associa estreitamente à crítica do Ressurgimento e, portanto, aos modos de realização do processo de unificação nacional. Para Colajanni, por exemplo, entre Norte e Sul se estabeleceu então uma relação semelhante em muitos aspectos à que se instaura normalmente entre uma potência colonial e suas colônias.

Contemporaneamente, mas focalizando o aspecto estritamente econômico, Nitti trata de analisar com extrema precisão o processo de empobrecimento do Sul. Sua análise o faz remontar à função subalterna exercida pelo Sul em relação ao processo de desenvolvimento industrial concentrado no Norte. Através de uma análise atenta da política econômica e financeira do Estado unitário, Nitti conseguiu demonstrar como houve uma efetiva transferência de riqueza do Sul para o Norte e como essa transferência favoreceu fortemente a arrancada econômica do Norte, enquanto que este processo de exploração impediu o desenvolvimento industrial do Sul, deteriorando, em geral, a sua situação sócio-econômica. Deste modo, a análise de Nitti chegou à conclusão, muito importante para os eventos sucessivos, de que, sem um sólido processo de industrialização, ajudado e dirigido pelo Estado, não seria possível resolver a Questão meridional.

Não se deve esquecer, porém, que apontavam em sentido contrário as indicações de Don Sturzo. Segundo ele, não se tratava de levar o Sul a percorrer o mesmo caminho seguido com sucesso pelo Norte, mas de racionalizar sua estrutura produtiva existente, isto é, a agricultura. Deste modo, em seu entender, a modernização do Sul se processaria sem abalos, poupando à sociedade meridional as rupturas desagregadoras próprias das transformações industriais.

Entretanto, para acentuar a interdependência que se criara entre o desenvolvimento do Norte e o atraso do Sul, chegou também o pensamento socialista, particularmente o de Ciccotti. Após uma primeira fase em que esse pensamento, infelizmente, se identificou com o sociologismo de tipo positivista e com suas tristemente famosas teorias "científicas" sobre a natural inferioridade racial dos meridionais como causa principal do atraso do Sul, uma mais atenta reconsideração do método marxista levou a colocar a origem do subdesenvolvimento meridional no modo como envolvera o processo de unificação administrativa e de desenvolvimento industrial do Estado italiano. Neste sentido, o Sul, segundo a clássica afirmação marxista, era vítima, quer do desenvolvimento do capitalismo, quer da insuficiência desse mesmo desenvolvimento.

Lá pelo fim do século, o debate tende a ultrapassar a dimensão teórica para se tornar acima de tudo político.

A situação política meridional, caracterizada pela permanente corrupção de um restrito eleitorado, influencia negativamente os socialistas e os leva a buscarem acordos com as forças mais disponíveis das classes dirigentes do Norte, menosprezando totalmente as massas do Sul. Tanto mais que foi sempre escassa a influência dos intelectuais meridionais na formação dos temas políticos de importância nacional.

Neste contexto, a importância de Salvemini "é a de ter sido o primeiro a afirmar a verdade, que agora se tornou patrimônio ideológico das forças socialistas italianas, de que, como os camponeses meridionais não poderão se emancipar sem a ajuda dos operários do Norte, assim também estes não poderão se tornar classe dirigente sem a aliança com aqueles" (Salvadori, 290).

É mérito de Salvemini ter tentado, antes que qualquer outro, uma completa análise das relações de classe em que assentava o sistema de poder que governava o Sul, e de haver indicado as massas camponesas como o sujeito que era mister mobilizar para quebrar a aliança entre latifundiários e pequena burguesia, suporte essencial deste sistema. No Sul, de fato, faltam quase completamente duas classes fundamentais na sociedade moderna: o proletariado e a burguesia capitalista.

A solução necessária para esta situação encontra-se, segundo Salvemini, num processo de mobilização das massas camponesas. Para ativar este processo, os meios essenciais são o sufrágio universal e o federalismo. Neste contexto, enquadra-se a aliança de todas as forças progressistas do Norte, embora numa óptica, para Salvemini, um pouco mecânica: isto é, inicialmente os progressistas do Norte deverão conseguir o sufrágio universal e, em seguida, conseguido esse sufrágio, poderão mobilizar os camponeses e eliminar assim as forças reacionárias. Os dois momentos se mantêm, pois, separados, até que Salvemini, desiludido da política oportunista de alianças do PSI, começou a considerar somente as massas meridionais sem confiar mais nas massas operárias do Norte.

É nesta perspectiva que se insere também a contribuição teórica de Guido Dorso, embora sua visão reformadora tenda a considerar preponderantemente a sociedade italiana na sua globalidade: "a Questão meridional poderá ser resolvida, tornando o Sul base da revolução italiana" (cit. in Salvadori, 369). No pensamento de Dorso se sintetizam todos os temas do "meridionalismo" italiano clássico: crítica do Ressurgimento, necessidade de uma força e de um rigor moral no reformador, confiança ao indicar como protagonista da mudança um grupo social que está profundamente ligado ao sistema tradicional do poder: "a pequena burguesia humanística".

Para Dorso, a situação do *Mezzogiorno* é fruto da auto-exclusão da classe política meridional da gestão do poder político nacional. Mas, justamente por causa disto, a superação da situação de submissão colonial não pode ser confiada às camadas subalternas, totalmente marginalizadas, mas àquelas camadas que, estando no centro do sistema político, cultural e social, podem realmente ter influência na vida nacional através de novas formas de integração política. O mérito de Dorso está, não obstante as claras limitações da sua análise de classe, em voltar de novo a atenção, de maneira nova embora não originalíssima, para a gestão do poder político, centro da orientação de toda a manifestação social e política no Sul e, por conseguinte, elemento unificador em relação à desagregação geral (Turnaturi e Lodi, 128-29).

Ao mesmo tempo que Dorso, no campo socialista, Antônio Gramsci levava ainda mais longe a análise. Partindo de considerações sobre a situação meridional não muito diferentes das clássicas, Gramsci as aprofunda numa ampla análise da classe dirigente italiana.

Na Questão meridional identifica, antes de tudo, uma situação funcional, tanto a nível político como econômico, em relação ao sistema de poder que se instaurou na Itália após 1861. Para Gramsci, esta questão está íntima e diretamente ligada com o problema do Ressurgimento como revolução fracassada e, por isso, ela se apresenta antes de tudo como uma questão nacional. Mas, precisamente por ser nacional, a Questão meridional precisa ser inserida na estratégia do movimento socialista como problema fundamental, e não acessório. Dessa forma, o problema principal a ser enfrentado é o do poder político central. É exatamente em torno neste ponto que se dá a divisão entre reformistas e revolucionários dentro do movimento operário: entre quem crê que o problema pode ser resolvido com o apoio do poder político e quem pensa, como Gramsci e outros, que somente uma mudança nas relações entre as classes e entre estas e o Estado pode efetivamente mudar a situação. Segundo Gramsci, após 1861, formou-se na Itália uma estreita aliança entre os dois grupos dominantes a nível regional: os latifundiários do Sul e os industriais do Norte. Isto condicionou profundamente o desenvolvimento político do país após a unificação. Desta análise deriva como conseqüência que, para derrubar tal aliança, coligam-se os antagonistas históricos desses dois grupos dominantes: a classe operária do Norte e os camponeses do Sul, dois elementos potencialmente revolucionários. No Sul, particularmente, Gramsci identifica três camadas sociais dentro da sociedade agrária: a grande massa dos camponeses, amorfa e desunida, os intelectuais da pequena burguesia rural, os grandes latifundiários e os grandes intelectuais (Croce e Fortunato) (Gramsci, 149).

São estes os elementos que o partido socialista — e depois o comunista — tem que enfrentar no Sul em seu plano de transformação das estruturas sociais. O partido organiza assim as classes e os grupos sociais e, naturalmente, os intelectuais, para colocá-los a serviço da revolução socialista. Mais precisamente, neste plano, que se ressente amplamente sobretudo da problemática salveminiana, o papel dos operários do Norte não é mais somente o de tirar proveito das concessões do capital, mas de organizar os camponeses do Sul através do partido, para a consecução de objetivos comuns.

Em suma, com Gramsci, no estudo da Questão meridional se impõe a necessidade de uma análise crítica da sociedade e das forças sociais disponíveis para a mudança. Sem uma análise das relações de classe torna-se inútil e até contraproducente pôr-se o problema do Estado e formular a hipótese de uma solução puramente política do problema.

O ponto a que chegou Gramsci se torna, no pós-guerra, ponto de partida para uma análise que ofereça dados agora utilizáveis numa nova situação política que já admitiu a necessidade de modificar, com a intervenção do Estado, as estruturas da sociedade meridional.

III. O DEBATE NO PÓS-GUERRA. — A constatação mais relevante de onde é preciso partir para compreender a evolução do debate é a persistência da questão através do tempo, apesar de todas as tentativas feitas para resolvê-la. A industrialização realizada no Norte não trouxe benefícios substanciais ao Sul, embora tenham sido experimentadas nestes últimos anos, mas sem sucesso, várias políticas tendentes a promover um desenvolvimento moderno.

Esta situação contribuiu, contudo, para pôr sempre mais em destaque o problema e torná-lo

uma verdadeira questão nacional: após o advento da república, todos os Governos se propuseram o objetivo de tentar resolvê-la, mas não conseguiram grande sucesso.

Esta importância do problema meridional está também patente numa das críticas mais bem articuladas que se fizeram à visão gramsciana, a de Rosario Romeo que, ao comentar a tese de Gramsci sobre o Ressurgimento como revolução fracassada, apontou-lhe as limitações, consistentes em não haver levado em consideração o ligame de funcionalidade existente entre a exploração das massas camponesas e o processo de acumulação originária do capital e de desenvolvimento do capitalismo italiano. Com efeito, uma revolução agrária implicaria a redistribuição da propriedade da terra segundo o modelo francês, diminuindo necessariamente os recursos disponíveis para a acumulação e freando notavelmente o processo de desenvolvimento econômico. Sob este ponto de vista, a própria situação de subdesenvolvimento da região meridional se entende também como uma fase de exploração do Sul pelo Norte, talvez moralmente deplorável, mas economicamente necessária para o desenvolvimento global do país, e já implícita na diversidade das situações sócio-econômicas das várias regiões italianas no momento da unificação. Por outras palavras, é na diferença dos pontos de partida que está a principal explicação do subdesenvolvimento meridional.

A interpretação de Romeo suscitou, como é natural, muitas objeções. Foi em particular agudamente observado (Gerschenkron) que o pôr em evidência as carências e o caráter abstrato da crítica gramsciana ao Ressurgimento não pode justificar o que foi feito pelas classes dirigentes italianas nesse período. Mais: mesmo sem refutar substancialmente o esquema proposto por Romeo, a ação do Estado italiano após a unificação se considera sem dúvida insuficiente no que respeita à canalização de recursos para o sistema industrial e ao fomento do desenvolvimento econômico nacional. De qualquer modo, não obstante as críticas que lhe podem ser dirigidas, observa-se que até a tese de Romeo acentua a necessidade de uma "política meridional" para resolver esta questão.

Entretanto, pelas dificuldades que se encontram em resolvê-lo, o problema começa a ser considerado numa óptica cada vez mais ampla, que o assimila aos problemas gerais do atraso e do subdesenvolvimento. Além disso, no pós-guerra, a cultura italiana reata seus contatos com a cultura ocidental, particularmente com a americana. Dessa forma, difundem-se também na Itália as primeiras teorias gerais do desenvolvimento social formuladas pela sociologia anglo-saxônica.

De acordo com esta corrente de pensamento, cujo expoente máximo pode ser considerado T. Parsons, o desenvolvimento econômico social é um processo de tendência universal, baseado na industrialização e na modernização, que com diferente intensidade envolve e interessa potencialmente todos os países. Exatamente por este motivo, eventuais crises e reações que surgem nas sociedades tradicionais em relação a este processo tendem a ser morrente interpretadas como fenômenos de resistência das antigas estruturas que procuram sobreviver diante do impacto inovador.

Nestes termos, a Questão meridional se torna um fenômeno de *dualismo* na estrutura social econômica italiana. Aqui, de fato, convivem duas organizações sociais de tipo diferente: um Norte avançado e um Sul atrasado. A solução do problema acontecerá quase que automaticamente, caso o Sul venha a ser progressivamente absorvido pelo desenvolvimento da parte mais avançada do país.

Todas as terapias que vêm sendo propostas para solucionar a Questão meridional partilham da convicção comum de que, substancialmente, o problema do subdesenvolvimento do Sul não é diferente do do Norte e que, portanto, não pode ser enfrentado e resolvido sem mudar o quadro social e político até agora dominante.

Destas premissas decorre conseqüentemente a necessidade de eliminar, através da ação do Estado, todos os obstáculos que possam, de algum modo, perturbar ou obstaculizar o processo de penetração do desenvolvimento industrial na área subdesenvolvida; uma grande importância é dada aos modelos de comportamento e aos valores, considerados como cruciais no processo de mudança social.

A esta tese foi progressivamente se opondo uma outra que insiste, ao invés, na unicidade do mecanismo de desenvolvimento que constitui a base, quer do desenvolvimento do Norte, quer do subdesenvolvimento do Sul. Apresentada em forma alegórica na Itália por Capecelatro e Carlo, esta tese parte das formulações do economista norte-americano Gunder Frank e, em geral, dos neomarxistas americanos Baron e Sweezy.

Se o capitalismo na sua evolução tende a criar e recriar contínuas polarizações entre áreas metropolitanas e áreas satélites, estabelecendo, entre elas, relações de dependência e de exploração, a situação de subdesenvolvimento do Sul é, então, segundo essa tese, o produto direto do desenvolvimento capitalista na Itália. Por isso, a única e verdadeira solução da Questão meridional seria

uma revolução socialista impulsionada por todos aqueles que, de qualquer modo, são sistematicamente explorados pela metrópole.

Este tipo de análise encontrou, porém, críticas muito fortes no próprio debate teórico internacional, especialmente por causa do conceito do modo de produção capitalista usado por Gunder Frank, mas, sobretudo, pela subestima que faz do papel dos fatores endógenos nos processos de mudança. A sua aplicação pura e simples à situação italiana gerou depois novas perplexidades.

Antes de tudo, foi-lhe reprochado (Bonazzi) não ter sido ponderado suficientemente o fato de que o Sul, há mais de um século, faz parte do Estado italiano. Coisa de conseqüências não negligenciáveis, se se considera, por exemplo, as funções particulares que exerce e exerceu sobre o sistema político nacional a classe política meridional e a meridionalização da administração pública. Mas lhe reprovam particularmente não ter levado em consideração a política meridional da despesa pública iniciada no pós-guerra. O modelo de Gunder Frank, concentrando a análise nos processos de subdesenvolvimento provocados pela exploração externa, não oferece instrumentos teóricos para se compreender as particularidades da estrutura interna do Sul, especialmente as relações de classe. Por isso se pensou (Bonazzi, 39) que a realidade atual do Sul da Itália pode ser melhor enfrentada com um esquema teórico que compreenda tanto os fatores exógenos como os endógenos e que permita avaliar os processos de transformação, imputando-os às funções exercidas pelos condicionamentos estruturais determinados pelo tipo de desenvolvimento da comunidade nacional e pela interação que se cria entre estes condicionamentos e a sociedade meridional, considerada em seus componentes internos.

Resumindo e esquematizando, o problema que se discute é se a consideração da Questão meridional, como um produto direto do desenvolvimento capitalista na Itália, leva necessariamente a negligenciar a relevância da ação política a curto prazo, especialmente e sobretudo dentro do quadro político-institucional em vigor. É sobre este problema que o debate continua entre os que julgam que a ação estatal é, de algum modo, funcional para o desenvolvimento capitalista e, portanto, incapaz, de per si, de orientar a solução da Questão meridional, e os que pensam que nela pode haver implicações qualitativas não indiferentes, mas até cruciais.

IV. A ação do Estado. — Pode-se justamente admitir que o fascismo representou o aperfeiçoamento do bloco agrário-industrial, formado nos primeiros cinqüenta anos de história italiana. De fato, para reduzir as tensões a que este bloco tinha sido submetido nos primeiros vinte e cinco anos do século, o fascismo se empenha, de um lado, numa política de controle planificado das forças sociais e, de outro, numa crescente emissão de *outputs* simbólicos. É nesta direção, por exemplo, que se insere particularmente o plano de beneficiação integral, que tende a desempenhar no Sul ambas as funções. A isto se pode acrescer a política de construção de obras públicas e a própria política externa "imperialista", com a aventura da Etiópia apresentada como solução para os problemas dos camponeses meridionais. Mas é após 1945 que se verifica uma mudança qualitativa nas atitudes do Estado para com o Sul. A influência das teorias do desenvolvimento acima mencionadas leva a reavaliar o papel da intervenção pública e a institucionalizá-la, com a criação, em 1950, da *Cassa del Mezzogiorno*, embora a Caixa tenha sido concebida, na sua criação, como uma entidade extraordinária, nos encontrando já perante um plano orgânico, ou que, pelo menos, o pretende ser, de solução do problema meridional. À tese de Rosenstein-Rodan, sobre o desenvolvimento da agricultura e das infra-estruturas, e à de Lutz, sobre uma trégua salarial para criar as margens de formação do novo capital a ser investido no Sul, se opõe substancialmente vitoriosa, a tese de Saraceno, favorável à criação de "um mecanismo de desenvolvimento autônomo e autopropulsivo". Isto representaria concretamente uma tentativa de industrializar o *Mezzogiorno* através, sobretudo, da ação do Estado, quer como empresário direto, quer com ajudas e subvenções.

Esta linha de desenvolvimento tem duas implicações muito importantes. Antes de tudo, consagra, mesmo oficialmente, a Questão meridional como questão nacional e a coloca na ordem do dia, embora freqüentemente de forma superficial e propagandística. Em segundo lugar, chega a reconhecer como necessária uma intervenção global e planejada: sem globalidade é impossível enfrentar e solucionar a questão.

Mas também este tipo de abordagem do problema começa a encontrar dificuldades crescentes a partir da segunda metade da década de 60. De um lado, a crise do desenvolvimento industrial do Norte impõe uma consideração mais atenta das relações econômicas internacionais e, portanto, da posição da Itália no processo de divisão internacional do trabalho: sem uma análise das implicações sociais que estas relações têm em todo o processo do desenvolvimento italiano não parece ser possível elaborar uma solução válida para a Questão meridional. De outro lado, a

mesma política de industrialização do Sul não tem obtido sucessos substanciais, havendo-se limitado a criar *enclaves* desvinculados do meio circundante e, portanto, "marginais" ao "centro" da sociedade meridional: são as famosas "catedrais no deserto".

Em suma, parece que a fase de industrialização assistida, típica deste segundo pós-guerra, tem de ser considerada como falida, pelo menos em seu objetivo de pôr em andamento, no Sul, um processo de desenvolvimento "autônomo e autopropulsivo" (Galasso, Villari).

V. OS NOVOS PROBLEMAS DA SOCIEDADE MERIDIONAL. — Para considerarmos os progressos políticos mais recentes da Questão meridional, é necessário analisarmos, em primeiro lugar, quais as mudanças de relevo ocorridas nestes últimos anos na região meridional.

Uma das mudanças estruturais mais importantes é, sem dúvida, o movimento pela redistribuição da terra, nos anos 1948-1950, e a sucessiva reforma agrária que, como conseqüência, mudaram radicalmente a ordem social do campo. Sob a pressão de um movimento popular sem precedentes no Sul, foi iniciada nesses anos uma reforma que dividiu os grandes latifúndios meridionais e contribuiu de maneira decisiva para a formação de uma numerosa classe de pequenos proprietários. Deste modo, a reforma corrigiu o desequilíbrio que existia antes entre a pequena propriedade e o latifúndio. E, o que é mais importante, removeu um dos pilares que constituíam a base da velha ordem social e eliminou a causa principal do rancor camponês, estabelecendo ao mesmo tempo uma clara distinção social entre os pequenos proprietários e os braceiros, distinção antes ofuscada pela relação de subordinação que existia entre pequena propriedade e latifúndio (Tarrow).

Deste modo, a reforma tem como resultado a desmobilização do potencial político das massas camponesas. De fato, a maior parte dos camponeses, entrando na posse de terrenos próprios, torna-se incapaz de gerir sua nova empresa sem uma ajuda externa. Precisa então obter essa assistência das entidades de reforma, isto é, do Estado, que, deste modo, vem a exercer um controle maciço sobre muitos aspectos da vida rural. A necessidade de recorrer ao auxílio das entidades de reforma se resolve na supressão da autonomia política das massas camponesas e na sua dependência cada vez maior do Estado e dos partidos e grupos que nele influem.

Esta é a mudança estrutural que, em larga medida, permite explicar a progressiva fragmentação do bloco camponês e as conseqüentes dificuldades para o reorganizar. De fato, no seio deste bloco existe já uma linha divisória entre pequenos proprietários e trabalhadores braçais que cria sérios problemas para qualquer movimento que vise formar uma aliança de todos os camponeses.

Entretanto, especialmente após 1957, toda política do Estado para com o *Mezzogiorno* se orienta de modo particular para a industrialização.

Os critérios efetivos de investimento público não cuidaram, porém, em concentrar as empresas, de modo a criar o maior número possível de empregos: não obstante o processo de expulsão da agricultura se desenrolar com certa rapidez, entre 1951-1965, a população ativa ocupada na indústria aumentou só 4% (Tarrow, 359).

O esforço direto do Estado se concentra essencialmente na grande indústria de base, à qual caberia em seguida estimular atividades colaterais favoráveis ao desenvolvimento industrial. Mas, exatamente neste período, como resultado também da concorrência que vem no âmbito da CEE, entra em crise grande parte da indústria manufatureira meridional, que é obrigada a demitir um grande número de trabalhadores. Esta massa não encontra, obviamente, ocupação na indústria do Estado, que, como vimos, era de alta concentração de capital, mas se orienta essencialmente para a emigração e para a construção; e, naturalmente, cresce o desemprego. Encontramo-nos, assim, perante uma crescente fragmentação da classe operária. A tradicional fábrica capitalista está, na realidade, relativamente ausente; favorece-se desta forma o estado de desagregação dentro da classe e impede-se a transparência das relações sociais de produção. Ao lado de grupos de operários empregados na grande indústria de base, operários freqüentemente contratados com base em critérios políticos, há numerosos grupos de operários *part-time*, isto é, operários ocupados parte do ano na indústria e parte na agricultura. Estes últimos, indefinidos sob o ponto de vista profissional, traduzem sua indefinição social numa atitude política extremamente volúvel.

Além da emigração, uma outra válvula de escape para a crescente oferta de mão-de-obra é o setor terciário, que passa de 27% da população ativa, em 1951, para 46% em 1977, crescimento que, em grande parte, é atribuível às atividades comerciais e à administração pública. De fato, uma das tendências características do processo de desenvolvimento em marcha no Sul, desde o pós-guerra, é o alargamento da tenaz entre a industrialização e urbanização. A expulsão dos camponeses do campo não encontra, pelos motivos acima mencionados, um correspondente aumento da demanda de força de trabalho na indústria. Deste estrangulamento se origina a inchação das cidades e a proliferação de atividades referíveis ao setor terciário não produtivo. E é no setor terciário que vai encontrando abrigo uma nova classe média de notáveis dimensões e força. Esta tem suas principais ocupações no comércio e na administração pública, que se desenvolveu, em grande parte, como conseqüência do modelo "estatal" de desenvolvimento econômico (Tarrow, 381).

A importância desta nova classe média torna-se ainda maior, não só pela sua estreita compenetração com os órgãos do Estado, mas sobretudo pela própria política de intervenção que ela tem, praticamente, oportunidade de gerir. Nestas condições, junto com o setor moderno da indústria, tende a formar um novo tipo de coalizão, que consegue desagregar, na prática, as pressões das classes subalternas exercendo um oportuno controle das condições de desenvolvimento econômico (Donolo, 105).

Por tais motivos, pode-se afirmar que, desde o pós-guerra, foi-se progressivamente consolidando um novo bloco de forças que se está mostrando capaz de dirigir um processo de desenvolvimento essencialmente desequilibrado, sem exercer, de resto, um alto grau de hegemonia sobre os grupos subalternos. O que é preciso frisar, além das notáveis mudanças ocorridas no seio das classes dominantes, é a constatação de que a nova ordem político-social também não resolveu substancialmente o problema do subdesenvolvimento meridional, mas se limitou apenas a modernizar suas formas (Galasso).

Neste sentido, o desemprego, a emigração, as formas de rebelião que se seguiram, enfim, os desequilíbrios, que caracterizam ainda hoje a sociedade meridional, parecem reforçar a tese que vê uma continuidade substancial no processo de subdesenvolvimento do Sul e que, do fracasso de todas as hipóteses de desenvolvimento formuladas nos anos 50 e 60, deduz a necessidade de um salto radical de qualidade, no sentido anticapitalista, nas medidas a tomar.

Deste contexto emerge, de algum modo, a nova importância que assume o papel do Estado: não somente como primeiro empresário e organizador da política de intervenção extraordinária, não somente como lugar eficiente de mediação dos interesses dos vários grupos que formam ou se apóiam na classe dominante, mas especialmente como instrumento de agregação do bloco de poder a nível político e social, por intermédio dos partidos.

Esta nova capilaridade da função do Estado está bem exemplificada na transformação por que passa o sistema tradicional das clientelas. O velho sistema, baseado nas clientelas pessoais e, portanto, privadas, é eliminado no curso dos anos 50. Os antigos notáveis, dotados de prestígio pessoal, são substituídos ou inseridos na organização burocrática, criada e desenvolvida pela política da intervenção estatal no Sul, que oferece desenvolvimento econômico e, graças a isso, recolhe votos para os homens políticos (Tarrow, 303). Em virtude destas suas qualidades organizativas, o novo "clientelismo burocrático" atinge potencialmente todas as camadas da população e contribui fortemente, portanto, para enfraquecer a base social que os movimentos de esquerda tentam consolidar.

À luz de tudo isto, pode-se compreender melhor por que a intervenção pública, na sua globalidade, não se mostrou capaz de encontrar uma solução para a situação de subdesenvolvimento, mas, pelo contrário, freqüentemente desempenhou um papel funcional para a sua manutenção: "o sistema político não funcionou como um corretivo da lógica do desenvolvimento polarizado, mas o favoreceu" (Bonazzi, 307).

Em última análise, o Estado tende, intencionalmente ou não, a desempenhar neste contexto a função de organizador político das classes dominantes e, vice-versa, a obstaculizar ou impedir a organização política das classes subalternas.

Nesta situação, formou-se uma nova estrutura de poder que tem pouco a ver com a estrutura tradicional, baseada no "bloco agrário". Para tentar identificá-la, é preciso, antes de tudo, ter presente que os grupos que a compõem agem num contexto social desde sempre extremamente desagregado, que o novo tipo de desenvolvimento do pós-guerra contribuiu, talvez, para fragmentar ainda mais.

Esta estrutura parece, contudo, à primeira vista, ser constituída, não só pela classe política governante local, mas também por uma coalizão entre o setor moderno da economia, os aparelhos político-administrativos, entre os quais se destacam os da intervenção extraordinária, e, enfim, as novas classes médias urbanas ancoradas no setor do comércio e da administração pública.

Particularizando mais, as camadas mais interessadas na gestão da atual situação podem ser identificadas na indústria da construção civil, entre os pequenos e médios empresários manufatureiros, que contratam o apoio do poder político sob a garantia da ordem e da estabilidade política, e, enfim, na nova e numerosa camada de profissionais que o novo desenvolvimento econômico requer e nos novos grupos de intelectuais subordinados ao poder político (Donolo, 123).

Este último grupo, junto com todas as classes médias em geral, constitui a base de massa desta nova estrutura, mas assume um novo relevo, que vai além da importância numérica, por causa do maior grau de mobilização política que estas classes possuem em relação às classes inferiores, fato que se reveste evidentemente de uma importância político-estratégica notável. Trata-se, em geral, de uma coalizão, estreitamente ligada ao sistema político nacional mediante o aparelho administrativo de intervenção pública e o papel de mediação exercido pela classe política local a nível nacional.

De resto, como testemunho da importância do papel do Sul no sistema político italiano, basta lembrar o impacto dos desvios eleitorais ali verificados no início dos anos 70 e as implicações do processo de meridionalização da administração pública que, iniciado no fim do século passado, veio a desenvolver-se depois no último pós-guerra. Para darmos um exemplo, os funcionários diretivos provenientes do Sul, que, em 1954, atingiam 56% do total, eram já em 1961 62% e, desde então para cá, não parecem ter diminuído. O crescimento e a meridionalização do aparelho burocrático público "parecem visar, sob o aspecto do recrutamento, a absorver o rastejante descontentamento meridional, a oferecer uma saída ao 'proletariado intelectual', a canalizar a futura direção, conquistando-lhe o consenso" (Cassese, 96).

Enquadrados num contexto mais amplo, analisa-se melhor os custos da intervenção pública e o juízo é também mais cauto sobre o "malogro" da política meridional. Os custos são igualmente comparados aos benefícios do que tem fruído o sistema político nacional, ou, pelo menos, seus grupos dirigentes.

BIBLIOGRAFIA. —P ALLUM, *Potere e società a Napoli nel dopoguerra*, Einaudi, Torino 1975; G. BONAZZI, A. BAGNASCO e S. CASILLO, *Industria e potere in una provincia meridionale*, L'Impresa Edizioni, Torino 1972; B. CAIZZI, *Nuova antologia della questione meridionale*, Comunità, Milano 1962; E. M. CAPECELATRO e A. CARLO, *Contro la questione meridionale*, Savelli, Roma 1973; S. CASSESE, *Questione amministrativa e questione meridionale*, Giuffrè, Milano 1977; C. DONOLO, *Sviluppo ineguale e disgregazione sociale: note per l'analisi delle classi nel Meridione*, in "Quaderni piacentini", 1972, n.º 47, pp. 101-128; G. GALASSO, *Mezzogiorno e modernizzazione (1945-1975)*, in *La crisi italiana*, ao cuidado de L. GRAZIANO e S. TARROW, Einaudi, Torino 1979, pp. 329-363; A. GERSCHENKRON, *Il problema storico dell'arretratezza economica* (1962),

Einaudi, Torino 1965; A. GRAMSCI, *La questione meridionale* (1926), Editori Riuniti, Roma 1972; R. ROMEO, *Risorgimento e capitalismo*, Laterza, Bari 1959; M. L. SALVADORI, *Il mito del buongoverno*, Einaudi, Torino 1963; S. G. TARROW, *Partito comunista e contadini nel mezzogiorno* (1967), Einaudi, Torino 1972; G. TURNATURI e G. LODI, *Le classi nella società meridionale: schema* *d'analisi di Salvemini, Dorso, Gramsci*, in "Rassegna italiana di sociologia", XIV, 1973, n.° 1, pp. 85-154; R. VILLARI, *La crisi del blocco agrario*, in *L'Italia contemporaneo 1945-1975*, ao cuidado de V. CASTRONOVO, Einaudi, Torino 1976, pp. 105-143.

[CARLO GUARNIERI]

R

Racismo.

I. DEFINIÇÃO. — Com o termo Racismo se entende, não a descrição da diversidade das raças ou dos grupos étnicos humanos, realizada pela antropologia física ou pela biologia, mas a referência do comportamento do indivíduo à raça a que pertence e, principalmente, o uso político de alguns resultados aparentemente científicos, para levar à crença da superioridade de uma raça sobre as demais. Este uso visa a justificar e consentir atitudes de discriminação e perseguição contra as raças que se consideram inferiores.

Podemos assim passar a algumas distinções: há um Racismo forte e um Racismo fraco, conforme o peso que tem o apelo ao fator da raça ou o maior ou menor determinismo racial; existe também um Racismo meramente teórico (de simples ideologia) e um Racismo que se traduz em política do Governo ou em comportamentos coletivos; existe o mero juízo e a intolerância violenta. Se, através da história, as teorias racistas foram elaboradas sobretudo contra os negros e os judeus (v. ANTI-SEMITISMO), não se pode decerto afirmar que só eles têm sido visados. Pode-se dizer que o Racismo é um fenômeno tão antigo quanto a política, na medida em que, em nome da identidade étnica, é capaz de fortalecer o grupo social contra um inimigo verdadeiro ou suposto. Há um Racismo entre as grandes raças (branca, amarela e negra), mas há também entre pequenas raças ou grupos étnicos particulares (xenofobia, chauvinismo); pode desenvolver-se dentro de uma comunidade política pluri-racial ou entre comunidades políticas diferentes.

II. MUNDO ANTIGO E SOCIEDADE MEDIEVAL. — A cultura grega está toda ela permeada de motivos racistas de sentido fraco, na medida em que é nela dominante uma clara oposição entre gregos e bárbaros, criada durante as guerras pérsicas. E, nesta oposição entre helenos e persas, aflora já o contraste entre a Europa e a Ásia: a Europa é a terra da liberdade e da lei, a Ásia a terra do despotismo e da escravidão. Esta contraposição terá grande sucesso em toda história do pensamento político ocidental. É até nela que se baseia uma das justificações que Aristóteles encontrou para a instituição da escravidão, justificação, aliás, que contrasta com todo o seu pensamento. Segundo ele, há homens que, "por natureza", estão destinados a ser livres e a comandar, outros a ser escravos, a ser comandados, porque privados de alma racional: a esta última raça pertenceriam os bárbaros, que não eram livres nem sequer na sua pátria (*Política*, 1, 2, 1252a) e que constituíam a grande massa dos escravos na Grécia.

Também no mundo romano houve notáveis fenômenos de Racismo. É grande o desprezo para com os bárbaros, como se deduz de Estrabão, de César e mesmo de Tácito. Já não são os persas, mas os germanos, os gauleses e os celtas que são considerados como inferiores, porque selvagens (*feri*). É também grande a aversão pelos gregos (os *graeculi*), mas trata-se sempre mais de um mero preconceito cultural do que um verdadeiro preconceito racial. Antes e depois da vinda de Cristo, houve formas, mesmo violentas, de anti-semitismo nas cidades gregas, que levaram à revolta da Judéia, durante o reinado de Nero. A aversão contra os hebreus devia-se ao fato de eles constituírem um grupo de forte sentido comunitário, fiel às suas tradições, costumes e usanças. Apesar da mensagem do cristianismo, o anti-semitismo continuou por toda a Idade Média, agora reforçado pelo fato de se ver nos judeus o povo deicida; por isso, o que predomina aqui é o preconceito religioso unido ao cultural, este simbolizado pela circunstância de os judeus serem obrigados a viver em guetos.

III. A IDADE MODERNA. — Com o fim do império e o esboçar-se dos Estados nacionais, inicia-se o debate na França sobre a antiga Constituição francesa, toda ela baseada no princípio racial, em claro contraste com os romanos. Para Étienne Pasquier (*Recherches sur la France*, 1560 s.), a verdadeira Constituição francesa se encontra na antiga Gália céltica, libertada do domínio romano pela conquista dos francos; para François Hotman (*Franco-Gallia*, 1573), esta Constituição se acha, ao invés, na dos conquistadores francos. Enquanto Pasquier queria defender os Parlamentos como continuação das antigas assembléias celtas, Hotman queria justificar e legitimar o poder da raça conquistadora, encarnada de fato na antiga nobreza. Um herdeiro de Hotman, no século XVIII, o conde de Boulainvilliers, reivindica em sua obra, *Histoire de l'ancien gouvernement de la France* (1727), contra a monarquia absoluta, as liberdades da nobreza franca: a nação surge assim dividida em duas raças, a dos vencedores (os francos) e a dos vencidos (os galo-romanos). O abade Dubos defende, pelo contrário, os galo-romanos e, em *Histoire critique de l'établissement de la monarchie française* (1734), vê a continuidade dos *municipia* romanos na autonomia administrativa das cidades; conciliava-se assim com o absolutismo. Quem encerra esta polêmica, que interpreta o conflito entre a burguesia e a nobreza como um conflito entre duas raças, é Augustin Thierry (*Lettres sur l'histoire de France*, 1827, *Essai sur l'histoire de la formation et du progrès du Tiers État*, 1853), que, numa paciente pesquisa de história social, toma o partido da raça oprimida.

Esta polêmica historiográfica é exemplar e durou mais de dois séculos. Mesmo que dominada por propósitos político-constitucionais, parte de uma teoria da raça. Trata-se, porém, de um Racismo de sentido muito fraco, totalmente influenciado pela tese de Tácito sobre a liberdade dos germânicos contra o absolutismo dos romanos. Também os ingleses trataram de indagar as origens da sua nação e das suas liberdades numa raça mais antiga, existente antes da conquista dos romanos: aqui a raça primordial seria a saxônica. Em 1870, William Stubbs, apresentando algumas das Cartas da história constitucional inglesa, exaltava a continuidade com os antigos anglo-saxões; Edward Freeman, em *Lectures to american audience* (1882) manifestava o sentimento de que os povos anglo-saxões estavam ligados por "vínculos de sangue, de língua e de tradições", ao mesmo tempo que exaltava a vitória de Armínio contra os romanos na floresta de Teutoburgo. Acrescentem-se a isto os romances históricos de Walter Scott, todos eles uma exaltação das gestas dos saxões.

Na moderna historiografia, do século XVI ao XIX, o mito da raça aparece quase como uma busca do princípio, como nostalgia de uma origem pura, incontaminada e distante, cuja herança

seria mister guardar com fidelidade, como vontade de remontar ao momento auroral, onde melhor se delineiam as verdadeiras características (políticas) de uma nação. Mas, pela ausência de uma clara referência a dados biológicos, trata-se de um racismo débil, sempre usado numa perspectiva política, que gera mais uma atitude de autocomplacência que uma verdadeira e autêntica discriminação. É neste clima, porém, que, por meados do século XIX, amadurece o mito da raça ariana ("nobre, escolhida" e loira), emigrada da Ásia para a Europa numa época pré-histórica.

IV. A IDADE CONTEMPORÂNEA. — O Racismo contemporâneo, tal como se desenvolve a nível político, sobretudo após a Primeira Guerra Mundial, tem uma origem assaz remota e é resultante do encontro e fusão de três diversas correntes de pensamento, muito distantes entre si: o estudo científico das raças, o nacionalismo e uma atitude mística e irracional em política. A fusão destes elementos, muitas vezes contraditórios entre si, dá-se exatamente sob o impulso político da mobilização e nacionalização das massas.

No final do século XVIII, com o progresso das ciências naturais fomentado pelo Iluminismo, começou-se a tentar a classificação das raças humanas, com base no estudo do crânio (frenologia) ou do rosto (fisionomia): daí a uma definição da psicologia das várias raças o passo é muito curto, como é fácil também estabelecer uma hierarquia entre elas, colocando a raça branca em primeiro lugar, a negra em último e a amarela no meio. O negro seria preguiçoso, indolente, caprichoso, sensual, incapaz de raciocinar; por isso é colocado próximo ao reino animal. A raça amarela não teria imaginação, seria materialista, capaz de se realizar apenas no comércio e nos negócios, entregue exclusivamente aos interesses materiais. A raça branca — ou, melhor, ariana — possuiria qualidades de que carecem as outras duas: seria uma raça superior, porque as suas qualidades são superiores à sensualidade dos negros e ao materialismo dos amarelos. À parte estas simplificações psicológicas, este estudo do homem natural tem reflexos no Racismo devido ao estereótipo que formula, influenciado pelo mito grego: a raça branca é bela. Daí a adjetivação que depois seria dirigida aos negros ou aos judeus: "porco", "feio".

Este conceito materialista se desenvolve no século XIX, tanto com a teoria da hereditariedade dos princípios raciais, como com a livre interpretação do pensamento de Darwin: a seleção natural, que permite a sobrevivência a quem se adapta ao ambiente, se transforma em sobrevivência da raça favorecida por fatores hereditários. Estas teorias científicas dão origem a práticas que depois serão utilizadas pela política racista: a eugenia (ou higiene racial) que há de servir para combater a degeneração racial e para melhorar a qualidade da raça, para a tornar mais pura. No Racismo, o perigo da mistura das raças torna-se uma obsessão.

Não foi o ideal da nação, mas o nacionalismo, para o qual uma nação é superior às outras, e a seguir o imperialismo, obrigado a justificar o domínio colonial, que deram novo impulso à difusão das teorias racistas. Pelo que respeita ao nacionalismo, é única a posição que ocupa Johan Gottlieb Fichte com seus *Discursos à nação alemã* (1807), justamente pela transição efetuada da idéia de nação à do nacionalismo e pela implicação deste com o Racismo. Ele deseja uma educação nova, que penetre "até a verdadeira raiz da vida psíquica e física": só o alemão será capaz desta educação nova, com exclusão das outras nações européias, por causa do seu caráter fundamental". Entre as diversas tribos germânicas, só a tudesca manteve intacta, sem bastardia, a sua língua primitiva e originária; por isso, ela continua sendo a única língua viva. Isso lhe permitirá dominar o estrangeiro, porque só "esta raça primitiva tem o direito de se proclamar povo".

Se em Fichte se misturam elementos racistas (os alemães opostos aos latinos) e elementos culturais (a língua), ele se mantém um certo equilíbrio entre a educação espiritual e a vida, se o apelo ao primitivo é temperado pelas tarefas que incumbem à filosofia alemã, a idéia de nação bem depressa se desvincula da de povo, identificando-se com a de raça. É assim que o sangue passa a ocupar o lugar da língua e o primitivo se converte num mistério mítico e mitológico: está aberta a porta do misticismo da raça superior. Teremos assim uma concepção indubitavelmente irracional, que põe o primado do *Völkisch* a religiosidade do povo, da raça, da estirpe, que exprime um Deus imanente, na própria vontade de potência. Este irracionalismo místico, baseado na carne, no sangue, na hereditariedade biológica, na terra (*Blut und Boden*), é um irracionalismo que se opõe à cultura, ao racionalismo e ao humanismo liberal.

Há três homens que podem representar simbolicamente a cristalização das teorias racistas entre os séculos XIX e XX: o francês Joseph-Auguste de Gobineau, o alemão Richard Wagner e o inglês Houston Stewart Chamberlain. O primeiro, em seu *Ensaio sobre a desigualdade das raças*

humanas (1853-1855), baseando-se numa vasta erudição, fala de três raças fundamentais: branca, amarela e negra. Cada uma delas produziu a sua própria civilização. A raça é a chave da interpretação da história do mundo e do seu devir. O propósito deste autor é combater politicamente a degeneração da raça branca, pois já não corre nas suas veias o mesmo sangue puro de outrora; a ameaça está precisamente nas outras duas raças inferiores. Richard Wagner, o círculo de Bayreuth e, posteriormente, os pan-germanistas popularizaram a tese de Gobineau, dando-lhe um colorido anti-semita: junto com os grandes mitos e as sagas antigas do povo germânico, a par dos grandes heróis da fé cristã, surgem os estereótipos antijudaicos, pois são os judeus que podem corromper o sangue puro da raça ariana. Chamberlain, genro de Wagner, apresentou uma justificação filosófica das suas obras. Em *Fundamentos do século XIX* (1899), quis sondar a essência da alma ariana, vendo na raça germânica, herdeira dos gregos e dos romanos, a salvação da humanidade, em polêmica com o cristianismo católico e, sobretudo, com os judeus, encarnação do mal.

Se o Racismo levou a marginalizações e perseguições, foi só com o nazismo que se teve em vista a "solução final", com o extermínio da raça judaica e a completa arianização forçada da Alemanha, uma vez que os cruzamentos raciais só produziriam degenerados, fracos e mentalmente. Os principais teóricos foram Alfred Rosenberg, que, em *Mito do século XX* (1930), apresenta o nazismo como a nova "Igreja do povo", e Adolf Hitler. Em seu livro *A minha luta* (1934), ao mesmo tempo que exalta a comunidade de sangue, Hitler descobre a presença do judeu na social-democracia alemã, como no grande capital financeiro, e julga que só a raça ariana é "depositária do progresso da civilização" e, portanto, como um povo de senhores, tem de conquistar e submeter as raças inferiores. O Racismo termina assim politicamente no Estado racista: idéias políticas e comportamentos sociais, que mergulham suas raízes na história européia, atingem pela primeira vez uma dimensão estatal e nela se exprimem.

V. RACISMO E SÓCIO-BIOLOGIA. — Tem sido acusada de Racismo uma nova disciplina ainda em fase de projeção: a sócio-biologia humana, que se diferencia da animal, já com sólidas bases. A sócio-biologia tem como objetivo estudar a relação que existe entre a natureza biológica do homem e o Governo da sociedade, ou seja, visa a descobrir as bases biológicas das coletividades humanas organizadas. Em outras palavras, propõe-se estudar os fundamentos biológicos do comportamento social do homem e, conseqüentemente, da organização social.

A sócio-biologia parte da concepção darwinista ou, melhor, neodarwinista da evolução e seleção natural, mas com uma diferença: o conceito de seleção não é referido aos organismos, mas aos comportamentos, que se transmitem hereditariamente através do código genético: são premiados e fortalecidos os comportamentos ou códigos adequados ao ambiente, punidos e eliminados os outros. Para a sócio-biologia, é necessário um estudo interdisciplinar do comportamento humano que una o componente biológico e o cultural, o gene e a idéia, para lhes descobrir a interação. São, por isso, examinadas as tendências de cooperação com os companheiros de grupo e a agressividade para com os estranhos e os estrangeiros, que podem pertencer a raças diversas. Mas, ao analisar o componente genético do comportamento humano, a sócio-biologia acaba por privilegiar algumas constantes a-históricas ou historicamente invariáveis, como a defesa da identidade étnica, o tribalismo e o ódio ao estrangeiro, o fanatismo religioso ou ideológico e as práticas mágicas.

Como ciência, a sócio-biologia não se propõe fundamentar a superioridade de uma raça no código genético, mas superar o antigo dualismo entre alma (cultura) e corpo (gene), entre ciências sociais e ciências do homem, com o estudo da ação ou do comportamento humanos. Visa, por conseguinte, a oferecer um novo conceito de raça, unindo o dado biológico e o sociológico. Algumas divulgações jornalísticas podem, no entanto, prestar-se a instrumentalizações racistas, já que a diferença das raças é baseada no código genético e nas características histológicas, citológicas e endócrinas.

BIBLIOGRAFIA. — B. BLUMENKRANZ, *Juifs et chrétiens Patristique et Moyen Age*, Variorum Reprints, London 1977; V. COLORNI, *Gli ebrei nel sistema del diritto comune*, Giuffrè, Milano 1956; TH. DOBZHANSKY, *Diversità genetica ed uguaglianza umana* (1973), Einaudi, Torino 1975; G. GLIOZZI, *Adamo e il nuovo mondo*, La Nuova Italia, Firenze 1977; R. A. GOLDSBY, *Race and races*, Macmillan, New York 1977; C. LEVI-STRAUSS, *Razza e storia* (1952), Einaudi, Torino 1967; G. L. MOSSE, *Il razzismo in Europa* (1978), Laterza, Bari 1980; M. F. A. MONTAGU, *La razza. Analisi di un mito* (1952), Einaudi, Torino 1966; A. N. SHERWIN-WHITE, *Racial prejudice in imperial Rome*, At the University Press, Cambridge 1967; E. VOEGELIN, *Rasse und Staat*, Mohr, Tübingen 1933; E. O. WILSON, *Sociobiologia. La nuova sintesi* (1975), Zanichelli, Bologna 1979; Id., *Sulla natura umana* (1978), Zanichelli, Bologna 1980.

[NICOLA MATTEUCCI]

Radicalismo.

I. O TERMO. — O termo Radicalismo indica não tanto uma determinada corrente política ou um partido especificamente organizado, mas serve para identificar um movimento heterogêneo de idéias, que surgiu na Inglaterra pelos fins do século XVIII e sucessivamente se difundiu também pelo continente europeu, tendo como claro objetivo o abandono de qualquer hipótese temporizadora e de toda tática moderada para impulsionar um processo de vigorosa (e portanto "radical") renovação nos vários setores da vida civil e da organização política. Exatamente por causa desta constante propensão a favor de reformas autênticas, o termo radical assumirá uma conotação polêmica aos olhos de todos os conservadores que, no Radicalismo, verão um ataque explícito à sua pretensão de manter o *status quo* e os antigos privilégios.

II. O RADICALISMO NA INGLATERRA. — O surgimento do Radicalismo está ligado aos acontecimentos da história inglesa dos séculos XVII e XVIII e aos resultados da primeira Revolução Industrial, que provocaram profundas mudanças em todos os aspectos da vida social da época. O aparecimento de uma burguesia industrial bastante aberta e inovadora, a formação de novas classes dirigentes, em consonância com a transformação das condições econômicas da sociedade, e o enfraquecimento do espírito insular de cunho elisabetiano contribuíram para apressar a volta às posições individualistas já defendidas pelo metodismo de John Wesley, pelo *revival* religioso e por numerosos movimentos literários e filosóficos de feição iluminística.

Neste quadro de transformações do modo de viver e de pensar, que caracteriza o "século das luzes" na Inglaterra, manifestaram-se as primeiras lutas políticas dos radicais: no início, através de violentas polêmicas contra o autoritarismo da Coroa e da defesa da insurreição dos colonos americanos, bem como dos novos princípios ético-políticos que inspiraram a Declaração dos direitos (J. Wilkes, J. Cartwright); em seguida, na trilha da experiência revolucionária francesa, com a drástica exigência da democratização da vida política nacional, mediante a introdução do sufrágio universal masculino (J. Cartwright e Ch. J. Fox: este último, em 1797, foi o primeiro a definir essa exigência como uma "reforma radical").

Mas as idéias fundamentais do movimento radical receberam um impulso extraordinário especialmente da orientação utilitarista de Bentham, de Stuart Mill e de seus sequazes, cuja filosofia social defendia um ousado programa de reformas legais, políticas e econômicas, baseadas na idéia — bem aceita pela ética benthamiana — de realizar a felicidade do maior número de pessoas. Em *Fragmento sobre o Governo*, de Bentham, estão sintetizados os princípios que informaram e inspiraram o mais completo Radicalismo inglês: a consecução da maior felicidade para a maioria, como medida de valor de toda ação política; a soberania do povo e a representação parlamentar eleita pelo sufrágio universal, como pressupostos de qualquer reforma; o sistema da *jurisprudence* para a análise e censura dos procedimentos legislativos contrários ao bem-estar geral.

O mais completo e orgânico programa de reformas radicais (*radical reforms*) foi sustentado pelo combativo grupo dos benthamistas, reunidos ao redor da "Westminster review" e, após 1816, do "Weekly political register" de W. Cobbett. Ele constituiu o fermento cultural do século XIX, de que se ressentiram tanto os liberais (*whigs*) como os conservadores (*tories*), até lhe assimilarem as maiores instâncias. Cabe ao Radicalismo o mérito de ter suscitado um amplo processo de renovação nas instituições da sociedade inglesa. Com a sua ampla e capilar obra de propaganda e agitação, conseguiu, de fato, fazer aprovar pelo Parlamento a reforma eleitoral de 1832, a revogação das restrições ao comércio e à indústria e a reorganização do sistema judiciário, contribuindo também para promover a administração centralizada com a *poor law* (foram seus dinâmicos animadores Edwin Chadwick e George Grote), a abolição da proibição das organizações operárias (nisto se empenharam a fundo Francis Place e Joseph Hume), a emancipação dos protestantes dissidentes e dos católicos, a organização dos primeiros serviços para a proteção da saúde pública, a luta por um sistema universal de instrução primária (tornado realidade em 1840, especialmente por obra de G. R. Roebuck) e o revisionismo na política colonial, que se tornou elástica e liberal após 1839.

Sem nunca atingirem as proporções de um partido (disso impedidos pelo próprio funcionamento do sistema bipartidário inglês), os radicais, que, em 1832, se tinham aliado aos *whigs* para defender a reforma eleitoral, destinada a eliminar os "burgos pútridos", continuaram a apoiá-los pelos anos até 1867, quando a nova reforma exigida por Disraeli os levou a se apresentarem ao eleitorado como grupo autônomo. Mas o insucesso que tiveram na competição eleitoral do ano seguinte e, mais ainda, a vitória obtida pelos conservadores em 1874 serviram para convencer os radicais a reduzirem sua ati-

vidade no Parlamento e a acentuarem sua ação agitadora através de *clubs*, *meetings* e grupos de pressão e, finalmente, com a *National Reform Union* de Joseph Chamberlain, pela reforma alfandegária. É desse período que data o início da crise do Radicalismo como movimento político autônomo, logo absorvido pelo partido laborista fundado em 1900.

Todavia, nos anos mais próximos a nós, o Radicalismo inglês (que nunca deixou de influenciar particulares camadas de opinião pública) está experimentando uma certa revivescência do espírito combativo e profundamente reformador do novo liberalismo, aberto às aspirações populares e libertárias que encontram receptividade também no partido liberal de Jeremie Thorpe.

III. O RADICALISMO NA FRANÇA. — Os princípios do Radicalismo inglês passaram logo para o continente europeu. Na França, todavia, mais do que amalgamarem-se, colocaram-se ao lado dos que ali se haviam diretamente originado na experiência da grande revolução passada. De fato, os ideais dos "imortais princípios de 1789" foram sobretudo os reivindicados pelos radicais de além-Alpes como sua mais autêntica e genuína herança espiritual.

O termo *radicaux* (radicais) já se achava muito difundido na época da Restauração e designava indistintamente os numerosos grupos revolucionários que englobaram tanto os republicanos puros, jacobinos, como os radicais propriamente ditos. O fato é que, entre os republicanos revolucionários, se sentia a necessidade de dissimular, usando a etiqueta menos comprometedora de radical, para fugir à repressão policial. Esta necessidade durou longo tempo e nem mudou sequer durante a "monarquia burguesa" de Luís Filipe, quando a perseguição do Governo contra os republicanos atingiu o máximo de virulência após o atentado de Giuseppe Fieschi (1835). Nesse quadro, pouco serviu, para esclarecer as respectivas posições dentro da oposição anti-orleanista, a publicação do jornal "Le radical" em 1837.

Na revolução de 1848, viu-se, por isso, republicanos mais ou menos ardorosamente "jacobinos" ou simpatizantes do socialismo misturados aos radicais na luta para derrubar a "monarquia de julho" e instaurar uma república de grande abertura social.

Mas, após o advento de Napoleão III e a perspectiva do chamado *empire libéral*, chegou-se a uma primeira separação clara entre as duas correntes máximas da esquerda política francesa da época. O Radicalismo teve então seu registro oficial de nascimento no programa de Belleville

(1869); nele, embora adotando uma tática já "oportunista" em relação ao sistema político em vigor, os radicais sustentavam a necessidade de amplas e incisivas reformas de caráter democrático: sufrágio universal, separação entre Igreja e Estado, laicidade e obrigatoriedade do ensino, etc.

Após o penoso nascimento da III República, houve um novo choque entre os partidos radical e republicano durante o ministério de Jules Ferry (1883-1885), resultando daí a definitiva cisão dos dois partidos e a apresentação de um audacioso programa radical de revisão constitucional, reforma fiscal e abolição da política colonial.

Entretanto, ao redor de algumas figuras particularmente eminentes (tais como Léon Gambetta, Georges Clemenceau, Pierre Pelletan, Charles Floquet, etc.), o Radicalismo francês ia-se organizando em grande número de pequenos grupos separados, que depois, em 1901, confluíram na formação do "partido republicano radical e radical-socialista", assumindo com isso uma configuração ainda hoje muito típica, a de não constituir um partido unitário e centralizado, mas de ser uma confederação de vários grupos, *clubs*, associações políticas locais demasiado autônomas entre si.

Todavia, apesar desta fraqueza estrutural e organizativa em confronto com os grandes partidos de massa, o Radicalismo francês assumiu um papel determinante e, freqüentemente, um papel de protagonista imediato na direção do país, mesmo em circunstâncias particularmente dramáticas. Do ministério Waldeck-Rousseau (1899-1902), em plena crise dreyfusiana, ao que guiou a França à vitória na Primeira Guerra Mundial, do Bloqueio nacional (1919-1924) ao *Cartel des Gauches* (associação das esquerdas: 1924-1926), do Governo de união nacional (1926-1928) à participação na Frente popular (1936-1938) e na Resistência, a história do Radicalismo francês se confunde com a história política da França. Após a Constituição parlamentar de 1946, os Governos que se sucederam com diversa combinação de partidos contaram sempre também a presença das forças radicais, que às vezes souberam agir corajosamente para fazer sair a nova república das gravíssimas crises que ameaçavam suas bases (como na ocasião da descolonização, com o governo Mendès-France), e às vezes preferiram, ao invés, desenvolver uma obra de moderação conservadora e de equilíbrio para com as correntes esquerdistas do gaullismo.

Atualmente, são duas as tendências contrapostas e concorrentes que disputam o partido: uma mais moderada, fautora de uma eficiência tecnocrática de cunho mais ou menos anglo-saxão, que tem por líder original Jean-Jacques Servan-Schreiber; outra, mais combatida e reformista, atenta aos apelos da união das esquerdas, tão do agrado de F. Mitterrand.

IV. O RADICALISMO NA ITÁLIA. — Na Itália, o Radicalismo teve sua origem no ressurgimento do partido de ação. Surgiu, com efeito, sob a guia de Agostino Bertani, como dissidência do republicanismo mazziniano mais intransigente, para constituir o primeiro núcleo da extrema esquerda parlamentar. O programa desta corrente, que tendia a conciliar os princípios políticos dos dois maiores expoentes da democracia italiana do século XIX (Mazzini e Cattaneo), aceitava formalmente o regime constitucional monárquico, mas reclamava a sua progressiva e completa transformação dentro de uma orientação democrática, até atingir a forma republicana. Os princípios básicos do compromisso político e social dos radicais eram: a exigência do sufrágio universal; a revisão do estatuto albertino; a autonomia da magistratura; a reforma escolar com uma educação elementar laica, gratuita e obrigatória; a abolição do imposto sobre a moagem e o alívio fiscal para as classes menos favorecidas; a introdução do imposto progressivo sobre a renda; a abolição dos impostos sobre o trigo e a redução dos impostos sobre o consumo; a autonomia e a descentralização administrativa; oposição clara contra toda ingerência da Igreja católica na vida política italiana e contra qualquer eventual compromisso entre o Estado e o Papado.

Depois das animadas lutas travadas por Bertani em defesa das mais urgentes reformas sociais, os radicais passaram pelos momentos de maior presença na vida política italiana, especialmente com Felice Cavallotti, quando da sua oposição à atividade revolucionária de Crispi e da crise do fim do século.

A seguir, depois de terem abandonado a questão institucional para aceitar plenamente a forma monárquica do Estado (1901) e de se haverem constituído formalmente em partido (1904), sob a direção de Sacchi, apoiaram a linha inovadora dos ministérios de Giolitti, até assumirem responsabilidade de Governo no ministério de Sonnino.

Logo após a Primeira Guerra Mundial, o partido radical italiano perdeu sua unidade política, dividindo-se em pequenos grupos, muitos dos quais se tornariam focos de resistência ao fascismo. Participaram, de fato, na oposição do Aventino, de que foram um dos componentes principais, sobretudo através de Giovanni Amendola e da União Democrática Nacional. Em 1949, um grupo de intelectuais radicais se reuniu em torno do semanário "Il mondo" e começou a preparar as bases para um novo rumo político, oposto ao centrismo moderado da democracia cristã, e para a própria reconstituição do partido, ressurgido em 1956, quando a ala esquerda do partido liberal italiano, de tendência radical, também rejeitou a opção conservadora do novo secretário, G. Malagodi, e abandonou o partido. Todavia, o novo partido radical (PR), que participou sem êxito em algumas disputas eleitorais, aliando-se com o partido republicano italiano, não conseguiu encontrar um espaço parlamentar próprio e ficou confinado no papel de grupo de opinião, desempenhado através da difusão de dois semanários, "Il mondo" e "L'espresso". Em 1961, uma profunda crise acerca da política externa e das eventuais alianças na política interna causou a efetiva dissolução do partido radical, que sobreviveu apenas formalmente num pequeno grupo libertário, que publica com irregularidade "Notizie radicali" e a revista "La prova radicale".

O ressurgimento do partido radical na Itália, na década de 70, está relacionado com a habilidade demonstrada pelo grupo dirigente, sob a chefia de Marco Pannella, em apoiar-se na força dos movimentos coletivos e a eles se ligar (movimentos pacifistas, movimentos pela libertação da mulher, frente dos homossexuais, movimentos antinucleares) de maneira flexível. Além disso, os radicais utilizaram eficazmente o instrumento do *referendum*, tanto para desarticular alianças de Governo (ou de "regime"), como eles as definiram, quanto para fomentar agregações eleitorais à margem e contra os partidos oficiais, acusados de ser demasiado lentos em responder às reais aspirações da sociedade ou, até, de ser culturalmente incapazes de compreendê-las e de traduzi-las em decisões.

Insinuando-se sobretudo no eleitorado urbano, progressista e juvenil, o partido radical conseguiu, graças a uma eficaz campanha eleitoral, conduzida utilizando ousadamente os meios modernos de comunicação de massa, alcançar representação parlamentar em 1976 (394.212 votos, 1,1%, e 4 cadeiras na Câmara dos Deputados) e ampliar depois consideravelmente os seus votos em 1979 (1.264.082, 3,5%, e 18 cadeiras na Câmara, além de outras 2 no Senado). Contudo, ao sucesso eleitoral não se seguiu uma adequada influência no Parlamento. Os radicais têm usado freqüentemente o Parlamento como tribuna de propaganda das suas iniciativas, de objetivos extraparlamentares. Daí o recurso às vezes ao obstrucionismo, outras ao *referendum*, para evidenciar o distanciamento dos partidos em relação ao país

real e para impor novas agremiações e novas problemáticas.

Embora as suas iniciativas despertassem constantemente um número maior de adesões que as reveladas nos resultados eleitorais, o partido radical se encontrava no início da década de 80 diante de uma difícil escolha: a dos modos de ação (no momento em que o *referendum* aparecia como uma arma embotada) e a das perspectivas de institucionalização da própria estrutura do partido, até então definido como "movimento social". Ainda capaz de apontar problemas importantes, como a luta contra a fome no mundo e a defesa da paz, o partido radical andava, pois, à busca dos instrumentos políticos mais adequados à sua ação, atravessando, como muitos outros partidos e movimentos da esquerda não comunista da Europa ocidental, uma fase de repensamento político e organizativo.

BIBLIOGRAFIA. — D. BARDONNET, *Évolution de la structure du parti radical*, Montchrestien, Paris 1960; P. BARDAZZI, *Felice Cavallotti*, Sandron, Milano-Palermo 1898; R. COLAPIETRA, *Felice Cavallotti e la democrazia radicale in Italia*, Morcelliana, Brescia 1966; *L'Italia radicale. — Carteggi di Felice Cavallotti (1867-1898)*, ao cuidado de L. DELLE NOGARE e S. MERLI, Feltrinelli, Milano 1959; G. DE RUGGIERO, *Storia del liberalismo europeo*, Laterza, Bari 1945; A. GALANTE GARRONE, *I radicali in Italia (1848-1925)*, Garzanti, Milano 1973; *Democrazia e socialismo in Italia. — Carteggi di Napoleone Colajanni* ao cuidado de S. M. GANCI, Feltrinelli, Milano 1959; Id., *L'Italia antimoderata. — Radicali, repubblicani, socialisti e autonomisti dall'unità a oggi*, Guanda, Parma 1968; E. HALEVY, *La formation du radicalisme philosophique*, 3 vols., Alcan, Paris 1901-1904; P. IGNAZI e G. PASQUINO, *Da partito-movimento a partito-istituzione?*, Il Mulino, Bologna 1981; J. KAISER, *Les grandes batailles du radicalisme (1820-1901)*, Paris 1962; A. LA PEGNA, *Il radicalismo sociale*, Milano 1919; G. MACCOBY, *English radicalism*, Allen & Unwin, London 1938; A. MILHAUD, *Histoire du radicalisme*, Soc. d'éd. françaises et internationales, Paris 1951; R. MURRI, *Il partito radicale e il radicalismo italiano*, Comitato di azione laica, Roma 1913; C. NICOLET, *Bibliographie du radicalisme*, in "Cahiers de la république", 2, 1956; Id., *Le radicalisme*, PUF. Paris 1967[3]; F. S. NITTI, *Il partito radicale e la nuova democrazia industriale. — Prime linee di un programma del partito radicale*, S. T. E. N., Torino-Roma 1907; G. SPADOLINI, *I radicali dell'ottocento. — Da Garibaldi a Cavallotti*, Le Monnier, Firenze 1972[3]; M. TEODORI, P. IGNAZI e A. PANEBIANCO, *I nuovi radicali. Chi sono, da dove vengono, dove vanno*, Mondadori, Milano 1977; J. WHITE MARIO, *Agostino Bertani e i suoi tempi*, Firenze 1888, 2 vols.

[ARTURO COLOMBO]

Razão de Estado.

I. QUADRO HISTÓRICO E DEFINIÇÃO GERAL.
A tradição de pensamento indicada pela expressão
Razão de Estado compreende todo o curso histórico da Europa moderna e das áreas a ela culturalmente ligadas (a América particularmente).
Nela se pode distinguir algumas linhas particularmente significativas. O ponto de partida se
situa no limiar da Idade Moderna e é constituído
pelas instituições geniais e inspiradoras de Maquiavel, com que começa a emergir, em seus contornos mais gerais, o conceito de Razão de Estado, mas não ainda a sua exata formulação verbal. Antes disso, é possível descobrir na história
do pensamento político numerosas antecipações
parciais, às vezes bastante agudas, de tal teoria,
mas está fora de dúvida que é só com Maquiavel
que se registra um salto qualitativo capaz de
constituir o começo de uma nova tradição de pensamento. O segundo momento especialmente significativo desta tradição está na reflexão e análises dos mestres da razão e dos interesses de
Estado, em sua maioria italianos e franceses, da
segunda metade do século XVI e do século XVII.
Devemos-lhes, não só a introdução definitiva da
expressão Razão de Estado com o significado que
ainda hoje conserva, mas também novas determinações e aprofundamentos desse conceito e das
suas implicações, e, particularmente, uma mais
rigorosa distinção entre o interesse individual
do príncipe e o interesse do Estado. Esta doutrina
atingiu depois um momento de enorme esplendor
e de um altíssimo nível de conceituação na cultura
alemã do século XIX e primeira metade deste,
com base nas contribuições de um compacto grupo de filósofos e especialmente historiadores, entre os quais sobressaem os nomes de Hegel, Ranke, Treitschke, Hintze, Meinecke, Ritter, Dehio,
cujo contributo teórico para a doutrina da Razão
de Estado é usualmente assinalado com a expressão "doutrina do Estado-potência" (*Macht-
staatsgedanke*). A expressão mais recente desta
tradição de pensamento está na escola realista
americana, cujos expoentes mais conhecidos são
Niebuhr, Morgenthau, Osgood, Kissinger, Kaplan
(aos quais se pode juntar também o politólogo
francês Raymond Aron); são eles que têm fomentado uma das principais correntes das modernas
relações internacionais (v. RELAÇÕES INTERNA-
CIONAIS). A estas tendências se deve acrescentar
a corrente federalista (v. FEDERALISMO), que,
partindo de Kant e Hamilton, chega até Einaudi,
Robbins, Lord Lothian, Spinelli e Albertini. É

uma corrente que tem uma posição muito peculiar na tradição de pensamento que estamos
examinando. Partindo das doutrinas fundamentais dessa tradição e aprofundando-as depois, nos
deu como contribuição específica a descoberta do
federalismo como meio de superar a prática da
Razão de Estado.

Esta tradição acompanha fundamentalmente a
formação do moderno sistema europeu de Estados, bem como o seu desenvolvimento dentro
do atual sistema mundial. É em relação a este
contexto histórico específico que podem ser usados, de modo heuristicamente fecundo, os seus
principais ensinamentos; a sua transposição mecânica para outros contextos históricos e culturais poderá, ao invés, levar a resultados desenca-
minhados. É com esta advertência que descreveremos agora esses ensinamentos, usando de um
critério essencialmente lógico-generalizante, em
vez do critério cronológico-individualizante, ou
seja, renunciando, salvo algumas delimitações e
distinções indispensáveis, a uma sistemática individualização das contribuições específicas de cada
uma das correntes e de cada um dos autores. Isto
pressupõe, como é evidente, a convicção de que
tal tradição de pensamento possua um fio condutor essencialmente único, isto é, baseado num
certo número de conceitos basilares comuns, desenvolvidos através de sucessivas contribuições
e enriquecimentos logicamente ligados aos fundamentos teóricos originais.

Querendo resumir numa definição tão sintética
quanto possível e, conseqüentemente, sumamente
genérica e abrangente as teses da doutrina da
Razão de Estado, esta tradição afirma que a segurança do Estado é uma exigência de tal importância que os governantes, para a garantir, são
obrigados a violar normas jurídicas, morais, políticas e econômicas que consideram imperativas,
quando essa necessidade não corre perigo. Por
outras palavras, a Razão de Estado é a exigência
de segurança do Estado, que impõe aos governantes determinados modos de atuar. A doutrina
respectiva pode ser formulada, em seu núcleo
essencial, quer como uma norma perscritiva de
caráter técnico (como: "se queres alcançar esta
meta, emprega estes meios"), quer como uma
teoria empírica, que comprova e explica a conduta efetiva dos homens de Estado em determinadas condições. Este comportamento é sobretudo verificável no contexto das relações interestatais e da influência que elas exercem na vida
dos Estados, mas também pode-se constatar, con-

quanto em termos quantitativa e qualitativamente diferentes, na vida interna do Estado, no tocante aos aspectos em que ela não é condicionada pelas relações interestatais.

II. A RAZÃO DE ESTADO FORA DO CONTEXTO DAS RELAÇÕES INTERESTATAIS.

— Para explicar este aspecto da Razão de Estado, é preciso partir da identificação dos momentos cruciais da história do Estado moderno na Europa. Surge no final da Idade Média e primeiros séculos da Idade Moderna, com a progressiva concentração do poder — ou seja, com a tendência ao monopólio da força física (Max Weber) —, na autoridade suprema do Estado, que o subtrai às autoridades feudais, nobreza e livres comuns. Esta autoridade é normalmente a casa reinante (v. ABSOLUTISMO, MONARQUIA), mas pode ser também, como no caso da Inglaterra, uma autoridade em que se realiza, desde a fundação do Estado moderno, o equilíbrio entre o rei e o Parlamento. Este monopólio da força, atributo fundamental da *soberania*, permitiu à autoridade suprema do Estado impor coercivamente à população que lhe estava sujeita as regras indispensáveis à convivência pacífica, isto é, permitiu-lhe impor um ordenamento jurídico, universalmente válido e eficaz dentro do Estado, que obstasse a que as controvérsias entre os súditos fossem decididas pela mera lei da força. Com esta base, o Estado moderno realizou, através de um longo processo parcialmente ainda em curso, uma grande obra de civilização da população a ele subordinada, cujos aspectos fundamentais foram o progresso moral, unido, com a educação e, portanto, com a progressiva interiorização das suas normas, à rejeição da violência privada na tutela dos próprios interesses, e o progresso econômico tornado possível com a certeza do direito. Esta evolução foi em parte acompanhada e em parte seguida por transformações radicais no Estado moderno, em conseqüência das revoluções e das reformas liberais, democráticas, socialistas e comunistas; deu-se também ao mesmo tempo a passagem da centralização a uma descentralização administrativa mais ou menos acentuada e, em certos casos, a estruturas de tipo federal. Tais transformações modificaram os procedimentos pelos quais se formam e cumprem as imposições do Estado (o ordenamento jurídico e a administração pública) bem como o seu conteúdo, mas deixaram inalterada a característica fundamental do Estado moderno, o monopólio da força por parte da autoridade suprema, isto é, a soberania.

A interferência dos teóricos da Razão de Estado nestes acontecimentos deu-se sobretudo na fase inicial. Junto com os teóricos da soberania, com que às vezes são identificados, eles são os principais defensores da necessidade do monopólio da força por parte da autoridade suprema do Estado; fundam tal afirmação numa visão realista e desencantada da natureza humana, ou seja, na convicção de que, sem uma autoridade estatal capaz de impor as suas ordens de modo irresistível, é impossível garantir a ordem pública e a sociedade cairá inevitavelmente na anarquia; por conseguinte, não será possível qualquer progresso moral, econômico e civil.

Este convencimento da absoluta necessidade do monopólio da força para garantir a ordem pública foi-se acrisolando historicamente sob o ponto de vista teórico, passando das concepções simplificativas, de caráter psicológico, dos primeiros teóricos da Razão de Estado e da soberania acerca dos aspectos perversos da natureza humana, às concepções mais sutis e aprofundadas dos modernos estudiosos do PODER (v.) e da POLÍTICA (v.), acerca dos conflitos próprios de sociedades complexas, como, em especial, a caracterizada por uma intricada articulação de classes, nascida da dissolução da sociedade medieval e fundada na consolidação do modo de produção capitalista e, conseqüentemente, da Revolução Industrial. Estas sociedades não se poderão perpetuar sem a estrutura do Estado soberano moderno, baseado na dicotomia entre uma minoria governante, que administra o monopólio da força, e uma maioria governada, só capaz de influir na minoria governante com a introdução da democracia representativa. Mas, em seu núcleo substancial, este ponto de vista manteve-se inalterado.

Esclarecido este aspecto comum aos teóricos da Razão de Estado e aos da soberania, é necessário precisar em seguida que aqueles que se distinguem destes, quando teóricos puros, porque, partindo da convicção da indispensabilidade de uma forte autoridade estatal, chegam à conclusão prática de que os governantes dos Estados não devem descurar nenhum meio — mesmo o da mais despiedada violência e do engano — para atingir esse fim. Em substância, não se limitam a esclarecer abstratamente as razões pelas quais o Estado tem de usar o monopólio da força, mas cuidam do processo em sua formação concreta; descrevendo e avaliando a conduta concreta dos que regem os Estados nesta fase crucial, mostram como a obra de construção do Estado passa necessariamente pela luta violenta, não limitada por normas jurídicas ou morais, contra quem se opõe a tal construção, ou seja, contra quem não aceita o monopólio da força. Ao fazê-lo, tornam teoricamente claro, em termos cada vez mais rigorosos, que a conduta violenta dos governantes e, de um modo específico, dos fundadores dos

Estados, se pode coincidir, o que é muitas vezes verdadeiro, com inclinações pessoais à violência, com um autêntico gosto pelo poder, encontra, no entanto, uma justificação objetiva no fato de que a criação de uma forte autoridade estatal é condição indispensável para que o Estado possa exercer a sua função ordenadora e civilizadora.

Por conduta imposta pela Razão de Estado dentro do contexto interno se entende, portanto, a tendência dos homens de Estado a usarem qualquer meio, até mesmo a violência extrema e o engano, para a concretização e conservação do monopólio da força, que é justamente condição da segurança interna do Estado. Se isto é claro, compreende-se por que é que este aspecto do pensamento da Razão de Estado foi perdendo relativamente atualidade, à medida que, no curso da história moderna da Europa, o monopólio da força por parte do Estado se foi consolidando, até se tornar um dado fundamentalmente estável e indiscutível, sem precisar, portanto, daquela conduta que o asseguraria ou manteria. Perda de atualidade não significa, porém, ausência do problema. Ele reaparece nos momentos de crise aguda do Estado, isto é, nos momentos de luta aberta pela transformação revolucionária do regime ou de guerra civil. Nestas situações se verifica, com efeito, que a classe política que governa, em face dos graves ataques ao monopólio da força, tende, em geral, a sair da legalidade, a colocar a segurança interna do Estado acima do respeito às normas legais, éticas e políticas, tidas como imperativas em condições normais. Por outro lado, se as forças revolucionárias conseguem conquistar o poder, são elas que, no momento de o tomarem e no da sua consolidação, terão de enfrentar problemas análogos (e adotar condutas semelhantes) aos enfrentados pelos homens de Estado na fase da fundação do Estado moderno. Há uma diferença: tais processos são incomparavelmente mais rápidos na fase sucessiva à fundação e consolidação do Estado moderno, já que o monopólio da força e o aparelho burocrático capaz de o administrar constituem agora um dado adquirido. Por isso, uma transformação revolucionária do Estado (melhor diríamos, do regime) não precisa criar ex novo esse dado; limita-se a mudar a classe política que o utiliza, a pô-lo de novo em funcionamento, a modificar determinados procedimentos e os conteúdos das suas determinações.

III. POSSIBILIDADE DE INSTRUMENTALIZAR COM FINS PARTIDÁRIOS A NECESSIDADE DA SEGURANÇA INTERNA DO ESTADO. — É necessário es-

clarecer agora dois problemas relacionados entre si. Antes de tudo, a afirmação de que a classe política governante, em momentos em que a segurança interna do Estado e a ordem pública estão gravemente ameaçadas, é obrigada a comportar-se segundo os cânones da Razão de Estado enfrenta uma séria objeção. Observa-se que, em muitos casos, as classes políticas governantes, para derrotar a oposição, desrespeitam a legalidade, chegando mesmo ao golpe de Estado, e justificam o seu comportamento como um comportamento imposto pelas exigências da segurança interna; na realidade, estão instrumentalizando com fins partidários a Razão de Estado. Esta objeção chama a atenção para o problema real, nem sempre de fácil solução, de distinguir entre comportamentos objetivamente impostos pela Razão de Estado e comportamentos diversamente motivados, que usam como pretexto ou álibi a Razão de Estado. Quem, ao invés, vai mais além e sustenta que a Razão de Estado é uma mera ideologia, que serve para encobrir o interesse das classes políticas governantes em manter a todo o custo o poder, tem de ser capaz de demonstrar, de modo convincente, o que ainda não aconteceu até hoje, que o problema da garantia da segurança interna do Estado e, portanto, da defesa da sua autoridade — em suma, o do monopólio da força — é um problema inexistente.

Foi justamente a possibilidade da instrumentalização da Razão de Estado com fins partidários que fez surgir, nos países democrático-constitucionais modernos — é este o segundo problema —, a necessidade de submeter a uma regulamentação precisa, tanto constitucional como ordinária, as situações em que o Estado tem de enfrentar graves perigos para a segurança interna e para a ordem pública. Não nos é possível examinar aqui as diversas soluções dadas ao problema (legislação sobre o *Estado de sítio*, legislação de emergência, etc.), nem a sua diversa valia. O importante é tornar claro o princípio que as informa. Busca-se fundamentalmente dar ao Estado instrumentos tais que ele possa, em situações de grave perigo para a sua segurança interna, enfrentá-las e superá-las, sem precisar sair da legalidade, ou seja, com leis talvez excepcionais, válidas só para essa situação específica, mas sempre legitimamente válidas. Em conseqüência, não haveria qualquer justificação para recorrer à Razão de Estado, que abre inevitavelmente a porta às instrumentalizações.

Quanto a tal orientação, pode-se observar que ela tem contribuído indubitavelmente para limitar de modo decisivo, nos Estados democráticos, o espaço operativo da Razão de Estado, mas seria arriscado afirmar que o eliminou completamente. Mesmo nos Estados democráticos mais sólidos, em situações reais de emergência, que, por sua natureza, não podem ser juridicamente reguladas de forma completa (em última análise, *necessitas non habet legem*), existem situações e casos de recorrência à Razão de Estado, exatamente provocados pela necessidade de salvar o Estado democrático. Nestes casos, é usual também a expressão Razão de Estado democrática, o que indica que, perante a consciência pública, o recurso à Razão de Estado só parece justificado quando se trata de defender a segurança da forma específica de Estado que é o Estado democrático. É de constatar que, nos Estados democráticos mais sólidos, isto é, com um maior consenso ou onde falta uma consistente oposição ao regime, encontra-se na população uma maior disposição a aceitar, em momentos de aguda crise, um espaço residual para a Razão de Estado, já que não se teme que ela seja usada para fins partidários; por razões iguais e contrárias, tal disponibilidade é indubitavelmente menor nos Estados democráticos onde não há perfeita identificação com o regime democrático por parte das forças políticas mais destacadas e, conseqüentemente, por parte do povo em conjunto.

IV. A RAZÃO DE ESTADO NO CONTEXTO DAS RELAÇÕES INTERNACIONAIS. — Se a história sucessiva do Estado moderno se caracteriza pela progressiva limitação do espaço da Razão de Estado, é bem diferente a sorte das relações interestatais no quadro do moderno sistema europeu de Estado e, depois, no quadro mundial. Enquanto, no âmbito interno, a autoridade central do Estado leva a efeito um progressivo e eficaz ordenamento jurídico, ou seja, desarma os indivíduos e os grupos que constituem a sociedade e os constrange a regular as suas relações e os conflitos delas derivados, fazendo uso do direito em vez da violência, nas relações externas todos os Estados mantêm os seus armamentos voltados uns contra os outros, reforçam-nos e aperfeiçoam-nos sem descanso e recorrem ao uso ou à ameaça da força (mesmo os Estados menores que, não possuindo uma força suficiente, se apóiam na força dos outros), para defender os próprios interesses. Ao mesmo tempo em que a autoridade central, não só coage, mas também educa os súditos na renúncia à violência em suas relações recíprocas (ou seja, favorece a interiorização dessa imposição), coage e educa um número crescente de súditos (afinal todos com a conscrição obrigatória) para o uso das armas e, por conseguinte, para a violência nas relações internacionais, conseqüentemente também para a desconfiança, para o desprezo e até para o ódio em relação aos homens que vivem além dos confins do Estado. Quando o Estado sofre transformações de sentido liberal, democrático, socialista ou comunista, os princípios e direitos assim introduzidos na vida interna do Estado são depois, nos momentos de guerra ou da sua aproximação, sistematicamente limitados e circunscritos, se não absolutamente revogados. Pense-se na diplomacia secreta, nos segredos de Estado, na censura, etc., que constituem uma violação latente dos princípios democráticos mais comuns, mas que, não obstante, sempre foram e continuam sendo prática constante nos Estados democráticos. Os próprios princípios de eficiência que regulam o desenvolvimento econômico (diversos de época para época e de Estado para Estado) não são aplicados, quando se trata de garantir maior capacidade ao Estado no confronto de forças com outros Estados. Só para apresentar um exemplo, empresas, que se pode considerar ineficientes e, portanto, nocivas para o desenvolvimento econômico de um país (levados em conta os princípios de uma economia de livre mercado ou de uma economia planificada), são mantidas em atividade com medidas protecionistas, subvenções, etc., porque o que produzem é de importância estratégica: não só produzem armamentos ou produtos úteis ao seu desenvolvimento e aperfeiçoamento, como também garantem um grau mais ou menos elevado de auto-suficiência econômica, uma condição de importância decisiva para enfrentar adequadamente o confronto com outros Estados.

Foi para esta situação das relações internacionais no sistema europeu e, depois, no sistema mundial de Estados que os teóricos da Razão de Estado voltaram sobretudo sua atenção na fase posterior à formação e consolidação do Estado moderno, isto é, do século XVIII em diante, conquanto tal problemática se achasse já presente, embora de maneira menos clara e rigorosa, desde a origem desta tradição de pensamento. Devemos agora distinguir os pontos essenciais da reflexão desenvolvida a tal respeito, muitas vezes identificada, sem restrições — o que é injusto pelas rázões já vistas —, com a reflexão sobre a Razão de Estado. O conceito fundamental em torno do qual gira e se desenvolve a reflexão sobre Razão de Estado, no sentido que aqui nos interessa, é o da anarquia internacional. Esta é, com efeito, segundo os teóricos da Razão de Estado, a situação estrutural de onde depende a diferença qualitativa entre a evolução interna do

Estado e a evolução das relações interestatais; ou seja, é a situação que leva os estadistas a violarem sistematicamente, para garantir a segurança externa do Estado, os princípios aplicados no âmbito interno, excluídas as situações excepcionais já lembradas.

A anarquia internacional significa concretamente a falta de Governo, isto é, de uma autoridade suprema, capaz de impor um ordenamento jurídico eficaz. Uma autoridade assim se impôs nas relações internas como conseqüência da monopolização da força por parte da autoridade central do Estado, mas não se impôs nas relações internacionais (perderam até todo o peso real no plano internacional as autoridades universais medievais, Igreja e império), por existir nesse contexto um grande número de Estados soberanos, ou seja, de monopólios da força totalmente autônomos. Falta, por conseguinte, na sociedade dos Estados, a condição indispensável para se poder impor eficazmente as normas necessárias à pacífica convivência entre eles e à regulamentação pacífica ou jurídica das suas controvérsias. O critério último da sua solução não pode ser senão o confronto de forças entre as partes, que o direito internacional apenas poderá sancionar. A guerra está sempre presente na ordem do dia, mesmo quando não há combate efetivo, porque os Estados, nos períodos que intermedeiam entre uma guerra e outra, devem ter presente a possibilidade constante da guerra e preparar-se para tal eventualidade. Sendo assim, todo Estado se vê obrigado a pôr em prática uma "política de potência", que não significa, a rigor, uma política externa particularmente violenta e agressiva, mas uma política que leva em conta a possibilidade permanente do confronto de força (uso ou simples ameaça da força). Por isso, apronta e usa em casos extremos os meios de poder indispensáveis (armamentos, alianças, ocupação de vácuos de poder, antes que outros o façam), ou recorre à fraude e à astúcia. Garantir então a segurança externa do Estado torna-se a preocupação primária dos governantes: a ela devem ser sistematicamente sacrificados, em medida proporcional aos perigos a que está exposta, os princípios jurídicos, éticos, políticos (de acordo com as prioridades impostas pelas doutrinas políticas dominantes) e econômicos, que continuam a ser respeitados nos vários âmbitos da vida do Estado onde não surge o problema da segurança externa. Em conclusão, e no contexto das relações internacionais, caracterizado por uma situação de anarquia estrutural, que o comportamento segundo a Razão de Estado — definível como subordinação de qualquer outro valor à necessidade da segurança externa do Estado — se manifesta com maior clareza e abrangência, ou seja, se torna regra e não exceção.

V. O CARÁTER OBJETIVO DA NECESSIDADE DE SEGURANÇA EXTERNA DO ESTADO. — Para melhor se compreender o significado e alcance desta afirmação, é preciso lembrar, antes de tudo, que o comportamento segundo a Razão de Estado pode, mesmo no âmbito internacional, andar unido a uma atitude psicológica dos que governam o Estado, caracterizada por um gosto pessoal pelo poder, pela tendência a ver na política da força o modo privilegiado de afirmar a própria personalidade. Este fenômeno insofismável nos põe diante do problema de distinguir, no comportamento concreto dos homens de Estado no plano internacional, as motivações meramente subjetivas dessa conduta das motivações objetivas; não põe, porém, em discussão o dado fundamental de que a Razão de Estado depende essencialmente da situação objetiva da anarquia internacional, que obriga os estadistas a pensarem, antes de tudo, na segurança externa do Estado e a adotarem o comportamento correspondente, já que essa é a premissa sem a qual nenhuma política mais ou menos válida, mais ou menos racional, pode ser posta em prática pela classe política. A propósito do porfiado esforço teórico dos estudiosos da Razão de Estado em distinguir, com o máximo de clareza possível, as motivações objetivas da política de poder, é possível observar que ele faz emergir bastante nitidamente uma dimensão assaz importante da doutrina da Razão de Estado, que é a do seu ligame com o racionalismo moderno, entendido como cálculo rigoroso dos meios adequados ao fim escolhido. Daí também o uso da expressão Razão de Estado. Enfim, esta doutrina prescreve uma conduta que usa meios perigosos, mas só na medida em que o exigem as necessidades objetivas de segurança; tende, por isso, a disciplinar e a racionalizar o comportamento dos que regem o Estado. Daí se espera, não a eliminação da violência entre as nações, organicamente ligada à anarquia internacional, mas, de algum modo, a sua manutenção dentro dos limites suportáveis, ou seja, compatíveis com o progresso civil. É preciso, por outro lado, observar que, com o progressivo aperfeiçoamento da estrutura estatal e, particularmente, com a sua democratização — com a qual as decisões políticas se tornam fruto de um processo cada vez mais complexo, em que participa, a vários níveis, um número crescente de pessoas —, a influência das motivações pessoais irracionais dos homens de Estado nas decisões políticas fundamentais tende a diminuir cada vez mais.

A segunda explicação concerne ao fato de que a Razão de Estado, quando se trata das relações internacionais, dependendo objetivamente da estrutura anárquica da sociedade dos Estados, não se desvanece em sua essência após a mudança das estruturas políticas e/ou econômico-sociais internas dos Estados. Para compreender melhor o significado desta tese, é bom recordar que ela se contrapõe diametralmente à tese do "primado da política interna sobre a externa". Com esta expressão nos referimos, em termos gerais, à convicção de que as tendências da política externa dependem essencialmente da natureza das estruturas internas dos Estados, ou seja, de que a Razão de Estado, em se tratando de relações internacionais, depende essencialmente da existência de determinadas estruturas internas, que favorecem uma atitude agressiva e belicosa; ela se desvaneceria, portanto, em conseqüência da mudança de tais estruturas. Esta convicção constitui o núcleo teórico fundamental da tendência internacionalista (v. INTERNACIONALISMO), que emerge das doutrinas políticas dominantes no mundo moderno, ligadas à origem iluminística da cultura européia, a saber, as ideologias liberal, democrática, socialista e comunista. Em seu aspecto internacionalista, elas divergem quanto à identificação das estruturas internas consideradas como raiz da Razão de Estado e daquelas que, ao invés, são aptas a superá-la; mas todas elas são concordes em pôr nas estruturas internas dos Estados a raiz principal, dominante, das tendências pacíficas ou belicosas observáveis nas relações internacionais. Tendo em conta as doutrinas expostas, julga-se, em especial, que um mundo de Estados liberais e, respectivamente, democráticos, socialistas e comunistas se guiaria por idéias liberais e, respectivamente, democráticas, socialistas e comunistas, implicando por isso a eliminação dos fenômenos da política de potência, dependentes da concretização ainda incompleta ou não universal dos princípios indicados por tais doutrinas no seio dos Estados. Como é fácil de ver, o contraste existente entre esta posição, que reduz fundamentalmente a política externa a mera função da política interna, e a teoria da Razão de Estado, que vê um nexo inseparável entre Razão de Estado e estrutura anárquica da sociedade dos Estados, afirmando conseqüentemente ser forte o grau de autonomia da política externa em relação à interna, não podia ser mais claro. Quanto a esta controvérsia, não podemos, aliás, deixar de observar que, a favor da teoria da Razão de Estado, está de modo inequívoco toda a experiência histórica do sistema

europeu de Estados e do sistema mundial, onde as mudanças graduais ou revolucionárias de regime alteraram certamente muitas coisas no plano interno e internacional, mas não a tendência das classes políticas a considerar como prioritária a segurança externa, prescindindo regularmente, além do mais, das afinidades ideológicas com os outros Estados.

O terceiro esclarecimento diz respeito, enfim, ao fato de que a exigência da segurança externa pode ser instrumentalizada pela classe política governante para fins partidários. Isto ocorre de forma muito clara com a política de tipo bonapartista (v. BONAPARTISMO), que utiliza uma política expansiva para fortalecer o regime existente contra as oposições internas, com o prestígio que os sucessos externos lhe permitem obter, e justifica, referindo-se à necessidade da segurança externa, medidas restritivas internas que servem, na realidade, para desarmar as oposições. Trata-se de um fenômeno análogo ao da instrumentalização, para fins partidários, das exigências de segurança interna, mas na verdade muito mais importante. Com efeito, diferentemente do contexto interno, no contexto internacional o espaço da Razão de Estado e do possível abuso da mesma ficou essencialmente idêntico. Também aqui se coloca portanto o problema bastante delicado e complexo de identificar uma fronteira precisa entre as exigências objetivas da segurança externa e as instrumentalizações de tal exigência em função de interesses partidários (o que acontece muitas vezes até no campo econômico, quando, por exemplo, uma empresa consegue direitos protecionistas ou subvenções superiores sem nenhuma relação real com as exigências de segurança para as quais apela). Entretanto, segundo os teóricos da Razão de Estado, não deriva da constatação de tais fenômenos a colocação em discussão do assunto básico relativo ao caráter objetivo da exigência de segurança externa do Estado.

Esclarecido o conteúdo essencial do discurso relativo ao nexo entre Razão de Estado e anarquia internacional, devemos observar que o discurso dos teóricos da Razão de Estado sobre a problemática das relações internacionais não pára aqui, mas é desenvolvido e aprofundado através do esclarecimento de ulteriores e decisivas determinações. Entre estas, devem ser lembrados de modo particular o conceito de sistema dos Estados que se funda por sua vez no conceito de equilíbrio dos poderes, e o conceito de influência da política exterior sobre a política interna, que se inspira na tese de que "o grau de liberdade interna de um Estado é inversamente proporcional à pressão exercida sobre suas fronteiras" (Seeley) — ou seja, esse grau de liberdade interna é proporcional aos perigos a que é submetida a sua segurança externa, o que depende decisivamente de sua posição geográfica — e que é esclarecida concretamente na identificação dos conceitos de Estado insular e de Estado continental (v. RELAÇÕES INTERNACIONAIS).

É importante ainda fazer uma breve alusão ao encontro entre a doutrina da Razão de Estado e a moderna ciência política, que permitiu tornar mais rigorosos do ponto de vista metodológico os esquemas conceptuais elaborados por essa tradição de pensamento. Devemos lembrar aqui, em particular, a utilização das indicações metodológicas weberianas a propósito do "tipo ideal" e a definição do próprio conceito de Razão de Estado (e das suas articulações) como uma tipologia de juízo histórico, o único que tende ao concreto sem nunca, porém, o alcançar. Por outras palavras, o conceito de Razão de Estado não deve ser entendido como um reflexo da realidade, mas como um modelo para compreender a realidade, que é infinitamente mais complexa do que o próprio modelo. Por outro lado, a capacidade do modelo em ajudar a compreender a realidade depende do fato de ele conseguir realmente tipizar o aspecto fundamental de determinados comportamentos específicos (os comportamentos segundo a Razão de Estado), ou seja, identificar neles um núcleo racional constante (no sentido de adequação dos meios aos fins) dependente de uma situação estrutural e objetiva, isolando-o e abstraindo-o dos aspectos não racionais que sempre estão presentes em todo comportamento humano concreto.

VI. A SUPERAÇÃO DA RAZÃO DE ESTADO. — Dissemos no início que a contribuição específica da corrente federalista para a teoria da Razão de Estado consiste na identificação do instrumento institucional capaz de superar a Razão de Estado.

O ponto de partida do discurso relativo à superação da Razão de Estado através do federalismo encontra-se no pensamento de Kant. Um mérito imperecível de Kant como pensador político consiste precisamente em ter tomado, por uma parte, e de maneira análoga aos teóricos puros da Razão de Estado, da anarquia internacional, o fundamento objetivo da Razão de Estado e, também, de outra parte, em ter sabido esclarecer com extrema lucidez a relatividade histórica de tal situação, oferecendo-nos luzes sobre a possibilidade e os meios de a superar. Em síntese, ele

escreveu que, assim como pôde ser superada a anarquia existente nas relações entre os homens através da criação de uma autoridade estatal capaz de impor o respeito do direito, da mesma maneira as relações anárquicas entre os Estados poderão ser eliminadas através da constituição de uma autoridade suprema na sociedade dos Estados e de uma "federação universal", capaz de limitar a soberania absoluta, ou seja, a "liberdade selvagem" dos Estados. Dessa forma, a lei da força como reguladora das controvérsias internacionais será substituída pelo domínio universal do direito, e, portanto, o comportamento segundo a Razão de Estado será eliminado. Estas teses de Kant constituem por isso a base teórica essencial do discurso relativo à superação da Razão de Estado, um discurso que os expoentes da corrente federalista desenvolveram sobretudo em direção a uma definição mais precisa (retomando e aprofundando, sobretudo neste caso, os ensinamentos dos pais da Constituição federal americana, e particularmente de Hamilton) das instituições federais e ao esclarecimento dos termos concretos e das condições econômico-sociais da sua realização nas situações históricas em que se ofereceu a oportunidade da crítica rigorosa e desumana das pseudo-soluções (tipo Sociedade das Nações Unidas, ONU, etc.), que até agora foram cogitadas para resolver o problema da anarquia internacional.

Um outro aspecto deste discurso é o motivo pelo qual, fora da corrente federalista, os outros filões contemporâneos da tradição de pensamento fundada na doutrina da Razão de Estado não souberam indicar o caminho para superar a Razão de Estado. O ponto fundamental que devemos sublinhar neste contexto é a diferença de orientação de avaliação. A doutrina alemã do Estado-potência, por exemplo, que é certamente, pela quantidade e qualidade de suas contribuições, a mais importante expressão dos séculos XIX e XX sobre a doutrina da Razão de Estado, é caracterizada por uma orientação valorativa contrária à superação da soberania estatal absoluta e de base objetiva da anarquia internacional. Fundada numa filosofia da história que surgiu do historicismo romântico alemão, ela vê nos conflitos entre os Estados uma fonte insubstituível do progresso histórico. É claro que a superação de uma filosofia da história dessa natureza (conforme ocorrido com expoentes de prestígio, como Meinecke e Dehio, após as trágicas experiências da Primeira e da Segunda Guerra Mundial) é a premissa indispensável para poder admitir a possibilidade e a necessidade da superação da Razão de Estado. Cumpre lembrar, além disso, que muitos teóricos alemães do Estado-potência utilizaram tal teoria para justificar a conservação de estruturas internas centralizadas e autoritárias como mais adequadas em relação às exigências da segurança externa do Estado e da política de potência. Além da orientação valorativa própria da doutrina alemã do Estado-potência, um outro obstáculo ideológico decisivo contra a afirmação de uma opção favorável à superação da Razão de Estado é constituído pelo nacionalismo, o qual, em seu sentido mais preciso, significa a convicção de que o Estado nacional soberano do século XIX constitui um modelo insuperável de organização política. Essa convicção, mesmo quando não se traduz na adesão a uma política externa nacionalista (no sentido de que visa à opressão de outras nações), impede de uma certa maneira a compreensão, com clareza, dos termos do problema da superação da anarquia internacional. E é exatamente pelo fato de condividir tal orientação ideológica que muitos teóricos modernos da Razão de Estado bloqueiam sua capacidade analítica no exato momento em que se coloca o problema da limitação da soberania nacional absoluta. Isso se manifesta em casos variados (entre eles o de Gerhard Ritter, considerado justamente um importante expoente dessa tradição de pensamento) na tendência desviante de dar relevância decisiva, no momento em que se trata de explicar os fenômenos mais destrutivos surgidos na questão contemporânea das relações internacionais, mais aos erros e às opções irracionais dos estadistas e até das massas do que aos condicionamentos objetivos derivados da situação anárquica das relações internacionais. O pano de fundo mais ou menos explícito de semelhantes imposições é que a anarquia internacional e a soberania absoluta dos Estados não estaria (mesmo numa época de armamentos cada vez mais destrutivos) em contradição com o progresso da humanidade, se todos os estadistas respeitassem os preceitos de moderação e de cautela indicados pela doutrina da Razão de Estado e não fossem dominados pelas próprias paixões irracionais demoníacas até o extremo e pelas paixões da massa.

O obstáculo ideológico levantado pelo nacionalismo (e pelo conservadorismo de muitos teorizadores do Estado-potência) está ausente, por sua vez, da corrente federalista, cujo ponto de vista valorativo tem como pólo fundamental o cosmopolitismo no sentido kantiano e a convicção de que a paz perpétua e a unificação da humanidade constituem a premissa insubstituível, para que — minimizada a legitimação da violência do homem sobre o homem derivada da guerra e da possibilidade da guerra — possa ser realizada inteiramente a parte verdadeiramente humana da natureza dos homens, ou, por outras palavras,

a autonomia da razão e a lei moral. E foi, na verdade, esse ponto de vista que permitiu a essa corrente de pensamento entender com o máximo de clareza a natureza da anarquia internacional e suas conseqüências e entender, também, desde o início, a relação entre criação dos modernos Estados nacionais e a exasperação da anarquia internacional (v. NACIONALISMO).

BIBLIOGRAFIA. —T. HOBBES, *De cive*, 1642, in *Opere politiche*, ao cuidado de N. BOBBIO, UTET, Torino 1959[2] I e *Leviatano*, 1651, Laterza, Bari 1911-1912; I. KANT, *Idea per una storia universale dal punto di vista cosmopolitico*, 1784, e *Per la pace perpetua*, 1795, in *Scritti politici e di filosofia della storia e del diritto di Immanuel Kant*, ao cuidado de N. BOBBIO, L. FIRPO e V. MATHIEU, UTET, Torino 1956; N. MACHIAVELLI, *Il Principe*, *discorsi sopra la prima deca di Tito Livio*, *L'arte della guerra*, Feltrinelli, Milano 1960-1961; F. MEINECKE, *L'idea della ragion di Stato nella storia moderna*, 1924, Sansoni, Firenze 1970[2]; L. VON RANKE, *Le grandi Potenze*, 1833, Sansoni, Firenze 1954 e *Politisches Gesprach*, 1836, Vandenhoeck & Ruprecht, Gottingen 1957; G. RITTER, *Il volto democratico del potere*, 1948, Il Mulino, Bologna 1958; J. R. SEELEY, *L'espansione dell'Inghilterra*, 1883, introdução de G. FALCO, Laterza, Bari 1928; H. VON TREITSCHKE, *La politica*, 1897, Laterza, Bari 1918; L. ZUCCOLO, *Della ragione di Stato*, 1621, ao cuidado de B. CROCE e S. CARAMELLA, Laterza, Bari 1930.

[SWERGIO PISTONE]

Reação.

Na linguagem política, o termo indica genericamente todo comportamento coletivo que, opondo-se a um determinado processo evolutivo em ato na sociedade, tenta fazer regredir essa sociedade para estádios que aquela evolução tinha ultrapassado. Em sentido mais restrito e corrente, são considerados reacionários aqueles comportamentos que visam inverter a tendência, em ato nas sociedades modernas, para uma democratização do poder político e um maior nivelamento de classe e de *status*, isto é, para aquilo que comumente é chamado de progresso social.

Os impulsos reacionários têm origem, em primeiro lugar, na hostilidade daqueles componentes sociais que, pelo progresso, são prejudicados em seus privilégios. A sua oposição é normalmente exibida como defesa de um sistema de valores que a tendência à igualdade destruiria. Na Europa, à época da restauração pós-revolucionária, o sistema que a Reação declarava querer defender se baseava no princípio de que o poder e o privilégio eram de origem divina e que o

Ancien Régime obedecia a uma lei universal transcendente e imutável.

Em nosso século, devido à acentuação da visão imanentista e laica dos valores humanos e sociais, os comportamentos reacionários apelaram, em sua luta contra a igualdade, para um presumido direito de homens e grupos humanos (nação, raça) ao domínio e ao privilégio, no interesse não somente dos beneficiários mas também e especialmente da "Civilização" e da humanidade inteira. Têm esta raiz ideológica e social as teorias do super-homem, do povo eleito (v. RACISMO) e da soberania nacional (v. NACIONALISMO).

Todas estas justificativas ideológicas da Reação, em certa medida, influenciaram também as classes subalternas sujeitas à hegemonia cultural das elites dominantes, dando origem a fenômenos reacionários de massa, como o sanfedismo do século passado e o fascismo e o nazismo no nosso século.

[GIORGIO BIANCHI]

Referendum.

I. ESBOÇO HISTÓRICO. — O *Referendum* pode ser considerado, em geral, como uma votação popular que se diferencia do PLEBISCITO (v.) por sua maior regularidade e, portanto, por ser objeto de disciplina constitucional.

São vários os tipos de *Referendum* que nos oferece a experiência histórica. Podemos recordar as classificações mais importantes. Além das distinções referentes à eficácia normativa, em virtude da qual temos o *Referendum* "constituinte" (que respeita à aprovação de uma Constituição), o "constitucional" (quando relativo à revisão da Constituição), o "legislativo" ou "administrativo" (se concerne respectivamente às leis ou aos atos administrativos), ou então referentes à eficácia territorial, segundo a qual existem o *Referendum* "nacional" e o "local", há outros aspectos classificatórios. Assim, levando-se em conta a necessidade ou não da intervenção popular, o *Referendum* pode ser facultativo, se essa intervenção puder faltar sem conseqüências para o ato, ou então obrigatório, se o pronunciamento popular for necessário para a sua validade. Sob o aspecto efetivo, o *Referendum* (obrigatório e facultativo) pode ser momento de um processo constitucional, legislativo ou administrativo, ou pode constituir o único ato deliberativo, nele se exaurindo o processo (como quando revoga um ato válido e operante no ordenamento). Há outras classificações, mas estas são as mais significativas.

O *Referendum* é tido como o principal instrumento de democracia direta, já que, por meio deste instituto, o povo, ou, mais exatamente, o corpo eleitoral, participa, por via consultiva ou deliberativa, do processo decisório. É natural, portanto, que o destino do *Referendum* tenha estado estreitamente ligado às vicissitudes da democracia direta.

No século passado (e mesmo no precedente, na medida em que se superou o absolutismo), não se notou a necessidade de fazer participar o povo nas decisões públicas, havendo-se reconhecido a um corpo eleitoral, consideravelmente restrito em relação à população, apenas a faculdade de escolha dos representantes. Não foram as teorias democráticas derivadas de Rousseau, mas o liberalismo que se constituiu o protagonista do século XIX. E isto explica por que, no século passado, afora alguma exceção como a Suíça, se implantou um sistema parlamentar, que respeitava indubitavelmente as liberdades populares, mas não se preocupou em garantir o pleno poder ao povo, ficando assim muito pouco espaço para o *Referendum*. Com efeito, as próprias lutas que visavam ao desenvolvimento da democracia orientaram-se muito mais para ampliar o sufrágio na escolha dos representantes do que seu objeto. No século XX, pelo contrário, tem-se manifestado uma tendência diversa, embora com desdobramentos diferentes através do tempo. Assim, no ímpeto democrático que caracterizou o primeiro pós-guerra, a instituição do *Referendum* se expandiu, vindo a ser disciplinada, de variadas formas, pelas diversas Constituições. No segundo pós-guerra, depois do parêntese da influência totalitária, houve sem dúvida um retorno ao espírito de 1919, mas com uma certa atenuação, já que a complexidade da atividade estatal e a pouca confiança no poder decisório real do povo favoreciam um maior ceticismo a respeito da democracia direta ou da inserção das suas instituições nas democracias representativas.

Também no âmbito constitucional italiano se deu o mesmo processo histórico, que vai do liberalismo, unicamente sensível às instituições representativas, à democracia social. Enquanto o estatuto albertino, evidentemente inspirado numa ideologia não muito favorável à ampliação do poder dos cidadãos, nem fazia menção ao *Referendum*, a Constituição atual o prevê, tanto no plano nacional como no regional.

Pelo que respeita ao plano nacional, é previsto um *Referendum* ab-rogatório de leis e atos com força de lei (excluídas as leis como de anistia e indulto, de autorização de ratificação de tratados internacionais, de orçamento, etc.) e outro constitucional, que pode ser ordenado para dar sanção popular a uma revisão da Constituição levada a termo pelas Câmaras com maioria absoluta (exclui-se o caso em que o Parlamento se pronunciou por maioria de dois terços, presumindo-se em tal hipótese o consenso popular). Em vez disso, no plano regional, fora da previsão de um *Referendum* de autonomia especial, está prevista a possibilidade de as regiões ordinárias disciplinarem o *Referendum*, tanto sobre leis como sobre atos administrativos.

Em todo o caso, a experiência histórica italiana não demonstrou, na prática anterior aos anos 70, uma disposição particularmente favorável a este instituto. Passando por alto o *Referendum* local, que, quando já atuável, quase nunca foi utilizado, lembremos que só em 1970 (exatamente vinte anos depois da entrada em vigor da Constituição) se aprovou a lei da aplicação do *Referendum* nacional, no âmbito de uma complexa mas assaz propalada negociação e, especificamente, como "antídoto" destinado a neutralizar certas leis desagradáveis a alguns partidos (como a lei do divórcio). "A lei n.º 352, de 15 de maio de 1970, sobre a aplicação do *Referendum* nacional, introduziu, com relação ao *Referendum* ab-rogatório de leis ou atos com força de lei, uma disciplina restritiva. Provas dessa tendência são a obrigação que incumbe aos promotores do pedido de *Referendum* de acolher 500.000 assinaturas em apenas três meses, a possibilidade de recolher assinaturas só pelo período de nove meses num ano, e a proibição de entregar o pedido de *Referendum* no ano anterior ao fim da legislatura ou nos seis meses seguintes à data de convocação dos comícios para a eleição das Câmaras. O respeito aos limites postos pelas normas legais (constitucionais ou ordinárias) aos pedidos de *Referendum* é garantido pela sindicância da Corte de Cassação e da Corte Constitucional.

A disciplina do *Referendum* é controversa e têm sido apresentadas propostas, tanto para tornar mais fácil e freqüente o recurso à resposta popular, como, ao invés, para limitar drasticamente esse instrumento".

II. REFERENDUM E SISTEMA POLÍTICO. — Se como prescrição o *Referendum* constitui uma manifestação da soberania popular sobre um problema, na realidade ele assume um significado e uma eficácia diversos, de acordo com vários efeitos sobre o sistema político. Pode ser diverso, na realidade, tanto o papel efetivo do povo na decisão do problema, como também o papel dos demais sujeitos políticos em relação à votação popular.

Fundamentalmente, o povo pode influir de maneira mais ou menos intensa, segundo o grau de preparação política. O interesse popular pode variar, quer devido à diversa importância das questões ou do risco, quer devido à freqüência ou não das votações, uma vez que problemas de limitado relevo e o freqüente chamamento às urnas podem provocar um abstencionismo bastante generalizado e a conseqüente diminuição do papel do povo como ator político. A preparação política e a capacidade de tomar posições em face dos problemas variam também segundo o nível cultural das diversas comunidades e isso faz com que seja diverso o papel decisório do povo, porquanto uma coisa é decidir predominantemente sob a influência de mensagens emocionais ou de simpatia pelos apologistas das soluções em discussão, e muito outra escolher depois de refletir sobre o problema (conquanto excluamos a ilusão de que um corpo eleitoral decide com pleno conhecimento dos termos da questão que lhe foi submetida).

No tocante aos outros sujeitos políticos, o *Referendum* apresenta fisionomias diversas, de acordo com o sistema político em que se insere. Em teoria, ele se distingue de outras votações, como a eleição dos órgãos representativos, porque versa sobre um problema específico, enquanto as demais dizem respeito à orientação política geral e envolvem um juízo sobre os partidos. Qualquer votação política compromete os partidos e pode influir neles; mas o *Referendum* se distingue de tais votações pela menor relevância do voto popular com relação ao sistema partidário. No entanto, pode existir uma relação diversa entre o sistema partidário e o *Referendum*, apresentando este, em conseqüência, fisionomias diferentes.

Quando o sistema partidário é caracterizado por um baixo grau de conflituosidade em virtude da fraca organização dos partidos, ou por outras razões, e quando o *Referendum* possui uma longa tradição que remonta às origens do sistema partidário, ou lhe é anterior, a fisionomia ideal deste instituto pode manter-se em sua essência. O corpo eleitoral, se bem que com as limitações antes descritas, tende a decidir sobre um problema e a votação, ainda que desfavorável à posição dos partidos, não tem reflexos gravemente negativos sobre eles nem adquire um significado político de caráter geral. É assim o caso da Suíça e de vários Estados-membros dos Estados Unidos, onde o *Referendum*, diversamente do que ocorre com a federação, é previsto pelas leis e amplamente usado.

Quando, ao contrário, o sistema partidário é caracterizado por um elevado grau de conflituosidade e o *Referendum* não possui sólidas raízes numa tradição anterior ou coeva a tal sistema, a fisionomia deste instituto tende a alterar-se ou a desvirtuar-se. O conflito partidário atrai o *Re-*

ferendum para a sua órbita, o que pode acontecer tanto no momento do seu pedido como durante a campanha eleitoral. Embora tenha por objeto um problema específico e seja obviamente influenciada pelo debate e tendências que se geram em torno dele, a votação popular adquire um significado político que transcende o problema em questão e repercute, favorável ou desfavoravelmente, sobre os partidos ou alinhamentos partidários, já que o corpo eleitoral se pronuncia tendo-os também em vista.

Para só citar algumas experiências mais próximas, as vicissitudes do *Referendum* na França e na Itália são bem uma prova da sua atração para a órbita do conflito partidário. Na França, durante a V República, o *Referendum* foi largamente utilizado por De Gaulle para demonstrar a sua superioridade política. O povo votou a favor ou contra o general (v. GAULLISMO). É verdade que De Gaulle gozava de uma posição carismática e que, diante dele, o conflito político não era só conflito partidário. De qualquer modo, ele foi sempre também o líder de uma ala política e, conquanto com um papel de notável relevo, pode ser considerado como participante do conflito partidário da V República.

Quanto à Itália, as vicissitudes significativas por que passou o *Referendum* de 1974 a 1981 comprovam que o pronunciamento popular representou algo diverso de uma decisão sobre um problema. O *Referendum* sobre o divórcio, postas à parte as intenções dos seus promotores, transformou-se em campo de batalha entre duas formações políticas, indo muito além da questão da dissolução do matrimônio. Os referendos de 1978 nasceram da iniciativa de um partido, o partido radical, que tentou promover vários com o fim manifesto de fazer valer, para além dos temas em discussão, uma orientação política; no seu desenrolar, registraram o conflito entre a ala da "unidade nacional" (que sustentava o Governo) e a oposição de direita e de esquerda. A chamada ratificação dos 10 referendos, pedidos pelos radicais e "dizimados" pela Corte Constitucional em 1981, levou, no entanto, os eleitores italianos a se pronunciarem, quando do *Referendum* para a revogação da lei da disciplina do aborto, solicitado pelo Movimento em Prol da Vida, a favor ou contra a ab-rogação da Lei Cossiga sobre a ordem pública, da prisão perpétua, do porte de armas, da lei do aborto (Movimento em Prol da Vida) e das normas dessa lei tidas como restritivas pelos radicais. Com percentuais diversos, tanto a favor de cada uma das leis específicas, como de participação eleitoral, todas as leis existentes foram confirmadas pelos eleitores.

A diferença de significado do *Referendum*, tido em conta o sistema político em que se insere, não deve, no entanto, fazer esquecer características comuns às decisões populares. Há sempre uma relevância do problema em questão e, conseqüentemente, a votação nunca deixa de ser influenciada por isso. A prova está nos referendos de 1978, que registraram uma clara diferença de percentuais eleitorais do sim e do não entre as duas votações da Lei Reale e da do financiamento dos partidos. Além disso, precisamente por essa relevância do problema em discussão, mesmo num sistema partidário com alto grau de conflituosidade, o *Referendum* é também sempre um instrumento de informação sobre opiniões correntes acerca de problemas específicos ou das avaliações que estes trazem consigo; a orientação de uma maioria laica ou progressista sobre um tema específico, por exemplo, pode fazer suspeitar de uma mesma orientação sobre outros temas similares. É uma função informativa que pode ser desempenhada pelo *Referendum*, mesmo fazendo emergir uma opinião de minoria, que é muito mais geral que o consenso de que gozam certas forças políticas, como o provou na Itália o alto percentual dos sim à ab-rogação do financiamento público dos partidos políticos.

No que respeita, enfim, ao conteúdo das decisões, a opinião mais comum é a do caráter conservador do *Referendum*. Este caráter seria demonstrado sobretudo pela experiência suíça e estadunidense, que registra um certo predomínio de decisões populares contrárias às inovações. É necessário, porém, ter grande prudência a respeito de tal avaliação e considerar que os possíveis parâmetros da análise são vários e conduzem a diferentes resultados. Se se considerar, como exemplo, a experiência italiana dos anos 70, poder-se-á sustentar que o *Referendum* teve um caráter conservador, desde que se tome como parâmetro a manutenção ou a eliminação das leis, pois nenhuma foi revogada. Mas se, em vez de um parâmetro formal, se tomar o parâmetro de um juízo essencial e se julgar conservadora ou não uma orientação popular segundo valores políticos, a apreciação poderá mudar. O *Referendum* sobre o divórcio, por exemplo, não foi entendido por ninguém, posto de parte o consenso ou o dissenso sobre a indissolubilidade do matrimônio, como uma decisão conservadora. Portanto, antes de avaliar se o *Referendum* tem ou não caráter conservador, é mister definir antecipadamente os parâmetros. E, depois, não se há de esquecer que é arbitrário tirar conclusões válidas para todas as épocas e para todas as comunidades políticas.

BIBLIOGRAFIA. *La lezione dei referendum*, in "Il Mulino", XXVII (julho-agosto 1981); *Referendum ordine pubblico costituzionale*, Bompiani, Milano 1978; *Referendums. A comparative study of practice and theory*, a cuidado de D. BUTLER e A. RANNEY, American Enterprise Institute, Washington D. C. 1978.

[GLADIO GEMMA]

Reformismo.

I. REFORMAS E REVOLUÇÃO. — O socialismo reformista se define em relação ao socialismo revolucionário, mas a linha que os divide não é fácil de traçar, visto que nem sempre as reformas são sustentadas para evitar a revolução, nem a revolução está necessariamente ligada ao uso da violência. Se, levadas às últimas conseqüências, ambas as posições se distinguem perfeitamente, por serem diametralmente opostas, no centro, ao invés, se dilui imperceptivelmente uma na outra, quase se confundindo o Reformismo revolucionário, de um lado, com a revolução pacífica na legalidade, do outro.

Convirá, por isso, encontrar critérios diversos do apelo à violência ou da sua recusa, mais fáceis e, conseqüentemente, mais correntes, mas ilusórios, para distinguir entre uma e outra categoria as múltiplas posições que se apresentam na prática. Podia ser esse o modo de conceber uma nova sociedade e, sobretudo, de entender a sua relação com o capitalismo e a democracia liberal. Chamaríamos então revolucionário aquele movimento que, independentemente dos meios invocados ou usados, predominantemente pacíficos, violentos ou mistos, visa a um tipo de ordenamento social, talvez não claramente especificado em sua articulação concreta, mas declaradamente antitético em todos os campos — econômico, político, cultural e civil — em relação ao ordenamento capitalista democrático. E é precisamente em razão da oposição radical entre cidade do futuro e cidade do presente que predomina em tal movimento a tendência a julgar indispensável, mesmo que se creia doloroso, o recurso à violência. Reformista é, pelo contrário, o movimento que visa a melhorar e a aperfeiçoar, talvez até radicalmente, mas nunca a destruir, o ordenamento existente, pois considera valores absolutos da civilização os princípios em que ele se baseia, mesmo que sejam numerosas e ásperas as críticas que, em situações particulares, se possa dirigir ao modo concreto como tais princípios se traduzem na prática. É por isso que em seu seio predo-

minam naturalmente os defensores da via gradual e pacífica, uma vez que a violência poderia certamente comprometer os valores fundamentais; mas não falta, aliás, quem, em certas contingências históricas, invoque o uso da violência, quer para impedir que tais valores se desenvolvam plenamente, quer para obstar a que sejam sufocados.

Que valores? Que princípios? A liberdade individual, a democracia e o bem-estar de todos. Não se pode negar o ligame que existe entre estes valores e o advento da sociedade burguesa capitalista. Contudo, também não se pode negar que esta, na sistematização adotada na fase inicial da industrialização, apresenta um destoante contraste entre os princípios que se afirmam e a exclusão da grande maioria do seu gozo efetivo. Por quê? Por deficiências orgânicas só superáveis mediante uma reviravolta radical, ou por um conjunto de erros humanos e de falta de maturidade das condições objetivas, situação, ao invés, modificável, mas só com intervenções graduais e ponderadas?

Quanto ao sistema político, o Reformismo não tem dúvidas: é a democracia liberal que se fortalece e amplia. Quanto ao ordenamento econômico capitalista, pelo contrário, a posição do Reformismo muda com o tempo, passando da idéia de uma mudança radical, a obter-se, no entanto, só com métodos democráticos e graduais, à convicção de que bastam medidas que lhe regulem os mecanismos, visando a um funcionamento mais expedito e a uma distribuição cada vez mais justa dos benefícios. Esta transformação é conseqüência dos próprios sucessos do Reformismo, que demonstram que a enorme desigualdade que, com seu séquito de atrozes calamidades sociais, caracterizou a primeira industrialização se devia mais às dificuldades da arrancada que às exigências imodificáveis do sistema da iniciativa privada.

Para os revolucionários, ao contrário, os baixos salários, o desemprego constante e as crises da superprodução são conseqüências inevitáveis do capitalismo, e o ordenamento do Estado, mesmo liberal e democrático, reflete a realidade econômico-social, de onde promana, destinando-se a defendê-la: é, portanto, subvertido com ela, não modificado ou melhorado. A sociedade que têm em vista nem é mais verdadeiramente democrática e liberal, nem o é em mais alto grau que a presente; é anárquica, isto é, baseada no total autogoverno dos indivíduos. Sobre o que possa significar isso e sobre como chegar lá, se de golpe, mediante a palingenesia apocalíptica da revolução, como sustentam os verdadeiros e autênticos anarquistas, ou através de um período transitório de ditadura do proletariado, como pensam, em vez disso, os socialistas de estampa blanquista ou marxista, os revolucionários podem discordar duramente entre si; mas o que os caracteriza em relação aos reformistas de qualquer tendência é a convicção de que o ponto de chegada será, sem sombra de comparação, melhor que a democracia e a liberdade "burguesas", que podem, portanto, ser e são bastante sacrificadas.

Da diversa avaliação da democracia e das liberdades "burguesas" deriva ainda outra diferença, a mais chamativa, entre revolucionários e reformistas. Os revolucionários começam por desprezar o liberalismo, a democracia e o capitalismo, por estarem sempre unidos a profundas injustiças e misérias. Mas, até aqui, nada os distingue ainda dos reformistas. Quando surge, porém, a possibilidade de solução, pelo menos em parte, para tais misérias e injustiças, enquanto o reformista põe mãos à obra, convencido de que, no mais, (o socialismo) está, de alguma maneira, o menos (as reformas), o revolucionário, em vez disso, se desespera, temendo que diminua assim a força do descontentamento de que é mister tirar partido para estabelecer um mundo melhor, diante do qual empalidecem, a seus olhos, todos os melhoramentos que se possam alcançar no âmbito da democracia, com a prática sindical e política. Para eles, o menos impede o caminho do mais.

Daí a atitude oposta de revolucionários e reformistas em face do bom funcionamento da economia capitalista. Os revolucionários não admitem por muito tempo que isso seja possível, justificando assim sua condenação definitiva do sistema; depois, por muito tempo, negam-lhe a evidência; finalmente, quando esta se torna demasiado clara, descobrem que nem o bom funcionamento do sistema, nem a abundância que daí deriva mudam a natureza humana, *ergo* são desvalores. Deste modo, muda a racionalização ideológica, mas a atitude mantida no decorrer das lutas sindicais e políticas é sempre marcada pelo mesmo princípio do quanto pior, tanto melhor. Da eficiência e prosperidade se origina, de fato, o ABURGUESAMENTO (v.) da classe operária, fim da esperança na palingenesia.

Os reformistas pensam, pelo contrário, que é seu dever concorrer para a eficiência econômica do sistema, porque só uma produção em constante aumento cria os meios necessários para a melhoria incessante do nível de vida das massas, condição indispensável, por sua vez, para que o povo possa participar efetivamente na vida democrática e se possa chegar pela democracia, caso não surjam dificuldades inerentes à própria natureza humana, ao único socialismo com sentido, ao realizado pelas massas e para as massas, ou seja, à socialização das liberdades e do autogoverno, há muito privilégio de poucos.

II. O PROTO-REFORMISMO. — Assim entendido, o Reformismo é socialismo liberal, ou seja, teoria e práxis tendentes a conciliar ao máximo, no quadro de uma sociedade industrial, a liberdade e a igualdade, ou a garantir a todos o máximo de liberdade real, compatível com as exigências às vezes duras da vida associada e da eficiência produtiva. Se, como práxis, aparece, com características cada vez mais acentuadas, com a crise do movimento revolucionário posterior a 1870, quando, gradualmente, de um país para outro, a industrialização começa a dar os seus frutos, e tem, quando muito, um precedente no cartismo e em certas correntes da Primeira Internacional (1864-1872), como teoria ele tem pelo menos um grande precursor no ex-sansimoniano P. Leroux (1797-1871).

O sansimonismo, de onde Leroux provinha, via a solução do problema social na planificação centralizada da produção, cujo comando se confiaria aos competentes, industriais e cientistas, na hierarquia baseada na capacidade, e na retribuição segundo o mérito. Conquanto afim a todas as alternativas revolucionárias, ao definir como fim último a instauração da liberdade total com a substituição da administração das coisas pelo Governo do homem sobre o homem, o sansimonismo se caracterizava, na realidade, por um exaltado estatismo e pela indiferença absoluta aos problemas institucionais da defesa das liberdades do indivíduo. Mais, exigia explicitamente o sacrifício do indivíduo à coletividade, isto é, ao Estado, aos governantes incumbidos de prover, sem discussão, às necessidades de todos. Neste sentido, não há nada mais oposto ao Reformismo, se Reformismo é socialismo democrático e liberal, embora a ausência de toda confiança no povo e nas virtudes regeneradoras da violência diferenciem também o sansimonismo do socialismo revolucionário, ao qual, não obstante, tanto deu.

Na escola de Saint-Simon, Leroux havia, pois, compreendido a função insubstituível do Estado, da coletividade organizada, para solucionar algumas desigualdades naturais que um regime econômico e político de absoluta liberdade tende antes a provocar e a exasperar, com graves inconvenientes sociais e, sobretudo, com aviltamento da justiça e, em consequência, da própria liberdade que, limitada a poucos, se corrompe transformada em privilégio. Mas a sua originalidade e grandeza estão em ter sustentado com firmeza que a função, *e portanto o limite*, da intervenção estatal na economia e na vida social em geral é a de garantir a todos a participação efetiva nas liberdades, pois a única igualdade que realmente conta e tem sentido é a igualdade na liberdade. Já em 1833, ano do seu afastamento do sansimonismo, previa, com lúcida perspicácia, que o princípio básico do socialismo, termo então por ele inventado, ou seja, o estatismo nivelador, se não corrigido pelo liberalismo, conduziria a uma nova teocracia, com "um novo papado" e com a redução dos indivíduos, "as verdadeiras naturezas vigentes", a funcionários arregimentados, possuidores de "uma doutrina oficial para crer" e "a inquisição à porta".

Não se trata, portanto, de ceder a condições de força maior ou, pior, às exigências do adversário, mas de compreender que "as instituições da liberdade" são de "uma imensa utilidade" e absolutamente necessárias para fazer triunfar "os interesses da classe mais numerosa e mais pobre", cuja ascensão gradual a uma vida confortável e digna só é possível no âmbito das instituições parlamentares democráticas, mais, é uma só coisa com o crescimento e consolidação delas. E não se há de ver um mal na difusão do gosto pelos bens materiais, efeito da economia industrial. Pelo contrário, aspirando aos bens materiais e lutando por eles, "é a própria dignidade, a própria qualidade de homem, a própria liberdade, a própria independência que o proletário reivindica". Só quando a ciência social, conclui Leroux, tiver encontrado o modo de conciliar, mediante soluções concretas de ordem econômica, social e política, os opostos e, não obstante, interdependentes princípios do individualismo e do igualitarismo, da liberdade e da justiça, isto é, quando se fundar em bases científicas a fórmula do socialismo democrático e liberal, ou seja, reformista, só então findará a crise dramática que aflige a sociedade por via deste contraste que explodiu já durante a Revolução Francesa.

III. Do anarquismo ao reformismo. — Ao investigar as origens do Reformismo, os historiadores chegaram ultimamente à conclusão de que, pelo menos na França, mas não só, ele se deve, em boa parte, a uma certa dose de espírito anárquico introduzido no socialismo por alguns convertidos do anarquismo, como B. Malon (1841-1893) e P. Brousse (1844-1912). O anarquismo ocupa, com efeito, uma posição ambígua e bastante incômoda entre o liberalismo e o socialismo. Deriva do primeiro ou, em todo caso, tem de comum com ele o amor à liberdade, que quer, no entanto, ver estendida a todos e de forma ilimitada, baseado na convicção de que os homens são, por natureza, iguais. Liga-o ao socialismo o desejo

de justiça e, por conseguinte, a vontade de eliminar as desigualdades na riqueza com a abolição da propriedade privada. Do socialismo ele constitui, além disso, enquanto não contaminado por outras experiências, a ala mais extrema e, por isso, mais revolucionária, pois está convencido da função insubstituível e construtiva da violência, bem como intransigentemente propenso a querer edificar a cidade ideal da justiça, liberdade e fraternidade, de um só golpe, sem interlúdios temporais ou instrumentais, como o estatismo sansimoniano ou a ditadura do proletariado marxista.

Enquanto a tensão social é extrema e o espírito de descontentamento, se não de revolta, avassala firmemente as massas, os anarquistas marcham juntamente com os socialistas ou, melhor dito, à sua frente, sem deixar, contudo, de criticar asperamente os perigos ínsitos no seu estatismo ou autoritarismo. Quando, porém, os tempos se tornam difíceis para os revolucionários, porque as melhorias reais e possíveis diminuem o descontentamento ou o canalizam pela via das lutas econômicas, a fidelidade à liberdade, ao individualismo e ao princípio de origem anárquica, inscrito nas bandeiras da Primeira Internacional — "a emancipação dos trabalhadores deve ser obra dos próprios trabalhadores" —, impele, pelo contrário, o anarquismo a abandonar o messianismo revolucionário e a colocar-se ao lado das massas em suas lutas, para as levar à conquista de uma vida menos penosa e mais digna. O fundo libertário se transmuda, assim, de impaciência pela revolução, em impaciência pelas reformas. Então o anarquista descobre que não vale a pena arriscar as instituições existentes, certamente muito imperfeitas, mas sempre, em todo caso, liberais, para se aventurar, junto com os socialistas revolucionários, mas autoritários, numa subversão que, não sendo ativamente querida pelas massas, poderia, justamente por isso, transformar-se no triunfo do autoritarismo.

IV. Marxismo e reformismo. — O Reformismo também é grande devedor do marxismo. Aliás, o movimento revolucionário só ficou levemente ferido com o afastamento de alguns anarquistas favoráveis ao Reformismo, enquanto recebeu o golpe de misericórdia do próprio marxismo, no decorrer da luta sem trégua que este travou, a partir de 1871, contra o anarquismo, o autêntico, já o único a pôr ativamente a esperança na revolução.

Sob este aspecto, a posição do marxismo é paradoxal. Enquanto fornece à esperança na revolução a sistematização teórica que lhe perpetua a fé no tempo, logo que as condições de ações concretas de reforma atingem o momento adequado, o marxismo, mesmo que a doutrina não o preveja como possível, se converte, por realismo político, em defensor das lutas operárias, das melhorias conquanto parciais, das reformas políticas e econômicas, do presente em suma, esgrimindo a qualquer custo contra a revolução ·os argumentos típicos do Reformismo. Reformas, porém, só as pode fazer o Estado. Mas o Estado só fará as reformas desejadas e dará estabilidade legal às próprias conquistas obtidas pelos operários nas lutas sindicais se o controlarem forças não adversas ao socialismo ou, melhor, de inspiração socialista. Deste modo, o marxismo, que desde sempre sustentou a necessidade da conquista do poder político, se acha nas melhores condições para contribuir ao nascimento de quase todos os partidos reformistas.

É verdade que, pelo menos nas intenções de Marx e Engels, e não apenas nelas, a conquista do Estado devia ser o prelúdio da palingenesia total; mas, ao passo que o movimento por eles mesmos criado contribui, de fato, para decantar o espírito revolucionário das massas, orientando-as para a integração na sociedade existente, a urgência do fim se dilui, ficando apenas como uma profissão de fé exterior, sem qualquer compromisso revolucionário, ao mesmo tempo que se vai consolidando uma práxis fundamentalmente reformista. Isso, até o ponto de Turati, marxista e fundador do partido socialista italiano, ao se dirigir aos operários, poder aconselhá-los a usarem a arma da greve com prudência, "para não matarem a galinha de ovos de ouro". Apenas um exemplo entre tantos.

V. DESENVOLVIMENTO HISTÓRICO DO REFORMISMO: SUCESSO OU MALOGRO? — Do marxismo passa, contudo, aos partidos que sofrem sua influência, a fé messiânica num futuro em que democracia e liberdade, tais quais as conhecemos, serão superadas. Isso impede que a aceitação da democracia liberal e das leis econômicas de que depende a eficiência produtiva seja inteira e sem reservas. Além do mais, isso dissuade esses partidos de elaborarem uma estratégia reformista capaz de ser posta em prática após a conquista do poder, porque, para eles, enquanto ɔ molde de matriz marxista não tiver desaparecido completamente, o Reformismo não será nunca uma vocação, mas corresponderá unicamente a uma necessidade na falta de melhor; será um modo

de esperar e preparar a revolução palingenética, que se iniciará depois da conquista do poder e que, para não perder a sua aura miraculosa, de modo algum deve ser particularizada num conjunto de medidas concretas.

Isso fará com que o partido marxista no poder, ou se mantenha fiel à democracia liberal e não saiba com precisão que medidas adotar para assinalar a passagem, ou então se sentirá tomado da urgência revolucionária, jamais renegada, e não hesitará em pôr em risco a liberdade e a eficiência econômica, de que depende o bem-estar das massas.

Eis aí por que, do ponto de vista reformista, as experiências históricas de maior êxito foram as de partidos que, ou nunca foram marxistas, como o partido trabalhista inglês, ou abjuraram explicitamente do marxismo, como o alemão ocidental, levando assim às últimas conseqüências a crítica de algumas das teses fundamentais de Marx, iniciada em fins do século passado pelo REVISIONISMO (v.) de Bernstein, na Alemanha, com o objetivo de adequar a consciência do partido à sua práxis, já então reformista.

Assim entendido, o Reformismo se identifica com a práxis da SOCIAL-DEMOCRACIA (v.) no poder, de que constitui a realização concreta, partilhando, porém, igualmente das suas dificuldades e limites.

BIBLIOGRAFIA. – G. ARFÉ, Il socialismo riformistico e la socialdemocrazia, in Storia delle idee economiche, politiche e sociali, UTET, Torino 1975, vol. V; Socialisti riformisti, a cuidado de C. CARTIGLIA, Feltrinelli, Milano 1980; J. DROZ, Le socialisme démocratique 1864-1960, Colin, Paris 1966; C. LANDAUER, European Socialism, California University Press, Berkeley 1959; H. W. LAIDLER, History of socialism, Routledge and Kegan Paul, London-Boston 1968; G. LEFRANC, Le socialisme réformiste, Presses Universitaires de France, Paris 1971; P. LEROUX, De l'individualisme et du socialisme (1833), in Le socialisme romantique, a cuidado de D. O. EVANS, Marcel Rivière, Paris 1948; B. MALON, Le socialisme réformiste, Bibliothèque de la Révue socialiste, Paris 1886; F. MANZOTTI, Il socialismo riformista in Italia, Le Monnier, Firenze 1965; S. MOORE, Three tactics: the background in Marx, Monthly Review Press, New York 1963; D. SETTEMBRINI, Socialismo al bivio, Sugar Co., Milano 1978; D. STAFFORD, From anarchism to reformism. A study of the political activity of Paul Brousse, Weidenfeld and Nicolson, London 1971; F. TURATI, Socialismo e riformismo nella storia d'Italia, Scritti politici 1878-1932, a cuidado de F. LIVORSI, Feltrinelli, Milano 1979.

[DOMENICO SETTEMBRINI]

Regime Político.

I. DEFINIÇÃO. — Por Regime político se entende o conjunto das instituições que regulam a luta pelo poder e o seu exercício, bem como a prática dos valores que animam tais instituições.

As instituições constituem, por um lado, a estrutura orgânica do poder político, que escolhe a classe dirigente e atribui a cada um dos indivíduos empenhados na luta política um papel peculiar. Por outro, são normas e procedimentos que garantem a repetição constante de determinados comportamentos e tornam assim possível o desenvolvimento regular e ordenado da luta pelo poder, do exercício deste e das atividades sociais a ele vinculadas.

Naturalmente, a estrutura do regime, ou seja, o modo de organização e seleção da classe dirigente, condiciona o modo de formação da vontade política. Por conseguinte, o uso de certas instituições, isto é, o uso de determinados meios para a formação das decisões políticas, condiciona os fins possivelmente buscados: a escolha de um regime implica, em termos gerais, a escolha de determinados valores. O nexo entre estrutura do regime e valores há de se entender, porém, no sentido de que a escolha de um regime implica de per si limitação da liberdade de ação do Governo e, conseqüentemente, escolha de uma política fundamental, cujas manifestações históricas podem ser, e são de fato, sensivelmente diferentes umas das outras, se bem que orientadas pelos mesmos princípios gerais. Como demonstra o exemplo da Grã-Bretanha, a esquerda e a direita, alternando-se regularmente no poder, imprimem de quando em quando ao Governo uma diversa orientação política, compatível, no entanto, com a permanência do regime.

II. TIPOLOGIA DOS REGIMES POLÍTICOS. — Até uma época relativamente recente, era normal o uso de uma tipologia dos Regimes políticos que havia sido herdada de Aristóteles: distinguia a monarquia, ou Governo de um só, a aristocracia, ou Governo de poucos, e a democracia, ou Governo de todos. A cada uma dessas formas puras correspondia, segundo Aristóteles, uma forma viciada: a tirania, a oligarquia e a demagogia. Nas formas puras, o Governo é administrado em benefício geral, nas viciadas, em benefício de quem detém o poder. O critério em que se funda esta classificação, número dos governantes, é totalmente inadequado para entender em sua essência a diversidade dos regimes políticos. Mesmo que a análise de Aristóteles tenda constantemente a identificar as condições reais de que dependem as diferenças existentes entre os vários regimes, e os resultados do seu estudo encerram amiúde intuições de caráter fundamentalmente sociológico, o critério sobre o qual se baseia a sua classificação das formas de Governo não leva em conta o fato, demonstrado pela teoria da classe política, de que o Governo está sempre nas mãos de poucos. Com efeito, no regime monárquico e no regime tirânico, não é nunca só uma pessoa quem detém o poder, mas um grupo. Nos regimes democráticos também não é o povo quem governa, mas os seus representantes.

Montesquieu afasta-se da classificação tradicional, porque apóia a distinção entre república, monarquia e despotismo, não apenas num critério numérico, mas também na combinação de dois critérios que ele define como "natureza" e "princípio" do Governo. A natureza do Governo depende do número dos detentores do poder (na república, é todo o povo ou parte dele quem o detém, na monarquia e no despotismo o poder está nas mãos de um só) e do modo de o exercer (na monarquia o soberano governa baseado em leis fixas e estáveis; no despotismo governa sem leis e sem regras). O princípio do Governo é o propósito que anima o povo em sua existência concreta. A república fundamenta-se na virtude, a monarquia na honra, o despotismo no medo. É assim que Montesquieu procura caracterizar o nexo existente entre os diversos Regimes políticos e sua base social. Por este processo, isto é, pelo estudo das condições em que se desenvolve a vida política, é possível elaborar uma tipologia dos Regimes políticos assente em fatores que influem decisivamente em sua estrutura e funcionamento.

A abordagem sociológica contribuiu, com efeito, para que se fundamentasse em bases científicas mais sólidas a classificação dos Regimes políticos, por muito tempo ligada a critérios extraídos de preferência dos aspectos formais das instituições políticas. A limitação fundamental da classificação aristotélica e das suas variações ainda hoje difusas é a de basear a distinção entre as várias formas que assume a luta pelo poder, na estrutura do regime, e não vice-versa. Na realidade, a estrutura do regime não constitui um dado último que torne possível explicar o processo político. O critério adequado que permite distinguir as características essenciais dos Regimes políticos, e apontar os seus tipos fundamentais, está na forma da luta política. As diferenças entre os vários tipos de regimes hão de, pois, ser imputadas aos diversos modos de conquista e manutenção do poder, que dependem das condições sociais e políticas da luta por esse poder. As mudanças nas formas de regime derivam, portanto, das transformações ocorridas nas condições internas e internacionais da luta política.

III. O CRITÉRIO DO MATERIALISMO HISTÓRICO. — Ao explicar o nexo condicionador que liga a superestrutura política à estrutura social, o materialismo histórico apresenta o critério mais genérico de classificação dos Regimes políticos, cujos tipos fundamentais correspondem às diversas fases da evolução dos modos de produção. Se examinarmos as relações que existem entre sociedade civil e Estado, ou, mais particularmente, entre um regime e a sua base social, parece que não se poderá duvidar de que existe entre ambos os fatores uma relação de condicionamento recíproco. Contudo, baseando-nos no materialismo histórico, parece que podemos afirmar que o dado social expresso na evolução do modo de produção constitui a variável independente, mesmo que, como veremos a seguir, o dado político representado pelo Estado seja de uma relativa autonomia.

Examinemos agora os principais tipos de regime político que é possível identificar, tendo por base esse critério de análise. Enquanto, na comunidade primitiva, onde o indivíduo ainda não se constituíra em entidade autônoma, era ela que se apresentava como primeira força produtiva, partindo daí, o modo de produção antigo transformou os escravos em meios de produção e fez da relação senhor-escravo a relação social dominante. Nesta fase de desenvolvimento do modo de produção, consolidaram-se as desigualdades sociais e se criaram contradições tão profundas no seio da sociedade que esta, para se manter, teve de instituir uma organização dotada de relativa autonomia, com a função específica de moderar os conflitos sociais. Nasceu assim a primeira forma embrionária de Estado. As relações entre os homens acumulavam-se dentro dos estreitos limites do processo da reprodução da vida, isto é, da cidade-Estado. Mesmo onde se atingiram elevadas formas de convivência política, como em Atenas, a democracia continuou limitada ao fino estrato dos homens livres, que, graças ao trabalho dos escravos, podiam ocupar-se direta e assiduamente da coisa pública.

Para explicar a particularidade do desenvolvimento histórico das instituições da China, da Índia e do Egito em cotejo com o do Ocidente, Marx introduziu a categoria do modo de produção asiático, cujas células de base eram comunidades aldeãs auto-suficientes, alicerçadas numa estrutura produtiva mista, de caráter agrícola e artesanal. A propriedade privada do solo não conseguiu impor-se. O Governo central se apropriava de grande parte do produto excedente e, em contra-partida, provia à defesa das comunidades e à realização de grandes obras públicas (vias de comunicação e, principalmente, sistemas de irrigação, indispensáveis ao cultivo da terra), tarefas que só um forte aparelho burocrático estatal poderia levar a termo. São estas as características que explicariam a tradicional imobilidade das sociedades orientais, cujo aspecto essencial era a subordinação da massa dos súditos ao poder central. Daí o nome de despotismo oriental com que é definido o Regime político correspondente ao modo de produção asiático.

No modo de produção feudal, como nos dois tipos anteriores, o que predomina é o cultivo da terra, a que são, porém, encadeados os servos da gleba. O papel de classe dominante desempenhado pela nobreza apóia-se na propriedade fundiária. Nas cidades, onde se desenvolve o artesanato e o comércio, formam-se as corporações, cuja organização, análoga à existente nas zonas rurais, se baseia na divisão entre mestres, oficiais e aprendizes. As instituições políticas correspondentes a esta estrutura social foram as monarquias feudais, as senhorias e as comunas livres.

Finalmente, a produção capitalista abriu caminho à Revolução Industrial que, substituindo as manufaturas pelas fábricas, fez surgir a classe operária. Aparece assim, pela primeira vez, o trabalhador livre como figura social dominante, a que corresponde o trabalho assalariado como relação social preponderante. É nestas condições que se torna possível a democracia representativa. Este tipo de regime não pode funcionar nem manter-se numa sociedade cuja base humana e territorial é mais ampla que a cidade-Estado, sem um certo grau de industrialização, ou seja, sem condições sociais que possibilitem a participação política. O desenvolvimento da Revolução Industrial, ao libertar o indivíduo do domínio das instituições tradicionais (monarcas, nobreza feudal, Igrejas...), que tendiam a isolá-lo do resto da sociedade, transformou profundamente as relações políticas e sociais. A democracia representativa nasceu quando a burguesia, em primeiro lugar, e depois o povo inteiro se tornaram conscientes de ser os protagonistas do desenvolvimento social e quiseram nele influir participando do controle do poder.

Contudo, a democracia representativa não foi sempre o regime que acompanhou o desenvolvimento industrial. Um dos resultados mais relevantes dos regimes fascistas, por exemplo, foi o de fazerem desaparecer os resíduos feudais que impediam que a industrialização e suas consequências políticas obtivessem pleno êxito. Por outro lado, o socialismo de versão russa e chinesa parece ser o Regime político mais apto a levar avante a industrialização rápida e forçada de um país atrasado. A participação política que em ambos os regimes, cada um por vias diferentes e com fins diversos, se obteve com uma mobilização predominantemente dirigida desde o alto parece, no entanto, constituir a base do desenvolvimento de formas de organização política mais democráticas.

IV. CRITÉRIO DA RAZÃO DE ESTADO. — Mas o estudo da estrutura social, ou, melhor, do modo de produção que caracteriza uma determinada sociedade, não exaure o conjunto dos fatores que exercem influência imediata no funcionamento real dos Regimes políticos e que servem, conseqüentemente, para explicar a sua estrutura. A fisionomia que apresenta cada uma das organizações estatais depende também do sistema dos Estados, isto é, da ordem das relações internacionais de poder, que constitui o setor onde se manifesta com máximo relevo o caráter relativamente autônomo da vida política com relação à evolução do modo de produção.

Em geral, a anarquia internacional e o conseqüente perigo de guerra a que constantemente estão expostos todos os Estados tendem a provocar a formação de estruturas políticas autoritárias, mais eficazes na luta com os outros Estados. Mas, como os vários Estados não estão igualmente expostos à pressão que as relações internacionais de poder exercem sobre a forma de regime, a diferença entre regimes cuja base social alcançou o mesmo estádio de desenvolvimento do modo de produção não pode ser explicada senão recorrendo ao papel diverso que o Estado desempenha dentro do sistema político internacional. Os teóricos da razão de Estado, por exemplo, explicaram o florescimento das liberdades políticas e do autogoverno local na Grã-Bretanha e nos Estados Unidos pela insalubridade destes Estados; o autoritarismo, o militarismo e a centralização que se desenvolveram, se bem que em graus diversos, na Alemanha, na França e na Itália, pela posição continental de tais Estados. O Estado continental, devido aos próprios limites terrestres, estaria muito mais exposto aos perigos de invasão que o insular, sendo por isso obrigado a manter enormes exércitos permanentes e a desenvolver um regime centralizado e autoritário capaz de mobilizar rapidamente todos os recursos da sociedade. O Estado insular, pelo contrário, protegido pelo mar, pôde prover à sua defesa recorrendo simplesmente à armada, podendo adotar um regime que deixasse um amplo espaço aberto às liberdades individuais e às autonomias locais.

Convém acrescentar aqui uma outra consideração a respeito dos partidos. No Estado moderno, baseado na participação política de todos os cidadãos, a sede efetiva do poder é o sistema partidário ou o partido único, influenciados pela posição das forças sociais e assentes no consenso popular. O comportamento dos partidos, como o dos Estados, obedece à lei da busca da segurança e do fortalecimento do próprio poder. A configuração do Regime político dependerá, pois, do ajustamento que apresentarem as relações entre os partidos, isto é, do sistema partidário. É por isso que os esquemas de análise elaborados pela teoria da razão de Estado foram estendidos, conscientemente ou não, à interpretação do comportamento dos partidos. Duverger, por exemplo, salientou que, para fins de classificação dos Regimes políticos, o tipo de sistema partidário tem muito mais importância que a fórmula jurídico-constitucional com que geralmente são definidos. Um dos resultados mais importantes a que chegou este tipo de análise é a descoberta de uma profunda semelhança entre o regime presidencial dos Estados Unidos e o regime parlamentar da Grã-Bretanha. O bipartidarismo britânico permite, com efeito, a eleição direta do chefe do Governo, porque quem assume tal função é o chefe do partido que vence as eleições. Pelo contrário, nos regimes parlamentares de sistema pluripartidário da parte ocidental do continente europeu, o chefe do Governo é designado pelos partidos que concordaram em formar a coalizão governamental.

V. CONCLUSÕES. — O materialismo histórico e a teoria da razão de Estado constituem indubitavelmente os mais importantes modelos explicativos do processo político, oferecendo, por isso, critérios válidos para a tipificação dos Regimes políticos. Ambos os modelos são geralmente considerados incompatíveis, tal como as correntes político-culturais que os criaram. No entanto, umas breves considerações bastarão para mostrar que, tomados separadamente, não conseguem explicar um vasto campo de variabilidade, mas, considerados como complementares, permitem explicar correlações que, de outra forma, seriam inexplicáveis.

O materialismo histórico explica, por exemplo, a relação que existe entre a industrialização e o nascimento dos modernos Estados burocráticos de dimensões nacionais. Porém, a diferença existente entre a estrutura rígida e centralizada dos Estados do continente europeu e a estrutura elástica e descentralizada da Grã-Bretanha não pode ser explicada com base numa estrutura diversa do sistema produtivo. O que explica esta diferença é um fator político (o diferente papel desempenhado pelas potências continentais em confronto com a insular no sistema dos Estados, derivado do fato de as primeiras estarem mais expostas que a segunda ao perigo de agressões), fator este que não está diretamente relacionado com a estrutura do sistema produtivo.

Este exemplo parece apontar uma fecunda hipótese de trabalho para se chegar à formulação de uma tipologia satisfatória dos regimes políticos. Essa hipótese funda-se no caráter complementar dos modelos do materialismo histórico e da teoria da razão de Estado, entendidos como partes de uma teoria unitária do processo histórico. O materialismo histórico só deveria ser compreendido como um modelo geral capaz de explicar a relação existente entre uma determinada fase da evolução do modo de produção e a estrutura do regime político, dentro de limites relevantes de variação do modo de produzir, enquanto que o campo de variabilidade não definido pelo materialismo histórico seria coberto pela teoria da razão de Estado, entendida como teoria baseada no princípio da autonomia relativa do poder político em relação à evolução do modo de produção.

BIBLIOGRAFIA. — M. DUVERGER, *I sistemi politici* (1955), Laterza, Bari 1978; Id., *Introduzione a una sociologia dei regimi politici*, in *Trattato di sociologia*, ao cuidado de G. GURVITH (1960), Il Saggiatore, Milano 1967; F. ENGELS, *L'origine della famiglia, della proprietá privata e dello stato* (1964), Editori Riuniti, Roma 1963; O. HINTZE, *Staat und Verfassung*, a cuidado de G. OESTREICH, Vandenhoeck & Ruprecht, Gottingen 1962[2]; K. MARX, *Lineamenti fondamentali della critica dell'economia politica 1857-1858*, La Nuova Italia, Firenze 1968-1970; G. MOSCA, *Elementi di scienza politica*, Laterza, Bari 1953[5].

[LUCIO LEVI]

Regionalismo.

I. ACEPÇÕES DO TERMO REGIONALISMO. — Por Regionalismo se entende hoje — como referem os próprios vocabuiários da língua italiana — a "tendência política dos que são favoráveis às autonomias regionais". Mas nem sempre foi assim. Há uns quarenta anos, uma definição destas teria parecido muito estranha. Com essa palavra se indicava então somente uma atitude de "excessivo interesse e amor pela própria região". E, até depois de 1948, ou seja, até depois da entrada em vigor de uma Constituição que previa

o ordenamento regional e da efetiva instituição de quatro regiões (Sicília, Sardenha, Trentino-Alto Adige, Vale de Aosta), continuou a ser essa última a única definição usual. Se recentemente se lhe juntou a definição proposta ao princípio, é exatamente porque a "tendência política favorável às autonomias regionais" obteve êxito, um êxito que não pode mais desdenhar-se, no momento em que o ordenamento regional, previsto pela Constituição republicana, foi posto em prática e as regiões começaram a funcionar.

A linha dos acontecimentos precisa ainda com exatidão o significado específico que a palavra Regionalismo, no sentido referido de tendência favorável às autonomias regionais, tem vindo pouco a pouco assumindo. Enquanto o instituto regional não fez parte do ordenamento jurídico — portanto, no período da unidade fascista —, o Regionalismo foi um movimento, mais ou menos consistente, de pensamento e de ação, de quantos se propunham, antes de mais nada, obter tal inserção. Quando isso foi conseguido — o que se verificou, como foi dito, com a Constituição de 1948 —, o Regionalismo transformou-se num movimento, mais ou menos homogêneo, dos que propugnavam a aplicação da Constituição ou, para sermos mais exatos, da sua aplicação naquela parte ainda não executada (que era a "maior", uma vez que, inicialmente, só haviam sido estabelecidas as quatro regiões supramencionadas, seguidas mais tarde, 1963, pela quinta e última das regiões, chamadas de estatuto especial: Friuli-Venezia Giulia). Finalmente, quando foram também criadas as outras quinze regiões, ou seja, as regiões chamadas de estatuto ordinário — o que aconteceu com as eleições regionais de 7 de junho de 1970 —, o Regionalismo se identificou com o movimento dos que se batiam por uma interpretação das relações entre Estado e regiões que respeitasse o mais possível a autonomia constitucional destas.

Esta distinção do significado específico que a palavra apresenta nos diversos períodos já mostra que o caminho do Regionalismo foi longo e difícil. Não há dúvida de que, ao fim, a tendência saiu vitoriosa, pelo menos dentro de certos limites, já que, com efeito, se estabeleceu um certo ordenamento regional. Mas os começos não foram de modo algum fáceis. Provavelmente, a própria circunstância de que, para indicar a tendência dos fatores da autonomia regional, se tenha acabado por usar o termo Regionalismo em vez de "regionismo", que nos primeiros tempos do Estado unitário não deixou também de ser às vezes usado, isto é, o próprio predomínio do termo derivado do adjetivo ("regional") em relação ao termo derivado do substantivo ("região") poderia ser efeito e, ao mesmo tempo, sintoma da avaliação negativa com que, por longo tempo, essa tendência foi vista.

Reflexões análogas, aliás, são sugeridas também pelo termo "municipalismo", derivado do adjetivo "municipal". Ele se apresenta hoje como "tendência a instaurar ou sustentar as instituições autônomas locais", isto é, com um significado totalmente semelhante ao já referido do Regionalismo, onde não há qualquer incidência de juízo negativo. Mas houve um tempo em que o "municipalismo" era apenas apego *excessivo* ao próprio "município", assim como o Regionalismo era unicamente um "*excessivo* interesse e amor pela própria região". Em suma, um paralelismo quase perfeito.

II. COMPONENTE POLÍTICO DO REGIONALISMO. — A razão do predomínio do juízo negativo, já mencionado, está sobretudo em que Regionalismo e regionalistas eram considerados fundamentalmente como sinônimos de "antiunitarismo" e "antiunitários". Esta equivalência estava errada num sentido, mas não em outro. Estava errada, se entendida no sentido de que os regionalistas postulassem a extinção da unidade nacional, apenas com tanto esforço conquistada: o Regionalismo, na verdade, não "vingava" só entre os legitimistas católicos e filoborbônicos, que desconheciam o "fato consumado" da unidade e queriam a crise, mas também entre os liberais no Governo, que aspiravam a uma unificação respeitosa das tradições dos Estados pré-unitários (basta pensar nos famosos projetos Cavour-Farini-Minghetti de 1860-1861). Mas tal equivalência tinha fundamento, se entendida no sentido de que o Regionalismo constituía um perigo para a unidade, na medida em que a concessão da autonomia implicava a atribuição do poder em certas regiões a uma classe política não homogênea em relação à que governava a nação.

Sabemos que essa falta de homogeneidade se revelou em toda a sua evidência com a unificação do Sul. Foi então que os projetos autonomistas e regionalistas antes lembrados passaram por uma fase difícil e foram abandonados. Sobre este ponto não há discordância na historiografia. O que a divide é antes a avaliação da opção que, em conseqüência, se fez pela mais rígida centralização. Por um lado, pensa-se que o que induziu a essa escolha foi o temor da revolta dos camponeses; deste modo, tal opção não seria senão o reflexo das relações de classe existentes nessa época no país. Por outro lado, julga-se que o temor não fosse tanto pela revolta dos camponeses em si mesma, quanto pela sua utilização em proveito das forças reacionárias contrárias

ao Ressurgimento: nesse caso, tratar-se-ia de uma opção progressista. Qualquer que seja a tese justa, é indubitável que a instauração de um ordenamento autonomista teria determinado a atribuição do poder local em várias regiões a uma classe política não homogênea em relação à que conduzira o processo da unificação nacional.

Delineia-se, assim, desde a fase inicial da história do Regionalismo italiano, a importância que nele assume o componente da luta política e, subjacente a ele, o da luta social. É uma constante ao longo de toda a série dos fatos, confirmada depois, com absoluta exatidão, nos eventos posteriores, sobretudo a partir do fim do século, quando, com a formação de grandes movimentos de massa, o católico e o socialista, a exigência de participação da sociedade civil se amplia enormemente, tornando manifesto que a conservação do velho e restrito quadro político-administrativo não responde senão à necessidade de manter inalterados os equilíbrios existentes e de deixar à margem da vida do Estado as novas forças políticas e sociais emergentes.

Na grave crise que se abre logo a seguir à Primeira Guerra Mundial, a separação entre a Itália "legal" e a Itália "real" — é significativo que a expressão, depois explorada pelos católicos, tenha sido inventada precisamente por um regionalista, Stefano Jacini — se acentua cada vez mais. Para cúmulo, lança-se de novo a idéia de autonomia regional, e quem a propõe desta vez não são agora, como em tempos, "profetas desarmados", isto é, estudiosos e pensadores isolados, privados de qualquer relação com as massas organizadas. São partidos políticos que representam uma parte notável das mesmas. É o caso, por exemplo, do partido popular italiano e do partido sardo de ação.

A solução que prevalece é, contudo, a oposta. A ditadura fascista "supera" o problema da relação entre país legal e país real, reafirmando os limites institucionais do Estado liberal. Mais, serve-se de certos instrumentos já existentes no ordenamento pré-fascista para desenvolver as suas características de Estado rigidamente centralizado. Cessa nas comunas e nas províncias a eletividade dos cargos e a palavra "região" é banida dos documentos oficiais.

III. O ADVENTO DA REGIÃO. — O sucesso que a idéia da região obtém após a queda do regime fascista não se explica apenas pelo retorno à cena política das forças vencidas vinte anos atrás e pela sua incapacidade de ajustar os próprios programas às mudanças ocorridas entrementes na economia e na sociedade italianas, nem tampouco exclusivamente pelo surgimento de crises imprevistas em regiões particulares da península, como a Sicília, o Vale de Aosta e o Alto Adige; explica-se também pelo propósito que a resistência certamente acalentou de subverter o ordenamento do Estado fascista. Se este se caracterizara por uma extrema centralização administrativa e política, era preciso fazer surgir um Estado que se inspirasse no princípio oposto, o da autonomia local. E, já que a autonomia local seria tanto mais vigorosa quanto mais forte fosse a entidade que a encabeçasse, era natural fazer referência àquela dimensão territorial e, por conseguinte, econômica que, sobrepondo-se a todas as demais, mais assegurava tal característica: a região, precisamente.

Na realidade, quando a Assembléia Constituinte, à qual incumbia estabelecer o novo ordenamento constitucional do Estado e, portanto, resolver a questão regional, iniciou seus trabalhos, o "impulso" inovador da resistência já se achava gravemente esmorecido. Os Comitês de Libertação Nacional e, entre eles, os C.L.N. regionais, que haviam pretendido antecipar, com seu modo de ser, a autonomia regional da Constituição republicana, eram uma lembrança ainda muito recente, mas nada mais que uma lembrança. Supriu-os, no entanto, se assim se pode dizer, uma espécie de "sorte", já que o impiedoso "jogo das partes" que se desenrolou na Constituinte entre os vários partidos acabou por beneficiar a regiãc. O elemento decisivo nesta história foi a incerteza, o "medo" que cada uma das duas principais forças antagônicas, a democracia cristã de um lado, e o partido comunista socialista do outro, sentiram em relação à sua sorte futura. No fundo, tanto uma como a outra desejariam dispor de ambas as possibilidades: as autonomias regionais, para o caso de se verem em minoria no Parlamento, e a não existência de tais autonomias, para o caso contrário. Mas, tratando-se de ditar uma Constituição, não era possível querer uma coisa e, ao mesmo tempo, o seu oposto. Por isso, os partidos estiveram sumamente vacilantes. A "sorte" da região esteve em que as oscilações foram grandes, mas não sincrônicas. Com a exclusão dos partidos comunista e socialista do Governo, a democracia cristã começou a pensar na oportunidade, se não de anular, pelo menos de atenuar o Regionalismo, que tão ardorosamente havia propugnado na primeira fase dos trabalhos da Constituinte. Pelo contrário, as esquerdas, até então propensas a um Regionalismo bastante moderado ou mesmo ao anti-Regionalismo, comum também às direitas e, por conseguinte, dada a composição da Assembléia, substancialmente majoritária, sentiram a necessidade de se assegurar a nível local com a instituição de fortes autonomias regionais.

Como quem tinha propugnado o Regionalismo por meses a fio não se podia declarar de improviso anti-regionalista, a região passou. Mas mal. E isso influiu tanto na configuração concreta deste instituto na Constituição, como no desenrolar dos acontecimentos futuros.

Pelo que toca ao primeiro aspecto, é de salientar o caráter contraditório da norma constitucional, que, se de um lado exalta, por exemplo, a autonomia, até atribuir à região o poder legislativo (art. 117 da Cons.), do outro a comprime até o ponto de prever que a lei regional poderá ser julgada quanto ao mérito, tido em conta o interesse nacional, ou perante as Câmaras (art. 127 da Const.), isto é, pela maioria parlamentar, ou, antes disso, por uma Corte constitucional que, como mais tarde ocorreu, tenha a possibilidade de apresentar o próprio interesse nacional como limite de competência, ou seja, de legitimidade.

Quanto ao segundo aspecto, já se observou no início que as regiões de estatuto ordinário, ou seja, Piemonte, Lombardia, Veneto, Ligúria, Emília-Romagna, Toscana, Úmbria, Marche, Lazio, Abruzzi, Molise, Campania, Puglia, Basilicata e Calábria, só se tornaram realidade em 1970, vinte e dois anos após a entrada em vigor da Constituição. Acrescentemos apenas que, antes, a aplicação do ordenamento regional havia sido justamente impedida pelas forças políticas que detinham o poder da nação.

A conexão dos dois aspectos, o da codificação do ordenamento regional em 1947 e o da sua aplicação só em 1970, é o que enche de ambigüidade o sentido deste instituto. E não apenas porque a região foi concebida e "constitucionalizada" tendo em vista uma sociedade predominantemente agrária, quando depois veio a tornar-se efetiva no contexto de uma sociedade já industrializada, mas também porque as razões políticas e sociais que recentemente determinaram a sua concretização parecem bem diversas das que inspiraram as decisões da Constituinte.

É também sob o signo da ambigüidade que se apresenta o modo formal da sua efetivação. A princípio, quer se manter dentro de limites assaz restritos a transferência para as Regiões de serviços e pessoal do Estado. Os decretos de 1972, destinados a realizar a operação, não determinaram as matérias da competência das Regiões segundo critérios orgânicos e completivos. Foi o próprio Parlamento que reconheceu, três anos depois, ser necessário proceder com bem maior amplitude, e concedeu, com esse fim, delegação ao Governo (Lei 382 de 1975). Os Decretos 616, 617 e 618 de 1977, emanados ao fim de uma longa e difícil elaboração, definiram um quadro mais completo das atribuições regionais.

Mas, como postulavam a adoção sucessiva de uma notável série de reformas setoriais, esses decretos, ao mesmo tempo que encerravam um capítulo da história do Regionalismo, iniciavam outro.

BIBLIOGRAFIA. — *I nuovi poteri delle regioni e degli enti locali. Commentario al decreto 616 di attuazione della legge 382*, a cuidado de A. BARBERA e F. BASSANINI, Il Mulino, Bologna 1978; F. BASSANINI, *L'attuazione delle regioni*, La Nuova Italia, Firenze 1970; L. PALADIN, *Diritto regionale*, Cedam, Padova 1973; E. ROTELLI, *L'avvento della regione in Italia. Dalla caduta del regime fascista alla Costituzione repubblicana (1943-1947)*, Giuffrè, Milano 1967; *Dal regionalismo alla Regione*, a cuidado de E. ROTELLI, Il Mulino, Bologna 1973; R. RUFFILLI, *La questione regionale dall'unificazione alla dittatura (1862-1942)*, Giuffrè, Milano 1971.

[ETTORE ROTELLI]

Relações Industriais.

I. O CAMPO DAS RELAÇÕES INDUSTRIAIS. — Com a expressão Relações industriais, de origem anglo-saxônica, mas já de uso corrente, se indicam as interações que, nas sociedades industriais, se dão entre empresários, dirigentes e suas associações, trabalhadores e suas organizações sindicais, Governo e administração pública, no que diz respeito aos problemas do trabalho.

A relevância dessas interações, na grande variedade de formas que elas podem assumir, foi crescendo através do tempo, com o desenvolvimento e o fortalecimento dos sindicatos dos trabalhadores (v. SINDICALISMO e ORGANIZAÇÕES SINDICAIS) e com o aumento da intervenção pública na economia e na solução das controvérsias de trabalho. Por isso, o interesse pelo estudo das Relações industriais por parte dos economistas, juristas, sociólogos, politólogos, psicólogos, tanto a nível dos sistemas nacionais quanto a nível dos lugares específicos de trabalho (Relações industriais na empresa), se intensificou muito nas últimas décadas em todos os países industrializados.

II. O SISTEMA DE RELAÇÕES INDUSTRIAIS. — De acordo com o proposto pelo americano John T. Dunlop, o conjunto das Relações industriais, que num dado momento se estabelecem numa sociedade, constitui-se um "sistema" de Relações industriais. Num sistema de Relações industriais se distinguem três sujeitos ou grupos de sujeitos variadamente organizados (empresários, trabalha-

dores e seus sindicatos, e poderes públicos), que interagem dentro de uma específica situação político-econômica (definida pelas características da estrutura industrial do país, pelas características e dimensões do mercado de trabalho, e pelas instituições do sistema político). Isto também significa que a lógica de ação de cada um dos agentes se define tendo em conta a ação dos outros, bem como os vínculos encontrados no ambiente em que eles agem. Interagindo, os agentes dão lugar a comportamentos que se repetem, a praxes consolidadas, a normas. Típico de um sistema de Relações industriais, como de qualquer outro sistema estruturado de relações sociais, é o seu caráter normativo (Dunlop, 1958).

A importância da abordagem sistêmica proposta por Dunlop é, segundo grande parte dos estudiosos das Relações industriais, sobretudo de tipo metodológico. Consiste em ter sublinhado a conveniência de fazer análises comparadas e interdisciplinares dos diversos sistemas de relações que se estabelecem entre os agentes (e não apenas da lógica do comportamento de cada indivíduo tomado singularmente) e que levam em conta todas as possíveis formas que tais relações podem assumir (sem privilegiar somente as consideradas como mais relevantes, tais como a estruturação coletiva ou a greve).

A abordagem teórica de Dunlop, que se baseia amplamente na escola estrutural-funcionalista de Talcott Parsons, foi, ao invés, criticada pelo excessivo peso que nela é dado à identificação da estrutura do sistema e das normas que o regulam, sem serem explicados os processos de formação das próprias normas e sem, por outro lado, serem tidas em conta as dinâmicas que podem provocar mudanças (Blain e Gennard, 1970): implicitamente o sistema imaginado por Dunlop é estático.

III. A RECENTE EVOLUÇÃO DOS ESTUDOS SOBRE RELAÇÕES INDUSTRIAIS. — O horizonte em que se movimenta Dunlop é o da hipótese de uma crescente institucionalização das Relações industriais, isto é, da sua progressiva sistematização, organizada dentro de regras e procedimentos consolidados, que se supõem duradouros e em que parece que haverá cada vez menos espaço para o conflito não regulado (v. CONFLITO INDUSTRIAL). Era esse o horizonte que parecia delinear-se em grande parte dos países industrializados do Ocidente no início dos anos 60. A pesquisa *Industrialism and industrial man* (Kerr, Dunlop, Harbison, Myers, 1960), em que participou o próprio Dunlop, serve como exemplo deste horizonte teórico.

Os acontecimentos sucessivos, ao porem em crise a hipótese de uma estabilidade crescente das Relações industriais, puseram também em claro as limitações da elaboração teórica a este respeito. Dispomos de uma ampla bibliografia sobre as greves, as contratações coletivas e os aspectos jurídicos da relação de trabalho, mas não dispomos de uma teoria completa sobre as relações entre os agentes e, em particular, sobre os fatores que produzem mudanças no estado. Além de valiosas reflexões metodológicas (Barret, Rhodes, Beishow, 1975), entre as contribuições recentes para uma teoria geral podemos mencionar o estudo da relação entre as características da contratação e as características das Relações industriais em diversos países (Clegg, 1976), a análise comparada da formação de diversos sistemas de representação sindical (Pizzorno, 1976) e a identificação de fatores que tornam instáveis sistemas anteriores de Relações industriais (Pizzorno, 1977).

IV. DIVERSOS TIPOS DE RELAÇÕES INDUSTRIAIS.
— Sendo que os sujeitos que interagem no campo das relações de trabalho são portadores de interesses distintos, divergentes e contrapostos, em geral as Relações industriais têm o caráter de interações tendentes à solução dos problemas e conflitos. Em particular, contudo, os diversos sistemas se diferenciam de acordo com as relações de forças existentes entre os sujeitos e com as modalidades de ação daí decorrentes.

Com base no grau de organização atingido pelos trabalhadores dependentes, pode-se distinguir sistemas caracterizados pela presença de sindicatos fortes, reconhecidos pelas partes opostas, ou sistemas com sindicatos fracos e pouco considerados. De acordo com a existência ou não de procedimentos ou regras de comportamento pre-estabelecidos (por meio de leis, regulamentos, acordos, sentenças), ter-se-ão sistemas mais ou menos institucionalizados. Considerando ambos os aspectos juntos, quando o sindicato é pouco reconhecido, é muito provável que o sistema das relações seja pouco formalizado (como acontecia na Itália nos anos 50); mas, quando o sindicato é forte e reconhecido, o sistema das relações poderá ser, ou muito formalizado (como acontece na Alemanha Federal), ou muito informal (como é tradição na Grã-Bretanha): a diferença dependerá das condições históricas em que se efetuou o reconhecimento (Pizzorno, 1976). Mas, no que diz respeito à maior ou menor utilização do conflito para a solução das controvérsias, em caso de igualdade das demais condições, ela tenderá a ser obviamente menor quanto mais formalizado for o sistema, e maior quanto menos codificado for o sistema das relações e quanto menos redefinida for em cada ocasião a praxe a seguir.

Se se considera o tipo de ação que prevalece, podemos distinguir entre sistemas em que predomina o método da contratação coletiva (v. CONTRATAÇÃO COLETIVA) e sistemas em que predomina o uso da pressão política.

Mais: conforme o nível do sistema em que são tomadas as decisões relevantes, teremos sistemas centralizados (em que as relações fundamentais entre os sujeitos se dão a nível nacional), ou sistemas descentralizados (em que as relações mais importantes são as que ocorrem a nível da empresa). Existem, naturalmente, muitas soluções intermédias.

Considerando juntamente estas duas últimas características, quanto mais dominante for o recurso à ação política, tanto mais centralizado será o sistema das Relações industriais; quanto maior for o recurso à contratação coletiva, tanto mais descentralizadas poderão ser as Relações industriais.

Os sistemas de Relações industriais podem variar, enfim, de acordo com o grau de envolvimento dos Governos e da administração pública nas relações de trabalho. De um lado se verificará o caso que, há tempo, em muitos países, se tornou a norma, em que se atribuirá aos poderes públicos a função, de certo modo extrínseca ao sistema, de garantir a ordem do mercado e a liberdade de ação dos interesses econômicos. De outro lado, se terá o caso da intervenção direta dos Governos para propor a solução dos conflitos, coordenar a iniciativa das organizações de interesses econômicos, e até mesmo procurar o seu envolvimento na gestão e no respeito às opções da política econômica (v. NEOCORPORATIVISMO).

BIBLIOGRAFIA. — A. N. BLAIN e J. GENNARD, Una visione critica della teoria delle relazioni industriali (1970), in "Economia e lavoro", março-abril de 1971; H. CLEGG, Sindacato e contrattazione collettiva (1976), Franco Angeli, Milano 1980; J. T. DUNLOP, Industrial relations system, Holt, New York 1958; C. KERR, J. T. DUNLOP, F. H. HARBISON e C. A. MYERS, L'industrialismo e l'uomo nell'industria (1960), Franco Angeli, Milano 1969; G. PIRZIO AMMASSARI, Teorie del sindacalismo e delle relazioni industriali, Liguori, Napoli 1979; A. PIZZORNO, Osservazioni comparate sulle rapresentanze del lavoro nei paesi capitalistici avanzati, in Problemi del movimento sindacale in Italia, Feltrinelli, Milano 1976; Id., Scambio politico e identità collettiva nel conflitto di classe, in Conflitti in Europa, ao cuidado de C. CROUCH e A. PIZZORNO, Etas Libri, Milano 1977.

[IDA REGALIA]

Relações Internacionais.

I. A DICOTOMIA "SOBERANIA ESTATAL-ANAR-
QUIA INTERNACIONAL" COMO FUNDAMENTO DA
DISTINÇÃO ENTRE RELAÇÕES INTERNAS E RELA-
ÇÕES INTERNACIONAIS. — A expressão Relações
internacionais indica, nos termos mais genéricos,
o complexo das relações que intermedeiam entre
os Estados, entendidos quer como aparelhos quer
como comunidades; implica a distinção da esfera
específica das Relações internacionais da esfera
das relações internas dos Estados. Tal distinção
está, com efeito, associada, mesmo a nível do
sentir comum, à idéia de que existem importantes
elementos de diferença entre as relações internas
e as Relações internacionais. Isto nos põe, portanto, diante da necessidade preliminar de esclarecer rigorosamente tais diferenças, isto é, de
estabelecer um critério qualitativo de distinção
das duas esferas de relações. Este critério não
poderá fundar-se na diversidade dos atores, ou
seja, pôr essencialmente a diferença no fato de
que, no contexto das Relações internacionais, os
atores seriam os Estados, enquanto, no das relações internas, os atores seriam os indivíduos e
os sujeitos coletivos não estatais, como os partidos, os sindicatos, as empresas, etc. Com efeito,
junto com os Estados, possuem também um papel
importante nas Relações internacionais organismos de índole internacional (ONU, NATO e
outros sistemas de alianças internacionais, CO-
MECON, OPEC, etc.), organismos integrativos
como as comunidades européias, grupos de pressão como as empresas multinacionais e as internacionais partidárias e sindicatos, organizações
como a OLP e por aí afora. Esse critério também
não pode basear-se essencialmente na diferença
relativa ao conteúdo, porque, no contexto internacional como no interno, existem relações de
conteúdo político, econômico, social, cultural,
etc., de caráter cooperativo ou conflituoso e, aten-
dendo só a este aspecto, não se revelam diferenças tão claras e evidentes que possam servir de
base a um clarificador critério de distinção. Na
realidade, tal critério não pode senão referir-se
essencialmente ao modo diverso como as relações
internas e internacionais se regulam, ou seja,
ao fato de que, enquanto as primeiras se desenvolvem normalmente sem o recurso à violência,
que é monopólio da autoridade soberana, as segundas se desenvolvem "à sombra da guerra"
(R. Aron), isto é, envolvem a possibilidade permanente da guerra ou da sua ameaça, quando
não sua experiência freqüente.

O conceito fundamental de onde se há de
partir é que, se a SOBERANIA (v.), ou monopólio

internacional da força, é o poder de garantir, em
última instância, a eficácia de um ordenamento
jurídico, sendo por isso a garantia da manutenção
de relações pacíficas dentro do Estado, ela é
também, por outro lado, a causa da guerra nas
relações entre os Estados (Kant). No contexto
internacional, a soberania do Estado significa na
realidade que ele não está sujeito a leis que lhe
sejam impostas por uma autoridade supra-esta-
belecida, dotada do monopólio da força; significa, por outras palavras, a existência de uma
situação anárquica. Não podendo, pois, os contrastes que surgem nas Relações internacionais ser
resolvidos mediante decisão de um poder soberano capaz de impor um ordenamento jurídico
eficaz, os Estados recorrem, em última análise,
à prova de força, vendo-se obrigados, em vista
da constante possibilidade de tal situação, a ar-
marem-se uns contra os outros ou, se não puderem
confiar só em suas armas, a apoiarem-se nas armas alheias. Está aqui, portanto, a raiz profunda
da política de potência, da guerra, do imperialismo, entendido este no seu contexto mais geral,
quer como expansão dos Estados mais fortes em
detrimento dos Estados ou povos mais débeis,
quer como imposição da vontade e dos interesses
daqueles a estes. Este conceito das Relações internacionais e da sua diferença quanto às relações
internas não é desmentido pela existência de um
direito internacional, que muitos juristas consideram um ordenamento originário, plenamente
vinculador para quantos lhe estão sujeitos. Na
realidade, se se analisam as normas do direito
internacional sob o aspecto, não da sua validade,
mas da sua eficácia, fica fora de dúvida que esta
repousa, em última instância, na vontade que
tiverem os destinatários de as acatar. O fato de
que a determinados organismos internacionais,
como a ONU, seja reconhecida pelos seus membros a faculdade de conhecer das contendas entre as nações e de cominar sanções, não modifica
os termos da questão, se se considera que, salvo
casos totalmente secundários, a execução de sanções desse gênero leva à guerra, que é o contrário
do direito. Tudo isto significa que, enquanto tem
sentido afirmar serem as relações dos homens dentro do Estado reguladas pelo direito, uma afirmação desse tipo não tem qualquer fundamento,
se referida às Relações internacionais, onde o
direito internacional, conquanto desempenhe aí
um papel preciso, pelas razões que mais adiante
serão melhor esclarecidas, possui essencialmente
a função de servir de instrumento das políticas
externas dos Estados, determinadas pelo jogo dos
interesses e das relações de força.

Se é claro que a diferença realmente essencial
que existe entre as Relações internacionais e as

internas diz respeito ao modo como elas se regulam, será possível compreender como tal diferença estrutural influi também em seu conteúdo. Em substância, se exceutarmos as situações de profunda crise institucional ou até de guerra civil, existe dentro do Estado um grau de certeza e de previsibilidade nas relações entre os homens que, mesmo sendo relativo, visto haver sempre também dentro do Estado uma esfera não eliminável de relações antijurídicas, é, de qualquer modo, qualitativamente diverso da natureza estruturalmente aleatória que caracteriza as Relações internacionais. Estas, com efeito, além de estarem subordinadas ao êxito das guerras, tornam-se mais difíceis mesmo nos momentos de paz (ou melhor, de trégua), estando sempre de algum modo sujeitas à necessidade da segurança militar, que, como esclarece a teoria da RAZÃO DE ESTADO (v.), possui um valor prioritário em relação aos princípios jurídicos, morais, políticos e econômicos, considerados, no entanto, imperativos, quando não está em jogo a segurança.

A situação estrutural de anarquia que caracteriza as Relações internacionais é, por outro lado, igualmente relevante quanto aos atores que operam nesse contexto.. Se é verdade, como vimos, que aqui, ao lado dos Estados, desempenham também um papel importante atores não estatais, se é verdade que tais atores têm um papel decisivo e a iniciativa num grande número de crises e de conflitos internacionais (pense-se nas empresas multinacionais), também é verdade, por outro lado, que, quando se chega às provas de força, não são eles que as levam a efeito, mas os Estados, que monopolizam a força, e os resultados dessas provas são afinal avaliados segundo a influência que eles têm na vida dos Estados envolvidos. O que indica que os Estados são, se não os únicos, certamente os atores decisivos no contexto das Relações internacionais.

O raciocínio baseado na dicotomia "soberania estatal-anarquia internacional", é necessário ainda precisar, não é absolutamente válido; o é em relação ao contexto histórico específico e determinado, conquanto de grandes dimensões e importância, caracterizado pela existência dos modernos Estados soberanos (ou de entidades a eles assemelhadas). Na realidade, só onde existe o fenômeno de uma pluralidade de Estados soberanos é que se pode distinguir, em sentido estrito, uma esfera de relações internas, ou seja, subordinadas à soberania, de uma esfera de Relações internacionais, isto é, desenvolvidas entre entidades soberanas, não subordinadas a uma autoridade superior. Em concreto, o contexto histórico que corresponde de modo paradigmático a estes requisitos é o da Europa moderna (depois também

o do mundo inteiro, com a afirmação no século XX de um sistema mundial de Estados e a generalização em todo o mundo das formas do Estado moderno). A Europa moderna começou a formar-se em conseqüência das transformações operadas entre o fim da Idade Média e a paz de Westfália (1648), que representa, ao mesmo tempo, um momento decisivo no processo de realização e consolidação do monopólio da força dentro do Estado, o momento em que se reconhece formalmente, de modo geral, a soberania absoluta do Estado no plano internacional, e também aquele em que se definem oficialmente as bases do direito internacional, ou seja, do direito destinado a regular as relações entre os Estados soberanos. Com esta situação contrastam, de forma paradigmática, por razões opostas, tanto a condição medieval de dispersão da soberania, onde, não existindo nenhuma autoridade efetivamente soberana, é extremamente problemático, se não impossível, distinguir as relações internas das internacionais, quanto a época em que o império romano dominou de forma quase completa a área da civilização clássica mediterrânea, depois de nela haver eliminado todo o Estado ou povo independente. Mas existe, ao contrário, uma certa analogia entre a Europa moderna e a situação das cidades-Estados da antiga Grécia, no período do seu maior florescimento e da sua independência. A mesma semelhança se encontra também nos principados italianos do século XV. Em geral, nos contextos históricos caracterizados pela existência durável de uma pluralidade de Estados soberanos constituem os modelos de referência indispensáveis na análise de situações embrionárias ou intermediárias que emergem em diversos contextos históricos e culturais. Deve-se, enfim, observar, para concluir este ponto, que as conseqüências vinculadas à atual existência de uma pluralidade de Estados soberanos estão fadadas a desaparecer, caso se chegue à criação de um único Estado mundial.

II. O SISTEMA DOS ESTADOS E O GOVERNO DO MUNDO. — Se com o conceito de anarquia internacional se põe em evidência o dado estrutural constituído pela ausência de um ordenamento jurídico eficaz e pelo conseqüente predomínio da lei da força nas Relações internacionais, isso não significa em absoluto julgar que a realidade internacional seja uma situação totalmente caótica, dominada pelo choque contínuo, irracional e imprevisível entre os Estados, uma situação, portanto, destituída de toda a ordem. Na realidade, os teóricos da razão de Estado começaram a perceber desde o início que existem no contexto internacional outros elementos estruturais, além do mais geral da anarquia, que tornam menos caótico, e, conseqüentemente, relativamente mais compreensível e previsível em seu desenvolvimento concreto, tal contexto. O pensamento que foram progressivamente elaborando e aperfeiçoando (e que sobretudo nestes dois últimos séculos atingiu um notável rigor teórico), na tentativa de esclarecer os demais elementos estruturais que atuam na realidade internacional e de a controlar de modo mais apropriado, centraliza-se no conceito de "sistema dos Estados", que trataremos agora de explicar em seus aspectos fundamentais.

O ponto de partida desta teoria é a constatação de que as relações de força existentes entre os Estados levaram à formação de uma férrea hierarquia entre eles, uma hierarquia que discrimina as "grandes potências", ou seja, os Estados realmente capazes de defender de modo autônomo, ou com a própria força, os seus interesses, das médias e pequenas potências, que precisam, em vez disso, de buscar a proteção de uma das grandes potências, a menos que estas lhe reconheçam concordemente a neutralidade. Uma tal situação implica automaticamente que as decisões fundamentais de que depende a evolução das Relações internacionais sejam tomadas pelas grandes potências e, conseqüentemente, por um número muito reduzido de Estados soberanos em relação ao seu total. No sistema dos Estados europeus, as grandes potências, que não foram sempre as mesmas, nunca excederam o número de seis, ao passo que, no atual sistema mundial, foram duas até há pouco tempo e hoje, com o emergir da China, tendem a ser três ou até mesmo quatro, com a progressiva consolidação da Comunidade Européia.

Se a existência das grandes potências constitui um primeiro e decisivo elemento estrutural no quadro da anarquia internacional, nele introduzindo indubitavelmente um fator de ordem muito genérico, que preside particularmente às relações entre os grandes e os pequenos Estados, o segundo elemento estrutural básico é o equilíbrio, que regula, ao invés, as relações entre as grandes potências, introduzindo também nele um novo fator de ordem. Ao ver no equilíbrio o dado estrutural fundamental que condiciona as relações entre as grandes potências, quer-se ressaltar antes de tudo uma situação de fato, ou seja, que entre as grandes potências dominantes no sistema europeu e mundial (bem como no das cidades-Estados da Grécia e no italiano do século XV) se criou uma situação duradoura de não excessiva diferença no plano da força, capaz de impedir que qualquer delas se sobrepusesse a todas as demais e, por conseguinte, de conter toda a tentativa

hegemônica, quer pela coalizão das restantes potências contra o Estado mais forte e seus aliados, quer simplesmente devido à capacidade de resistência de uma só das potências, no caso de o sistema ser formado apenas por duas grandes potências. Este mecanismo pôde funcionar, enquanto se manteve, graças a que as grandes potências adotaram como regra de comportamento no plano internacional a política do equilíbrio. Isso não quer dizer que a manutenção do equilíbrio entre as grandes potências tenha constituído sempre o objetivo primário e constante da política externa de cada uma dessas potências; quer apenas dizer que cada uma delas, não tendo possibilidade objetiva de aspirar à hegemonia, agiu regularmente de tal forma que pudesse impedir que um Estado ou coalizão de Estados acumulassem forças superiores às dos seus rivais coligados. Fizeram-no pela simples mas decisiva razão de que a ruptura radical do equilíbrio traria consigo a hegemonia de um Estado sobre todos os outros e, por conseguinte, a perda da própria soberania e independência. Este mecanismo do equilíbrio não trouxe consigo, como é evidente, a superação da anarquia internacional com suas manifestações violentas e belicosas. A própria política de equilíbrio torna indispensável, aliás, que toda a grande potência aumente sem cessar a sua força num mundo caracterizado por um contínuo progresso econômico, demográfico e tecnológico, e esteja, enfim, também disposta a fazer a guerra para manter precisamente o equilíbrio. Por outro lado, o equilíbrio é o mecanismo que tornou possível, no sistema europeu e mundial, a manutenção da autonomia das grandes potências e, em conseqüência, de um sistema pluralista de Estados soberanos, que permitiu, entre outras coisas, garantir um mínimo de autonomia às médias e pequenas potências.

A hierarquia entre os Estados e o equilíbrio entre as grandes potências constituem, pois, no quadro da anarquia internacional, os dois elementos estruturais básicos que a transformam, de simples pluralidade caótica de Estados, num sistema de Estados, ou seja, numa realidade caracterizada por uma relativa ordem e, por isso, relativamente mais compreensível e previsível em seu desenvolvimento concreto. O equilíbrio entre as grandes potências constitui, em particular, a condição concreta que induziu os Estados a se reconhecerem reciprocamente, até de modo formal, como Estados soberanos e que, no caso da Europa moderna, tornou realmente possível a afirmação e progressiva difusão do direito internacional, garantindo-lhe a eficácia em medida mais ou menos ampla, conforme os casos, apesar de ele não derivar de um poder soberano. Com efeito, segundo o ponto de vista da doutrina da razão de Estado (Hintze), as normas do direito internacional que são efetivamente observadas pelos Estados, vão buscar sua validade fatual, não tanto ao princípio *pacta sunt servanda*, que é essencialmente um juízo de valor, quanto sobretudo ao fato de que, dado o equilíbrio, isto é, a impossibilidade real de eliminar a soberania dos outros Estados, os atores principais do sistema internacional tiveram de reconhecer a necessidade de conviver de algum modo, mesmo sem renunciar à política de potência e à guerra como *extrema ratio*, e, conseqüentemente, de regular de alguma forma essa convivência de caráter anárquico, fazendo nascer um direito *sui generis*, na medida em que legitima o uso normal da violência. Em substância, se não existe um poder soberano que garanta o respeito pelo direito internacional, existe em todo caso uma situação de poder, embora instável como o equilíbrio entre as potências, que obtém de alguma maneira o mesmo efeito.

A hierarquia entre os Estados e o papel dominante das grandes potências configuram, por outro lado, a presença de uma espécie de Governo no quadro do sistema dos Estados, definido como "Governo do mundo" com referência à fase em que o sistema europeu conseguiu dominar o mundo inteiro, mas, com mais razão, em relação à fase do atual sistema mundial. Trata-se evidentemente de um Governo de tipo qualitativamente diverso do existente no quadro de um Estado, pois lhe falta o requisito da soberania, sendo constituído por um conjunto de potências soberanas que praticam a política de potência entre si e em relação aos demais Estados. A soberania implica, com efeito, que as decisões do Estado relativas aos cidadãos, mesmo sendo produto de discussões até muito ásperas (mas não violentas) entre os vários partidos e grupos econômico-sociais, uma vez traduzidas em normas que passarão a fazer parte do ordenamento jurídico, sejam impostas pelo poder irresistível do Estado, mediante a ação conjunta dos seus órgãos. Pelo contrário, as decisões de valor internacional das grandes potências, tomadas com base nas relações de força entre grupos armados, ou mesmo na guerra, e traduzidas em normas de direito internacional, tratados de vário gênero, alianças, distribuição de zonas de influência, regras formais e informais, etc., possuem sempre uma eficácia estruturalmente inferior em comparação com as decisões internas dos Estados e criam situações estruturalmente mais precárias e aleatórias. Não obstante tais diferenças de qualidade, não é injusto afirmar que as grandes potências exercem o Governo do mundo (ou do sistema dos Estados), uma vez

que nos encontramos diante de uma situação em que as decisões de um número relativamente pequeno de sujeitos internacionais traçam as linhas fundamentais do desenvolvimento das relações entre as nações e delimitam em especial, de forma decisiva, com uma intensidade e rigor diversos conforme as circunstâncias, o campo de ação das médias e pequenas potências. Podemos, além disso, observar que, em certos períodos, tais decisões conseguem controlar a evolução da situação internacional com tal eficácia que garantem uma notável estabilidade (caracterizada particularmente pela ausência de guerras gerais, ou guerras que envolvem as grandes potências, e pela ausência ou fraca presença de guerras limitadas ou locais) e estabelecem, por isso, uma verdadeira e autêntica "ordem internacional", isto é, uma situação que, conquanto sempre qualitativamente diversa da situação interna de um Estado, tende a assemelhar-se a ela. Estas fases, mais ou menos duradouras, são em todo caso regularmente interrompidas por fases de crise aguda na ordem internacional, ou seja, o mais das vezes, por guerras gerais, tornadas inevitáveis pelo fato de que, quando surgem contrastes profundos entre as grandes potências ou as potências emergentes, tendem a modificar a ordem internacional para a ajustar às suas crescentes necessidades, o único modo de resolver esses contrastes é a guerra, de cujo desfecho dependerá depois a nova configuração da ordem internacional. Além desta incapacidade estrutural de gerir pacificamente os contrastes graves e a necessidade de mudanças profundas, o Governo do mundo, é preciso observar ainda, apresenta um caráter marcadamente antidemocrático. Mesmo que existam procedimentos democráticos eficazes no seio das grandes como das médias e pequenas potências, a sua eficácia se detém na fronteira dos Estados, já que as decisões do Governo do mundo são fruto de relações de pura força entre as grandes potências e não de um debate ou de procedimentos democráticos, sendo impostas aos demais Estados sem que eles tenham podido sequer contribuir para a sua elaboração.

III. SISTEMAS MULTIPOLARES E SISTEMAS BIPOLARES. — Os modelos mais típicos de configuração das relações de força são o multipolar e o bipolar: ou os atores principais, cujas forças não são excessivamente desiguais, são relativamente numerosos, ou então só dois atores dominam de tal modo seus rivais que se transformam em centros de coalizões, sendo os atores secundários obrigados a tomar posição em relação aos dois "blocos", aderindo a um ou a outro, a menos que tenham a possibilidade, graças em parte à sua posição geopolítica, mas, sobretudo, ao acordo formal ou tácito das superpotências, de se manterem neutrais. São possíveis modelos intermédios, de acordo com o número dos atores principais e da maior ou menor distância, mormente na configuração bipolar, entre as maiores potências e as potências médias. Mas vejamos agora as características principais dos modelos típicos que servem também de paradigma na análise das situações intermediárias e na compreensão das variações que nelas ocorrem.

O exemplo fundamental do equilíbrio multipolar (dele se aproxima, com algumas reservas relativas ao processo ainda incompleto da formação do Estado moderno, o sistema dos principados italianos do século XV, em cujo âmbito se impôs, entre outros, o uso das embaixadas estáveis, cujo escopo original era justamente o de acompanhar de perto a evolução da potência dos outros Estados, para se poderem tomar medidas adequadas à manutenção do equilíbrio) está no sistema dos Estados europeus, que pôde manter essa configuração até se dissolver no atual sistema mundial, principalmente por causa do constante papel de equilíbrio nele desempenhado pela potência insular inglesa.

A característica mais evidente do equilíbrio multipolar é, à primeira vista, uma relativa elasticidade sob dois aspectos. Antes de mais nada, sob o aspecto das alianças, que tendem a não enrijecer mas a mudar segundo as exigências da manutenção do equilíbrio, exigências que impelem os Estados a coligarem-se contra o mais forte dentre eles ou, em geral, a formarem contra-alianças diante de alianças que se afiguram ameaçadoras para o equilíbrio, sem se deixarem geralmente guiar, na escolha dos aliados e na mudança de alinhamento, por considerações referentes à solidariedade ideológica, ou seja, à homogeneidade ou não dos regimes internos dos Estados. Em segundo lugar, as médias e pequenas potências possuem aqui, em confronto com a configuração bipolar, possibilidades relativamente maiores de escolha e uma maior autonomia, e isso já porque são mais numerosos os atores principais onde se pode encontrar apoio, já porque a passagem do campo de uma grande potência ao de outra pode mais facilmente ser tolerada, dadas as possibilidades de reequilíbrio que oferece a existência de "terceiras pessoas", em que poderão apoiar-se os atores que viram diminuir seu poder.

A estas indicações é preciso acrescentar algumas particularidades de importância. Quando as diferenças entre as forças dos atores principais se tornam muito pequenas e nenhum deles, por conseguinte, pode ter em mira fins hegemônicos ou aspirar de qualquer modo a mudanças de

relevo na situação do poder em benefício próprio, o sistema torna-se muito estável, no sentido de que garante longos períodos de paz ou de guerras limitadas quanto aos meios e moderadas quanto aos objetivos. Nestas condições (pensemos especialmente em grande parte do período que vai dos tratados de Utrecht e Rastatt ao início das guerras desencadeadas pela Revolução Francesa e, mais ainda, no que vai do Congresso de Viena ao começo da era guilhermina), particularmente nos momentos de maior estabilidade e equilíbrio, tendem a afirmar-se, de modo vinculativo, algumas regras semiformais de comportamento dos Estados, que visam moderar a política de potência, isto é, a subordiná-la deliberada e conscientemente, para além do vínculo objetivo do equilíbrio das forças, às exigências gerais da preservação do equilíbrio. E torna-se até possível a formação de estruturas quase-formais, como o entendimento europeu da época da Santa Aliança, tendentes a resolver pacificamente, do modo mais amplo possível, as disputas entre os Estados e a preservar coletivamente a ordem internacional. Pelo contrário, quando as diferenças de potência se tornam muito relevantes pelo fato de um dos atores principais acumular tal força que se sobrepõe aos outros, usando-a para modificar radicalmente a seu favor o quadro existente das Relações internacionais, e quando, em conseqüência, surge um impulso hegemônico que provoca a coalizão dos outros atores principais (que se manterá estável, enquanto durar o perigo hegemônico), a configuração multipolar tende efetivamente a aproximar-se da bipolar, com as características de rigidez das alianças, instabilidade do sistema, tensão constante e dimensão total das guerras que veremos agora serem típicas de tal configuração.

O modelo de equilíbrio bipolar encontra a sua realização mais completa no sistema mundial que se formou após o termo da Segunda Guerra Mundial. Deste modelo se aproximam tanto as fases de guerras hegemônicas do sistema europeu (mas neste caso se poderia dizer que a configuração bipolar possui um caráter mais conjuntural que estrutural), quanto o sistema das cidades-Estados da Grécia, fundado na primazia de Atenas e de Esparta. A sua característica mais clara está na rigidez da política de equilíbrio posta em prática pelos dois atores principais, ou seja, no fato de eles terem extrema dificuldade ou impossibilidade em renunciar a posições de poder mesmo mínimas e, conseqüentemente, em aceitar a passagem de um aliado para o bloco oposto. Isso depende fundamentalmente de que, não havendo "terceiras pessoas" capazes de contrabalançar as diferenças de equilíbrio, qualquer diminuição da força de um dos dois pólos, por relativamente pequena que seja, deixa automática e unilateralmente em vantagem o outro pólo, implicando, por isso, imediatamente um perigoso desequilíbrio. Com efeito, na configuração bipolar, a corrida aos armamentos é sempre mais acentuada que na multipolar, as crises ligadas às mudanças ou tentativas de mudança de posição assaz mais perigosas para a manutenção da paz, e, enfim, quando irrompe a guerra entre os atores principais, tende fatalmente a adquirir um caráter total, quer no sentido de envolver todo o sistema, quer no de comprometer todas as energias disponíveis das maiores potências.

Pelo que respeita aos atores menores, a formação de blocos fortemente hegemonizados por uma potência-guia — inevitável, dada a limitadíssima liberdade de escolha de que gozam na configuração bipolar as médias e pequenas potências — implica necessariamente, sobretudo nas zonas de grande importância estratégica, a limitação de forma considerável da própria autonomia de decisão interna dos Estados subordinados. Com isso se pretende poder impor aos "satélites" opções ideológicas e, em decorrência disso, a adoção ou manutenção de estruturas políticas e econômico-sociais homogêneas, ou, de qualquer maneira, vantajosas quanto às necessidades do sistema político e econômico-social da potência hegemônica, que é, por outro lado, obrigada a procurar impedir profundas transformações internas nos Estados pertencentes à sua zona de influência, justamente para evitar a sua passagem ao bloco oposto.

Estas características fundamentais do equilíbrio bipolar tendem a atenuar-se à medida que a diferença de potência entre os atores principais e secundários diminui, pondo assim em crise a posição de superioridade das superpotências. Além disso, um fator decisivo que se há de ter em conta para compreender o funcionamento do sistema mundial pós-bélico e para lhe captar a originalidade em relação a qualquer outro sistema de Estados anterior é a existência das armas de destruição total, que, tornando totalmente absurda e inconcebível a guerra geral e direta entre as superpotências (o que fez surgir o chamado "equilíbrio do terror"), impediram, de fato, que ela se deflagrasse, não obstante a elevadíssima intensidade da competição dos armamentos e, em geral, a rigidez e tensão peculiares de uma configuração bipolar, e abriram por isso caminho à possibilidade de controle e até mesmo de limitação dos armamentos.

IV. POLÍTICA EXTERNA E POLÍTICA INTERNA. — Para completar a explicação das principais contribuições que a abordagem teórica na doutrina da razão de Estado traz à teoria das Relações internacionais, é preciso ainda examinar o problema da relação entre política externa e política interna. Esta abordagem tem como característica mais evidente, neste contexto, a rejeição da tese do "primado da política interna" (v. RAZÃO DE ESTADO), segundo a qual a política externa dependeria essencialmente das estruturas internas dos Estados. Mas não contrapõe a essa tese, sic et simpliciter, a tese do "primado da política externa", segundo a qual a evolução interna dos Estados seria essencialmente determinada pelas exigências da política de potência no plano internacional, uma tese que surgiu na doutrina alemã do Estado-potência, mas que foi sujeita a revisão crítica pelos maiores expoentes desta tradição de pensamento. Na realidade, o raciocínio que desenvolvem a tal respeito os mais agudos teóricos da razão de Estado é muito mais complexo, tendo como ponto de partida o reconhecimento da autonomia da política externa em relação às estruturas internas dos Estados. Com isto se afirma em resumo que, se por um lado os conteúdos políticos, econômicos, sociais e culturais das Relações internacionais e, conseqüentemente, dos conflitos que nelas surgem, variam conforme as épocas e as diversas estruturas políticas e econômico-sociais internas dos Estados (estruturas que, em parte, refletem as condições gerais e o nível de civilização de uma época, e em parte divergem de Estado para Estado no mesmo período), os instrumentos com que os Estados regulam, por outro lado, tais relações, ou seja, a política de potência, a política de equilíbrio e a guerra (instrumentos que, como se viu, deixam uma certa margem de eficácia às normas de direito internacional), mantêm-se substancialmente os mesmos, exceuados os condicionamentos que a evolução tecnológica exerce sobre os armamentos e sobre a condução da guerra, enquanto subsistir a anarquia internacional, isto é, a pluralidade dos Estados soberanos. Com efeito, as mudanças mais radicais de regimes, ocorridas na história moderna desde a Revolução Francesa à soviética, mudaram decerto profundamente as condições internas dos Estados e as condições do sistema internacional em seu conjunto, e, portanto, os conteúdos das Relações internacionais, dos respectivos conflitos e dos próprios alinhamentos, mas não fizeram cessar as leis fundamentais das relações de potência e de equilíbrio.

Identificados os termos mais gerais da autonomia da política externa em relação às estruturas internas, é possível depois enquadrar de modo teoricamente válido tanto as formas em que se manifesta mais claramente a influência da situação internacional sobre a evolução interna dos Estados, como aquelas em que se verifica o fenômeno contrário.

Sobre o primeiro ponto se pode constatar como a anarquia internacional, ao obrigar os Estados a criar e a reforçar constantemente, e a usar com frequência, os aparelhos militares destinados à defesa externa, exerce em geral influência sobre a evolução interna dos Estados, favorecendo as tendências autoritárias, e exacerba em particular, nos Estados cuja segurança é mais precária por causa da sua posição geopolítica, a tendência à centralização do poder e à preponderância do executivo sobre os demais poderes do Estado. Este ponto de vista é indispensável para explicar de modo satisfatório um problema fundamental da história da Europa moderna, o da profunda diferença entre as experiências históricas dos Estados de tipo insular (como a Grã-Bretanha e os Estados Unidos da América — estes até se tornarem, em 1945, um dos dois pólos do equilíbrio mundial), constantemente caracterizados por uma política externa propensamente mais pacífica e por uma evolução interna tendente a estruturas político-sociais liberais, elásticas e descentralizadas, e as experiências dos Estados de tipo continental (como a Prússia-Alemanha, a França, a Itália, etc.) caracterizados ao contrário por uma política externa indubitavelmente mais agressiva e belicosa e, correlativamente, pela tendência interna ao centralismo autoritário. O dado central que é preciso ter presente para se compreender esta diferença é, na realidade, a existência de fronteiras terrestres e a necessidade de as defender contra o perigo sempre presente de uma invasão por via terrestre. Nestas condições, a necessidade de segurança impôs uma orientação tendentemente ofensiva que procura não raro anteceder o adversário com ataques de surpresa; determinou, por isso, a formação de enorme aparelho militar, utilizável com a máxima rapidez possível; tornou, enfim, necessárias estruturas políticas centralizadas e autoritárias, capazes de realizar, com fins defensivos, a rápida e completa mobilização de todas as energias disponíveis. Todas estas sujeições pesaram, ao contrário, infinitamente menos sobre os países insulares, dada a sua favorabilíssima posição estratégica, pois não havia fronteiras terrestres a defender. Com efeito, nesses países, a defesa pôde até há bem pouco tempo ser essencialmente garantida pela frota de guerra, evitando-se assim a custosa criação, em termos econômicos, mas sobretudo político-sociais, dos enormes exércitos de terra dos Estados continentais e dos aparelhos burocráticos centralizados a eles conexos.

Passando ao segundo ponto, o fenômeno mais relevante que há de se tomar em consideração é a tendência dos Estados com fortes tensões político-sociais internas a tentar dominá-las e reprimi-las, pondo em prática até uma política de expansão externa ou, em todo caso, de exacerbação da tensão internacional. Esta política acarreta geralmente a consolidação do Governo ou do regime que a levam a efeito, a menos que conduza à derrota ou ruína do Estado em questão; nesse caso, as tensões internas que se procurara desviar para fora desembocam quase irremediavelmente em fenômenos de transformação revolucionária do regime. Esta tendência (também chamada *Bonapartismo*) se traduz indubitavelmente numa influência notável da evolução interna de um Estado em sua política externa e, por conseguinte, na situação internacional. Contudo, não se deve cair no erro de ver no bonapartismo a causa central e dominante dos processos internacionais de que, no entanto, constitui um importante fator. Na realidade, a manobra bonapartista pressupõe, não é ela que cria a anarquia internacional com a conjunta autonomia da política externa. Por outro lado, na história do sistema dos Estados europeus, os exemplos mais relevantes de política bonapartista (a política externa da Alemanha nazista é o último e mais clamoroso exemplo) concernem exclusivamente às potências continentais, onde a tendência a desviar para o exterior as tensões internas se insere tanto no caráter já de per si belicoso e expansionista da política externa, objetivamente dependente da posição continental, como na influência de sentido centralizador, autoritário e conservador (tudo fatores de acentuação das tensões internas), exercida pela posição continental sobre a evolução interna.

Pelo contrário, se o fenômeno da dificuldade objetiva que os Estados fortemente descentralizados ou federais e com uma efetiva separação dos poderes enfrentam para pôr em prática uma política externa belicosa e expansionista (pois o equilíbrio entre os poderes do Estado é um obstáculo à rapidez de decisão e intervenção no plano internacional), põe em evidência um momento importante da influência, em sentido claramente oposto ao do caso precedente, das estruturas internas sobre a política externa, deve, por outro lado, ser enquadrado no contexto mais amplo da influência que a posição no sistema dos Estados tem sobre a política externa e, por conseguinte, sobre a evolução interna de certos Estados. É claro que nos referimos aqui à problemática do Estado insular.

V. CRÍTICAS AO MODELO DICOTÔMICO SOBERA-
NIA ESTATAL-ANARQUIA INTERNACIONAL. — Enquanto a teoria das Relações internacionais, de
que expusemos a urdidura conceptual básica,
mergulha as suas raízes numa tradição de pensamento que remonta em suas bases mais gerais
a Maquiavel, o estudo dessas relações como disciplina acadêmica e ciência autônoma no âmbito
mais abrangente da ciência política é um fenômeno relativamente recente, que, depois de algumas antecipações no entremeio das duas guerras mundiais, se desenvolveu sobretudo neste
último pós-guerra, graças principalmente a alguns
estudiosos anglo-saxões. Que relação têm entre
si estas duas orientações?

Em parte pode existir aí uma relação de integração recíproca. Isso conta particularmente
quanto à coleção de uma infinda quantidade de
dados empíricos (que constitui um dos mais notáveis contributos, se bem que em si insuficiente,
da ciência americana das *International Relations*),
que podem ser utilizados com proveito na abordagem teórica acima examinada, cujas análises
exigem, sem dúvida, em não poucos casos, serem
providas de uma mais completa e orgânica recolha de dados. No que respeita ao uso por parte
dos estudiosos de *International Relations* da metodologia comportamentista, dos processos de
quantificação de dados, da teoria geral dos sistemas, da teoria dos jogos, de complexos modelos
cibernéticos, podemos observar que tão sofisticadas formas metodológicas não são em si contraditórias em relação aos ensinamentos derivados
da doutrina da razão de Estado. Como exemplo
assaz significativo pode-se indicar, a propósito,
o esforço por tornar mais rigoroso o discurso sobre sistemas de Estados, enquadrando-o na teoria
geral dos sistemas (Morton A. Kaplan). Com isso
não se esquecem, por outro lado, as recentes e
assaz difusas críticas ao comportamentismo e à
tendência conexa à quantificação e matematização
dos dados, críticas que estão levando a uma geral
e substancial reavaliação da abordagem tradicional, parecendo cada vez mais claro que o per-
feccionismo metodológico e, principalmente, a
tendência a operar só com dados quantificáveis
obrigam a pesquisa a concentrar-se em termos
que são secundários.

Para além dos aspectos que podem com algumas reservas ser considerados complementares,
surgem, não obstante, no panorama das *International Relations*, algumas teses alternativas em
relação à teoria das relações internacionais, fundada na doutrina da razão de Estado. Em resumo,
segundo um modo de ver bastante generalizado,
os conceitos basilares de soberania estatal e de
anarquia internacional pareceriam cada vez mais

destituídos de capacidade descritiva e explicativa dentro da realidade contemporânea, como
conseqüência da presença de alguns fenômenos
de grande relevo, que envolvem, todos eles, em
vária medida, uma limitação substancial da soberania, tanto nas Relações internacionais como nas
internas, e, conseqüentemente, a desaparição do
próprio fundamento da diferença qualitativa entre relações internacionais e internas. Os fenômenos mais geralmente citados são os seguintes:

— a crescente interdependência no plano econômico, social, ecológico e cultural entre todos
os Estados do atual sistema mundial, interdependência que deu origem a um desenvolvimento
sem igual, em confronto com épocas anteriores,
das estruturas da organização internacional (de
que a ONU é o exemplo fundamental) que têm
exatamente a incumbência de gerir, pelo método
da cooperação interestatal e mediante um enorme
desenvolvimento, tanto no plano quantitativo como qualitativo, do direito internacional, essa
mesma interdependência;

— o progresso e aprofundamento de tal interdependência, sobretudo no seio dos blocos e das
zonas de influência em que se articula o atual
sistema mundial dos Estados; mas também fora
dele se desenvolve formas de integração entre
os Estados, no plano econômico e/ou militar
(NATO, Pacto de Varsóvia, CEE, COMECON,
Pacto Andino, ASEAN, etc.), que pouca relação
têm com as alianças tradicionais, uma vez que
limitam consideravelmente a soberania estatal;

— a existência, embora ligada a uma interdependência econômica de nível mundial cada
vez mais acentuada, das grandes empresas multinacionais, as quais, conquanto não gozem de soberania, possuem de fato um poder muito superior ao de numerosos Estados soberanos, sendo
capazes de lhes restringir substancialmente a soberania.

A grande importância destes fenômenos no contexto atual das Relações internacionais e a necessidade de que a respectiva disciplina os enquadre
de forma adequada são coisas fora de discussão.
O que nos parece pelo contrário inteiramente
infundado é a tese de que eles põem em dúvida
o valor da teoria das Relações internacionais baseada no esquema dicotômico soberania estatal-
anarquia internacional. São necessários a tal respeito alguns esclarecimentos. Sobre o primeiro
ponto é preciso observar que a existência de uma
certa interdependência (obviamente variável nas
formas, nos conteúdos e na intensidade de época
para época) entre as sociedades cujos Estados
fazem parte de um sistema de Estados foi sempre
condição contextual da existência de tais siste-

mas. À luz da análise histórica, eles aparecem sempre efetivamente ligados à existência de alguma forma de sociedade transnacional que, em termos muito genéricos, constitui uma civilização comum e implica por isso relações constantes no plano econômico, social, cultural, etc., entre os membros de tais sistemas, isto é, relações transnacionais que se desenvolvem entre as sociedades politicamente incorporadas em cada um dos Estados. Mas aqui é conveniente uma certa distinção terminológica. Embora exista a tendência assaz freqüente de usar indistintamente as expressões "sistema internacional" e "sistema dos Estados", seria mais correto, a nosso entender, usar a primeira expressão quando nos referimos ao complexo constituído pelo sistema dos Estados e pela sociedade transnacional que aquele abrange, e a segunda expressão quando, ao invés, nos limitamos a considerar o sistema dos Estados, prescindindo do tipo concreto de sociedade transnacional a que está ligado. Depois disso deve-se observar que, quando as relações transnacionais alcançam uma notável intensidade, elas impelem os Estados a criar formas mais ou menos desenvolvidas de organização internacional destinadas a regulá-las. O modo como isto acontece no quadro do sistema dos Estados não alcança nunca, por outro lado, o mesmo grau de eficácia com que são reguladas as relações internas de cada Estado, já que tal sistema é um sistema político sem o requisito da soberania e torna por isso inevitáveis a política de potência e as guerras periódicas, que, conquanto não interrompam nunca de forma completa ou definitiva as relações transnacionais e a ação das organizações internacionais, as tornam em todo caso estruturalmente precárias. Isto vale também para o atual sistema internacional e há de valer por enquanto ele não tiver adquirido as mesmas características dos sistemas políticos dotados de soberania. Quanto aos fenômenos de integração entre os Estados, é preciso afirmar que eles constituem em certos casos a forma específica como se organizam as relações fortemente hierárquicas entre os atores principais e os atores secundários de um sistema de Estados de tipo bipolar (NATO, Pacto de Varsóvia, COMECON), enquanto em outros casos (sobretudo o da integração da Europa Ocidental, v. INTEGRAÇÃO EUROPÉIA) correspondem à tendência — revelada no século passado, se bem que em formas diversas, com a unificação italiana e alemã — de criar entidades estatais de dimensões mais amplas em zonas onde a interdependência atinge particular profundidade e onde só através da unificação supranacional é possível recuperar ou alcançar, participando de uma comunidade estatal mais ampla, um papel de ator

principal no sistema dos Estados. No que respeita ao fenômeno das empresas multinacionais, não se há de esquecer que, se é verdade que elas são capazes em muitos casos de limitar substancialmente a soberania de numerosos Estados estruturalmente débeis, quer pelas suas dimensões quer pela sua formação recente e/ou incompleta, isso, tornou-se possível devido ao apoio direto ou indireto de uma grande potência, cuja força é fator decisivo, sobretudo quando a atividade de tais empresas provoca graves conflitos. Em resumo, se o papel que hoje desempenham as empresas multinacionais está vinculado, por um lado, à peculiar profundidade que alcançou a interdependência econômica, sobretudo entre os países de economia de mercado, ele depende, por outro lado, da hierarquia que existe entre os Estados e caracteriza o atual sistema mundial, isto é, uma das manifestações do atual governo do mundo.

Feitos estes esclarecimentos sobre o fato de que, na realidade internacional atual, o esquema dicotômico soberania estatal-anarquia internacional mantém intata a sua capacidade explicativa, não só tem sentido, como é absolutamente inevitável encarar outra questão. Temos de nos perguntar seriamente se os fenômenos de crescente interdependência das relações humanas em escala mundial (e entre eles se há de também considerar o fenômeno, que poderíamos definir como de interdependência negativa, representado pela existência de armas capazes de destruir o mundo inteiro) não demonstram que a estrutura anárquica da sociedade interestatal é cada vez mais inconciliável com as exigências de sobrevivência e desenvolvimento do gênero humano, e não nos põem diante do problema da criação de um Governo mundial eficaz e democrático e, por isso, concretamente, diante do problema das vias e eventuais etapas intermédias para alcançar esse objetivo.

VI. SISTEMA DOS ESTADOS E EVOLUÇÃO DO MODO DE PRODUZIR. — Por último resta enfrentar o problema de fundo suscitado pelo pensamento de orientação marxista e, particularmente, pela teoria do materialismo histórico, ou seja, a necessidade de explicar a relação existente entre a evolução do modo de produção e a evolução das superestruturas políticas, entre as quais ocupa um lugar relevante o sistema dos Estados, em que se concentra aqui a atenção. O que leva a enfrentar este problema é a verificação de que alguns processos de grande relevo encontrados na análise da problemática das Relações internacionais não contam, no quadro da respectiva teoria, com um instrumento que permita compreendê-los em profundidade. Referimo-nos particularmente aos processos de onde nascem os modernos Estados soberanos e o sistema dos Estados, que provocam a formação e desenvolvimento da sociedade transnacional, politicamente incorporada pelo sistema dos Estados, que fomentam a transformação gradual ou revolucionária dos regimes políticos e das estruturas econômico-sociais internas dos Estados, e que, fazendo crescer a interdependência da atividade humana para além dos confins dos Estados, impelem à formação de Estados de dimensões cada vez mais amplas, portanto aos fenômenos de integração supranacional, e, preponderantemente, à unificação do mundo inteiro. Por um lado, parece bastante evidente que está fora da função e das possibilidades da teoria das Relações internacionais identificar as forças motrizes destes processos, e isso porque ela, como qualquer teoria científica, é uma teoria parcial dos fenômenos inter-humanos, que se propõe especialmente identificar uma série de determinações dos comportamentos do homem, derivados dos fenômenos da anarquia internacional, e, por conseqüência, do sistema dos Estados e da sua influência na evolução interna de cada um deles; deve justificadamente deixar para outras ciências a tarefa acima referida. Por outro lado, visto que tais processos exercem uma influência decisiva sobre o sistema dos Estados, pois mudam a sua base econômico-social (as sociedades englobadas pelos Estados e a sociedade transnacional), mudam os seus atores e a hierarquia entre eles existente, mudam a própria matéria dos conflitos, etc., é indispensável que haja critérios de orientação que permitam explicar, pelo menos nos seus aspectos mais gerais, os modos de relação entre os fatores que provocam tais processos, bem como a evolução do sistema dos Estados. Ora, as indicações mais certas para enfrentar corretamente esta problemática provêm, a nosso entender, do materialismo histórico, única abordagem teórica que procura explicar de modo científico a interação existente entre os diversos setores da atividade humana e as determinações deles provenientes. Pelo que concerne ao tema que é objeto desta análise, o materialismo histórico, com a tese do caráter supra-estrutural do Estado e conseqüentemente também do sistema dos Estados em relação à evolução do modo de produzir, mostra, antes de tudo, a estrada mestra que é preciso seguir para descobrir os fatores decisivos que suscitam os processos antes indicados. Em segundo lugar, com a tese da autonomia relativa das superestruturas (que, embora claramente implícita nas análises de Marx e Engels, se desenvolveu de forma mais clara e completa depois), indica como explicar a complexa relação de interação dialética que existe entre as determinações provenientes da evolução do modo de produção e as provenientes do sistema dos Estados.

Quanto à primeira das teses, é preciso remontar às análises que mostraram de modo convincente como a formação do moderno sistema europeu dos Estados tem a sua base material na consolidação do modo capitalista de produção, que, por um lado, constitui o alicerce principal do moderno Estado soberano (o monopólio da força e a conseqüente certeza do direito são indispensáveis para permitir o funcionamento de um sistema econômico-social bem mais complexo que o feudal e com outras formas de conflitos sociais) e, por outro, faz nascer progressivamente o chamado mercado mundial, isto é, uma crescente interdependência entre as sociedades organizadas por cada um dos Estados e, em decorrência, uma sociedade transnacional politicamente englobada pelo sistema dos Estados. Dentro desta linha de análise, têm sido realizados estudos de grande interesse e valor sobre a relação entre desenvolvimento capitalista e, portanto, industrial, de um lado, e o progressivo fortalecimento do domínio das potências européias sobre o mundo, do outro; explicou-se o nexo das sucessivas fases do desenvolvimento capitalista e da Revolução Industrial com o aumento das dimensões do Estado, pondo-se em evidência, em tal contexto, como a incapacidade dos Estados europeus em se fundirem numa comunidade estatal mais vasta abriu caminho à hegemonia das potências de dimensões continentais; caracterizou-se o impulso que os conflitos sociais criados pelas sucessivas fases de desenvolvimento capitalista e industrial deram à transformação gradual ou revolucionária das estruturas internas dos Estados e das próprias características da sociedade transnacional; e assim por aí afora.

Passando agora à tese da autonomia relativa do sistema dos Estados em relação à evolução do modo de produzir, dois pontos têm de ser ressaltados. Em geral, com base nesta tese, se pode tornar claro que, se a evolução do modo de produção constitui, no sentido acima indicado, a base material do sistema dos Estados e o fator determinante das transformações fundamentais que nele se verificam, por outro lado, uma vez constituído tal sistema ou reestruturado em conseqüência de transformações nele ocorridas, as determinações daí provenientes e individualizadas pela teoria da razão de Estado exercem uma influência autônoma e decisiva sobre os comportamentos humanos e, conseqüentemente, sobre o processo histórico, e hão de exercê-la, enquanto a evolução do modo de produção não levar à superação do sistema dos Estados soberanos. Esta tese, porém, permite sobretudo compreender a capacidade que o sistema dos Estados tem de bloquear ou desviar, por longos períodos históricos, o processo de ajustamento da sua configuração à evolução do modo de produzir, ou seja, permite compreender que o ajustamento da superestrutura à evolução da base estrutural não possui um caráter mecânico, o que constitui um dado decisivo para a compreensão em profundidade das grandes guinadas do processo histórico. Um exemplo significativo para a visualização deste ponto é o do imperialismo dos Estados nacionais europeus, que foi também um modo de evitar enfrentar o problema da criação de uma comunidade política de dimensões continentais, apresentado aos europeus com a passagem à fase da produção industrial de massa, e encontrou uma alternativa histórica na integração européia posterior ao descalabro, em 1945, da potência dos Estados nacionais (v. IMPERIALISMO e INTEGRAÇÃO EUROPÉIA).

Outro exemplo significativo é o da política de tipo bonapartista (cujo pressuposto está, como vimos, na autonomia da política externa), que permite diferir a transformação do regime interno de um Estado, enquanto não ocorrer o desmoronamento da sua potência.

BIBLIOGRAFIA. — R. ARON, *Pace e guerra tra le nazioni* (1962), Edizioni di Comunità, Milano 1970; L. BONANATE, *Il sistema internazionale*, in *Il mondo contemporaneo*. *Politica internazionale*, La Nuova Italia, Firenze 1979; K. W. DEUTSCH, *Le relazioni internazionali* (1968), Il Mulino Bologna 1970; O. HINTZE, *Staat und Verfassung*, Vandenhock & Rupredit, Gottingen 1970; S. HOFFMANN, *The state of war*, Knopf, New York 1965; M. A. KAPLAN, *System and process in international politics*, Wiley and Sons, New York 1957; *Internationale Beziehungen*, a cuidado de E. KRIPPENDORF, Kiepenheuer & Witsch, Koln 1973; Id., *Internationales Systems als Geschichte. Einführung in die internationales Beziehungen I*, Campus, Frankfurt 1975; Id., *Internationale Beziehungen als Wissenschaft. Einführung 2*, ibid., Frankfurt 1977; LORD LOTHIAN, *Pacifism is not enough, nor patriotism either*, Oxford Univ. Press, London 1935; H. J. MORGENTHAU, *Politics among nations*, Knopf, New York 1948; *Politica di potenza e imperialismo*, a cuidado de S. PISTONE, F. Angeli, Milano 1973; J. N. ROSENAU, *Linkage politics. Essays on the convergence of national and international systems*, Knopf, New York 1969; Id., *International politics and foreign policy, ibid.* 1969; Id., *The Scientific study of foreigh policy, ibid.* 1971; A. WOLFERS, *Discord and collaboration*, Johns Hopkins University Press, Baltimore 1962.

[SERGIO PISTONE]

Represália.

A Represália é uma resposta por meios violentos e coercitivos a uma violência ou ato ilícito sofridos. É prevista apenas pelo sistema jurídico internacional por faltar, nesse sistema, uma autoridade suprema capaz de restaurar situações jurídicas violadas.

A Represália é considerada lícita somente como resposta à violação de um direito próprio; não deve violar leis humanitárias e tem de ser proporcionada à ofensa recebida. Alguns tratados internacionais vedam o recurso à Represália, propondo métodos diversos para a solução das controvérsias internacionais. Segundo o sociólogo e politólogo francês R. Aron, a interpretação da Represália como "sanção" contra atos ilícitos não é senão uma ficção jurídica, pelo simples fato de que diplomatas e soldados, quando fazem uso da força, nunca julgaram agir como "funcionários da justiça", encarregados de uma execução decretada por um tribunal. A doutrina, porém, é concorde em considerar lícita a violação de qualquer direito do agressor como reparação de um ato ilícito por este cometido.

Fala-se também de Represália, maciça ou limitada, em algumas doutrinas de estratégia nuclear. Pelo termo Represália maciça se indica a ameaça do uso de todo o potencial bélico, atômico e convencional, de um Estado, para impedir uma agressão, mesmo que periférica, aos interesses desses Estados por parte de um outro. É a doutrina estratégica dos Estados Unidos, de Eisenhower e Foster Dulles, após a guerra da Coréia. O conceito de Represália limitada (ou resposta flexível) é um dos elementos constitutivos da doutrina da intimidação adotada pelos Estados Unidos a partir da administração Kennedy, conhecida também como doutrina MacNamara; consiste em responder a uma agressão em proporção ao prejuízo recebido; estabelece diversos graus de resposta, caso a primeira Represália não tenha efeito.

[FULVIO ATTINA]

Representação Operária.

I. FORMAS DE ORGANIZAÇÃO OPERÁRIA NA FÁBRICA. — É provável que, já desde o início da industrialização, se tenha criado sempre nas fábricas alguma forma de autotutela dos trabalhadores, sobretudo entre os operários de profissão. Muitas pesquisas puseram em claro que os grupos operários tendem regularmente a desenvolver praxes e hábitos informais, que coexistem com as prescrições formais, contrastando-as ou integrando-as, para o controle de alguns dos aspectos sociais e técnicos da prestação de trabalho (Roy, 1955).

Há formas de auto-organização operária nas fábricas que até se podem desenvolver à margem da iniciativa sindical: comitês de luta, de base, ou similares podem, por exemplo, constituir-se durante as greves, para a condução da mobilização, como aconteceu também na Itália durante algumas lutas empresariais, em 1968 e 1969. Isto poderá verificar-se nos casos em que uma organização estável de trabalhadores é fraca, ou em que a sua ação é contestada pelos trabalhadores ou apenas por alguns grupos. Os "conselhos" operários, que se difundiram no fim da Primeira Guerra Mundial na Alemanha, França, Itália (v. CONSELHOS OPERÁRIOS), e o movimento contemporâneo dos *shop-stewards* britânicos constituíram uma reação de setores de base operária à política de colaboração com os Governos realizada pelos sindicatos durante a guerra. A duração desses organismos está, porém, estreitamente ligada à das ondas conflituosas após a fase crítica do conflito, ou se transformam, de formas de participação direta, em órgãos de representação conhecidos e apoiados pelos sindicatos (como aconteceu com os *shop-stewards* britânicos e, em parte, com os delegados de seção italianos no início dos anos 70), ou desaparecem muitas vezes violentamente.

Para que se possam constituir organismos de representação dos operários capazes de tutelar estavelmente os seus interesses contra os interesses empresariais, é necessário que eles sejam sustentados e impostos, mediante acordos, pelas organizações sindicais.

II. TIPOS DE REPRESENTAÇÃO OPERÁRIA NOS LUGARES DE TRABALHO. — As formas de representação dos operários nas fábricas, promovidas pelos sindicatos, são várias e dificilmente se podem classificar segundo critérios rigorosos. A distinção mais evidente é a distinção entre organismos eleitos apenas pelos inscritos (como os *union stewards* americanos ou os *shop-stewards* britânicos) e organismos eleitos por todos os trabalhadores, inscritos ou não no sindicato (como as comissões internas das décadas de 50 e 60 e os atuais conselhos de fábrica da Itália, os *délégués du personnel* franceses, os *Betriebsräte* alemães). A distinção é, porém, menos significativa do que pode parecer, se se considera que, nos casos britânico e americano, os inscritos representam, de fato, a totalidade dos trabalhadores que os organismos representam (graças às

medidas de proteção de que gozam as organizações sindicais através de acordos de *closed shop* ou de *union shop*) (v. ORGANIZAÇÕES SINDICAIS) e que, em outros casos, é muito raro que os representantes operários eleitos não sejam também ativistas sindicais. Isto não significa, porém, que não existam diferenças: o próprio fato de que, nos casos em que a representação é de tipo geral, os sindicatos tenham adotado ou procurado adotar também um organismo estritamente sindical (secções sindicais, *délégués syndicaux, Vertrauensleute*) é sinal de que a organização tem, de qualquer forma, necessidade de garantir para si um ponto de referência estável cuja lealdade seja provada. Em sentido amplo, a distinção entre organismos eleitos pelos inscritos e organismos eleitos por todos os trabalhadores corresponde à distinção geral entre sindicatos associativos e sindicatos de classe (v. ORGANIZAÇÕES SINDICAIS): no caso destes últimos, visto a organização assumir globalmente os interesses quer dos inscritos quer dos não inscritos, parece coerente contar nos lugares de trabalho tanto com um órgão de representação de todos os trabalhadores, como com um órgão de referência para os inscritos.

Outra distinção possível é entre organismos que representam uma empresa em conjunto e organismos de representação estruturados segundo as diversificações existentes no lugar do trabalho (representantes de seções, de linhas, de escritórios, etc.). A comissão interna italiana era do primeiro tipo (embora se previsse uma representação separada para os operários e para os empregados); o conselho dos delegados é do segundo tipo, como os *shop-stewards* britânicos. Uma representação articulada com base na estrutura organizacional da fábrica oferece a vantagem de permitir quer uma melhor representação de todos os grupos de trabalhadores (de produção ou não, qualificados e comuns, etc.), quer um controle preciso das condições em que se realiza o trabalho.

III. FUNÇÕES DOS ORGANISMOS DE REPRESENTAÇÃO NAS FÁBRICAS: TENDÊNCIAS RECENTES. — As funções que os organismos de Representação operária podem ter na fábrica são de tipo sindical (inscrição, propaganda, informação nos dois sentidos) e contratual, de controle do trabalho e de aplicação do contrato (Pizzorno, 1976). Mas em alguns casos (o estadunidense e, em parte, o britânico) todas estas funções têm sido tradicionalmente atribuídas às estruturas da fábrica; sobretudo aos organismos de representação "geral" têm sido habitualmente reconhecidas (por parte dos sindicatos e das direções) tarefas mais limitadas, as mais das vezes de fiscalização da aplicação dos acordos.

De fato, porém, como revelam diversas pesquisas, as funções efetivamente desempenhadas têm sido sempre mais amplas. Pense-se, por exemplo, na atividade de proselitismo, de negociação, e de organização dos conflitos (embora circunscritos), que de fato vinha sendo desenvolvida por muitas comissões internas italianas nos anos de 50 e 60, embora se tratasse de tarefas não previstas ou nem mesmo permitidas pelos acordos (Accornero, 1973).

A tendência a assumir maiores responsabilidades, especialmente na gestão das greves e na contratação, se acentuou muito em diversos países europeus na segunda metade da década de 60 e na primeira metade da de 70, durante uma fase de intensa mobilização coletiva. Em geral pode-se dizer que se deu um processo de descentralização da representação e da capacidade de negociação, que provocou em alguns casos uma reforma ou refundição das estruturas de fábrica (como a constituição dos conselhos de fábrica na Itália). E mesmo que, nos anos sucessivos, fatores externos (crise econômica) e internos (exigências de reajustamento e de reequilíbrio) tenham levado a centralizar mais uma vez as relações industriais, é difícil admitir que o fortalecimento das estruturas descentralizadas não represente um salto de qualidade em relação ao passado, com conseqüências de longo alcance.

IV. DELEGADOS E CONSELHOS DE FÁBRICA. — O organismo de Representação operária que se impôs na Itália durante o ciclo de lutas do fim da década de 60 constitui, pelo menos formalmente, um caso um tanto atípico. Apresenta, de fato, algumas das características dos organismos de representação geral de todos os trabalhadores (os delegados são eleitos por todos os trabalhadores e podem não estar inscritos num sindicato no momento da eleição), ao lado de traços típicos dos organismos sindicatos (o conselho foi formalmente definido em 1972 como "estrutura de base" do sindicato unitário). Se se considera a gama das funções desempenhadas, ele é antes comparável à amplitude típica dos organismos de representação dos inscritos nos sindicatos associativos, embora no caso do conselho se trate de uma gama muito extensa por ser em grande parte indefinida, não regulada por acordos.

Devido a todas estas características, o conselho dos delegados é, na Itália, um organismo ambivalente. E é nisto que está tanto a sua força como a sua fraqueza. De um lado ele pode funcionar como sensível canal de transmissão das reivindicações de base, como instrumento arti-

culado de controle do trabalho, como agente contratual na fábrica. De outro lado, a sua mesma natureza dupla e a sua estrutura articulada não facilitam a composição das reivindicações, a formação de decisões unitárias e a adesão à disciplina sindical. É por estas razões que a recomposição das relações industriais na empresa tem sido acompanhada do fortalecimento de órgãos mais restritos (executivos), mais aceitos pela direção das empresas. Este processo de centralização funcional abriu, contudo, caminho a novas dificuldades nas relações entre organizações sindicais e trabalhadores.

BIBLIOGRAFIA. —A. ACCORNERO, Gli anni '50 in fabbrica. De Donato, Bari 1973; Conflitti in Europa. Lotte di classe, sindacati e stato dopo il '68, ao cuidado de C. CROUCH e A. PIZZORNO, Etas Libri, Milano 1977; A. PIZZORNO, Osservazioni comparate sulle rappresentanze del lavoro nei paesi capitalistici avanzati, in Problemi del movimento sindacale in Italia, Feltrinelli, Milano 1976; I. REGALIA, Rappresentanza operaia e sindacato: il mutamento di un sistema di relazioni industriali, in AUT. VÁR., Lotte operaie e sindacato: il ciclo 1968-1972 in Italia, Il Mulino, Bologna 1978; D. ROY, Efficiency and "The Fix": informal intergroup relations in a piecework machine shop, "American journal of sociology", vol. 60, 1955.

[IDA REGALIA]

Representação Política.

I. SIGNIFICADOS DO CONCEITO. — O conceito de Representação política, tanto em suas implicações teóricas como em suas traduções práticas, é sem dúvida um dos elementos-chaves da história política moderna. Todavia se — ao menos nas democracias ocidentais — a opinião corrente é geralmente concorde em identificar, nas assembléias parlamentares periodicamente eleitas, a expressão concreta da Representação política, o conteúdo exato desse conceito permanece bastante mais controverso. Deste fato se pode dar uma dupla explicação. Antes de tudo, convém ter presente o fato histórico da representação. Frente às significativas mudanças ocorridas por toda a parte nas outras instituições políticas, particularmente nas executivas e em relação ao sistema político, ela apresenta, por seu lado, juntamente com inovações relevantes (o fim da representação por camadas sociais, o sufrágio universal, a presença dos partidos de massa), importantes elementos de continuidade que, em casos como o inglês, remontam à Idade Média. Isto comporta, necessariamente, uma mutação no tempo da "posição relativa" da representação. Portanto, se nos fixarmos em tais funções e no aspecto exterior, os representantes de hoje recordam muito os de ontem e de anteontem. Se porém aprofundarmos o papel que eles têm no sistema político, emergem profundas mudanças.

A segunda explicação é de ordem semântica. Em todas as línguas européias, o verbo "representar" e o substantivo "representação" se aplicam a um universo muito vasto e variado de experiências empíricas. É compreensível, portanto, dada a polivalência da palavra que, tratando-se daquela representação específica que é a Representação política, se evoque automaticamente uma multiplicidade de significados. É portanto oportuno examinar sucintamente quais são as indicações de significado que podem deduzir-se das várias acepções da palavra que se encontram tanto na esfera do direito como na da política (os diplomatas são "representantes", o chefe de Estado "representa" a unidade nacional, etc.), e também em experiências bem mais distantes, como a experiência artística figurativa ou a dramática. Substituir, agir no lugar de ou em nome de alguém ou de alguma coisa; evocar simbolicamente alguém ou alguma coisa; personificar: estes são os principais significados. Na prática, podem dividir-se em: a) significados que se referem a uma dimensão da ação,— o representar é uma ação segundo determinados cânones de comportamento; b) significados que levam a uma dimensão de reprodução de prioridades ou peculiaridades existenciais; representar é possuir certas características que espelham ou evocam as dos sujeitos ou objetos representados. Esta distinção é importante enquanto põe à luz as duas polaridades entre as quais se pode mover a própria Representação política segundo as situações e sua colocação no sistema político.

Estas indicações contudo não são de grande utilidade se antes não se individuar o que diferencia a Representação política das outras experiências, isto é, se não se identificar o que ela tem de proprium. O significado deste fenômeno se manifesta melhor se observarmos como o regime político representativo se coloca em oposição, por um lado, com os regimes absolutistas e autocráticos, desvinculados do controle político dos súditos e, por outro, com a democracia direta, ou seja, com o regime no qual, em teoria, deveria desaparecer a distinção entre governantes e governados. O sentido da Representação política está, portanto, na possibilidade de controlar o poder político, atribuída a quem não pode exercer pessoalmente o poder. Assim, pode ser satisfeita a

exigência fundamental que desde as primeiras e incertas origens fez surgir a instituição da representação, exigência expressa na Idade Média no axioma *quod omnes tangit ab omnibus probari debet*. Com base em suas finalidades, poderíamos portanto definir a representação com um "mecanismo político particular para a realização de uma relação de controle (regular) entre governados e governantes. Devemos partir deste núcleo para esclarecer os vários aspectos do fenômeno. Em que relação estão as seguintes expressões: representação, regime representativo? E quando é que a estas expressões correspondem não apenas inconsistentes aparências mas fenômenos reais da vida política?

II. Três modelos da representação política. — No que tange ao conteúdo da função representativa e ao papel dos representantes na bibliografia política foram longamente discutidos três modelos interpretativos alternativos. Vejamolos: 1) a representação como relação de *delegação*; 2) a representação como relação de *confiança*; 3) a representação como "espelho" ou *representatividade* sociológica.

No primeiro modelo, o representante é concebido como um executor privado de iniciativa e de autonomia, das instituições que os representantos lhe distribuem; seu papel aproxima-se muito ao de um embaixador. Este modelo é de origem medieval e as modernas constituições estatais rejeitam-no fazendo proibição explícita do "mandato imperativo". Encontramo-lo comumente, entretanto, nas organizações e comunidades internacionais ou em entidades políticas pouco integradas.

O segundo modelo atribui ao representante uma posição de autonomia e supõe que a única orientação para sua ação seja o interesse dos representados como foi por ele percebido. A esta concepção de representação se referia Edmund Burke quando em sua obra *Speech to the electors of Bristol* descrevia o papel do representante como um "trabalho de razão e de juízo" a serviço do "bem comum" e não do simples "querer" e dos "preconceitos locais".

O terceiro modelo — o da representação como espelho — diferentemente dos dois primeiros é centrado mais sobre o efeito de conjunto do que sobre o papel de cada representante. Ele concebe o organismo representativo como um microcosmos que fielmente reproduz as características do corpo político. Segundo uma outra imagem corrente poderia ser comparado a uma carta geográfica.

Estes modelos, todavia, considerados em sua forma pura, levantam alguns graves problemas.

Podemos começar pelo terceiro que apresenta uma problemática toda particular. Quais as características do corpo social, que merecem ser espelhados no organismo representativo, é naturalmente o primeiro quesito que se coloca. Além das que são estritamente políticas e ideológicas, podemos indicar as características sócio-econômicas, profissionais, religiosas, culturais, étnicas e raciais, e até as diferenças de sexo e o elenco poderia continuar. Os sistemas eleitorais proporcionais foram um eficaz instrumento institucional para realizar uma reprodução bastante fiel das primeiras características. Quanto às outras, o grau de representatividade que podemos encontrar nas instituições representativas é, de uma maneira geral, bastante baixo. Os representantes tendem a ser diversos dos representados em relação a estas outras características, salvo quando uma delas se torna ponto fulcral de conflito político e é tomada como bandeira por uma organização partidária. Neste caso, portanto, nascem os partidos *operários, agrários, confessionais, étnicos, feministas*; mas estas caracterizações bem marcadas no início, com o tempo sofrem geralmente forte desbotamento. O fato é que a representatividade sociológica relativamente a certos perfis não políticos vai de encontro ao processo de profissionalização da vida política, que, naturalmente, toca os próprios representantes, limitando fortemente as características que eles podem assumir. Esta concepção da representação peca, além disso, pela estaticidade. Concentrando-se toda sobre a questão da fidelidade da "reprodução", descuida cuidar do problema dinâmico a capacidade do órgão representativo em operar aquela síntese dos problemas particulares e das diversas tendências presentes no corpo político que é pressuposto da sua capacidade de governar. Parece, portanto, mais adaptada a um regime político no qual a representação não ocupa uma posição de centralidade e sim uma função mais secundária de legitimação e de correção do poder.

Os outros dois modelos, do representante como delegado ou como fiduciário, não são senão as faces opostas da mesma medalha. O primeiro se pode, porém, ligar em parte, com o modelo da representação como espelho; responde na verdade a uma lógica análoga de minimização da distinção representantes-representados, mas levada para um plano diverso, para o da ação substitutiva de comportamentos, de preferência ao da reprodução imitativa de características existenciais. Este modelo está ligado a um regime de limitada e irregular participação dos representantes no processo de decisões, de tal maneira que uma sua aplicação literal se choca, nas condições políticas atuais, contra obstáculos quase insuperá-

veis. Em primeiro lugar, os representantes, sendo também atores das decisões políticas, têm necessidade de uma *margem de manobra* incompatível com a rigidez de um sistema de instruções vinculantes. Além disso, a atenção dos representados, no que diz respeito à massa dos negócios públicos, é geralmente baixa e estes, por sua vez, pela própria complexidade, apresentam para o público dificuldades de compreensão que não devem ser desprezadas. Portanto, numa grande parte dos casos faltariam ou seriam gravemente inadequadas as instruções para o delegado. Se este é o quadro em princípio, em determinadas situações, todavia, que pela sua natureza o permitem, o modelo da representação como delegação pode ter uma atuação parcial e pode gerar, no público, a expectativa de que ele venha a ser aplicado. Isto acontecerá, em geral, para os grandes temas políticos a respeito dos quais se podem configurar posições alternativas nítidas e bem definidas. Temos um exemplo na tradição política inglesa, na qual os compromissos tomados na sede eleitoral dos candidatos e dos partidos sobre certas questões políticas assumem caráter quase formal e vinculante. Nestes casos, a sanção eleitoral positiva corresponde a uma instrução ou "mandato". De qualquer maneira, em sua forma pura, também isto constitui um modelo marginal e excepcional.

A alternativa tradicional para esta concepção da representação é encarnada pelo modelo do "fiduciário". Este modelo presta-se, de modo particular, para variações em relação ao tipo de "centro focal" preestabelecido para ação do representante. O representante, na sua busca autônoma de interesses, deve ter como ponto de referência o seu colégio eleitoral, uma esfera territorial intermediária, a nação inteira, interesses particulares ou o interesse geral? Em geral, a escolha deste modelo tem precisamente, em sua base, a exigência de superar a fragmentação particular que inevitavelmente brotaria da representação "delegada", sendo ela, por isso, quase sempre acompanhada da indicação da nação como centro focal da representação (vejam-se os textos constitucionais após a Revolução Francesa). O problema maior que este modelo levanta é o da possível não correspondência das percepções que respectivamente têm representantes e representados do *interesse* destes últimos. O modelo não oferece, em si, uma solução satisfatória para uma situação onde há pontos de vista diferentes, o que é, exatamente, um dos problemas cruciais da vida política. Com efeito, se nos basearmos unicamente no princípio fiduciário, sem contarmos com um elemento de controle sobre o comportamento do representante, terminamos por atribuir a este um poder arbitrário que contrasta nitidamente com aqueles que vimos ser o sentido da representação. Neste ponto, podemos falar talvez de *Governo iluminado* mas não de *Governo representativo.*

Um atento exame da realidade dos sistemas políticos representativos permite darmo-nos conta de que nenhum destes três modelos consegue uma atuação completa, em sua forma pura. Pelo contrário, poderia ser bastante exato no plano descritivo definir o representante um "fiduciário controlado que em algumas de suas características espelha as dos seus eleitores". Do modelo do fiduciário se conclui a indicação da necessidade para os representantes, de uma certa margem de autonomia que lhes permita um fôlego de ação bem mais amplo do que permitiria a presença do mandato imperativo. O modelo do delegado nos dá, de sua parte, o elemento do vínculo ao qual fica sujeito, em qualquer hipótese, o representante. Sem tal elemento, a função da representação seria desnaturada, já que ele garante um certo grau de controle dos cidadãos sobre o poder político. Mas um modelo realista e atuável não pode desprezar inteiramente nem parcialmente a representação sociológica pois que, além de um certo limite, poderia ser colocado em crise todo o edifício da representação, se fosse atingido em sua legitimidade e credibilidade. Efetivamente, a representação-espelho parece responder às exigências de ordem simbólica e psicológica, que, em certos níveis e em certas situações, podem assumir notável importância. Por exemplo, os grupos pouco integrados, marginais de um sistema político terão necessidade não só de representantes que "zelem por seus interesses" mas ainda de representantes que, pelas suas características pessoais, neles se possam identificar e sentir-se "presentes" na organização política.

Naturalmente, nem em todos os sistemas políticos que podemos definir como representativos, as proporções destes elementos serão iguais. Entretanto, para cada um destes elementos existe, mesmo se não é facilmente determinável, um valor mínimo característico, abaixo do qual a atuação da representação ficaria ameaçada em sua eficácia prática quer no seu significado político quer na sua legitimidade psicológica.

III. AS ESTRUTURAS DA REPRESENTAÇÃO. — Por si sós, os dados do problema, até aqui analisados, não são suficientes. A prescrição de um dado modelo para a figura do representante e para a função representativa — prescrição contida em normas constitucionais, sociais e de *ethos* político — é uma parte importante mas não é tudo no fenômeno da representação. Na expe-

riência política ocidental moderna — aquela que constituiu o eixo do conceito de Representação política — a representação, juntamente com o aspecto comportamentístico e sociológico, tem também, e não sem motivo, um aspecto estrutural que não pode ser esquecido. O que se tira desta experiência é que, sem uma determinação clara das bases institucionais da representação não se pode nem sequer esperar numa determinação suficiente do modelo funcional. Não se pode elaborar um modelo de representação, abstratamente, sem ter em conta as possibilidades e os limites dos mecanismos institucionais que devem assegurar a atuação das prescrições solenes.

É precisamente esta dimensão comportamental mais do que substancial que distingue a verdadeira representação de outros fenômenos do passado ou de outros contextos políticos modernos em torno dos quais se fala muitas vezes de representação mas num sentido impróprio. É preciso não esquecer que uma longa tradição de pensamento político, que inclui o próprio Hobbes, viu no soberano absoluto "o representante do país", entendendo por tal aquele que, tendo recebido um país em confiança, é o responsável e curador de seus interesses. Substancialmente se incluem na mesma concepção os modernos chefes carismáticos, os ditadores, os partidos únicos que se autoproclamam representantes dos "verdadeiros" interesses do povo. Apesar de tudo, não podemos deixar de ver a distância que separa a nossa concepção de uma representação que não está sujeita a controles institucionais nem garantida. Para entender esta diferença pode ser útil lembrar a diferença existente no direito privado entre a representação legal que é a tutela de um menor, de um incapaz e a representação voluntária, na qual o representado é um sujeito perfeitamente capaz de agir e portanto titular de um poder de controle e de um direito de revogação. O elemento fundamental do mecanismo de garantia da representação é dado pelas eleições dos organismos parlamentares (e em certos casos de outros organismos políticos). A Representação política pode definir-se então como uma *representação eletiva*. Não é suficiente porém um tipo qualquer de eleições. Trata-se de eleições competitivas e que ofereçam um mínimo de garantias de liberdade para expressão do sufrágio. Abaixo de um determinado nível de garantias, o processo eleitoral não se pode considerar um instrumento de realização da representação. Em determinadas circunstâncias, a substância do voto não configura mais um prejuízo e uma escolha mas torna-se simplesmente uma aclamação e uma investidura plebiscitária. As eleições desenvolverão então funções bem diversas, de mobilização do consenso e de legitimação. Ainda no campo das eleições competitivas, devemos dizer que no processo eleitoral coexistem elementos diversos. Interpretando as eleições como um "juízo" e uma "escolha", devemos observar que juízo e escolha se podem exercer tanto sobre pessoas como sobre programas e atos políticos. Evidentemente, segundo o modelo de representação escolhido, pretender-se-á fazer ressaltar um aspecto de preferência a outros. Num caso, o destaque cairá sobre a escolha pessoal dos representantes; em outro, sobre a determinação prévia das decisões políticas, quase uma estipulação de compromissos vinculantes entre candidatos e eleitores; em outro caso ainda, sobre a ação geral e a posteriori de controle e sobre o efeito que daí deriva de responsabilização. Dentro de determinadas margens, o mecanismo eleitoral pode ser construído de modo a reforçar um ou outro destes aspectos. A esta exigência corresponde a grande variedade de fórmulas elaboradas pela engenharia eleitoral. Estas margens todavia não são muito amplas, hoje. Torna-se necessário ter presente os "vínculos" impostos ao mecanismo eleitoral por uma realidade política caracterizada pelo sufrágio universal numa sociedade de massa e portanto por uma maior distância entre eleitores e eleitos, pela expansão da esfera da ação governamental e pela crescente complexidade dos problemas políticos. Ora, estes dados, de fato, tornam hoje, sempre mais marginais e precários, no sistema eleitoral, os dois aspectos da escolha pessoal dos representantes e da determinação prévia das opções políticas.

Mas o que sobretudo se deve ter em conta é a importância que no processo eleitoral assumiram os partidos tanto no aspecto de elaboradores e de apresentadores de programas políticos como no de organizações de gestão política. Partindo deste dado essencial, conclui-se que um modelo realista da representação, no caso de conter alguns elementos dos modelos já examinados, deverá colocar-se num plano completamente diverso. Hoje, o fenômeno da Representação política deve ser olhado como um fato global mais do que como uma série de relações de representação, reciprocamente independentes, estabelecidas entre os representantes e as circunscrições eleitorais. O mecanismo do qual brota a representação é um enorme processo de competição entre as organizações partidárias pela conquista ou pela conservação das posições parlamentares e governamentais, uma competição regulamentada e que se desenvolve frente a um público com funções de juiz. Neste quadro, o papel do representante individual não é definido de maneira absolutamente unívoca, mas é suscetível de assumir formas diferentes, de acordo com a disciplina partidária, das características da competição eleitoral, e da cultura política. No processo representativo podemos ver na prática duas seqüências-tipo: 1) eleitores-partidos-representantes individuais; 2) eleitores-representantes individuais-partidos. Na primeira seqüência, hoje a mais importante, a relação primária corre entre os partidos e o eleitorado; é diretamente na "imagem-partidária" que é apresentada ao juízo eleitoral e é sobre ela que se exerce o controle. Os representantes individuais têm um papel quase só executivo. Na segunda seqüência, menos importante mas não insignificante, são estes que constituem o canal representativo entre o eleitorado (sobretudo a nível local) e os partidos (ou seja, seus órgãos centrais de elaboração de imagem partidária). Em ambos os casos, o papel do representante está diretamente ligado aos dos partidos. O núcleo fundamental da representação está na "responsabilidade" periódica a que estão sujeitos os atores políticos em competição (os partidos). Responsabilidade quer dizer "chamado para responder", para "prestar contas", das próprias ações junto daqueles que têm o poder da designação. Que esta responsabilidade valha por todo um conjunto bastante genérico de comportamentos e não por cada ato individual dos atores políticos, por uma inteira seção de classe política e não por cada pessoa em particular, deveria ser descontado depois de tudo o que se disse. O fosso de desinteresse e ignorância política que divide os governantes dos governados, as cortinas fumarentas mais ou menos densas de que se cerca todo o poder, não permitem muito mais do que isto. Em síntese, a Representação política poderia ser definida como "um sistema institucionalizado de responsabilidade política, realizada através da designação eleitoral livre de certos organismos políticos fundamentais (o mais das vezes, os parlamentos).

IV. REPRESENTAÇÃO E SISTEMA POLÍTICO. — Até aqui, a representação foi examinada como um fenômeno em si, mas evidentemente o quadro não pode corresponder plenamente à liberdade até que se analise a inserção da representação na complexa rede institucional de um sistema político. Este sistema tem duas faces: trata-se, de uma parte, das condições da representação; por outra, do grau de incidência que a representação tem sobre as outras instituições políticas. Dada a natureza dos processos institucionais da representação, devem ter-se como favoráveis todas aquelas condições que jogam no sentido de um alto grau de *publicidade* nos negócios públicos e de *compreensibilidade* dos mesmos para os cidadãos, e, invertendo a perspectiva, todas aquelas condições que tornam *cognoscíveis* à classe política as atitudes do público. A representação está na verdade estreitamente ligada a um processo de duplo sentido de *comunicação* das mensagens políticas. É, portanto, dependente de todos os canais de informação recíproca e sensível a todas as perturbações que aconteçam neste campo. A representação pressupõe, por conseguinte, um complexo de direitos políticos (liberdade de imprensa, de associação, de propaganda, etc.) que permitem a formação e a manifestação da vontade política dos representantes. Mais alto ainda estão certos fatores culturais. A presença junto do público de uma cultura democrática "participante" e não passiva e nas classes políticas de uma cultura democrática e flexível em vez de autoritária e dogmática, facilita indubitavelmente o funcionamento da representação. Uma condição favorável ulterior é constituída pela presença das elites políticas alternativas, capazes de oferecer uma troca às que detêm o poder e assegurar a dinâmica competitiva a que está estreitamente ligado o mecanismo da representação.

Quanto à relação entre representação e sistema político, existe aí uma importância determinante porque permite realizar a distinção entre "regimes políticos representativos" e "regimes políticos não-representativos" e verificar, conseqüentemente, a validade do critério de discriminação entre o que é e o que não é representação. Finalmente, é sobre este plano que se deve conduzir o confronto entre a concepção enunciada da Representação política, prevalente na cultura política ocidental, a qual adota uma concepção comportamental enquanto faz das eleições o eixo central e aquelas que outras culturas e outros sistemas políticos lhes opõem e que são, na maior parte das vezes, concepções substanciais. É possível falar de regime representativo mesmo de fora daqueles procedimentos eleitorais, dos bem preciosos requisitos que são a substância da representação de que falamos? Efetivamente, mesmo fora destas limitações, se verificam fenômenos que apresentam analogias com o da representação. Pode haver o caso de regimes nos quais o poder político opera (ou retém ou pretende operar) em tutela dos interesses do público; e em todos os sistemas políticos existem alguns grupos que, pelo menos, quem uma ação de pressão, conseguem tomar em consideração e satisfazer seus interesses, ou determinar a substituição de seus governantes. E existem regimes que gozam de um alto nível de legitimidade e de aceitação por parte do pú-

blico. E tudo isto sem eleições competitivas. Para se ter em conta a analogia com certos efeitos das instituições representativas, pode-se chegar a definir estes como "fenômenos representativos". Todavia, uma linha de divisão se pode e deve fixar entre regimes não representativos e "regimes representativos". Com essa linha se justifica também a distinção entre fenômenos representativos e representação, entendida como sistema institucionalizado de responsabilidade eleitoral. Estas duas distinções correm sobre planos diversos mas são estreitamente interdependentes, de tal maneira que as alternativas possíveis que daí nascem são duas. Por um lado, temos a possibilidade de efeitos representativos mas com caráter de irregularidade e de precariedade pelo fato de não serem garantidos por mecanismos institucionalizados. Não se poderá portanto falar de regime representativo e, por razões de clareza, nem tampouco de Representação política sem ulteriores especificações, por faltar a correspondência à lógica causal da representação que quer a instituição de um poder de controle dos cidadãos no funcionamento do regime político. Por outro lado, existe a representação baseada em processos *estabilizados* e, na medida em que isto permite a eles ter um papel central e significativo, no âmbito do sistema político construído em torno dela, se poderá falar de regime político representativo. As demais estruturas políticas deverão sofrer o controle dos organismos representativos e basear neles sua legitimação.

V. CONCLUSÃO. — Em conclusão, os *regimes representativos* são aqueles regimes que recebem da representação uma caracterização decisiva. A representação, por sua vez, é um fenômeno complexo cujo núcleo consiste num processo de escolha dos governantes e de controle sobre sua ação através de eleições competitivas. A complexidade da representação tem feito com que alguns critiquem o uso deste conceito e proponham desmembrá-lo. Em vez de representação, se deveria falar de seleção das lideranças de delegação de soberania popular, de legitimação, de controle político, de participação indireta e de transmissão de questionamento político. Usar-se-iam, assim, conceitos mais simples e suscetíveis de uma interpretação mais unívoca. A esta tese se deve replicar que o conceito de Representação política continua sendo útil sobretudo como conceito multidimensional, ou seja, como conceito sintético de um fenômeno político que é certamente complexo nos seus elementos constitutivos, mas que é ao mesmo tempo unitário em suas finalidades e na sua lógica causal.

BIBLIOGRAFIA. — H. EULAU e J. C. WAHLKE, *The Politics of Representation*, Sage, Bervely Hills, 1978; G. LEIBHOLZ, *Das Wesen der Repräsentation und der Gestaltwandel der Demokratie im 20*, JAHRHUNDERT, de Gruyter, Berlim, 1966; *Representation*, ao cuidado de J. R. PENNOCK e J. W. CHAPMAN, Atherton Press, Nova Iorque, 1968; H. PITKIN, *The Concept of Representation*, University of California Press, Berkeley, 1967; G. SARTORI, *Sistemi Representativi, in Democrazia e definizioni*, Il Mulino, Bolonha, 1969.

[MAURIZIO COTTA]

Repressão.

A integração dos cidadãos na *polis* pressupõe o consenso comum acerca das "regras do jogo" que visam reprimir a violência individual e os comportamentos desviados. Não obstante, os conflitos sociais não são abolidos pelo formalismo das instituições políticas e jurídicas, mas tão-só contidos ou dissimulados. As doutrinas antiestatistas (por exemplo, o anarquismo de Bakunin) contrapõem o não-governo ou o autogoverno popular ao Estado como uma instituição intrinsecamente repressiva.

O conceito político de Repressão acha-se fortemente influenciado pelos avanços da psicologia social e da psicanálise. Segundo Freud, a história do homem começa com a Repressão, entendida como renúncia ou dilação do prazer e como inibição metódica dos instintos sexuais e destrutivos. A *libido* é desviada para permitir comportamentos socialmente úteis; o princípio do prazer é substituído pelo princípio da realidade. A Repressão é, pois, um fenômeno histórico permanente que tem uma origem econômica: a Repressão fundamental é imposta pela penúria dos bens e pela conseqüente necessidade de desviar as energias da atividade sexual para o trabalho.

A teoria freudiana da Repressão foi retomada e desenvolvida por Herbert Marcuse, que explicou teoricamente a passagem do princípio da realidade ao princípio da contribuição. Já que na sociedade contemporânea o princípio da realidade consiste na estratificação da sociedade segundo a contribuição econômica dos seus membros, é preciso distinguir, segundo Marcuse, entre

Repressão fundamental (isto é, a Repressão dos instintos estritamente necessária à perpetuação da raça humana na civilização) e a Repressão "adicional", provocada pela estrutura patriarcal-monogâmica da família, pela divisão hierárquica do trabalho e pelo controle coletivo da existência privada.

A história da civilização conteria, como aspecto subterrâneo e ostracizado, a "Regressão do reprimido". Marcuse sustenta que a sociedade contemporânea, graças aos recursos de que dispõe, apresenta potencialidades não repressivas, mas obstadas pela estrutura global do sistema; a tolerância passiva para com o sistema seria por isso, na realidade, uma forma de Repressão, contra a qual se devia instaurar uma TOLERÂNCIA (v.) "ativa", ou seja, intolerante, para com o sistema social, fundado na Repressão do *Eros* e na renúncia à felicidade.

[VALERIO ZANONE]

República.

I. DEFINIÇÃO. — Na moderna tipologia· das formas de Estado, o termo República se contrapõe à monarquia. Nesta, o chefe do Estado tem acesso ao supremo poder por direito hereditário; naquela, o chefe do Estado, que pode ser uma só pessoa ou um colégio de várias pessoas (Suíça), é eleito pelo povo, quer direta, quer indiretamente (através de assembléias primárias ou assembléias representativas). Contudo, o significado do termo República evolve e muda profundamente com o tempo (a censura ocorre na época da revolução democrática), adquirindo conotações diversas, conforme o contexto conceptual em que se insere.

II. A REPÚBLICA DOS ANTIGOS. — Com *res publica* os romanos definiram a nova forma de organização do poder após a exclusão dos reis. É uma palavra nova para exprimir um conceito que corresponde, na cultura grega, a uma das muitas acepções do termo *politeia*, acepção que se afasta totalmente da antiga e tradicional tipologia das formas de Governo. Com efeito, *res publica* quer pôr em relevo a coisa pública, a coisa do povo, o bem comum, a comunidade, enquanto que, quem fala de monarquia, aristocracia, democracia, realça o princípio do Governo (archia). Foi Cícero sobretudo quem definiu conceptualmente o significado de *res publica*, ao demonstrar que por povo se há de entender "*non omnis hominum coetus quoquo modo congre-*

gatus, sed coetus moltitudiris iuris consensu et utilitatis communione sociatus" (*De Republica*, I, 25). Ao acentuar como elementos distintivos da República o interesse comum e, principalmente, a conformidade com uma lei comum, o único direito pelo qual uma comunidade afirma a sua justiça, Cícero acabava por contrapor a República não já à monarquia, mas aos Governos injustos, que Santo Agostinho mais tarde denominará *magna latrocinia*.

Foi com este significado ciceroniano que o termo foi recebido pela cultura posterior, até à Revolução Francesa. Com efeito, na Idade Média, para designar as formas concretas de organização do poder então existentes, se usou *regnum* e *civitas*, indicando esta última palavra, junto com *communitas*, *populus*, o que para nós são, na realidade, pequenas Repúblicas. Exaltou-se, ao invés, sobremaneira a *respublica christiana*, para mostrar a ordem e unidade da sociedade cristã na coordenação dos dois poderes universais — a Igreja e o Império — instituídos por Deus para manter, sobre a terra, a paz e a justiça. Foi esse o princípio basilar da grande síntese política da Idade Média.

Na Idade Moderna, o termo República (ou *république, commonwealth, Republik*) se seculariza, mas mantém o significado ciceroniano. Com efeito, Bodin emprega *république* para designar a monarquia, a aristocracia e a monarquia, quando possuidoras de um *droit gouvernement*, contrapondo-a assim aos regimes baseados na violência ou na anarquia. É um significado que o termo mantém até Kant, que faz ressaltar como é justamente a "constituição" que dá forma à República, já que "o direito público é um sistema de leis para uma pluralidade de homens que, estando entre si numa relação de influência recíproca, necessitam de um estado jurídico sob uma vontade que os una, necessitam, isto é, de uma constituição, para partilharem do que é de direito" (*A metafísica dos costumes*). Ele afirma, além disso, que "A idéia de uma constituição em harmonia com os direitos naturais, isto é, tal que os que obedecem à lei, devem também, reunidos, legislar, constitui o fundamento de todas as formas de Estado" (*Se o gênero humano está em constante progresso para melhor*). É por isso que a República se torna um verdadeiro e autêntico ideal da razão prática: o *iuris consensus* de Cícero se concretiza na constituição.

É diferente o significado que assume o termo República no pensamento político moderno, quando se cria uma tipologia das formas de Governo diversa da tipologia clássica, que previa a monarquia, a aristocracia, a democracia e o Governo misto. Com Maquiavel, primeiro, e depois com Montesquieu, se estabelece uma outra tríade: monarquia, República (aristocrática e democrática) e despotismo. A diferença entre ambas as tipologias está em que a primeira usa um critério exclusivamente quantitativo (é um, são poucos, são muitos os que governam), enquanto a segunda usa um critério qualitativo, resultante de uma multiplicidade de fatores. O primeiro é o espaço: a República deve ter uma expressão territorial assaz modesta, há de ser pequena, enquanto a monarquia precisa de um espaço grande e o despotismo de um espaço muito maior. Em segundo lugar, na República tem de haver uma relativa igualdade, na monarquia desigualdade em benefício de uma nobreza que é necessária para a própria existência do poder real, e no despotismo aquela igualdade que se dá quando todos são escravos. Em terceiro lugar, na República as leis são expressão da vontade popular, enquanto que na monarquia são expressão da vontade do rei, limitado contudo pelas leis fundamentais (ele é obrigado a governar segundo leis fixas e estáveis, que são aplicadas por um poder judiciário independente), e o déspota governa e julga por decretos ocasionais e improvisados. Em quarto lugar, são diferentes as forças de integração social: na República é a virtude que leva os cidadãos a antepor o bem do Estado ao interesse particular; na monarquia é o senso da honra, da nobreza, que é sustentáculo e ao mesmo tempo limite do poder do rei; no despotismo é o medo que paralisa os súditos. Em conclusão: na República democrática a ordem política nasce de baixo, mesmo em meio de dissensões, desde que estas disponham de canais institucionais para se exprimir; na monarquia vem do alto, do rei, mas numa síntese harmônica que garante a cada classe seu próprio direito, sua própria função; no despotismo é imposta pela força do tirano. A Europa conhece Repúblicas e monarquias, ao passo que o despotismo é peculiar da Ásia.

Na cultura do século XVIII, o mito da República está, deste modo, estreitamente ligado à exaltação do pequeno Estado, o único que consente a democracia direta, reconhecida como a única forma legítima de democracia. O modelo em que se inspirou Rousseau em seu *Contrato social* é precisamente o de Genebra, um modelo novo em confronto com as demais Repúblicas até então idealizadas, de Atenas a Roma, de Florença a Veneza, de Ragusa a Lucca. Com a revolução americana, este significado da palavra República mudou totalmente: os americanos (John Adams, Alexander Hamilton) chamaram, aos Estados e à Federação, Repúblicas, não só porque não existia a instituição monárquica, mas também porque a sua democracia era uma democracia representativa, baseada na separação dos poderes e num sistema de pesos e contrapesos entre os vários órgãos do Estado. República passa a significar, portanto, uma democracia liberal, contraposta à democracia direta e popular, uma democracia liberal só possível num grande espaço, que relaxa todas aquelas tensões e conflitos que levaram à ruína as pequenas Repúblicas dos antigos, com a anarquia e a demagogia.

III. AS REPÚBLICAS MODERNAS. — Na época da revolução democrática, instauraram-se as primeiras grandes Repúblicas: os Estados Unidos da América (1776) e a República Francesa (1792). A partir deste momento, é possível colher algumas diferenças tipológicas nas Repúblicas modernas quanto ao modo concreto de organizar o poder, mas tais diferenças são mais quantitativas que qualitativas e não afetam a unidade de um característico Governo republicano.

Em primeiro lugar, a Constituição francesa de 1793 proclamava que a República era "una e indivisível", no sentido de que, sendo o povo soberano, isto é, a universalidade dos cidadãos, era também una e indivisível a manifestação da sua vontade através de um corpo legislativo, igualmente uno e indivisível. Enquanto a República Francesa se baseava na lógica do conceito de soberania, os americanos o haviam, pelo contrário, implicitamente rejeitado ao instaurar uma República federal, onde, tendo por base a constituição, Estados e União tinham suas esferas de competência bem delimitadas, constituindo por isso uma República plural e divisa, e a vontade da Federação era resultado da confluência da vontade dos Estados (Senado) e da vontade da Nação (Câmara dos Deputados). Em segundo lugar, a República americana, com o regime presidencial, fez coincidir a figura do chefe do Estado com a do chefe do Governo, enquanto que os regimes parlamentares europeus, com a abolição da monarquia, continuaram a separar as duas figuras, deixando ao chefe do Estado um poder bastante debilitado ou neutro de equilibrador acima das facções e a função de representar a unidade nacional.

Com as revoluções socialistas, os novos Estados (desde a União das Repúblicas Socialistas Soviéticas à República Popular Chinesa) adotaram a forma republicana. O problema é ver se a diferença entre as Repúblicas nascidas de uma revolução burguesa e as repúblicas socialistas é de gênero ou espécie qualitativa ou quantitativa. Tanto a teoria marxista como a não-marxista se sentem impelidas a acentuar as diferenças. Para a teoria marxista, a República socialista é um Estado radicalmente novo, já que tudo está orga-

nizado com vistas à realização do comunismo por meio da ditadura do proletariado; existe nela, portanto, não uma divisão dos poderes, não uma distinção entre Estado e sociedade, mas a concentração de todos os poderes nas mãos do partido, que representa a vanguarda dos trabalhadores. Por seu lado, o pensamento político não-marxista insiste sobre a ausência, na República socialista, do ideal expresso por Cícero e Kant, para quem o Estado republicano constitui sobretudo um ordenamento jurídico destinado a tutelar e garantir os direitos dos cidadãos, ou então descobre o elemento discriminante na diversidade do subsistema partidário, de partido único ou hegemônico nas Repúblicas socialistas, pluripartidário nas outras. Os regimes autoritários, que possuem a aparência de Estados republicanos, são republicanos mais de nome que de fato, já que o termo republicano esteve sempre ligado à origem e legitimação populares do poder de quem substituiu o rei, que legitimava o seu na tradição.

[NICOLA MATTEUCCI]

República Romana.

I. TRANSIÇÃO DA MONARQUIA PARA A REPÚBLICA: RELATO TRADICIONAL E ORGANIZAÇÃO DO NOVO ESTADO REPUBLICANO. — Por período republicano se entende o que vai de 509, data tradicional da queda da monarquia, ao principado de Augusto.

É por isso necessário explicar, antes de mais, os problemas da passagem da monarquia à república e do ordenamento institucional primitivo do Estado republicano. Mas toda a pesquisa nesse sentido se torna notavelmente difícil, dada a exigüidade das fontes. A situação pode resumir-se assim: dispomos de um relato tradicional que nos oferece um quadro das mudanças ocorridas mais ou menos entre o fim do século VI a.C. e a primeira metade do século IV a.C.; sobre os dados tradicionais pesa, no entanto, uma série de suspeitas, devidas a evidentes incongruências, ao caráter "parcial" de algumas versões, e a fenômenos palmares de duplicação e de concentração histórica. Não deixa, todavia, de ser verdade que só o relato tradicional permite uma reconstrução bastante completa e homogênea da evolução histórica. É por isso que boa parte da historiografia mais recente — que compreende nomes como o de Momigliano — tende a revalorizar tal relato (se não nos detalhes, ao menos globalmente). Como é natural, não podemos deixar de lembrar que outras teses recentes, devidas especialmente a Gjerstad e Asföldi e baseadas em nova documentação arqueológica, levam a procrastinar consideravelmente a data do início da república, no quadro de um atraso de mais de um século e meio da fundação de Roma; obviamente, desta maneira, o relato tradicional vem a desarticular-se inteiramente. É preciso, no entanto, acrescentar ainda que a tradição encontra apoio num documento da importância dos *Fasti*, ou seja, no elenco dos magistrados epônimos (conquanto nem sequer este documento tenha sido poupado das suspeitas dos estudiosos).

Com isto podemos sem mais passar a expor brevemente os dados que nos oferece a tradição. Em 509, a expulsão violenta dos tarquínios, apresentada como uma desforra das *gentes* latinas contra os opressores etruscos, teria feito cair as instituições monárquicas; ao *rex* teriam sucedido dois cônsules. A instituição consular teria sido a magistratura suprema até 451, ano em que, para se dar andamento à redação de um corpo de leis, se teria conferido o poder supremo a um decenvirato. Depois da eleição de um novo colégio de decênviros em 450, destituído em virtude do conhecido episódio de Ápio Cláudio e de Virgínia, e após um brevíssimo retorno ao consulado, se teria renunciado, desde 448 a.C., à eleição dos cônsules, havendo sido conferido o poder supremo a *tribuni militum consulari potestate*. A magistratura consular teria sido restabelecida em 367 a.C., em coincidência com um acordo realizado entre patrícios e plebeus que permitia também a estes o acesso ao consulado; ao mesmo tempo, teria sido criado um colega *minor* dos cônsules, o *praetor*, com a função específica de administrar a justiça.

O relato tradicional todo ele se baseia, em conclusão, na transição não só violenta como também imediata da organização monárquica à republicana. As outras teses principais sustentadas pelos estudiosos podem na prática resumir-se na fórmula da transição violenta, mas em certo modo progressiva (por exemplo, de uma monarquia hereditária a uma monarquia vitalícia e, depois, a um didator ânuo, acompanhado de um *magister equitum*), ou então na fórmula da transição pacífica e progressiva.

As teses agora expostas e suas inumeráveis variações não podem aqui ser criticamente avaliadas; deve-se, no entanto, repisar que todo o pensamento histórico-político romano, não fazendo muito caso das possíveis fases de transição, considerou os eventos dos últimos anos do século VI como uma verdadeira e autêntica ruptura institucional. O início de uma nova época encontra talvez a sua menor ressonância no nome

preferido para o novo ordenamento. Podemos servir-nos das palavras de Bonfante: "O nome que (esse novo ordenamento) recebe em oposição ao reino não o designa de forma apropriada e específica. Tal como o vocábulo grego *politeia*, tal como o nosso próprio termo de constituição, *res publica* é um termo genérico, que não significa senão Estado ou, mais precisamente, a esfera dos encargos e interesses públicos, mera antítese paralela de *res privata* ou *familiaris*..."

II. Características e classificação das magistraturas republicanas. — Qualquer que seja a tese a que se adira a respeito da transição da monarquia à república, mantém-se, em todo caso, invariáveis, pelo menos a partir de uma certa época histórica, as características fundamentais da magistratura republicana. Lembremos que até o *rex*, segundo alguns estudiosos, se pode considerar um magistrado.

As características geralmente indicadas (com enumerações mais ou menos amplas) são as seguintes: temporaneidade (em contraposição à durabilidade vitalícia da realeza); responsabilidade (depois do termo do cargo); colegialidade (em contraposição à unicidade do *rex*); gratuidade; submissão das decisões do magistrado, quando respeitantes à vida do cidadão e, em certos casos, também ao seu patrimônio, à *provocatio ad populum*.

Entre tais características, todas elas interessantes (pensemos, a mero título de exemplo, na relação entre magistratura e assembléia popular, posta de relevo pelo instituto da *provocatio*), merece talvez particular atenção a colegialidade: qualquer magistrado pertencente ao colégio pode, de fato, executar qualquer ato que se enquadre dentro dos poderes da magistratura; mas o colega se lhe poderá opor formalmente mediante a *intercessio* (que é, fundamentalmente, um veto). Isso significa, na prática, que, pelo menos quanto à magistratura suprema, os romanos não conseguiam conceber uma divisão de competências entre colegas, ou talvez não quisessem chegar lá.

Existe uma classificação das magistraturas republicanas formulada por Mommsen. Elas se dividem em ordinárias e extraordinárias; as ordinárias, por sua vez, em permanentes e não permanentes. Entre as magistraturas ordinárias e permanentes (que são as que, segundo palavras de Arangio-Ruiz, estão "sempre em função, de modo que, anualmente, os novos magistrados, oportunamente eleitos, ocupam automaticamente o posto deixado pelos antecessores"), se enumeram, além do consulado, como é óbvio, a pretura urbana (instituída, como sabemos, em 367 a.C.), depois a pretura peregrina (instituída em 242 a.C. para administração da justiça *inter cives et peregrinos*), e finalmente ainda outras preturas criadas para a administração das províncias e para a presidência das *quaestiones* (ou júris criminais); a edilidade (curul), instituída por meados do século IV a.C. com uma série de atribuições específicas (*cura urbis, annonae, ludorum*); enfim, a questura (os questores, inicialmente apenas auxiliares dos cônsules, ascenderam, num determinado momento, à dignidade de magistrados).

Magistratura ordinária, mas não permanente (o que se entende no sentido de que se trata de uma magistratura que atende "a funções consideradas essenciais ao andamento normal da coisa pública, mas há de ser exercida de maneira não continuativa e sim a intervalos mais ou menos constantes"), é a censura, instituída para as operações de censo e bem depressa considerada de grande dignidade pela importância e pelo número das atribuições que lhe foram reconhecidas. Tanto é assim que só a ela tinham acesso os consulares.

Finalmente, entre as magistraturas extraordinárias (ou seja, correspondentes "a necessidades absolutamente eventuais e a que se recorreu, por isso, com maior ou menor freqüência, conforme os tempos, porventura uma só vez na história"), destaca-se a ditadura. À ditadura se recorria nas horas de maior perigo para o complexo estatal, mediante uma investidura direta por parte dos cônsules e não através de eleições comiciais (pelo menos nos primeiros tempos). A nomeação de um ditador fazia, além disso, com que se considerassem suspensas as garantias a favor dos cidadãos e, em especial, a *provocatio ad populum*; por outros termos, o recurso a um *dictator* provocava a queda das diferenças entre *imperium domi* (de que falamos fundamentalmente até agora) e *imperium militiae*, por tendência ilimitado. Para evitar perigos de involução autoritária, a ditadura era, porém, limitada a seis meses.

III. Contrastes entre a plebe e o patriciado: em particular, instituições da plebe e formação do ordenamento patrício-plebeu. — Nos primeiros séculos da república, vive-se, sob o aspecto político e constitucional, do contraste entre patrícios e plebeus. As fases notáveis deste contraste também foram registradas pela tradição, que, infelizmente, quase se cala, ao invés, acerca das chamadas origens da plebe. Este é um dos problemas mais discutidos: as teses sustentadas pela ciência vão, com efeito, da diversa origem étnica dos patrícios e plebeus, até à diferente posição econômico-social. Deve-se contudo reconhecer o mérito dos estudiosos mais

recentes por haverem explicado hipoteticamente, ou pelo menos melhor precisado, certas transições históricas (por exemplo, a da clientela à condição plebéia) e, ao mesmo tempo, por haverem suposto uma confluência de núcleos diversos (camponeses, artesãos, clientes, proletários) no indistinto *status* do plebeu.

Voltando aos dados da tradição, podemos limitar-nos a recordar que a plebe teria começado a adotar instituições autônomas, e por isso "revolucionárias", já a partir das retiradas para o Aventino, em 494 a 471 a.C. O fulcro desta organização autônoma são os tributos, magistrados não dotados de uma competência positiva, mas de uma arma de grande importância, primeiro política e, depois, também jurídica, ou seja, do poder de opor a *intercessio* às decisões dos magistrados patrícios. Magistrados menores da plebe eram também os edis.

Os objetivos propostos pela plebe atingem tanto o setor econômico (onde os plebeus pretendiam ver melhoradas as suas condições de vida), quanto o setor jurídico (onde, no plano do direito privado, o escopo principal era o de obter o *ius connubii*, isto é, o direito de contrair *iustae nuptiae* com os patrícios, enquanto que, no plano do direito público, o que se visava era sanar a estraneidade dos plebeus na constituição urbana). A consecução de alguns destes objetivos foi bastante lenta, numa complicação e alternância de resultados às vezes, pelo menos ao princípio, predominantemente formais (como a admissão ao consulado que, havendo sido estabelecida pelas *leges Liciniae Sextiae* em 367 a.C., só encontrou efetiva e contínua realização a partir de algumas décadas mais tarde) e de resultados substanciais não sancionados no plano formal (como, segundo certo autor, a atribuição do poder supremo ao tribunado militar, que teria "aproximado" a plebe da mais alta magistratura, permitindo a sua participação no Governo do Estado).

Em conjunto e com o passar dos tempos, a plebe viu, porém, satisfeitas as suas aspirações. Não é possível enumerar aqui as etapas deste processo histórico (que abrange momentos como os das Doze Tábuas e da nova estruturação dos comícios, com a criação do comício centurial); bastará dizer que, no estádio final, alcançado no decorrer do século IV a.C., já se pode falar de um ordenamento patrício-plebeu.

IV. Demais órgãos da constituição republicana: comícios populares e senado. — A descrição do sistema constitucional republicano, tal como se vai formando também através das lutas, ora expostas, entre patrícios e plebeus, deve ser agora completada com uma referência mais específica aos outros órgãos, ou seja, aos comícios e Senado, sobre os quais assenta o ordenamento desta época. É então caso de lembrar, a propósito, o conhecidíssimo juízo de Políbio sobre as características da constituição romana, que podia parecer, aos olhos de escritores familiarizados com o pensamento político grego, tanto monárquica como aristocrática ou democrática, conforme se levasse em consideração, respectivamente, o poder dos cônsules, do Senado ou dos comícios.

O período histórico a que queremos sobretudo referir-nos é o que vai do século IV ao século II a.C.; é um período em que se dá, como é sabido, uma grande expansão territorial dos romanos e que se pode considerar, também por esse motivo, a do apogeu da constituição republicana.

Pelo que se refere aos comícios, há que lembrar, antes de tudo, que havia diversas assembléias populares: o comício centurial, os *concilia plebis tributa* (de que participavam só os plebeus), e, segundo alguns estudiosos, também o *comitium tributum*. Seria demasiado longo discutir aqui as vicissitudes históricas de cada uma destas assembléias, especialmente da mais importante de todas, o comício centurial. Bastará, pois, dizer que este comício, passando por diversas mudanças e reformas, constituiu, para usarmos palavras de Frezza, "o órgão propulsor da atuação do princípio democrático dentro da constituição republicana". Participavam nele, com efeito, todos os cidadãos, se bem que com diferente peso político, conforme as classes de censo e de idade; cabiam-lhe a eleição dos mais altos magistrados da cidade e a votação das leis (embora a não muito abundante legislação de tipo privado seja, em grande parte, obra da assembléia da plebe).

O Senado também foi aberto aos plebeus lá pela metade do século IV a.C. (pelo menos para alguns estudiosos, enquanto que outros julgam mais antiga a admissão dos plebeus). O papel de escolha dos senadores foi atribuído, nesse mesmo período, aos censores, embora, na realidade, o haver desempenhado certos cargos criasse uma legítima expectativa de nomeação. Exame mais pormenorizado exige as funções do Senado e a evolução do seu poder político, do século IV ao século a.C. Pode se dizer que, em sua linha evolutiva, as funções tipicamente reservadas ao Senado antes da admissão dos plebeus (e depois reservadas ainda, segundo alguns, ao Senado patrício) tendem a perder importância. De modo particular, a *auctoritas* do Senado em matéria legislativa (reconhecível, segundo alguns estudiosos, na ratificação das deliberações comiciais) converte-se bastante depressa num parecer preventivo,

mas não vinculador, sobre as propostas dos magistrados. Em compensação, suas funções e seu poder aumentaram em muitos outros campos, especialmente no da política externa, onde o Senado representava o único elemento de continuidade da política do Estado. Em todo caso, era difícil que o magistrado tomasse iniciativas, mesmo em assuntos internos de certa importância, sem haver solicitado o *consultum* do Senado. E tendo isto em conta se fala do Senado do período republicano mais avançado como do órgão supremo do poder executivo; a expressão "Governo senatorial" ficou como indicação de uma época de predomínio da *nobilitas* patrício-plebéia.

V. CRISE DA CONSTITUIÇÃO REPUBLICANA: DOS GRACOS A CÉSAR. — No decorrer do século II a.C., a constituição republicana já apresenta os primeiros sinais de crise. Tendo alcançado então, após a destruição de Cartago, ocorrida no ano 146 a.C., preponderante importância militar e política em relação ao mundo circunstante, Roma começa a experimentar uma série de perturbações que só se resolverão, mais de um século depois, com a instauração do principado de Augusto. Não podemos aqui relembrar todo o *iter* desta longa crise; nos limitaremos a evocar alguns momentos e figuras de maior relevo.

A vida política e econômica do Estado romano por meados do século II a.C. podia considerar-se ainda centralizada na *nobilitas* senatorial, que era, por antonomásia, a classe da aristocracia fundiária. O intercâmbio de novas energias políticas, no caminho obrigatório magistratura-senado, era assaz escasso; a falta de *homines novi* na cena política fez, por isso, com que se falasse de aferrolhamento da classe senatorial. Ao seu predomínio político e econômico corresponde, no plano político, o declínio do poder comicial e, no econômico, a decadência da classe dos pequenos agricultores. Uma outra classe social alcança, ao invés, rapidamente, grande importância econômica: são os *equites*, que, senhores de grandes capitais mobiliários e dotados de espírito empresarial, podiam tirar proveito da posição central alcançada por Roma no mundo mediterrâneo (mesmo sem ter ainda atingido adequadas metas políticas).

É neste quadro que se insere a história, exemplar sob vários aspectos, dos irmãos Gracos. Foi Tibério, pertencente a uma família da *nobilitas* senatorial e tribuno da plebe em 133 a.C., quem primeiro enfrentou os muitos problemas não resolvidos da sociedade romana. Fê-lo sobretudo mediante uma proposta de lei agrária que limitava a *possessio* do *ager publicus* (na realidade ocupado pelos cidadãos mais ricos, ou seja, pelos que dispunham de meios para o cultivo do solo ou de rebanhos para ali colocar). Os terrenos assim recuperados seriam depois distribuídos por cidadãos romanos e se fortaleceria a classe dos pequenos agricultores. A oposição do Senado encontrou expressão na *intercessivo* oposta justamente por um colega de tribunado de Tibério, Caio Otávio. Tibério respondeu pedindo à assembléia da plebe que destituísse Caio Otávio no transcurso do ano do cargo. É claro o enorme alcance político e jurídico do gesto de Tibério que, além disso, no ano seguinte, com novo gesto "revolucionário", pediu a reeleição para tribuno da plebe. A reação do Senado foi imediata, apoiando-se num instituto de discutível legalidade, o *senatus-consultum ultimum*, que tornava nula a garantia da *provocatio ad populum*. Tibério, acusado de *affectatio regni*, foi morto.

A obra de Tibério foi continuada, cerca de dez anos mais tarde (123 a.C.), pelo seu irmão Caio, datado de uma visão indubitavelmente mais ampla dos problemas não só econômicos como também políticos. Nos seus dois tribunados sucessivos, Caio propôs ou fez criar um corpo orgânico de leis, entre elas uma nova *lex agraria*, uma *lex repetundarum*, que visava acabar com o fenômeno das concussões dos governadores provinciais em detrimento dos seus administrados, e uma *lex iudiciaria*, que modificava o *album iudicum*, antes formado por senadores e agora, em vez disso, por cavaleiros. Houve outras muitas reformas que não podem ser aqui mencionadadas; devemos apenas lembrar que foi uma enésima proposta de reforma, a da extensão da cidadania aos latinos e ao *socii* itálicos, que afastou de Caio o favor popular. A emanação de um novo *senatus consultum ultimum* permitia, enfim, ao Senado eliminar Caio Graco.

Eventos tão conhecidos e importantes como os que resumidamente acabamos de referir mereciam um amplo juízo histórico-político, aqui infelizmente impossível. Talvez se pudesse afirmar que a época dos Gracos foi uma espécie de fase extrema de reformas, reformas das quais o sistema republicana poderia ter recebido nova vitalidade. Mas, para colher de perto uma realidade histórica tão complexa, este juízo sintético também se deveria fundar numa análise detalhada dos instrumentos políticos e jurídicos tão lucidamente utilizados no desenrolar dessa série de acontecimentos. E ainda deveriam ser melhor reconstruídos os momentos do uso da força, bem como as motivações mais profundas, psicológicas ou intelectuais, da atividade dos dois Gracos (em resumo, os motivos pelos quais um programa tão precursor foi arriscado por não poder suportar um longo tempo de espera).

O desaparecimento dos Gracos dá início a uma época de mudanças alternadas, mas substancialmente abertas, especialmente em certos momentos e setores, à restauração senatorial. Depois do primeiro período da atividade militar e política de Mário (período durante o qual começou o alistamento de voluntários no exército por iniciativa dos próprios generais, inovação plena de conseqüências pelos laços que assim se estabeleciam entre o exército e o seu chefe) e após o *bellum sociale*, ligado à velha questão da cidadania dos itálicos, surge arrogante na cena política, no decorrer do segundo decênio do século I a.C., a personalidade de Sila (que triunfara sobre os sequazes de Mário, de novo no palco nessa época e morto em 86 a.C.).

O instrumento jurídico escolhido por Sila foi o da *dictatura legibus scribendis et rei publicae constituendae*. O seu programa político estava totalmente orientado à restauração do poder do Senado, oportunamente robustecido com a duplicação dos seus membros (de trezentos para seiscentos) e aberto aos cavaleiros. Ao mesmo tempo, Sila retomava o programa agrário dos Gracos, distribuindo terras aos veteranos, que se convertiam assim em pequenos agricultores. Na prática, o esforço de Sila constituiu a última tentativa importante de restaurar o vigor da constituição republicana, tendo por base um dos seus órgãos, precisamente o Senado (lembramos também que, a partir de Sila, só os senadores podiam tomar parte nas *quaestiones*, sendo o seu número notavelmente aumentado para a repressão de outros delitos). Mas esteve sempre fora dos propósitos de Sila assumir um poder monárquico.

Deixando de lado todo o período intermédio — também ele marcado por incessantes contrastes entre as classes mais elevadas e os *populares*, por lutas e guerras exteriores e entre generais romanos, e por revoltas escravas — a nossa consideração sobre a época republicana termina com uma alusão à figura de César. As etapas fundamentais da sua carreira política são conhecidas; são-no particularmente as suas relações e conflitos com Pompeu, a outra grande figura dessa época. O clima é o que Cícero descreve no *De re publica*, publicado precisamente no ano 51 a.C. e inteiramente dedicado, para usar expressões de Giannelli, à "idéia... de um compromisso entre as aspirações políticas da oligarquia e a necessidade de um Governo pessoal que já demonstrava ótimos resultados fora de Roma, na administração das províncias e na direção da guerra"; tal compromisso "só se podia concretizar no 'principado', isto é, na autoridade do 'primeiro cidadão' (*princeps*), a quem se concordaria em confiar, por seus méritos pessoais e pela confiança que todos os bons nele punham, o Governo da república, que ele exerceria em harmoniosa concordância com as várias ordens de cidadãos" (mesmo que, possivelmente, Cícero pensasse em Pompeu como *princeps*). Depois da morte de Pompeu, ocorrida no ano 48 a.C., o poder de César alcança o seu ápice. Também ele usa principalmente o instrumento jurídico da *dictadura*, mas os seus propósitos são já bem diferentes dos de Sila.

O número de cargos públicos que acumula, mesmo de forma anormal em relação à constituição republicana, faz dele uma figura similar à de um monarca. *Dictator, imperator, tribunus, pontifex maximus*, César controla agora todos os aspectos da vida pública romana; o culto rendido ao seu *genius* acentua ainda mais a analogia com a condição dos monarcas orientais. A uma tal situação só falta a confirmação formal, a outorga pública e solene do título de rei. César tinha certamente intenção de alcançar também esta meta, que impediria qualquer reviviscência das aparências republicanas, mas a morte violenta em 44 a.C., às vésperas de uma expedição que dilataria ainda mais as fronteiras romanas, impossibilitou a conclusão definitiva do seu programa.

Os aspectos profundamente novos da atividade de César não ficaram certamente diminuídos com a falta dessa confirmação formal. Sob esse ponto de vista, nada impediria, em suma, considerar já a época de César como a da instituição do principado. Se os romanos não aceitaram esta interpretação e viram, ao invés, em Augusto o fundador da nova ordem, isso se deve apenas ao fato de que César aparece ainda imerso no dramático clima político das guerras civis.

BIBLIOGRAFIA. — G. GIANNELLI, *Trattato di storia romana*, I, *L'Italia antica e la repubblica romana*, Pàtron, Bologna 1976[5]; F. DE MARTINO, *Storia della costituzione romana*, Jovene, Napoli 1972[2], I, II, *ibid.* 1973[2], III, *ibid.* 1973[2]; *Lineamenti di storia del diritto romano*, a cuidado de M. TALAMANCA, Giuffrè, Milano 1979.

[ROBERTO NONINI]

Resistência.

I. SIGNIFICADO DO TERMO. — Na linguagem histórico-política, se designam sob o termo Resistência, entendido em seu significado estrito, todos os movimentos ou diferentes formas de oposição ativa e passiva que se deram na Europa, durante a Segunda Guerra Mundial, contra a ocupação alemã e italiana, efetuada de três modos diversos: havia os territórios ocupados pela Wehrmacht, os países administrados pela Alemanha e os países satélites. A Itália, após o armistício de 8 de setembro de 1943, tornou-se, com a fundação da República Social Italiana por Mussolini, um país satélite. Se excetuarmos quatro nações neutrais (Portugal, Suécia, Suíça e Turquia) e uma nação amiga das potências do Eixo (Espanha), toda a Europa foi direta ou indiretamente ocupada e se envolveu conseqüentemente na Resistência.

Como indica, do ponto de vista lexical, o próprio termo, trata-se mais de uma reação que de ação, de uma defesa que de uma ofensiva, de uma oposição que de uma revolução. Por isso, a Resistência européia, embora apresente diferenças, às vezes profundas, segundo os países e a história de cada um, mostra algumas características comuns: trata-se, antes de tudo, de uma luta patriótica pela libertação nacional, contra o exército estrangeiro, contra o "invasor"; em segundo lugar, visto os alemães e os italianos quererem impor uma ideologia bem definida, a nazista e fascista, para a construção de uma "nova ordem européia", a Resistência teve como ideal não só a defesa da nação contra a ocupação e a exploração econômica, como também a defesa da dignidade do homem contra o totalitarismo; esta segunda luta teve como símbolo a salvação das populações judias da perseguição e do extermínio. Houve ainda outro elemento, próprio da Resistência comunista, o da construção de uma sociedade socialista. Mas a estratégia comunista persistiu sempre na aliança com os partidos burgueses; pensando que a revolução passava pela libertação, julgaram primordial esse objetivo.

II. A RESISTÊNCIA EUROPÉIA AO NAZISMO. — A Resistência européia deu-se no âmbito de uma guerra "tradicional", isto é, de conflito entre os países do Eixo (Alemanha, Itália e países satélites: Bulgária, Finlândia, Romênia, Eslováquia, Hungria) e as potências aliadas (Inglaterra, Rússia, Estados Unidos e França). Isto teve duas conseqüências: em primeiro lugar a ação militar da resistência esteve sempre subordinada à estratégia dos Aliados; em segundo lugar, as tensões entre os aliados e suas mútuas desconfianças repercutiram muitas vezes nas forças da resistência, criando antagonismos entre a ala nacionalista e a ala comunista. Foi isto que causou o malogro da insurreição de Varsóvia e da Eslováquia, pois não contaram com o necessário apoio do exército soviético. Aquilo que depois constituirá a lógica de Ialta e da partição da Europa deteriorou profundamente a Resistência como processo autônomo, amadurecido espontaneamente desde baixo.

A Resistência nasce em toda a parte, como fenômeno espontâneo, de um ato voluntário ou da conscientização de indivíduos e pequenos grupos, dispostos a rebelar-se e a não aceitar a ocupação. Contribuíram para isso, de formas diversas segundo as nações, por um lado, os oficiais e soldados que não haviam aceitado a derrota e, por outro, a população que reagia instintivamente (por meio dos próprios partidos) ao ocupante, ao estrangeiro. O processo de unificação entre os vários grupos e as diversas forças políticas foi duro e difícil, sulcado por desconfianças e hostilidades, mesmo que os comunistas tivessem lançado a palavra de ordem das Frentes Nacionais. Nem todas as nações atingem formas de organização unitária como a Itália que, com os comitês de Libertação Nacional onde tinham representação todos os partidos antifascistas, procura uma condução unitária da resistência. As tensões foram muitas e variadas: entre os Governos no exílio ou em territórios libertados (Itália) e as forças mais diretamente empenhadas na luta; entre o elemento militar e o civil, nem sempre por motivos ideais; entre quem se limitava a ser patriota e quem queria também depois reformas. Divergências houve-as também no modo de conceber a Resistência armada, já que os militares, por sua formação mental, não estavam preparados para a guerra de guerrilha; houve-as até entre os próprios militares, como na França, onde se assistiu a uma longa oposição entre o general De Gaulle e o general Giraud. Na Polônia, já dividida em 1939 entre a Alemanha e a União Soviética, houve duas Resistências, dois Governos e dois exércitos. Na Iugoslávia houve uma guerra civil entre o coronel "sévio" Mihajlovic, apoiado pelo Governo no exílio em Londres, e o comunista Tito, que bem depressa conseguiu romper com esse Governo. Na Grécia, a libertação coincidiu com o começo de uma dura guerra civil.

A resistência ativa é diferente da passiva: enquanto esta se limita a não colaboração, a sabotar passivamente, nos ministérios e nas fábricas, as iniciativas do inimigo, aquela o ataca com o fim de o desmoralizar, estando a sua máxima manifestação na guerrilha, de características diversas, conforme se desenvolva na montanha, na planície ou na cidade. A resistência ativa faz obra de propaganda por meio da imprensa clandestina, organiza greves, sabota a economia que trabalha para o ocupante, desenvolve atividades de espionagem ao serviço dos aliados, comete atentados tanto contra os alemães como contra os colaboracionistas, tenta destruir as infra-estruturas logísticas do inimigo, cria focos de resistência para comprometer e desviar, portanto, da frente as tropas alemães. É uma guerra conduzida em toda a parte com extrema pobreza de quadros, de armas e de dinheiro, e se desenvolve, a nível tático, no âmbito da estratégia aliada, com o objetivo de paralisar a administração do ocupante e de desmoralizar o exército estrangeiro. É uma guerra impiedosa e dura, com custos humanos elevadíssimos. A Polônia tem a triste primazia de vidas perdidas: cinco milhões de mortos, 15% da sua população.

O fim último era o da preparação para a insurreição nacional, logo que as tropas aliadas houvessem rompido a frente. Só a Iugoslávia e a Albânia conseguiram libertar-se sozinhas. Durante a guerra, a Iugoslávia manteve o controle de vastas áreas do país (Uzice, Bihac,· Jajce) e contou com os maiores sucessos militares. A Itália teve duas repúblicas independentes, a de Val d'Ossola e a de Montefiorino, a França uma, a de Vercors; mas foram experiências de breve duração. Enquanto em Varsóvia e na Eslováquia a insurreição nacional fracassou e foi esmagada pelos alemães, triunfaram as de Paris, de Bucareste, de Sófia, de Praga e da Itália do Norte.

Dentro da resistência européia, podemos estabelecer diferenças, uma tipologia, entre os países que experimentaram também uma guerra civil e os que apenas lutaram contra o estrangeiro. Os alemães conseguiram governar, ou com a ajuda dos colaboracionistas, ou por meio dos Governos títeres dos países satélites: a diferença é mais de quantidade que de qualidade, dependendo do grau de consenso com que a administração alemã, direta ou indireta, contou junto das populações. É claro que, nos países onde a tradição liberal-democrática era fraca e onde, entre as duas guerras, tinham existido regimes autoritários, monárquicos ou inspirados na ideologia fascista, a resistência, além de ser patriótica, visava também a uma profunda renovação política (quase sempre, exceto na Polônia, de sentido socialista). Foi precisamente nestes países que a guerra contra o estrangeiro esteve estreitamente ligada com a guerra civil, pois a ideologia nazifascista havia mergulhado suas raízes em vários estratos da população e se aliara às forças mais conservadoras. A Resistência italiana pertence a este segundo tipo, visto ter lutado para se libertar não só do estrangeiro, como também do fascismo e de tudo quanto ele representava para a história da Itália: se, rigorosamente falando, a Resistência italiana surgiu, em realidade, em 25 de julho de 1943, isso só foi possível pela intransigente oposição mantida contra o regime durante vinte anos, oposição tanto interna como externa, dos emigrantes.

III. A FIGURA "POLÍTICA" DO GUERRILHEIRO.

A Resistência é importante para o pensamento político, já pela guerra de guerrilha em que se traduziu quase em toda a parte, o que veio a constituir uma nova "arte da guerra", já pela nova figura "política" do guerrilheiro, que expressa total hostilidade. A teoria e a prática da guerra de guerrilha sofreu, com o andar do tempo, da revolta espanhola contra Napoleão até às recentes guerras coloniais, uma evolução peculiar e enorme transformação. Seus teóricos são Karl von Clausewitz, Lenin, Mao Tsé-tung, Ho Chi-minh e Che Guevara.

Para entender conceptualmente a nova figura do guerrilheiro, é preciso partir da tradição, que considera a hostilidade, de que está entremeada a política, apenas como hostilidade entre Estados; com o monopólio da força, o Estado manteria a ordem interna. É o Estado soberano que, em última instância, decide a guerra e a realiza com exércitos regulares, conforme regras precisas do direito internacional. Nos períodos de desagregação, quando o Estado já não consegue manter a ordem, surge uma nova forma de hostilidade, a guerra civil, com características muito similares às da guerra de guerrilha, na medida em que o que se dá é uma guerra absoluta e não uma guerra controlada.

A guerra de guerrilha manifesta-se sempre como luta contra os exércitos estrangeiros, como resistência armada da população e de setores do exército contra o invasor, sem a intervenção ou o direito controle de um Estado que tenha o monopólio do direito da guerra e da paz. Desaparecem assim as claras distinções da tradição: a distinção entre guerra e paz, entre militar e civil, entre combatente e não-combatente, entre frente e retaguarda, entre guerra aberta e guerra clandestina. Além disso, a guerra de guerrilha, precisamente por encarnar a hostilidade absoluta, abstrai da distinção entre inimigo e criminoso e a guerra acaba, não com a paz negociada, mas com o extermínio; abstrai igualmente da distinção entre legal e ilegal e a guerra se desenvolve baseada no terrorismo e no antiterrorismo.

As características do guerrilheiro são essencialmente três: combate como pobre, de modo "irregular"; possui uma grande mobilidade, é rápido tanto na ofensiva como na retirada; põe na luta armada um forte empenho político, justamente porque o inimigo é um inimigo absoluto, por causa de quem ele se expõe a um perigo total; é "telúrico", no sentido de que está ligado sentimental e militarmente à terra (ao campo). Visto a guerra de guerrilha e a guerra civil se misturarem muitas vezes, é necessário distinguir dois diversos tipos de empenho político: a defesa autóc-

tone do solo natal contra o estrangeiro e a ofensiva revolucionária para a instauração de uma nova ordem social a nível mundial. Se, nas guerras dos espanhóis contra Napoleão, só existe o primeiro, se, na resistência, os dois conseguem coexistir juntos e, nas guerras coloniais, prevalece o segundo, nos atuais fenômenos de guerrilha internacional só o último está presente, com a novidade de que a guerrilha tende a deslocar-se do campo para a cidade. Por isso, hoje, se está passando da guerra entre os Estados, que tinham o monopólio da força, a uma guerra civil planetária interestatal, onde o monopólio do político pertence aos partidos e aos grupos revolucionários. Por outro lado, a existência de sua majestade a bomba atômica veio pôr fim às guerras convencionais e o equilíbrio do terror não permite senão guerras limitadas, mas não pôs termo às guerras de guerrilha.

Esta evolução na prática da guerrilha teve seus reflexos na teoria. Se Clausewitz descobre a função da guerrilha numa estratégia tradicional (o que aconteceu na Segunda Guerra Mundial com as potências aliadas), Lenin, em *Guerra de guerrilha*, acentua, ao invés, a importância do guerrilheiro e dos seus métodos, isto é, da hostilidade absoluta, numa guerra civil que seja conjuntamente nacional e internacional. O lugar que ocupou um dia o povo tradicionalista, o ocupa agora o filósofo revolucionário: o novo guerrilheiro, como irregular, é um verdadeiro negador da ordem existente. Mao Tsé-tung, em *Questões de estratégia na guerra de guerrilha contra os japoneses* (1938), volta, se bem que dentro de uma perspectiva revolucionária, à tradição, já que insiste no fundamento telúrico do guerrilheiro, fazendo-o nascer do campo e não da cidade, do povo e não do filósofo revolucionário de profissão.

BIBLIOGRAFIA. R. BATTAGLIA, *Storia della Resistenza italiana*, Einaudi, Torino 1964; H. MICHEL, *La guerra dell'ombra* (1973), Mursia, Milano 1973; C. SCHMITT, *Teoria del partigiano* (1963), Il Saggiatore, Milano 1981.

(NICOLA MATTEUCCI)

Revanchismo.

É um comportamento político tendente a anular as desvantagens de uma derrota sofrida. Este termo foi usado pela primeira vez para definir o espírito que animava a política francesa depois da derrota sofrida na guerra franco-prussiana

(1870-1871) e da cedência forçada dos territórios da Alsácia e da Lorena à Alemanha. Foi o Revanchismo que alimentou as agitações autoritárias que culminaram no boulangismo, bem assim como o anti-semitismo que desembocou no clamoroso processo Dreyfus. Depois da Primeira Guerra Mundial, foi, ao contrário, na Alemanha que cresceu o Revanchismo, em repúdio da derrota e das condições de paz de Versalhes, dele se havendo alimentado o nacional-socialismo hitleriano. Acusações de Revanchismo foram também insistentemente dirigidas, no segundo pós-guerra, contra a República Federal Alemã pela União Soviética e pelos demais países do Leste que ficaram com territórios já pertencentes ao Terceiro Reich. Só um quarto de século depois da derrota da Alemanha, é que a política de distensão (*Ostpolitik*) do chanceler social-democrático W. Brandt viria dissipar em parte as desconfianças dos países do Leste em relação à Alemanha Federal.

(Giorgio Bianchi)

Revisionismo.

I. O SOCIALISMO COMO CIÊNCIA. — Definimos o Revisionismo só em relação ao MARXISMO (v.). Ora, no socialismo de Marx existe, como base, um princípio metodológico segundo o qual o projeto político deve libertar-se da sujeição aos sentimentos, aos impulsos, às fantasias e às aspirações, por muito justificados e humanos que sejam, e basear-se, ao invés, numa séria análise científica da realidade econômico-social, que estabeleça uma clara distinção entre o possível e o impossível. Como depois, aplicando o método, Marx julga ler na dinâmica interna do capitalismo a previsão do seu inevitável descalabro, bem como a da formação das condições objetivas e subjetivas de uma sociedade socialista, vemos que, para ele, a aspiração ao socialismo goza, em confronto com qualquer outra aspiração contrária, do caráter científico. Para ele, no socialismo, se concretiza a unidade da teoria e da prática. Não há quem não veja o valor prático de tal convicção: a certeza da vitória infunde, de fato, nos combatentes um centuplicado ardor pela conjugação de esperança e conhecimento. Tudo depende, porém, da força com que se crê na previsão; e esta se quer, como no marxismo, racional e científica por sua fundamentação em argumentos teóricos e fatuais.

O Revisionismo, que tem em E. Bernstein (1850-1932) seu iniciador e, ao mesmo tempo, seu representante mais autorizado, parte da constatação de que certas hipóteses marxistas não se verificaram. Em nome da fidelidade a um correto processo científico, isto é, ao próprio método invocado por Marx, chega a conclusões cognitivas e, conseqüentemente, operativas profundamente diversas. O Revisionismo apela, em suma, para o Marx do caráter científico da política contra o Marx do desmoronamento do capitalismo. Para manter a fidelidade à prognose e à terapia antes fixadas, quando se levantam legítimas dúvidas contra a fundamentação científica da diagnose, seria preciso refutar as críticas com outras análises mais profundas ou então, na impossibilidade de o fazer, resignar-se a ter fé na diagnose, malgrado todas as dúvidas. Mas, desse modo, o socialismo se converteria de científico em fideísta, de projeto racional em tentativa irracional.

Enquanto pretende livrar o socialismo dessa involução, revendo para isso os meios e, se necessário, reformulando também os fins à luz dos novos dados da ciência social, Bernstein julga manter-se, mais que seus adversários, fiel ao método e ao espírito iluminístico do marxismo.

II. TEORIAS A REVER. — O edifício doutrinal construído por Marx é tão compacto que dificilmente se pode rever uma parte sem que todo o conjunto se ressinta. Aconteceu assim com o Revisionismo que, partindo da verificação de alguns pontos, acabou, pouco a pouco, por pôr em questão toda a estrutura. Contudo, para justificar, em nome do realismo científico, uma radical mudança de rumo, basta que se criem fissuras nas teses da crescente proletarização das classes médias e do crescente agravamento da miséria operária, porque é nestas teses que Marx baseia a previsão do inevitável descalabro do capitalismo, bloqueado e deslocado pela sua própria dinâmica interna. Faltaria a certeza de que a classe operária, para evitar ser envolvida também na catástrofe, se insurgiria repetidas vezes até à indefectível vitória.

Estas teses não são senão a extrapolação do que efetivamente ocorre, por longo tempo, na fase da arrancada industrial. Quando os recursos sociais são globalmente escassíssimos; quando as indústrias de vanguarda são produtoras de bens de consumo (têxteis); quando a população em crescimento e a ociosidade tecnológica, causada, em primeiro lugar, pela crise dos setores econômicos tradicionais e, depois, pelo desmantelamento contínuo das unidades produtivas que não suportam o passo da inovação, põem no mercado de trabalho um constante excedente de mão-de-obra; quando as coligações operárias são proibidas pela lei; quando houver a confluência de todas estas condições, só então será possível iniciar um longo processo de acumulação de capital e, em decorrência disso, o crescimento econômico à custa de consumo, bloqueando os salários a níveis de subsistência.

Se não houvesse de ocorrer inversão de tendência, teríamos efetivamente as conseqüências previstas por Marx: a polarização da riqueza e da miséria nos dois extremos opostos da sociedade, com o inevitável embaraço do mecanismo do desenvolvimento, por vir a faltar, devido à miséria global da totalidade da população, agora constituída só por proletários com salários de subsistência, um mercado para o afluxo da massa cada vez mais ilimitada de bens produzidos (crise de superprodução por causa do subconsumo). Atingir-se-iam assim os cumes do absurdo: fome, desemprego e guerra (uma vez que os grandes Estados capitalistas acabariam na luta armada para repartir os mercados externos) seriam o resultado não já da escassez, como no passado, mas da abundância. Com a revolução, a expropriação dos expropriadores e a propriedade coletiva, a produção e o consumo se harmonizariam de novo: tornando-se proprietários do aparelho produtivo, os operários planificariam a produção, orientando-a à satisfação das próprias necessidades individuais e sociais.

Não é preciso indagar aqui a partir de que pressupostos teóricos (em substância, a teoria do valor-trabalho) e com que instrumentos lógicos Marx chega à convicção de que tal estado de coisas, com o progresso da industrialização (precisamente quando uma maior abundância de capitais pareceria criar as condições econômicas indispensáveis a uma inversão de tendência), em vez de se atenuar, se iria fatalmente agravando. Na realidade, nem sequer Bernstein consegue ver com clareza, no que respeita a este aspecto, o nexo lógico interno do raciocínio de Marx. A ele lhe basta constatar, com os dados ao alcance da mão, que o salário médio real tende a subir, um fenômeno que se explica, objetivamente, pelo aumento da produtividade e, subjetivamente, pela eficiência das lutas operárias.

Salário e lucro são tirados do produto global. Daí a antítese: um não pode aumentar senão à custa do outro. Relativamente é assim, mas, se aumentar a produtividade, a um percentual de salário igual ou mesmo menor que o do total corresponderá um salário real cada vez maior, o único que com justiça interessa aos operários. Já que o efeito da acumulação, que inicialmente só se pode dar com a compressão do consumo e, conseqüentemente, dos salários, é o do aumento do desenvolvimento econômico, e o progresso

tecnológico gera o aumento da produtividade, vejamos como se inverte a tendência: após uma certa fase inicial, a industrialização não só deixa de exigir como necessária a compressão dos salários, mas constitui, muito pelo contrário, o único modo de criar as condições indispensáveis para o seu aumento real constante. É destas condições que tiram proveito as uniões operárias que, na luta contratual, conseguem transferir para os operários uma parte dos aumentos da produtividade, elevando assim o poder aquisitivo tanto individual como global, com o que desaparece o próprio subconsumo e, com ele, uma das maiores causas das crises de superprodução. Outra das causas destas crises, a anarquia da produção, devida à ignorância do mercado em que forçosamente se encontra a miríade de produtores individuais independentes, também pode, segundo Bernstein, ser consideravelmente atenuada com o aumento da concentração das empresas, o que põe estas em condições de melhor harmonizarem a produção com as exigências do mercado, mediante o conhecimento e o controle, tornados técnica e economicamente possíveis pelas amplas dimensões. Isso sem contar que, no curso deste processo, se criam as condições para uma intervenção cada vez mais profícua do Estado na economia, para fins de planificação e de redistribuição.

Outra tese que é central no pensamento de Bernstein diz respeito à sorte das classes médias, destinadas, segundo Marx, a desaparecer. Que seja essa, em geral, a sorte das classes intermédias tradicionais, artesãos e camponeses, em conseqüência do desenvolvimento industrial, Bernstein não o nega, conquanto ache a previsão exagerada, devido à extrapolação do exemplo inglês, o único que Marx estudou concreta e minuciosamente, quanto aos camponeses médios e pequenos proprietários. Fora da Inglaterra, onde atuaram fatores particulares, eles não só apresentam uma grande viscosidade, como também, no que concerne a certos tipos de cultura agrícola de caráter intensivo, se poderia demonstrar que a sua permanência e difusão coincidem também com as necessidades do progresso produtivo, sendo, por isso, facilitadas.

Bernstein também não nega que, pelo que toca à direção técnica, seja um dos resultados do desenvolvimento econômico que ela se concentre num número cada vez mais restrito de mãos. Pelo contrário, serve-se, como dissemos, deste elemento, já salientado por Marx e Engels, para prognosticar uma maior possibilidade de controle do mercado. Contudo, se, nas sociedades por ações, a gerência dos enormes capitais nelas tornados disponíveis tende a transferir-se para as mãos de uns poucos, não acontece o mesmo com a renda do capital que se subdivide, pulverizando-se, por um sem-número de médios e pequenos acionistas. Estes, qualquer que seja a sua atividade de trabalho (por fim, num futuro possível, até operários se poderão contar entre eles), constituem, sob o aspecto social, juntamente com os empregados e técnicos, uma nova classe média que supre sobejamente a antiga no amortecimento das tensões sociais entre os dois pólos opostos. Com o progresso da economia, seu destino é, além disso, o de ocupar um espaço social cada vez mais vasto.

III. RESULTADO. — Das teses originárias de Marx se concluía ser inevitável o choque frontal entre proletários e capitalistas, ou seja, a revolução. Algo objetiva e subjetivamente inevitável. Objetivamente, porque, estando a raiz do agravamento da crise na propriedade privada, só a eliminação radical desta poderia trazer o remédio. Subjetivamente, porque, não podendo os capitalistas permitir, sem suicídio, um real e durável melhoramento da condição operária, o resultado último e cumulativo das lutas econômicas só poderia ser o de convencer os trabalhadores da necessidade de destruir o sistema para melhorar efetivamente a sua sorte. A proletarização crescente garantia, aliás, que a revolução socialista seria, além de seguramente vitoriosa, a "menos dura e difícil" da história (*Capitale*, I, 3, Roma 1956, p. 223). Conquanto crescida no seio da antiga, a nova sociedade que nasceria da revolução, como nasce o pintainho mal quebrada a casca, seria afinal uma clara antítese daquela em todos os campos: econômico, social, político, cultural e civil.

É verdade que Marx, ao enfrentar o problema, prefere não se pronunciar explicitamente sobre a articulação concreta desta realidade totalmente oposta. Quando muito, se infringe a ordem do silêncio, sempre o faz para ressaltar, contradizendo-se, este ou aquele elemento de continuidade, especialmente relativo às instituições políticas, entre capitalismo e socialismo, como a democracia representativa, as instituições liberais ou, até, a distribuição dos bens segundo o mérito. Não obstante os elementos que tal construção pretendia canalizar (e fê-lo até ao seu esboroamento no desenrolar da *Bernstein-Debatte*), a impressão geral continua, no entanto, a ser a da iminência de uma total palingenesia. Revolucionária nos meios, a via proposta por Marx era, portanto, também revolucionária nos objetivos.

O resultado da revisão de Bernstein é, pois, o REFORMISMO (v.). Reformismo dos meios antes de tudo. Se os operários puderem melhorar concretamente as suas condições de vida mediante a luta sindical, já não será possível fazer amadurecer neles uma consciência eversiva. Da prática sindical nascerá, pelo contrário, com o crescente bem-estar, a integração efetiva da classe operária na sociedade que, com suas instituições, permite que os operários lutem e triunfem. Enquanto para um revolucionário que anteponha a fidelidade aos seus ideais abstratos ao interesse vivo e participante pela sorte da classe operária real, isso seria um desastre, para Bernstein há de considerar-se, em vez disso, providencial que os operários possam conquistar, graças à sua luta, as qualidades culturais e civis indispensáveis que os tornem realmente, amanhã, uma classe hegemônica. Realizado pela revolta desesperada de uma massa de hilotas embrutecidos pela miséria e pela ignorância, o socialismo nunca seria socialismo, isto é, autogoverno da classe operária. O que, de golpe, seria impossível esperar em teoria, e irreal de fato, de uma massa desumanizada, poderá ser, ao invés, o resultado *gradual* do crescimento em cultura e conhecimento de uma classe autoconsciente. Daí a organização sindical e política da classe operária, destinada a promover, junto com a melhoria gradual dos salários, uma transformação progressiva, baseada em sucessivas reformas do Estado e do aparelho produtivo, para assim se tornar cada vez mais sólida e ampla a democracia e se substituir a propriedade privada por múltiplas formas de propriedade coletiva, municipal, estatal e cooperativa.

Até aqui, se mudam os meios, poder-se-ia pensar que o fim continue sendo substancialmente o mesmo. É verdade que o gradualismo implica, em si, o reconhecimento do valor fundamental das instituições democrático-liberais e, portanto, um forte componente conservador. Um componente, aliás, que em Bernstein não se introduz sub-repticiamente, como em Marx, mas é conscientemente assumido com um elogio explícito e, o que é mais importante, com uma fidelidade inflexível aos valores da civilização liberal. Mas, em parte porque tais elementos se achavam também de algum modo em Marx, e sobretudo porque a tradição marxista habituara quase todo o mundo a pôr o critério que distinguia uma civilização da outra no regime jurídico da propriedade, considerando tudo o mais como supra-estrutural e secundário, enquanto se mantivesse firme a expropriação, se podia crer e fazer crer que o fim se mantinha invariável em sua essência.

A revisão que obriga a passar do reformismo dos meios ao reformismo *tout court* é a que se refere à sorte das classes médias. Já Engels se vira forçado a admitir que, em certos países como a França, as classes médias, especialmente rurais, tardavam a desaparecer; daí ele deduziu a necessidade de uma aliança, na democracia, entre a classe operária e essas outras classes. Para Engels se tratava, porém, apenas de apressar a hora, já que a visão fundamental acerca das forças que fatalmente conduziriam de qualquer modo ao desaparecimento dessas classes, continuava, para ele, sempre válida. Devendo enfrentar a previsão de um progressivo alargamento das classes médias e, por isso, da impossibilidade crescente de a classe operária poder constituir maioria sem elas, Bernstein dá mais um passo, um passo decisivo. Para uma aliança de base democrática com classes em nenhum caso dispostas a permitir a abolição total da propriedade privada, por serem elas mesmas proprietárias, é mister renunciar definitivamente à expropriação radical, antepondo ao comunismo a democracia liberal, conquanto de fortes tintas socialistas.

Eis, pois, o sentido da célebre afirmação de Bernstein de que "o movimento é tudo, o fim é nada": a melhoria progressiva das condições gerais dos trabalhadores e das instituições político-sociais que a permitem, é o bem supremo e palpável; o fim, ou seja, o autogoverno político e econômico das massas é uma meta móvel no horizonte que possui, quando muito, um valor direcional, e que jamais será alcançada, como jamais se alcança o horizonte.

IV. REVISIONISMO DE ESQUERDA. — Uma vez quebrada a unidade entre teoria e prática, uma unidade que o marxismo clássico baseava em teses certas depois reveladas como inexatas, o Revisionismo era inevitável. Com efeito, nos quinze anos que antecederam à Primeira Guerra Mundial, estão impregnadas de Revisionismo, umas mais outras menos, umas de fato outras de plena consciência, todas as correntes vivas do socialismo europeu, ficando a ortodoxia como apanágio de uma maioria já fossilizada.

Podia tratar-se de um Revisionismo de direita, ou de oportunismo, como também foi chamado, consistente na reformulação da doutrina à luz da experiência; podia também ser um Revisionismo de esquerda, como, salvo diferenças embora profundas, foi o dos sindicalistas revolucionários e de Lenin, definido precisamente em virtude disso por Parvus, um marxista alemão então de posições de extrema esquerda, como um "oportunista manter firme o dogma que qualificava a doutrina, ou seja, o da revolução, mas buscando, com petulância engenhosa, fazê-la brotar da realidade social qual ela era, isto é, qual foi relevada pelos revisionistas, e não qual se queria que fosse. Por outras palavras, Lenin, como protagonista da revolução, substituiu com o partido monolítico de

elite a classe operária, considerada incapaz de se elevar por si mesma acima de uma consciência puramente sindicalista. Nisto concordava com os revisionistas; mais, chegava a conclusões explicitamente pessimistas onde eles se limitavam a constatar de forma realista a possibilidade objetiva de uma práxis sindical proveitosa.

A revolução da classe operária, que se baseava no princípio da Primeira Internacional: "a emancipação dos trabalhadores deve ser obra dos próprios trabalhadores", acabava por cair em ambos os casos. No primeiro, porque se fazia contenção da revolução e era, aliás, duvidoso que, pela via pacífica e democrática, a classe operária tivesse capacidade e vontade de autogoverno. No segundo, porque a revolução, transformada em obra principal do partido, se destinava a levar ao poder não a classe, mas o partido.

V. REVISIONISMO COMUNISTA. — O realismo das constatações de Bernstein sobre a exata natureza do capitalismo maduro acabou, após o parêntese da Revolução de Outubro, por se impor aos próprios partidos leninistas, quando tiveram que operar justamente em países de capitalismo avançado. Nos anos 1920-1921, até Lenin se torna merecedor da acusação dos espíritos revolucionários europeus mais intransigentes de propor, na Europa, uma política de tipo fundamentalmente bernsteiniano: participação nas eleições, inserção nos sindicatos, utilização do Parlamento, em suma, luta travada no seio das instituições, não contra elas.

Como prova de que a realidade que Bernstein pedia se levasse em conta não era a de um adversário da classe, mas a mais profunda e imodificável das leis objetivas da economia e da política, estão aí hoje as experiências dos partidos comunistas no poder. A partir de 1948, com a rebelião de Tito contra Stalin, o termo Revisionismo, usado primeiro pelos comunistas apenas para desacreditar a social-democracia, foi aparecendo cada vez mais amiúde na polêmica entre os comunistas, significando a cedência a esta ou àquela exigência da realidade, diante da qual sempre se curvaram as sociedades capitalistas. Como revisionistas foi definida até a própria URSS pela China; de Revisionismo se acusaram mutuamente as diversas correntes comunistas chinesas durante e depois da revolução cultural.

Seria, todavia, enganoso apontar estes fatos como prova do sucesso póstumo de Bernstein, quando, quiçá, lhe indiquem precisamente os limites. Seu objetivo era, na verdade, a inserção irrestrita do movimento operário e socialista no âmbito da sociedade democrática liberal, com funções de ala esquerda. Os partidos comunistas, quando não estão no poder, parecem antes amoldar-se, mas, é claro, sem entusiasmo, às regras do liberalismo. Pelo contrário, quando estão no poder, se mostram dispostos a reconhecer certas necessidades econômicas objetivas, adotando talvez de bom grado, para as enfrentar, métodos obtidos da experiência capitalista, mantendo-se, no entanto, surdos e impermeáveis, ou esforçando-se por assim se manterem contra a pressão contrária que se desenvolve a partir da própria realidade, às exigências ético-políticas do liberalismo. Em ambos os casos, e isto é decisivo, o comunismo, embora com métodos que muitas vezes Bernstein poderia reivindicar como seus, declara perseguir não o aperfeiçoamento da civilização liberal, como era no fundo o pensamento desse autor, mas a instauração de uma civilização totalmente diferente e melhor.

O sinal efetivo do sucesso das idéias de Bernstein há de, por isso, buscar-se alhures, na experiência histórica das social-democracias ocidentais entre as duas guerras, mas, principalmente, no segundo pós-guerra, quando quase todos os partidos socialistas chegam às últimas conclusões da revisão bernsteiniana, conclusões que Bernstein jamais havia tirado, conquanto implícitas, pondo inteiramente de parte os conteúdos clássicos do marxismo.

BIBLIOGRAFIA. — P. ANGEL, *Eduard Bernstein et l'evolution du socialisme allemand*, Didier, Paris 1961; Id., *Stato e società borghese nel pensiero di Bernstein*, in *Storia del marxismo contemporaneo*, ao cuidado de A. ZANARDO, Feltrinelli, Milano 1974; E. BERNSTEIN, *Socialismo e socialdemocrazia* (1899), introdução de L. COLLETTI, Laterza, Bari 1968; I. BONOMI, *Le vie nuove del socialismo* (1907), Sestante, Roma 1944; J. BRAUNTHAL, *Die Geschichte der Internationale*, 1864-1914, Dietz, Hannover 1961; G. D. H. COLE, *La seconda internazionale* (1967), Laterza, Bari 1969; F. FÉJTO, *Storia delle democrazie popolari* (1952), Vallecchi, Firenze 1955; Id., *Histoire des démocraties populaires. Après Staline 1953-1971*, Seuil, Paris 1969; I. FETSCHER, *Bernstein e la sfida all'ortodossia*, em *Storia del marxismo*, Einaudi, Torino 1979²; P. GAY, *The dilemma of democratic socialism*, Collier Books, New York 1952; A. GRAZIADEI, *La produzione capitalistica*, Bocca, Torino 1899; J. JOLL, *The Second International 1889-1914*, Routledge and Kegan Paul, London, Boston 1974; R. KILROY-SILK, *Socialism since Marx*, The Penguin Press, London 1972; *Il revisionismo*, ao cuidado de L. LABEDZ (1962), Jaca Book, Milano 1968; C. LANDAUER, *European socialism*, California University Press, Berkeley 1959; K. E. LONNE, *Il dibattito sul revisionismo*, in *Il movimento operaio e socialista in Italia e Germania dal 1870 al 1970*, ao cuidado de L. VALIANI e A. WANDRUSCKA, Il Mulino, Bologna 1978; S. MOORE, *Three tactics: the background in Marx*, Monthly Review, New York 1963; E. RIKLI, *Der Revisionismus*, Girsbegger, Zürich 1936; E. SANTARELLI, *La revisione del marxismo in Italia*, Feltrinelli, Milano 1977; D. SETTEMBRINI, *E. Bernstein e i suoi critici*, in *Socialismo e rivoluzione dopo Marx*, Guida, Napoli 1974.

[DOMENICO SETTEMBRINI]

Revolução.

I. REVOLUÇÃO, REBELIÃO, GOLPE DE ESTADO, VIOLÊNCIA.

— A Revolução é a tentativa, acompanhada do uso da violência, de derrubar as autoridades políticas existentes e de as substituir, a fim de efetuar profundas mudanças nas relações políticas, no ordenamento jurídico-constitucional e na esfera sócio-econômica. A Revolução se distingue da *rebelião* ou *revolta*, porque esta se limita geralmente a uma área geográfica circunscrita, é, o mais das vezes, isenta de motivações ideológicas, não propugna a subversão total da ordem constituída, mas o retorno aos princípios originários que regulavam as relações entre as autoridades políticas e os cidadãos, e visa à satisfação imediata das reivindicações políticas e econômicas. A rebelião pode, portanto, ser acalmada tanto com a substituição de algumas das personalidades políticas, como por meio de concessões econômicas. A Revolução se distingue do *golpe de Estado*, porque este se configura apenas como uma tentativa de substituição das autoridades políticas existentes dentro do quadro institucional, sem nada ou quase nada mudar dos mecanismos políticos e sócio-econômicos. Além disso, enquanto a rebelião ou revolta é essencialmente um movimento popular, o golpe de Estado é tipicamente levado a efeito por escasso número de homens já pertencentes à elite, sendo, por conseguinte, de caráter essencialmente cimeiro. A tomada do poder pelos revolucionários pode, de resto, acontecer mediante um golpe de Estado (assim se pode considerar a tomada do poder formal pelos bolcheviques, em 25 de outubro de 1917), mas a Revolução só se completa com a introdução de profundas mudanças nos sistemas político, social e econômico.

Os vários tipos de movimentos coletivos que visam introduzir mudanças de natureza política, e de natureza política e sócio-econômica ao mesmo tempo, podem assim ser subdivididos em três categorias. Partindo da perspectiva das intenções dos insurretos, haverá uma revolução de massa, ou revolução em sentido estrito, quando eles pretendem subverter fundamentalmente as esferas política, social e econômica: neste caso há uma grande participação popular, a duração da luta é prolongada e a incidência da violência interna torna-se sumamente elevada. No caso de um golpe de Estado reformista, os insurretos têm em vista mudanças mais ou menos importantes na estrutura da autoridade política e transformações sócio-econômicas limitadas, a participação popular é escassa, a duração da luta breve e o nível de violência bastante baixo. Enfim, quando ocorre um golpe de Estado palaciano, os insurretos visam unicamente substituir os líderes políticos, a participação popular é nula, a duração da luta brevíssima e a violência interna provavelmente limatadíssima.

O nosso tipo de definição é sumamente restritivo, pois só considera revolucionários os processos que provoquem, ao mesmo tempo, mudanças sócio-econômicas. Contudo, a definição de Revolução como *tentativa* de introdução de mudanças políticas e sócio-econômicas não nos deixa transcurar os fenômenos revolucionários não vitoriosos. Podemos distinguir dois tipos de milagres. O primeiro se verifica quando os revolucionários não conseguem consolidar seu poder e, depois de um breve período de gestão dualista, juntamente com a classe dirigente do período pré-revolucionário, são derrotados e eliminados. É nesse sentido que talvez sejam revoluções fracassadas a Comuna de Paris, de 1871, e a insurreição húngara, de 1956. Outro tipo de malogro ocorre quando os revolucionários, que conseguiram conquistar o poder e o administram sós, se revelam incapazes de proceder à transformação radical do quadro político institucional e das relações sócio-econômicas, quer pela sua fraqueza subjetiva, quer devido a condições objetivas desfavoráveis. É o caso da revolução boliviana de 1952, bem como da mexicana, conquanto em menor medida.

A necessidade do uso da violência como elemento constitutivo de uma Revolução pode ser teorizada abstratamente, mas nunca sem uma fundamentação histórica que mostre como as classes dirigentes não cedem seu poder espontaneamente e sem opor resistência e como, em consequência, os revolucionários são obrigados a arrebatá-lo pela força, e que sublinhe, além disso, como as mudanças introduzidas pela Revolução não podem ser pacificamente aceitas, já que significam a perda do poder, do *status* e da riqueza para todas as classes prejudicadas. Ninguém duvida, e está historicamente provado, que estas classes se organizarão para se defender (v. *infra* § 6), sendo inevitável então que os revolucionários recorram à violência e ao terror. Mas a necessidade do uso da violência também pode ser empiricamente posta em evidência, tanto nos

casos de Revoluções vitoriosas, como nos de Revoluções dominadas, tendo por base a duração do conflito armado entre as classes dirigentes e os revolucionários e o número de vítimas.

Parece, portanto, correto sustentar que, no momento em que os revolucionários se propõem mudanças profundas na estrutura política e na estrutura sócio-econômica do sistema em que operam, terão de recorrer à mais ampla participação popular contra as autoridades políticas no poder. É claro que as autoridades farão então uso dos instrumentos de coerção ao seu dispor — exército e polícia sobretudo —, rebentando assim o conflito civil, de amplitude, intensidade e duração proporcionais ao número de indivíduos envolvidos, e intimamente dependente da relação de forças existente entre os dois grupos contendores. Uma situação de paridade ou quase-paridade entre as forças em campo tenderá a prolongar e a dramatizar o conflito. Como, na época contemporânea, os instrumentos coercitivos à disposição das autoridades políticas são numerosos e cada vez mais aperfeiçoados, os revolucionários terão de mobilizar vastos segmentos da população e deles receber apoio ativo, se quiserem contar com a vitória. O choque entre os dois campos não poderá deixar de ser longo, violento e sangrento.

Enfim, não parece arriscado afirmar que em toda a Revolução, vitoriosa ou não, há momentos mais ou menos prolongados de *guerra civil*. O elemento que caracteriza a Revolução da época moderna é, com efeito, a divisão da sociedade em dois grupos antagônicos, que lutam por manter ou conquistar o poder, com a particularidade de que, se vencerem, os "revolucionários" provocarão profundas transformações na própria esfera sócio-econômica. As guerras civis do passado, entre as quais sobressai a guerra civil romana, admiravelmente descrita por Júlio César, eram causadas por lutas intestinas entre grupos da elite que pugnavam pelo poder político, mas que, depois de o conquistarem, não causavam mudanças sócio-econômicas de grande vulto. Como veremos na seção dedicada à origem do conceito de Revolução, é só com a apregoada possibilidade de passar do reino da necessidade ao da liberdade que a guerra civil se torna um instrumento revolucionário por excelência.

II. ORIGEM DO CONCEITO. — Na longa história do pensamento político, o conceito de Revolução, tal como é apresentado em nossa definição, apareceu bastante recentemente. Era, de fato, desconhecido dos grandes filósofos gregos Platão e Aristóteles, segundo os quais a sucessão das várias formas de Governo se baseava em certas seqüências cíclicas e envolvia essencialmente mudanças na composição da classe governante e não alterações fundamentais, nem mesmo nas esferas social e econômica. Embora Aristóteles tivesse perfeita consciência da oposição que existia entre os interesses dos ricos e os dos pobres, jamais chegou a conceber e a afirmar a possibilidade de uma convulsão capaz de instaurar a idade de ouro da liberdade ou de constituir um avanço decisivo na história das relações políticas entre homens organizados em comunidades.

O conceito de Revolução é igualmente desconhecido entre os escritores da época romana que, como Políbio e Tácito, mais se interessaram pela análise comparada das mudanças rápidas e violentas que respeitam só às autoridades políticas, não envolvem as massas, não abalam as relações sócio-econômicas e correspondem, portanto, à designação de golpe de Estado. O pretorianismo, como fenômeno político que implica a deposição dos governantes pelos chefes do exército, surge precisamente no período avançado do império romano. Também para os pensadores políticos da Itália renascentista era desconhecido o conceito de Revolução, tal como se entende modernamente, e não é de admirar, pois, que Maquiavel, o mais agudo de todos, se ligava essencialmente aos clássicos latinos, alheios ao hábito e compreensão desse tipo de transformações políticas.

A palavra Revolução foi criada exatamente na Renascença, numa referência ao lento, regular e cíclico movimento das estrelas, como que a indicar que as mudanças políticas não se podem apartar de "leis" universais e implícitas. É no século XVII que a palavra vem a ser usada como termo propriamente político, para indicar o retorno a um estado antecedente de coisas, a uma ordem preestabelecida que foi perturbada; a Revolução inglesa de 1.688-1689 representa, com efeito, o fim de um longo período, também marcado pela guerra civil, e a restauração da monarquia. E é, além disso, significativo que a Revolução americana e até mesmo a Francesa, no início, não fossem concebidas pelos seus autores como algo original e inédito, mas como retorno a um estado de coisas justo e ordenado, que havia sido perturbado pelos excessos, pelos abusos e pelo desgoverno das autoridades políticas, e que devia ser restaurado, quer se tratasse de eliminar as exorbitâncias do Governo colonial inglês, quer se devesse moderar o exercício despótico do poder da monarquia borbônica.

A Revolução americana nos permite ainda identificar algumas das características do que agora usualmente se define como *guerras de libertação nacional*. De fato, a Revolução americana é o primeiro exemplo de guerra de libertação anticolonial, movida por um povo em busca da independência, de uma guerra longa e sangrenta que, no entanto, não provocou mudanças fundamentais na esfera sócio-econômica, não obstante serem muitos os cidadãos americanos que se mantiveram fiéis súditos do rei da Inglaterra, tendo de pagar tal preferência com a confiscação dos bens e com o abandono do país. A despeito da mudança política fundamental, que culminou na criação da federação americana, uma vez que as relações sócio-econômicas permaneceram substancialmente invariáveis e as elites políticas americanas que emergiram pertenciam já ao estrato superior da sociedade colonial, a Revolução americana, com base em nossa definição, melhor se pode analisar *sub specie* de guerra de libertação nacional.

É justamente durante a Revolução Francesa que se verifica uma mudança decisiva no significado do conceito de Revolução, mudança aliás já implícita nas formulações teóricas dos iluministas, de que se haviam nutrido muitos dos líderes dessa Revolução: da mera restauração de uma ordem perturbada pelas autoridades, se passa à fé na possibilidade da criação de uma *ordem nova*; da busca da liberdade nas velhas instituições, se passa à criação de novos instrumentos de liberdade; enfim, é a razão que se ergue contra a tradição ao legislar uma constituição que assegurasse não só a *liberdade*, mas trouxesse também a *felicidade ao povo*. A ruptura com o passado não podia ser mais completa. Mesmo os pensadores desiludidos com os recentes acontecimentos revolucionários e com suas conseqüências antilibertárias concordam com esta diagnose: "só se pode falar de Revolução, quando a mudança se verifica com vistas a um novo início, quando se faz uso da violência para constituir uma forma de Governo absolutamente nova e para tornar real a formação de um novo ordenamento político, e quando a libertação da opressão visa pelo menos à instauração da liberdade" (Arendt, 1963, 28).

Será, enfim, Marx quem dará uma forma completa e um fim ainda mais grandioso à Revolução. Ela surgirá não só como instrumento essencial para a conquista da liberdade, identificada com o fim da exploração do homem pelo homem e, por conseqüência, com a possibilidade de vencer a pobreza, mas também como meio de conseguir a igualdade, posta na justiça social, e de o homem desenvolver plenamente todas as suas qualidades. Não é tanto o homem, consumidor insatisfeito, que é o artífice da Revolução, mas o homem, produtor alienado e frustrado, que, na Revolução vitoriosa, busca desenvolver plenamente as suas potencialidades criadoras. É Marx, afinal, quem, fundindo perfeitamente os dois elementos acentuados pelos iluministas — liberdade e felicidade — apresenta a perspectiva da sua consecução simultânea pela libertação do homem produtor. Desde então a Revolução despontará como panacéia dos males de qualquer sociedade e atuará como símbolo poderoso e como estímulo na vitória sobre a opressão e sobre a escassez de recursos.

III. CAUSAS DA REVOLUÇÃO. — O debate sobre as causas da Revolução é vasto e confuso. É preciso, antes de tudo, distinguir entre causas primárias e causas secundárias, isto é, entre as condições fundamentalmente necessárias para que surja a ocasião revolucionária e os "aceleradores" que fazem deflagrar a Revolução. Ao considerar as causas primárias, Aristóteles põe a origem do impulso revolucionário no desejo ou no sentimento dos homens de serem iguais, ou então na convicção de serem diferentes e superiores e, não obstante, serem tratados de modo desvantajoso, de conseguirem menos que o devido, independentemente do fato de tais desejos e convicções serem justificados ou não.

No século XIX, os estudiosos da Revolução, como Tocqueville e Marx, insistem, pelo contrário, mais claramente nas causas estruturais que nas psicológicas analisadas por Aristóteles, particularmente na incapacidade das instituições tradicionais em fazer frente às novas necessidades sociais. Ambos sublinham também a importância das respostas dadas pelas autoridades políticas à demanda de mudanças, e ambos, mas mais acentuadamente Tocqueville, põem em revelo a importância da percepção que os atores políticos têm da sua condição presente e das suas oportunidades futuras. Marx e Engels fundem com agudeza os dois componentes da ira revolucionária — necessidades sociais e respostas do sistema — conferindo-lhes o papel de promotoras insofreáveis dos movimentos revolucionários, quando afirmam: "onde quer que se gere uma convulsão revolucionária, tem de existir como base qualquer necessidade social que as instituições envelhecidas não deixam satisfazer. Tal necessidade pode não se fazer sentir ainda com aquela força e amplitude que seriam necessárias para lhe garantir um sucesso imediato, mas toda a tentativa de a reprimir com violência só fará com que ela renasça cada vez mais forte, até quebrar suas cadeias" (Marx e Engels 1948, 8).

Quando se passa, porém, especificamente às causas gerais e imediatamente identificáveis das convulsões revolucionárias, as posições de Tocqueville e de Marx não poderiam ser mais desiguais. O pensador político francês afirma com vigor: "Nem sempre andando de mal a pior

se cai na Revolução. É mais freqüente que um povo, depois de haver suportado sem lamentos e quase com indiferença as leis mais duras, as rejeite violentamente, quando elas se tornaram mais leves. O regime derrubado por uma Revolução vale quase sempre mais que o imediatamente anterior, e a experiência nos ensina que o momento mais perigoso para um mau governo é geralmente aquele em que começa a introduzir reformas... O mal que se tolerava pacientemente como inevitável afigura-se insuportável a partir do momento em que surja a idéia de se lhe subtrair. A remoção parcial dos abusos e injustiças põe em maior evidência o que ainda resta, tornando sua sensação mais irritante: o mal é menos grave, mas a reatividade é mais viva" (Tocqueville 1969, 765).

Enquanto Tocqueville vincula a explosão revolucionária à diminuição da opressão, que se dá de forma muito lenta, e a uma leve melhoria das condições de vida, que não corresponde, no entanto, às expectativas populares, Marx põe de modo inequívoco a causa primária da Revolução no depauperamento crescente do proletariado, advertindo que nem mesmo o aumento do temor de vida dos trabalhadores será suficiente para evitar a Revolução. Com efeito, quando esse aumento não for proporcional ao obtido pelas outras classes, o grau de satisfação social dos trabalhadores, em vez de aumentar, diminuirá, provocando novo incitamento à destruição do sistema.

Recentemente, um sociólogo dos Estados Unidos reformulou as duas teses de Tocqueville e de Marx, combinando-as entre si, e chegou à conclusão de que o momento em que é mais provável que se verifique uma Revolução é quando, a um longo período de crescente prosperidade e melhorias sociais, se segue uma repentina recessão. Espalha-se então o medo de que todas as vantagens adquiridas se percam de um lance. "O fator crucial está no temor vago ou específico de que o terreno conquistado num longo período de tempo se venha a perder rapidamente. Não se cria este temor, se existem oportunidades constantes para a satisfação de necessidades que surgem a cada momento; cria-se, quando o Governo em função suprime, ou é acusado de suprimir, tais oportunidades" (Davies 1962, 8).

Numa perspectiva mais ampla, ou seja, para explicar qualquer tipo de violência política, a hipótese de Davies foi mais tarde elaborada e aperfeiçoada com a hipótese que faz da "privação relativa" a mola de toda a convulsão violenta da ordem política nacional e, portanto, também da species que é a Revolução. A privação relativa consiste especificamente na "percepção de uma discrepância entre as expectativas que os homens guardam em relação a certos valores e sua capacidade potencial de os alcançar. Os valores esperados são os bens e as condições de vida a que os indivíduos crêem ter pleno direito. Sua capacidade potencial de valores são os bens e as condições de vida que eles pensam ser capazes de conseguir e manter, com base nos meios sociais ao seu dispor. As condições sociais que aumentam o nível ou intensidade média das expectativas, sem aumentar a capacidade potencial, aumentam a intensidade do descontentamento" (Gurr 1970, 13).

Mas nem todas as sociedades onde o desnível entre expectativas e capacidade potencial é muito elevado ou está em aumento, apresentam as mesmas probabilidades de passar por uma Revolução. Em muitas delas se verificarão explosões anômicas e esporádicas de violência, imediatamente reprimidas; em outras haverá conflitos prolongados entre as autoridades políticas nacionais e alguns grupos sociais, religiosos, étnicos ou regionais; só em poucas, pouquíssimas sociedades, terá lugar uma tentativa revolucionária. Quando é que ocorre então uma Revolução?

A doutrina marxista ortodoxa sublinha que a Revolução é a locomotiva da história: apressa a queda da velha ordem social e favorece o advento da nova, permite a passagem do poder das mãos de uma classe às de outra, até chegar às mãos do proletariado. A satisfação de certas condições objetivas e subjetivas é, contudo, necessária para condicionar (ou determinar) o momento histórico em que se efetua a passagem revolucionária do poder. Ainda segundo o marxismo ortodoxo, são condições objetivas as contradições entre forças produtivas e relações sociais de produção, por um lado, e a organização do poder político, por outro. Quando se criam novas formas de produção e novos meios, e se alcançam níveis de desenvolvimento econômico mais elevados, é provável que a superestrutura política se encontre em atraso e bem depressa em contraste com tais mudanças, tornando-se incompatível com elas e sendo um obstáculo para mudanças futuras.

A solução dialética desta antítese consiste no desmoronamento do tipo de poder já superado pelo desenvolvimento sócio-econômico e na sua substituição por novas formas de controle político e por outros instrumentos de coerção, até que a Revolução comunista tenha criado os pressupostos para o desaparecimento de qualquer forma de controle político. "A substituição do Estado burguês pelo Estado proletário não é possível sem Revolução violenta. A supressão do Estado proletário, ou seja, a supressão de todo

o Estado, não é possível senão pela via da 'extinção' " (Lenin 1968, 66). Embora, pois, sejam as mudanças ocorridas na estrutura econômica e social que geram a necessidade de adaptações a nível político, o processo revolucionário implica em si, fundamentalmente, a passagem do poder político de uma classe a outra, de acordo com o papel que desempenham no processo de produção; uma passagem que se refletirá depois, por sua vez, na organização do processo de produção.

Marx e Engels parecem sustentar amiúde que o rompimento revolucionário com o passado é coisa inevitável: como à organização feudal da sociedade seguiu a organização capitalista, assim em seu auge o capitalismo cederá o lugar ao socialismo. Na *Crítica à economia política*, Marx sustenta que as formações sociais não se extinguem, enquanto não se desenvolverem todas as forças produtivas que podem pôr em movimento; novas e mais elevadas relações de produção jamais substituem outras, antes que tenham amadurecido, no seio da velha sociedade, as condições materiais da sua existência. A aparente contradição que existe no pensamento marxista entre a inevitabilidade histórica do processo revolucionário e a necessidade de que existam condições objetivas e subjetivas bem definidas para que ele se dê, tem uma solução no papel atribuído ao partido comunista, vanguarda organizada do movimento operário, de parteiro da história. As condições subjetivas, isto é, a preparação e determinação dos comunistas, desempenham, com a sua capacidade de escolha do momento "justo" para entrar em ação, um papel muito importante. Se, de fato, os comunistas agirem, quando as condições objetivas não forem ainda aptas, provocarão um dano que fará recuar, muitos passos atrás, o movimento operário; mas, se tomarem a iniciativa excessivamente tarde, perderão a oportunidade e adiarão assim a Revolução *sine die*.

Todos sabem como a definição ortodoxa de Marx de uma situação revolucionária entendida em termos econômicos e sociais, repetida depois por Plekhanov e por Kautsky entre outros, deu origem a um grande, polêmico e desabrido debate sobre a necessidade ou não do estádio da Revolução burguesa, solucionado no plano prático e teórico por Lenin e por Trotski. Lenin reformulou a situação revolucionária, acentuando mais os seus elementos políticos e pondo em evidência como era precisamente a organização do Estado czarista e seus instrumentos de coerção que punham limites à mudança econômica no sentido de um desenvolvimento capitalista da Rússia pré-revolucionária. Trotski chegou a propor a lei do desenvolvimento combinado, segundo a qual, da desigualdade do desenvolvimento, que é a lei mais geral do processo histórico, nasce, para os países atrasados, a necessidade imperiosa de fazer avançar a sua cultura arcaica. A lei do desenvolvimento combinado quer significar, portanto, "aproximação de diversas fases, combinação de diversos estádios, mistura de formas arcaicas com as formas mais modernas". Segundo defende Trotski, esta lei, considerada em seu conteúdo material, faz com que só se possa conceber a Revolução socialista nos países que primeiro desenvolveram uma organização capitalista, quando esta chegar ao amadurecimento completo, ao passo que, "nos países chamados à civilização em segundo, terceiro ou décimo turno", se impõe a necessidade de que a ruptura revolucionária ocorra antes da completa maturação capitalista, se eles tiverem de superar o atraso (Trotski 1964, 20). Esta a tarefa dos revolucionários.

Tendo assim identificado as causas de origem geral ou primárias da Revolução em relação ao sistema social em que se verificam, devemos agora perguntar quais são os acontecimentos que provocam diretamente o desencadear do processo revolucionário: os "aceleradores". Definimos como aceleradores os "acontecimentos que tornam possível uma Revolução ao pôr a nu a inabilidade da elite em manter o monopólio da força" (Johnson 1966, 99). Podemos, portanto, distinguir diversos tipos de aceleradores. O primeiro é constituído pela cisão profunda no seio da elite dominante e pelo recurso da elite excluída à mobilização popular. O segundo dá-se quando ocorrem acontecimentos que afetam a disciplina, a organização e a lealdade das forças armadas e da polícia. O acontecimento principal é evidentemente a guerra, mas também no tempo de paz as sublevações podem exercer o papel de aceleradores: o momento em que as forças armadas se recusam a disparar sobre a multidão, marca geralmente o fim do regime e muitas vezes o próprio início da Revolução. Outro tipo de acelerador está nas provocações feitas às autoridades por pequenos grupos de conspiradores e de guerrilheiros (v. infra); a sua eficácia depende notavelmente das respostas das autoridades, tanto em termos puramente militares, como em termos de aceitação das solicitações e de satisfação das exigências da população. É importante revelar que, em qualquer dos três casos, é a atitude e solidez das forças armadas que condicionam, até o ponto de quase o predeterminarem, o êxito de uma Revolução. Com o apoio das forças armadas, a Revolução sairá vitoriosa. O mesmo pode acontecer com a sua abstenção; mas as probabilidades de sucesso de uma tentativa revolucionária hostilizada pelas forças armadas são limitadíssimas.

IV. GUERRILHA E REVOLUÇÃO. — O problema da possibilidade e do modo de criar as condições revolucionárias objetivas, ou, quando menos, de acelerar a sua formação, voltou recentemente ao centro das teorias revolucionárias, após a vitoriosa experiência cubana. A Revolução castrista, Revolução vitoriosa num país carente de uma verdadeira e autêntica classe operária organizada e dotado de uma estrutura econômica de tipo capitalista só parcialmente desenvolvido, teve seu teórico em Che Guevara. Este sustentou que um grupo pouco numeroso de guerrilheiros, ou "foco", pode criar com a sua atividade de luta e de propaganda uma situação objetivamente revolucionária, desde que existam três condições iniciais: insuficiente legitimação da elite governativa aos olhos da nação, existência de tensões que possam ser resolvidas com os meios habituais e pelos canais normais, e percepção por parte dos opositores de que todos os meios legais para obter mudanças sociais e políticas foram bloqueados. Se existirem estas três pré-condições, a atividade do "foco" acabará por provocar a radicalização da luta entre a elite governativa e a oposição, e o esvaziamento progressivo da base de sustentação do regime, até o seu desmoronamento definitivo e à chegada dos guerrilheiros ao poder. Mas este último passo depende essencialmente da habilidade dos que compõem o "foco": enquanto devem existir as condições iniciais para que o "foco" tenha probabilidades de sucesso, serão as qualidades dos seus membros, a sua dedicação, a sua astúcia de combatentes, a sua capacidade de conquista da população que os levarão ou não à conquista do poder.

A maior contribuição de Guevara para a teoria e prática revolucionárias está na sua insistência sobre o papel do "foco" como agente no parto da Revolução e na importância por ele atribuída à capacidade e demonstração dos guerrilheiros, que podem desafiar impunemente o Governo e o seu braço armado, o exército, até que a própria legitimidade do regime, por um lado, e a validade e eficiência dos seus instrumentos de coerção, por outro, sejam postos fortemente em dúvida. Outro dos aspectos importantes do pensamento revolucionário de Guevara, inspirado e confirmado primeiro pela experiência da Longa Marcha chinesa e, depois, pelos vinte anos de luta vietnamita, está na reavaliação do papel dos camponeses no processo revolucionário. É constante em todos os pensadores que teorizam sobre a GUERRILHA (v.) como meio de criar as condições objetivas para a conquista do poder, a exigência de que tal movimento seja guiado por uma vanguarda de homens consagrados à Revolução que sejam capazes, se necessário, de bater em retirada diante das forças do poder central e da hostilidade da população, mas que estejam sempre prontos a retomar a luta.

V. REVOLUÇÃO PERMANENTE. — A teoria da Revolução permanente foi enunciada por Trotski pela primeira vez em 1905, nas suas considerações sobre o malogro da experiência dos *sovietes* de Petersburgo, e depois muitas vezes repetida com propósitos polêmicos contra a cristalização teórica do socialismo num só país, como queria Stalin. A teoria da Revolução permanente contém dois elementos principais. De um lado, ela é a interpretação, a explicação e a justificação do advento da Revolução num país não altamente industrializado, e da "superação" do estádio formal da Revolução democrático-burguesa. Neste sentido, está estreitamente ligada tanto aos aspectos mais propriamente teóricos da Revolução, quanto aos aspectos concretos da práxis revolucionária. Do outro, a Revolução permanente constitui o oposto do socialismo num único país; é a teorização e vigorosa exposição da necessidade da expansão, pelo menos aos países industrializados, da Revolução socialista, é a mesa de ensaio da solidariedade do movimento operário internacional (v. TROTSKISMO).

Pelo que respeita ao primeiro aspecto, a teoria da Revolução permanente afirma que num país particularmente atrasado e onde a burguesia nacional esteja ausente, seja incapaz ou esteja subjugada aos interesses do capital estrangeiro, será o proletariado que, unido à massa dos camponeses, se porá à frente do movimento revolucionário de emancipação nacional. O processo, contudo, será conduzido pelo proletariado, ou, melhor, pela vanguarda proletária organizada no partido comunista; só raras vezes os camponeses estarão em condições de se organizarem autonomamente e de fazerem nascer um verdadeiro e autêntico partido revolucionário. Durante o curso da Revolução, o proletariado bem se aperceberá de que não pode ficar nas simples reformas democráticas e tem de atingir o direito de propriedade, até transformar a Revolução democrático-burguesa em ditadura do proletariado. Segundo Trotski, esta transformação não só é possível, como é também necessária e está teoricamente de acordo com a visão marxista e com a realidade histórica concreta. Na situação russa, a passagem da Revolução de fevereiro à de outubro exemplificaria, do melhor modo possível, a transição da Revolução burguesa à ditadura do proletariado. As bases

econômicas deste processo são-nos dadas pela lei do desenvolvimento desigual (v. *supra*), que faz com que as contradições existentes nos países mais atrasados do ponto de vista econômico sejam mais flagrantes e menos controláveis que as existentes nos países mais avançados. Se, porém, a Revolução se der primeiro nos países mais atrasados e neles se instaurar a ditadura do proletariado, nem por isso chegarão antes ao socialismo que os países mais avançados. Mais, a evolução de cada um dos países para o socialismo dependerá, em última análise, muito mais do desenrolar da Revolução socialista internacional que das forças produtivas nacionais.

Esta última observação nos conduz diretamente ao exame da incidência de uma Revolução vitoriosa no contexto internacional e da reação da comunidade não socialista quanto à instauração do socialismo num só país. Opondo-se à visão stalinista da necessidade de proceder ao fortalecimento do socialismo na União Soviética antes da sua expansão no campo internacional, Trotski sustenta que o socialismo não só não pode ser construído, se não for instaurado nos países industrialmente mais avançados, mas corre até o risco de fracassar miseravelmente, se se tentar a sua construção num único país, aliás carente das bases materiais necessárias.

Enfim, a teoria da Revolução permanente encerra, na versão de Trotski, três elementos de grande importância para a elaboração de uma teoria revolucionária, elementos que estão intimamente ligados entre si: papel condutor do proletariado industrial, *mesmo* em situações de grave subdesenvolvimento econômico; necessidade de que em tais situações o proletariado, guiado pela vanguarda organizada no partido comunista, instaure a ditadura, se quiser transformar a sociedade; e férrea exigência de que a Revolução não se detenha só num país, mas seja "exportada" também e principalmente para os países industrializados, sob pena de não ser possível instaurar o socialismo no país onde a Revolução acabou com o domínio das classes tradicionais.

Conquanto as características essenciais da Revolução chinesa, movimento predominantemente formado por camponeses que pôde gozar da contribuição decisiva de um exército popular, uma Revolução portanto assimilável, ao mesmo tempo, a uma guerra civil (contra as tropas de Chiang-Cai-Chec e seus sequazes) e a uma guerra de libertação nacional (contra o invasor japonês), façam dela uma categoria à parte, alguns dos seus elementos que concernem à consolidação e gestão do poder só podem ser plenamente compreendidos se relacionados com a teoria da Revolução permanente de Trotski, cuja contribuição, não obstante, jamais foi mencionada pelos chineses, que, pelo contrário, o rejeitam de forma clara e explícita. No âmbito da sociedade chinesa, é, ao invés, invocada a teoria da Revolução *ininterrupta* para fomentar uma constante mobilização das massas e um contínuo estado de tensão que debele as tendências, presentes em toda a sociedade que se institucionalize, à burocratização e à involução. À luz disso, a Revolução cultural proletária há de ser justamente interpretada como tentativa de impedir a burocratização da sociedade chinesa e de lhe devolver o ímpeto revolucionário. Dentro do sistema internacional, a Revolução ininterrupta está de preferência orientada a sustentar e estimular a ação dos vários movimentos de oposição anticolonialista e antiimperialista, a fim de que eles façam constante uso da luta armada e sem compromissos. Mao parece ter introduzido duas variações na teoria trotskista da revolução permanente: uma constante consideração e revalorização do papel dos camponeses, conseqüência direta da sua experiência pessoal na Revolução chinesa, e uma maior acentuação das bases sociais e da mentalidade dos revolucionários, antes e depois da Revolução, quanto ao nível de desenvolvimento econômico autêntico e verdadeiro. Mantém-se firme a noção da imprescindível expansão internacional da Revolução, mesmo que Mao não tenha mais em mira, nem só nem principalmente, os países industrializados, e tenha pensado sobretudo, com Lin Piao, no cerco das cidades por parte do campo.

VI. CONTRA-REVOLUÇÃO. — Já vimos como as tentativas revolucionárias visam à substituição das classes que detêm o poder e à mudança conseqüente das relações sócio-econômicas. Fizemos, além disso, ressaltar como é de supor, pois a história o comprova, que essas mudanças políticas e sócio-econômicas não sejam introduzidas sem forte resistência das classes depostas, o que chega a provocar guerras civis com subseqüente intervenção dos estrangeiros no conflito interno. Uma vez que, na luta pelo poder, os próprios revolucionários contribuíram para a desagregação do Estado ou foram favorecidos por um processo de decadência já em andamento, o aparelho de que se apoderam é gravemente carente e incapaz de influir no tecido sócio-econômico do país. Contudo, desde o momento em que os revolucionários se propõem introduzir profundas mudanças sócio-econômicas, terão de proceder imediatamente à reorganização do aparelho estatal, pelo menos nos setores administrativo e econômico. A competência que possuem os revolucionários é muitas vezes limitada; de qualquer modo, os revolucionários devotados e fiéis jamais constituem número suficiente para preencher os postos de relevo. Então o curso da Revolução é influenciado por dois fatos de certa importância: antes de mais nada, pela capacidade dos líderes revolucionários, que terão de fazer funcionar o sistema de tal maneira que pelo menos a maioria dos que os apóiam estejam mais satisfeitos com as atuais condições de vida do que as do período pré-revolucionário; em segundo lugar, pela introdução de tais transformações que tornam impossível o retorno ao passado.

Como, porém, muitos dos funcionários, que têm de aplicar as decisões e avaliar-lhes os resultados, são não raro subjetivamente, embora não o sejam objetivamente, contra-revolucionários, e existem freqüentes discordâncias quanto ao ritmo, modos e tipos de transformações a introduzir, dentro dos próprios grupos revolucionários, toda a Revolução vitoriosa tem de enfrentar as tentativas de *contra-revolução*. Muitas vezes, os contra-revolucionários são apoiados e financiados, pelo menos na primeira fase, desde o exterior; mas, a esta tentativa contra-revolucionária manifesta, bem depressa se sucede outra mais traiçoeira. São as classes destituídas e alguns grupos de ex-revolucionários, que não se sentem capazes de ir mais além, que se unem e concordam em deter o curso da Revolução, apresentando amiúde como motivo de sua atitude a da sua escolha a necessidade de defender a Revolução e de consolidar suas conquistas.

A contra-revolução daí resultante ocorre de maneira lenta e rastreante, mas não chega quase nunca a destruir todas as transformações efetuadas pelo regime revolucionário. A reforma agrária poderá ser atenuada, mas as terras não serão retomadas aos camponeses; algumas indústrias poderão ser novamente confiadas a empresários privados, mas o controle do Estado sobre as demais não será posto em discussão; e mesmo que a participação das massas na atividade política seja desencorajada, elas serão agora um elemento com que é preciso contar. Os contra-revolucionários capazes se apercebem de que, se quiserem vencer, têm de aproveitar o estado de descontentamento das massas, inevitável na fase imediatamente seguinte à Revolução, mas sabem também que tal descontentamento está bem longe de significar que as massas pretendem voltar pura e simplesmente à velha ordem. Compreendem por isso que, para obter apoio da maioria da população, devem aceitar muitas das mudanças e métodos que a Revolução introduziu.

Além de não subestimar a adesão das massas a algumas das transformações de origem revolucionária, os líderes contra-revolucionários devem também fazer-se portadores dos interesses das classes desapossadas; todavia, instruídos pelos erros cometidos no passado, tratarão de lhes pôr remédio, lutando por uma gestão mais moderna do poder e mais compatível com os interesses das massas já mobilizadas. Enfim, para ter sucesso, a contra-revolução tem de formar uma estranha estrutura de elementos velhos e novos, de tendências aristocráticas e de afagos populistas. Seja qual for a forma como se realize, a contra-revolução jamais poderá, contudo, resultar num total e completo retorno a um passado que foi sepultado com a ruptura revolucionária.

A contra-revolução pode ser entendida não só como movimento subseqüente a uma Revolução vitoriosa, com o objetivo de destruir suas vantagens, mas também como um movimento orientado tanto a impedir que se dê uma Revolução, quanto a pôr obstáculo a mudanças de grande envergadura que ameaçam seriamente as bases do poder de certos grupos dominantes. Numa sociedade que não tenha ainda atingido a fase revolucionária, estas tentativas de impedir mudanças profundas traduzem-se em repressão violenta e são freqüentemente definidas com a palavra *reação*.

A contra-revolução, que é um processo, o mais das vezes, complexo e prolongado, não se há de confundir, enfim, com o momento culminante do regresso à velha ordem, pelo menos no que respeita ao tipo de autoridade política, e muitas vezes só quanto a isso, retorno que se denomina *restauração*. Com este termo nos referimos de preferência a acontecimentos históricos bem precisos, ou seja, em geral, à reinstauração do antigo rei ou da casa reinante deposta e, em particular, à volta dos borbônicos ao trono da França depois da derrota de Napoleão, em conseqüência da vontade expressa pelas grandes potências no Congresso de Viena.

VII. O FUTURO DA REVOLUÇÃO. — Se olharmos o futuro da Revolução à luz das nossas categorias, teremos de nos fazer algumas perguntas concernentes às probabilidades das convulsões revolucionárias, suas causas, lugar onde podem ocorrer e modos de desenvolvimento. Seja que se vêem as causas da Revolução na suspensão improvisa de um melhoramento econômico geral, como faz Tocqueville, no crescimento desigual da renda de algumas classes ou camadas em relação a outras ou no depauperamento do proletariado, como faz Marx, ou então na diferença entre as expectativas e a capacidade potencial, como faz Gurr, as probabilidades de que um ou todos estes acontecimentos se verifiquem, nas

sociedades industriais avanjadas como nas sociedades em vias de desenvolvimento, não são de modo algum limitadas, pelo contrário.

As contradições do desenvolvimento econômico capitalista, em primeiro lugar, contradições criadas pela introdução de tecnologias avançadas que levam à automação e à marginalização de estratos crescentes de trabalhadores, as contradições das economias socialistas, que até agora se mostraram incapazes de resolver os problemas não só do homem consumidor mas também do produtor, mas mais ainda as contradições nas relações entre países ricos e países subdesenvolvidos não dão sinais de diminuir. Para além das contradições inerentes aos processos de produção e de distribuição, é evidente em muitas sociedades uma crise política de vastas proporções, referente aos temas da legitimidade, da obediência e da representatividade.

A depressão econômica unida às raízes de uma diminuição de legitimidade e de uma crise de representatividade constitui, até hoje, o melhor veículo da Revolução. É, de resto, bastante difusa a opinião que põe na alternativa *reformas-Revolução* a escolha inelutável que enfrentam atualmente os Estados "capitalistas". Há os que julgam que o espaço reformista para a "melhoria" dos sistemas capitalistas e para a sua adapiação às novas exigências e aos novos problemas é ainda bastante grande. Há outros, ao invés, que sustentam que o capitalismo como sistema de organização, produção e distribuição de recursos, chegou já ao fundo das suas últimas reservas e está perto da ruína. A alternativa *reformas-Revolução* não satisfaz, no entanto, pois não deixa lugar às eventualidades historicamente indiscutíveis de estagnação prolongada de alguns sistemas sem reformas nem Revoluções. Fica ainda por estudar a possibilidade de que certas reformas tendentes a fortalecer o sistema existente se transformem e operem objetivamente como veículos, como cavalos de Tróia da Revolução. O profundo ligame que existe entre reformas e Revolução, já percebido por Tocqueville, merece um exame mais profundo relativo à situação dos sistemas políticos capitalistas e socialistas da segunda metade do século XX.

Visto as reformas não terem necessariamente um efeito estabilizador, posta de lado a possibilidade, não a certeza ou quase-certeza, de que sejam precisamente os países industriais avançados que têm de experimentar novas Revoluções, é preciso dizer que, se a depressão econômica, a perda de legitimidade e as crises de representatividade constituem as três causas fundamentais de uma Revolução, são iguais as probabilidades de que ela se verifique em países em vias de desenvolvimento, onde o Governo busca, ao mesmo tempo, o desenvolvimento econômico, novas frentes de legitimidade e novos critérios de representatividade.

Nenhuma destas três causas é, todavia, suficiente para dar lugar à convulsão revolucionária. Elas constituem as condições objetivas; mas, se faltarem as condições subjetivas, a ocasião revolucionária passará. Sublinha-se, pois, a importância da vanguarda revolucionária organizada em partido político ou em "foco" e ativa na propaganda e na elaboração ideológica, já que o aburguesamento e a apatia são justamente os maiores obstáculos ao despertar das massas. Contudo, a vitória da Revolução se vai tornando mais difícil por via do crescente poder dos meios de coerção e controle de que dispõem os Governos da época industrial. Enquanto o exército constituía, com a polícia, o único instrumento com que o Governo podia contar para reprimir os impulsos revolucionários, sua desagregação significava *ipso facto* o fim da resistência do Governo. Os atuais engenhos tecnológicos, que podem ser manejados por um número relativamente limitado de pessoas, fazem, de um lado, diminuir as probabilidades de cisão entre os detentores do monopólio do poder militar e aumentar, de outro, as probabilidades de que as explosões revolucionárias sejam violentamente reprimidas. A necessidade, em suma, de os revolucionários terem que mobilizar toda a população para enfrentar o exército, não poderá senão resultar numa luta prolongada e extremamente sangrenta.

O próprio sistema internacional se ressentirá fortemente do contragolpe que a passagem de um Estado de uma forma de Goverto a outra, e presumivelmente de um bloco a outro, representará para as relações internacionais na era atômica. Mas nem por isso as Revoluções, entendidas ao mesmo tempo como profundas transformações na esfera política, na esfera social e na esfera econômica, se tornaram impossíveis. Contudo, mudou decisivamente o clíma intelectual em que o fenômeno se apresenta. E esta mudança se reflete tanto no comportamento dos atores em campo, como na atitude dos estudiosos.

VIII. CRISE DA IDÉIA DE REVOLUÇÃO. — Em síntese, se acha hoje em crise a esperança de mudanças palingenéticas, totais e totalmente positivas, não só entre os estudiosos conservadores, como também entre os de orientação progressista. Isso é devido essencialmente, de um lado, ao cotejo dos resultados superiores em termos de democracia política, igualdade social e desenvolvimento econômico, obtidos nos países que não experimentaram mudanças revolucionárias, com

os resultados alcançados nos países que as sofreram, mormente no século XX; do outro, à consciência adquirida de que os sistemas modernos, dada a complexidade dos seus mecanismos de funcionamento, só poderiam experimentar uma Revolução depois de um ampla desagregação global, que tornaria ainda mais difícil a introdução de melhoramentos em vastos setores da população.

Além disso, a análise dos sistemas modernos revela que há sempre em andamento mudanças graduais, mas constantes. Estas, como sustentam os críticos, só poderão fortalecer o "sistema" (no entanto, como é óbvio, tem-se em conta a opinião dos que vêem um debilitamento global, uma crise inevitável na organização dos sistemas modernos, *sem* aventar a hipótese de Revoluções iminentes), mas, na grande maioria dos casos, provocam a adaptação às novas situações, sem perturbações desagradáveis para a população. A perspectiva reformadora parece vitoriosa, tanto comparativamente, como em si.

Os excessos e insucessos de muitas das Revoluções aumentaram a consciência de que, em alguns casos, elas são uma violência à história, talvez inevitável, mas, em todo caso, violência. Poderão continuar a ser necessárias em variados casos de uma opressão insuportável, em que a libertação das forças progressistas tenha de passar por um claro rompimento com os esquemas do passado. Contudo, o grande ato de criatividade política, que se chama Revolução, não só se tornará mais raro, como será também sujeito a um controle mais estreito dos próprios revolucionários, mais atentos às conseqüências e aos resultados da Revolução que ao seu auge visível: o sucesso na mudança completa das anteriores relações políticas, sociais e econômicas.

BIBLIOGRAFIA. — H. ARENDT, *On revolution,* The Viking Press, New York 1963; J. BAECHLER, *Les phénomènes révolutionnaires,* Presses Universitaires de France, Paris 1970; R. BLACKEY, *Modern revolutions and revolutionists. A bibliography,* Clio Books, Santa Barbara 1976; C. BRINTON, *The anatomy of revolution,* Vintage Books, New York 1965; P. CALVERT, *Revolution,* Pall Mall, London 1970; K. CHORLEY, *Armies and the art of revolution,* Beacon Press, Boston 1973; J. C. DAVIES, *Toward a theory of revolution,* in "American sociological review", XXVII, 1962, pp. 5-19; *When men revolt and why,* ao cuidado de J. C. DAVIES, Free Press, New York 1971; ECKSTEIN, *The impact of revolution: A comparative analysis of Mexico and Bolivia,* Sage Publications, Professional Papers in Political Sociology, London-Beverly Hills 1976; L. P. EDWARDS, *The natural history of revolution,* University of Chicago Press, Chicago 1970; T. H. GREENE, *Comparative revolutionary movements,* Prentice Hall, Englewood Cliffs 1974; K. GRIEWANK, *Il concetto di rivoluzione nell'età moderna. Origini e sviluppo* (1969), La Nuova Italia, Firenze 1979; T. R. GURR, *Why men rebel*, Princeton University Press, Princeton 1970; C. JOHNSON, *Revoludies*, Stanford 1964; V. LENIN, *Stato e rivoluzione* (1917), Feltrinelli, Milano 1968; K. LENK, *Teorie della rivoluzione* (1973), Laterza, Bari 1976; K. MARX e F. ENGELS, *Rivoluzione e controrivoluzione in Germania* (1851-1852), Ediz, Rinascita, Roma 1949; L. PELLICANI, *Dinamica delle rivoluzioni*, Sugar, Milano 1974; Id., *I rivoluzionari di professione*, Vallecchi, Firenze 1975; *Sociologia delle rivoluzioni*, ao cuidado de L. PELLICANI, Guida, Napoli 1976; *Revolution and social change*, fascicolo special di "Comparative politics", V, aprile 1973; T. SKOCPOL, *Stati e rivoluzioni sociali* (1979), Il Mulino, Bologna 1981; C. TILLY, *From mobilization to revolution*, Addison Wesley, Reading, Mass. 1978; A. DE TOCQUEVILLE, *Scritti politici*, ao cuidado de N. MATTEUCCI, UTET, Torino 1969; L. TROTSKY, *Storia della Rivoluzione russa* (1932-1933), Sugar, Milano 1964; R. C. TUCKER, *The marxian revolutionary idea*, Norton, New York 1969; J. WODDIS, *New theories of revolution*, International Publishers, New York 1972.

[GIANFRANCO PASQUINO]

Romantismo Político.

I. PROBLEMAS GERAIS. — Romantismo político ou política romântica é uma expressão que nunca foi adotada como divisa ou denominação de um movimento político, qualquer que fosse; foi-lhe, quando muito, atribuída com intenções satíricas e polêmicas pelos adversários ou, para fins de conceituação, pelos historiadores. O termo "romântico" nasceu em ambientes literários e com significados não unívocos. A. W. Schlegel, em suas lições em Berlim sobre a história da literatura romântica (1802-1803), incluíu sob esse título todas as manifestações literárias sucessivas à queda do Império Romano, desde a mitologia germânica até T. Tasso ou mais além. Se tão ampla acepção não foi, em geral, seguida, o romantismo assumiu e conservou o significado de "moderno", que implicava a rejeição do convencionalismo acadêmico e superficial, de imitação preponderantemente francesa. Por "moderno" não se entendia um modelo qualquer, mesmo literário (embora a redescoberta de Shakespeare, e, sob um outro aspecto, a de certos escritos de Rousseau ou dos ingleses, exercessem uma grande influência), mas principalmente a sensibilidade por conteúdos aos quais a mentalidade anterior não prestara nenhuma atenção: o ele-

mentar, o primitivo, a força incontrolada, que possuem certamente uma potência negativa quanto ao harmônico (os românticos sentem até, mais do que os clássicos, profunda veneração pela beleza grega), mas possuem também uma potência positiva quanto ao artificioso, àquilo que é construído de forma intelectualista. O "original" dos românticos não é necessariamente a inocência (antes, com o passar do tempo, o senso do pecado e do mal se tornam um elemento constitutivo da mentalidade romântica), mas é o vital que traz em si, junto com a possibilidade da culpa e da degeneração, a possibilidade da redenção e do renascimento. Não é possível aqui nem mesmo mencionar as discussões sobre a gênese do romantismo da cultura do século XVIII, nem estabelecer se suas raízes se hão de ir buscar ao sectarismo pietista do espaço "colonial" protestante (Silésia e Prússia), ou aos conventículos maçônicos rosacrucenses da área católica (franceses, renana, bávara), ou seja, mais simplesmente, bastará lembrar o Rousseau de *Nova Heloísa* e das *Confissões*, ou certos escritores ingleses, suíços e italianos (Alfieri). O que é comum a todos esses antecedentes é a atitude polêmica em face do racionalismo que, com suas convenções e leis, pôs ordem nos fenômenos do mundo, mas, ao mesmo tempo, não soube descobrir um significado que transcendesse a descrição superficial do fenômeno: daí a redução das relações interhumanas a "leis" mecânicas como as do mundo físico; daí a impossibilidade de explicar a vida que vibra até no inorgânico e que dele se lança a formar o organismo, tanto natural como social.

O direito natural, na sua forma extremista (Rousseau), queria o restabelecimento de uma lei originária; esta, tudo considerado, podia manifestar-se claramente, através do testemunho concorde do coração e da razão, nos homens que a civilização urbana, mercantil e palaciana não tinha ainda corrompido radicalmente. Os conventículos religiosos queriam repor em sua grandeza o verdadeiro cristianismo, com seus mistérios e com a experiência da ascese individual, contra uma religião reduzida a um mero moralismo. Estas e outras inspirações análogas passam para o romantismo que, no entanto, busca também algo muito mais inefável: a linguagem originária, repleta de potencialidades semânticas, depois perdidas; o espírito do povo ou o caráter nacional; o íntimo de uma personalidade, coletiva e individual, capaz de estimular ainda aventuras de ação e sentimento; uma "nova mitologia", fundamento, por sua vez, de uma nova poesia.

Este conjunto de aspirações e de estilos mentais tinha também reflexos políticos — de oposição ao despotismo iluminado, ao Governo jacobino e, depois, napoleônico, ao sistema de Metternich — mas não era um movimento político nem era como tal considerado, pelo menos no plano europeu. Em 1829, por exemplo, G. Mazzini declarava o romantismo um "vocábulo de tal modo indeterminado que cada um lhe pode colar facilmente sua própria quimera"; pouco depois (1836) o considerava já esgotado: "a doutrina romântica é a doutrina da individualidade: é, por isso, capaz de destruir as velhas tiranias literárias, mas incapaz de criar uma nova literatura".

Na França, nos anos em que foi mais viva a discussão sobre o romantismo, não surgiu nenhum "partido romântico; isto também devido a que personagens que, na tendência literária, figuravam como românticos, apresentavam diferentes e opostas atitudes políticas. E até na Alemanha, onde quase desde o início o movimento tinha alimentado uma vigorosa reflexão política, foi preciso chegar aos anos de 1839-1840, para que, numa série de artigos publicados por A. Ruge e Th. Echtermeyer sobre os "Hallische Jahrbücher" e numa caracterização que continuava sendo predominantemente literária, se superassem as costumeiras acusações contra os românticos convertidos ao catolicismo (A. Müller, F. Schlegel, etc.) e se tentasse um discurso mais elaborado que sistematizou, baseado em esquemas parcialmente hegelianos, uma série de juízos antigos e recentes; a importância, por exemplo, do motivo do "retorno", um retorno "refletido", isto é, não espontâneo e normal (uma avaliação crítica que se manterá constante na tradição historiográfica liberal; na Itália, por exemplo, ainda se encontra em A. Omodeo); a derivação do subjetivismo romântico do princípio protestante; o romantismo com uma das explosões periódicas do irracional contra a razão, onde se podiam encontrar unidos mesmo grupos que se hostilizavam violentamente, como os pietistas, de um lado, a a "Jovem Alemanha", do outro. Contudo, nestes artigos, não se levavam a sério as doutrinas especificamente políticas do romantismo alemão: aventava-se a sua periculosidade, mas, ao mesmo tempo, se manifestava claramente que não valia a pena enfrentá-las em debate; mesmo quando, em 1840, a ascensão ao trono de Frederico Guilherme IV parecia dar um caráter oficial às ideologias românticas, a esquerda liberal-democrática tentou delas se livrar de forma satírica, imitando o método com que os iluministas, no século anterior, haviam combatido o trono e o altar.

O caráter não político ou, ao máximo, metapolítico do romantismo se acentuou nos anos seguíntes a 1848; bastará aqui lembrar o grande livro de R. Haym, A escola romântica (1870), no qual a dimensão política está praticamente ausente do primeiro romantismo, e as lições napolitanas de De Sanctis (1872-1874). É preciso chegar ao Cosmopolitismo e Estado nacional de F. Meinecke (1908) — onde se achava implícito também o trabalho de interpretação e de pesquisa de Dilthey — para que apareça, no título de um capítulo, a expressão Romantismo político e para que vejamos expostas, embora sumariamente, as idéias de Novalis, F. Schlegel e A. Müller, que continuaram, porém, sendo objeto de uma atitude crítica, quer pelo seu universalismo, que tornava suas idéias inaptas para se inserir no Estado moderno, quer pelo seu "naturalismo".

Mas já algumas décadas antes que Meinecker redigisse sua obra, a crise européia de 1870-1871 e o surgimento de várias escolas decadentistas, onde continuava o fermento da tradição romântica, tinham posto em questão tanto a ideologia do progresso como a do Estado nacional-liberal. Inicialmente na França, depois em muitos outros países da Europa, o mal-estar social, o crescimento de movimentos de inspiração cristã e a insatisfação quanto ao parlamentarismo, tornavam de novo atuais muitas idéias românticas. Mas também então não se usou o termo, continuando assim a confusão sobre o modo de julgar o movimento cultural que ele expressava: houve quem o considerasse como historicidade, significado do processo orgânico gradual contra o doutrinarismo da raison raisonnante, como reivindicação da consciência coletiva contra o individualismo (Taine, Renan, Barrés) e quem, pelo contrário, acentuasse os elementos individualístico-demoníacos, imoralistas e estetizantes: o espírito romântico seria o herdeiro da Reforma e da Revolução, o antilatino (Maurras).

Na Alemanha, nos primeiros trinta anos do século XX, houve quem, como C. Schmitt, impugnasse fortemente a própria idéia de que do espírito romântico pudesse derivar uma "política", e quem, pelo contrário, sob este termo, se esforçasse por reunir os traços de uma atitude social solidária, ao mesmo tempo nacional e universal (O. Spann e sua escola).

Tem-se estabelecido com freqüência uma certa identidade entre romantismo e direita política; mas, mesmo prescindindo do fato de que entre os teóricos de direita estavam os fautores de uma política "científica" e os elitistas, é mister observar que os fascismos europeus, em sua propaganda, evocaram antes o "clássico" dos grandes impérios (ou, em suas franjas tecnocráticas, a moderna organização militar-industrial) do que a pitoresca e vital desordem da vida pré-absolutista.

ROMANTISMO POLÍTICO

1133

Falou-se, também, de romantismo fascista, entendendo-se por esta expressão o culto dos feitos heróicos e da morte gloriosa, o uso de cerimônias que difundisse nos participantes o sentido místico de uma comunhão com a terra e os mortos. Tratava-se, porém, de técnicas de mobilização de massa, praticadas também nas formações políticas opostas. E, por outro lado, determinadas faixas das várias escolas neo-românticas e decadentistas foram sempre "revolucionárias": se os futuristas vacilaram entre o fascismo e o comunismo, os surrealistas se mantiveram sempre na extrema esquerda; e existe, sem dúvida, uma ênfase romântica no célebre mote das manifestações de maio na França, em 1968: "a imaginação no poder".

Querendo tentar uma definição do Romantismo político, é preciso partir da relação indivíduo-todo. Uma das atitudes mentais mais fixas nos românticos das várias épocas e de vários matizes é o esforço por substituir uma relação social "mecânica", isto é, inspirada em critérios meramente funcionais, por uma relação "orgânica", em que os indivíduos e grupos manifestem o seu caráter, embora cooperando, antes, exatamente por cooperarem com os outros. Os românticos não aceitam a distinção, elaborada no período do absolutismo, mas em seguida retomada pelo liberalismo, entre público e privado; nem aceitam uma relação de mera subordinação, porque isto seria não só "atomístico" como despótico. Não importa que existam "garantias": elas são vãs, se fundadas somente em leis escritas e são suscetíveis de soçobrar na anarquia ou na tirania. Um contexto social, onde o indivíduo se sinta satisfeito, exige um vínculo de amor que é, ao mesmo tempo, sentimento de dependência: a articulação entre os grupos torna naturais e claros os deveres que se exigem de cada um: a família, a classe, o município, a Igreja, o Estado são outros tantos contextos, intercomunicantes e relativos, entre os quais o que existe não é tanto o equilíbrio mas a harmonia. Pode bem ser que surjam conflitos; mais, pela presença do "mal" — dirão certos românticos —, pela "contradição" que brota da raiz autônoma de cada um desses núcleos — dirão outros — tem de haver conflitos; eles fazem parte de um ritmo eterno, desconhecido em seus particulares, que rege a vida do gênero humano.

Estes motivos teóricos, de formas mais ou menos diferenciadas, acompanham toda a história do Romantismo político até o nosso século. Neste último, porém, tais motivos se misturaram com elementos de origem a mais diversa, tornando-se impossível continuar a usar a expressão em sentido específico. Na apresentação esque-

mática das doutrinas românticas convirá, portanto, atermo-nos às elaborações por que passaram no século passado, mencionando apenas as inquietações que transmitiram ao nosso século.

II. O ROMANTISMO POLÍTICO NA ALEMANHA.

— Com este termo se entende o movimento que começou a se manifestar na última década do século XVIII, que teve entre os seus representantes os irmãos Schlegel e Novalis, A. Müller e F. Bader, Schleiermacher e Schelling, e que se havia já politicamente exaurido em torno de 1840. Do ponto de vista sociológico, estes provinham, em grande parte, daquela classe de eclesiásticos e funcionários que constituía uma das estruturas de apoio do Estado territorial. Enquanto seus antepassados se limitaram a desempenhar funções subordinadas e basearam sua honra no serviço, os românticos, em suas primeiras declarações e em suas opções pessoais de vida, se situam num plano completamente diferente. "Temos que ir além do Estado, porque todo Estado é obrigado a tratar homens livres como engrenagens de uma máquina", é assim que se lê no chamado *Aeltestes Systemprogramm* do idealismo (1796). E esta posição é muito mais típica do que a atitude para com a Revolução Francesa, pela qual, inicialmente, os românticos têm imensa simpatia, por verem nela aquela ascensão de uma geração jovem e aquela ruptura dos velhos quadros, que na Alemanha parecia tão longe e extremamente remota. A influência da moral kantiana e especialmente a da primeira fase de Fichte orientam mais para uma regeneração moral e cultural do que diretamente política: este é um outro aspecto importante, no sentido de que, no primeiro período, o romantismo é completamente indiferente ao debate sobre as formas institucionais e os problemas sociais, enquanto que ele é sumamente importante na França. Nestes anos, a questão nacional também não teve muita relevância. Pensava-se mais, ainda dentro de uma visão cosmopolita, numa renovação do gênero humano, à qual os alemães darão sua contribuição revolucionando as idéias, como os franceses tinham feito na área política.

A viragem se deu no início do novo século: Tem-se falado, freqüentemente, de uma "desilusão" dos alemães pelo êxito da Revolução Francesa e pela política realística de potência conduzida pela República e, em seguida, pelo Império, com relação à Alemanha. É típica, a respeito, uma frase de Görres (1800), na qual, ao reconhecimento da necessidade daquilo que acontecera se junta uma constatação prenhe de conseqüências: "A França, para garantir sua existência perante os perigos que a ameaçavam de todos os lados, fez o que faz nesses casos o filho da natureza (...). Com essa manobra se salvou do abismo que ameaçava tragá-la, mas se colocou com isso no mesmo plano dos demais Estados e a sua revolução perdeu aquele interesse cosmopolita universal pelo qual ela, no início, se tornara a causa de todos os povos". Verifica-se, pela primeira vez na história da Europa moderna, o conflito entre a idéia de uma revolução que pretendia ser universal e se tinha encarnado numa nação, e a necessidade de sobrevivência dos outros povos como entidades autônomas. Todas as inteligências um pouco atentas estavam convictas de que a Alemanha só poderia sobreviver se se reformasse radicalmente: mas, enquanto os políticos escolheram a via de uma "revolução do alto", os românticos começaram a falar de um novo tipo de Estado. Novalis, já em 1798, evocara um estado "individualizado" em que a "massa" fosse animada pelo "princípio vital", isto é, pelo monarca. Schleiermacher não admitia que o Estado fosse considerado um mal necessário, um instrumento cuja única função fosse a repressão dos vícios humanos, mas o apresentava como uma instituição destinada a assegurar o gozo de uma vida integral, como a entidade coletiva pela qual todos haviam de estar prontos a sacrificar-se. Enquanto alguns expoentes do movimento, quando falam da nova forma de Estado, pensam ainda na πόλις antiga, há quem indique um outro modelo, mais tipicamente "nacional", isto é, o modelo medieval germânico, onde a autoridade do poder temporal era limitada e guiada por uma autoridade espiritual, a da Igreja. A primeira e mais famosa expressão deste pensamento se encontra no escrito de Novalis *Die Christenheit oder Europa* (1799). Embora Novalis não pensasse em fazer reviver as forças históricas da velha Europa — a Igreja e o Império — e, na peroração final, sugerisse apenas um "concílio europeu" que promovesse a renovação religiosa, de que as demais reformas seriam uma pacífica conseqüência, fica claro que, com o seu manifesto, se acusava o individualismo burguês, ao qual, em última análise, se imputava a responsabilidade das guerras e das revoluções que abalaram o mundo. Estes motivos são mais ou menos o esboço sobre o qual se articulam tratados mais elaborados, tais como as *Lições* (1804-1805) de F. Schlegel, onde se reafirma a necessidade de uma organização corporativa (*ständisch*) da sociedade, bem como a supremacia da classe clerical, à qual cabe uma espécie de poder de vigilância ("negativo") sobre o comportamento da autoridade laica. Também Schlegel fala de uma organização, o império, que deverá

garantir a paz internacional, sem, porém, lesar a individualidade das "nações" e das unidades estatais menores. De forma mais sistemática, mas também mais fechadas, prelúdio já da Restauração, idéias semelhantes foram expostas por A. Müller, em seus *Elemente der Staatskunst* (1809). Longe do universalismo de seu velho amigo Schlegel, também Schleiermacher não tolera que o Estado absorva em si todas as funções: antes de tudo, ele não tem competência sobre a alta cultura e, além disso, só pode "estimular" a atividade dos cidadãos, não "reduzi-los a escravos", fixando-lhes tarefas obrigatórias. Se se reduzirem ao essencial as teses dos românticos, não será difícil encontrar muitas analogias entre eles e os "liberais"; é comum a ambos a convicção dos "limites" da autoridade do Estado, a hostilidade contra o espírito de conquista, a defesa, enfim, da área do social contra a supremacia do político. A diferença decisiva é que, para os liberais, a forma do social está subordinada ao interesse do indivíduo e depende em todo momento do seu livre consenso, enquanto que, para os românticos, o social é algo anterior ao indivíduo, algo que o vincula. A sua ânsia de estabilidade e de ordem social não é mero espírito de reação, embora na prática tenha levado freqüentemente a apoiar tendências realmente reacionárias; é uma desconfiança invencível contra as pretensões do poder, isto é, da burocracia ou das assembléias, de intervir em todas as esferas da vida e de manipulá-las e modificá-las. As "revoluções" a que tinham assistido não lhes pareciam promovidas pelas forças vivas do próprio corpo social, mas resultantes do esforço violento do poder (não importa se encarnado num comitê revolucionário ou em um monarca) para desviar a sociedade do seu curso espontâneo, a fim de enfraquecer sua resistência. Para os românticos, os ordenamentos, quer políticos quer sociais, não se constroem à base de elaborações racionais: são mais do que tudo o resultado de uma evolução que é histórica, mas, sobretudo, história "natural". Quer que se invoque a Índia, mãe das religiões, como faz F. Schlegel, quer a tradição mosaica, como faz A. Müller, o que se quer demonstrar é uma espécie de permanência dos membros fundamentais do organismo que são as comunidades humanas; a família, as classes sociais, a nobreza, o clero, a monarquia são instituições que sempre existiram; elas se sustentam e asseguram o livre jogo das forças tanto éticas como vitais, se os homens que delas fazem parte se identificam com as mesmas, desempenham coerentemente o tipo humano ligado a essas funções e não acham possível mudá-lo com outros. Só existindo este vínculo estável entre os homens, de um lado, e as instituições e as "coisas", do outro, é que se pode falar de "representação" no sentido político, porque os deputados não serão portadores das opiniões mutáveis de um grupo de indivíduos, mas dos interesses de corpos sólidos e permanentes.

Não deve maravilhar que, quando nem a restauração atendeu às suas expectativas, as reflexões políticas dos românticos assumissem um tom cada vez mais apocalítico e de condenação inapelável do presente. Também a confiança na função positiva do livre jogo das forças naturais falhou. A Müller, em 1819, escrevia que a perene antinomia das forças humanas pode produzir somente desordens e caos, se não intervier, para manter a ordem, Deus ou a Igreja por ele inspirada. Isto levava a uma espécie de quietismo resignado, tanto mais que começava a se difundir a idéia de que a Europa já teria entrado na fase descendente de sua história; se, vinte anos antes, Novalis havia escrito que a Revolução era a crise da puberdade, agora tanto F. Schlegel como Baader começaram a falar de um "futuro eslavo".

A contribuição teórica mais interessante se encontra nas polêmicas contra o constitucionalismo liberal, que os românticos qualificam abertamente de ideologia da burguesia financeira; a posição de alguns deles assume agora precisas conotações sociais, em defesa dos pobres ou, como começava a dizer Baader, dos "proletários". Em alguns escritos que este compôs após a revolução de julho, e que são certamente inspirados no "L'avenir" de Lamennais, é desenvolvida uma severa crítica contra a moderna economia industrial: fala-se de crises recorrentes, de diminuição dos salários, da progressiva concentração dos lucros, de uma conjuração permanente dos industriais contra os trabalhadores dependentes. As dietas — nas quais só participa, pelo princípio censitário, a burguesia abastada — legiferam visando ao interesse exclusivo dos ricos: de que admirar-se, pois, se essas massas, às quais a própria burguesia deu o nome solene de *peuple*, recorrem à insurreição armada? Para poupar à Alemanha as convulsões de que já era vítima a França, Baader propunha confiar a representação dos trabalhadores ao clero, que poderia assim voltar à sua função "originária" de representante - dos pobres. Se recordarmos que, para o próprio Baader, o intelectualismo e o progressivo afastamento do povo são a causa da decadência das Igrejas ocidentais, nesta sua proposta temos que ver algo mais do que um artifício paternalístico; ele visa a uma verdadeira renovação da Igreja e, através dela, da ética social.

III. O ROMANTISMO POLÍTICO NA FRANÇA. — Fora da Alemanha, o romantismo alemão exerceu grande influência cultural, enquanto que a influência política direta foi muito menor. Antes de tudo porque era difícil colher os elementos de oposição presentes nos escritos dos românticos e considerados um mero suporte ideológico da restauração. Depois, porque, por intermédio da senhora de Stael e do círculo de Coppet (e, em seguida, por outras mediações), se foi impondo uma imagem do romantismo essencialmente sincrética, onde motivos de origem também francesa, já elaborados no fim do século XVIII (por exemplo, a relação recíproca literatura-sociedade, a necessidade de uma arte comprometida, sinal dos tempos, e indicadora das funções a desempenhar), se misturavam com análogas doutrinas alemãs (Herder, A. W. Schlegel); onde, especialmente, a idéia de "progresso" — que evocava Lessing, mas também toda a tradição iluminista reduzia a bem pouco aquela aspiração ao restabelecimento de uma autêntica escala de valores, tão importante na Alemanha. Talvez seja lícito afirmar que, enquanto na Alemanha as instituições pré-revolucionárias, embora em via de rápida transformação, pareciam oferecer uma continuidade e mostravam uma vitalidade que permitia crer na possibilidade de reconduzi-las às suas funções essenciais, na França, a revolução e o império tinham fortalecido enormemente aquele Estado centralizador e burocrático que era, para os românticos, a imagem do mal da época moderna. Na França, a nobreza não conseguia exercer um papel político senão enfraquecendo a coroa; o mesmo fizeram o clero e o laicado católico mais ativos, logo que repararam que, malgrado a atribuição à Igreja de grande reconhecimento e de vantagens materiais, a monarquia não podia tornar-se ultramontana e conservava o que restara da tradição gálica.

Embora houvesse, em termos particulares, certa confluência e, às vezes, uma colaboração mais ou menos duradoura, não podem ser confundidos os tradicionalistas (Bonald, Maistre, o Lamennais da primeira fase) com os românticos (Chateaubriand, o Lamennais dos anos posteriores a 1824, P. Leroux e seus discípulos). Os românticos franceses puderam ser também tradicionalistas, mas com motivações essencialmente diferentes das dos outros pensadores da contra-revolução; a estes uma teoria natural do poder e da ordem pouco ou nada interessava; aspiravam, mais do que tudo, a um sistema político e social que dispusesse de um amplo consenso; a oscilação entre a direita e a esquerda, pela qual foram freqüentemente acusados de superficialidade ou fraqueza de caráter, era simplesmente a tentativa de entrar em contato, para dirigi-las, com forças mais vitais do que as controladas pelo aparelho governamental-eclesiástico, que eles consideraram clara e freqüentemente ineficiente. Muda, às vezes, a direção da polêmica, mas o núcleo ideológico é bastante estável. O Lamennais democrático, por exemplo, continua, contra os Bourbons ou os Orleans, a mesma campanha feita contra Napoleão ou os "liberais" da primeira restauração. Ostenta indiferença perante os problemas de técnica e estrutura constitucional: cada Governo é para ele sempre tendencialmente despótico. A única proposta política sobre que insiste incansavelmente é a de uma organização do povo, culminante numa confederação de comunas; continua aqui, em forma nova, a polêmica inicialmente "contra-revolucionária" contra o conceito de "nação", que, aliás, para Lamennais significa apenas "patriotismo local", foco de guerra. Não falta também, em *Palavras de um crente* (1834) e em tantos outros escritos, o tom religioso-apocalíptico: "Satã agora se encarna não só nos reis-tiranos, mas também nos ricos que exploram o 'pobre' " (o capitalismo, segundo ele, é o herdeiro do protestantismo e do iluminismo).

Estes golpes contra a burguesia moderna da indústria e das finanças são freqüentíssimos também nos escritos do grande historiador e fecundo escritor J. Michelet. Seu romantismo é culto do "povo": neste, das origens célticas em diante, e não na monarquia, é que ele vê a continuidade da história da França. Especialmente na segunda metade de sua vida, ele dizia que os seus mestres "italianos" (Virgílio e Vico) o tinham protegido contra o nebuloso germanismo; mas devia muito a J. Grimm e a Herder (traduzido pelo seu amigo E. Quinet); embora talvez ignorasse A. Müller, tem expressões análogas quando fala do conúbio do camponês com a terra, do francês com o solo da França. Era um tema corrente, nas primeiras décadas do século XIX, a admiração pelo "brigante" calabrês, o "clefta" grego e o guerrilheiro espanhol: somente povos que a civilização ainda não nivelara pareciam capazes de paixões e de atos heróicos. Estas simpatias não são estranhas a Michelet; mas ele está também convencido de que a individualidade rebelde do Sul da Europa não está à altura do mundo moderno; é necessário o "trabalho de um povo sobre si mesmo", o que só acontecera na França, para ela poder indicar o caminho do progresso que é também o da liberdade. Mas Michelet quer salvar também o papel do "barbárie" e declara aceitar, para o povo e para si, o apelido de "bárbaros", isto é, "cheios de seiva nova", amados da terra, à qual dedicam "calor e força viva". O "instinto" de que o "povo" é dotado lhe assegura uma imensa vantagem para agir e o induz a aceitar sem dificuldade as desigualdades funcionais, colocadas pela própria natureza, e não opressivas, se transfiguradas pelo amor e pelo serviço — a família e o exército, por exemplo. Pelo contrário, a civilização industrial, o "maquinismo", unem as forças "sem unir os corações" e tornam impossível a força moral da associação. À polêmica contra a burguesia e o cosmopolitismo "judaico" dos bancos segue-se a polêmica contra o comunismo e o internacionalismo: a propriedade é um estímulo natural, enquanto as nações são "notas" do grande concerto da harmonia cósmica: quanto mais o homem se eleva, tanto mais aumenta "a originalidade distintiva" do "sistema" a que pertence. Embora sendo, no debate político, de posições abertamente democráticas, Michelet redescobre grande parte dos motivos do romantismo conservador, do qual o separa, de resto, a fé no progresso, e a recusa de eliminar a revolução da tradição nacional; ele realiza, portanto, um início do nosso século, com Barrés e com Péguy.

IV. O ROMANTISMO POLÍTICO NA ITÁLIA. — Na Itália não existiu uma literatura da contra-revolução em nenhum nível. Os acontecimentos bastante significativos da resistência popular antifrancesa (que em certas regiões do Sul se tornaram uma autêntica guerrilha) não foram utilizados, no campo ideológico, pelos governos da restauração. Não era absolutamente um romântico aquele K. L. v. Haller, cuja *Restauração da ciência política* teve quatro reimpressões entre 1816 e 1854; Maistre voltou para Turim e aí morreu no isolamento; Chateaubriand e o Lamennais da primeira fase, embora traduzidos, não tiveram grande aceitação. Entre as classes cultas, a reação antinapoleônica assumiu logo um aspecto "liberal". Os anos que decorreram entre o 1814 e o 1821, isto é, antes que a repressão que seguiu aos motins, eliminasse qualquer intercâmbio público de idéias, foram chamados os anos da "tempestade romântica"; mas por muito importante que tenha sido este breve período, que viu a atuação audaciosa do "conciliador" e a apaixonada aventura intelectual de Di Breme, não é possível encontrar nele um pensamento político de alguma forma original. A influência decisiva do círculo de Coppet e de Sismondi difundiu a aspiração a uma atualização radical da cultura; querendo estabelecer uma analogia com a Alemanha, é preciso estabelecê-la mais com a de 15-20 anos atrás do que com a contemporânea, da restauração: de resto, também no fim da década de 1820, quando as revistas francesas e inglesas realizaram uma ampla obra de informação sobre o pensamento alemão, Mazzini se inspirou em Schiller e Herder, em Fichte ou em Lessing mais do que nos Schlegel.

G. Mazzini é considerado como o representante mais típico do romantismo democrático europeu. Serão mencionados aqui, não o seu pensamento em geral, mas apenas seus aspectos especificamente românticos. Estes não são nem a idéia da unidade nacional nem os planos conspiradores e insurrecionais. Antes de tudo, pomos em evidência a sua desconfiança (posta de lado aquela "ciência falaz" que é a economia) em relação à "política", termo com que ele designa o proceder oportunista ligado ao "fato" e não aos "princípios": à política se opõe a "religião" "elemento universal e imortal". Coerentemente, ele não ama o "Estado", fala contra vontade da "democracia" e prefere chamá-la "associação", que, na sua linguagem, indica juntas sociedade e comunidade. O povo "com seus instintos de agir e com a sua imensa força de tornar em realidade o verdadeiro", é chamado a ser o sujeito da história; mas, por deficiência de "educação", não vê claramente os objetivos e os meios para atingi-los. Note-se que Mazzini não apela para uma barbárie sã e fecundadora, mesmo porque, embora não renunciando a falar freqüentemente do suceder-se dos povos na história universal, ele olha a evolução da "humanidade", "verbo vivente de Deus" que, na humanidade, se "encarna sucessivamente" através dos princípios que marcaram a história universal.

Este sentido de um contínuo progresso não está separado do convite a interrogar a "tradição da humanidade". Aqui há pelo menos uma oscilação entre a procura dos valores permanentes da história, segundo os quais o novo seria um despertar do antigo, e o anúncio, como mensagem da "Bíblia da humanidade", de um progresso "ao qual ninguém pode fixar limites". A sua opção é mais nesta segunda direção; portanto ele não propõe uma pura e simples volta aos valores que caíram em desuso por culpa de uma civilização corruptora. As fases de decadência talvez sejam aquelas em que um valor esgotou sua potencialidade, cessou de inspirar "fé" e abriu caminho ao egoísmo. Não é o egoísmo em si que pode ser reavivado, mas o espírito progressista que dele fez um valor e que se manifesta através da proposta de um princípio novo.

Passando dos esquemas da história universal às questões contemporâneas, a crítica de Mazzini vê o defeito do presente — inclusive da Revolução Francesa — na falta de um autêntico espírrito religioso; é muito conhecida sua polêmica contra a teoria dos "direitos", a que apunha a teoria "dos deveres". Ele bem sabia que, por via racional, os argumentos do "egoísta" são

dificilmente refutáveis: declarava, por isso, que a premissa de um novo vínculo entre os homens era o amor, sentimento ao mesmo tempo natural e espiritual, cujas mensagens não precisam de ser demonstradas senão por via negativa, indicando a que conseqüências desastrosas leva a mente calculista, quando é tomada como princípio de ação coletiva; e era, aliás, baseado no seu fracasso prático que ele condenava tanto o liberalismo como os programas socialistas. Quanto à Itália, a vitória de partido moderado tinha, segundo Mazzini, tornado vãos os esforços heróicos dos revolucionários; e as dificuldades do Estado unitário após 1860 foram por ele imputadas à deficiência dos princípios sobre cuja base se constituíra. O revisionismo do ressurgimento, a crítica ao liberalismo e a insatisfação do presente se alimentaram, ainda por algumas décadas após sua morte, de seus escritos.

V. O ROMANTISMO POLÍTICO NA RÚSSIA. — Já se disse que o romantismo é concorde em polemizar, tanto à direita como à esquerda, contra os valores moderno-burgueses. No Ocidente, esta crítica se mantinha dentro de uma civilização da qual se admirava pelo menos o esplendor do passado; às forças às quais, em cada caso e em cada área geográfica, se atribuía o papel de representantes do espírito nacional (monarquia, clero, nobreza, povo), se continuava a atribuir vitalidade e, se restauradas ou renovadas, um papel positivo. Mas já na mente de alguns românticos surgira a idéia de que a "Velha Europa" dificilmente sairia da crise e que, entre povos antigos, apenas atingidos pela civilização moderna, os eslavos, se encontraria talvez o herdeiro.

Foi exatamente na Rússia, no movimento eslavófilo, entre os intelectuais, na maioria de origem aristocrática, que se alimentaram da mais recente cultura alemã, francesa e inglesa, que conheciam os filósofos idealistas e os românticos, os tradicionalistas e os socialistas utópicos, foi lá que a busca do caráter e, portanto, do papel presente e futuro do próprio povo, se colocou em antítese com a tradição ocidental, uma tradição que, a partir de Pedro, o Grande, as classes altas, sob o impulso da coroa, se esforçaram por assimilar. Os eslavófilos não se limitaram a deplorar a degeneração de estruturas intelectuais e políticas que no passado tinham desempenhado sua função; criticaram-nas em bloco, alertando o Governo e o povo para não fazerem seus não somente princípios estranhos ao espírito eslavo, mas também princípios que, no Ocidente, tinham tido um clamoroso fracasso. E já que, por razões óbvias, o processo de modernização do império russo não podia parar, se reproduziu, numa forma

mais grave, aquele dissídio que se verificou na
Alemanha e na França logo após 1814: o dissídio
entre a estrutura política aristocrática e os românticos, que criticavam não tanto a autoridade,
quanto o conteúdo que ela assumia. E os eslavófilos puderam aparecer, reproduzindo todos os
matizes do romantismo ocidental, como liberais
e reacionários, populistas e aristocráticos, ortodoxos e heréticos.

Os eslavófilos — não é possível aqui analisar
as diferenças entre cada uma das personalidades;
mencionamos só os nomes de Čaadaev, Kireevskji,
Chomjakov e K. Aksanov — estavam de acordo
em ver como sujeito principal da história russa
não o Estado, mas o "povo", ou também "a
terra"; a "impoliticidade" em que o povo eslavo
tinha sido mantido era considerada por eles como
um benefício, como uma ela livre escolha que ele
mesmo tinha feito: a escolha daqueles valores
éticos instintivos que se expressavam na comunidade agrícola, na ausência do conceito "romano" de propriedade pessoal e da obsessão da
afirmação individual. Herdeiro da Grécia arcaica
e, depois, de Bizâncio, separado daquela Igreja
católica que tinha recebido de Roma o espírito
jurídico e imperial, o povo russo era, é verdade,
menos civilizado do que os ocidentais, mas isso
porque nunca tinha cultivado ambições "amorais", que se manifestem quando as forças inte-
riores se enfraquecem e fica como única fonte
de legitimação o sucesso. O povo russo nunca
foi belicoso, exceto quando teve de salvar sua
identidade; sua nobreza nunca esteve animada
pelo particularismo feudal; seus comerciantes ig-
noravam o espírito capitalista, o seu clero de
bom grado entregava a César o mundo, desde
que com ele ficasse a parte de Deus. Esta "impoliticidade" não significava indiferença pelas coisas terrenas; implicava antes que o que cada
um desempenhava no âmbito dos próprios deveres
de classe era já "social", porque inspirado naquela "devoção" que é o único cimento possível da
vida coletiva. Os funcionários e os militares eram
"servidores do Estado", não donos do povo: prerrogativas e privilégios eram a recompensa do
serviço por eles desempenhado. Quanto ao monarca, ele nunca devia ter medo de seu povo,
que nunca se revoltou contra ele, mas devia pro-
tegê-lo, isto é, permitir-lhe continuar a viver segundo sua própria inspiração. O ideal, ostentado,
da monarquia popular estava cheio de implicações antiburocráticas e antiabsolutistas — daí
se entende a desconfiança com que Nicolau I
olhava o povo.

Os eslavófilos julgavam que os valores russos
não podiam ser exportados; temiam, pelo contrário, o abraço mortal de uma Europa velha e

corrupta. Eram implacáveis suas críticas contra
as vulgaridades do mundo burguês, a "mentira"
do parlamentarismo, a despersonalização induzida pela economia capitalista. O povo russo, ainda
"jovem", tinha que percorrer a sua estrada, salvando do declínio a si mesmo e conjuntamente a
verdadeira civilização. Isto explica por que, na
segunda metade do século, o originário pacifismo
se muda em expansionismo e a eslavofilia con-
flua, em parte, para o pan-eslavismo. Mas isto
fica apenas mencionado.

Muito importante é a elaboração das idéias
eslavófilas dos dois maiores escritores russos da
segunda metade do século XIX, Tolstoi e Dostoievski. O primeiro desenvolve uma elaborada
e sutil crítica à idéia ocidental de que são os
homens que dirigem a história: o seu ponto de
chegada foi a não violência e a utopia da vida
camponesa. O segundo, que conhecera as misérias do intelectual pequeno-burguês, deixou cair
o arcaísmo de tantos eslavófilos; os seus personagens, "homens do subsolo" ou "demônios", são
contemporâneos impregnados da cultura ocidental, e é esta a raiz de seu desespero e de seus
delitos, enquanto a redenção se encontra nas almas simples, religiosas, na volta ao povo. A
consciência de que já estava em jogo o destino
de toda a humanidade leva Dostoievski a um
messianismo religioso-político, em que à Rússia
era confiada a tarefa "da solução definitiva das
contradições européias"; ele falou também de
"socialismo russo", tentando uma alternativa para
o socialismo operário classista: era também este
um motivo típico dos românticos do século passado e do nosso.

Se os eslavófilos, entre os anos de 1830 e
1860, tomaram tantos temas do romantismo alemão (Schelling era o mestre reconhecido por
muitos deles), no fim do século XIX e no início
do século XX as obras da grande literatura russa
voltaram a propor ao Ocidente muitos dos temas
do romantismo, vigorosamente atualizados e filtrados também através da experiência positivista.
Junto com Nietzsche, os russos estiveram entre
os maîtres à penser da geração que, antes de
1914, se propusera encontrar uma alternativa para
a sociedade industrial e liberal européia do século XIX.

VI. As características típicas do romantismo político. — Querendo evidenciar os traços políticos do romantismo, é preciso, antes de
tudo, frisar que não existiu um movimento ou
partido político romântico, no mesmo sentido em
que, no século passado e no nosso, existiram os
movimentos liberais, democráticos, socialistas e
nacionalistas. Mas é preciso logo acrescentar que

existiu (e em parte ainda existe) uma democracia romântica, inspirada no povo, na solidariedade e na fraternidade, bem distinta da contratualista; um socialismo romântico, brotado do tronco da primeira e oposto ao economista ou materialista; um nacionalismo romântico, distinto do de origem darwiniana. Existiu, enfim, um conjunto de doutrinas (não seria correto falar só de sentimentos) que fecundou, em medida e com êxitos diversos, de época para época, e de lugar para lugar, os vários movimentos políticos e que, às vezes, transformou sua orientação.

Os românticos de várias escolas levaram a sério e recolocaram no seu lugar de honra aquilo que freqüentemente, na práxis política e na teoria, tinha sido paulatinamente marginalizado. A aspiração a uma condição, presente ou futura, na qual o desenvolvimento de cada personalidade se realize sem implicar injustiças ou conflitos destrutivos (e não simplesmente seletivos), não é certamente estranha ao liberalismo, ao socialismo, e nem mesmo ao nacionalismo. Mas o desembocar destas doutrinas em formulações predominantemente jurídicas ou econômicas, ou de política de potência, fez com que elas, aos olhos dos românticos, transformassem o instrumento em fim e fracassassem em seus resultados. A grande força crítica do romantismo, reconhecida também pelos seus adversários (que talvez vejam nela somente a expressão de uma "ironia" ou de um "subjetivismo" que, desde que se faça valer contra o "real", aceita também ser utopismo) está em ter captado e enunciado exigências como a que se mencionou ou, se se quiser, em ter explorado as desilusões, intelectuais e sentimentais, da mentalidade pós-iluminista.

Conforme se disse, é sobre o tema da relação indivíduo-todo que as peculiaridades do romantismo são mais fáceis de ser adaptadas. Ele foge a qualquer projeto de engenharia social "moderna" em nome da continuidade entre passado e presente, entre natureza e civilização, entre terra e alma (termos típicos do vocabulário romântico). Ele julga falaz todo propósito de tornar feliz o homem aqui e agora, se a organização que é proposta ignora ou sacrifica alguma daquelas funções nas quais se manifestam as necessidades básicas do homem. Na sociedade e na história, o romantismo vê um movimento circular contínuo entre as funções mais elementares e primitivas e as mais elaboradas e civilizadas. As primeiras se transformam nas segundas, as segundas adquirem significado e valor enquanto estão relacionadas com as primeiras; dessa forma, o produtor econômico é sempre aquele que alimenta (daqui a simpatia, ou a nostalgia, pela classe camponesa e pelas origens camponesas do

"cidadão"); o soldado é aquele que defende, enquanto o intelectual tem um papel só como guarda da tradição, como sacerdote ou profeta, no sentido que esta função tinha explicitamente nas religiões primitivas, isto é, a função de mediação entre a mobilidade da vida humana e a permanência das forças cósmicas.

Decorre daí a tenaz hostilidade romântica contra o mundo sem Deus, contra quem vê e avalia a atividade somente em termos de produção e de resultados; daí a segurança de que a redescoberta de um significado será a verdadeira garantia de um equilíbrio social salutar, enquanto cada um se sentirá a si mesmo como necessário; a idéia de que o progresso, seja qual for, transforma radicalmente ou suprime estas funções é exatamente aquilo que a mentalidade romântica não pode aceitar. Ela pode, portanto, ser revolucionária quando toma posições contra um sistema que não tem relações com as "potências elementares", conservadora, quando julga que tais relações têm ainda vigor e que é preciso defendê-las contra a modernização espiritual.

Nem esta atitude é exclusiva da linha-mestra do romantismo; também muitos pensadores políticos, que ostentavam aceitar sem hesitação o progresso técnico (Sorel, Pareto, Spengler, só para citar os maiores), desenvolveram temas românticos, quando abordaram a temática da decadência de um movimento ou de uma civilização. Também estes descobriram que a raiz da decadência está no declínio do ético (não importa como chamassem este último, se "idéia do sublime", "persistência dos agregados" ou "espírito faustiano"), que poderia ser remediado somente recuperando aquela prontidão para o sacrifício, de que a "civilização faz perder o hábito. E assim como dos românticos da primeira metade do século XIX se podia dizer que tinham o fascínio, ou até a vocação da derrota, assim no século XX o senso da irresistível difusão da Zivilisation induziu a cultivar a imagem da catástrofe heróica (até como revolta individual: veja-se, por exemplo, Der Waldgang de E. Jünger) que pode servir de alimento para a nostalgia de um renascimento futuro.

BIBLIOGRAFIA. — AUT. VÁR., *Romantisme et politique* Colin, Paris 1969; R. ARIS, *History of politica thought, in Germany from 1789 to 1815*, Russel & Russel, New York 1965[2]; J. BAXA, *Einführung in die romantische Staatswissenschaft*, Fischer, Jena 1931[2]; H. BRUNSCHWIG, *Société et romantisme en Prusse au XVIIIe siècle*, Flammarion, Paris 1973[2]; C. CESA, *Fichte, i romantici, Hegel*, in *Storia delle idee politiche, economiche e sociali*, ao cuidado de L. Firpo, UTET, Torino 1975, vol. IV, t. II, pp. 783-871; J. R. Derré, *Lamennais, ses amis et le mouvement des idées à l'époque romantique*, Klincksieck, Paris 1962; J. Droz, *Le romantisme allemand et l'état*, Payot, Paris 1966; Godechot, *La contre-révolution. Doctrine et action*, PUF, Paris 1961; H. Grassl, *Aufbruch zur Romantik*, Beck, München 1968; D. Groh, *La Russia e l'autocoscienza d'Europa* (1961), Einaudi, Torino 1980; A. Koyré, *La philosophie et le problème national en Russie au début du XIXe siècle*, Gallimard, Paris 1976[2]; G. Lukács, *La distruzione della ragione* (1954), Einaudi, Torino 1959; S. Mastellone, *Mazzini e la Giovane Italia*, Domus Mazziniana, Pisa 1960, 2 vols.; W. Metzger, *Gesellschaft, Recht und Staat in der Ethik des deutschen Idealismus*, Scientia, Aalen 1966[2]; G. L. Mosse, *La nazionalizzazione delle masse* (1974). Il Mulino, Bologna 1975; A. Omodeo, *La cultura francese nell'età della restaurazione*, Mondadori, Milano 1946; E. Passerin D'Entrèves, *Ideologia del Risorgimento*, in *Storia della letteratura italiana*, Garzanti, Milano 1969, vol. VII, pp. 201-413; H. Prang (orgs.)., *Begriffsbestimmung der Romantik*, Wissenschaftliche Buchgesellschaft, Darmstadt 1968; A. Ruge e Th. Echtermeyer, *Der Protestantismus und die Romantik*, in "Hallische Jahrbucher", 1839, Sp. 1953 sg.; L. Salvatorelli, *Il pensiero politico italiano dal 1700 al 1870*, Einaudi, Torino 1959[6]; C. Schmitt, *Romanticismo politico* (1925), Giuffrè, Milano 1981; P. Van Tieghem, *Le romantisme dans la littérature européenne*, A. Michel, Paris 1969[2]; F. Venturi, *Il populismo russo*, Einaudi, Torino 1952, 2 vols.; G. Verucci, *La Restaurazione*, in *Storia delle idee politiche, economiche e sociali*, cit., pp. 873-957; *Michelet cent ans après*, ao cuidado de P. Viallaneix, Presses Universitaires, Grenoble 1975; O. Vossler, *Il pensiero politico di Mazzini* (1927), La Nuova Italia, Firenze 1971; A. Walicki, *Una utopia conservatrice. Storia degli slavofili* (1964), Einaudi, Torino 1973.

[Claudio Cesa]

Satélite.

Tomado de empréstimo do vocabulário astronômico, este termo qualifica, em sentido político, a condição "paracolonial" de sujeição e dependência de um Estado em relação a outro. Satélite é precisamente o Estado cuja atividade política, econômica e militar, interna e internacional, é dependente do Estado dominante. É um termo de origem contemporânea. Conquanto aplicável na descrição de qualquer Estado sujeito à hegemonia de outro, foi historicamente aplicado, em duas circunstâncias diferentes, aos Estados da Europa Central e Oriental (Hungria, Romênia, Bulgária, Polônia e Tchecoslováquia), sujeitos, em primeiro lugar, ao domínio do Terceiro Reich e, depois, ao da União Soviética. O processo de "satelização" se dá principalmente quando e onde existe um vazio de poder político, econômico e militar capaz de atrair o dinamismo natural de uma potência "colonizadora" contígua; isto pressupõe, portanto, uma mediana ou franca resistência por parte dos Estados submetidos à pressão expansionista da potência que tende a exercer sobre eles a sua hegemonia. Este processo se distingue, porém, da colonização tradicional, já que se assemelha mais à dominação que à exploração (mesmo que compreenda este segundo componente) e se situa historicamente muito mais na busca de esferas de influência política e militar por parte de uma potência propensamente hegemônica do que na de mercados econômicos ou de novas fontes de recursos. Visto a condição de Satélite envolver de fato, se não de direito, a perda quer da independência, quer da soberania nacional, o Estado satélite não tem mais possibilidades de exercer uma política externa autônoma, nem de possuir um modelo autônomo próprio de organização interna, embora conserve formalmente todas as aparências de independência e de soberania nacional. Esta condição de dependência se efetuou historicamente por meio de um sistema de administração direta executada por funcionários do próprio Estado dominante (assimiláveis aos procônsules romanos, em que se inspirou a dominação nazista nos países satélites do Terceiro Reich), ou por meio de um sistema de administração parafiduciária exercida por elementos autóctones, bem aceitos e amiúde até designados pelo Estado dominante, com base em modelos de organização política, administrativa e econômica, bem como na preferência por valores diretamente tomados do modelo hegemônico (como no caso soviético). No primeiro caso, a dominação do Estado hegemônico sobre o Estado satélite é mais estreita e, conseqüentemente, mais claramente lesiva da independência e da soberania do Estado dominado, realizando-se quase exclusivamente por intermédio de sistemas de polícia, próprios de todo o exército invasor. No segundo caso, em vez disso, a dominação parece, pelo menos formalmente, mais respeitosa da independência e da soberania do Estado satélite, concretizando-se em formas indiretas de controle ideológico, político, econômico e militar por parte do Estado hegemônico, baseado nos próprios critérios autônomos de avaliação. É deste segundo modelo de dominação que a União Soviética extraiu, legitimando-a, a doutrina da "soberania limitada", isto é, seu direito de interferência nos assuntos internos dos seus Estados satélites.

[PIERO OSTELLINO]

Secessão.

Secessão é desligamento de um grupo de outro anteriormente existente. A mais antiga Secessão de que se tem notícia é a lembrada no relato tradicional da retirada da plebe romana para o Aventino (ou Monte Sacro), em 494 a.C. Nessa ocasião, Menênio Agripa teria advogado o retorno da plebe à cidade, defendendo a necessidade absoluta de todas as classes como membros do organismo social. Outras duas Secessões teriam ocorrido: em 449, com a retirada para o Aventino, em oposição aos decênviros, e, em 287, para obter que os plebiscitos tivessem força de lei.

Este termo é usado hoje em política internacional para indicar a separação de um território e dos seus habitantes de um Estado, com o fim de se constituírem em entidade estatal autônoma. O direito à Secessão é um aspecto de um direito mais geral, o direito à AUTODETERMINAÇÃO (v.).

O surgimento dos movimentos de Secessão está ligado a três fatores: a) existência de grupos nacionais diversos por suas tradições, língua, religião ou prática política; b) deslocação destes grupos para diferentes regiões do Estado; c) colocação do grupo separatista numa região periférica. Nem sempre as diferenças entre os grupos foram consideradas como motivo suficiente para a ruptura da unidade do Estado; a concessão de autonomia governamental a cada uma das nacionalidades tem salvado, em alguns casos, a existência do Estado.

São os grupos nacionais que se sentem totalmente subordinados a outros grupos, que se lançam tenazmente em busca da Secessão. Isto se verifica em dois casos: a) quando um único grupo nacional detém as rédeas do poder econômico e político, e as outras nacionalidades são mantidas em condições de subdesenvolvimento ou exploração econômica; b) quando a organização estatal está rigidamente centralizada e um grupo se apercebe de que a política do Governo tende a reprimir e destruir a sua identidade nacional.

Os processos de Secessão seguem caminhos diversos, mas são sempre caracterizados pelo uso da violência: do delito político ao terrorismo, da constituição de bandos armados à formação de verdadeiros e autênticos exércitos. A intensidade da violência depende da reação do Governo central: quando a violência é mínima, ele pode resolver intervir politicamente com a concessão de autonomias que eliminem os motivos da Secessão; se o Governo central se sente bastante forte, pode, ao invés, optar por responder com medidas policiais, ou, caso contrário, fará intervir o exército.

É raro os movimentos separatistas não terem relevância internacional; quase sempre surgem relações entre os separatistas e alguns Governos estrangeiros, que podem estar geograficamente até muito distantes. Os separatistas recebem ajuda militar mais ou menos grande, podendo fazer-se representar a nível internacional e nos ambientes diplomáticos, se os Governos estrangeiros aceitarem ser porta-vozes das suas aspirações. O propósito dos Governos estrangeiros pode ser o de estenderem a sua influência política, caso o movimento de Secessão obtenha sucesso, ou de causar dano à potência onde se revelaram as tendências separatistas. Com efeito, as Secessões acabam sempre numa perda de poder por parte dos Estados que são obrigados a sofrê-las. Se o Governo que contribui com a sua ajuda é o Governo de uma grande potência, sua finalidade pode ser a de modificar em próprio benefício a distribuição do poder existente num sistema ou então de estabelecer uma cabeça-de-ponte num sistema onde não possui aliados.

[FULVIO ATTINA]

Senhorias e Principados.

I. A SENHORIA COMO INSTITUCIONALIZAÇÃO DO DOMÍNIO DA FACÇÃO URBANA SOBRE A COMUNA. — Com o termo de Senhoria nos referimos, no âmbito da experiência constitucional italiana, àquele particular regime monocrático da comuna urbana que, começando a surgir por meados do século XIII, se generalizou e estabeleceu por quase toda a Itália centro-setentrional no século XIV. Por Principado se entende o ulterior desenvolvimento e consolidação da Senhoria, ligada a uma legitimação vinda do alto e já entendida não mais como mero instrumento de guia do Governo da cidade, mas como poder generalizado, uniforme ou virtualmente tal em todo o território do Estado, à medida que vai passando da plena autonomia a uma soberania substancial.

O regime comunal aristocrático e "restrito" (formado por pequenos e médios feudatários vindos para a cidade e pelas camadas superiores da nova burguesia urbana: banqueiros, comerciantes, etc.), chefiado pela potestade forasteira, se viu, já desde as primeiras décadas do século XIII, ladeado por um outro tipo de comuna, de idênticas bases territoriais e pessoais, e com uma estrutura consultiva e de cúpula copiada da primeira, mas dotada de uma estrutura social divergente, conquanto concorrente: é a que as fontes chamam *commune populi*, comuna do povo, ou seja, a organização profissional e armada das camadas médias e baixas da burguesia da cidade.

Em termos atuais, o *commune populi* é um poder de oposição, isto é, uma organização que se situa em plano de concorrência com a primeira, com o intuito de a substituir no Governo da cidade. Para combater o poder político, em mãos dos magnatas e representado fundamentalmente pela grande propriedade imobiliária e pelo capital móvel, o povo não possuía outro meio senão o da organização e do número: isto explica porque o *commune populi* só tenha podido surgir, essencial e concretamente, onde as atividades comerciais e industriais se achavam largamente difundidas, até o ponto de originarem uma vasta classe média e pequeno-burguesa. Ou seja, só nas grandes cidades.

A *comuna* popular colocou-se primeiro ao lado da *comuna* urbana, anterior a ela, conseguindo pouco a pouco, progressivamente, limitar-lhe o espaço e condicioná-la, e, depois, pelo menos em numerosos casos, arrebatar-lhe o Governo da coisa pública. Mas, no fundo, jamais foi capaz de a anular. Por isso, se se pode falar do alargamento da base política ativa, participante, da cidade, não é possível fazê-lo a respeito de um desenvolvimento democrático da *comuna* urbana propriamente dita, já que as novas classes emergentes, mais que a confluir 'para o velho organismo, tenderam a tornar mais poderoso e a fazer triunfar o novo. Deste modo, o Governo da cidade, durante este período e enquanto o "povo" predominou (segunda metade do século XIII), foi representado fundamentalmente por uma diarquia institucional e concorrente que quebrou, de fato, a unidade do regime: ao lado da potestade, estava o capitão do povo, ao lado do conselho restrito da comuna, estava o conselho popular dos anciãos. Isto criou uma situação de permanente instabilidade.

A ascensão do *populus* como organismo de Governo foi depois favorecida pelas divisões internas no seio dos velhos grupos dirigentes e da antiga *comuna*, divisões resultantes dos interesses opostos, tanto econômicos como políticos, dos vários grupos de magnatas: daí a necessidade de alguns deles buscarem com favores o apoio do "povo", a fim de encontrarem a força necessária para bater e expulsar a facção adversária. A organização popular esteve assim, desde o início, a serviço de certos interesses magnatícios e em oposição a outros, tornando-se, de qualquer modo, o instrumento ideal para a instauração da Senhoria.

Com efeito, a Senhoria outra coisa não é senão a estabilização e confirmação no poder do grupo magnatício-popular vitorioso que expulsara os adversários: é, numa palavra, o Governo da facção convertido em sistema. Dada a dureza da luta — como o testemunham claramente as fontes —, os grupos opostos viram-se geralmente obrigados a escolher um chefe, um guia certo e unânime: foi ele quem, no momento da vitória do grupo, se tornou o Senhor (mais ou menos explícito, mais ou menos velado) da cidade. Isso se ajustava à própria lógica da situação. Evidentemente, obtida a vitória, o grupo vitorioso tinha de a preservar contra os assaltos inevitáveis dos *de fora*, dos vencidos, que mantinham sempre amplas convergências e vínculos na cidade; daí

a necessidade de uma direção bem definida, firme, munida dos convenientes poderes.

É por isso que vemos quase sempre o chefe da facção vitoriosa investido, segundo o ordenamento comunal, de um cargo essencial (mais freqüentemente a capitania do povo), por longo prazo ou por tempo indefinido, o que era contra os ditames das normas estatutárias, e munido de uma livre e geral *balia*, ou seja, de um poder pleno, livre de qualquer controle ou limitação, para governar e reger a cidade: incumbia-lhe, em resumo, defender a hegemonia da facção vitoriosa.

Para isso, sobretudo nos primeiros tempos, o Senhor não hesitou em cominar desterros, sanções e requisições. O ligame entre o *dominus*, qualquer que fosse o seu nome, definição ou disfarce, e a facção dominante era firme e claro. Daí o tom de Governo tirânico, duro e até faccioso que caracterizou por toda a parte o primeiro período da Senhoria e contribuiu decisivamente para apagar o que ainda restava da antiga função de mediação e equilíbrio entre os grupos divergentes, característica da antiga direção comunal. A Comuna nascida como experiência unitária de elite, transformou-se, com a Senhoria, em expressão rigidamente partidária, embora de bases populares mais amplas.

II. PROGRESSIVA TERRITORIALIZAÇÃO E PERSONALIZAÇÃO DOS PODERES SENHORIAIS. — À medida que o Senhor e o grupo que o havia levado à vitória se sentiram bem firmes no poder, à medida que a convicção da irremediabilidade da derrota se difundiu pela facção (ou herdeiros) vencida, o Governo senhorial procurou assumir um caráter de regime de pacificação e reconciliação, despojando-se dos mais odiosos elementos de discriminação, para se caracterizar por um tom cada vez mais claro de superioridade e de eqüidistância dos partidos. Isto acontecia porque, no novo clima criado, as velhas facções não tinham mais razão de ser, uma vez que os conflitos tendiam, quando muito, a acender-se dentro das próprias coalizões vitoriosas.

Foi assim que a Senhoria foi acentuando até mesmo os aspectos formais alheios à sua preponderância, se preocupou com uma mais eqüitativa administração da justiça e deixou cair pelo desuso ou cancelou as normas discriminatórias mais duras contra os magnatas. Para tanto, cuidou de rodear-se de pessoal técnico amplamente despolitizado (ou apenas caracterizado pela sua dependência, mesmo individual, do Senhor), tentando por todos os meios desarmar todo o tipo de milícia partidária, para basear a defesa do poder pessoal, da cidade e do território, cada vez mais e de forma sistemática, unicamente na utilização de armas mercenárias, diretamente assalariadas pelo *dominus*.

A mesma presença da Senhoria foi, em conclusão, mudando todas as bases e características da vida urbana italiana dos séculos XIII-XIV, ainda mais porque as experiências afins das cidades mais vizinhas permitiram amiúde que o Senhor se erigisse em tutor, defensor e pacificador até de outros núcleos urbanos, fugindo assim, cada vez mais e melhor, ao condicionamento dos grupos locais, para atuar mais livre e comodamente dentro dos diversos grupos de interesse das cidades por ele controladas: podia, numa palavra, opor uma oligarquia à outra.

São estes dados que explicam, segundo parece, a progressiva consolidação da Senhoria e a sua transição de órgão excepcional, de facção, a órgão definitivo e virtualmente global, conquanto nunca perdesse alguns vestígios da sua origem facciosa. Ela se mostrou capaz de conciliar a tutela dos interesses então dominantes com o estado tranqüilo, a ansiada *quies*, a *pax* da cidade. Assegurava também desta maneira a continuidade essencial da orientação governamental e de uma expansão política e econômica que trouxe indiscutíveis vantagens às cidades que primeiro se converteram em Senhorias, em confronto com aquelas que ainda se debatiam nas convulsões dos regimes comunal-populares.

Outra das características da Senhoria esteve na mudança da relação cidade-campo. As experiências políticas comunais anteriores, sob este aspecto fundamentalmente semelhantes, estiveram todas elas marcadas por um particularismo rígido e pelo protecionismo urbano, entendendo-se o território circundante como simples zona de produção agrícola e de investimento de capitais, sem se levar muito em conta as realidades do campo feudais, tanto eclesiásticas como plebéias (também importantes), que não contavam com qualquer tutela particular no ordenamento comunal, ao qual estavam simplesmente subordinadas. Com a Senhoria tudo isso começou a mudar.

Aconteceu assim porque, freqüentemente, a base do poder do Senhor se encontrava não só na cidade, como também, conquanto em menor medida, no campo, nas associações feudais extra-urbanas, nas igrejas e nas comunas rurais, realidades que muitas vezes ajudaram o Senhor, tendo em mira a própria promoção política. Por isso a linha de Governo urbano se modificou de tal maneira que se pode dizer que, com a Senhoria, a comuna se estendeu finalmente até ao campo. Cessaram as duras discriminações contra os *comitatini*, procurou-se reequilibrar a excessiva imposição fiscal que sobrecarregava as realidades sujeitas à Senhoria, defenderam-se e fomentaram-se os produtos agrícolas, e foram admitidos nos conselhos do "povo" e da comuna elementos de proveniência extra-urbana.

Tendendo, pois, o Senhor a não ser apenas expressão de um bloco oligárquico urbano, mas a fundamentar o seu poder em diversas cidades coligadas, havia um outro aspecto, o do interesse pelo *comitatus*, que evidenciava de igual modo a progressiva superação do caráter estritamente urbano do poder senhorial e a tendência gradual à sua desmunicipalização: a Senhoria urbana convertia-se em territorial. Para se chegar a isto, era necessário, no entanto, mais um passo decisivo para a frente.

Na realidade, é bem fácil de constatar — e isto foi convenientemente ressaltado pela doutrina histórico-jurídica de Ercole e De Vergottini — que, embora seu poder, de direito e de fato, fosse cada dia mais vasto, o Senhor ia buscar sempre a sua legitimação jurídica, o título do seu Governo, única e exclusivamente à deliberação das antigas assembléias e aos órgãos comunais tradicionais, conquanto vazios de conteúdo. Ele era sempre um mero órgão da comuna ou das várias comunas urbanas que o haviam guindado, com títulos, modos e eficácia diversos, à Senhoria. Por isso, o seu poder na comuna, ou comunas, e, conseqüentemente, no condado ou condados, era sempre mais ou menos caracterizado pelo tipo de gestão e pelo conjunto de normas que essas complexas realidades tinham definido noutros tempos.

III. VICARIATO IMPERIAL (OU PAPAL) E PRINCIPADO. — O vicariato imperial (em *Terrae imperii*) ou apostólico (em *Terrae ecclesiae*) permitiram ao Senhor, a partir da segunda década do século XIV, superar tal situação. Com a concessão do vicariato, o Senhor se viu investido desde o alto de um poder sobre a comuna e o condado que não levava mais em conta a delegação original dos poderes comunais. O Senhor era constituído vigário pelo imperador ou pelo Papa: com isso, ele era chamado a exercer, na cidade ou no distrito, aquele conjunto de poderes que eram próprios das duas únicas e supremas autoridades (formais) do mundo medieval.

O vicariato imperial (ou apostólico) era, em geral, reconhecido pelo Senhor como respeitante às mesmas cidades e terras de que já possuía a *balia* em virtude da *delegatio* comunal. Em substância, conquanto conceptualmente mais amplos, os poderes vicariais não diferiam totalmente dos que o "tirano" já desfrutava nos centros e territórios dominados. E não podia ser de outra maneira, uma vez que se tratava já de poderes absolutos. Com a nomeação vicarial — meramente formal, pois era apenas o reconhecimento de uma realidade solidamente constituída — o Senhor alcançou dois objetivos fundamentais: não dependeu mais da delegação ou delegações comunais e apresentou-se investido de um poder conceptualmente uniforme em relação a todas as realidades político-socias englobadas no território ou no conjunto de territórios por ele controlados.

Encontramo-nos assim em face de duas designações, das quais uma, a segunda, absorvia, na realidade, a outra. Também a este propósito se tem falado oportunamente de "diarquia" de realidades jurídicas nas cidades vicarias: mas, em verdade, o Senhor manifestou uma tendência cada vez mais acentuada a qualificar-se como vigário, buscando uma base legal de poder formalmente bastante mais ampla e definitiva que todas as designações urbanas anteriores. E, é claro, uma base uniforme nas cidades e nos vários distritos controlados.

Com efeito, todas as realidades inferiores, incluídas as próprias comunas urbanas já territorialmente hegemônicas, se encontravam teoricamente niveladas, vindo a sê-lo depois pouco a pouco de fato, diante dos poderes do *dominus*, que surgia assim desde então e definitivamente como poder autônomo, superior aos velhos ordenamentos, e não mais como órgão deles derivado. Estava aberto o caminho do Principado, ou seja, daquela realidade jurídica que, em constante dialética, levaria à criação do Estado absolutista em diversas regiões da Itália.

Isso aconteceu com a progressiva atribuição aos vigários mais importantes, por parte dos dois máximos poderes temporais, império e papado, de títulos feudais de príncipes e dignitários imperiais ou papais. Foi assim que os Viscontis obtiveram, em 1395, a outorga da dignidade de duques de Milão, com a extensão, no ano seguinte, do título ducal a todo o seu território; em 1432, os Gonzagas foram nomeados marqueses de Mântua; em 1452, os Estensis alcançaram o título ducal para Módena e para Régio; em 1471, o Papa criava também o ducado de Ferrara.

O processo de "estatização" e da efetiva transição das antigas Senhorias a uma soberania quase completa se havia cumprido: o Principado abria uma nova página na história do direito público italiano. Uma página que se desdobrará em conseqüências no curso da Idade Moderna.

BIBLIOGRAFIA. — G. DE VERGOTTINI, *Di un vicariato imperiale degli Estensi a Ferrara sotto Lodovico IV*, in Id., *Scritti di storia del diritto italiano*, ao cuidado de G. ROSSI, II Seminario giuridico dell'Università di Bologna, LXXIV², Giuffrè, Milano 1977, pp. 505-34; Id., *Vicariato imperiale e Signoria*, in Id., *Scritti di storia*, II cit., pp. 613-36; Id., *Ricerche sulle origini del vicariato apostolico*, in Id., *Scritti di storia*, II cit., pp. 535-84; Id., *Note per la storia del vicariato apostolico durante il secolo XIV*, in Id., *Scritti di storia*, II cit., pp. 585-612; F. ERCOLE, *Dal comune al principato. Saggi sulla storia del diritto pubblico del Rinascimento italiano*. Vallecchi, Firenze 1929; E. SALZER, *Über die Anfänge der Signorie in Oberitalien. Ein Beitrag zur italienischen Verfassungsgeschichte*, Historische Studien, XIV, Ebering, Berlin 1900.

[PAOLO COLLIVA]

Separatismo.

I. O SEPARATISMO POLÍTICO. — Num primeiro significado, um significado predominantemente histórico-político, este termo indica a tendência de um grupo social ou nacional, englobado numa estrutura estatal mais ampla, a separar-se, reivindicando a sua completa independência política e econômica. Nesta acepção, o Separatismo difere do autonomismo, que pode constituir às vezes, mas não necessariamente, seu longínquo ponto de partida, como mera reivindicação de algumas autonomias fundamentais (administrativas, lingüísticas, religiosas e outras), no âmbito de um Estado determinado.

Tendências e movimentos separatistas são historicamente identificáveis desde as épocas mais remotas, conquanto, em rigor, as formas de Separatismo propriamente dito se relacionem com a formação e consolidação dos Estados modernos. Assim, houve movimentos separatistas contra as estruturas de grandes impérios supranacionais como o austríaco e o otomano: no primeiro caso, deram-se na Polônia (mas aqui também nas zonas sujeitas à Prússia e à Rússia após o terceiro e último desmembramento de 1795), nas regiões do Lombardo-Veneto durante o Ressurgimento italiano, na Hungria e entre as populações boêmias eslovenas e croatas, não raro com aspectos pan-eslavistas; no segundo caso, ocorreram nas regiões balcânicas dominadas pelos turcos e, com os acontecimentos mais diversos, nas zonas do médio Oriente e da África setentrional, muitas vezes sob o impulso dos ideais pan-islâmicos ou pan-arábicos.

Outros exemplos notáveis foram os das infindáveis lutas que levaram à separação do Estado livre da Irlanda da Grã-Bretanha e, mais tarde (18 de abril de 1949), à sua proclamação como república desligada igualmente da Commonwealth; não ficou atrás, depois, o elemento separatista do Ulster, que se evidenciou, particularmente com a ala nacionalista do *Irish Republican Army,* a partir sobretudo de outubro de 1968. Outro exemplo é o da Catalunha e dos Países Bascos, se bem que, neste caso, seja mais exato falar de um acentuado autonomismo, com particulares manifestações durante a guerra civil (1936-1939) e impossível de ser ignorado totalmente até pelo regime franquista. É a motivos mais estritamente político-sociais que se há de atribuir o Separatismo dos Estados confederados do Sul, durante a guerra de secessão norte-americana (1861-1865). Episódios mais recentes de Separatismo, diversamente orientados e organizados, podem se encontrar também no Terceiro Mundo, no quadro global da descolonização e das interferências internacionais: entre outros, a intentada secessão de Biafra na Nigéria, iniciada em 30 de maio de 1967 e tragicamente concluída com a rendição a 12 de janeiro de 1970; a rebelião contra a Etiópia, conduzida desde 1962 pela Frente de Libertação da Eritréia com um programa de clara preocupação progressista; ou a luta separatista de Bengala oriental contra o Paquistão, que desembocou em aberto conflito, devido ao impulso da Liga Awami e da organização militar de Bangladesh, em abril de 1971. Mas, de um modo mais geral, se observa que, na realidade afro-asiática, não têm sido poucas as tendências separatistas (de Catanga a mesmo Biafra, da Índia à Indonésia) que assumiram e conservaram características tribais ou comunais, com freqüência retrógradas e facilmente instrumentalizáveis desde o exterior.

Na Itália, após o ressurgimento, continuaram a existir, desde as primeiras décadas da unificação política, fermentos separatistas, mormente na Sicília, onde essa tradição antiga já se manifestara no âmbito do precedente reino borbônico, centralizado em Nápoles: nem a classe dirigente préfascista nem o Governo fascista conseguiram, aliás, absorver completamente tais fermentos e menos ainda fazer desaparecer suas raízes estruturais; eles se revelariam com renovado impulso durante a fase final da Segunda Guerra Mundial e no imediato pós-guerra. Nesse tumultuoso período, a par do reacender do Separatismo siciliano com novas perspectivas, houve assomos separatistas na Sardenha e nas zonas fronteiriças do Norte, especialmente no Valle d'Aosta: tais eventos foram, em todo caso, superados dentro dos princípios da Constituição republicana (cf. Tít. V), mediante a concessão de "formas e condições particulares de autonomia" às duas grandes ilhas e às três regiões que englobavam importantes minorias étnicas — Valle d'Aosta, Trentino-Alto Adige e Friuli-Venezia Giulia. Estas breves alusões chamam, aliás, a nossa atenção

para o caráter diferente que pode assumir o Separatismo no caso em que as minorias nacionais tenham sido insuficientemente absorvidas pela ação hegemônica do Estado que as engloba e, conseqüentemente, tendam a sofrer a influência, muitas vezes aumentada pela contigüidade de fronteiras, da própria nação, politicamente independente. É neste sentido que se tornam sumamente explicáveis, por exemplo, as limitadas aspirações do Valle d'Aosta a anexar-se à França, bem como o nacionalismo altoatesino (ou sultirolês), de tendência filo-austríaca, ainda mais recente e atual.

II. O SEPARATISMO ENTRE A IGREJA E O ESTADO. — Numa segunda acepção, a técnico-jurídica e política, o conceito de Separatismo, quando referido à vasta problemática das relações entre o Estado e a Igreja, vem a designar o sistema de separação entre as duas instituições, sistema que envolve, em sua extrema configuração e com interferências inevitáveis, não só a indiferença do Estado pelas várias dogmáticas religiosas, como também o seu desinteresse pelas manifestações sociais de qualquer das confissões: nada de regulamentações especiais, nem favoráveis nem limitativas, das organizações eclesiásticas. Historicamente, o Separatismo assim entendido se tem desenrolado dentro das linhas gerais do LIBERALISMO (v.) e da concepção liberal do Estado, cuja não-interferência em matéria religiosa se baseia no reconhecimento essencial da peculiar capacidade individual de atingir a esfera do divino. Daí definir-se o Separatismo, de acordo com De Ruggiero, como "conceito limite, em virtude do qual se tende, enquanto possível, a subtrair ao Estado toda a ingerência em matéria de culto e de doutrina eclesiástica e se exclui, reciprocamente, toda a concorrência da Igreja no desempenho de tarefas que pertencem ao Estado, conforme seu ordenamento interno". É neste sentido que o Separatismo — ao qual, por princípio, se tem contraposto o "sistema unionista" das relações entre o Estado e a Igreja, que exige um regime jurídico mais ou menos privilegiado para a confissão oficialmente reconhecida — pressupôs sempre a inderrogável laicidade do Estado (mas não necessariamente o seu agnosticismo e muito menos o seu ateísmo), distinguindo-se das posições jurisdicionalistas tradicionais, já que estas, conforme a distinção de F. Ruffini, consideravam as instituições eclesiásticas como entidades de direito público e, por consequência, plenamente sujeitas ao ordenamento estatal, ao passo que o Separatismo se apresenta como um "sistema de relações entre o Estado e as Igrejas, segundo o qual estas são consideradas e tratadas como simples sociedades de direito privado". Por outro lado, não pode existir compatibilidade ou correlação possível, a não ser em situações contingentes de luta ou de forçado extremismo laicista, entre Separatismo e intolerância religiosa, que se tem apresentado sempre como lesiva daquela liberdade fundamental de professar ou não um credo religioso que o ideal separatista tem pretendido garantir com firmeza no mundo moderno.

Na prática, nos últimos séculos, têm sido muitas e discutidas as vicissitudes dos sistemas de separação. Houve oscilação entre o ponto de vista da independência das Igrejas, tanto no campo protestante como católico, mesmo com prejuízo dos interesses do Estado, e o ponto de vista do fortalecimento da autoridade do Estado, com a eventual limitação do próprio prestígio e das prerrogativas eclesiais: daí as várias experiências concretas, tendo como exemplos típicos, por um lado, o do Separatismo vigente nos Estados Unidos da América, baseado no princípio de que "o Congresso não fará qualquer lei destinada ao estabelecimento de uma religião ou à proibição do seu livre exercício" (primeira emenda da Constituição), e, por outro, as legislações laicistas adotadas em tempos pela França ("Lei da separação", de 9 de dezembro de 1905) ou pela recém-proclamada república portuguesa (decreto-lei sobre a *Separação do Estado da Igreja*, de 21 de abril de 1911). Mas são numerosos os exemplos, como o da URSS, cuja Constituição de 1936, art. 124, sancionava a separação do Estado de qualquer Igreja, bem como "a liberdade de praticar os cultos religiosos e a liberdade de propaganda anti-religiosa": um princípio que foi substancialmente confirmado pelo art. 52 da Constituição seguinte, de 7 de outubro de 1977. Não faltaram, contudo, posições intermédias, talvez mais genuinamente liberais, enquanto tendentes a uma "liberdade para todos" no concernente ao problema religioso. Postulam um tipo de "separatismo incompleto", isto é, não levado até às últimas conseqüências, já sintetizado, por exemplo, na famosa fórmula cavouriana: "Igreja livre, num Estado livre". No caso da Igreja católica, cabe, enfim, lembrar que, com a proclamação teórica das suas características de *societas perfecta*, se opôs constantemente a qualquer instância de separação, chegando até a condenar no *Syllabus* (art. 55) a sistematização jurídica implícita na fórmula de Cavour. A par disso, no que respeita tanto aos países de totalidade católica como aos de simples maioria, tem-se mantido na linha unionista dos contatos e dos possíveis contratos bilaterais de caráter concordatário, em obediência às atuais

e mais vastas perspectivas ideológicas e políticas em escala mundial.

BIBLIOGRAFIA. AKT. VÁR., *Stato e Chiesa*, Laterza, Bari 1957; G. DE RUGGIERO, *Storia del liberalismo europeo*, Laterza, Bari 1959; V. DEL GIUDICE, *La separazione tra Stato e Chiesa come concetto giuridico*, Coop. Tipografica Manuzio; Roma 1913; Id., *Manuale di diritto ecclesiastico*, Giuffrè, Milano 1955; CH. DUFF, *La rivolta irlandese* (1916-1921), Rizzoli, Milano 1970; G. JELLINEK, *La dottrina generale dello Stato*, I, Soc. Ed. Libraria, Milano 1921; A. C. JEMOLO, *Chiesa e Stato in Italia dall'unificazione e Giovanni XXIII*, Einaudi, Torino 1965; K. LINTZ, *Grosskampftage aus der Separatistenzeit in der Pfalz*, Süd westdeutscher Verlag 1930; M. MINGHETTI, *Chiesa e Stato*, Milano 1878; K. ROTHENBÜCHER, *Die Trennung von Staat und Kirche*, Beck, München 1908; F. RUFFINI, *Corso di diritto ecclesiastico italiano. La libertà religiosa come diritto pubblico subiettivo*, Bocca, Torino 1924.

[CARLO LEOPOLDO OTTINO]

Serviços de Segurança.

I. DEFINIÇÃO. — Os Serviços de segurança compreendem os órgãos do Estado encarregados de coletar informações políticas, militares e econômicas sobre os demais Estados, particularmente sobre os Estados inimigos ou potencialmente tais (*atividade de espionagem*). Estes serviços têm também a função de impedir a atividade de espionagem estrangeira no território nacional e onde quer que seja possível (*atividade de contra-espionagem*), bem como a de coordenar todo um conjunto de ações que possam enfraquecer a força política, militar e econômica dos Estados inimigos (*atividade de penetração ideológica, de derrotismo, de sabotagem*, etc.).

Quanto às informações especificamente militares, os Serviços de segurança tendem a conhecer a consistência e a organização logística das forças armadas dos Estados estrangeiros, sua doutrina estratégica, os planos de mobilização e emprego, o armamento em uso e em projeto, e, enfim, o complexo das potencialidades ofensivas militares e produtivas que podem ser utilizadas em caso de conflito bélico. As informações políticas concernem à atividade patente e secreta dos Governos, ao conteúdo das alianças militares e da política externa, ao andamento das trocas comerciais, bem como à atividade dos exilados políticos residentes no estrangeiro. Estreitamente ligada a esta está a recolha de dados sobre as condições das indústrias, os recursos produtivos e energéticos, e a pesquisa científica, com o fim de limitar e prevenir os danos da concorrência internacional, favorecer as empresas industriais do Estado ou de interesse nacional, e garantir os investimentos financeiros efetuados pelo Estado no exterior.

A atividade de contra-espionagem é diretamente complementar da atividade de espionagem, enquanto visa à repressão da atividade dos Serviços de segurança estrangeiros no território nacional e no exterior, mediante a descoberta e a denúncia à autoridade judiciária dos agentes estrangeiros e dos cidadãos que com eles colaboram.

II. Esboço histórico. — A atividade de espionagem tem constituído um elemento comum à maioria dos ordenamentos estatais, desde a antiga Pérsia até os nossos dias. Sistemas de transmissão secreta das informações militares foram elaborados pelos espartanos e pelos germânicos; Júlio César chegou a inventar um código alfabético substituindo o valor das letras. Na Idade Média e Moderna, estes serviços se desenvolveram em conseqüência da exacerbação das lutas e rivalidades entre Estados e grupos políticos: a espionagem atuou em nome dos interesses políticos, étnicos, militares e religiosos e envolveu a totalidade dos contendores.

Todavia, até a Revolução Francesa, os Serviços de segurança se caracterizaram pelo limitado nível organizativo e pela precariedade das ligações: o pessoal era recrutado sem critérios definidos e a relação de emprego era predominantemente instável. O primeiro serviço de tipo moderno foi organizado por Napoleão: tinha uma estrutura análoga à das armas do exército, com quadros permanentes hierarquicamente organizados, órgãos de ligação, destinação de fundos, etc. O serviço secreto napoleônico, como os outros que lhe seguiram, foi colocado na dependência do Estado-maior, que lhe determinava as finalidades, os métodos a usar e toda a atividade.

No século XX, até a Segunda Guerra Mundial, foram organizados serviços secretos na maioria dos Estados: surgiram, assim, o *Amt Ausland Nachrichten und Abwehr*, na Alemanha, com quatro seções (espionagem, sabotagem e agitação política, contra-espionagem e segurança, administração); o *Secret intelligence service* na Grã-Bretanha, subdividido em três setores operacionais: contra-espionagem (MI 5), espionagem (MI 6), e ligação entre as duas atividades (MI). O *Deuxième bureau* na França, articulado em seis seções (guerra, aeronáutica, marinha, exterior, colônias, interior), divididas em departamentos com suficiente grau de autonomia entre si; o *Kempei* no Japão, o único que se valeu da espionagem de massa dos cidadãos residentes no ex-

terior; o GRU, na União Soviética, organizado em três seções: espionagem estratégica, espionagem bélica, espionagem operacional; o *Office of strategic services*, nos Estados Unidos.

Na Itália, em 1900, foi constituído o *Ufficio I* do Comando do Corpo do Estado-maior, com a função de coordenar a coleta das informações militares. Durante a Primeira Guerra Mundial proliferaram vários Serviços de segurança, subordinados a diversos centros de poder político: ministério do exterior, presidência do conselho de ministros, ministério da guerra; entretanto o *Ufficio I* era transformado em *Servizio I del comando supremo*, com a ampliação das funções originais, abrangendo agora desde o controle das notícias sobre o estado das tropas inimigas até a luta contra a "subversão" e as revoltas dos soldados.

O fascismo transformou os Serviços de segurança em instrumentos políticos a serviço do regime: os vários órgãos constituídos durante a guerra foram unificados no *Servizio Informazioni Militari* (SIM), que atuou como serviço de espionagem e contra-espionagem do exército, enquanto o *Servizio Informazioni Segrete* (SIS) estava subordinado à marinha e o *Servizio Informazioni Aeronautica* (SIA) a esta mesma arma. Em 1940, foi criado e pouco depois dissolvido um *Centro di controspionaggio militare e servizi speciali* (CCMSS), sob o controle do subsecretário do exército no ministério da guerra. Um verdadeiro e autêntico serviço de segurança constituía-o, a *Opera volontaria per la repressione dell'antifascismo* (OVRA), verdadeira polícia secreta do regime. Devido às graves responsabilidades do SIM na eliminação física dos opositores do regime (entre os quais Nello e Carlo Rosselli) e à fracassada defesa de Roma em setembro de 1943, logo após a guerra, o serviço foi dissolvido e seus responsáveis processados.

Com a reconstituição do Estado-maior realizada em 1947, foi criado um *Ufficio informazioni dello Stato Maggiore dell'esercito*, transformado, em seguida à unificação dos três ministérios militares, em *Servizio informazioni unificato delle forze armate* (SIFAR). Este tinha a tarefa de desenvolver atividades ofensivas e defensivas no campo das informações que interessavam à segurança do Estado e de exercer a direção e coordenação de cada um dos serviços informativos das três forças armadas: estes últimos, denominados *Servizi informazioni operativi situazione* (SIOS), dependiam diretamente dos respectivos chefes de Estado-maior, com atribuições particulares de informação técnico-militar. Nos anos 60, o SIFAR foi alvo de acesa polêmica, por ter desenvolvido uma intensa obra de fichamento político que envolvia milhares de cidadãos, depois reconhecidos como fundamentalmente estranhos a qualquer atividade de espionagem ou antinacional. Por causa destes "desvios" das funções originais, este serviço foi objeto de inquéritos administrativos, judiciários e parlamentares que desvendaram, embora com notáveis dificuldades, devido ao uso indiscriminado que ele e a administração da Defesa faziam do "secreto político-militar", toda a sua atividade durante a crise política de 1964. Julgou-se em termos extremamente negativos a colaboração fornecida pelo SIFAR ao projeto de golpe de Estado preparado pelo então chefe do Estado-maior, ex-chefe do mesmo serviço, e a relação privilegiada e direta que o órgão tivera com o chefe do Estado (autoridade politicamente não responsável e, portanto, estranha à gestão e ao funcionamento do SIFAR).

Em 1965, em conseqüência da reestruturação do ministério da defesa, os serviços de informação foram em parte disciplinados e lhe receberam uma nova denominação: *Servizio informazioni difesa* (SID), com a qual quis se sublinhar, pelo menos formalmente, os limites do campo operativo do órgão, destinado a salvaguardar as capacidades de defesa da nação, ou a capacitação militar das forças armadas. A falta de uma profunda reforma deste serviço, tarefa que seria possível com base nos mesmos resultados do inquérito parlamentar, fez com que se verificassem novos desvios institucionais e que o SID, por sua vez, se tornasse objeto das críticas de amplas correntes políticas e dos órgãos de imprensa, por causa do seu funcionamento e da sua falta de ligação com os órgãos responsáveis pela segurança pública e com os da autoridade judiciária.

Pela lei n.º 801 de 1977, os Serviços de segurança italianos foram novamente reestruturados. O presidente do conselho de ministros foi indicado como o responsável político pela política de informação. É ele quem preside o *Comitato interministeriale per le informazioni e la sicurezza*, órgão de consulta composto pelos ministros dos negócios exteriores, do interior, de graça e justiça, da defesa, da indústria e das finanças. A ele subordinado está o *Comitato esecutivo per i servizi di informazione e sicurezza* (CESIS), para lhe garantir o correto desempenho de sua alta direção, responsabilidade política e coordenação da política de informação e segurança. As funções de informação e de segurança, para a defesa do Estado no plano militar, são desempenhadas pelo *Servizio per le informazioni e la sicurezza militare* (SISMI), dependente do ministro da defesa. As informações relativas à segurança do Estado contra atentados e organizações subversivas são coletadas pelo *Servizio per le informazioni e la sicurezza democratica* (SISDE), subordinado ao ministro do interior.

O presidente do conselho de ministros deve apresentar semestralmente ao Parlamento um relatório sobre a política de informação, enquanto que comunicará a um comitê parlamentar bicameral (quatro deputados e quatro senadores) *ad hoc* as linhas essenciais das atividades e da organização dos Serviços de segurança. No caso de o presidente do conselho opor o segredo de Estado ao comitê parlamentar, este poderá passar o problema às duas câmaras, pondo em prática o princípio da responsabilidade política do presidente do conselho, em que se baseia inteiramente a nova norma.

A distinção entre serviço de segurança militar (SISMI) e serviço de segurança política (SISDE), introduzida na Itália em 1977, já estava em uso em outros países: na França, o Serviço de documentação exterior e de contra-espionagem (SDECE) desempenha atividades de informação no exterior, ao passo que a Direção de vigilância do Território (DST) desempenha funções de informação interna; na Alemanha, o Serviço de proteção da Constituição (BFV) exerce atividades de contra-espionagem interna, o Serviço de informações federal (BND) atua no exterior, o Serviço de segurança militar (MAD) se interessa somente pela contra-espionagem militar; na Bélgica, o Serviço geral de informações (SGR) atua no exterior, a Segurança do Estado (SE) no interior; na União Soviética, o Comitê de segurança do Estado (KGB) tem funções predominantemente internas, ao passo que o Diretório principal de informação (GRU) desempenha sua atividade no exterior; nos Estados Unidos, a Agência central de informações (CIA) atua no exterior, enquanto que o Escritório federal de investigação (FBI) atua no interior.

Outro problema relativo às funções institucionais destes serviços diz respeito às suas relações com os serviços dos Estados ligados por alianças militares: a atividade dos serviços destes Estados é geralmente permitida com base em mútuas concessões; isto não significa, porém, que possam atuar com plena liberdade, sem ser molestados; devem estar, em qualquer caso, sob o controle dos serviços nacionais. Não é um problema secundário o que se pensa na atividade de provocação que os serviços estrangeiros têm muitas vezes desenvolvido e na obra de influência e pressão levada a efeito sobre os partidos políticos nacionais na solução de crises de governo ou em outras situações particularmente delicadas e importantes.

III. A DESMILITARIZAÇÃO. — Os problemas destes serviços se situam predominantemente mais no plano político do que no plano técnico-operacional: eles funcionam, de fato, com o mesmo mecanismo informativo na maioria dos Estados e são analisáveis somente em termos de definição das funções institucionais (no sentido de sua extensão ao, ou exclusão do controle da situação política interna) ou em termos de controle por parte do poder executivo, legislativo e judiciário.

Outro problema político, ligado à necessidade de livrar o Estado da concentração dos poderes nas mãos de uns poucos, diz respeito à composição dos serviços com pessoal militar. Este, como se disse, é escolhido dentre as várias armas das forças armadas e, terminada a missão, volta, devidamente promovido, à arma de origem. Deste modo, os quadros dos serviços que durante anos desempenharam e coordenaram atividades de espionagem por conta do Estado, mas com escasso poder pessoal, se encontram agora a dirigir seções operacionais das forças armadas: têm, portanto, a possibilidade de utilizar as informações adquiridas nos serviços em tarefas extra-institucionais ou, pior, em planos golpistas. Em relação aos colegas hierárquicos e às forças armadas em geral, as informações que eles têm em seu poder e as ligações interpessoais que podem ainda manter com os que pertencem aos serviços, os colocam numa situação de privilégio e de perigoso acúmulo de poder, que é contrário à estabilidade das instituições do Estado.

BIBLIOGRAFIA. — AUT. VÁR., Sugli event del giugno-luglio 1964 e le deviazioni del SIFAR, Relazione di minoranza della Commissione parlamentare di inchiesta, Feltrinelli, Milano 1971; C. AMÉ, Guerra segreta in Italia 1940-1943, Casini, Roma 1954; CAMERA DEI DEPUTATI, Commissione parlamentare d'inchiesta sugli eventi del giugno-luglio 1964, Relazione, Doc. XXIII, n.º 1, Roma 1971; E. ROSSI, La pupilla del duce, L'OVRA, Parma 1956; U. SPAGNOLI, I problemi della riforma dei servizi, informazione della difesa dopo le risultanze della commissione d'inchiesta, in AUT. VÁR., Le istituzioni militari e l'ordinamento costituzionale, E. Riuniti, Roma 1974; R. TRIONFERA, SIFAR affaire, Reporter, Roma 1968.

[SERGIO BOVA]

Sindicalismo.

I. DEFINIÇÃO. — O Sindicalismo pode ser definido como "ação coletiva para proteger e melhorar o próprio nível de vida por parte de indivíduos que vendem a sua força-trabalho" (Allen, 1968:1). Mas é difícil ir além desta definição abstrata e indeterminada, porque o Sindicalismo é um fenômeno complexo e contraditório. Ele nasce, de fato, como reação à situação dos trabalhadores na indústria capitalista, mas constitui também uma força transformadora de toda a sociedade. Traduz-se em organizações que gradualmente se submetem às regras de uma determinada sociedade, mas é sustentado por fins que transcendem as próprias organizações e que freqüentemente entram em choque com elas. Gera e alimenta o conflito dentro e fora da empresa, mas canaliza a participação social e política de grandes massas, contribuindo para integrá-las na sociedade.

II. TEORIAS CLÁSSICAS DO SINDICALISMO. — As análises sobre os diversos aspectos do fenômeno sindical são já numerosas; mas as reflexões sobre seu significado geral continuam, em grande escala, a basear-se em teorias elaboradas décadas atrás e que podem ser consideradas "clássicas" O valor interpretativo dessas teorias é muito desigual, mas a razão de sua importância não está nisso. O que há de comum nessas teorias é o fato de elas terem sido elaboradas como teorias de caráter geral, enquanto, na realidade, refletem integralmente só uma ou outra das diversas alternativas presentes no movimento sindical em diversos países e períodos históricos. Dessa forma, elas foram consideradas como auto-interpretações destas diversas tendências e influenciaram a visão de si e dos próprios fins que o movimento sindical adotou. Todas estas teorias são, portanto, ao mesmo tempo análise e doutrina (explícita ou implícita). Deste ponto de vista, não é errado definir as linhas teóricas marxista e soreliana como intérpretes de grande parte do Sindicalismo europeu, enquanto Perlman e os cônjuges Webb são os principais teóricos do Sindicalismo anglo-saxão.

É claro que a relevância e o peso da teoria marxista não a tornam reduzível a mera doutrina da corrente social-comunista dentro do movimento sindical, e é até disparatado falar, como fazem alguns autores, de uma "teoria marxista do Sindicalismo", baseada nas análises de Marx e dos seus discípulos sobre este tema. De fato, o fenômeno específico do associacionismo operário e da ação sindical tem, de per si, uma relevância relativamente modesta no sistema teórico marxista. Ele pode ser entendido somente no contexto da análise da sociedade capitalista e dos fatores de sua mudança, onde a classe operária e suas lutas, como fenômeno mais geral, têm um papel central. A contribuição dada pelo marxismo para uma análise do Sindicalismo, embora menos específica, tem, portanto, um alcance mais vasto do que o de outras teorias. Antes de tudo, situando o fenômeno sindical no contexto de uma sociedade estruturalmente dividida em classes, ela permite superar os limites de uma análise puramente psicológica ou comportamentista de suas origens e motivações. Em segundo lugar, colocando o conflito industrial no âmbito de uma teoria da mudança social, permite ir além de suas conseqüências imediatas, e ver sua constante tensão voltada para a obtenção de uma ordem social diferente. Enfim, descrevendo o associacionismo sindical como uma das diversas formas históricas de organização operária, permite avaliar suas funções específicas, seus exatos limites e as relações com outros instrumentos de ação da classe operária, ao invés de considerá-lo como a única expressão natural das necessidades e da cultura operária. Neste momento, porém, se impõe este problema: qual é o lugar específico da organização sindical e das lutas sindicais nesta perspectiva? Em Marx a resposta é vaga. A organização sindical é um instrumento importante nas mãos do proletariado para se defender contra a deterioração de sua condição. Mas já que não consegue superar esta condição de forma definitiva, ela não pode deixar de reservar um, durante esse longo período, a uma luta mais profunda pela abolição do trabalho assalariado. Esta resposta dará origem a equívocos e debates repetidos na história do marxismo, entre quem defende a importância fundamental da fábrica e das lutas econômicas e quem prefere, em vez disso, as lutas políticas contra o Estado. Com a vitória da revolução bolchevique, contudo, a concepção leninista da subordinação da ação trade-unionista à ação política se tornará predominante no campo comunista e a teoria do sindicato como correia de transmissão do partido será, com o decorrer do tempo, adotada pelas correntes marxistas dentro do movimento operário.

Da mesma matriz marxista, mas afastando-se dela progressivamente, parte também Sorel, que é o fundador teórico do Sindicalismo revolucionário. Ele busca na autonomia operária, que se manifesta nos sindicatos, uma "sociedade total", com sua economia, suas formas de organização e sua cultura, a ser contraposta à sociedade burguesa em decadência. O sindicato assume o monopólio das aspirações operárias e se carrega de fins éticos na medida em que traduz a espontaneidade heróica das massas em projeto revolucionário. Se, como movimento real, o Sindicalismo revolucionário se torna hegemônico somente por um breve período histórico e apenas em alguns países, como corrente de pensamento ele representa "uma das tendências repetidas em toda a associação sindical: passar da tutela parcial e diária dos trabalhadores à sua emancipação revolucionária, considerar como adversários não só o capitalista mas todo o Estado, colocar-se diretamente em antagonismo com os partidos políticos, considerar o sindicato como verdadeiro e único•representante do operário assalariado . . ." (Baglioni, 1967; 223). Desta tendência se fazem portadores as oposições de tipo pansindicalista ou anárquico-sindicalista que freqüentemente renascem nos momentos de crise. Ao parlamentarismo, à política de alianças, à inserção nas instituições que desvia o movimento operário dos fins originários, elas contrapõem uma pureza e uma totalidade operária que se expressam nas suas organizações "autênticas" e não interclassistas (os sindicatos), portadoras de renovação em face dos partidos corruptos. Traços desta tendência se podem encontrar também na visão das "lutas sociais" como simples apêndice ou extensão das lutas de fábrica orientadas pelo sindicalismo operário, ou nos debates sobre os organismos de democracia operária (os conselhos). A concepção soreliana baseia-se numa visão esquemática da estrutura da sociedade; esta é fundamentalmente dividida em duas únicas classes, e a greve geral — instrumento principal do Sindicalismo revolucionário — tem também a função de tornar clara esta dicotomia. Apóia-se também numa visão simplificada e diminuída das instituições e das estruturas políticas. Mas, tal como o marxismo, expressa a tendência real de parte da classe operária européia do final do século passado e início deste, de se apresentar como classe hegemônica e atacar todos os problemas da sociedade, ultrapassando o âmbito restrito da ação na fábrica e no mercado de trabalho.

O Sindicalismo anglo-saxão nunca desenvolveu (exceptuados alguns raros momentos históricos) um projeto de transformação revolucionária da sociedade capitalista, e os seus teóricos estão, portanto, empenhados em definir objetivos modestos e parciais, analisando mais o papel do sindicato dentro da sociedade existente do que em relação ao problema da mudança social. A abordagem dos cônjuges Webb, considerados os teóricos do trade-unionism inglês, é de tipo funcionalista. Os sindicatos são considerados como meio de atingir fins limitados num duplo sentido: a sua função é definida dentro dos limites restritos da defesa operários da ação do mercado; esta atividade deve ser compatível com a funcionalidade do sistema, isto é, com os objetivos de produtividade empresarial e de desenvolvimento econômico. A legitimidade dos sindicatos é, afinal, sustentada por estes autores, não pela sua utilidade para a classe operária, mas pela sua comprovada compatibilidade com as exigências da indústria e pela sua contribuição para a consecução de uma sociedade mais democrática.

Neste sentido, a posição do principal teórico americano, Selig Perlman, é completamente diferente, porquanto, ao estudo das funções do sindicato no sistema, ele contrapõe o das necessidades dos operários como grupo autônomo. Estes dois tipos de análises expressam tendências reais no movimento sindical. De um lado, está a da busca da integração dos trabalhadores na sociedade por meio do sindicato e a da conseqüente valorização da ação política reformadora (como no *trade-unionism* laborista e no Sindicalismo dos países escandinavos). Do outro lado, a da procura da máxima vantagem econômica que é possível conseguir para o grupo operário representado, através da ação no mercado, sem nenhum interesse pelo tipo de sociedade dentro da qual se opera, nem, conseqüentemente, por qualquer perspectiva revolucionária ou de participação orgânica (a ideologia do *more*, típica de um sindicato concebido exclusivamente como associação monopólica de força-trabalho). Mas também a análise de Perlman, embora baseada num método histórico comparativo, nos fornece só à interpretação de uma tendência bem precisa no movimento sindical: a do *business unionism* americano. Sua teoria se baseia numa pretensa "mentalidade sindical" do militante, mentalidade que se contrapõe à do intelectual que atua no sindicato para lhe dar objetivos anticapitalistas. No cerne desta mentalidade sindical está a "consciência da escassez das oportunidades econômicas", que para os trabalhadores braçais são somente os postos de trabalho. O Sindicalismo maduro não é, portanto, senão uma associação destes trabalhadores, objetivando conseguir a propriedade coletiva dos postos de trabalho disponíveis para distribuí-los entre os membros segundo as regras da organização sindical. Renuncia, portanto, ao esforço pela realização de profundas reformas no sistema, rejeita a ação política de massa e aceita influir apenas setorial e esporadicamente nas decisões cruciais para a sociedade. Esta mentalidade sindical decorre, segundo Perlman, de regras e praxes das organizações constituídas pelos próprios operários, isto é, dos sindicatos. Já que a preocupação essencial neles evidenciada é a do controle dos postos de trabalho dos próprios membros, se deduz que este é o único interesse endógeno à psicologia da militante de base. Esta teoria representa claramente não só uma generalização indevida de objetivos do *business unionism* difíceis de encontrar com a mesma importância em outros países ou em outras épocas históricas, mas também uma mera ilação no que diz respeito à psicologia operária. Ela negligencia totalmente as dinâmicas internas do sindicato-organização como fator determinante da preferência por certas estratégias ou métodos de ação. Além disso, faz um salto lógico quando aceita esta opção como prova não somente de um óbvio interesse operário pelo controle dos postos de trabalho, mas também de uma aceitação natural, própria da psicologia operária, do funcionamento do capitalismo e, portanto, da recusa a utilizar a ação política na busca de reformas sociais. Nada nos diz que seja assim; pelo contrário, se em outros países, se nos próprios Estados Unidos, em épocas diversas, tais atitudes não são observáveis, isso significa que elas são imputáveis a fatores diferentes de uma "psicologia operária" universal.

A identificação destes fatores continua sendo, portanto, o problema central, sem solução, de uma teoria do Sindicalismo. Podemos formulá-lo esquematicamente deste modo: em que condições os diversos setores da classe operária e suas organizações tenderão a comportar-se como grupos de interesses setoriais ou, pelo contrário, a agir por objetivos mais genéricos, "de classe"? E em que condições serão levados a adotar comportamentos conflituosos ou, pelo contrário, a moderar e negociar as próprias reivindicações? Ainda: através de que processos um sindicato chega a optar entre estas alternativas? Na realidade, as teorias analisadas nem se põem estes problemas, porque procuram simplesmente justificar e elaborar a alternativa que consideram destinada a prevalecer. Até o marxismo, que dá um fundamento teórico à alternativa socialista, a inscreve numa filosofia da história que considera como certo o seu êxito. Limitações análogas se encontram em teorias mais recentes e largamente difundidas, como a da crescente institucionalização do conflito e do sindicato (v. CONFLITO INDUSTRIAL). Parece claro que uma resposta a estes problemas terá que passar pelo exame da evolução histórica do Sindicalismo e pela análise comparativa das suas características nos diversos países. Esta é, aliás, a direção em que se movem muitos dos estudos mais recentes.

III. A EVOLUÇÃO HISTÓRICA DO SINDICALISMO. — Em quase todos os países ocidentais, o Sindicalismo tem uma dupla origem: de solidariedade e defesa de um lado, de revolta contra o modo de produção capitalista e a sociedade burguesa do outro lado. Trata-se de tendências preexistentes à formação dos verdadeiros sindicatos. A primeira se expressa na constituição de sociedades de mútua ajuda e de ligas de resistência;

a segunda se traduz, na fábrica, em sabotagem da produção e, na sociedade, em luta pelos direitos políticos. Ambas as tendências nascem da exclusão de uma classe operária jovem ou em vias de formação da sociedade existente. Ambas manifestam a rejeição operária da sociedade global e visam à constituição de uma cultura autônoma. O objetivo dominante é o do desenvolvimento de cooperativas de produção administradas pelos próprios operários. É para ele que convergem, de fato, as duas tendências: a solidarista, que leva para o novo mundo industrial valores de origem camponesa ainda predominantes na classe operária, e a revolucionária e anárquica, que vê nele o instrumento de abolição do assalariado. Influenciados por estas tradições, se desenvolvem as primeiras organizações sindicais de base territorial (na Inglaterra a associação de R. Owen, nos Estados Unidos os Cavalheiros do trabalho, na França as *Bourses du travail* que servirão de modelo para as *Camere del lavoro* italianas). Esta estrutura organizativa reflete, de um lado, a estrutura produtiva daquele período, caracterizada por uma pluralidade de pequenas empresas e por uma elevada mobilidade geográfica dos operários; de outro lado, a orientação para a ação política mais do que para a ação contratual com as empresas. O aparelho organizacional apresenta um baixo grau de centralização: não se desenvolve uma burocracia de funcionários, enquanto as lutas operárias explodem em revoltas repentinas, violentas e ilegais.

A partir da metade do século XIX se impõe um tipo de organização sindical assente não mais em base territorial, mas no critério da especialização profissional. É a fase do "Sindicalismo de profissão", pela qual passaram todos os movimentos operários ocidentais. Os sindicatos organizam somente as camadas superiores da classe operária, que gozam de uma situação privilegiada no mercado de trabalho. Estes desenvolvem uma "consciência do produtor" que é em si ambivalente, porque leva, de um lado, à ideologia do socialismo gerencial e, do outro, a uma reação defensiva de tipo proprietário. "A reação do operário profissional polivalente, privado de seus instrumentos de produção, continua sendo uma reação de proprietário: ele defende como seu bem mais caro a *única propriedade que lhe ficou, a do seu mister ... O socialismo representa ... a reapropriação dos meios de produção de que o artesão tinha sido privado"* (Mallet, 1967:23-4). Estas camadas operárias constituem, em suma, uma aristocracia privilegiada e, ao mesmo tempo, uma vanguarda politizada. A sua sindicalização é muito elevada; a participação e o envolvimento

na vida do sindicato são diretos; a burocratização é fraca.

A passagem do Sindicalismo de profissão ao predomínio do "Sindicalismo de indústria" pode ser descrita como a história de um alargamento progressivo da ação de defesa econômica a novos grupos operários sem nenhuma qualificação profissional; ou, pelo contrário, como uma crise profunda do velho tipo de Sindicalismo, paralela ao difícil surgimento de um novo tipo. A segunda concepção é, sob muitos aspectos, melhor elaborada. De fato, o Sindicalismo de indústria tem suas origens na fase de industrialização extensiva que vários países da Europa experimentaram entre o final do século XIX e o início do século XX e que introduziu na produção industrial grandes massas sem qualificação profissional e sem tradições operárias. Mas, posto freqüentemente perante a hostilidade das velhas organizações sindicais e em uma situação de fraqueza no mercado de trabalho, este tipo de Sindicalismo não consegue atingir sua hegemonia senão após verificar-se um outro fenômeno: a introdução de novas tecnologias e o impulso à racionalização da produção. Estas puseram em crise o profissionalismo em que se baseava a força do operário profissionalmente qualificado e, ao mesmo tempo, aumentaram a rigidez do ciclo produtivo, ofereciam aos operários sem qualificação profissional o poder de bloquear facilmente a produção. Se a tecnologia e a racionalização rompem os limites do monopólio profissional, permitindo a organização de vastos grupos operários até então excluídos, a proveniência camponesa das novas massas urbanas rompe também os limites da subcultura operária, com um velho projeto revolucionário e a sua cultura política autônoma. Ao mesmo tempo em que o peso do sindicato na sociedade se estende enormemente, sua tensão ideológica entra em crise. A atividade que prevalece, ao lado ou em lugar da atividade política, é a da contratação. Estas novas funções, junto com o alargamento da base representativa, é que provocam o desenvolvimento da força organizadora do sindicato. Surgem os problemas de sua burocratização e tecnicização. Salvo poucas exceções, a atividade sindical se torna em toda parte mais centralizada. Contribuem para isto a fraqueza dos operários no mercado de trabalho e o maior número de funções que o sindicato é chamado a desempenhar. Tudo isso leva ao progressivo predomínio do aspecto organizacional sobre o aspecto do movimento. Quer por esta razão, quer porque o reconhecimento dos sindicatos significa uma conquista da cidadania política efetiva para vastas massas, a tensão revolucionária se atenua. A ação econômica tende a limitar-se à contratação da situação de trabalho; a ação política visa conseguir do Estado certos direitos, legislação social favorável e, às vezes, participação nas decisões de política econômica.

É certo, as diferenças existentes entre os vários países no tocante a esta linha de tendências são muito amplas e uma análise do Sindicalismo nas sociedades capitalistas avançadas, como veremos, não pode prescindir delas. Mas a maior parte dos autores descreve a evolução do Sindicalismo ocidental aproximadamente nestes termos. Alguns falam da passagem de um "Sindicalismo de oposição" a um "Sindicalismo de controle" (Touraine e Mottez, 1963). O que é certo é que a tensão revolucionária do movimento operário atinge seu auge no fim do século XIX e nas primeiras décadas do século XX (Sindicalismo revolucionário francês, movimento dos conselhos, revolução bolchevique, Industrial workers of the world in USA, etc.) e entra em declínio constante até o fim da década de 60, embora interrompido por grandes movimentos de massa no final da década de 30 (na França e nos USA) e no fim da Segunda Guerra Mundial.

Querendo dar uma explicação generalizada do "Sindicalismo de oposição", pode-se dizer que ele predomina historicamente num período em que convergem dois fenômenos. O projeto socialista gerencial elaborado pelos operários profissionais ainda não fora eliminado pelas transformações tecnológicas e organizacionais, embora eles estivessem numa situação de declínio relativo. Contemporaneamente se verificou o rápido ingresso na indústria e na sociedade urbana de grupos cada vez mais amplos de uma nova classe operária, fraca no mercado de trabalho e não sociabilizadas com a vida da cidade e com o ambiente da fábrica. Exatamente por causa desta sua fraqueza e marginalidade, a sua luta pela consecução de melhoramentos foi frustrada, voltando-se, por isso, para um projeto de transformação global da sociedade. A isto se junta a relevância da luta pela conquista dos direitos políticos que necessariamente atinge toda a sociedade. Mas Touraine e Mottez mostram como não são profundas as diferenças existentes nesta situação entre os diversos países, com o variar da fraqueza e do isolamento social da classe operária. Na França, onde a classe operária é minoritária, se afirma uma ideologia de ação direta e de recusa do Estado (Sindicalismo revolucionário). Em países como a Alemanha, onde a classe operária já tem um peso maior, se desenvolve uma ação política definida em termos de classe (socialismo). Na Inglaterra, quando os sindicatos sentem a necessidade de promover uma política autônoma, a classe operária já tem um papel central na sociedade: a política e o Sindicalismo tendem a se encontrar no abandono do projeto revolucionário.

IV. O SINDICALISMO NAS SOCIEDADES DE CAPITALISMO MADURO. — Nos países da Europa ocidental e nos Estados Unidos, o Sindicalismo apresenta, desde o fim da Segunda Guerra Mundial, muitas características comuns. Mas as diferenças entre os vários países são ainda tão grandes que se costuma distinguir diversos tipos de Sindicalismo. Os critérios em que assenta a distinção variam naturalmente de acordo com o aspecto que se pretende sublinhar, mas uma primeira tipologia, embora grosseira, permite identificar três grupos principais de sindicatos: os da Europa do norte (em particular Alemanha, Áustria, Holanda, Países Escandinavos e, dentro de certos limites, Inglaterra); os dos países latinos (França e Itália); e os norte-americanos. Analisemos brevemente as diferenças entre estes grupos de sindicatos sob três diferentes pontos de vista: a sua estrutura, o sistema de relações industriais e o papel desempenhado na política econômica nacional.

Do ponto de vista da estrutura, até à década de 60, era tradicional atribuir aos sindicatos dos países latinos um alto nível de centralização (prevalência das confederações), contrapondo-o à descentralização típica dos sindicatos americanos, onde prevalece a contratação empresarial e o nervo da organização é constituído pelas seções sindicais de fábrica. Os sindicatos norte-europeus, segundo esta visão, estariam colocados num nível intermediário, pelo predomínio das federações industriais (Crozier, 1963). Na realidade, nas décadas de 60 e 70, em todos os países se observavam duas tendências contraditórias. De um lado, a necessidade de contratar com empresas que atuam em diversos setores, portanto de competência de sindicatos diversos (de modo particular nos USA), e especialmente de desempenhar um papel coerente no que respeita à política econômica nacional (na Europa), leva a uma maior centralização. Os sindicatos escandinavos, austríacos e holandeses desenvolveram uma estrutura sob muitos aspectos mais centralizada do que os sindicatos italianos. De outro lado, a diversificação das situações laborais produzida pelo comportamento desigual da tecnologia e da organização do trabalho leva a uma maior descentralização, para atender melhor às diferentes realidades empresariais. Uma solução deste dilema é, em parte, a criação de uma ampla estrutura sindical, muito centralizada fora da empresa e descentralizada dentro. Mas a política sindical daí decorrente é freqüentemente objeto de tensões e conflitos na organização.

A diferença principal entre os vários sindicatos no que concerne aos sistemas de relações industriais diz respeito à relação entre o instrumento de contratação coletiva e o de ação política. Todos os sindicatos recorrem de alguma forma a ambos os instrumentos. Mas o sindicato americano privilegia indubitavelmente o primeiro; através da contratação com as empresas tende a regular todos os aspectos relativos à situação de trabalho (entre eles as férias, as aposentadorias, os seguros contra as doenças, etc., isto é, aqueles aspectos que na Europa são objeto de legislação). A ação política é somente a extensão desta contratação aos poderes públicos, com todos os interesses particulares e as técnicas de pressão que ela engloba. A lei se limita a estabelecer os procedimentos da contratação coletiva, isto é, as regras do jogo e não os resultados. Os sindicatos europeus, ao invés, têm tradicionalmente recorrido mais à ação legislativa e à participação na formação das decisões políticas, baseando-se numa estreita relação com os partidos socialistas ou trabalhistas no governo (v. NEOCORPORATIVISMO). Nos países latinos, onde os partidos operários ficam de preferência na oposição, o sindicato pode tentar contratar diretamente com o governo ou opor-se a ele, mas, em ambos os casos, mais como portador de "interesses gerais" do que de reivindicações particulares. Isto reflete uma outra diferença fundamental entre o caráter associativo do sindicato americano, que representa somente os interesses dos membros, e os sindicatos europeus, que tendem a tornar-se porta-vozes da classe operária em seu conjunto.

O papel desempenhado pelos sindicatos na política econômica nacional aumentou em todos os países depois da Segunda Guerra Mundial. Mas, além das diferentes e mutáveis atitudes quanto às políticas da renda, da indústria e do trabalho, a participação dos sindicatos na política econômica parece ter diversas possibilidades de sucesso, de acordo com sua capacidade de unir os interesses particulares que eles representam e de mediá-los com os interesses de outras classes e grupos sociais. É neste sentido que se fez uma distinção entre *economic policy unionism* e *pressure group unionism* (Barbash, 1972). O segundo tipo de Sindicalismo (o americano) não participa organicamente na formação da política econômica, porque, como se disse, reproduz, a nível político, somente uma série de interesses fragmentários. Sob este ponto de vista é claramente diferente dos sindicatos norte-europeus e latinos.

Não obstante estas fortes diferenças, é muito comum a idéia de que é possível identificar tendências gerais no desenvolvimento do Sindicalismo neste pós-guerra. A primeira indicação nos

é dada pelo maior número de funções que cada sindicato desempenha na própria sociedade. Aquela idéia de autonomia operária que, como vimos, permeava o Sindicalismo de profissão e inspirou os primeiros projetos revolucionários, parece ter-se dissipado: surgiu daí a teoria da tendência à integração do sindicato na sociedade. "Os sindicatos, na história ocidental moderna, evoluíram de duas maneiras aparentemente contraditórias. Um destes processos é a contínua luta dos trabalhadores pelos seus direitos no ambiente de trabalho ... Naturalmente, o Sindicalismo é um veículo para expressar esta reação. Presumivelmente esta função do Sindicalismo continuará até que o trabalho na indústria moderna esteja organizado hierarquicamente. O segundo processo de desenvolvimento se verifica a nível econômico e social. Neste caso, o Sindicalismo se desenvolve como forma de integração dos trabalhadores na sociedade ... e permitiu a grandes massas de trabalhadores participar na formação das decisões econômicas e políticas. Quando atua deste modo, o Sindicalismo põe eficazmente os trabalhadores em contato com outras forças sociais" (Kassalow, 1969:278). Já se disse que Touraine e Mottez caracterizam esta fase evolutiva como transição para um "Sindicalismo de controle". Não se pode mais falar de autonomia de ação operária, mas só de participação com diversos graus de adesão ou recusa. Neste quadro o conflito industrial permanece, mas não visa mais à eliminação do sistema capitalista: há uma contradição entre a noção de "pendência" e a da "luta de classe". É óbvio: já que não se pode eliminar o protesto operário, cria-se uma tensão constante com a ação institucional desempenhada pelas organizações sindicais. Mas a tendência do sindicato é a de empenhar-se numa "politização apolítica, isto é, de tratar, em escala nacional e local, problemas de interesse geral mas de tipo particular, esforçando-se por negociar em função das condições econômicas e das relações de força, e, portanto, por diversificar-se e, ao mesmo tempo, burocratizar-se" (Touraine e Mottez, 1963:397). Esta tendência significa o abandono quer da perspectiva revolucionária, quer do *business unionism*. Também esta concepção mais complexa evolui, ao fim e ao cabo, para uma comum integração na sociedade.

V. QUESTÕES TEÓRICAS E METODOLÓGICAS NO ESTUDO DO SINDICALISMO. — Com o renascer dos movimentos sociais, a reativação do conflito industrial e a crise dos sindicatos que se verificaram em muitos países ocidentais na segunda metade da década de 60 e na década de 70 começa a ser sentida a necessidade de uma teoria do conflito e do Sindicalismo que responda ao problema central deixado sem solução pelas teorias clássicas. Começa-se a duvidar que exista uma tendência unilinear e necessária de evolução no Sindicalismo, no sentido da sua progressiva integração na sociedade. Indagam-se as alternativas que se apresentam ao sindicato nas sociedades desenvolvidas e as diversas opções possíveis num quadro caracterizado por uma reativação do conflito. Em que condições um sindicato escolherá uma certa alternativa em vez de outra? Falta ainda uma resposta a este problema teórico, mas o exame da evolução histórica do Sindicalismo e a análise comparativa têm oferecido alguns elementos importantes.

Um primeiro ponto metodológico que podemos considerar pacífico, é que o sindicato deve ser analisado no contexto da sociedade em que ele atua. De fato toda a resposta àquele problema teórico passa necessariamente pelo reconhecimento da influência de diversos fatores e processos próprios da sociedade e do período histórico em que um certo tipo de sindicalismo se desenvolve. A nível metodológico, se nota aqui uma clara superação da teoria de Perlman, que isolava os fatores determinantes da ação do sindicato numa abstrata e universal "psicologia operária". Além disso, toda a série de pesquisas (especialmente americanas) que estudaram a ação ou a democracia dos sindicatos a partir de seu funcionamento interno, isolado do contexto social, chegaram a conclusões teóricas frustrantes.

Por sua vez, a série de estudos marxistas, ao inserir o fenômeno em estudo no contexto de uma sociedade estruturalmente dividida em classes, vê o conflito industrial como imanente e considera o Sindicalismo como um movimento social antagônico à sociedade. Todavia, a observação nos tem mostrado que, na realidade, o conflito tem um andamento descontínuo e que o fenômeno sindical apresenta notáveis diferenças entre períodos históricos e países diversos. E o marxismo não explica quais os fatores e processos inerentes à sociedade que determinam efetivamente este andamento e estas diferenças.

Uma das explicações mais simples que são apresentadas a tal respeito é a que faz referência à situação mais ou menos favorável de um determinado capitalismo nacional e ao comportamento mais ou menos ativo da classe dominante. Seria a diversa possibilidade de satisfazer as reivindicações econômicas e a diversa capacidade de fazer participar os trabalhadores no sistema político que determinaria o comportamento do sindicato. Esta interpretação explica, de fato, algumas situações mas não outras muitas: seu defeito

é o de admitir que o comportamento de um sujeito coletivo, como o sindicato, não segue nenhuma lógica autônoma, mas é uma resposta mecânica aos estímulos externos.

Outro tipo de interpretação faz referência a processos sociais que envolvem a classe operária e não a classe patronal. Já aludimos a ela para explicar o período do "Sindicalismo de oposição". Mais exatamente se pode afirmar que as tendências à ação revolucionária e global surgem quando massas erradicadas de suas comunidades e ainda não integradas na sociedade industrial são rapidamente introduzidas na produção moderna. Passando a fazer parte de sindicatos constituídos pelas elites operárias, transformam-lhes a natureza, dando-lhes o caráter de comunidades totais que se opõem à sociedade "moderna". Quando, pelo contrário, a classe operária é integrada na sociedade, os sindicatos não tendem a reconstituir comunidades mas simplesmente a conseguir vantagens particulares (De Laubier, 1968). Note-se que esta teoria é ainda concebida em sentido evolucionista: o primeiro tipo de sindicato corresponderia a uma fase histórica já passada, o segundo à fase atual. Mas nada impede pensar que fenômenos semelhantes aos descritos no primeiro tipo de Sindicalismo tendam a se repetir também nas sociedades capitalistas desenvolvidas. Estas recriam continuamente camadas marginais em relação ao sistema (por exemplo, os imigrados). Se o sindicato quer permanecer expressão apenas das camadas mais consolidadas, se comportará como grupo de interesse, conservando as vantagens do reconhecimento por parte dos outros agentes do sistema, mas perdendo a capacidade de mobilizar massas mais vastas. Se opta por representar também as camadas mais marginais, tenderá a assumir as conotações de um movimento social, estendendo dessa forma sua influência, mas perdendo as vantagens que decorrem de sua participação institucionalizada nas relações industriais.

Uma interpretação mais geral e persuasiva foi apresentada Por Pizzorno (Pizzorno, 1972; Crouch e Pizzorno, 1977:407-33). Poderia ser resumida nestes termos: o sindicato já não é mais plenamente capaz de canalizar o conflito na fábrica nem de organizar a participação na sociedade, porque estas tendências reproduzem continuamente contradições com o movimento que lhe serve de base e que constitui seu meio em relação aos demais atores. Por exemplo, uma participação eficaz na política de renda exige do sindicato a capacidade de impor aos grupos representados a autolimitação das reivindicações. Uma autolimitação consensual pode, porém, ser exigida somente em nome de fins ideológicos e isto é tanto mais difícil quanto mais o sindicato, ao negociar com o sistema, perde a natureza de sociedade global. De igual modo, o sindicato só pode exercer um poder real dentro do sistema político se pode fazer uso de sua energia fundamental, isto é, de sua capacidade de mobilizar as massas. Mas esta lhe é bloqueada à medida que se compromete com relações de troca sobre fins imediatos, porque a mobilização só é possível existindo uma marcada identidade coletiva, que se consegue somente quando se perseguem coletivamente fins não negociáveis. Isto explica o contínuo renascer, dentro e fora do sindicato, de oposições que se fazem portadoras de fins não negociáveis, da necessidade de criar uma comunidade na luta, e da vontade de modificar diretamente a situação existente sem passar pela mediação do poder político.

Baseando-nos nesta interpretação, podemos, portanto, afirmar que as diversas alternativas tendem a reaparecer periodicamente em todos os sindicatos. O fato de que, por um certo período histórico, as opções dos diversos sindicatos parecessem convergir numa única direção não significa que as alternativas para esta opção sejam eliminadas. Um dos fatores que determinam a escolha entre as diversas alternativas parece ser o tipo de relação existente entre organização e movimento. Por exemplo, se a oposição, dentro e fora do sindicato, a que já nos referimos, se estende a uma vasta parte da base numa situação em que a organização está fraca ou em crise, o sindicato pode ser levado a tornar-se portador de algumas das exigências que essa oposição expressa. Mas onde a organização é forte e prevalece sobre um movimento fraco e fragmentado, é mais provável que ganhe força um Sindicalismo que se comporta como grupo de interesse. Nos casos em que não está submetido a fortes pressões por parte de um movimento de base, é, de fato, provável que num sindicato bem consolidado e reconhecido se imponha uma "lógica de organização". Esta apresentará quase certamente as seguintes características: opção por representar somente membros do sindicato e não camadas sociais por ele não organizadas ou dificilmente organizáveis; preferência por ações particulares que exijam a competência "técnica" dos funcionários; preferência por ações "de pressão" que tendam a melhoramentos relativos e que permitam o pleno reconhecimento e o fortalecimento da organização envolvida nas relações de troca, em vez da preferência por estratégias globais de mudança social que podem colocar em perigo a própria sobrevivência da organização. Esta lógica, porém, encontrará maiores dificuldades para obter sucesso todas as vezes que se reproduzam fora dela

"identidades coletivas" (Crouch e Pizzorno, 1977). (v. também ORGANIZAÇÕES SINDICAIS; REPRESENTAÇÃO OPERÁRIA).

BIBLIOGRAFIA. —V. ALLEN, *An Essay on analytical methods in studies of trade unionism*, in *international bibliography of trade unionism*, Merlin Press, London 1968; G. BAGLIONI, *Il problema del lavoro operaio: Teorie del conflitto industriale e della esperienza sindacale*, Angeli, Milano 1967; J. BARBASH, *Trade unions and national economic policy*, Johns Hopkins Press, Baltimore 1972; *Conflitti in Europa*, ao cuidado de C. CROUCH e A. PIZZORNO, Etas, Milano 1977; M. CROZIER, *Sociologia e sindacalismo*, in *Trattato di sociologia del lavoro* (1962), ao cuidado de G. FRIEDMANN e P. NAVILLE, Comunità, Milano 1963, II; P. DE LAUBIER, *Esquisse d'une théorie du syndicalisme*, in "Sociologie du travail", X/4, 1968; E. KASSALOW, *Trade unions and industrial relations: an international comparison*, Random House, New York 1969; S. MALLET, *La nuova classe operaia* (1963), Einaudi, Torino 1967; S. PERLMAN, *Per una teoria dell'azione sindacale* (1928), Edizioni Lavoro, Roma 1980; A. PIZZORNO, *Le prospettive del sindacato nelle società del capitalismo organizzato*, in "I problemi di Ulisse", XXV/73-74, 1972; A. TOURAINE e B. MOTTEZ, *Classe operaia e società globale*, in op. cit., ao cuidado de G. FRIEDMANN e P. NAVILLE II.

[MARINO REGINI]

Sistema Judiciário.

I. O SISTEMA JUDICIÁRIO NA ANTROPOLOGIA JURÍDICA. — O Sistema judiciário é um complexo de estruturas, de procedimentos e de funções mediante o qual o sistema político (do qual o Sistema judiciário na realidade um subsistema) satisfaz uma das necessidades essenciais para a sua sobrevivência: a adjudicação das controvérsias pela aplicação concreta das normas reconhecidas pela sociedade.

Nem em todas as sociedades humanas existe um Sistema judiciário, mesmo em sua forma embrionária, pela simples razão de que muitos sistemas sociais não prevêem que os conflitos entre seus membros sejam resolvidos por terceiras pessoas de modo imparcial, mediante a aplicação racional de normas gerais. Até nas sociedades com sistemas culturais mais articulados e diferenciados, os valores dominantes podem contemplar o compromisso e a mediação como únicas formas aceitáveis de composição dos conflitos (é este o caso, por exemplo, da sociedade coreana até aos tempos recentes); em outras sociedades, se usa ou se usou aceitar o veredito de autoridades superiores, terrenas ou ultraterrenas. Estas últimas o manifestam através de rituais codificados (pense-se nos ordálios, no duelo judicial) ou através de intérpretes mais ou menos permanentes e reconhecidos.

De um modo geral, um verdadeiro Sistema judiciário surge num estádio relativamente avançado de diferenciação dos papéis sociais. As pesquisas de antropologia jurídica mostram, habitualmente, que ele aparece no momento que sucede à adoção de meios simbólicos de troca (escrita e moeda) e à criação de estruturas especializadas para a religião, para o Governo da coisa pública e também para a educação. Poderíamos também aventar a hipótese de duas condições gerais: que uma sociedade seja orientada para uma explicação imanente e não transcendente dos fenômenos sociais, e que disponha de um *surplus* econômico suficiente para sustentar até esta função que não é diretamente produtiva, além das funções religiosas, governamentais e administrativas, educacionais, etc.

O Sistema judiciário, nas suas formas mais desenvolvidas, se articula sobre muitas outras estruturas, além dos tribunais, e sobre funções não exclusivamente judiciais. Incluem-se nelas as estruturas auxiliares dirigidas para a averiguação dos fatos, para a captura de indivíduos procurados e para a detenção de indivíduos julgados culpados de reatos, para a execução de outros tipos de decisão judicial, e para a representação dos interesses públicos, incluído o interesse pela correta aplicação e manutenção das normas vigentes. Um papel importante é desempenhado pelos advogados, que em algumas sociedades aparecem certamente como "técnicos do direito" e como prestadores de serviços especializados e pagos antes que o papel do juiz fosse consolidado.

II. FUNÇÃO JUDICIÁRIA E·SEUS REQUISITOS ESTRUTURAIS. — Como se viu, a função judiciária consiste essencialmente em entregar a solução dos conflitos entre membros da sociedade a terceiros imparciais, que aplicam, racionalmente, os princípios gerais, escritos e/ou não escritos. A fim de que esta função seja corretamente cumprida, tem-se geralmente como necessária a presença de uma série de estruturas, procedimentos e papéis, que constituem o núcleo do Sistema judiciário. Sistemas políticos diversos podem naturalmente satisfazer esta necessidade com instituições que parecem e são diferentes entre si, em muitos aspectos não essenciais. Devem, todavia, ser reconhecíveis, na variedade das formas, alguns traços fundamentais: a) as disputas que surgem entre indivíduos — ou entre a coletividade e os

indivíduos —, em relação à concreta aplicação das normas reconhecidas pela sociedade, devem ser resolvidas pela decisão de um indivíduo (juiz único) ou de um grupo de indivíduos (juiz colegial), designados institucionalmente para isso e desde que sejam estranhos às partes e aos seus interesses; b) diante de tais indivíduos, ambas as partes e/ou seus representantes técnicos (advogados, procuradores e semelhantes) devem poder dar sua versão dos fatos, apoiando-a eventualmente na apresentação de provas e de testemunhas, apelando para normas específicas, escritas e não escritas, na base das quais deve ser decidida a disputa, e/ou para disputas mais ou menos análogas (os "precedentes") resolvidas, do modo desejado, por órgãos judiciais mais ou menos análogos; c) o órgão judiciário se deve limitar, em princípio, a levar em consideração os fatos formalmente citados pela parte que lhe confiou o litígio e as provas apresentadas por ambas as partes (*secundum allegata et probata*), e d) deve decidir a contenda escolhendo entre as normas reconhecidas pela sociedade (compreendidos os "precedentes", nos países onde forem reconhecidos, como nos sistemas judiciários anglo-saxônicos), aquelas que, em sua opinião, são aplicáveis aos fatos, como ele acha que se passaram, com base no princípio de contradição; e) esta escolha de normas e a decisão que se segue devem ser motivadas pelo colegiado judiciário em termos que não deixem transparecer nenhuma interferência de considerações subjetivas; bem, pelo contrário, devem tender a apresentar a decisão como a única correta e compatível com o complexo das normas e/ou das decisões precedentes, susceptível, portanto, de ser entendida como a "resposta" de todo o sistema social e não como resposta de um órgão judiciário singular; f) a decisão deve ser obedecida pelas partes, e os demais órgãos públicos, dentro e fora do Sistema judiciário, devem colaborar na sua aplicação à contenda em referência; g) a decisão, enquanto interpretação "autorizada" do complexo das normas de uma sociedade em relação a uma certa categoria de fatos, deve ter, além disso, pelo menos presumivelmente, uma eficácia não limitada apenas àquele litígio particular. Ela passa a fazer parte (com peso muito variável, de acordo com o valor atribuído aos "precedentes") do sistema normativo, tornando-se susetível de reações imitativas ou corretivas por parte de outros setores do Sistema judiciário e/ou do sistema político em geral.

Estes traços, cuja existência foi considerada necessária para o correto cumprimento da função judiciária, foram especificados com base nas experiências dos sistemas sociais que enfrentaram com maior atenção e sucesso o problema da solução imparcial e racional das disputas entre os próprios membros. Naturalmente, os institutos com que se deu uma resposta concreta às exigências acima referidas variam muito de um sistema social e de um período histórico para outro. Alguns institutos se desenvolveram muito rapidamente, por exemplo no Sistema judiciário da república e do império romano, conheceram períodos longos de eclipse parcial ou total e, só em tempos recentes, foram retomados e desenvolvidos. Outros são um retrato direto da sociedade jurídica mais moderna. Outros ainda não superaram a fase embrionária de desenvolvimento e esperam uma maturação ulterior desta sensibilidade.

Não é por isso justo atribuir mais do que um valor heurístico e provisório ao nosso elenco dos traços fundamentais e muito menos procurar estabelecer, ainda que seja ao nível abstrato e analítico, em que sociedades tais traços se desenvolveram de maneira suficiente para constituir, em seu conjunto, o núcleo de um verdadeiro Sistema judiciário e em que outras sociedades as lacunas ou as distorções são tais que diminuem ou excluem a possibilidade de um adequado cumprimento da função judiciária.

III. Os órgãos judiciários. — É, contudo, interessante lembrar alguns institutos concretamente realizados, procedimentos adotados e papéis desempenhados por sociedades diversas, aludindo eventualmente às concepções mais gerais da vida e do direito de que são reflexo.

A distinção entre questões privadas, que só indiretamente interessam à sociedade (causas civis) e questões em que a sociedade intervém diretamente para a reafirmação e manutenção das próprias normas (causas penais) ainda não se evidenciou com aquela generalidade e imediatismo que um contemporâneo poderia esperar. Houve, em vez disso, quase por toda a parte, e ainda hoje subsiste parcialmente, uma bem mais precisa fragmentação, quer no que respeita à matéria contenciosa, quer no que concerne ao *status* das pessoas privadas em causa, entre os órgãos judiciais competentes: foros especiais para pessoas de condição eclesiástica, nobre, servil, militar, etc.; para certos tipos de delitos ou litígios.

A tendência atualmente predominante pende para a eliminação das cortes especializadas para sujeitos de *status* particular, bem como para a redução ao essencial da divisão por matérias, aliás difícil de desaparecer: é um exemplo a irracional e dispendiosíssima divisão de alguns Sistemas judiciários em cortes federais e cortes estatais, baseada precisamente numa minuciosa distinção de competências por matérias, de sutil e às vezes árdua interpretação.

Não se pode ainda descuidar o fato de que a expansão dos fins institucionais e atividades conexas do Estado deu origem, em alguns sistemas sociais, a uma importante categoria de pendências em que a pessoa privada defende e reivindica seus interesses contra ações ou omissões dos órgãos administrativos. Em muitos sistemas políticos, as contendas deste tipo são total ou parcialmente subtraídas ao Sistema judiciário e reservadas a órgãos mais ou menos especializados e autônomos dentro do sistema burocrático, o que só em poucos casos (*Conseil d'État* francês e órgãos a ele estreitamente ligados) dão resultados satisfatórios para a parte privada em disputa.

A formação do órgão judiciário é um dos problemas que receberam maior número de soluções diferentes, variáveis pelo menos em cinco dimensões: juiz individual/colegial; juízes profissionais, mais ou menos estáveis/juízes *ad hoc* (júris e semelhantes); juízes com vários níveis, até mínimos, de treinamento e competência no direito; juízes treinados rapidamente como tais ou provenientes de outras funções (advogados e funcionários públicos) e habituados a ver o direito de uma perspectiva diferente; juízes recrutados por concurso/nomeados por autoridades, mesmo estranhas ao sistema jurídico/eleitos (de modo mais ou menos vinculado a anteriores designações) pelos cidadãos. É difícil descobrir uma linha coerente de evolução neste setor. Em certos sistemas judiciários vai adquirindo crescente importância o requisito da competência e se assiste ao desaparecimento do corpo de jurados ou à sua limitação a tipos particulares de litígio (em importantes causas penais) e ainda ao desaparecimento ou limitação a funções secundárias dos juízes não treinados profissionalmente no direito (como os *justices of the peace*, instituição ainda prestigiosa na Grã-Bretanha, mas desacreditada nos Estados Unidos). Por outro lado, a responsabilidade política dos juízes e a sua eletividade é um princípio acolhido por sistemas políticos tão importantes e diferentes como o americano e os de inspiração socialista, ainda que, nos dois casos, a eleição seja substancialmente uma ratificação das escolhas do partido único ou de um dos dois partidos em competição.

IV. As normas de procedimento. — Talvez em nenhum setor como no judiciário, o procedimento esteja tão intimamente ligado à substância e espelhe tão fielmente os valores de uma sociedade. Uma dimensão processual fundamental é a relativa à natureza "oral" ou "escrita". Por oral se entende um processo que culmina no debate entre as partes, testemunhas e advogados, na presença de todo o corpo judiciário; por escrito se entende um procedimento diluído numa série excessiva de fases preliminares, rigidamente codificadas e realizadas predominantemente por funcionários subalternos, e onde se evita ou se reduz o contato direto dos juízes com as partes, advogados, testemunhas e provas, substituindo-o por leitura de protocolos e relatos verbais feitos por subalternos.

Longe de ser casual, a escolha de uma destas alternativas de procedimento, ou uma particular forma intermediária, está estritamente condicionada pelas características das sociedades e dos seus sistemas judiciários. Se a difusão da escrita for escassa ou nula e a diferenciação social for embrionária, se preferirá, naturalmente, um processo oral e concentrado numa só audiência. Para esta forma, porém, se voltaram, por razões diversas, até sociedades de cultura jurídica bastante refinada, como a romana clássica e as anglosaxônicas. Nestas sociedades, uma magistratura adestrada e consciente da própria capacidade não queria privar-se dos extraordinários elementos de julgamento constituídos pelo confronto das partes e das testemunhas e pela visão direta das provas. Foi o Sistema judiciário romano-tardio, e depois o canônico, que tiveram de recorrer, numa época de profunda decadência cultural e moral da magistratura, a uma rígida organização processual que guiasse os passos dos juízes e limitasse os contatos destes com as partes e, com isso, as ocasiões e as suspeitas de corrupção e parcialidade.

Um reflexo ainda mais evidente da problemática e das concepções da Europa medieval está na disciplina das provas testemunhais, que deveriam ser não livremente avaliadas mas "calculadas" pelo juiz, segundo taxativos esquemas de ponderação: o testemunho dos servos e das mulheres era raramente admitido, "o testemunho do pobre valia menos do que o do rico... (o) do nobre prevalecia sobre o do não nobre, e o do clérigo sobre o do leigo, com outras gradações segundo o grau de nobreza e do cargo eclesiástico" (Cappelletti, 1969, 308). Só o Papa podia fazer prova completa, os homens livres constituíam meia prova, e não faltavam terços, quintos e sétimos de prova. A substância desta colocação durou até à Revolução Francesa ou mais; um considerável vestígio, presente nos principais sistemas judiciários, é constituído, ainda hoje, pelas regras que excluem a priori, com radical desconfiança na capacidade de discernimento dos juízes, os testemunhos de pessoas ligadas às partes por certos vínculos de parentesco ou de interesse.

Uma outra escolha estreitamente ligada à natureza de preferência "escrita" ou "oral" do processo é o caráter "secreto" ou público dos debates e dos autos. Pode-se observar uma tendência geral para uma maior penetração de olhos profanos nas várias fases do processo; evolução desejável mas não isenta de inconvenientes, se considerarmos como pode ser colocada em perigo a serenidade de um colégio judiciário por maciças intervenções da opinião pública e dos meios audiovisuais. Uma forma particular de publicidade é a presença, mantida com crescente vigor em alguns sistemas judiciários, dos advogados na fase processual que envolve os acusados, nas causas penais. Já vimos que, num estádio relativamente primitivo de evolução dos sistemas judiciários, aparecem "técnicos de direito", com a dupla finalidade de assistir as partes e de selecionar os fatos "apresentando apenas aqueles que têm valor forense segundo as normas sociais tidas como relevantes" (Gluckmann, 1968, 294) e agilizando assim as funções do órgão judiciário. A tendência a reconhecer a relevância social desta função dos advogados é muito recente e se manifesta nas causas penais e, mais geralmente, no instituto do patrocínio gratuito (realizado freqüentemente de maneira simbólica ou pior ainda, como na Itália). Através dele procura-se remediar as conseqüências da desigual distribuição econômica entre as partes em contenda, assinalando um advogado para o carente, com despesas por conta da coletividade.

É este um dos aspectos mais interessantes de uma nova "concepção social" do processo, especialmente viva em alguns sistemas judiciários da Europa central (austríaco, suíço, etc.). O órgão judiciário, que representa a coletividade, não é mais um árbitro inerme da contenda, mas intervém para esclarecer e articular as argumentações das partes menos hábeis e também para agilizar o curso do processo e diluir manobras dilatórias. Esta concepção é uma concepção intermediária entre a tradicional, individualista (as partes dispõem integralmente da contenda, lhe determinam as fronteiras e o andamento, medem as respectivas forças e podem optar, a qualquer momento, pela sua extinção por negociação), ainda sólida nos sistemas judiciários de matriz anglo-saxônica ou latina, e a dos sistemas judiciários dos Estados coletivistas, onde o órgão judiciário pode estender o objeto do processo a todos os fatos relevantes, mesmo se não colocados pelas partes, no superior interesse público, para averiguação da verdade.

V. DECISÃO E MOTIVAÇÃO. — O momento de decisão do processo judiciário é muito semelhante ao momento decisório da atividade administrativa. Um órgão simples ou plural é colocado em face de um complexo de fatos sobre os quais deve intervir com uma decisão baseada num complexo de normas e/ou de decisões precedentes consideradas relevantes. É verdade que o órgão que toma uma decisão judiciária é obrigado a justificá-la racionalmente de modo muito mais rigoroso do que, habitualmente, qualquer órgão administrativo. Na prática, porém, segundo se objeta, isto é um dever apenas aparente: é um fato indiscutível para os estudiosos e reconhecido por muitos juízes (por ex., Cardozo, 1921, 170 e seg.), que antes se toma a decisão que resolve a contenda e, depois, se dá a razão; dada a variedade das normas e o grande arsenal de técnicas argumentativas que séculos de dialética, jurídica ou não, forjaram, não é difícil motivar decisões, mesmo amplamente diversas sobre o mesmo objeto, como as crônicas judiciárias confirmam. Por estas razões, alguns teóricos americanos (Peltason, 1968, 283 e seg.) assemelharam o processo judiciário ao legislativo, considerando-os ambos instrumentos e fases da perene disputa dos grupos sociais. Não faltam aspectos sugestivos nesta tese. Não se podem, todavia, esquecer as condições particulares que limitam a subjetividade da decisão judiciária, mesmo que queiramos prescindir do vínculo óbvio como objeto do litígio. Referimo-nos não tanto à obrigação formal da motivação (que freqüentemente degenerou em ocasião de estéreis virtuosismos doutrinais, para uso de colegas, superiores e comentadores especializados; cf. Freddi, 1978), quanto ao conjunto de expectativas, valores e atitudes, que se apresenta singularmente semelhante em todas as sociedades que têm um Sistema judiciário, e é geralmente definido como "papel judiciário".

No "papel judiciário" confluem: a convicção dos juízes de terem de decidir as contendas de acordo com as normas e/ou as decisões precedentes, e não segundo as opiniões pessoais sobre o que seria justo ou oportuno no caso; o fato de que efetivamente muitos juízes decidem grande parte dos litígios deste modo, que quase todos crêem fazê-lo de algum modo e que, praticamente, todos se comportam como se o fizessem; a pública expectativa — de que os juízes estão conscientes — de que as pendências sejam decididas deste modo, baseada sobre a convicção que devem sê-lo.

As pesquisas desenvolvidas em contextos culturais diversos (cf. Becker, 1970) mostram certamente algumas diferenças na intensidade com que o "papel judiciário" é sentido e no modo como é interpretado por juízes pertencentes ao próprio Sistema judiciário; mas confirmam a importância

de tal papel, ao diferenciar a natureza da decisão judiciária da de outras decisões tomadas no sistema político; grande parte dos indivíduos decidem boa parte dos litígios como juízes de modo diferente do que adotariam como legisladores, administradores ou cidadãos privados. Não faltam naturalmente os casos contrários, particularmente freqüentes — ou particularmente discutidos — nos Estados Unidos, onde o Sistema judiciário é menos nitidamente distinto do resto do sistema político, sendo entendido como tal.

Não é por acaso que foram precisamente os estudiosos americanos que levantaram as primeiras e mais vivas críticas contra a concepção sacra da função judiciária, daquela moldura mística que em todas as sociedades continua a circundar o sistema judiciário, como contrapartida de uma fiel adesão ao "papel judiciário". Entende-se perfeitamente, à luz destas considerações, as razões pelas quais os próprios órgãos judiciários colegiais são obrigados — salvo poucas exceções manifestadas aqui e ali na história e hoje concentradas nos sistemas judiciários anglo-saxônicos — a encobrir todo o desacordo que se manifeste no seu seio a respeito de uma decisão. A constatação de que vários depositários do "papel judiciário" reunidos num mesmo colégio para julgar uma mesma disputa, possam tirar, do complexo das normas e dos precedentes, motivações para duas ou mais decisões diferentes, e às vezes em nítido contraste, ameaçaria — ao menos assim se pensa comumente — minar os fundamentos da confiança pública na função judiciária, em todo o sistema normativo e, talvez, indiretamente, no sistema político.

É caso de admitir que, do ponto de vista lógico, o temor parece fundado, mesmo que o prestígio de que continuam a gozar no mundo anglo-saxônico as cortes que tornam públicas as opiniões discordantes, e em particular os juízes conhecidos como *dissenters* impenitentes, não possa deixar de colocar em dúvida a correspondência da argumentação ao real funcionamento dos circuitos de confiança e dos mecanismos de legitimação.

VI. EFEITOS E REAÇÕES. — Toda a decisão judiciária gera duas ordens de efeitos: sobre o sistema normativo e fora do sistema normativo. Até as decisões — e são a maioria — que se limitam a repetir a interpretação tradicional de um certo grupo de normas e a seguir fielmente os precedentes exercem um efeito sobre o sistema normativo, enquanto consolidam esse tipo de interpretação e essa orientação jurisprudencial. Mais visíveis são os efeitos das decisões que se afastam das precedentes e dão uma interpretação mais ou menos inovadora de um grupo de normas. É para tais decisões que se volta geralmente a atenção dos estudiosos de direito, que examinam seu grau de precisão técnica e de coerência com os princípios gerais do sistema normativo — tal como cada um os entende. O debate se desenvolve em revistas especializadas, e tem efeitos também sobre o sistema normativo, contribuindo para legitimar ou para desacreditar uma nova direção interpretativa.

De interesse mais geral são os efeitos que uma decisão provoca fora do sistema normativo, com as conseqüentes reações dos interessados, ou seja, das partes em causa (compreendidos os representantes da coletividade que se apresentam como partes), os detentores de funções executivas ou decisórias no sistema político, e, por vezes, também certos setores do público. As duas partes podem aceitar a decisão; neste caso encerra-se a disputa para todos os efeitos. Se uma das partes — ou ambas — não quiser acatá-la, numa grande parte dos sistemas judiciários se lhe oferece a possibilidade de suspender os efeitos recorrendo a um órgão judiciário de grau mais elevado. Discute-se se esta possibilidade ("é duplo grau de jurisdição") se inclui entre os requisitos necessários para a existência de um "verdadeiro" Sistema judiciário. Uma resposta afirmativa pareceria muito limitadora, ainda que inegavelmente seja muito vantajoso dispor de uma segunda instância que possa corrigir os erros eventuais da primeira. As vantagens, de resto, são tão evidentes que muitos sistemas judiciários introduziram um terceiro grau de jurisdição, reservado geralmente para a correção dos erros na interpretação das normas.

As reações das partes podem, portanto, voltar a envolver o Sistema judiciário, conseguindo eventualmente que o órgão de grau superior avalie uma situação de fato ou interprete um grupo de normas de maneira diferente do órgão inferior. A segunda possibilidade tem naturalmente reflexos bastante mais importantes sobre o sistema normativo, enquanto permite a um órgão superior corrigir como "erros" todas as interpretações inovadoras dos órgãos inferiores, garantindo a estabilidade — ou estaticidade — do próprio sistema.

Quando uma das partes representa a coletividade ou fortes interesses organizados (ou pode obter deles o apoio) não lhe são vedadas formas alternativas, e mais radicais, de reação a uma decisão judicial: fazer pressão, por exemplo, para a modificação das normas, de modo a excluir a interpretação que a prejudica.

A efeitos análogos pode chegar, em casos extremos, uma reação da opinião pública canalizada ou provocada por órgãos de comunicação de massa; habitualmente, o desenhar-se de reações do gênero leva o Sistema judiciário a autocorrigir, na primeira oportunidade, as orientações que são objeto de contestação.

É caso de acrescentar que são muito raras as decisões judiciárias que provocam reações tão vigorosas fora do sistema judiciário. Isto não quer dizer, porém, que, em todos os outros casos, elas consigam uma plena execução. Freqüentemente, os órgãos burocráticos ou de qualquer maneira estranhos ao Sistema judiciário, modificam ou anulam uma decisão particular, toda uma orientação interpretativa, dos órgãos judiciários: isto pode acontecer pelos motivos e meios mais variados — até por inércia.

VII. A AUTONOMIA DO SISTEMA JUDICIÁRIO. — Contra estes perigos ou limitações da eficácia concreta de suas decisões, o Sistema judiciário tem escassos meios de defesa. Na verdade, ele pode cumprir sua função com tanto maior serenidade, imparcialidade e adesão às normas quanto mais estiver institucionalmente separado do resto do sistema político, constituindo, dentro dele, um subsistema autônomo. Tal autonomia tem duas faces: de uma parte, consiste nas múltiplas garantias necessárias para que o sistema possa funcionar corretamente segundo os ditames da "função judiciária", sem instruções ou coações de fora nem perspectivas de sanções (e/ou recompensas) devidas ao conteúdo das suas decisões; da outra, requer que o Sistema judiciário não tenha meios de intervenção espontânea e direta na execução de tais decisões (e, em geral, na concretização de suas orientações interpretativas) e tenha de depender da colaboração de outros setores do sistema político. Só no equilíbrio destas duas condições se realiza a autonomia: se se enfraquece a primeira, tende-se à subordinação do Sistema judiciário ao resto do sistema político; se se enfraquece a segunda, tende-se ao seu domínio (o "Governo dos juízes"). É caso para observar que, em quase todos os sistemas sociais, o equilíbrio foi alterado muito mais freqüentemente e mais gravemente no sentido da subordinação do que no sentido do domínio.

De um modo geral, nos sistemas normativos, multiplicaram-se as cautelas — escritas e não escritas — relativas à possibilidade da interferência do Sistema judiciário. Além da limitação da decisão coativa ao litígio singular e do fato de que, em cada caso, é necessário um certo grau de colaboração de órgãos estranhos ao Sistema judiciário para executar tal decisão, existe a vinculação ao objeto reclamado pela parte em contenda; existe a proibição — importantíssima, mesmo que a maior parte das vezes não esteja escrita por ser auto-imposta pelos órgãos judiciários — de decidir "questões políticas", ou seja, pertencentes à organização do sistema político; existem todos os "ônus" da imparcialidade própria da "função judiciária", antes de tudo, o de que uma questão não pode ser levantada autonomamente por um órgão judiciário, mas deve ser-lhe submetida como disputa em que uma parte privada tem um interesse pessoal, direto e não fictício (o que, juntamente com a proibição de "questões políticas", compromete as possibilidades de intervenção em vasto setor de normas que não tocam diretamente aos interesses privados); depois, também, o fato de que os juízes são geralmente obrigados a não discutir publicamente as questões de que são incumbidos; e muitas vezes se espera que evitem contatos não profissionais que possam colocar em dúvida sua imparcialidade. Na Europa continental, na Ásia e na América do Sul, isto trouxe sempre consigo uma visível reserva dos juízes em empenhar-se na política mesmo como cidadãos.

Com muito maior lentidão se vai evidenciando a necessidade, que deveria ser simétrica, de eliminar todos os instrumentos de pressão do sistema político. Até os mecanismos mais patentes são mantidos em ação para controlar este ou aquele Sistema judiciário: o recrutamento por nomeação de autoridades políticas (talvez legitimada pela eleição), em vez de por concurso classificatório; a periodicidade (mesmo breve) do cargo, em vez da segurança do emprego. Não basta que os salários sejam, de um modo geral, suficientes para levar uma existência digna, se permanece aberta a possibilidade de serem favorecidos na progressão nos cargos mais altos os elementos mais maleáveis. O problema da "carreira" é delicadíssimo e de solução nada fácil. A progressão por idade torna vã toda a possibilidade de sanção contra o juiz que — simplesmente — não faz seu trabalho cotidiano; mas a solução dos concursos de merecimento coordenados pelos magistrados superiores não está isenta de críticas, se por mérito se entende apenas a escrupulosa aquiescência às orientações interpretativas dominantes que, encarnadas pelos magistrados mais avançados na carreira e geralmente mais velhos, raramente mantêm um contato suficiente com as mudanças sócio-culturais que se operam no ambiente.

BIBLIOGRAFIA. — T. L. BECKER, Comparative judicial politics, Rand Mc Nally, Chicago 1970; M. CAPPELLETTI, Processo e ideologie, Il Mulino, Bologna 1969; B. J. CARDOZO, The nature of the judicial process, Yale University Press, New Haven 1921; G. FREDDI, Tensioni e conflitto nella magistratura, Laterza, Bari 1978; M. GLUCKMAN, Judicial process: comparative aspects, in International encyclopedia of the social sciences, VIII, Free Press, New York 1968; E. A. HOEBEL, The law of primitive man, Harvard University Press, Cambridge (Mass.) 1954; S. S. NAGEL, Culture patterns and judicial systems, in "Vanderbilt law review", in XVI, 1962, pp. 147-57; J. W. PELTASON, Judicial process: introduction, International encyclopedia of the social sciences, Collier-Macmillan, VIII, New York 1968; G. SCHUBERT, Judicial policy-making. The political role of the courts, Scott Foresman, Chicago 1965.

[ALBERTO MARRADI]

Sistema Político.

I. DEFINIÇÃO. — Em sua acepção mais geral, a expressão Sistema político refere-se a qualquer conjunto de instituições, grupos ou processos políticos caracterizados por um certo grau de interdependência recíproca. Na ciência política contemporânea, todavia, quando se fala de Sistema político e de "análise sistêmica" da vida política, se faz referência a uma noção e a um procedimento de observação caracterizados por específicos requisitos metodológicos e por âmbitos precisos de uso.

O tema básico é, em si, muito simples. O homem, como animal social, está sempre envolvido numa multiplicidade de relações, em virtude das quais ele condiciona os seus próprios semelhantes e é por estes condicionado. Em qualquer agrupamento social há, por isso, ao menos dois componentes fundamentais: de um lado, os indivíduos singulares e, do outro, as relações que caracterizam a convivência recíproca dos indivíduos. Daí que, para ser observado adequadamente, qualquer agrupamento social deva ser considerado sob um duplo aspecto: como uma constelação de membros e como uma rede de relações interindividuais mais ou menos complexa, ambas observáveis unitariamente em termos de sistema. Assim, mesmo no que diz respeito à vida política, podemos observar, de um lado, cada um dos protagonistas e cada uma das instituições de um dado regime (análise "parcialmente abrangente"); mas, se desejarmos saber, por outro lado, como e por que tais protagonistas e instituições se influenciam reciprocamente, conseguindo dar origem a vários tipos de regimes políticos, devemos olhar para o conjunto das relações que ligam entre si as várias "partes" do agrupamento em questão (análise sistêmica).

II. ÂMBITO E FINALIDADE DA NOÇÃO. — Este recurso à noção de sistema, para ser profícuo e correto, impõe a observância de condições metodológicas precisas e implica iguais limites de validade. Falaremos depois sobre os primeiros; agora vejamos os segundos.

Para começar, é necessário esclarecer que, no contexto desta análise, o substantivo "sistema" não se refere nunca à *totalidade* dos aspectos e das características de um dado fenômeno (por exemplo, a totalidade dos homens, das instituições, dos valores de um dado regime político), mas somente a um certo número deles, mais precisamente àqueles que definem o modo como as várias partes interagem reciprocamente. Dito em termos técnicos, o objeto da análise sistêmica não é a *totalidade* mas a *generalidade* de um fenômeno: não é tanto o universo dos seus componentes, quanto as relações que intermedeiam entre um componente e outro e das quais derivam as características gerais de um todo (por exemplo, a estabilidade de um regime ou a sua capacidade decisória). Em segundo lugar, quando falamos de "sistema", podemos referir-nos contemporaneamente a duas ordens de coisas muito distantes entre si. Podemos entender, por um lado, um conjunto de relações intersubjetivas reais, historicamente presentes numa dada comunidade e, por conseguinte, constitutivas de um específico Sistema político (*sistema observado*). Por outro lado, pode-se entender qualquer coisa muito diferente, isto é, um conjunto de hipóteses interpretativas (*sistema observante*) capazes de investigar as relações que caracterizam a convivência interindividual própria de qualquer coletividade. É óbvio que esta distinção não é de pouco valor. Com efeito, enquanto a segunda acepção diz respeito a um mero instrumento, a um modelo interpretativo e simplificativo da realidade política, a primeira acepção concerne à própria realidade política, considerada em alguns dos seus aspectos específicos. Daqui por diante, quando se disser Sistema político devemos lembrar que o que está em exame é somente a segunda destas duas acepções. Estas duas premissas — generalidade em lugar da totalidade, finalidades analíticas mais que finalidades imediatamente empíricas — são de fundamental importância para se compreender o âmbito do seu correto da noção de sistema, tal como ela é compreendida pela epistemologia contemporânea, em manifesto contraste com as mais conhecidas acepções do termo em voga no século XIX (tanto idealistas como positivistas), todas elas viciadas pelo substrato ideológico-metafísico de onde nasceram.

Quanto aos objetivos e uso efetivo, a análise sistêmica oferece contribuições relevantes sobre

como: a) explicar, b) prever, c) comparar, d) avaliar, alguns de entre os principais aspectos da multiforme realidade política. O objetivo prioritário é, sem dúvida, o da explicação. Sob este aspecto, muito pode valer uma abordagem sistêmica. Acima de tudo, ela pode ajudar a obter significativas generalizações do tipo "se — em tal caso", relativas aos fenômenos próprios da sua esfera de observação. Consideremos, por exemplo, que uma hipótese interpretativa tenda a estabelecer uma certa relação causal entre um dado tipo de sistema eleitoral e um dado tipo de sistema partidário, e que nem em todos os países onde estas duas condições foram satisfeitas, se dessem os mesmos resultados. Nestas e em outras circunstâncias semelhantes, uma abordagem sistêmica ajuda a observar melhor a presença eventual de "fatores perturbadores" não considerados precedentemente. Além disto, mostra a importância (e relativa função) que a relação existente entre normas eleitorais e subsistema partidário tem nos contextos considerados. O exemplo pode ser considerado igualmente indicativo, *mutatis mutandis*, não só em matéria de explicações, como também no concernente a objetivos quando se trate de previsões, avaliações e comparações (v. POLÍTICA COMPARADA).

III. ALGUNS REQUISITOS ANALÍTICOS FUNDAMENTAIS. — Todos estes objetivos exigem, para não ficarem em meras veleidades, uma aparelhagem analítica adequada, que somente uma atenta metodologia pode tornar válida. Entre os muitos requisitos que podemos considerar características das análises sistêmicas, há sete que parecem ainda hoje os mais particularmente importantes.

Primeiro requisito: convém partir de uma definição da política capaz de colher e exaurir plenamente as potencialidades analíticas implícitas na acepção de sistema acima citada. Isto é, precisamos definir a política de tal maneira que mostremos claramente toda a complexidade do fenômeno, sem, porém, ressaltar qualquer dos seus aspectos particulares, e especifiquemos as condições em que um dado fenômeno social acaba por se tornar politicamente relevante. Para exemplificar, uma definição de política como a de "um processo complexo mediante o qual, numa comunidade humana qualquer, formam-se decisões imperativas que a dirigem".

Segundo requisito: determinar os limites do sistema. Ou seja, o *habitat* que caracteriza uma dada realidade política observável como sistema, há de ser claramente definido em parâmetros que sirvam para distinguir o ambiente do sistema. Não existindo esta delimitação, a noção analítica de sistema perde grande parte de sua legitimidade. Com tal objetivo, recorre-se muitas vezes ao critério de "relevância política", entendendo-se por "política" o conjunto de aspectos já assinalados e, como "relevância", a existência de um vínculo de causalidade entre um fenômeno e outro. Nesta perspectiva, o *ambiente* do Sistema político pode ser definido pelo conjunto de fenômenos sociais, potencialmente relevantes para a vida do sistema, e seu *limite*, pelos limiares, ultrapassados os quais, um fenômeno social torna-se um fato relevante para a política. Fica, porém, assente, evidentemente, que o problema de saber concretamente *quando, como, em relação a que fim* fenômenos e grupos influem ou não na vida do sistema, só pode encontrar uma solução de forma empírica.

Terceiro requisito: as relações que intermedeiam entre o sistema e seu ambiente têm que ser detectadas e individualizadas "agregando" as múltiplas relações possíveis em pequeno número de conceitos flexíveis, como, por exemplo, as noções de *input, output* e *feedback*. Do ponto de vista do Sistema político, isto pressupõe que, com o primeiro termo, *input*, se possam sintetizar os "desafios" (manifestados de qualquer modo e provenientes de qualquer lugar) que põem em funcionamento o sistema; com o segundo termo, *output*, as "respostas" que o sistema dá (e sem as quais este cessaria de existir); com o terceiro termo, *feedback*, finalmente, se possam indicar os instrumentos com os quais os governantes operam (mas não apenas eles), em vista do sucesso das próprias decisões. Qualquer tipo de Sistema político, seja ele uma ditadura monárquica ou uma democracia liberal, deve ser considerado sob esta perspectiva, dado que, para sobreviver, nenhum sistema pode deixar de responder aos desafios a que está sujeito.

Quarto requisito: de maneira muito semelhante à precedente, o sistema deverá depois ser decomposto em outras tantas partes capazes de "agregar" significativamente os mais vários e heterogêneos fenômenos políticos num número relativamente baixo de componentes reciprocamente interligados. É mister, portanto, reduzir fenômenos heterogêneos — como partidos, legislação, administração, sindicatos, valores — a variáveis sistêmicas ("*partes*"), componíveis num único quadro orgânico e unitário. Os exemplos das "funções" almondianas (Almond e Powell, 1966) e dos "observáveis" eastonianos (Easton, 1965) são claramente demonstrativos de tal procedimento. A escolha de um critério onde basear a construção desses macrocomponentes sistêmicos depende, em larga medida, do tipo de aspectos definidores adotados para caracterizar o âmbito

e os fins da vida política. Pensemos, a título de exemplo, nas noções de *processo* e de *institucionalização* e na definição de política como "Governo da *pólis*" (Urbani, 1971). A preferência concedida à noção de processo explica-se èm grande parte por si, na medida em que a ação de "governar" pressupõe e descreve uma seqüência de várias fases diferenciadas pela incidência de múltiplos fatores (a escolha dos fins, a escolha dos meios, a escolha de quem toma as decisões finais, a contratação ou a imposição como instrumentos utilizados para tornar imperativas as decisões). Um Sistema político é, pois, por definição — desde que se aceite a premissa referida — um conjunto de processos e subprocessos, todos analiticamente decomponíveis e interagindo entre si. A par do exemplo do processo decisório, pode-se facilmente pensar em toda uma série de subprocessos como: o recrutamento de quem decide, o cálculo dos custos e dos lucros conexos às decisões, etc. Não pode ser subestimada neste quadro a propriedade que têm os processos sistêmicos de se realizar historicamente de forma mais ou menos institucionalizada, ou seja, através de formas que se mantenham mais ou menos estáveis no tempo e estejam mais ou menos estruturadas mediante relações formais ou informais. Pensemos, como exemplo, no caso de um processo como o legislativo e nas suas várias formas de possível institucionalização através de normas, regulamentos, costumes e relações mais ou menos informais entre seus protagonistas.

Quinto requisito: após se haverem individualizado as partes do sistema, ficam ainda por definir as relações que possibilitam e favorecem sua recíproca coexistência. O recurso à noção de sistema perderia seu significado se não se pudessem precisar as relações mais ou menos constantes que ligam as várias partes de um todo, de modo a apresentar este "conjunto" como uma entidade distinta dos aspectos de algum modo específicos (e diferentes) em relação aos que resultam da soma dos componentes individualmente considerados. No caso do Sistema político, grande parte destas relações podem ser distinguidas através dos conceitos de *função* e *sintaxe* sistêmica. Com "função" nos referimos às regras peculiares de interação e de interdependência existentes èntre os vários processos políticos. Assim, quando se diz que determinadas variações inerentes ao processo de agregação dos interesses estão estreitamente ligadas às variações inerentes ao processo de articulação ou ao processo de socialização, quer-se afirmar que o processo político é de alguma maneira "função" dos outros. Com "sintaxe sistêmica" referimo-nos ao conjunto dessas regras, ou seja, ao *modelo* resultante das várias "funções" que regulam a interação das partes que compõem o sistema. É através desse conceito que nasce — embrionariamente — o verdadeiro "sistema observante", a urdidura — hipótese que fornece os instrumentos adequados aptos à busca das relações políticas (empíricas) que constituem os Sistemas políticos "reais".

Sexto requisito: para estudar isoladamente as partes ou grupos de partes de um Sistema político, é preciso recorrer à noção de *subsistema*. É o caso em que se quer considerar — em relação à totalidade de um dado regime — os partidos ou os grupos de interesse, uma burocracia, uma entidade local, uma empresa. À observação de um subsistema aplicam-se as mesmas propriedades analíticas dos sistemas, exceto uma: o subsistema não pode ser considerado absolutamente autônomo em relação ao ambiente externo, porque *seu* ambiente deriva e depende do *próprio* sistema. Esta particularidade define as condições nas quais é correto efetuar a extrapolação subsistemas-sistema. Devemos considerar os subsistemas como específicos instrumentos analíticos, distintos das propriedades que caracterizam os sistemas operantes num "ambiente", que se identifica com o sistema mais amplo, do qual cada um deles é parte constitutiva.

Sétimo requisito: finalmente, para observar a dinâmica de um sistema, é necessário considerar a maneira, a direção e a intensidade com que os seus aspectos específicos mudam no tempo. Entre as muitas mudanças políticas possíveis é claro que nem todas interessam ao sistema, visto no seu todo. Somente algumas são objeto específico deste tipo de análise e precisamente aquelas que envolvem as relações entre o sistema e o ambiente, as regras de interação dos vários componentes sistêmicos, os limiares de confim e as formas nas quais tais regras se manifestam historicamente, ou seja, as modalidades de institucionalização do e no sistema.

As crises relativas às relações entre o Sistema político e o ambiente representam, ao mesmo tempo, uma causa e um efeito dos outros tipos de crise. Uma causa, porque induzem à mudança do sistema (imaginemos uma crise econômica ou cultural e as suas conseqüências na vida de um regime). Um efeito, porque cada mudança na capacidade de eficiência de um sistema acaba sempre repercutindo inevitavelmente nas reações do ambiente circunstante (pensemos nas conseqüências de uma paralisação do Governo de determinadas reformas sociais). As crises de mudança nos limites do sistema envolvem, em vez disso, a área de influência do próprio sistema: pense-se em Estados de tipo *laissez-faire* ou de tipo *welfare-state* e nos "limites" dos respectivos âmbitos de influência e de intervenção econômica. Quanto às crises relativas às regras de interação dos componentes de um sistema, o problema reside, essencialmente, na observação dos níveis de coerência e de interdependência destas últimas. É claro, com efeito, que quanto maior é o grau de *sintonia* entre o processo legislativo e o processo executivo, de um lado, e os desafios ambientais e as respostas governativas do outro, tanto maior será a capacidade do sistema, isto é, tanto mais ele terá tendência a se desenvolver. Finalmente, as crises relativas às modalidades de institucionalização do e no sistema manifestam todas aquelas "metamorfoses" por efeito das quais o sistema muda — no todo ou em parte, reforçando ou abandonando — os parâmetros mais correntes da sua atividade concreta. *Crescimento e redução* de um determinado sistema, *desenvolvimento e estabilidade, desaparecimento ou acomodação* são, portanto, outras tantas formas e tendências de mudança que é preciso observar referindo-as a critérios interpretativos específicos.

IV. OBSERVAÇÃO DOS SISTEMAS POLÍTICOS. — A melhor maneira de estimar a qualidade de um instrumento analítico é, obviamente, a de considerá-lo à luz de seus resultados no terreno explicativo. Desde este ponto de vista, remontando ao que já fica dito, importa considerar, de um lado, as potencialidades contidas nos modelos observantes até hoje elaborados e, do outro lado, as efetivas explicações empíricas fornecidas pelos pesquisadores, baseando-se nesses modelos.

Em relação ao primeiro aspecto, entre a crescente quantidade de contribuições teóricas hoje disponíveis, podem ser consideradas simbólicas as contribuições fornecidas respectivamente pelos autores da escola estrutural-funcionalista (Almond e Powell, 1966) e pelos que se acham diversamente ligados à abordagem cibernética (Deutsch, 1970). Os politólogos funcionalistas procedem, geralmente, através de uma pesquisa comparada sobre múltiplos regimes políticos (desde os das comunidades primitivas até aos mais modernos e complexos). Nessas pesquisas, procuraram essencialmente isolar as *funções* políticas historicamente evocadas, mostrando sua natureza, o papel que representam nos respectivos contextos ambientais, as diversas *estruturas* que permitem seu desenvolvimento (ou o impulsionaram) e as inter-relações que as ligam reciprocamente. O resultado dessa pesquisa veio comprometer um pouco todo o nosso modo de entender os fenômenos políticos e, em particular, a possibilidade de comparar países considerados radicalmente diferentes. Neste sentido, os maiores resultados foram obtidos especialmente em virtude da mudança de perspectiva que foi sugerida: observação das instituições políticas, conforme a função que elas desenvolvem, em lugar de observá-las com base na estrutura normativa que as caracteriza. Como resultado surgiu a possibilidade de análises mais realistas e, ao mesmo tempo, mais significativas da vida política, análises que acabam por evidenciar amiúde o complexo jogo de interdependências que condicionam estreitamente tanto a vida dos regimes políticos, quanto, em decorrência disso, as escolhas e as orientações de cada cidadão. Entre os politólogos que, de uma maneira ou de outra, estão ligados à abordagem cibernética, a contribuição mais avançada veio particularmente dos que procuraram observar e analisar um Sistema político como algo capaz de "responder a estímulos" (não importa por agora saber se se trata de analogias com organismos animais ou com máquinas). Nesta perspectiva busca-se especialmente descobrir as regras das interações existentes, nos vários regimes políticos, entre as várias exigências populares, as decisões dos governantes e as variações no nível do suporte necessário ao funcionamento de qualquer tipo de sociedade política. A contribuição mais fecunda desta escola refere-se especialmente a um ponto: à possibilidade de observar a evolução dinâmica da vida de um sistema e de prever. assim as modalidades mais prováveis do seu funcionamento, com base nas mudanças pouco a pouco percebidas no jogo estímulos-respostas ao qual ele está sujeito (Easton, 1965).

Aplicados ao estudo dos regimes políticos contemporâneos, ambos os tipos de abordagem (funcionalista e cibernética) têm efetuado numerosas e elucidativas diagnoses. No caso dos funcionalistas, pensemos na comparação de países caracterizados por estruturas constitucionais assaz diferentes (Estados Unidos e União Soviética), ou por níveis de desenvolvimento econômico-social bem distantes (União Soviética e Gana, Japão e Turquia). Pense-se, no caso dos segundos, nos estudos referentes ao mecanismo em que assenta a formulação de toda a política exterior de vários países e nos estudos sobre o apoio popular sempre variável que possibilita a sobrevivência dos diversos regimes. De uma forma geral, a abordagem sistêmica na observação dos fenômenos políticos permitiu ver muitas questões a uma luz bem diferente. Pensemos, por exemplo, na ponte que lançou às chamadas "teorias parciais" da vida política (respeitante a partidos, grupos de pressão, parlamentos, ideologias), conseguindo fornecer-lhes um quadro teórico onde elas poderão obter uma colocação mais correta e uma melhor compreensão. Pensemos, sob um outro aspecto,

no papel já citado que as teorias sistêmicas podem exercer em comparações políticas particularmente complexas. Pensemos, enfim, em todos aqueles fenômenos coletivos, cujas causas parecem quase inextricáveis e em relação às quais as teorias sistêmicas possibilitam esclarecedoras investigações sobre a maneira como acabam por entrelaçar-se e confundir-se aspectos culturais e aspectos políticos, aspectos econômicos e aspectos psicológicos.

V. PERSPECTIVAS DA ANÁLISE SISTÊMICA. — O progresso da observação sistêmica dos Sistemas políticos depende de múltiplos fatores. Explicações, comparações, avaliações, previsões requerem um amadurecimento paralelo dos respectivos instrumentos metodológicos. Ainda hoje esses instrumentos deixam entrever potencialidades várias, mais do que respostas conclusivas; na realidade, prometem muito mais do que aquilo que podem dar imediatamente. O juízo sobre a maior ou menor adequação da abordagem sistêmica (e sobre a sua utilidade) converte-se, em grande parte, num juízo sobre suas perspectivas, ou melhor, sobre as condições de progressos mais substanciais. Para tanto, as elaborações tentadas até aqui sugerem ao menos dois caminhos complementares entre si: o primeiro passa pela aquisição de um domínio cada vez mais seguro dos requisitos epistemológicos e metodológicos precedentemente indicados; o segundo conduz a um esforço de revisão de conceitos, onde se redefina grande parte dos instrumentos de observação usados até aqui, muitas vezes abusivamente. Dentro desta última perspectiva, os objetivos mais importantes são provavelmente três: formar conceitos cada vez mais passíveis de controle empírico; individualizar referências que possam agregar todos os aspectos individuais e parciais da vida política; elaborar categorias que sejam "partes" de um conjunto mais amplo e abrangente, dentro do qual cada componente se ligue aos outros, de maneira a resultarem daí outras tantas peças de um mosaico, que adquira significado exatamente em virtude de uma sábia aproximação dos componentes.

De qualquer modo, não deveriam faltar cultores entusiastas e cada vez mais preparados das teorias sobre o Sistema político. Os motivos desse interesse vão muito além dos que alimentam tantas efêmeras modas culturais. Aprofundar o conceito de Sistema político é hoje uma empresa intelectual tão delicada quanto irrenunciável, quer por exigências científicas, quer por exigências histórico-políticas. Já falamos em parte das exigências científicas, mas vale a pena acrescentar ainda mais uma consideração. A análise sistêmica dos fenômenos políticos apresenta-se como um instrumento particularmente dúctil, utilizável na observação dos aspectos políticos (aspectos da *politeia*) de qualquer comunidade social, desde o Estado-nação à empresa, ou, então, desde o Estado ao sistema das relações entre os Estados (Morton Kaplan, 1968). No que respeita às exigências de caráter histórico-político, o problema central é essencialmente o que deriva da extraordinária complexidade dos modernos aglomerados sociais, verdadeiros "monstros", cuja lógica de funcionamento facilmente foge ao nosso controle. Buscar compreender os mecanismos de tais aglomerados torna-se então uma necessidade imprescindível à qual as ciências do homem não podem deixar de responder de alguma maneira, pondo nisso grande parte dos próprios recursos intelectuais (Lasswell, 1971). O desafio é demasiado importante e exige um esforço de igual valor.

BIBLIOGRAFIA. — G. A. ALMOND e B. G. POWELL, *Comparative politics*, Little Brown, Boston 1966; *Il sistema delle relazioni internazionali*, ao cuidado de L. BONANATE, Einaudi, Torino 1976; S. COLEMAN, *Measurement and analysis of political systems*, Wiley, New York 1975; R. L. CURRY, JR. e L. L. WADE, *A theory of political exchange*, Prentice-Hall, Englewood Cliffs 1968; K. DEUTSCH, *The nerves of government*, Free Press, New York 1963; Id., *Politics and government*, Houghton Mifflin, Boston 1970; D. EASTON, *A systems analysis of political life*, Wiley, New York 1965; T. R. GURR, *Politimetrics*, Prentice-Hall, Englewood Cliffs 1972; W. F. ILCHMAN e N. T. UPHOFF, *The political economy of change*, University of California Press, Berkeley 1969; H. D. LASSWELL, *A pre-view of policy sciences*, Elsevier, New York 1971; MITCHELL & MITCHELL, *Political analysis & public policy: an introduction to political science*, Rand McNally, Chicago 1969; G. URBANI, *L'analisi del sistema politico*, Il Mulino, Bologna 1971.

[GIULIANO URBANI]

Sistemas de Partido.

I. DEFINIÇÃO. — A definição de Sistema de partido apresenta uma dificuldade preliminar. A definição tradicional e mais difundida salienta, de fato, as características competitivas entre várias unidades e as formas e modalidades desta competição. "A temática concernente aos Sistemas de partido é oferecida pelos modelos de interação entre organizações eleitorais significativas e genuínas, próprias dos Governos representativos — Governos nos quais tais sistemas cumprem predominantemente (bem ou mal) a fun-

ção de fornecer as bases de uma autoridade eficaz e de definir as escolhas que podem ser decididas pelos procedimentos eleitorais" (Eckstein, 1968, 438).

A maior parte dos cientistas parece aderir à posição manifestada por Eckstein, mesmo que um grupo bastante amplo considere que os sistemas de partido único constituem objeto legítimo de análise, ressalvando, porém, que nestes sistemas, falta um importante elemento, a *interação entre vários partidos*, elemento que jamais pode ser totalmente substituído pela competição interna dentro dos grupos. A posição mais favorável à inclusão dos sistemas de um partido único, entre os sistemas gerais de partido, foi apresentada por Riggs, que afirma que um sistema partidário consiste em algo mais do que um ou mais partidos, compreendendo também certos procedimentos eletivos, uma assembléia legislativa, um poder executivo: "em síntese, o Sistema de partido é qualquer sistema que legitime a escolha de um poder executivo através de votações e que compreenda eleitores, um ou mais partidos e uma assembléia" (Riggs, 1968, 82). Salienta, além disso, que a competitividade ou não-competitividade é *apenas uma* das características possíveis de um Sistema de partido. Esta definição conclui por considerar um Sistema de partido como a variável que intermedeia entre partido ou partidos políticos e sistema político. Além disso, permite diferenciar os vários Sistemas de partido (também os Sistemas de partido único) com base nas características de competitividade ou não-competitividade, de eletividade ou não-eletividade do executivo e da assembléia, de alternância ou de monopólio do executivo por parte de um partido. Enfim, *last but no least*, permite distinguir claramente entre os Sistemas de partido único e o sistema sem partido (comumente definidos como tradicionais ou feudais). Será esta a perspectiva aqui adotada.

II. GÊNESE DOS SISTEMAS DE PARTIDO. — Mesmo com referência à formação dos Sistemas de partido é possível distinguir uma tese tradicional e uma tese mais moderna, sem por isso considerarmos necessariamente que a razão esteja apenas de uma parte.

Enquanto os sociólogos se interessaram substancialmente, durante longo tempo, pelo problema das relações entre classes sociais e cada um dos partidos políticos, os estudiosos de política dirigiam sua atenção para os sistemas eleitorais como instrumentos capazes de facilitar ou de impedir *não tanto e não certamente a formação* de cada partido, *mas sim o seu acesso* à representação parlamentar.

Procedendo assim, era inevitável, por um lado, que os sociólogos se desinteressassem pela temática dos Sistemas de partido e, por outro, que os politólogos não prestassem atenção aos Sistemas de partido único, visto tratar-se de sistemas não-competitivos, cujo mecanismo eleitoral adotado não tinha nenhuma influência sobre a imagem partidária. Os estudiosos de política chegaram, por isso, com freqüência a conclusões expressas de maneira mais ou menos clara sobre a influência dos sistemas eleitorais nos sistemas partidários, ligando, como fez Duverger (1961, 255-333), os *plurality systems* com o bipartidarismo inglês, os *majority systems* com um multipartidarismo limitado e a representação proporcional com um multipartidarismo acentuado e extremado.

A situação das classificações e das tipologias dos Sistemas de partido não sofreu por longo tempo nenhuma melhora, apesar das numerosas e incisivas críticas dirigidas a Duverger com base nas muitas exceções que as suas generalizações não tinham condições de levar em conta.

Apesar de o setor de estudos que se refere aos partidos não ser um dos mais desenvolvidos na ciência política contemporânea, na metade dos anos 60 apareceram duas importantes tipologias, uma de base sociológica e outra de base politológica. A primeira parece apresentar maiores condições de explicar a origem histórica dos sistemas partidários (Lipset, Rokkan, 1967); a outra parece adaptar-se melhor à explicação da "mecânica" dos Sistemas de partido (Sartori, 1968, *b*), mesmo que o autor tenha buscado em outra parte maneira de chegar a uma explicação genética da configuração dos vários Sistemas de partido, uma explicação que seja também prenunciativa e "manipulativa" (Sartori, 1968, *a*), ou seja, que permita incidir sobre a própria configuração do sistema.

Lipset e Rokkan partiram da análise dos processos de modernização sócio-econômica e de democratização política na Europa ocidental a seguir à contra-reforma e às tentativas de construção do Estado nacional. Os autores distinguem quatro tipos de rupturas ou *cleavages* em que se basearam os conflitos que abalaram os sistemas políticos ocidentais, mas cuja "transformação" em partidos políticos não foi certamente automática. As quatro rupturas são: ruptura entre o centro e a periferia, surgida nos séculos XVI-XVII e cujos dilemas cruciais foram representados pela adoção de uma religião nacional ou pela fidelidade à Igreja católica, pela adoção de um idioma nacional ou pelo uso do latim. A ruptura entre o Estado e a Igreja, logo após a Revolução Francesa, teve como problema fundamental a criação dos sistemas nacionais e laicos de instrução ou a aceitação das escolas confessionais. A terceira ruptura, entre proprietários de terras e empresários industriais, surgiu como conseqüência da Revolução Industrial e se manifestou no conflito acerca do protecionismo a ser concedido aos produtos agrícolas ou aos produtos industriais, bem como acerca do grau de controle e de liberdade das empresas industriais. A quarta ruptura, entre os proprietários dos meios de produção e os trabalhadores, se revelou de forma mais aguda após a revolução bolchevique, traduzindo-se no dilema entre integração nos sistemas políticos nacionais ou apoio ao movimento revolucionário internacional.

Lipset e Rokkan sublinham, com particular vigor, que "as seqüências decisivas na formação dos partidos verificaram-se nas primeiras fases da política competitiva, em alguns casos bem antes da extensão do sufrágio, em outros pouco antes da corrida à mobilização das massas com direito ao voto" (34). Ou seja, as rupturas fundamentais da sociedade e a sua "tradução" em partidos e em Sistemas de partido diferentes e típicos já estavam suficientemente consolidadas antes que se manifestasse a ruptura "proprietários dos meios de produção e trabalhadores". Por isso, os autores concluem que "os contrastes decisivos entre os vários sistemas emergiram antes do ingresso dos partidos da classe operária na arena política. O caráter destes partidos de massa foi influenciado de maneira notável pela constelação de ideologias, de movimentos e de organizações com que tiveram que chocar-se nessa arena" (35).

A teoria de Lipset e Rokkan, apesar de altamente sugestiva e rica de referências históricas (tanto que não pode ser totalmente compreendida senão em relação às estruturas sócio-políticas de cada sistema político, a cuja análise mais aprofundada os autores remetem oportunamente os estudiosos do assunto), não é capaz todavia de explicar a gênese dos partidos únicos, nem do partido nazista, nem do bolchevique, isto para nos referirmos apenas ao panorama da Europa, exatamente por causa da sua natureza de teoria sociológica (sobre este ponto v. *infra*).

A teoria de Sartori, ainda não completamente sistematizada, apresenta dois componentes essenciais: de um lado, é uma resposta crítica à teoria de Duverger e de outros sobre as relações entre sistemas eleitorais e sistemas partidários; de outro, é uma tentativa de classificar os vários Sistemas de partido e de explicar seu funcionamento. Pelo que respeita à sua gênese, Sartori afirma ser necessário remontar à fase da extensão do sufrágio e distinguir entre sistemas eleitorais fortes (os *plurality systems*) e sistemas eleitorais fracos (os vários tipos de representação proporcional), entre sistemas partidários fortes ou consolidados e sistemas partidários fracos ou não estruturados. Ele sustenta que, em caso de encontro entre um sistema eleitoral forte e um sistema partidário consolidado, o sistema eleitoral provocará uma redução no número dos partidos (como na Inglaterra). Em caso de disputa entre um sistema eleitoral forte e um sistema partidário não estruturado teremos a permanência do *status quo* (Europa continental antes de 1914); a representação proporcional será contrabalançada em seus efeitos pela presença de um sistema partidário forte (como na Áustria desde 1945), enquanto se limitará a "retratar" a situação em caso de disputa com um sistema partidário fraco. Portanto, o suposto e sempre criticado "efeito multiplicador" da representação proporcional somente se verifica no caso em que os partidos tenham sido "reduzidos" ou comprimidos pelo precedente sistema eleitoral (1968, *a*, 285-86). Como é óbvio, referindo-se aos Sistemas de partido competitivos, nem mesmo Sartori pode explicar satisfatoriamente a gênese dos partidos únicos.

III. GÊNESE DOS SISTEMAS DE PARTIDO ÚNICO. — Já vimos como alguns autores se desembaraçaram rapidamente do problema dos Sistemas de partido único, excluindo-o do âmbito e do estudo dos verdadeiros e autênticos Sistemas de partido. Outros autores limitam-se a notar superficialmente que os partidos únicos são produtos de fatores excepcionais (quase que irrepetíveis) como guerras, revoluções, depressões mundiais, lutas pela independência, mantendo-se graças ao uso inescrupuloso dos instrumentos do poder. Apenas recentemente tentou-se aprofundar as causas de sua gênese, evidenciar as conseqüências de sua presença no sistema político e sugerir eventuais tendências para a volta ao sistema competitivo.

O ponto de partida para qualquer análise sobre o partido único parece ser o modelo leninista de partido, organização disciplinada de revolucionários de profissão voltados para a *conquista do poder*. Conforme esta concepção, o partido é o instrumento que, embora ligado à classe dos proletários da qual emerge, representa sua vanguarda mais conscientizada e se faz portador e intérprete dos interesses de toda a classe, chegando a constituir sua própria consciência. O partido, em suma, instrumento e representante de uma classe, deveria desaparecer na sociedade sem classes. Em polêmica mais ou menos declarada com a concepção "marxista", que faz dos partidos os representantes dos interesses de classe, os líderes africanos que adotaram sistemas políticos de partido único lhe contrapuseram duas concepções

entre si contraditórios. Alguns desses líderes (Nyerere e Senghor) sustentam que, se os partidos representam as classes sociais, não possuindo os países africanos classes sociais distintas, é justo que tenham um partido único. Outros (Sékou e Touré especialmente) sustentam, em vez disso, que a existência de um partido único nos vários sistemas políticos é justificada pela necessidade de combater e superar as divisões étnicas, cujo problema se tornaria ulteriormente mais agudo por causa de uma aberta competição multipartidária, com os partidos como prováveis representantes dos vários grupos étnicos.

Como vemos, a primeira justificação assenta num silogismo claudicante, porque, prescindindo de que os partidos não surgem unicamente de bases classistas, o fato de que na África não existem classes sociais ainda está por ser demonstrado.

A segunda justificação é quase oposta à primeira, porque, partindo da constatação da fragmentação da sociedade africana, afirma a necessidade de um único partido para unificar os vários subsistemas políticos. Do ponto de vista histórico, ambas as "teorias" estão erradas. De fato, na maior parte dos países africanos onde se chegou a um Sistema de partido único, isto aconteceu em conseqüência de uma ou várias das circunstâncias seguintes: o partido conduziu vitoriosamente a luta pela independência (Gana, Guiné, Quênia); o partido tinha usufruído de um excepcional monopólio do poder, conseguindo livrar-se lentamente de seus rivais (Uganda, Senegal, Tanzânia); o partido representa a arena efetiva da competição política (Alto Volta e Costa do Marfim).

Recentemente, alguns estudiosos (Moore e Huntington, 1970) propuseram uma explicação diferente da origem dos Sistemas de partido único, relacionando-os com a natureza da sociedade em que eles surgem. Partindo da análise do processo de modernização, Huntington sustenta que "os Sistemas de partido único tendem a ser o produto do acúmulo de *cleavages* que criam grupos fortemente diferenciados na sociedade ou então o produto do aumento da importância de um *cleavage* sobre todos os outros. Um Sistema de partido único é, com efeito, o produto das tentativas de uma elite política para organizar e legitimar o domínio de uma força social sobre outra, numa sociedade bifurcada" (11). Segundo Huntington, esta *bifurcação* da sociedade pode ter bases sociais, econômicas, raciais, religiosas ou étnicas. Como norma, é o grupo mais moderno da sociedade, quando dotado de melhor capacidade organizativa, que dá origem ao partido único. Os Sistemas de partido único podem dividir-se em dois tipos: *exclusivistas* e *revolucionários*, se querem manter a divisão na sociedade, conservar o monopólio do poder e restringir permanentemente a participação política, ou então se desejam recompor a sociedade em bases diferentes, após ter destruído ou assimilado os grupos sociais vencidos.

Ao primeiro tipo pertencem os sistemas da Libéria, da Turquia kemalista e da China nacionalista; ao segundo, o Partido Nacional-socialista, os sistemas comunistas e o PRI do México.

Mesmo que a explicação de Huntington seja fascinante, especialmente pelo que diz respeito, como veremos *infra*, à transformação e mudança destes Sistemas de partido único, a sua classificação nos deixa perplexos pela clara heterogeneidade dos partidos englobados nas várias categorias.

No fundo, sob este ponto de vista, Huntington não inova substancialmente nada com referência à tradicional bipartição do Sistema de partido único entre sistemas autoritários e sistemas totalitários.

Sartori, porém, sublinhou que o critério numérico mantém ainda uma validade peculiar, especialmente quando unido a outros critérios. Será assim possível distinguir entre Sistema de partido único, onde existe um único partido e Sistema de partido *hegemônico*, em que sempre e somente um único partido pode vencer as eleições, sendo permitida aos outros a aquisição de uma representação parlamentar e alguma influência administrativa e até governativa (Polônia e, talvez, Tchecoslováquia). Entre os Sistemas de partido único podemos ainda distinguir o partido único totalitário ou autoritário e partido pragmático, conforme a ideologia e o grau de monopólio político e de controle exercido por eles sobre a sociedade. Também os Sistemas de partido hegemônico podem ser subdivididos em: partido hegemônicos ideológicos, hegemônicos autoritários e hegemônicos pragmáticos. É aqui que se traça uma linha divisória que separa os sistemas partidários não-competitivos dos sistemas partidários competitivos.

IV. DINÂMICA E MUDANÇA DOS SISTEMAS DE PARTIDO. — A classificação de Sartori prossegue examinando os Sistemas de partido predominante, sistemas multipartidários nos quais, durante um longo período bastante grande, um único partido conquista no congresso um número de cadeiras suficiente para governar *sozinho* (Partido social-democrático na Noruega até 1965, Partido do Congresso na Índia, Partido liberal-democrático no Japão e Partido democrático no Sul dos Estados Unidos aproximadamente entre 1890-1960).

Temos depois os sistemas bipartidários, ou seja, todos aqueles sistemas em que, independentemente do número dos partidos, apenas dois têm uma esperança legítima, periodicamente satisfeita, de governarem sozinhos, sem necessidade de recorrer a outros partidos. E fazem-no. São sistemas bipartidários os da Inglaterra, Estados Unidos, Nova Zelândia. Não o é, porém, o da Áustria onde, até 1966, os dois maiores partidos governaram juntos. Nem o foi o da Colômbia entre 1958-1974, quando dois partidos dividiram entre si os cargos, nem tampouco o do Uruguai, onde o Partido Colorado ficou no poder por 93 anos ininterruptos, adquirindo assim todas as características do partido predominante.

Nem todos os sistemas com dois únicos partidos são bipartidários; nem todos os sistemas bipartidários têm somente dois partidos (na Inglaterra, por exemplo, há três partidos que têm representação parlamentar).

Passando aos sistemas multipartidários, Sartori considera oportuno distinguir os sistemas com limitada fragmentação, de três a cinco partidos, que apresentam uma competição *centrípeta* e uma distância ideológica média entre os vários partidos (multipartidarismo limitado e moderado) e os sistemas de elevada fragmentação, com mais de cinco partidos, que apresentam uma competição *centrífuga*, com a máxima distância ideológica entre si (multipartidarismo extremo e polarizado). Baseando-se nas características da competição política, da distância ideológica e do grau de fragmentação, Sartori pôde presumir a transformação de alguns sistemas partidários de partido predominante em sistemas bipartidários, em sistemas de multipartidarismo limitado e moderado, ou em multipartidarismo extremo e polarizado, bem como mostrar, no progressivo esvaziamento do centro, o maior perigo dos sistemas de multipartidarismo extremo e polarizado. Finalmente, ele pôde sugerir, no uso prudente dos sistemas eleitorais, uma das maneiras teoricamente possíveis, mas não necessária e politicamente realizáveis para reduzir a fragmentação partidária.

No que se refere aos sistemas monopartidários, Huntington observa que a sua transformação está marcada não só pela mudança de equilíbrio entre os vários grupos no seio do partido único, mas também, e talvez mais, pela mudança de relação de forças entre o partido e as outras instituições e grupos presentes na sociedade. Se o contexto internacional se mostra favorável, o partido único exclusivista pode tentar prolongar o seu controle do poder, retardando o ritmo das mudanças econômico-sociais, fazendo vasto uso da repressão ou procurando adaptar-se à modernização e às suas conseqüências.

Lentamente o partido único exclusivista poderá também ser forçado a ceder o poder, como aconteceu com o Partido Republicano turco, que é o único exemplo até hoje de um partido único que cedeu o poder, sem conseguir, porém, institucionalizar um sistema alternativo, entre graves e repetidas dificuldades com os militares que se levantaram como tutores da "democracia".

"Os sistemas monopartidários exclusivistas mudam quando não conseguem sucesso. Os sistemas monopartidários revolucionários, ao contrário, mudam quando têm sucesso. Em ambos os casos, o fim da bifurcação [da sociedade] deteriora as bases do sistema. No sistema revolucionário, o fim da bifurcação é o objetivo do sistema" (23). Por isso, se o partido revolucionário conseguir alcançar seu objetivo, em lugar de perder o poder, se transformará em sistema partidário *consolidado* (*established*) e a sua estabilidade será medida com base na maneira e no grau com que se revelará capaz de absorver a oposição e de transformar os dissidentes em participantes.

V. SISTEMAS DE PARTIDO E SOCIEDADE. — É de grande interesse verificar quais as funções desenvolvidas pelos vários Sistemas de partido nos respectivos sistemas políticos, bem como indagar quais as relações entre Sistema de partido e sociedade, considerando, como foi sugerido por Riggs, os Sistemas de partido como variável que intermedeia entre uma sociedade e um sistema político. Evidentemente, não se pode expressar um juízo absoluto sobre a funcionalidade dos vários Sistemas de partido: o juízo deve primeiramente ligar-se aos problemas que um particular sistema político é chamado a resolver e, portanto, há de estar especialmente ligado ao grau de desenvolvimento sócio-econômico da sociedade.

Se é verdade que um sistema partidário surge em consequência de certas rupturas sociais e nelas se consolida, é também verdade que ele adquire a seguir uma dinâmica em grande parte autônoma e até uma certa viscosidade que lhe permite absorver, com extrema lentidão, as mudanças sociais que se verificam (mesmo que, no seu interior, possam vir a formar-se partidos que "antecipem" rupturas sociais emergentes). A observação essencialmente correta e empiricamente fundada de Lipset e Rokkan de que "os sistemas partidários dos anos 60 refletem, com poucas mas expressivas exceções, as quebras estruturais dos anos 20" (50), é reveladora do papel moderador e não inovador desempenhado pelos sistemas partidários em face e apesar das profundas mutações ocorridas em vários setores: da urbanização acelerada à crescente alfabetização, da exposição aos meios de comunicação de massa até a reestruturação das classes em castas. Portanto, não somente os partidos mais importantes e mais solidamente estabelecidos providenciam eficazmente a manutenção de seu eleitorado através de um amplo "encapsulamento organizativo", mas também os mesmos Sistemas de partido são incapazes de refletir as novas rachaduras sociais, ou de fazer-se portadores das *issues* emergentes.

Para proceder a uma avaliação do papel dos Sistemas de partido é, portanto, necessário, antes de mais nada, identificar alguns parâmetros. Em primeiro lugar, está o grau de homogeneidade ou heterogeneidade dos partidos que compõem um sistema: quanto mais heterogêneos forem os partidos, tanto menos o sistema será integrado, tanto maiores serão as tensões e tanto mais provável será o mau funcionamento do sistema, que deveria expressar a fisionomia de um Governo responsável e de uma oposição equilibradora e acreditável. Nos sistemas bipartidários, o normal é que os partidos tendam a assemelhar-se, à medida que a competição se orienta para o centro da formação política, onde se encontram os eleitores indecisos. A competição se desenvolve de maneira também parecida nos sistemas de multipartidarismo limitado e moderado, mesmo quando o partido "cuide" muito mais do próprio eleitorado potencial, enquanto nos sistemas de multipartidarismo extremo e polarizado o nível de tensão ideológica é mais elevado, na medida em que cada partido busca um distintivo peculiar e a tentativa de erosão do terreno político ao redor do centro pode acentuar-se. Ao longo do tempo, todavia, todo o sistema partidário tende a homogeneizar, sob muitos aspectos, os vários partidos que o compõem, assimilando-os ao sistema como um todo.

O segundo critério é constituído pela *relevância* ou importância do sistema partidário para o sistema político. É evidente que um sistema de partido único totalitário será tanto mais relevante quanto mais completamente controlar, por exemplo, a função de recrutamento, a função de socialização e a função da formação das normas. Um Sistema de partido único autoritário, como foi o Partido Falangista espanhol, é muito menos importante quanto a tais dimensões. De forma análoga, é possível avaliar a relevância dos sistemas multipartidários no que se refere ao grau de diferenciação da sociedade e de institucionalização das outras estruturas políticas, sociais e econômicas.

Os Sistemas de partido podem também ser comparados levada em conta a sua *eficiência*, ou seja, a capacidade e rapidez com que podem enfrentar e resolver os problemas que se apresentam, e com base na sua *receptividade*, isto é, na capacidade de assumir as aspirações do povo e, em particular, de favorecer a participação das mais amplas camadas. Com o tempo, a tese predominante mostrou claramente as disfunções e carências dos sistemas multipartidários, como os da II e IV República Francesa. Puseram-se em destaque as suas características de imobilismo, isto é, de falta de receptividade em relação às mudanças sociais, bem como sua fragmentação que impediu a responsabilização dos vários partidos. Isso fez com que os eleitores que tinham votado na esquerda se encontrassem com um Governo de centro-direita. A mesma coisa aconteceu com a República de Weimar. Daí que, para apresentar uma avaliação dos sistemas multipartidários escandinavos, alguns autores recorressem ao conceito de *working multiparty system* (quase uma contradição de termos, conforme a doutrina que prevalecia então). A distinção feita por Sartori entre multipartidarismo limitado e multipartidarismo extremo permite colher também as características da mecânica (ou seja, do funcionamento) associadas aos dois tipos de sistemas multipartidários. Por outro lado, nem sequer os sistemas bipartidários foram eximidos da crítica. Afirma-se, com efeito, que eles tendem a apresentar ao eleitorado uma margem de escolha muito restrita; que, quando os partidos são "indisciplinados", como os partidos norte-americanos, é difícil atribuir a um ou a outro responsabilidades políticas precisas (por isso a longa campanha realizada por políticos e estudiosos de política dos Estados Unidos em prol de um "sistema bipartidário mais responsável"); que os sistemas bipartidários são parcialmente *receptivos, mas não inovadores*, etc. Todavia, replicam os que são favoráveis ao bipartidarismo, nestes sistemas é possível uma mudança mais freqüente na classe política, pode-se mais claramente distinguir Governo e oposição e é fácil, em geral, atribuir a cada partido suas responsabilidades políticas.

Em última análise, dado que cada Sistema de partido é, como vimos, o produto de circunstâncias históricas que remontam a um passado longínquo, de determinados sistemas eleitorais e da sua introdução em fases específicas do desenvolvimento e, *last but not least*, de opções políticas e de capacidades organizativas, para chegarmos a uma avaliação adequada e aprofundada dos vários sistemas partidários, não podemos nunca prescindir do contexto social, político, econômico e cultural em que tais sistemas operam.

Um sistema bipartidário funciona bem se inserto numa sociedade onde existe um consenso de fundo (ou se cria com a sua contribuição); mas pode provocar fortes tensões e rupturas profundas e inconciliáveis numa sociedade onde não se tenha chegado a um acordo a respeito das regras do jogo. Assim como o sistema monopartidário pode ser necessário para a utilização de todas as energias de uma sociedade nas primeiras fases de desenvolvimento, também se pode transformar num invólucro para uma sociedade diferençada e composta de numerosos grupos sociais. O mesmo se pode afirmar das complexas relações entre sistemas partidários e desenvolvimento econômico, sistemas partidários e democracia.

VI. CRISES DOS SISTEMAS DE PARTIDO. — Baseados na profundidade e persistência das rupturas sociais tradicionais e na sua capacidade de estruturar as alternativas políticas e de manter o consenso dos grupos de referência, os Sistemas de partido das democracias ocidentais parecem ter entrado em crise no início da década de 70, quando algumas ou todas estas condições já não subsistiam.

Por um lado, muitos dos partidos parecem ter perdido a capacidade de manter ainda firme a identificação dos eleitores com os seus símbolos e as suas posições políticas: cresce o número dos eleitores "independentes", de opinião, dispostos a mudar repetidamente o próprio comportamento eleitoral e mesmo a abster-se. Aumenta assim o percentual dos eleitores comprometidos com novas opções ou novas temáticas. Por outro lado, surgem, dentro dos vários sistemas ocidentais, linhas de divisão social que se mostram dotadas de uma grande força de mobilização, quer se trate da reativação de velhos, mas nunca adormecidos conflitos, como os de base étnica, religiosa, lingüística ou regional (que, de uma forma ou de outra, deram origem a partidos dentro dos contextos mais diversos: Grã-Bretanha, Bélgica, Espanha), quer se trate do aparecimento de novas exigências ligadas à sociedade pós-industrial e com raízes, em sentido lato, na necessidade de expansão da esfera dos direitos do cidadão, tanto em relação ao Estado (reivindicação de uma maior intervenção), quanto à reapropriação da esfera do privado (direitos civis). Daí o surgimento, por exemplo, de partidos contra os impostos, de grupos ecológicos, "verdes", e de listas ligadas a uma única problemática (*single issue*).

Devido às várias condições em que operam os sistemas partidários e os sistemas políticos e ao forte papel que desempenham os sistemas eleitorais no acesso ou não dos novos partidos à representação parlamentar, vão-se verificando tensões e transformações nos sistemas partidários ocidentais. Em geral, pode-se observar que tais fenômenos não pouparam nenhum sistema; em alguns deles houve confluências até no âmbito do

Parlamento nacional, mas, mais freqüentemente, elas se deram a nível local, ou então mediante a inserção em partidos tradicionais, isto é, mediante a aceitação, por parte de alguns destes partidos, das aspirações políticas e do pessoal dos novos movimentos.

Contudo, seria errado minimizar tais fenômenos. A insatisfação e o protesto dos eleitorados ocidentais têm-se evidenciado, com intensidades não muito diferentes, em qualquer sistema político; há novos partidos que surgiram, com maior ou menor sucesso, por toda a parte; já se produziram algumas transformações nos maiores partidos, no sentido da abertura às novas demandas. Neste momento, é difícil dizer se estão para aparecer ainda novas modalidades de competição política, mais preocupadas com os problemas políticos concretos e menos com programas coerentes e totalmente abrangentes, e se a própria linha distintiva direita/esquerda estará para desaparecer. É certo, porém, que os Sistemas de partido das democracias ocidentais estão enfrentando um desafio nada diferente do que levou à sua consolidação no início dos anos vinte.

BIBLIOGRAFIA. —Cleavages, ideologies, and party systems, ao cuidado de E. ALLARDT e Y. LITTUNEN, The Academic Bookstore, Helsinki 1964; S. BERGER, Politics and antipolitics in western europe in the seventies, in "Daedalus", Winter 1979, pp. 27-50; S. BERGLUND e U. LINDSTRÖM, The scandinavian party system(s), Studentlitteratur, Lund 1978; M. DUVERGER, I partiti politici (1951), Comunità, Milano 1961²; H. ECKSTEIN, Parties, political: party systems, in International encyclopedia of the social sciences, Collier-McMillan, New York 1968, vol. XI, pp. 436-53; S. E. FINER, The changing british party system, American Enterprise Institute, Washington D. C. 1980; Authoritarian politics in modern society: the dynamics of established one-party systems, ao cuidado de S. P. HUNTINGTON e C. H. MOORE, Basic Books, New York 1970; J. LINZ, Il sistema partitico spagnolo, in "Rivista italiana di scienza politica", VIII, dezembro 1978, pp. 363-414; Party systems and voter alignments, ao cuidado de S. M. LIPSET e S. ROKKAN, Free Press, New York 1967; R. H. McDONALD, Party systems and elections in Latin America, Markham, Chicago 1971; Western european party systems: trends and prospects, ao cuidado de P. H. MERKL, Free Press-Collier McMillan, New York 1980; F. W. RIGGS, Comparative politics and the study of party organization, ao cuidado de W. J. CROTTY, Allyn and Bacon, Boston 1968, pp. 45-104; S. ROKKAN, Citizens, elections, parties, Universitetsforlaget, Oslo 1970; G. SARTORI, European political parties: the case of polarized pluralism, in Political parties and political development, ao cuidado de S. LAPALOMBARA e M. WEINER, Princeton University Press, Princeton 1966, pp. 137-76; Id., Political development and political engineering, in Public policy, sob a responsabilidade de J. D. MONTGOMERY e A. O. HIRSCHMAN, Harvard University Press, Cambridge, Mass. 1968a, vol. XVII, pp. 261-98; Id., Tipologia dei sistemi di partito, in "Quaderni di sociologia", XVII, setembro 1968b, pp. 187-226; Id., Parties and party systems. A framework for analysis, Cambridge University Press, New York 1976; R. SCHACHTER-MORGENTHAU, Political parties in french-speaking west Africa, Oxford University Press, London 1964; S. B. WOLINETZ, Stabilità e mutamento nei sistemi partitici dell'Europa occidentale, in "Rivista italiana di scienza politica", VIII, abril 1978, pp. 3-55; A. ZOLBERG, Creating political order. The party-States of west Africa, Rand Mc Nally, Chicago 1966.

[GIANFRANCO PASQUINO]

Sistemas Eleitorais.

I. GENERALIDADES. — A complexidade dos processos de formação das decisões políticas exige a maior simplificação possível, compatível com o direito, hoje mais do que nunca reconhecido a todos os indivíduos que fazem parte de uma organização política, de influir de qualquer forma sobre esses processos. Quase unanimemente se reconhece que o mecanismo mais conveniente. para fins de redução dos custos decisionais, consiste na participação popular através das eleições. Estas permitem, e de alguma forma garantem, ao menos no sistema ocidental de tipo liberal-democrático, não só a escolha de pessoas a quem se confia a alavanca do Governo, mas também a expressão do consenso e do dissenso, a representação dos interesses, o controle das atividades do Governo e a mobilização das massas. Em todo o caso, porém, parece que, para se poder falar de representatividade das eleições, é necessário que estas apresentem as características de liberdade e periodicidade. Se estas faltarem, a relação de responsabilidade política que liga os governantes aos governados é esvaziada e, com ela, as funções de investidura e controle que são essenciais a uma eleição.

Como procedimentos institucionalizados para atribuição de encargos por parte dos membros de uma organização ou de alguns deles, as eleições são, sem dúvida, historicamente, bastante antigas. Em sua função e em suas dimensões atuais, porém, só adquiriram importância crescente a partir da época em que o Estado começou a perder suas características personalísticas e patrimoniais para assumir as de um Estado democrático ou pelo menos burguês.

Os mecanismos idealizados para operacionalizar a redução do "mais" das massas ao "menos" das elites de Governo são numerosíssimos. Se quisermos nos limitar aos que, nos diversos sistemas políticos e diversas épocas, tiveram uma atuação prática, a tarefa fica igualmente árdua, já que se calcula que, em qualquer caso, teríamos de trabalhar com cerca de trezentos modelos de Sistemas eleitorais. Para destrinçarmos este acervo é necessária uma classificação, em ordem à qual foram propostos alguns critérios. Dado o caráter da presente exposição, podemos continuar a seguir o critério estatístico-matemático de classificação, tradicionalmente usado. Quanto aos outros, ou são ainda teoricamente muito pouco conhecidos, ou estão relacionados com colocações particulares de estudo das quais dizem respeito.

II. Os sistemas majoritários. — São dois os modelos tradicionais de Sistemas eleitorais: o majoritário e o proporcional. Todos os outros não são nem mais nem menos do que modificações e aperfeiçoamento destes. Compreende-se imediatamente por que todos os outros giram em torno deles, desde que se considerem as necessidades que devem ser satisfeitas: a estabilidade do Governo e do sistema político em geral e a representação de todos os grupos de interesse em que a sociedade está articulada.

Foi o *sistema majoritário* o primeiro a surgir. Baseado sobre o princípio segundo o qual a vontade da maioria dos eleitores é a única a contar na atribuição das cadeiras, a sua atuação está ligada ao fato de que o eleitorado está mais ou menos repartido em colégios. Onde não houver tal divisão, a maioria do corpo eleitoral conseguirá dominar a aposta no páreo; em caso contrário — que é o que se verifica na prática — quanto mais numerosos forem os colégios, tanto maiores serão as probabilidades de compensação entre maiorias e minorias nas diversas circunscrições. A maioria requerida pode ser simples ou relativa (*plurality system*) ou então absoluta ou variadamente qualificada (*majority system*). Os pressupostos de funcionalidade deste sistema são: a) uma equilibrada distribuição dos eleitores nos colégios, de tal maneira que cada eleito represente o mesmo "peso" e seja limitada ao máximo a sub-representação de alguns colégios em relação a outros; b) a ausência de práticas de *gerrymandering*, de tal maneira que nenhum partido seja favorecido de maneira substancial pelo modo como foram traçadas as fronteiras dos colégios; c) a ausência de uma maioria agregada por fatores metapolíticos (divisões étnicas, por ex.) que vote prescindindo constantemente das linhas políticas efetivamente em discussão. O princípio majoritário pode ser atuado tanto em colégios plurinominais como em colégios uninominais. Na primeira hipótese (lista majoritária), são eleitos os candidatos que, inscritos numa lista de candidatos correspondente ao número de cadeiras a serem distribuídas pelo colégio, obtiveram o maior número de votos. Por vezes é necessário superar um certo *quorum* em relação ao número de votantes ou ao número de votos válidos. Na segunda hipótese, cada colégio elege apenas um representante. No colégio é eleito o representante que conseguir a maioria, simples ou absoluta, conforme os casos, com ou sem *quorum*. Quando não for exigida a simples maioria relativa e nenhum candidato se achar nas condições requeridas pela lei eleitoral, pode proceder-se a uma nova eleição de maioria relativa, ou, então, como acontece mais freqüentemente, a uma votação entre os dois candidatos que tiverem maior número de votos ou entre os que tiverem obtido acima de um certo *quorum*. É esta a eleição *em dois turnos* típica dos sistemas da Europa continental, especialmente do sistema francês, caracterizada pela presença de muitos partidos, com a conseqüente multiplicidade de candidaturas nos colégios. Um tal sistema, que no primeiro turno pode funcionar até como *majority system*, procura precisamente introduzir as vantagens do *plurality system* num sistema pluripartidário. Está em vigor na França desde 1958, depois de se ter recorrido, durante anos, a um sistema híbrido de bases proporcionais, cuja característica principal estava na faculdade concedida às várias listas de se "comporem" entre si.

III. Os sistemas proporcionais. — O *princípio proporcional* acompanha a moderna democracia de massas e a ampliação do sufrágio universal. Partindo da consideração de que, numa assembléia representativa, deve criar-se espaço para todas as necessidades, todos os interesses e todas as idéias que animam um organismo social, o *princípio proporcional* procura estabelecer a perfeita igualdade de voto e dar a todos os eleitores o mesmo peso, prescindindo de preferência manifesta.

Os Sistemas eleitorais que realizam o princípio proporcional atuam baseados em duas formas fundamentais: o voto individual, eventualmente transferível (sistema de Hare e Andrae), típico dos países anglo-saxônicos, e as listas concorrentes (escola suíça de Considérant) prevalecentes nos países fora das tradições inglesas. O mecanismo de base de ambos consiste na determinação de uma *cota* ou *quociente* em relação ao total dos votos: as cadeiras são atribuídas pelos quocientes alcançados.

No *voto individual transferível*, também chamado de *quota system*, o eleitor, enquanto vota num determinado candidato, exprime também sua preferência por um segundo ou por um terceiro, para o qual seu voto deverá ser transferido no caso de inutilização de sua primeira preferência, por ter já conseguido um quociente. Este sistema, adotado na Irlanda, difere do que foi originariamente idealizado por Hare. Ele é aplicado numa pluralidade de circunscrições antes do que num colégio único nacional. Como já foi sublinhado, constitui potencialmente a mais proporcional entre as fórmulas proporcionais (Fisichella, 1970, 198). Mais, na hipótese de um colégio único nacional em que se registra apenas um quociente, ele realiza indubitavelmente a proporção integral.

Nos *sistemas proporcionais de lista*, ao contrário, são colocadas em destaque as listas como expressão de grupos de opinião concorrentes (partidos), às quais estão ligados tanto os eleitores como os candidatos. Os tipos principais de listas são: 1) a *lista rígida*, na qual a graduação entre os candidatos para fins de eleição é prefixada pelos apresentadores e nenhum poder para modificá-la é reconhecido aos eleitores; 2) a *lista semilivre* de tipo belga, em que o eleitor que pretender modificar a ordem de apresentação dos candidatos na lista pode expressar, em vez de voto simples de lista, um voto nominal que serve ao mesmo tempo para votar a lista e o candidato preferido; 3) a *lista livre* de tipo suíço, que concede ao eleitor a mais ampla liberdade, podendo ele não só introduzir na lista escolhida qualquer modificação, como servir-se de uma cédula em branco na qual escreve nomes de candidatos de qualquer lista, formando assim uma lista própria. Ao eleitor são, pois, reconhecidas várias possibilidades intermediárias, segundo os sistemas: pluralidade de preferências, gradualidade dentro da lista, votos negativos, votos compostos (chamados *panachage*), etc.

IV. SUAS CONSEQÜÊNCIAS. — A favor ou contra o sistema eleitoral majoritário, e, respectivamente, a favor ou contra o princípio proporcional, militam vários argumentos que constituíram, sobretudo no passado, motivo de vida polêmica. Esta deriva, em primeiro lugar, da diferente concepção que se tem da função principal de uma eleição. Assim, quem entende que a função primária das eleições é a de garantir uma base sólida de apoio ao Governo, inclina-se preferentemente por um sistema majoritário. Quem, ao contrário, achar que o acordo sobre a gestão do poder deve seguir e não preceder as eleições, que devem ser, antes de tudo, um meio de expressão da vontade dos diversos grupos sociais, será levado a preferir a proporcional.

Afirmam os defensores do sistema majoritário que este torna mais firmes os vínculos entre eleitores e eleitos, aumentando as reduzidas dimensões do colégio, graças também às oportunidades oferecidas pelo *canvassing*, as possibilidades de conhecimento pessoal dos candidatos por parte dos eleitores; o deputado fica estreitamente ligado ao seu colégio, que constitui uma entidade real, o que é psicologicamente bastante importante, tanto que o eleito chega a antecipar-se às aspirações de sua base. Por outra parte, se observa que vínculos dessa natureza podem constituir-se num grande defeito, já que a defesa dos interesses do próprio colégio pode fazer perder facilmente de vista os interesses gerais. Mais, pela lógica deste sistema eleitoral, o parlamentar é obrigado, se quer ser reeleito, a fazer-se paladino dos interesses locais, *ombudsman* dos seus eleitores, contra os interesses da coletividade nacional. Se não tem escrúpulos, pode evitar este dilema, manipulando as informações que do centro defluem para a periferia com prejuízo do aspecto representativo, seja da simples maioria, seja do sistema.

Quanto aos sistemas proporcionais, o argumento principal a seu favor consiste na garantia que eles oferecem às minorias contra os abusos das maiorias. Este argumento assume toda a importância nos sistemas políticos nos quais o *fair play* democrático não está ainda bem enraizado. A isto se objeta que, com a maioria proporcional, a constituição de uma maioria governamental estável e eficaz se torna sobremaneira problemática. A instabilidade de Governo, além disso, é acentuada também pela indisciplina partidária dos deputados. E onde o partido se impõe, os deputados não se sentem responsáveis para com o eleitorado por causa da presença filtrante do aparelho de que depende sua reeleição.

Nas grandes linhas das tendências, pode reconhecer-se que os sistemas majoritários levam, a longo prazo, à coligação dos elementos presentes na sociedade ou, pelo menos, atribuem o poder de orientação do Estado a poucos mas amplos agrupamentos sociais. Os sistemas proporcionais, por sua vez, embora tenham a vantagem de representar o sistema social como ele é, não produzem, por si sós, nem maiorias estáveis de Governo, nem arrancadas para uma integração política que leve a uma maior coesão social. Em particular, a representação proporcional de lista atribui ao partido um papel excessivo que obstaculiza a relação eleitor-representante, e, manipulando as designações dos candidatos, limita a vontade do eleitorado. Por outra parte, o sistema eleitoral do voto individual transferível, enquanto aparentemente permite uma clara identificação dos candidatos, restringindo assim sua relação com o eleitorado, produz a proliferação do número de candidatos. Juntando isto à excessiva amplitude do colégio eleitoral por ele requerido, este sistema provoca na realidade uma cesura entre os candidatos e o eleitorado, não diferente dos efeitos da presença dos partidos no sistema de lista.

V. SISTEMAS DERIVADOS E SISTEMAS MISTOS. — Pelo que a experiência ensina acerca dos problemas criados pela adoção de um ou de outro sistema, pensou-se que, tal como freqüentemente acontece, a melhor solução consistisse numa via intermediária, ou então em oportunos corretivos que lhes atenuassem as conseqüências mais claramente negativas. Assim pode-se falar de sistemas derivados ou corretivos, caracterizados por algumas modificações nos esquemas de base dos dois sistemas principais e dos sistemas mistos, que consistem numa contaminação de seus elementos.

Podem considerar-se derivados do sistema majoritário aqueles sistemas que, mantendo firmes seus traços característicos, tendem a permitir, numa certa medida, uma representação das minorias. São o voto limitado, o voto cumulativo, o voto único e o voto alternativo.

Diferentemente do voto múltiplo, no qual o eleitor dispõe de tantos votos quantas são as cadeiras a distribuir num colégio plurinominal, no voto limitado a capacidade de escolha por parte do eleitor é restrita a um número de candidatos inferior, normalmente uma unidade, ao dos mandatos. O voto limitado pressupõe, como a lista majoritária, o colégio plurinominal, mas, diferentemente dela, exige que as cadeiras a ocupar sejam pelo menos três. Simples no mecanismo, apresenta todavia o inconveniente de não garantir de fato, contrariamente à sua razão de ser, uma representação matematicamente certa e proporcionada de minorias. Outra variante do voto múltiplo é o voto cumulativo, caracterizado pela faculdade concedida ao eleitor de distribuir, como melhor julgar, os votos de que dispõe, mesmo centrando-os num só candidato. Torna-se eficaz, no caso de pequenos corpos eleitorais. Mas sua funcionalidade diminui muito pela errônea avaliação das recíprocas relações de força entre maioria e minoria e pela notável dispersão de votos que poderá verificar-se. Com o voto único, o eleitor de um colégio plurinominal dispõe de um só voto. Ele se apresenta, em ordem a uma representação das minorias, como um mecanismo mais delicado do que os precedentes. Requer um conhecimento perfeito e prévio das relações de força entre os partidos e uma rígida disciplina de partido nos eleitores. Função quase análoga tem, enfim, o voto alternativo, adotado na Aus-

trália para a eleição da Câmara dos representantes. A função é a de não penalizar excessivamente as minorias dissidentes. Aplicável nos próprios colégios plurinominais, o voto alternativo atua na base do princípio da transferibilidade do sufrágio entre candidatos, sem necessidade de desempate, garantindo ao mesmo tempo que um só deles consiga a maioria absoluta. Dada a sua engenhosidade (baseia-se na ordem das preferências expressas na cédula: se nenhum candidato obtém a maioria absoluta com as primeiras preferências, eliminado o candidato com menor número de primeiras preferências, somam-se às primeiras as segundas preferências, e assim por diante, até se atingir uma maioria absoluta), é funcional na medida em que são poucos os partidos, baixo o dissenso e elevado o grau de alfabetização geral.

As propostas de modificação da representação proporcional pura se orientam, quer à busca de um reforço da estabilidade das maiorias governamentais, favorecendo os partidos maiores (como a do prêmio para as listas mais fortes, quando as cadeiras restantes são dadas às listas que tiveram o maior número de votos) quer a permitir a representação na mais ampla medida possível, favorecendo os partidos menores. Assim, por exemplo, Hagenbach-Bischoff propôs que se retocasse o quociente natural (total dos votos expressos divididos pelo número dos lugares a atribuir), que não assegura a distribuição proporcional de todas as cadeiras a atribuir, aumentando em uma unidade (ou duas ou três, etc.) o divisor, de modo a baixar a liminar necessária para conseguir uma cadeira (quociente corrigido) e distribuir todas as cadeiras só nesta base, podendo-se de tal modo abandonar todos os votos restantes. Outros métodos foram cogitados para aproveitamento dos votos residuais quando da destinação das cadeiras não atribuídas com base no quociente: 1) método dos restos mais altos: as cadeiras residuais são atribuídas às listas que tiveram os restos mais altos; 2) método do divisor comum, ou de Hondt: cada lista consegue tantas cadeiras quantas vezes os votos alcançados por ela tiverem o divisor eleitoral. Na prática se divide sucessivamente por 1, 2, 3,... a "cifra eleitoral" de cada lista e se estabelecem os quocientes obtidos por ordem decrescente, até à concorrência de um número de quocientes igual ao das cadeiras a atribuir: o último quociente é o divisor eleitoral; 3) aperfeiçoamentos do método de Hondt são os das mais altas médias e o método de Sainte-Lagüe, que procura favorecer os partidos menores, usando como divisores sucessivos a série crescente dos números díspares. Na Bolívia é adotado o sistema do duplo quociente: o primeiro quociente serve de liminar de exclusão dos grupos menores, o segundo para a distribuição das cadeiras entre os partidos que tenham ultrapassado o primeiro. Um sistema particular é o da *lista incompleta*, outrora adotado na Argentina. Com ele, a lista de maioria relativa consegue os dois terços das cadeiras do colégio, enquanto que o outro terço cabe à segunda lista mais votada. Uma variante deste tipo é o sistema paraguaio, no qual o terço restante é dividido proporcionalmente entre os outros partidos. Um remédio contra o fracionamento habitualmente ligado à representação proporcional é, enfim, a chamada *cláusula de exclusão*, com base na qual o grupo que não superar determinado liminar não obterá nenhuma representação. Essa liminar será percentualmente prefixada por lei e terá como base o número de votos tomados em seu conjunto (Argentina desde 1963: 3%; Alemanha Federal desde 1956: 5%). Também não obterá representação o grupo que não conseguir, na hipótese dos Sistemas eleitorais majoritários uninominais, um certo número mínimo de cadeiras.

Entre os numerosíssimos sistemas mistos, é necessário distinguir os que se baseiam no colégio uninominal dos que se baseiam em sistemas de lista. Entre os primeiros, destaca-se principalmente o *método Geyerhahn*, que se articula através de um mecanismo complexo, mas eficiente à luz dos fatos. Dividido o território em colégios uninominais em número inferior ao dos representantes que devem ser eleitos (por exemplo, a metade), "os candidatos que se apresentam em cada um dos colégios formam grupos entre um colégio e outro, segundo sua cor e orientação política. O eleitor vota em um dos candidatos do próprio colégio. Em cada colégio, são declarados eleitos os candidatos que conseguiram a maioria absoluta dos votos; se esta não for obtida, procede-se ao desempate. Atribuída assim a primeira percentagem de cadeiras, procede-se ao cálculo dos votos recolhidos de cada grupo e do grupo especial dos independentes, com base no resultado do primeiro escrutínio, e se efetua, entre os grupos, a distribuição proporcional de todas as cadeiras, adotando um dos muitos processos de distribuição, o belga, por exemplo. Dessa maneira se determina qual é o número de cadeiras que cabe a cada um dos grupos proporcionalmente. Verifica-se depois quantos candidatos de cada grupo foram eleitos nos colégios uninominais e se atribui ao grupo um número de cadeiras complementares, correspondente à diferença entre o número de cadeiras que lhe competem segundo a distribuição proporcional e o número de colégios uninominais conquistados pelos seus candidatos. As cadeiras complementares são atribuídas aos candidatos do mesmo grupo, que em cada um dos colégios conseguiram o maior número de votos" (Schepis, 1955, 216). O método Geyerhahn foi aperfeiçoado na aplicação que dele se fez na Alemanha Federal, com a introdução do duplo voto: um para escolher o candidato no colégio uninominal e o outro para a escolha da lista. Restam firmes, além disso, os mandatos obtidos nos colégios uninominais, que eventualmente constituam excedente em relação ao critério proporcional. Variantes do método Geyerhahn podem ser considerados os Sistemas eleitorais atualmente adotados na Itália para a eleição do Senado e dos conselhos provinciais, que, por outro lado, o aplicam apenas parcialmente.

Entre os sistemas mistos baseados no escrutínio de lista, são de particular importância os que atribuem um "prêmio" à maioria, de modo que esta receba um número de cadeiras mais do que proporcional aos sufrágios recebidos. Entre outros, devemos lembrar os sistemas adotados na Itália para eleição da Câmara dos Deputados em 1923 (a chamada Lei Acerbo, que atribuía dois terços das cadeiras à lista que tivesse obtido a maioria relativa dos votos iguais pelo menos a 25% da totalidade dos votos válidos e em 1953 (a chamada lei-fraude, que garantia os dois terços das cadeiras à lista ou às listas coligadas que tivessem a maioria absoluta dos votos válidos).

VI. CONSIDERAÇÕES FINAIS. — Da imponência do número dos Sistemas eleitorais e cogitados — de que o que fica dito não é senão uma sintética e sumária exposição — se conclui facilmente que não existe o sistema melhor em absoluto. Toda a consideração acerca da funcionalidade dos vários sistemas deve ser desenvolvida comparativamente e em referência às circunstâncias de fato, em relação às quais eles operam. Devem ter-se como unilaterais, portanto, e pouco produtivas as análises de Sistemas eleitorais nas quais estes são colocados em relevo de per si, de um ponto de vista estático. A ação dos Sistemas eleitorais deve ser examinada dinamicamente, partindo do pressuposto de que eles não são senão parte de um mais amplo sistema político, no âmbito do qual interagem com outras variáveis não menos importantes como são, por exemplo, as instituições constitucionais, o sistema partidário e a cultura política em geral. É precisamente numa análise deste tipo que se revelam as possibilidades heurísticas dos meios de investigação postos à disposição da ciência política. Tais meios acharam aplicação apenas em tempos modernos, em correspondência com os notáveis progressos feitos no uso do método comparado na análise política. Todavia, estão sendo já aperfeiçoadas, e em outros casos refutadas, as precedentes teorias sobre os efeitos dos Sistemas eleitorais. Em particular, isto vale, só para lembrar um exemplo, quanto às relações entre Sistemas eleitorais e sistemas partidários, em ordem aos quais era opinião corrente que existia uma ligação, precisa entre sistemas majoritários e bipartidarismo, de uma parte, e sistemas proporcionais e pluripartidarismo, de outra: "o escrutínio majoritário num só turno tende ao dualismo dos partidos; ao contrário, o escrutínio majoritário com desempate e a representação proporcional tendem ao pluripartidarismo" (Duverger, 1961, 267). Estudos posteriores (Rae, 1967; Sartori, 1968; Fisichella, 1970) corrigiram, e muito, tal asserção, sobretudo evidenciando a incidência da estruturação prévia do sistema partidário. Como aliás também foi reconhecida, mas nos seus justos limites, a influência dos Sistemas eleitorais sobre a vida política. Por isso, para quem vê na reforma do Sistema eleitoral a panacéia contra os males que afligem um sistema político, é preciso dizer que "o Sistema eleitoral é uma variável intermediária capaz de influenciar a natureza e as instituições do Governo, sendo ele objeto de outras influências" (Milnor, 1969, 197). O potencial inovador de um Sistema eleitoral é sem dúvida alguma notável. Convenientemente orientado, ele pode corrigir algumas grandes disfunções de um sistema político, mas não se pode pretender dele mais do que pode dar.

BIBLIOGRAFIA. — D. E. BUTLER, *The Electoral System in Britain since 1918*, The Clarendon Press, Oxford 1963; A. C. CAIRNS, *The Electoral System and the Party System in Canada, 1921-1965*, in «Canadian Journal of Political Science», n. 1, 1968; P. CAMPBELL, *French Electoral Systems and Elections since 1789*, Faber and Faber, Londres, 1958; M. DUVERGER, *I partiti politici* (1958), Comunità, Milão 1961; *L'influence des systèmes électoraux sur la vie politique*, a cura di M. DUVERGER, Colin, Paris 1954; *Adversary Politics and Electoral Reform*, a cura di S. E. FINER, Anthony Wigram, Londres 1975; D. FISICHELLA, *Sviluppo democratico e sistemi elettorali*. Sansoni, Florença 1970; J. G. GRUMM, *Theories of Electoral Systems*, in «Midwest Journal of Political Science», vol. II, novembro 1958; G. GUDGIN e P. J. TAYLOR, *Seats, Votes and the Spatial Organizations of Elections*, Pion, Londres 1978; F. A. HERMENS, *Democracy v. Anarchy. A Study of Proportional Representation*, Notre Dame University Press, Notre Dame 1941; U. W. KITZINGER, *German Electoral Politics*, Oxford University Press, Londres 1960; *How Democracies Vote*, a cura di E. LAKEMAN, Faber and Faber, Londres 1974⁴; W. J. M. MACKENZIE, *Free Elections*, Allen and Unwin, Londres 1958; I. MCLEAN, *Elections*, Longman, Londres 1975; A. MILNOR, *Elections and Political Stability*, Little, Brown, and Co., Boston 1969; MINISTERO DEGLI INTERNI, *Le leggi elettorali*, Instituto Poligrafico dello Stato, Roma 1976; *Reapportionment in the 1970s*, a cura di N. W. POLSBY, University of California Press, Berkeley 1971; D. W. RAE, *The Political Consequences of Electoral Laws*, Yale University Press, New Haven-Londres 1971²; S. ROKKAN, *Citizens, Elections, Parties*, Universitetsforlaget, Oslo 1970; G. SARTORI, *Political Development and Political Engineering*, in *Public Policy*, a cura di J. D. MONTGOMERY e A. O. HIRSCHMAN, Harvard University Press, Cambridge Mass. 1968; G. SCHEPIS, *I sistemi elettorali. Teoria, Tecnica, Legislazioni positive*, Caparrini, Empoli 1955; P. J. TAYLOR e R. J. JOHNSTON, *Geography of Elections*, Penguin Books, Harmondsworth 1979.

[EMANUELE MAROTTA]

Sítio, Estado de. — V. Estado de Sítio.

Soberania.

I. DEFINIÇÃO. — Em sentido lato, o conceito político-jurídico de Soberania indica o poder de mando de última instância, numa sociedade política e, conseqüentemente, a diferença entre esta e as demais associações humanas em cuja organização não se encontra este poder supremo, exclusivo e não derivado. Este conceito está, pois, intimamente ligado ao de poder político: de fato, a Soberania pretende ser a racionalização jurídica do poder, no sentido da transformação da força em poder legítimo, do poder de fato em poder de direito. Obviamente, são diferentes as formas de caracterização da Soberania, de acordo com as diferentes formas de organização do poder que ocorreram na história humana: em todas elas é possível sempre identificar uma autoridade suprema, mesmo que, na prática, esta autoridade se explicite ou venha a ser exercida de modos bastante diferentes.

II. SOBERANIA E ESTADO MODERNO. — Em sentido restrito, na sua significação moderna, o termo Soberania aparece, no final do século XVI, juntamente com o de Estado, para indicar, em toda sua plenitude, o poder estatal, sujeito único e exclusivo da política. Trata-se do conceito político-jurídico que possibilita ao Estado moderno, mediante sua lógica absolutista interna, impor-se à organização medieval do poder, baseada, por um lado, nas categorias e nos Estados, e, por outro, nas duas grandes coordenadas universalistas representadas pelo papado e pelo império: isto ocorre em decorrência de uma notável necessidade de unificação e concentração de poder, cuja finalidade seria reunir numa única instância o monopólio da força num determinado território e sobre uma determinada população, e, com isso, realizar no Estado a máxima unidade e coesão política. O termo Soberania se torna, assim, o ponto de referência necessário para teorias políticas e jurídicas muitas vezes bastante diferentes, de acordo com as diferentes situações históricas, bem como a base de estruturações estatais muitas vezes bastante diversas, segundo a maior ou menor resistência da herança medieval; mas é constante o esforço por conciliar o poder supremo de fato com o de direito.

A Soberania, enquanto poder de mando de última instância, acha-se intimamente relacionada com a realidade primordial e essencial da política: a paz e a guerra. Na Idade Moderna, com a formação dos grandes Estados territoriais, fundamentados na unificação e na concentração do poder, cabe exclusivamente ao soberano, único centro de poder, a tarefa de garantir a paz entre os súditos de seu reino e a de uni-los para a defesa e o ataque contra o inimigo estrangeiro. O soberano pretende ser exclusivo, onicompetente e onicompreensivo, no sentido de que somente ele pode intervir em todas as questões e não permitir que outros decidam: por isso, no novo Estado territorial, são permitidas unicamente forças armadas que dependam diretamente do soberano.

Evidencia-se, assim, a dupla face da Soberania: a interna e a externa. Internamente o soberano moderno procede à eliminação dos poderes feudais, dos privilégios dos Estados e das categorias, das autonomias locais, enfim dos organismos intermediários, com sua função de mediador político entre os indivíduos e o Estado: isto é, ele procura a eliminação dos conflitos internos, mediante a neutralização e a despolitização da sociedade, a ser governada de fora, mediante processos administrativos, antítese de processos políticos. O *ne cives ad arma veniant* é o fim último da ação do Governo, que tem por obrigação eliminar toda a guerra privada, dos duelos às lutas civis, a fim de manter a paz, essencial para enfrentar a luta com outros Estados na arena internacional. Externamente cabe ao soberano decidir acerca da guerra e da paz: isto implica um sistema de Estados que não têm juiz algum acima de si próprios (o Papa ou o imperador), que equilibram suas relações mediante a guerra, mesmo sendo esta cada vez mais disciplinada e racionalizada pela elaboração, através de tratados, do direito internacional ou, mais corretamente, do direito público europeu. A nível externo o soberano encontra nos outros soberanos seus iguais, achando-se conseqüentemente numa posição de igualdade, enquanto, a nível interno, o soberano se encontra numa posição de absoluta supremacia, uma vez que tem abaixo de si os súditos, obrigados à obediência.

III. A ESSÊNCIA DA SOBERANIA. — Desde o início, as teorias acerca da natureza da Soberania e da Soberania em si estão potencialmente divididas. O jurista Bodin identifica a essência da Soberania unicamente no "poder de fazer e de anular as leis", uma vez que este poder resumiria em si, necessariamente, todos os outros e, enquanto tal, com suas "ordens" se configuraria como a força de coesão capaz de manter unida toda a sociedade. O cientista político Hobbes evidencia, ao contrário, o momento da execução, isto é, o tipo de poder coagente como sendo o único a ter condições de impor determinados comportamentos e que representaria o único meio adequado ao fim, o de se fazer obedecer. De acordo com o primeiro, o soberano tem o monopólio do direito, mediante o poder legislativo; de acordo com o segundo, o monopólio da força ou da coerção física. A unilateralidade destas duas posições, se levada ao extremo, poderia conduzir ou a um direito sem poder ou a um poder sem direito, quebrando assim aquele delicado equilíbrio entre força e direito que continua sendo, em qualquer situação, o objetivo último dos teóricos da Soberania. É nestes diferentes enfoques que tem origem a futura contraposição entre os que entendem a Soberania como a mais alta autoridade do direito, que pode emitir — como afirmava Bodin — unicamente ordens "justas", e os que entendem como o mais alto poder de fato. Hobbes encontra a legalização deste monopólio da coerção física no contrato social; porém, seus sucessores confundiram este monopólio legal da sanção com a mera capacidade de se fazer obedecer, reduzindo, desta forma, a Soberania à mera efetividade, isto é, à força.

A identificação da Soberania com o poder legislativo é levada às suas conseqüências extremas por Rousseau, com o conceito da vontade geral; para ele, o soberano pode fazer única e exclusivamente leis gerais e abstratas, e de maneira alguma decretos individuais. Se, do ponto de vista do rigor teórico, isto se torna compreensível, é oportuno lembrar que esquece a existência dos demais poderes ou dos demais atributos da Soberania. A relação destes poderes tinha sido elaborada por Bodin, e, do ponto de vista da fenomenologia política, apresenta um interesse notável, porque nos mostra como e onde está o comando de uma sociedade política. Estes poderes são: decidir acerca da guerra e da paz, nomear os chefes militares e os magistrados, emitir moeda, suspender impostos, conceder indultos e anistias e julgar em última instância. De fato, desaparecendo estas prerrogativas, o soberano legal, apesar do monopólio da lei, achar-se-ia reduzido à impotência. Não é por acaso que Locke, mesmo afirmando ser o legislativo o poder supremo da sociedade política, falando da Inglaterra, chama seu rei de "soberano", uma vez que, além de participar do poder legislativo, detém, com o poder executivo, o poder federativo (decidir acerca da guerra e da paz) e a prerrogativa ou poder arbitrário em casos de exceção.

Desde o início há consenso constante sobre algumas características formais da Soberania: para Bodin ela é "absoluta", "perpétua", "indivisível", "inalienável", "imprescritível". Com estas conotações ele procura, por outro lado, mostrar que a Soberania é um poder originário, que não depende de outros, e, por outro, salientar a diferença entre direito privado e direito público, que diz respeito ao *status rei publicae* e tem, como fim, não o bem privado e sim o bem público. A Soberania é "absoluta" por não sofrer limitações por parte das leis, visto que essas limitações somente seriam eficazes se houvesse uma autoridade superior que as fizesse respeitar; é "perpétua" por ser um atributo intrínseco ao poder da organização política e não coincidir com as pessoas físicas que a exercem (no caso da monarquia a soberania pertence à Coroa e não ao rei). Por isso, a Soberania, ao contrário da propriedade privada, é "inalienável" e "imprescritível", porque o poder político é uma função pública e, conseqüentemente, indisponível. Soberania e propriedade representam duas diferentes formas de posse do poder, o *imperium* e o *dominium*.

Mais complexa se apresenta a questão da unidade da Soberania, que, segundo afirmou Cardin Le Bret é "indivisível" como o ponto na geometria. Esta afirmação é contra as reivindicações das categorias e dos Estados, que consideravam necessário, para a validade das leis, seu consentimento; estas reivindicações encontraram, na volta à teoria clássica do Estado misto, nova força e novo vigor, postulando, por isso, a divisão da Soberania entre o rei, os nobres e as comunas. Para os teóricos mais rigorosos da Soberania, esta pode pertencer a uma única pessoa (o rei) ou a uma assembléia; esta afirmação, aceitável a nível político, por ressaltar o caráter unitário do mando, pode ser sustentada, quando se trata da monarquia; não tanto, no plano jurídico, quando se trata de uma assembléia; é que a vontade desta, enquanto resultado de muitas vontades, é uma vontade *ficta*, e sê-lo-ia também a vontade do Estado misto, enquanto resultado e síntese de três diferentes vontades. Da mesma maneira, a lógica da unitariedade do poder soberano está destinada a se chocar com a teoria, surgida no século XVIII, da separação dos poderes, que objetiva justamente dividir o poder, contrapondo ao executivo (o rei), possuidor do monopólio da força, o legislativo, titular de uma função autônoma e independente, a função de elaborar as leis. Nos períodos de guerra civil ou de crise revolucionária — como está amplamente demonstrado pela história inglesa e francesa — o Estado misto ou a separação dos poderes acabam sendo sempre superados, possibilitando, desta forma, a afirmação de um poder mais alto, o do verdadeiro soberano de fato.

IV. OS PRECEDENTES E AS INOVAÇÕES. — A palavra Soberania, bem como o conceito nela subentendido, não foram inventados no século XVI. Na antiguidade e na Idade Média, para indicar a sede última do poder, eram utilizados termos diversos tais como: *summa potestas, summum imperium, maiestas* e principalmente — nas doutrinas teocráticas de Egídio Romano Colonna, posteriormente assumidas pelos leigos para sustentar o poder político — *plenitudo potestatis*, contra a qual se insurgirão as teorias conciliares e as reivindicações das categorias e dos Estados. Surge também com toda a clareza a independência deste supremo poder, *qui nulli subest, superiorem non recognoscens*, pelo qual o *rex est imperator in regno suo*. Ao mesmo tempo, a Idade Média conhece o termo "soberano" (não o de Soberania), pelo qual *Le roi est souverains par dessus tous* para tutela geral do reino. Todavia, com relação à Idade Média, muda profundamente a significação da palavra, enquanto os *iura imperii et dominationis* sofrem uma transformação mais qualitativa do que quantitativa.

A palavra soberano, na Idade Média, indicava apenas uma posição de proeminência, isto é, a posição daquele que era superior num bem definido sistema hierárquico; por isso até os barões eram soberanos em suas baronias. Na grande corrente da sociedade feudal, que unia em ordem vertical as diferentes categorias e as diversas classes, do rei, passando por uma infinita série de mediações, até o mais humilde súdito, a cada grau correspondia um *status* bem definido, caracterizado por um conjunto de direitos e deveres, que não podia ser violado unilateralmente. Esta ordem hierárquica transcendia o próprio poder, uma vez que tinha como modelo a ordem cósmica: a ninguém era permitido violá-la, todos nela encontravam a garantia de seus direitos. A chegada do Estado soberano quebra esta longa corrente, esta série complexa de mediações em que se articula o poder, para deixar um espaço vazio entre o rei e o súdito, rapidamente preenchido pela administração, e para contrapor um soberano, que visa cada vez mais à onipotência e ao monopólio do político e do público, a um indivíduo cada vez mais sozinho e desarmado, reduzido à esfera privada. A chegada do Estado soberano e a emancipação do indivíduo do papel e do *status,* a ele atribuídos para sempre pela sociedade, são fenômenos concomitantes, por serem fortissimamente interdependentes.

Na Idade Média, o mais importante entre os *iura* do rei, por ser aquele que o tornava justamente rei, consistia em administrar a justiça com base nas leis consuetudinárias do país. O rei, além de estar *sub Deo,* estava também *sub lege, quia lex facit regem.* Com a chegada da moderna teoria da Soberania, a reviravolta é total: o novo rei é soberano na medida em que faz a lei e, conseqüentemente, não é por ela limitado, encontra-se *supra legem.* Os costumes, que serviam de base anteriormente para a administração da justiça, não o podem mais limitar, porque, segundo afirma Bodin, uma lei pode ab-rogar um costume, enquanto este não pode ab-rogar uma lei. O direito se reduz, desta forma, à lei do soberano, que é superior a todas as outras fontes; porém, enquanto o direito tem como base a eqüidade e se fundamenta em um consenso tácito, na *opinio' iuris* difusa na sociedade, a lei não passa de uma mera ordem do soberano. A grande mudança consiste, pois, no fato de que o direito, que anteriormente era dado, agora é criado; antes era buscado, pensado na justiça substancial, agora é fabricado com base na racionalidade técnica, na sua adequação aos objetivos. Esta estatização do direito ou esta redução de todo o direito a uma simples ordem do soberano, esta legitimação do *ius* não pelo *iustum,* e sim pelo *iussum,* corresponde a uma profunda revolução espiritual e cultural que, a partir da Reforma, atinge também a organização leiga da sociedade, que tem como elemento central a vontade. Assim como, no céu, Deus é tão onipotente que tudo o que Ele quer é justo e é do seu *fiat* que depende a própria ordem natural e não da participação na sua razão, também na terra o novo soberano cria o direito e, em último caso, pode permitir a exceção ao regular funcionamento do ordenamento jurídico. A Soberania se apresenta, desta forma, como uma vontade em ação, totalmente aberta, em cuja base se encontra o princípio: *sit pro ratione voluntas.*

Mesmo assim, apesar da prepotente afirmação na Idade Moderna do Estado soberano, algo da herança medieval, mesmo modificado e renovado, acabou permanecendo. Desapareceu sem dúvida a complexa organização social medieval, bem como a sociedade corporativista, que interpunha um vasto conjunto de mediações políticas entre o rei e o súdito, mas não desapareceu a necessidade dessas mediações que, fundamentalmente, servem para frear e reduzir o poder soberano, mediante sua força niveladora. A lei se tornou,

cada vez mais, o principal instrumento de organização da sociedade; mesmo assim, a exigência de justiça e de proteção dos direitos individuais, intrínseca à concepção medieval do direito, fez-se novamente presente. Num primeiro momento, através das grandes doutrinas jusnaturalistas, que, defendendo a existência de um direito pré-estatal ou natural, procuravam salvaguardar a exigência de racionalidade, por considerarem que é a *veritas* e não a *auctoritas* que legitima a lei; em seguida, através das grandes constituições escritas na época da revolução democrática que puseram um freio jurídico à Soberania, proclamando os direitos invioláveis do cidadão.

V. SOBERANIA LIMITADA, ABSOLUTA, ARBITRÁRIA. — Os grandes legistas franceses do fim do século XVI e início do século XVII, como Jean Bodin, Charles Loyseau, Cardin Le Bret, embora salientassem o caráter absoluto e indivisível do poder soberano, sentiam ainda muito fortemente a herança medieval que tinha colocado o direito acima do rei. Conseqüentemente, a onipotência legislativa do soberano se encontrava limitada não apenas pela lei divina e pela lei natural, mas também pelas leis fundamentais do reino, enquanto correlacionadas à coroa e à indissoluvelmente unidas. Além disso, o rei não podia lançar tributos arbitrariamente, uma vez que a senhoria pública (ou Soberania) tinha que deixar para cada indivíduo particular sua propriedade e a posse de seus bens, em conformidade com a distinção entre *imperium* e *dominium;* cabe ao rei o que é público, cabe ao indivíduo particular o que diz respeito à sua propriedade. Loyseau, embora defenda a tese de que a Soberania é o "máximo de poder", afirma também que o rei deve usar seu poder soberano de acordo com as formas e as condições em que foi estabelecido; entretanto, Cardin Le Bret, o mais absolutista dos três, com a defesa do direito de representação das cortes soberanas, quer colocar o rei na condição de uma "feliz impotência" para fazer o mal. Foi Locke que reinterpretou, numa perspectiva moderna, esta exigência de uma Soberania limitada. Mais coerente, ele não fala de Soberania, e sim de "supremo poder" que, entregue ao Parlamento, acha-se limitado, por um lado, pelo contrato — ou pela constituição, com os direitos naturais por ela tutelados — e, por outro, controlado pelo povo do qual o Parlamento é um simples representante.

A corrente absolutista é interpretada, embora de maneira diferente, por Hobbes e Rousseau. Para o primeiro o poder soberano não conhece limite jurídico, uma vez que todo o *ius* se encontra no *iussum,* nem limite ético, uma vez que o *iussum* é também intrinsecamente *iustum*, visto as noções de bem e de mal serem relativas unicamente ao Estado e à sua sobrevivência. Porém, na coerência lógica desta construção de Hobbes, este poder soberano não é um poder arbitrário, na medida em que suas ordens não dependem de uma vontade, mas são imperativos produzidos por uma racionalidade técnica conforme as necessidades circunstanciais, são instrumentos necessários para que seja alcançado o máximo objetivo político, a paz social exigida para a utilidade de cada um dos indivíduos. Este absolutismo apresenta uma racionalidade peculiar: a da adequação ao objetivo. Na vertente oposta está Rousseau: para este a Soberania exprime uma racionalidade substancial, ou, melhor, exprime a moralidade, por pertencer à vontade geral que se opõe à vontade particular, por ser a expressão direta da vontade dos cidadãos, quando estes buscam o interesse geral e não o particular, isto é, quando atuam moralmente e não de forma utilitarista.

Obviamente, a Soberania arbitrária conta com poucos teóricos, mas apresenta inúmeros exemplos práticos. Todavia, muitos ingleses que exaltam excessivamente a onipotência do Parlamento, desenvolvendo de forma unilateral o princípio de Hobbes, pelo qual *auctoritas, non veritas facit legem*, ou aquele outro de que a *oboedientia facit imperantem*, acabam por se tornarem defensores de um regime arbitrário, quando afirmam ter o Parlamento poderes para fazer, de direito, tudo aquilo que pode fazer de fato, fazendo, assim, coincidir a extensão de sua Soberania com a de sua força. Para Bentham e Austin a Soberania é "ilimitada", "indefinida", ou, mais ainda, legalmente, despótica. Da mesma forma, muitos autores democráticos, por não terem aprofundado suficientemente o conceito de vontade geral que em Rousseau está na base da Soberania do povo, acabaram por legitimar toda a forma de "tirania da maioria", ou por justificar todo o ato arbitrário levado a efeito em nome do povo, como ressaltaram Benjamin Constant e Alexis de Tocqueville. Temos, também, a manifestação de uma Soberania arbitrária, quando uma única pessoa, ou uma fração do povo, pretende falar e agir, sem mandato algum, em nome de todo o povo e impor, assim, sua própria verdade subjetiva, religiosa ou ideológica. Enfim: temos uma Soberania arbitrária quando triunfa pela força o mero capricho da subjetividade.

A contraposição entre as três posições pode ser sintetizada desta forma: para os que sustentam a tese da Soberania limitada, a lei é uma "ordem justa"; para os que são favoráveis à Soberania absoluta, a lei é uma ordem técnica, racional com relação ao objetivo, ou é uma ordem intrinsecamente universal; para os que defendem a Soberania arbitrária, a lei é o capricho do mais forte.

VI. TEORIAS REALÍSTICAS E TEORIAS ABSTRATAS. — Os primeiros teóricos da Soberania, de Bodin a Hobbes, quando falavam em poder soberano, basicamente pensavam no poder do rei, embora, por exigências de plenitude doutrinária, não excluíssem formas de Governo aristocráticas e democráticas, nas quais o poder soberano seria entregue a uma assembléia. Encontra-se, nestes autores, bem evidente, a necessidade de identificar fisicamente o poder ou, mais corretamente, a sede institucional na qual este se manifesta legitimamente; tudo isto por uma exigência política de certeza. Esta unidade de realismo e formalização jurídica desaparece nos pensadores posteriores: uns elaboram teorias jurídicas abstratas que, salientando a impersonalidade da Soberania, a atribuem ao Estado ou ao povo ou a ambos; outros formulam teorias políticas realistas que procuram evidenciar como o poder, de fato, esteja nas mãos da classe economicamente dominante (Marx), da classe política (Mosca), da *power élite* (Mills), dos grupos sociais (teorias pluralistas da poliarquia), de quem estiver em condições de decidir o estado de exceção (Schmitt).

O ponto de partida desta dissociação entre política e direito, entre realismo e formalização jurídica, já se encontrava presente em Bodin, na medida em que ele também estava envolvido no processo que objetivava uma definição do poder em termos impessoais e abstratos que caracterizaria a afirmação do Estado moderno, visto como ordenamento jurídico. Retomando teses medievais, para combater as velhas concepções patrimoniais e as novas aspirações da monarquia senhorial, ele distingue entre o rei como pessoa física e o rei como pessoa jurídica, entre o patrimônio particular do rei e o da coroa, o primeiro alienável, inalienável o segundo, por pertencer à função, assim como são inalienáveis as coisas que as diversas famílias têm em comum numa república. Encontra-se, aqui, o início de um processo que levaria a ver no príncipe um órgão do Estado, ou no rei o primeiro servidor do Estado.

Enquanto o pensamento inglês, no século XVIII, permanecia na linha realista, afirmando a Soberania do Parlamento, tanto que ainda hoje se pensa nestes termos e o Estado inglês não possui uma personalidade jurídica própria, no continente, ao contrário, desde o século XVII, a teoria jurídica, na sua tendência a formalização e a despersonalização da Soberania, já se propunha problemas delicados, ainda hoje atuais. O problema consistia em como conciliar soberano e povo, monarquia e Estados, *rex* e *regnum*, *maiestas personalis* e *maiestas realis* na unidade do Estado, que supera e elimina todo dualismo: a comunidade inteira é considerada um só corpo, cuja cabeça é o rei e do qual os outros são os membros. A síntese unitária superior se dá no Estado, que se tornará quanto antes pessoa, a pessoa jurídica pública por excelência, por ser detentora da Soberania. O verdadeiro problema era o da relação entre a *maiestas realis* e a *maiestas personalis*, entre a titularidade nominal e o exercício concreto da Soberania, porque das duas uma: ou o titular pode modificar os poderes concedidos, sendo então o verdadeiro soberano, ou não os pode modificar e então o soberano é o rei. O problema se tinha apresentado já na Idade Média com a *Lex regia de imperio*, quando os juristas se dividiram. Uns sustentavam que a *translatio* do *populus romanus* para o imperador era irrevogável, por se tratar de uma alienação, enquanto para outros era revogável, por se tratar de uma concessão. A tendência, todavia, acabou sendo a de se fazer, quer do rei quer do povo, simples órgãos do Estado. Esta tendência acabou na teoria de Kant sobre a separação dos poderes. O rei recebeu o poder executivo, a assembléia representativa o legislativo, funções autônomas e independentes na superior unidade do Estado jurídico republicano. Nas teorias jurídicas, mais modernas e mais formais, o povo é, juntamente com o território e a Soberania, um simples elemento constitutivo do Estado, que, por sua vez, não passa de um simples ordenamento jurídico.

Se as teorias jurídicas evidenciam, como elemento sintético e unitário, o Estado, que, como ordenamento jurídico, atribui aos diferentes órgãos suas funções específicas, evitando porém o problema de definir quem fisicamente decide, as teorias políticas democráticas caem, em direção oposta, no mesmo processo de abstração, de formalização e de despersonalização, atribuindo ao povo uma vontade sintética e unitária. Na prática, que povo? Não certamente a *plebs*, a multidão, a massa dos cidadãos, e sim o povo juridicamente organizado nas assembléias das categorias e dos Estados, mais tarde organizado politicamente nos partidos presentes no Parlamento. Pretende-se ver no Estado, no Parlamento e no Governo meros instrumentos do povo soberano; porém, se a Soberania a ele pertence mas dele não emana, o povo poderá exercê-la somente nas formas e nos limites da constituição, isto é, do Estado-ordenamento, enquanto que o Estado-aparêlho, o Estado-pessoa, se limitará a representar o povo no mundo do direito. Mas quem, em última instância, possui de fato o poder soberano: o povo ou a sua representação?

O limite das duas posições está na identificação entre poder soberano e direito: o poder soberano, enquanto possui o monopólio da produção jurídica, é *legibus solutus*, é o criador do ordenamento, enquanto que, nas duas teorias — quer na que afirma a Soberania do Estado, quer na que afirma a Soberania do povo — este poder fica prisioneiro do ordenamento jurídico, no qual estas teorias pretendem ter identificado, através da sua racionalização pelo direito, o poder soberano. De fato, porém, estamos sempre na presença não apenas de um poder soberano, e sim de vários poderes constituídos. Com certeza, a grande contraposição inicial entre os que definiam o direito em termos de Estado soberano, criador da lei, e os que definiam a Soberania (melhor dizendo, o "supremo poder") em termos de direito, foi sendo resolvida mediante a integração de direito e Estado no ordenamento jurídico: poder-se-ia, pois, falar em uma Soberania do direito, se não se tratasse de uma contradição em termos.

Este processo de formalização e abstração, objetivando a despersonalização do poder, acaba por esconder quem, de fato, manda, em última instância, na sociedade política: este fato explica a reação do pensamento político dos séculos XIX e XX contra tais abstrações, na tentativa de encontrar onde verdadeiramente se situa o poder, aquele poder último de decisão que, no momento em que tomou consciência de si, se definiu soberano. A construção do Estado de direito parece ter amarrado e neutralizado este poder, como tentativa de exorcizar seu próprio pecado original. A Soberania, porém, não desapareceu: em épocas normais e tranqüilas não é percebida, porque adormecida; em situações excepcionais, em casos limites, ela volta com toda sua força.

VII. DITADURA SOBERANA E SOBERANIA POPULAR. — Ao jurista Hans Kelsen, que encerra o grande período da jurisprudência pública alemã, contrapõe-se o cientista político Carl Schmitt, para o qual é soberano "quem decide acerca do Estado de exceção", aquele Estado de exceção no qual se faz necessário o desvio da regra e da normalidade, suspendendo-se o ordenamento jurídico, a fim de manter a unidade e a coesão política, uma vez que *salus rei publicae suprema lex est*. Em suma, o verdadeiro soberano tem um *ius speciale*, alguns *iura extraordinaria* que não consistem tanto no monopólio da lei e da sanção, segundo as velhas teorias, quanto principalmente no monopólio da decisão do Estado de emergência, percebível somente em casos-limites, excepcionais. Porém, se é soberano quem decide, em Estado de necessidade, para manter (ou criar) a ordem, para restabelecer uma situação normal na qual o ordenamento jurídico tenha sentido, há duas alternativas: ou o soberano se situa fora do ordenamento, podendo suspendê-lo; ou se encontra preso ao ordenamento, no caso em que este prevê a existência de tal poder. Na prática, por um lado, o moderno Estado de direito procurou sempre limitar ao máximo, quando não eliminar, a possibilidade da existência de alguém que decida acerca do Estado de exceção e que possua poderes excepcionais (a moderna figura do estado de sítio é uma ditadura confiada, isto é, um poder constituído), enquanto, por outro lado, historicamente, o Estado de exceção tem sido proclamado por quem não possuía habilitação para tanto, e que se tornou soberano somente na medida em que conseguiu restabelecer a unidade e a coesão política.

Na realidade, com a progressiva juridicização do Estado e com a sua correspondente redução a ordenamento, não faz muito sentido falar de Soberania, por nos encontrarmos sempre diante de poderes constituídos e limitados, enquanto a Soberania se caracteriza, na realidade, como um "poder constituinte", criador do ordenamento. E é justamente desta forma que se manifesta hoje, cada vez mais, porque o poder constituinte é o verdadeiro poder último, supremo, originário. A Soberania, pois, é um poder adormecido, que se manifesta somente quando é quebrada a unidade e a coesão social, quando existem concepções alternativas acerca da constituição, quando há ruptura na continuidade do ordenamento jurídico. A Soberania marca sempre o começo de uma nova organização civil: é um fato que cria o ordenamento.

Tipologicamente é possível indicar dois poderes constituintes: a ditadura soberana e a Soberania popular. Com a ditadura soberana, pretende-se retirar a constituição vigente e impor uma outra, considerada mais justa e mais verdadeira, por parte de uma única pessoa, de um grupo de pessoas de uma classe social, que se apresentam como intérpretes de uma suposta racionalidade e atuam como comissárias do povo, sem ter recebido dele nenhum mandato específico. A disponibilidade de um exército ou a força de coesão de um partido e sua capacidade para conseguir obediência representam os pressupostos para o exercício desta ditadura soberana que encontra sua legitimação, não no consenso, mas na ideologia ou numa suposta racionalidade. Numa perspectiva exatamente oposta, encontramos a real Soberania do povo, que se manifesta no seu poder constituinte, pelo qual, através da Constituição, define os órgãos e os poderes constituídos e instaura o ordenamento, onde estão previstas as regras que permitem sua transformação e sua aplicação. O poder constituinte do povo conhece já procedimentos satisfatoriamente consolidados (assembléias *ad hoc*, formas de ratificação através de *referendum*), capazes de garantir que a nova ordem corresponda à vontade popular. É justamente por este motivo que o poder constituinte do povo, que instaura uma nova forma de Estado, pode ser encarado como a última e mais amadurecida expressão do contratualismo democrático: um contrato entre os cidadãos e as forças políticas e sociais, que define as formas pelas quais os representantes ou comissionados do povo devem exercer o poder, bem como os limites dentre os quais eles devem se movimentar. Se a ditadura soberana constitui um mero fato, produtor do ordenamento, o poder constituinte do povo é uma síntese de poder e direito, de ser e dever ser, de ação e consenso, uma vez que fundamenta a criação da nova sociedade no *iuris consensu*.

VIII. OS ADVERSÁRIOS DA SOBERANIA. — O moderno conceito de Soberania possui uma lógica interna própria e, ao mesmo tempo, uma força de expansão peculiar: ele conseguiu, na realidade, dar unidade a processos históricos, tais como a formação do Estado moderno, e possibilitou a elaboração conceptual de uma teoria acabada do Estado. Todavia ocorreram também, na história, processos históricos e realizações institucionais diversos, dificilmente compreensíveis tendo como ponto de partida este conceito político-jurídico, que corre o risco de se tornar científica e politicamente embaraçoso. Serão apresentados aqui apenas dois destes fenômenos, um de aspecto jurídico e outro de aspecto político: o constitucionalismo (e o federalismo a este integrado), por um lado, e o pluralismo, por outro; respondem, de formas novas e diversas, a exigências satisfeitas pela sociedade civil medieval.

Entendendo a história moderna não como vitória do Estado absoluto, e sim como vitória do constitucionalismo, nos aperceberemos de que o elemento de continuidade desta luta está justamente em seu contrário, a Soberania. As diferentes técnicas do constitucionalismo estão, de fato, inteiramente orientadas a combater, com o Estado misto e a separação dos poderes, toda a concentração e unificação do poder, e a dividi-lo equilibradamente entre os órgãos. Mais ainda: Sir Edward Coke, o primeiro constitucionalista moderno que faz uma análise do conceito de Soberania, afirmou que esta palavra era estranha e desconhecida ao direito inglês, inteiramente centrado na supremacia da *common law*, pela qual qualquer lei do Parlamento — isto é, do supremo poder — que com ela contrastasse, deveria ser considerada nula e sem efeito. Da mesma forma, Benjamin Constant, que encerra o moderno constitucionalismo, pretende eliminar do seu sistema o conceito de Soberania ou ao menos reduzi-lo em suas dimensões, por ver nele a expressão de um poder absoluto e, como tal, arbitrário. Ninguém, nem o rei nem a Assembléia, pode-se atribuir a Soberania, nem a universalidade dos cidadãos pode dispor soberanamente da existência dos cidadãos. Soberania e constitucionalismo foram sempre entendidos como termos antitéticos; a vitória do segundo se deu com a elaboração das constituições escritas, cujas normas são hierarquicamente superiores às leis ordinárias e são tornadas eficazes por adequadas cortes judiciárias. Desta forma, foi possível garantir o direito dos cidadãos diante dos velhos e dos novos soberanos; porém, esta supremacia da lei continua sendo uma supremacia desarmada.

O Estado federativo americano, fruto de um compromisso político entre os defensores de uma confederação de Estados e os que sustentavam o Estado unitário, e não resultado de modelos teóricos, torna-se incompreensível se tomamos como ponto de partida o conceito de Soberania, que nos obrigaria a escolher, como sede do soberano poder, ou o Estado federativo ou os Estados-membros. Na realidade, ele se caracteriza, ao mesmo tempo, como uma confederação e como uma união ou, mais corretamente, como uma combinação de ambas, fundamentada numa combinação engenhosa que divide, num complexo equilíbrio, poderes pertencentes à Soberania entre os Estados-membros e o Estado federativo. Os defensores da nova Constituição no *Federalist* não usam argumentações jurídicas, próprias dos adversários, fechados na ótica e na lógica da Soberania, e sim argumentações políticas, precisamente as do constitucionalismo, que pretende dividir o poder para limitá-lo e busca os meios aptos para este objetivo. O Estado federativo é compreensível, tendo como ponto de partida não o conceito de Soberania, mas, sim o da supremacia da lei, neste caso o da Constituição, que delimita as respectivas esferas de competência dos Estados e do Estado. É sempre, todavia, possível, do ponto de vista político, que este delicado equilíbrio venha a ser quebrado: o Estado federativo obriga os cidadãos a uma dupla fidelidade que pode entrar em conflito, quando as tendências centrífugas se chocam com as tendências centrípetas; e a fidelidade é a força de coesão de um corpo político.

Porém, o verdadeiro adversário da Soberania é a teoria pluralista, exatamente porque a Soberania ressalta ao máximo o princípio da unidade e do monismo, enquanto as concepções pluralistas — quer as descritivas que objetivam a percepção do processo real de formação da vontade política, quer as prescritivas que objetivam maximizar a liberdade numa sociedade democrática por meio de uma poliarquia — demonstram a não existência de uma unidade do Estado, que possua o monopólio de decisões autônomas, uma vez que, na prática, o indivíduo vive em associações e grupos diferentes, capazes de impor suas próprias opções. Na realidade, o contexto social apresenta uma notável pluralidade de grupos em competição ou em conflito para condicionar o poder político; é justamente esta pluralidade que impede a existência de uma única autoridade, onicompetente e onicompreensiva: o processo de decisão política é o resultado de uma longa e vasta série de mediações. Nesta divisão do poder, nesta poliarquia, não existe um verdadeiro soberano. Enquanto, sociologicamente, o pluralismo se afirma com a chegada da sociedade industrial, que multiplicou no contexto social os papéis, as classes e as associações, teoricamente ele encontra sua origem na defesa que Montesquieu faz dos corpos intermediários, como elementos de mediação política entre o indivíduo e o Estado, ou na exaltação feita por Tocqueville das associações livres, consideradas como as únicas capazes de tornar o cidadão apto a se defender de uma maioria soberana e onipotente. Os teóricos mais coerentes da Soberania, como Hobbes 'e Rousseau, pretendiam eliminar radicalmente, por considerá-los fontes de degeneração e corrupção, estes corpos ou estas associações intermediárias, porque no Estado tinha que haver uma única força e uma única vontade. Estes teóricos continuavam a raciocinar, tendo como base a polarização entre indivíduo e Soberania, enquanto que o espaço vazio existente entre estes dois elementos era preenchido pela sociedade civil e pela socialização que nela naturalmente ocorria. Também o pluralismo tem seu limite: é sempre possível pensar num pluralismo tão polarizado que nele o Estado não represente mais a unidade política, por não ser já capaz de relativizar os conflitos internos e por não possuir mais a capacidade de decisão nas relações internacionais. Quando os conflitos internos são mais fortes do que os conflitos entre os Estados, o Estado perdeu sua unidade política.

Vimos como o constitucionalismo (Estado misto, separação dos poderes, supremacia da lei), o federalismo e o pluralismo podem não apenas enfraquecer, mas até destruir a força de coesão e a unidade do corpo político que oferece sem dúvida a Soberania, ultrapassando, desta forma, os objetivos que haviam sido propostos. Porém, onde não existe o monopólio da força numa única instância, onde não há "mando" que mantenha unido o corpo social, ou existe o consenso acerca dos valores últimos e das regras do jogo que criam a fidelidade e estabelecem a obrigação política, ou se retorna ao Estado natural, que é o Estado da força, e explode assim a luta pela Soberania.

IX. O ECLIPSE DA SOBERANIA. — No nosso século, o conceito político-jurídico de Soberania entrou em crise, quer teórica quer praticamente. Teoricamente, com o prevalecer das teorias constitucionalistas; praticamente, com a crise do Estado moderno, não mais capaz de se apresentar como centro único e autônomo de poder, sujeito exclusivo da política, único protagonista na arena internacional. Para o fim desse monismo contribuíram, ao mesmo tempo, a realidade cada vez mais pluralista das sociedades democráticas, bem como o novo caráter dado às relações internacionais, nas quais a interdependência entre os diferentes Estados se torna cada vez mais forte e mais estreita, quer no aspecto jurídico e econômico, quer no aspecto político e ideológico. Está desaparecendo a plenitude do poder estatal, caracterizada justamente pela Soberania; por isso, o Estado acabou quase se esvaziando e quase desapareceram seus limites.

O movimento por uma colaboração internacional cada vez mais estreita começou a desgastar os poderes tradicionais dos Estados soberanos. O golpe maior veio das chamadas comunidades supranacionais, cujo objetivo é limitar fortemente a Soberania interna e externa dos Estados-membros; as autoridades "supranacionais" têm a possibilidade de conseguir que adequadas Cortes de Justiça definam e confirmem a maneira pela qual o direito "supranacional" deve ser aplicado pelos Estados em casos concretos; desapareceu o poder de impor taxas alfandegárias, começa a sofrer limitações o poder de emitir moeda. As novas formas de alianças militares ou retiram de cada Estado a disponibilidade de parte de suas forças armadas ou determinam uma "soberania limitada" das potências menores com relação à potência hegemônica. Além disso, existem ainda outros espaços não mais controlados pelo Estado soberano. O mercado mundial possibilitou a formação de empresas multinacionais, detentoras de um poder de decisão que não está sujeito a ninguém e está livre de toda a forma de controle: embora não sejam soberanas, uma vez que não possuem uma população e um território onde exercer de maneira exclusiva os tradicionais poderes soberanos, estas empresas podem ser assim consideradas, no sentido de que — dentro de certos limites — não têm "superior" algum. Os novos meios de comunicação de massa possibilitam a formação de uma opinião pública mundial que exerce, às vezes com sucesso, uma pressão especial para que um Estado aceite, mesmo não querendo, negociar a paz, ou exerça o poder de conceder graças que antes era absoluto e indiscutível. O equilíbrio — bipolar, tripolar, pentapolar — do sistema internacional torna inteiramente ilusório o poder que as pequenas potências têm de fazer a guerra; desta forma, seus conflitos são rapidamente congelados e colocados de lado, enquanto a realidade da guerrilha torna qualquer Governo incapaz de estipular uma paz real.

Com a chegada do Estado liberal e, posteriormente, do Estado democrático, desapareceram a neutralização do conflito e a despolitização da sociedade, operadas pelo Estado absoluto. Através dos partidos, a sociedade civil retomou a atividade política. A competição entre os partidos, na disputa eleitoral, faz emergir novamente o momento do conflito: este pode ocorrer de diferentes maneiras, que vão da simples competição dentro de regras por todos aceitas, onde a maioria pode efetivamente decidir, a uma potencial guerra civil, onde, faltando o consenso sobre os valores últimos, a maioria se encontra imobilizada nas questões mais importantes, principalmente em política externa: as velhas fronteiras físicas dos Estados cederam lugar a novas fronteiras ideológicas, que ultrapassam os Estados a nível planetário. Além disso, com o advento da sociedade industrial, empresas e sindicatos adquiriram cada vez mais maiores poderes, que são essencialmente públicos, uma vez que suas decisões atingem diretamente toda a comunidade. Finalmente, as administrações autônomas locais e as empresas públicas, com seus direitos de decidir acerca dos gastos, tornam freqüentemente ilusório o direito que o soberano tem de emitir moeda.

A plenitude do poder estatal se encontra em seu ocaso; trata-se de um fenômeno que não pode ser ignorado. Com isto, porém, não desaparece o poder, desaparece apenas uma determinada forma de organização do poder, que teve seu ponto de força no conceito político-jurídico de Soberania. A grandeza histórica deste conceito consiste em haver visado uma síntese entre poder e direito, entre ser e dever ser, síntese sempre problemática e sempre possível, cujo objetivo era o de identificar um poder supremo e absoluto, porém legal ao mesmo tempo, e o de buscar a racionalização, através do direito, deste poder último, eliminando a força da sociedade política. Estando este supremo poder de direito em via de extinção, faz-se necessário agora, mediante uma leitura atenta dos fenômenos políticos que estão ocorrendo, proceder a uma nova síntese político-jurídica capaz de racionalizar e disciplinar juridicamente as novas formas de poder, as novas "autoridades" que estão surgindo.

BIBLIOGRAFIA. AUT. VÁR., *In defense of sovereignty*, ao cuidado de W. J. STANKIEWICZ, Oxford University Press, London 1969; M. CAPURSO, *I limiti della sovranità negli ordinamenti democratici*, Giuffrè, Milano 1967; J. R. COMMONS, *A sociological view of sovereignty*, Kelley, New York 1965; B. DE JOUVENEL, *La sovranità* (1955), Giuffrè, Milano 1971; L. DUGUIT, *Souveraineté et liberté*, Alcan, Paris 1922; M. GALIZIA, *La teoria della sovranità dal Medioevo alla Rivoluzione Francese*, Giuffrè, Milano 1951; F. H. HINSLEY, *Sovereignty*, Basic Books, London 1966; H. H. HOFMANN, *Die Entstehung des modern souveranen States kiepenheur und witsch*, Koln 1967; H. KELSEN, *Das Problem der Souveränität und die Theorie des Volkerrechts*, Mohr, Tübingen 1920; Id., *Teoria generale del diritto e dello Stato* (1945), Comunità, Milano 1952; H. L. LASKI, *The Foundations of sovereignty*, Reprint Arno Press, New York 1921; C. H. MCILWAIN, *Constitucionalism and the changing world Cambridge, University, Press, Cambridge 1939*; N. MATTEUCCI, *Organizzazione del potere e libertà*, UTET, Torino 1976; G. L. MOSSE, *The Struggle for sovereignty in England*, Michigan State College Press, East Lansing 1950; D. PASINI, *Riflessioni in tema di sovranità*, Giuffrè, Milano 1965; P. N. RIESEMBERG, *Inalienability of sovereignty in medieval political thought*, Columbia University Press, New York 1956; C. SCHMITT, *La dittatura* (1921), Laterza, Bari 1975; Id., *Teologia politica* (1922), in *Le categorie del "politico"*, Il Mulino, Bologna 1972.

[NICOLA MATTEUCCI]

Social-Democracia.

I. O CONCEITO DE SOCIAL-DEMOCRACIA. — É um termo que, após as polêmicas políticas dos últimos 50 anos, adquiriu, na linguagem corrente, um significado profundamente anômalo do ponto de vista teórico e histórico, ainda que paradoxalmente correto no que respeita ao étimo. Na prática, usa-se para designar os movimentos socialistas que pretendem mover-se rigorosa e exclusivamente no âmbito das instituições liberal-democráticas, aceitando, dentro de certos limites, a função positiva do mercado e mesmo a propriedade privada. Renunciam assim a estabelecer, quando quer que seja, "um novo céu e uma nova terra".

Este emprego do termo, porém, trai sua origem polêmica e maniqueísta, porquanto mutila arbitrariamente a realidade. É como se entre a posição acima definida, cujo nome apropriado é o de REFORMISMO (v.), e a posição oposta do socialismo revolucionário não existisse espaço intermédio, justamente aquele que a Social-democracia pretende ocupar. Esta, com efeito, diversamente do que ocorre com o reformismo, aceita as instituições liberal-democráticas, mas considera-as insuficientes para garantir uma efetiva participação popular no poder e tolera o capitalismo, na medida em que, diferindo nisso do socialismo revolucionário, considera os tempos ainda "não amadurecidos" para transformar as primeiras e abolir radicalmente o segundo. Incumbe à Social-democracia lutar em duas frentes: contra o reformismo burguês, que levaria o movimento operário a empantanar-se irremediavelmente no sistema, e contra o aventureirismo revolucionário, que o levaria a quebrar a cabeça contra as estruturas ainda sólidas do sistema. O fato de a Social-democracia se comprometer mais com uma ou com outra das frentes depende de que as circunstâncias históricas favoreçam um ou outro caminho. Quando a situação não é revolucionária, pareceria não existir, em termos lógicos, alternativa possível entre reformismo e sectarismo revolucionário. Pois bem, a Social-democracia é, neste sentido, um desafio contra a lógica, isto é, a tentativa de manter vivo, contra ventos e marés, o sonho do radical palingenesia, que constitui a raiz do socialismo. Uma tentativa tão engenhosa e complexa sob muitos aspectos que desperta vivo interesse mesmo naqueles que avaliam negativamente os seus objetivos e resultados. A Social-democracia é, em suma, para usar a expressão de um historiador marxista, a "memória da revolução" (Zanardo).

Se se distingue do socialismo revolucionário em suas várias encarnações históricas — anarquismo, sindicalismo revolucionário, esquerda-luxemburguiana, leninismo (deste só difere de maneira clara após a deflagração da Primeira Guerra Mundial) — por manter letárgico, mais por necessidade que por livre escolha, o espírito de negação total do sistema, a Social-democracia se contrapõe ainda mais claramente ao reformismo. Com efeito, a Social-democracia não quer, ou pelo menos não deseja de maneira ativa e prioritária, a sobrevivência do sistema; deseja que se perpetue dentro dele, quando este se mantém por si, o espírito milenarista, de que ela se considera guardiã e encarnação visível. Isso faz com que, sem agredir explicitamente o sistema, a Social-democracia se exima de lhe prestar aquela colaboração — como, por exemplo, a participação no Governo que, fortalecendo-o, a poria em risco de ficar indefesa à sua esquerda, comprometendo a sua imagem de partido portador da esperança na revolução. O sistema, enfim, não precisa temer ataques diretos por parte da Social-democracia: "a Social-democracia é um partido revolucionário e não um partido que faz revoluções" (Kautsky). Mas também não pode esperar dela aquela contribuição capaz de operar transformações que o reformismo se empenha, sem dúvida, em impor-lhe.

A primeira e mais completa experiência social-democrática foi a alemã, que, para efeitos de definição, bem pode, por isso, ser considerada paradigmática.

II. A SOCIAL-DEMOCRACIA ALEMÃ E O ANARQUISMO. — A Social-democracia teve a sua origem por volta de 1875, ano em que foi fundado, no Congresso de Gotha, o partido de inspiração marxista que lhe havia de dar em todo o continente o impulso, o nome, o modelo ideológico e a organização. Vai-se definindo através da luta que, tanto a nível internacional como nacional, a opõe durante algumas décadas ao ANARQUISMO (v.). Era por meio deste que o espírito romântico de revolta total contra a Revolução Industrial e suas conseqüências, comum em vária medida a todas as correntes revolucionárias da primeira metade do século XIX, se esforçava por projetar-se para além das condições que o haviam gerado, para se exaurir no campo refratário da sociedade industrial desenvolvida. Neste sentido, a Social-democracia representava, ao contrário, a vontade de adaptar esse espírito às novas condições, canalizando-o em sólidas estruturas organizativas para impedir sua total dispersão. Enquanto o anarquismo apelava para a revolta espontânea, negava totalmente a sociedade existente e não consentia em qualquer compromisso, a Social-democracia pretendia, ao invés, valer-se de todas as possibilidades e de todos os meios que lhe ofereciam as instituições democráticas, para conquistar uma sólida base de massa que lhe permitisse acampar dentro dos muros inimigos, a fim de poder vir a constituir, pelo menos em linhas gerais, uma espécie de anti-sociedade cujo crescimento provocaria o desabe das estruturas externas do sistema e, ao mesmo tempo, constituiria o núcleo da nova sociedade do futuro.

A crítica anárquica, segundo a qual, desta maneira, a Social-democracia acabaria por consolidar as estruturas da sociedade capitalista democrática e, conseqüentemente, por retardar a palingenesia revolucionária, era tão aguda e profética, como demonstrariam os fatos, quanto estéril. Não era acompanhada de fato, como teimaram em sublinhar os socialistas, de propostas de algum modo construtivas e de uma estratégia alternativa. Atribuir à luta sem exclusão de golpes que a Social-democracia travou contra o anarquismo, a diminuição da efervescência revolucionária entre as massas, seria trocar o efeito pela causa: a inquietação revolucionária se ia acalmando, porque a sociedade industrial se ia ajustando. Em relação ao anarquismo a Social-democracia tinha, por isso, mesmo do ponto de vista revolucionário, razões de sobejo.

Desta luta que, se por um lado visava dominar o anarquismo, tendia, por outro, a absorver-lhe e a perpetuar-lhe o espírito revolucionário, mesmo que em moldes artificiosos, derivou uma série de ambigüidades e equívocos, inclusive no próprio nome de Social-democracia que, de 1875 até 1914, ou melhor, até à Revolução de Outubro, havia de indicar indistintamente os socialistas de todas as tendências. Enquanto os anarquistas pretendiam explicitamente fazer ruir a democracia com a revolução violenta, razão pela qual se recusavam, mediante o abstencionismo eleitoral, a deixar-se prender numa das suas principais engrenagens, a Social-democracia, como indica a própria palavra, tinha em mira chegar ao socialismo mediante a democracia. Se isto implicava sempre e em toda a parte o respeito rigoroso às regras do jogo democrático, nem mesmo os seus teóricos o poderiam dizer com precisão. O objetivo continuava a ser determinado em moldes de oposição total à sociedade existente, conseqüentemente, excluía, em rigor, não só a propriedade privada e o mercado (sobre isto não havia dúvidas), como também as instituições, ou ao menos o espírito da democracia parlamentar burguesa. Mais: quanto ao fim último, os social-democratas confessavam estar plenamente de acordo com os anarquistas. E não só isso; declaravam que a sua estratégia era a única capaz de levar a uma sociedade fundada no autogoverno dos produtores e a uma administração sem mais autoridades nem coerções de qualquer gênero, nem mesmo da maioria sobre as minorias.

Entre a sociedade democrática e a sociedade perfeita intercalava-se, porém, uma fase de transição, denominada ditadura do proletariado, que, se se caracterizava em geral numa forma extrema e muito ampla de democracia, excluía, no entanto, que se pudesse voltar atrás, mesmo por livre determinação da maioria. Isto achava-se implícito no fato de que a passagem do capitalismo à ditadura do proletariado, ou socialismo, continuava a chamar-se "revolução": das revoluções que assinalam a passagem ascensional de uma fase da história a outra, não existe, segundo a doutrina marxista, qualquer retorno; qualquer retorno, qualquer hesitação constituiria um retrocesso e seria, por conseguinte, impedido a todo o custo. Além disso, o fato de que a revolução assumisse cada vez mais as conotações de uma gigantesca vitória eleitoral, não explicava definitivamente o equívoco implícito no próprio termo de Social-democracia. E foi graças a este equívoco ainda não resolvido que o grosso das forças social-democráticas internacionais pôde, se bem que com notáveis atenuações e às vezes através de ásperos contrastes, manter-se unido até à guerra; e isso não obstante haverem surgido à esquerda revivescências do voluntarismo anárquico e o LENINISMO (v.), e não terem faltado à direita tendências de REFORMISMO (v.), tanto que foi nessa direção que se orientou também uma das alas do marxismo alemão com o REVISIONISMO (v.), que seria, contudo, oficialmente desaprovado.

III. A SOCIAL-DEMOCRACIA ENTRE O COMUNISMO E O FASCISMO. — Sem o advento do comunismo, é muito provável que a evolução da Social-democracia desembocasse bem depressa numa práxis reformista ativa e coerente em todos os países, tal como, não obstante a Revolução russa, aconteceu na Escandinávia já no período intercalar às duas guerras e quase por toda a parte após o segundo conflito mundial. O desdobramento entre uma teoria revolucionária, baseada mais na esperança de uma inevitável evolução das coisas pela ação de mecanismos objetivos do que na projeção de uma intransigente vontade de luta, e uma práxis real menos que reformista, não podia, de fato, durar. Com o andar do tempo, as correntes propensas a uma intervenção ativa de sentido reformista acabariam por impor-se e as expectativas palingenéticas seriam esquecidas.

Quando Lenin decidiu mudar o nome do seu partido, impondo-lhe a antiga denominação de comunista, queria indicar com isso que, finalmente, se havia superado o equívoco: de um lado, os revolucionários só de nome, os social-democratas; do outro, os verdadeiros revolucionários, que agiriam em toda a parte e prontamente como na Rússia, os comunistas. Os primeiros ou se decidiam a adotar em toda a parte e integralmente a estratégia e a organização leninistas, ou eram desmascarados por aquilo que eram, reformistas, isto é, traidores da revolução. Isto baseava-se na hipótese, assaz problemática como os fatos depois haviam de demonstrar, mas a que Lenin não podia renunciar uma vez que constituía a única justificação possível, em termos de doutrina marxista, do golpe de outubro, de que em toda a Europa existiam, de fato, as condições objetivas para a revolução.

A viscosidade da doutrina, sempre a mesma,

e o espírito milenarista, reaceso nas massas pelos imanes sofrimentos da guerra, impediram a Social-democracia de se negar ao confronto no campo imposto por Lenin e de enfrentar, em vez disso, os problemas do pós-guerra. Isso a levou ao embate com a ala reformista. Só esta pareceu advertir que a crise da prática econômica ortodoxa, seguida por todos os países antes da guerra, punha o socialismo em face de ingentes tarefas construtivas, para se impedir que as massas fossem esmagadas entre o desemprego e a estagnação produtiva. A Social-democracia se perdeu, assim, em questões escolásticas sobre a interpretação dos escritos de Marx, contestando o leninismo e reivindicando para si a encarnação do autêntico espírito revolucionário.

Esta áspera polêmica não nos deve, contudo, induzir em erro: enquanto a Social-democracia se mantém ligada a um resíduo de perspectivas revolucionário-palingenéticas, a afinidade que a une ao comunismo prevalece sobre qualquer outra divergência, como aconteceu com o austromarxismo que, entre as duas guerras, constituiu o esforço mais sistemático por manter viva a tradição revolucionária do socialismo pré-leninista. Quando, pelo contrário, se desliga claramente da matriz milenarista, deixa, de fato, de ser Social-democracia, mesmo que continue a denominar-se assim, para se converter em reformismo. O fato de que ambos os movimentos, Social-democracia e comunismo, tenham fracassado no Ocidente, não só no respeitante à tarefa revolucionária, provavelmente inexeqüível com qualquer estratégia, mas também quanto a impedir o advento do fascismo encontrando uma solução política para os problemas de onde ele se originou, representa uma simbólica comunidade de destino que comprova, não obstante as polêmicas em torno da responsabilidade por tais malogros, sua identidade essencial, uma identidade que consiste propriamente num marxismo "doutrinário" comum, incapaz de compreender a realidade das transformações sociais em curso.

Só quando o fascismo acabou por ameaçar a segurança externa da URSS, depois de subverter a Alemanha, é que o comunismo consentiu em colaborar com a Social-democracia na luta antifascista, apoiando-se no reformismo das frentes populares na França e na Espanha (1935-1939), no seio de cujas organizações foram precisamente os comunistas que aconselharam moderação e respeito em relação aos interesses do capital.

IV. ADOÇÃO DE UMA PRÁXIS REFORMISTA. — Após a tragédia do segundo conflito mundial, a evolução da Social-democracia para o reformismo toma novo impulso, parecendo concluída em todos os países no início da década de 70. Vários fatores favorecem esta evolução: por um lado, a violência total exercida repetidas vezes pelos comunistas contra todos os partidos socialistas da Europa Oriental; por outro, a grande recuperação do capitalismo, tantas vezes dado por extinto, que permite uma estratégia capaz de levar em conta, ao mesmo tempo, os interesses dos operários e os das classes médias; finalmente, a péssima prova que constituem as economias baseadas na planificação total, ao demonstrarem que a abolição integral da propriedade privada e do mercado, em vez de favorecer o desenvolvimento harmônico da economia e a sua subordinação aos interesses das massas, dá aos planificadores um poder discricionário absoluto quanto às opções econômicas, um poder que os cega completamente ao privá-los do mercado, que seria o único ponto de referência válido para eles poderem julgar da eficiência das suas decisões.

Valor absoluto das liberdades e da democracia, função das classes médias e do mercado e, conseqüentemente, dos operadores econômicos, chamem-se eles capitalistas ou *managers*: não é ao antigo capitalismo que volta, arrependido, o socialismo transformado em reformista. É, ao contrário, a partir de tais premissas que, abandonando as vãs indagações sobre a palingenesia, descobre uma função própria, consistente em assegurar ao sistema um crescimento equilibrado e às massas uma contínua e sempre maior redistribuição da renda assim produzida.

A Social-democracia consegue estes resultados mediante a colaboração institucionalizada e permanente entre o Estado, as empresas e os sindicatos dos trabalhadores. É esta colaboração que vem a ocupar o lugar da intransigente luta de classes invocada pelo marxismo revolucionário. Trata-se de um sistema de condução da economia e da sociedade que em seu motivo inspirador — colaboração das classes sob a égide do Estado — lembra o corporativismo, apregoado pelo fascismo italiano na década de 30 como "terceira via" entre o capitalismo de mercado e o coletivismo comunista.

Entre o projeto que o fascismo italiano deixou aliás no papel, e a realidade social-democrática, existe, contudo, uma diferença fundamental. O corporativismo teria de ser completamente manobrado do alto, de acordo com as aspirações totalitárias do regime. O neocorporativismo funciona, ao invés, fundado no respeito às regras da democracia liberal.

Daí ter sido proposto que se definisse como "fascismo de rosto humano" (Pahl e Winckler)

o tipo de cooperação institucionalizada entre as classes, para o qual evoluíram, nestes últimos decênios, uns mais outros menos, todos os países do Ocidente, impelidos pelas mesmas necessidades, que a Social-democracia fez valer de forma sistemática.

Independentemente da oportunidade de uma tal proposta, verifica-se que é precisamente um dos líderes mais ativos e prestigiosos da Social-democracia, Bruno Kreisky, que reivindica para a *Sozialpartnerschaft*, como se chama na Áustria ao neocorporativismo, o caráter de única terceira via possível entre luta e colaboração de classes, entre socialismo revolucionário e reformismo burguês. Ora, a *Sozialpartnerschaft*, definida também por Kreisky como "sublimação" da luta de classes marxista, possui na Áustria um precedente no modelo do fascismo de Dollfuss (1933-1934), a que se assemelha externamente, dele se distinguindo claramente apenas pela democraticidade.

V. A CRISE DO MODELO. — A Social-democracia encontra cada vez mais dificuldades na tentativa de manter o neocorporativismo dentro dos limites do regime de liberdade. Existe, antes de mais nada, a herança do próprio passado revolucionário, que em sua ala esquerda, geralmente débil mas presente em toda a parte, se manifesta em estado puro, como reivindicação de uma terceira via mais radical, que envolva a superação efetiva do sistema capitalista da propriedade. Nem mesmo nas maiorias social-democráticas que se encontram no poder se acha totalmente extinta esta herança. Ela continua a viver, se bem que de forma atenuada, como uma aspiração a realizar, mediante o aperfeiçoamento contínuo do *Welfare State*, uma igualdade efetiva cada vez maior. Deste modo, à medida que vai parecendo insuficiente o instrumento fiscal para garantir por si só um progressivo nivelamento da renda, vai encontrando cada vez mais audiência a idéia patrocinada pela esquerda de uma intervenção na fonte, onde as rendas se formam.

Aqui, porém, a Social-democracia se achou diante de um problema que já era bastante complicado, mesmo antes que a crise econômica internacional viesse torná-lo insuperável com seu impulso inflacionário. O progresso econômico, ou seja, o constante aumento da produtividade em todos os setores, mantém-se perpetuamente em marcha e ao máximo ritmo possível, pois que assim o exige a divisão internacional do trabalho. Os consumidores externos, seja qual for o regime social do seu país, são, de fato, impiedosos, e, com as autarquias, se teria, particularmente

1192 SOCIAL-DEMOCRACIA

nos países pequenos, um retrocesso econômico tremendo que comprometeria irremediavelmente o bem-estar. Mas o progresso econômico nasce das desigualdades naturais que ele torna a traduzir, potenciando-as, em formas sociais. Querer, com diversas formas de intervenção, forçar a ação de nivelamento para além de certos limites, talvez já atingidos na Suécia, poria em risco e comprometeria o desenvolvimento econômico. Além disso, isto provocaria um forte descontentamento entre os sindicatos dos setores mais favorecidos, que podem suportar um certo achatamento, mas se insurgem contra o nivelamento, comprometendo assim até o delicadíssimo equilíbrio de poderes econômicos e políticos sob o qual se rege a conciliação entre um máximo de liberdades e um máximo de igualdade.

Com a necessidade de combater a inflação que o aumento dos preços do petróleo e das demais matérias-primas lançou para as nuvens, prejudicando inclusive o pleno-emprego e as pequenas vantagens setoriais adquiridas por várias camadas da classe operária, as possibilidades de levar avante a síntese entre a economia livre-cambista e a economia neocorporativa se reduziram dramaticamente até quase desaparecerem. Isto levou ao exaspero a contestação da esquerda social-democrática, que atribui as dificuldades atuais antes ao reduzido estatalismo corporativo que ao excessivo. Deste modo, o modelo social-democrático se sente impelido por um duplo e contrastante impulso a desviar-se cada vez mais à direita, com a volta pelo menos provisória a medidas de política econômica de tipo clássico, e cada vez mais à esquerda, com a superação do capitalismo mediante uma forma de corporativismo integral, destinada, pela lógica das coisas, a desembocar no coletivismo.

Sob a pressão da presente conjuntura não nos é possível por ora prever se a Social-democracia conseguirá manter inalterada a síntese de mercado e socialidade que sempre caracterizou a sua imagem neste último meio século, ou se, em vez disso, deverá rever-lhe quando menos a dosagem, num ou em outro sentido.

BIBLIOGRAFIA. - B. AMOROSO, *Rapporto dalla Scandinavia*, Laterza, Bari 1980, G. ARDANI, *La révolution suédoise*, Laffont, Paris 1976; G. ARFÉ, *Il socialismo riformistico e la socialdemocrazia*, in *Storia delle idee economiche, politiche e sociali*, UTET, Torino 1972, vol. V; BRANDT-KREISKY-PALME, *Quale socialismo per l'Europa* (1975), Lerici, Cosenza 1976; A. R. CARLSON, *Anarchism in Germany*, The Scarecrow Press, Metuchen (N. J.) 1972; G. D. H. COLE, *Comunismo e socialdemocrazia* (1965), Laterza, Bari 1968; Id., *Socialismo e fascismo* (1965), Laterza, Bari 1968; L. CORTESI, *Il Socialismo italiano tra riforme e*

rivoluzione, Laterza, Bari 1969; M. M. DRACHKOVITCH, *De K. Marx à Léon Blum. La crise de la socialdémocratie*, Droz, Genève 1954; F. FEJTO, *La socialdémocratie quandmeme*, Laffont, Paris 1980; A. KRIEGEL, *Le parti modèle: la socialdémocratie allemande e la II Jnternationale*, in *Le pain et les roses*, PUF, Paris 1968; C. LANDAUER, *Socialdemocracy*, in *The revolutionary internationals 1864-1943*, ao cuidado de M. M. DRACHKOVITCH, Oxford University Press, London 1966; G. LEFRANC, *Le mouvement socialiste sous la troisième république*, Payot, Paris 1963; N. LESER, *Teoria e prassi dell'austromarxismo* (1968), Edizioni Avanti, Roma 1979; G. LICHTHEIM, *Il marxismo* (1961), Il Mulino, Bologna 1971; R. MEIDNER, *Il prezzo dell'uguaglianza* (1975), Lerici, Cosenza 1976; PAHL-WINCKLER, *The coming corporatism*, in "Challenge", n.° 3/4 1975; J. PARENT, *Le modèle suèdois*, Calmann-Lévy, Paris 1970; G. ROTH, *I socialdemocratici nella Germania Imperiale* (1963), Il Mulino, Bologna 1971; J. ROVAN, *Histoire de la socialdémocratie allemande*, Seuil, Paris 1979; B. RUSSELL, *La socialdemocrazia tedesca* (1896), New Compton italiana, Roma 1970; M. L. SALVADORI, *Kautsky e la rivoluzione socialista 1880-1938*, Feltrinelli, Milano 1976; K. SCHORSKE, *German socialdemocracy 1905-1917*, Harvard University Press, Cambridge (Mass.) 1955; D. SETTEMBRINI, *Le basi teoriche della socialdemocrazia e del comunismo in K. Kautsky*, in *Socialismo e rivoluzione dopo Marx*, Guida, Napoli 1974; H. J. STEINBERG, *Il socialismo tedesco da Babel a Kautsky* (1976), Editori Riuniti, Roma 1979; L. VALIANI, *Questioni di storia del socialismo*, Einaudi, Torino 1975; H. L. WILENSKY, *The new corporatism. Centralization and welfare State*, Sage Publications, London 1976; A. ZANARDO, *Il marxismo*, in *Storia delle idee economiche politiche e sociali*, UTET, Torino 1972, vol. V.

[DOMENICO SETTEMBRINI]

Social-Democráticos, Governos.

I. PARTIDO E SINDICATO. — A experiência dos Governos Social-democráticos na Europa Ocidental já tem, em alguns casos escandinavos, quase quarenta anos. Hoje, porém, não é objeto de celebrações entusiásticas, mas principalmente de críticas mais ou menos globais todo o projeto social-democrático e seus resultados.

Preliminarmente é preciso sublinhar que a experiência dos Governos Social-democráticos não foi produto de um projeto preexistente conscientemente perseguido, mas a resposta por parte de um partido e de seu sindicato a uma situação de crise: a depressão de 1929-1933, que se pretendia superar. Portanto, o primeiro objeto de análise e explicação é constituído pela natureza e pelo papel do partido social-democrático e do sindicato, e pelas suas relações. A experiência social-democrática é, obviamente, inseparável da existência de um forte partido social-democrático dominante e de uma estreita relação de colaboração com o sindicato.

O primeiro elemento importante é que o partido social-democrático, quando chega ao Governo na década de 30, é fundamentalmente um partido da classe operária, com alguma contribuição, em termos de eleitores e conhecimentos, dos setores técnicos e intelectuais, e que não enfrenta desafios significativos à sua esquerda. Os partidos comunistas, caso existam concretamente, são entidades negligenciáveis, que não constituem uma alternativa confiável para os partidos social-democráticos e que têm pouca audiência entre a classe operária organizada. O partido torna-se em larga medida expressão dessa classe; em alguns casos, como o do Partido Trabalhista Britânico, esta relação é claramente formalizada com a atribuição ao Trade Union Congress de poder específico numa série de áreas de importância política (postos no comitê diretivo do partido, candidatos em determinadas circunscrições e, como é óbvio, uma boa representação parlamentar e influência na formulação de plataforma política); em outros casos, como os das social-democracias escandinavas, ela é igualmente visível.

A relação que se instaura entre partido e sindicato é de intercâmbio recíproco, de mútua interdependência: o partido se faz porta-voz no Parlamento dos interesses do sindicato, reunindo-os num pacote que, quando das eleições, tenha um público mais amplo; e o sindicato atua como um potente organismo, canalizando votos para o partido e para os candidatos social-democráticos. Na fase mais específica de Governo, o partido decide tendo em conta os interesses do sindicato e o sindicato atuará na fase reivindicativa sem lesar as compatibilidades identificadas pelo partido.

As condições indispensáveis para que esta relação se mantenha duravelmente e sirva para o crescimento da força organizada de ambos os contratantes, são: primeiramente, que o partido e o sindicato sejam os agentes, se não únicos, pelo menos dominantes na área da classe operária; em segundo lugar, que ambos demonstrem e sejam efetivamente capazes de se manter fiéis aos compromissos assumidos de maneira informal; em terceiro lugar, que a contribuição global do sistema político-econômico forneça os recursos necessários à satisfação dos interesses dos grupos de referência eleitoral e social dos dois agentes.

A fim de reduzir a incerteza nas relações e de formalizar os canais de contratação e de avaliação dos resultados, e também para neutralizar a oposição dos demais grupos sociais, de modo particular dos empresários, os Governos Social-democráticos têm freqüentemente tentado construir ordenamentos específicos para a contratação coletiva, ordenamentos compreendidos sob o nome de neocorporativismo (veja-se o ponto IV).

Para além das contribuições positivas do sistema político-econômico, o sucesso social-democrático se tem apoiado na capacidade dos partidos social-democráticos em manter uma posição dominante no sistema partidário, conquistando, às vezes, a maioria absoluta das cadeiras (como na Suécia e na Noruega) e podendo, dessa forma, governar sozinhos. Esta capacidade tem sido resultado do êxito na integração de novos setores sociais, além do mantido domínio sobre a classe operária. Todavia, tem-se visto como, recentemente, a diversificação dos setores sociais, a transformação das preferências políticas e o emergir de rupturas sociais menos ligadas ao tradicional conflito sócio-econômico, tornaram muito complexa a obra de integração dos partidos e dos sindicatos social-democráticos. Este fenômeno se tornou evidente, particularmente, no desafio à gestão definida como burocrática, quer do partido quer do sindicato, privando o partido da contribuição de setores cruciais do eleitorado, o que determinou alguns casos (Suécia e Noruega) sua derrota eleitoral.

Partidos sólidos e arraigados, sindicatos bem organizados e capilares, foram acusados de se ter tornado máquinas políticas burocratizadas, preocupadas com os interesses das respectivas organizações e dos respectivos dirigentes, mas menos atentas à evolução social e aos novos interesses dos grupos criados pelo próprio sucesso da experiência social-democrática. Burocratização e verticismo são os defeitos mais imputados a partidos e sindicatos. Válidas ou não, tais acusações provocaram, sem dúvida, um pequeno mas crucial declínio na força organizada e eleitoral do sindicato e do partido, pequeno mas de crucial importância, tanto nà esquerda como no centro do alinhamento político. Mantém-se aberto o problema do modo como os partidos e os sindicatos social-democráticos procurarão e serão mais ou menos capazes de responder a este desafio da desburocratização e da abertura de suas organizações.

II. A GESTÃO DA ECONOMIA. — Em certo sentido, o cerne da experiência social-democrática está nas modalidades com que foi enfrentada a gestão da economia. Os social-democratas não seguiram a via comunista tradicional, que consiste na expansão do setor estatal e rejeitaram amplamente o caminho das nacionalizações para enveredar pelo da intervenção do Estado através de dois instrumentos. O primeiro instrumento ,é o de um eficaz e sutil sistema de tributação das rendas dos indivíduos e das empresas. O segundo é o da transferência destes recursos, quer em benefício dos setores econômicos cuja importância o exija (por motivos econômicos ou sociais), quer em benefício de grupos sociais. O Estado exerce, substancialmente, uma função de orientação na gestão dos recursos globais do sistema.

Este tipo de política econômica dos Governos Social-democráticos, fundamentalmente similar em todos os casos, tem suas raízes históricas no fato de que os primeiros Governos Social-democráticos foram produto da depressão, e suas raízes intelectuais na fórmula inovadora do Keynesianismo que se tornou disponível justamente naquela época. No Keynesianismo, voltado em seus componentes principais para o *deficit spending*, para o apoio público à demanda e para a defesa do emprego, os Governos Social-democráticos tiveram sempre fé até hoje. E hoje encontram-se em face dos obstáculos que semelhantes políticas, num contexto internacional dominado por uma nova inflação, não souberam contornar. Sob este ponto de vista, a crise dos Governos Social-democráticos é a crise da adaptação de um modelo de gestão econômica que ainda não foi eficazmente renovado para se poder ajustar a novas situações.

Os críticos das experiências social-democráticas identificaram, de perspectivas diferentes, dois inconvenientes fundamentais das políticas econômicas social-democráticas. Alguns mostraram como a elevada e progressiva carga fiscal desestimula os empresários de buscarem maiores lucros, de um lado, e reduz os recursos disponíveis para investimentos, do outro. Numa situação deste tipo, a acumulação capitalista não consegue mais desenvolver-se a um ritmo adequado, os investimentos, se não forem apoiados pelo Estado, decaem, e o índice de crescimento da economia se ressente automaticamente. Foi só graças às circunstâncias favoráveis da economia internacional que os Governos Social-democráticos conseguiram levar avante com sucesso suas políticas até o início da década de 70. Hoje, porém, se atingiu um limite nessas políticas, limite que não deixa prever novo crescimento sem a volta a uma maior discricionariedade do setor privado.

Outros críticos, pelo contrário, embora partam também de constatação do impasse das políticas econômicas social-democráticas, fazem delas uma diagnose e propõem uma prognose bem diferentes. A política econômica social-democrática, baseada na tributação progressiva e no poder de orientação do Estado, esgotou suas potencialida-

des. Não pode ir mais além: protegeu o sistema capitalista e o levou, sem abalos nem crises, ao seu ponto mais alto; mas não foi capaz de transformá-lo. É este o problema atual: o da transformação e superação do sistema capitalista. Só indo além se podem explorar plenamente as potencialidades da experiência social-democrática. Mas ir além significa descobrir novas modalidades de gestão econômica, de participação dos trabalhadores nos lucros das empresas, e de intervenção do Estado. O debate está aberto e as soluções propostas vão da autogestão à participação nos lucros, como foi definida pelo controvertido projeto sueco conhecido como Plano Meidner.

Como é natural, o problema que se apresenta às economias social-democráticas é, em grande parte, resultado do sucesso. O impasse atual é o produto de uma crise global da teoria econômica, tanto quanto da mudança nas relações de força do sistema econômico internacional, a que economias abertas e de transformação como as escandinavas e a britânica, em particular, estão mais expostas.

III. A ESTRATIFICAÇÃO SOCIAL. — Os críticos das experiências social-democráticas notam que, além de terem sido fiéis e hábeis gerentes da economia capitalista, os Governos Social-democráticos não fizeram grandes avanços nem mesmo no campo das transformações na estratificação social. A estrutura de classes dos países social-democráticos não foi substancialmente atingida pela ação dos Governos Social-democratas. Uma comparação entre a ação dos social-democratas e a dos governos dos países da Europa oriental (Parkin) revela que, nestes, se verificou uma verdadeira reviravolta na estratificação social, ao passo que, nos países social-democráticos, as mudanças foram apenas marginais.

Embora, obviamente, a análise de Parkin esteja longe de ser controversa, outras fontes (Scase) indicam que, além de diferenças significativas entre um país e outro (por exemplo, entre Grã-Bretanha e Suécia), devidas à duração, solidez e eficácia da ação do Governo e ao tipo de relações entre partido e sindicato, efetivamente os social-democratas não conseguiram transformar radicalmente ou significativamente a estratificação social nos respectivos países. Isto não significa naturalmente que o efeito dos Governos Social-democráticos sobre as condições de vida das classes trabalhadoras e médio-baixas não tenha sido positivo. Pelo contrário. Mas indica que os melhoramentos no padrão de vida, na segurança social, nas expectativas, não incidiram sobre a estrutura de classe.

O fulcro da experiência social-democrática e o instrumento-chave com que os social-democratas conseguiram conquistar amplos setores da classe operária e das classes médio-baixas é o Estado do *welfare* (do bem-estar ou assistencial, v. o respectivo verbete). Ele atuou eficazmente como defesa contra os riscos tradicionais dos trabalhadores: doença, desemprego, redução do padrão de vida após a saída do mercado de trabalho por aposentadoria. Isto é, constituiu um potente escudo protetor, mas o seu efeito global não foi mais além. Estendido progressivamente a vastos setores sociais, o sistema assistencial significou, de um lado, uma relativa e limitada redistribuição da renda entre as várias faixas sociais, do outro, impôs ao Estado e às suas organizações atuantes no setor uma série de funções amplas e onerosas que incidiram de forma negativa, quer na eficiência global do aparelho estatal, quer na sua política econômica e fiscal.

A crise do Estado do bem-estar ou assistencial é ao mesmo tempo o resultado da revolta de alguns setores sociais, que se sentem excessivamente onerados em comparação com os benefícios que julgam receber do sistema em vigor (revolta freqüentemente egoística e com claro conteúdo de classe), e protesto contra um aparelho burocrático que cresceu excessivamente no decorrer do tempo e se tornou cada vez mais anônimo e impessoal. Acrescentem-se a estes aspectos a redução dos recursos disponíveis em tempos de crise econômica e a percepção e provavelmente também a realidade de gastos inúteis na administração dos recursos existentes.

Estrutura crucial das experiências dos Governos Social-democráticos, o Estado do bem-estar, como componente não marginal das políticas econômicas Keynesianas, atravessa uma fase de crise que pode ser, tanto quanto outros aspectos dos Governos Social-democráticos, caracterizada como resultado do sucesso. Isto não impede, naturalmente, que o problema seja, ao mesmo tempo, de reformar os aspectos mais carentes e mais atrasados e de ir além: reduzir a burocratização, eliminar os gastos inúteis, ampliar a participação e melhorar a distribuição seletiva dos benefícios. Também neste caso o impasse resulta de dificuldades teóricas e práticas reais que, de qualquer forma, situam as experiências social-democráticas globais, em termos de quantidade e qualidade de serviços, a um nível superior ao de qualquer outro tipo de governo (já nos referimos a isto a propósito do controverso problema das reduzidas mudanças efetuadas na estratificação social).

IV. O PAPEL DO ESTADO. — As experiências social-democráticas não se têm caracterizado unicamente por determinadas relações entre partido e sindicato e por políticas econômicas e sociais específicas. Elas também têm visado à criação de ordenamentos administrativos e políticos coerentes com a estratégia global. De modo particular, se observa que o pilar das experiências social-democráticas, especialmente nos países escandinavos, foi a criação de ordenamentos neocorporativos.

Em síntese (v. NEOCORPORATIVISMO), os ordenamentos neocorporativos se caracterizam por estruturas nas quais os grupos sociais organizados mais importantes (sindicatos e associações empresariais) interagem com o Estado, criando acordos de relevância geral sobre as mais importantes opções econômicas e sociais. O Estado (seria melhor dizer, o Governo) adquire as informações necessárias para suas ações, os grupos sociais ao mesmo tempo transmitem e recebem informações e compromissos, põem-se reciprocamente a par das mútuas exigências e capacidades e assumem obrigações sancionadas pelo Governo. A probabilidade de que estes compromissos sejam respeitados depende, obviamente, antes de tudo, do grau de credibilidade, baseado nas contribuições anteriores, que o Governo e as partes sociais obtiveram uns dos outros e, em segundo lugar, da coerência da ação do Governo (tanto mais provável quanto mais estável e duradouro for o governo) e da disciplina e coesão das partes sociais.

Os ordenamentos neocorporativos permitem uma relativa programação das atividades dos vários grupos sociais, inclusive do Governo; permitem avaliar com segurança os graus de observância ou inobservância das decisões tomadas e sancionadas; enfim, permitem proceder a eventuais e necessárias correções de rumo. Obviamente, o seu funcionamento positivo se baseia, em parte, na capacidade global do sistema de produzir recursos para distribuição, mas a natureza do consenso social não é atingida por dificuldades somente temporárias.

A peculiaridade dos ordenamentos neocorporativos nos Governos Social-democráticos é constituída pelo fato de que somente nestes casos o sindicato se pode sentir suficientemente tutelado pelo partido social-democrático governante, tanto que abrirá mão de parte de seu poder atual em troca de potenciais benefícios futuros. Ao mesmo tempo, as organizações empresariais conseguem, entrando nos ordenamentos neocorporativos, reduzir o grau de incerteza relativo ao comportamento das outras partes sociais e, portanto, programar investimentos, produção e transformação de suas atividades. Se decai a disciplina interna dos vários grupos sociais, se emergem grupos que não se sentem adequadamente representados pelas estruturas existentes, se diminui a credibilidade dos governos e, obviamente, se muda o partido governanté, os ordenamentos neocorporativos poderão estar também sujeitos a transformações e, talvez, a desaparecer. É possível que esta fase se tenha iniciado já em alguns países escandinavos, embora o consenso fundamental não pareça ter sido atingido.

V. Esgotamento ou superação da experiência social-democrática?. — Uma avaliação geral das experiências social-democráticas é operação extremamente complexa, se não se fizer usando modelos precisos e cotejando-as com outras experiências. Os Governos Social-democráticos têm sido respostas precisas a um estado de crise; a superação da crise da depressão através de fórmulas democráticas que levaram a governos em que o partido representante da classe operária organizada constituía o eixo principal ou o elemento dominante, é, sem dúvida, o fenômeno positivo de maior destaque. Os países social-democráticos constituem exemplos de eficaz integração social e política na democracia. Os críticos afirmam que esta integração da classe operária, não obstante a representação do partido social-democrático, ou, talvez, exatamente por causa disto, tem sido uma integração subordinada e, talvez, manipulada. Em apoio de sua posição, os críticos das experiências social-democráticas apresentam, de um lado, os dados relativos à estratificação social, que indicam escassas mudanças globais, com relativa mobilidade entre os estratos, e, do outro, dados sobre a estrutura econômica, que dão a entender que o caráter capitalista da economia não mudou e que ainda existem ricos proprietários privados, capazes, não obstante a carga tributária, de transferir aos próprios herdeiros enormes patrimônios.

Os defensores das experiências social-democráticas, que avaliam positivamente a fase quarentenária dos Governos Social-democráticos, embora indiquem a necessidade premente de ir mais longe, visam sublinhar alguns elementos gerais. Antes de tudo, a democraticidade ampla e substancial das experiências social-democráticas, a estabilidade política, o crescimento econômico. Em segundo lugar, continuando firme a controvérsia sobre as escassas mudanças na escala da estratificação social, é incontestável que o nível de vida da classe trabalhadora e das classes médio-baixas, a segurança social e as oportunidades de instrução são claramente superiores a tudo o que se possa encontrar em países semelhantes quanto às condições iniciais, mas não regidos por Governos Social-democráticos.

Críticos e defensores convergem num ponto, embora fundamentalmente afastados, uma vez que, para os primeiros, a experiência social-democrática é uma experiência substancialmente falida, enquanto que, para os segundos, ela é uma experiência substancialmente bem-sucedida. O ponto de convergência está na indicação de que é preciso ir mais longe. Quanto às modalidades concretas e perspectivas específicas de superação das experiências social-democráticas, o debate continua ainda hoje aberto, como outros muitos igualmente amplos. Do problema da transição democrática para o socialismo e da gestão e transformação das sociedades industriais com instrumentos liberais, ao problema da natureza política, social e econômica das sociedades pós-industriais, a discussão envolve o futuro dos sistemas políticos modernos, democráticos e não-democráticos.

Bibliografia. — A. Bergounioux e B. Manin, La social démocratie ou le compromis, Presses Universitaires de France, Paris 1979 ; Eurocommunism and eurosocialism. The left Confronts modernity, ao cuidado de B. E. Brown, The Cyrco Press, New York 1979 ; F. G. Castles, The social democratic image of society. A study of achievements and origins of scandinavian social democracy in comparative perspective, Routledge and Kegan Paul, London 1978 ; H. Heclo, modern social politics in Britain and Sweden, Yale University Press, New Haven-London 1974 ; W. Korpi, The working class in nelfare capitalism: work, unions, and politics in Sweden, Routledge and Kegan Paul, London 1978 ; L. Panitch, Social democracy and industrial militancy. The labour party, the trade unions, and incomes policy, 1945-1974, Cambridge University Press, Cambridge 1976 ; F. Parkin, Disuguaglianza di classe e ordinamento politico (1971), Einaudi, Torino 1976 ; W. E. Paterson e I. Campbell, Social democraty in post-war Europe, Macmillan, London 1974 ; Social democratic parties in western europe, ao cuidado de W. E. Paterson e A. H. Thomas, Croom Helm, London 1977 ; A. Przeworski, Social democracy as a historical phenomenon, in "New left review", 1980, n.° 112 ; R. Scase, Social democracy in capitalist society. Working class politics in Britain and Sweden, Croom Helm, London 1976 ; A. Wolfe, Has social democracy a future?, in "Comparative politics", outubro 1978, pp. 100-25.

[Gianfranco Pasquino]

Socialismo.

I. Significado do termo; socialismo e comunismo. — Em geral, o Socialismo tem sido historicamente definido como programa político das classes trabalhadoras que se foram formando durante a Revolução Industrial. A base comum das múltiplas variantes do Socialismo pode ser identificada na transformação substancial do ordenamento jurídico e econômico fundado na propriedade privada dos meios de produção e troca, numa organização social na qual: a) o direito de propriedade seja fortemente limitado; b) os principais recursos econômicos estejam sob o controle das classes trabalhadoras; c) a sua gestão tenha por objetivo promover a igualdade social (e não somente jurídica ou política), através da intervenção dos poderes públicos. O termo e o conceito de Socialismo andam unidos desde a origem com os de COMUNISMO (v.), numa relação mutável que ilustraremos sinteticamente.

Embora tenham sido usadas às vezes para designar, por exemplo, o contratualismo por escritores italianos do século XVIII e do início do XIX (F. Facchinei, A. Buonafede, G. Giuliani), as palavras "socialismo" e "socialista" adquiriram seu sentido moderno nos programas de cooperação entre os operários e nos de gestão comum dos meios de produção propugnados pelos owenianos na segunda metade da década de 1820-1830, sendo, em seguida, largamente empregados neste sentido na década seguinte, na Inglaterra e na França: o órgão oweniano "The New Moral World" admitia a expressão "organ of socialism" em fim de 1836; em 1841, R. Owen escrevia o opúsculo O que é o Socialismo? e o sansimoniano P. Leroux contrapunha o Socialismo ao individualismo no artigo sobre o individualismo e o Socialismo, publicado em 1833, na "Revue enciclopédique"; nos mesmos anos "Socialismo" era usado pelos fourieristas como sinônimo de "escola societária". Em 1835, o estudioso francês L. Reybaud publicava na "Revue des deux mondes" uma série de artigos, reunidos depois sob o título Estudos sobre reformadores ou socialistas modernos (Paris, 1842-1843), e o alemão L. von Stein publicava em 1842, em Leipzig, Socialismo e comunismo na França de hoje, uma obra que, embora crítica em relação às doutrinas socialistas, contribuía notavelmente para a sua difusão na Alemanha. No fim da década de 1830 começava a ser usado na França, por E. Cabet e outros, o termo "comunismo" como equivalente a "Socialismo" ou a "comunitarismo". Mas, na década de 1840, as palavras "comunismo" e "Socialismo" acabaram, pelo menos em parte, por indicar variações diversas do movimento que denunciava as condições dos operários no desenvolvimento da sociedade industrial, se opunha ao liberalismo político e econômico e ao individualismo, apresentava um projeto de uma reconstrução da sociedade em bases comunitárias e promovia formas associativas de vário gênero (sindicais, políticas, experiências cooperativistas e comunitárias) para realizar as novas idéias. Prova desta divergência de significados

é a declaração de F. Engels no prefácio ao Manifesto do partido comunista, escrita para a edição inglesa de 1888 (e repetida com palavras quase idênticas na edição alemã de 1890): "Em 1847, se apontavam como socialistas, de um lado, os seguidores de diversos sistemas utópicos: discípulos de Owen na Inglaterra, de Fourier na França, uns e outros já reduzidos ao estado de simples seitas em vias de gradual extinção; de outro lado, os charlatanismos sociais mais diversos... em ambos os casos, tratava-se de homens alheios ao movimento operário que procuravam mais que tudo o apoio das classes 'instruídas'. Toda a fração da classe operária que se tinha convencido da insuficiência das revoluções unicamente políticas e proclamara a necessidade de uma transformação geral da sociedade, se dizia comunista. Era um tipo de comunismo grosseiro, apenas esboçado, puramente instintivo; visava, todavia, ao essencial e teve força suficiente entre a classe operária para dar origem ao comunismo utópico, ao de Cabet na França e ao de Weitling na Alemanha. Portanto, em 1847, o Socialismo era um movimento burguês, o comunismo um movimento da classe operária".

Afastada, com o fracasso da revolução de 1848, a possibilidade de pôr em prática os programas socialistas, na segunda metade do século XIX, a contraposição de significados entre "Socialismo" e "comunismo" perdeu importância: o problema principal era o de constituir organizações operárias autônomas e de obter para elas o reconhecimento dos direitos elementares de associação e de imprensa, a ampliação do direito de voto para além dos limites consitários dos ordenamentos liberais, o direito à greve e à contratação sindical. "Associação internacional dos trabalhadores" se chamou a Primeira Internacional, fundada em 1864, e partidos "operários", "socialistas", "social-democráticos", "laboristas", às organizações políticas dos trabalhadores que surgiram, em bases nacionais, a partir dos anos de 1870 e se coligaram através da Segunda Internacional, nascida em 1889.

Com a desintegração da frente socialista na Primeira Guerra Mundial e a revolução de 1917 na Rússia, o contraste entre "Socialismo" e "comunismo" foi reatualizado pelo leninismo: o partido bolchevique assumiu a denominação de Partido Comunista (bolchevique) em 1918, invocando polemicamente o conteúdo revolucionário original do Manifesto e o rompimento com as posições reformistas majoritárias nos partidos socialistas europeus.

II. O SOCIALISMO "DA UTOPIA À CIÊNCIA". — Lá pelo fim da década de 1830, começou a ser usado pelos críticos do Socialismo a qualificação de "utopistas" para designar os socialistas (a aproximação entre "Socialismo" e "utopismo" foi feita provavelmente pela primeira vez em 1839, na *História da economia política* do economista liberal francês J. A. Blanqui). Mas foram Marx e Engels que estabeleceram no *Manifesto* (e depois em vários outros lugares, entre os quais destacamos especialmente os capítulos do *Antidühring* de Engels refundidos no pequeno volume *A evolução do socialismo da utopia à ciência*, 1888) a distinção entre socialismo "utópico" e socialismo "científico" a que se refere depois continuamente a tradição marxista. Enquanto a crítica do *Manifesto* é muito severa em relação ao Socialismo "reacionário" dos críticos do industrialismo que idealizavam a situação histórica anterior, do "verdadeiro" Socialismo filosófico alemão e do Socialismo "burguês" de Proudhon por causa do seu reformismo, Marx e Engels reconheceram a função positiva desempenhada pelo "Socialismo e comunismo crítico-utópico", especialmente pelo de Saint-Simon, Fourier e Owen, na identificação das contradições fundamentais da sociedade industrial e na delineação do futuro ordenamento social (eliminação do contraste entre cidade e campo, abolição da família junto com a propriedade privada, transformação do Estado em simples órgão de administração da produção, unificação da instrução e do trabalho produtivo, etc.). Consideraram, porém, suas tentativas parciais e imaturas em relação ao fraco desenvolvimento do proletariado industrial e às lutas de classe, motivo pelo qual este tipo de Socialismo acabou por construir "sistemas" e "seitas" que "não descobrem no proletariado nenhuma função histórica autônoma, nenhum movimento político que lhe seja próprio". O caráter científico da nova teoria socialista de Marx e Engels consiste, segundo os seus autores: a) no fato de que o Socialismo, de programa racionalístico de reconstrução da sociedade que se dirige indistintamente à sua parte intelectualmente esclarecida, se transforma em programa de auto-emancipação do proletariado, como sujeito histórico da tendência objetiva para a solução comunista das contradições econômico-sociais do capitalismo (em particular da contradição entre propriedade privada e crescente socialização dos meios e dos processos produtivos): neste sentido o Socialismo pretende ser "ciência" da revolução proletária; b) no fato de que o Socialismo não se apresenta mais como um "ideal", mas como uma necessidade histórica derivante do inevitável declínio do modo capitalista de produção, que se anuncia objetivamente nas crises cada vez mais agudas que ele enfrenta; c) no

fato de que o Socialismo usa agora um "método científico" de análise da sociedade e da história, que tem seus pontos fortes no "materialismo histórico", com a teoria da sucessão histórica dos modos de produção, e na "crítica da economia política", com a teoria da mais-valia como forma específica da exploração na situação do capitalismo industrial. São aspectos conexos, mas parcialmente diferentes. Enquanto até a metade do século XIX, nas obras de Marx e Engels, se dá maior ênfase à história como tecido de lutas de classe e à identificação do proletariado como classe autonomamente revolucionária, os aspectos referentes à necessidade objetiva do desenvolvimento econômico só foram ressaltados de modo particular após o fracasso da revolução de 1848, quando, contra as impaciências revolucionárias ainda sobreviventes, Marx insistiu no axioma de que "uma formação social não perece enquanto não se tenham desenvolvido todas as forças produtivas a que pode dar origem" (prefácio de 1859 à obra *Para a crítica da economia política*). A imagem do Marx cientista e antiutopista, investigador das contradições e da ruína inevitável do sistema capitalista, tornou-se corrente no Socialismo da Segunda Internacional, especialmente na obra de elaboração e de construção sistemática do marxismo realizada por K. Kautsky e pelo centro "ortodoxo" do partido social-democrático alemão; mas já no esforço de Marx e Engels por transformá-lo em ciência e em suprimir-lhe o conteúdo utópico e ético, o Socialismo, ao mesmo tempo que se substanciava de concreção histórica e econômica, perdia parcialmente a dimensão de "projetualidade", não garantida pelo curso das coisas, acerca do ordenamento futuro da sociedade. Marx entendeu fundamentalmente a sua análise como "crítica científica" do modo de produção burguês-capitalista, recusando-se a formular "receitas para a cozinha do futuro" (Pós-escrito de 1873 ao primeiro livro de *O capital*). Deu indicações precisas apenas sobre um ponto: a passagem do ordenamento baseado na propriedade privada à sociedade comunista se configuraria, após a tomada do poder por parte do proletariado, como um período de transição caracterizado, no plano político, pela "ditadura do proletariado" e, no plano econômico, pela sobrevivência parcial da forma mercatória dos produtos e do trabalho, com a relativa repartição da renda segundo as quantidades desiguais de trabalho; numa segunda fase, com a completa extinção da divisão das classes e da forma mercatória, todo o domínio político desapareceria na sansiomoniana "administração das coisas" e a repartição do produto social se realizaria segundo as "necessidades" (*Escritos sobre a Comuna*, 1871, e *Crítica do Programa de Gotha*, 1875). O ponto teórico que mantém unidas a crítica do Estado e a do modo capitalista de produção é, em Marx, o fato de que a abolição do trabalho assalariado exige a apropriação e o controle "direto", por parte dos produtores, das condições de trabalho e de todo o aparelho que regula a reprodução social.

Aquilo a que Marx chamou "fases" da sociedade comunista, a tradição marxista denominou-o depois "Socialismo" e "comunismo", dando ao Socialismo o significado de sociedade transitória a caminho de um modo de produção integralmente comunista.

A formação de um movimento *político* da classe operária que se organiza com vistas à gestão do Estado e à direção central da economia (deixando a questão de como chegar a este resultado, por via pacífica ou revolucionária, às circunstâncias históricas concretas) foi o motivo principal da divergência e da luta furiosa suscitadas no seio da Primeira Internacional entre o Socialismo de Marx e Engels e o anarquismo em suas várias formas. No período da formação dos partidos socialistas nos últimos decênios do século XIX, o ponto de vista do Socialismo marxista pareceu já majoritário e consolidado, tanto que o "Socialismo libertário" de matriz anárquica foi explicitamente excluído da Segunda Internacional, em 1896.

III. TENDÊNCIAS DO SOCIALISMO. — Dentro do Socialismo da Segunda Internacional se delinearam as principais tendências políticas que deviam coexistir na social-democracia clássica até a Primeira Guerra Mundial e caracterizar ao memo tempo, pelo menos em parte, as orientações divergentes do Socialismo posterior. As diferenças de posição que se foram definindo a partir da disputa sobre o "revisionismo", entre o fim do século passado e o início deste, mergulham em parte suas raízes na história anterior do Socialismo (por exemplo, o contraste entre reformistas e revolucionários se havia já dado na França em 1848), e, em parte, são provocadas pela inserção cada vez mais ampla do movimento socialista na luta política e sindical diária, dentro do quadro das estruturas políticas liberal-democráticas dos maiores Estados industriais, e pela delonga da crise final de um capitalismo que, saído da grande depressão, iniciava uma nova fase expansiva. A dificuldade real era captada por Rosa Luxemburg, ao escrever que a vontade revolucionária "as massas não a podem formar senão na luta contínua contra a estrutura existente e somente no seu contexto. A união da grande massa popular com um objetivo que vai

além de todo o ordenamento atual, o da luta diária para a grande reforma do mundo, eis o grande problema do movimento social-democrático, que, portanto, deve atuar avançando durante o curso da sua evolução entre dois escolhos: entre o abandono do caráter de massa e o abandono do objetivo final, entre o recair na seita e o precipitar-se no movimento reformista burguês" (*Reforma social ou revolução?*, 1899).

A grande divisão foi, antes de tudo, entre o Socialismo declaradamente reformista que, considerando o sistema capitalista profundamente mudado, pugnava pela integração do movimento operário nas estruturas políticas e econômicas capitalistas com o propósito da sua gradual transformação em sentido socialista, através da via democrático-parlamentar, e, do outro lado, o Socialismo que considerava atual o modelo analítico do capitalismo elaborado por Marx e a perspectiva da crise geral do sistema e da revolução. A primeira posição teve sua elaboração teórica mais autorizada no "revisionismo" de E. Bernstein (*Os pressupostos do socialismo e as funções da social-democracia*, 1899). Derrotado formalmente no plano das decisões congressuais do partido social-democrático alemão e das resoluções da Internacional, o reformismo "revisionista" ia adquirindo, todavia, consistência orgânica e espaço na práxis real do movimento operário de todos os países industrialmente avançados e se tornou na Inglaterra, onde o marxismo nunca teve uma difusão de alta relevância, a teoria oficial da Fabian Society (G. B. Shaw e S. Webb, *Ensaios fabianos sobre o Socialismo*, 1899) e da maioria do partido laborista e do movimento sindical e de lembrar que os primeiros ensaios "revisionistas" de Bernstein foram elaborados na Inglaterra e em estreita referência à situação inglesa. Analisadas as coisas num quadro temporário bastante longo, o Socialismo reformista, que avalia o contexto institucional do Estado liberal-democrático como o melhor terreno para a afirmação dos objetivos das classes trabalhadoras e que considera, implícita ou explicitamente, o "fim último" da abolição da forma mercatória dos produtos do trabalho e do trabalhador (o princípio mais fundamental do Socialismo marxista) como uma utopia a ser abandonada, tornou-se a alternativa histórica e amplamente preponderante no Socialismo ocidental.

A alternativa marxista "ortodoxa", que predominou na social-democracia "clássica" do partido alemão e da Segunda Internacional, e que teve em K. Kautsky, até a Primeira Guerra Mundial, o teórico mais orgânico, procurou harmonizar a letra do Socialismo marxista, aceito formalmente em sua globalidade, com uma concepção diferente e uma avaliação positiva "do Estado moderno, do papel do Parlamento, da função das liberdades políticas e civis herdadas do liberalismo burguês, da insubstituibilidade de um aparelho administrativo — burocrático centralizado (em aberta polêmica com a "legislação direta") e do significado da democracia política como método para o conhecimento da realidade e verificação da vontade do corpo social" (M. C. Salvadori). O objetivo final do Socialismo era continuamente reafirmado, mas adiado para uma situação histórica nunca atual, de maturação decisiva das suas condições objetivas e subjetivas; o núcleo teórico radical era salvaguardado à custa do contínuo adiamento da práxis correspondente, até ao momento em que as opções fundamentais se tornaram iniludíveis no período da guerra e da aguda crise social do pós-guerra, e a síntese efetuada pela maioria da social-democracia clássica, entre "ortodoxia" formal e "revisão" substancial, se tornou insustentável, abrindo um período atormentado de lacerações não só entre os continuadores da Segunda Internacional e os adeptos da nova Internacional leninista, mas também no campo do Socialismo de matriz não leninista (v. também REVISIONISMO, SOCIAL-DEMOCRACIA).

As outras duas alternativas, que se constituíram, com uma fisionomia autônoma, no pensamento socialista, foram as posições revolucionárias de esquerda que tiveram como maiores teóricos R. Luxemburg e V. I. Lenin. Em ambas as tendências, o nexo entre funções imediatas do movimento operário e revolução social se resolve, em princípio, na subordinação de toda a experiência do movimento operário ao objetivo final da conquista e do exercício direto do poder político; em ambas o Estado liberal-democrático é entendido no sentido originário de Marx e Engels, isto é, de Estado de Classe ("o Estado, ou seja, a organização *política*, e as relações de propriedade, ou seja, a organização *jurídica* do capitalismo, enquanto se tornam, com o sucessivo desenvolvimento, cada vez *mais capitalistas* e não cada vez *mais socialistas*, opõem à teoria da instauração gradual do Socialismo duas dificuldades insuperáveis", afirma R. Luxembug em *Reforma social ou revolução?*; e é conhecida a elaboração de Lenin sobre a destruição revolucionária do Estado burguês e sobre a sua substituição pelo "Estado-comuna", à margem dos textos marxianos sobre a Comuna de 1871, contida em *Estado e revolução*, 1917). Mas em R. Luxemburg subsiste, transcrita em termos marxistas, a tendência "economicista — revolucionária" do sindicalismo revolucionário e do sindicalismo anárquico, sendo postuladas a continuidade entre

a luta econômica imediata e a luta política revolucionária e privilegiada a ação direta dos organismos de base que surgem espontaneamente nos períodos mais agudos da luta de classe como alavanca insubstituível da transformação social. Lenin, pelo contrário, não obstante todo o valor dado aos sovietes durante a revolução de 1905 e 1917, defende "a subordinação incondicional de todos os movimentos econômicos, culturais e ideológicos do proletariado, ao movimento político dirigido pelo partido revolucionário. Seria esta orientação do marxismo, que considerava como primária a 'política', que havia de experimentar o triunfo do seu princípio em escala mundial na revolução bolchevique de 1917, e que determinou até hoje toda a estrutura e desenvolvimento do Estado soviético, com o totalitarismo decorrente do seu princípio político" (K. Korsch, *Karl Marx*, 1938). A oscilação entre a supremacia do partido e a primazia dos organismos básicos de conselho foi, de qualquer modo, uma característica do Socialismo revolucionário, várias vezes repetida em sua história (v. também LENINISMO).

IV. PROBLEMAS ATUAIS DO SOCIALISMO. — A cisão do movimento socialista internacional que se seguiu à revolução soviética, à medida que o novo Estado ia adquirindo, nas décadas de 20 e 30, a sua configuração jurídica, política e econômica definitivas, foi cristalizando o Socialismo e o comunismo em duas culturas políticas profundamente diferentes e muitas vezes hostis, mesmo que ao período de choque frontal, em que os socialistas foram tratados pelas lideranças leninistas como "social-traidores" e "social-fáscistas", se tenha seguido uma fase de aliança e de colaboração durante a luta antifascista e a resistência. Não faltaram as formas intermediárias e as tentativas de superar o cisma que se verificou no movimento operário, mas, na realidade, foram elaboradas, a partir da década de 1930 e especialmente depois da Segunda Guerra Mundial, dois modelos completamente diferentes de Socialismo, ambos muito distantes das formas previstas pelo Socialismo do século passado e da formulação utópica do *Manifesto* de Marx e Engels ("No lugar da velha sociedade burguesa, com suas classes e seus antagonismos de classe, entra uma associação na qual o livre desenvolvimento de cada um é a condição para o livre desenvolvimento de todos"). No Ocidente, os Governos regidos pelas social-democracias, na Alemanha, na Inglaterra, na Bélgica e nos países escandinavos, promoveram algumas nacionalizações e a instauração de uma economia mista no quadro de um "capitalismo organizado", com redistribuição de renda e formas de segurança social para as classes trabalhadoras que o "Estado assistencial" (Welfare State) tornou possíveis. Ao contrário da social-democracia clássica, as social-democracias contemporâneas são partidos populares que abandonaram a idéia da divisão da sociedade em classes contrapostas e o Socialismo como abolição da propriedade privada (as declarações mais explícitas foram as da social-democracia alemã no programa de Bad Godesberg, 1959). (V. também REFORMISMO; SOCIAL-DEMOCRÁTICOS, GOVERNOS). Na União Soviética e nos países em que se instaurou a ditadura do partido "marxista-leninista" (identificada ideologicamente com a "ditadura do proletariado"), o Socialismo, de fase de transição, se transformou em formação social autônoma, caracterizada pelo esvaziamento das formas originárias da democracia de base, pela concentração autoritária dos poderes por parte do aparelho burocrático do Estado e do partido, e pelo reproduzir-se de profundas desigualdades e agudos conflitos sociais, não obstante a "desestalinização" e as tentativas de liberalização, substancialmente fracassadas, das quais hoje é frequentemente aplicada a fórmula de "Socialismo real", para sublinhar a sua discordância com as expectativas do Socialismo teórico.

Surge, portanto, um dilema que N. Bobbio ilustrou nos seguintes termos: "chocamo-nos com esta contradição, que é a verdadeira pedra de tropeço da democracia socialista (não se confunda com a social-democracia): através do método democrático o Socialismo é inatingível; mas o Socialismo não alcançado por via democrática não consegue encontrar o caminho para a transição de um regime de ditadura ao regime de democracia. Nos Estados capitalistas, o método democrático, mesmo em suas melhores explicações, bloqueia o caminho para o Socialismo; nos Estados socialistas, a concentração do poder tornada necessária para uma direção unificada da economia torna extremamente difícil a introdução do método democrático". O problema seria o de conjugar os conteúdos socialistas com as técnicas jurídico-políticas que derivam da tradição liberal-democrática. Confirmando também aqui a consolidada diferença entre culturas socialistas e comunistas anteriormente mencionada, é completamente diferente a forma como é proposto o problema na literatura marxista que rejeita o "Socialismo real". Citamos, por exemplo, a introdução de R. Rossanda num congresso de 1977 sobre as "sociedades pós-revolucionárias": "Se se trata de formações sociais, então a luta é entre 'pode-res' e seus sistemas de compensação... Se se trata de formações capitalistas de tipo novo... então a questão não está numa exortação à democracia e aos direitos civis. Está na retomada da luta de classes nestes países".

Os problemas mencionados se tornam ainda mais urgentes desde que, na década de 70, ambos os modelos de Socialismo entram em crise: o Welfare State, promovido pelas social-democracias, não consegue manter suas promessas diante da crise econômica: o "Socialismo real", por sua vez, é obrigado a contar cada vez mais com seus aparelhos militares para manter o Status quo. Nem é possível afirmar que o propósito de alguns partidos comunistas ocidentais de elaborar uma "terceira via" eurocomunista tenha até agora esboçado um modelo alternativo suficientemente definido de Socialismo (v. também EUROCOMUNISMO).

Outra ordem de problemas concerne ao âmbito de validade possível de qualquer modelo socialista. O INTERNACIONALISMO (v.) substancialmente eurocêntrico do século passado já foi abandonado na fundamentação da Internacional leninista que tentou, pelo menos em princípio, unir, sob o signo do antiimperialismo, a luta do proletariado nos países industriais, a aspiração à independência dos povos oprimidos dos países coloniais e a defesa da URSS como "pátria do Socialismo". A recente evolução do Socialismo demonstrou, de forma cada vez mais evidente, o peso das histórias nacionais, da diversidade das situações econômicas, da pluralidade das tradições culturais e das ideologias. Após a Segunda Guerra Mundial, ao lado dos modelos apresentados pelas social-democracias européias e pelo Socialismo soviético, se delinearam as realidades dos Estados de nova independência do Terceiro Mundo que, embora adotando o Socialismo, têm perseguido o objetivo de modernização através dos instrumentos do partido único, do fortalecimento das elites burocráticas e militares, da integração das massas com base no tradicionalismo cultural e religioso. No mundo comunista, ao Socialismo soviético se contrapuseram, além disso, o Socialismo da Iugoslávia, fundado na AUTOGESTÃO (v.), e o radicalismo comunista da China (v. também MAOÍSMO). A teoria das "vias nacionais para o Socialismo" (aceita como princípio também pela União Soviética, mas corrigida em 1968 pela tese da "soberania limitada" dos Estados socialistas do próprio bloco) toma ciência desta situação, mas deixa em aberto o problema do internacionalismo e dos modos de uma ação comum entre Socialismos fortemente divergentes e, às vezes, abertamente contrastantes.

BIBLIOGRAFIA. — AUT. VÁR., *Il marxismo e lo stato. Il dibattito aperto nella sinistra italiana sulle tesi di Norberto Bobbio*, "Quaderni di mondoperaio", n.º **4**, Roma 1976; Id., *Potere e opposizione nelle società post-rivoluzionarie. Una discussione nella sinistra*, "Quaderni del manifesto", n.º 8, Alfani, Roma 1978; Id., *Storia del marxismo*, Einaudi, Torino 1978-81, 4 vols.; W. ABENDROTH, *Storia sociale del movimento operaio europeo* (1965), Einaudi, Torino 1971; G. ARFÉ, *Il socialismo riformistico e la socialdemocrazia*, in *Storia delle idee politiche, economiche e sociali*, ao cuidado de L. Firpo, UTET, Torino 1972, vol. V; N. BOBBIO, *Quale socialismo? Discussione di un'alternativa*, Einaudi, Torino 1976; G. M. BRAVO, *Storia del socialismo. 1789-1848. Il pensiero socialista prima di Marx*, Editori Riuniti, Roma 1971; G. D. H. COLE, *Storia del pensiero socialista*, Laterza, Bari 1967-68, 5 vols.; E. DOLLÉANS, *Storia del movimento operaio* (1936-1956), Sansoni, Firenze 1968, 3 vols.; *Mouvements ouvriers et socialistes. Chronologie et bibliographie (Angleterre, France, Allemagne, États-Unis, Italie, Espagne, Russie, Amérique Latine)*, ao cuidado de E. DOLLÉANS e M. CROZIER, Éd. Ouvrières, Paris 1950-56, 6 vols.; *Storia del socialismo* (1972), ao cuidado de J. DROZ, Editori Riuniti, Roma 1973 s., 4 vols.; R. MEDVEDEV, *La democrazia socialista* (1972), Vallecchi, Firenze 1977; A. ROSENBERG, *Democrazia e socialismo. Storia politica degli ultimi centocinquant'anni (1789-1937)*, (1938), De Donato, Bari 1971; S. ROTA GHIBAUDI, *Il socialismo "utopistico"*, in *Storia delle idee*, cit.; A. SALSANO, *Antologia del pensiero socialista*, Laterza, Bari 1979-82, 6 vols.; M. L. SALVADORI, *Kautsky e la rivoluzione socialista 1880-1938*, Feltrinelli, Milano 1976; Id., *Socialismo*, in *Enciclopedia europea*, Garzanti, Milano 1980, vol. X, pp. 661-67; J. SCHUMPETER, *Capitalismo, socialismo e democrazia* (1942), Comunità, Milano 1954; P. VRANICKI, *Storia del marxismo* (1971), Editori Riuniti, Roma 1972, 2 vols.; A. ZANARDO, *Il marxismo*, in *Storia delle idee*, cit.; *Storia del marxismo contemporaneo. I maggiori interpreti del pensiero màrxista dopo Marx*, ao cuidado de A. ZANARDO, Feltrinelli, Milano 1974.

[CESARE PIANCIOLA]

Socialização Política.

I. DEFINIÇÃO. — A expressão Socialização política é usada para indicar o conjunto de experiências que, no decorrer do processo de formação da identidade social do indivíduo, contribuem particularmente para plasmar a imagem que ele tem de si mesmo em confronto com o sistema político e em relação às instituições. Tendências, emoções, atitudes perante os vários objetos da política, aptidões cognitivas e expressivas necessárias ao agir político, tudo isto é, portanto, considerado como resultado de um processo de for-

mação-aprendizagem social que, embora se estenda por todo o decurso da vida, tanto quanto qualquer outro processo similar, passa, todavia, por etapas especialmente significativas, influências particulares, momentos de aceleração e momentos de afrouxamento. É objeto dos estudos de Socialização política descrever as modalidades de tal processo, bem como identificar seus conteúdos mais importantes, suas etapas e as influências decisivas.

Se a relação indivíduo-instituições políticas é importante em qualquer tipo de formação política e em qualquer situação histórica, ela se torna fundamental nos sistemas democrático-representativos, cujo funcionamento regular exige a ativa participação dos cidadãos no processo político e, por conseguinte, a existência neles de motivações, valores, aptidões e conhecimentos que favoreçam tal participação. Por isso, nestes sistemas, a Socialização política não é apenas um problema de maior relevância que em outras formas de Governo historicamente existentes, mas também um fenômeno mais complexo, levados em conta pelo menos dois aspectos que, embora conexos, se podem considerar analiticamente distintos: o da aceitação ou não aceitação do sistema, ou seja, o problema da sua legitimidade, e o da formação de indivíduos-sujeitos políticos, capazes e dispostos a participar no processo político democrático. É sobretudo por isso, e não porque as respectivas pesquisas tenham sido realizadas por estudiosos preferentemente interessados no modo de funcionamento das democracias representativas, que as questões teóricas e os resultados da pesquisa empírica respeitante à formação da identidade política dos indivíduos se mantêm quase que exclusivamente dentro de um universo que tem como ponto de referência essencial a forma democrático-representativa de Governo.

II. CONTEÚDO DA APRENDIZAGEM POLÍTICA. — Baseados nos resultados de mais de trinta anos de reflexão e pesquisa empírica, os estudiosos de Socialização política costumam distinguir, entre o conjunto de elementos que constituem objeto de aprendizagem política, três núcleos de tendências particularmente significativas, tanto para efeitos de legitimação do sistema político, como em relação ao agir político dos sujeitos pertencentes ao sistema. O primeiro deles, considerado também como primeiro nível da identidade política individual, denomina-se *orientação para a comunidade*; compreende o conjunto de noções e valores que permitem distinguir o próprio grupo dos outros grupos, identificar-se com os seus símbolos mais visíveis, desenvolver o sentido de adesão e lealdade para com ele, e de solidariedade

para com os demais membros. O segundo nível, chamado *orientação para o regime*, diz respeito, em vez disso, ao desenvolvimento de atitudes específicas para com a ordem política da comunidade, a aceitação ou não aceitação das concepções ideológicas que o justificam, dos seus mecanismos institucionais e códigos de comportamento prescritos, bem como à aquisição da capacidade de agir politicamente usando esses códigos. O terceiro nível se refere, enfim, às atitudes para com os que, baseando-se nos códigos de comportamento prescritos e nas instituições deles resultantes, ocupam as posições e desenvolvem as atividades onde são tomadas as decisões que vinculam todos os que pertencem à comunidade política. Este último nível é usualmente denominado *atitude em relação aos representantes políticos e às suas decisões*.

São dois os tipos de razões que fundamentam tais distinções. Em primeiro lugar, essa diferenciação pretende pôr em relevo o grau de importância das orientações políticas: para efeitos de permanência ou mudança dos sistemas políticos e da ação dos membros de uma comunidade, possuem, com efeito, maior significado as orientações para a comunidade e para o regime que as atitudes do terceiro nível. Em segundo lugar, essa distinção indica também uma ordem de sucessão na aprendizagem das orientações políticas: cada um dos mencionados conteúdos seria aprendido em fases distintas, marcadas por influências específicas e por mecanismos cognitivos e psicológicos particulares.

III. FASES DA APRENDIZAGEM POLÍTICA. — A orientação para a comunidade é considerada a base, o núcleo fundamental da aprendizagem política, em que se apoiarão os conteúdos cognoscitivos e avaliativos que virão a formar, progressivamente, a identidade política global do indivíduo. A aprendizagem destas primeiras lealdades básicas se situa na infância, no período que vai dos cinco ou seis anos aos onze ou doze. Por se tratar precisamente de uma aprendizagem infantil, ela se caracteriza pela presença de forte poder emotivo e de grandes identificações afetivas que fazem com que os escassos elementos cognoscitivos, de natureza mais difusa e pré-política que especificamente político-institucional, possam enraizar-se e constituir, em virtude disso, um sólido quadro onde se situem as sucessivas informações e um ponto de referência fundamental para as ulteriores orientações e identificações. As pesquisas de Socialização política têm demonstrado que, nesta fase, as crianças se identificam com o próprio país, desenvolvem forte sentimento de apego aos seus símbolos sociais e políticos mais elementares e visíveis, se consideram membros de uma determinada Igreja e, em certos países, se reconhecem afetivamente ligados a um partido ou a uma "família política".

A segunda fase da aprendizagem política, cujo conteúdo é o da orientação para o regime, vai do fim da infância até à adolescência. É uma fase de aprendizagem muito intensa, também ela caracterizada por fortes correntes emotivas dirigidas a experiências e pessoas que constituem a fonte principal das informações e avaliações sobre a realidade circunstante, mas estimulada sobretudo pela necessidade de organizar os conhecimentos e juízos de valor num todo coerente, de cunho racional. É neste período que se começa a conhecer os mecanismos institucionais do sistema político e as suas justificações ideológicas, que se começa a avaliar a sua credibilidade, que se adquirem as aptidões psicológicas e intelectuais que permitem que uma pessoa se torne sujeito político. A adolescência é também para os estudiosos de Socialização política um período decisivo de formação em que se delineiam as qualidades fundamentais da pessoa política adulta. É à adolescência que remontaria o complexo de sentimentos que levaria a aceitar ou rejeitar as regras do sistema político; é na adolescência que se formariam aspectos psicológicos importantes como o cinismo ou a confiança política, aquilo que os escritores denominam geralmente como "sentido de eficácia política". É, portanto, a evolução e a influência da adolescência que determina se a política será ou não um elemento central da vida adulta, se a atitude essencial das pessoas será de participação, renúncia ou rejeição da dimensão política da existência.

O último estádio da adolescência e começo da vida adulta sofre um aumento de informações de natureza diretamente política e uma elevação no grau de elaboração dos conhecimentos já adquiridos, além dos primeiros contatos diretos com as instituições e as experiências políticas. É então que se toma uma posição explícita com relação ao sistema político, que se reage diante de problemas específicos, que se exprimem juízos precisos, favoráveis ou não aos representantes políticos e à qualidade das suas decisões. O conteúdo de tais juízos, atitudes e avaliações está, porém, marcado pelas experiências anteriores da infância e da adolescência, e pela interiorização de preferências, idiossincrasias e valores que essas experiências provocaram. O modo como o jovem adulto se manifesta em face da política é deste modo o resultado desses estádios de aprendizagem, do acumular-se de experiências diversas que, durante os primeiros dezoito ou vinte anos da sua vida, lhe foram modelando a personalidade.

Segundo os estudiosos, a identidade assim formada seria a identidade política quase definitiva: a menos que ocorram acontecimentos sociais e políticos de importância excepcional — gûerras, profundas transformações econômicas, grandes movimentos coletivos ou revoluções — as ulteriores experiências de vida e os novos conhecimentos não poderão influir, senão marginalmente, nesta estrutura fundamental. De modo especial, os estímulos provenientes do sistema político, sejam eles decisões que obrigam a este ou àquele comportamento social, sejam mudanças ao nível do pessoal político-administrativo, serão sempre interpretados e julgados de acordo com as orientações fundamentais interiorizadas no decurso do processo de socialização da infância e da adolescência. Isto explicaria o modo de ser peculiar e a relativa estabilidade das "culturas políticas" de países diferentes, bem como a relativa estabilidade e permanência dos sistemas políticos através do tempo.

IV. Agentes de socialização política. — Se a infância e a adolescência são os períodos cruciais da aprendizagem política, conclui-se que as influências e os ambientes de interação mais importantes para o seu desenvolvimento são os típicos e privilegiados desses estádios da vida. As pesquisas de Socialização política têm levado em conta, de preferência, a influência da família e da escola e, mais raramente, o efeito de outros agentes socializantes, como, por exemplo, o "grupo de iguais". A família tem sido considerada desde sempre a instituição mais influente na formação da imagem que os indivíduos têm da sociedade e do seu modo de pôr-se em relação com as instituições políticas. Sendo através da família que o indivíduo recebe a sua primeira e muitas vezes decisiva posição social, e sendo sob o signo de um forte envolvimento emotivo, de elevado valor socializante, que se desenvolve a interação com os membros do núcleo familiar, nomeadamente com os pais, julga-se que a influência familiar é também muito intensa quanto às orientações políticas fundamentais. Entre outros, o modo de entender as relações sócio-políticas e de justificá-las, a maneira de compreender a relativa visibilidade e relevância das instituições e dos fatos da política, o sentimento de participar ou não diretamente nessa esfera de atividades, parecem elementos mediados principalmente pela família. As pesquisas têm encontrado correlações significativas entre as atitudes políticas dos pais e dos filhos, especialmente no que se refere à fidelidade ideológica partidária, à confiança ou ao cinismo político, à tendência à participação ou à apatia política. Também se descobriu que o interesse e a sensibilidade pela dinâmica política têm dificuldade em surgir e firmar-se, se a família não deu algum estímulo ou orientação a propósito. Ainda não é muito claro quais são os fatores do ambiente familiar que funcionam mais eficazmente como agentes de Socialização política. Alguns autores acentuam o papel da família em delimitar e definir o âmbito das influências sociais que poderão agir sobre a criança e o adolescente; interpretam assim a influência familiar como uma influência política "indireta". Outros estudiosos se têm preocupado, ao invés, em estudar particularmente o clima iterativo familiar e o papel educativo específico dos pais, do ponto de vista dos valores e das práticas concretas de socialização; chegaram à conclusão de que a transmissão dos valores políticos dos pais aos filhos está sobretudo ligada a modos precisos de comportamento educativo. Não obstante tais incertezas, não existe quase nenhum autor que não atribua uma função socializante de relevo ao âmbito familiar.

Ao lado da família, a escola é outro âmbito institucional que é tido como de grande importância para a formação da orientação política fundamental do indivíduo. A extensão da escolarização à quase totalidade da população dos países econômica e socialmente mais avançados, o ingresso na escola em idade cada vez mais precoce e a permanência nela cada vez mais longa fazem com que alguns pensem que a influência política da escola pode ser de igual importância, se não maior, que a da família. As razões particulares aduzidas na sustentação do papel político da escola são múltiplas. Afirma-se, em primeiro lugar, que a escola fornece alguns conhecimentos técnicos essenciais para dar significado e coerência aos símbolos e às imagens da política e para possuir aptidões suficientes que permitam mover-se e agir dentro de um universo complicado como é o da política moderna. É verdade que tais conhecimentos e aptidões se podem adquirir também em outro lugar e de modo diferente, mas a escola é a instituição especializada para este fim e, para a maior parte da população não existem outras alternativas. Em segundo lugar, a instituição escolar é um ambiente social onde as crianças e os adolescentes passam grande parte do dia e onde, portanto, têm lugar muitas e variadas experiências de interação, que não podem deixar de ter uma certa influência mesmo sobre a formação das orientações políticas. Finalmente, todos os sistemas de instrução pública contam, entre as suas atribuições, com a de transmitir aos alunos os conceitos e valores fundamentais de ordenamento político, tanto através de adequados programas de educação cívica, como por meio de cerimônias, rituais e comunicações de significado político mais ou menos explícito.

É indubitável que os instrumentos e os estímulos intelectuais e cognoscitivos que a escola oferece têm importância na formação da identidade política dos indivíduos. Todos sabem que as diferenças de instrução entre a população traçam também profundas diferenças nas atitudes e comportamentos políticos. Também se tem notado que a escola, especialmente quando o ambiente familiar não oferece ocasiões favoráveis ao despontar de orientações políticas precisas, pode às vezes fomentar diretamente uma maior informação, um maior sentido de eficácia política e o início de um interesse pessoal pela política. Mas, mesmo neste caso, os resultados das pesquisas não são tais que permitam dizer com segurança quais são os aspectos da experiência escolar — excluída a instrução em si — que influem especificamente na identidade política; tampouco nos podem dar a medida exata do peso relativo da escola em relação aos demais agentes de socialização, particularmente a família. Parece podermos afirmar, pelo menos provisoriamente, que o ambiente escolar revelaria a sua eficácia sobretudo em favorecer e aumentar a aquisição de informações e o interesse pela política, enquanto que seria menos decisiva a sua influência em estimular ou modificar as lealdades político-partidárias adquiridas com antecedência ou em outro lugar, ou em desenvolver uma atitude de participação no processo político.

Pelo que respeita aos efeitos socializantes do grupo dos coetâneos, os escassos dados existentes não permitem tirar conclusões unívocas. Tem-se afirmado muitas vezes que, com a crescente importância da adolescência, sua prolongação e a afirmação contemporânea de estilos de comportamento peculiares desta fase da vida, a influência dos coetâneos na formação de parâmetros para a percepção e avaliação da realidade social se tornou cada vez mais forte, substituindo em parte, ou de qualquer modo contrastando, as influências familiares ou escolares mais tradicionais. A adolescência moderna, sujeita a uma imensa variedade de estímulos provenientes de um ambiente social tornado mais vasto devido à rapidez e quantidade crescente de comunicações, se estaria subtraindo à mediação e controle dos agentes de socialização clássicos e estaria desenvolvendo autonomamente valores, códigos de comportamento e atitudes peculiares, mesmo em relação à esfera pública e política. Os inovadores comportamentos políticos das gerações jovens seriam resultantes de uma relativa emancipação do controle da família e da escola, bem como do desenvolvimento de uma "cultura" espe-

cífica da adolescência e da juventude. Conquanto não se negue a influência socializante dos grupos coetâneos e da sua cultura, os dados das pesquisas empíricas tendem a evidenciar que tal influência não substitui as demais, mas as acompanha e completa, e, sobretudo, que não diminui a influência decisiva da família. Alguns resultados levam a pensar que as diferenças entre as gerações no que concerne às atitudes políticas fundamentais não são muito fortes, no sentido de que não haveria descontinuidades profundas nos valores e opções essenciais; haveria apenas um modo diverso de os manifestar e de exigir ou buscar a sua realização.

No processo de Socialização política entram sem dúvida em ação muitas e variadas influências; identificar alguns dos agentes mais significativos não lhes exaure certamente toda a possível gama. O próprio caráter da adolescência moderna, com suas aberturas, potencialidades e problemas, faz pensar que as influências de natureza política que sobre ela se exercem, ultrapassam o âmbito interativo e vital até agora estudado de preferência.

V. AVALIAÇÃO CRÍTICA. — A Socialização política, tal como se deduz da maior parte dos estudos até hoje realizados, se apresenta como um processo de progressiva aprendizagem que não sofre significativas descontinuidades e rupturas; está entretecido de fortes características afetivas e emotivas, que fazem com que os elementos de valor e os parâmetros essenciais de interpretação se enraízem profunda e estavelmente; termina mais ou menos definitivamente no limiar da vida adulta. Segundo esta descrição, o que é interiorizado na infância e na adolescência não sofrerá mudanças essenciais pela vida afora. Por isso, até as experiências de um certo peso, como a realidade do trabalho, a mobilidade territorial e social, e as próprias vicissitudes da vida política não terão senão limitadas repercussões na estrutura fundamental da identidade política.

Estas conclusões têm sido postas em questão pelo debate em curso nestes últimos anos e pelas pesquisas sobre a Socialização política adulta que ultimamente se vão tornando cada vez mais freqüentes. Embora não se duvide que a infância e a adolescência são períodos formativos por excelência e que a aprendizagem dos primeiros anos de vida é sobremaneira resistente à mudança devido às suas peculiares características, foi possível demonstrar que certas propensões políticas se estruturam, não na infância ou na adolescência, mas na idade adulta, e que certos aspectos das tendências e atitudes políticas, considerados particularmente estáveis e duradouros, se modificam em conseqüência de fatores sociais e políticos, como a mobilidade social e territorial, as experiências de autoridade e subordinação no ambiente de trabalho e os acontecimentos políticos diários, que a tradição da pesquisa sobre a Socialização política tende a subestimar. É justamente pela importância de tais fatores de mudança que alguns autores põem também em dúvida o caráter progressivo e isento de conflitos do processo de aprendizagem política. Segundo eles, esta progressividade e continuidade são antes supostas que demonstradas: no processo podem ocorrer rupturas e descontinuidades em decorrência das mudanças sociais e políticas que se refletem também nos primeiros estádios da vida dos indivíduos. Isto se deveria à ação dos interesses e das ideologias em conflito e seria resultado do entrecruzamento de influências várias. As pesquisas de Socialização política deveriam, por isso, prestar maior atenção às possíveis descontinuidades, aos possíveis "atrasos" no despontar e afirmar-se das inclinações políticas, e, principalmente, analisar mais a fundo as condições que fazem com que uma tendência ganhe raízes ou, ao contrário, esteja sujeita a mudanças, observando como os acontecimentos sucessivos da vida dos indivíduos ajudam a fortalecer ou a atenuar as primeiras e mais profundas impressões sobre o universo político.

Se bem que estas críticas sejam perfeitamente justificadas e seja ainda necessário muito trabalho de pesquisa e reflexão para se dizer uma palavra definitiva sobre o processo que leva à estruturação da identidade política dos indivíduos, os resultados até aqui conseguidos possuem pelo menos um duplo mérito: o de haver investigado e muitas vezes descoberto a origem e desenvolvimento das crenças políticas fundamentais nos primeiros estádios da vida das pessoas e, principalmente, o de haver evidenciado os mecanismos emotivos e afetivos que entram em ação na construção das categorias interpretativas da realidade política. Dado que o processo de Socialização política se prolonga ao longo da vida adulta, não será difícil constatar que, mesmo neste estádio da vida, a aprendizagem política poderá dar-se amiúde sob a influência de fortes identificações e envolvimentos emotivos.

BIBLIOGRAFIA. — R. E. DAVSON e K. PREWITT, *Political socialization*, Little & Brown, Boston 1967; F. Y. GREENSTEIN, *Children and politics*, Yale University Press, New Haven 1965; H. HYMAN, *Political socialization: Study in the psychology of political behavior*, The Free Press, New York 1959; M. K. JENNINGS e R. G. NIEMI, *The political character of adolescence: The influence of families and schools*, Princeton University Press, Princeton 1974; *La socializzazione politica*, ao cuidado de A. OPPO, Il Mulino, Bologna 1980; A. PERCHERON, *Le vocabulaire politique des enfants*, Colin, Paris 1974; *Handbook of political socialization*, ao cuidado de S. A. RENSHON, The Free Press, New York 1977; D. SCARING, J. SCHWARTZ e A. LIND, *The structuring principle: political socialization and political belief systems*, in "American political science review", LXVII, 1973, pp. 415-32; R. WEISSBERG, *Political learning, political choice and democratic citisenship*, Prentice-Hall, Englewood Cliffs 1974.

[ANNA OPPO]

Sociedade Civil.

I. A SOCIEDADE CIVIL NOS JUSNATURALISTAS. — A expressão Sociedade civil teve, no curso do pensamento político dos últimos séculos, vários significados sucessivos; o último, o mais corrente na linguagem política de hoje (v. § 6), é profundamente diferente do primeiro e, em certo sentido, é-lhe até oposto.

Em sua acepção original, corrente na doutrina política tradicional e, em particular, na doutrina jusnaturalista, Sociedade civil (*societas civilis*) contrapõe-se a "sociedade natural" (*societas naturalis*), sendo sinônimo de "sociedade política" (em correspondência, respectivamente, com a derivação de "civitas" e de "pólis") e, portanto, de "Estado".

Conforme o modelo jusnaturalístico da origem do Estado, que se repete, com sensíveis variações, mas sem alterações substanciais da dicotomia fundamental "Estado de natureza-Estado civil", de Hobbes, que é seu criador, até Kant e seus seguidores, o Estado ou Sociedade civil nasce por contraste com um estado primitivo da humanidade em que o homem vivia sem outras leis senão as naturais. Nasce, portanto, com a instituição de um poder comum que só é capaz de garantir aos indivíduos associados alguns bens fundamentais como a paz, a liberdade, a propriedade, a segurança, que, no Estado natural, são ameaçados seguidamente pela explosão de conflitos, cuja solução é confiada exclusivamente à autotutela. Digamo-lo com as palavras de Locke: "Aqueles que se reúnem num só corpo e adotam uma lei comum estabelecida e uma magistratura à qual apelar, investida da autoridade de decidir as controvérsias que nascem entre eles, se encontram uns com os outros em Sociedades civis; mas os que não têm semelhante apelo comum ... estão sempre no Estado de natureza" (*Segundo tratado sobre o Governo*, § 87).

Agora as palavras de Kant: "O homem deve sair do Estado de natureza no qual cada um segue os caprichos da própria fantasia, para unir-se como todos os outros ... e submeter-se a uma pressão externa publicamente legal...: quer dizer que cada um deve, antes de qualquer outra coisa, entrar num Estado civil" (*Metafísica dos costumes. I. Doutrina do direito*, § 44).

No sentido de sociedade política ou Estado, a expressão Sociedade civil é comumente usada por teólogos, canonistas e, em geral, por escritores de direito eclesiástico e história religiosa, para distinguir a esfera do temporal da esfera do espiritual, a esfera das relações sobre que se estende o poder político, da esfera de relações sobre que se estende o poder religioso. Na linguagem da doutrina cristã referente às relações entre Igreja e Estado, o problema destas relações é apresentado e ilustrado como problema das relações entre a Sociedade civil e a sociedade religiosa. O que muda neste uso da expressão não é tanto o seu significado de Sociedade civil, quanto o critério de distinção em relação ao seu oposto: enquanto a Sociedade civil e a sociedade natural se distinguem entre si, porque uma é instituída apoiando-se em relações de poder e a outra não, a Sociedade civil e a sociedade religiosa distinguem-se entre si pelos diferentes tipos de relações de poder que existem numa e na outra. Em *Filosofia del diritto* (1841-1845), Rosmini distingue três formas de sociedade que ele denomina teocrática, doméstica e civil.

II. EM ROUSSEAU. — Uma segunda acepção deriva do fato de que os mesmos escritores, quando querem apresentar um argumento a favor da historicidade do Estado de natureza, costumam identificá-lo com o estado no qual vieram a encontrar-se e se encontram ainda hoje os novos selvagens.

Para provar a realidade do Estado de natureza, Hobbes mostra, na época presente, o exemplo dos "Americanos" e, em épocas passadas, o de raças "atualmente civilizadas e florescentes, mas antigamente compostas de um número relativamente pequeno de homens ferozes, de vida breve, pobres, sujos, com absoluta falta de todos aqueles confortos e requintes que a paz e a sociedade costumam oferecer" (*De cive*, I, 13). O mesmo autor diz que, "em muitos lugares da América, os selvagens não têm nenhuma forma de Governo, a não ser o Governo de pequenas famílias, cuja concórdia tem por fundamento a concupiscência natural" (*Leviathan*, cap. XIII).

Apoiado em José de Acosta, Locke aceita a informação de que "em muitos lugares da América não havia nenhum Governo" e de que "aqueles homens ... por longo tempo, não tiveram nem rei, nem repúblicas, vivendo, apenas, em bandos". (*Segundo tratado*, § 102). Através da identificação do Estado de natureza e do Estado selvagem, a Sociedade civil não se contrapõe mais somente à sociedade natural, abstrata e idealmente considerada, mas também à sociedade dos povos primitivos. Assim sendo, a expressão Sociedade civil adquire, neste novo contexto, também o significado de sociedade "civilizada" (onde "civil" não é mais adjetivo de "civitas", mas de "civilitas").

De resto, já Hobbes, numa célebre passagem de sua obra *De cive*, contrapõe, através de uma série de antíteses muito nítidas, os benefícios do Estado civil aos inúmeros inconvenientes do Estado de natureza (X, I). Atribui claramente à vida no Estado todas as características que distinguem o viver "civil" (entre as quais "o domínio da razão, a paz, a segurança, a riqueza, a decência, a sociabilidade, o requinte, a ciência e a benevolência").

É importante a distinção entre as duas acepções — "Sociedade civil" como "sociedade política" e "Sociedade civil" como "sociedade civilizada" — porque, enquanto na maior parte dos escritores dos séculos XVII e XVIII, os dois significados se sobrepõem, no sentido de que o Estado se contrapõe conjuntamente ao Estado de natureza e ao Estado selvagem, passando "civil" a significar, ao mesmo tempo, "político" e "civilizado", em Rousseau os dois significados são nitidamente distintos. Quando descreve, na segunda parte do *Discurso sobre a origem da desigualdade*, a passagem do Estado de natureza ao da "société civile" ("o primeiro que, após haver cercado um terreno, pensou em dizer *isto é meu* e achou os outros tão ingênuos que acreditaram, foi o verdadeiro fundador da Sociedade civil"), usa a expressão Sociedade civil, não no sentido de sociedade política, mas no sentido exclusivo de "sociedade civilizada" (onde, de resto, "civilização" tem, como se sabe, uma conotação negativa). Esta Sociedade civil descrita por Rousseau é tão pouco identificável com a sociedade política ou Estado que, em certas passagens, é apresentada como um estado em que "as usurpações dos ricos, o banditismo dos pobres e as paixões desenfreadas de todos" geram um estado de "guerra permanente" que faz pensar no Estado de natureza de Hobbes. Por outras palavras, enquanto para Hobbes (e igualmente para Locke) a Sociedade civil é a sociedade política e ao mesmo tempo a sociedade civilizada (civilizada na medida em que é política), a Sociedade civil de Rousseau é a sociedade civilizada, mas não necessariamente ainda a sociedade política, que surgirá do contrato social e será uma recuperação do estado de natureza e uma superação da sociedade civil. A Sociedade civil de Rousseau é, do ponto de vista hobbesiano, uma sociedade natural.

III. EM HEGEL. — A terceira acepção é aquela que Hegel tornou célebre na sua obra *Lineamentos de filosofia do direito*. No sistema hegeliano, o espírito objetivo (que segue ao espírito subjetivo e precede o espírito absoluto) é distinto nos três momentos do direito abstrato, da moralidade e da eticidade. A eticidade, por sua vez, é distinta nos três momentos da família, da Sociedade civil e do Estado. Como se vê, a Sociedade civil, nesta sistematização geral das matérias tradicionalmente ligadas à filosofia prática, não coincide mais com o Estado, mas constitui um dos seus momentos preliminares. A Sociedade civil não é mais a família, que é uma sociedade natural e a forma primordial da eticidade, mas também não é ainda o Estado, que a forma mais ampla de eticidade e, como tal, resume em si e supera, negando-as e sublimando-as, as formas precedentes da sociabilidade humana.

A Sociedade civil coloca-se entre a forma primitiva e a forma definitiva do espírito objetivo e representa, para Hegel, o momento no qual a unidade familiar, através do surgimento de relações econômicas antagônicas, produzidas pela urgência que o homem tem em satisfazer as próprias necessidades mediante o trabalho, se dissolve nas classes sociais (sistema das necessidades). É então que a luta de classes acha uma primeira mediação na solução pacífica dos conflitos através da instauração da lei e da sua aplicação (administração da justiça). É então, enfim, que os interesses comuns encontram uma primeira regulamentação meramente externa na atividade da administração pública e na constituição das corporações profissionais (polícia e corporação). Para fazer compreender que a Sociedade civil possui algumas características do Estado, mas não é ainda Estado, Hegel define-a como "Estado externo" ou "Estado do intelecto". O que falta à Sociedade civil para ser um Estado é a característica da organicidade.

A mudança da Sociedade civil em Estado verifica-se quando cada uma das partes da sociedade, que nascem da dissolução da família, se unificam num conjunto orgânico. "Se se troca em Estado a Sociedade civil e a sua finalidade é colocada na segurança e na proteção da propriedade e da liberdade pessoal, o interesse do indivíduo como tal é o fim último onde tudo se unifica. Por causa disto, ser componente do Estado pode ser considerado uma opção caprichosa" (§ 258, anotação).

Ao distinguir a Sociedade civil do Estado, Hegel quer justamente contrariar as teorias precedentes, muito caras aos jusnaturalistas, que, identificando o Estado com a Sociedade civil, isto é, com uma associação voluntária que nasce de um contrato para a proteção externa dos bens de cada indivíduo, não conseguiam aperceber-se da real, efetiva excelência do Estado, em nome do qual os cidadãos são chamados, em tempos mais difíceis, até ao supremo sacrifício da vida.

Antes de Hegel, uma distinção muito semelhante entre Sociedade civil e Estado havia sido sustentada por August Ludwig Schlözer (1793); com uma referência direta ao mesmo Schlözer, ela foi depois repetida e confirmada por Anselm Feuerbach, que, acolhendo a velha doutrina dos dois pactos constitutivos do Estado, afirmou que, com o primeiro (o *pactum societatis*), os indivíduos dão origem pura e simplesmente à Sociedade civil e, somente com o segundo (o *pacto subiectionis*, ao qual Feuerbach junta uma forma alemã, o *pactum ordinationis civilis*), conseguem transformar a Sociedade civil em Estado (*Antihobbes*, 1798, cap. II).

IV. EM MARX. — Não é improvável que, ao sujeitar esta terceira maneira de entender a Sociedade civil à crítica das teorias jusnaturalistas, especialmente à teoria de Locke, para o qual o Estado, não sendo outra coisa senão uma associação de proprietários, não pode ser considerado um Estado no sentido pleno da palavra à maneira de Hegel, se haja interposto uma terceira significação de "civil" que, em sua forma alemã, "bürgerlich", significa também "burguês". Na realidade, algumas páginas que Hegel dedicou à Sociedade civil, especialmente as que descrevem o sistema das necessidades, onde, entre outras considerações, achamos o reconhecimento da importância e da novidade da economia política, "ciência que faz honra ao pensamento", constituem representação fiel das relações econômicas entre indivíduos em conflito entre si, características da imagem que a sociedade burguesa tem de si mesma.

Foi com Marx que se deu a passagem do significado de Sociedade civil, nas várias acepções até aqui mostradas, ao significado de "sociedade burguesa". Quando Marx, na *Questão hebraica*, descreve o processo através do qual a Sociedade civil se emancipa do Estado, que impede seu livre desenvolvimento, e se cinde em indivíduos independentes que se proclamam libertos e iguais perante o Estado, e quando critica os pretensos direitos naturais, universais e abstratamente humanos, como direitos que nascem da própria Sociedade civil, deixa claro que, por Sociedade civil, devemos entender "sociedade burguesa". O processo de formação da Sociedade civil-burguesa é, de fato, contraposto ao da sociedade feudal: "A emancipação política foi, ao mesmo tempo, a emancipação da sociedade burguesa da política e da aparência de um conteúdo universal. A sociedade feudal dissolveu-se no seu elemento fundamental, o homem; mas o homem que constituía o seu fundamento, o *homem egoístico*. Este homem, membro da sociedade burguesa, é agora a base, o pressuposto do Estado político. Ele é reconhecido como tal pelo Estado nos direitos do homem." (Observe-se, entre outras coisas, que, se neste contexto traduzíssemos "civil" no lugar de "burguês", a frase seria quase incompreensível.)

O trecho canônico desta nova acepção é o do prefácio à *Crítica da economia política,* em que Marx afirma que, estudando Hegel, ficara convencido de que as instituições políticas e jurídicas tinham suas raízes nas relações materiais da existência, "cujo complexo é englobado por Hegel. . . sob o termo de 'Sociedade civil'", pelo que "a anatomia da Sociedade civil deve buscar-se na economia política".

Não importa que Marx neste trecho tenha dado uma interpretação deformada, ou pelo menos unilateral da Sociedade civil de Hegel, fazendo-a coincidir com a esfera das relações econômicas, enquanto, como já vimos, a Sociedade civil de Hegel é mais extensa e abrange também a regulamentação externa (estatal) dessas relações, sendo, portanto, já uma forma preliminar e, por isso, insuficiente de Estado.

O que importa relevar é que, na medida em que Marx faz da Sociedade civil o espaço onde têm lugar as relações econômicas, ou seja, as relações que caracterizam a estrutura de cada sociedade, ou "a base real sobre a qual se eleva uma superestrutura jurídica e política", a expressão Sociedade civil, que, nos escritores jusnaturalistas, significava, conforme a etimologia, a sociedade política e o Estado, passa a significar (e significará cada vez mais de agora em diante por influência do pensamento marxista) a sociedade pré-estatal; tem, portanto, a mesma função conceptual que tinha, para os escritores jusnaturalistas, o Estado de natureza ou a sociedade natural, que era exatamente a sociedade das relações naturais ou econômicas entre os indivíduos, de cuja insuficiência nascia a necessidade de evoluir para uma fase superior de agregação (de civilização) que seria a sociedade política ou Estado.

Pelo exposto verificamos que, ao final deste processo de mudança, ou melhor, de desvios de significado, Sociedade civil acabou por ter um significado oposto àquele que tinha no início do processo.

Em outras palavras, na grande dicotomia "sociedade-Estado", própria de toda a filosofia política moderna, Sociedade civil representa, ao princípio, o segundo momento e, ao fim, o primeiro, embora sem mudar substancialmente o seu significado: com efeito, tanto a "sociedade natural" dos jusnaturalistas, quanto a "Sociedade civil" de Marx indicam a esfera das relações econômicas intersubjetivas de indivíduo a indivíduo, ambos independentes, abstratamente iguais, contraposta à esfera das relações políticas, que são relações de domínio. Em outras palavras, a esfera dos "privados" (no sentido em que "privado" é um outro sinônimo de "civil" em expressões como "direito privado" que equivale a "direito civil") se contrapõe à esfera do público.

Em *Sagrada família,* Marx define a Sociedade civil com palavras que não diferem das usadas pelos jusnaturalistas para definir o Estado de natureza: "O Estado moderno tem como *sua base natural* (note-se a palavra "natural") a Sociedade civil, ou seja, o homem independente, unido a outro homem somente pelo vínculo do interesse privado e pela inconsciente necessidade natural." E, o que é mais significativo, o caráter específico da Sociedade civil (burguesa) assim definida é o do Estado de natureza descrito por Hobbes, isto é, a guerra de todos contra todos: "Tudo quanto a Sociedade civil é realmente, esta guerra (do homem contra o homem), de um contra o outro, de todos os indivíduos que se excluem reciprocamente só por causa da sua individualidade, é o universal e desenfreado movimento das forças elementares da vida desligadas dos vínculos dos privilégios."

V. EM GRAMSCI. — Gramsci também distingue repetidamente Sociedade civil e Estado. Esta distinção é um dos motivos condutores da análise histórica e política que ele faz, em *Cadernos do cárcere,* da sociedade burguesa e da evolução da sociedade burguesa para a sociedade socialista. Esta distinção, porém, apesar da identidade da terminologia, não coincide com aquela de Marx. A expressão Sociedade civil adquire assim, na obra mais madura de Gramsci, um quinto significado. Ele afirma: "Podem-se por enquanto fixar dois grandes planos superestruturais, o que se pode chamar da Sociedade civil, ou seja, do conjunto de organismos vulgarmente denominados privados, e o da sociedade política ou Estado, que correspondem à função de hegemonia que o grupo dominante exerce em toda a sociedade, e ao do domínio direto ou de comando que se expressa no Estado ou no Governo jurídico."

Desta passagem e de outras análogas que poderíamos citar, se deduz claramente que, ao contrário de Marx, para quem a Sociedade civil compreende a esfera de relações econômicas e, portanto, pertence à estrutura, Gramsci entende por Sociedade civil apenas um momento da superestrutura, particularmente o momento da hegemonia, que se distingue do momento do puro domínio como momento da direção espiritual e cultural que acompanha e integra de fato nas classes efetivamente dominantes, e que deve acompanhar e integrar nas classes que tendem ao domínio, o momento da pura força.

Parafraseando o que foi dito por Marx, poderíamos afirmar, para bem acentuar a distinção, que a Sociedade civil compreende, segundo Gramsci, não já "todo o complexo das relações materiais", mas todo o complexo das relações ideológico-culturais.

Se toda a forma durável de domínio se apóia na força e no consenso, todo o regime político necessita não somente de um aparelho coativo, em que consiste o Estado no sentido estrito e tradicional da palavra, mas também de várias instituições, dos jornais à escola, das editoras aos institutos culturais, instituições essas que têm por fim a transmissão dos valores dominantes e através das quais a classe dominante exerce a própria hegemonia.

O relevo dado por Gramsci ao elemento da hegemonia não significa que ele tenha abandonado a tese marxista da prioridade da estrutura econômica; mostra, quando muito, que ele quis distinguir com mais força, no conjunto dos elementos superestruturais, o momento da formação e da transmissão dos valores (hoje poderíamos dizer da "socialização") do momento mais propriamente político da coação.

Na história dos vários significados de Sociedade civil o que importa essencialmente notar é que Gramsci, chamando Sociedade civil ao momento da elaboração das ideologias e das técnicas do consenso, a que deu particular relevo, modificou o significado marxista da expressão, voltando parcialmente ao significado tradicional, segundo o qual a Sociedade civil, sendo sinônima de "Estado", pertence, segundo Marx, não à estrutura, mas à superestrutura. Em suma, Gramsci serviu-se da expressão Sociedade civil, não para contrapor a estrutura à superestrutura, mas para distinguir melhor do que o haviam feito os marxistas precedentes, no âmbito da superestrutura, o momento da direção cultural do momento do domínio político.

VI. Na linguagem de hoje. — De todos os significados precedentemente analisados, o mais

comum na linguagem política atual é o genericamente marxista. Tanto é assim que, enquanto a contraposição entre Sociedade civil e Estado é corrente na literatura política continental, que sentiu mais a influência do marxismo (veja-se, por exemplo, a obra de P. Farneti intitulada *Sistema político e Sociedade civil*, 1971), ela é praticamente desconhecida na literatura política de língua inglesa, onde o "sistema político" é considerado, geralmente, como um subsistema em relação ao "sistema social" em seu conjunto, e onde a expressão Sociedade civil é substituída pelo termo mais genérico de "sociedade".

Na contraposição Sociedade civil-Estado, entende-se por Sociedade civil a esfera das relações entre indivíduos, entre grupos, entre classes sociais, que se desenvolvem à margem das relações de poder que caracterizam as instituições estatais. Em outras palavras, Sociedade civil é representada como o terreno dos conflitos econômicos, ideológicos, sociais e religiosos que o Estado tem a seu cargo resolver, intervindo como mediador ou suprimindo-os; como a base da qual partem as solicitações às quais o sistema político está chamado a responder; como o campo das várias formas de mobilização, de associação e de organização das forças sociais que impelem à conquista do poder político.

Evocando a conhecida distinção de Weber entre poder de fato e poder legítimo, pode-se também dizer que a Sociedade civil é o espaço das relações do poder de fato e o Estado é o espaço das relações do poder legítimo. Assim entendidos, Sociedade civil e Estado não são duas entidades sem relação entre si, pois entre um e outro existe um contínuo relacionamento.

Uma das maneiras mais freqüentes de definir os partidos políticos é a de mostrar sua função de articulação, agregação e transmissão das demandas que provêm da Sociedade civil e que são destinadas a tornar-se objeto de decisão política.

A contraposição entre Sociedade civil e Estado tem sido freqüentemente utilizada com finalidades polêmicas, para afirmar, por exemplo, que a Sociedade civil move-se mais rapidamente do que o Estado, que o Estado não tem sensibilidade suficiente para detectar todos os fermentos que provêm da Sociedade civil, que na Sociedade civil forma-se continuamente um processo de deterioração da legitimidade que o Estado nem sempre tem condições de deter. Uma velha formulação desta mesma antítese é a que contrapõe o poder real ao poder legal. Daí a freqüente afirmação de que a solução das crises que ameaçam a sobrevivência de um Estado deve buscar-se, antes de tudo, na Sociedade civil, onde é possível a formação de novas fontes de legitimidade e, portanto, novas áreas de consenso. Nos momentos de ruptura, se exalta a volta à Sociedade civil, tal como os jusnaturalistas exaltavam o retorno ao Estado de natureza.

BIBLIOGRAFIA. — N. BOBBIO, *Sulla nozione di società civile*, in "De homine", 1968; P. FARNETI, *Sistema politico e sistema civile*, Giappichelli, Torino 1971; J. HABERMAS, *Storia e critica dell'opinione pubblica* (1962), Laterza, Bari 1971; M. RIEDEL, *Bürgerliche Gesellschaft. Historisches Lexicon zur politisch-sozialen Sprache in Deutschland*, Klett-Cotta, Stuttgart 1974, vol. II.

[NORBERTO BOBBIO]

Sociedade de Massa.

I. A SOCIEDADE DE MASSA E OS CRÍTICOS. — Sob o ponto de vista descritivo, a Sociedade de massa pode ser definida como uma sociedade em que a grande maioria da população se acha envolvida, seguindo modelos de comportamento generalizados, na produção em larga escala, na distribuição e no consumo dos bens e serviços, tomando igualmente parte na vida política, mediante padrões generalizados de participação, e na vida cultural, através do uso dos meios de comunicação de massa. A Sociedade de massa surge num estádio avançado do processo de modernização: quer quanto ao desenvolvimento econômico, com a concentração da indústria na produção de bens de massa e o emergir de um setor terciário cada vez mais imponente; quer quanto à urbanização, com a concentração da maior parte da população e das instituições e atividades sociais mais importantes nas grandes cidades e nas megalópoles; quer quanto à burocratização, com o predomínio da racionalidade formal sobre a substancial e com a progressiva redução das margens da iniciativa individual. Este conjunto de condições define o tipo e estilo que prevalecem nas relações sociais de uma Sociedade de massa. Tendem a perder peso sucessivamente os vínculos naturais, como os da família e da comunidade local, prejudicados pelas organizações formais e pelas relações intermediadas pelos meios de comunicação de massa: daí o notável crescimento das relações mútuas entre sujeitos às vezes sumamente distantes entre si e, ao mesmo tempo, o emprobrecimento e a despersonalização dessas inter-relações, que envolvem apenas aspectos parciais e limitados da personalidade dos indivíduos.

Na complexidade da sua estrutura, a Sociedade de massa é um fenômeno recente, do nosso século; mas, ao mesmo tempo, ela é resultado de um longo processo de modernização, que pressupõe um progressivo envolvimento social, político e cultural das grandes massas da população. Não é, pois, de admirar que as interpretações e críticas que se fizeram da Sociedade de massa, e, particularmente, das suas conseqüências políticas, sejam eco, em parte, de velhas posições mantidas em face do ingresso das massas na cena social e política e, em parte, reflitam, pelo contrário, posições novas. Perante o surgimento das massas nas sociedades européias, se observam fundamentalmente três atitudes diversas: um juízo ~talmente positivo por parte dos democratas e socialistas, Marx por exemplo; uma crítica que chamaria aristocrática, como a de Maistre, Le Bon, Burckardt, Nietzsche e, finalmente, Ortega y Gasset, todos eles a esconjurar o declínio dos valores tradicionais e elitizantes sob o embate nivelador das massas; uma crítica moderada por parte de alguns liberal-democratas, como Tocqueville e Stuart Mill, preocupados com salvaguardar a liberdade individual diante da possível "tirania da maioria" e da pressão do conformismo social. Hoje, em face da Sociedade de massa, a posição que continua a apresentar mais coerência é a de inspiração liberal-democrática, uma posição de crítica moderada, quando não de defesa (Kornhauser, Bell, Shils). A esta se contrapõe uma crítica radical e muito agressiva, que provém principalmente da esquerda (Fromm, em primeiro lugar, Mills e Marcuse).

Resta-nos agora considerar mais de perto as interpretações e críticas da Sociedade de massa. Fá-lo-emos analisando particularmente dois dos aspectos politicamente mais qualificativos: o CONFORMISMO (v.), que seria característico das Sociedades de massa, e as relações entre Sociedade de massa e TOTALITARISMO (v.).

II. SOCIEDADE DE MASSA E CONFORMISMO. — Já no conceito de "homem-massa" de Ortega y Gasset estava presente um traço distintivo do conformismo que depois havia de ser considerado como próprio da Sociedade de massa: o fato de que o "outro" a quem a gente se conforma é uma noção geral e vazia e não mais um grupo particular com critérios próprios e peculiares de comportamento. O homem-massa se sente à vontade — afirma Ortega y Gasset — quando é igual a "todo o mundo", isto é, à massa indiferenciada. Todavia, um ensaio mais elaborado de descrição do conformismo da Sociedade de massa se encontra na análise do "conformismo de autômatos" levada a efeito por E. Fromm em *Fuga da liberdade*, mas mais ainda no conceito de caráter "heterodirigido" — contraposto tanto ao caráter "autodirigido" como ao de "direção tradicionalista" — que Riesman teoriza em *Multidão solitária*.

Segundo Fromm, com o conformismo típico da Sociedade de massa, o indivíduo deixa de ser ele próprio, tornando-se totalmente igual aos demais e como os outros querem que ele seja. Esta espécie de mimese, que Fromm compara com a colaboração protetora que assumem alguns animais, se estende até às experiências aparentemente mais íntimas: os sentimentos, os pensamentos e a própria vontade. O preço é a perda do "eu genuíno", da subjetividade original da pessoa. É precisamente isto que torna o "conformismo de autômato" capaz de se autoperpetuar e de durar. Para vencer o temor derivado da perda da identidade, o indivíduo é constrangido a "fugir da liberdade", ou seja, a buscar uma identidade substitutiva (um "pseudo-eu") na contínua aprovação e no contínuo reconhecimento por parte dos outros.

Segundo Riesman, o indivíduo "heterodirigido", predominante na sociedade de massa, encontra o guia do seu comportamento não em si mesmo, mas nos outros: os outros que conhece diretamente e aqueles com que tem relação indireta através dos amigos e dos meios de comunicação de massa. A orientação fundamental do heterodirigido não está, pois, num sistema de valores inscrito em sua personalidade, mas no conformismo com os demais. É isto que distingue claramente este tipo de caráter do "autodirigido", predominante na história moderna do Ocidente, desde a Renascença e Reforma até ao advento da Sociedade de massa. Por outro lado, a dependência externa do heterodirigido é estruturalmente diversa da que distingue o caráter "de direção tradicionalista", preponderante nas sociedades tradicionais. Neste caso, a fonte de direção externa orienta para tarefas preestabelecidas de uma vez para sempre e tem a sua origem num grupo concreto (clã, casta, corporação), com quem o sujeito está em relação direta e que representa a ordem social. Em vez disso, a dependência do heterodirigido dos outros não está vinculada nem a tarefas preestabelecidas, nem a um grupo determinado de que tem experiência direta, nem a uma ordem social. Os grupos — vizinhos e distantes — que imprimem uma orientação ao comportamento do heterodirigido da Sociedade de massa, mudam constantemente, tanto quanto mudam as tarefas a desenvolver; e isto cria no indivíduo uma necessidade insaciável, vazia, de apreço e de reconhecimento por parte dos outros em geral.

III. SOCIEDADE DE MASSA E TOTALITARISMO. — Alguns críticos radicais que aplicam o modelo da sociedade de massa aos Estados Unidos, em especial, ou, de um modo geral, às sociedades industriais avançadas do Ocidente, reconhecem em tais sociedades, além de um conformismo difuso, uma acentuada concentração do poder. C. Wright Mills constata nos Estados Unidos, em concomitância com o surgir da Sociedade de massa, uma verdadeira e autêntica elite dominante, compacta e coesa, composta pelas mais altas figuras do poder econômico, dos círculos militares e da política, que detém todo o poder nas decisões importantes para a nação. H. Marcuse, por sua vez, descreve a Sociedade de massa estadunidense como uma sociedade "de uma só dimensão", caracterizada pelo pleno domínio econômico-tecnológico sobre os homens, por um controle absoluto dos meios de comunicação de massa, por uma grosseira manipulação da cultura e pela obstrução de qualquer espaço de discordância: um estado de coisas que não hesita em chamar de "totalitarismo" (um totalitarismo não "terrorífico", mas "tecnológico"). Estas interpretações parecem, contudo, um tanto caricatas. A segunda, em especial, não se baseia numa verificação controlada e desapaixonada dos fatos. Ambas têm sido vivamente impugnadas por numerosos sociólogos e politólogos americanos, como T. Parsons e R. Dahl, que, ao contrário, têm posto em relevo o caráter pluralista da distribuição do poder na América.

De qualquer modo, independentemente da descrição que se queira fazer da estrutura do poder no sistema político norte-americano, continua aberta a questão das relações que intermedeiam, em geral, entre Sociedade de massa e totalitarismo. Neste campo, o estudo teórico mais aprofundado foi o realizado por W. Kornhauser, que procedeu a uma redefinição especificamente política da Sociedade de massa, distinguindo-a analiticamente de outros três tipos políticos de sociedade. Aceita como parâmetro a natureza das relações entre as elites políticas e as massas. Considera, por um lado, o grau de acessibilidade das elites por parte das massas, por outro, o da facilidade de mobilização das massas por parte das elites. Apoiado nisso, chama "tradicional" à sociedade caracterizada por uma baixa acessibilidade das elites (aristocracias fechadas) e por uma fraca plasmabilidade das massas, cuja vida é regida por normas tradicionais; "pluralista" à sociedade caracterizada por um alto grau de acessibilidade das elites (a política competitiva confere às massas um peso importante na escolha dos líderes) e por uma baixa plasmabilidade das massas (que na sociedade pluralista estão ligadas por uma intensa lealdade a associações, grupos e corpos intermédios); "totalitária" à sociedade caracterizada por uma baixa acessibilidade das elites (que se autoperpetuam e se auto-selecionam) e por uma alta plasmabilidade das massas, não mais defendidas pelos grupos intermediários; "de massa" à sociedade caracterizada por uma alta acessibilidade das elites e por uma alta plasmabilidade das massas. Dentro desta perspectiva, o Estado altamente instável da "sociedade de massa" (pense-se nos anos imediatamente anteriores à tomada do poder por Mussolini na Itália) constitui o perigo mais ameaçador para a sobrevivência da democracia liberal e o agente mais eficaz para a instauração do totalitarismo.

BIBLIOGRAFIA. E. FROMM, *Fuga dalla libertà* (1941), Comunità, Milano 1963; S. HALEBSKY, *Mass society and political conflict. Towards a reconstruction of theory*, Cambridge University Press, Cambridge 1976; W. KORNHAUSER, *The politics of mass society*, Free Press, Glencoe, ILL. 1959; G. LE BON, *Psicologia delle folle* (1895), Longanesi, Milano 1980; K. MANNHEIM, *L'uomo e la società di ricostruzione* (1940), Comunità, Milano 1959; H. MARCUSE, *L'uomo a una dimensione*. *L'ideologia della società industriale avanzata* (1964), Einaudi, Torino 1967; C. W. MILLS, *La élite del potere* (1956), Feltrinelli, Milano 1959; J. ORTEGA Y GASSET, *La ribellione delle masse* (1930), Il Mulino, Bologna 1962; D. RIESMON, *La falta solito io* (1950), Il Mulino, Bologna 1956; E. SHILLS, *Mass Society and its culture*, in *Varieties of modern social theory*, ao cuidado de T. RUITENEEK, New York 1963.

[CASSIO ORTEGATI]

Sociedade por Categorias.

I. DA IDADE MÉDIA À IDADE MODERNA. — A grande "fase de transição" que leva do sistema feudal ao ESTADO MODERNO, (v.) e que engloba, aproximadamente, o período que vai do século XII ao século XVI, também conhecido como baixa Idade Média, teve indubitavelmente um tipo peculiar de organização do poder que, embora não uniforme nem passível de generalizações, pode, todavia, ser reconstruído nas suas grandes linhas, comuns à maior parte das experiências políticas européias daquele tempo.

Trata-se da época em que é preparada a grande edificação do Estado, mediante a queda e a desagregação daquela estrutura imponente, de base imperial-religiosa e caracterizada pelo sistema feudal de relações, com que, pela primeira vez, o Ocidente manifesta sua unidade política, bem como sua capacidade de proporcionar a si mesmo

formas organizacionais plenamente conscientes. Autores famosos já há tempos têm identificado neste período a base histórica originária das principais causas da evolução da história constitucional e política européia até os dias de hoje. Há quem tenha pretendido encontrar, já neste período, a própria fundação do Estado moderno (insistindo principalmente no fato do surgimento das primeiras monarquias "nacionais"); há, ao contrário, quem tenha se limitado a salientar a problematicidade apresentada por esta época, evidenciada no desenvolvimento de temas antigos e inovadores, num entrecho contraditório, porém dialético, onde estaria encerrada toda a riqueza, bem como a peculiaridade, da história ocidental moderna.

É supérfluo lembrar que esta é também a época de uma grande redescoberta do homem, no sentido religioso e no sentido leigo, espiritual e material, do ponto de vista cultural e do ponto de vista econômico; trata-se de uma nova valorização da presença do homem no mundo, de sua condição, de seu "status". Elementos universalistas, aliás cósmicos, entrelaçam-se com a descoberta de uma diversidade mais ampla e mais articulada nas situações humanas, todas elas legítimas e legitimadas da mesma forma, contanto que inseridas, cada uma nos limites de suas competências, no projeto global e coerente que devia abrangê-las a todas.

Tudo isto constitui, sem dúvida, o reflexo da crise irremediável em que se afundou o sistema feudal: a falência da hipótese mecanicista, rigorosa, austera, de uma relação política basicamente bilateral, entre senhor e senhor, partindo do nível mais baixo para o nível mais alto, até atingir o senhor supremo, no qual todo o conjunto de relações feudais encontra sua justificativa: o imperador. De igual modo à superação de uma economia de base, fundamentalmente natural, cujo único protagonista era o senhor, proprietário de terras, que evidenciava sua posição de superioridade, a nível social, através da reivindicação e do exercício daquele complexo sinalagmático de direitos e deveres que era o direito feudal. Não é por acaso que, até a Revolução Francesa, a única acepção vigente do termo "feudal" tenha sido justamente a jurídica. A multiformidade que substitui o esquema feudal se constitui ao invés como o reflexo de uma nova mobilidade social, reflexo, por sua vez, da incipiente transformação da vida econômica e da conseqüente necessidade de serem definidas formas de organização política mais adequadas a condições de vida bastante modificadas.

Esta passagem acontece em dois níveis: o tradicional de base agrária, caracterizado pela propriedade fundiária, mediante a progressiva transformação do feudo em "senhoria"; e o novo, caracterizado pelas nascentes atividades produtoras e comerciais, mediante a formação de organizações corporativistas de diversa natureza e importância, porém com características básicas comuns. O denominador comum de ambos os processos é o desejo da autogestão: isto é, a procura de uma solução para os problemas relativos a cada contexto (o senhorial e o comunitário) no interior do próprio contexto, por parte das forças que nele atuam. É evidente, todavia, que, para além desta marca comum, é justamente a diferente estrutura de cada caminho evolutivo ora citado que faz com que, em cada um deles, predomine um diferente critério de gestão: o senhorial, justamente, ou o comunitário. Trata-se, como é sabido, de dois aspectos muitas vezes apresentados como característicos de toda a história constitucional moderna do Ocidente. Sua presença, aliás sua gênese, no período que aqui estamos analisando, serve, por si só, para justificar o estudo autônomo da forma organizacional dominante naquele período no campo político: a Sociedade por categorias.

II. DIMENSÃO SOCIAL DO POLÍTICO. — A análise desta expressão, retirada, por tradução, da historiografia alemã (*ständische Gesellschaft*) e particularmente da elaboração mais recente que dela faz Otto Brunner (*Altständische Gesellschaft*) deveria possibilitar uma percepção fácil e imediata de seus traços característicos. O que se entende, em primeiro lugar, por "categoria"? (alemão: *Stand*; francês: *Estat*; inglês: *Estate*; latim: *status*). É o conjunto de pessoas que gozam, pela condição comum em que se encontram, da mesma posição com relação aos direitos e deveres políticos. Pelo fato de usufruírem conjuntamente desta posição, elaboram e praticam formas de gestão da mesma que se configuram, justamente, como comunitárias ou, ao menos, como representativas.

Um primeiro elemento que emerge deste enfoque dado ao problema é o caráter não mais pessoal e sim necessariamente coletivo apresentado pela obrigação política, decorrente da crise do sistema feudal e que encontra sua caracterização na organização por *categorias*. Na senhoria, assim como na corporação (tendo como ponto de partida a "casa" que, como veremos, é a forma primitiva de toda a organização, até a nível antropológico), a relação política envolve mais pessoas ao mesmo tempo. Em suma, trata-se de uma relação grupal que, enquanto tal, é mais dificilmente redutível a uma mera definição jurídica ,apresentando aspectos, interesses e compromissos concretos de tipo sociologicamente mais global.

Decorre daí um segundo elemento. Relações políticas deste tipo podem subsistir não apenas na medida em que se estruturam internamente, de forma coletiva, mas na medida em que encontram também uma contrapartida externamente, na existência de novas relações grupais, de tal forma que acabe ocorrendo a criação de um tecido de relações que, mediante a solução em cada setor de seus respectivos problemas, leve à solução de todos, ao mesmo tempo e de forma equilibrada, reduzindo ao mínimo indispensável toda a mediação e intervenção superior, até mesmo pela ausência efetiva, neste período, dos portadores de poderes adequados para o desempenho desta tarefa. O resultado é, necessariamente mais uma vez, uma forma organizacional dos diferentes contextos em que se dá a solução dos problemas, não heterodirigidos ou gerida de cima para baixo, mas que produz, a partir de seu interior, uma composição, de certa forma automática, entre as diferentes exigências manifestadas pelos diversos setores da vida associativa e pelos diversos setores entre si. O resultado, em suma, é uma "sociedade", com especial realce para as conotações espontâneas do termo e para os conteúdos coletivistas por ele evidenciados. Uma Sociedade por categorias que aspira a ser, e é em grande parte, uma maneira historicamente definida de organização do poder, funcionando concretamente com base em princípios próprios, mesmo que opere de maneira diferente (mais sociológica e menos política) da forma organizacional que a antecedeu (o sistema feudal) e da que a ela irá suceder (o Estado), ambas fundadas num tipo de obrigação política mais rigorosa e vinculativa, embora por razões bastante diferentes. Trata-se, com efeito, de uma forma organizacional do poder própria de uma fase de transição, tal como a descrita no início.

Vimos até aqui os elementos pelos quais a Sociedade por categorias se diferencia do sistema político que a antecedeu, de base feudal: superação da base personalista e, conseqüentemente, predominantemente jurídica do poder, mudança na estrutura econômica que lhe serve de suporte e, finalmente, passagem de um enfoque acentuadamente militarista da relação política para um enfoque mais social.

Cumpre, agora, identificar os aspectos que diferenciam esta forma organizacional do poder da que nos é mais próxima, própria do Estado moderno. É aqui que se encontra o aspecto metodologicamente mais importante do problema, uma vez que, como já foi evidenciado, a Sociedade por categorias é uma construção conceptual da historiografia contemporânea e é, portanto, necessariamente condicionada, na sua estrutura lógica, pelos elementos que caracterizam a forma de organização do poder que, de alguma maneira, também é condicionante.

III. POLICENTRISMO DO PODER EM CONTEXTOS AUTÔNOMOS. — Nesta perspectiva, são dois os aspectos que merecem ser evidenciados: ambos antitéticos com relação a elementos característicos do Estado moderno. Trata-se, por um lado, da relação entre competência pública e competência privada, e, por outro, da alternativa entre a concentração do poder e policentrismo do mesmo. Por sua vez, ambos se resumem numa diferença radical entre as duas formas de organização do poder: a relação-contraposição entre o "Estado" e a "sociedade", inteiramente ausente na Sociedade por categorias, cuja presença é, porém, essencial para o Estado moderno.

Público e privado, afirma-se, não constituem categorias políticas para a história constitucional que antecede a Idade Moderna. Isto não significa que não existissem então as duas dimensões, isto é, que não houvesse uma qualquer distinção entre atos relativos à vida privada dos indivíduos e atos que apresentassem, ao contrário, uma significação mais ampla, coletiva de alguma maneira. Significa apenas que os dois tipos de atos não se configuravam como inerentes a dois pólos separados e contrapostos (o indivíduo enquanto tal e o detentor do poder político), mas coexistiam nas mesmas situações. A distinção, portanto, não era, de maneira alguma, causa ou conseqüência da separação constitucional entre o exercício do poder, de um lado, e a simples satisfação de necessidades individuais, do outro. Ao contrário, muitas vezes comportamentos que, de acordo com os parâmetros modernos, podem ser classificados como privados, implicavam, de imediato, o surgimento de direitos e deveres públicos. É significativo como exemplo, neste sentido, o caso do "senhor de casa" (Hausherr) que, enquanto desempenhava sua função, hoje tipicamente privada, de chefe de família, exercia um real poder político (jurisdicional, administrativo, de representação) sobre os membros da "casa" a ele subordinados. O mesmo valia para todas as outras formas de "senhorio", quer fossem desempenhadas em termos senhoriais ou comunitários.

Tal situação só pode ser entendida na medida em que for superada a concepção — característica da Idade Moderna — da concentração do poder numa única sede. A Sociedade por categorias é, sem dúvida, eminentemente pluralista: não no sentido moderno, pois não havia nela centros diferenciados de controle e/ou participação no poder (sempre entendido como algo unitário e integrado, mesmo "dividido" ou articulado no seu interior) nem centros periféricos aos quais fosse delegado o poder pela sede integrada e originária, mas no sentido de que o poder brota de fontes diferentes e se evidencia em sedes diferentes, mais ou menos em concorrência entre si, mais ou menos coordenadas. As diferentes fontes correspondem, basicamente, às diferentes funções sociais, às diferentes condições ou "status", enfim, às diferentes categorias. Por sua vez, as diferentes sedes correspondem aos diferentes contextos organizacionais que tais funções se atribuíram: desde a família ("casa") como foi visto, até às assembléias de categoria ou das categorias.

O que falta à antiga Sociedade por categorias e que a caracteriza, de forma mais clara, em relação ao Estado moderno, é o elemento que Max Weber entende como a própria essência do Estado: o monopólio da força legítima. Esta se encontra, ao contrário, deslocada, de uma maneira mais ou menos forte, em inúmeros pontos, possuindo cada um deles, como foi visto acima, eficácia política direta e faltando totalmente (por ser inimaginável) a distinção entre privado e público. Não existe, em outras palavras, o Estado, como momento sintético e unificador da titularidade e do exercício do poder; conseqüentemente, falta também a sociedade, como sede dos interesses privados e das relações a eles inerentes. A Sociedade por categorias é, em termos modernos, ao mesmo tempo, Estado e sociedade: *societas civilis sive status*. É uma forma autônoma e original de organização do poder, inspirada em princípios antitéticos aos que inspiram o Estado moderno.

IV. CONTRADIÇÕES DE FUNDO DA SOCIEDADE POR CATEGORIAS, COM RELAÇÃO AO ESTADO MODERNO. — A última observação permite que voltemos à explicação metodológica feita anteriormente. O quadro da Sociedade por categorias, até aqui descrito, corresponde, na realidade, a um tipo ideal: isto é, corresponde à abstração de elementos considerados significativos, presentes num processo que durou séculos e que teve formas diferentes, não apenas entre um país e outro, mas também entre um e outro território. Além disso, trata-se de um "tipo" elaborado pela historiografia contemporânea: a do Estado moderno. Está, pois, com certeza condicionado na sua estrutura íntima, em sentido positivo ou em sentido negativo, pelos motivos que inspiraram o Estado moderno. Não existe aqui a pretensão de ver como funcionaria "realmente" a Sociedade por categorias: tarefa, inclusive, impossível para qualquer historiografia e, particularmente, para aquela que, neste caso, nos interessa, pelo acervo, excessivamente limitado, de notícias disponíveis. O que se pretende é, antes de tudo, recordar a complexidade da história constitucional descrita, permeada por tendências e impulsos contraditórios e, às vezes, até opostos entre si. A "senhoria", a conseqüente pluralidade de centros de poder e a autonomia local podem ser, ao mesmo tempo, momentos de participação no poder e momentos de exclusão, de opressão. Podem refletir os interesses conservadores das situações (*status*) constituídas ou promover e estimular a mobilidade social, facilitando o surgimento de *status novos*. A concorrência de múltiplos centros de poder entre si pode ser também fator de mobilidade e progresso, mas, ao mesmo tempo, pode-se constituir em fonte inesgotável de conflitos. A não-existência da distinção entre público e privado pode enriquecer de responsabilidades e competências a vida de cada indivíduo, porém, pode, também, complicar demasiadamente o desenvolvimento correto das relações sociais, confundindo motivações e justificativas individuais com exigências e aspirações coletivas. Na realidade, estas possibilidades coexistiam na antiga Sociedade por categorias, motivando uma dupla tendência.

Por um lado, principalmente no início, em decorrência do desmoronamento do sonho de unificação imperial e do correspondente sistema feudal de organização, o surgimento espontâneo de condições sociais dotadas de legitimidade, e, portanto, de poder político, favoreceu a imponente transformação econômica e social que estava se concretizando e, ao mesmo tempo, em alguns casos, seu aglutinamento ao redor de entidades territoriais e políticas cada vez mais unitárias. Por outro lado, principalmente graças a este último impulso, a multiplicidade de perturbação e ineficiência, em contraste com interesses, cada vez mais evidentes, de paz e segurança, defesa e proteção, manifestados por uma camada crescente de novas categorias sociais: as de origem manufatureira e mercantil. Otto Brunner identificou, sem sombra de dúvidas, na "faida" um dos principais instrumentos de "política" na Sociedade por categorias. Não se trata de um instrumento público nem privado, e sim de uma maneira considerada legítima para solucionar controvérsias. Uma das constantes deste período é a busca contínua da "paz territorial" à qual é sempre acrescentado o atributo de "eterna" (fruto de esperança mais do que algo real, uma vez que estas declarações se sucedem sem fim).

A dialética entre todos estes componentes haveria de conduzir, como se sabe, ao Estado moderno, mediante o triunfo da instância da racionalização e fortalecimento do poder, e, conseqüentemente, da sua unificação, tendo por base os interesses ligados a um conjunto de condições atinentes a uma categoria prestes a transformar-se em classe: a burguesia nascente. Isto ocorreu também devido ao processo de esclerose a que, inevitavelmente, está sujeita a Sociedade por categorias, através da formalização, cada vez mais acentuada, dos seus elementos constitutivos, numa estrutura constitucional híbrida, à qual se dá, tradicionalmente, o nome de "Estado por categorias", cuja característica básica é um certo tipo de dualismo de poder entre o príncipe, de um lado (portador de instâncias centralizadoras e de eficiência política), e as categorias organizadas, do outro. O fato de a organização das categorias (nas assembléias locais e territoriais, bem como nos gabinetes administrativos a elas relacionados) estar em mãos principalmente da nobreza, se constitui, sem dúvida, numa das causas que levaram a radicalizar a exigência racionalizadora das categorias mercantis e produtoras. Esta radicalização levaria tais categorias a uma progressiva tomada de consciência de seus reais interesses materiais, colocando-as ao lado do príncipe, no qual se encarnavam as esperanças, e também as reais possibilidades, de uma gestão racional do poder.

A vitória do príncipe sobre as categorias foi clara, não deixando margem a dúvidas. A historiografia mais cuidadosa tende, porém, a ressaltar insistentemente que as categorias não chegaram a ser, de maneira alguma, totalmente eliminadas. Continuaram a existir, se bem que com uma relevância não já constitucional, mas apenas social e econômica, acabando por serem esmagadas, também nestes setores, pela progressiva consolidação das classes, conseqüência da consolidação da maneira de produção capitalista. As categorias continuam a subsistir, nos aspectos positivos e negativos que caracterizaram seu período áureo, como fatores de conservação, mas também de participação. Em torno da permanência destas duas características existe uma antiga polêmica historiográfica, nunca resolvida e talvez insolúvel, entre os que insistem em ver nas categorias (e em suas assembléias) uma antecipação do moderno princípio representativo e parlamentar, e os que, ao contrário, acentuam a dimensão constitucional (para não dizer existencial) da Sociedade por categorias, verdadeira e autêntica forma de organização do poder, dotada de características distintivas originais e exclusivas. Adotou-se aqui a segunda tese, menos formalista e mais "global" (embora mais passível de utilização conservadora e de lamentações absurdas acerca dos belos dias de outrora): deve-se, porém, notar que se trata de uma opção efetuada a nível científico, "compreensivo" (*verstehend*), mais do que a nível político e substancial. Optou-se por um "tipo" que, como foi dito, possibilita "compreender", de maneira satisfatória, a evolução constitucional do Ocidente, da Idade Média aos nossos dias. Já foi dito tratar-se de um tipo contraditório. É evidente também que nele se encontram presentes os elementos necessários para uma posterior evolução: os que levam ao Estado absolutista, em primeiro lugar, mas sem dúvida também alguns elementos que encontrariam sua plena realização numa fase posterior, a do Estado liberal e representativo.

BIBLIOGRAFIA. — R. AJELLO, *Arcana juris, Diritto e politica nel Settecento italiano*, Iovene, Napoli 1976; O. BRUNNER, *Per una nuova storia costituzionale e sociale*, Vita e Pensiero, Milano 1970; H. M. CAM, A. MARONGIU e G STOEKL, *Recent works and present views on the origins and development of representative assemblies*, in *Relazioni del X congresso internazionale di scienze storiche*, I, Firenze, 1955; O. HINTZE, *Organizzazione, cultura, società. Saggi di storia costituzionale*, ao cuidado de P. SCHIERA, Il Mulino, Bologna 1980; E. LOUSSE, *La société d'Ancien Régime. Organisation et représentation corporatives*, Les éditions de la Librairie Encyclopedique, Louvain, nova edição, 1952; *Problèmes de stratification sociale*, ao cuidado de R. MOUSNIER, PUF, Paris 1968; G. OESTREICH e I. AUERBACH, *Die standische Verfassung in der Westlichen und in der marxistisch-sovietischen Geschichtsschreibung*, in "Anciens Pays et Assemblées d'États", LXV, 1976, pp. 5-54.

[PIERANGELO SCHIERA]

Sociologia Política.

I. A FORMAÇÃO DA DISCIPLINA. — No sentido lato do termo, a Sociologia política surge no momento em que se inicia a reflexão sociológica sobre o poder, o Estado e o dever político. A sociologia do século XIX — de Comte a Durkheim, de Marx a Weber — opera, na exegese do político, aquela "secularização" da análise política que se iniciara com os cânones maquiavélicos da observação da "realidade efetiva". O poder, o Estado, o dever político são vistos como elementos do "social", quer representem uma "função" da sociedade civil, quer revelem, em vez disso, em forma institucional, a coercitividade como elemento da "luta de classes". Neste sentido, a preeminência do político na reflexão sociológica foi uma das razões do "atraso" da

Sociologia política em constituir-se em disciplina específica com relação às outras disciplinas sociológicas.

A Sociologia política surge, antes de tudo, como reação às carências da análise formal-jurídica das instituições políticas, com o cunho de um "realismo desencantado". Assim acontece com o conceito de classe política (v. ELITES, TEORIA DAS) que contrapõe à teoria da divisão dos poderes e do poder proveniente "de baixo" a "realidade" de uma minoria detentora do poder, organizada, coesa, quase hereditariamente perpetuada, malgrado as técnicas democráticas de controle e de revezamento da classe política no poder.

A Sociologia política se constitui, além disso, como disciplina específica com a análise das formações político-sociais que surgem tanto como aspecto político da sociedade industrial, quanto como conseqüência, primeiro da ampliação do sufrágio e, depois, do sufrágio universal. A Sociologia política se apresenta, portanto, histórica e analiticamente, como uma "tomada de consciência" da transição da sociedade contemporânea, de um sistema político baseado na participação e no controle de uma elite, a sistema político fundado na relevância cada vez maior da maioria popular, tanto em sentido democrático-parlamentar ("democracia de massa"), como em sentido "ditatorial" ("ditadura popular").

O fenômeno da crescente relevância e participação da maioria no processo político e da igualdade de acesso às atividades políticas e administrativas influi igualmente nos regimes políticos "democráticos" e nos "não-democráticos".

A importância deste fenômeno está no fato de que ele provoca uma nova orientação na própria reflexão sociológica, de tal modo que a sociologia "pós-clássica" do período que medeia entre as duas guerras mundiais, deve ser considerada essencialmente como Sociologia política.

Nota-se a tendência a substituir o termo "Estado" por SISTEMA POLÍTICO (v.). Quer-se assim englobar não somente as instituições políticas, mas, especialmente, as formas de organização política da sociedade civil, como, por exemplo, os partidos, e as formas através das quais a população influi na atividade das instituições políticas, desde os processos eleitorais às expressões mais "fluidas" da OPINIÃO PÚBLICA (v.).

II. CAMPOS DE PESQUISA. — As primeiras pesquisas realizadas ocupam-se das causas determinantes da PARTICIPAÇÃO POLÍTICA (v.)., com diversos graus de intensidade, desde a simples adesão até a dedicação completa do próprio tempo e da própria atividade, como acontece no caso do PROFISSIONALISMO POLÍTICO (v.).

A participação política, compreendida como atividade que se desenvolve com diversos graus de intensidade, pode ser orientada para o alinhamento que se autopropõem os partidos "de Governo" e de "oposição" através do voto, ou, então, para a formação e atividade de movimentos políticos e sociais que visam à mudança radical do regime político existente, como é o caso dos movimentos sociais. Verifica-se em ambos os casos um processo de profissionalização da atividade política: no primeiro, teremos a figura do "político de profissão", no segundo, a do "revolucionário de profissão". Faz parte ainda da área da participação política o estudo da recusa, mais ou menos consciente, mas traduzida numa escolha "eversiva", do alinhamento político existente e que leva, geralmente, à abstenção do voto e de qualquer outra forma de "compromisso" político; é a APATIA (v.) política.

É neste caminho e dentro da dicotomia liberal e clássica do "cidadão" e do "Estado" que se situa a análise empírica das opiniões, das "atitudes de valor" e das IDEOLOGIAS (v.), de que cada indivíduo, entendido como unidade relativamente "autônoma", é portador. Designamo-la com o nome de CULTURA POLÍTICA (v.). A análise da cultura política tende, portanto, a englobar a análise empírica das ideologias que a Sociologia política conduziu a um grau muito adiantado de maturidade metodológica.

Às determinantes puramente sociais da participação política — idade (geração), sexo, camada social, grau e tipo de instrução, etc. — tendem agora a juntar-se determinantes culturais e psicológico-sociais, como as "normas" e os "valores" e, em geral, os instrumentos de comunicação interpessoal de uma determinada sociedade nacional, a maneira pela qual os indivíduos, desde a infância até a adolescência, aprendem direitos, deveres e orientações políticas — socialização política — e variáveis mais complexas, como o caráter mais ou menos "autoritário" das relações entre os indivíduos na sociedade civil, relações que se supõe tenham algum efeito sobre a visão política dos "cidadãos".

Esta série de determinantes expressam-se empiricamente como variáveis estatísticas. Grande parte do debate metodológico em curso na Sociologia política empírica versa sobre o rigor com que certas determinações assaz complexas são classificadas como variáveis.

Visto que a relação "indivíduo-Estado" implica inevitavelmente uma abstração quanto aos processos políticos concretos da sociedade contemporânea, boa parte da Sociologia política dedicou-

se e se dedica ao estudo do "que está no meio" entre o indivíduo e o Estado, isto é, a esfera do "público", bem como da estruturação política da sociedade civil. A estrutura do "público" — entendida neste sentido — compreende, antes de mais nada, o fenômeno pelo qual uma pluralidade de pessoas "juntam-se", associam-se para alcançar um objetivo coletivo relevante, não somente para os diretamente associados — associação com fins de "interesse" — mas também para os que não são diretamente associados, compartilhando todavia com aqueles uma condição existencial importante — associação com fins de "solidariedade". Este fenômeno é chamado geralmente de associonismo político. Em segundo lugar o "público" compreende a formação e a atividade de organizações que tenham como finalidade a regulamentação da atividade política dos cidadãos, ou para influir no processo político no quadro das relações "de regime" existentes — como é o caso do partido político moderno — ou para mudar ex-novo a estrutura do processo político existente — como é o caso do partido revolucionário. Em terceiro lugar, o "público" compreende também os fenômenos de "politização" de uma facção de homens relativamente próxima do poder constituído e cuja finalidade é a tomada do poder mediante a apropriação violenta de algumas posições-chaves na estrutura do poder político, como acontece no caso do GOLPE DE ESTADO (v.).

Associações, partidos e facções têm sido um importante campo de pesquisas específico da Sociologia política, particularmente a área do partido político.

O partido político moderno foi visto nas suas diferentes formas de existência e de desenvolvimento, como organização em si e como organização operante no contexto de um sistema político. Antes de tudo, foi estudado como partido de eleição, orientado para a mobilização eleitoral da postulação em idade de votar; depois, como partido de organização, tendente a suprir através de múltiplas iniciativas, todas elas dependentes de uma organização centralizada, as carências da administração estatal; e, por último, como partido de mobilização, formado por um conjunto restrito de indivíduos dedicados e ativos, denominados "quadros", e capaz de mobilizar um número assaz grande de indivíduos, seja para fins específicos, seja com uma finalidade revolucionária. Deste modo, a análise do partido político converge necessariamente com a análise da mobilização política, entendida numa acepção muito vasta, ou seja, não somente como mobilização da população por parte do Estado, mas também como mobilização extra-estatal e, amiúde, extra-institucional, sempre profundamente condicionadora dos processos políticos concretos do Estado moderno.

Como organização política da sociedade civil, o partido político é uma das estruturas que mais claramente se colocam numa relação significativa, de um lado, com a organização particular e politicamente relevante da sociedade civil, tal como se manifesta, por exemplo, nos *grupos de interesse* e nos GRUPOS DE PRESSÃO (v.), do outro, com as estruturas institucionais mais relevantes do Estado, como o exército (v. FORÇAS ARMADAS) e a BUROCRACIA (v.).

Por sua própria natureza, portanto, o partido político moderno, como qualquer outra organização da vontade política coletiva não-civil e não-estatal, se encontra numa situação potencialmente conflitante, de um lado, com a sociedade civil e, do outro, com o Estado. O partido é, pois, uma espécie de "espião" da existência de um nível de fenômenos que não são atribuíveis nem à sociedade civil, nem ao Estado. Por isso, na relação entre "Estado" e "Sociedade civil", bem conhecida da inteligência política do século XIX, é preciso inserir um terceiro elemento, específico da política do nosso século. Dá-se em sociedades de diverso grau de desenvolvimento industrial, por um lado, e de desenvolvimento político-administrativo ou institucional, por outro. Este nível ou "campo" de fenômenos poderia definir-se como *sociedade política*.

É neste nível que encontra espaço o fenômeno do sindicato (v. SINDICALISMO), que suscita uma problemática muito complexa, na medida em que se apresenta como estrutura da sociedade política. O fenômeno do sindicato pode aparecer sob formas diversas. Antes de mais nada, como organização "de massa" para a defesa de interesses específicos, comuns a um grande número de pessoas. Apresenta-se como uma relação "contratual" com uma parte "privada", como, por exemplo, um grupo de interesse. Tende a transformar-se também em grupo de interesse e a operar, por isso, mais a nível de sociedade civil que de sociedade política. Em segundo lugar, temos o sindicato não apenas como organizador de "interesses" específicos, com uma outra parte privada, mas também como organização de "interesses" que vão além do específico de certas "demandas" e tendem a assumir o cunho da "solidariedade", tendo como a outra parte de preferência o Estado em lugar de uma ou mais organizações privadas. É neste caso que o sindicato tende ao monopólio da sociedade política assumindo uma posição, se não conflituosa, pelo menos de concorrência com os partidos. Finalmente, o fenômeno sindical aparece como fenômeno-limite da sociedade política, justamente quando tende a esvaziar essa socie-

dade procurando identificar sociedade civil e Estado com a instituição dos CONSELHOS OPERÁRIOS (v.) e do *Estado de conselhos*. Se na direção da sociedade civil, enquanto organizada de modo relevante pelos processos decisórios do Estado, encontramos os grupos de interesse e de pressão, na direção do Estado, encontramos a burocracia, o exército e todos os poderes do Estado constitucional moderno: o legislativo, o executivo e o judiciário.

A Sociologia política considera a *burocracia* como fenômeno "civil" e "político". Como fenômeno civil, a burocracia é analisada nos determinantes sociais e psicossociais do racionalismo burocrático — condições sociais e culturais da "eficiência" — e nos efeitos sociais e psicológicos — portanto também a nível individual — desse mesmo racionalismo. Como fenômeno político, enquanto instituição estatal, a burocracia é analisada, especialmente nos países em desenvolvimento, como fator de integração coativa da sociedade e, por conseguinte, como elemento determinante, seja na formação de uma sociedade nacional, seja na formação do Estado, isto é, de uma "infra-estrutura" político-administrativa capaz de mobilizar a população para fins coletivos.

Quando o duplo e importante problema da formação do Estado e da nação passa a segundo plano, verificam-se, de um lado, análises da relação entre burocracia e grupos de pressão, isto é, da possibilidade de uso da burocracia para fins "privados" (tentativas de imposição da sociedade civil ao Estado "à custa dos partidos"), do outro, análises da tendência da burocracia a absorver as funções dos partidos ou mesmo — com a hipótese do "poder dos *managers*" — a substituir a classe política "eletiva" do poder legislativo e executivo. Grande parte destas pesquisas — e das hipóteses interpretativas a elas conexas — englobam-se na análise da classe política, enquanto "classe eterna" contra "não-eletiva", "responsável" contra "irresponsável", "dividida" contra "coesa", "homogênea" contra heterogênea", "organizada" contra "desorganizada", e assim por diante. Deste modo, a análise dos *poderes do Estado constitucional*, em termos de Sociologia política, tende a desenvolver-se como teoria da classe política, mesmo quando concentrada apenas nos seus procedimentos e no seu funcionamento.

A análise da estrutura *militar* é realizada dentro de uma problemática paralela à da burocracia, mas encontra sua característica na pesquisa das relações entre poder militar e poder político. Além disso, especialmente nos países em desenvolvimento, o poder militar se apresenta como alternativa, às vezes violenta, à formação e ao desenvolvimento das estruturas da sociedade política. É esta, portanto, que oferece continuamente, mesmo em última instância, os maiores dilemas da Sociologia política contemporânea.

Na análise da formação mais ou menos completa da sociedade política em relação às instituições estaduais, de um lado (burocracia, exército e poderes constitucionais), e, de outro, em relação à sociedade civil, existe uma tendência recente de pesquisa e conceituação denominada *desenvolvimento político* e POLÍTICA COMPARADA (v.), cuja importância, no quadro da sociologia e da ciência política contemporâneas, está, em grande parte, na análise das formas e dos graus de desenvolvimento diferencial da sociedade política, da estrutura do "público" que se insere entre a sociedade civil e o Estado, e muito especialmente das CRISES (v.), que comportam tais condições de desenvolvimento.

A análise das crises políticas, que se diferenciam das simples "crises de Governo", na medida em que assinalam a passagem de um tipo de regime político a outro, pode ser feita mais ou menos "comparativamente", a nível de sociedade civil, sociedade política e Estado, conforme a preferência dada às variáveis que correspondem às três esferas de pesquisa aqui indicadas. No primeiro caso, há tendência a sustentar que existe crise política, quando existe uma crise econômica que ameaça mudar a constelação de interesses econômicos (e do poder de fato) na sociedade civil. No segundo caso, a crise política é detectada, quando as estruturas da sociedade política evidenciam falta de uma relação de representatividade com a sociedade civil, ou seja, quando são incapazes de colocar-se numa posição de poder, de influência, de "contratação", em face das instituições do Estado. No terceiro caso, finalmente, se tenderá a ver a crise política essencialmente no funcionamento falho das instituições estatais, políticas e administrativas. Porém, em geral, os três níveis estão presentes nas análises das crises, que têm o mérito de mostrar claramente a necessidade de uma "interdisciplinariedade" entre análise econômico-civil, análise política e análise jurídico-institucional.

A Sociologia política desenvolveu muitas *tipologias de sistemas políticos*, partindo, ora das condições de escolha política, ora dos próprios partidos políticos (em particular do número dos partidos: monopartidarismo em confronto com pluripartidarismo, este último, por sua vez, considerado nas duas versões de bipartidarismo e multipartidarismo), ora do modo como se processa a imissão da demanda política e a emissão de decisões por parte do sistema político. Quase todas estas tipologias tendem a mostrar, essencialmente, o valor das condições da escolha política e a considerar a importância da diferença entre um sistema político democrático e um sistema autoritário e totalitário.

O primeiro se caracteriza, conforme a definição schumpeteriana, como um sistema político em que as posições do poder são objeto de concorrência entre as minorias organizadas (os partidos), que as conquistam apresentando seus programas na disputa eleitoral. Mesmo que a teoria da democracia se mantenha, em grande parte, no âmbito da relação cidadão-Estado, pode-se afirmar que boa parte da Sociologia política tem-se dedicado à análise das mudanças estruturais do sistema democrático-parlamentar, à medida que se formaram e desenvolveram as estruturas da sociedade política. O segundo foi definido recentemente como um sistema político em que, à falta de uma possibilidade de escolha por parte da maioria dos eleitores entre as minorias organizadas, corresponde, na sociedade civil, à existência de "centros de poder" — como é o caso, por exemplo, de uma igreja dominante ou de um exército de longa tradição e bem organizado — que impedem que a classe política possa dispor plenamente da sociedade civil.

O sistema político autoritário não é, portanto, nem democrático, nem totalitário. Define-se como um sistema em que a classe política no poder, estruturada não apenas nas instituições do "Estado tradicional", mas, especialmente, nas "organizações de massa" da sociedade política e civil, domina inteiramente e tem ao seu inteiro dispor a sociedade para a consecução dos fins. É, portanto, um sistema "totalitário", enquanto chega a conseguir (ou ao menos utiliza todos os pressupostos institucionais para o fazer) uma atitude "total" do cidadão como indivíduo e como parte de um grupo, organizado pelo Estado.

Devemos lembrar a analogia que existe entre esta tipologia e a que a economia política clássica faz do mercado. O sistema político democrático corresponderia, neste sentido, ao mercado de concorrência, baseado na liberdade de escolha do consumidor. O segundo corresponderia ao mercado oligopólico e o terceiro ao mercado monopólico, ambos baseados na ausência de liberdade de escolha no consumidor.

Na realidade, estas tipologias têm sua base, ainda hoje, na relação indivíduo-Estado. A analogia entre o campo da escolha política e o campo da escolha econômica (concorrência, "mercado"), é uma abstração que prescinde dos mecanismos complexos da proposta da classe política, da organização da escolha política e da capacidade ou não do sistema político em apresentar o seu alinhamento e "opções" como os únicos possíveis.

Os mesmos sistemas "autoritários", por outro lado, diferem profundamente não só segundo a relevância da sociedade civil (a exemplo do nível de desenvolvimento das relações de produção e de troca), a articulação das relações de poder de fato, etc., mas também segundo o nível de desenvolvimento da sociedade política e o nível de eficácia política e administrativa das instituições do Estado. Finalmente, as análises do totalitarismo dos anos 40 e da atualidade mostraram como o termo "sistema totalitário" foi elaborado com base nas características histórico-políticas muito particulares do regime nacional-socialista e stalinista.

A distinção entre os vários sistemas políticos em termos de relevância da sociedade civil, da sociedade política e do Estado, pode servir para novamente se definir a distinção entre sistemas políticos mais aceita pela Sociologia política contemporânea e a que nos referimos. Isto vale particularmente quando a Sociologia política enfrenta — no plano comparativo e numa perspectiva de "desenvolvimento político" — a grande variedade de sistemas políticos contemporâneos, tanto dos países industrialmente mais "avançados", como dos países em desenvolvimento.

BIBLIOGRAFIA. — R. BENDIX,, *Stato nazionale e integrazione di classe* (1964), Laterza, Bari 1969; N. BOBBIO, *Saggi sulla scienza politica in Italia*, Laterza, Bari 1969; M. DUVERGER, *Introduzione alla politica* (1964), Laterza, Bari 1966; C. J. FRIEDRICH, *Governo costituzionale e democrazia* (1937), Neri Pozza, Venezia s. d.; M. LIPSET, *L'uomo e la politica. Le basi sociali della politica* (1960), Comunità, Milano 1963; A. PIZZORNO, *Schema teorico con particolare riferimento ai partiti politici in Italia*, in *Partiti e partecipazione politica in Italia*, ao cuidado de G. SAVINI, Giuffrè, Milano 1971; N. POULANTZAS, *Potere politico e classi sociali* (1968), Editori Riuniti, Roma 1971; M. WEBER, *Economia e società* (1922), Giuffrè, Milano 1964.

[PAOLO FARNETI]

Soviet — V. Conselhos Operários.

Stalinismo.

I. O STALINISMO NOS SEUS ASPECTOS HISTÓRICOS. — Historicamente, o Stalinismo é o período em que o poder comunista se consolida na União Soviética sob a guia do partido comunista, a cuja frente se encontrava, como secretário, Josif Stalin. Esta fase histórica apresenta características

particulares, tanto na política interna como na externa, características que se podem resumir na expressão "socialismo num só país". Sob o ponto de vista da política interna, o aspecto saliente do Stalinismo é a luta sem tréguas contra os reais ou supostos inimigos do socialismo, o antipartido. São afastados das suas posições os mais famosos líderes da revolução: primeiro Trotski, depois Kamenev e Zinoviev, a seguir Bucharin e, pouco a pouco, muitos outros; a luta chegou ao auge com os processos de Moscou e com a eliminação física de toda a velha guarda bolchevique, de muitos líderes militares e, por fim, de Trotski (1940), no exílio havia mais de dez anos.

Esta obra de repressão capilar de toda a forma de discordância, identificada *tout-court* como traição à revolução e ao partido, exigiu, como é natural, o fortalecimento da polícia secreta, a famosa GRU, o uso dos campos de concentração para os opositores e a centralização de todas as decisões e do poder nas mãos do próprio Stalin. Deste modo, o partido acabou por perder a sua função central na estrutura estatal da União Soviética, uma vez que os expurgos lhe enfraqueceram profundamente a estrutura, e a obediência primária foi prestada, de forma jamais vista, a Stalin, cujas ações e escritos foram considerados como novos fundamentos e continuação original da práxis e da teoria marxistas. A crítica a tais ações, e à sua formulação e justificação teórica, foi banida como expressão de um pensamento não-marxista: nasceu assim uma exagerada exaltação do líder do partido e a absoluta subordinação à sua vontade em todos os campos (da arte, sob o controle de Zdanov, à biologia, sob a influência de Lysenko). Foi o que os "destalinizadores" definiram como *culto da personalidade*.

Por conseguinte, as características que distinguem a gestão stalinista do poder, são, no que toca à política interna, o culto da personalidade e o *emprego do terror*. Embora o Stalinismo seja amiúde considerado como a encarnação do poder totalitário, tornado possível graças à presença de uma ideologia dogmática, à capilaridade da propaganda e à onipresença do controle policiesco, nele o papel tradicionalmente atribuído a uma organização burocrática ou partido é desempenhado por um líder "carismático" (que soube manipular habilmente o Politburo e o Comitê Central).

Muitas das opções de política interna (v. *infra*) foram, segundo alguns comentaristas, fortemente influenciadas pela situação internacional, mas também moldaram o contexto internacional onde o Stalinismo atuou. Não foi só o longo isolamento diplomático — o bem conhecido *cordon sanitaire* estendido pelos Estados ocidentais em volta das fronteiras da União Soviética, para impedir que a "infecção" do socialismo revolucionário contagiasse outros países — mas também as numerosas tentativas de subversão e a instigação dos bandos de brancos, sobretudo nos primeiros anos de vida da União Soviética, que deixaram impressa na mente de Stalin e de muitos comunistas a realidade e psicose da contra-revolução. Contra ela reagiram os comunistas, fomentando, em primeiro lugar, qualquer tentativa revolucionária e anticolonial, desenvolvendo em seguida uma luta estratégica que se revelaria nefasta na Itália e na Alemanha e que levaria à destruição do forte partido anárquico espanhol (*Partido obrero de unificación marxista*) durante a guerra civil espanhola, aceitando depois, tardiamente, as frentes populares (movidos sobretudo pelo sucesso do *Front populaire* francês em 1936) e, finalmente, subscrevendo o pacto Molotov-Von Ribbentrop, ato culminante ditado, segundo alguns, pelo medo do cerco, início, para outros, de uma "Realpolitik" baseada exclusivamente nos interesses nacionais da União Soviética.

II. O STALINISMO COMO FASE DE DESENVOLVIMENTO. — Embora os estudiosos do Stalinismo se achem profundamente divididos quanto ao juízo histórico que é preciso fazer deste "regime", a maioria concorda em considerá-lo uma fase possível, mas não inevitável, do desenvolvimento de um país comunista, mesmo que muitos qualifiquem esta última hipótese de admissível, pondo em relevo as características de excepcionalidade do primeiro sistema comunista num mundo totalmente capitalista. Muitos estudiosos, não todos, vêem, em suma, o Stalinismo como uma resposta funcional aos problemas de um vasto país escassamente industrializado, com profundos desequilíbrios regionais, semidestruído pela guerra e socialmente desorganizado.

O Stalinismo constituiu uma tentativa de acumulação, *no mais breve período possível*, dos recursos necessários à industrialização do país, quer para evitar a ameaça de uma invasão, quer para responder às necessidades dos grupos sociais mais importantes. Num sentido bem preciso, o Stalinismo foi o *substituto funcional da acumulação originária* dos países capitalistas, mas teve de enfrentar problemas fundamentalmente análogos: transferência de recursos da agricultura para a indústria, acentuação da produção das indústrias pesadas, compressão do consumo, controle e subordinação das organizações dos trabalhadores.

Se os problemas, pelo menos em parte, foram idênticos, os modos pelos quais o Stalinismo tratou de lhes buscar uma solução, é que foram nitidamente diferentes. A produção agrícola, após haver passado por diversas fases, foi, por fim, completa e bruscamente coletivizada. Este processo chocou contra a tenaz oposição dos *kulaki* ou camponeses ricos, que foram totalmente expropriados e exterminados em massa. A produção das indústrias pesadas e a compressão do consumo foram duramente impostas por meio de uma planificação centralizada e global, enquanto que o controle e a subordinação das organizações dos trabalhadores, já codificados na constituição da União Soviética, foram mantidos pelo partido e pela polícia secreta. A tudo isto se há-de acrescentar o fato, sobremodo grave à luz dos objetivos da construção de uma sociedade sem classes, da introdução, querida por Stalin, de uma grande diferenciação nos salários.

Não obstante os inumeráveis e clamorosos erros cometidos, sobretudo no setor agrícola, erros que a recente historiografia econômica documentou amplamente, a União Soviética surgiu, no início da década de 50, como um país fundamentalmente industrializado, que tinha sabido dar uma solução sobretudo aos problemas sociais, como instrução para todos, assistência médica e aposentadoria, embora em meio de inevitáveis desequilíbrios. Como fase de acumulação originária e como *política de industrialização*, o Stalinismo produziu, portanto, os seus frutos, conquanto os historiadores não possam deixar de ressaltar os aspectos mais macroscópicos de esbanjamento e má utilização dos recursos e, em geral, de desorganização econômica. À luz dos resultados obtidos, muitos justificam, contudo, o uso do terror, a imposição de uma férrea disciplina no trabalho (que obstava grandemente, entre outras coisas, à mobilidade interna) e a compressão do consumo como preço inevitável de uma rápida transformação social.

III. STALINISMO: CONTINUAÇÃO OU DEGENERAÇÃO DO MARXISMO-LENINISMO? — Um problema sumamente importante e talvez decisivo para a práxis e teoria do movimento internacional comunista é saber se o Stalinismo constituiu o *prosseguimento lógico e inevitável* do marxismo-leninismo ou se, ao invés, é apenas a sua *possível degeneração*. Os que sustentam a existência de uma continuidade no desenvolvimento comunista de Marx a Stalin, e que se situam tanto entre os opositores da direita como da esquerda, destacam os aspectos comuns ao leninismo e ao Stalinismo. A luta de Stalin contra o antipartido pode referir-se ao princípio, sempre defendido com firmeza por Lenin, da expulsão de quem minasse a unidade ideológica, política e orgânica do partido com a formação de facções. O uso do terror, que Lenin criticou, pode no entanto ser imputado à polícia secreta que ele mesmo criou, à justificação do caráter dogmático do marxismo revolucionário, por Lenin tantas vezes interpretado em tal sentido, e à chamada legalidade revolucionária. O controle e a subordinação dos sindicatos, simples corrente de transmissão das decisões do partido, são conseqüência direta da doutrina exposta por Lenin, e por ele jamais rejeitada, do *centralismo democrático*. Todos estes aspectos do Stalinismo se podem considerar já presentes *in nuce* no leninismo e foram profeticamente apontados por Rosa Luxemburg numa célebre disputa com Lenin, ao afirmar que "a liberdade apenas para os que sustentam o governo, para os membros de um só partido... não é liberdade. Liberdade é sempre e apenas liberdade para quem tem opiniões diversas". São palavras que tiveram uma imediata confirmação na realidade comunista, com a brutal repressão da revolta dos marinheiros de Kronstadt, em 1921.

É importante, porém, observar como os opositores e defensores do comunismo têm sublinhado ao mesmo tempo também os aspectos que fazem do Stalinismo uma degeneração do marxismo-leninismo. Antes de mais, o culto da personalidade que Stalin fomentou de todas as maneiras, reduzindo, mediante constantes e maciços expurgos, o papel do partido, enquanto que Lenin procurou por todos os meios transferir para o mesmo partido seu próprio carisma e institucionalizá-lo através de rigorosamente à direção colegial. Em segundo lugar, a burocratização, a fuga dos dirigentes das respectivas responsabilidades, a corrida aos privilégios e, em especial, o abandono dos métodos de controle democrático das bases sobre a cúpula, e o enfraquecimento e esvaziamento dos soviets, denunciados com firmeza e tenacidade por Trotski em todos os seus escritos. Em terceiro lugar, embora haja maior discordância sobre este ponto entre os estudiosos, o fim da tendência revolucionária internacional, que Lenin, mas sobretudo Trotski, haviam considerado indispensável, não só para a instauração do socialismo, como também para a sua consolidação e crescimento rumo ao comunismo, sem fenômenos regressivos. Com sua habitual lucidez, Trotski revelou claramente qual era o verdadeiro objetivo de Stalin: "A teoria do socialismo num só país, germinada do esterco da reação contra a revolução de outubro, é a única teoria que se opõe, de maneira totalmente coerente, à teoria da revolução permanente".

Na verdade, a obsessiva política de segurança empreendida pelo Stalinismo, em vez da busca de uma cooperação leal e fecunda com os outros países socialistas e com os outros partidos comunistas, acabou numa constante e insidiosa tentativa de domínio e instrumentalização, sem levarmos já em conta a eliminação física de quase todos os representantes do Comintern em 1937. Parafraseando a imaginosa comparação de Deutscher, podemos afirmar que o verbo marxista, revelado no Ocidente e propagado no Oriente pelo seu profeta Lenin, teve nos burocratas stalinistas seus sacerdotes mais brutais e intolerantes, sempre prontos para condenar, para anatematizar, para recorrer às declarações de heresia, desde que se salvasse a igreja, institucionalizada, visível.

IV. DESESTALINIZAÇÃO E NEO-STALINISMO. — Com a morte de Stalin (1953) e, sobretudo, com a "denúncia dos seus crimes" feita por Kruschev no XX Congresso do P.C.U.S. (1956), começa para a União Soviética e para os demais países da Europa Oriental um período que se denomina de *desestalinização*. Não se trata de uma verdadeira e autêntica reviravolta, de um salto de qualidade, nem da reintrodução da democracia socialista, mas de mudanças marginais na União Soviética e do despontar de *movimentos nacionalistas* e antiburocráticos nos países da Europa Oriental.

A denúncia dos crimes e erros políticos do Stalinismo, levada a efeito por quem tinha sido colaborador de Stalin, responsável e conivente com ele, não podia deixar de ser parcial e imperfeita; é por isso explicável a reticência de Kruschev em apontar as causas profundas do Stalinismo. A consecução dos objetivos de desenvolvimento industrial e de reconstrução após a guerra, a pressão das massas, embora modestamente aumentada, pela obtenção de melhores condições de vida, a busca de um reconhecimento internacional de "democraticidade" na fase da guerra fria e da descolonização (com o fim de reforçar o apelo socialista aos povos das colônias) e, finalmente, a necessidade que a burocracia política tinha de estabelecer um clima de maior previsibilidade de comportamento e de menor insegurança social, levaram a fazer a revisão parcial do passado a que se deu o nome de desestalinização.

Esta revisão foi, porém, parcial, antes de mais nada porque o Stalinismo tinha alcançado, sem dúvida, notáveis resultados no campo econômico e político. A expansão efetiva do socialismo em escala mundial, embora freqüentemente em contraste com as diretrizes stalinistas (China e Iugoslávia) e, depois, de forma absolutamente autônoma (Cuba), representa uma tendência de que os dirigentes soviéticos se gloriam e donde auferem crédito político para defender os interesses nacionais da URSS. Eles foram defendidos com medidas de cunho stalinista, como a repressão das revoltas de Berlin (junho de 1953), de Poznan e Budapeste (1956), as repetidas ameaças à via iugoslava e chinesa (desde a retirada dos técnicos soviéticos da China em 1959 até à irreparável ruptura no período de 1961-65) e, finalmente, a intervenção na Tchecoslováquia em agosto de 1968 e a proclamação da doutrina Breznev da "soberania limitada".

Por outro lado, em política interna, quase como confirmação do aforismo de Lenin de que um povo que oprime outro povo, não pode ser livre, o Stalinismo, ou melhor, o neo-stalinismo, se revela numa acentuada involução burocrática e verticista na gestão do poder, no enfraquecimento do partido como instrumento de participação política, no esvaziamento das organizações operárias e na proibição de qualquer forma de dissenso (agora punido não com o campo de concentração, mas com o internamento em hospitais psiquiátricos).

Embora seja difícil avaliar a persistência, a atenuação e o desaparecimento das características do Stalinismo, é possível, no entanto, fazê-lo no que se refere principalmente aos vários modelos explicativos apresentados para a análise deste fenômeno histórico. É também necessário e importante proceder a esta avaliação, já que grande parte da história e do comportamento dos partidos comunistas foi fortemente influenciada pelo Stalinismo, tanto para o bem como para o mal.

Quem adota o modelo do totalitarismo na interpretação do Stalinismo e utiliza, por isso, como componentes fundamentais um partido único, o monopólio dos meios de comunicação, uma polícia secreta, a nacionalização da economia, o terror e um líder supremo, tende a acentuar a persistência ou não de tais elementos e a atenuação ou não dos seus reflexos sobre a sociedade. Estes estudiosos sublinham particularmente o enfraquecimento do papel da polícia secreta e a eliminação prática do terror, para daí deduzirem o fim do Stalinismo, embora persista um Estado fortemente autoritário e essencialmente não-democrático.

Os que consideram o Stalinismo como um estádio do desenvolvimento político, caracterizado por processos de acumulação e industrialização rápidos e brutais e por forte compressão das necessidades das massas, insistem na inevitável diminuição da tensão e põem na expansão do consumo, mesmo privado, na União Soviética a prova mais certa do advento do "comunismo de massa" e o fim da "necessidade" por parte do Estado

de uma interferência profunda e capilar em todos os setores da sociedade. De fato, uma economia industrial avançada precisa, para funcionar, de uma maior circulação de idéias, de uma melhor coordenação entre os vários setores e de um aumento de produção de bens de consumo. A desestalinização é, por conseguinte, a tomada de consciência da funcionalidade de uma moderada liberalização interna para o progresso da sociedade.

Outros autores vêem a desestalinização como conseqüência da maior segurança que a União Soviética alcançou nas relações internacionais. Esta segurança, contudo, não chega até à possibilidade de tolerar tensões nacionalistas centrífugas nos países do Leste; a *manutenção da unidade do bloco socialista* ergue-se como princípio modelador da política externa soviética, a ela subordinando toda a possibilidade de reforma interna nos demais países socialistas.

Os críticos que, ao contrário, viram no Stalinismo a expressão da degeneração burocrática do Estado operário, não podem deixar de fazer um balanço muito negativo do próprio regime soviético atual. Com efeito, se o Stalinismo representou sobretudo a criação de uma casta burocrática, a repressão da participação política das massas e a subordinação da expansão mundial da revolução socialista aos interesses nacionais do Estado soviético, a volta simples, mas importante, a uma vida social isenta de "terror" não basta para assinalar o fim do Stalinismo. A União Soviética constitui ainda, no bom e no mau, o resultado do Stalinismo, e o seu grupo dirigente, no fundo, no que toca a aspectos essenciais, em nada inovou a política seguida por Stalin e pelos seus colaboradores. A única alternativa real é, segundo estes estudiosos de orientação predominantemente trotskista, uma *revolução política* que desbarate a burocracia e torne a propor a democracia socialista.

Hoje se referem abertamente ao Stalinismo apenas alguns grupos que reivindicam seus supostos conteúdos de ascese e de luta sem tréguas contra o capitalismo e o imperialismo. Contam-se entre eles o partido comunista albanês e o partido chinês. Este, em especial, parece querer sublinhar, com a reabilitação positiva da obra de Stalin, uma mais estreita adesão aos princípios do marxismo-leninismo, em confronto com os desvios imputáveis aos atuais dirigentes soviéticos. Uma análise dos princípios do maoísmo, não facilmente identificável com o Stalinismo, faz, de resto, pensar que a polêmica entre a China e a URSS impediu até hoje um balanço acurado do Stalinismo entre os estudiosos chineses.

Se o Stalinismo constituiu, não obstante tudo isto, uma fase talvez necessária da consolidação do regime soviético e da instauração de um pólo de referência obrigatório para o movimento operário internacional, o neo-stalinismo parece ser incapaz de disfarçar a sua verdadeira natureza de instrumento de defesa dos interesses constituídos dos grupos detentores do poder em cada um dos países socialistas e, em última análise, da própria União Soviética como potência mundial. Parece ser um o juízo que se deve fazer do Stalinismo e das suas conseqüências na política interna de um país, se o virmos à luz da disciplina e da intransigência revolucionária (elementos que os comunistas chineses sempre quiseram manter vivos), e outro, quando o consideramos em seus efeitos — a manifestação e expansão do monopólio ideológico e um poder exercido por uma oligarquia que representa um Estado — sobre o movimento operário internacional, nos países comunistas e nos partidos comunistas dos países ocidentais. O Stalinismo continua sendo, em conclusão, uma *tendência inerente* a qualquer partido comunista que se encontre no poder, uma tendência que só constantes ajustamentos na relação quadros-massas poderão debelar.

BIBLIOGRAFIA. — Stalin, ao cuidado de G. BOFFA, Mondadori, Milano 1979; E. H. CARR, *Storia della Russia sovietica* (1950-1971), Einaudi, Torino 1968-1978, 4 vols.; P. L. CONTESSI, *I processi di Mosca*, Il Mulino, Bologna 1970; I. DEUTSCHER, *Stalin* (1965), Longanesi, Milano 1969; J. ELLEINSTEIN, *Storia del fenomeno staliniano* (1975), Editori Riuniti, Roma 1975; A. KRESIC, *Per la critica dello stalinismo*, De Donato, Bari 1972; J. J. MARIE, *Stalin (1879-1953)* (1967), Samonà e Savelli, Roma 1969; R. A. MEDVEDEV, *Lo stalinismo. Origini, storia, conseguenze* (1964), Mondadori, Milano 1969; A. NATOLI, *Sulle origini dello stalinismo*, Vallecchi, Firenze 1979; A. NOVE, *Stalinismo e antistalinismo nella economia sovietica* (1966), Einaudi, Torino 1968; Id., *Stalin e il dopo Stalin in Russia* (1975), Il Mulino, Bologna 1976; M. REIMAN, *La nascita dello stalinismo* (1979), Editori Riuniti, Roma 1980; J. STALIN, *Questioni del leninismo*, Edizioni di Rinascita, Roma 1952; R. C. TUCKER, *Stalin il rivoluzionario (1879-1929)* (1973), Feltrinelli, Milano 1977; *Stalinism. Essays in historical interpretation*, ao cuidado de R. C. TUCKER, Norton and Co., New York 1977; A. B. ULAM, *Stalin. L'uomo e la sua epoca* (1973), Garzanti, Milano 1975.

[GIANFRANCO PASQUINO]

Subdesenvolvimento.

I. DEFINIÇÃO DE SUBDESENVOLVIMENTO. — A análise sistemática das causas do Subdesenvolvimento tem passado por fases e períodos históricos diversos, enriquecendo-se consideravelmente, porém registrando também profundas mudanças de postura com relação à abordagem concreta do problema. Não é, pois, possível propor uma definição de Subdesenvolvimento válida em absoluto ou aceitável por todos. O que parece importante, ao contrário, é tentar evidenciar as características conjunturalmente associadas à situação de Subdesenvolvimento e, quando possível, identificar as estratégias propostas para sua superação.

Começa-se a falar em Subdesenvolvimento, pela primeira vez, relacionando-o estreitamente com o processo de modernização incipiente ou avançada; fala-se nele, porém, em dois sentidos bastante diferentes. Para alguns autores, particularmente para os que aderem ao enfoque que vê nos estágios do *desenvolvimento*, mais do que um simples instrumento heurístico, quase que uma teoria, o Subdesenvolvimento representa basicamente o estágio originário do processo. A sociedade tradicional é, pois, quase que por definição, uma sociedade subdesenvolvida e seus caracteres constitutivos são identificados *ex adverso* mediante a análise das sociedades chamadas desenvolvidas. Aos poucos se associa a esta interpretação a tese que identifica as sociedades desenvolvidas como sendo sociedades que, mesmo tendo dado início ao processo de desenvolvimento, não conseguiram avançar neste caminho, por falta de recursos, de energias ou de vontade. Nesta perspectiva, o Subdesenvolvimento seria sinônimo de *interrupção* do desenvolvimento. Enquanto à sociedade tradicional não chegaram ainda desde dentro, mas mais freqüentemente desde fora, os estímulos necessários para quebrar a couraça da tradição em todos os setores — econômico, social, religioso, cultural e político — nas sociedades onde foi interrompido o desenvolvimento, foram justamente as forças da tradição que se impuseram aos estímulos demasiadamente fracos e inseguros até abafá-los, pelo menos temporariamente.

Aceitando a tese que considera o desenvolvimento como conseqüência da expansão e da difusão de alguns estímulos nos mais diferentes setores da atividade humana, principalmente nos setores econômicos e sociais (encarados como setores rebocantes dentro das várias sociedades), o Subdesenvolvimento, quer a nível interno ou nacional, quer a nível internacional, pode ser entendido como fruto de uma difusão incompleta e imperfeita desses estímulos, que faz com que sempre existam bolsões ou zonas não atingidos por eles. O desenvolvimento acontecerá, quando as barreiras que impedem a difusão destes estímulos forem derrubadas, barreiras formadas, na maioria das vezes, por dificuldades na comunicação e não apenas por falta de recursos. Com relação à anterior, esta tese procura explicar o Subdesenvolvimento interno e não apenas as diferenças, a nível internacional. É a ela, em sua aplicação aos diferentes casos nacionais, que se dá o nome de *dualismo.*

Na sua forma mais simplificada, esta tese considera dualista a sociedade em que se evidencia uma distância significativa entre o setor industrial e o setor agrícola. O setor agrícola, na maioria das vezes orientado para uma economia de subsistência, é considerado subdesenvolvido na medida em que não se acha ainda atingido pela expansão do setor industrial; ao mesmo tempo, é considerado um empecilho objetivo, um freio para esta mesma expansão. As relações entre estes dois setores são vistas, alternadamente, como *relações de troca* entre economias diferentes, das quais porém ambos os setores recebem benefícios bastante limitados, ou como *relações de exploração* do setor industrial sobre o setor agrícola, chegando a contradizer, portanto, pelo menos parcialmente, o postulado inicial da carência de recursos do próprio setor agrícola. A contradição, todavia, é apenas parcial; de fato, se as relações entre os dois setores forem situadas numa perspectiva diacrônica e dinâmica, são justamente as relações de exploração que poderiam ter causado o empobrecimento do setor agrícola (e nada impede que relações desta natureza ocorram, também, entre setores com modos de produção diferentes, feudal, o setor agrícola, e capitalista, o setor industrial). Na sua forma mais elaborada, a tese acima citada afirma que o "dualismo é resultado de um complexo de desequilíbrios e de diferenças que dizem respeito à estrutura social de um país na sua totalidade (isto é, há dualismo entre setores econômicos, entre áreas geográficas, entre diferentes tipos de realizações sociais e de instituições políticas)" (Martinelli, 1972).

Enfim, de acordo com alguns estudiosos, sobretudo de formação marxista, o Subdesenvolvimento seria um fenômeno ligado à expansão do capitalismo em escala mundial, quer se trate de um subproduto temporário e não inevitável desta expansão, quer se trate, ao contrário, de uma conseqüência lógica a ela intimamente ligada. Basicamente, como salienta o mais conhecido entre estes autores, nos encontramos em presença do desenvolvimento capitalista do Subdesenvolvimento (Frank, 1969). Esta tese, relativamente recente e de qualquer forma mais nova em relação às outras, tem como ponto de partida uma reinterpretação do imperialismo e objetiva correlacionar, organicamente, imperialismo, capitalismo e Subdesenvolvimento como veremos *infra.*

II. CAUSAS DO SUBDESENVOLVIMENTO. — Obviamente, de acordo com a tese adotada, podem ser identificadas diferentes causas para o Subdesenvolvimento. Às vezes, tratar-se-á apenas de diferentes enfoques, em outros casos, porém, nos encontraremos diante de posicionamentos científicos e políticos que não podem ser conciliados. Cumpre observar, em primeiro lugar, que a tese do Subdesenvolvimento como estádio originário tem sido refutada de várias formas, sempre todavia de maneira decisiva, por historiadores e economistas que acabaram abandonando, na maioria dos casos, o próprio conceito de sociedade subdesenvolvida ou de economia subsedesenvolvida, optando, em seu lugar, pelo conceito de *atraso* (Gerschenkron, 1965).

Em segundo lugar, uma primeira confirmação das hipóteses que defendem a existência de uma íntima ligação entre capitalismo e Subdesenvolvimento veio dos processos de colonização, descolonização e neocolonialismo. Além do exemplo, citado por Marx, do desmantelamento da indústria têxtil na Índia por obra dos ingleses, exemplo muitas vezes citado e rico de conseqüências, é inegável o reconhecimento das condições deploráveis nas quais foram deixadas as colônias dos países europeus — fosse a mãe pátria, a Grã-Bretanha, a França, a Espanha, Portugal, a Bélgica ou a Itália — no momento de sua independência, não interessando o período histórico particular em que os países coloniais a ela tiveram acesso. A consideração destas condições e das profundas dificuldades sucessivas, em que se encontraram, com pouquíssimas exceções, todos estes países, fez cair a teoria que via o desenvolvimento como produto de estímulos, de desafios, vindos de fora, evidenciando claramente os condicionamentos manifestos ou ocultos a que estavam sujeitas estas sociedades (em contraposição com sociedades de desenvolvimento independente, sendo o Japão o caso mais significativo, o modelo). O neocolonialismo acabava, assim, sendo considerado apenas como uma *species* do *genus* que era a dominação capitalista a nível mundial; conseqüentemente a busca das causas do Subdesenvolvimento ia sendo orientada para a identificação dos mecanismos de apropriação-expropriação do *surplus* a nível mundial, na medida em que se afirmava a tese do *capital monopolístico* (Baran e Sweezy, 1968).

Também esta tese, porém, exige uma série de ulteriores elaborações e especificações. Em primeiro lugar, considerando o Subdesenvolvimento basicamente como uma relação entre países, acaba por identificar a metrópole com os países capitalistas desenvolvidos e os satélites com os países subdesenvolvidos, impedindo novas e fecundas distinções *entre* os países capitalistas e *no âmbito* de cada um deles, bem como entre os países subdesenvolvidos e no interior dos mesmos. Em segundo lugar, não consegue perceber, não sendo de fato este seu objetivo, as condições e as mudanças da estratificação social, particularmente nos países subdesenvolvidos, resultantes da relação de domínio. Elimina-se, desta forma, a possibilidade de aprofundamento de um tema particularmente interessante, já constatado, por Marx, o da formação de verdadeiras *aristocracias do trabalho* (Arrighi, 1969), acabando, além disso, por privilegiar o sistema colonial com relação à estrutura de classe e às relações entre proprietários dos meios de produção e produtores, que constituem para Marx "a base oculta de toda a estrutura social" (Córdova, 1972). Em terceiro lugar, torna-se impossível a análise das contradições entre classes dominantes e classes exploradas tanto nos países centrais como nos países periféricos. Esta análise poderia levar a esclarecer com exatidão as condições e as possibilidades de alianças entre as classes exploradas nos diferentes países capitalistas, desenvolvidos e subdesenvolvidos.

Porém, o maior perigo do uso analítico não plenamente consciente da tese que faz do Subdesenvolvimento a conseqüência necessária da expansão capitalista a nível mundial, está, para além de uma série não insignificante de problemas histórico-cronológicos concretos, metodológicos e teóricos, relacionados com o desenvolvimento do capitalismo bem como com a distinção entre relações de troca e modo de produção, na tendência ao não aprofundamento da análise da estrutura de classe e da organização do poder nos países periféricos. A justificada reviravolta nas interpretações tradicionais, que buscavam nos fatores endógenos as causas do Subdesenvolvimento, não deve fazer com que se descuide completamente a análise histórica e sócio-política dos modelos de organização das diferentes sociedades, análise que pode ser bastante elucidativa (Furtado, 1969). Com efeito, a própria tese de Frank reconhece um mínimo de autonomia às classes dominantes nos países subdesenvolvidos, quando os laços com os países centrais se tornam menos rígidos, como ocorreu historicamente por ocasião das duas guerras mundiais e da grande depressão, isto é, quando, pelo menos teoricamente, eram viáveis as possibilidades de opções "nacionalistas".

Todavia, também esta observação crítica se torna insuficiente com relação aos novos progressos teóricos ocorridos no estudo de Subdesenvolvimento. Torna-se cada vez mais evidente a grande autonomia das *empresas multinacionais*, capaz muitas vezes de ditar a política externa dos países capitalistas centrais e periféricos. Ao mesmo tempo, salienta-se que o "desenvolvimento" significativo (talvez fosse mais correto falar, na maioria dos casos, em "crescimento" quantitativo sem mudanças estruturais) que ocorre também nos países periféricos tem um preço e algumas conseqüências bem precisas, embora nem todas plenamente caracterizáveis, para o futuro desses países.

III. SUBDESENVOLVIMENTO, DEPENDÊNCIA E MARGINALIZAÇÃO. — A tese clássica da economia internacional enfatizava as vantagens que as trocas podiam trazer para as economias produtoras de bens diferentes, uma vez que, especializando-se na produção dos bens que ofereciam uma *vantagem comparada*, poderiam auferir notáveis lucros. Conseqüentemente, a expansão do comércio internacional e o conseqüente impulso à especialização trariam vantagens recíprocas às economias que entrassem num esquema de relações diretas. Na realidade, o que ocorreu, e se está verificando cada vez com maior clareza, é a formação de um sistema econômico internacional ao qual não interessa expandir seu campo de ação, nem tampouco ampliar sua penetração nos setores mais atrasados dos países periféricos. "Verifica-se, pois, uma contradição entre a necessidade que o sistema capitalista, tomado no seu conjunto, tem de ampliar seus mercados, para possibilitar o aumento dos investimentos, e os interesses imediatos que as unidades econômicas do sistema (os grandes monopólios multinacionais) têm de aumentar seus lucros, ampliando a conquista e o domínio do mercado já disponível" (Dos Santos, 1971).

É à luz desta contradição que devem, portanto, ser examinadas as freqüentes afirmações acerca da *funcionalidade* ou *disfuncionalidade* do Subdesenvolvimento quanto ao desenvolvimento capitalista. O Subdesenvolvimento é claramente funcional para a manutenção das relações de denominação que ocorrem entre as classes dominantes e as classes dominadas nos países periféricos, bem como para a relação que existe entre o *centro* e a *periferia;* mas esta última relação está perdendo importância no tocante à coincidência de interesses entre as classes dominantes dos países centrais e dos países periféricos. O Subdesenvolvimento é, porém, disfuncional para uma hipotética e melhor utilização dos recursos nos países centrais e periféricos, na medida em que, no próprio conceito de Subdesenvolvimento, está implícita a conotação de *subutilização de recursos*. Dizemos hipotética, porque a melhor utilização dos recursos pode ser obtida, na grandíssima maioria dos casos, unicamente mediante uma profunda reorganização social, inimaginável com a manutenção das atuais relações de produção e de troca.

No que diz respeito às classes subalternas nos países centrais, está ocorrendo, no seu interior, uma divisão significativa. Parte delas está começando a pertencer aos setores tecnologicamente avançados e, conseqüentemente, recebem vantagens com a expansão do controle capitalista a nível mundial. A outra parte está sendo lenta mas progressivamente colocada à margem do processo produtivo. Um processo bastante parecido, chamado justamente de "marginalização", ocorre nos países dependentes. "Com o desenvolvimento da industrialização nos países subdesenvolvidos, a produção encontra, cada vez mais, uma saída no mercado interno. Daí o surgimento da esperança de que se torne possível trazer para o interior dos próprios países subdesenvolvido o centro diretor de suas economias; porém, uma vez que esta industrialização se dá mediante o estímulo do capital estrangeiro, este acaba por se apossar do setor mais avançado destas economias e por controlá-las mais rigorosamente, tornando-as ainda mais dependentes do que antes" (Dos Santos, 1971).

Nos países subdesenvolvidos, nota-se, pois, em dimensões mais reduzidas, uma expansão econômica do setor mais fortemente ligado ao mercado mundial. Esta expansão, todavia, não leva à independência econômica, nem tem repercussões favoráveis no setor periférico interno; ao contrário, sanciona a sua definitiva *exclusão*. Finalmente, esta exclusão encontra sua legitimação a nível ideológico. Legitimação que se baseia na ideologia da contribuição avaliada singularmente, quer se fale em estratificação nacional ou internacional assente no contributo que os grupos sociais ou os países oferecem para o desenvolvimento da sociedade (chegando-se a identificar grupos sociais ou países *funcionalmente supérfluos*), quer se evidenciem, com maior vigor, os esforços realizados para fugir das "condições técnicas ou organizacionais" nas quais é produzida a riqueza social por parte de um capitalismo industrialmente desenvolvido (Habermas, 1969).

Falta abordar o problema das distorções introduzidas na estrutura de classes dos países subdesenvolvidos, dos reagrupamentos efetuados nos países centrais e, portanto, dos grupos sociais disponíveis para uma luta aberta contra as relações de dependência e de integração em escala nacional e internacional. A primeira distorção, comum a todos os países latino-americanos, e que abrange também outros países do Terceiro Mundo mas que apresenta semelhanças significativas nas regiões subdesenvolvidas dos países capitalistas não dominantes, como a Itália, se caracteriza por uma expansão excessiva e prematura do setor terciário. A classe média "dos serviços" constitui a parte mais relevante da população ativa destes países, sem trazer contribuições significativas para o desenvolvimento econômico, e sim colocando-se como barreira ou tampão entre os setores da burguesia industrial, integrados no sistema capitalista mundial, e as classes populares em processo de marginalização.

A segunda distorção se caracteriza pela criação de verdadeiras aristocracias do trabalho que, altamente qualificadas tecnicamente, tendem a se integrar nas classes dominantes, deixando, provavelmente, a tarefa de desvendar as bases reais do sistema aos grupos ainda não integrados ou não rapidamente integráveis que, segundo Habermas, são basicamente formados por estudantes universitários e médios. Para se defender dos desafios apresentados, de forma muitas vezes anômica, pelos grupos sociais excluídos e privados de organização e representatividade, o Estado contemporâneo tende, por um lado, a instrumentalizar a participação política mediante formas populistas e plebiscitárias e, por outro, a posicionar-se como instrumento corporativo-repressivo em benefício dos interesses dominantes.

IV. Estratégias para a superação do subdesenvolvimento. — Que estratégias podem ser seguidas para a superação do Subdesenvolvimento? Uma vez aceita a tese que considera o Subdesenvolvimento como produto da expansão internacional do capitalismo, é lógico e conseqüente defender a tese segundo a qual a superação do Subdesenvolvimento só poderá dar-se em decorrência da derrota do capitalismo a nível mundial. Todavia, esta perspectiva se revela paralisante sob dois aspectos. Trata-se mais de uma afirmação de princípio do que da identificação de uma estratégia coerente; além disso há aí uma tendência à excessiva e injustificada subestima dos reais obstáculos estruturais (ou hereterogeneidades) que irão permanecer, muito provavelmente, entre as várias regiões e dentro delas, mesmo após uma eventual superação do capitalismo. A este respeito são citados os desníveis geográficos e setoriais existentes não apenas nos países da Europa oriental, que se poderiam considerar como "permeados" e dominados pela política econômica soviética, mas também os que continuam dentro da própria União Soviética, mais de 60 anos após a revolução socialista e, com muita probabilidade, também no interior da China (ambas economias basicamente "fechadas" e quase totalmente auto-suficientes).

No que diz respeito à China, sobre a qual não há um estudo econômico exaustivo, salta à vista que, embora existindo heterogeneidade e desníveis geográficos setoriais, sua natureza os torna tais que não provocam distorções na estrutura de classe nem na gestão e organização do poder político que, ao invés, providencia constantemente transferência de recursos a fim de alcançar uma distribuição o mais possível igualitária. A solução, portanto, é buscada quer nas causas, isto é, no momento da formação das heterogeneidades, quer nas conseqüências, isto é, no momento em que as heterogeneidades e os desníveis formados anteriormente poderiam se ampliar cada vez mais. Toda esta temática, porém, está aguardando uma formulação bem mais documentada e bem mais rigorosa, principalmente com relação ao caso da China, por muitos considerado protótipo de uma tendência completamente diferente.

Voltando aos tempos intermediários para definição de uma estratégia de superação do capitalismo e tendo como ponto de partida o fato inquestionável da "internacionalização" do capitalismo e do Subdesenvolvimento, os dos caminhos procuram chegar a uma solução válida justamente no plano internacional. Os países subdesenvolvidos podem exercer pressões sobre o sistema econômico e político dominado pelo capitalismo juntamente com defensores, mesmo ocasionais, que eventualmente se encontrem nos países dominantes — ou podem buscar uma forma de *se retirarem* parcialmente e/ou temporariamente do próprio sistema (Rudebeck, 1970). Em ambos os casos, faz-se absolutamente necessário que os países subdesenvolvidos cheguem a um acordo de cooperação econômica e, em último caso, política entre si, de forma a possibilitar a quebra dos laços que os prendem aos respectivos países dominantes.

Normalmente são duas as condições principais que dificultam estes acordos econômicos e políticos. A primeira consiste no fato de que as economias dos países subdesenvolvidos, dentro de determinadas áreas, encontram-se orientadas, principalmente, para a produção de bens similares e não são muito diversificadas; conseqüentemente a *complementaridade das economias*, que é muitas vezes um potente fator de desenvolvimento, encontra-se, na maioria dos casos, ausente. A segunda diz respeito à disponibilidade política das classes dominantes dos países subdesenvolvidos que, bem ou mal, são as beneficiárias do tipo de *crescimento* específico, distorcido e muitas vezes inadequado, porém *real*; não porão facilmente em jogo sua posição de poder e de bem-estar num acordo com outras classes dominantes, nem todas homogêneas, para afrouxar ou quebrar o vínculos do Subdesenvolvimento. As contradições e tensões no seio das classes dominantes, os conflitos entre as classes dominantes e as classes subalternas, e as tentativas de mobilização das classes

subalternas em apoio às opções políticas de determinados grupos das classes dominantes, provocam uma série de fenômenos e mudanças violentas nos detentores do aparelho do Estado.

A *instabilidade política* dos países do Terceiro Mundo é, pois, na maioria dos casos, algo *induzido, exógeno* e não endógeno, e assume proporções mais graves pelas pesadas interferências oriundas do sistema capitalista internacional. Porém se, como vimos, a tendência predominante nos países subdesenvolvidos é a busca de uma progressiva emancipação do setor central com relação ao setor periférico e de uma crescente ligação, não propriamente com o setor central do país dominante, e sim com as grandes empresas multinacionais, por sua vez livres de qualquer tipo de controle político e econômico, o futuro dos países subdesenvolvidos não é um futuro de instabilidade e sim, ao contrário, um futuro de *estabilidade sui generis*. Esta nova forma de estabilidade consistirá, no máximo, na permanência no poder dos gestores das opções que forem tomadas a nível internacional, mas nunca significará *ordem* completa. De fato, mesmo esporádicos, desorganizados ou organizados, continuam a surgir no setor periférico ou, mais vezes ainda, em grupos que, aos poucos porém constantemente, são marginalizados pelo setor central dos países *subdesenvolvidos*, desafios violentos à ordem estabelecida que encontram ressonância bastante ampla nos setores periféricos e nos extremos dos setores centrais dos países dominantes. O Subdesenvolvimento acaba, assim, por se constituir em elemento de contradição permanente nos países capitalistas e, também, por se caracterizar como o estímulo mais eficaz para mudanças no próprio sistema internacional.

BIBLIOGRAFIA. — I. ADELMAN e C. TAFT MORRIS, *Economic groutw and social equity in developing countries*, Stanford University Press, Stanford 1973; G. ARRIGHI, *Sviluppo economico e sovrastrutture in Africa*, Einaudi, Torino 1969; P. A. BARAN e P. M. SWEEZY, *Il capitale monopolistico. Saggio sulla struttura economica e sociale americana* (1966), Einaudi, Torino 1968; A. CORDOVA, *Il capitalismo sottosviluppato di A. G. Frank*, in "Problemi del socialismo", XIV, julho-agosto 1972; *Crisi economica, Terzo Mondo, nuovo ordine internazionale*, in "Política internazionale", outubro-novembro 1978; *Dependence and dependency in the global system*, in "International organization", XXXII, winter 1978; T. DOS SANTOS, *La nuova dipendenza* (1971), Jaca Book, Milano 1971; A. G. FRANK, *Capitalismo e sottosviluppo in America Latina* (1969), Einaudi, Torino 1969; C. FURTADO, *La formazione economica del Brasile* (1959), Einaudi, Torino 1970; J. HABERMAS, *Teoria e prassi nella società tecnologica*, Laterza, Bari 1969; *Kapitalistische Entwicklung und koloniale Unterentwick-*

lung, Genese und Perspektive, in "das Argument", XV, julho 1973; *Politics and change in developing countries. Studies in the theory and practice of development*, ao cuidado de C. LEYS, Cambridge University Press, Cambridge 1969; A. MARTINELLI, *Il concetto del dualismo nell'analisi de sottosviluppo*, in "Rassegna italiana di sociologia", XII, julho-setembro 1971; T. H. MORAN, *Multinational corporations and the politics of dependence. Copper in Chile*, Princeton University Press, Princeton 1974; G. MYRDAL, *Asian drama. An inquiry into the poverty of nations*, Penguin Books, Harmondsworth 1968, 3 vols.; L. RUDEBECK, *Political development: towards a coherent and relevant formulation of the concept*, in *Scandinavian political studies*, Universitetsforlaget, Oslo 1970, vol. 5.

[GIANFRANCO PASQUINO]

Superestrutura.

I. DEFINIÇÃO. — Superestrutura é uma categoria usada na tradição marxista para indicar as relações sociais, jurídicas, políticas, e as representações da consciência que complementam a estrutura ou base. Assim escreviam Marx e Engels em *Ideologia alemã*: "a organização social imediatamente criada pela produção e permuta... constitui, em todos os tempos, a base (*Basis*) do Estado e de qualquer outra Superestrutura (*Superstruktur*) idealística" (*Ideologia alemã*, 1967 p. 66).

Uma definição de Superestrutura se apresenta como algo particularmente complexo, já que tem de identificar as relações que unem três conotações habitualmente usadas: a) as formas ideológicas; b) o aparelho material da ideologia; c) as formas da consciência. Uma análise da Superestrutura implica, em primeiro lugar, o exame das transformações que a categoria assumiu na obra de Marx e, a seguir, a distinção dos significados que ela engloba, numa visão mais sistemática, capaz de sintetizar as contribuições da tradição marxista e as contribuições mais significativas de diversas abordagens analíticas.

II. DE ESTADO-PREDICADO A ESTADO-IDEOLOGIA. — Nas obras filosóficas da juventude e, particularmente, em *Crítica da filosofia hegeliana do direito público*, Marx critica a inversão feita por Hegel na relação Estado-sociedade civil. Hegel concebe, com efeito, a sociedade como predicado do Estado, ao passo que Marx se esforça por reconduzir o Estado às suas bases reais, ou seja, por fazer dele o predicado, a exteriorização da família e da sociedade. Mas a sociedade é ainda concebida como multidão de indivíduos, cujas relações necessárias Marx não consegue captar. É por isso que o Estado é entendido como realidade imaterial cuja alienação se trata de eliminar, e não ainda como força material de domínio. Contudo, já nesta obra de 1843, surgem alguns elementos que serão amplamente desenvolvidos em *Ideologia alemã* e que permitem conceber a Superestrutura, não só como forma distinta, mas também como realidade complementar e funcional em relação a uma realidade social organizada segundo uma estrutura hierárquica. É precisamente a análise dos *Stände* ("Estados") que permite a Marx ver no Estado a forma política de "neutralização" do antagonismo social. Na verdade, enquanto os "Estados" constituem a expressão política das categorias, existe uma "situação social", ou seja, a classe operária, a que não corresponde nenhuma categoria nem nenhum "Estado": a diversidade entre "Estado" e "situação social" é eliminada, dentro do "Estado político", com a ideologia da soberania popular e da igualdade formal. Marx chega assim a distinguir algumas particularidades da Superestrutura: seu caráter de complementaridade com respeito à base, seu aspecto de forma ideológica capaz de neutralizar o antagonismo social e, enfim, a sua realidade de prática do poder concretamente exercido pelas categorias dominantes dentro dos aparelhos de domínio.

III. SUPERESTRUTURA COMO FORMA DE DOMÍNIO. — Em *Ideologia alemã*, estes resultados são depois aprofundados, já que a análise consegue colher as estruturas orgânicas da "base" e, com elas, também as relações que constituem a Superestrutura. Marx emprega pela primeira vez a categoria de "divisão do trabalho", isto é, de uma organização do trabalho que se espalha cada vez mais com o desenvolvimento das forças produtivas. A divisão do trabalho faz aumentar a contradição entre o interesse de cada um e o interesse coletivo, que se impõe como dependência recíproca dos indivíduos. Deste modo, a atividade do homem acaba por se tornar uma *força* a ele estranha. É este um tema freqüente na reflexão marxista, amplamente desenvolvido em *Grundrisse* como transformação da capacidade laborativa do operário em capacidade laborativa do capital. Em síntese: o desenvolvimento das forças produtivas cria relações entre os indivíduos que a eles se impõem como relações estranhas. A independência que as relações de produção adquirem na esfera da divisão do trabalho estabelece uma diferença indelével entre a vida de cada indivíduo como pessoal e como assumida em qualquer ramo de produção. As relações produtivas são relações de domínio, uma vez que concebem o indivíduo sob condições que não lhe pertencem. Ao mesmo tempo, estas relações de domínio se apresentam ao nível superestrutural jurídico como direito, ao nível político como Estado, ao nível ideológico como ideologia dominante, etc.

O Estado, escreve Marx, é a *forma* em que a burguesia faz valer os seus interesses; é por isso que todas as instituições passam pela mediação do Estado e recebem uma forma política. "Daí a ilusão de que a lei repouse na vontade ou, melhor, na vontade desarraigada da sua base real — na vontade *livre*. É assim que o direito também é resumido na lei" (*Ideologia alemã*, 1967, p. 67). Trata-se, portanto, de compreender por que é que a estrutura de domínio, que existe *de fato* na divisão do trabalho dentro do modo de produção, deva também assumir uma forma política, uma forma jurídica, uma forma ideológica, etc.

IV. ESTADO E DIREITO COMO SUPERESTRUTURAS IDEOLÓGICAS.
— Ao abordar o problema do direito e da sua relação com a ideologia, observa Pašukanis que o direito representa a forma mistificada de uma relação social específica, ou seja, que a regulamentação das relações sociais em certas condições assume um caráter jurídico. Estas condições inserem-se na passagem do modo de produção feudal ao capitalista. No feudalismo não existia diferença entre direito privado e direito público, porque os direitos públicos dos feudatários sobre os camponeses eram também direitos do proprietário privado e, vice-versa, os seus direitos privados podiam igualmente ser interpretados como direitos públicos. Quando, a par do domínio, começaram a constituir-se determinadas ações de troca, é que se deu uma distinção entre privado e público. O direito tornou-se então a forma das relações mercantis de uma sociedade burguesa; uma forma cujo contributo específico foi o de tornar o homem em abstrato do direito, separado dos atos de permuta no mercado. Os sujeitos são representados por relações jurídicas como agentes envolvidos em abstratas relações de aquisição e alienação, quando, na realidade, estão ligados por variadas relações de dependência.

O direito se apresenta, por um lado, como lei; do outro, como conteúdo da lei. O caráter impessoal da lei é que permite exprimir os conteúdos específicos do domínio de uma classe sobre a outra na forma de "vontade geral".

Kelsen, em polêmica com M. Adler, principal teórico do "austromarxismo", identifica o Estado como um ordenamento jurídico coativo que não assume necessariamente o escopo da exploração. É que o Estado, segundo Kelsen, expressa um interesse solidário e não apenas os interesses de uma parte. Em resumo: para Kelsen, o ordenamento jurídico superestrutural é apenas um *meio* que pode vir a ter também finalidades diversas da exploração, como demonstra o fato de que a burguesia liberal lutou contra o Estado — não se havendo, portanto, servido dele como de um instrumento de domínio político — e de que política social constitui uma possibilidade de superar e não apenas de manter a exploração. Segundo Adler, as posições de Kelsen expressam unicamente a preocupação de precisar em que gênero de pensamento nos havemos de situar ao falar de Estado e de direito, e não a de enfrentar o problema *do que* seja o Estado e o direito; ou seja, Kelsen oferece um conceito jurídico e não sociológico das superestruturas políticas e jurídicas. Na realidade, o Estado não tem como finalidade a exploração, mas é somente a forma político-jurídica da exploração, no sentido de que confere à exploração uma forma determinada, a do ordenamento jurídico, da lei e da vontade geral, através da qual se expressa o interesse de uma parte (M. Adler, 1922). O ponto de vista marxista reflete uma abordagem dialética, uma vez que relaciona a análise sociológica com a análise jurídica, a abordagem causal com a abordagem normativa, a estrutura com a Superestrutura, descobrindo aí uma relação de recíproca complementaridade. Pelo contrário, uma elaboração teórica como a do normativismo jurídico tende sempre a distinguir e a separar ambos os âmbitos do discurso, considerados em suas características abstratas e colocados em sua autonomia recíproca.

Foram identificadas algumas características da Superestrutura, que pareceu evidenciar-se como forma ideológica política (soberania popular e igualdade formal) e jurídica (lei universal, vontade geral). Estas formas superestruturais representam apenas efeitos ideológicos de um domínio existente de fato, uma imposição ao indivíduo de relações de produção estranhas. Mas a Superestrutura existe não só como contributo ideológico.

V. A ESTRUTURA DA SUPERESTRUTURA.
— Em *Guerra civil na França*, Marx analisa as vicissitudes da Comuna de Paris; ao considerar o aparelho superestrutural que a constituição da democracia proletária teve de abolir, nos oferece o quadro sistemático da organização material da Superestrutura. A destruição da máquina estatal trouxe consigo, em primeiro lugar, a supressão do exército, substituído pela Guarda Nacional, e estabeleceu, em lugar do Parlamento, a Comuna, órgão de trabalho em que não existe mais a separação do poder legislativo e executivo. Os outros aparelhos materiais, identificados e substituídos

por órgãos responsáveis e revogáveis, foram os da administração e polícia, o aparelho judiciário e a organização do poder eclesiástico.

Gramsci desenvolveu esta análise da Superestrutura, abordando o problema das estruturas materiais da "hegemonia", ou seja, das estruturas mediante as quais se exerce o domínio de uma classe sobre outra e que ele descobre nos centros de formação e irradiação da ideologia — os partidos, as associações sindicais e eclesiásticas, a escola, a imprensa (editoras, jornais, revistas), etc. O estudo se completa depois com a definição dos intelectuais como agentes do funcionamento das estruturas materiais da hegemonia.

Finalmente, L. Althuser abordou o problema das estruturas materiais do domínio ideológico, distinguindo sistematicamente os aparelhos repressivos do Estado (Governo, administração, exército, polícia, tribunais, cárceres, etc.) dos aparelhos ideológicos (AIS), entre os quais um é historicamente dominante: assim, no tempo do feudalismo, o aparelho ideológico dominante era a Igreja, que desempenhava também funções escolares e culturais; na sociedade capitalista, a escola o é e não o aparelho ideológico político, ou seja, o regime parlamentar, já que a burguesia pôde sobreviver mesmo com aparelhos políticos diferentes da democracia parlamentar.

A contribuição específica dos aparelhos ideológicos de Estado é, segundo Althusser, a de representar a descrição *imaginária* dos indivíduos relativa às relações de produção, fornecendo a cada sujeito a ideologia adequada ao seu papel, e a de apresentar assim as relações produtivas como relações entre explorados e exploradores.

BIBLIOGRAFIA. — M. ADLER, *La concezione dello Stato nel marxismo* (1922), De Donato, Bari 1979; A. GRAMSCI *Note sul Machiavelli, sulla politica e sullo Stato moderno* Einaudi, Torino 1949; H. KELSEN, *Essenza e valore delle democrazia*, Il Mulino, Bologna 1981; Id., *Socialismo e Stato* (1923), De Donato, Bari 1978; K. MARX e F. ENGELS, *L'ideologia tedesca* (1846), Editori Riuniti, Roma 1967; K. MARX, *Critica della filosofia hegeliana del diritto pubblico* (1843), in *Opere filosofiche giovanili*, Editori Riuniti, Roma 1963; Id., *La guerra civile in Francia* (1871), Editori Riuniti, Roma 1974; E. B. PAŠUKANIS, *La teoria generale del diritto e il marxismo* (1927), De Donato, Bari 1975.

[GUSTAVO GOZZI]

Tecnocracia.

I. AMBIGÜIDADES CONCEPTUAIS. — A noção de Tecnocracia está entre as mais ambíguas de todo o corpo conceptual das modernas ciências sociais. Entrada na linguagem científica no início dos anos 30, a palavra Tecnocracia designava, originariamente, os químico-físicos e o papel que eles vinham assumindo no processo de desenvolvimento da sociedade de então. A partir daí, ela foi também utilizada para evocar por vezes o poder ou a influência de outras variadas categorias sócio-profissionais, desde os engenheiros aos economistas, dos diretores de produção aos cibernéticos, dos burocratas aos Estados-maiores das forças armadas e aos altos conselheiros científicos das autoridades governamentais. Em primeiro lugar, portanto, a ambigüidade está na identidade dos atores evocados pela noção.

Um segundo elemento de ambigüidade está na amplitude histórica do fenômeno tecnocrático. Não faltam, na verdade, estudiosos que, baseados no requisito da competência que constitui um dos fundamentos essenciais do "poder dos técnicos", tendem a interpretar como prefigurações de uma civilização tecnocrática os grandes princípios teóricos de muitos pensadores políticos de outros tempos. Assim acontece, por exemplo, em Platão, em cuja sofocracia são colocados em destaque pontos de vista especificamente tecnocráticos. O mesmo se diga da Nova Atlântida de Francis Bacon, descrita como uma enorme instituição de pesquisa científica, onde grupos de especialistas dos vários ramos do saber trabalham para ampliar o domínio do homem sobre a natureza.

Um terceiro elemento de ambigüidade diz respeito à essência e à natureza do *kratos* de que são detentores os tecnocratas. Na verdade, ela vai desde a tese que configura tal poder como mera capacidade de influenciar, mediante um papel de consultoria técnica, e desde as decisões dos órgãos públicos, até a tese que individualiza na Tecnocracia um regime social caracterizado pela emancipação do poder das suas tradicionais conotações políticas e pela tomada de uma configuração diferente, despolitizada e de "competên-

cia". Por outras palavras, segundo esta última tese, assiste-se a um esvaziamento da função dos executivos na adm.inistração pública por obra dos "peritos", que tomam o lugar dos políticos, enquanto que a decisão de caráter político, e por conseqüência aberta à descrição, cede terreno em favor de uma decisão entendida como resultado de cálculos e de previsões científicas e portanto inteiramente privada de resíduos discricionários.

Um último traço de ambigüidade da noção de Tecnocracia é o que se refere ao enquadramento social dos tecnocratas. Eles são vistos, ora como uma categoria profissional, ora como um grupo social, ora como uma nova classe social. É evidente que, na medida em que os tecnocratas são uma ou outra coisa, seus comportamentos variam sensivelmente, seja em ordem aos sentimentos de grupo e de identidade, seja em ordem ao prosseguimento de metas solidárias. Com efeito, se a Tecnocracia for entendida como uma categoria profissional, é provável que cada um de seus membros irá manter, pelo menos no tocante a determinadas opções importantes, orientações diferentes, e por isso mesmo uma ampla disponibilidade no prosseguimento de finalidades contrastantes. Vice-versa, se os tecnocratas se têm ou são tidos como uma classe social, daí derivará a tendência para uma identidade bem mais marcada do que suas metas políticas.

II. UMA TENTATIVA DE DELIMITAÇÃO. — Perante um conceito tão inflacionado e que abrange uma pluralidade de fenômenos e de dimensões escassamente assimiláveis, o intérprete pode tomar dois caminhos diferentes: ou abandonar o uso do conceito ou defini-lo excluindo segmentos da realidade, subentendendo-se que outros segrias conceptuais já existentes ou em vias de criamentos poderão ser incluídos em outras categoção. A definição do conceito de Tecnocracia coloca pelo menos três pontos de vista frente aos problemas de delimitação: a) histórico; b) estrutural; c) funcional.

Sobre o primeiro ponto, parece oportuno limitar o uso de tal instrumento conceptual de análise dos fenômenos de poder, próprios das sociedades contemporâneas de alto nível de desenvolvimento industrial. Mais precisamente, é natural a referência a um sistema social que não apenas superou a revolução da máquina, mas enfrentou a segunda revolução industrial, que é a organização. A sociedade da organização (programação e planejamento) é, na verdade, o verdadeiro ambiente que constitui o *genus* tecnocrático, enquanto que a terceira revolução (a da automação ou do computador) comporta mais a emergência de novas espécies tecnocráticas. Seguindo algumas exposições de bibliografia sobre a matéria, pertencem a este contexto diretores e organizadores da produção, protagonistas da revolução empresarial (*managerial revolution*) descrita por James Burnham e antecipada com singular lucidez pela profecia de Augusto Comte, em pleno século XIX, sobre a "prépondérance des directeurs"; a tecnoestrutura de que fala John Kenneth Galbraith, ou seja, "o *staff* dos técnicos, dos programadores e de outros peritos", que constitui a "inteligência diretora — o cérebro — da empresa" e na qual está localizado "o efetivo poder de decisão"; e também os cibernéticos, preconizados por Zbigniew K. Brzezinski como primeiros atores da nascente sociedade tecnetrônica: "uma sociedade cultural, psicológica, social e economicamente plasmada pelo forte influxo da tecnologia e da eletrônica e particularmente pelos calculadores e pelos novos meios de comunicação"; e, finalmente, a "classe teórica", composta por economistas, sociólogos, psicólogos, cientistas, programadores e pesquisadores, para a qual Daniel Bell anuncia uma predominância na "sociedade pós-industrial", mesmo que em relação a ela nos interroguemos se não se assemelha, pelo menos em parte, ao "poder espiritual" dos positivistas franceses do século XIX.

Sobre o segundo ponto, fala-se de Tecnocracia em sentido próprio quando nos referimos a sistemas sociais nos quais as relações efetivas de poder dentro das estruturas produtivas não obedecem, tanto à lógica da propriedade como titularidade do direto, quanto a uma lógica de controle das estruturas e de preponderância do momento *de facto* sobre o momento *de jure*. A respeito do terceiro ponto, o problema estaria em estabelecer com precisão as diferenças que existem entre técnico e tecnocrata e quando é que um é susceptível de transformar-se no outro.

III. Tecnocracia e sociedade industrial. — Por técnico se entende normalmente um especialista, ou seja, um ator social dotado de competência num determinado setor da experiência coletiva e que executa seu papel segundo um programa de eficiência. Ao contrário do técnico — eis a diferença de fundo —, o tecnocrata não é um especialista. Para melhor dizer, também o tecnocrata parte da competência e tem em vista a eficiência. Mas, enquanto o técnico se qualifica como um perito do particular, o tecnocrata é definido como um perito do geral. Se o primeiro é um especialista, o segundo é um perito em idéias gerais, caracterizado por uma polivalência de funções por um conhecimento global das variáveis da ação.

Por que se fala de polivalência funcional e de conhecimento global das variáveis? Para responder é necessário considerar as condições estruturais que estão na base do fenômeno tecnocrático. Uma lista dessas condições pode incluir, em primeiro lugar, a crescente utilização dos conhecimentos científicos e técnicos nos processos industriais. Em segundo lugar, é necessário lembrar a urgência de incluir a ação do homem sobre a natureza a fim de transformá-la em sua própria vantagem (fenômeno da indústria), dentro de um sistema de previsão e num conjunto de planos gerais e/ou de programas empresariais voltados para a racionalidade do desenvolvimento econômico, evitando crises e recessões. A terceira condição é a tendência para a concentração empresarial e para a expansão macroeconômica da empresa. Finalmente, no novelo das condições estruturais deve ser colocada a prática da subscrição de ações com a distribuição que daí deriva do capital entre uma inumerável e anônima massa de investidores da poupança.

A presença de tais condições e sua interação dão lugar a uma importante modificação nas relações entre setores empresariais e instrumentos de produção. De uma parte, na verdade, a ação racional do homem sobre a natureza é impensável com o desenvolvimento e a ascensão de grupos e de categoria cujo título de promoção social — a competência — é incompatível ou pelo menos estranho a uma concepção patrimonial da natureza. A intervenção sobre esta última com o fim de *a transformar* parte' logicamente, não da posse da coisa (*res*), mas do conhecimento. É por isso que sobre o assunto, na sociedade industrial avançada tende-se a instituir um movimento de separação entre bem econômico e título de propriedade. Essa separação foi no decorrer do tempo favorecida, quer pela concentração empresarial, quer pelo acionismo de massa. Este, na verdade, dispersa a titularidade do direito de propriedade por uma miríade de acionistas, em sua maior parte sem nenhuma relação funcional com a empresa e privados de qualquer poder de decisão em termos empresariais. A concentração, por sua vez, age na mesma direção, sobretudo em virtude das exigências de divisão do trabalho dentro da grande empresa.

Neste quadro de separação substancial entre titularidade do direito individual de propriedade e instrumentos de produção — não obstante o carácter privativo da propriedade não possa ser formalmente negado —, o ator que ganha destaque de poder é aquele que toma de fato as decisões que interessam ao desenvolvimento econômico. Em última análise, o título de propriedade cede lugar às circunstâncias de fato: entre o direito de propriedade e a função de "controle" tende a prevalecer a segunda. A relação de tipo capitalista que liga os instrumentos de produção ao "patrão" se alenta enquanto se consolida a relação de tipo funcional que une os instrumentos aos diretores da produção.

Neste contexto, generalista é aquele que no nível funcional está mais alto no âmbito do processo de produção industrial. O tecnocrata é o diretor supremo desse processo (entenda-se que o técnico, seja ele engenheiro, economista ou outro, pode ser promovido a tecnocrata, mas isso implica o abandono da lógica de especialização). Eis a razão por que, entre outras coisas, se fala de polivalência de funções e de conhecimento global das variáveis: o empresário, de fato, superintende tanto a direção do pessoal técnico e executivo quanto a administração dos negócios e a organização das complexas relações entre produção, distribuição e consumo. É claro que ele se serve da ajuda dos especialistas em vários níveis mas é ele quem reelabora e coordena os resultados da colaboração de seus assessores, integrando-os nos mecanismos de decisão em termos de política empresarial.

IV. QUESTÕES ABERTAS. — A influência do *manager* no sistema social moderno é uma "função" do crescente relevo da área econômica. Nestes termos bastante gerais, é mais do que plausível falar de Tecnocracia. O discurso torna-se mais difícil quando se trata de precisar o alcance de tal poder. A dificuldade é em larga medida o resultado da contínua interferência da perspectiva ideológica na perspectiva crítico-científica. Sabe-se que o papel da economia na experiência coletiva está no centro do debate entre escolas e correntes ideais: caminha-se desde a tendência que vê na economia o dado central e determinante da realidade social a que todos os demais podem, em última análise, reportar-se, até a tese que rejeita tal primogenitura e a mais ou menos explícita *reductio ad unum* que dela deriva, para reconhecer às várias dimensões do viver comum — a política, a econômica e a social —

uma autonomia funcional e estrutural, inclusive nas interpenetrações correntes.

Tal *querela* projeta seus reflexos no significado e no alcance que são atribuídos ao poder dos diretores. Assim, quem postula o primado do dado econômico tenderá a configurar a Tecnocracia como um modelo de exercício do poder suscetível de substituir *in toto*, através de uma escalada por etapas mais ou menos breves, a gestão política do poder. E vice-versa: quem parte do pressuposto de uma autonomia dos diversos setores do sistema social dificilmente reconhecerá a possibilidade da extinção da dimensão política do poder.

No que toca a este primeiro aspecto, a percepção crítica do fenômeno tenocrático é "perturbada" pela ótica ideológica. Neste sentido, permanece a ambigüidade que atrás denunciamos. Deve-se acrescentar a isto que o fenômeno tenocrático compreende, por sua vez, uma ideologia tecnocrática com a qual é necessário contar. Os princípios fundamentais dessa ideologia são, além da predominância da eficiência e da competência, a concepção da política como reino da incompetência, da corrupção e do particularismo; o tema do desinteresse das massas a respeito da *res publica* com a conseqüente profissionalização do *decision-making*, a tese do declínio das ideologias políticas e a substituição de uma espécie de *koiné* tecnológica.

Finalmente, existe a questão da transferibilidade do conceito para a realidade dos sistemas sociais caracterizados por uma organização econômica de capitalismo de Estado. Em teoria, ninguém proíbe que a cisão entre uma situação de direito e uma situação de fato, observada nos sistemas de propriedade privada dos meios de produção, seja estendida também ao capitalismo de Estado. No máximo, pode-se defender até que o Estado é um proprietário bastante mais anônimo do que a multiplicidade de acionistas das grandes *corporations* neocapitalistas. Permanece, todavia, o grande escolho da interpretação do papel das forças políticas nesses sistemas sociais. Fica por verificar, particularmente, a plausibilidade da hipótese de extinção do poder político em favor de um poder técnico-administrativo: poder político evidentemente forte e organizado, em grau de impor ao sistema social e de manter, em seguida, uma gestão econômica de capitalismo de Estado.

V. POLÍTICA E COMPETÊNCIA. — Todo o quadro das questões abertas pode ser resumido por e reduzido a uma questão de fundo: qual a relação entre competência e política? Para tentar uma resposta, é importante lembrar que em todo decorrer de uma ação, incluindo a ação social, existem os meios e os fins. Em sentido estrito, o regime tecnocrático pode ser definido como aquele em que o tecnocrata indica, na base da competência, tanto os meios como os fins da ação social. O regime político, ao contrário, é tanto aquele em que o político indica, em relação a seus critérios, os meios e os fins, como aquele no qual é dada ao competente a indicação dos meios entre os quais o político escolhe em relação a fins politicamente determinados.

É evidente que, numa sociedade industrial mais desenvolvida em linha científico-tecnológica, o papel da competência na indicação dos meios ganha especial relevo. Com este pressuposto e sublinhando-se que também no campo social os meios são um elemento de importância extra-ordinária (tendo em vista que as metas mais belas do mundo estão destinadas a transformar-se numa quimera se e enquanto faltarem meios e instrumentos para realizá-las), trata-se de ver se o caráter "industrial", ou seja, a ação do homem sobre a natureza, esgota toda a experiência coletiva da época contemporânea, ou se pelo menos dela exprime a predominância em termos indiscutíveis. Somente nestas condições, na verdade, pode-se pôr a hipótese de um poder tecnocrático em sentido estrito, pois só assim o tecnocrata é o "generalista" no sentido mais completo e exclusivo de uma tal realidade. Ao contrário, se juntamente com a ação do homem sobre a natureza permanece a ação do homem sobre o homem, isto é, a política em todas as suas formas, incluindo a guerra, então a indústria não esgota, não obstante seu desenvolvimento, o quadro social da humanidade contemporânea.

Na tensão entre indústria e política, entre competência e política, reflete-se o dilema relativo ao ofício da generalidade. Quem é o generalista? O tecnocrata, segundo sua aspiração onicompreensiva, ou, em última análise, e apesar de tudo, o político?

Embora se torne cada vez menos fácil responder à pergunta, o dilema nos remete ao problema dos fins. Generalista é, na verdade, aquele que, apoiando-se nas diferentes variáveis, mesmo instrumentais, indica os fins em todas as suas formas, neles compreendida a manipulação. Mas basta a competência para decidir sobre os fins? Ou estes não exigem de preferência opções de valor, opções de cultura, até considerações metafísicas e mesmo paixões, positivas e negativas? Sede de justiça, inveja, amor, desejo de conquista, ódio, gosto da liberdade, espírito servil são impulsos, atitudes e motivações que a com-

petência pode substituir e cancelar no complexo jogo das relações sociais e de poder? Pode-se, por outro lado, imaginar uma competência tão asséptica que fuja de todo condicionamento de interesses? "Pode-se pecar por ignorância", observa Vilfredo Pareto, "mas pode-se também pecar por interesse". A competência técnica pode fazer com que se evite o primeiro mal, mas nada pode contra o segundo. Em que ponto, portanto, o competente se distinguiria do político no que toca a interesses essenciais?

No resto, o problema do poder não é apenas o problema de como e a que título chegar ao poder. É também e sobretudo o problema de como conservá-lo e se manter nele. Ora, admitindo-se também que o critério de acesso ao poder e que sua fonte de legitimidade seja a competência, fica em aberto a segunda questão. E por isso nos perguntamos: como se comportaria o competente numa situação de conflito entre uma decisão aconselhada pela competência, mas que em virtude de algumas implicações poderia comportar o risco de perder a posição de poder, e uma decisão que lhe permitisse conservar o poder mesmo que não correspondesse às exigências da "racionalidade científica"? Por outras palavras, os competentes governariam como competentes ou não perdoariam por sua vez o modo "político" de gerenciar o poder? A "preponderância dos diretores" comporta o desaparecimento do poder político ou apenas uma alocação e uma configuração diferentes do mesmo?

BIBLIOGRAFIA. — R. ALLEN, *Che cosa è la tecnocrazia?*, Giraldi e Noto, Milano 1933; D. BELL, *The post-industrial society: technocracy and politics*, in "Survey", n.° 78, 1971; J. BILLY, *Les techniciens et le pouvoir*, P.U.F., Paris 1960; Z. K. BRZEZINSKI, *Dilemmi internazionali in un'epoca tecnetronica*, Etas Kompass, Milano 1969; J. BURNHAM, *La rivoluzione dei tecnici* (1941), Mondadori, Milano 1947; J. L. COTTIER, *La technocratie, nouveaus pouvoir*, Editions du Cerf, Paris 1959; V. DAGNINO, *Tecnocrazia*, Bocca, Torino 1933; F. DEROSSI, *L'illusione tecnocratica*, Etas Libri, Milano 1978; C. FINZI, *Il potere tecnocratico*, Bulzoni, Roma 1977; D. FISICHELLA, *Il potere nella società industriale*, Morano, Napoli 1965; *Id.*, *Politica e mutamento sociale*, D'Anna, Messina-Firenze 1981; J. K. GALBRAITH, *Il nuovo stato industriale* (1967), Einaudi, Torino 1968; *Industrialisation et technocratie*, ao cuidado de G. GURVITCH, Colin, Paris 1949; J. MEYNAUD, *Technocratie et Politique*, Études de Science Politique 1960; *Id.*, *La tecnocrazia. Mito o realtà?* (1964), Laterza, Bari 1966; N. MITRANI, *Attitudes et symboles techno-bureaucratiques: réflexions sur une enquête*, in "Cahiers internationaux de sociologie", XXIV, 1958; J. MOULIN, *La tecnocrazia, spauracchio e tentazione del mondo moderno*, in "Rassegna italiana di sociologia", II, 1963; H. PASDERMADJIAN, *La deuxième révolution industrielle*, P.U.F., Paris 1959; G. P. PRANDSTRALLER, *I tecnici come classe*, Edizioni dell'Ateneo, Roma 1959; J. D. STRAUSSMAN, *The limits of technocratic politics*, Transaction Books, New Brunswick 1978.

[DOMENICO FISICHELLA]

Teocracia.

Com o termo Teocracia designa-se um ordenamento político pelo qual o poder é exercido em nome de uma autoridade divina por homens que se declaram seus representantes na Terra, quando não uma sua encarnação. Bem característica do sistema teocrático é a posição preeminente reconhecida à hierarquia sacerdotal, que direta ou indiretamente controla toda vida social em seus aspectos sacros e profanos. A subordinação das atividades e dos interesses temporais aos espirituais, justificada pela necessidade de assegurar antes de qualquer outra coisa a *salus animarum* dos fiéis, determina a subordinação do laicato ao clero: a Teocracia, que etimologicamente significa "Governo de Deus", traduz-se assim em *hierocracia*, ou seja, em Governo da casta sacerdotal, à qual, por mandato divino, foi confiada a tarefa de prover, tanto a salvação eterna, como o bem-estar material do povo.

Não faltam, na história, exemplos de regimes teocráticos: o Tibete de Dalai Lama, o Japão Imperial, o Egito faraônico, e em termos bastante conspícuos a organização política do povo hebreu durante o período sacerdotal. Pelo que tange à civilização ocidental, a tentativa mais séria de dar vida a um modelo político-teocrático deu-se entre o final do século XI e o início do século XIV, por obra do papado.

A idéia de uma subordinação necessária da *Civitas terrena* à *Civitas collestis*, isto é, do Estado à Igreja, foi já difundida no pensamento patrístico e foi teorizada por Santo Agostinho no *De civitate Dei*. Entretanto, somente na Idade Média é que as condições históricas concretas permitiram à Igreja dar um desenvolvimento orgânico à instituição augustiniana e tentar uma atuação prática.

Na queda do Império Romano e nos anos obscuros da dominação dos bárbaros, na verdade, a Igreja apareceu como a única instituição realmente universal, bem mais forte do que o Im-

pério Romano do Ocidente, que bem depressa seria lacerado pelos conflitos entre os Estados Nacionais que dentro dele se foram formando. Isso conduziu rapidamente ao esquecimento da concepção tradicional, segundo a qual *sacerdotium* e *imperium* têm igualmente origem em Deus para bem da humanidade ("Os dois maiores dons de Deus concedidos aos homens pela divina clemência — conforme está escrito no *Corpus juris civilis* — são o Sacerdócio e o Império: aquele cuida das coisas divinas e este, por sua vez, rege e vigia as coisas humanas; um e outro, derivando de um só e mesmo princípio, são o ornamento da vida humana"), e à identificação da Igreja como único organismo instituído diretamente por Deus. Isso permite, embora mantendo firme a distinção gelasiana entre *auctoritas sacrata pontificum* e *regalis potestas*, seja reconhecida à primeira uma nítida superioridade sobre a segunda, porque o fim próprio da Igreja (a *salus animarum*) é proeminente em relação ao fim perseguido pelo Estado, que é o bem-estar material dos homens.

Destas afirmações derivam algumas conseqüências teóricas de grande alcance e em particular a tese que atribui ao pontífice a totalidade do poder, seja espiritual seja temporal: "Nós sabemos pelas palavras do Evangelho — escreve Bonifácio VIII na Bula *Unam sanctam* (1302) — que nesta Igreja e no seu poder existem duas espadas, uma espiritual e outra temporal... as duas estão em poder da Igreja, a espada espiritual e a espada temporal; uma na verdade deve ser empunhada pela Igreja e a outra pela Igreja também; a primeira, pelo clero; a segunda, pela mão do rei ou dos cavaleiros, mas segundo o comando e a condescendência do clero, porque é necessário que uma espada dependa da outra e que a autoridade temporal esteja sujeita à autoridade espiritual". É portanto o pontífice, como depositário da *plenitudo potestatis*, quem delega o exercício da autoridade temporal ao soberano (daqui o significado da coroação do imperador pelas mãos do Papa), o qual, por conseqüência, pode usar o próprio poder apenas dentro dos limites que lhe foram dados pelo bispo de Roma.

A subordinação *ratione finium* do poder temporal ao poder espiritual dá vida a um sistema de relações entre Igreja e Estado, no qual a este último é vedada ingerência no que diz respeito às pessoas e aos bens eclesiásticos pertencentes à esfera das realidades espirituais que recai *in potestate Ecclesiae*. Dessa forma, caem por terra todas as intervenções da autoridade civil na organização interna da Igreja que caracterizaram os últimos séculos do Império Romano e, mais tarde, o Império carolíngio (v. CESAROPAPISMO): a eleição do pontífice, a nomeação dos bispos, a administração dos bens eclesiásticos voltam a ser problemas da exclusiva competência da Igreja. Sempre, pela mesma razão, se afirma o princípio de que as propriedades da Igreja estão isentas de qualquer imposto fiscal a favor do Estado, que os eclesiásticos estão isentos da obrigação de prestar serviço militar e, se envolvidos em controvérsias civis ou penais, têm o direito de ser julgados por tribunais da Igreja.

No sistema teórico que acabamos de apresentar, porém, se ao Estado é vedada toda ingerência em matéria eclesiástica, à Igreja, contudo, não é proibido intervir no campo temporal (*potestas directa Ecclesiae in temporalibus*). De fato, uma vez aceita a premissa de que "o poder espiritual é superior a todo poder terreno em dignidade e nobreza", segue-se a conseqüência de que "quando o poder terreno erra, será julgado pelo espiritual" (*Unam sanctam*): daqui o direito do pontífice depor os soberanos e de liberar seus súditos do vínculo de obediência (é universalmente conhecido o episódio de Henrique IV deposto do trono por Gregório VII e obrigado a dirigir-se a Canossa para obter o perdão do Papa). Da mesma forma, a afirmação da superioridade da lei eclesiástica sobre a civil é coerente com os princípios expostos acima, sendo que a segunda é considerada sem valor todas as vezes em que entra em choque com o direito canônico.

Finalmente, o Estado é obrigado a colocar suas forças a serviço da Igreja, tanto para combater seus inimigos externos (é neste contexto que se inscrevem as cruzadas sugeridas pelos pontífices contra os "infiéis"), como para assegurar no seu seio a ortodoxia, reprimindo todo episódio de heresia e de dissenso religioso.

A reforma protestante, ao romper a unidade religiosa européia, marca o ocaso definitivo do sistema teocrático: aos seus princípios está ligada a teoria da *potestas indirecta Ecclesiae in temporalibus*, que foi elaborada no século XVI por Bellarmino Suarez e se tornou a doutrina oficial da Igreja em matéria de relações com os Estados. Com base nesta teoria, a Igreja conserva o poder de julgar e condenar a atividade do Estado e dos soberanos todas as vezes em que a mesma puser de qualquer maneira em perigo a salvação das almas. O grande interesse pelas almas torna-se justificação (é o limite embora difícil de definir) das intervenções do Papa em matéria temporal.

BIBLIOGRAFIA. — H. X. ARQUILLIÈRE, *L'augustinisme politique. Essai sur la formation des théories politiques du Moyen-Âge*, Vrin, Paris 1934; P. A. D'AVACK, *Trattato di diritto ecclesiastico*, Giuffrè, Milano 1979; G. DE LA-GARDE, *La naissance de l'esprit laïque au déclin du Moyen-Âge*, Nauwelaerts, Louvain-Paris, 1956-1963, 5 vols.; S. Z. EHLER e J. B. MORRALL, *Chiesa e Stato attraverso i secoli*, Vita e Pensiero, Milano 1958; H. ROMMEN, *Lo Stato nel pensiero cattolico*, Giuffrè, Milano 1964; F. RUFFINI, *Relazioni tra Stato e Chiesa*, Il Mulino, Bologna 1974.

[SILVIO FERRARI]

Teoria dos Jogos.

I. A TEORIA DOS JOGOS E SEUS ALGORITMOS. — A Teoria dos jogos consiste fundamentalmente na definição de um modelo de comportamento "racional", de modo a permitir a maximização da utilidade frente a um conflito de interesses.

Esta teoria, formulada em 1944 por J. von Neumann e O. Morgenstern e precedida pelos estudos de E. Borel, que em 1921 se ocupara de análogos problemas, tende a substituir as hipóteses excessivamente abstratas das teorias econômicas tradicionais por uma análise mais realista apoiada em fenômenos econômicos e sociais. Na tese tradicional, a confiança no poder autocorretivo do sistema econômico, condicionada por representações de tipo mecanicista, induzia a transcurar as decisões individuais com a variedade das motivações psicológicas e a sabedoria da ação segundo um plano preestabelecido.

O comportamento econômico é portanto descrito na Teoria dos jogos como a opção, por parte de dois ou mais "jogadores", de uma estratégia num conjunto, finito ou infinito, de estratégias possíveis, tendo em conta que o resultado final dependerá das combinações das respectivas opções feitas pelos adversários no próprio jogo que será concluído com a distribuição dos lucros (positivos ou negativos).

Naturalmente, existem vários modelos e a análise deles permite uma pluralidade de conclusões de caráter técnico e "teórico". Será suficiente limitarmo-nos à apresentação do modelo fundamental da Teoria dos jogos, que é o do jogo entre duas pessoas com soma zero, entendendo-se pessoa em sentido mais amplo de participante, individual ou coletivo (grupo, coalizão), no jogo; a expressão "soma zero" indica que a soma algébrica dos lucros é igual a zero, ou seja, por outras palavras, que uma pessoa ganha o que a outra perde.

Este modelo pode ser considerado fundamental pelo fato de através dele ·serem representáveis, com oportunas convenções de transformação, várias outras situações, como aquela em que há uma pluralidade de pessoas que posteriormente se unem em coalizões segundo regras que serão analisadas a seguir, e a do jogo entre duas pessoas com soma não-zero, que se transforma no modelo fundamental com a entrada de um jogador fictício cujos lucros empatam a compensação total dos outros.

Para descrever o efetivo desenvolvimento do jogo de duas pessoas a soma zero valem as seguintes considerações: suponhamos que o primeiro jogador pode escolher entre n estratégias e o segundo entre m; a cada par de estratégias escolhidas pelos dois jogadores corresponde o lucro ou a vantagem do primeiro jogador e, naturalmente, tratando-se de um jogo a soma zero, o segundo obterá a mesma soma com sinal negativo, ou seja, sofrerá uma derrota. O jogo pode ter uma representação matricial com uma matriz formada por n linhas e b colunas.

O comportamento dos jogadores será sem dúvida condicionado pela exigência de maximizar os lucros e minimizar as perdas. Para obter este resultado, o primeiro jogador procura em cada linha a mínima compensação e sucessivamente procura movimentar-se no âmbito da escolha da linha em que se encontra o máximo de tais mínimos. O segundo jogador procede de forma simétrica: buscará primeiro os máximos em cada coluna e escolherá depois a coluna em que se encontra o mínimo de tais máximos.

O resultado assim obtido é vantajoso para ambos os jogadores e tal vantagem é indicada pelo fato de que todo afastamento das estratégias escolhidas implica um dano maior para o segundo jogador e uma eventual perda para o primeiro. O valor do jogo, que é definido neste caso como "estritamente determinado", corresponde portanto ao mínimo dos máximos e ao máximo dos mínimos: fala-se na verdade de valor *minimax* do jogo.

Nem sempre, como é fácil imaginar, existe um valor *minimax* do jogo, um "ponto de sela", e em tal caso se usa um algoritmo diferente que permite achar ainda uma solução, quer dizer, recorre-se às chamadas estratégias mistas, que consistem numa combinação linear convexa de estratégias puras, ou seja, numa média ponderada convexa com pesos não-negativos e de soma unitária: os pesos são interpretáveis como a pro-

babilidade de escolher as estratégias correspondentes ou as freqüências relativas com que as estratégias são escolhidas no decorrer de uma longa série de partidas. Uma estratégia pura é ·um caso particular de estratégia mista em que a probabilidade de escolha de uma estratégia é igual a um e a probabilidade de escolha das outras é igual a zero. Em outras palavras, a estratégia do primeiro jogador será identificada pelo vetor de probabilidade $p = (p_1, p_2, \ldots p_n)$. Analogamente, a estratégia do segundo jogador será identificada pelo vetor de probabilidade $q = (q_1, q_2, \ldots q_m)$.

Suponhamos que v_1 é o valor máximo a obter com uma determinada estratégia P por parte do primeiro jogador, qualquer que seja a estratégia adotada pelo segundo: é claro que ela será a estratégia ideal para o primeiro jogador. Suponhamos, de outra parte, que v_2 seja o mínimo valor possível de obter com uso de uma determinada estratégia Q por parte do segundo jogador, qualquer que seja a estratégia adotada pelo primeiro; parece claro que essa será a estratégia ideal para o segundo jogador. O teorema fundamental da Teoria dos jogos afirma que v_1 e v_2 existem em todos os jogos e são iguais, e seu valor constitui precisamente o valor do jogo. É necessário acrescentar que pode existir mais de uma estratégia ideal.

Consideremos agora a contribuição mais interessante da Teoria dos jogos no que diz respeito à eventual extensão de sua aplicação ao campo político-social, ou seja, à análise dos jogos de n pessoas. Convém observar preliminarmente que o conceito de jogo de n pessoas pode ser aplicado para a compreensão do caso de dois jogadores que fazem um acordo, quando o jogo é a soma não-zero, para conseguir um resultado mais vantajoso para ambas as partes, mediante uma repartição da aposta em jogo, e o caso em que o jogo é dirigido contra a "natureza", ou seja, contra uma situação que foge ao controle direto dos participantes coligados do jogo.

O interesse particular dos jogos de n pessoas não está tanto nas estratégias que as coligações podem escolher mas mais nos critérios possíveis de distribuição dos lucros. Na Teoria dos jogos que examinamos, a solução de um jogo de n pessoas não é definida por uma atribuição particular, ou seja, por uma particular repartição de lucros, mas por um conjunto de atribuições ou "vetores". É o conjunto das atribuições que satisfaz as condições fixadas por von Neumann e Morgenstern para a solução dos jogos· de n pessoas e só esse conjunto portanto pode ser definido como uma solução. As atribuições que dela fazem parte obtêm-se através de uma distribuição simétrica dos lucros entre os membros da coalizão vencedora.

No caso mais elementar de um jogo de três pessoas, o conjunto de atribuições que se pode definir é o seguinte:

$$\left(\frac{1}{2}, \ \frac{1}{2}, 0\right) \ \left(\frac{1}{2}, \ 0, \ \frac{1}{2}\right) \ \left(0, \frac{1}{2}, \ \frac{1}{2}\right).$$

A primeira condição a que nos referimos é que no conjunto acima indicado nenhuma atribuição é "dominante" e, naturalmente, nenhuma é dominada. A segunda condição é que toda atribuição que não faça parte do conjunto é dominada pelo menos por uma atribuição incluída no conjunto. É fácil esclarecer com um exemplo as propriedades das atribuições "privilegiadas": admitamos, na verdade, que uma coalizão de maioria, por exemplo, a que é formada pelos jogadores

2 e 3, proponha a atribuição $\left(0, \frac{1}{2}, \ \frac{1}{2}\right)$

O excluído da coalizão, isto é, o jogador n.º 1, poderia procurar romper o isolamento propondo

a atribuição $\left(\frac{1}{4}, \ \frac{3}{4}, 0\right)$ ao jogador n.º 2

e este último poderia ser induzido a abandonar a coalizão inicial com o jogador n.º 3, porque vai tirar evidentemente uma vantagem na nova coalizão.

Toda esta segunda atribuição que não existe no conjunto referido poderia ser dominada pela

atribuição $\left(\frac{1}{2}, \ 0, \frac{1}{2}\right)$ que existe no pró-

prio conjunto. É claro que cada membro da coalizão que adota a repartição incluída no conjunto "privilegiado" relutaria em abandonar a coalizão, porque as conseqüências são facilmente previsíveis. Por esta razão, o conjunto das atribuições onde existe uma repartição simétrica das vantagens é considerado mais estável do que as outros, apesar de alguns teóricos discutirem as noções de "solução" e de "estabilidade" quando o número dos participantes no jogo é muito alto.

II. A TEORIA DOS JOGOS COMO INSTRUMENTO DE ANÁLISE POLÍTICA. — É evidente como uma configuração deste tipo no espaço da utilidade pode constituir um sistema de referência privilegiado para a análise das várias formas de representação política (de cuja conveniência pode na verdade dar uma "medida"), e não surpreende portanto que se seja utilizada amplamente nas várias "teorias econômicas da democracia" (cf. por ex., J. M. Buchanan, G. Tullock e A.

Downs). Os jogos de n pessoas, na verdade, podem dar uma idéia simplificada mas fiel das votações de maioria, cujas características se deduzirão, abandonando, ao menos provisoriamente, considerações de tipo ideológico-político, a partir das propriedades do modelo em questão.

Se propositadamente se ignorarem, num primeiro momento, as possibilidades de acordos ou de compromissos de vários tipos, a alternância das soluções privilegiadas ou dominantes implicará a exclusão conseqüente da coalizão de minoria dos benefícios econômicos e sociais em que se baseia a aposta em jogo, quer dizer, de qualquer forma de redistribuição da renda da coletividade ou de repartição de uma contribuição externa.

Todavia, uma avaliação mais precisa das conseqüências das votações da maioria, a introdução de uma "métrica" por assim dizer no espaço das decisões, tornou-se possível a partir da consideração da eventualidade de que as opções da coalizão vencedora digam respeito a investimentos de produtividade variável. Neste caso, na verdade, o jogo não será mais de "soma constante", sendo que a utilidade global referente à coletividade variará de acordo com a coalizão que se formar de vez em quando: é claro que a coalizão vencedora escolherá o investimento que lhe proporcionar uma vantagem imediata, não levando em conta o dano que derivar daí para a coletividade pela falha de investimento em atividades mais produtivas.

Os inconvenientes de uma votação de maioria, na análise em termos de Teoria dos jogos, estão no fato de que nenhuma solução particular, ou seja, nenhuma repartição ou redistribuição particular, incluindo as do conjunto privilegiado, tem mais probabilidade do que qualquer outra do mesmo conjunto: pode acontecer, assim, que soluções desvantajosas para a coletividade sejam mais freqüentes do que outras mais convenientes; por outras palavras, conclui-se, a partir das propriedades estudadas pela Teoria dos jogos, que a freqüência de uma solução não é função da conveniência da mesma solução. A votação por maioria não garante portanto soluções políticas ideais em termos econômicos, mas tenderá a provocar investimentos públicos independentemente de sua produtividade em relação ao emprego alternativo dos recursos disponíveis.

Os inconvenientes da votação por maioria tenderão a atenuar-se na medida em que forem admitidos ou tolerados acordos ou compromissos que tornarem possível, de qualquer maneira, a participação nas decisões da coalizão de minoria, que tenderão a transformar a decisão por maioria em decisão por unanimidade.

As considerações precedentes sugerem a possibilidade de uma transformação, ou, em todo caso, de uma redução do coeficiente ideológico na avaliação e· na escolha dos procedimentos eleitorais e das formas de representação política. A segmentação do corpo eleitoral em colégios, por exemplo, cuja composição pode ser determinada por vários critérios, que vão desde o critério da atividade profissional até o critério geográfico, ou eventualmente o da escolha casual, não deveria mais ser questão de opções condicionadas por uma tradição de cultura política, mas deveria depender da probabilidade de que procedimentos específicos determinem a formação de coalizões com as conseqüências de que acima falamos.

Considerações análogas valem para a escolha de um sistema bicameral, no qual a setorialidade da representação numa Câmara deveria ser compensada pela sistemática casualidade da representação na outra, no sentido de que a propensão para as coalizões entre grupos de interesses seria contrabalançada pela dificuldade em fazer acordo entre os representantes de casuais grupos de eleitores e, de outra parte, os altos custos decisionais implícitos na atividade de um corpo representativo em base casual seriam compensados pelo funcionamento mais previsível da Assembléia constituída em base setorial.

É claro finalmente que expressões estruturalmente elusivas como "bem comum" ou "interesse geral" podem tornar-se, nesta perspectiva, operacionalmente utilizáveis num discurso político rigoroso.

III. A TEORIA DOS JOGOS E A METODOLOGIA CIENTÍFICA. — A Teoria dos jogos ou das decisões, originariamente projetada como um conjunto de algoritmos destinados a dominar a complexidade das realidades econômicas e sociais, transformou-se também em sua formulação atual num poderoso instrumento metodológico em todos os setores de pesquisa em que a insuficiência da coleta de dados através de processos tradicionais de simples registro se torna mais sensível e mais profundamente postula a exigência de substituição nesses métodos das noções de "estratégia" e de "decisão". Isso se torna possível quando o pesquisador é considerado um dos jogadores e o outro, o adversário, é a "natureza", a realidade a explorar, de modo que os experimentos e as tentativas de solução dos vários problemas podem ser considerados como estratégias que tendem a maximizar os lucros e a minimizar as perdas de informação.

Para dar um exemplo da utilização da Teoria dos jogos neste sentido podemos citar Piaget,

que dela se serviu em psicologia para avaliar os limites da percepção, e Apostel, que fez aplicações da mesma na epistemologia lingüística.

Criticar na Teoria dos jogos um utilitarismo tão cauteloso, que se expõe paradoxalmente à surpresa de êxitos dramáticos impostos por adversários que programaticamente ignoram o "risco calculado" como categoria estratégica, significa colocar em discussão a "ideologia" de um contratualismo generalizado e prudente com limites de percepção política bem definidos.

É provavelmente mais correto analisar as propriedades. e o "estatuto" de uma racionalidade que se define na oposição à fé nos equilíbrios econômicos e sociais garantidos pela homeostase marginal e que prefere confiar no uso projetual e judicioso da sorte.

É exatamente a serialidade decisional, a que se reduz a Teoria dos jogos de n pessoas, que fornece um motivo de particular interesse na medida em que tende a conquistar uma autonomia estrutural que neutraliza uma intervenção programática e que permite uma integração do reducionismo iluminista da própria Teoria dos jogos.

Reconhecer na aposta "uma forma simbólica" fundamental da atividade psíquica, descobrir a possibilidade de descrever todo o evento mental como espectativa de sorte, conforme sugeriu Lacan, significa recuperar o sentido ameaçado do discurso "estratégico".

Encontrar uma regularidade tirada do cálculo e de uma certa maneira do arbítrio do sujeito num sistema simbólico significa redescobrir a autonomia da articulação dos signos em relação a um suporte projetual e pessoal.

Os "mais" e os "menos", que no exemplo escolhido por Lacan representam "presenças" e "ausências", "plenitude" e "esvaziamento" (augustinianos e topológicos) e assinalam os pontos de uma "cabeça ou cruz" elementar e teórica, se dispõem em tríades, caracterizadas por várias disposições dos signos e cujas "condições de comparecimento" são provocadas pelas tríades que as precedem, ou seja, pelo desenvolvimento da cadeia alienatória.

As analogias com a evolução do sistema de coalizões da Teoria dos jogos de n pessoas são sugestivas e parecem autorizar o emprego, com as devidas correções, da temática da "coação repetida" na interpretação da tendência de autosustentação das oscilações das alianças em caso de ausência de intervenções acidentais e obviamente estranhas à própria Teoria dos jogos.

Uma interpretação "teórica" do "barulho decisório" do sistema das coalizões ocorrentes poderia permitir talvez a descoberta de regularidade e correlações em alternância de acordos e desacordos que não admitem um êxito "dialético".

BIBLIOGRAFIA. — J. M. BUCHANAN e G. TULLOCK, *The calculus of consent*, University of Michigan Press, Ann Arbor 1962; A. DOWNS, *An economic theory of democracy*, Harper and Row, New York 1957; J. LACAN, *Le séminaire*, Seuil, Paris 1978; J. VON NEUMANN e C. MORGENSTERN, *Theory of games and economic behavior*, Princeton University Press, Princeton 1953; A. RAPOPORT, *Fights, games and debates*, University of Michigan Press, Ann Arbor 1960; Id., *Strategia e coscienza* (1964), Bompiani, Milano 1969.

[ERNESTO MOLINARI]

TERRORISMO POLÍTICO

I. TERRORISMO E TERROR. — Apesar de correntemente o terrorismo ser entendido como a prática política de quem recorre sistematicamente à violência contra as pessoas ou as coisas provocando o terror, a distinção entre esta última e o terrorismo representa o ponto de partida para a análise de um fenômeno que, ao longo dos séculos, viu constantemente aumentar seu peso político. Como terror entende-se, de fato, um tipo de regime particular, ou melhor, o instrumento de emergência a que um Governo recorre para manter-se no poder: o exemplo mais conhecido deste uso do terror é, naturalmente, o do período da ditadura do Comitê de Saúde Pública, liderado por Robespierre e Saint-Just durante a Revolução Francesa (1793-1794). Mas já quase três séculos antes Maquiavel lembrava que "para retomar o Estado (ou seja, para conservar o poder) era necessário periodicamente espalhar aquele terror e aquele medo nos homens que o tinham utilizado ao tomar o poder" (*Discursos sobre a primeira década de Tito Lívio*, III, I).

Analogamente, diante da crítica de Kautsky, segundo o qual o exercício do poder da parte dos bolcheviques na Rússia revolucionária outra coisa não é senão uma forma (deteriorada) de terrorismo, Trotski replica que, se por terrorismo se entendem as medidas de luta em relação às tentativas contra-revolucionárias, não estaremos senão diante de uma forma de ditadura revolucionária e, enquanto tal, necessária porque, "quem renuncia à ditadura do proletariado, renuncia à revolução social e leva ao socialismo à sua morte política" (*Terrorismo e comunismo antiKautsky*, cap. II).

O recurso ao terror por parte de quem já detém o poder dentro do Estado não pode ser arrolado entre as formas de Terrorismo político, porque este se qualifica, ao contrário, como o instrumento ao qual recorrem determinados grupos para derrubar um Governo acusado de manter-se por meio do terror. É este, indubitavelmente, o caso do movimento populista russo no século passado que, em sua fase mais radical, fez do terrorismo seu principal instrumento de luta. Diante da lentidão no crescimento da ação revolucionária, através da qual o princípio "do movimento do povo" (a propaganda utilizada pelos intelectuais frente aos camponeses e à nascente classe operária) se desenvolveu, o movimento clandestino orientou sua ação recorrendo a atividades terroristas dirigidas, seja para atingir os centros do poder constituído (o maior êxito, que também será o último, do movimento "Narodnaja volia", que quer dizer "vontade do povo", é representado pelo assassinato do czar Alexandre II no dia 1.º de março de 1881), seja para mostrar ao povo a força conseguida pelo mesmo movimento. O *atentado político* que é, portanto, uma forma de aplicação do terrorismo não se extingue com este, mas representa o momento catalisador que deve desencadear a Luta política, abrindo caminho à conquista do poder.

Esta forma clássica de terrorismo apresenta algumas características fundamentais: 1) a organização: o terrorismo, que não pode consistir em um ou mais atos isolados, é a estratégia escolhida por um grupo ideologicamente homogêneo, que desenvolve sua luta clandestinamente entre o povo para convencê-lo a recorrer a: 2) ações demonstrativas que têm, em primeiro lugar, o papel de "vingar" as vítimas do terror exercido pela autoridade e, em segundo lugar, de "aterrorizar" esta última, mostrando como a capacidade de atingir o centro do poder é o resultado de uma organização sólida e 3) de uma mais ampla possibilidade de ação: através de um número cada vez maior de atentados (veja-se a sua sucessão nos anos de 1878 a 1881 na Rússia) que simboliza o crescimento qualitativo e também quantitativo do movimento revolucionário.

Em resumo, a prática terrorista adapta-se a uma situação sócio-política particularmente atrasada, na qual é necessário *despertar* a consciência popular e fazer com que o povo passe do ressentimento passivo à luta ativa através daquele que poderia ser definido como um verdadeiro atalho no processo do crescimento revolucionário.

II. TERRORISMO E REVOLUÇÃO. — Neste último ponto em particular concentra-se a teoria marxista, para julgar esta prática política: se é verdade que Marx, comentando a vitória contrarevolucionária de Viena, em 1848, afirma que "para abreviar, simplificar e concentrar" a agonia da sociedade burguesa existe apenas um único meio: o "terror revolucionário" ("Neue Rheinische Zeitung", n.º 136, de 7 de novembro de 1848), é também clara a recusa da parte de Lenin em adotar o terrorismo, que nos seus escritos associa, quase sempre, ao "anarquismo" e ao "blanquismo". Enquanto Marx se refere, de preferência, a uma particular estratégia ao recurso inevitável na luta violenta para a conquista do poder (posição naturalmente compartilhada também por Lenin), Lenin costuma separar o terrorismo, enquanto tal, da guerrilha propriamente dita. O terrorismo é a estratégia a que recorrem grupos de intelectuais, separados das massas, nas quais, na realidade, não confiam e às quais estão organicamente ligados, de modo que a sua ação acaba por caracterizar-se no sentido de uma desconfiança em relação à insurreição, quando faltam condições necessárias para desencadeá-la. A esta forma de luta, que é definível como substancialmente individualista, Lenin contrapõe a güerrilha, que consiste em ações de tipo militar, que se caracterizam, em primeiro lugar, pelo fato de serem realizadas por proletários e, em segundo lugar, pela capacidade de formarem os quadros e prepararem os dirigentes da autêntica insurreição.

Com esta posição pode-se identificar também o desenvolvimento dos princípios da guerra de guerrilha, especialmente na segunda metade do século XX, no que se refere particularmente à relação entre terrorismo e sabotagem. Enquanto a sabotagem, desde que o objetivo seja bem escolhido (não uma fábrica por exemplo, mas uma central elétrica), se constitui numa arma muito eficaz, o terrorismo, quando não representa simplesmente uma forma de justiça sumária por causa da indiscriminação de suas conseqüências, pode provocar vítimas inocentes e também o rompimento da relação com as massas. Ernesto "Che" Guevara julga o terrorismo "uma arma negativa que não produz em nenhum caso os efeitos desejados, podendo até induzir o povo a uma atitude contrária a um determinado movimento revolucionário, levando a uma perda de vidas entre seus executores muito superior àquilo que rende como vantagem" (A guerra de guerrilha, cap. III, § 5).

É exatamente o aspecto indiscriminado do ato (a bomba que mata não somente o inimigo de classe, mas qualquer pessoa que, por acaso, se encontre no lugar da explosão) que representa o elemento distintivo entre o terrorismo revolucionário e aquele que se poderia definir como contra-revolucionário ou, mais claramente, fascista. Enquanto, em princípio, a idéia revolucionária aceita o atentado político, mas recusa o terrorismo, porque pode atingir além do inimigo também o aliado (como veremos mais adiante quando mostraremos uma importante exceção), o aspecto indiscriminado dos resultados da ação é o elemento determinante para fins da escolha terrorista, por parte dos grupos contra-revolucionários, os quais desejam criar uma tal situação de incerteza e de medo que cheguem a produzir condições propícias para um golpe de Estado "pacificador" e libertador. Em síntese, enquanto o terrorismo revolucionário (se e quando aceitável) está com as massas, o terrorismo contra-revolucionário é contra as massas. O terror, por isso, não pode ser considerado uma forma de luta de classes. Em vista disso, até mesmo a tradição terrorista irlandesa deveria ser considerada, principalmente em termos burgueses e separatistas, mais do que propriamente revolucionários, mesmo quando esta posição não significa liquidar um determinado movimento, mas a apelação para uma revisão do mesmo.

III. O TERRORISMO INTERNACIONAL. — Até agora o terrorismo foi analisado enquanto fenômeno limitado ao âmbito do Estado. Com características em parte diferentes, apresenta-se o mesmo fenômeno quando inserido num contexto político internacional, em particular no caso das guerras de libertação nacional. Neste quadro, o recurso ao terrorismo contra as formas de ocupação do inimigo, por exemplo, assume o mesmo papel positivo, apesar de limitado, do terrorismo russo do século passado, na medida em que (atingindo exclusivamente o inimigo) representou o instrumento para o despertar da consciência popular e para uma primeira agregação de forças. Surge assim o valor fundamental da prática terrorista, o "demonstrativo", que, embora baseado em ações de tipo espontâneo e individualista, é normalmente a condição inicial para a tomada de consciência, que deverá mais tarde chegar a formas mais orgânicas de luta por grupos. A ação terrorista supera assim os limites ideológicos, antes indicados quando ela não é fim de si mesma mas, através da escolha de um objetivo particularmente significativo (que não impõe, portanto, dirigir a ação exclusivamente contra as pessoas), ela representa um primeiro elemento de ligação com as massas de um lado e, de outro lado, um potencial dissuasivo em relação ao inimigo. Com respeito a este último, quando o terrorista, contando com a ajuda da população, consegue atingir o alvo sem ser capturado, produz um efeito desmoralizador sobre as tropas de ocupação, importantes para enfrentar um adversário "invisível". Neste sentido, pode-se dizer que o terrorismo, internacionalmente orientado, representa, em vez de uma alternativa da guerra de guerrilha, uma sua prefiguração, claro indício do crescimento do movimento popular.

No contexto internacional, pode-se até verificar o caso, aparentemente contraditório, de que o terrorismo se revele a única forma de ação possível, quando os grupos terroristas não possam ser reconduzidos a nenhuma unidade territorial, ou melhor, a nenhum Estado. Este é o caso mais original e mais atual da guerrilha, sendo também aquele que envolve mais diretamente a problemática da política internacional. De fato, com referência ao terrorismo palestino e à ação de um "comando" que, por exemplo, provoca a explosão de um avião de linha num país da Europa ocidental, esta mesma ação perde seu componente tradicional de luta no âmbito de um Estado e, ao mesmo tempo, provoca o aparecimento da impossibilidade de imputar a mesma ação a elementos de um Estado. Neste caso, os terroristas combatem contra um Estado de que não fazem parte e não contra um Governo (o que faz com que sua ação seja conotada como uma forma de guerra), mesmo quando por sua vez não representam um outro Estado. Sua ação então aparece como irregular, no sentido de que não podem organizar um exército e não conhecem limites territoriais, já que não provêem de um Estado. Neste contexto parece bem diferente o recurso à represália utilizado pelo Governo de Israel (raids no Líbano), que é correntemente definido como "terrorista". Análogo é o caso de um bombardeamento "terrorista" durante uma guerra regular (pensemos no bombardeamento de Dresden em fevereiro de 1945 e nos bombardeamentos dos Estados Unidos no norte do Vietnã). Nestes casos, o direito internacional bélico propõe como critério para distinguir entre "lícito" e "ilícito" (terrorista) o objetivo militar ou civil da própria ação, critério que, além de ser de difícil aplicação, não encontra paralelo na praxe dos Estados. O aspecto terrorista deste tipo de ação deve ser buscado na forma indiscriminada dos resultados, que não permitem nenhuma distinção,

tanto que, para este tipo de acontecimento, parece mais correto fazer referência ao terror como instrumento a que recorre um Governo regular, na ocasião no poder, conforme a distinção anteriormente proposta.

Com referência ao terrorismo internacional, é conveniente enfatizar, ainda num plano geral, como ele se encontra novamente em oposição a uma forma de terror, aquela que foi suscitada pelo perigo representado por uma eventual guerra atômica: o terrorismo é, talvez, a única arma à qual pode recorrer quem pensa em subverter a ordem internacional apoiada no chamado "equilíbrio do terror". Num mundo em que a guerra declarada e conduzida conforme as normas do direito bélico internacional parece revelar-se impossível, a mudança da ordem internacional pode ser conseguida somente através de formas irregulares de luta. Ao "terror" conservador de quem representa, de qualquer modo, a autoridade em nível internacional contrapõe-se o terror de quem quer subverter esta situação. É claro que isto não se refere a Estados terroristas, mas apenas a grupos terroristas, grupos particulares que poderiam ser identificados ou não com um Estado de origem, embora seja importante deixar bem claro que com este último significado o terrorismo coloca-se como um momento de encontro entre política interna e política internacional ou, mais claramente, entre revolução e guerra, representando ao mesmo tempo um instrumento da primeira e uma alternativa da segunda. O terrorismo da Palestina é o retrato, tanto de um Estado revolucionário, quanto de uma forma de luta política internacional, que foge aos esquemas clássicos da guerra entre Estados. O fenômeno terrorista em nível internacional passa assim a adquirir uma relevância que não tinha o terror dentro do Estado, porque, enquanto neste último caso o terror não representa senão das possíveis formas de luta, no terrorismo internacional ele constitui, ao contrário, a única saída aberta para os que não se identificam com a estrutura da ordem internacional existente.

BIBLIOGRAFIA. — Terrorism: interdisciplinary perspectives, ao cuidado de J. ALEXANDER e S. M. FINGER, John Jay Press, New York 1977; ASSOCIATION BELGE JURISTES DEMOCRATES, Réflexions sur la définition et la répression du terrorisme, Editions de l'Université de Bruxelles, Bruxeles 1974; Dimensioni del terrorismo politico, dirigido por L. BONANATE, Angeli, Milano 1979; F. GROSS, Violence in Politics, Mouton, Paris-L'Aja 1973; M. C. HUTCHINSON, The Concept of revolutionary terrorism, in "Journal of conflit resolution", XVI, setembro, 1972; K. KAUTSKY, Terrorismo e comunismo (1919), Bocca, Torino 1920; A.

Sottile, *Le terrorisme international*, Sirey, Paris 1939; T. P. Thornton, *Terror as weapon of political agitation*, in *Internal war*, ao cuidado de H. Eckstein, The Free Press, New York 1963; L. Trotzky, *Terrorismo e comunismo* (1920), Sugar, Milano 1977; J. Wacierski, *Le terrorismo e comunismo* (1920), Sugar, Milano 1977; J. Waciorski, *Le terrorisme politique*, Pedone, Paris 1939; E. V. Walter, *Terror and resistence*, Oxford University Press, New York 1969; P. Wilkinson, *Terrorism and the liberal state*, Macmillan, London 1977.

[Luigi Bonanate]

Timocracia.

Platão e Aristóteles foram os primeiros a teorizar com base no termo Timocracia duas diferentes formas de constituição política.

A) Forma de Governo que se baseia no desejo e na importância da honra (*timé*), definida por Platão como "constituição ambiciosa de honrarias" (*Rep.*, VIII, 545b), e é corrupção, da mesma forma que a oligarquia, a democracia e a tirania, da forma correta de Governo que é a aristocracia (v.). Na Timocracia, ou, como diz ainda Platão, na *timarquia* (*Rep.*, *ibidem*), que é classificada entre a aristocracia, Governo dos melhores (filósofos), e a oligarquia, Governo dos ricos, constituição fundada sobre a renda (*Rep.*, VIII, 550 c-d), prevalecem os ambiciosos de afirmação pessoal e de honrarias. É precisamente a partir da Timocracia que se passa à oligarquia quando os poucos que estão no poder já não se contentam, altivos, do prestígio alcançado e, violando as leis, "procuram endinheirar-se e quanto mais se dedicam a esta atividade menos estimam a virtude" (*Rep.*, VIII, 550 d-e). Tornando-se assim pessoas de negócios e avaros, exaltam os ricos, a quem oferecem cargos públicos e enchem de louvores, enquanto desprezam os pobres. "E então legislam estabelecendo como limite-base da constituição oligárquica uma certa quantidade de riqueza, maior onde é mais forte a oligarquia e menor onde é menos forte; e prescrevem que não tenha cargos públicos aquele que dispuser de uma fortuna inferior à renda anual estabelecida" (*Rep.*, VIII, 551 a-b). Uma forma de constituição timocrática foi historicamente identificada por Platão na Constituição da Lacônia.

B) Em Aristóteles, a Timocracia é a forma de Governo fundada sobre o patrimônio. Lê-se na *Ética* (VIII, 10, 1160 a 35) que as formas corretas de Governo são três: "a monarquia, a aristocracia e uma terceira, que depende da

distribuição da propriedade" — isto é do patrimônio — "e que é definida, de forma apropriada, como timocrática, embora muitos a chamem simplesmente *politia*". Assim, quando o nível de fortuna é baixo, a discriminação de renda atinge uma minoria da população, a classe mais pobre, excluindo-a de direitos ativos e passivos, então é possível falar, segundo Aristóteles, de uma Timocracia *democrática* em contraposição à Timocracia *oligárquica*, na qual a maioria dos cidadãos é excluída do Governo da coisa pública, ficando o poder concentrado nas mãos de poucos com altas rendas. A *politia* deve basear-se numa renda média (*Politica*, IV, 9, 1294' b). Em conclusão, enquanto para Platão a Timocracia é uma forma corrupta de Governo, para Aristóteles ela tende a confundir-se com a *politia*, constituição correta, e isto corresponde perfeitamente ao seu ideal de Governo misto, de democracia moderada, em que os cargos públicos são distribuídos com base na renda.

Exemplos históricos de Timocracia assim entendida são numerosíssimos no decorrer dos séculos e bastará lembrar, na Antiguidade, a Constituição de Sólon em Atenas e mais tarde, no século IV a.C., a de Antípatro e em Roma a dos escravos. Mais próximo de nós lembraremos que todas as primeiras Constituições modernas liberal-democráticas se baseiam no critério de renda de tal forma que, para eleger ou para ser eleito, para gozar de direitos políticos plenos ou em parte, era necessário possuir uma determinada renda. O sufrágio universal levou ao abandono definitivo do sistema timocrático.

[Giampaolo Zucchini]

Tirania. — V. Ditadura, II.

Tolerância.

I. Definições. — O princípio de Tolerância prepara e em parte antecipa o princípio da liberdade política e, em alguns aspectos, transfere a teoria do *laisser faire* da política econômica para a atividade política geral. Um dos componentes relativistas, historicistas e pluralistas do pensamento liberal conduz ao reconhecimento de posições contrastantes dentro de um sistema conflituoso disciplinado por "regras de jogo" convencionadas. A teoria da Tolerância religiosa difundiu além disso uma acepção diferente do princípio de Tolerância, que consiste na abstenção de hostilidades para quem professa idéias políticas, morais ou religiosas julgadas censuráveis. Nesta acepção, a Tolerância significa renúncia em impedir alguns males justificada pelo risco de que se forem impedidos à força se tornariam piores. A Tolerância para com os dissidentes é portanto aceita como um mal necessário quando não é possível reprimir o dissenso, ou seja, um mal menor quando o custo da repressão resultaria excessivo. É evidente que em tal caso o conceito de Tolerância constitui um grau preparatório do princípio de liberdade: a Tolerância institui, na verdade, um espaço de liceidade ou pelo menos de imunidade nas decisões individuais, mas o qualifica como concessão revogável e não ainda como direito irrevogável. "A palavra Tolerância — sustentava Mirabeau à Assembléia Nacional francesa — me parece de certo modo tirânica, uma vez que a autoridade que tolera poderia também não tolerar"; e lord Stanhope na Câmara alta britânica: "houve tempo em que os dissidentes invocavam a Tolerância como uma graça; hoje, os mesmos a invocam como um direito, mas virá um dia em que a desdenharão como um insulto". Por isso, Francesco Ruffini, referindo-se à definição de "cultos tolerados", empregada no primeiro artigo do Estatuto Albertino para designar as religiões acatólicas, notava: "a Tolerância, que é uma admirável virtude privada, soa odiosamente nas relações públicas; não será certamente o último exemplo disso o significado técnico que ela conserva hoje em dia no direito eclesiástico católico como reconhecimento forçoso e oportunístico do que de verdade não se pretende de maneira nenhuma aprovar. A palavra Tolerância pressupõe a existência de um Estado confessional, ou seja, de um Estado que crê que é necessário fazer profissão de um determinado culto como pessoa coletiva; como se ele também, tal como as pessoas físicas, tivesse uma alma a salvar" (*A liberdade religiosa*, § 1.°/1).

II. REFLEXOS POLÍTICOS DA TEORIA DA TOLERÂNCIA RELIGIOSA. — É costume indicar Marcílio de Pádua (*Defensor pacis*, 1324) como um precursor da teoria política da Tolerância. Ele sustenta que a Sagrada Escritura convida a ensinar, a demonstrar e a convencer, não a obrigar e a punir, porque, sendo a consciência incoercível, a fé imposta através da coerção não traz nenhuma vantagem para a salvação espiritual. Esta tese havia sido já reivindicada pelos primeiros cristãos e foi depois retomada com especial vigor por Spinoza no *Tractatus theologico-politicus* (1670, cap. XX). Marcílio, além do mais, admitia que os infiéis e os hereges subtraídos à perseguição dos tribunais eclesiásticos pudessem ser punidos pelo tribunal secular enquanto transgressores da lei civil.

O irenismo da tradição humanista do século XVI abriu caminho para a teoria da Tolerância *civil* para com os diversos tipos de fé defendida, entre outros, por Erasmo e Thomas Morus. Após a execução de Miguel Servet, Castellion publicou, sob o pseudônimo de Martinus Bellius, em polêmica contra Calvino, o tratado *De Haereticis an sint persequendi* (1554); na França, o liberalismo religioso foi defendido por Jean Bodin no *Traité de la République* (1576) e no *Colloquium Heptaplomeres* (1593) e o partido dos "Politiques", defensor das finalidades temporais do Estado comprometidas pelos conflitos religiosos, propugnou a Tolerância civil para com os reformados em compensação pelo seu empenho leal em prol dos interesses nacionais.

Na Alemanha, nos últimos anos do século XVI e nos primeiros do século XVII apareceram escritos sistemáticos sobre a Tolerância dos luteranos Camerarius e Gerhard e do católico Becanus. Mas os principais tratados sobre a teoria da Tolerância se acham no século XVII nas obras de Grócio, Bayle, Milton e Locke. Fundamental para a teoria moderna da Tolerância religiosa é a *Epistola de tolerantia*, escrita em 1685 por John Locke durante seu exílio na Holanda e publicada como anônima em 1689.

Na *Epistola* Locke estabelece os respectivos deveres da Igreja, dos particulares, da magistratura eclesiástica e civil para com o princípio de Tolerância:

a) Nenhuma Igreja é obrigada, em nome da Tolerância, a manter em seu seio quem se obstina a pecar contra a doutrina estabelecida; mas a excomunhão não deve ser acompanhada de violências ou danos contra o corpo e contra os bens daquele que é expulso.

b) Nenhum particular pode danificar ou diminuir os bens civis de quem se declara estranho à sua religião, porque os direitos do homem e do cidadão não pertencem à esfera religiosa.

c) A autoridade eclesiástica não pode estenderse às questões civis que são de esfera diferente e das quais a Igreja está separada; Igreja e Estado são ordens diferentes pela sua origem e pelos fins que se propõem.

d) Quanto à magistratura civil, o direito de governar e a perícia política não contêm em si um conhecimento certo das coisas e muito menos da religião verdadeira. O magistrado civil deverá, por isso mesmo, abster-se de toda ingerência nas opiniões religiosas dos súditos e na celebração dos cultos, seguindo o princípio de que aquilo que é lícito no Estado não pode ser proibido na

Igreja e de que, vice-versa, as coisas ilícitas no Estado não podem ser lícitas na Igreja, mesmo quando adotadas nos usos sagrados.

Segue-se daí, segundo Locke, que o magistrado civil não deverá tolerar uma Igreja disciplinada de modo que quem a ela adere passe "ao serviço e à obediência de um outro soberano", porque, em tal caso, dar-se-ia lugar a uma sobreposição de jurisdições. Locke nega todo direito de Tolerância religiosa aos ateus, negadores da religião; mas algumas tendências relativistas ("toda Igreja é ortodoxa para si mesma e errônea ou herética para os outros") e a clara afirmação da liberdade de consciência e da separação entre Estado e Igreja fazem da *Epístola* um documento fundamental do LAICISMO (v.).

III. DESENVOLVIMENTO MODERNO DO PRINCÍPIO DE TOLERÂNCIA. — O princípio de tolerância se afirmou plenamente no século XVIII com o iluminismo e o racionalismo (é bastante conhecido o *Traité sur la tolérance* de Voltaire, de 1763, escrito por ocasião da condenação do protestante Jean Calas; nesse tratado Voltaire se propõe demonstrar que a intolerância religiosa não é justificada nem pela tradição judaica e clássica nem pela doutrina evangélica). E no século XIX foi um componente essencial do pensamento político liberal. Foi acolhido pela própria Igreja, nas encíclicas de Leão XIII, com muitas limitações e como um mal menor. Também em 1950, o padre Messineo contrapunha à teoria liberal da Tolerância, fundada sobre o agnosticismo e o subjetivismo religiosos, a teoria restritiva da Tolerância como atitude prática "que leva a suportar com indulgência e longanimidade uma ação ou um fato lesivos do nosso sentimento e dos nossos direitos". Segundo esta interpretação, pois que se "tolera o mal e o erro, não se tolera o bem e a verdade", a Tolerância não deveria comportar a paridade jurídica dos cultos sustentada pela concepção do liberalismo agnóstico. É inegável que a plena explicação do princípio de Tolerância é incompatível com o dogmatismo religioso, o qual, professando a certeza da verdade recebida por graça, impõe o *aut-aut* entre verdade e falsidade e a divisão dos homens entre eleitos e réprobos.

Os mais recentes desenvolvimentos do pensamento da Igreja, entretanto, contidos nas declarações do Concílio Vaticano II e nas encíclicas de João XXIII e de Paulo VI, estão explicitamente orientados para o princípio de Tolerância na medida em que, reconhecendo e exaltando a dignidade natural da pessoa humana — que não foi perdida nem em presença do erro —, reafirmam que a busca da verdade é um ato voluntário do conhecimento sobre o qual a autoridade civil não tem poder de interferência.

Independentes da problemática da Tolerância religiosa são as teorias críticas da sociedade contemporânea, que tendem a esclarecer os aspectos repressivos no panorama da Tolerância. Segundo Robert Paul Wolff, por exemplo, a Tolerância é a virtude da moderna democracia pluralista. Mas o pluralismo democrático, tal qual pode ser observado na América contemporânea e em outras sociedades industrializadas, apresentaria uma série de analogias com as sociedades feudais e corporativas enquanto se mostraria tolerante para com os grupos constituídos e não para com os indivíduos cujo comportamento se desvia das normas do grupo. Segundo Herbert Marcuse, a função liberal da Tolerância teria sido alterada pelas mudanças verificadas nas sociedades democráticas avançadas, que minaram as bases do liberalismo econômico e político. A Tolerância deveria portanto concretizar-se numa prática subversiva e liberante e contrapor-se à Tolerância decadente mascarada pela REPRESSÃO (v.).

BIBLIOGRAFIA. — J. LECLER, *Storia della tolleranza nel secolo della riforma*, Morcelliana, Brescia 1967, 2 vols.; J. LOCKE, *Saggio sulla tolleranza*, in *Scritti editi e inediti sulla tolleranza*, ao cuidado de C. A. VIANO, UTET, Torino 1961; A. MESSINEO, *Tolleranza e intolleranza*, in "Civiltà cattolica", caderno 2.411, ano 101, 2 de dezembro de 1950, vol. IV; F. RUFFINI, *La libertà religiosa* (1.ª ed. 1901), Feltrinelli, Milano 1967.

[VALERIO ZANONE]

Totalitarismo.

I. AS TEORIAS CLÁSSICAS DO TOTALITARISMO. — Na Itália, começou-se a falar de Estado "totalitário" por volta da metade da década de 20 para significar, no nível de avaliação, as características do Estado fascista em oposição ao Estado liberal. A expressão está presente na palavra "Fascismo" da *Enciclopedia Italiana* (1932), quer na parte escrita por Gentile, quer na parte redigida por Mussolini, onde se afirma a novidade histórica de um "partido que governa totalitariamente uma nação". Na Alemanha nazista, o termo, ao contrário, teve pouca voga, preferindo-se a falar de Estado "autoritário". Entretanto, a expressão começava a ser usada para designar todas as ditaduras monopartidárias, abrangendo tanto as fascistas quanto as comunistas. Neste sentido a empregou George H. Sabine no verbete

"Estado" da *Encyclopaedia of the social sciences* (1934). Em 1940, num simpósio sobre o "Estado totalitário" publicado nos *Proceedings of american philosophical society*, Carlton H. Hayes descreveu algumas características originais do Governo totalitário e especialmente a monopolização de todos os poderes no seio da sociedade, a necessidade de gerar uma sustentação de massa, o recurso às modernas técnicas de propaganda. Em 1942, em *The permanent revolution*, Sigmund Neumann colocou em destaque o movimento permanente que se desprendeu dos regimes totalitários e que atinge, numa mutação incessante, os próprios procedimentos e instituições políticos. Todavia, não obstante tais antecedentes, o uso da palavra Totalitarismo para designar, com uma conotação fortemente derrogatória, todas ou algumas ditaduras monopartidárias fascistas ou comunistas se generalizou somente após a Segunda Guerra Mundial. Durante o mesmo período foram formuladas as teorias mais completas do Totalitarismo, a de Hannah Arendt (*The origins of totalitarianism*, 1951) e a de Carl J. Friedrich e Zbigniew K. Brzezinski (*Totalitarian dictatorship and autocracy*, 1956).

Segundo H. Arendt, o Totalitarismo é uma forma de domínio radicalmente nova porque não se limita a destruir as capacidades políticas do homem, isolando-o em relação à vida pública, como faziam as velhas tiranias e os velhos despotismos, mas tende a destruir os próprios grupos e instituições que formam o tecido das relações privadas do homem, tornando-o estranho assim ao mundo e privando-o até de seu próprio eu. Neste sentido, o fim do Totalitarismo é a transformação da natureza humana, a conversão dos homens em "feixes de recíproca reação", e tal fim é perseguido mediante uma combinação, especificamente totalitária, de ideologia e de terror. A ideologia totalitária pretende explicar com certeza absoluta e de maneira total o curso da história. Torna-se, por isso, independente de toda experiência ou verificação fatual e constrói um mundo fictício e logicamente coerente do qual derivam diretrizes de ação, cuja legitimidade é garantida pela conformidade com a lei da evolução histórica. Esta lógica coativa da ideologia, perdido todo contato com o mundo real, tende a colocar na penumbra o próprio conteúdo ideológico e a gerar um movimento arbitrário e permanente. O terror totalitário, por sua vez, serve para traduzir, na realidade, o mundo fictício da ideologia e confirmá-la, tanto em seu conteúdo, quanto, e sobretudo, em sua lógica deformada. Isso atinge, na verdade, não apenas os inimigos reais (o que acontece na fase da instauração do regime), mas também e especialmente os inimi-

gos "objetivos", cuja identidade é definida pela orientação político-ideológica do Governo· mais do que pelo desejo desses inimigos em derrubá-lo. E na fase mais extrema atinge também vítimas escolhidas inteiramente ao acaso. O terror total que arregimenta as massas de indivíduos isolados e as sustenta num mundo que, segundo elas, se tornou deserto torna-se por isso um instrumento permanente de Governo e constitui a própria essência do Totalitarismo, enquanto a lógica dedutiva e coercitiva da ideologia é seu princípio de ação, ou seja, o princípio que o faz mover.

No plano organizativo, a ação da ideologia e do terror se manifesta através do partido único, cuja formação elitista cultiva uma crença fanática na ideologia, propagando-a sem cessar, e cujas organizações funcionais realizam a sincronização ideológica de todos os tipos de grupos e de instituições sociais e a politização das áreas mais remotas da política (esporte e atividades livres, por exemplo), e através da polícia secreta, cuja técnica operacional transforma toda a sociedade num sistema de espionagem onipresente e onde cada pessoa pode ser um agente da polícia e onde todos se sentem sob constante vigilância. O regime totalitário não tem entretanto uma estrutura monolítica. Há, bem pelo contrário, uma multiplicação e uma sobreposição de funções e de competências da administração estatal, do partido e da polícia secreta, que dão lugar a um emaranhado organizativo confuso, bem distinto de uma típica "ausência de estrutura". Esta ausência de estrutura está de acordo com o movimento e a imprevisibilidade próprios do regime totalitário e que têm origem na vontade absoluta do ditador, o qual sempre está em grau de fazer flutuar o centro do poder totalitário de uma para outra hierarquia. A vontade do chefe é a lei do partido e toda organização partidária não tem outro escopo senão o de realizá-la. O chefe é o depositário da ideologia: apenas ele pode interpretá-la ou corrigi-la. Até a polícia secreta, cujo prestígio cresceu extraordinariamente em relação ao que gozava nos velhos regimes autoritários, tem um poder real menor, pelo fato de estar inteiramente sujeita à vontade do chefe, o único a quem compete decidir quem será o próximo inimigo potencial ou "objetivo". Segundo esta interpretação, a personalização do poder é portanto um aspecto crucial dos regimes totalitários. Entretanto, Arendt não faz dela explicitamente um terceiro pilar da noção de Totalitarismo (ao lado do terror e da ideologia), provavelmente para não perturbar a solidez da concepção essencialista e teleológica do fenômeno que se manifesta por consequência algo densa.

A segunda teoria clássica, a de Carl J. Friedrich e de Zbigniew K. Brzezinski, define o Totalitarismo com base nos traços característicos que podem ser encontrados na organização dos regimes totalitários. Segundo esta colocação, o regime totalitário é resultante da união dos seis pontos seguintes: 1) uma ideologia oficial que diz respeito a todos os aspectos da atividade e da existência do homem e que todos os membros da sociedade devem abraçar, e que critica, de modo radical, o estado atual das coisas e que dirige a luta pela sua transformação; 2) um partido único de massa dirigido tipicamente por um ditador, estruturado de uma forma hierárquica, com uma posição de superioridade ou de mistura com a organização burocrática do Estado, composto por pequena percentagem da população, onde uma parte nutre apaixonada e inabalável fé na ideologia e está disposta a qualquer atividade para propagá-la e atuá-la; 3) um sistema de terrorismo policial, que apóia e ao mesmo tempo controla o partido, faz frutificar a ciência moderna e especialmente a psicologia científica e é dirigido de uma forma própria, não apenas contra os inimigos plausíveis do regime, mas ainda contra as classes da população arbitrariamente escolhidas; 4) um monopólio tendencialmente absoluto, nas mãos do partido e baseado na tecnologia moderna, da direção de todos os meios de comunicação de massa, como a imprensa, o rádio e o cinema; 5) um monopólio tendencialmente absoluto, nas mãos do partido e baseado na tecnologia moderna, de todos os instrumentos da luta armada; 6) um controle e uma direção central de toda a economia através da coordenação burocrática das unidades produtivas antes independentes. A combinação habilidosa de propaganda e de terror, tornada possível graças ao uso da tecnologia moderna e da moderna organização de massa, confere aos regimes totalitários uma força de penetração e de mobilização da sociedade qualitativamente nova em relação a qualquer regime autoritário ou despótico do passado e torna-os por isso um fenômeno político historicamente único.

Entre a interpretação de Arendt e a de Friedrich-Brzezinski há diferenças notáveis. Mencionarei apenas as principais. Antes de tudo, é diferente o modo de abordar o tema: Arendt procura determinar o fim essencial do Totalitarismo que identifica na transformação da natureza humana, reduzindo os homens a autômatos absolutamente obedientes e em torno deste fim ordena todos os outros aspectos do fenômeno; Friedrich e Brzezinski, ao contrário, não reconhecem nenhum fim essencial ou conatural no Totalitarismo e limitam-se a descrever uma "síndrome totalitária", isto é, um conjunto de traços característicos dos regimes totalitários. Em segundo lugar, na interpretação de Friedrich-Brzezinski falta, pelo menos parcialmente, a ênfase posta por Arendt na personalização do poder totalitário e no papel crucial do chefe, que detém em suas mãos os meandros da ideologia, do terror e de toda a organização totalitária. Esta segunda diferença está ligada, em grau considerável, a uma terceira, que diz respeito ao âmbito de aplicação da noção de Totalitarismo. Para Arendt são totalitárias apenas a Alemanha hitlerista (de 1938 em diante) e a Rússia stalinista (de 1930 em diante); para Friedrich e Brzezinski são totalitários, além do regime nazista e soviético, o regime fascista italiano, o regime comunista chinês e os regimes comunistas do Leste europeu.

Mas existem pontos de acordo que também são notáveis. Em primeiro lugar, tanto Arendt quanto Friedrich e Brzezinski vêem no Totalitarismo uma nova forma de dominação política, pelo fato de ele ser capaz de conseguir um grau de penetração e de mobilização da sociedade que não tem precedentes nos regimes conhecidos do passado e representa neste sentido um verdadeiro salto de qualidade. Em segundo lugar, as duas interpretações concordam ao identificar três aspectos centrais do regime totalitário numa ideologia oficial, no terror policial e num partido único de massa. A polícia secreta que Arendt acrescenta a este elenco no plano institucional e o controle monopolista dos meios de comunicação e dos instrumentos de violência, assim como a direção central da economia, acrescentados por Friedrich e Brzezinski, podem considerar-se, ao menos dentro de certos limites, como especificações posteriores, que não afetam a centralização da ideologia, do terror e do partido único. Neste sentido, poder-se-ia dizer em linhas gerais que o regime totalitário dá pouca importância à distinção tradicional entre Estado, ou melhor, aparelho político e sociedade, por meio do instrumento organizacional do partido único de massa, que é plenamente maleável e pilotável a partir do vértice do regime, e destrói ou afeta o poder e modifica o comportamento regular e previsível dos corpos organizados do Estado (burocracia, exército, magistratura), e por meio do emprego concomitante e combinado da doutrinação ideológica e do terror, dentro das formas que a tecnologia moderna oferece e que permitem penetrar e politizar todas as células do tecido social. Desde a época em que foram apresentadas as duas teorias que acabamos de expor houve a tendência de reproduzir estes três aspectos do Totalitarismo por parte de muitos autores que se ocuparam do assunto, embora com formulações e destaques diferentes. Raymond Aron, por exemplo, coloca entre as características do Totalitarismo um partido que monopoliza a atividade política, uma ideologia que anima o partido e se torna verdade oficial do Estado, e, através dos controles totalitários sobre a sociedade, uma politização de todos os erros ou os insucessos dos indivíduos e portanto a instauração de um terror ao mesmo tempo policiesco e ideológico.

Contudo, a partir do início da década de 60, e em certos aspectos mesmo antes, foram-se delineando correntes de revisão das teorias clássicas do Totalitarismo, que atacaram em três direções: a novidade histórica do Totalitarismo, a similaridade entre o Totalitarismo fascista e o Totalitarismo comunista e a extensão do conceito de Totalitarismo a todos os regimes comunistas e à própria Rússia pós-stalinista. Estas revisões demonstraram uma eficácia crescente nas três direções indicadas. Menor eficácia se verificou na pesquisa de precedentes históricos. Foram aventadas diversas analogias, mas não se alterou o caráter de substancial novidade dos regimes totalitários. Maior eficácia se verificou na análise das relações entre o Totalitarismo fascista e o Totalitarismo comunista. Não pôde ser contestada a existência de elementos de semelhança, mas também foram identificadas diferenças muito relevantes. A eficácia máxima foi encontrada na limitação do campo de aplicação do conceito de Totalitarismo: uma direção na qual, de resto, a tendência revisionista teve em vista a teoria de Friedrich e não (ou então apenas de forma indireta) a de Arendt. Será portanto oportuno examinar em separado estas três partes da pesquisa.

II. TOTALITARISMO MODERNO E EXPERIÊNCIAS POLÍTICAS PRECEDENTES. — Vários autores identificaram precedentes históricos do Totalitarismo, tanto na Antigüidade greco-romana como no despotismo oriental, como ainda em algumas experiências políticas da Europa moderna. Para a Antigüidade grega e romana olhou, entre outros, Franz Neumann, o qual acha que tanto o regime espartano quanto o regime do Império Romano dos tempos de Diocleciano foram "ditaduras totalitárias". No primeiro caso, Neumann sublinha o domínio absoluto dos espartanos sobre os ilotas, baseado num terror policiesco permanente, posto em ato por grupos de jovens espartanos que os éforos mandavam clandestinamente, de tempos a tempos, para aterrorizar e assassinar os ilotas; e a coesão da classe dominante conseguida com um controle completo da sociedade e da vida privada por meio de técnicas e de instituições especiais, como a transferência para o internato dos meninos quando atingiam os seis anos de idade e um rígido esquema de educação estatal. No segundo caso, Neumann concentra sua atenção sobre a cruel política da arregimentação social através da qual Diocleciano procurou segurar o processo de deterioração da vida econômica, impondo compulsoriamente um Estado corporativo que garantisse a produção e a disponibilidade das forças de trabalho. Todos os mestres e as profissões foram organizados em corporações, tornando-se obrigatório e hereditário pertencer a elas. Os mineiros e os cavadores eram portadores de um sinal específico; os padeiros só podiam casar no âmbito das famílias de seus companheiros de trabalho; e não demorou muito para que a inscrição nas corporações se tornasse a punição oficial para o criminoso que até ali tivesse conseguido escapar dela.

Sobre o despotismo oriental como antepassado do Totalitarismo moderno, e em particular do comunista, ocupou-se especialmente Karl A. Wittfogel. Este autor parte da concepção marxista do "modo asiático de produção", no qual as exigências de irrigação em larga escala e das obras de controle das inundações produziram uma intervenção maciça do Estado, o qual, tornando-se o organizador exclusivo do trabalho coletivo, se transformou também no patrão da sociedade. O resultado político foi um despotismo burocrático no qual as divisões de classe foram substituídas pelas distinções de grupo no seio de uma sociedade burocratizada, e que Wittfogel descreve como um sistema de "poder total". O poder do despotismo oriental é total porque não é travado nem por barreiras constitucionais nem por barreiras sociais; além do mais, ele é exercido em benefício dos governantes e está concentrado habitualmente nas mãos de um só homem. Ao poder total correspondem: um terror total, exercido através de um controle centralizado do exército, da polícia e dos serviços de informação, e mediante o recurso à técnica sistemática do "Governo com chicote"; uma submissão total dos súditos, manipulada pelo medo, simbolizada pela prática constante da prosternação, através da qual a obediência se torna a máxima das virtudes humanas; e um isolamento total que envolve o homem comum, o qual teme comprometer-se em qualquer circunstância, e também o funcionário burocrático e o próprio chefe superior que sempre apóiam quem tem poder e não confiam em ninguém. A este despotismo burocrático, que chama de "semi-empresarial", "hidráulico" e "oriental", Wittfogel acha que se deve aproximar, em sua substância, como variante do mesmo sistema, o despotismo que ele chama de "totalmente empresarial", "totalitário" ou "comunista", no qual a função econômica de base não é constituída pelo simples controle centralizado da água, mas pelo controle centralizado de todos os recursos fundamentais.

Também Barrington Moore, embora não co-dividindo a colocação de Wittfogel, estuda o despotismo oriental e em particular o indiano e o chinês, para detectar os antecedentes históricos do Totalitarismo moderno, sublinhando, a propósito, a obra de estandardização e de uniformização da burocracia estatal, a existência de um sistema bem desenvolvido de espionagem e de delação recíproca e uma doutrina política caracterizada por um racionalismo amoral interessado unicamente na técnica política mais eficaz. Um precedente ainda mais semelhante ao Totalitarismo moderno é encontrado por Moore na ditadura teocrática de Calvino em Genebra. O objetivo de Calvino era construir um Estado cristão sobre o modelo da teocracia israelita do tempo dos reis e fundado sobre a doutrina da predestinação. A ditadura de Calvino, que teve o seu período de pleno desenvolvimento durante os últimos anos da vida do reformador (1555-1564), exerceu grande influência sobre os hábitos e o pensamento do dia-a-dia da população, chegando a proibir as festas e os passatempos preferidos de Genebra, a decretar o corte dos vestidos e o tipo de sapatos que o cidadão devia calçar. Por outro lado, não modificou substancialmente a ordem política anterior, mas procurou condicioná-la e imbuí-la do espírito do calvinismo. Neste sentido, agiu tanto em relação às instituições representativas criadas pela burguesia quanto em relação às próprias eleições. O principal instrumento institucional da ditadura foi o Concistório, que na origem fora concebido apenas como um meio para superintender as questões matrimoniais e que em determinado momento se tornou o centro principal do controle político, moral e religioso, desenvolvendo também funções de polícia secreta e de censura moral.

Não é o caso de examinar um por um todos os pontos de vista acima expostos para avaliar detalhadamente o grau de validade ou de analogia que eles encerram. Podemos admitir na verdade que em todos estes pontos de vista existem elementos de verdade, no sentido de que existem efetivas similaridades entre os regimes despóticos e absolutos por eles lembrados e o Totalitarismo moderno. Mas estas analogias não são decisivas já que, após terem sido enumerados todos os possíveis confrontos e terem sido fixados todos os possíveis pontos de contato, o Totalitarismo conserva, não obstante tudo, algumas características fundamentais que são especificamente e apenas suas, como reconhecem, aliás, também, alguns

dos autores que pesquisaram sobre esses antecedentes históricos. As características que permanecem específicas e únicas do Totalitarismo são, de um lado, a associação da penetração total do corpo social através de uma mobilização permanente e total, que envolve toda a sociedade num movimento incessante de transformação da ordem social, e, de outro lado, a intensificação até um grau máximo, sem precedentes na história, desta penetração-mobilização da sociedade.

Nos precedentes históricos antes lembrados está claramente ausente a mobilização total da sociedade. Esparta era uma sociedade estática, fundada sobre a exploração dos ilotas mas, em contrapartida, Esparta não pedia aos escravos a participação política nem a sustentação ativa do regime. O mesmo deve ser dito do Império Romano no tempo de Diocleciano e dos trabalhadores arregimentados compulsoriamente para as corporações. As sociedades típicas do despotismo oriental eram também, como reconhecem Wittfogel e Moore, tradicionais e estacionárias. Nelas, o poder despótico se contentava com a obediência absoluta do súdito sem exigir a ortodoxia ideológica e a adesão entusiástica ao regime. Finalmente, a ditadura teocrática de Calvino, que por sua vez tentava modelar a vida privada dos cidadãos, não possuía um movimento ativista contínuo nem uma mobilização ininterrupta tendo em vista a transformação radical da sociedade, que são características típicas do Totalitarismo do século XX. Nestes precedentes históricos falta também a intensificação máxima da penetração da sociedade, que distingue o Totalitarismo, e que somente os instrumentos oferecidos pela tecnologia moderna e a combinação de mobilização e penetração conseguiram obter. Wittfogel admite que os despotismos orientais, embora tenham conseguido impedir o crescimento de eficientes organizações secundárias, não tiveram à mão instrumentos de eficácia e de alcance universal que permitem aos regimes totalitários estender o controle total às organizações primárias e a cada um dos cidadãos. Observações semelhantes podem ser feitas para todos os Estados absolutos de vastas dimensões que o passado recordou, inclusive o regime de Diocleciano. Também os regimes absolutos de pequenas comunidades, como Esparta ou Genebra, carecem de força de penetração e de arregimentação da atividade econômica e da inteira vida social que encontramos no Totalitarismo. De uma forma geral, quando passamos "da doutrina e do aparelho de controle destes regimes pré-industriais ao exame da sua influência sobre a população governada", afirma precisamente Moore, "percebemos imediatamente uma diferença fundamental entre as velhas formas e o Totalitarismo contemporâneo. Os controles do Totalitarismo moderno incidem mais profundamente sobre o tecido social em grau superior ao de qualquer outro período histórico. Sob este aspecto, são realmente únicos".

As características únicas do Totalitarismo tornaram-se possíveis, por seu lado, graças a condições sociais particulares realizadas no mundo contemporâneo. Elas são reavivadas na formação da sociedade industrial de massa, na persistência de uma arena mundial dividida e no desenvolvimento da tecnologia moderna. 1) A industrialização tende a produzir, de um lado, a desvalorização dos grupos primários e intermédios e a atomização dos indivíduos, e deste modo torna possível um decisivo incremento da penetração política, e, de outro lado, produz a urbanização, a alfabetização, a secularização cultural e o ingresso das massas na política, impondo, desta forma, um incremento decisivo da mobilização política. É por isso que o Totalitarismo, como forma extrema do despotismo moderno, teve de criar coercitivamente uma sustentação de massa virtualmente coextensivo a toda a sociedade. 2) Além disso, nas condições sociais criadas pela industrialização, a persistência de uma arena mundial dividida e, por conseqüência, insegura e ameaçadora, tende a envolver na guerra e na preparação bélica parcelas cada vez maiores dos recursos e das atividades da nação, até transformar o país inteiro numa enorme máquina de guerra. Dessa forma a anarquia internacional favorece um crescimento explosivo da penetração-mobilização, especialmente nos países mais expostos aos perigos externos. 3) Finalmente, ocorre também lembrar que a penetração-mobilização totalitária da sociedade não seria atuável sem os instrumentos colocados à disposição pela tecnologia moderna. Basta pensar no efeito que o desenvolvimento tecnológico exerceu sobre os instrumentos da violência, sobre os meios de comunicação de massa, sobre os meios de transporte, sobre as técnicas de organização, de registro e de cálculo, que tornam total a direção central da economia, e ainda sobre as técnicas de vigilância e de controle da polícia secreta.

III. TOTALITARISMO FASCISTA E TOTALITARISMO COMUNISTA. — As diferenças entre Totalitarismo fascista e Totalitarismo comunista devem ser reportadas às diferenças entre fascismo e comunismo, em geral. Estas últimas são, antes de tudo, diferenças de ideologia e de base social.

A ideologia comunista é um conjunto de princípios, coerente e elaborado, que descreve e orienta para uma transformação total da estrutura econômico-social da comunidade. A ideologia fascista, que se constituiu na mais radical versão nazista, é um conjunto de idéias ou de mitos, bem menos coerente e elaborado, que não prevê nem orienta para uma transformação total da estrutura econômico-social da comunidade. A ideologia comunista é humanística, racionalista e universalista: seu ponto de partida é o homem e sua razão; é por isso que ela assume a forma de um credo universal que abrange todo o gênero humano. A ideologia fascista é organicista, irracionalista e anti-universalista: seu ponto de partida é a raça, concebida como uma entidade absolutamente superior ao homem individual. Ela toma por isso a forma de um credo racista que trata com desprezo, como uma fábula, a idéia ética da unidade do gênero humano. A ideologia comunista pressupõe a bondade e a perfectibilidade do homem e tem em mira a instauração de uma situação social de plena igualdade e liberdade: neste quadro a "ditadura do proletariado" e a violência são simples instrumentos, necessários mas temporários, para alcançar o escopo final. A ideologia fascista pressupõe a corrupção do homem e tem em mira a instauração do domínio absoluto de uma raça acima de todas as outras: a ditadura, o *Führerprinzip* e a violência são princípios de governo permanentes, indispensáveis para manter sujeitas e para liquidar as raças inferiores. A ideologia comunista, enfim, é revolucionária: apresenta-se como a herdeira dos ideais do iluminismo e da Revolução Francesa, aos quais pretende dar um efetivo conteúdo econômico e social com uma revolução profunda da estrutura da sociedade. A ideologia fascista é reacionária: ela é a herdeira das tendências mais extremas do pensamento contra-revolucionário do século passado, em seus componentes irracionalistas, racistas e radicalmente antidemocráticos; e em certos aspectos como os mitos teutônicos, o juramento pessoal perante o chefe, a ênfase dada à honra, o sangue e a terra, voltam-se para o passado até uma ordem pré-burguesa.

As diferenças de base social dizem respeito, de uma maneira geral, ao ambiente econômico-social, e, de uma maneira especial, à base de sustentação de massa e de recrutamento do novo regime, assim como aos comportamentos recíprocos do novo regime e da velha classe dirigente. O comunismo se instala habitualmente numa sociedade onde o processo de industrialização e de modernização se está iniciando ou se encontra no primeiro estágio e assume a tarefa de uma industrialização e de uma modernização forçada e rápida. O fascismo normalmente se instala numa sociedade onde o processo de industrializa-ção e de modernização já está avançado e num ponto bom. Seu objetivo não é tanto a industria-lização e a modernização da sociedade, mas sim a mobilização e a obediência de uma sociedade já industrializada e modernizada aos próprios fins. No comunismo, a base de sustentação de massa do regime e a fonte privilegiada do re-crutamento da elite são constituídas pela classe operária e pelo proletariado urbano. No fascis-mo, a base de sustentação de massa do regime e a fonte privilegiada do recrutamento da elite são constituídas pela classe pequeno-burguesa: em-pregados, camponeses, pequenos comerciantes, militares e intelectuais frustrados, que se sentem esmagados entre a grande burguesia e as orga-nizações do proletariado. A esta sustentação do fascismo se juntam bem depressa a finança e o apoio dos grandes financeiros e dos grandes in-dustriais. O comunismo, finalmente, debela e liquida completamente a velha classe dirigente, tanto a econômica como a da administração do Estado. O fascismo mantém em grande parte a velha classe dirigente, seja econômica, seja burocrática ou militar, procurando fazer dela, an-tes de tudo, uma aliada, para depois convertê-la num instrumento da própria política.

Estas diferenças podem ser atenuadas ou re-tificadas num caso ou em outro. Em particular, pelo que toca à ideologia, deve-se observar que a ideologia nazista, embora não exija uma trans-formação total da estrutura econômico-social da comunidade, impõe entretanto uma transforma-ção radical da ordem político-social: ela preten-dia revolucionar a carta da Alemanha e da Eu-ropa, eliminando os hebreus e instaurando o do-mínio absoluto da raça superior sobre as inferio-res. O fato de a ideologia nazista não ter diri-gido a obra de transformação para as relações econômicas e de ter orientado parcialmente a agressividade para fora e não para dentro do cor-po social não muda a circunstância de que ela tem em vista uma transformação radical da or-dem político-social. Por outro lado, a ideologia comunista nem sempre foi uma doutrina coeren-te e uma guia coerente da ação política: precisa-mente na fase totalitária do regime soviético, as bruscas e arbitrárias mudanças de rumo por par-te de Stalin mostram que a mesma foi em grande parte uma racionalização da conduta do ditador. Quanto à base social, observe-se que antes da Revolução os bolcheviques receberam apoio não só do proletariado mas ainda de uma parte da burguesia; e que da mesma forma os nazistas tiveram o apoio não só da pequena e da grande burguesia mas também de uma parte do proleta-riado urbano, se bem que em proporção reduzi-da em relação ao seu peso reduzido em relação à população total. Além disso, se é verdade que parte da grande finança e da grande indústria financiou e apoiou os nazistas nas fases da ins-tauração e da consolidação do regime, da mesma forma é verdadeiro que, quando o regime entrou em sua fase totalitária, a grande finança e a gran-de indústria se tornaram instrumentos da polí-tica nazista em maior grau do que esta era ins-trumento daquelas.

Entretanto, feitas estas correções, como é justo que se faça, o resultado não muda muito. Em seu conjunto, as diferenças de base social e de ideologia acima enunciadas permanecem reais e profundas; e, na perspectiva por elas delineada, fascismo e comunismo são dois fenômenos clara e definitivamente contrapostos.

Mas o que mais se deve objetar àqueles que destacam tais diferenças entre fascismo e comu-nismo é que elas não são um argumento per-tinente contra o uso do conceito de Totalitarismo para designar tanto regimes fascistas como comu-nistas, ou melhor, para designar uma certa fase histórica do sistema comunista soviético e uma certa fase histórica do sistema nazista alemão. Não são um argumento pertinente as diferenças de ideologia porque, com base em ideologias de conteúdos diferentes, podemos construir praxes de domínio político substancialmente análogas. E não são um argumento pertinente as diferen-ças de base social porque, partindo de um am-biente econômico-social diferente e de uma com-posição social de sustentação de massa diferente, podemos chegar, igualmente, a praxes de domí-nio político substancialmente análogas. Na Ale-manha de Hitler e na Rússia de Stalin verificou-se precisamente este fenômeno. Em cima de ba-ses sociais e de ideologias diferentes criou-se uma praxe política fundamentalmente semelhante, fei-ta de um partido monopolista, de uma ideologia de transformação da sociedade, do poder absolu-to de um chefe, de um terror sem precedentes e, por conseqüência, da destruição de toda a linha estável de distinção entre aparelho político e so-ciedade. Se chamarmos e interpretarmos esta praxe política através do nome e do conceito de Totalitarismo, então poderemos e deveremos usar tal nome e tal conceito todas as vezes que (e só) existir a praxe correspondente, que se realize num sistema fascista ou num sistema comunista. Daí se segue que é legítimo falar de "Totalita-rismo fascista" e de "Totalitarismo comunista" no sentido indicado. Mas segue-se também que é ilegítimo usar tais expressões se com elas qui-sermos dizer que o comunismo e o fascismo são fenômenos necessariamente totalitários por natu-reza. No que toca ao comunismo, em sua complexa história, a praxe totalitária se realizou apenas no regime stalinista. Por sua vez, o fascismo não é também essencialmente totalitário, não obstante sua ideologia, que concebe a violência e a personalização do poder como princípios permanentes, se aproximar muito mais da essência do Totalitarismo.

Por outro lado, as diferenças entre fascismo e comunismo produzem efeitos relevantes na própria praxe totalitária. Esta assume, nos diferentes sistemas, caracteres parcialmente diversos, em relação ao direcionamento político geral do sistema político; e adquire, além disso, nos diferentes sistemas, uma diversa dinâmica evolutiva. O objetivo político geral do comunismo é a industrialização e a modernização forçadas em vista da construção de uma sociedade "sem classes". O objetivo geral do fascismo é a instauração da supremacia absoluta e permanente da raça eleita. Por isso, nos dois tipos de sistema, o Totalitarismo está ligado, por exemplo, a uma política econômica diferente: de um lado, procede-se a uma estatização completa das atividades econômicas e, de outro, mantém-se a máxima parte da economia na esfera privada, buscando dobrá-la aos próprios fins; o Totalitarismo está ligado também a um tipo de violência diferente: em certos casos, o resultado mais característico é o campo de trabalhos forçados, expressão da violência como meio para construir uma nova ordem; em outros, o resultado mais característico é o campo de concentração, expressão da vontade de destruição pura e simples de uma raça considerada inferior. Quanto à dinâmica evolutiva diferente, podemos lembrar a distinção feita por A. J. Groth, que se baseia no diferente grau de vulnerabilidade dos regimes totalitários. Os sistemas comunistas são menos vulneráveis porque destroem a velha classe dirigente e replasmam integralmente a estrutura social. Por isso, uma vez consolidados e após criarem uma sociedade substancialmente homogênea, podem diminuir a violência de massa e a política totalitária e empregar instrumentos de Governo mais apoiados na persuasão e no consenso. Contrariamente, os sistemas fascistas são mais vulneráveis porque deixam intactas, em larga escala, a velha classe dirigente e a mesma estrutura econômico-social. Dessa forma, eles vão provavelmente ao encontro de crises ocorrentes, provocadas pelos antagonismos que se produzem com este ou aquele grupo da velha classe dirigente, e das quais não podem sair vitoriosos, senão por meio de uma nova intensificação da violência de massa e da política totalitária. De resto, como já foi observado, a violência de massa, para o sistema nazista, é um princípio permanente de Governo, para

conseguir e conservar o domínio da raça superior sobre as inferiores.

Compreende-se, a partir desta perspectiva, por que o fato de as teorias clássicas do Totalitarismo ignorarem ou subestimarem de maneira drástica as profundas diferenças entre fascismo e comunismo não deixou de ter notáveis conseqüências negativas. Quanto à teoria de Friedrich e Brzezinski, esta ignorância ou subestima é um dos fatores que estão na origem da indevida extensão do conceito de Totalitarismo a todos os regimes comunistas; e da desconcertante previsão — feita em 1956 na base da tendência anterior dos "sistemas fascistas" e dos "sistemas comunistas" — de que "as ditaduras totalitárias continuarão a tornar-se cada vez mais totais, mesmo que o ritmo desta intensificação possa diminuir".

No que diz respeito a Arendt, a ignorância ou subestima a que me referi é um dos fatores que explicam alguns aspectos um tanto carregados de sua interpretação do fenômeno totalitário. Para Arendt, o Totalitarismo é uma espécie de essência política inteiramente fechada em si mesma, que não é alterada pelos diversos ambientes econômico-sociais e pelo conteúdo da ideologia: a sua natureza é a transformação dos homens em feixes de reação intercambiável, uma transformação posta em movimento pela lógica deformada da ideologia e não pelo seu conteúdo. Ora, esta definição da natureza da ideologia me parece um modo de difundir uma interpretação dos efeitos de certas instituições do terror totalitário, como os campos de concentração, com o fim mesmo do domínio totalitário; e a confusão tornou-se possível, entre outras coisas, pelo fato de que Arendt vai muito além do processo da abstração e não presta atenção suficiente aos contextos e às conotações diferenciadas das diversas experiências totalitárias. Considerado sob este último ponto de vista, o Totalitarismo aparece, muito mais simplesmente, como uma tendência-limite da ação política na sociedade de massa, um certo modo extremo de fazer política, caracterizado por um grau máximo de penetração e de mobilização monopolística da sociedade, que ganha corpo na presença de determinados elementos constitutivos. O Totalitarismo, enquanto tal, assume diversos aspectos e está associado a diversos fins e diversas metas, conforme o sistema político particular no qual encarna e o relativo ambiente econômico-social.

IV. O PROBLEMA DA EXTENSÃO DO CONCEITO DE TOTALITARISMO. — A crítica revisionista ataca a tendência representada por Friedrich e traduzida na linguagem prática da política em alargar a aplicação do conceito de Totalitarismo a todos os regimes comunistas. Contra a liceidade desta operação, os críticos procuram mostrar a heterogeneidade substancial entre o regime stalinista e os outros regimes comunistas, assim como a descontinuidade entre o regime stalinista e o regime soviético pós-stalinista. Neste sentido, a crítica revisionista dirige sua atenção para três pontos: a diversidade do papel e do peso do terror; a diversidade da personalização do poder; a atenuação da importância da ideologia e, de uma forma geral, de muitos controles típicos do domínio totalitário.

Que os primeiros autores que elaboraram e aplicaram o conceito de Totalitarismo tivessem visto no terror um elemento fundamental desse conceito, não podemos pôr em dúvida. Para H. Arendt, como vimos, o terror "é a essência do Totalitarismo"; para Brzezinski sua "característica mais universal" (The permanent purge, 1956); para Merle Fainsod é "o eixo do Totalitarismo" (How Russia is ruled, 1953); para Friedrich e Brzezinski, seu "nervo vital". Segundo esta colocação inicial, o terror totalitário se diferencia do terror usado pelos velhos regimes autoritários tanto pela qualidade como pela quantidade. Ele atinge até os inimigos presumidos ou "objetivos" e outras vítimas inocentes: nesse caso, as vítimas não se tornam objeto do terror porque são "inimigos" ou "traidores", mas tornam-se "inimigos" ou "traidores" porque são objeto do terror; atinge profundamente camadas inteiras ou grupos profissionais ou grupos étnicos, e os atinge de modo contínuo e capilar: todos se sentem sob o constante controle da polícia e ninguém pode dizer-se livre do terror totalitário. Esta espécie de terror é um instrumento essencial do domínio totalitário: inibe qualquer tipo de oposição, força a adesão e a sustentação entusiástica do regime e conduz a um ponto máximo a penetração e a mobilização política da sociedade.

Ora, a ação do terror totalitário — assim entendido — se encontra na Rússia stalinista dos anos 30, especialmente a partir de 1934, e depois também no período pós-guerra, através das grandes expurgos, da liquidação de grupos sociais inteiros e dos quadros dirigentes do partido, das deportações em massa, dos campos de concentração e de trabalho forçado; e na Alemanha hitlerista, especialmente a partir de 1937-1938, no pleno predomínio das SS sobre as demais organizações policiais e sobre o Ministério do Interior, no *pogrom* contra os hebreus, na deportação e na eliminação de hebreus, de "ociosos", de "anti-sociais", de doentes mentais e outros, e nos campos de concentração e de extermínio. Tudo era realizado, quer na Rússia, quer

na Alemanha, através de uma densa rede de vigilância e de espionagem policial. Tal ação de terror totalitário não se encontra na Itália fascista nem nos países comunistas do Leste europeu, salvo alguns episódios isolados do período do máximo poder de Stalin. Também não se encontra na Rússia pós-stalinista, cuja diferença mais macroscópica em relação ao período precedente consiste precisamente num declínio substancial do terror em termos de quantidade e de qualidade, como demonstram muitos testemunhos de cidadãos soviéticos e segundo confirmação de numerosos estudos de observadores especializados do sistema político soviético. Esta mudança está expressa numa multiplicidade de inovações normativas e institucionais, como a abolição da comissão especial do Ministério do Interior, que tinha o poder de deportar sem processo para os campos de concentração, a abolição de um poder análogo da polícia política, a abolição dos processos secretos contra as pessoas acusadas de delitos contra o Estado, as limitações impostas à jurisdição dos tribunais militares, a redução das sanções cominadas para violações da disciplina do trabalho, a introdução de numerosas garantias processuais, e assim por diante. Mas, para além de todas estas inovações normativas e institucionais, o que menos aconteceu na Rússia pós-stalinista foi a onda de terror onipresente que pesava em todos os setores da vida social. O regime soviético permanece uma ditadura monopartidária, que recorre amplamente a meios coercitivos; mas o dinamismo específico do terror totalitário é uma lembrança do passado.

A conclusão que é preciso tirar destas considerações é a mesma que desde o início tirou H. Arendt: a limitação do campo de aplicação do conceito de Totalitarismo apenas para os regimes de Hitler na Alemanha e de Stalin na Rússia. Vários autores preferiram, por sua vez, modificar o conceito de Totalitarismo no sentido de uma atenuação radical do papel do terror, para poder estender sua aplicação a todos os regimes comunistas e à Rússia pós-stalinista. M. Fainsod, que havia vislumbrado no terror o "ponto de apoio" do Totalitarismo, falou mais tarde de um "Totalitarismo racionalizado", no qual o terror tem simplesmente "um certo lugar" (How Russia is ruled, 2.ª ed., 1963). Friedrich, que havia definido o terror como o "nervo vital do *terrorismo*", afirmou mais: que havia supervalorizado o fenômeno que no "Totalitarismo amadurecido" se reduz à presença de um "terror psíquico" e de "um consenso geral" (Totalitarian dictatorship and autocracy, 2.ª ed., 1965). E. Brzezinski, que identificara no terror a "característica mais universal do Totalitarismo", abandonou mais tarde essa característica falando de "um Totalitarismo voluntário" (*Ideology and power in Soviet Union* 1962). Mas estas correções de rumos, esclarece a crítica revisionista, servem apenas para justificar a incorreta postura de fazer alinhar sob o conceito comum de Totalitarismo tipos de regimes políticos que são visivelmente diferentes em relação à função do terror, e através desse processo em relação ao grau de penetração e de mobilização política da sociedade, à qual a noção de Totalitarismo se refere de maneira particular.

Um outro ponto acentuado é o de que os dois protótipos de regime totalitário, que são a Alemanha de Hitler e a Rússia de Stalin, se diferenciam dos outros sistemas, que se pretendem atrelar ao conceito de Totalitarismo, por uma personalização do poder levada até os limites mais extremos. Deveremos lembrar que Friedrich e Brzezinski não atribuem uma importância estrutural à personalização do poder. Por seu lado, Arendt, que coloca exatamente a Alemanha de Hitler e a Rússia de Stalin como pontos de referência, sublinha várias vezes e de modo claro o papel crucial do ditador; mas depois, quase a despeito de suas próprias afirmações, não faz disso um elemento constitutivo do conceito de Totalitarismo. Ele procura imputar toda a brutalidade do domínio totalitário à lógica deformada da ideologia: uma interpretação sobre a qual pesa sua orientação conservadora e veladamente tradicionalista e sua hostilidade para com toda e qualquer ideologia política. Os dados de fato que temos à disposição, tanto para a Alemanha de Hitler quanto para a Rússia de Stalin, convencem-nos, bem ao contrário, de que o terror totalitário foi desligado não apenas de uma ideologia de transformação radical da sociedade mas também, e de forma determinante, da ação do poder pessoal, ou seja, da estratégia adotada pelo ditador para conservar seu poder e dos traços característicos de sua personalidade.

Esta tese, segundo a qual o poder pessoal do ditador é uma condição essencial para o funcionamento do domínio totalitário, foi fortemente defendida por Robert C. Tucker. Num ensaio publicado em 1961, ele pôs à luz as deficiências do conceito clássico de Totalitarismo como instrumento de análise comparada; mas, por um lado, não determina os aspectos comuns que os regimes totalitários dividem com outros regimes e, por outro, não especifica de modo satisfatório os mesmos aspectos que distinguem os regimes totalitários. Quanto ao primeiro ponto, Tucker propôs a categoria geral dos regimes revolucionários de massa e monopartidários, caracterizados por um movimento revolucionário conseguido através de uma mobilização mais ou menos inten-

sa das massas e dirigido por um partido único: fazem parte desta categoria, tanto os sistemas monopartidários comunistas, como os sistemas fascistas e nacionalistas. Quanto ao segundo ponto, Tucker se deteve na análise da presença de um líder pessoal que se liberta do controle da oligarquia do partido e prefere governar em grande parte com a polícia secreta e com o terror total e permanente, para assegurar uma obediência absoluta às suas ordens, tanto por parte do homem comum, como por parte dos mais altos dignatários do regime. Esta característica é comum — dizia Tucker — aos "regimes fascistas" e à ditadura stalinista (mas não aos demais regimes comunistas, incluindo a ditadura soviética pós-stalinista e a pré-stalinista).

Voltando ao tema, num ensaio de 1965, Tucker restringiu o âmbito dos regimes totalitários apenas à Alemanha do tempo de Hitler e à Rússia de Stalin, defendendo a opinião de que o maior defeito das teorias clássicas do Totalitarismo está em atribuir exclusivamente ao fanatismo ideológico todo o dinamismo do poder e do terror totalitário, com a conseqüência de esquecer ou minimizar de forma drástica a incidência do fator pessoal, representado pelo ditador. Tal incidência está associada, não apenas ao fato de que Hitler e Stalin eram autocratas absolutos que detinham uma soma de poder sem precedentes na história, mas ainda com alguns traços comuns (paranóicos) da sua personalidade, que constituíram um forte impulso que motivou seu comportamento de ditadores totalitários. Com base nos fatos que conhecemos, concluía Tucker, não se pode deixar de reconhecer que a personalização do poder e portanto a personalidade do chefe é um dos componentes regulares e constitutivos da "síndrome totalitária".

Recentemente, a pesquisa sobre o papel crucial da personalização do poder no domínio totalitário se desenvolveu. Leonard Schapiro, que é mais um defensor do que um crítico do conceito de Totalitarismo, acha que a primeira e a mais destacada característica do fenômeno seja exatamente a presença de um chefe. Tal presença é um fator mais importante do que a ideologia, uma vez que tanto o conteúdo quanto a aplicação desta tem no chefe seu árbitro exclusivo; é também mais importante do que o partido, na medida em que o chefe procura subordinar este à sua vontade, e, de uma maneira geral, mais importante do que qualquer outro fator e por isso mais determinante (Schapiro, 1969). Também, Hannah Arendt, na introdução à terceira edição de seu livro (1966), sentiu a necessidade de chamar novamente a atenção, de maneira mais pronunciada, sobre o papel do ditador totalitário, afirmando entre outras coisas que o regime totalitário deixou de existir na Rússia com a morte de Stalin, assim como deixou de existir na Alemanha com a morte de Hitler. "Não foi o fim da guerra, mas a morte de Stalin, oito anos depois, que foi decisivo. Como pode ser observado olhando as coisas em retrospectiva, esta morte não foi simplesmente seguida por uma crise de sucessão e por um degelo temporário, mas por um autêntico e inequívoco processo de destotalitarização".

No que diz respeito à mudança do regime soviético desde os tempos da ditadura totalitária de Stalin até hoje, é particularmente pertinente a distinção feita por Samuel P. Huntington (que não releva o elemento terror) entre sistemas monopartidários revolucionários e sistemas monopartidários estabilizados. Esta distinção constitui a terceira perspectiva sob a qual pode ser considerado, em sentido revisionista, o problema da extensão do conceito de Totalitarismo. Na verdade, dos sistemas monopartidários revolucionários, que tendem a transformar a sociedade e impõem por conseqüência uma politização mais ou menos avançada da própria sociedade, fazem parte os próprios regimes totalitários (especialmente os de tipo comunista), ainda que Huntington não enfrente a questão da sua individuação específica. O que interessa a este cientista político é descrever a evolução e a mudança dos regimes monopartidários revolucionários em geral. Através de um complexo processo de transformação, consolidação e adaptação, eles se convertem em sistemas claramente diferentes: os regimes monopartidários estabilizados, nos quais não apenas existe a tendência a dar menor importância à personalização do poder, mas também se atenua o problema da ideologia e se dá apoio significativo aos mesmos controles políticos sobre uma sociedade que se articula em atividades cada vez mais complexas e diversificadas. Com o processo de transformação, tem lugar a destruição da velha ordem e a sua substituição por novas instituições políticas e por novos modelos sociais. Uma vez que o principal do processo de transformação foi posto em ato, a concentração sobre a ideologia e sobre a liderança carismática torna-se disfuncional para a manutenção do sistema, o qual tende por isso a consolidar-se com a instauração da supremacia do partido — em lugar do chefe em pessoa — como fonte da legitimidade e do poder. Por outro lado, a criação de uma sociedade relativamente homogênea leva consigo a emergência de novas forças sociais (uma classe técnico-empresarial, de grupos de interesse, uma inteligência dotada de espírito de independência), que obrigam o par-

tido a sujeitar-se a um processo de adaptação, com o qual redefine o próprio papel na sociedade.

Por fim, o sistema monopartidário estabilizado, que é o resultado do processo de transformação, consolidação e adaptação, difere do sistema monopartidário revolucionário pelas seguintes razões: a ideologia é menos importante como elemento plasmador dos fins e das decisões dos chefes, enquanto que as considerações pragmáticas assumem maior valor; a liderança política tende a ser oligárquica, burocrática e institucionalizada, em vez de ser pessoal, carismática e autocrática; as fontes de iniciativa estão localizadas entre as elites tecnocráticas e empresariais em vez de se concentrarem apenas na elite do partido, transformando-se o aparelho do partido em mediador entre a estabilidade e a mudança; surge uma pluralidade de importantes grupos de interesse e o aparelho partidário torna-se o agregador e o regulador de interesses em competição; na ribalta aparece uma inteligência dotada de espírito de independência que se ocupa da crítica ao sistema; a participação popular não é mais o produto exclusivo da mobilização do partido, mas também da competição eleitoral no seio do mesmo partido. Este modelo do sistema monopartidário estabilizado, que pode aplicar-se aos sistemas comunistas do Leste europeu e em muitos dos seus aspectos característicos também ao atual regime político da União Soviética, é substancialmente diferente do sistema monopartidário revolucionário. Em certos casos, as diferenças que existem entre estes tipos de regime, afirma Huntington, podem ser distintas das que dividem um regime monopartidário revolucionário do velho regime czarista tradicional. A conclusão é evidente: não se pode aplicar aos regimes monopartidários estabilizados as categorias próprias para interpretar os regimes monopartidários revolucionários ou, e ainda com maior razão, as categorias adequadas para interpretar os sistemas especificamente revolucionários e monopartidários, que são os regimes totalitários.

V. CONCLUSÃO. — Radicalizando as críticas a que a noção foi submetida, alguns autores defendem que Totalitarismo é um epíteto emocional da luta ideológica e política em vez de ser um conceito descritivo da ciência; que teve essencialmente a função de justificar a política americana durante a guerra fria e que convém por isso eliminá-lo do léxico da análise política. Esta acusação não é, quanto ao seu conteúdo, fora de propósito, mas ultrapassa decisivamente o signo Por uma parte, é difícil negar que a noção de Totalitarismo tenha sido usada para importantes e inflexíveis usos ideológicos no período da guerra fria. Mas, por outra parte, o que estava em jogo nesta instrumentalização ideológica era a extensão do campo de aplicação do conceito de Totalitarismo, não o conceito em si mesmo. Alargar o nome de Totalitarismo a todos os sistemas comunistas teve o significado político-ideológico de canalizar contra o adversário a depreсação e a hostilidade que a palavra leva em si, porque designa particularmente, dentro de uma significação já consolidada, particulares experiências políticas do passado recente que foram objeto de uma condenação quase unânime. Em si mesmo, entretanto, o conceito de Totalitarismo, desde que seja reconduzido à sua função de representar aquelas experiências políticas, e apenas essas, não causa nenhuma deformação ideológica, mas constitui um importante instrumento descritivo com todas as condições regulares de fazer parte do vocabulário da análise política. Ele designa, na verdade, um certo modo extremo de fazer política na sociedade de massa, bem real e claramente identificável, que se manifestou em nosso século com conotações de novidade e de grande relevância histórica.

Retomando e resumindo os pontos mais eficazes das teorias e das revisões críticas do Totalitarismo expostas atrás, acredito que o fenômeno possa ser descrito sinteticamente com base em sua natureza específica, nos elementos constitutivos que contribuem para o formar e nas condições que o tornaram possível em nosso tempo. A *natureza* específica do Totalitarismo deve ser identificada dentro de características amplamente reconhecidas pela pesquisa e que são denotadas pela própria palavra: a penetração e a mobilização total do corpo social com a destruição de toda linha estável de distinção entre o aparelho político e a sociedade. É importante sublinhar a ligação entre o grau extremo da penetração e o grau extremo da mobilização, uma vez que a ação totalitária penetra a sociedade até em suas células mais secretas, exatamente na medida em que a envolve inteiramente num movimento político permanente. Os *elementos constitutivos* do Totalitarismo são a ideologia, o partido único, o ditador e o terror. A ideologia totalitária dá uma explicação indiscutível do curso histórico, uma crítica radical da situação existente e uma orientação para a sua transformação também radical. E dirigindo a ação para um escopo substantivo (a supremacia da raça eleita ou a sociedade comunista) em vez de a dirigir para instituições ou para formas jurídicas, justifica-se um movimento contínuo para aquele fim e para a destruição ou a instrumentalização de qualquer instituição e do próprio ordenamento

jurídico. O partido único, animado pela ideologia, contrapõe-se e se sobrepõe à organização do Estado, derrubando sua autoridade e o comportamento regular e previsível; politiciza também os mais diferentes grupos e as mais diversas atividades sociais, minando-lhes a lealdade e os critérios de comportamento para os subordinar aos princípios e aos imperativos ideológicos. O ditador totalitário exerce um poder absoluto sobre a organização do regime, fazendo flutuar as hierarquias a seu bel-prazer, e sobre a ideologia de cuja interpretação e aplicação ele é dono exclusivo, garantindo e intensificando ao máximo a imprevisibilidade e o movimento da ação totalitária, através de sua vontade arbitrária, de suas táticas móveis para manter seu poder pessoal e do impacto dos traços característicos de sua personalidade. O terror totalitário, que é derivado conjuntamente do movimento de transformação imposto pela ideologia e da lógica da personalização do poder, inibe toda oposição e as críticas as mais inofensivas e gera coercitivamente a adesão e a sustentação ativa das massas ao regime e à pessoa do líder. As *condições* que tornaram possível o Totalitarismo são a formação da sociedade industrial de massa, a persistência de uma arena mundial dividida e o desenvolvimento da tecnologia moderna. De um lado, o impacto da industrialização nas grandes sociedades modernas, no quadro de uma arena mundial insegura e ameaçadora, permite e favorece a combinação de penetração e de mobilização total do corpo social. De outro lado, o impacto do desenvolvimento tecnológico no que toca aos instrumentos da violência, os meios de comunicação e as técnicas organizacionais de vigilância e de controle permitem um grau enorme de penetração-mobilização monopólica da sociedade sem precedentes na história.

A exagerada dinâmica da política totalitária realizou-se até agora nas fases de desenvolvimento mais intenso do domínio de Stalin na Rússia e de Hitler na Alemanha. A este propósito convém lembrar dois pontos: o primeiro, que deriva diretamente da afirmação anterior, é o de que o conceito de Totalitarismo não pode aplicar-se a todos os regimes comunistas nem a todos os regimes fascistas; o segundo é que o fato de o Totalitarismo ter-se desenvolvido dentro de um sistema fascista ou comunista não autoriza a concluir uma similaridade fundamental entre fascismo e comunismo. Quanto ao segundo ponto, expus anteriormente as profundas diferenças de ideologia, de base social, de orientação política e de dinâmica evolutiva que fazem do fascismo e do comunismo dois fenômenos políticos radicalmente diferentes e contrapostos, com o corolário de que a emergência da política totalitária em determinados períodos da história da Rússia soviética e da Alemanha nazista teve um fundo de condições econômico-sociais e uma finalização concomitante do impulso mobilizador da sociedade, que eram inteiramente diversos. Quanto ao primeiro ponto, expusemos já as muitas razões que impedem estender o conceito de Totalitarismo a todos os sistemas comunistas, incluindo as ditaduras soviéticas pré e pós-stalinistas. Algo mais, entretanto, importa acrescentar para justificar a afirmação de que não era totalitário nem sequer o fascismo italiano, que por alguns era considerado o terceiro tipo de Totalitarismo e do qual nasceu o próprio nome de Totalitarismo.

Na Itália fascista, a penetração e a mobilização da sociedade nunca se comparou àquela que os regimes hitlerista ou stalinista conseguiram, nem também contou com os elementos constitutivos do Totalitarismo em sua dimensão específica. A ideologia fascista teve mais uma função expressiva do sentimento de comunhão dos membros do partido do que uma função instrumental de guia persistente da ação política; e, faltando-lhe também o componente da supremacia de uma raça eleita, não teve em vista uma transformação radical da ordem social. O partido fascista foi uma organização relativamente fraca. Diante dele, a burocracia estatal, a magistratura e o exército conservaram grande parte de sua autonomia. Sua ação de doutrinação ideológica foi limitada e fez seus pactos por exemplo com as poderosas organizações católicas. O terror totalitário fracassou quase que totalmente. Entretanto, esteve presente nele a personalização do poder, mesmo sem ter atingido o ponto de derrubar a instituição monárquica; mas, precisamente pela falta dos demais elementos característicos do Totalitarismo, Mussolini não conseguiu jamais reunir em suas mãos um poder comparável com o de Hitler ou de Stalin.

Puxando os fios destas considerações que fazemos a título de conclusão, podemos fixar sinteticamente as seguintes proposições sobre a validade e a utilidade do conceito de Totalitarismo: ele designa um certo modo extremo de fazer política, antecipando-se a uma certa organização institucional ou a um certo regime; este modo extremo de fazer política, que penetra e mobiliza uma sociedade inteira ao mesmo tempo que lhe destrói a autonomia, encarnou apenas em dois regimes políticos temporalmente circunscritos; por ambas as razões, o conceito de Totalitarismo tem um valor muito limitado na análise comparada dos sistemas políticos; entretanto, ele é um conceito importante que não podemos nem devemos minimizar, porque denota uma experiência política real, nova e de grande relevo que deixou uma marca indelével na história e na consciência dos homens do século XX.

BIBLIOGRAFIA. — S. NEUMAN, *Permanent revolution*, Praeger, New York 1965²; H. ARENDT, *Origini del totalitarismo* (1951), Comunità, Milano 1967; J. L. TALMON, *Le origini della democrazia totalitaria* (1952), Il Mulino, Bologna 1967; *Totalitarianism*, ao cuidado de C. J. FRIEDRICH, Harvard University Press, Cambridge, Mass. 1954; C. J. FRIEDRICH e Z. K. BRZEZINSKI, *Totalitarian dictatorship and autocracy*, Harvard University Press, Cambridge, Mass. 1956 (2.ª ed. revista apenas por FRIEDRICH, Praeger, New York 1965); F. NEUMANN, *Lo Stato democratico e lo Stato autoritario* (1957), Il Mulino, Bologna 1973; K. A. WITTFOGEL, *Il dispotismo orientale* (1957), Vallechi, Firenzi 1968; B. MOORE JR., *Potere politico e teoria sociale* (1958), Comunità, Milano 1964; cap. II; R. C. TUCKER, *Towards a comparitive politics of movement-regimes*, in "American political science review", vol. LV (1961), pp. 281-89; H. BUCHHEIM, *Totalitäre Herschaft*, Muenchen 1962; A. J. GROTH, *The "isms" of totalitarianism*, in "American political science review", vol. LVIII(1964), pp. 888-901; R. C. TUCKER, *The dictator and totalitarianism*, in "World politics", vol. XVII, julho de 1965. pp. 555-83; R. ARON, *Démocratie et totalitarisme*, Gallimard, Paris 1965; H. J. SPIRO, *Totalitarianism*, in *International encyclopaedia of the social sciences*, vol. XVI, Collier-Macmillan, New York 1968, pp. 106-13; C. J. FRIEDRICH, M. CURTIS e B. R. BARBER, *Totalitarianism in Perspective: three views*, Paeger, New York 1969; L. SCHAPIRO, *The concept of totalitarianism*, in "Survey", 1969, pp. 93-115; S. P. HUNTINGTON, *Social and institutional dynamics f one-party systems*, in *Authoritarian politics in modern society*, ao cuidado de S. P. HUNTINGTON e C. H. MOORE, Basic Books, New York, 1970, pp. 3-47; L. SCHAPIRO, *Totalitarianism*, Pall Mall, London 1972.

[MARIO STOPPINO]

Transformismo.

As origens do termo, com toda a probabilidade, devem remontar a um discurso eleitoral pronunciado por Agostinho Depretis em outubro de 1876, quando já era chefe reconhecido do partido de esquerda e quando havia pouco tempo que chegara à Presidência dos Ministros após a chamada "revolução parlamentar", ou seja, após a substituição da direita histórica pela esquerda na liderança do país, que governou ininterruptamente desde a Unificação em diante. No texto de seu discurso, Depretis auspiciara uma "fecunda transformação", uma "unificação das forças liberais da Câmara". Seus argumentos devem buscar-se na exigência de encontrar os instrumentos políticos para oferecer respostas mais adequadas e eficazes, tanto ao vasto conjunto dos velhos problemas que a gestão de direita havia deixado por resolver, como às novas solicitações e postulações provenientes da sociedade civil, naqueles anos de rápida e tumultuada transformação, os quais a própria esquerda, usando apenas suas forças, se mostrou inidônea para responder através da aplicação dos módulos já então mitificados de um bipartidarismo de marca anglo-saxônica à situação italiana. Mais proximamente, o escopo de Depretis era o de tranqüilizar a opinião pública moderada e ampliar o consenso em torno de uma experiência política, que nutria propósitos claramente reformadores, mediante um alargamento da maioria parlamentar e a garantia da colaboração de todos os expoentes da classe política do tempo ao Governo.

O termo Transformismo adquire suas conotações negativas no momento em que o projeto de "uma fecunda transformação" se traduz na prática e se revela como um novo estilo político sem preconceitos. Após Depretis — dado que seus métodos de Governo passaram a ser adotados também por seus sucessores —, a palavra Transformismo servirá para indicar um novo tipo de praxe parlamentar, que consistia numa contínua mercadagem de votos entre a maioria e a oposição, na corrupção elevada à condição de recurso político fundamental, na freqüente passagem de homens políticos de um setor parlamentar para outro ou de um partido para outro. Mais genericamente, no Transformismo será identificado o sintoma de um estado patológico de todo o sistema parlamentar, a causa de sua ineficiência e ineficácia como centro nevrálgico do sistema político, da sua incapacidade em estabelecer alinhamentos definidos e compactos, maiorias estáveis e oposições responsáveis. No futuro, com a ampliação do sufrágio e a afirmação dos grandes partidos de massa, o mesmo termo será adotado para indicar os complexos jogos de equilíbrio, as mudanças menos previsíveis de opinião e as coalisões aparentemente menos coerentes que ainda hoje, especialmente com a tendência imposta aos partidos pelas regras da competição eleitoral, e para confundir a própria especificidade e para transformar-se em partidos "acolhe-tudo" (Kirchheimer), nos caem freqüentemente debaixo dos olhos. É óbvio que perguntemos agora de quais razões depende tanto o Transformismo antigo como o moderno. Rios de tinta foram derramados para analisar o estado de crise permanente em

que se acham nossas instituições parlamentares e partidárias. Parece-nos que uma indicação fundamental nos é dada a propósito por Mosca, quando ele atribui os motivos da crise do parlamentarismo ao predomínio da sociedade civil e das classes dominantes sobre o sistema e à fraqueza conseqüente da classe política: "A Câmara dos Deputados foi-se tornando assim uma representação parcial e fictícia do país, pela simples razão de que, de dia para dia, uma quantidade maior de forças vivas e de elementos aptos para a direção política dela ficam excluídos. Seus membros não representam senão uma quantidade de interesses essencialmente privados, cuja soma está longe de constituir o interesse público" (*Teorica dei governi*, 1884). Daqui derivou a multiplicação dos grupos, o número das camarilhas, o fracionamento e as contradições da classe política. Em Mosca, condicionado indubitavelmente pelo caso italiano, tudo isto depende da própria natureza do sistema parlamentar na medida em que a situação da sociedade civil é esquecida. Em toda a história italiana, a sociedade civil é atormentada por divisões muito profundas e pela natureza contraditória daquilo a que Gramsci chamou de "bloco histórico" dentro do qual nenhum componente consegue tornar-se definitivamente hegemônico. Para uma situação assim prolongada através dos tempos, parece-nos que a sociedade italiana soube propor dois tipos de solução: de um lado, um parlamentarismo extremamente fraco em que a classe política não tem nem força nem recursos para intervir e resolver as divisões da sociedade civil, sendo constrangida a limitar-se a uma mediação meramente política, verbal e *transformística*; de outro lado, a solução autoritária, freqüentemente desenhada mas raramente levada a cabo com sucesso, pela debilidade do aparelho estatal (burocracia, exército e magistratura). Até no tempo do fascismo, pode-se dizer que as contradições da sociedade civil terminaram por levar a melhor a longo prazo.

[ALFIO MASTROPAOLO]

Trotskismo.

I. DEFINIÇÃO. — O Trotskismo não constitui nem jamais constituiu uma doutrina codificada nem um movimento organizado. O termo, que por diversas vezes foi repudiado por Trotski, sempre foi usado por seus detratores e em particular pela classe dirigente soviética, que deteve o poder de 1924 em diante, para indicar um conjunto de princípios relativos à análise e à práxis da revolução permanente. Mas o Trotskismo, entendido como o *corpus* das reflexões teóricas, das análises e da produção científica de Trotski, é bem mais do que a simples mas fundamental elaboração da teoria da revolução permanente.

No Trotskismo entendido em sentido lato, única acepção correta e não destoante para um estudioso do comunismo como teoria e práxis, podemos distinguir pelo menos outras quatro temáticas centrais: a lei do desenvolvimento combinado e desigual, a crítica à degeneração do Estado soviético e em particular à sua burocratização, a elaboração das características constitutivas da sociedade socialista e o internacionalismo. Sob muitos aspectos, cada uma destas temáticas pode ser reduzida à teoria da revolução permanente, que dá o verdadeiro quadro interpretativo e global do pensamento de Trotski, mas cada uma delas, por sua vez, foi desenvolvida posteriormente até alcançar um *status* autônomo de modelo explicativo (tenha-se particularmente em vista a crítica da burocratização).

II. A TEORIA DA REVOLUÇÃO PERMANENTE: GÊNESE. — Não existe nenhuma dúvida de que o nome de Trotski e o Trotskismo ficarão para sempre identificados, no bem e no mal, com a teoria da revolução permanente, a qual, segundo muitos estudiosos, constitui provavelmente a contribuição mais original do pensamento marxista depois de Marx e Engels. Por razões táticas contingentes, Trotski negou sempre a absoluta originalidade da teoria da revolução permanente apoiando a paternidade, por um lado, numa esquecida citação de Marx e, por outro, no conceito de "transcrescimento" utilizado por Lenin. Para desacreditar sua contribuição ou para atingir sua proveniência política, a classe dirigente soviética, por sua vez, sublinhou que muitas ou todas as idéias fundamentais da teoria foram elaboradas conjuntamente ou na esteira de um hebreu russo emigrado para a Alemanha, A. L. Helfand, mais conhecido pelo pseudônimo de Parvus, em boas relações com os mencheviques e pela posterior vida de "revolucionário" não muito límpida. Trotski, na verdade, reconheceu sempre sua dívida *inicial* a respeito de Parvus, mas a sua teoria foi enriquecida e se diferenciou notavelmente, sobretudo no que diz respeito à análise das classes e à necessidade da passagem à fase socialista da revolução.

A teoria da revolução permanente foi formulada pela primeira vez num estudo de reflexão sobre os acontecimentos de 1905: *Balanços e perspectivas*, o qual permaneceu ignorado durante longo tempo, mas que, salvo aspectos marginalmente errados, continha indicações extraordinariamente penetrantes sobre o curso que devia assumir a revolução bolchevista de 1917. Não obstante as várias referências a Marx, com as quais Trotski procuraria logo a seguir diminuir o alcance inovador da sua análise, a teoria da revolução permanente rompe de maneira radical com a tradição marxista, representada por Plekhanov na Rússia, em um de seus pontos fundamentais: o problema da divisão em fases do processo revolucionário e da indispensabilidade da chegada ou da *realização* da revolução democrática ou burguesa *antes* da revolução socialista.

Com efeito, Trotski em sua tentativa de aproximação com Marx não conseguiu ir além da afirmação de que "revolução permanente, no significado que lhe atribuiu Marx, é uma revolução que não transige com nenhuma forma de dominação de classe, que não pára na fase democrática, mas passa às medidas socialistas e à guerra aberta contra a relação externa, uma revolução em que cada fase está contida em germe na fase precedente, uma revolução que só pára com a total liquidação da sociedade dividida em classes" (Trotski, 1971), pondo portanto o problema em termos de um vasto e longo processo histórico. A teoria da revolução permanente, ao contrário, deixava prever a "combinação" das fases democrática e socialista, de tal maneira que a sua afirmação mais importante é a de que "é absurdo dizer que não se pode pular etapas. O processo vivo dos acontecimentos históricos pula sempre as etapas resultantes da subdivisão teórica da evolução considerada na sua totalidade... Pode-se dizer que o que distingue o revolucionário do evolucionista vulgar consiste sobretudo na capacidade de descobrir e viver tais momentos" (Trotski, 1971, 158).

A base destas afirmações não é uma teoria voluntarista da revolução, mas precisamente uma rigorosa análise do processo de desenvolvimento sócio-econômico experimentado pela Rússia czarista. Segundo Trotski, na verdade, a preponderância do aparelho estatal na promoção do desenvolvimento econômico na Rússia havia tido duas grandes conseqüências de enorme alcance: a extrema debilidade da classe média urbana e a penetração do capital estrangeiro nas indústrias. Além disso, a tardia expansão industrial havia consentido a criação de fábricas muito mais vastas e mais concentradas de outros países ocidentais, com a conseqüente formação de um forte proletariado industrial. Dessa forma, a burguesia russa não era apenas objetivamente muito fraca em relação ao Estado mas temerosa, também, das iniciativas do proletariado industrial, o qual, por sua vez, em 1905, se mostrara ainda incapaz de assumir decisivamente e sozinho a liderança do processo revolucionário.

Desde então parecia claro a Trotski que, nos países atrasados como a Rússia, o proletariado poderia vencer antes de vencer nos países capitalistas avançados, apesar de ser uma minoria da população, e a sua vitória significaria, para a revolução, a necessidade de passar da fase democrática à ditadura do proletariado sem solução de continuidade, e nesta passagem o proletariado libertaria os camponeses de seus grilhões feudais e protocapitalistas. Todavia, a instauração de uma sociedade socialista não seria possível sem a expansão da revolução para outros países, já que o atraso cultural e tecnológico da Rússia se revelaria como um obstáculo formidável que não poderia ser superado apenas com o apoio do proletariado dos países ocidentais, sob pena de haver um refluxo da própria revolução soviética.

In nuce, na teoria da revolução permanente estava contida a brilhante profecia da chegada dos bolcheviques ao poder e das modalidades da Revolução de Outubro, assim como a indicação dos principais perigos que a revolução teria corrido sem uma expansão internacional. Este ensaio teórico de Trotski, por um conjunto de circunstâncias, não teve grande circulação. O próprio Lenin provavelmente só tomou conhecimento dele em 1919 e Trotski só teve oportunidade de repropor sua concepção num prefácio polêmico que redigiu para o primeiro volume de seus escritos, intitulado *As lições de outubro*, o qual saiu publicado em 1924, em plena ruptura com Stalin, Zinoviev e Kamenev, e depois, mais completamente, em *A revolução permanente*, escrita no exílio em Alma Ata em 1929 e cujo epílogo foi acrescentado em 1930, quando Trotski se achava na Turquia expulso definitivamente da Rússia.

III. A TEORIA DA REVOLUÇÃO PERMANENTE: DIMENSÕES. — Segundo a versão autêntica que dela nos dá Trotski, a teoria da revolução permanente se compõe de três dimensões principais (ou categorias de idéias) estreitamente coligadas entre si. Ela diz respeito, antes de tudo, ao problema dos modos e dos tempos da passagem da revolução democrática à revolução socialista, e proclama com vigor que "nos países atrasados a via para a democracia passa(va) através da ditadura do proletariado" (Trotski, 1971, 61). A base teórica fundamental desta afirmação, que era não apenas contra as concepções mencheviques mas também estava em oposição contra a maior parte da tradição interpretativa da teoria

marxista, é constituída pela lei do desenvolvimento desigual e combinado e foi enunciada por Trotski mais claramente no prefácio à *História da revolução russa* (1929-1932), embora se ache também em muitas outras obras anteriores a partir do ano de 1904. "A desigualdade de desenvolvimento, que é a lei mais geral do processo histórico, se manifesta com maior vigor e complexidade no destino dos países atrasados. Sob o chicote das necessidades externas, a sua cultura em atraso é obrigada a avançar por saltos. Desta lei universal da desigualdade deriva uma outra lei que, à falta de uma denominação mais adequada, pode ser definida como *lei do desenvolvimento combinado* e que pretende indicar a proximidade de diversas fases, a combinação de diversos estádios, a mistura de formas arcaicas com as formas mais modernas. Sem esta lei, considerada, entende-se, em todo o seu conteúdo material, é impossível compreender a história da Rússia, assim como, em geral, a história de todos os países chamados à civilização em segunda, terceira ou décima fila" (Trotski, 1964, 20).

Enquanto a primeira dimensão se refere ao processo da conquista do poder, a segunda se refere ao problema das transformações internas da sociedade uma vez instaurada nela a ditadura do proletariado, ou seja, refere-se à revolução socialista enquanto tal e identifica a *permanência* da revolução na constante transformação de todas as relações sociais numa luta interna de duração indefinida entre os vários grupos sociais, provocada pelos abalos da economia, da técnica, da ciência, da família e dos costumes.

A terceira dimensão diz respeito ao aspecto internacional da revolução permanente. O desenvolvimento mundial das forças produtivas, a expansão do capitalismo em escala internacional e a conseqüente extensão da luta de classes implicam que uma revolução socialista dentro das fronteiras de uma nação não pode permanecer circunscrita por muito tempo dentro dessas fronteiras. "A revolução proletária pode ficar num quadro nacional apenas como regime provisório, mesmo quando este regime se prolonga, como demonstra o exemplo da União Soviética. Entretanto, quando uma ditadura do proletariado permanece isolada, as contradições internas e externas aumentam inevitavelmente e no mesmo ritmo dos sucessos. Se o Estado proletário continuasse a ficar no isolamento, acabaria por sucumbir diante das próprias contradições. A sua salvação reside unicamente na vitória do proletariado dos países avançados. Deste ponto de vista, a revolução nacional não constitui um fim em si mesma, mas é um anel da cadeia internacional. A revolução mundial, apesar dos recuos e dos refluxos temporários, constitui um processo permanente" (Trotski, 1971, 62).

A natureza contingente das críticas dirigidas às três dimensões da teoria, e com maior virulência contra a terceira (em especial por Stalin, Zinoviev e Radek), contingência demonstrada pelo fato de que no período de 1905-1924 a teoria não havia sido jamais criticada pelo grupo dirigente bolchevista nem tampouco por Lenin, não nos deve fazer perder de vista as implicações profundamente opostas ao *status quo* na situação soviética do período de consolidação da liderança stalinista. A crítica à primeira dimensão é mais compreensível se a dividirmos nos dois componentes que ela tem: de um lado, diz-se que Trotski fez uma grave confusão teórica entre a fase da democracia burguesa e a fase da ditadura do proletariado; de outro lado, critica-se a minimização do papel revolucionário dos camponeses a que Trotski chegou com pleno conhecimento e portanto com maior culpa.

Já vimos que no primeiro caso não se trata de confusão e sim de uma brilhante intuição de aperfeiçoamento e revisão da teoria marxista, que encontrou confirmação nos sucessos e nas derrotas dos processos revolucionários. Nos países mais atrasados, onde o processo de emancipação anti-imperialista nacional e social não foi conduzido ininterruptamente desde a sua fase burguesa até a fase socialista, verificou-se ter este perdido força, tendo as forças que o sustentavam registrado uma grande batida em retirada. Trotski pôde tirar dos acontecimentos contemporâneos e sobretudo da sanguinolenta repressão da insurreição operária de Shangai de abril de 1927, levada a cabo pelo Kuomintang dirigido por Chiang Kai-shek, ao qual os comunistas chineses estavam ligados por rigorosas instruções soviéticas, o exemplo mais comprobatório. Acontecimentos sucessivos trariam outras e ainda mais significativas confirmações. Por um lado, a rápida passagem da fase democrático-burguesa para a fase socialista da revolução cubana no período de 1959 a 1961; por outro lado, a cruentíssima repressão e liquidação prática do numeroso e forte partido comunista indonésio no período de 1965-1966, partido que ilusoriamente se tinha fixado nas palavras de ordem de reivindicação da democracia burguesa guiada por Sukarno.

A outra acusação concerne à minimização do papel revolucionário dos camponeses. Contrariamente a algumas oscilações no pensamento de Lenin, Trotski se pronunciou sempre a favor da fórmula *"ditadura do proletariado"* que se apóia nos camponeses", enquanto que Lenin preferiu muitas vezes a fórmula "ditadura democrática

do proletariado e dos camponeses"; a verdadeira diferença consistia, como sublinha o próprio Trotski, no *mecanismo* político da colaboração entre proletariado e camponeses na revolução democrática, com pleno acordo sobre a função diretiva do proletariado e do seu partido. Além disso, Trotski nunca negou nem minimizou o *potencial revolucionário* dos camponeses, sobretudo dos camponeses pobres e sem terra, na *fase da conquista do poder*, mas proclamou claramente que "os camponeses, por causa da sua posição intermediária e pela heterogeneidade de sua composição social, não podem nem constituir um partido independente nem seguir uma política independente, sendo constrangidos numa fase revolucionária a escolher entre a política da burguesia e a do proletariado" (Trotski, 1971). Também neste ponto, a maior parte dos estudiosos, de Carr a Deutscher, não hesita em julgar correta a posição de Trotski, tendo as subseqüentes e trabalhosas etapas da coletivização da União Soviética, mais do que o simples mas importante papel de sustentação desempenhado pelos camponeses-soldados na vitória da revolução bolchevista, fornecido uma convincente prova histórica.

A crítica à segunda dimensão da teoria da revolução permanente, ou seja, à permanência de conflitos sociais acentuados na fase de construção da sociedade socialista, não foi particularmente desenvolvida após a desapropriação dos *kulaki* nem após a liquidação até física dos mesmos, nem foi devida à acentuada oposição dos camponeses médios à coletivização. A classe dirigente stalinista replicou as críticas da oposição de esquerda e a Trotski, sublinhando como estas medidas haviam sido propostas pela própria oposição. Entretanto, as palavras de ordem da oposição — *industrialização, coletivização* e *planejamento* — buscavam bloquear a desigualdade crescente entre preços industriais em aumento e preços agrícolas em diminuição (a chamada crise da tesoura), de modo a permitir o mercado nas cidades e o fortalecimento do proletariado industrial. A solução "stalinista" do problema agrícola representou, ao contrário, apenas o fortalecimento da burocracia e não correspondia verdadeiramente à afirmação de Stalin, em 1931, de que as classes haviam sido eliminadas e que o socialismo "no fundo" havia sido realizado.

A terceira dimensão da teoria da revolução permanente foi talvez a mais criticada e a mais tenazmente combatida, por colocar em crise as raízes do sistema stalinista. As implicações da afirmação de Trotski de que "a revolução socialista não pode alcançar a realização dentro do quadro nacional" (Trotski, 1971, 199) eram múltiplas e todas igualmente irritantes para a classe dirigente stalinista (e em parte surpreendentes para a própria população soviética). Antes de mais nada, precisamente num período em que, superadas as conseqüências da revolução e da guerra civil, a população se dedicava à reconstrução nacional e à edificação do socialismo, a teoria de Trotski, que punha em destaque a necessidade de manter o estado de tensão, não podia encontrar senão poucos e limitados apoios. O socialismo apenas num país era uma resposta indubitavelmente mais adequada aos tempos (até pelo seu conteúdo teórico mais acessível a quadros não ainda muito preparados) e permitia respirar, além de infundir nova confiança nas massas. Segundo seus críticos de então, Trotski, na verdade, minimizava a capacidade do povo soviético, denegria o papel do partido, desacreditava seus líderes e era, finalmente, derrotista. A sua afirmação de que, longe de construir o socialismo, sem a revolução internacional a própria sobrevivência do Estado soviético estava em perigo — "a alternativa é esta: ou a revolução internacional ou um refluxo para o capitalismo" (Trotski, 1971, 251) — era, do ponto de vista da classe dirigente stalinista e da grande maioria dos comunistas, absolutamente intolerável.

Trotski indicava na reação dos países ocidentais a primeira causa do desabamento eventual do regime soviético e só em segundo lugar na insuficiência de nível de desenvolvimento das forças produtivas. Via também na força do proletariado ocidental uma das garantias e dos contrapesos à hostilidade dos próprios Governos. Esta sua confiança no proletariado ocidental e na revolução em escala internacional como únicos meios de permitir aos soviéticos manterem-se no poder causou-lhe duas acusações: a primeira de aventureirismo e a segunda de insuficiência de análise. No que tocava à primeira, dizia-se que Trotski queria "provocar" e exportar a todo custo a revolução para outros países, em particular para a Alemanha, não obstante a imaturidade das condições objetivas. No final da guerra de Espanha, Trotski fez um bom jogo ao demonstrar como a sua posição, de acordo com a teoria da revolução permanente, o levara sempre e coerentemente a indicar na *luta revolucionária pelo poder* a discriminação pela ação dos comunistas, mas sem os impedimentos operacionais pretendidos por Stalin. Desta forma foi fácil para ele denunciar os erros mortíferos derivados da teoria do socialismo num só país, quer na Alemanha quando prevalecia a concepção stalinista da "social-democracia irmã gêmea do fascismo", quer na Espanha quando prevalecia a concepção da frente única. Por outro lado, a doutrina do socialismo num só país, se não é responsável por todas

as derrotas revolucionárias, operou claramente como uma profecia que se auto-realiza.

Como já acentuou Deutscher, certamente que Trotski subestimou a capacidade de resistência do Estado soviético, mas quem fora que em 1905 crera tão fortemente na possibilidade da revolução? E pelo menos num ponto, também a respeito da sobrevivência do Estado soviético, Trotski tinha acertado: os custos em termos de gestão da sociedade e da sua transformação em sentido socialista. O isolamento da revolução por dezenas de anos levara na verdade à degeneração autoritária e burocrática do Estado soviético, a que Trotski aplicaria sua temível crítica que ainda hoje constitui um modelo de análise.

IV. CRÍTICA À DEGENERAÇÃO BUROCRÁTICA. — O ponto de partida da crítica à pretensão de Stalin de construir o socialismo num só país está em que naturalmente, ao contrário, "o regime socialista pode ser construído apenas como um sistema econômico em espiral, transferindo as desarmonias internas de um único país para dentro de um grupo de países, e com serviços recíprocos entre os vários países e ainda com uma recíproca integração econômica e cultural, ou seja; em última análise, num plano mundial" (Trotski, 1971) e, sobretudo, que o socialismo não pode ser construído através de medidas administrativas. Assim, Trotski não teve nenhuma dificuldade em condenar a política econômica stalinista, tanto do "período do oportunismo econômico" (1923-1928), como do "período do aventureirismo econômico" (1928-1932), como não teve nenhuma dificuldade também em reconhecer o sucesso em termos puramente quantitativos do desenvolvimento econômico soviético.

Todavia, os raios mais agudos de sua crítica foram dirigidos contra a degeneração do Estado e do partido no famoso capítulo *A revolução traída* (1936) intitulado *O Termidor soviético*, no qual a degeneração do partido era definida como causa e conseqüência da burocratização do Estado.

Por sua vez, a degeneração do partido, imputável ao secretário do Politburo, Stalin, derivava, além de razões sócio-econômicas objetivas, de duas medidas fundamentais: de um lado, a proibição de grupos, e de outro lado, de uma imponente e desregulada campanha de recrutamento de novos membros. Quanto ao primeiro ponto, os críticos de Trotski tiveram razão em destacar que as posições mais duras a respeito dos grupos, sobretudo a aniquilação da revolta de Kronstadt em março de 1921, foram tomadas por Trotski (que por sua vez defendeu aquela opção com caráter de exceção). Resta, entretanto, que, seja pelo desprezo aos potenciais camaradas de grupo, seja pela incompreensão dos perigos reais e também para não despedaçar a unidade do "partido de Lenin", Trotski não criou jamais um grupo seu e quando permitiu a formação da oposição de esquerda já era muito tarde.

No que diz respeito à degeneração burocrática do aparelho estatal, a expansão administrativa das suas funções econômicas e a necessidade de coerção em virtude de opções não suficientemente debatidas na base constituem os dois motivos basilares. Formou-se assim um novo e poderoso grupo social, cuja especialidade é o exercício do poder: a burocracia. Numa situação em que a produção não está em condições de assegurar o necessário a todos (e talvez particularmente por isso), a burocracia constitui um estrato privilegiado cuja presença torna mais aguda a luta social. Frente à ameaçadora transformação do Estado soviético em Estado burocrático, Trotski procura definir o perfil da burocracia, sua natureza e sua possível eliminação. Reconhecendo-lhe embora seu grande poder em comparação com a burocracia das sociedades capitalistas e fascistas, Trotski nega que se possa tratar de uma verdadeira *classe*, pelo fato de não ser caracterizada por uma relação específica em seu confronto com os meios de produção, mas mais exatamente de uma *casta*. A diferença básica entre os vários tipos de burocracia (e sobretudo entre a burocracia fascista e nacional-socialista e a burocracia stalinista) consiste no fato de que a burocracia stalinista tem "a oportunidade de dirigir a economia em seu conjunto, graças ao maior descalabro das relações de propriedade da história provocado pela classe operária na Rússia" (Maitan, 1972, 241).

"A burocracia não é portadora de um novo sistema econômico estritamente ligado à sua existência, mas representa uma excrescência parasitária de um Estado operário" (Maitan, 1972), e exprime a fraqueza e a incapacidade do proletariado em transformar-se numa classe dirigente, pelo menos nos países atrasados. Se esta incapacidade tivesse de se revelar também nos países industrializados avançados, sublinha Trotski, deveríamos então pensar numa incapacidade congênita. Todavia, em 1936, a alternativa que Trotski podia apresentar era entre o regime stalinista entendido como "pausa repugnante no processo de transformação da sociedade burguesa em sociedade capitalista", ou como primeira fase de uma nova sociedade exploradora. Considerando-o como uma pausa no processo de transformação da sociedade, Trotsky define o Estado soviético: *Estado operário e não socialista*, e acha que a sua degeneração deriva da tentativa de suprimir as

contradições sociais internas. E acrescenta que, "se, contrariamente a todas as probabilidades, a Revolução de Outubro não consegue encontrar sua continuação, durante o curso da atual guerra ou imediatamente depois, em qualquer dos países avançados, e se, ao contrário, o proletariado é rejeitado por toda parte e em todas as frentes, então deveríamos antes de mais nada pôr a questão da revisão de nossa atual concepção e das forças motoras de nossa época" (Maitan, 1972, 241).

É entretanto na base desta análise que Trotski chega à conclusão muito importante, em contraste com muitos de seus sequazes, de defender a União Soviética: "A defesa da URSS coincide para nós com a preparação da revolução mundial. Permitem-se apenas aqueles métodos que não entram em conflito com os interesses da revolução. A defesa da URSS está ligada à revolução socialista mundial, como o objetivo tático está ligado ao estratégico" (Maitan, 1972, 246).

V. SOCIEDADE E SOCIALISMO NO PENSAMENTO DE TROTSKI. — A maioria dos críticos e também muitos estudiosos simpatizantes de Trotski colocaram em relevo as diferenças significativas das posições assumidas pelo Trotski "Profeta armado" e pelo Trotski desarmado e no exílio relativamente a alguns problemas de organização política e de desenvolvimento econômico da máxima importância. Assim Trotski foi acusado várias vezes de incoerência, de oportunismo e de pouca sensibilidade política, de tal modo que sua derrota parecia inevitável diante daqueles que sabiam controlar melhor as organizações políticas e o próprio partido bolchevista.

Como é sabido, a diferença fundamental e o desacordo mais profundo entre Trotski e Lenin verificaram-se a propósito do papel do partido, da sua organização interna e da relação entre partido e massa. Por causa da sua independência e talvez pela sua presunção de intelectual e marcado profundamente pela entusiástica experiência do Soviete de Petersburgo em 1985, Trotski relutou sempre em atribuir ao partido o papel de vanguarda da classe e de representante único e privilegiado das massas. Parece que ele confiava mais na livre participação de base pelo menos até a conquista do poder em 1917. Na sua *História da revolução russa* existe todavia o reconhecimento de que a chamada espontaneidade da revolução de fevereiro deve atribuir-se quase que totalmente à liderança de "operários conscientes e bem dotados que haviam sido formados sobretudo na escola de Lenin" (Trotski, 1964). Este reconhecimento da importância do partido de Lenin por parte de Trotski tinha sido já acompanhado, na prática, de uma aceitação dos princípios fundamentais do bolchevismo e sobretudo da necessidade de manter uma distinção clara entre bolcheviques, mencheviques e social-revolucionários. Para refutar uma coligação com estes dois grupos, na verdade, em novembro de 1917 Lenin ateve-se às posições de Trotski, que durante longo tempo sustentou a conciliação entre bolcheviques e mencheviques e escreveu: "Um acordo? Mas eu não posso falar disso seriamente. Trotski declarou há muito tempo que não era possível nenhum tipo de acordo. Trotski compreendeu isso e desde então não existe nenhum bolchevique melhor do que ele". Mas esta tendência à aceitação da autoridade do partido foi levada muito além por Trotski, que se teria precisamente proclamado incondicionalmente a favor da mobilização obrigatória da mão-de-obra e da completa subordinação dos sindicatos ao Estado no período do comunismo de guerra; e em seguida teria dado sua colaboração intelectual e de líder do exército, quase contemporaneamente à derrota da Oposição Operária e à repressão da revolta de Kronstadt (março de 1921).

Estas opções, que Trotski no exílio teria jusnificado pelo caráter de excepcionalidade, lhe tiraram muitas simpatias e muitos apoios e tornaram pouco crível sua oposição a Stalin em nome da democracia no partido. Entretanto, Trotski continuou a manter a sua confiança no potencial revolucionário autônomo das massas, sustentando que "a primeira vitória revolucionária na Europa terá nas massas soviéticas o efeito de um choque elétrico, despertá-las-á, acordará nelas o espírito de independência, reanimará as tradições de 1905 e de 1917 e enfraquecerá as posições da burocracia" (Trotski, 1972), minimizando o papel do partido como instrumento de controle, mais do que de participação e o fortalecimento conseguido pela burocracia do partido graças aos sucessos no campo econômico antes, e no campo militar e político durante e depois da Segunda Guerra Mundial.

A sociedade socialista que Trotski desejava, baseada sobre "uma produção nacional e harmoniosa para satisfação das necessidades humanas" e cuja rede associativa devia ser constituída pelos sovietes dos produtores, não entrava mais nos objetivos de um partido que havia perdido o contato com as massas e havia passado do centralismo democrático para o centralismo burocrático. Mas talvez também o primeiro método de relações entre o partido e as massas teria sido submetido à crítica por Trotski, que nos últimos anos de sua vida voltara a concepções mais libertárias.

VI. O TROTSKISMO DEPOIS DE TROTSKI. — Enquanto o Trotskismo, entendido como um conjunto de análises, como *corpus* teórico e como método, parece manter intacta grande parte de sua validade e fecundidade, o Trotskismo como movimento conheceu e atravessou profundas crises e é, certamente, no momento atual, mais débil e desorganizado. Trotski resolveu apoiar muito tardiamente, após a falência da política externa da III Internacional na China e na Alemanha e perante a pesada situação espanhola, as tentativas para a constituição de uma IV Internacional, primeiro com uma conferência preparatória realizada em Genebra em julho de 1936 e depois com a fundação verdadeira acontecida em setembro de 1938 em Paris.

Não obstante seu passado de brilhante organizador do exército russo, Trotski não quis e não foi capaz de cimentar o movimento heterogêneo de forças que se reagrupavam em torno da IV Internacional, num período altamente desfavorável, e preferiu dedicar-se ao aprofundamento teórico. Desta forma, alguns eventos internacionais se projetaram de maneira fortemente negativa no movimento trotskista. A invasão da Finlândia por parte da Rússia em 1939 provocou uma cisão no forte partido trotskista americano — o *Socialist Worker's Party* — e a saída de dois de três principais expoentes (Max Schachtman e James Burnham — o terceiro era James P. Cannon, autor de uma útil e documentada *História do trotskismo americano* (1944). James Burnham, mais tarde, aproximou-se, na trilha de suas reflexões sobre as raízes da burocratização, expostas em *A revolução dos empresários*, 1941, da extrema direita. Essa cisão se estendeu ao grupo de intelectuais filotrotskistas, entre os quais Sidney Hook, que gravitavam em torno de "Partisan Review".

A expansão da área socialista para a Europa oriental, graças ao sucesso do Exército Vermelho e à falência da profecia trotskista de um "abalo" do aparelho burocrático soviético, assim como de uma revolução nos países capitalistas avançados, semearam a desconfiança em muito de seus sequazes que passaram a ser combatidos tenazmente em toda a parte. Apesar do acerto da colocação de Trotski em relação à revolução permanente parecer ser confirmado pelos acontecimentos que levaram ao poder o partido comunista chinês (1.º de outubro de 1949) e pela tendência à degeneração provocada pela insuficiência de desenvolvimento das forças de produção no quadro dos comunismos nacionais, o movimento trotskista atravessou um longo período de refluxo, do qual nem a morte de Stalin nem a denúncia imperfeita e parcial de seus crimes por parte dos dirigentes soviéticos o livraram ainda totalmente. Isto também por causa de uma cisão provocada por divergentes estimativas do stalinismo, que deu origem ao Comitê Internacional da IV Internacional realizada em 1953. A reunificação verificada em 1963 não foi completa, deixando- fora os grupos de Michel Raptis (Pablo) e de Posadas, cuja estratégia se concentra sobre países subdesenvolvidos e sobre países latino-americanos.

Existem atualmente diversos grupos políticos que se dizem ligados com maior ou menor fidelidade aos ensinamentos de Trotski, embora seja difícil fazer um levantamento numérico e a verificação das suas colocações teóricas. São diversos e ativos os grupos trotskistas na América Latina. Na Argentina, sob o nome de *Partido Revolucionario de los Trabajadores,* cujo braço armado é o Ejercito Revolucionario del Pueblo; no Chile, no Peru e na Bolívia sobretudo, onde desenvolveram papel importante na revolução de 1952. Na Ásia, o movimento mais importante constituiu-se no Ceilão, com o nome de *Lanka Sama Samaya Party (Revolutionary).* Atualmente na Europa os dois movimentos trotskistas mais fortes se acham na França, onde a *Ligue Communiste* dirigida por Alain Krivine, candidato presidencial em 1969, foi posta fora de lei em 1973, e na Inglaterra, através do *International Marxist Group.* Na Itália, existe a seção chamada *Gruppi Comunisti Revoluzionari,* fundada em 1949, e os trotskistas estão organizados em torno do quinzenário "Bandiera Rossa". Quanto ao movimento trotskista espanhol, é difícil fazer uma idéia precisa. É igualmente difícil acompanhar uma história feita de cisões em nível internacional e nacional dos vários grupos trotskistas e cujo órgão teórico oficial é o bimestral "Quatrième Internationale". Os mais importantes estudiosos trotskistas contemporâneos são o belga Ernst Mandel, autor de vários trabalhos sobre o pensamento de Trotski, o italiano Lívio Maitan, supervisor na tradução das obras de Trotski para o italiano e autorizado diretor da IV Internacional, e o francês Pierre Frank, autor, entre outras coisas, dos úteis *Apontamentos para uma história da quarta internacional* (1969).

BIBLIOGRAFIA. — H. ABOSCH, *Trockij e il bolscevismo* (1975), Feltrinelli, Milano 1977; R. J. ALEXANDER, *Trotskyism in Latin America,* Hoover Institution Press, Stanford 1973; D. AVENAS, *Economia nel pensiero di Trotsky* (1970), Samonà e Savelli, Roma 1972; I. DEUTSCHER, *Il profeta armato* (1954), Longanesi, Milano 1956; Id., *Il profeta disarmato* (1959), Longanesi, Milano 1961; Id., *Il profeta esiliato* (1963), Longanese, Milano 1965; B. KNEI-PAZ, *The social and political thought of Leon Trockji,* Oxford University Press, New York 1978; N. KRASSÒ, E. MANDEL e M. JOHNSTONE, *Il marxismo di Trockij,* De Donato, Bari 1970; L. MAITAN, *Trotskij oggi,* Einaudi, Torino 1959; *Per conoscere Trotskij,* edição supervisionada por L. MAITAN, Mondadori, Milano 1972; J. J. MARIE, *Il trotskismo* (1970), Mursia, Milano 1971; K. MAVRAKIS, *Trotskismo: teoria e storia* (1971), Mazzotta, Milano 1972; *La "rivoluzione permanente" e il socialismo in un solo paese,* ao cuidado de G. PROCACCI, Editori Riuniti, Roma 1963; L. RAPONE, *Trotskij e il fascismo,* Laterza, Bari 1978; M. L. SALVADORI, *Il pensiero comunista dopo Lenin,* in *Storia delle idee politiche, economiche e sociali,* UTET, Torino 1972, vol. VI; V. SERGE, *Vita e morte di Trotskij* (1951), Laterza, Bari 1976; L. SINCLAIR, *Leon Trotskij. A bibliography,* Hoover Institution Press, Stanford 1972; L. TROTSKY, *1905* (1922), Samonà e Savelli, Roma 1969; Id., *La rivoluzione permanente* (1922), Mondadori, Milano 1971; Id., *La rivoluzione tradita* (1936), Samonà e Savelli, Roma 1972; Id., *Storia della rivoluzione russa* (1932), Sugarco, Milano 1964; *Trotsky and trotskyism in Perspective,* in "Studies in comparative comunism", X, prim.-est. 1977.

[GIANFRANCO PASQUINO]

U

Unificação Européia.

I. As fontes do caráter unitário da cultura européia. — O processo de unificação em curso na Europa tem uma profunda conexão com o passado histórico, em primeiro lugar com a Idade Média quando, sobre as ruínas do Império Romano, desenvolveu-se uma nova civilização que unificou, na base da tradição comum greco-latina, todos os homens da Europa sob o signo do cristianismo. Na Europa medieval, pertencer ao cristianismo tornou-se vínculo social fundamental que uniu os homens através de um espírito de fraternidade mais forte e mais profundo do que qualquer vínculo de classe, de caráter étnico e político. Como membros da Igreja, os homens pertenciam a uma comunidade livre, de iguais.

Esta tradição cristã conferiu à história da Europa uma tensão permanente, dirigida para a realização de valores de liberdade e de igualdade entre todos os homens e que, na sua versão moderna, confluiu para as ideologias liberal, democrática e socialista. Estas últimas caracterizam-se por uma forte inspiração internacionalista. A razão impede, de fato, os nossos de pensar que valores de que estas ideologias são portadoras como alguma coisa limitada somente a um espaço nacional. De outra parte, o fator de divisão, que tem sua própria base na organização da Europa em Estados soberanos, cuja formação deu-se após a ruptura da unidade medieval, sempre ameaçou o caráter unitário da cultura européia, mas nunca conseguiu prevalecer.

O problema da Unificação européia nos seus termos atuais liga-se aos problemas decorrentes da Revolução Francesa e que não foram resolvidos com a revolução russa, ou seja, pela afirmação dos princípios de liberdade, de democracia e do socialismo, que transformaram a estrutura interna dos Estados, enquanto o povo e os trabalhadores continuaram a ser excluídos do controle da política internacional, que permaneceu terreno exclusivo das relações de força.

Infelizmente, o internacionalismo liberal, democrático, socialista e comunista confiou sempre na possibilidade de resolver o problema da paz com a simples colaboração internacional, sem que entrasse em discussão a soberania nacional. Num mundo dividido em Estados soberanos, no qual a política internacional apóia-se no uso da força ou na ameaça de recorrer a ela e não no direito, o antagonismo acabou por prevalecer sobre a colaboração entre os Estados. As correntes revolucionárias que transformaram os regimes políticos de toda a Europa, condicionadas pela luta pelo poder no âmbito de cada Estado e pela defesa deste poder num mundo de Estados em luta entre si, viram-se obrigadas a sacrificar aos egoísmos nacionais sua inspiração internacionalista.

Apesar de todas as correntes políticas se terem dobrado à ideologia que representa como "inimigos" e "estrangeiros" todos os indivíduos que pertençam a outras nações, suprimindo assim na consciência do povo a certeza de pertencer ao gênero humano, o Nacionalismo (v.) foi derrotado com a Segunda Guerra Mundial.

Por outro lado, o Federalismo (v.) parece oferecer os instrumentos institucionais para superar os limites do internacionalismo. Assim, a luta para unificar a Europa coincide com a luta para submeter ao controle democrático aquele setor da vida política que esteve, até então, abandonado ao embate diplomático e militar entre os Estados. A perspectiva da unificação federal, hoje, na ordem do dia na Europa, permite criar condições para garantir, na base de suas instituições políticas e, portanto, com o apoio do poder, a unidade na diversidade, afirmada pela cultura, mas nunca plenamente realizada.

Com referência aos meios para resolver este problema, vale lembrar que a procura da unidade, através da hegemonia do Estado mais forte sobre os outros Estados, nunca teve sucesso. A união, conseguida através de uma escolha democrática das comunidades que decidiram aderir ao movimento, transformou em realidade o sonho dos precursores do federalismo europeu e tornou-se atual, após a eleição, com base no sufrágio universal, do Parlamento europeu.

II. A crise do Estado nacional. — A Unificação européia tornou-se um objetivo político concretamente realizável somente a partir da Segunda Guerra Mundial, isto é, desde o fim daquele período histórico que começou no início do século, no curso do qual os Estados europeus foram conturbados por perturbações políticas e sociais tão profundas como a crise econômica e a afirmação do nazifascismo, que podem ser interpretadas como sinais da decadência do papel histórico da fórmula política do Estado nacional, ou seja, da impossibilidade de a sociedade européia continuar a viver sob o regime de Estados nacionais, cuja dimensão e estrutura tinham se tornado incompatíveis com um mínimo de equilíbrio e de ordem internacional, de desenvolvimento econômico e de estabilidade democrática.

Quando se fala no conceito de crise do Estado nacional faz-se referência a uma dupla contradição que domina a história da Europa contemporânea: que existe entre o Estado nacional e o desenvolvimento das forças produtivas e a verificada entre Estado nacional e ordem internacional. De um lado, o Estado nacional representa um obstáculo à internacionalização do processo produtivo. Esta contradição, que começa a manifestar-se aproximadamente no final do século XIX, tem suas raízes na divisão política da Europa e no antagonismo entre os Estados que se opunham à formação de uma sociedade, de uma economia e de um poder político em nível europeu, que permitiria competir com as potências de dimensões continentais e continuar a desenvolver um papel importante no quadro político mundial. Por esta razão, a tendência das forças produtivas para organizarem-se em grandes espaços, enquanto não encontravam obstáculos nos Estados de dimensões continentais como o russo e o norte-americano, e os conduzia para o cume da hierarquia do poder mundial, agravava as tensões entre os Estados do sistema europeu, os impelia a procurar "o espaço vital" além de suas fronteiras com o imperialismo e condenava a fórmula política do Estado nacional a uma fatal decadência.

De outra parte, a fusão do Estado e da nação, expressão da maior centralização do poder político e da mais profunda divisão internacional que a Europa jamais conheceu na história moderna, eliminou os limites internos e internacionais que, no passado, freavam o embate entre os Estados e criou condições para as guerras mundiais. Assim, a transformação dos Estados em grupos fechados, centralizados, hostis e belicosos determinou a crise do sistema de equilíbrio que no curso da história moderna tinha garantido longos períodos de paz na Europa, permitindo assim conciliar a política de potência e as guerras periódicas

com o progresso político e social de cada Estado e da civilização européia no seu conjunto.

Apesar das primeiras manifestações da crise do Estado nacional começarem a dar sinais no período final do século passado, o problema da Unificação européia apareceu em termos de um programa operativo, no terreno político, somente durante a Segunda Guerra Mundial. Com efeito, antes desta época a história era um obstáculo para a unificação da Europa, porque, devido ao isolacionismo das duas grandes potências de dimensões continentais, os Estados Unidos e a União Soviética, o sistema europeu dos Estados continuava, apesar de sua decadência, a exercer uma influência determinante nos negócios políticos mundiais.

III. CARACTERES ESSENCIAIS DO PROCESSO DE UNIFICAÇÃO EUROPÉIA. — A ordem internacional, formada na base do resultado da Segunda Guerra Mundial, apóia-se no predomínio dos Estados Unidos e da União Soviética, que governam o sistema mundial dos Estados surgidos das ruínas do velho sistema europeu. Os Estados europeus, perdida a sua posição dominante, degradaram-se a ponto de tornarem-se satélites das superpotências. Por conseqüência, o problema da defesa coloca-se em termos radicalmente novos. A linha máxima de tensão que divide os Estados não é mais aquela que contrapõe a França à Alemanha (pois ambas estão do mesmo lado), mas aquela que separa os Estados Unidos da União Soviética, ambas na direção dos respectivos blocos. O problema da defesa tende agora a unir a Europa ocidental, no quadro da chamada Aliança Atlântica, sob o protetorado americano na confrontação com a ameaça da União Soviética. A necessidade de colaboração, no terreno militar, entre os Estados da Europa ocidental constitui a condição política da colaboração no plano econômico. Esta permite à economia adquirir progressivamente uma dimensão continental, favorecendo assim a tendência para internacionalizar o processo produtivo, o que representa a tendência básica da história contemporânea.

A Unificação européia tornou-se assim, no segundo pós-guerra, a forma mais adequada de orientação fundamental da política externa dos Estados da Europa ocidental. Esta marca também o início de uma nova fase da crise do Estado nacional (a última), caracterizada pela prevalência da necessidade de colaboração política e econômica entre os Governos, em relação às divisões nacionais. Trata-se de uma verdadeira inversão das tendências básicas da história européia tal como estas se delinearam no fim do século XV e se mantiveram até o fim da Segunda Guerra

Mundial. A base desta mudança de direção histórica encontra-se na incapacidade dos Estados nacionais de assegurarem sozinhos, tanto a defesa do país, quanto o desenvolvimento econômico a seus cidadãos.

A contradição, que começa a manifestar-se desde o início do processo da Unificação européia e que tende a agravar-se a cada fase evolutiva do processo, consiste na progressiva extensão do número de problemas que não mais podem ser resolvidos no âmbito nacional e que exigem, portanto, soluções européias, que correspondem à dimensão nacional da organização do poder político (Governos, Parlamentos, partidos). Ao mesmo tempo, a Comunidade européia torna-se progressivamente uma potência econômica (após a criação do Mercado Comum Europeu, é a primeira potência comercial e a segunda potência industrial do mundo) e tende cada vez mais a colocar em discussão a hegemonia americana sobre o mundo ocidental e a ordem internacional, que havia assegurado a convergência das razões de Estado na Europa ocidental no quadro da dependência político-militar e econômico-monetária dos Estados Unidos. Por conseqüência, vem-se criando uma tensão sempre mais forte entre as necessidades de mudança, presentes em todos os setores da sociedade, que exigem graus crescentes de unidade e independência da Europa, e o obstáculo que encontram nas instituições políticas do Estado nacional com a sua centralização e a sua impotência com relação aos centros de poder político e econômico internacionais aos quais são subordinados.

O processo da Unificação européia tem um caráter eminentemente contraditório. De um lado, os Governos opõem uma resistência estrutural a qualquer transferência de poderes dos Estados para a Comunidade européia. De outro lado, porém, a dimensão européia dos principais problemas políticos, econômicos e sociais levam a idéia de que os Governos estejam em condições de enfrentar sozinhos estes problemas, levando-os então a colaborar para sobreviver.

A Unificação européia é, portanto, um processo que tem características ambíguas: constitui, ao mesmo tempo, a última fase da crise do Estado nacional e a primeira fase de sua superação. De fato, a Segunda Guerra Mundial, o Estado nacional, mesmo mantendo, apenas formalmente, todos os atributos da própria soberania, não deve mais, para sobreviver, procurar enfraquecer seus vizinhos, mas, ao contrário, deve colaborar com eles, a ponto de criar instituições européias que permitam a tomada de decisões comuns. Ao mesmo tempo, esta colaboração tende a provocar o nascimento de uma sociedade e de uma economia européias, isto é, a infra-estrutura de um Estado europeu e das instituições (as Comunidades européias), às quais é confiada a tarefa de gerir a transição dos Estados-membros da Comunidade, desde a divisão até a sua unidade. Finalmente, esta colaboração cria as condições para destruir as soberanias nacionais exclusivas.

Podemos, portanto, definir a Unificação européia como o processo histórico no curso do qual a sociedade civil perde seu caráter exclusivamente nacional e adquire, juntamente com o caráter nacional, um caráter europeu, tendendo assim a tornar-se uma sociedade federal. Em outros termos, é o processo de formação de uma nova realidade popular, a unidade pluralista das nações européias. Deste modo, podemos definir a Comunidade européia como uma instituição de transição, que tende a evoluir incessantemente devido à pressão da necessidade dos Governos tomarem decisões comuns e de levá-los, através da unificação, até chegarem ao Estado de federação.

Estas observações são suficientes para mostrar como devem ser atribuídas à Unificação européia todas as transformações mais positivas que vêm se processando desde o segundo pós-guerra. Trata-se, realmente, de um processo que permitiu superar os mais graves aspectos degenerativos da vida política, econômica e social, que caracterizaram a crise do Estado nacional no período entre as duas guerras: a colaboração entre os Estados, em vez do nacionalismo e do imperialismo, a expansão das forças produtivas no mercado comum, em vez da estagnação econômica, do protecionismo e da autarquia, e a democracia, em vez do fascismo.

IV. A EVOLUÇÃO HISTÓRICA DA UNIFICAÇÃO EUROPÉIA. — Para dar uma descrição mais precisa do processo da Unificação européia é necessário procurar individualizar suas fases evolutivas. Com esta finalidade utilizaremos a periodização proposta por M. Albertini, que distingue uma fase psicológica, uma fase econômica e uma fase política.

A primeira fase marca o início de relações radicalmente novas entre os Estados da Europa ocidental, os quais substituem pelo antagonismo militar e pelo protecionismo a colaboração política e econômica através da hegemonia dos Estados Unidos. Com o início da guerra fria, afirmou-se nos Estados Unidos a certeza de que a Unificação européia representaria a garantia mais sólida de segurança do mundo ocidental no embate contra o bloco guiado pela União Soviética.

A idéia original, que inspirou o Plano Marshall, consistia na proposta de um programa de ajuda para a reconstrução da Europa em termos unitários. Mesmo que este objetivo não tenha sido alcançado integralmente por não terem sido concedidos poderes suficientes ao OECE, organismo criado para distribuir as ajudas americanas, o Plano Marshall desencadeou o processo da cooperação econômica européia. O início da Unificação européia deve, portanto, ser atribuído ao impulso determinante provavelmente dos Estados Unidos. É muito significativa a simultaneidade de dois acontecimentos: a instituição da NATO e do Conselho da Europa. Enquanto a primeira marca a subordinação da Europa ocidental aos Estados Unidos, o segundo foi o símbolo da aspiração dos europeus para recuperar a independência através da unidade. Esta foi a grande relevância psicológica desta instituição, mesmo se a sua extensão geográfica, a heterogeneidade dos interesses dos Estados-membros e a falta de poderes a tenham privado de uma efetiva capacidade de ação.

A segunda fase corresponde ao Mercado Comum e à instituição das Comunidades européias: primeiro a Comunidade Européia do Carvão e do Aço (1953), depois a Comunidade Econômica Européia e a Comunidade Européia da Energia Atômica (1958). O impulso a esta segunda etapa da Unificação européia está ligado ao problema posto pelos Estados Unidos e pela Grã-Bretanha, sob a pressão da guerra fria, da restituição à Alemanha ocidental da plena soberania econômica e militar. Diante da possibilidade do renascimento do nacionalismo e do militarismo alemão, os Governos europeus aceitaram a alternativa proposta por Jean Monnet de colocar sob a autoridade européia os dois tradicionais pilares da potência da Alemanha: a indústria do carvão e da siderurgia e o exército. Assim, criou-se a CECA e iniciou-se a construção de um exército europeu que, porém, não foi levada a bom termo pelo voto contrário da Assembléia Nacional da França.

Vale lembrar que no curso das negociações para a constituição do exército europeu surgiu o problema do controle político sobre este exército. Foi então atribuída à Assembléia mais ampliada da CECA a tarefa de elaborar o Estatuto da Comunidade Política Européia, que tinha características estatais. Nele previa-se, de fato, a instituição de um Parlamento, sendo que uma parte dele deveria ser eleita por sufrágio universal direto.

Apesar da falência desta primeira tentativa de chegar-se à unificação política, a segunda etapa da Unificação européia é caracterizada por duas importantes aquisições. A primeira foi o nascimento da Plataforma dos Seis, isto é, daquele grupo de países nos quais a crise do Estado se mostrava mais profunda e que, por conseqüência, poderiam ser a base de ulteriores progressos visando a uma união mais estreita. A segunda foi a criação de instituições capazes de permitir aos Governos, reunidos no Conselho de Ministros, tomarem decisões no âmbito europeu, com o auxílio de um Parlamento, de uma Alta Autoridade (depois Comissão) e de uma Corte de Justiça que prefiguram os órgãos legislativos, executivos e judiciários de um Estado. Enquanto de um lado a essência do poder se encontra no Conselho dos Ministros, a Comunidade pode, todavia, ser definida como embrião de uma estrutura federal, se considerarmos que os tratados instituidores das três Comunidades previam, após uma fase transitória, a eleição direta do Parlamento europeu. Por outro lado, podemos afirmar que a Comunidade era, mesmo antes da eleição européia, alguma coisa mais do que uma CONFEDERAÇÃO (v.). De fato, de um lado, ela geria com recursos próprios uma união alfandegária, um mercado agrícola comum e encaminhava-se para desenvolver políticas comuns em numerosos setores de grande relevância, como a política regional, industrial, social e assim por diante. Por outro lado, no plano interno e em áreas bem delimitadas, as suas decisões (regulamentos) eram impostas diretamente aos setores a ela sujeitos e, no plano internacional, tinha o poder de estipular acordos. Pode-se assim concluir que este sistema apresenta todos os elementos do FEDERALISMO (v.) no seu estado latente.

A fase política da Unificação européia atualiza o problema da transformação da Comunidade européia num Estado federal. A passagem para esta terceira fase é o resultado do sucesso do Mercado Comum, que se manifestou na ascensão da Comunidade até o grau de primeira potência comercial e de segunda potência industrial do mundo, quando a Comunidade européia se ampliou, anexando ao seu contexto a Grã-Bretanha, Dinamarca e Irlanda (1973) e a Grécia (1981). Ao fortalecimento da Comunidade européia corresponde a decadência da hegemonia americana sobre a Europa; desagrega-se, porém, o quadro político que tinha sustentado a Unificação européia. O conflito no plano político-militar, que culmina com a saída da França da NATO (1966) e que, no plano comercial e monetário, se manifesta por uma competividade maior da economia européia sobre o mercado internacional, assim como o aparecimento de um crescente passivo da balança de pagamentos dos Estados Unidos, faz com que diminua o poder integrador da potência-guia do mundo ocidental.

De uma parte, a desordem monetária internacional que se seguiu à decisão do Governo dos Estados Unidos de declarar não-conversível o dólar em ouro (1971) trouxe como conseqüência a queda do regime de paridade fixa entre as moedas, tornou incertas as condições do comércio internacional, mesmo no interior da Comunidade européia, e anulou um fator determinante do sucesso do Mercado Comum. De outra parte, a crise energética (1973), que é a expressão do fortalecimento do Terceiro Mundo e da decadência da ordem mundial herdada do pós-guerra, evidencia a ausência de uma política energética da Comunidade. Finalmente, o agravamento da desordem internacional e a crise da distensão vêm a Comunidade européia impotente para desenvolver um papel internacional autônomo.

A sobrevivência do Mercado Comum, sacudido nos seus alicerces pela flutuação dos câmbios, e o retorno a uma ordem monetária internacional, fundada nas paridades fixas, exigem a criação de uma moeda européia. O Sistema Monetário Europeu (1979), criando uma área de estabilidade monetária, representa o primeiro passo para conseguir este objetivo. Infelizmente, porém, sem um Governo europeu não se poderá fazer nem uma política econômica, nem uma política exterior comuns.

Este é o problema que se apresenta na atual fase de desenvolvimento da Unificação européia, ao qual os Governos procuraram, de alguma maneira, dar uma resposta. Em primeiro lugar, em 1974, constituíram o Conselho Europeu dos Chefes de Estado ou de Governo, que se reúne ao menos três vezes por ano. Trata-se de um órgão não-previsto nos tratados, instituído para fazer frente aos novos problemas que surgiram pela necessidade de gerir, em nível de máxima responsabilidade, a cooperação política entre os Estados. Desde sua criação tomou decisões de grande relevância, como a criação do SME (Sistema Monetário Europeu) e a eleição direta do Parlamento europeu. O limite do Conselho europeu, todavia, está no fato de tratar-se de um órgão de cooperação intergovernativa que decide sempre por unanimidade.

Com a eleição européia, em 1979, a organização da Comunidade deu um passo decisivo para superar determinados limites e para alcançar a sua transformação numa federação. Todas as uniões de Estado que se baseiam no voto são, de fato, federações. Pode-se, portanto, afirmar que, após o voto europeu, a Comunidade já seja uma federação, mesmo se ainda não for dotada de todas as prerrogativas constitucionais. Na Comunidade se tratará, em primeiro lugar, de reforçar

seus poderes em matéria de balanço, fiscalização de moeda e, sucessivamente, de transferir, também no plano europeu, a soberania militar, que permitiria a ela ter uma política exterior independente e, ao mesmo tempo, de efetuar uma reforma institucional que desenvolva completamente as potencialidades federais da Comunidade.

Quarenta anos após a deflagração da Segunda Guerra Mundial, os europeus, ao elegerem o Parlamento europeu por sufrágio universal direto, parece que aprenderam a lição da história. O crescente poder destruidor das guerras os obrigou a seguir o caminho da construção de um Governo democrático europeu. Com a extensão da democracia do plano nacional para o plano internacional, o povo poderá submeter ao seu controle aquele setor da vida política que até hoje se constitui em domínio exclusivo de diplomatas e militares e que foi o terreno das relações de força entre os Estados.

A primeira afirmação da democracia internacional com a união européia configura, portanto, um novo modo de organizar as relações entre os Estados. Ela representa não somente uma etapa importante na luta para que prevaleça, na vida política, a democracia e a razão sobre a força, mas também um modelo válido para o mundo todo, que permitirá à humanidade enfrentar, em termos unitários, os problemas determinantes para o seu porvir.

V. CONFEDERALISMO, FUNCIONALISMO E FEDERALISMO. — Esquematicamente, pode-se individualizar três correntes que mantiveram de pé o movimento de Unificação européia: o confederalismo, o funcionalismo e o federalismo.

A primeira, de inspiração governativa, baseia sua ação nos equilíbrios políticos, assim como nas instituições existentes e concebe a Unificação européia em termos de convergência entre as políticas exteriores dos Estados e de colaboração intergovernamental, excluindo, porém, toda transferência de soberania dos Estados para a Comunidade européia.

As outras duas correntes baseiam sua ação no poder de iniciativa, que demonstrou ser capaz, especialmente em determinados momentos de crise, de forçar os Governos a tomarem as decisões que determinam os principais desenvolvimentos do processo de Unificação européia e que os Governos sozinhos não teriam condições de tomar. Ao mesmo tempo que os Governos dispõem da força, mas não podem utilizá-la para alcançar objetivos mais avançados da colaboração confederal entre os Estados, os centros federalistas e funcionalistas de iniciativa não dispõem da força, mas têm o poder de iniciativa que se demonstrou decisivo em todas as etapas fundamentais da construção da unidade européia.

Enquanto os funcionalistas se propuseram a confiar a gestão de alguns de seus interesses comuns nos setores econômico (CECA, CEE, Euratom) ou militar (CED) a uma adequada administração européia, sem enfrentar diretamente o problema da transferência da soberania para as instituições européias (este problema tem sido posto sucessivamente como conseqüência da cristalização em torno das instituições comunitárias de interesses mais concretos), os federalistas centraram sua ação no esforço para alcançar um objetivo constitucional e constituinte, que seria obtido através da transferência de poderes substanciais de decisão dos Estados para a Comunidade européia e do reconhecimento da soberania do povo europeu.

Finalmente, o movimento da Unificação européia foi o resultado da unidade dialética de dois elementos: de um lado, os Governos; do outro, os centros funcionalistas e federalistas de iniciativa. Acontece, porém, que o método funcionalista, que permitiu encaminhar o processo de Unificação européia, revelou-se incapaz de levá-lo até à sua conclusão política. Com a realização da união alfandegária (1968), viu-se claramente que a passagem definitiva para a unificação política não poderia ser automática. Não somente os progressos de unificação econômica não conseguiram determinar progressos correspondentes no plano político, mas a própria unificação econômica não poderá realizar-se até o ponto do total união econômica e monetária sem antes chegar-se a um Governo europeu. Assim, uma política externa e militar européia não é possível sem um Governo europeu.

A tese federalista demonstrou sua superioridade teórica, na medida em que defende, de conformidade com os fatos, que a concessão do direito de voto no plano europeu, a criação de uma moeda européia e de um exército europeu são poderes que não podem ser transferidos gradualmente pelos Estados à Comunidade européia, mas devem sê-lo de uma vez, embora possam ser transferidos separada e sucessivamente. A eleição direta do Parlamento europeu, enquanto abre a possibilidade de atribuir a esta Assembléia um papel constituinte, permite enfrentar o problema da criação do Estado europeu de maneira gradual, através da transferência, em primeiro lugar, dos poderes relativos à política econômica externa

e militar através de uma progressiva transformação institucional da Comunidade em sentido federal.

BIBLIOGRAFIA. — *Aut. Vár.*, *L'unione economica e el problema della moneta europea*, F. Angeli, Milano, 1978; M. ALBERTINI, *L'integrazione europea e altri saggi*, "Il Federalista", Pavia 1965; ID., *Il federalismo. Antologia e definizione*. Il Mulino, Bologna 1979; ID., *La comunità europea, evoluzione federale o involuzione diplomatica?*, "Il Federalista", XXI, nos. 3-4, novembro, 1979; M. ALBERTINI, A. CHITI-BATELLI e G. PETRILLI, *Storia del federalismo europeo*, ao cuidado de E. PAOLINI, ERI, Torino 1973; A. ALBONETTI, *Preistoria degli Stati Uniti d'Europa*, Giuffrè, Milano 1960; A. CHITI-BATELLI, *L'unione politica europea*, Senato della Repubblica, Roma 1978; L. DEHIO, *Equilibrio o egemonia* (1948), Morcelliana, Brescia 1954; J. B. DUROSELLE, *L'idea d'Europa nella storia*, Ferro, Milano 1964; A. ETZIONI, *Un.ficazione politica* (1965), Etas Kompass, Milano 1969; E. B. HAAS,*The uniting of Europe: political, social and economic forces*, 1950-1957, Stanford University Press, Stanford 1958; ID., *Beyond the Nation-State: functionalism and international organisation*, Stanford University Press, Stanford 1964; L. LEVI, *L'unificazione europea. Tren'anni di storia*, SEI, Torino 1979; L. N. LINDBERG e S. A. SCHEINGOLD, *Europe's would-be polity. Patterns of change in the european community*, Prentice Hall, Englewood Cliffs 1970; L. V. MAJOCCHI e F. ROSSOLILLO, *Il Parlamento europeo*, Guida, Napoli 1979; J. MONNET, *Cittadino d'Europa* (1976), Rusconi, Milano, 1978; A. PAPISCA, *Europa '80. Dalla comunità all'unione europea*, Bulzoni, Roma. 1975; C. PENTLAND, *International theory and european integration*, Faber and Faber, London, 1973; A. SPINELLI, *Dagli Stati sobrani agli Stati Uniti d'Europa*, La Nuova Italia, Firenze 1950; ID., *L'Europa non cade del cielo*, Il Mulino, Bologna 1960.

[LUCIO LEVI]

Utilitarismo.

O termo Utilitarismo não é um termo de significado unívoco e preciso. Usado inicialmente por J. Bentham e por S. J. Mill para denotar o próprio sistema de ética normativa, e adotado para toda concepção ético-política dos dois pensadores ingleses e dos seus discípulos, o termo, ao longo do tempo, assumiu uma notável variedade de significados e hoje é usado para designar toda uma série de doutrinas ou teorias, seja de natureza fatual, seja de caráter normativo, que é importante distinguir com clareza.

A. Teorias fatuais.

1) *O Utilitarismo como teoria metaética.* — É muito comum no estudo daquele ramo da filosofia moral, que se ocupa da natureza dos conceitos e termos éticos — isto é, da metaética —, distinguir entre termos da deontologia como "moralmente reto", "obrigatório", "necessário" e "proibido" e termos axiomáticos como "bom", "desejável", "preferível" e todos os seus contrários. Por Utilitarismo, portanto, entende-se, às vezes, a teoria metaética, pela qual os termos de deontologia podem ser adequadamente definidos mediante termos axiomáticos. Assim entendido, o Utilitarismo não explica como devemos agir, quais as ações que são moralmente retas e obrigatórias e quais as que não o são. O Utilitarismo nos diz apenas como devem ser entendidos certos termos. Ele nos diz, particularmente, que a expressão "ação moralmente reta" deve ser entendida como significando "ação que conduz a conseqüências melhores" (cf. G. E. Moore, 1903, cap. V, § 89), mas não podemos partir de nenhuma afirmação sobre o significado de certas *palavras* para deduzir corretamente afirmações sobre a validade moral de qualquer *ação*.

Nem sempre se torna claro se definições do gênero das acima indicadas devem ser entendidas como definições descritivas ou prescritivas, isto é, se aqueles que as propõem querem descrever o significado que os termos de deontologia têm na linguagem comum ou se querem propor uma reforma desta linguagem. No primeiro caso podemos objetar que as duas expressões "ação moralmente reta" e "ação que conduz a conseqüências melhores" não são, na linguagem comum, em absoluto, expressões sinônimas (pelo menos em língua portuguesa). No segundo caso, podemos objetar que não existem boas razões para reduzir os termos deontológicos a termos axiomáticos. Muito ao contrário, há uma ótima razão para opor-se a esta redução, que limitaria o enunciado do Utilitarismo a uma posição normativa, analiticamente verdadeiro ou verdadeiro por definição.

2) *O Utilitarismo como teoria psicossocial.* — Por Utilitarismo pode-se entender também uma teoria particular concernente à origem e ao desenvolvimento de nossas concessões e de nossas atitudes morais. Trata-se da teoria pela qual a origem destas atitudes deverá ser buscada nas experiências de prazer e de dor, que estão regularmente ligadas a certos tipos de comportamento com base nos quais o homem, enquanto for capaz de simpatia ou provido de inato sentido de benevolência, desenvolve atitudes favoráveis em relação a estes tipos de comportamento, que provocam conseqüências agradáveis e atitudes desfavoráveis em relação àqueles comportamentos que provocam experiências dolorosas. D. Hume foi um célebre partidário de uma teoria desse gênero (*Tratado sobre a natureza humana e pesquisa sobre os princípios da moral*).

3) *O Utilitarismo como teoria analítico-explicativa.* — Por Utilitarismo podemos entender, ulteriormente, uma teoria particular que analisa e torna explícitos os critérios do agir moral próprios da moral comum, assim como explica por que existem regras morais e o porquê das variações que se notam entre regras morais vigentes atualmente e em épocas e culturas diversas. A dupla hipótese que caracteriza esta teoria é:

a) que a moral comum é constituída por um conjunto de regras motivadas com base nas conseqüências a que a ação a elas adequada conduz;

b) que uma regra moral permanece vigente ou prevalece enquanto aceita pelos membros da sociedade que a adotam e conduz a conseqüências positivas para esta sociedade ou para a classe dominante.

A primeira hipótese foi defendida, entre outros, pelo filósofo inglês H. Sidgwick, que a ilustra amplamente no terceiro livro da sua obra *The methods of ethics* (1907).

A segunda hipótese, ao contrário, na sua primeira variação é própria de certos funcionalistas, enquanto na segunda é parte integrante da doutrina marxista.

B. Doutrinas normativas.

Apesar do termo Utilitarismo ser freqüentemente usado para designar as teorias analisadas, não há dúvida de que seu uso mais comum designa um conjunto de doutrinas normativas que tem um conceito comum, o qual afirma que a justificação moral de uma ação depende exclusivamente de sua utilidade, ou seja, do valor das conseqüências a ele conexas. Uma primeira e importante distinção entre as doutrinas que têm em comum este conceito normativo é a que existe entre o Utilitarismo entendido como *método deliberativo* ou *processo decisório* e o Utilitarismo entendido como *sistema ético*.

I. *Utilitarismo como método deliberativo.* — Entendido como método deliberativo ou processo decisório, o Utilitarismo é a proposta das operações mentais que um sujeito racional deve adotar quando se encontra em situações de escolha entre duas ou mais alternativas.

Quanto à proposta é preciso:

1) apurar quais as alternativas que temos à disposição;

2) calcular a possibilidade com a qual cada uma delas conduz a determinadas conseqüências;

3) estimar o valor das conseqüências prováveis de cada alternativa;

4) decidir qual alternativa é mais válida para ser utilizada, não esquecendo, porém, os três itens precedentes.

A ação que o sujeito deverá escolher é, portanto, aquela que apresenta a máxima utilidade esperada (*maximum expected utility*). Esta é concebida como uma função do valor das conseqüências multiplicado pela probabilidade em que as mesmas se·verifiquem. Definir esta função de maneira exata torna-se um problema extremamente complexo porque comporta poder comensurar e, portanto, determinar valores numéricos para duas grandezas de natureza extremamente diversas, como o valor de um evento e a probabilidade em que o mesmo se verifica sempre que uma certa ação é realizada. Deste problema ocupa-se a disciplina conhecida como "teoria da decisão" e, de modo particular, a área chamada "teoria da utilidade" (*utility theory*).

Um dos problemas mais em evidência próprio do método deliberativo acima descrito é aquele que surge em situações nas quais as conseqüências de nossa maneira de agir dependem em parte de como agirão outras pessoas, sem que conheçamos a probabilidade delas agirem de uma maneira e não de outra. Qual será a estratégia que nestas situações conduz às melhores conseqüências? A esta pergunta procura responder aquela área da teoria da decisão conhecida como "teoria dos jogos".

Entre os que interpretam o Utilitarismo como método deliberativo podemos mencionar, como exemplo, o filósofo norte-americano R. B. Brandt (1959, cap. XV, § 1).

II. *Utilitarismo como sistema ético*. — Diferentemente daqueles que interpretam o Utilitarismo como método deliberativo, os que o interpretam como sistema ético insistem sobre a relevância, não das conseqüências prováveis, mas das conseqüências *efetivas*. Para estes, o problema fundamental não é o de estabelecer que operações mentais um ser racional deve cumprir em situações de escolha, mas é o de identificar os princípios ou critérios do agir moralmente justificados, quer dizer, estabelecer em quais condições uma ação é moralmente reta, obrigatória ou proibida. Interpelar a própria consciência, apurar o que prescrevem as regras morais vigentes no momento da escolha ou ainda jogar uma moeda para ver a sorte podem ser todos métodos deliberativos que o Utilitarismo, assim entendido, pode alternativamente sancionar como os que oferecem a maior probabilidade de individualizar a ação que efetivamente conduz às melhores conseqüências possíveis.

Considerado como um sistema ético, o Utilitarismo é uma doutrina muito controvertida, porque claramente divergente em relação às concepções morais aceitas por muitos, se não pela totalidade das pessoas. Em primeiro lugar, ele é incompatível com todas aquelas concepções — geralmente chamadas *deontológicas* — para as quais a justiça e a obrigatoriedade de uma ação não dependem absolutamente, ou dependem apenas em parte, das conseqüências a ela conexas, mas dependem apenas, ou também, do motivo ou da intenção nela contidos ou do seu ser em conformidade com determinadas normas (por exemplo: "devemos dizer a verdade", "devemos manter as promessas", "devemos obedecer às leis de nosso país", etc.), postuladas com válidas independentemente das conseqüências produzidas pela ação (Kant e modernos deontólogos como W. D. Ross, E. F. Carrit e, mais recentemente, H. Y. McCloskey). Em segundo lugar, o Utilitarismo, sempre interpretado como um sistema ético, torna-se também incompatível com toda forma de *egoísmo ético*, isto é, com todo aquele conjunto de doutrinas normativas para as quais a justeza e a obrigatoriedade moral de uma ação dependem exclusivamente das conseqüências a que ela conduz, ou para o sujeito-agente (egoísmo individual) ou para o grupo — partido, classe, nação, raça — a que o mesmo pertence (egoísmo de grupo), ou ainda para a espécie (humana) da qual o agente faz parte (egoísmo de espécie). Enquanto fazem depender do *status* normativo de uma ação do valor de suas conseqüências efetivas, tanto o Utilitarismo quanto o egoísmo ético são concepções *teleológicas* ou *conseqüenciais*, que se opõem a toda concepção deontológica. Mas enquanto o Utilitarismo é uma concepção teleológica universalista (porque considera relevantes as conseqüências do agir que se referem a todo ser sensível), o egoísmo ético, em todas as suas formas, é, ao contrário, uma concepção teleológica *parcial* e, portanto, não-universalista.

Vale afirmar que o Utilitarismo é uma concepção normativa *monística*, no sentido de que o princípio de justificação do agir no qual ele consiste refere-se, seja ao agir individual, seja ao agir coletivo. O Utilitarismo não reconhece nenhuma dualidade de princípios entre ética individual ou privada e ética social ou política.

III. *Sistemas de ética utilitarista.* — Entendido como doutrina normativa, o Utilitarismo atualiza duas questões fundamentais. A primeira refere-se ao valor das conseqüências, valor que, apesar das reclamações dos "instrumentalistas", deve ser concebido como valor *intrínseco*, sob pena de envolvimento num processo de atribuição de valor que comporta um regresso ao infinito. O utilitarista deve, portanto, fornecer um princípio ou critério com base no qual seja possível estabelecer quais as conseqüências que são boas em si próprias e não somente como meio para provocar conseqüências ulteriores, e ainda quais as que são más em si mesmas.

A segunda questão refere-se, ao contrário, ao modo pelo qual, mais precisamente, a justeza e a obrigatoriedade moral de uma ação dependem das conseqüências a ela conexas. Sobre ambas as questões existe um profundo divisionismo entre os utilitaristas. Quanto à primeira questão a grande divisão surgiu entre os hedonistas e os não-hedonistas; quanto à segunda, surgiu entre os partidários do Utilitarismo *do ato* e os partidários do Utilitarismo *da norma*. As duas divisões são, logicamente, independentes uma da outra.

1) *Utilitarismo hedonístico e Utilitarismo não-hedonístico ou ideal.* — A tese hedonística é composta de duas partes: a primeira afirma que o prazer (isto é, *todo* prazer) é intrinsecamente bom e que a dor (*toda* dor) é intrinsecamente má; a segunda parte afirma, ao contrário, que *somente* o prazer é intrinsecamente bom e *somente* a dor é intrinsecamente má. O partidário do Utilitarismo hedonístico sustenta, portanto, em linhas gerais, que a única obrigação moral que temos é a de produzir o maior excedente possível de prazer sobre a dor, isto é, de "maximizar" a felicidade, entendida exatamente em termos de prazer e ausência de dor.

Quem nega o hedonismo e, com maior razão, o Utilitarismo hedonístico pode negar apenas a segunda parte da tese, afirmando que, além do prazer, existem outros estados de consciência, aos quais devemos atribuir uma bondade intrínseca (certos tipos de conhecimento, o amor, a virtude moral, a experiência estética), e, além da dor, outros estados de consciência que é plausível taxar de intrinsecamente maus (a ignorância, o ódio, o vício, etc.). Freqüentemente, porém, quem nega o hedonismo nega também a primeira parte da tese, fazendo valer o fato de que certos prazeres (como os prazeres sádicos) são intrinsecamente maus e certas dores (como, por exemplo, aquela que sente o indivíduo à vista de um se-

melhante que esteja sofrendo) não são intrinsecamente más, mas poderiam até ser consideradas intrinsecamente boas. O Utilitarismo baseado na concepção axiológica não-hedonística é, geralmente, caracterizado como Utilitarismo *ideal*. Em linhas gerais, ele prescreve como nossa única obrigação moral deve produzir o máximo excedente possível de estados de consciência bons sobre os maus. Entre os partidários desta forma de Utilitarismo o mais conhecido é G. E. Moore (1903, cap. VI e 1912, cap. VII). Entre os que propugnam o Utilitarismo hedonístico podemos citar: Verri, Beccaria, Bentham e, atualmente, o filósofo australiano J. J. C. Smart (*An outline of a system of utilitarian ethics*, in J. J. C. Smart & B. Williams, 1973).

2) *Utilitarismo total e Utilitarismo médio.* — É importante sublinhar uma segunda distinção entre aqueles que consideram nossa obrigação moral "maximizar" a felicidade (ou o bem intrínseco) *total*, e aqueles que, ao contrário, consideram nossa única obrigação moral "maximizar" a média de felicidade (ou de bem). Como fez notar Sidgwick em sua obra (1907, p. 415), estas duas posições conduzem a julgamentos diferentes quando se referem à questão dos limites dentro dos quais é justificado encorajar um aumento da população mundial. De fato, é possível considerar situações nas quais aumentando numa certa medida a população mundial aumenta-se a felicidade *total*, mas diminui-se a felicidade *média*. Em situações do gênero, o Utilitarismo *total* implica que se deve aumentar a população mundial, enquanto o Utilitarismo da *média* afirma que isto não deve ser feito. Note-se que estas duas formas de Utilitarismo são compatíveis com uma situação na qual a felicidade (ou o bem e o mal) está efetivamente distribuída de maneira extremamente desigual (cf. IV).

3) *Utilitarismo positivo e Utilitarismo negativo.* — As duas posições descritas são exemplos de Utilitarismo *positivo*, enquanto aquilo que é considerado obrigatório, ou é a "minimização" da dor (ou do mal), ou é a "maximização" do prazer (ou do bem). Por Utilitarismo *negativo* entende-se aquela posição segundo a qual a única obrigação moral que temos é a de minimizar a dor ou o sofrimento (sempre que a privação do prazer não comporte, por definição, um aumento de dor), enquanto a produção do prazer é considerada, ao contrário, como alguma coisa não estritamente obrigatória, como alguma coisa superdispensável. A mesma distinção vale também em relação ao Utilitarismo ideal. Um autor que se aproxima do Utilitarismo negativo é K. Popper (*A sociedade aberta e seus inimigos*). Contra esta

doutrina levantaram-se várias vozes, argumentando que a mesma conduz a conseqüências muito paradoxais para poder ser proposta como plausível. De um modo particular ela implica que, se estivesse em nosso poder, seria nosso dever moral destruir a humanidade inteira, visto que, cumprindo esta ação, se reduziriam ao máximo os sofrimentos no mundo.

4) *O Utilitarismo preferencial.* — Neste ponto, vale fazer menção a uma forma particular de Utilitarismo que se costuma chamar de Utilitarismo *preferencial* (*preference utilitarianism*), enquanto fundado no princípio axiológico, segundo o qual o que tem valor intrínseco são os desejos ou as preferências da condição do ser sensível, ou, mais exatamente, a *satisfação* de tais preferências. Segundo esta forma de Utilitarismo, a única obrigação moral que temos é a de maximizar as satisfações.

Surge aqui um problema: o de saber se esta forma de Utilitarismo não se identifica, na realidade, com o Utilitarismo hedonístico. Alguns acham que esta é, sem dúvida, a posição justa, enquanto eles definem o prazer exatamente em termos de satisfações de desejos ou preferências. Outros, porém, afirmam que se trata de duas formas de Utilitarismo nitidamente distintas. Enquanto o termo "prazer" denotaria simplesmente uma certa sensação, o termo "satisfação" denota algo bem diverso. Entre os filósofos que recentemente formularam e defenderam a tese do Utilitarismo em termos de satisfação de desejos ou preferências devemos lembrar R. M. Hare, R. B. Brandt e J. Naverson. A posição é particularmente defendida pelos economistas e à sua rigorosa formulação deu importante contribuição V. Pareto.

J. J. C. Smart é um dos autores mais recentes que parece optar por uma forma de Utilitarismo hedonístico, enquanto distinto do Utilitarismo preferencial. Para Smart, o conceito de prazer não se reduz ao de satisfação (cf. *Utilitarianism for and against*, cit., pp. 12-27). Uma grave objeção contra esta posição é que ela se torna incompatível com uma das idéias morais mais solidamente enraizadas no sentido comum: matar um ser humano contra a própria vontade é ação moralmente negativa ou diretamente (se não absolutamente) errada, enquanto comporta o fato de causar à *vítima* um mal intrínseco irreparável. Pode-se argumentar que tal ação exige sempre uma *justificativa especial*, pois o fato de causar a morte de uma pessoa contra a própria vontade constitui, por si só, isto é, de forma totalmente independente de toda ulterior conseqüência negativa conexa ao ato, uma razão particularmente forte

(mesmo que não seja necessariamente conclusiva) para não cometer aquela ação.

Para o Utilitarismo hedonístico, ao contrário, o fato acima é moralmente irrelevante, e portanto a ação de matar uma pessoa contra a própria vontade é, por si só, uma ação totalmente neutra. Uma tal ação é, para o Utilitarismo hedonístico, ação moralmente negativa ou diretamente errada, somente se cumprindo-a se causa à vítima qualquer sofrimento ou quando se priva a vítima de uma vida na qual o prazer teria dominado a dor. O Utilitarismo hedonístico comporta assim que, numa situação determinada, será possível matar sem causar nenhum sofrimento à vítima sempre que a vida que a vítima ainda tem para viver seja caracterizada por uma leve prevalência da dor sobre o prazer. Neste caso, matar é uma ação moralmente positiva ou diretamente reta, de tal modo que a *omissão* do ato exige uma especial justificativa. O Utilitarismo hedonístico comporta também a afirmação de que o homicídio de um ser humano contra a própria vontade produz um total (ou uma média) de felicidade, mesmo quando ligeiramente maior do que aquela que adviria se a pessoa se abstivesse de semelhante ação. Matar é ação não apenas moralmente lícita como até moralmente obrigatória. Ambas as implicações, objeta-se, são totalmente inaceitáveis. (Alexandre Manzoni, que foi um dos primeiros críticos italianos do Utilitarismo — embora não tenha sido dos mais agudos — mostra uma objeção do gênero no seu escrito "Del sistema che fonda la morale sull'utilità", que é um apêndice ao capítulo terceiro das *Osservazioni sulla morale cattolica;* L, último trecho do § 1.°. Sobre esta objeção ao Utilitarismo funda-se também o romance de Dostoievski *Crime e castigo*).

Uma qualidade do Utilitarismo preferencial, enquanto diferente do hedonístico, é a de não prestar-se a objeções como as que mostramos. Conforme a posição do Utilitarismo preferencial, matar um ser humano contra a própria vontade é ação moralmente negativa ou diretamente errada, enquanto comporta o fato de privar a vítima da satisfação de uma sua preferência fundamental: a de continuar a viver. Esta satisfação, além de possuir um valor intrínseco, é também condição necessária para satisfazer todas as outras preferências.

O Utilitarismo preferencial levanta, todavia, alguns problemas. Um deles é o concernente à mensuração das preferências de um indivíduo, problema que pareceria mais complexo do que o em si já difícil problema de medir o prazer e a dor entendidos como sensações.

O segundo problema seria relativo à possibilidade de definir, de maneira inequívoca, o conceito de soma ou agregação das preferências, problema que novamente parece mais complexo do que o (por si só nada simples) de atribuir um sentido preciso do conceito de soma dos prazeres e das dores. (K. Arrow, no seu célebre trabalho *Social choice and individual values*, 1963, focalizou algumas graves dificuldades de princípio às quais o Utilitarismo preferencial está sujeito.) Outro problema é aquele que pergunta "o quê" realmente tem valor intrínseco: *toda* preferência efetivamente existente, independentemente do seu conteúdo e do modo como ela se formou (preferências reais), ou apenas certas preferências que satisfaçam determinadas exigências de racionalidade ou ainda que tenham sido formadas de maneira autônoma (preferências ideais ou qualificadas)? Caso a resposta seja dada no primeiro sentido, o Utilitarismo preferencial fica assim aberto à objeção de ser uma doutrina conservadora que permite a manipulação dos indivíduos; se, porém, a resposta estiver ligada ao segundo sentido, a forma de Utilitarismo em exame foge à objeção antes formulada, porém, com a desvantagem de excluir, como irrelevantes, as preferências de seres não-racionais ou não-autônomos, como seria o caso das crianças até certa idade e dos animais.

Diante de todas estas considerações, alguns escritores (como J. Glover, *Causing death and saving lives*, 1977) optaram por uma forma de Utilitarismo *misto*, fundado na concepção axiológica que atribui valor intrínseco (positivo, respectivamente negativo) seja ao prazer e à dor, seja às preferências racionais ou formadas de maneira autônoma pelos indivíduos. Um problema de difícil solução é o da formulação de critério plausível de prioridade válido para todas aquelas situações nas quais estes valores criam uma situação conflitante, como, por exemplo, na situação na qual as alternativas são ou matar uma pessoa contra a própria vontade ou infligir graves e prolongados sofrimentos a outras.

5) *Utilitarismo do ato e Utilitarismo da norma.* — Pensadores como Bentham, Sidgwick, G. E. Moore e J. J. C. Smart, mesmo divergindo sobre a questão axiológica do que tenha realmente valor intrínseco (e dando, portanto, cada um o seu assentimento ao Utilitarismo hedonístico ou ao preferencial ou ainda ao ideal), todos eles aceitam a concepção normativa segundo a qual a justificação moral de uma determinada ação depende, exclusivamente, do valor intrínseco relativo de suas conseqüências simples, isto é, do valor intrínseco das conseqüências às quais *ela* conduz diretamente, enquanto comparado ao valor intrínseco das conseqüências das respectivas alternativas. Note-se que o termo "ação" deve ser entendido como designando uma ação *particular*, enquanto distinta de uma ação *genérica*. O assassinato é um exemplo de ação genérica. O assassinato de César por Brutus é, ao contrário, um exemplo de ação particular. A ação particular é relativa a um determinado sujeito e a um determinado tempo. Por definição, ela pode ser realizada, no máximo, uma única vez na história do universo. (Sobre o conceito de "ação", "alternativa" e "conseqüências" versa o trabalho de L. Bergström, *The alternatives and consequences of actions*, Stockholm, 1966.)

A concepção utilitarista acima descrita costuma designar-se com o termo Utilitarismo *do ato* (ou também, menos freqüentemente, com o termo Utilitarismo *extremo*) e é assim diferenciada das duas outras concepções utilitaristas denominadas respectivamente Utilitarismo *generalizado* e Utilitarismo *da norma* (ou Utilitarismo *restrito*).

Por Utilitarismo *generalizado* entende-se a doutrina normativa pela qual a justeza e a obrigatoriedade de uma ação dependem não do valor relativo de suas conseqüências simples mas do valor relativo de suas conseqüências generalizadas, isto é, das conseqüências que se verificariam *se* cada um, numa situação relevante, fizesse e respectivamente não fizesse uma ação do gênero. Segundo o Utilitarismo *do ato*, a pergunta fundamental em cada situação escolhida seria o que aconteceria se o *sujeito-agente* fizesse esta ação no lugar daquela? Conforme o Utilitarismo *generalizado*, ao contrário, a pergunta fundamental seria: o que aconteceria se numa situação do gênero *cada um* fizesse uma ação deste tipo em lugar daquela? Suponhamos, para formular um exemplo concreto, que eu esteja na situação de escolher entre ir votar ou passar um agradável domingo na montanha. Qual das duas alternativas é meu dever moral realizar? Segundo os partidários do Utilitarismo *generalizado* (entre os quais figuram J. Harrison, R. F. Harrod e M. Singer), são possíveis situações deste tipo, nas quais, se aplicarmos o Utilitarismo do ato, chegaremos à conclusão de que é necessário que eu me abstenha de votar e siga para a montanha, enquanto a maior parte dos cidadãos irá votar e, portanto, os efeitos negativos de minha abstenção serão mínimos, enquanto que as conseqüências positivas a meu favor serão bem maiores. Aplicando-se o Utilitarismo *generalizado*, chegamos à conclusão oposta de que é meu dever votar (porque se cada um se abstivesse de fazê-lo as conseqüências seriam desastrosas).

Recentemente foi sustentado com argumentos bastante convincentes (mesmo quando foram levantadas algumas discussões) que estas duas formas de Utilitarismo são *extensivamente equivalentes*, no sentido de que não se verifica nenhuma situação na qual elas conduzam a juízos morais incompatíveis e por isso o Utilitarismo generalizado não constitui uma real alternativa para o Utilitarismo do ato (D. Lyons, 1965).

Resta assim apenas o Utilitarismo *da norma*, isto é, a posição pela qual, de alguma maneira, a justificação moral de uma ação depende não das suas conseqüências (simples ou generalizadas), mas dela ser conforme determinadas normas e cuja validade depende, por sua vez, das conseqüências de que deriva sua aceitação. De maneira mais precisa: uma ação (particular) é moralmente reta e obrigatória somente se ela obedece a um certo sistema de normas, de modo que sua aceitação geral (e, alternativamente, a sua conformidade geral) conduz a conseqüências tão boas ou melhores do que aquelas a que conduziria a aceitação geral de qualquer sistema de normas alternativas, ou de conformidade geral a estas mesmas normas. Por exemplo, a ação de dizer a verdade e a de manter uma promessa serão moralmente obrigatórias somente se existir um sistema de normas que contenha as regras: "deve-se dizer a verdade" e "deve-se manter as próprias promessas". Este sistema, porém, é tal que, se fosse geralmente aceito (ou seguido), conduziria a conseqüências melhores do que aquelas que se verificariam se fosse aceito (ou seguido) um sistema alternativo de normas, no qual as duas regras mencionadas não figurassem.

Não é necessário abordar a intrincada questão concernente às várias formas sobre as quais a posição utilitarista poderia sustentar-se (no caso de se exigir somente a aceitação geral de certas normas ou a efetiva conformidade geral às mesmas, ou no caso de se exigir que as normas possuam regras convencionais ou ideais). Lembramos aqui que o Utilitarismo da norma — mesmo sendo encontrado em certas interpretações e nas obras de J. S. Mill (cf. J. O. Urmson, "The interpretation of the philosophy of J. S. Mill", *Philosophical quarterly* 3, 1953, pp. 33-9) — é especialmente uma posição que foi elaborada após a Segunda Guerra Mundial acompanhando o renovado interesse pelos problemas de ética normativa e que coincide com o abandono das formas mais extremas de emotividade em favor das teorias da moral que evidenciam sua racionalidade (R. M. Hare, K. Baier, R. B. Brandt, J. Rawls, etc.). Para a elaboração desta norma, deram importantes contribuições S. Toulmin (*Reason in ethics*, 1960), J. Rawls ("Two concepts of rules", *Philosophical review*, 64, 1955, pp. 3-32) e R. B. Brandt ("Some merits of one form of rule utilitarianism", *University of Colorado series in philosophy*, 3, 1967, pp. 39-65).

O Utilitarismo da norma foi sobretudo utilizado como resposta a um certo tipo de crítica levantada pelos partidários de uma ética deontológica ou formalista contra o Utilitarismo do ato, isto é, que este implica conclusões errôneas ou inaceitáveis acerca do que é realmente nosso dever fazer em determinadas situações. Uma implicação inaceitável seria, por exemplo, aquela para quem mentir ou faltar a uma promessa são ações moralmente obrigatórias sempre que assim agindo provocamos conseqüências, mesmo apenas levemente melhores, do que dizendo a verdade ou mantendo a promessa feita. O partidário do Utilitarismo da norma considera estas objeções muito sérias, de tal forma que, em oposição aos deontólogos que, apoiados nelas, sustentam a tese de uma pluralidade de normas morais irredutíveis e intrinsecamente válidas, ele defende que tais normas possam ser adequadamente explicadas como tendo o fundamento de sua validade nas conseqüências a elas conexas da maneira acima indicada.

Com respeito à maior parte dos sistemas de ética deontológica, o Utilitarismo da norma tem a clara vantagem de fornecer um critério com base no qual seria possível resolver os conflitos de obrigações, como, por exemplo, àquele no qual se envolve quem, para manter uma promessa, é levado a mentir. De outro modo, porém, não deixa de ser uma posição problemática. Em primeiro lugar, não é claramente especificado o seu conteúdo, isto é, que normas morais efetivamente ele sanciona como justificáveis. Particularmente também não é claro se, com base nele, seja certo propor como válidas aquelas mesmas normas que os deontólogos sustentam possuir validade intrínseca. Em segundo lugar, o critério é sujeito às seguintes objeções fundamentais: ou, 1) o Utilitarismo da norma se identifica com o Utilitarismo generalizado, sendo equivalente ao Utilitarismo do ato, não representando, portanto, uma real alternativa; ou então 2) implica que podem surgir situações nas quais é obrigatório conformar-se aos ditames de uma certa norma, mesmo se a infringindo podemos provocar conseqüências melhores. Esta implicação não deveria ser razoavelmente aceita por um verdadeiro utilitarista, porque expõe quem a aceita à objeção de ser afetado por uma supersticiosa "idolatria da norma" (Smart, op. cit., p. 10).

IV. *O Utilitarismo e os problemas da justiça.*
— Uma das objeções mais sérias, levantadas mais freqüentemente contra o Utilitarismo, é aquela que implica conclusões inaceitáveis do ponto de vista da justiça, seja da justiça "retributiva", seja da chamada "distributiva".

1. *O Utilitarismo e a justiça retributiva.* —
O problema fundamental da justiça retributiva é o que concerne à justificação moral da punição. Ora, para o Utilitarismo, o ato de punir, tanto no sentido fraco de censurar, como no forte de decretar determinadas penas, é um ato cuja justificação moral depende exclusivamente do valor relativo de suas conseqüências. Esta posição levou os utilitaristas a favorecerem uma concepção da punição mais preventiva do que estritamente retributiva. É notório que Bentham e J. S. Mill se empenharam com decisão na luta pela reforma do código penal britânico e para a humanização do sistema carcerário. O Utilitarismo, todavia, comporta que, numa certa situação, punir uma pessoa inocente acarreta conseqüências apenas um pouco melhores do que aquela que levaria a uma punição de quem é moralmente ou juridicamente culpado de uma certa ação; portanto, punir o inocente é não apenas lícito, mas até obrigatório. Sem dúvida, esta é uma implicação que, do ponto de vista moral, dificilmente poderá ser aceita. Esta objeção, note-se, atinge, especialmente, o Utilitarismo do ato, dado que o fautor do Utilitarismo da norma (numa versão em que esta posição não se identifica com a precedente) pode responder que o próprio sistema de normas utilitaristicamente justificadas contém, sem dúvida, uma norma mais preventiva do que estritamente retributiva, porque esta é também uma norma que proíbe a punição dos inocentes.

Quanto ao fautor do Utilitarismo do ato, este pode responder argumentando que, em primeiro lugar, não são concebíveis situações reais nas quais punir um inocente conduz efetivamente a conseqüências melhores do que aquelas que resultariam da punição de um culpado e, em segundo lugar, se uma tal situação viesse a verificar-se contra toda probabilidade, ela seria exatamente um exemplo paradigmático de uma situação na qual punir um inocente pode justificar-se como o menor de dois males. O crítico, porém, pode revidar alegando que, de qualquer maneira, a punição de um inocente é um exemplo paradigmático de *injustiça* e o utilitarista pode, por sua vez, rebater que, mesmo concebendo que a afirmação do crítico seja correta, existem casos, como o citado, no qual a exigência da justiça deve ceder o passo à do bem geral. Esta disputa continua até hoje, entre os estudiosos da matéria, atualizando o complexo problema da liberdade do querer.

2. *O Utilitarismo e a justiça distributiva.* —
Notamos acima como, tanto o Utilitarismo total, quando o médio são, em princípio, compatíveis com qualquer distribuição efetiva da felicidade (entendida em termos de prazer e ausência de dor) ou bem-estar (entendido em termos de satisfação de desejos ou preferências). De modo particular, um total ou uma média maior de felicidade ou de bem-estar é para o Utilitarismo preferível a um total ou a uma média ligeiramente menor, mesmo se no primeiro caso felicidade ou bem-estar são distribuídos de maneira muito desigual (pelo que alguns gozam de uma felicidade ou de um bem-estar muito maior do que outros) e, no segundo caso, ao contrário, são distribuídos de modo igual ou, pelo menos, menos desigual. Esta implicação, porém, provoca freqüentemente objeções, porque é contrária a uma das idéias mais acertadas e mais arraigadas no sentido comum: a da igualdade; é por isso que, tanto o Utilitarismo total, quanto o médio devem ser recusados como insustentáveis (note-se que esta objeção diz respeito tanto ao Utilitarismo do ato, quanto ao da norma).

A esta objeção o partidário do Utilitarismo (total ou médio) pode responder de diversas maneiras. Uma delas é a de negar qualquer validade a essa objeção, contestando que a igualdade, sendo uma relação, não pode razoavelmente ser considerada *de per si* como possuidora de alguma relevância moral, mesmo considerando que pode, freqüentemente, ter um valor instrumental, enquanto sua realização está muitas vezes conexa com um aumento efetivo da felicidade ou do bem-estar (totais ou médios). Para quem raciocina desta maneira, o veredito do senso comum não é decisivo. O crítico pode, todavia, responder que ainda sobram problemas relevantes de distribuição aos quais, nem o Utilitarismo total, nem o Utilitarismo médio conseguiu dar uma resposta satisfatória. Um dos problemas é o que surge em situações nas quais a escolha fica entre duas alternativas, onde a primeira conduz a sofrimentos prolongados, porém mais graves para um único indivíduo, enquanto a segunda comporta sofrimentos de breve duração e de menor intensidade, mas abrangendo um grande número de pessoas. O total ou a média de infelicidade podem aqui ser exatamente iguais e, neste caso, para o Utilitarismo, uma situação vale a outra e será totalmente indiferente, de um ponto de vista moral, qual das duas venha a ser realizada. Objeta-se novamente, porém, que esta conclusão é claramente antagônica ao juízo da cada pessoa que adote o ponto de vista moral é levada a fazer, e que por isso a segunda situação é preferível à primeira e se manteria assim, mesmo quando o total ou a média de infelicidade fosse maior do que no primeiro caso. E a maneira de provar isso é justamente a de retornar à idéia de justiça.

A objeção é séria e parece obrigar ao abandono, seja do Utilitarismo total, seja do médio. O problema é se existe qualquer outra forma de Utilitarismo em condições de neutralizar tal objeção. As alternativas parecem ser três.

A primeira consiste em reformular o Utilitarismo de tal modo que a justificação de uma ação dependa sempre do valor relativo de suas conseqüências que dizem respeito ao indivíduo que está pior. A proposta consiste em adotar o princípio seguinte: entre duas ou mais ações alternativas deve-se adotar aquela que maximiza a felicidade do indivíduo menos feliz. Este princípio, que pode ser considerado como uma versão muito particular do que é conhecido comumente como "maximin" (*maximum minimorum*), implica que no exemplo dado acima se deve realizar a segunda das alternativas, de preferência à primeira, enquanto, procedendo assim, se poupa o indivíduo que de outra forma sofreria muito mais.

Um autor que, às vezes, parece muito próximo desta posição é J. Rawls. Deve-se notar, porém, que, segundo Rawls, um princípio do gênero não se aplica a cada indivíduo (cf. J. Rawls "Some reasons for the maximin criterion", *American economic review*, 64, Papers, 1974, p. 142). Existe, porém, uma desvantagem para tal posição, porque, por sua vez, ela possui implicações que parecem muito pouco aceitáveis. Por exemplo, implica que a situação na qual uma *única pessoa* é submetida a sofrimentos de uma certa duração e intensidade *não* é preferível a uma situação na qual *muitas* pessoas são submetidas, cada uma por sua vez, a sofrimentos da mesma duração e intensidade. Esta posição implica também que a situação na qual muitas pessoas são, cada uma, submetidas a sofrimentos de uma certa duração e intensidade *é* preferível a uma situação na qual uma única pessoa é submetida a sofrimentos de duração ou intensidade levemente maior. Ambas as implicações parecem, de um ponto de vista moral, totalmente inaceitáveis.

Um segundo modo pelo qual o partidário do Utilitarismo pode tentar neutralizar a objeção em discussão é o de atribuir à igualdade um certo valor intrínseco positivo e à desigualdade um certo valor intrínseco negativo. Chega-se assim àquela forma de Utilitarismo que costuma denominar-se Utilitarismo *amplo* enquanto se estende o número daquilo que tem valor intrínseco até abranger, além de determinados estados de cons-

ciência (como o prazer, a dor, as satisfações), também certas relações (como a igualdade). Segundo esta forma de Utilitarismo, a justificativa moral de uma ação depende sempre do valor relativo de suas conseqüências, mas este valor é uma função da felicidade ou do bem-estar total *e* também da maneira mais ou menos igual como ambos são efetivamente distribuídos. Um partidário desta forma de Utilitarismo é R. B. Brandt (1969, cap. 16). Um problema difícil é, sem dúvida, o de encontrar um critério válido de comensuração de dois valores tão heterogêneos como a felicidade ou o bem-estar e a igualdade, com base nos quais seja possível, ao menos em princípio, estabelecer a qual deles se deva atribuir precedência em caso de conflito entre eles.

Uma tentativa de solução deste problema e ao mesmo tempo um terceiro modo que o Utilitarismo pode utilizar, procurando neutralizar a objeção formulada no início deste parágrafo, consiste em introduzir no Utilitarismo o conceito de "média efetiva" (*effective average*) definido como $M - 1/2 \ \sigma$, ou seja, a média menos a metade do desvio *standard* da média. Esta é a proposta levantada por N. Rescher (1966, pp. 135 segs.).

Com base nesta proposta, o Utilitarismo pode ser formulado como um princípio que prescreve como única obrigação moral a de aumentar no máximo possível a *média efetiva* da felicidade ou do bem-estar. A vantagem desta posição é que permitiria evitar conclusões paradoxais do tipo daquelas que já citamos e que poderiam figurar, seja no Utilitarismo total, seja no médio (simples). Assim mesmo, não deixa de ter desvantagens notáveis. A primeira destas desvantagens é a de que existem situações nas quais todas as alternativas comportam distribuições muito desiguais em que ela não é aplicável. A' segunda é que a determinação da média efetiva pressupõe uma medição cardinal e não somente ordinal da felicidade ou do bem-estar.

V. *O Utilitarismo e a justificação das instituições.* — O Utilitarismo, além de princípio de justificação moral do agir individual, é também proposto como princípio de justificação do agir político e das instituições que caracterizam uma determinada sociedade. Em linhas gerais, para o Utilitarismo, a criação e a manutenção de uma determinada instituição são moralmente justificadas se e somente a existência dessa instituição maximizar a utilidade (entendida em termos de felicidade total ou média, ou ainda em termos de felicidade e igualdade, etc.). Um tipo particular de crítica ao Utilitarismo é a que mostra seu sistema inadequado como um critério de justificação das instituições. Em seu célebre trabalho, *A theory of justice* (1972), J. Rawls critica o Utilitarismo especialmente sob este aspecto.

O ponto de partida da crítica deste autor é constituído pela *teoria contratualista*. Em linhas gerais, segundo esta teoria o critério da validade dos princípios normativos concernentes à justificação das instituições ou, pelo menos, das instituições fundamentais da sociedade consiste em serem conformes àqueles princípios que seriam aceitos por determinados sujeitos numa situação fictícia, chamada por Rawls de "posição originária". Imagine-se que determinados sujeitos que satisfazem determinadas exigências de racionalidade (perseguem exclusivamente as próprias vantagens, além de toda inveja e de todo interesse benévolo pela felicidade ou infortúnio dos outros) e que se encontrem na contingência de ter de decidir atrás de um "véu de ignorância" (porque nada sabem do lugar que cada um ocupa na sociedade, nem conhecem bem suas preferências particulares, etc.) sejam chamados a escolher livremente, e em condições igualitárias de poder, em que princípios gerais deveriam basear-se as instituições fundamentais da sociedade, que um eles e seus descendentes deverão viver depois, lembrando sempre que o mundo, no qual serão obrigados a viver, será caracterizado por uma "escassez moderada" de bens. A proposta de Rawls é que sejam considerados princípios válidos de justificação das instituições aqueles princípios que, acredita-se, serão escolhidos nesta situação.

Rawls argumenta, portanto, que, se a escolha fosse apenas entre Utilitarismo total e Utilitarismo médio, ela cairia na segunda hipótese (pp. 161 segs.). Mas a conclusão a que ele chega, porém, é que ambas as posições serão recusadas em favor de uma concepção da justiça, segundo a qual as instituições fundamentais da sociedade devem ser conforme os dois seguintes princípios:

(1) cada pessoa deve ter igual direito ao mais extenso sistema de liberdades fundamentais compatíveis com um semelhante sistema de "liberdade para todos";

(2) as desigualdades econômico-sociais devem ser regulamentadas de tal maneira que:

(a) sejam de máximo benefício aos menos favorecidos...;

(b) sejam conexas a papéis e posições de justa igualdade (*fair equality*) de oportunidade (p. 302).

Rawls especifica também que em todas aquelas situações, nas quais o mínimo de bem-estar material e social é garantido a todos, o primeiro princípio tem a precedência sobre o segundo, em cada caso de conflito entre os dois. Isto significa que as liberdades fundamentais, entre as quais Rawls enumera a liberdade de voto, de imprensa, de consciência e de propriedade, não podem legitimamente ser limitadas ou sacrificadas para beneficiar o aumento do bem-estar econômico e social de um indivíduo ou de um grupo de indivíduos que já gozem de um bem-estar mínimo, afirmação esta que pareceria incompatível com toda forma de Utilitarismo.

A concepção de Rawls evidencia dois problemas fundamentais. O primeiro diz respeito à validade da teoria contratualista, ou seja, questiona se é aceitável como teoria da justificação dos princípios normativos do tipo em exame e, em caso de resposta afirmativa, se a posição originária caracterizada por Rawls focaliza corretamente as condições de aceitação e, portanto, de justificação destes princípios. O segundo problema, ao contrário, diz respeito à correção da derivação de Rawls, isto é, se o autor tem razão quando afirma que as partes contraentes na posição por ele caracterizada escolheriam efetivamente os dois princípios acima mencionados e nunca outros. Por esta posição Rawls foi objeto de críticas muito severas.

A crítica de Rawls ao Utilitarismo foi retomada e levada às últimas conseqüências por R. Nozick no seu muito discutido trabalho *Anarchy State and utopia* (1974), no qual se focaliza sobretudo o problema da justificação do poder coercitivo do Estado. O Utilitarismo defende que a expropriação coativa e a socialização dos meios de produção, assim como a abolição do mercado livre em favor de um sistema de economia planejada, são medidas perfeitamente legítimas e também obrigatórias, quando conduzem a conseqüências melhores em relação a qualquer outra alternativa. Para Nozick, esta implicação é totalmente inaceitável porque comporta a violação dos inalienáveis e absolutos direitos de liberdade e propriedade, no respeito dos quais, segundo Nozick, consiste exatamente a justiça, sendo o único dever do Estado protegê-los (como argumentam também F. A. Hayek e M. Friedman).

Uma das objeções que podem ser levantadas contra a teoria de Nozick é que esta, por sua vez, implica várias conclusões que, de um ponto de vista moral, parecem dificilmente aceitáveis. Por exemplo, ela implica que é moralmente proibido expropriar de modo coativo (por exemplo, através de um sistema de taxação) qualquer parte das riquezas que uma pessoa ou um grupo tenha adquirido licitamente, mesmo se esta medida seja a única que permita melhorar as condições de uma ou mais pessoas que vivam na miséria mais abjeta.

De tudo quanto foi dito acima, resulta que não existe forma de Utilitarismo, nem de outro sistema ético, que seja livre de problemas e que não se preste a sérias objeções. O problema de encontrar o sistema ético mais aceitável parece o de individualizar o sistema passível de objeções menos graves do que aquelas levantadas por qualquer outro sistema alternativo. Nada do que acima foi comentado exclui, porém, que uma qualquer forma de Utilitarismo possa revelar-se, finalmente, como o sistema normativo mais aceitável.

BIBLIOGRAFIA. — H. B. ACTON e W. N. WATKINS, *Negative utilitarianism,* "Aristotelian society, proceedings" supl. vol. XXXVII (1963), pp. 83-114; *Contemporary utilitarions,* ao cuidado de M. B. BAYLES, Doubleday, New York 1968; J. BENTHAM, *Fragment on government and introduction to the principles of morals and legislation,* Blackwell, Oxford, 1958; R. B. BRANDT, *Ethical theory,* Prentice-Hall, Englewood Cliffs, N. J., 1959; ID., *A theory of the good and the right,* Oxford, University Press, Oxford 1979; D. BRAYBROOKE e C. L. LINDBLOM, *A strategy of decision,* The Free Press of Glencoe, New York, 1963, parte 4; W. K. FRANKENA, *Etica,* Edizioni di Comunità, Milano 1981; E. GARIN, *L'illuminismo inglese: i moralisti,* Bocca, Milano 1941; J. C. HARSANYI, *Essays in ethics, social behavior, and scientific explanation,* Reidel Publishing Company, Dordrecht/Boston, 1976; *Studies in utilitarianism,* ao cuidado de T. K. HEARN, JR. Appleton-Century-Crofts, New York, 1971; D. H. HODGSON, *Consequences of utilitarianism,* Oxford University Press, Oxford 1967; N. HOERSTER, *Utilitaristische Ethik and Verallgemeinerung,* Verlag Karl Alber, München 1971; D. LYONS, *Forms and limits of Utilitarianism,* Oxford University Press, Oxford 1965; J. S. MILL, *Utilitarismo,* trad. ital., Cappelli, 1981; R. MONDOLFO, *Saggi per la storia della morale utilitaria,* Drucker, Verona-Padova 1903-4; G. E. MOORE, *Principia, ethica* (1903), Bompiani, Milano, 1964; ID., *Ethics,* Oxford University Press, London 1912; R. NOZICK, *Anarchia, Stato e utopia,* trad. ital., Le Monnier, Firenze 1981; J. PLAMENATZ, *The english Utilitarians,* The Clarendon Press, Oxford 1957; G. PONTARA, *Se il fine giustifica i mezzi,* Il Mulino, Bologna 1974; K. POPPER, *La società aperta e i suoi nemici,* (1962), trad. ital., Armando, Roma 1977, 2 vols.; J. RAWLS, *A theory of justice,* Oxford 1972; N. RESCHER, *Distributive justice,* The Bobbs-Merrill Company, Indianapolis 1966; R. E. SARTORIUS, *Individual conduct and social norms. A utilitarian account of social union and the rule of law,* Dickenson Publishing Co., Encino, California 1975; H. SIDGWICK, *The methods of ethics,* Dover Publications, New York 1907; M. G. SINGER, *Generalizations in ethics,* Alfred A. Knopf, New York 1961; J. J. C. SMART e B. WILLIAMS, *Utilitarianism for and against,* Cambridge University Press, Cambridge 1973; L. STEPHEN, *The english utilitarians,* Duckworth & Co., London, 1900, Peter Smith, New York 1950.

[GIULIANO PONTARA]

Utopia.

1. DEFINIÇÃO. — A tentativa de definição da Utopia é complicada pela multiplicidade de aproximações possíveis. A aproximação política, por mais que possa parecer paradoxal, é, certamente, menos sentida do que a literária e a sociológica, como testemunham as confusões determinadas pela aceitação de definições inadequadas para a compreensão do fenômeno, enquanto é uma constante da reflexão política em cada tempo e em cada país, muito além da cultura ocidental.

Na perspectiva que nos interessa, nem todos os escritores de Utopias são utopistas porque, para sê-lo, ocorre que tenham fé na sua imaginação política, isto é, que creiam que o melhor dos mundos não é apenas pensável, mas é também possível ou até certo e inelutável porque a ele somos levados pela força das coisas. Esta distinção, assim motivada, é bastante clara para a consciência comum, mas Utopia, utopista, utopismo, utopístico e utópico não têm o mesmo significado para todos. O homem da rua continua a servir-se destes vocábulos na acepção corrente — a única não controvertida, mas há muito tempo fora da linguagem técnica —, enquanto novas e, às vezes, contraditórias definições são propostas pelos historiadores do pensamento e da literatura, pelos sociólogos e cientistas políticos. A disparidade de opiniões figura numa enorme bibliografia: a de A. Neusüss (1968) compreendia já 695 títulos. Os debates destes últimos anos nos levam a acreditar que já superam o milhar. Como acontece freqüentemente, a discussão não corresponde ao igual empenho no estudo dos textos e dos autores: uns filologicamente incertos, outros conhecidos, às vezes, somente por algumas atribuições que podem ser questionáveis, encontradas em velhos manuais bibliográficos (Barbier, Quérard, etc.).

O problema da definição não é filológico mas de conteúdo; portanto, as soluções propostas de cada vez assumem um valor subjetivo que gera confusões e desentendimentos, sempre que sejam esquecidas as premissas sobre as quais os mesmos se apóiam. A etimologia é conhecida e é muito simples quando se supera a disputa filológica aberta pelo livro de Thomas Morus (*Libellus vere aureus, nec minus salutaris quam festivus de optimo reipublicae statu deque nova Insula Utopia*) desde os anos imediatamenté sucessivos à sua publicação (1516): ou seja, se a Utopia daquele neologismo deve entender-se como contração do grego οὐ (e como substitutiva do uso mais correto de um α privativo e não mais como contratação de ευ). Enfim, "lugar inexistente" ou "lugar feliz"? No mesmo título Morus especificava que o objeto do *libellus* seria a busca de um "ótimo Estado" e, na sextilha de Anemólio, este levará adiante a dialética dos contrasensos, unindo o significado de inexistente e de feliz: *"Utopia priscis dicta* (...), *Eutopia merito sum vocanda nomine".*

Ótimo, porém, inalcançável, é, na acepção corrente — *eutopia*, mais do que Utopia — porém, nem ótimo, nem absoluto, nem inalcançável é para o estudioso Karl Mannheim, que da Utopia deu a definição mais célebre (1929). Para ele, a mentalidade utópica pressupõe não somente estar em contradição com a realidade presente, mas também romper os liames da ordem existente. Não é somente pensamento, e ainda menos fantasia, ou sonho para sonhar-se acordado; é uma ideologia que se realiza na ação de grupos sociais. Transcende a situação histórica enquanto orienta a conduta para elementos que a realidade presente não contém; portanto, não é ideologia na medida em que consegue transformar a ordem existente numa forma mais de acordo com as próprias concepções. Utopia é, isto sim, inatuável somente do ponto de vista de uma determinada ordem social já sedimentada. Há meio século a literatura sobre a Utopia deve enfrentar esta definição. Hoje, ela é um ponto de passagem obrigatório, mesmo quanto diferente daquele de Mannheim, quando adota o ângulo visual comum de quem se ocupa de Utopia. Existem autores como Alexandre Cioranescu (1972) que quase se desculpam por enfrentar o fenômeno através de uma aproximação literária em lugar de sociológica. Outros, como Raymond Trousson (1975), igualmente interessados na história literária, que *ab initio* afirmam dar-se por satisfeito com os resultados já conseguidos na aproximação teórica da Utopia. Há, ao contrário, os que, como Giovanni Sartori, se liberam a contragosto e com intolerância daquela que pode resultar uma gaiola somente para aqueles que queiram nela ficar. "Substancialmente — raciocina Sartori — Mannheim reconduz o conceito de Utopia ao terreno da ideologia, para logo após provocar uma divisão interna entre ideologias revolucionárias (ditas Utopias) e ideologias conservadoras (ideologias propriamente ditas). À parte a forma artificial e arbitrária desta contraposição, o resultado preciso das operações definidas por Mannheim é simplesmente que não mais possuímos um vocábulo para indicar o inatuável" (*Democrazia e definizioni,* Bologna, 1957, p. 54, n.º 2).

Não seria preciso citar Mannheim para este gênero de polêmica, que poderia adequadamente aplicar-se a um Lamartine, pois ele via nas Utopias a realidade de amanhã, ou a quantos, generalizando seguidamente os resultados do progresso científico, no ápice da industrialização e da sociedade de consumo, admiram ou temem na Utopia a vencedora de todos os jogos. Seria ao "negativo" a indicação de Nicola Berdiaeff que figura como epígrafe na "Distopia" de Aldous Huxley, *Brave new world* (1932): "As Utopias parecem hoje muito mais realizáveis do que seriam há algum tempo atrás, quando nelas não se acreditava... As Utopias são realizáveis. A vida marcha para as Utopias".

A definição de Mannheim vale somente no seu contexto, que é o de apresentar uma história sociológica da estrutura da consciência moderna e, em particular, traçar uma relação entre a formação da consciência coletiva e a história política. Todas as definições de Mannheim devem obedecer a esta impostação, desde a de "política" até à de Utopia.

Deixando, porém, de lado Mannheim, que Utopias são destinadas a realizar-se numa dimensão histórica? As previsões de Mercier sobre Paris do ano 2240 ou as mais próximas a nós, de Daniel Halevy, sobre o final do nosso século (jornais enormes, de até doze páginas, um bonde que liga a cidade com toda a periferia, etc.) outra coisa não são que a projeção de desejos não plenamente satisfeitos numa determinada situação histórica. Podemos assim imaginar desde o que aos nossos descendentes parecerá simples reformismo, até a mais desenfreada representação de um país utópico. Isto se faz presente na história de cada civilização (particularmente fantasiosas são as "bengode" imaginadas nos países da África negra), mas, para nós ocidentais, se, de um lado, lembra o jardim sonhado pelas antigas civilizações persas como compensação para a aridez da natureza que os abriga, sonho transmitido através do judaísmo, cristianismo e islamismo, de outro lado, remonta à antigüidade grega (no mito, na filosofia e no teatro) que teve seu "século de ouro" no século XIII e se faz ainda presente na idade das luzes, mesmo que em forma polêmica, através de um dilúvio de absurdos. O sonho pode ser compensação, tanto em nível espiritual, como em nível material, e tanto num caso como no outro não assume relevo de Utopia política, se o ideal a ser realizado não nasce de uma organização comunitária que ofereça uma solução definitiva aos problemas de ordem econômica e social.

Na sua acepção mais generalizada, a Utopia (política, social e tecnológica) não pretende destruir a realidade atual que aceita no que ela tem de melhor; portanto, a sociedade que ela mostra é apenas sua projeção, na qual os aspectos positivos são "maximizados". Com base nesta lógica, moveu-se, tanto um literato como H. G. Wells — que chama de "cinética" a Utopia moderna, estruturada não como um estado permanente, mas como um promissor estado intermédio de uma longa escala de níveis sucessivos —, quanto um filósofo como Ernst Bloch com sua contraposição de uma Utopia *concreta* ao fantasiar o socialismo utopístico. Com muito mais coerência Herbert Marcuse, considerando que a Utopia esteja ultrapassada porque hoje qualquer transformação do ambiente técnico e natural é uma possibilidade real, propõe que o termo utopista seja usado somente para designar um projeto de transformação social que esteja em contradição com as leis científicas "realmente determinadas e determinantes". Quem pode, porém, hipotecar o futuro da ciência e o futuro ainda mais longínquo da evolução da espécie? Em lugar de morrer, a Utopia abandona o adjetivo de "moderna" e torna às origens. A relação com a história é incompatível com a Utopia que é atemporal. A Utopia de Bloch, de Wells, de Marcuse não tem suas raízes nos modelos clássicos de regeneração, mas na antiga alma semítica dos profetas bíblicos, enquanto a outra — contestadora da realidade existente e enraizada nas próprias instâncias — nasce do ódio cristão contra a natureza corrupta, mas desenvolve-se em contraste com a resignação religiosa, visando uma palingenesia toda terrena, o que, porém, não significa que esteja limitada ao simples bem-estar material. (Marx, profeta da "História Prometida" como saída para a pré-história, na qual ainda vivemos, pode validamente exemplificar esta posição).

Quando Marcuse sustenta que hoje ninguém tem condições de contestar a efetiva possibilidade de eliminar a fome e a miséria apenas com as forças produtivas materiais e intelectuais tecnicamente existentes, atribui à palavra Utopia o mesmo significado que lhe pode atribuir um engenheiro agrônomo, como Réné Dumont, o autor da *L'utopie ou la mort* (1973). A chamada "Utopia moderna" é um fato quantitativo. O salto de qualidade acontece quando o utopista não se limita mais a projetar uma sociedade na qual

o homem contemporâneo pode considerar-se feliz somente porque vê satisfeitas todas as aspirações correntes.

Este utopismo radical (que seria pleonástico se o desgaste da palavra não tivesse reduzido seu significado) é de hoje tanto quanto de dois séculos atrás, tanto de Burrhus F. Skinner como de Dom Deschamps. O mais célebre psicólogo vivo — cuja obra está toda ligada à Utopia, independentemente do romance utopista *Walden two*, de 1948 — cita o caso da criança que não gostava de brócolis: "sou feliz porque não gosto de brócolis; se gostasse deles deveria comê-los em quantidade e eu os detesto". É, portanto, imoral quem insiste em julgar uma cultura conforme goste ou não dela: "O problema — escreve em *Contingencies and reinforcement*, 1969 — não é projetar um sistema de vida que seja de agrado dos homens, *como eles são agora*, mas um sistema de vida que agrade aos que tenham de vivê-lo." Para que isso seja possível, é preciso imaginar um homem que ainda não existe, aquele que saiba ir além dos princípios éticos que hoje são considerados válidos, que na nossa situação histórica possam ir além da liberdade e da dignidade, conforme o incitamento contido no próprio título da obra de Skinner.

II. UTOPIA COMO MEIO. — O historiador do pensamento político está sempre interessado naqueles autores que não consideram a Utopia, nem uma moda, nem uma pura e simples forma de expressão literária, nem um agradável produto da fantasia — ou quando muito uma sátira do próprio século —, mas a consideram como uma certeza para um futuro mais ou menos longínquo. Estes são os utopistas que julgam definir o melhor dos mundos possíveis e não fantasiosamente o melhor dos mundos imagináveis. Virá depois a ficção científica, que antecipa as realizações do engenho humano e joga com o tempo à vontade da máquina de Wells. Mesmo assim, a época da Utopia política e da Utopia total ainda não terminou: de Darwin a Lorenz não existe cientista que não tenha namorado a hipótese da perfeição humana, na busca daquele *bonheur* para todos, que foi a idéia central do século XVIII, nem existe instância social que não se tenha manifestado através da radicalização utópica: até as feministas SCOUM (1967) e *The dialetic of Sex* (1970) e o Estado ideal dos ecologistas, *Ecotopia* (1975).

Assim, ao longo de quatro séculos e meio vem se verificando o distanciamento da concepção originária da Utopia e daquele que forjou o neologismo; daquilo que em Thomas Morus é uma proposta, um método, um convite que acompanha a descrição de uma sociedade ainda aberta a um desenvolvimento histórico (uma microeconomia e não somente ela, que tende a uma espécie imprecisa de super-utopia), passa-se à definição de uma ordem, cuja perfeição já é demonstrável e atingível sempre que se queira. As contradições terminológicas de Morus e os famosos contra-sensos da geografia utópica refletem o conflito dialético entre o real e o possível, numa linguagem iniciatória que exige uma leitura mais profunda, além da simples superfície jocosa. O "jogo" iniciado por Erasmo com o *Encomium moriae* (que é o elogio da loucura e de Morus) e também a retomada do *morosophos* (meio sábio-meio-louco) está na origem de toda uma linguagem paradoxal da Utopia animada por contradições internas (Anidro: o rio sem água; Amauroto: a cidade que não se vê; Acórea: o país sem território, etc.) que, porém, não constituem negatividade pura, mas sim um desafio semântico a fim de buscar a verdade possível numa dimensão diferente daquela historicamente imaginável, além das mesmas instituições utópicas que, é bom não esquecer, são apresentadas em movimento.

Mesmo nas generalidades do narrador, o contra-senso deve ser verificado sem isolar o sobrenome do nome: Rafael Itlodeo é o bíblico "anjo que cura", mesmo quando o neologismo que vem do grego o apresenta como o "mentiroso". A não-execução das instituições pré-utópicas encontra confirmação, na linguagem iniciática, na palavra *Abraxa* sem o s final. Erasmo usou corretamente a palavra quando convidou Morus a escrever uma réplica ao *Elogio da loucura* com o da sensatez. A sensatez, porém, antes da chegada de Utopo, era reduzida à metade e o s, que ficou na caneta, também divide o significado do conhecimento perfeito, que os gnósticos atribuíam a uma palavra, cujas letras numeradas e somadas entre si ($\alpha = 1$, $\beta = 2$, $\rho = 100$, etc.) davam 365 (mas, na realidade, 165 apenas sem o sigma = 200). Nem a chegada de Utopo, porém, traz a perfeição: os utopistas "estão acima de *quase* todos os outros povos" em um entre os vários reinos visitados por Itlodeo, todos felizes em relação às civilizações conhecidas, mesmo se suscetíveis de progresso.

III. UTOPIA COMO FIM. — Indiferença com respeito aos requisitos formais (a moldura romanesca) da Utopia como gênero literário; confiança completa na possibilidade de realizar, não importa quando, um modelo de sociedade com características tais que permitam sua apresentação alternativa em relação ao presente: uma verificação histórica da Utopia entendida como expressão do pensamento político, como já foi acentuado na parte inicial sobre os problemas de sua definição, poderá ser aprofundada, junto a autores e obras que apresentem, em conjunto, momentos complementares de ação e reflexão utópica. Citamos a *Città del sole* (em sua redação latina de 1623) de Tommaso Campanella, um projeto de Estado ideal, que, antes de ser um diálogo poético, tinha sido um programa de ação. Uma análise paralela do texto literário e dos documentos relativos ao processo para a insurreição das Calábrias mostra claramente uma simultaneidade de inspiração de intentos, que conduziria ambas expressões, mesmo independentemente uma da outra, ao gênero utópico, mesmo abstraindo toda consideração de caráter formal. Tanto o programa como a tentativa de ação coexistem, um século e meio depois, na obra de Dom Deschamps nas formas que, sendo menos conhecidas, exigem maior explicação.

Como se viu para o interlocutor de Skinner, também o do monge beneditino deve esquecer-se de si mesmo e de seu mundo para poder compreender o da perfeita igualdade moral (*état de moeurs*), onde não se gozará dos prazeres, mesmo os mais sublimes e espirituais, encontrados no nosso tempo (*état de lois*), todos indistintamente ligados à loucura de uma civilização, cujos atributos já nós teremos esquecido. Ninguém mais meditará e nem raciocinará, sem necessidade de artes ou de ciências; a vida não será mais pensada, nem descrita, mas vivida. Dir-se-ia a Utopia de Freud, que imagina uma sociedade sem repressões, portanto a negação da civilização (mas Freud, que tinha horror à sociedade ascética, não escreveu uma Utopia). O autor do "Vrai Système" chega a estas conclusões através de uma dicussão metafísica: nada, portanto, do gênero literário utópico, mas nada mais radicalmente utópico na apresentação de um modelo completo de sociedade alternativa do que a apresentação histórica da tese. A obra literária vem acompanhada de uma ação de proselitismo que o autor tem o tempo de conduzir somente aos vértices da inteligência do tempo (de Voltaire a Rousseau, a Diderot, a Helvétius até Holbach, mas sempre com escasso sucesso), mas que deveria preparar a realização do projeto utópico. Passa-se mais um século e, em outros níveis e com outras saídas práticas, ação política e perspectiva utópica estão igualmente juntas: em Karl Marx, na sua apresentação de tudo quanto precede a realização da sociedade comunista como pré-história da humanidade.

O utopista transforma e desnatura o homem. A sociedade que ele cria é contestável somente do exterior: uma vez dentro, aceitas as regras do jogo, permanece prisioneiro, feliz e satisfeito com seu próprio estado. Exatamente por isso a Utopia não é mais autoritária desde o momento em que sua história se inicia: é uma revolução profunda que desemboca no consenso. A constatação de G. Kaleb ("o utopista inicia no amor e termina no terror") aproxima-se mais da realidade mesmo se mostrada artificialmente. Estes homens regenerados considerar-se-ão livres, sem saber que foram obrigados a ser felizes, de uma felicidade imutável, porque ter-se-á perdido todo o impulso e toda a capacidade crítica.

No nosso século se prevê ou se projeta a realização de Utopias através de transformações determinadas por saltos biológicos (naturais ou impostos) ou de condicionamentos comportamentais. De uma parte, tanto a escatologia laica do pensamento de Konrand Lorenz, como o pesadelo da distopia de Huxley; de outra parte, Skinner e os comportamentistas. A alquimia da evolução espontânea ou imposta substitui a magia da revolução na fé do utopista.

Para Lorenz, a saída utópica não poderá ser conseguida pela espécie humana, tal como foi determinada pelos "grandes construtores" da evolução levando, em tempo relativamente breve, pobres macacos, parentes próximos dos chimpanzés, ao ponto até hoje mais alto da criação. "Último grito", mas não última etapa. Ainda não imagem de Deus, mas que chegarão à perfeição. Acontecerá quando a evolução tiver determinado "aquele homem verdadeiramente humano", do qual, hoje, seríamos o elo de união com os animais.

A revolução biológica poderia, porém, marcar o triunfo do "bem" como o do "mal". O otimismo escatológico de Lorenz segue o caminho da célebre conclusão de A origem das espécies de Darwin: "Se refletirmos que a seleção natural age somente através e para o bem do todo ser, todas as qualidades corpóreas e mentais tenderão a progredir para a perfeição". Esta afirmação tem suas relações políticas e literárias no século XIX nas enunciações não menos confiantes de Spencer ("o desenvolvimento definitivo do homem ideal é logicamente certo") e de Tennyson ("o longínquo evento divino para o qual a inteira criação está caminhando"). Certamente é este um otimismo que hoje parece assimilável ao dos analistas econômicos, que avaliam a evolução da conjuntura através de extrapolações comuns. Isto pode ser válido por um período breve, sempre que não estivermos perto de uma inversão de tendências que fecha um ciclo para abrir outro. Quem pode dizer, independentemente de toda interven-

ção direta do homem, quais as profundas mudanças que determinarão em nossa natureza a progressiva mutação das condições ambientais — naturais, antes mesmo que sociais — e nas quais, ao longo dos séculos, teremos de viver?

A revolução biológica pode ser, além disso, uma etapa da evolução como fruto de conquistas científicas. Mesmo aqui, no bem como no mal: "fora do campo da servil imitação da natureza para entrar naquele muito mais interessante da invenção humana", conforme disse um personagem de Huxley. Chegamos à ciência contemporânea atualizando fantasias que ficam a meio caminho entre o mundo de Aldous Huxley e o da Antony Burgess. Isto não quer dizer que o homem da Utopia deva, necessariamente, nascer da sala de Predestinação Social do Brave new world (1932). Temos também a versão de Broodski de A clockwork orange (1962), o romance filmado com o título de A laranja mecânica. A este filme referiu-se explicitame.te a um crítico da "New York Review" para evidenciar as teorias de Skinner. O que ele afirmou é que "o filme não representa corretamente o problema porque a terapia que torna Alex bom é violentamente manifesta". A discussão se mantém sempre ao redor dos "meios" quando o ponto central é o "fim": para o utopista — enquanto todos os males de Alex (o protagonista de Burgess e de Kubrick, diretor do filme) derivam do fato de ter ficado "bom" num mundo ainda parcialmente "mau" — como para quem não é utopista — enquanto a realização de um "novo mundo" impede a possibilidade de voltar atrás: a Utopia é definitiva, é uma porta que se fecha para nunca mais se abrir, porque "depois" tudo será sempre igual a si mesmo.

Não surpreende que Skinner, descobrindo uma afinidade ideológica, sinta o fascínio do século XVIII e reclame se um importante estudioso do iluminismo, como Peter Gay, se lance contra a "inata ingenuidade, a bancarrota intelectual e a crueldade semi-intencional do comportamentismo".

Skinner, juntamente com uma parte da ciência contemporânea, ultrapassou a rota na qual tinha parado todos os que, como Rousseau e Mably, fugiam à Utopia desconfiando de seus meios. Skinner afirma que o homem é capaz de modificar o curso da própria evolução através de uniões seletivas, regulando (num futuro não longínquo) os cromossomas, utilizando formas científicas de condicionamento ambiental: a ciência, portanto, teria condições de "pagar sua dívida e restabelecer a ordem nos fatos humanos" porque já possuímos as "tecnologias físicas, biológicas e comportamentais necessárias para nos salvar".

O problema é como conduzir as pessoas a usar estas tecnologias, desde que o homem passa a reconhecer a bondade desse "mundo novo" somente após a Utopia ter sido plenamente realizada.

O caráter não experimental e irreversível da Utopia representa um obstáculo intransponível, sem que seja desprezada a liberdade de escolha. Aqui temos uma ruptura entre a Utopia do iluminismo e a do comportamentismo: uma confiava no poder irresistível da capacidade persuasiva da razão e tinha um objetivo preciso para conseguir um modelo de cultura inovadora; a outra não resolve o problema decisório e coloca-se como tecnologia eticamente neutra, utilizável tanto pelos santos, como pelos tratantes.

Um grande historiador do pensamento do século XVIII, o polonês Bronislaw Baczko, em suas considerações sobre a obra *Lumieres et utopie. Problèmes de recherches* (1971), parte exatamente da constatação de que, mesmo se a história da noção de Utopia, e, em particular, de suas recentes transformações, está até hoje por se fazer, já é evidente o desaparecimento da perspectiva utópica do horizonte do nosso pensamento e da nossa imaginação. Ele cita Bertrand Russel: "A nossa época, quase despojada de ilusões, não sabe mais acreditar nos sonhos dos utopistas. Também as sociedades sonhadas por nossa imaginação não fazem mais do que reproduzir os males que nos são habituais na vida cotidiana". Aquela que, entre as duas guerras mundiais, era a "verdade" de Huxley será ainda a verdade de hoje? Nos anos em que o binômio indústria-consumo foi colocado sob acusação pela consciência da coletividade, o revivescimento utópico levou a experiências comunitárias, cuja prática parecia ter estagnado na metade do século XIX. O inédito *Nouveau monde amoureux* de Fourier no seu aparecimento (1967) transformou-se em *best-seller*, traduzido em todas as línguas. Um dos debates mais vivos sobre o comunismo refere-se à perspectiva utópica de Ernst Bloch, enquanto a cultura católica utilizou contra a Utopia e o historicismo juntos o acervo ideológico de Karl R. Popper.

Desde a metade dos anos 70 as várias fases da crise econômica mundial, determinadas pelo preço do petróleo, chamaram a atenção geral sobre os problemas da realidade cotidiana; porém, além do debate teórico e da pesquisa historiográfica — vivaz o primeiro, operosa a segunda — fica o testemunho da vitalidade do "gênero", o recurso à Utopia pelos movimentos que reclamam soluções sociais, que implicam uma visão do mundo em completa discordância com a atual (já nos referimos, para exemplificar, ao feminismo e aos ecologistas).

VI. UTOPIA COMO GÊNERO. — A necessidade, neste trabalho, de uma constante referência à perspectiva política e sua atualidade impôs a superação de toda uma vastíssima literatura utópica, ainda que ela faça parte de um rico patrimônio cultural, que, mesmo limitadamente, permite ampliar a pesquisa do "material" excluído da definição de Utopia política. Um mínimo de aprofundamento, em espaços restritos, impõe uma limitada periodização.

Nos parágrafos precedentes insistiu-se na afirmação de que, do ponto de vista histórico do pensamento político, pode-se ter um utopista sem nunca se ter escrito nada que figure no gênero literário utópico. Ao mesmo tempo, do ponto de vista histórico da literatura, pode-se ter um utopista sem nunca se ter abordado nenhum dos grandes problemas de política. O livro que faz de Morelly um utopista é o *Code de la Nature*, 1755, que não tem, porém, uma estrutura narrativa, diferentemente do *Naufrage des isles flotantes*, 1753, que é um poema em prosa politicamente significativo somente após uma leitura sucessiva do *Code*. O *L'an 2.440* de L. S. Mercier é assunto capital como Utopia do tempo, para a história do "gênero" (e também, pelo seu conteúdo, é interessante para a história de costumes e da cultura). Continuando no século XVIII, este período, mesmo sem ter produzido a obra-prima nem num campo nem no outro (e, talvez, exatamente por isto), apresenta o panorama mais amplo e variado para uma exploração relativamente superficial.

O sucesso editorial das Utopias como gênero literário e, ao mesmo tempo, a confusão de conteúdos e de formas de expressão encontram sua confirmação, no findar do século, em três coletâneas do "melhor" que foi publicado até então. A primeira é constituída pelas seções quinta (*Romans moraux: spiritualité, morale et politique*) e oitava (*Romans merveilleux, contes de fées, voyages imaginaires*) da *Bibliothèque Universelle des romans* (1755-1789), em 112 volumes. A segunda é o *Cabinet des fées et autres contes merveilleux* (1785-1789) em 41 volumes, dirigido por Ch. J. de Mayer. A terceira compreende os 36 volumes das *Voyages immaginaires, songes, visions et romans cabalistiques* (1787-1789), recolhidos por Ch. Garnier. Nestas coleções, a Utopia confunde-se freqüentemente com a crítica de costumes e com o gosto do maravilhoso, numa ligação que envolve a própria veracidade dos textos. Um exemplo: *L'histoire du prince Titi*, de Thémiseul de Saint-Hyacinthe, publicada em 1736 em 152 páginas, multiplica-se e chega a 790 páginas no estilo ágil de Mayer, compondo quase dois volumes do *Cabinet des fées*. Note-se que em nenhum dos títulos destas três coleções figura a palavra Utopia, entendida, naquele tempo, como *"région qui n'a point de lieu, un pays imaginaire"*, segundo o *Dictionnaire* de Trévoux de 1752 e que somente no *Dictionnaire de l'Académie* de 1798 será classificada como designação de qualquer *"plan de gouvernement imaginaire"*. A Utopia, portanto, no século XVIII era uma viagem imaginária, romance político, sonho, visão: sempre e apenas uma fuga da realidade, numa obra em que, falando de Thomas Morus, o severo compilador da *Science du gouvernement* (1761-1765), publicada postumamente por um sobrinho de Gaspard Real de Curban, a definirá como *"l'ivresse d'une espèce de débauche philosophique"*, e o italiano Genovesi como *"l'archivio delle quadrature de cerchi"*.

Através de insensíveis graduações, a Utopia acaba por diluir-se no romanesco: muitos escritores de Utopias são apenas romancistas falidos. Freqüentemente não se trata mais de crítica social, mas de uma mais ou menos arguta sátira dos costumes contemporâneos, longe da intromissão da censura da época. Aparece então de uma parte o grupo dos historiadores, de outra, o dos moralistas falidos. Assim se acabará lendo contos utopistas em livros de autores totalmente alheios à Utopia (como Montesquieu e Voltaire) ou de outros que se queixaram de não poder acreditar na Utopia (como Diderot e Mably), vagueando da narrativa ao teatro de um Restif de la Bretonne até à pintura de Watteau, à música de Mozart, numa mais ou menos apaixonada, mais ou menos cética, mais ou menos conscientemente impotente denúncia de insatisfação em relação à condição presente ou então à condição humana em modo absoluto.

O ponto de partida é, desta forma, freqüentemente, a realidade de um mundo conhecido e não a hipótese de um mundo novo, como se viu, entre as poucas exceções do século, em Morelly e Dom Deschamps.

BIBLIOGRAFIA. — B. BACZKO, *Utopia. Immaginazione sociale e rappresentazioni utopiche nell'età dell'iluminismo* (1971), Einaudi, Torino 1979; E. BLOCH, *Spirito dell'utopia* (1918-1923), La Nuova Italia, Firenze 1980; P. BLOOMFIELD, *Imaginary worlds or the evolution of utopias*, Hamish Hamilton, London, 1932; E. M. CIORAN, *Histoire et utopie*, Presses Universitaires de France, Paris 1960; A. CIORANESCU, *L'avenir du passé, utopie et littérature*, Gallimard, Paris 1972; C. C. DUBOIS, *Problemes de l'utopie*, Minard, Paris 1967; J. FREUND, *Utopie et violence*, Rivière, Paris 1978; G. LAPOUGE, *Utopie et civilisation*, Flammarion, Paris, 1978; K. MANNHEIM, *Ideologia e utopia*, (1929), Il Mulino, Bologna 1967; R. MESSAC, *Esquisse d'une chronobibliographie de l'utopie*, Club Futopia, Lausanne 1962; R. MUCCHIELLI, *Le mithe de la cité idéale*, Presses Universitaires de France, Paris 1960; A. NEUSUSS, *Utopie. Begriff und Phanomen des Utopischen*. Neuwied, Berlim 1968; R. RUYER, *L'utopie et les utopies*, Presses Universitaires de France, Paris 1950; M. SCHWONCKE, *Vom Staatroman zur Science Fiction*, Enke, Stuttgart 1957; J. SERVIER, *Histoire de l'utopie*, NRF, Paris 1967; R. TROUSSON, *Voyages aux pays de nulle part*, Éditions de l'Université, Bruxelles, 1975; J.-J. WUNENBURGER, *L'utopie ou la crise de l'imaginaire*, Delarge, Paris 1979; a definição de utopia política ilustrada no texto foi antecipada pelo Autor em relação ao Seminário da Universidade de Bologna (3-4 de março de 1981) sobre *Tipologia dell'utopia* (à época sendo impressa, Il Mulino, Bologna) e vem desenvolvida, com ampla pesquisa histórica, na *L'utopia della ragione*.

[ALDO MAFFEY]

V

Vanguarda.

Este termo está ligado historicamente à teoria marxista-leninista do partido do proletariado. A criação de uma Vanguarda é obra de uma escolha subjetiva de homens conscientes que falham ou triunfam segundo a linha política e a obra que realizam dentro de um movimento de massa. Na sua mais ampla acepção, indica o grupo mais consciente e ativo de um movimento de massa. O aspecto da consciência é portanto fundamental na definição de Vanguarda: ele é também o aspecto discriminante que distingue o partido das Vanguardas espontâneas ligadas a um específico movimento de massa. O partido do proletariado se distingue dos outros grupos da classe operária antes de tudo porque é o compartimento da Vanguarda, o compartimento consciente que possui o conhecimento das leis da luta de classes e que é capaz, por isso, de guiar a classe e dirigi-la na luta, dotado, em última análise, da teoria marxista-leninista. O partido não é apenas o compartimento consciente de Vanguarda da classe operária mas é também o *compartimento organizado* da classe operária com uma disciplina própria obrigatória de seus membros. O partido, enquanto Vanguarda consciente e organizada do proletariado, não pode ser confundido com a classe operária em geral. Todavia, ele é parte integrante da classe operária e exprime a ligação da sua Vanguarda com os estratos mais amplos da classe operária tornando próprios os interesses de classe do proletariado. O partido pode na verdade dirigir a luta da classe operária e orientá-la para um único escopo, mas só quando seus membros se organizam num único reduto, ligados pela unidade de vontade de ação e pela disciplina. Por isso, a Vanguarda consciente e organizado aplica na sua estrutura interna os princípios do centralismo democrático. As situações específicas onde existe luta de massa contêm sempre elementos de uma Vanguarda interna que vão somando maior experiência prática, que se colocam na frente e dirigem aquele setor específico do movimento de massa e são tendencialmente reconhecidos por todos. Eles estão ligados, entretanto, às vicissitudes do movimento de massa e por isso passam por altos e baixos. A Vanguarda consciente e organizada, o partido, está em estreita relação com a vasta rede capilar dos elementos ativos que constituem a Vanguarda interna e caracterizam o nível alcançado pelas lutas e o seu grau de unidade. Ela age para reforçar a sua capacidade de direção e para tornar estas minorias uma força revolucionária dirigente reconhecida pela maioria das massas.

[VITTORIO ANCARANI]

Violência.

I. DEFINIÇÃO. — Por Violência entende-se a intervenção física de um indivíduo ou grupo contra outro indivíduo ou grupo (ou também contra si mesmo). Para que haja Violência é preciso que a intervenção física seja voluntária: o motorista implicado num acidente de trânsito não exerce a Violência contra as pessoas que ficaram feridas, enquanto exerce Violência quem atropela intencionalmente uma pessoa odiada. Além disso, a intervenção física, na qual a Violência consiste, tem por finalidade destruir, ofender e coagir. É Violência a intervenção do torturador que mutila sua vítima; não é Violência a operação do cirurgião que busca salvar a vida de seu paciente. Exerce Violência quem tortura, fere ou mata; quem, não obstante a resistência, imobiliza ou manipula o corpo de outro; quem impede materialmente outro de cumprir determinada ação. Geralmente a Violência é exercida contra a vontade da vítima. Existem, porém, exceções notáveis, como o suicídio ou os atos de Violência provocados pela vítima com finalidade propagandística ou de outro tipo.

A Violência pode ser direta ou indireta. É direta quando atinge de maneira imediata o corpo de quem a sofre. É indireta quando opera através de uma alteração do ambiente físico no qual a vítima se encontra (por exemplo, o fechamento de todas as saídas de um determinado espaço) ou através da destruição, da danificação ou da subtração dos recursos materiais. Em ambos os casos, o resultado é o mesmo: uma modificação prejudicial do estado físico do indivíduo ou do grupo que é o alvo da ação violenta.

Entendido no sentido puramente descritivo, o termo Violência pode considerar-se substancialmente sinônimo de força (para as relações entre estes dois conceitos v. FORÇA). Ele, porém, distingue-se de maneira precisa da noção de "poder". O poder é a modificação da conduta do indivíduo ou grupo, dotada de um mínimo de vontade própria (v. PODER). A Violência é a alteração danosa do estado físico de indivíduos ou grupos. O poder muda a vontade do outro; a Violência, o estado do corpo ou de suas possibilidades ambientais e instrumentais. Naturalmente as intervenções físicas podem ser empregadas como um meio para exercer o poder ou para aumentar o próprio poder no futuro. Grande parte de quanto vamos analisar mais adiante é dedicada exatamente ao exame das funções que tais intervenções podem ter nas relações de poder próprias do domínio político. Isto, porém, não muda o fato de que, por si só, independentemente dos seus efeitos mediatos, a intervenção física é Violência e não poder. A distinção entre Violência e poder é importante mesmo sob o aspecto dos resultados que será possível respectivamente obter com estes dois métodos de intervenção. Com o poder, ou seja, intervindo sobre a vontade do outro, pode-se obter, em hipótese, qualquer conduta externa ou interna, tanto uma ação como uma omissão, tanto um acreditar como um descreditar. Com o único meio imediato da Violência, isto é, intervindo sobre o corpo, pode-se obter uma omissão: imobilizando ou prendendo a vítima podemos impedi-la de realizar qualquer ação socialmente relevante, mas alterando o estado físico do outro não se pode obrigá-lo a fazer nada de socialmente relevante. Assim como não se pode fazer com que ele acredite em alguma coisa, nem podemos impedir que ele acredite em alguma coisa a não ser que recorramos à medida extrema de suprimi-lo. Neste campo, todavia, a bioquímica e a farmacologia não estão longe de criar instrumentos de intervenção física que poderão anular, numa medida maior ou menor os tradicionais limites da eficácia da Violência.

A distinção entre Violência e poder envolve também o poder coercitivo baseado nas sanções físicas e comporta, por isso, a distinção entre Violência em ato e ameaça de Violência. Com efeito, esta distinção é importante, se prescindirmos de alguns casos-limite, pois nas relações do poder coercitivo a Violência intervém sob a forma de punição, quando a ameaça não conseguiu a finalidade desejada, e sanciona neste caso a falência do poder. Na Violência que golpeia e suprime um mártir, expressa-se, de uma parte, a superioridade da força do perseguidor, mas, de outra, expressa-se também a impotência de suas ameaças mais graves para dobrar a vontade do mártir, que prefere a morte a renegar seu deus. Devem, porém, distinguir-se da Violência as relações de poder coercitivo que se baseiam em sanções diferentes da força: por exemplo, um prejuízo econômico, a retirada do afeto de uma pessoa amada, a destituição de um cargo, a retirada do respeito de um grupo de amigos ou colegas, etc. Em relação a estes tipos de poder coercitivo, fala-se muitas vezes de Violência, assim como se fala, algumas vezes, de Violência referindo-se à MANIPULAÇÃO (v.). É indubitável que este emprego de Violência pode achar justificativa na ampla área de significados que é própria da palavra na linguagem comum, pois os poderes de coerção e de manipulação são todas as relações nas quais quem exerce o poder obriga o outro, abertamente ou de maneira velada, a manter uma conduta desagradável e por isso de qualquer modo faz Violência à sua vontade. De outra parte, o uso indiscriminado do termo Violência, designando todas estas relações de poder, além das intervenções físicas, produz o grave dano de colocar, na mesma categoria, relações que são muito diversas entre si pelos caracteres estruturais, pelas funções e pelos efeitos, conseqüentemente provocando mais confusão do que clareza. Assim sendo, é mais oportuno designar essas relações de poder com os termos mais corretos de "coerção" e "manipulação", que têm melhores condições para expressar também aquele elemento de opressão que se desejaria evidenciar usando a palavra Violência, reservando para a palavra Violência a definição restrita e técnica que apresentamos acima e que prevalece na literatura política e sociológica.

Esclarecida assim a distinção analítica entre ameaça de Violência e Violência em ato, é preciso evidenciar a conexão significativa que existe entre estes dois fenômenos. Numa relação de poder coercitivo, baseada em sanções físicas e dotada de uma certa continuidade, o uso da Violência como punição para uma desobediência, enquanto mostra a ineficácia da ameaça, no caso particular da desobediência, pode, ao mesmo tempo, acrescentar a eficácia da ameaça, portanto, do poder coercitivo para o futuro. A eficácia de uma ameaça depende, de fato, de um lado, do grau de sofrimento que pode ocasionar o interventor físico no ameaçado e, de outro lado, o grau de sua credibilidade. A credibilidade da ameaça depende, por sua vez, de o ameaçado reconhecer que aquele que faz a ameaça possui os meios para efetuá-la, além de estar realmente determinado a fazê-lo. Nada prova melhor estes dois requisitos de credibilidade da ameaça do que o fato de que o elemento ameaçador realizou efetivamente e regularmente em ato a punição em casos anteriores e análogos.

Este efeito demonstrativo da Violência em ato é tão importante que a ele se recorre, mesmo além dos casos de punição: particularmente através de ações que podemos chamar "demonstrações de força". Este tipo de Violência é usado, geralmente, para instaurar, consolidar ou ampliar o controle coercitivo de uma dada' situação. A Violência não tem aqui a função de reforçar uma determinada ameaça, mas a de uma advertência geral, que tende a consolidar todas as possíveis ameaças futuras. Por isso, na análise de um determinado poder coercitivo, baseado na ameaça de sanções físicas, é preciso ter presente, especialmente numa dimensão temporal, tanto a ameaça da Violência, quanto a Violência em ato como punição, quanto ainda a Violência em ato como ação "demonstrativa".

II. VIOLÊNCIA E PODER POLÍTICO. — Em política a Violência tem um papel crucial. Na política internacional, a Violência é, obviamente, um fator primário e constitutivo das condutas e das expectativas que nelas se manifestam. Sobre este ponto falaremos brevemente mais adiante. Mesmo quando concentramos nossa atenção somente na política interna, a importância da Violência é bem visível. Em primeiro lugar, o recurso à Violência é um traço característico do poder político ou do poder do Governo. Uma das definições mais abrangentes e mais difundidas do poder político, que tem sua origem na filosofia política clássica e, especialmente, no pensamento de Hobbes, e foi melhor encontrando em seu sentido sociológico por Max Weber, baseia-se no monopólio da Violência legítima. Esta importância da Violência deriva, de um lado, da eficácia geral das sanções físicas e, de outro, da finalidade mínima e imprescindível de todo Governo. Com referência ao primeiro ponto, convém insistir que, salvo exceções particulares, a segurança física da própria vida tende a ser o valor fundamental para todos os homens. Devido a isto, o controle efetivo da conduta humana é exercido, como último recurso, privando os homens, totalmente ou em parte, deste valor fundamental. A eficácia generalizada da aplicação da Violência é, portanto, superior à da aplicação de sanções de outra natureza. Isto é ainda mais verdadeiro quando se procura obter

uma omissão, e a ameaça da Violência ou a sua aplicação tem uma função aterrorizadora. Aqui entra o segundo ponto: a função de aterrorizar da Violência é indispensável, pelo menos, para obter a finalidade mínima de um Governo, isto é, a manutenção das condições externas que salvaguardem a coexistência pacífica. Esta coexistência pacífica pode abranger somente uma parte da população: os membros de pleno direito da comunidade, mas não, por exemplo, os escravos. Não se trata, obviamente, da única finalidade do Governo, nem de sua finalidade principal. Ao longo da história os Governos perseguiram inúmeros fins, muito diferentes entre si. A manutenção da coexistência pacífica, porém, é preliminar a qualquer outra finalidade, isto porque somente numa situação pacífica o poder político pode levar a efeito aquelas coordenações e aquelas organizações das atividades humanas que são dirigidas para objetivos mais complexos. Ora, manter as condições externas da coexistência pacífica quer dizer impedir as ações violentas entre os grupos e os indivíduos que fazem parte da comunidade; e a experiência consolidada das sociedades políticas tem demonstrado até hoje que, para conseguir este objetivo. é indispensável a ameaça da Violência do Estado e sua imposição regular em caso de desobediência.

Vale observar que do monopólio da Violência se pode falar no que se refere às que Weber chamava "as comunidades políticas plenamente desenvolvidas", nas quais se processa, ao redor de um poder central de Governo, aquele conjunto de comportamentos que chamamos de "política", e que é feito de partidos e facções que buscam a conquista do poder político e de grupos de pressão que buscam influenciá-lo de fora. Tal, porém, não acontece em muitas sociedades ditas "primitivas", que não têm nenhum poder centralizado e onde o aspecto político do agir social ainda não se desenvolveu, mas permanece misturado de maneira indissolúvel com outros aspectos (religioso, econômico, etc.) da sociedade. Além disso, mesmo nas comunidades políticas "plenamente desenvolvidas", o monopólio da Violência nunca é absoluto. O Governo utiliza tipicamente, com continuidade e de maneira tendencialmente exclusiva, a Violência através de um ou mais aparelhos especializados (a polícia, o exército), que dispõem de maneira preponderante em relação a todos os outros grupos internos da comunidade de homens e de meios materiais para usá-la.

Em todas as sociedades políticas existem, porém, outros usos da Violência que não partem diretamente do poder político. Sobre tais usos o

Governo faz valer seu monopólio tendencial da Violência, com determinados comportamentos característicos. Antes de tudo, temos usos da Violência que não partem diretamente do poder político e são declarados "ilegítimos": as extorsões e outros atos violentos entre particulares, ações violentas de bandos de gangsters ou de grupos rebeldes, etc. O Governo opõe a estes usos da Violência, com um sucesso sociologicamente destacado, a sua Violência "legítima". São conhecidos também usos da Violência que não partem dos Governos, mas que são por este permitidos: a Violência, mais ou menos limitada, que o pai pode usar no exercício do poder corretivo sobre o filho, a Violência exercida em estado de legítima defesa e assim por diante. A respeito dos usos "legítimos" da Violência, o Governo tende a chamar a si o poder de sua regulamentação exclusiva.

Dizer que o poder político possui o monopólio da Violência é afirmar que esta é seu *meio específico* e tendencialmente exclusivo, mas não significa afirmar que a Violência é o *fundamento* exclusivo e tampouco o fundamento principal do poder político. Isto não quer dizer que o terror da Violência seja a única motivação ou a motivação principal que leva os membros da comunidade a obedecerem aos comandos do Governo. Mesmo na sociedade dirigida de maneira mais tirânica, os governantes não podem prescindir do consenso, se não de outros, ao menos dos membros pertencentes ao aparelho especializado para o emprego da Violência. E quando qualificamos de "legítima" a Violência de que o Governo detém o monopólio, existe uma certa zona de consenso, pois a legitimidade da Violência exercida pelo Governo, conforme determinadas modalidades e dentro de certos limites, não é simplesmente uma pretensão dos governantes, mas corresponde a uma crença dividida entre uma parte dos governantes. Em linhas gerais, o poder político funda-se sempre, parcialmente, sobre a Violência e, parcialmente, sobre o consenso. O consenso, por sua vez, baseia-se, em parte, sobre a obtenção de interesses próprios mais ou menos tangíveis e, em parte, na crença em determinados valores (o direito divino dos reis, a democracia, o comunismo, etc.). Apóia-se também sobre atitudes afetivas (a identificação com um chefe carismático, o apego emotivo aos símbolos da comunidade política, como a bandeira, o hino nacional, etc.). Não se pode antecipar qual seja o peso relativo da Violência, como fundamento do poder político, mas deve-se procurar sabê-lo de vez em quando por meio da pesquisa empírica. Existem Estados nos quais a Violência tem um peso limitado e, decisivamente, de segundo plano, e Estados nos quais esta adquire uma incidência determinante, mesmo como fundamento do poder do Governo. Entre os sistemas políticos de nosso conhecimento, a Violência tem o papel mais importante entre os que a empregam, não somente para punir, de maneira preestabelecida, as condutas desviantes, mas também semear o terror.

A Violência que alimenta uma situação de terror se distingue da Violência que sustenta a eficácia continuativa de um poder coercitivo porque esta é mensurada e previsível e aquela incomensurável e imprevisível. No caso do simples poder coercitivo, a Violência punitiva atinge as condutas desviantes que foram determinadas com antecipação e as castiga com intervenções físicas, cujo valor é também preestabelecido e medido conforme a gravidade da desobediência. Este tipo de Violência provoca na população um temor racional e permite o cálculo dos custos dos comportamentos de desobediência. No caso do terror, ao contrário, a Violência atinge por acaso comportamentos não prefixados, nos quais se manifesta, ou pretende manifestar-se, também de maneira mais indireta e incerta, uma crítica ou uma oposição. Além disso, a Violência atinge estes comportamentos não de maneira discriminada e ponderada, mas cegamente, como uma fúria selvagem. Mesmo o pretexto mais tênue pode causar a morte ou a privação da liberdade pessoal. Este tipo de Violência gera na população um medo irracional, perenemente ameaçador e sem contornos precisos, impedindo qualquer cálculo ou previsão. O único modo para resguardar-se relativamente (e só relativamente) é não oferecer nenhum pretexto que provoque a Violência, abstendo-se de qualquer gesto de crítica ou oposição, mesmo a mais tênue e inocente. A finalidade principal da Violência terrorista é exatamente a de truncar e paralisar antecipadamente oposição potencial.

É evidente que o recurso às ações terroristas podem se verificar em diversos contextos, por exemplo, nos conflitos bélicos e na luta de um grupo rebelde ou revolucionário. O que importa neste caso é que a Violência terrorista pode ser usada como um método relativamente estável de Governo, como aconteceu nos regimes totalitários contemporâneos, onde o terrorismo chegou ao máximo de sua eficácia, empregando modernos meios tecnológicos das polícias secretas e uma rede de espionagem. Aqui o terror tem a função de inibir a oposição em potencial contra a transformação total da sociedade ou contra sua conversão numa perfeita máquina de agressão contra o exterior. Além disso, regimes que recorrem regularmente à Violência terrorista foram recentemente encontrados na África pré-colonial. Trata-se dos chamados "despotismos terroristas", que se caracterizam por uma forte crença na legitimidade de Violência do déspota e na qual o terrorismo tem a função de prevenir as possíveis crises de integração. Deve-se deixar claro que nos regimes que fazem largo uso da violência terrorista, especialmente quando funciona aliada a um sistema de incentivos que estimula a competição, consegue o efeito não somente de paralisar a oposição potencial, mas também de forçar a adesão ao regime dos membros passivos da comunidade.

Nos casos mais extremos, o indivíduo se depara com duas únicas possibilidades: ser vítima ou ser carrasco. Mais freqüentemente a adesão ao regime aparece como o modo mais seguro para evitar a possibilidade, que nunca se pode excluir, de chegar a ser o alvo da Violência terrorista. Esta adesão é acentuada pelas vantagens comparativas que traz consigo e pela conexa competição, na qual o indivíduo deve comprometer-se e que absorve grande parte de suas energias. Assim a Violência terrorista obtém um resultado indireto de transformar em colaboração ativa o que, de outro modo, seria uma atitude de passividade.

É evidente que o Governo usa a Violência, não somente com a sua comunidade política, mas também contra o exterior, na confrontação com outras comunidades políticas e outros Governos, que dispõem, por sua vez, de um monopólio análogo da Violência "legítima". O fato da monopolização da Violência que joga aqui um papel muito importante; isso explica a diferença que existe entre a política interna e a política internacional e que torna vã qualquer tentativa de construir uma política geral, que use sempre os mesmos conceitos para interpretar os fatos políticos internos e os fatos entre Estados. O caráter distinto e irredutível das relações entre os Estados apóia-se no fato de que estes se verificam num contexto (a pluralidade das unidades políticas dotadas dos aparelhos e dos instrumentos da Violência) que torna normal a alternância entre a guerra e a paz e onde a estrutura das expectativas vigentes considera válida a possibilidade do recurso à Violência para resolver as controvérsias.

Até aqui examinamos a Violência exercida pelos Governos. Já se disse que o monopólio estatal da Violência nunca é absoluto, mas apenas parcial. Acrescentamos agora que a Violência tem importantes funções também nas relações entre os grupos internos de um sistema político, especialmente na ação de um grupo rebelde ou revolucionário. A ameaça e, como recurso extremo, o uso da Violência fazem parte do arsenal de armamentos com os quais os diversos grupos procuram provocar uma mudança política ou salvaguardar o *status quo*, com a diferença de que a ação de repressão, quando permanece relativamente estável e o equilíbrio das forças que sustentam o poder político, é delegada diretamente à Violência considerada "legítima" do Governo, enquanto que a Violência contrária é exercida diretamente pelo grupo rebelde ou revolucionário.

A análise que se seguirá das diversas funções políticas da Violência considerará prevalentemente, mesmo se não exclusivamente, estes conflitos internos. O conjunto de funções que serão examinadas não tem a pretensão de ser completo; todavia sua discussão poderá contribuir para demolir dois preconceitos de sentido oposto que são freqüentemente repetidos a propósito da Violência: o primeiro, de tipo redutivo, é que a Violência vem a ser um fenômeno marginal, que pode ser esquecido ou quase esquecido em uma teoria empírica da política; o segundo, de tipo exaltativo, é que a Violência constitui uma ação criativa porque, por si só, tem a capacidade de renovar a sociedade.

III. Outras funções políticas da Violência. — O objetivo óbvio e direto do emprego da Violência é destruir os adversários políticos ou colocá-los na impossibilidade física de agir com eficácia. Têm esta função as guerras de extermínio, os genocídios, a eliminação da velha classe governante por parte de um movimento revolucionário, a expulsão dos opositores do território do Estado e todas as formas de reclusão e de deportação para campos de concentração ou para lugares de desterro. Também o assassinato político, que freqüentemente tem um objetivo psicológico indireto, em certos casos volta-se para a destruição do inimigo. Isto acontece especialmente quando no grupo adversário a autoridade está (ou acredita-se que esteja) fortemente concentrada nas mãos de um único homem e quando o poder deste chefe depende (ou acredita-se que dependa) dos atributos pessoais mais do que do cargo que ocupa. Daí a freqüência dos atentados contra os chefes carismáticos.

Muito mais comum é o uso da Violência não para destruir os adversários políticos mas para dominar sua resistência e vontade. Um caso muito particular é o da tortura, caracterizado pelo fato de que a Violência é monopolizada apenas por uma das partes, que a emprega contra a outra parte indefesa. Os carrascos, que torturam o conspirador caído na rede da polícia, o submetem a uma Violência crescente com o intento de quebrar sua resistência e de extorquir-lhe os nomes dos companheiros de luta. Mas os relacionamentos de grande duração mais importantes são aqueles em que a Violência se faz presente (pelo menos em estado potencial) em ambos os lados da relação. Deste tipo são em grande parte os relacionamentos de agressão e contra-agressão que se verificam entre grupos e que podem ser interrompidos nas primeiras fases da luta, no caso de as partes encontrarem meios para um entendimento que altere ou confirme as velhas relações de poder. A tensão pode também intensificar-se numa espiral de Violência cada vez maior, que pode explodir num conflito direto e geral, como, por exemplo, a guerra no relacionamento entre Estados. Nas guerras também, menos no caso excepcional das guerras de extermínio, os beligerantes empregam a Violência, não para chegar à destruição total do inimigo, mas para impor-lhe suas próprias condições. Por esta razão prevalece, geralmente, o interesse para ambos os beligerantes em manter alguns canais de comunicação durante o conflito, além da conhecida política de deixar sempre ao inimigo um caminho para sair com honra do embate. Isto reduz o perigo de arcar com os custos de um prolongamento da guerra desproporcional aos fins que se pretendem atingir.

Nas guerras civis e nas revoluções, a Violência tem, em grande parte, a mesma função de vencer a resistência do adversário: um movimento revolucionário, mesmo quando liquida os velhos governantes, não destrói toda a classe dirigente preexistente. Os chefes da revolução buscam simplesmente impor sua vontade pelo menos a uma parte desta. A mesma função têm os atos de Violência (tumultos, motins, ações terroristas), através dos quais se manifesta a rebelião de um grupo no âmbito de um sistema político e, paralelamente, os atos de repressão da polícia e do exército. Em todos estes casos, a Violência tende, direta ou indiretamente, a mostrar a decisão do grupo que a usa, a minar a coesão e a combatividade do grupo adversário, a desmoralizar seus membros e, finalmente, a impor-lhe uma alteração (ou uma consolidação) em favor do precedente situação no poder. Mas esta, que diz respeito ao grupo antagônico, não é a única função da Violência nos tipos de relacionamentos citados: os atos violentos têm também importantes funções com respeito ao ambiente externo, ou seja, em relação aos grupos não implicados no conflito e com respeito ao mesmo grupo que recorre à Violência. Consideraremos brevemente estas outras funções, tendo presente, principalmente, o caso da rebelião ou da revolução no interior de um sistema político.

Uma função crucial da Violência de um grupo rebelde ou revolucionário em relação ao ambiente externo é de caráter simbólico. O recurso ao meio extremo da Violência exprime a gravidade de uma situação de injustiça e a legitimidade das reivindicações do grupo rebelde. A Violência susta as regras da ordem social constituída: com a arma dramática e terrível da Violência, os homens que a empregam quebram a lei e se autoproclamam legisladores em nome da justiça. Esta carga simbólica da Violência depende de certas condições: por exemplo, a Violência não deve ter sido desvalorizada por um uso endêmico ou por motivos leves; o ato de Violência deve atingir o grupo antagônico, em particular homens e coisas que simbolizem a causa do estado de injustiça do grupo rebelde. As ações terroristas que atinjam as pessoas não implicadas no conflito perdem por isso, no seu todo ou em parte, esta função simbólica. Um método eficaz para afirmar a legitimidade das próprias reivindicações pode ser também o suicídio individual ou de grupo. Numa situação em que a força adversária predominante não deixa aberta nenhuma possibilidade de ação operante, o suicídio, que pode assumir também uma forma de provocação no martírio, libera uma carga simbólica muito intensa e estigmatiza com a marca da injustiça o estado das coisas presentes, projetando uma luz profética sobre o futuro mais ou menos longínquo. É bom lembrar que este tipo de Violência, enquanto afirma a legitimidade das exigências do grupo rebelde, ao mesmo tempo contesta perante o ambiente externo a legitimidade dos privilégios ou da situação de vantagem do grupo antagônico. Por isso, a Violência dos grupos rebeldes ou revolucionários tem freqüentemente a finalidade de provocar a reação do adversário para fazer cair sua máscara de hipocrisia e mostrar os enganos e as maquinações (verdadeiras ou presumidas), que lhe permitem dominar sem meios violentos, minando assim pela raiz a legitimidade de sua posição de poder.

Os atos violentos, mesmo quando não provocam as citadas conseqüências simbólicas, provocam, porém, um efeito notável no ambiente externo, chamando a atenção. Nada chama mais a atenção do que a Violência, que permite assim a rápida divulgação, para deixar bem visível e no grau máximo a importância da reivindicação e do ressentimento. Com os atuais meios de comunicação de massa, um episódio de Violência particularmente clamoroso pode prender a atenção de uma enorme parte de toda a humanidade. Disto se origina, em parte, a recente proliferação de métodos de Violência "espetaculares", como o de desviar a rota de um avião, os seqüestros de pessoas de grande notoriedade ou ainda verdadeiros massacres. A finalidade principal da Violência de rebelião ou revolucionária, porém, não é simplesmente de chamar a atenção, mas sim de modificar a seu favor a estimativa que os grupos externos fazem da situação, induzindo-os a apoiar eficazmente as próprias exigências. Nas relações de agressão e contra-agressão, a sustentação externa é muito importante e freqüentemente decisiva para o êxito do conflito. Neste sentido, mesmo os atos de Violência mais brutais e indiscriminados podem inserir-se ou ser utilizados no âmbito de uma estratégia mais complexa, que visa a conquistar o apoio externo e que comporta a divisão entre o papel de uma fração "responsável" e "razoável" do movimento rebelde ou revolucionário e o papel de uma fração "extremista" e "irresponsável": neste jogo entre as partes, a Violência cega dos extremistas pode aumentar o poder de contratação dos chefes mais moderados, mas pode também diminuí-lo, conforme as circunstâncias. Em geral, a direção que tomará o apoio externo dependerá de numerosas condições, como as características dos grupos em conflitos, a natureza dos interesses dos outros grupos relevantes, a organização e orientação da estrutura decisória, a que se pode eventualmente recorrer para solucionar o conflito, etc.

A Violência chama, portanto, a atenção do público e uma vez que seja adequadamente intensificada restringe a liberdade de escolha dos grupos externos, forçando os que não estão comprometidos a tomar partido. Mas, em si, a Violência não pode determinar a direção que tomará o apoio externo. Não é um fato insólito que as Violências de um grupo rebelde ou revolucionário geram um apoio maior a favor do grupo agredido, ou que a repressão violenta exercida pelo Governo tenha efeito de suscitar a indignação dos grupos externos, deslocando partir de seu apoio para o grupo rebelde ou revolucionário.

Finalmente, com respeito ao mesmo grupo que a ela recorre, a Violência tem a função de favorecer a formação de uma consciência de grupo e de estabelecer a identidade e os limites do próprio grupo. São os atos violentos dotados de uma grande carga simbólica de afirmação da legitimidade os que têm maior peso na promoção de uma "consciência de grupo" entre os que se encontram na mesma situação de desvantagem. Ao mesmo tempo, a Violência separa o grupo do resto da comunidade e, muito especialmente, coloca esta comunidade em contraposição com o grupo antagônico contestando sua legitimidade: a identificação do inimigo tem aqui um papel importante na busca da própria identidade. No interior de um grupo já constituído, a Violência cole-

tiva tende, portanto, a acentuar a centralização e a cimentar a união entre os membros. De uma parte, a condução de um cónflito violento com o exterior, que tenha um mínimo de duração, exige uma diferenciação de tarefas e de papéis, além da subordinação das diferentes atividades a um único centro de comando. De outra parte, um conflito violento tende a provocar a mobilização das energias e dos recursos dos membros do grupo e, portanto, a aumentar a coesão deste. O grau destes dois efeitos da Violência externa e seus relacionamentos recíprocos parecem depender, por sua vez, da intensidade de coesão e da solidariedade existentes antes do conflito violento, assim como depende em parte também das dimensões do grupo. Quanto maior for a coesão precedente ao conflito, maior será sua sucessiva intensificação, enquanto o aumento da centralização consegue manter-se em limites contidos, especialmente nos pequenos grupos. Quanto menor for a coesão do grupo, antes do conflito violento, será mais provável que o grupo se desagregue diante da Violência externa ou que a centralização aumente, especialmente nos grandes grupos, até o ponto da instauração de uma estrutura de poder autoritária e ditatorial. Um exemplo da influência das dimensões do grupo foi dado por certos grupos revolucionários (ou também de companheiros de armas) relativamente pequenos e empenhados em conflitos violentos que comportam perigo real de destruição ou de morte. Nestes grupos, a coesão pode exaltar-se até o ponto de produzir um clima de profunda fraternidade, no qual os relacionamentos se baseiam numa absoluta igualdade e onde se verificam freqüentemente atos de grande nobreza e altruísmo. Esta experiência muitas vezes fez surgir a ilusão, comum nas exaltações da Violência, de que o embate cruento, o banho de sangue, por si mesmo, tem a virtude de gerar o "homem novo" na base do qual se pode construir uma "sociedade nova", fundada na igualdade e no desinteresse. Trata-se, porém, de uma ilusão, visto que a fraternidade que se manifesta no curso de um conflito violento é um fenômeno transitório, que se pode realizar somente enquanto permanece um iminente perigo de vida.

Deixamos agora de lado as relações de agressão e contra-agressão e consideremos uma outra função política da Violência, que deriva precisamente do fato de que os conflitos violentos com um inimigo tendem, em determinadas condições, à união do grupo. Referimo-nos ao desvio das hostilidades contra os chefes políticos ou entre diferentes componentes da comunidade, mediante o ataque contra um "bode expiatório". É bem conhecida a política de descarregar perigosas tensões internas através de uma conduta agressiva contra o exterior. Esta conduta pode consistir numa campanha propagandística nacionalista ou contra uma potência estrangeira específica em atos violentos, mais ou menos esporádicos ou persistentes e de crescente intensidade, até chegar à guerra verdadeira. No caso, porém, da agressão contra um "bode expiatório", o alvo da Violência é constituído, geralmente, por um elemento do próprio grupo. Este tipo de Violência pode assumir a forma de atos rituais e cerimoniais, que se repetem de maneira mais ou menos regular e operam como válvula de segurança, ou podem desencadear-se contra um grupo interno que, favorecido por certas condições históricas, revela-se apropriado para o papel de cordeiro a sacrificar com respeito a muitas tensões existentes no âmbito da comunidade. Um exemplo particularmente brutal, e ao mesmo tempo eficaz, é o da Violência nazista contra os judeus na fase da ascensão e consolidação do nazismo. Fazendo radicalmente distinção entre um socialismo verdadeiramente "nacional" e a doutrina do judeu Marx, os nazistas desviaram contra os judeus parte da hostilidade da pequena burguesia e das classes altas contra o proletariado. Sublinhando o papel de primeiro plano de diversas personalidades hebraicas no setor financeiro internacional, os nazistas dirigiram contra o povo judeu parte do velho ressentimento da aristocracia, da pequena burguesia e das classes baixas contra o capitalismo, chamando a atenção também para a parte importante que numerosos hebreus tiveram na renovação dos costumes morais, no teatro e na arte considerada "degenerada". Deste modo, os nazistas conseguiram dirigir contra os hebreus parte das hostilidades do campo e da província contra a "imoralidade" das cidades que quebrava os velhos códigos tradicionais. Não há dúvida de que este bode expiatório permitiu a muitos alemães, especialmente nas camadas pequeno-burguesas, acreditar novamente, desta vez sob a forma de um nacionalismo exasperado, na reconstituição da unidade e da potência da Alemanha após a derrota da Primeira Guerra Mundial com suas gravíssimas conseqüências.

BIBLIOGRAFIA. — G. SOREL, *Réflexions sur la violence,* Paris 1908 (trad. ital. in *Scritti politici,* Torino, 1963); M. WEBER, *Wirtschaft und Gesellschaft,* Tübingen 1922 (trad. ital. Milano, 1962); L. COSER, *The functions of social conflict,* Glencoe, Ill., 1956 (trad. ital. Milano 1967); H. L. NIEBURG, *La violenza politica* (1969), Guida, Napoli, 1974); E. V. WALTER, *Terror and resistence,* Oxford University Press, New York 1969; H. ARENDT, *Sulla violenza* (1970), Mondadori, Milano 1971; T. R. GURR, *Why men rebel,* Princeton University Press, Princeton 1970.

[MARIO STOPPINO]

Vontade Geral.

Esta expressão indica, no *Contrato social* de J. J. Rousseau, a vontade coletiva do corpo político que visa ao interesse comum. Ela emana do povo e se expressa através da lei, que é votada diretamente pelo povo reunido em assembléia; assim é garantida e não limitada a liberdade do cidadão. De fato, este, enquanto é participante da Vontade geral, pode considerar-se soberano e, enquanto é governado, é súdito, mas súdito livre, porque, obedecendo a lei que ele ajudou a fazer, obedece assim a uma vontade que é também a sua autêntica vontade, o seu natural desejo de justiça. Onde o homem e o povo não obedecem às leis, devem ser obrigados a isto, o que, para Rousseau, significa serem obrigados a ser livres. A liberdade natural é assim substituída pela liberdade civil, que consiste em obedecer somente à lei, e em aquiescer à Vontade geral e jamais a uma vontade particular. Isto implica uma sociedade de pequenas dimensões, uma cidade-Estado (Rousseau pensava em Genebra), na qual seria possível uma democracia direta. Somente assim o homem pode realizar sua virtude plena, tanto ética quanto civil.

Rousseau distingue a Vontade geral da vontade particular, que tende a um interesse particular, e da vontade de todos, que é mera soma de vontades particulares e, como estas, tendem ao interesse privado. A Vontade geral distingue-se especialmente pela qualidade, pelo seu caráter ético, ou seja, pelo interesse comum a que esta aspira e não pelo número de votos, portanto, teoricamente ela pode ser expressa também por uma única pessoa. Rousseau, todavia, introduz no *Contrato social* o critério da maioria como método empírico para reconhecê-la. A Vontade geral, mesmo sem ser a rigor a vontade de todos, declara-se, na prática, através da vontade de muitos, onde todos os cidadãos participam do direito do voto. A Vontade geral vem a ser assim a vontade racional do Estado, juntamente com a vontade racional do povo e do indivíduo, cujo querer está em conformidade com o do Estado. Com isto, Rousseau entende superar a antítese tradicional entre indivíduo e Estado, entre liberdade e autoridade, criando assim as bases para a teoria moderna da soberania popular.

A história do conceito de Vontade geral não termina com Rousseau. Mesmo se antes de 1789 o *Contrato social*, pelo menos na França, tem escassa difusão, durante a Revolução Francesa torna-se popular. A partir daí o pensamento político de Rousseau é reivindicado·como pertencente à própria história, tanto pelos partidários da tradição democrática liberal, como pelos que optam pela tradição totalitária democrática. Na Assembléia Nacional o nome de Rousseau é invocado para defender o corpo representativo com voz da Vontade geral ou da soberania popular num momento em que o povo ainda precisa ser "iluminado". A partir dos fins de 1791, ao contrário, Rousseau é o ídolo do povo, e a Vontade geral transforma-se na "vontade do povo". Particularmente os jacobinos propõem-se a realizar um Estado inspirado no *Contrato social* e fundado na "virtude" e no "patriotismo", mas como se julga que o povo ainda não é suficiente e adequadamente educado para expressar a vontade geral, Robespierre arroga-se o direito de falar em nome dela ou do povo e acusa todo dissidente de inimigo do povo ou do Estado, caracterizando, em nome destes princípios, aquele período sanguinário da Revolução Francesa, que passou para a história com o nome de terror (junho 1793-julho 1794). Depois dele, Babeuf, imbuído também do espírito de Rousseau, concebe a idéia da insurreição popular e da democracia direta. Num primeiro tempo, ele pensa que a Vontade geral possa ser expressa através de uma ditadura popular, mas, depois da queda de Robespierre (1794), decide que deve ser um grupo restrito e selecionado a conspirar para tomar o poder e depois representar a vontade do povo (Conjuração dos Iguais).

A teoria da Vontade geral é, freqüentemente, relacionada com o pensamento marxista e com os seus herdeiros, enquanto que, também para estes, a sociedade livre é aquela em que todos obedecem à Vontade geral. Trata-se somente de encontrar· o tipo certo de sociedade na qual o interesse egoístico coincida com o interesse geral, o egocentrismo e o apego individual aos próprios fins utilitários sejam anulados e o indivíduo se realize na coletividade.

As sociedades totalitárias inspiradas no marxismo-leninismo são citadas, por vários autores, como as herdeiras autênticas do espírito de Rousseau: mesmo se nelas a democracia tenha um caráter antiparlamentar e a vontade do povo pretenda afirmar-se diretamente através das decisões da opinião pública que se expressam nas decisões do partido; mesmo se nelas, também se note a aspiração da unanimidade e se admita um único caminho reto e, por conseqüência, uma única vontade reta da qual é expressão a comunidade, a coletividade ou o Estado. É opinião comum que também as modernas sociedades socialistas, cujo socialismo, porém, é estranho à tradição do marxismo-leninismo, pautam a sua inspiração pelo *Contrato social* de Rousseau e pelo conceito da Vontade geral (por exemplo, o chamado socialismo africano).

Não obstante o conceito da Vontade geral, como foi teorizado por Rousseau, pareça não ter condições para inserir-se na tradição da democracia constitucional, ele é, entretanto, retomado e adaptado por muitos autores para justificar o Governo representativo. Este processo inicia-se com Kant, que transforma o conceito de Vontade geral naquele imperativo categórico e faz dele, tanto o critério da moralidade, como da legalidade. Fichte inspira-se nele para criar uma filosofia do autoritarismo e da supremacia do Estado. Em Hegel, ao contrário, o conceito de Vontade geral, transportado para seu sistema historicista, assume um caráter nacionalista e transforma-se em adesão voluntária às instituições sociais e políticas, emersas historicamente sob a forma de um Estado nacional e constitucional, e no espírito da nação que realiza uma cultura nacional e uma constituição histórica. Os escritores liberais francêses da Restauração e de grande parte do século XIX refutam o *Contrato social*, enquanto enxergam na teoria da Vontade geral um perigo para a liberdade individual. No fim do século XIX, o idealista inglês T. H. Green retoma o conceito de Vontade geral e o introduz no seu liberalismo, identificando-o com uma consciência social que regula a lei e por ela é sustentada. B. Bosanquet atribui à sociedade uma "vontade efetiva", com a qual a vontade individual coincidiria se o homem fosse perfeitamente inteligente e adequadamente educado. O tema da Vontade geral não é estranho também às teorias mais recentes do liberalismo, mesmo sendo ele constantemente transformado, pois a concepção que Rousseau tem da liberdade é substancialmente diversa da do liberalismo: enquanto este se preocupa em evitar a extensão dos poderes do Estado, Rousseau acha que a liberdade dos cidadãos somente é possível através da força do Estado.

[SAFFO TESTONI]

ÍNDICE REMISSIVO

A

Aborto, 425, 489.

Absolutismo, *1-7*, 12, 49, 124, 214, 258, 263, 281, 370-1, 339-40, 554, 1060, 1102 e 1183.
iluminado, 297.
papal, 421.
estatal, 746.

Abstenção do trabalho, 560.

Abstencionismo, *7-9*, 192, 860, 889, 906, 1075.

Ação Católica, *9-10*.

Acordo Internacional, 856.

Aculturamento, 241.

Adaptabilidade ao ambiente, 1012.
rigidez do sistema político, 398.

Administração — autoridade, 13.
colonial, 105.
comum, 207.
da soberania, 12.
eclesiástica, 852.
empresarial, 12-3.
indireta, 46.
periférica, 87.
política, 15.
pública, *10-17*, 261, 336, 339.
pública central, 338.
social, 16.
tecnocrática, 431.

Agitação, 1018.

Agnosticismo, 216.

Agregação das preferências individuais, 309.
sociais, 106.

Agressão, *17*, 73, 98, 312, 576, 1296-8.
indireta, 313.
interna, 313-4.

Alfabetização, 774, 1252.

Aliança, *17-20*, 113, 171, 218, 1089.
clérigo-moderada, 636.
defensiva, 315.
entre trono e altar, 155.
internacional, 1089.
militar, 823.

Alienação, 6, *20-23*, 28, 56, 76, 307.
religiosa, 69.

Anabatistas, 23.

Anarquia, 245, 282, 283.
da produção, 1118.
internacional, 218, 478-480, 489, 1069, 1073, 1083, 1089, 1091, 1094-97.

Anárquico-sindicalista, 1151.

Anarquismo, *23-29*, 68, 118, 719, 1079, 1189, 1199 e 1243.
comunista, 24.

individualista, 718.
Ancien Régime, 29-32, 33, 68, 155, 157, 176, 654, 832.

Anexações, 71.

Antagonismo, 1151.
de classe, 274.
dominante, 171.

Antiautoritarismo, 27-8.

Anticlericalismo, *32-34*, 69, 176, 422, 821, 893, 896.

Anticomunismo, *34-35*, 179, 652, 725.

Anticontratualista, 277.

Anticurial, 215-16.

Antidemocraticidade, 99, 124.

Antidogmatismo, 701.

Antifascismo, 34, *35-39*, 647.

Antifeminismo cultural, 487.

Antiigualitário, 96.

Antiparlamentarismo, 886.

Anti-religiosa, 176.

Anti-semitismo, *39-45*, 97, 808, 811, 1059-60, 1117.
popular (ou de massa), 42-5.

Antropologia aplicada, 46.
jurídica, 1157.
política, *45-9*.
revolucionária, 243.
social, 45.

Aparelho, *49-53*.
burocrático (ou administrativo), 65, 74, 124.
central do Estado, 81, 85, 177.
de partido, 74, 127.

Apartheid, 53-56, 181.

Apatia, 7, *56*, 103, 307, 319, 361-362.
eleitoral, 192.

Apostolado, 9.

Appeasement, 56-7.

Aristocracia, 33, 53, *57*, 161, 263, 319-20, 555, 558, 828, 835, 837, 1081, 1245.
do talento, 462.
operária, 131-3, 683.

Armamento, (*Ver* Estratégia e política dos armamentos), 146, 433, 435, 1094.
nuclear (ou termonuclear), 20, 114, 305, 435, 485, 1094.

Armistício, 912.

Asilo, Direito de, *57-60*.

Assassínio político, 1295.

Assembléia, *60-1*, 107, 880.
constituinte, 60, *61-64*.
legislativa, 60, 882.
representativa, 260.

Assimilação, *64*.

Associação, 218, 1137.
de Estado, 218.

de mútua ajuda, 1045.
entre capital e trabalho, 542.
política, 66.
voluntária, 890.

Associacionismo, 25, 48, 65, 690.
católico, 1045.
cooperativo, 75.
operário, 1151.
sindical, 67, 75, 1151.
voluntário, *64-6*, 194.

Associações patronais, *67-8*.

Ateísmo, 33, *68-9*, 225.

Atentado, 1243.

Ativista sindical, 1100.

Austromarxismo, 1194, 1231.

Autarquia, 85, 1073.

Autocefalia, 85.

Autocolonialismo, 181.

Autoconsciência, 989.

Autoconsumo, 41.

Autocracia (*Ver* Ditadura), 56, 117, 372.

Autocrata, 340, 623.

Autocrítica, *69-70*.

Autodeterminação, *70-74*, 87, 359, 799-802, 1142.

Autogestão, 26, *74-81*, 180, 237, 1034.

Autogoverno 14-6, 77, *81-8*, 184.
das comunidades locais, 482.
dos produtores, 238, 325, 684, 742.

Autonomia (*Ver* Autogoverno; Descentralização e Centralização), 79, 85, 635.
ao político, 406, 409.
da política, 495, 961.
das comunidades, 479.
de ação operária, 1155.
do indivíduo, 71, 245.
gerencial, 74, 75, 79.
local, 74, 84-6, 251, 266, 336.
operária, 1155.
regional, 1084.
relativa das superestruturas, 1098.
relativa do poder político, 1084.
subordinação, 398.

Autonomismo, 1145.

Autoridade, 6, 23-5, 45, 77, *88-94*, 395, 605.
ambigüidade da, 92.
carismática, 90, 155.
coercitiva, 89-90.
emergente, 90.
espiritual, 671.
estabelecida, 90.
hierárquica, 48.
incondicional, 92.
legítima, 89.
socializada, 77.
supranacional, 1187.

Autoritarismo, 93, *94-104*, 372, 397, 467, 941.
cognitivo, 99.
da classe trabalhadora, 99.
de esquerda, 99.
fascista, 99.
tradicional, 97.

B

Babuvista, 24, 207.

Balance of powers, 114, 115, 556, 573, 575.

Balcanização, *105*.

Banditismo, *105-106*.

Behaviorismo, 187.

Bellum justum, 574-6.

Bem comum, *106-7*, 288, 958.

Bernstein, 1117-21.

Beruf, 143, 1006.

Betriebsräte, 1100.

Bicameralismo, *107-111*, 881.

Bipartidarismo, 159, 457, 849, 883, 1178.
britânico, 1083, 1169.

Bipolarismo, 114, 944.

Bismarckismo, 160.

Blanquismo, *111-3*, 210, 654, 1243.

Bloco agrário, 1056.
camponês, 1055.
do poder dominante, 161.
social, 819.
socialista, 78.

Blut und Boden, 1061.

Bolchevismo, 51, *115-8*, 210, 654, 681, 745, 826, 1266.

Bonapartismo, *118-9*, 160, 162, 470, 542, 615, 617, 1095.

Boss, 52, 1008.

Bossismo, 178.

Boulangismo, 1117.

Bürgmeister, 199.

Burguesia, 34, 37, 41, 49, 97, 116-7, *119-24*, 161, 171-2, 197, 208-9, 227, 249, 699-700, 750, 781, 1007, 1216.
"compradora", 157.
revolucionária, 637-8.

Burocracia, 28, 50, 88, *124-30*, 133-6, 161, 249, 406, 868-9, 1007, 1219, 1251, 1263.
imperial, 994.
operária conservadora, 131.
profissional, 50.
revolucionária, 629.

Burocratização, 102, 127, *130-36*, 906, 1008, 1067, 1261.

Business unionism, 1152.

C

Cabinet government, 518.

Cacique, 157.

Calvinismo, 1035, 1037.

Cameralismo, *137-141*, 139-140.
acadêmico, 139-40.

Campo de concentração, 1221.
de trabalho forçado, 1254.

Capital, 716, 1034.
  bancário, 402, 613.
  constante, 613.
  financeiro, 402, 613.
  industrial, 402, 613, 723.
  monopólico, 402, 405, 407, 1226.
  móvel, 1033.
  social, 405.
  social conjunto *(Gesamtkapital)*, 402.
  -trabalho, 143, 147, 1016.
  variável, 613.
Capitalismo, 25, 36, 42-3, 76, 120, 122, 130, 133, *141-148*,
  161, 184, 209, 378, 474, 616-7, 919, 1015-6, 1033-4,
  1036, 1078, 1129, 1199, 1228, 1070.
  agrário, 1044.
  avançado (maduro), 819, 1154.
  corporativista, 147.
  democrático, 685.
  do Estado, 629, 699, 1180.
  financeiro, 615.
  industrial, 116, 120, 182.
  liberal, 706.
  moderno, 142-3.
  monopolístico, 613.
  organizado, 145, 401-2.
Carisma, 51, 118, 125, 318, *149-151*.
Carlismo, 892.
Casta, 53, 57, *151*, 170, 174, 827.
  burocrática, 135.
Castrismo, *151-5*.
Catolicismo, 155-6, 297.
  anticlerical, 176.
  integral, 636.
  liberal, *155-6*, 176, 688.
  político, 894.
  social, 893, 896.
Caudilhismo, 152, *156-7*.
Censo, *157*.
Censores, 1112.
Censura, 842.
Centralismo, 135.
  burocrático, 582.
  democrático, 348, 378, 452-3, 1009, 1223.
Centralização, 476.
  administrativa, 124.
Centrismo, *158-9*.
Centro (*Ver* Espaço Político)
Centro, 334, 1227.
  -esquerda, 158.
Cesarismo, 48, *159-62*, 374.
Cesaropapismo, 2, *162-3*, 380, 1238.
Chauvinismo, *163*.
Chefe, 1256.
  carismático, 160.
  do Estado, 250-5, 262-3, 266-7.
Cidade, 200, 1041.
  -campo, 1144.
  -Estado, 218, 553, 798, 949, 994, 1082, 1091 (*Ver*
  também Pólis).
  livre, 200

Ciência política, *164-9*, 177, 186-7, 496.
Clandestinidade, 654.
Classe, 16, 52, 112-3, 118, *169-175*, 190, 262, 425, 735,
  781, 827, 1141, 1170, 1210, 1216.
  antagônica, 171.
  burguesa, 171.
  camponesa, 735, 1042.
  dirigente, 176.
  dirigida, 386, 1122.
  dominada, 741.
  dominante, 117, 130, 133, 172, 175, 389, 741-2, 836.
  dos proprietários, 173.
  eleita, 836.
  empresarial, 122, 773.
  em si *(an sich)*, 172.
  hegemônica, 237.
  média, 100, 175, 445.
  média ("dos serviços"), 1228.
  nacional, 643.
  operária, 26, 79, 97, 111-3, 115-6, 124, 131, 132, 134,
  171, 209, 470, 680-3, 723, 781, 910, 1009, 1041, 1082,
  1117, 1156, 1188, 1191, 1197, 1230.
  para si *(für sich)*, 172.
  partido de, 112.
  pequeno-burguesa, 1253.
  pertencer a uma, 170.
  política, 14, 92, 305, 385-6, 836, 1006.
  pré-burguesa, 208, 1252.
  revolucionária, 121, 172.
  subordinada ou subalterna, 172.
  trabalhadora, 100, 190.
Classismo, 706.
Clericalismo, 32, *175-7*.
Clientela, 177-8, 569, 1111.
Clientelismo, *177-9*, 833.
  burocrático, 1056.
Clientes, 177.
Coalizão de Estados, 1091.
Co-decisão, 179.
Coerção, 144, 1292.
Coexistência pacífica, 34, 367, 1293.
Co-gestão, 75, 86, *179-81*.
Colaboracionismo, 113, 1115.
Colbertismo, 718, 746.
Coletivismo, 24, 75, 78.
Coletivo, 309.
Colonialismo, 64, 72, 101, *181-6*, 483.
  doméstico, 181.
Comício, 994, 1019.
  agrário, 1045.
  centurial, 1111-2.
  popular, 1111.
Comissão, 1002-3.
  deliberante, 254.
  interna, 1100.
  parlamentar, 882.
Comitês (Comissões), 309.
  de correspondência, 26.
  de notáveis, 49.

mistos, 108.
teoria dos, 309.
Common law, 262, 264, 351.
Commune, 195.
    populi, 197.
Complexo militar-industrial, 751.
Comportamentismo, *186-9.*
Comportamento coletivo, 27, 149, 595, 787-8.
    eleitoral, 188, *189-92*, 392.
    nacional, 797-8.
    político, 186, 319.
Comuna, 26, *192-200*, 1082, 1143.
    aristocrática (consular ou feudal), 195, 197.
    do podestade, 197.
    não italiana, 199.
    popular, 1143.
    senhoril, 197.
    urbana, 195-6, 1142-3.
Comunicação, 1020.
    de massa, 201, 204, 362, 1019.
    política, *200-204.*
Comunidade dos fiéis, 852.
    étnica e lingüística, 449.
    internacional, 355, 358.
    local, 390.
    natural, 510.
    política, 45, 217, 221, 305, 395, 675-6, 1076.
    primitiva, 1082.
    religiosa, 225.
    supranacional, 863, 1187.
    territorial, 77.
Comunismo, 21, 34, 36, 112, *204-10*, 378, 609, 719, 810, 1121, 1194-8, 1252.
    de guerra, 685, 1034.
    distributivo, 207.
    evangélico, 204
    filosófico, 21.
    nacional, 1266.
    utópico, 206, 1197.
Comunitarismo, 485, 930, 1197.
    da produção, 24.
    do trabalho, 24.
Conciliarismo, *210-15.*
Concílio, 10.
Concordata Eclesiástica, *215-8*, 425.
Concorrência, 145, 287.
    internacional, 146.
    monopolista, 969.
    oligopólica, 969.
Condição da mulher, 343, 489.
Confederação, *218-20*, 335, 485, 1064.
Confederalismo, 1273.
Confessionalismo, *220-22*, 894.
Confissões religiosas, *222-5.*
Conflito, 47-9, *225-30.*
    de classe, 226, 228, 741, 789.
    dos interesses, 287.
    do trabalho, 230.
    étnico, 226.
    industrial, 145, 180, 229-30, 560, 720, 1087, 1152,

1155.
    internacional, 225, 305, 483, 1090.
    partidário, 1075-6.
    político interno, 225-6, 228, 392.
    religioso, 427.
    social, 225-6, 228.
Conformismo, 98, *230-4*, 464, 1020.
Conquista territorial, 633.
Consciência de classe, 27, 116, 172, 681, 755, 759, 1017.
    política, 238, 1009.
    proletária, 1017.
    social, 511.
    teórico-prática, 485.
Conscrição (*Ver* Forças Armadas).
Conselho de delegados, 75, 235-6, 1100-1.
    de aldeia, 48.
    de empresa, 78, 235.
    de fábrica, 325, 1100-1.
    municipal, 235.
    territorial, 235.
Conselhos operários, 74, 80, 118, 180, *235-40*, 325, 684, 1100.
Consenso, 147, *240-2*, 310, 361, 397, 567, 712.
    eleitoral, 178.
    institucionalizado, 178.
Conservadorismo, 98, 131, *242-6.*
Constitucionalismo, 13, 61, *246-58*, 259, 267, 273-9, 281-2, 353, 482, 545, 700-1, 1185-6.
Constituição, 29-30, 60, 246, 256-7, *258-68.*
    balançada, 249.
    escrita, 260.
    flexível, 261.
    formal, 260-1.
    material, 260-1, 263.
    parlamentar, 1064.
    programática, 266.
    rígida, 63, 261, 354.
Contenção, *268-9.*
Contra-espionagem, 1147-8.
Contra-revolução, 96, 1128, 1135.
Contrato, 279-80, 282-3, 919.
    agrário, 1045.
    coletivo, 67, 229, 239, *269-71.*
    originário, 352.
    social, 20, 61, 107, 320, 322, 332, 350, 498, 658, 1180.
Contratos coletivos, 67, 229, 239, *269-72*, 871, 1155, 1189.
    descentralizados, 871.
Contratualismo, 25, 61, *272-83*, 322, 353, 1185, 1197, 1283.
Controle do executivo, 60, 885.
    de idoneidade, 72.
    democrático, 119.
    direto da mais-valia, 76.
    liberal, 119.
    operário, 80, 118, 239.
    político, 127.
    sobre o ambiente externo, 202.
    social, *283-5*, 407, 844.

Convenção, 59, *285-6.*

Cooptação, *286-7.*

Corporativismo, 102, *287-91*, 526, 818, 1195.

Corrupção, *291-3*, 844-5.

Corte constitucional, 262-4.
  judiciária, 255.

Cosmopolitismo, 44, *293-301*, 480, 485, 643-4, 792, 874.

Crimes contra a paz, 302.
  contra a humanidade, 302, 358, 543.
  de guerra, *301-3*, 358, 543.

Criminalidade política, 106.

Crise, 265, *303-6*, 1064, 1191, 1220.
  da carestia, 304.
  da democracia, 550.
  da distribuição, 769.
  da legitimação, 147, 285, 408, 548, 769.
  de desenvolvimento, 303.
  de estrutura, 303.
  de governo, 1220.
  de hegemonia, 161.
  de identidade, 769.
  de motivação, 407.
  de participação, 769.
  de penetração, 769.
  de sobrecarga, 303.
  do capitalismo, 142, 146-7, 469, 551, 1117.
  do racionalismo, 759.
  do sistema, 304.
  dos valores políticos, 246.
  econômica, 303.
  fiscal do Estado, 405, 409, 417, 548-50.
  governamental, 304.
  internacional, 305, 1090.
  orgânica, 161.
  política, 303, 407.
  revolucionária, 304.
  social, 405.

Cristianismo, 40.
  regional, 296-297.
  social, 932.
  universal, 297.

Culto da personalidade, 155, 347, 1221.

Cultura camponesa, 1043.
  cívica, 396, 398.
  da adolescência, 1205.
  liberal-burguesa, 146.
  política, 192, *306-8*, 396, 752-3.
  política das elites, 307-8.
  política das massas, 307.
  política de "sujeição", 306-7.
  transativa, 311.

D

Decision-makers, 305.
  -making, 201.

Decisões coletivas, Teoria das, *309-12.*

Declínio da ideologia, 586, 589-591.

Decreto, 249-50.
  Lei, 265, 1000, 1003.

Defesa, *312-18.*
  da ordem social, 506.
  da Pátria, 505.

Demagogia, *318-19.*

Democracia, 8-9, 35, 84, 96, 100, 102-3, 236, 263, *319-29*, 372, 415, 485, 555, 558, 569, 698, 702, 710, 800, 835-7, 951, 1065, 1074, 1078, 1081, 1108, 1137.
  de massa, 126-7, 147, 392, 471, 1175.
  de partido, 43-4.
  direta, 26, 61, 77, 82, 207, 324-5, 684, 1000, 1074, 1102, 1109, 1299.
  formal, 325, 328-9.
  "gibelina", 422.
  "guelfa", 422.
  liberal, 103, 324, 370, 706, 1077, 1080, 1109.
  moderna, 322.
  neocorporativa, 887.
  participativa, 8, 78-9, 210, 887.
  pluralística, 34.
  popular, 155, 329.
  proletária, 783.
  representativa ou parlamentar, 50, 324-5, 458, 684, 1082.
  socialista, 44, 135.
  totalitária, 161, 691.

Descentralização e centralização, 77, 79, 97, 109, 135, 238, *329-335*, 742.
  administrativa, 77, 84, 1064.
  autárquica, 84, 334.
  legislativa, 1002.
  territorial, 930.

Descolonização, 48, 72, 105, 185-6, 612, 1047, 1146.

Desestalinização, 1223-4.

Desigualdade institucional, 181, 747.

Desobediência civil, 335-338.

Despojos, sistemas dos, *338-9.*

Despotismo, 61, 100, 118, 251, 281, *339-47*, 370-2, 502, 608, 909, 1081.
  jurídico, 252.
  legal, 345, 354.
  moderno, 1252.

Desviacionismo, *347-8*, 522.

Determinismo, 73.
  racial, 1059.

Dialética marxista, 458.
  política, 34, 80.
  social, 80.

Diferença da mulher, 486.
  racial, 151.
  social, 126.

Diplomacia, *348-9*, 572.

Direita, 99.
  histórica, 33.

Direito, 70, *349-53*, 1181, 1184, 1231.
  à assistência, 354.
  à educação, 354.
  ao trabalho, 354.
  à resistência, 355.
  à revolução, 280.
  consuetudinário, 272, 353.

de asilo (*Ver* Asilo, Direito de).
de associação, 840.
de contratação coletiva, 358.
de informação, 271.
de legítima defesa, 70.
de liberdade de expressão, 256.
de participação, 170.
de propriedade, 208, 909.
de resistência, 73, 280, 314.
de veto, 215.
divino, 155.
estatal, 351.
interno, 72.
internacional, 58, 72, 113, 297, 302, 478, 543, 576, 657, 855-6, 1089, 1091-2, 1116.
legislativo, 350-3.
natural, 5-6, 29, 72, 280, 350, 498-9, 655-9, 1131:
positivo, 350, 655, 660.
privado, 279, 350.
privado-natural, 740.
público, 272, 350.
social, 930.
universal, 72.

Direitos, 252, 256, 353.
civis, 354-5, 357, 416-7, 1173.
da pessoa, 809.
das crianças, 331.
das minorias, 432.
das mulheres, 488.
dos cidadãos, 1173.
dos produtores, 600.
e dos deveres, Teoria dos, 1017.
eleitorais, 72.
humanos, 248, 257, *353-61*, 415, 582, 802-3.
inalienáveis, 607, 669.
políticos, 354-5, 357, 417, 1009.
sociais, 267, 354-5, 357, 416-7.
tradicionais e consuetudinários, 354.

Discriminação racial, 44-5, 53-4, 358, 599, 601-2.

Dissenso, 70, 361-4, 400.

Dissuasão, 114, *365-7*, 435.

Distensão, 114, *367-8*, 454.

Ditador, 1256.

Ditadura, 95, *368-79*, 737, 1111', 1114.
autoritária, 374.
bonapartista, 118.
burocrática, 376.
cesarista, 375.
comunista, 378.
constitucional, 368.
da burguesia, 36, 378-9, 469, 472-3.
do proletariado, 112, 209-10, 238, 378, 452, 742-3, 783, 1078-9, 1198, 1201, 1252, 1262-3.
fascista, 378.
militar, 376.
oligárquica, 376.
política, 376.
popular, 113.
revolucionária, 112, 370, 375.
romana, 368-9.
teocrática, 532.
totalitária, 374, 1251.

Divisão dos poderes (*Ver* Constitucionalismo).
do trabalho, 74, 76, 130, 273-7, 443, 719, 1231.
internacional de trabalho, 270.

Divórcio, 425, 489.

Dogmatismo, 112, 464, 589, 594.

Dominação estrangeira, 70-2.

Dominato, *379-81*.

Domínio, 580.
da minoria iluminada, 207.
de classe, 552, 741.
neocolonialista, 105.
temporal, 221, 420.

Doutrina, *381-2*.
do Estado-potência, 575, 1066.
política, 382.
social-católica, 650.
social-cristã, 382.
social da Igreja, 920, 922.

Doutrinário, *382-3*.

Dualismo, 627, 1226.
do poder, 237.

E

Ecologia, 976-80.

Economia de mercado, 41, 185, 287.
política, 502.

Economicismo, 116.

Ecossistema, 978.

Educação, 26.

Eleição, 8, 63, 1174.

Eleitorado, 7-8, 1175-6.
ativo, 110.
passivo, 110.
potencial, 8.

Eleitores, 392-3.
de opinião, 394.
flutuantes, 191.

Elite, 28, 50, 56, 111, 188, 292, 326, 470, *634-5*, 1120.
declinante, 846.
nascente, 846.
política, 304, 941, 1106, 1123.

Elites, teoria das, 188, 326, *385-91*, 836, 931, 1006.

Elitismo, 325, 388, 836, 983.
democrático, 389.

Emancipação, 741, 1182.
do proletariado, 238.
dos hebreus, 42.
econômica, 69, 783.
política, 35, 324, 741, 781.
social, 324.

Emigração, 771, 1040.

Equilíbrio constitucional, 249, 1091, 1244.
de um sistema político, 395.
do terror, 435-8, 913, 915, 1094, 1116.
entre potências, 579-80.

Escravidão, 358, 1031, 1082.

Espaço político, *392-4*.

Espionagem, 17, 1147.

Espólio, sistemas de, 338-9.

Estabilidade política, *394-401*.

Estado, 9, 25, 32-3, 36, 57, 70-2, 84, 89, 94, 97, 100, 106, 108, 117-9, 134-5, 137, 139-41, 145-7, 156, 160, 208, 210, 216-7, 221, 251-2, 257, 259, 272, 274-5, 277-9, 280-1, 289-90, 330-1, 350, 407, 409, 412, 426-7, 476-8, 493-4, 511, 549-50, 554, 702-3, 738-43, 765, 779, 799-800, 810, 822, 860, 893, 956, 1034, 1040, 1056, 1066-7, 1080, 1083, 1089, 1099, 1134, 1137, 1181, 1185, 1230, 1237-8.
   absoluto, 430-1, 476, 698-700, 801, 1187.
   assistencial, 256, 285, 354, 402-5, 407-8, 416-7, 704, 1201.
   autocrático, 332.
   autoritário, 95, 97, 216, 266-7, 698-9.
   burguês, 739, 741-4.
   contemporâneo, 401-9, 845.
   de direito, 6, 250-2, 350, 402, 405, 414, 482, 674, 844.
   de exceção, 1185.
   de guerra, 913.
   de guerra permanente, 1207.
   democrático, 118, 216, 321, 1187.
   de natureza, 272-5, 284, 350, 658, 740, 913, 915.
   de paz, 913.
   de polícia, 113, 137-8, *409-13*, 704, 843, 909, 944.
   de segurança nacional, 408.
   de sítio, 313, *413-5*.
   do bem-estar, *416-9*, 567, 590.
   e confissão religiosa, *419-25*.
   federal, 1186.
   liberal, 9, 13, 85, 143, 323-4, 581, 690, 700, 703, 1187.
   misto, 1181.
   moderno, 1-3, 138, 350, 352, *425-31*, 497, 554, 696-8, 800, 1006, 1179, 1187, 1215.
   mundial, 1090.
   nação, 575, 766, 769.
   nacional, 450, 485, 799, 802, 807, 1022, 1046, 1059, 1269-71.
   operário, 1265.
   patriarcal, 352.
   patrimonial, 71, 97, 138-9, 352.
   pluralista, 928, 930.
   popular, 799.
   potência, 582, 617, 1072-3, 1094.
   social, 6, 14, 124, 407.
   socialista, 266, 1046.
   territorial, 138, 198, 411.
   totalitário, 428, 470, 682, 703.
   unitário, 478.
   universal, 876.

Estoicismo, 293.

Estratégia do confronto, 34.
   e política dos armamentos, *431-43*.

Estratificação social, *443-5*.

Estrutura, 22, 395, *446-9*, 512, 1232.
   de classe, 175, 1228.
   de poder, 1025.
   de política, 1166-7.
   social, 1082.
   tribal, 986.

Estruturalismo, 48-9, 514.

Ética de grupo, 961.
   da convicção, 961.
   da responsabilidade, 961.
   individual, 961.

Etnia, *449-50*.

Etnocentrismo, 99.

Eurocentrismo, 45, 346.

Eurocomunismo, 35, *450-6*.

Europeísmo (*Ver* Unificação Européia).

Executivo, 322, *456-7*, 482, 885.

Exército, 504, 815.
   permanente, 749.
   profissional, 749.

Expansionista, 119.

Expropriação política, 134.

Extradição, 58.

Extremismo, 27, 112, *457-9*.

F

Fabianismo, *461-3*, 667.

Falangismo (*Ver* Franquismo), 526.

Falanstério, *463-4*.

Falsidade ideológica, 591-3, 596.

Família, 274, 278, 464, 1203-4.

Fanatismo, 32, *464-6*, 589.
   ideológico, 1256.
   político, 92.
   religioso, 92.

Fascismo, 10, 35-7, 69, 97, 119, 160, 289, 466-75, 526, 529, 630, 647, 699, 982-3, 1040, 1053, 1064, 1074, 1115, 1132-3, 1247, 1252, 1258-9.

Federação de partido, 900.
   de Estado, 26, 483.
   européia, 477-8, 485.
   mundial (ou universal), 480, 486.

Federalismo, 335, *475-86*, 618, 620, 798-9, 802, 805, 1066, 1072, 1186, 1269, 1273.
   mundial, 793.

Federalismo europeu (*Ver* Federalismo; Unificação Européia).

Felicidade, 1123, 1277.
   pública, *486*.

Feminismo, *486-90*.

Feudalismo, 194, *490-3*, 830-1, 1033.
   comunal, 196.
   monárquico, 492.

Filosofia da política, *493-500*.

Financiamento dos partidos, 900-1, 906.

Fisiocracia, 345, *500-3*, 609, 717.

Força, 278, *503-4*, 536, 571, *956*.
   de trabalho, 119, 142, 144, 146, 171, 182, 269, 613, 1292.

Forças armadas, 312-13, *504-9*, 946.

Force de Frappe, 441.

Formação do Estado territorial, 410.
  econômico-social, 511-2.
  social, 171, *509-17*, 1016.

Formas de governo, *517-21*, 1081, 1108.
  pré-capitalista, 1030.
  pré-estaduais, 553.

Fórmula política, 34.

Frações, 348, *521-5*.

Franquismo, *525-8*.

Frente popular, 37, *528-30*, 685, 1222.
  única, 528-9.

Führer, 319.

Função executiva, 46, 259, 261, 861.
  judiciária, 46, 259, 1158.
  legislativa, 46, 62, 259, 261, 327.

G

Galicanismo, 214, *531-5*.

Gandhismo, 358, *535-8*, 816.

Gaulismo, 162, *538-43*.

General system theory, 868.

Genocídio, 358, *543-4*.

Geopolítica, *544-5*.

Getulismo, 985.

Gingoísmo (*Ver* Chauvinismo), 163.

Golpe de Estado, 79, 113, 314. *545-7*, 1121.
  militar, 546.
  palaciano, 1122.
  reformista, 1122.

Governabilidade, *547-53*.

Governados, 385, 553.

Governantes, 385, 553.

Governo, 25, 45-6, 77, 250, 265-6, 322, *553-5*, 676, 1063.
  constitucional, 253.
  da classe operária, 743.
  da multidão, 320.
  das leis, 248, 251.
  da maioria, 250, 256, 320.
  democrático e popular, 282.
  democrático mundial, 480.
  democrático supranacional, 477-8.
  dos juízes, 1162.
  dos ricos, 835.
  estatal, 48.
  invisível, 567.
  liberal, 9.
  limitado, 252-3, 255-7.
  local, 87.
  misto, 249, 255, *555-60*.
  mundial, 1092.
  parlamentar, 262, 266, 518, 780.
  presidencial, 519.
  provisório, 62.
  responsável, 1172.
  revolucionário, 370.

Governos social-democráticos (*Ver* social-democráticos, governos).

Gradualismo, 434, 681, 1119.

Greve, 229, 270, *560-2*, 720-1, 754-5.

Grupos, 48, 225-6, 309, 931, 1063-4.
  antipartido, 846.
  carismáticos, 150.
  clandestinos, 106.
  de interesse, 563-4.
  de opinião, 1065.
  de oposição, 413.
  de pressão, 128, 511, *562-71*, 667.
  ecológico, 1173.
  étnico, 450.
  organizado, 567.
  parlamentares, 883.
  políticos, 563.
  revolucionários, 1063.
  sociais, 1176.

Guerra, 225, 345, 365, 432, 478, 483, *571-7*, 911, 913-4, 918, 959, 1092, 1295.
  absoluta, 1116.
  civil, 432, 1090, 1115-6, 1122, 1296.
  como sanção, 914.
  controlada, 1116.
  convencional total, 437.
  de guerrilha, 152.
  de libertação nacional, 823, 1123.
  do povo, 152.
  fria, 38, 113, 365, 454.
  interna, 546.
  justa, 913.
  limitada, 437, 572.
  nuclear limitada, 437-9.
  nuclear total, 438.
  revolucionária, 152, 546, 576, 914.
  total, 439.

Guerrilha, 152, 546, *577-8*, 1126-7, 1243.

H

Hebraica, Questão (*Ver* Anti-semitismo).

Hegemonia, 153, 161, 219, 378-9, 452, *579-81*, 640, 1209.

Hegemonismo, 579.

Hierarquia, 48.

Historicismo, 354, *581-4*.
  jurídico, 569.

Hitlerismo, 807.

Holdings, 1033.

Homo aeconomicus, 449.
  politicus, 967.
  religiosus, 967.

Humanismo, 607.

I

Ideologia, 314, 417, 497, *585-97*, 628, 728.
  da burguesia, 34, 1024.

da comunidade de trabalho, 237.
do *more*, 1152.
para todos, 587.
quiliástica, 377, 587.
totalitária, 92, 95, 377, 1248.
tutelar, 377, 587.
Igreja, 9-10, 32-3, 156, 175-7, 210-8, 220-2, 420-5, 799, 820, 852-5, 919-21, 1237-8.
Igualdade, 30, 64, 352, 354, *597-605.*
Igualitarismo, 95, 328, 598-9, 601-3, 748, 983, 1028, 1079, 1282.
Iluminismo, 23, 244, 297-8, 487, *605-11.*
    revolucionário, 96.
Imobilismo, 158, 243, 304.
Impeachment, 108-10.
Imperialismo, 105, 181, *611-21*, 652, 683-4, 771, 803; 874, 1061, 1089, 1099, 1270.
Império, *621-6.*
Independência, 70, 105, 802, 1091.
Indicadores de legitimidade, 400.
Individualismo, 32, 120, 246, 280, 295, 650, 658, 699, 718, 932, 953, 1079.
Indivíduo, 24-5, 77, 225, 354.
Indivisibilidade da soberania, 481.
Industrialização, 31, 96, 115, 141, 287-8, 373-4, 416, *626-31*, 736, 984, 1252-4.
Infalibilidade pontifícia, 212.
Inflação, 974.
Informação, 56, 728-30, 1026, 1029.
Iniciativa, 141.
    de lei reforçada, 265.
    individual, 720, 1034.
    legislativa, 997-8, 1000.
    legislativa do governo, 999.
    parlamentar, 999.
    popular, 256, 997, 999.
    regional, 1000.
Institucionalização, 790-1, 887.
    da luta operária, 1017.
    dos conflitos de trabalho, 145.
Instituições, 47, 55, 314-5, 1081.
Insurreição, 111-12, 152, 546, *631-2*, 1299.
Integração, 632-5.
    ativa, 75.
    econômica, 113.
    européia, 1097.
    nacional, 633-4.
    passiva, 75.
    política das classes inferiores, 204.
    social, 147, 633-5, 753.
    supranacional, 642.
    territorial, 633-4.
Integralismo, *635-7*, 897.
Intelectuais, 42, 116, 241, 300, *637-40.*
    revolucionários, 116.
Interclassismo, *641.*
Interesse coletivo, 222, 1230.
    de cada um, 1230.

de classe, 288.
nacional, 219, *641-2.*
Internacionais, Relações (*Ver* Relações Internacionais).
Internacional, Organização (*Ver* Organização Internacional).
Internacionalismo, 22, 28, 37, 293, 297, 300, 454, 617, *642-9*, 746, 782, 874, 1071, 1201, 1261-9.
Intolerância, 32, 99, 503, 594.
Intransigentismo, 636, *649-51*, 895.
Isolacionismo, 483-4, *651-2.*

J

Jacobinismo, 23, 112, 116, *653-5*, 1063.
"Josefismo", 655.
Judiciário — órgãos, 554.
Jurisdicionalismo, 221, 655.
Jus connubii, 1111.
    ad bellum, 574-5.
    contra bellum, 575.
    in bello, 574-5.
Jusnaturalismo, 265, 295-6, 354, *655-60*, 919, 929, 1206.
    moderno, 280.
Justiça, 276-7, 283, 602, *660-6*, 1027, 1281.
    administrativa, 252.
    distributiva, 1281.
    formal, 126, 664.
    social, 920.
    substancial, 126, 664.

K

Keynesiano, 970-3, 1189.
Kibutz, 719.
Kolchoz, 1034, 1047.
Kulaki, 1047.

L

Laborismo, *667-70.*
Laicismo, 4, 9, 33, 216, *670-4*, 1247.
Laicização, 30, 34.
    da sociedade, 69.
    do Estado, 69.
Laissez faire, 711, 773, 1245.
Latifúndio, 1032, 1045, 1050, 1054.
Legalidade, 45, 402, *674-5.*
Legislação, 25.
    de fábrica, 403.
    social, 146.
Legislatura — órgãos, 554.
Legislativo, Processo (*Ver* Processo Legislativo).
Legitimação, 5, 147, 258, 405, 407-9, 494, 676-8, 884.
    do poder, 374
    do sistema, 35.

por procedimento, 408.
sublegal, 408-9.
Legítima defesa, 73, 913.
Legitimidade, 45, 90, 125, 258, 398-9, 494, 567, 674, *675-9*, 1026.
da violência, 92.
do Estado, 498.
do poder, 89-94.
/ ilegitimidade, 399.
Lei, 17, 25, 249-50, 253-4, 351-2, 998-1000, 1231.
agrária, 207.
constitucional, 1005.
da força, 1067.
da natureza, 225, 502.
de progressão dos meios, 538.
férrea da oligarquia, 166, 1008.
fundamental, 998.
marcial, 313.
natural, 656.
ordinária, 1005.
singular, 250.
Leninismo, 51, 210, 451, 679-86, 1194, 1222-3.
Liberal-catolicismo, 767.
Liberalismo, 69, 76, 96, 145, 245, 290, 323, 461, 478, 485, 635, 643, 649, 671, *686-705*, 706, 1074, 1078-9, 1200.
clássico, 711.
democrático, 326.
econômico, 689, 700.
ético, 689, 694.
jurídico, 688.
político, 700.
Liberal-socialismo, 37, *705-8.*
Liberdade, 23-5, 257, 299, 502, 691, 693-4, 702-3, 708-13, 1027; 1122-3.
civil, 324, 710.
civil e política, 210.
constitucional, 72.
da burguesia, 143, 1078.
da miséria, 354.
da necessidade, 709-11.
de comércio, 823.
de escolha, 710.
de expressão, 709-11.
de imprensa, 1040.
de poder fazer, 692.
de religião, 354.
de reunião, 354.
de voto, 709.
do Estado, 337.
do medo, 354.
do pensamento, 354, 1040.
dos indivíduos, 479
econômica, 354, 503.
fundamental, 355, 359, 415.
galicana, 531, 533.
individual, 283, 711.
jurídica, 251.
negativa, 257, 324.
pessoal, 24, 354, 416.
política, 122, 693, 710, 1245.
positiva, 257, 324.

religiosa, 671-2, 696-7, 701-2.
sexual, 464.
sindical, 358.
social, 24, 708-12.
Líder, 149-50, 156, 161, 319, 810, 1001.
de massa, 319.
Liderança *(Leadership),* 201, *713-6.*
carismática, 630.
política, 547.
Livre-cambismo, 706, *716-20,* 968.
Livre comércio, 182.
Lobbying, 563-4.
Lock-out, 720-2.
Ludismo, *722-3.*
Luta de classe, 96, 121, 147, 173, 219, 287, 473, 483-4, 681, 717, 736, 782, 804-5, 988-90, 1155, 1198.
operária, 1009.
revolucionária, 152.

M

Macarthismo, *725-6.*
Maçonaria, 32-3.
Máfia, *726-7.*
Magistratura republicana, 1110.
Maioria, 60, 116, 249, 255, 257, 262, 265, 310-11, 719.
critério da, 60, 309, 1298.
hegemonia, 310.
oposição, 265.
qualificada, 860.
relativa, 1175.
silenciosa, 1039-40.
Mais-valia, 21, 75-6, 142, 618, 1016, 1198.
Majority systems, 1169, 1175.
Mandato, 183, 1102.
Manipulação, 47, 123, 704, *727-34,* 1018, 1021, 1292.
das comunicações, 203.
Maoísmo, *734-7,* 1224.
Maquiavelismo, *738,* 961.
Máquina do partido político, 49, 339.
Marxismo, 35, 43, 116, 142, 209, 474, 584, 737, *738-44,* 990, 1080, 1117.
e feminismo, 489.
- Leninismo, 78, 1222-4.
Massa, 51, 238-9, 253, 319, 388, 390-1, 1291.
Massas, 26, 103, 118, 131, 153, 201, 292, 470, 634, 704, 888, 900, 902, 1040, 1128-9.
operárias, 740.
populares, 153, 774.
Massificação do homem, 319.
Mass Media, 201-2, 204, 704.
Materialismo histórico, 21, 76, 118, 143, 480, 512, 583-4, 1082-3, 1097-8, 1198.
Maximalismo, 38, *744-5.*

Mercado, 141, 144-6, 403, 703-4, 719.
  auto-regulado, 76.
  do trabalho, 144, 270.
  mundial, 208, 792.
Mercantilismo, *745-7*, 716-7.
Meritocracia, 127, 604-5, 747-8.
Messianismo revolucionário, 683, 1079.
Microconflitualidade, 561.
Militante de profissão, 116.
Militarismo, *748-54*, 817.
Militarização do Estado, 433.
Minoria (*Ver* Decisões Coletivas, Teoria das), 7-8, 60,
  112, 256-7, 360, 391, 719.
  governante, 836.
  iluminada, 207.
  nacional, 1146.
  organizada, 386, 453, 836.
Mito político, *754-62*.
Mobilidade, 775.
  ascendente, 763.
  de grupo, 763.
  descendente, 763.
  econômica, 763.
  geográfica, 774.
  horizontal, 763.
  individual, 763.
  política, 763.
  social, 762-5.
  territorial, 763.
  vertical, 156, 763.
Mobilização, 8, 52, 95, 100-2, 373, 398, 400, 472, 508,
  547, 589, 633-4, 737, 765-6, 890, 899, 901, 1008-9,
  1253.
  das massas, 1128.
  revolucionária, 154.
Modelo, 1165-6.
  de decisão, 866.
Moderantismo, 114, 158.
Modernismo, 636, *766-8*, 1011.
Modernização, 141, 373-4, 398, 471, 627, 768-76,
  1170, 1254.
  do tipo fascista, 771.
  econômica, 772-3, 984-5.
  social, 147, 774.
Monarquia, 12, 29, 31, 319-20, 342-3, 370, 394, 555,
  558, *776-81*, 835, 879, 995, 1063, 1081, 1107-8.
  absoluta, 100, 379, 777-9, 879, 995, 1060.
  antiparlamentar, 97.
  aristocrática, 558.
  constitucional, 97, 247, 559, 702, 776, 780.
  descentralizada, 97.
  feudal, 777, 1082.
  hereditária, 96-7, 1110.
  militar, 380.
  parlamentar, 456.
  reacionária, 654.
  vitalícia, 1110.
Monocameralismo, 107-8.
Monocracia, 12, 371.
Monolitismo, 70.

Monopartidarismo, 100, 1170.
Monopólio, 114, 132, 616, 1089.
  da força, 1067, 1070, 1090, 1116.
  da lei, 1180.
  da violência, 1293.
  do poder, 1170.
  do poder de coerção, 316.
Movimento, 27, 69, 1132.
  anárquico, 826.
  católico, 38, 649.
  operário, 36, 69, 111-2, 122-3, 130-1, 143, 236,
  645-6, 735, *781-6*, 787, 1017, 1125, 1197.
  político, *786-7*, 791.
  socialista, 1008.
Movimentos antidemocráticos de massa, 809.
  antinuclear, 1065.
  católicos (*Ver* Partidos Católicos e Democrático-
  Cristãos Europeus).
  de massa, 134.
  fascistas, 43.
  pacifistas, 1065.
  sociais, *787-92*, 1155.
Multinacionais, 616, 1034.
Multipartidarismo, 159, 327-8, 1169, 1171, 1173.
Mundialismo, *792-3*.
Municipalismo, 1085.
Municipalização, 462.

N

Nação, 29, 31, 63, 71, 300, 450, 484, 633-4, 795-9, 800-1.
  armada, 508-9.
Nacionalidade sem Estado, 449.
  espontânea, 449, 796, 798.
Nacionalismo, 39, 43, 45, 69, 71, 94, 96-7, 163, 184,
  245, 450, 476, 483, 485, 539, 641, 771, *799-806*, 982,
  1060-1, 1073, 1139, 1269.
  econômico, 803.
  integral, 97.
  romântico, 1139.
Nacionalização das massas, 1060.
  da terra, 1047.
Nacional-populismo, 985.
Nacional-socialismo, 69, 806-12, 982, 1117.
Não-alinhamento, 78, 115, *812-4*, 824.
Não-guerra, 911-2.
Não-intervencionismo, 824.
Não-legitimação da partitocracia, 906.
Não-violência, 2', 499, 536-7, *814-8*.
Nazi-fascismo, 477, 805.
Nazismo (*Ver* Nacional-socialismo).
Neocolonialismo, 181, 613-4, 619.
Neocontratualismo, 106-7, 282.
Neocorporativismo, 285, 511, 703, 705, *818-20*.
Neofascismo, 38.
Neogüelfismo, *820-1*.
Neomarxismo, 772.

Neo-stalinismo, 1225.

Nepotismo, 291-2.

Neutralidade, 651, 813, *821-4*.

Neutralismo, 651, 812-3, *824*.

Niilismo, *824-7*.

Nobreza *(nobilitas)*, 30-1, 41-2, 249, 429, *827-33*, 1112.
cívica, 831.
de toga, 832.
por diploma, 831.
provincial, 830.
republicana, 830.

Norma, 306, 1067.
consuetudinária, 3.
constitucional, 61, 1000.
divina, 3.
escrita, 1000.
natural, 3.

Notável, 178, *833-4*, 1007.

O

Obediência incondicional, 90-1, 94, 96.

Objeção de consciência, 316, 499.

Obstrução *(Ver* Processo legislativo).

Oligarquia, 57, 124, 325, 386, 555, 778, 1008, 1113, 1245.
burocrática, 264.
colonial, 836.
modernizante, 100, 836.
plutocrática, 836.
totalitária, 836.
tradicional, 100, 836.

Oligopólio, 145.

Ombudsman, *838-42*, 1176.

Operário, 97.
assalariado, 142.
revolucionário, 51.

Opinião, 23, 26.
Leis de, 842.
pública, 362, 699, 704, *842-5*.

Oportunismo, 51, 112, 158, 458, *845-6*, 1120.

Oposição, 34-5, 100, 769, *846-51*, 886, 1063-4.
extraparlamentar, 847-50, 1172.
subversiva, 847.
violenta, 362.

Opressão, 153.
feminina, 489.

Ordem, 97, 399, *957-8*.
internacional, 1092-3.
pública, 118, 413, *851-2*, 944.
social, 47.

Ordenamento administrativo, 86.

Organismo internacional, 1089.
de representação, 1100.

Organização 225, 1026.
administrativa, 87.
anárquica, 26.
burocrática, 49.

coletiva de trabalho, 207.
de classe, 910.
de massa, 145, 418, 890.
eclesiástica, *852-5*.
internacional, 58, 642, *855-64*.
ministerial, 15.
operária, 50, 116.
política, 45, 77, 177.
proletária, 145.
social, 45, 863.
Teoria da, *864-70*.

Organizações sindicais, 145, 229, *870-3*.

Ortodoxia, 152.

Ostracismo, 952.

P

Pacifismo, 297, 435, 483, 484, 644, 814, *875-7*.
ativo, 876-7.
científico, 877.
econômico, 876.
ético-religioso, 876-7.
institucional, 877.
jurídico, 870.
passivo, 870, 877.

Parlamentarismo, 214, 250.

Parlamentarização, 780.

Parlamento, 107, 247, 250, 262, 352, *877-88*.
aristocrático, 883.
bicameral, 107.
monocameral, 107.
pluricameral, 107.
pré-moderno, 880.

Participação, 7, 55-6, 61, 65-6, 76-7, 80, 84, 159, 354, 510, 772, 873, 899, 905.
das massas, 1128.
eleitoral, 7-8, 219, 881.
operária, 75.
política, 102-3, 605, 845-6, *888-90*, 1006.

Partido anti-sistema, 159, 178, 327.
camponês, 1046.
católico, 10, 891, 893.
coalizão, 158.
comunista, 34, 36-7, 51, 153, 648, 735-6, 1221.
de massa, 101-3, 470, 900-4, 1064, 1169.
de vanguarda, 135.
leninista, 900, 1009.
operário, 50-1.
político, 7, 25, 70, 242, 264-5, 373-4, 376, 392, 398, 521, 523, 564-5, 653-4, *898-905*, 987, 1007, 1009, 1151, 1218.
popular, 891.
radical, 1064-5.
religioso, 891.
revolucionário, 115-6, 152-3.
social-democrata, 115, 645.
socialista, 645, 784.
único, 79, 100-1, 135, 375, 470, 883, 1083, 1169-71, 1248-9.
único de massa, 1249.

Partidos católicos e democráticos-cristãos europeus, *890-8*.

Partitocracia, 905-8.

Paternalismo, *908-9*.

Patrão, 172, 339.

Pátria, 800.

Patriarcalismo, 488.

Patriotismo, 163, 803.

Pauperismo, *909-10*.

Paz, 345, 438, 480, 483, *910-6*.
  armada, 619.
  externa, 910.
  injusta, 913-4.
  interna, 910.
  justa, 913-4.
  permanente, 875.
  pesquisa científica sobre a, *916-8*.
  territorial, 1216.

Pensamento social-cristão, *918-23*.

Pequena burguesia, 42-3, 116, 472.

Peronismo, 162, *923-5*, 984.

Personalidade, 714-5.
  autoritária, 95, 99.

Personalismo, *925-7*.

Personalização do poder, 372, 676, 1256.

Persuasão, 89, 727, 1020.

Plebiscito, 63, 71, *927*, 1074.

Pluralismo, 69, 80, 332, 511, 589, 818, *928-33*, 1186.
  democrático, 931.
  moderado, 101, 159.
  partidário, 100-1.
  polarizado, 159, 1186.
  político, 101-2.
  social, 510.
  socialista, 930.

Pluricameralismo, 107-8.

Pluripartidarismo, 849, 883.

Plutocracia, 835.

Poder, *933-43*.
  absoluto, 340.
  arbitrário, 256, 1104.
  carismático, 155, 778, 940.
  coercitivo, 1294.
  constituinte, 60-1, 255, 261, 1185.
  de classe, 742.
  de direito, 352, 367.
  de fato, 366.
  despótico, 955.
  ditatorial, 370.
  econômico, 385, 955-6, 1029.
  executivo, 60, 249-51, 321, 1181.
  federativo, 1181.
  ideológico, 385, 955-6.
  institucionalizado, 937.
  judiciário, 60, 250, 256, 481-2, 953.
  legal, 350, 352, 674, 940.
  legislativo, 60, 248-9, 280, 321, 884, 1181.
  legítimo, 674, 940.
  limitado, 556.

militar, 317.
paterno, 955.
proletário, 783.
revolucionário, 235.
temporal, 156, 215, 671, 956.
tradicional, 550, 940.

Policentrismo, 115, 453, *943-4*.

Polícia, 315, 409, 505, *944-9*, 1245.
  administrativa, 945.
  judiciária, 945.
  secreta, 1221, 1249.

Pólis, 21, 163, *949-54*.

Política, *954-62*.
  anticíclica, 145, 970-1, 975.
  colonial, 1064.
  comparada, 166, *962-6*.
  das potências, 583, 652, 1070, 1089, 1092-4.
  deflacionária, 975.
  dos blocos, *113-5*, 824.
  eclesiástica, 221, 421, 655, *966-8*.
  econômica, 412, 501, *968-76*.
  e ecologia, *976-80*.
  externa, 118, 1094.
  interna, 118, 484, 1094.
  internacional, 484, 1293-5.
  monetária, 972.
  neo-colonialista, 612.
  protecionista, 969.
  social, 251, 409.

Populismo, 116, 679, 685, 771, 826-7, *980-6*.
  revolucionário, 985.

Povo, 60-1, 70-1, 112, 197, 219, 250-1, 279-80, 321-2, *986-7*, 1075, 1107, 1136-7, 1143-4.

Práxis, 70, 594, *987-92*.
  totalitária, 1254.

Presidencialismo, 517.

Prevenção da guerra, 365.

Principado, 322, 341, 642, *992-6*, 1114, 1142, 1144-5.

Privatização do Estado, 406.

Privilégio, 1028.

Processo Legislativo, 60, *996-1006*.

Profissionalismo político, 49, 52, 904, *1006-9*.

Progresso, 1009-15.

Proletariado, 34, 42, 69, 115-9, 122-3, 131-2, 171-2, 204, 209, 219, 378, 416, 742-3, 781, 784, 989, *1015-8*, 1040, 1119, 1198.
  agrícola, 1015.
  externo, 1015.
  interno, 1015.
  urbano, 145, 1015.

Propaganda, 730, *1018-21*, 1115.
  dos fatos, 27.

Propriedade, 76, 343, 502, 603, *1021-35*.
  coletiva, 1030, 1032-3.
  comum, 208.
  fundiária, 206-7, 1032, 1082.
  individual, 1030-1, 1034.
  intelectual, 1029.
  privada, 21, 77, 80, 132-3, 141, 204, 206-7, 1017,

1021-3, 1033-4, 1119-20, 1082.
pública, 1021-2, 1030.
Protecionismo, 58, 144, 616, 618, 700, 803-4.
Protestantismo, 144, 775, 1037.
Pública, Administração (*Ver* Administração Pública).
Puritanismo, *1035-8.*

Q

Qualunquismo, 985, 1039-40.
Quarto Estado, *1040.*
Quarto poder, *1040-1.*
Quase-Estado (ou semi-Estado), 378.
Questão agrária, *1041-9.*
camponesa, 1041.
meridional, *1049-57.*
Quociente, 1175.
corrigido, 1177.
Natural, 1177.
Quorum, 524.

R

Raça, 601, 796.
Racismo, 40, 43-4, 53, 72, 811, 982, *1059-62.*
Radicalismo, *1062-5.*
Razão de Estado, 4, 219, 479, 545, 582, 797, 802-3, 962, *1066-73*, 1083-4, 1090, 1092, 1094.
Reação, *1073-4*, 1129, 1136.
Real Politik, 1222.
Recesso, 857-8.
Referendum, 60, 63, 108, 255-6, 927, 999, *1074-7.*
constitucional, 1074.
constituinte, 1074.
legislativo, 1074.
popular, 1004.
Reforma, 1129.
agrária, 1046, 1054.
institucional, 78.
protestante, 1238.
social, 1009, 1064.
Reformismo, 454, 681, *1077-80*, 1119, 1199.
revolucionário, 1077.
Regime autocrático, 116.
autoritário, 100-1, 318.
bipartidário, 554.
bonapartista, 160.
democrático, 72, 201.
fascista, 86, 102, 1046, 1082.
feudal, 30.
liberal-democrático, 328.
militar, 753.
monárquico, 1064.
parlamentar, 60, 121, 249, 327, 1083.
pluripartidário, 555.
político, 201, 259, 304, 395, *1081-4.*

representativo, 324, 1106.
social-democrático, 328.
totalitário, 69.
Regionalismo, *1084-7.*
internacional, 855.
Relações industriais, 561, *1087-8.*
internacionais, 113, 119, 218, 435, 642, 855-6, *1089-99.*
Represália, *1099.*
Representação, 26, 60, 77, 264, 1101-2.
diplomática, 218.
operária, *1099-101.*
política, 236, 883, *1101-7.*
popular, 774.
proporcional, 1169, 1176.
Repressão, 28, 59, 106, *1107*, 1063.
República, 319-20, 322, 341, 343, *1107-9*, 1063-4.
aristocrática, 322.
democrática, 249, 322.
parlamentar, 247, 517.
presidencial, 517.
romana, *1109-14.*
Resistência, 37, 73, 1064, *1114-16.*
Res publica, 1107.
Respublica christiana, 1108.
Restauracionismo, 983.
Revanchismo, 1116-7.
Revisionismo, 681, 706, 744, 755, 1080, *1117-21*, 1199, 1254.
de esquerda, 1120.
Revolução, 26-7, 112, 116, 132, 152-3, 238, 304, 314, 319, 546-7, 631, 654,, 680, 683, 993, 1119, *1121-31*, 1134, 1200, 1262, 1296.
camponesa, 771.
cultural, 634.
guerrilheira, 153.
liberal, 116.
mundial, 646.
nacional, 770, 923.
permanente, 682, 1127, 1223, 1261, 1266.
política, 132, 741.
proletária, 118, 209.
socialista, 209, 680, 1017, 1109.
Riqueza, 119-20, 174, 225, 444, 603, 829.
Romantismo político, *1131-40.*
Ruralismo, 983.

S

Sabotagem, 1243.
da produção, 1153.
Salário, 717, 1045, 1118.
Sanção, 280, 1099.
Satélite, 268-9, 1094, *1141.*
Secessão, *1141-42.*
Secularização, 2, 3, 147, 673.
Segregação racial, 54-5.

Segurança, 312, 433, 479, 502, 1027, 1090.
  coletiva, 73.
  pública, 944.
  social, 285, 407, 704, 903, 1066, 1068, 1070.
Senado, 1111-3.
Senhorias e principados, 197, 1082, *1142-5.*
Sentimento nacional, 797.
Separação dos poderes, 30, 60, 248-9, 250-1, 253, 255-6,
  280, 559, 884, 998.
Separatismo, 54-5, 222, *1145-7.*
Serviços de segurança, *1147-50.*
  público, 11, 12, 15, 16.
  secreto, 316, 1148.
  social, 12, 14, 417.
Sindicalismo, 290, 684, 870, 1087, *1150-7.*
  anglo-saxão, 1154.
  de classe, 871-2.
  de controle, 1154-5.
  de oposição, 1154.
  revolucionário, 74, 178, 180, 637, 984, 1120, 1151.
Sindicato, 25, 116-7, 145, 147, 180, 236, 270, 561, 872-3,
  1087, 1089, 1151.
  associativo, 871-2.
  da indústria, 270.
  de profissões, 1153.
Sistema bicameral, 250.
  bipartidário, 566, 1171.
  constitucional-parlamentar, 780
  constitucional-puro, 780.
  democrático-parlamentar, 158, 248.
  de organização, 235.
  de recrutamento, 566.
  de representação, 235.
  feudal, 1213.
  hierárquico, 114.
  internacional ou mundial, 113-5, 792, 944, 1066,
  1091, 1096-7.
  judiciário, *1157-63.*
  jurídico, 5, 1099.
  liberal, 141.
  majoritário, 1175, 1178-9.
  monopartidário, 1172.
  multipartidário, 159, 327, 566, 1171-3.
  partidário, 1075, 1083.
  pluripartidário, 99, 849, 1083, 1175.
  político, 1, 45-6, 49, 200-3, 394-5, 407, 456, 1064,
  1105-6, *1163-8,* 1217.
  proporcional, 311, 1175, 1178.
  revolucionário, 115.
  social, 1023.
  totalitário, 56, 100, 928.
Sistemas de partidos, 7, 50, 457, *1168-74.*
Sistemas eleitorais, 1169, 1173, *1174-9.*
Sítio, Estado de (*Ver* Estado de Sítio).
Soberania, 2, 5, 30, 250-1, 280, 352, 739, 777,
  1089-90, 1109, *1179-88.*
  absoluta, 1182-3.
  arbitrária, 1182-3.
  estatal, 220, 263, 480, 619, 1067, 1072, 1089, 1090,
  1096.
  internacional, 71.

nacional, 30, 63, 70, 72, 476, 1073, 1269.
  popular, 63, 68, 70, 250, 321-2, 324-5, 352, 371-2,
  374, 799-800, 805, 843, 880, 926, 1075, 1184, 1298.
  territorial, 426.
Social-democracia, 34, 37, 116-7, 654, 684-6, 744, 1017,
  1080, 1120, *1188-92,* 1199.
Social-democráticos, governos, *1192-6.*
Social-fascismo, 37, 529, 630, 1200.
Socialismo, 96, 112, 161, 245, 324, 478, 609, 635, 706-7,
  717, 719, 736, 744, 1018, 1079, *1196-202.*
  burocrático, 78.
  científico, 169.
  de Estado, 381.
  liberal, 706, 1078.
  pré-marxista, 705.
  reformista, 1077.
  revolucionário, 1077-8.
  utópico, 350.
Socialização, 1204.
  da economia, 237.
  do Estado, 406, 419.
  dos meios de produção, 603.
  dos processos decisórios, 77.
  política, *1202-6.*
Sociedade alternativa, 1287.
  anárquica, 26.
  civil, 32, 224, 350, 419-20, 428, 580, 583, 738-40,
  844, 966-7, 1082, *1206-11,* 1230.
  classista, 580, 931.
  comunista, 267.
  de consumo, 28.
  de massa, 355, 471, 1105, *1211-3.*
  democrática, 240.
  federal, 1271.
  feudal, 1209.
  industrial, 319, 354-5, 781.
  liberal-socialista, 707-8.
  natural, 1206, 1209.
  pluralista, 177, 210, 510.
  política, 241, 243, 580, 1206, *1217-21.*
  por categorias, *1213-7.*
  pós-industrial, 1173, 1234.
  primitiva asiática, 1030.
  religiosa, 419, 966-7.
  sem classe, 172, 378, 740, 748, 1222.
  socialista, 1017, 1261.
  totalitária, 65.
  tradicional, 626.
  transnacional, 1097-8.
Sociologia política, 757, *1217-21.*
Solidariedade internacional, 454, 643, 646, 706.
  orgânica, 511.
Soviet (*Ver* Conselhos Operários), 117, 684-5, 1200.
Stalinismo, 451, 453, *1221-5,* 1267
Subdesenvolvimento, 620, 1014, 1048-9, *1225-30.*
Subproletariado, 26, 123, 171, 1016.
Sufrágio, 49, 121, 769.
  universal, 7, 324, 417, 488, 897, 1064, 1105, 1175.
Superestrutura, 512-4, *1230-2.*
  ideológica, 511.
  política, 25, 511.

Supremacia das leis, 351, 674.
   do partido, 1257.
   do poder legislativo, 406.
   papal, 215.

T

Tática, 431-2.
Taylorismo, 22.
Tecnocracia, 98, 1034, *1233-7*.
Tecnodemocracia, 836-7.
Teocracia, 344, *1237-8*.
Teologia da libertação, 922.
Teoria dos jogos, *1238-42*.
   das Elites. (*Ver* Elites, teoria das)
   da Organização. (*Ver* Organizações, teoria das)
   sistêmica (*general system theory*), 167, 868.
Territorialidade, 46-7.
Terror, 323, 1221, 1242, 1248.
   total, 1250.
   totalitário, 1255-6, 1258-9.
Terrorismo político, 28, 45, 58, 73, 577, 680, 827, *1242-5*, 1294.
   contra-revolucionário, 1243.
   internacional, 1243.
   policial, 1249.
Timocracia, 829, *1245*.
   democrática, 1245.
   oligárquica, 1245.
Tirania, (*Ver* Ditadura II), 2, 253, 339, 480, 555, 777, 1081, 1133.
   da maioria, 60.
Tolerância, 295, 297, 503, 607, 671, *1245-7*.
Tortura, 1295.
Totalitarismo, 1, 6, 222, 372, 470, *1247-59*.
   comunista, 1252-3.
   fascista, 96-7, 1252-3.
Trade uniones, 723, 1009, 1151-2.
Tradicionalismo, 982.
Transformismo, 421, *1259-60*.
Transição, 80, 160-1.
   ao socialismo, 135, 238, 1046.
Tratado internacional, 18, 1099.
Trégua, 479, 913.
Trotskismo, *1260-7*.
Tutela das minorias, 262.

U

Ultracentralismo, 112.
Unidade européia, 476, 484.
   mundial, 792.
   nacional, 626.

Unificação européia, *1269-74*.
   nacional, 632.
   supranacional, 632.
Unionismo, 668.
   industrial, 239.
Universalismo, 293, 295, 875.
   cristão, 295.
   jurídico, 294.
   religioso, 297-300.
Utilitarismo, 282, 354, 689, 756, 1241, *1274-84*.
Utopia, 167, 501, 590, 758-9, *1284-90*.
Utopismo, 1010, 1139, 1198.

V

Valores, 150, 498, 1081.
   emergentes, 1027.
   tradicionais, 1027.
Valorização do capital, 141, 404, 407.
Vanguarda, 1291.
Veto suspensivo, 262, 1005.
Violência, 378, 503-4, 536-7, 733, 814-5, 912, 917, 962, 1089, 1124-5, *1291-8*.
   armada do proletariado, 378.
   de massa, 1254.
   difusa, 153.
   individual, 962.
Virtude, 323, 961.
Voluntariado, 509.
   civil, 316.
Vontade coletiva, 1298.
   da maioria, 1175.
   do povo, 1298.
   geral, 106, 281, 283, 712, 843, 1231, *1298-9*.
   política, 1081.
   popular, 60, 374, 880, 1184.
Votação de maioria, 1240.
Voto, 393.
   alternativo, 1177.
   cumulativo, 1177.
   das mulheres, 7.
   de classe, 190.
   feminino, 897.
   obrigatório, 7.
   ponderado, 860.
   secreto, 523.
   único, 1177.

W

Welfare State, 403, 417, 550, 703.
Whip, 52.
Wohlfahrt, 411.

Impressão e Acabamento

Linha
Gráfica
Editora

Av. Nova Independência, 177 - Tel.: (011) 240-4167 - Tlx.: (11) 54904 - Fax: 533-8210 - S. Paulo
SIG Q. 02 Nº 460 - Tel.: (061) 224-7706 - Tlx.: (61) 3275 - Fax: 224-1895 - Brasília-DF

Impressão e acabamento